中国社会科学院2000年度重大A类科研课题暨2001年度国家社科基金项目，得到中国社会科学院文库出版资助。

中国社会科学院文库
历史考古研究系列
The Selected Works of CASS
History and Archaeology

彩图1　安阳西北冈1001号殷王陵雕花木器遗存

彩图2　安阳西北冈1001号大墓象牙镶嵌绿松石残豆

彩图3　安阳小屯甲十一基址铜础

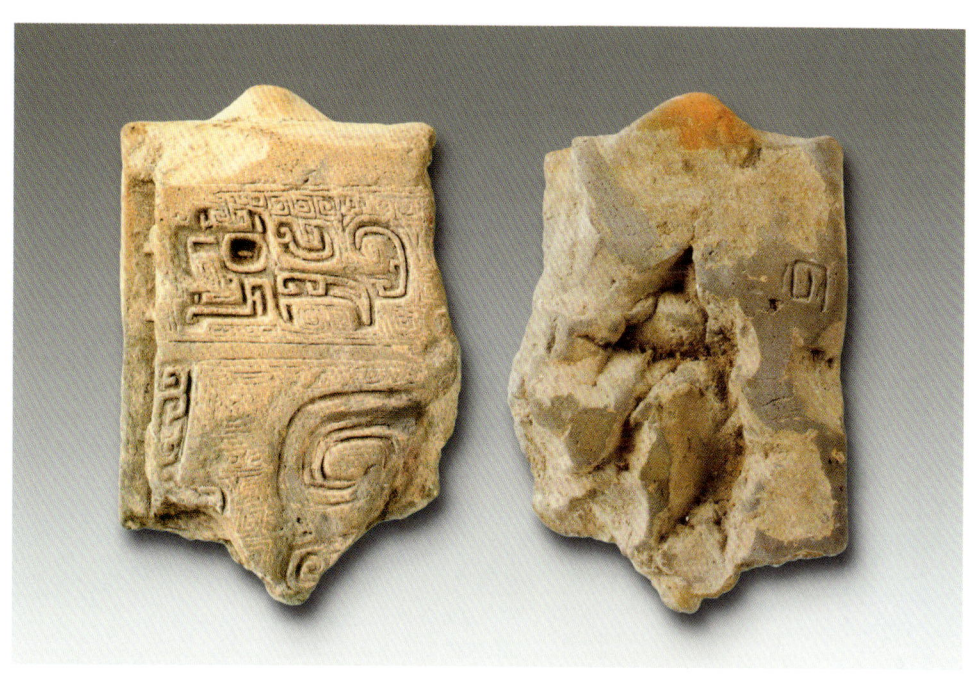

彩图4　小屯出土"亘"字方鼎外范

彩图5　妇好墓三联甗

彩图6　湖北盘龙城釉陶尊

彩图7　江西鹰潭角山商代窑址出土陶拍

彩图8　金沙鸟纹金箔

彩图9　美国弗利尔晚商龙盘

彩图10　美国旧金山亚洲艺术馆藏商代前期铜鬲

彩图11　三星堆顶尊跪坐人像

彩图12　江西清江吴城商代遗址一期陶文

彩图13　西北冈1001号大墓大理石门臼

彩图14　西北冈1003号殷王陵石门臼

彩图15 西北冈1005大墓祭祀坑中柱旋龙盂

彩图16 小屯M388出土足内刻"戉"白陶云雷纹豆

彩图17　偃师商城大口尊

彩图18　殷墟鹿头骨刻辞

彩图19　殷墟象牙柶

彩图20　浙江温岭琛山晚商龙盘

彩图21 郑州商城宫室区石砌输水管道

彩图22 郑州商城陶簋

中国社会科学院创新工程学术出版资助项目

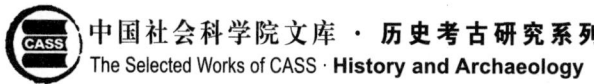
中国社会科学院文库·历史考古研究系列
The Selected Works of CASS · History and Archaeology

商代史·卷六

商代经济与科技

ECONOMY AND TECHNOLOGY IN SHANG DYNASTY

宋镇豪 主编　杨升南 马季凡 著

中国社会科学出版社

图书在版编目(CIP)数据

商代经济与科技/杨升南、马季凡著.—北京：中国社会科学出版社，2010.10（2016.6重印）

（商代史·卷六）

ISBN 978 - 7 - 5004 - 8548 - 3

Ⅰ.①商…　Ⅱ.①杨…②马…　Ⅲ.①经济史—中国—商代②科学技术—技术史—中国—商代　Ⅳ.①F129.23②N092

中国版本图书馆 CIP 数据核字（2010）第 027214 号

出 版 人	赵剑英
责任编辑	黄燕生
特邀编辑	张 翀
责任校对	李 莉
责任印制	戴 宽

出　　版	中国社会科学出版社
社　　址	北京鼓楼西大街甲 158 号
邮　　编	100720
网　　址	http://www.csspw.cn
发 行 部	010 - 84083685
门 市 部	010 - 84029450
经　　销	新华书店及其他书店
印　　刷	北京君升印刷有限公司
装　　订	廊坊市广阳区广增装订厂
版　　次	2010 年 10 月第 1 版
印　　次	2016 年 6 月第 2 次印刷
开　　本	710×1000　1/16
印　　张	52.5
字　　数	915 千字
定　　价	99.00 元

凡购买中国社会科学出版社图书，如有质量问题请与本社营销中心联系调换
电话：010 - 84083683
版权所有　侵权必究

《中国社会科学院文库》出版说明

　　《中国社会科学院文库》（全称为《中国社会科学院重点研究课题成果文库》）是中国社会科学院组织出版的系列学术丛书。组织出版《中国社会科学院文库》，是我院进一步加强课题成果管理和学术成果出版的规范化、制度化建设的重要举措。

　　建院以来，我院广大科研人员坚持以马克思主义为指导，在中国特色社会主义理论和实践的双重探索中做出了重要贡献，在推进马克思主义理论创新、为建设中国特色社会主义提供智力支持和各学科基础建设方面，推出了大量的研究成果，其中每年完成的专著类成果就有三四百种之多。从现在起，我们经过一定的鉴定、结项、评审程序，逐年从中选出一批通过各类别课题研究工作而完成的具有较高学术水平和一定代表性的著作，编入《中国社会科学院文库》集中出版。我们希望这能够从一个侧面展示我院整体科研状况和学术成就，同时为优秀学术成果的面世创造更好的条件。

　　《中国社会科学院文库》分设马克思主义研究、文学语言研究、历史考古研究、哲学宗教研究、经济研究、法学社会学研究、国际问题研究七个系列，选收范围包括专著、研究报告集、学术资料、古籍整理、译著、工具书等。

中国社会科学院科研局
2006 年 11 月

目 录

绪 论 …………………………………………………………………… (1)

第一章 商人从事经济活动的自然环境 ………………………… (5)
  第一节 商人所处地域的地形、地貌 ………………………… (5)
    一 三面环山的天然屏障和资源优势 ……………………… (8)
    二 众多的河流与湖沼 ……………………………………… (14)
    三 商"王畿"的地貌 ……………………………………… (20)
    四 广阔的森林和草原 ……………………………………… (22)
  第二节 商"王畿"的土壤条件 ……………………………… (24)
    一 山地黄土土壤 …………………………………………… (26)
    二 冲积平原土壤 …………………………………………… (30)
  第三节 商时期的气候和雨量 ………………………………… (33)
    一 商时期的气候 …………………………………………… (33)
    二 商时期的降雨量 ………………………………………… (44)
    三 干旱的威胁 ……………………………………………… (53)

第二章 土地制度 ………………………………………………… (62)
  第一节 国家(或商王)对土地所拥有的权力 ……………… (62)
    一 商王可到全国各地圈占土地,建立田庄,经营农业 ……… (63)
    二 商王称所垦辟的土地为"我田" ……………………… (65)
    三 商王对诸侯、方国和贵族所占有的土地拥有支配权 ……… (65)
    四 商王以册封的形式将土地授予各级贵族 …………… (68)
  第二节 奴隶主贵族的土地权 ………………………………… (69)

第三节　邑人(公社成员)的份地 …………………………… (72)
第四节　商代"公社"——邑的性质 …………………………… (79)

第三章　作为经济基础的农业 …………………………… (87)
第一节　农业是商代社会经济中的一个主要部门 …………………………… (87)
　　一　文献中所见商代农业 …………………………… (88)
　　二　产生于农业的历法 …………………………… (90)
　　三　纪年称谓所反映的农业信息 …………………………… (92)
　　四　考古发掘出土大比重的农业生产工具 …………………………… (94)
第二节　农作物种类 …………………………… (96)
　　一　禾(粟)和秋 …………………………… (97)
　　二　黍和穄(䕩) …………………………… (102)
　　三　麦(来) …………………………… (105)
　　四　荳(菽)—豆 …………………………… (109)
　　五　稻(秜) …………………………… (111)
　　六　高粱 …………………………… (113)
第三节　农业生产工具 …………………………… (116)
　　一　农业生产工具的质料 …………………………… (116)
　　二　农业工具的种类 …………………………… (119)
第四节　农业生产技术 …………………………… (134)
　　一　对耕地的选择 …………………………… (135)
　　二　清除耕地面上的草木 …………………………… (138)
　　三　垦荒(裒田) …………………………… (139)
　　四　翻耕 …………………………… (143)
　　五　整理土地 …………………………… (150)
　　六　粪种 …………………………… (153)
　　七　播种 …………………………… (155)
　　八　田间管理 …………………………… (157)
　　九　收割 …………………………… (161)
　　十　脱粒 …………………………… (163)
　　十一　储藏 …………………………… (164)
第五节　农业劳动者 …………………………… (167)

第六节　农业管理 …………………………………………………（169）
　　　一　农官的设置 ………………………………………………（169）
　　　二　商王亲自参与农业各环节的管理活动 …………………（171）

第四章　成为独立经济部门的畜牧业 ……………………………（176）
　　第一节　畜牧业在商代社会经济中的地位 ………………………（176）
　　　一　悠久的畜牧业传统 ………………………………………（176）
　　　二　建国后畜牧业的发展 ……………………………………（178）
　　　三　畜牧业是商代一独立经济部门 …………………………（181）
　　第二节　家畜、家禽的种类 ………………………………………（182）
　　　一　家畜的品种 ………………………………………………（182）
　　　二　家禽的种类 ………………………………………………（197）
　　第三节　畜牧业生产技术 …………………………………………（199）
　　　一　人工放牧 …………………………………………………（200）
　　　二　圈栏饲羊 …………………………………………………（201）
　　　三　牲畜的阉割 ………………………………………………（203）
　　　四　对牲畜外形的观察 ………………………………………（205）
　　　五　对牲畜的保护 ……………………………………………（207）
　　第四节　牧场的设置 ………………………………………………（210）
　　　一　设于商王室畿内的牧场 …………………………………（212）
　　　二　在诸侯国境内的牧场 ……………………………………（217）
　　第五节　畜牧生产的劳动者——刍 ………………………………（222）
　　　一　刍的来源 …………………………………………………（224）
　　　二　刍的身份 …………………………………………………（226）
　　第六节　畜牧业的管理体制 ………………………………………（229）
　　　一　牧官的设置 ………………………………………………（230）
　　　二　牧场管理者向王朝报告牧情 ……………………………（233）
　　　三　商王对牧群的巡察 ………………………………………（234）
　　　四　对优者的奖赏 ……………………………………………（234）

第五章　补充肉食来源的渔猎活动 ………………………………（237）
　　第一节　狩猎所获禽兽种类 ………………………………………（237）

一　猎获的兽类动物 …………………………………………… (238)
　　二　捕获禽鸟的种类 …………………………………………… (250)
第二节　狩猎技术 ………………………………………………………… (253)
　　一　狩猎活动通称为"田" ……………………………………… (254)
　　二　商人狩猎使用的具体方式 ………………………………… (256)
第三节　狩猎活动的参加者和组织 …………………………………… (271)
　　一　狩猎活动的参加者 ………………………………………… (272)
　　二　狩猎活动的组织 …………………………………………… (276)
第四节　狩猎活动的经济效益 ………………………………………… (281)
　　一　提供肉食品和手工业原料,是农牧业经济的补充 ……… (281)
　　二　对农牧业的保护作用 ……………………………………… (283)
第五节　捕鱼活动 ……………………………………………………… (285)
　　一　鱼类资源 …………………………………………………… (287)
　　二　捕鱼方法 …………………………………………………… (290)
　　三　对鱼类资源的保护 ………………………………………… (294)

第六章　发达的手工业 ……………………………………………… (300)
第一节　青铜冶铸业(上) ……………………………………………… (300)
　　一　青铜器的种类 ……………………………………………… (300)
　　二　青铜器的合金成分 ………………………………………… (305)
　　三　铸造青铜器的矿料来源 …………………………………… (313)
　　四　铜矿的开采与冶炼 ………………………………………… (322)
第二节　青铜冶铸业(下) ……………………………………………… (323)
　　一　型范的制造工艺 …………………………………………… (323)
　　二　青铜器铸造的工艺流程 …………………………………… (328)
第三节　陶瓷业 ………………………………………………………… (336)
　　一　陶器的质料与颜色 ………………………………………… (336)
　　二　日用陶器:泥质陶和夹砂陶 ……………………………… (340)
　　三　白陶 ………………………………………………………… (349)
　　四　硬陶 ………………………………………………………… (350)
　　五　原始瓷器 …………………………………………………… (351)
　　六　陶窑和陶器的烧成温度 …………………………………… (354)

第四节　建筑业 (358)
　　一　城垣的建筑 (358)
　　二　宫殿的建筑 (366)
　　三　民居建筑 (385)
　　四　村落的布局 (395)

第五节　纺织业 (396)
　　一　纺织物原料的种类 (398)
　　二　纺织技术 (402)
　　三　织机 (409)
　　四　染色 (410)

第六节　玉器制造 (411)
　　一　玉器的种类 (414)
　　二　商代玉器的原料产地 (417)
　　三　制玉工艺 (420)
　　四　制玉作坊 (427)

第七节　骨角牙器制造 (428)
　　一　广泛使用的骨制品 (428)
　　二　骨器制造作坊 (434)
　　三　制造骨器的材料 (436)
　　四　制造骨器的工具 (436)
　　五　制造骨器的工艺流程 (438)
　　六　角器的制造 (439)
　　七　牙器的制造 (440)

第八节　手工业劳动者及管理 (444)
　　一　手工业劳动者——工 (444)
　　二　手工业的管理 (445)

第七章　活跃的商业 (448)
第一节　商代社会的分层及贫富差异 (449)
第二节　社会分工的深化与城市的发展 (451)
　　一　社会分工的深化 (452)
　　二　城市的发展 (455)

第三节　社会各阶层在商品交换中所处的地位和作用 …………… (459)
　　一　奴隶阶级 ……………………………………………………… (460)
　　二　国王及王室成员 ……………………………………………… (460)
　　三　奴隶主贵族 …………………………………………………… (461)
　　四　平民 …………………………………………………………… (462)
第四节　贝是商代的货币 …………………………………………… (466)
　　一　贝所具的价值尺度职能 ……………………………………… (467)
　　二　贝的支付手段职能 …………………………………………… (468)
　　三　贝的流通手段职能 …………………………………………… (470)
　　四　贝的储藏职能 ………………………………………………… (472)

第八章　商代的财政制度 …………………………………………… (476)
第一节　财政收入 …………………………………………………… (477)
　　一　甲骨文中有关贡纳活动的用语 ……………………………… (478)
　　二　贡物的种类 …………………………………………………… (482)
第二节　财政支出 …………………………………………………… (498)
　　一　商王及其后妃的消费 ………………………………………… (500)
　　二　王宫戍卫及杂役人员的费用 ………………………………… (501)
　　三　军事方面的支出 ……………………………………………… (502)
　　四　对王室直属产业中劳动者的生活供给 ……………………… (502)
　　五　对死者的丧葬费用 …………………………………………… (503)
　　六　祀神的费用 …………………………………………………… (505)
　　七　对贵族、官吏的飨宴 ………………………………………… (511)
　　八　赏赐的费用 …………………………………………………… (516)

第九章　商代方国经济（上） ……………………………………… (519)
第一节　晋地诸方国经济 …………………………………………… (520)
　　一　农业、家畜饲养及渔猎经济 ………………………………… (521)
　　二　青铜器铸造业 ………………………………………………… (529)
　　三　陶器制造 ……………………………………………………… (539)
　　四　建筑技术 ……………………………………………………… (544)
　　五　盐业生产 ……………………………………………………… (551)

六　其他手工业 …………………………………………………… (553)
　　　七　商品交换 ……………………………………………………… (554)
　第二节　渭河流域的诸方国经济 …………………………………………… (556)
　　　一　渭河流域的商时期文化及其方国 …………………………… (556)
　　　二　商时期渭河流域诸方国的农业 ……………………………… (562)
　　　三　家畜饲养和渔猎经济 ………………………………………… (570)
　　　四　青铜器制造业 ………………………………………………… (577)
　　　五　陶器制造业 …………………………………………………… (583)
　　　六　建筑技术 ……………………………………………………… (592)
　　　七　其他手工业 …………………………………………………… (599)
　第三节　北土诸方国经济 …………………………………………………… (601)
　　　一　北土诸方国的农业、家畜饲养及渔猎活动 ………………… (603)
　　　二　青铜器制造业 ………………………………………………… (612)
　　　三　陶器制造业 …………………………………………………… (622)
　　　四　建筑技术 ……………………………………………………… (632)
　　　五　纺织业 ………………………………………………………… (639)
　第四节　东夷诸方国经济 …………………………………………………… (642)
　　　一　农业 …………………………………………………………… (646)
　　　二　家畜饲养 ……………………………………………………… (650)
　　　三　手工业 ………………………………………………………… (654)
　　　四　商品经济——贝 ……………………………………………… (662)

第十章　商代方国经济(下) ………………………………………………… (665)
　第一节　两湖地区的商时期方国经济 ……………………………………… (665)
　　　一　农业、家畜饲养和渔猎活动 ………………………………… (667)
　　　二　青铜器铸造 …………………………………………………… (670)
　　　三　铜矿的开采和冶炼 …………………………………………… (678)
　　　四　陶瓷器制造 …………………………………………………… (682)
　　　五　建筑技术 ……………………………………………………… (686)
　　　六　其他手工业 …………………………………………………… (692)
　第二节　赣鄱地区的商时期方国经济 ……………………………………… (693)
　　　一　农业、家畜饲养和渔猎经济 ………………………………… (694)

二　青铜器铸造 …………………………………………… (699)
　　三　铜矿的开采 …………………………………………… (708)
　　四　陶瓷器制造 …………………………………………… (717)
　　五　建筑技术 ……………………………………………… (720)
　　六　玉器制造 ……………………………………………… (723)
　第三节　商时期蜀国的经济 ………………………………… (726)
　　一　商代甲骨文中的蜀与四川的三星堆文化 …………… (727)
　　二　蜀国的农业、家畜饲养和渔猎 ……………………… (735)
　　三　青铜器铸造 …………………………………………… (740)
　　四　金器制造 ……………………………………………… (752)
　　五　玉、石器制造 ………………………………………… (755)
　　六　陶器制造 ……………………………………………… (761)
　　七　建筑技术 ……………………………………………… (763)
　　八　纺织业 ………………………………………………… (767)
　　九　关于制盐业 …………………………………………… (769)
　　十　商品交换 ……………………………………………… (772)

第十一章　商代的天文与历法 ………………………………… (774)
　第一节　甲骨文天象记录的证认 …………………………… (774)
　　一　甲骨文的月食刻辞 …………………………………… (774)
　　二　关于卜辞中的"星" ………………………………… (779)
　第二节　殷商时期的历法 …………………………………… (782)
　　一　关于历日的研究 ……………………………………… (783)
　　二　关于历月的研究 ……………………………………… (798)
　　三　关于历年的研究 ……………………………………… (806)

后　记 …………………………………………………………… (815)

彩图目录

彩图 1　安阳西北冈 1001 号殷王陵雕花木器遗存（采自《来自碧落与黄泉》）
彩图 2　安阳西北冈 1001 号大墓象牙镶嵌绿松石残豆
　　　　（采自《殷墟出土器物选粹》）
彩图 3　安阳小屯甲十一基址铜础（采自《殷墟出土器物选粹》）
彩图 4　小屯出土"亘"字方鼎外范（采自《殷墟出土器物选粹》）
彩图 5　妇好墓三联甗（采自《中国青铜器全集·商 2》）
彩图 6　湖北盘龙城釉陶尊（采自《盘龙城——一九六三年——一九九四年考古发掘报告》）
彩图 7　江西鹰潭角山商代窑址出土陶拍（采自《夏商社会生活史》增订本）
彩图 8　金沙鸟纹金箔（采自《金沙——21 世纪中国考古新发现》）
彩图 9　美国弗利尔晚商龙盘（采自《中国青铜器全集·商 3》）
彩图 10　美国旧金山亚洲艺术馆藏商代前期铜鬲
　　　　（采自《中国青铜器全集·夏商 1》）
彩图 11　三星堆顶尊跪坐人像（采自《三星堆祭祀坑》）
彩图 12　江西清江吴城商代遗址一期陶文（采自《文物》1975 年第 7 期）
彩图 13　西北冈 1001 号大墓大理石门臼（采自《殷墟出土器物选粹》）
彩图 14　西北冈 1003 号殷王陵石门臼（采自《殷墟出土器物选粹》）
彩图 15　西北冈 1005 号大墓祭祀坑中柱旋龙盂（采自《殷墟出土器物选粹》）
彩图 16　小屯 M388 出土足内刻"戈"白陶云雷纹豆
　　　　（采自《殷墟出土器物选粹》）
彩图 17　偃师商城大口尊（采自《中华人民共和国重大考古发现》）
彩图 18　殷墟鹿头骨刻辞（采自《来自碧落与黄泉》）
彩图 19　殷墟象牙柶（采自《来自碧落与黄泉》）
彩图 20　浙江温岭琛山晚商龙盘（采自《中国青铜器全集·商 4》）

彩图 21　郑州商城宫室区石砌输水管道(采自《郑州商城——
　　　　一九五三——一九八五年考古发掘报告》)
彩图 22　郑州商城陶簋(采自《中华人民共和国重大考古发现》)

插图目录

图 1—1　契刻有中商受年的甲骨 ………………………………………… (5)
图 1—2　商及四土受年甲骨 ……………………………………………… (6)
图 1—3　河南省地势地貌分区图 ………………………………………… (7)
图 1—4　《山经》河水下游及其支流图 ………………………………… (15)
图 1—5　豫西第四系黄土分布图 ………………………………………… (26)
图 1—6　洛阳北 310 国道路堑黄土剖面图 ……………………………… (27)
图 1—7　河南境内历代黄河变迁图 ……………………………………… (32)
图 1—8　挪威雪线与中国温度迁变图 …………………………………… (34)
图 1—9　黄土剖面硅酸体变化与古气候图 ……………………………… (37)
图 1—10　获象的甲骨 …………………………………………………… (39)
图 1—11　黄土剖面磁化率曲线图 ……………………………………… (41)
图 1—12　帝降旱的卜辞 ………………………………………………… (57)
图 1—13　焚女巫求雨的卜辞 …………………………………………… (60)
图 2—1　进入诸侯国垦田的卜辞 ……………………………………… (64)
图 2—2　井字形的田字甲骨文 ………………………………………… (76)
图 3—1　称年的甲骨文 ………………………………………………… (93)
图 3—2　带穗头的禾字甲骨 …………………………………………… (97)
图 3—3　受䅣年与受黍年同版甲骨 …………………………………… (110)
图 3—4　记载有高粱的甲骨 …………………………………………… (114)
图 3—5　郑州南关外铸铜遗址出土的青铜镢 ………………………… (120)
图 3—6　1. 罗山蟒张后李出土的铜锸 ………………………………… (122)
　　　　　2. 马王堆三号墓出土汉时带柄铁口锸 …………………… (122)
图 3—7　甲骨文男字 …………………………………………………… (124)
图 3—8　甲骨文耤字 …………………………………………………… (125)

图 3—9　殷墟灰坑壁上的双齿耒痕迹……………………………(125)
图 3—10　妇好墓出土的青铜铲……………………………………(128)
图 3—11　郑州二里岗上层一期石铲………………………………(129)
图 3—12　郑州二里岗时期出土的蚌铲……………………………(130)
图 3—13　郑州二里岗下层二期出土的石刀………………………(131)
图 3—14　殷墟苗圃期石镰…………………………………………(133)
图 3—15　殷墟苗圃期蚌镰…………………………………………(134)
图 3—16　土地分等的商代青铜器…………………………………(136)
图 3—17　五百四旬七日甲骨………………………………………(141)
图 3—18　叠田卜辞…………………………………………………(144)
图 3—19　幽勿牛与黄勿牛甲骨……………………………………(148)
图 3—20　战国铁犁头复原图………………………………………(149)
图 3—21　殷墟出土的骨锥…………………………………………(156)
图 3—22　百洀的甲骨………………………………………………(159)
图 3—23　种田的众逃亡卜辞………………………………………(168)
图 4—1　用千头牛祭祀的甲骨……………………………………(179)
图 4—2　驾马车打猎的甲骨………………………………………(184)
图 4—3　子黄尊铭…………………………………………………(185)
图 4—4　妇好墓铜罍上的水牛角纹………………………………(187)
图 4—5　妇好墓出土的玉雕绵羊…………………………………(189)
图 4—6　甲骨文"为"字……………………………………………(196)
图 4—7　妇好墓出土的玉鹅………………………………………(199)
图 4—8　百只去势的猪……………………………………………(205)
图 4—9　猪产子甲骨文……………………………………………(209)
图 4—10　九牧的卜辞………………………………………………(211)
图 4—11　右、中牧场卜辞…………………………………………(217)
图 4—12　贡刍 506 人的甲骨………………………………………(225)
图 4—13　河北丰宁亚牧铭文………………………………………(230)
图 5—1　虎骨刻辞…………………………………………………(239)
图 5—2　获兕四十的甲骨…………………………………………(241)
图 5—3　狩猎阱麋的卜辞…………………………………………(244)
图 5—4　焚田获兽卜辞……………………………………………(259)

图5—5	陷坑获七百只麋鹿	(260)
图5—6	衰大兕甲骨	(270)
图5—7	获三万尾鱼甲骨	(287)
图5—8	捕获鲔（鲟鱼）卜辞	(288)
图5—9	捕鱼的拦网	(290)
图5—10	《井鼎》铭文	(298)
图6—1	郑州张寨杜岭出土的青铜方鼎	(302)
图6—2	妇好三联甗	(303)
图6—3	苗圃北地陶模与内范	(324)
图6—4	苗圃北地陶外范	(325)
图6—5	苗圃北地方形陶范安装示意	(328)
图6—6	郑州熔铜坩埚和"将军盔"	(329)
图6—7	苗圃北地陶鼓风管	(330)
图6—8	司母戊鼎的铸型及其装配	(331)
图6—9	铜斝浇铸示范图	(331)
图6—10	龙头提梁卣	(332)
图6—11	提梁卣的多次铸接	(333)
图6—12	郑州铭功路出土的陶拍	(342)
图6—13	郑州二里岗上下层主要陶器比较图	(343)
图6—14	郑州商城出土的陶水管	(346)
图6—15	郑州商城出土的板瓦	(347)
图6—16	妇好墓出土陶埙	(348)
图6—17	殷墟白陶罍	(350)
图6—18	郑州南顺城街H1出土的原始瓷器及硬陶器	(352)
图6—19	郑州商代陶窑	(355)
图6—20	孟庄商代陶窑复原图	(357)
图6—21	偃师商城大小城平面图	(360)
图6—22	郑州商城平面图	(362)
图6—23	洹北商城位置图	(365)
图6—24	妇好墓出土偶方彝	(373)
图6—25	郑州商城C8F15平面图	(374)
图6—26	郑州商城C8F16平面图	(375)

图 6—27　郑州商城 C8F15 复原图 …………………………………………（375）
图 6—28　洹北商城一号基址平面图 ………………………………………（378）
图 6—29　小屯 F11 残壁画墙皮 ……………………………………………（378）
图 6—30　偃师商城宫城遗址平面图 ………………………………………（380）
图 6—31　郑州商城石板水池 ………………………………………………（380）
图 6—32　郑州商城井 3 平、剖面图 ………………………………………（382）
图 6—33　安阳殷墟出土的陶水管 …………………………………………（384）
图 6—34　殷墟白家坟商代"丁"字形陶水管道 ……………………………（385）
图 6—35　孟庄圆形房子平面图 ……………………………………………（386）
图 6—36　小屯西地 GH405 平、剖面图 ……………………………………（387）
图 6—37　小屯北地 F10、F11 平、剖面图 …………………………………（389）
图 6—38　紫金山北商代铸铜遗址探沟及遗迹分布图 ……………………（391）
图 6—39　木骨泥墙结构图 …………………………………………………（393）
图 6—40　柘城孟庄商代房屋平、剖面图 …………………………………（394）
图 6—41　孟庄商代房屋复原透视图 ………………………………………（394）
图 6—42　着衣石人(左)和玉人 ……………………………………………（398）
图 6—43　殷墟出土麻布残片 ………………………………………………（399）
图 6—44　蚕示甲骨 …………………………………………………………（405）
图 6—45　后岗圆坑发现的成束丝 …………………………………………（406）
图 6—46　商代丝绸图案 ……………………………………………………（409）
图 6—47　玉凤 ………………………………………………………………（416）
图 6—48　玉龙 ………………………………………………………………（416）
图 6—49　《天工开物》琢玉图 ………………………………………………（422）
图 6—50　钻头与钻孔 ………………………………………………………（424）
图 6—51　妇好墓出土的骨笄 ………………………………………………（431）
图 6—52　妇好墓出土的雕花骨匕 …………………………………………（432）
图 6—53　宰丰雕花骨 ………………………………………………………（433）
图 6—54　夒鋬象牙杯 ………………………………………………………（441）
图 6—55　三星堆二号坑象牙埋藏情况 ……………………………………（443）
图 7—1　遽伯还簋铭文 ……………………………………………………（470）
图 7—2　甲骨文买字 ………………………………………………………（470）
图 7—3　亢鼎铭文 …………………………………………………………（471）

插图目录

图 8—1	贡羊三百甲骨	(479)
图 8—2	贡牛百头甲骨	(487)
图 8—3	贡犬二百甲骨	(489)
图 8—4	来象甲骨	(490)
图 8—5	取盐卜辞	(493)
图 8—6	用五百仆祭祀	(505)
图 8—7	小子𫉄簋	(513)
图 9—1	贡白马、入龟	(527)
图 9—2	铜簋和骡子图形	(527)
图 9—3	旌介村出土含铁铜钺	(531)
图 9—4	李家崖类型具地方特色的铜器	(533)
图 9—5	带角兽形青铜觥	(534)
图 9—6	第二类型文化铜器铭文	(536)
图 9—7	敛口三足瓮	(541)
图 9—8	垣曲商城二里岗下层陶窑平、剖面图	(543)
图 9—9	东下冯二里岗时期圆形基址F502、506平、剖面图	(546)
图 9—10	垣曲商城平面图	(548)
图 9—11	李家崖古城平面图	(549)
图 9—12	东下冯商代圆形建筑基址平面图	(552)
图 9—13	扶风壹家堡羊圈平、剖面图	(573)
图 9—14	老牛坡出土的镞范	(581)
图 9—15	老牛坡商文化三期陶器部分纹饰	(588)
图 9—16	老牛坡6号陶窑平、剖面图	(591)
图 9—17	碾子坡深土窑式房屋基址平、剖面图	(593)
图 9—18	老牛坡第二号建筑基址上的石柱础	(598)
图 9—19	藁城台西出土的骨锥	(606)
图 9—20	镇江营出土的鹿角锹	(607)
图 9—21	卢龙出土弓形器背上的犀牛	(612)
图 9—22	平谷刘家河出土的部分铜器	(614)
图 9—23	唐山雹神庙出土的石范	(619)
图 9—24	林西古采矿四号采坑图	(621)
图 9—25	筒腹形陶鬲	(626)

图9—26　古冶陶窑 …………………………………………………… (631)
图9—27　双碑陶窑 …………………………………………………… (632)
图9—28　台西第六号房子平、剖面图 ……………………………… (636)
图9—29　商时期台西房屋布局复原 ………………………………… (638)
图9—30　台西商代晚期水井平、剖面及井盘视意图………………… (639)
图9—31　台西铜觚上丝织品组织示意图 …………………………… (642)
图9—32　济南发现的青铜犁铧 ……………………………………… (648)
图9—33　苏埠屯出土的铜铲 ………………………………………… (648)
图9—34　大辛庄发现的铜镰 ………………………………………… (649)
图9—35　半月形有孔石刀 …………………………………………… (650)
图9—36　前掌大商代马具复原 ……………………………………… (651)
图9—37　前掌大出土的印纹硬陶和原始瓷器 ……………………… (657)
图9—38　盔形器的形制演变图 ……………………………………… (660)
图9—39　出土盔形器的部分遗址位置示意图 ……………………… (663)
图10—1　随县发现的青铜工具 ……………………………………… (668)
图10—2　大铜铙 ……………………………………………………… (674)
图10—3　矿井支撑木框架结构复原图 ……………………………… (679)
图10—4　铜绿山炼铜竖炉复原图 …………………………………… (681)
图10—5　双燕咀圆形竖穴窑 ………………………………………… (685)
图10—6　费家河"8"字形陶窑 ……………………………………… (686)
图10—7　盘龙城位置图 ……………………………………………… (688)
图10—8　盘龙城一号宫殿复原剖面图 ……………………………… (689)
图10—9　炭河里遗址地形、位置示意图……………………………… (690)
图10—10　新干大洋洲出土的青铜犁铧 …………………………… (694)
图10—11　兽面纹虎耳铜方鼎 ……………………………………… (700)
图10—12　商代中期(J72)矿井支架示意图 ……………………… (710)
图10—13　商代晚期矿井支架示意图 ……………………………… (711)
图10—14　商中期巷道支架示意图 ………………………………… (711)
图10—15　商晚期巷道支架结构示意图…………………………… (712)
图10—16　商时期的木滑车 ………………………………………… (713)
图10—17　溜槽选矿示意图 ………………………………………… (715)
图10—18　选矿溜槽及尾砂池平、剖面图 ………………………… (716)

图 10—19 吴城 6 号龙窑平、剖面图 …………………………………… (719)
图 10—20 吴城城址地形图 ……………………………………………… (721)
图 10—21 陶屋盖 ………………………………………………………… (722)
图 10—22 侧身羽人玉佩饰 ……………………………………………… (724)
图 10—23 翻越秦岭的古道 ……………………………………………… (734)
图 10—24 三星堆铜人面具 ……………………………………………… (741)
图 10—25 三星堆Ⅰ号大神树 …………………………………………… (745)
图 10—26 金杖纹饰图案 ………………………………………………… (753)
图 10—27 人物山图案玉璋 ……………………………………………… (758)
图 10—28 金沙遗址跪坐人石雕 ………………………………………… (760)
图 10—29 三星堆遗址分布图 …………………………………………… (763)
图 10—30 成都十二桥干栏式房屋复原图 ……………………………… (767)
图 10—31 三星堆青铜立人像 …………………………………………… (768)
图 10—32 重庆地区大量出土尖底杯和圜底罐的遗址分布 …………… (770)
图 10—33 尖底器 ………………………………………………………… (771)
图 11—1   乙酉夕日食 …………………………………………………… (775)
图 11—2   十三月甲骨文 ………………………………………………… (800)
图 11—3   十四月甲骨文 ………………………………………………… (801)

绪 论

本卷的题目是《商代经济与科技》，表面上看是两个部分：经济、科技。但是写起来又不可分开来写，因为在论述每个生产部门时，它的各个生产环节，就都含有该生产部门的科学技术成就，所以本书不设专门章节来论述科技而是将科技放到各部门经济中去讲，以避免重复和空泛。

夏商周（西周）时期的经济，商代是一个高峰，它为以后三千年的中国经济打下了坚实的基础。商代经济的成就，奠定了中华文明的第一个高峰——商文明。高度发展的商文明，是同经济发展的高峰期相应的。

商代的国家体制是"内外服"制，即商王室直接统治的地区和诸侯国领地。诸侯国虽然是臣属于商王朝的，但它又是一个具有一定独立性的国家，有独自的政治、经济体系。因此商王室的经济不能包括诸侯国的经济，所以本书有"方国经济"章，专论述方国经济成就，而"商代经济"则是专指商王室直接统治地区即"王畿"内的经济。据考古发掘出土的文物，在今河南省境内出土的商时期器物，风格基本一致，应属商王国的直接统治地区，即是商王国的"王畿"；在今河南省以外，同河南省接壤的一些地区，所出土的商时文化遗物，虽同河南境内出土的商时期文化遗物比较接近，但已有一些差别。从古文献及甲骨文记载知，那些地区已是诸侯、方国的地盘。

商时期华北地区的气温比今日为暖，一年四季都有雨和有大象活动就是证明。但商时期华北地区并不是"风调雨顺"的时期，旱涝灾害时降。从考古发掘遗址分析，在郑州二里岗时期及安阳殷墟时期，都曾出现过干旱。在这两地清理的商时期墓葬及灰坑中，都有一些底部在潜水之下，无法清理到底。为了获取文物，有时要用抽水机排水方能清理到底部，有不少墓葬、灰坑因发掘到今日的水位线处就无法再往下清理了。这些现象反映出，当时的地下水位比今日为低，如殷墟妇好墓的墓底在今日水位线以下的 1.3 米处，是商代殷墟时期的雨水比今日少、气候干旱的反映。从殷墟出土的甲骨文中可以看到，商代统治者特别重视农业生产，商王亲自参与一系列农业事务的指挥，建立起一整套农业管理体制。这些不是商朝的统治者关心劳动人民，而是严重的水旱灾害所迫。

构成商时期经济基础的三大部门：农业、畜牧业（家畜饲养）、手工业，其生产技术和劳动组织形式已达到相当的水平。从出土实物上看，商代农业中所使用的工具，虽然仍是以石器为主，但青铜工具已直接或间接地使用于农业生产中。青铜制的农业生产工具，如耒、耜、锸、犁、铚、镰、铲、锄、耨、钁等，在商王畿及方国境内都有发现。被视作手工业工具的斧、锛、刀、锯、凿等青铜工具，在农业生产中也起着重要的作用。斧是砍伐树木、清除田面杂草的必需工具，是直接用于农业生产工具之一种。此外青铜制的手工业工具，是制作木、竹农具的最好工具。有了锋利的青铜工具，就可既快又好地不断制作出适用的木、竹农具，从而提高木、竹质农具的质量，这对提高农业生产的作用是不应低估的。农业生产过程中，生产者已掌握了整地、播种、除草、施肥、治虫、收割等一整套的田间耕作管理技术，这一套技术，是农业获得良好收成的保证。农作物种类上，后世所称的"五谷"都已齐备。农作物品种的丰富，是农业生产水平高的直接反映。

畜牧业在商代占有重要的地位，主要采用圈栏饲养和放牧两种方法，并已有相对固定的牧场，已掌握对牲畜的阉割技术。所以畜牧业不但能提供人们需要的肉食，还能为商王提供大批的牛羊用以祭神。

渔猎活动在统治阶层更多的是游乐，还兼练兵，也有"取鲜"的成分，而在普通民众中，则是为补充肉类食物，是肉类食品来源的重要方式之一。

商时期手工业的门类齐全，技术含量高，最具代表性的行业当然是青铜冶铸。重达875公斤的"司母戊"大鼎，是其代表作。在我国甚至世界古代，这样的重器也堪称绝作，它体现了这个时代的综合技术水平。

商品生产已经出现，如在制造陶器的行业中，大的烧制陶器的作坊和烧制单一产品的窑场的出现，都是以出卖生产品而进行的生产。商品交换也已发展起来，贝是用作流通的货币。贝的材质主要是天然的海贝，同时也出现了仿制的骨贝、玉贝和石贝，在商代晚期还出现了铜贝，开金属铸币先河。

商代的财政收入主要是两个方面：一是王室亦即国家直接经营的产业所获得的收入；二是诸侯、贵族及臣僚们的贡纳物。商代国家的财政支出主要是用在消费性的方面，用于扩大再生产的支出是很少的。

商时期的诸侯、方国经济，在中原商文化的影响下，逐渐获得发展。到商代中晚期，形成了各具特色的地方经济，其经济技术水平，已不比中原的商王国低。

孔子说，"殷礼吾能言之，宋不足徵也，文献不足故也"，处在二千五百年前的孔子皆慨叹研究商代历史"文献不足"，我们今日就更有甚焉。古人给我们留下有关商代的纸书材料，十分有限，而这仅有不多的纸书上的材料，也是以帝王将相为重心，对于经济生活、社会生产则很少有涉及，因此研究商代经济主要依靠地下的出土材料。1899年殷墟甲骨文被发现，此后百余年来，甲骨文和考古材料大批出土，大大丰富了研究商代经济的材料，使这一研究得以进行，这是我们今日比孔老夫子还有幸的地方。

有了丰富的甲骨文和考古材料，商代经济史的研究还是一个难于展开的领域，李学勤先生说，对商代历史文化研究的论著，虽可称是"汗牛充栋"，但"仍留有若干空白，或者相当薄弱的区域。这每每是一些难于着手的环节：有的是由于某些因素存在特殊的障碍，需要集中克服；有的则由于大量材料需要广泛的综合，难于概括提高。商代经济史，则是这两种情况兼有的一个区域"（见杨升南著《商代经济史序》）。殷墟甲骨文已发现不下十万片，在全国所发现的商代遗址，没有确切的统计数字，估计应有几千处之多。再加之20世纪80年代以来，学术空前活跃，报纸、杂志如雨后春笋般地不断冒了出来，据有关方面统计，全国每年出版的报纸达2000多种，杂志在8000种以上，人们惊呼"信息爆炸"。有的报纸、杂志在北京就很难看到，要掌握如此多的信息，要对如此多的材料进行综合、梳理、概括提高，确实有相当大的难度。

经济领域是和科学技术不可分的，因此同自然科学有着密切的关系。有不少的遗存现象，需要依靠自然科学手段进行研究，如古时的自然环境，要对古遗址的土壤进行分析、对动植物遗骸种类进行鉴定；工艺要经过模拟实验；物质成分要经过定量测定，才能解释得清楚合理。这些都是摆在社会科学研究者面前的"特殊障碍"。所以研究古代经济，特别需要自然科学工作者们的参与及合作。

十分可喜的是，现在已有一批自然科学工作者参与到对古代物质文化的研究领域中来了。他们对商代青铜器的模拟铸造试验、青铜器合金成分的分析、对青铜器中含放射性铅同位素的分析以探寻铜料的产地、对陶瓷器玉器成分的分析鉴定、对古代气候变迁的研究、对古遗址土壤的分析研究、对古遗址出土动植物的研究以复原当时的生态环境等方面，都取得了很可观的成果，推动了古代文明的研究。更为可喜的是成立了相应的研究机构，最早成立的中国科技考古学会，已经召开了七届年会；中国科学院于2004年12月24日成立了"传统工艺与文物科技研究中心"、北京科技大学于2004年12月4日成立了"科学技术与文明研究中心"。这些机构的建立，将更加有序地使自然科学工作者投入到对古代物质文化和工艺技术的研究领域中来，这将会使古代文明的研究出现全新的局面。

本书在注重古文献、古文字、考古材料的同时，也充分地吸收了自然科学工作者的研究成果。但是由于有些报刊、文集上的材料不易看到，致使所作概括有失全面，所作结论有欠稳妥，加之我们的水平所限，书中一定还存在着很多的不足，希望得到批评指正。

作者

2004年10月

第一章

商人从事经济活动的自然环境

人类从事经济活动的舞台,首先是所处的地域。地域的位置,决定其自然环境。在上古时期,由于科学技术不高,生产力水平所限,人们在从事经济活动中,对自然环境的依赖是很强的。世界不同民族、不同国家具有各不相同的经济特色,如以农业为主的民族,以畜牧业为主的民族,以半农半牧为业的民族,以狩猎为生的民族,以从事商业并以海外贸易见长的民族等等,就是由各自所处地域位置的自然环境所决定的。所以我们在研究商代经济之前,要先研究商人从事经济活动所处的自然环境,了解商时期人们从事经济活动的背景及舞台,以使我们知道商代为什么是以农业为主体的经济形态。

自然环境是指地形、地貌、土壤、气候及雨量等自然条件。

第一节 商人所处地域的地形、地貌

商人所处的地域在亚洲大陆的东部,黄河流域的中下游,以今河南省为中心。甲骨卜辞中称这一地域为"中商":

勿于中商。(《合集》7837)
□已卜,王,贞于中商呼……方。(《合集》20452)
庚辰卜𠭯中商。(《合集》20587)
戊申卜,王,贞受中商年。(《合集》20650)(图1—1)

图1—1 契刻有中商受年的甲骨
(《合集》20650)

商人称自己所处的地域为"中商",也只

称为"商",认为它是居处在天下之中的位置。所以在商人的意识概念里"商"和它周围的地域是分开的,由下引卜辞知(图1—2):

己巳王卜,贞[今]岁商受[年]?王占曰:吉

东土受年?

南土受年?吉

西土受年?吉

北土受年?吉(《合集》36975)

南方

西方

北方

东方

商(《屯南》1126)

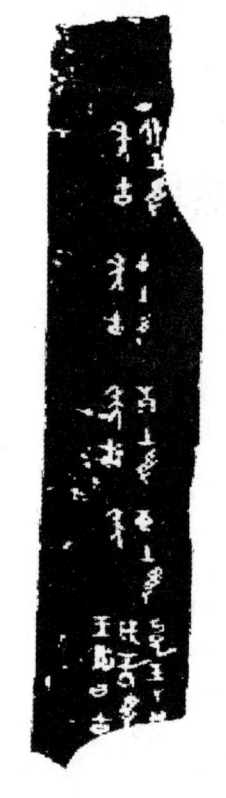

图1—2 商及四土受年甲骨
（《合集》36975）

所以卜辞中的"中商"即是"商"。商、中商在商人的语言中应是同一个意思,即是商王直接统治的地区,后世称为"王畿"的地域。①

商代的"王畿"包括今之河南全省地区,位于北纬 31°23′—36°22′,东经 112°21′—116°39′,东西占 6 个多经度,南北占 5 个多纬度。东西长 580 公里,南北宽 550 公里,总面积为 16.7 万平方公里（图1—3）。无论东西间的长度还是南北间的宽度,都超过一千华里,古人说"邦畿千里",商代就已是这样的规模。从现代考古发掘已证实,在今河南省的范围内,所发掘出的商时期的文化遗存点达 670 余处。② 在这些遗址里出土的文化遗物中,特别是具有形态学演变意义的陶器和青铜器,其造型、纹饰都具一致性的特点,而在此范围

---

① 此"王畿"指商王室直接治理的地域而非仅指王都附近的地区。《诗·商颂·玄鸟》"邦畿千里,维民所止",毛传:"畿,疆也。"唐宋之问《送李侍御》"南登止吴越,北走出秦畿",此"畿"与《玄鸟》中之"畿"义同即疆域、疆土,即是《尚书·酒诰》"内服"职官所治理的地域范围。

② 河南省文物局:《中国文物地图集·河南分册》,中国地图出版社 1991 年版。

以外，其所出器物虽多少具有"王畿"内所出土的器物的特点，但却总带有一些不同于"王畿"的地方特色。所以我们说今河南省地区，是商代的"王畿"，从考古学上说已没有什么问题。①

"王畿"的地形地貌为商代经济的发展提供了有利的条件。

图 1—3　河南省地势地貌分区图

(《河南省志》第三卷《地貌山河志》)

---

①　南阳地区发现的商文化遗存较少。

一 三面环山的天然屏障和资源优势

商代"王畿"所处的地理位置，十分有利于商人的安全，从而有利于经济的发展。从地势上看，西高东低，北边有太行山和中条山脉，西边有崤山、熊耳山、外方山和伏牛山脉，南边有桐柏山和大别山脉，为三面环山而居。

五岳之一的中岳嵩山位于河南省的中部，东部为华北大平原（又称黄淮海大平原）。从安阳殷墟出土的甲骨卜辞知，在安阳殷墟时期即盘庚迁殷以后的商时期，其劲敌主要是来自北、西、南这三个方面的，如来自北方的敌人：

> 贞其有来艰（艰）自北。三月。（《合集》7118）
> ……四日庚申，亦有来艰（艰）自北。子㱿告曰：昔甲辰，方征于㡆，俘人十又五人。五日戊申方亦征，俘人十又六人。六月，在……（《合集》137反）
> 王占曰：有祟，其有来艰（艰）。迄至九日辛卯，允有来艰（艰）自北。㡆妻告曰：土方侵我田十人。（《合集》6057反）

"来艰（艰）"是卜辞中有外敌来侵犯的一个习语。北方的劲敌是土方。来自西方的敌人是舌方、羌方：

> ［贞其有］来艰（艰）自西。十月。（《合集》7094）
> 癸巳卜，㱿，贞旬无祸。王占曰：有祟，其有来艰（艰）。迄至五日丁酉，允有来艰（艰）自西，沚馘告曰：土方征于我东鄙戋（灾）二邑，舌方亦侵我西鄙田。（《合集》6057正）
> 贞其有来羌自西。（《合集》6597正）

沚馘据学者们的考证，其地在今山西省的中部。① 在商晚期王都今河南省安阳市来说，是在正西的位置。土方在今山西省的东北部与河北省的西部地区，所以卜辞称土方的侵商是"来艰（艰）自北"，舌方在沚馘的西，故侵沚

---

① 韩江苏：《甲骨文中的沚馘》，中国社会科学院研究生院硕士学位论文，2001年。

戜之西鄙。这次土方和舌方同时从东西两边侵犯商设置在晋中的诸侯国沚戜，是商"允（真的）有来嬉（艰）自西"。羌方也是商的强敌，其地在今山西省的西北到陕西省的北部，亦在商的西方。来自南方的敌人：

> 贞其有嬉（艰）自南。（《合集》7092）
> 贞无来嬉（艰）自南。（《合集》7093）
> 癸巳，贞旬有祟，自南有来祸。（《屯南》2446）

是商的南方屡有"来嬉（艰）"的报告，可见敌情是严重的，武丁亦曾亲临南土讨敌，武丁时期的卜辞有云：

> 乙未[卜]，贞立事[于]南，右[从]我，中从舆，[左]从曾。[十二月]。（《合集》5504、5512）

"立事"就是升旗聚众，将有征伐之事。① 曾地在今湖北省随州市地区。② 武丁深入今湖北随州，大致是与征讨"中方"有关：

> □□卜，㱿，贞王次于曾，迺呼𢎥中[方]。（《合集》6536、6537）

"𢎥"字象以手持网（毕）网猪，用于战争有征伐、征讨义，与下辞义同：

> 贞王伐中方受有佑。（《合集》6541）

是"𢎥中方"即"伐中方"。商王亲伐中方，是由于中方举兵侵商：

> 甲辰卜，宾，贞中方其称，惟戎。（《合集》6532正）

"其"者将要也，"称"者举也，"戎"者兵戎也。是商人的情报探得中方将要举兵内侵，故武丁亲自征讨，方有"立事于南"而"次于曾"的卜辞。郭

---

① 杨升南：《卜辞"立事"说》，《殷都学刊》1984年第2期。
② 江鸿：《盘龙城与商朝的南土》，《文物》1976年第2期。

沫若曾说"商人南方无劲敌",其实大不然。

北、西、南皆有劲敌,三面的大山,显然对商"王畿"的安全起着重要的屏障作用,对保护以农业为主要生业的商人,其作用至巨。商代经济之所以有长期的、较高水平的发展,与三面环山使境内相对安全不无关系。早期商王建都在今偃师境的洛阳盆地内,有三面环山的天然屏障,使商王朝在这里安度了前期的一百多年,年轻的商政权得以巩固。直到第十一代王仲丁时,因内部争夺王位才迁出这块盆地。①

太行山、中条山脉中蕴藏有铜矿,中条山脉有丰富的铅锌矿资源,也有锡矿矿点。②如在今洛阳市辖区内,已发现41个铜矿点,154个铅锌矿点,黄金矿点94处。③翻过太行山(古有"太行八陉"的通道)到达晋中盆地,那里有丰富的盐池。④东部是华北大平原,直至东海岸,中间皆无大山阻隔,往来方便,有利于获得海洋的鱼盐之利。这些,对青铜时代的商代手工业的发展,提供了极好的条件。

山地在经济方面除有丰富的矿产资源外,在农业生产方面,也有它的独特条件,那就是它的山间盆地。商"王畿"所在的今河南省境内约有大小山间盆地25个,在太行山、豫西山地和桐柏—大别山区均有分布。其中分布最密集、面积最大的是豫西山地及其南部地区,但多属小型山间盆地,面积最大的南阳盆地达12082平方公里,最小的面积约一百平方公里甚至只有几十平方公里。河南的盆地主要有:

(一) 三门峡盆地

地处河南西北部,在豫、晋、陕三省接壤的部位。盆地东西长120公里,南北宽40公里,南邻小秦岭和崤山,北邻中条山,东接韶山,西连渭河谷地。地势由南向北倾斜,盆地内黄土有广泛分布。盆地内的地貌分为三类:

---

① 杨升南:《"殷人屡迁"辨析》,载胡厚宣主编《甲骨文与殷商史》第二辑,上海古籍出版社1986年版。

② 地图出版社编:《中华人民共和国地图集》之《中国矿产》、《河南省概况》,地图出版社1984年版。

③ 洛阳市地方史志编纂委员会:《洛阳市志》第2卷《自然环境志》,中州古籍出版社2000年版,第427—430、435—439页。

④ 杨升南:《从"卤小臣"说武丁西北征的经济目的》,《甲骨文发现一百周年学术讨论会论文集》,文史哲出版社有限公司1998年版。

1. 山麓冲积平原

主要分布在小秦岭和崤山北坡的山前地带，它又可分为洪积倾斜平原和山前低凹平原。洪积倾斜平原主要由山麓洪积扇群联合而成，地势南高北低，海拔 500—700 米，一般由巨厚的冲积和洪积物及黄土组成；山前低凹平原仅见于焦村—程村之南，海拔 400—500 米，呈槽状，低凹处形成湿地，多由上更新统冲积亚砂土、洪积亚砂土、亚黏土和粉细沙所组成。

2. 黄土塬

在盆地中沿黄河谷地滩侧呈东西向带状分布，面积较大，约有 830 平方公里，占本区面积的 40%，海拔一般 500—600 米。

3. 河谷平原

主要分布于黄河谷地南侧和其较大支流两旁。黄河南侧的河谷平原，宽度不等，一般宽 2000—3500 米，最窄的 1000 米，最宽的有 7000 米以上，土壤由黄土物质组成，地表物质主要是黄色沙质黏土。三峡盆地现今是河南省棉花集中产地之一，也是粮食和果品的重要产区。

（二）洛阳盆地

位于豫西隆起的北部，介于崤山、邙岭、熊耳山和嵩山之间，是一种山间断陷沉积盆地。盆地东宽西窄，长约 150 公里，宽约 16—30 公里，面积约 4300 平方公里。盆地内由于周围山地的众多河流向东北部汇聚，形成伊、洛河后注入黄河。在伊河、洛河径流区内，中下游河谷川地宽阔，水源资源丰富，是河南的重要农业生产区。洛阳有较多的河流发源于西南部山区，且河流多沿大断裂带发育，故形成诸多宽阔的串珠状盆地（或称为河谷平川），主要有：

1. 河中游平原

南起嵩山田湖，北至洛阳龙门，一般宽 1000—3000 米，面积约 250 平方公里，大部分在海拔 200 米以下，地表物质以黄色沙质黏土为主。

2. 伊、洛河下游平原

西起洛阳，东至巩义市与偃师县交界处，处于伊、洛河的下游与汇流地段，在两河的长期共同作用下形成，是本区内最宽的河谷平原，面积约为 700 平方公里。此平原由洛河北侧平原、伊河南侧平原以及两河间的夹河平原三部分组成。地表物质为黄色亚黏土和夹沙黏土，水源充足，土质肥沃，是今农业稳产高产地区。

3. 洛河河谷平原

大致自洛宁的长水至洛阳市区以西，沿洛河两侧展开，一般宽 1000—

3000 米，最宽达 5000 米，面积约为 560 平方公里。河谷平原由三级堆积阶地和漫滩构成，土壤为黄色沙质黏土，是最好的农业地区。

4. 伊河上游河谷平原

自栾川经潭头、旧县至嵩县一带，河谷宽度在 1000—1500 米之间，面积约 130.67 平方公里，是山区的重要农业地区。

5. 北汝河谷平川

在汝阳境内的北汝河段以汝阳西庄为界，以上为山地型河川，长 93 公里；以下为平原型河川，长 72 公里，面积约 135 平方公里，平川海拔 220—350 米，是今重要的农业地区。

6. 黄河两岸平原

此部分面积约为 250 平方公里，为黄河冲积而成，土层深厚，土质肥沃，是今重要的农业区。①

（三）豫西地区串珠状红色盆地

豫西地区各山脉与河流相间分布，山脉间的盆地，多呈狭长形，与河流呈串珠状相连。这一地区的山间盆地有：

1. 朱阳盆地

在小秦岭与崤山之间。宏农涧河横贯盆地，盆地中呈向心水系发育，主要地貌类型是丘陵、岗地和河谷平原。

2. 卢氏盆地和范里盆地

在崤山和熊耳山之间，洛河横贯这两个盆地，其中峡谷与宽谷相间分布，最宽地带的宽度为 1000—1500 米，构成平坦的河谷平原。

3. 嵩县盆地和汝阳盆地

在熊耳山和外方山之间。嵩县盆地在潭头、旧县和嵩县盆地的伊河段，河谷平原一般宽 2000—3500 米。汝阳盆地的汝水河谷平原，宽 1000—2000 米。

4. 夏馆盆地、南召盆地和马市坪盆地

在伏牛山区的山脉间。均属构造凹陷盆地，盆地中有巨厚的中、新生代沉积层，地表有第三纪红色沙砾岩广泛分布，盆地呈西北至东南向的狭长形状。山间的河谷平原一般宽 2000—4000 米不等。

---

① 洛阳市地方史志编纂委员会：《洛阳市志》第 2 卷《自然环境志》，中州古籍出版社 2000 年版，第 97—100 页。

（四）豫北太行山区中部串珠状盆地

在豫北太行山区的西部中山与东部低山丘陵之间，自北而南有一系列断陷盆地，呈串珠状分布，主要有：

1. 林县盆地

是这一地区最大的一个盆地，南北长 30 公里，东西宽约 10 公里。盆地形状比较完整，西边是海拔 1000 米以上的中山，东边是海拔 400—500 米的低山丘陵。盆地海拔在 300 米左右，地势西高东低。盆地中覆盖有厚达 100 米以上的第四纪的松散堆积物，盆地西部以洪积物为主，有洪积裙构成向东倾斜的倾斜平原；东部主要为冲积物，形成平缓平原。发源于太行山中山的洹河（又称安阳河）斜贯林县盆地。

2. 临淇盆地

纵横约 4—5 公里，盆地内海拔高度一般为 290—340 米，其南、东部地势低平，中、北部有 370—430 米的低缓丘陵分布。盆地中堆积有 45 米厚的第四纪松散堆积物。其他较小的平原有任村盆地、原康盆地、南村盆地及顺河、东岗盆地等。

（五）登丰盆地

在豫西山地东部今日的登丰县境内。盆地北是嵩山山脉，南是箕山山脉，均呈东西向延伸，组成登封盆地的南北边缘山地。盆地海拔约 300—400 米，地势大致为南北高，中间低，由西向东倾斜。淮河最大的支流颍河，由西向东横穿盆地中南部。盆地的地貌以岗台地、平原和丘陵为主。盆地中平原有三种类型：一是颍河谷地两侧广阔的河谷平原；二是山麓地带的洪坡积倾斜平原；三是基岩裸露的波状剥蚀平原。登丰盆地的土壤是以黄土构成，适宜农业生产活动，"禹都阳城"的阳城，就在此盆地内。以农业为生的夏族，将其族群中心转移到登丰盆地内，可见此地区具有适宜的农业环境。

（六）南阳盆地

在今河南省西南部的南阳地区。北面是伏牛山主脊，东西两面为伏牛山的余脉，南面有一宽阔开口与湖北省境内的襄樊盆地相连，实际上呈半盆地形。盆地东西长为 100—160 公里，南北宽 60—100 公里，东北角有一宽 10 公里左右的缺口，与华北大平原相通，和襄樊盆地缺口一起构成历史上著名的"南襄走道"，从襄樊进入南阳，经此缺口进入华北大平原。

南阳盆地的西、北、东三面高，中间偏南部低。周围边境地带为垄岗状起伏的倾斜平原，海拔在 140—200 米。中南部是广阔平缓的平原，海拔 80—100 米。源于周围山地的河流向中南部汇聚，唐、白河自北而南穿过盆地，水系呈扇状，南流注入汉水。南阳盆地地面广阔平缓，土层深厚肥沃，水源丰富，排灌条件都很好，这里自古就有"粮仓"之称，是现今河南省最为重要的粮食生产地。但迄今在南阳盆地内发现的商文化遗存不多。

（七）桐柏吴城盆地

位于桐柏山区，其西南边与桐柏山脉相邻，东南、西北和东北三边多为丘陵，边界较曲折，为一类似菱形的构造盆地。盆地地势由北向南逐渐降低，河流从桐柏山区的北、东、南三面汇入盆地，构成半辐射状水系。分布于河流两侧的冲积平原，地势平坦。盆地海拔在 170 米以下。盆地内地形主要是岗地，分为高岗地和低岗地，农业均以旱地作物为主，而岗间坳沟，较广阔平坦，土质肥沃，以水田为主。①

二 众多的河流与湖沼

今天的河南省境内有四大水系：中北部的黄河水系，南部的淮河、卫河、汉水水系。现今省内有大小河道 1500 多条。② 全省各河流中，流域面积在 100 平方公里以上的有 491 条，其中 100—1000 平方公里的有 432 条，1000—5000 平方公里的有 43 条，5000—10000 平方公里的有 9 条，10000 平方公里以上的有 7 条。③ 古时黄河不是像今日从郑州往东经山东济南再向东北在山东境内入海，而是在今河南省的武陟县境向东北流，经浚县、内黄入今河北省，流经其中部，到今天津附近入海，今豫北的淇水、洹水（安阳河）在商时都是流入黄河的。④（图1—4）

---

① 河南省地方史志编纂委员会：《河南省志》第三卷《地貌山河志》，河南人民出版社 1994 年版，第 25—35 页。

② 河南省测绘局编《河南省地图册·河南概况》，福建省地图出版社 1987 年版。这个统计有被大大缩小之嫌，据洛阳市地方史志编纂委员会的统计，仅洛阳市的辖区内就有河、溪、涧、沟 27000 多条，其中常年有水的约有 7500 条，集水面积在 100 平方公里以上的有 34 条（见《洛阳市志》第 2 卷《自然环境志》，中州古籍出版社 2000 年版，第 256 页）。

③ 河南省地方史志编纂委员会：《河南省志》第三卷《地貌山河志》，河南人民出版社 1994 年版，第 87 页。

④ 谭其骧：《〈山经〉河水下游及其支流考》，《中华文史论丛》第七集，1978 年 6 月；收入《长水集》下册，人民出版社 1987 年版。

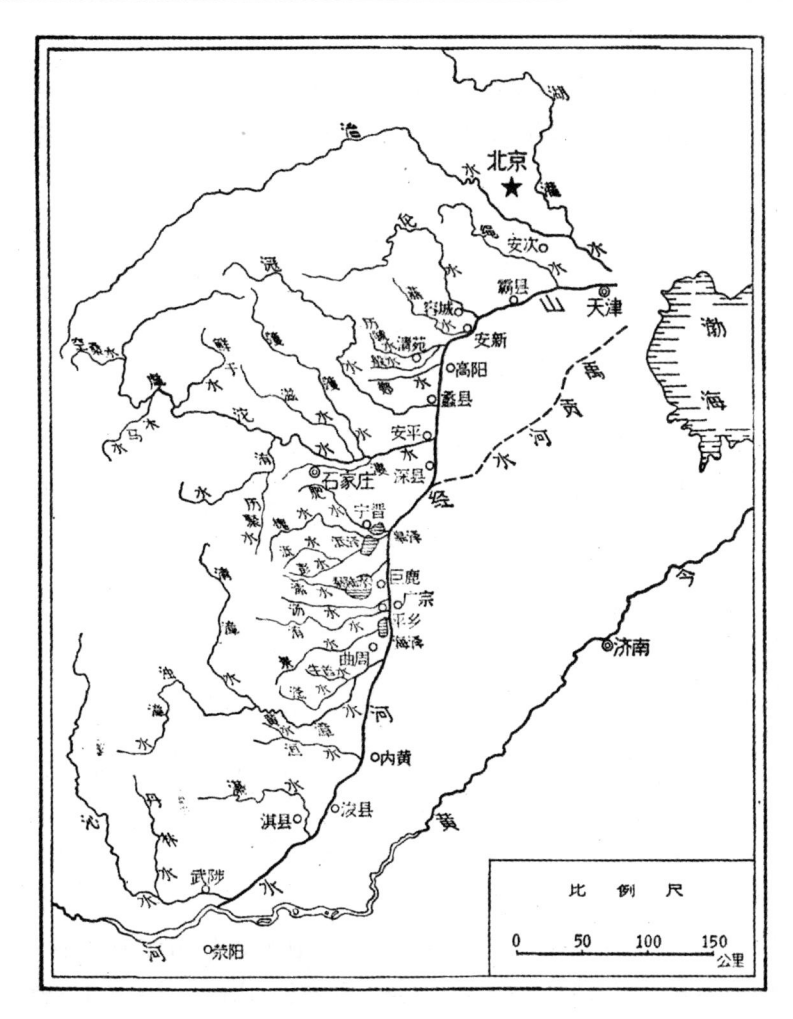

图 1—4 《山经》河水下游及其支流图

(见谭其骧《长水集下》第 40 页)

出现在甲骨卜辞中从水的字,据姚孝遂、肖丁(赵诚)主编的《殷墟甲骨刻辞类纂》所收大致有 110 个左右。即使这些字都是河流名(或与河流有关的名),与今日的 1500 余条河道也是有着不可比的差距。这并不能说明商时的河道比今日大为减少,而是甲骨卜辞的记事性质决定的。甲骨卜辞主要是商王(还有少数大贵族)活动的事前占卜,而商王活动的内容主要是祭祀、狩猎、出征和进行一些农事活动,他出行到什么地方,带有很大的随意性和偶然性,其范围、地点都有限,所以在甲骨卜辞里看到商时河流的数量很少。

甲骨文的"河"字，出现的频率很高，然"河"字不是泛指而是一专有名。"河"字在甲骨文中有两个含义：一是商人的先公名，被商人称为"高祖"[①]，如：

　　辛未，贞祈禾高祖河，于辛卯。(《合集》32028)

他同被商人称为"高祖"的王亥、上甲同时受祭，如：

　　燎于河、王亥、上甲十牛卯十牢。(《合集》1182)
　　辛巳卜，贞来辛卯酒河十牛卯十牢，王亥燎十牛卯十牢，上甲燎十牛卯十牢。(《屯南》1116)

二是指一条河流。经甲骨学家们的考证，甲骨文中"河"就是今天的"黄河"，如卜辞言"涉河"、在河中行舟：

　　壬辰王其涉河……旸日。(《合集》5225)
　　贞勿呼涉河。(《合集》5684)
　　乙亥卜，行，贞王其寻舟于河，无戋。(《合集》24609)

"寻舟"即率舟，是商王在"河"中行舟。今日能确证为河流的字有"洹"(《合集》23717，在安阳)、滴(《合集》28822，或说即今沁水)、洒(《合集》8347，在今山东省境内)、氾(《合集》8367，今有氾水，在今巩义市境)、洛(《合集》36959，今洛水，在洛阳市境)、淮(《合集》36968，即今淮河)等。当今气候比商时要寒冷一些，而20世纪90年代编纂完成的《洛阳市志》的《自然环境志》中说，现今其境内的河流"常年有水的约有7500条，集水面积在100平方公里以上的有34条，这些河流分布于黄河、淮河、

　　[①] 杨升南：《殷墟甲骨文中的"河"》，《殷墟博物苑苑刊》创刊号，中国社会科学出版社1989年版。

长江三大流域的黄河干流、伊洛河、沙颍河、丹江和唐白河五个水系"①。商时华北地区的气候比现今要温暖，据学者们研究，温度大致同今日的江淮地区。古时人口稀少，原始的自然面貌保持较完整，所以在商代前期王都所在地（即今洛阳地区）的河流一定不会比今天的少。

商人"王畿"所在的华北大平原，古时不但河流多，而且湖沼也多。甲骨文中未见湖沼名，但有"渊"字，作⌇⌇形，从水，像湖泊中有水形。商王在"渊"的周围进行狩猎活动：

□□卜今日壬王其田，在渊北，湄日无戋。吉
今日壬王其田渊西，其焚，无戋。吉（《屯南》722）
王其田在渊北，湄[日无戋]。（《合集》29401）

这个"渊"不是某一特定的地名，而应是泛指湖沼。商王田猎捉到的野兽最多的是麋鹿（见本书渔猎活动章），麋鹿是生长在水边的一种动物，所以这个"渊"不应是一个具体的地名而应是湖泊池沼的泛称，意即商王在湖泊的西边或北边狩猎。

古代华北平原的湖沼，学者依据文献进行了很好的研究，如20世纪30年代杨毓鑫作有《〈禹贡〉等五书所记薮泽表》，收集《禹贡》、《周礼》、《吕氏春秋》、《淮南子》、《尔雅》五书所载黄河、长江流域两大水系中的薮泽，计20个。顾颉刚对此文作了一篇后按，认为表中所列有重出者4，实际上仅16个。② 这个统计显然是十分粗疏的，五十年后，历史地理学家邹逸麟据《左传》、《山海经》、《禹贡》、《尔雅》、《周礼·职方》、《史记》、《汉书》等记载，统计了先秦时期华北平原的湖泊、沼泽，据邹先生的统计，先秦时期在今河北省境内的湖泊有8个、河南省境内有24个、山东省境内有9个、江苏省境内有3个、安徽省境内有1个。③ 现将邹先生文中的湖沼统计表移录于下，以供参考（见表1—1）。

---

① 洛阳市地方史志编辑委员会编《洛阳市志》第2卷《自然环境志》，中州古籍出版社2000年版，第256页。
② 杨毓鑫：《〈禹贡〉等五书所记薮泽表》，《禹贡》第1卷第2期，1934年3月。
③ 邹逸麟：《历史时期华北大平原湖泊沼泽变迁述略》，《历史地理》第5辑，上海人民出版社1987年版。

表 1—1　　　　　　先秦时期华北平原湖、沼统计表

地区	名称	方位	资料出处
河北平原	大陆泽	今河南修武、获嘉间	《左传》定公元年
	荥泽	今河南浚县西	《左传》闵公二年
	潭渊	今河南濮阳西	《左传》襄公二十年
	黄泽	今河南内黄西（西汉时方数十里）	《汉书·地理志》《汉书·沟洫志》
	鸡泽	今河北永年东	《左传》襄公三年
	大陆泽	今河北任县迤东一带	《左传》定公元年、《禹贡》、《尔雅·释地》、《汉书·地理志》
	泜泽	今河北宁晋东南（相当于明清时宁晋泊西南部）	《山海经·北山经·北次三经》
	皋泽	今河北宁晋东南（相当于明清时宁晋泊西北部）	同上
	海泽	今河北曲周北境	同上
	鸣泽	今河北徐水北	《汉书·武帝纪》
	大泽	今河北正定附近滹沱河南岸	《山海经·北山经·北次三经》
黄淮平原	修泽	今河南原阳西	《左传》成公十年
	黄池	今河南封丘南	《左传》哀公十三年
	冯池	今河南荥阳西南	《汉书·地理志》
	荥泽	今河南荥阳北	《左传》宣公十二年、《禹贡》
	圃田泽（原圃）	今河南郑州、中牟间	《左传》僖公三十三年、《水经·渠水注》引《竹书纪年》、《尔雅·释地》、《周礼·职方》
	萑苻泽	今河南中牟东	《左传》昭公二十年
	逢泽（池）	今河南开封市东南	《汉书·地理志》
	孟诸泽	今河南商丘县东北	《左传》僖公二十八年、《禹贡》、《尔雅·释地》、《周礼·职方志》
	逢泽	今商丘县南	《左传》哀公十四年
	蒙泽	今商丘县东北	《左传》庄公十二年
	空泽	今河南虞城县东北	《左传》哀公二十六年
	菏泽	今山东定陶东北	《禹贡》、《汉书·地理志》
	雷夏泽	今山东鄄城南	《禹贡》、《汉书·地理志》

续表

地区	名称	方位	资料出处
黄淮平原	泽	今鄄城西南	《左传》僖公二十八年
	阿泽	今山东阳谷东	《左传》襄公十四年
	大野泽	今山东巨野北	《左传》哀公十四年、《禹贡》、《汉书·地理志》
	沛泽	今江苏沛县境	《左传》昭公二十年
	丰西泽	今江苏丰县西	《汉书·高帝纪》
	湖泽	今安徽宿县东北	《山海经·东山经·东次二经》
	沙泽	约在今鲁南、苏北一带	同上
	余泽	同上	同上
	浊泽	今河南长葛境	《史记·魏世家》
	狼渊	今河南许昌市西	《左传》文公九年
	棘泽	今河南新郑附近	《左传》襄公二十四年
	鸿隙陂	今河南南汝河南、息县间	《汉书·翟方进传》
	洧渊	今河南新郑附近	《左传》昭公十九年
	柯泽	杜注：郑地	《左传》僖公二十二年
	汋陂	杜注：宋地	《左传》成公十六年
	囯泽	杜注：周地	《左传》昭公二十六年
	鄟泽	杜注：卫地	《左传》定公八年
	琐泽	杜注：地缺	《左传》成公十二年
	泽	约在今山东历城东或章丘北	《山海经·东山首经》
	泽	约在今山东淄博市迤北一带	同上
滨海地区	钜定（泽）	今山东广饶东清水泊前身	《汉书·地理志》
	海隅	莱州湾滨海沼泽	《汉书·地理志》、《尔雅·释地》

先秦时期华北平原上的湖沼，正如邹先生所说，"古代黄淮海平原上的湖沼，远不止此"。确实如此，如《左传》定公六年的豚泽（地在卫国东门外，今河南省濮阳市），也在华北平原上，而邹表未列。当然还有不少的河、

湖、池沼未被记入文献中，如在偃师商城外的东南隅，在商代早期那里就是一个湖沼水面，因而商初在这里建城时，使该城墙的东南隅向内收而使整个城的形状呈刀把形。① 在郑州商城的东边也是一片水域，在那里考古工作者发现古时淤积土的遗迹。因东边是湖沼，故郑州商城南、西、北三面皆修建有外郭城墙而独东边未修建外郭城墙，考古学者认为，是因为那里为一片水域之故。② 考古发现的这两处商代湖沼，都在王都近旁而却无任何文字记载，可见未被文字记载的湖沼一定还有不少。上录邹表所列的46个湖沼，其位置主要在今河南、河北、山东三省地区，史念海认为这些地区在远古时，同"现在的江淮之间相较，或不至于过分逊色"③，其说当是。河、湖的消失，随着气候的变化、人类活动影响而加剧，据最新研究报告显示，现今我国平均每年有20个天然湖泊消亡。如在20世纪50年代，湖北省共有湖泊1052个，有"千湖之省"的美誉，而到21世纪初期，只剩下83个。20世纪90年代初，武汉中心地区有35个湖泊，素有"百湖之市"的美誉，现今只剩下27个，而消失的速度还在加快。④ 这虽然是近代湖泊的消失状况，却可逆推古代，特别是三千年前的商时期，中原地区的湖泊池沼，定如天上的星斗般密布大地。

三 商"王畿"的地貌

商代"王畿"所在的今河南省，有山地、丘陵和平原三类地貌，且以平原为主，达9.3万多平方公里，占全省土地面积的55.3%，山地和丘陵面积7.4万多平方公里，占全省土地面积的44.7%。河南省的地貌类型面积如表1—2所示。

---

① 杜金鹏：《偃师商城初探》，中国社会科学出版社2003年版，第100页。
② 河南省文物考古研究所：《郑州商城外郭城的调查与研究》，《考古》2004年第3期。
③ 史念海：《由地理的因素试探远古时期黄河流域文化最为发达的原因》，《历史地理》第3辑，上海人民出版社1983年版。
④ 见钟心：《我国每年有20个天然湖泊消亡》，吉林日报报业集团主办《文摘旬刊》2003年9月19日转载《福建科技报》2003年9月2日。

表 1—2 河南省地貌类型、高度、面积统计表①

类型	海拔高度（米）	相对高度（米）	面积（平方公里）	占总面积（%）
深中山	>1000	>1000	7081	4.24
浅中山	>1000	500—1000	9109	5.45
深低山	400—1000	>500	12965	7.76
浅低山	400—1000	200—500	6724	4.02
高丘陵	200—400	100—200	7520	4.50
低丘陵	200—400	<100	5448	3.26
高台地		>50	822	0.49
低台地		<50	721	0.43
剥蚀平原	<200—100	20左右	695	0.42
洪积平原	<200—100	20左右	8748	5.23
冲积平原	<200—100	20左右	47102	28.18
洪积冲积平原	<200—100	20左右	7787	4.66
冲积湖积平原	<200—100	20左右	10069	6.02
河谷平原			16068	9.61
黄土塬	660—700		1578	0.94
黄土丘陵			5501	3.29
黄土低山	700—800	350—500	241	0.14
岩溶中山			195	0.12
岩溶低山			750	1.05
岩溶丘陵			1148	0.69
高岗地			9348	5.59
低岗地			1405	0.84
洼地			5152	3.07

山地和丘陵主要分布在西部和东南部，平原在中、东部。西部山区有丰富的矿产资源和木材资源，也是禽兽的乐园。商王的重要猎区沁阳田猎区，学者据甲骨卜辞所载考证，就是在"王畿"西北部，即太行山和中条山以

---

① 河南省地方史志编纂委员会：《河南省志》第三卷《地貌山河志》，河南人民出版社 1994 年版，第 5 页表 1—1—1 及第 167 页。

南，今日的沁阳、济源、温县一带地区。①

中、东部大平原为冲积平原，极有利于农业发展，而其上密布的河、湖为渔业提供了有利条件。丘陵地带更是多种经济活动的好地方。西部山区及东南部地区的山间盆地、山前台地，亦宜于农业生产。如洛阳市地区，虽然主要是山地，占全市总面积的59.4%，但丘陵占27.7%，平原面积亦占12.9%，丘陵和平原面积占40%。② 丘陵和平原是进行农业的好地区，所以夏、商都选择在这里建都，是与其有利于农业生产的自然条件密切相关的。

四 广阔的森林和草原

在商代的"王畿"内有茂密的森林和广阔的草原。甲骨文中朝、暮两字就是以草和树木与时间有关的太阳、月亮为意造的字。甲骨文"朝"字作：

　　（《合集》33130）
　　（《合集》23148）

暮字作：

　　（《合集》27397）
　　（《合集》26949、30786）
　　（《合集》28630、28822）
　　（《合集》8185）
　　（《合集》29806）
　　（《合集》23148）

朝字从日（方框中无一点，是日字的简省，亦是日字）、从月、从草，表示太阳从草中出来。"日"旁边画一个月亮，是月初月末天空的象意，月初太阳从东方升起的时候，月亮还挂在西边的天空。朝字的造字构形还有一点需要注意的是，只从草而未发现从木、从林的字，这可能与商人居处地有关。商人初都于偃师，后迁于郑州，而郑州以东是广袤的华北大平原，在平

---

① 郭沫若：《卜辞通纂·序》，1933年日本东京初版；陈梦家：《殷虚卜辞综述》，科学出版社1956年版，第259—264页；李学勤：《殷代地理简论》，科学出版社1959年版，第1—36页。

② 洛阳市地方史志编辑委员会编：《洛阳市志》第2卷《自然环境志》，中州古籍出版社2000年版，第91—100页。

原上多草而少树，商人晨起往东看，只见太阳从东边的草丛中升起，所以从草；再回头看，半边月亮还挂在西边的天空，所以有日月同在的构形。暮字有从草、从林、从日、从鸟等形，表示日落在草丛或树林中，鸟归林，就是日暮的时候。商代"王畿"的西部是山地，那里草木茂畅，鸟兽成群，所以暮字从草从林外还从鸟（甲骨文㦮字即鸟字），鸟表示禽兽。这一"日"从草中出为"朝"，"日"隐于草或林中而鸟归林为"暮"的共识地域，当是生活在满布草丛、森林和鸟兽众多的自然环境里的人们。

甲骨文中不少地名从林的，又有不少地名从草的，还有以某"麓"为地名的，"麓"字从林鹿声，其义为有鹿之林，鹿之本义为大林，则卜辞以麓为名之地名，必皆森林之区。[①]

商"王畿"内的鸟兽多，也从一个方面反映了森林草原的状况。据甲骨卜辞载，商王的狩猎活动中，所获的哺乳动物有虎、象、兕、野猪、鹿、麋、狐狸、兔等（见本书第五章）。最多一次猎获到虎 4 只，一次猎获象多达 10 只，一次猎获兕牛最多达 40 只，野鹿一次最多获 160 多只，麋鹿猎获的数量大，一次出猎往往获上百只，有一次商王出猎捉到麋鹿 450 只（《合集》10344 反），卜辞见到最多的一次打猎竟猎获到麋鹿 700 只（《屯南》2626）。商王一次出猎，常是同时猎获多种野兽而归，如：

乙未卜今日王狩光，擒。允获虎二、兕一、鹿二十一、豕二、麋百二十七、虎二、兔二十三、雉二十七。十一月。（《合集》10197）

戊午卜，㱿，贞我狩敊，擒。之日狩，允擒。获虎一、鹿四十、狐百六十四、麋百五十九，……（《合集》10198 正）

……擒虎，允擒。获麋八十八、兕一、豕三十又二。（《合集》10350）

"允获"、"之日狩，允擒"以后是"验辞"，即此次占卜的事"擒"（能够有所收获），是应验了的。所以"获"后的野兽种类及数字，是这次出猎的实际收获，确实猎获到的野兽。一次猎获到的动物，既有森林动物虎、兕、野猪、鹿（麑是幼鹿），又有草原动物兔、狐狸，喜水动物麋，还有飞鸟雉

[①] 胡厚宣：《气候变迁与殷代气候之检讨》，《甲骨学商史论丛二集》下册，成都齐鲁大学国学研究所专刊 1945 年版，第 46 页。

（野鸡），可见森林、草原、湖泽地是相连接的。

商"王畿"所在的华北平原地区，在三千多年前的商时期，林木草地密布，河湖池沼众多，这样的地貌对农牧业都是颇为有利的自然条件。

第二节 商"王畿"的土壤条件

土地是发展经济的基础条件，以农业为主要经济部门的民族，土地条件对他们显得更为特别重要。历史的早期阶段，生产技术还不发达，所处地区土壤的优劣，就成了农业丰歉的重要因素，甚至在一定的程度上可说是关键的因素。

我们的祖先很早就注意到土壤的种类及其与所出物产的关系，以便指导农业耕作。成书于先秦时期的《禹贡》、《周礼》、《管子》、《吕氏春秋》等书中，都有关于古人对土壤分类的记载。像《禹贡》中就将"九州"的土壤区分为壤、坟、垆、涂泥、黎、斥等六大类。《禹贡》划分天下为九州，每州是什么土壤、田地的等级、出赋税的等级、须向国家贡纳何种物产，皆有详细记载。如说商"王畿"所在的"豫州"：

荆、河为豫州。伊、洛、瀍、涧既入于河，荥波既豬（潴），导菏泽，被孟豬。厥土惟壤，下土坟垆。厥田惟中上，厥赋错上中。厥贡漆、枲、絺、纻，厥篚纤、纩。锡贡磬错。浮于洛，达于河。

"厥土惟壤"是说此州的土质是以"壤"土为主。壤土是一种无块而柔软的土壤。《说文》"壤，软土也"。颜师古注《汉书·地理志》谓"柔土曰壤"。壤土是一种肥美的土壤。马融说"壤，天性和美也"，刘熙《释名》："壤，瀼也，肥濡意也"。壤土是细沙与黏土含量比较接近的一种土壤，这种土壤中的团粒结构适中，土质疏松，没有过黏、过燥的现象，能保水保肥，适宜各种植物生长。

豫州虽然是以"壤"土为主，但还有"坟垆"土。坟，《说文》段玉裁注云，"土之高者曰坟"。《禹贡》孔颖达《疏》引马融云，"坟，有膏肥也"。清人孙星衍《尚书今古文注疏》云："'坟，有膏肥'者，郑注《周礼·草人》'坟壤，润解'义相近。坟、肥声之转，故《汉书·地理志》'壤坟'应劭读坟为肥。《太平御览》引《仓颉解诂》云：'膴，膴多渼也。'坟音近臇。"臄是指肉羹（肉汤），《广韵·沃韵》"臄，羹臄"。《楚辞·招魂》："露鸡臄臑煨，历而不爽些"，王逸注，"有菜曰羹，无菜曰臄"。北魏杨衒之《洛阳伽蓝记》卷二："咀嚼菱藕，捃拾鸡头，蚌羹蚌臄以为膳羞"，是坟即臄，而臄是有肉的肉汤，所以坟与肥义同。垆，《说文》云"垆，黑刚土也"。刘熙《释名》"土黑曰卢，卢然解散也"。陈恩凤认为此种土"或指分布于河南低地石灰性冲积土底层之深灰黏土与石灰结核，结核多者连成层。今河南、山西、山东人尚有称之为垆者，亦称砂姜，继为丘陵土与次生黄土所掩盖"。①陈先生所说极是。本书笔者之一1970年曾在河南省息县"学部"（即今中国社会科学院的前身）"五七干校"劳动，在一次修建猪舍挖沟时，就遇见这样的土质。在地面表土约50厘米以下，即是这种黑色的刚坚土。土呈灰黑而坚硬，翻挖时很费力，挖出的土堆在沟边，夏天遇雨时这种土十分的黏，脚踩上就不易拔起来，冬季经霜冻则呈驴粪蛋、羊粪蛋一样的颗粒状，随即就从沟沿上散落到挖出的沟内，真所谓"卢然解散也"。初视其黑以为肥沃，实则贫瘠。这类土中所谓"结核"者，就是遇霜冻后呈驴粪蛋、羊粪蛋一样的颗粒状。"坟垆"被称为"下土"。对于"下土"，有人解释为是指下等土质，《史记·夏本纪》集解引马融说云："豫州地有三种，下者坟、垆也"。郑康成谓"垆，疏也"。《汉书·沟洫志》谓"地形下而土疏恶"。元人金履祥认为是处于低地的两种土壤名，他在《尚书表注》中说豫州的三种土壤云："其壤者无块而柔，其下者或膏而起，或刚而疏。"胡渭赞同其说，谓"坟垆是二种，金说较密。以为一则与兖州之黑色而坟起无别矣。"②"坟"是一种肥沃的土壤，"垆"是贫瘠的土壤。"垆"可称为下等土壤，而"坟"则不可称为下等土壤，故"下土"应是指地处低地的土质而言。豫州的土壤，有肥沃的壤土和坟土，也有坚硬贫瘠的垆土，其地的等级为"中上"，居第四等。

据现今地质及土壤学的研究，河南省境内的土壤形成主要是黄土和冲积土两种。冲积土主要分布在豫东、豫北地区，黄土主要分布在与西北黄土高原相接的西部地区和黄河上游谷地。

---

① 陈恩凤：《中国土壤地理》，转引自辛树帜《禹贡新解》，农业出版社1964年版，第128页。
② 胡渭：《禹贡锥指》卷35，载《清经解》，上海书店1988年影印版，第209页。

一　山地黄土土壤

河南省的黄土地带西边与陕西省接界，东到郑州，北至太行山麓，南抵洛宁、宜阳、禹县、登丰等地，遍布省内的 18 个县市（图 1—5）。

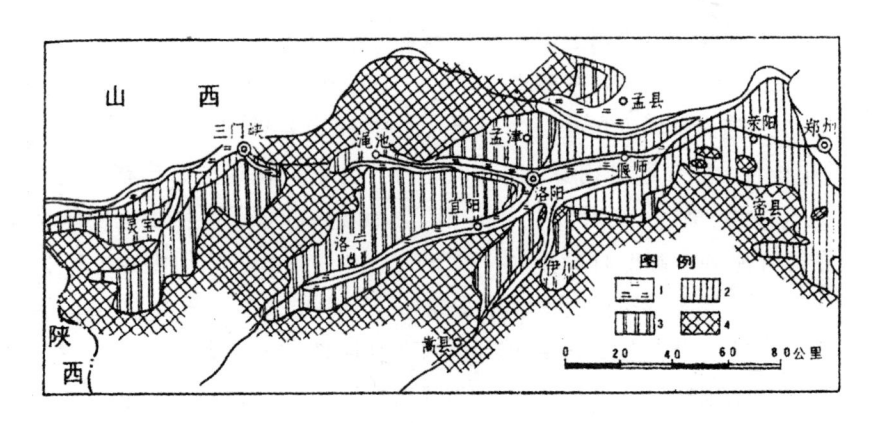

说明：1—冲积、洪积为主的次生黄土（Q_3、Q_4）；

2、3—风积为主的黄土（Q_2、Q_3）；4—基岩

图 1—5　豫西第四系黄土分布图

（《河南省志》第 3 卷《地貌山河志》第 41 页图 1—4—1）

黄土在豫西地区的堆积状况，在洛阳至偃师县 310 国道路堑剖面上，显露得十分清楚。该剖面东西长 280 米，厚达 17 米，清楚地显示出有五层棕红色古土壤与黄色黄土相间堆积。剖面低部为棕红色古土壤层，在黄土高原的古土壤序列中列第五，故称为第五古土壤层。该层厚达 4 米，夹一层钙结核，未见底层。此层上覆一层黄土与一层古土壤相间沉积的四个沉积层。其中黄土层散布有钙结核，有的则少见，但每一层古土壤底部分布有一层钙结核层，这些钙结核是黄土中碳酸钙淋滤聚集而形成的，是黄土形成中一个重要的地球化学过程。这些黄土形成于中更新世中晚期，距今约 41 万—50 多万年，称作离石黄土。在剖面的最上面分布着一层质地较松、颜色较浅的灰黄色黄土，它以大角度披覆盖在前期离石黄土上，此系晚更新世马兰黄土，形成于距今约 1 万—7.3 万年。其中夹有薄层黏土与沙砾层，它大致形成于距今 4 万—5 万年间、末次冰期中较温暖的间冰段气候环境下，相当于华北的萨拉乌苏组沉积。此剖面缺乏全新世黄土层，但在洛阳盆地的其他地方多

处发现有这一层的堆积（图 1—6）。①

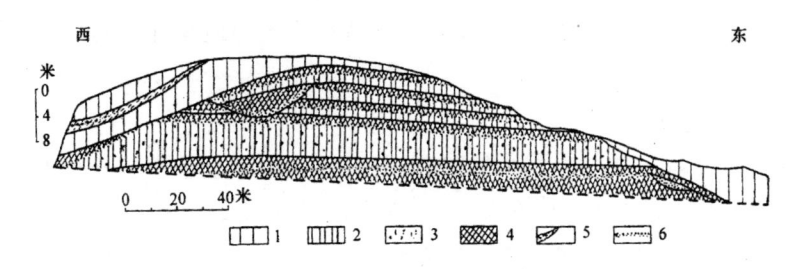

图 1—6　洛阳北 310 国道路堑黄土剖面图
（《洛阳皂角树》第 5 页）

深厚的黄土，由于长期的流水侵蚀作用，形成黄土塬、黄土梁、黄土丘陵、黄土低山、黄土阶地等五种不同形状和各具特色的自然地貌。

（一）黄土塬

黄土塬是经流水强烈侵蚀保存下来的一部分由黄土组成的高平原面，呈台地形状，故称之为"塬"。其中心地区地势平坦，边缘地带倾斜明显。塬与塬之间被宽阔的深切河流谷地分割，边坡十分陡峻。黄土塬主要分布在山间盆地或宽阔谷地，系早期的洪积面，经流水的强烈侵蚀破坏而保留下来的部分，多沿河谷两侧的山前地带展开。小秦岭和崤山的北麓，自西而东呈东西向带状排列，主要有马家塬、苏家村塬、犁湾塬、大庙后塬、张村塬、樊村塬、董家塬等，海拔多在 600—770 米之间，高出三门峡水库水面 260—430 米，但其规模有大有小，最大的可达 100 多平方公里。

（二）黄土梁

黄土梁是黄土塬经流水的强烈侵蚀作用而形成的一种梁状的黄土地貌类型，在阳平川以西至省界的小秦岭北麓，以及三门峡市东磁钟至大安一带，发育较为典型。基本形态呈平顶状或梁峁状。平顶梁顶部一般为 400—600 米，略呈穹形。峁梁或梁峁系平顶梁经水流的横向侵蚀，进一步演变而成，即平顶梁顶部被分割成许多孤立的小黄土丘。峁呈椭圆形或圆形而中间穹起，由中间向四周倾斜。

---

① 洛阳市文物工作队：《洛阳皂角树》，科学出版社 2002 年版，第 4—5 页。

（三）黄土丘陵

黄土丘陵是一种黄土构成的丘陵地貌。这种地貌在黄土覆盖区分布广泛，除上述"黄土塬"和"黄土梁"两种黄土构成的地貌外，其余大都属于这种黄土丘陵地幔。

（四）黄土低山

黄土低山兼有黄土地貌和普通地貌的特点，主要呈条带状分布于灵宝东南部的崤山北侧。海拔一般在700—800米，相对高度350—500米，坡度为25度。大部分为浅黄色或红色的厚黄土覆盖。

（五）黄土阶地

黄土阶地是由黄土组成的河流堆积阶地，主要分布在三门峡大坝以上的黄河南岸，呈台地形态高居黄河以上25—115米。由于形成时间较早，地势较高，水流的侵蚀作用甚为显著，因而沟壑较多，不少沟壑已经伸进台阶地的内部。

商代豫西山间盆地的土壤信息，更可从洛阳皂角树遗址的夏代二里头文化层的土壤情况得到一些。

1992—1993年考古工作者对洛阳关林皂角树二里头文化遗址进行了发掘，发掘者据皂角树遗址西北角的剖面，划分出该遗址的地质地层如下（原报告层次编号是从最底层往上数，为与下表编号顺序一致，引时改从上往下数序号）：

1. 耕土层

厚0.35米，近现代。

2. 新近黄土

厚约0.10米（距地表深0.45米），唐宋时期。

3. 褐色顶层埋藏土

厚约0.45米（距地表深0.90米），东周至汉时层。

4. 深红褐色顶层埋藏土

厚约1.60米（距地表深2.50米），上部厚0.70米（距地表深1.60米），二里头时期层。

5. 晚更新世马兰黄土层

厚可达5—6米。[①]

[①] 洛阳市文物工作队：《洛阳皂角树》，科学出版社2002年版，第13—14页。

皂角树遗址环境与文化的关系如表1—3所示：[①]

表1—3　　　　洛阳市皂角树遗址古环境与古文化关系概括表

距今年份	地质时代	地质地层		考古地层		气候	
		黄土	河湖	层次	文化内涵		
		耕土	耕土	1	近现代	温和半温半干旱	暖温带
	晚	新近黄土	冲淤积黏砂层含唐宋陶瓷片	2	唐宋		
2000		褐色顶层埋藏土	交错沙砾层^{14}C测年：(1880±195)aBP，(2275±135)aBP	a	汉		
	全新世			3			
					东周		
3000	中	深红褐色顶层藏土	水平层理粉细砂，粉砂与砂黏土	4（5局部）	二里头^{14}C测年；(3660±150)aBP	温暖温润	北亚热带
4000				生土层	新石器		

北京农业大学的陈焕伟教授对皂角树遗址古土壤进行了微结构分析。在遗址西北角的黄土剖面上系统地采集了样品，并对0.43米以下的埋藏土壤（古土壤）进行分析。分析的结果确认此地的古土壤微结构有三种。

（1）褐色类顶层埋藏土　深度为0.43—0.88米，此层埋藏土为褐土，属碳酸盐褐土，或淋溶褐土亚类。

（2）褐壤顶层埋藏土　深0.88—2.15米，此层埋藏土为棕壤。

（3）褐土类顶层埋藏土　深2.15—2.50米，此层土壤为褐土，属碳酸盐褐土亚类。

从微结构看，三者间有相似处，如交织状微结构；骨骼颗粒为石英、长石、角闪石、云母等；排列较疏松，土壤结构体为团粒体；空隙较多，多树

---

① 洛阳市文物工作队：《洛阳皂角树》，科学出版社2002年版，第138页表15。

枝状、囊状孔隙。①

中国科学院生态研究中心的孙建中研究员对皂角树遗址进行地球化学分析，取样还是在遗址西北角的黄土剖面，从0.38米以下，每隔10厘米取一个样品，直到2.28米，共取20个样品进行分析。分析结果显示，各层样品含二氧化硅（SiO_2）均在60％以上，最多可达67.19％，说明该剖面沉积，与黄土一般具有含$SiO_2$50％以上的性状是一致的。三氧化二铁（Fe_2O_3）在剖面下部含量较少，一般约2％—3％，而剖面中部，即深度为0.88—1.88米间，其含量一般可达4％—5％。这说明剖面上、下段沉积期间，气温较低，湿度较小，故氧化作用较低，而剖面中部气温较高，湿度也较大，故氧化作用较强。酸碱度（pH值），除剖面底部为7.9外，其他均为7或稍多，说明该黄土剖面酸碱度接近中性或为中性。有机值含量，除剖面底部较低，在0.1％以上外，余皆含0.2％以上，且越向剖面上部含有机质越多，可达0.3％—0.6％以上，这说明生物作用逐渐加强，也许与人类耕种有关。从化学分析看，该遗址的黄土，酸碱度适中，含有机物较多，这自然是有利于农业耕作的土壤。②

皂角树遗址的二里头文化层厚0.20—0.35米，据地表深为0.70—1.25米。中国历史文献记载和考古地层都证实，夏代（相当于二里头文化地层）以后是商代（前期为二里岗文化地层）。皂角树遗址的二里头文化层之上，应就是商文化层，由此知商时期这里的土壤应为黄土的褐土或称为褐壤顶层埋藏土。

黄土具有质地细而均匀，孔隙度高，垂直节理发育，含碳酸钙质丰富等特点，适宜农业耕作。洛阳皂角树遗址古土壤的状况，在河南省西部的黄土地带也应是相似的，所以河南省西部地区的山间盆地，自古以来就是重要的农业活动地区。

二 冲积平原土壤

河南省的平原主要分布在京广铁路以东、大别山以北的地带。平原西部，大致以200米等高线与太行山地、熊耳山、伏牛山地和桐柏山地的边缘为界；南部则以120米等高线与大别山北麓丘陵为界。整个平原南北长达

---

① 洛阳市文物工作队：《洛阳皂角树》，科学出版社2002年版，第85—86页。
② 同上书，第88页。

500公里，东西宽100—200公里，平原内部一般海拔50—100米，边缘近山麓地带为100—200米。平原的形成主要是黄河和淮河冲积而成的。大致以沙颍河为界，将平原分成南北部分。北部是以黄河冲积扇为主体的冲积平原，地表起伏的形态和平原的形成是黄河长期以来南北摆动泛滥冲积的结果；南部基本上未受到黄河泛滥的影响，主要为淮河及其支流泛滥冲积和湖沼堆积而形成的低缓平原。因此无论南北部分，这个平原都是冲积平原，且主要是由黄河冲积而形成的平原。我国西北的黄土形成的时间，刘东生等认为形成于中更新世中晚期，距今约41万年[1]，近期又有说为距今47.9万—50.8万年的[2]。而黄河的最后形成大致也在距今约50万年。[3] 黄河是今天的名称，最初人们将它称为"河"，商代甲骨文中的"河"作为水名就是指今日的"黄河"。西汉时有人称之为"浊河"，黄河这个名字，大致是从西汉时开始出现的。[4] 黄河从西北的黄土高原来，经过黄土地带，而黄土的特性是质地细而均匀，孔隙度高，比较松散，故易于流失。所以从黄河形成的时候起，河水中就夹带着大量的泥沙，致使河水浑浊。《文选·思玄赋》李善注引《易传》云"河千年一清"。《左传》襄公九年，郑国的子驷引《周诗》"俟河之清，人寿几何？"此《周诗》是一首逸诗，不见于今存的《诗经》中。可知在春秋时期，河水早已是浑浊的。传说中的"大禹治水"就应是与

---

[1] 刘东生等：《黄土与环境》，科学出版社1985年版。

[2] 洛阳市文物工作队：《洛阳皂角树》，科学出版社2002年版。又有说我国西北黄土形成于距今约200万年，见该书第4页。

[3] 李民主编《黄河文化百科全书》，四川辞书出版社2000年版，第4页。对黄河形成的年代迄今无定说。张含英在《历代治河方略探讨·序》中说"据地质学家考证，它（黄河）只有一百一十万年的历史"（水利出版社1982年版）；水利部黄河水利委员会编写的《黄河水利史述要》在"黄河的形成"标题下写道："大体上在中生代末期，由于地质构造运动和长期的外营力作用，这里形成了一系列大大小小的盆地。到新生代第四纪中期，在陕甘宁盆地堆积了大量的黄土。以后地面又抬升，形成黄土高原。接着，又由于长期的流水侵蚀，各个盆地逐渐联通……形成黄河注入大海。"（水利电力出版社1984年版）。新生代第四纪距今约200万—300万年。"以后"的"长期"具体时期说不准。

[4] 黄河名最早见于《汉书·高惠高后文功臣表》，"封爵之誓曰：使黄河如带，泰山如厉，国之永存，爰及苗裔"。《三国志·魏志·袁绍传》裴注引《献帝传》："悠悠黄河。"《水经·河水注》："自黄河泛舟而渡者皆为津也。"唐以后为大河的正式名称。见《中国历史大辞典·历史地理》之"黄河"条（邹逸麟执笔），上海辞书出版社1996年版。

黄河的泛滥有关,商人的祖先契"佐禹治水有功"①,另一位祖先冥,"勤其官而水死",韦昭注云"冥,契后六世孙,根圉之子也,为夏水官,勤于其职而死于水也。"② 黄河从孟津以下,地势突变平缓,直到东入海。黄河在进入华北大平原后,流速减缓,水中夹带的泥沙沉淀于河床,久之河床被垫高,于是改道。在没有人为控制其走向的几十万年中,它在东部这块平缓的低地上南北反复滚动。就是在进入历史时期,在人们着力"治河",以图控制其走向的情况下,它还是进行了多次改道。(图1—7)

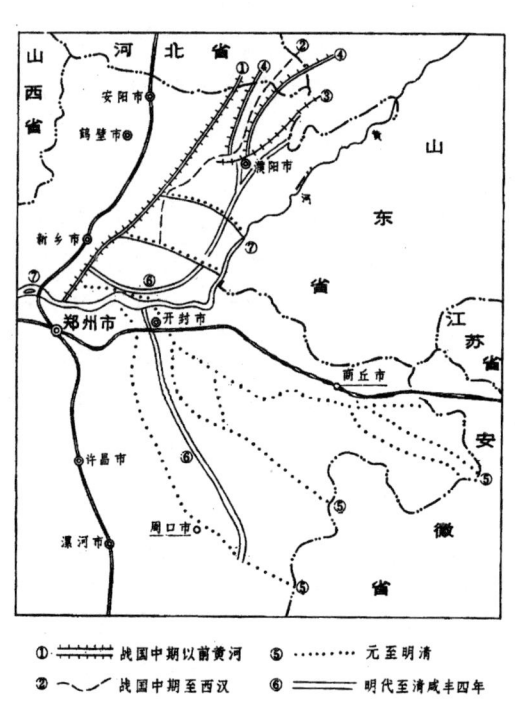

图1—7 河南境内历代黄河变迁图

(《河南省志》第3卷《地貌山河志》第95页图)

黄河的泛滥、改道,造成了这块大平原。黄河里的泥沙主要是黄土,故

---

① 《史记·殷本纪》。

② 《国语·鲁语上》。

华北冲积平原的土壤成分主要是黄土和沙。黄河的泥沙中含有大量的有机物质，所以这种土壤很适宜植物的生长，是理想的农业耕作地。

第三节 商时期的气候和雨量

气候和雨量对经济活动，特别是以农业为主要经济部门的民族、国家的经济活动，其影响是十分巨大的。所以我们在研究商代经济的时候，也需要关注这两个问题。

一 商时期的气候

我国古代的人们就已经注意到气候与经济活动的关系，《考工记》的开篇就有一段关于气候与经济活动关系的论述，其文云：

> 天有时，地有气，材有美，工有巧，合此四者然后可以为良。材美工巧，然而不良，则不时，不得地气也。橘逾淮而北为枳，鹳鹆不逾济，貉逾汶则死，此地气然也。郑之刀、宋之斤、鲁之削、吴越之剑，迁乎其地而弗能为良，地气然也。天有时以生，有时以杀；草木有时以生，有时以死；石有时以泐；水有时以凝，有时以泽，此天时也。

可见气候对经济活动的影响之巨。所以研究一个时代的经济，必须关注当时的气候问题。

（一）学界对商代气候的研究状况

对于商时期的气候，学术界已作过不少有成效的研究，但意见各有不同，归纳起来主要有两种：一是以董作宾为代表，他认为商代的气候，与现今华北一带的气候无多大差别。[1] 张秉权、何炳棣等赞同此说；[2] 二是胡厚

---

[1] 董作宾：《殷历谱》下编卷9，第45—47页；又《再谈殷代的气候》，《中国文化研究所集刊》第5卷，成都华西协和大学1936年版。

[2] 张秉权：《甲骨文与甲骨学》，台北"国立"编译馆1987年版，第209页；何炳棣：《中国农业的本土起源》，《农业考古》1984年第2期（总第8期）。

宣的主张，他认为商代的气候远比现今的华北一带热，而与今日长江流域的气候约略相当，① 竺可桢赞同其说。

1972年竺可桢发表了《中国近五千年来气象变迁的初步研究》一文②。他在文中指出，公元前3000—前1000年间，"黄河下游和长江下游各地的月平均温度及年平均温度是：正月份的平均温度比现在的高3—5℃，年平均温度比现在高2℃"。此文所依据的殷墟时期材料，基本上是胡厚宣先生文中所引录的，又补充了1954—1957年所发掘西安半坡仰韶文化遗址中出土的动物群资料。竺氏在文中根据挪威冰川学家绘制的一万年来挪威的雪线升降图而绘制出一幅"一万年来挪威雪线高度与五千年来中国温度迁变图"（图1—8）。此图对于了解我国商时期的气候与世界气候的关系很具有参考价值，现将其移录于此。

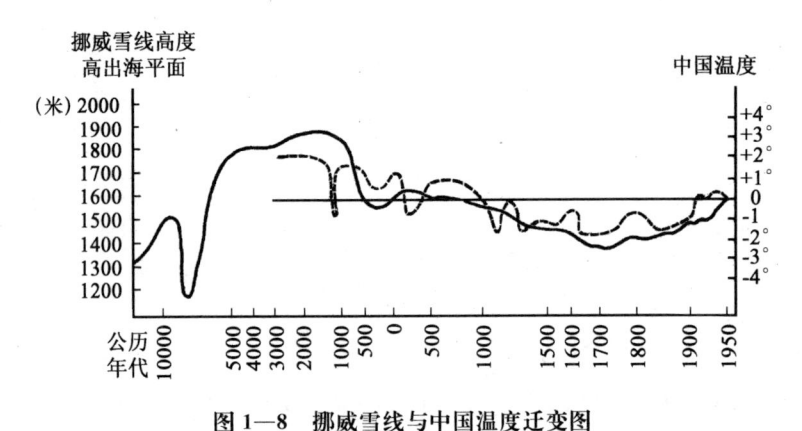

图1—8 挪威雪线与中国温度迁变图

（《考古学报》1972年第1期竺可桢文）

图1—8中实线表示挪威雪线高度，虚线表示中国五千年来气温变化。0表示现代（1950年）的温度，0以上为零上摄氏度气温，0以下表示零下摄氏度气温。雪线的升降与气候有一定的关系，气候热，雪线则升高，反之则低。由这幅图可以看出，中国五千年来气候变化的波动曲线与挪威雪线高度的波动曲线大体是一致的。这说明气候的变化一般是具有世界性的。图中

---

① 胡厚宣：《气候变迁与殷代气候之检讨》，《甲骨学商史论丛二集》下册，成都齐鲁大学国学研究所专刊1945年版。

② 竺可桢：《中国近五千年来气象变迁的初步研究》，《考古学报》1972年第1期。

相当于商代纪年的公元前 2000—前 1000 年中，挪威的雪线最高，高达海拔 1800—1900 米，反映出此时的气候较温暖。这个暖气候期，是由全新世中期出现的，在国外通常称为"气候最适宜时期"。我国由于这个时期在年代上与仰韶文化时期有一定的关系，而称为"仰韶温暖时期"。① 竺可桢认为，我国商时期的气候，应是处于世界这个"气候最适宜时期"。

竺氏认为商时期我国华北地区气温年平均温度比现代高 2℃，据研究，某地年平均温度每降低 1℃，就等于将此地向北推移 200—300 公里，② 相反，若升高 1℃，就等于把该地向南推移 200—300 公里。把现今的河南省向南移 400—600 公里，则整个河南省就到了今日淮河以南的长江流域地区。所以胡厚宣先生说，商时华北的气候，"与今日长江流域的气候约略相当"是可信的。

（二）古代植物群所反映出的商时期的气候状况

古代动、植物也证实胡厚宣先生的结论是可信的。20 世纪 50 年代以来，在北京西郊及河北省三河县泥炭沼的花粉组合中，发现泥炭层阔叶树种花粉的最大出现带。③ 在燕山南麓泥炭花粉组合中，也发现喜温的阔叶树种。④ 后来古生物学家又在北京、天津附近的西府村和大王庄等地的全新世中期地层中，发现含有水蕨科孢子。⑤ 水蕨科植物现今在河北省境内已经绝迹，而在淮河以南的地区则有大量的生长，例如在安徽省的洪泽湖一带就生长着这类植物。洪泽湖在北纬 33°—34°之间，年平均温度为 16℃，最冷的月份平均温度为 0℃，是现代亚热带的北界。动物有一定的游动性，而植物，特别是一个地区大量出现的植物，必是本地所固有的。从植物的花粉孢子分析看，在第四纪时期我国气候，在北京、天津地区皆在亚热带气候范围内。⑥

---

① 段万倜等：《我国第四纪气候变迁的初步研究》，《全国气候变迁讨论会论文集》，科学出版社 1978 年版。

② 程洪：《新史学——来自自然科学的挑战》，《晋阳学刊》1982 年第 6 期。

③ 周昆叔等：《对北京市附近两个埋藏泥炭沼的调查及其孢粉分析》，《中国第四纪研究》1965 年第 1 期。

④ 刘金陵、李文漪：《燕山南麓泥炭的孢粉分析》，《中国第四纪研究》1965 年第 1 期。

⑤ 华北地质研究所第四孢粉室：《全新世时期天津古地理和气候》，科学出版社 1975 年版。张子斌等：《北京地区一万三千年来自然环境的变迁》，《地质科学》1981 年第 3 期。

⑥ 龚高法、张丕远、张瑾瑢：《历史时期我国气候带的变迁及生物分布界线的推移》，《历史地理》第 5 辑，上海人民出版社 1987 年版。

1985年和1986年中国科学院遗传研究所的李璠、李敬仪先后两次到甘肃省的民乐县东灰山的马家窑遗址中，采集植物样品土，请中国科学院植物研究所古植物研究室进行孢粉分析。分析结果大致有三方面的植物：(1) 乔木植物。有松、冷杉、桦、铁杉、水青冈；(2) 灌木及草本植物。有豆科、兵豆、柽柳、麻黄、蒿川续断、蓼、忍冬、白棘、山萝卜、龙胆草；(3) 蕨类植物。有水龙骨、凤尾蕨、海金沙。其中的松、铁杉、水青冈树等乔木，灌木的忍冬，草本的山萝卜，蕨类的凤尾蕨和海金沙等植物，现在都是生长在我国南方的亚热带地区。他们指出，在五千年前，"张掖一带气候较温暖潮湿，喜温植物生长繁茂"[①]。

对洛阳关林皂角树二里头遗址内古植物硅酸体分析的结果，也证实夏至商时期的气候比现今温暖。

硅酸体是指植物根系从土壤中吸取的硅，以水和硅（$SiO_2 \cdot H_2O$）成颗粒状积存于植物细胞内腔或细胞之间。以植物体中硅质颗粒为研究对象的科学称之为硅酸体分析。[②] 由于水和硅是积存在细胞腔或细胞间隙中，故硅酸体的形状决定于所积存植物细胞腔和细胞间形态。由于植物的种类不同，硅酸体有不同的形状，如哑铃形、竹节形、齿形、扇形、方形、棒形、尖形、团块形、条纹形等，且大小和纹饰有一定区别。它在pH值为3.5—9的土壤中完好地保存下来，其分析与研究方法与孢粉分析类似，其研究结果可以与孢粉分析结果互补，尤其在研究作物起源和农耕历史时，由于某些作物的硅酸体，如水稻的扇形硅酸体，较之水稻的花粉更易寻找和确切的鉴定，所以在考古学中硅酸体分析在运用于恢复古代人类生活环境和探讨农耕活动中，有着重要的价值。据研究，植物硅酸体的哑铃形主要见于黍亚科；竹节形只见于粟亚科；短鞍形主要产于画眉草亚科；齿形只见于早熟禾亚科；帽形只见于早熟禾亚科；芦苇扇形只见于芦苇；扇形产于暖温环境的禾本科植物；方形多见于暖温环境下生长的禾本科植物；棒形在寒冷环境下生长的早熟禾亚科中最丰富；尖形主要见在北方禾本科植物表皮细胞中；团块形在干旱的藜科植物中数量丰富。[③] 因此，

---

① 李璠等：《甘肃民乐东灰山新石器遗址古农业遗存新发现》，《农业考古》1989年第1期（总第17期）。

② 王永吉、吕厚远：《植物硅酸体研究及应用》，海洋出版社1992年版。

③ 吕厚远、王永吉：《植物硅酸体的研究及在青岛三千多年来古环境解释中的应用》，《科学通报》1989年第19期。

根据硅酸体的不同类型判别它所代表的不同植物和不同生态环境，然后根据这些硅酸体在地质时代的演变与不同生态条件下不同表土所含硅酸体组合进行比较，并用转换函数的方法可以算出其代表的降水和古气温的变化。① 中国科学院地质与地球物理研究所的吕厚远对洛阳皂角树遗址西北角黄土剖面，从深0.33米开始，每深10厘米取一次样土，到深2.35米，共取20个不同深度的样土，进行硅酸体分析，将分析的结果做成下图。(图1—9)。

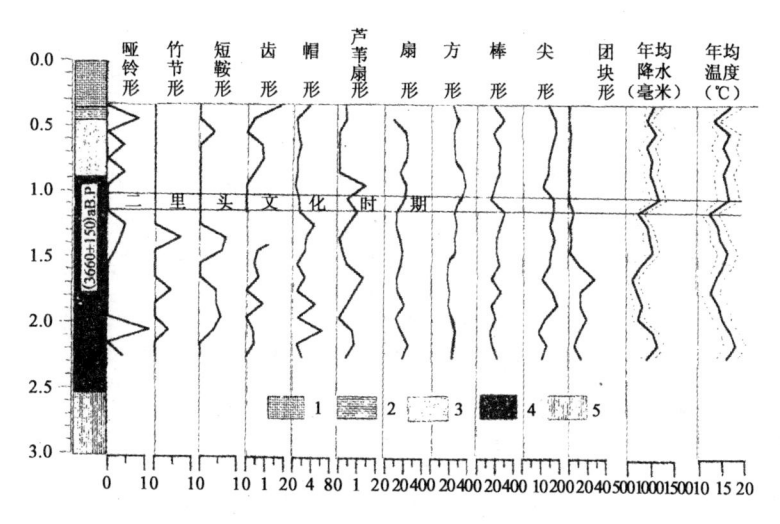

图1—9 黄土剖面硅酸体变化与古气候图
(《洛阳皂角树》第101页)

从图1—9中可见，皂角树二里头文化层前期，即深1.18米层段，距今约4000年的年平均降水曲线有一个明显的下降谷，大致年平均降水近似现代这里600毫米或略多，但年气温比现今低约1℃。此后，至深1.08米层段，即与皂角树二里头文化层相当的地层，年降水和平均气温曲线均上升，年降水可近1000毫米，比现今多出约200毫米以上；年均气温可达到约16℃，比现今高约1℃—2℃。② 图中反映出，到二里头文化层结束时期以后，降水量和气温一直保持着这样的水平而没有降低。在河南省的洛阳、郑

---

① 吕厚远、吴乃琴、刘东生等：《150ka以来宝鸡黄土植物硅酸体组合季节性气候变化》，《中国科学D》第26卷，第2期，第131—136页。

② 洛阳文物工作队：《洛阳皂角树》，科学出版社2002年版，第101—103页。

州地区，二里头文化之上是二里岗的商文化，所以从皂角树遗址黄土剖面硅酸体分析，证实竺可桢商时期的年平均气温比现今约高 2℃ 的论断。

（三）古代动物群所反映出的商时期气候状况

1973 年和 1974 年河北省博物馆及河北省文物管理所，对河北藁城台西商时期遗址进行了大面积的发掘，在遗址中出土了一批动物骨骼，经裴文中、李有恒鉴定，主要种类有四不像鹿、梅花鹿、圣水牛。四不像鹿是一种喜水动物，适于沼泽地区生活。水牛的习惯，与潮湿多水的环境分不开。他们因此认为，"由这几种动物看来，滹沱河边藁城一带，在三千多年前是雨水充沛，气候温暖的地方，并且附近地区生长了森林"[①]。在藁城台西商时期遗址中，还出土了大批龟甲壳，古生物学者叶祥奎对其作了鉴定，是属龟鳖类的乌龟属。这种龟类大部分为水生或半水生，喜欢潮湿温暖的气候，沼泽、低洼等近水地区是它们最常出没之处。考虑到当时交通的不便，这些龟似应是当地所产而不可能产自太远的地方。所以叶祥奎认为，"在商代，河北藁城一带的气候应较现代的为温暖、潮湿"[②]。

在比藁城更为北部的阳原县丁家堡水库，挖出属于商时期的象化石和多种河蚌化石。[③] 其中的厚美带蚌、巴氏丽蚌、黄蚬等水生动物，现在主要分布于长江以南的地区。象是热带、亚热带动物，在我国目前只有云南的西双版纳地区才有野生的，北方只有在动物园里才能看见的人工喂养的象。商代晚期的"王畿"内有象，已在殷墟出土的甲骨卜辞中得到充分地证实。商代甲骨卜辞中有"省象"的占卜：

壬戌卜今日王省。
于癸亥省象。昜日。（《合集》32954）

田猎卜辞中言"省"某种动物，是狩猎前一种侦察行为，故所"省"的象一定是野生象。在武丁时期的卜辞中有"获象"的占卜（图 1—10）：

---

① 河北省文物研究所：《藁城台西商代遗址》，文物出版社 1985 年版，第 188 页。

② 叶祥奎：《藁城台西商代遗址中的龟甲》，《藁城台西商代遗址》，文物出版社 1985 年版，第 192 页。

③ 贾兰坡等：《桑干河阳原县丁家堡水库全新统中的动物化石》，《古脊椎动物与古人类》1980 年第 4 期。

今日其雨……获象。(《合集》10222)

这条卜辞已残,但"获象"二字完整,意思明白无误。田猎卜辞中言"获"某种动物时,这被"获"的动物必是野生动物。在殷墟晚期的帝乙、帝辛(商纣王)时期,一次出猎打到的象多达10只,如:

辛未王卜,贞田喜往来亡灾。王占曰:吉。获象十、雉十又一。(《合集》37364)
乙亥王卜,贞田噩往来亡灾,王占曰。吉:获象七、雉三十。(《合集》37365)

图1—10 获象的甲骨
(《合集》10222)

喜、噩两地,据考证在今河南省西部的沁阳地区。① 在殷墟以北约1200公里的阳原县发现的商时期的象骨,就证实在商晚期王都之北一千公里外,还生存着象,商"王畿"有象,就不觉意外。商人对象这种动物很熟悉,在一片骨板上刻画出逼真的象和虎的图形。

甲骨卜辞里常有狩猎获兕的,且一次猎获的数量大,最多的一次猎获到40头:

擒,兹获兕四十、鹿二、狐一。(《合集》37375)

其次是36头:

□卯卜庚辰王其狩……擒?允擒。获兕三十又六。(《屯南》2857)

有一次商王武丁驾着车去追逐兕,结果车翻人坠:

---

① 郭沫若:《卜辞通纂》,科学出版社1983年版,第488、451页。

> 癸巳卜，㱿，贞旬无祸？王占曰：乃兹亦有祟，若称。甲午王往逐兕，小臣叶（协）车，马硪𨕹王车，子央亦坠。(《合集》10405 正)

"马硪𨕹王车"意为马失前蹄，撞上王乘的猎车，驾车的小臣子央也从车上滚落下来。兕字在甲骨文中作 ᨈ、ᨈ 形，突出一只角。唐兰首先释为兕，丁山认为甲骨文兕即文献的犀字，"犀兕一声之转，而二兽一物，不过是方俗的殊名"①。姚孝遂、赵诚赞同其说。② 兕、犀字虽异而物实一，就是今日所称的犀牛。犀牛是热带动物，现今只分布在南亚和非洲的热带地区，我国的云南省境内也有少量发现。从甲骨卜辞知，商人经常猎获到兕（犀），可见商时"王畿"地面上的兕（犀）不少，一次猎获达 40 头，又可见兕（犀）是成群地生存着。

甲骨卜辞中有水牛的记载，水牛称为"勿牛"。胡厚宣先生说："勿牛者，即黧黑之牛，即今长江流域以南最普通之水牛也。"③ 卜辞中见商人用大量的"勿牛"祭祀：

> 丁巳卜，争，贞祈年于丁宗十勿牛、酓百勿牛。(《合集》10116)
> 贞侑于示壬妻妣庚宰惟勿牛七十。(《合集》938 正)

商人进行一次祈年的活动，就动用了 110 头水牛，其时水牛应是很普通的一种动物。杨钟健、刘东生 1948 年对安阳殷墟出土的哺乳动物骨骼进行了鉴定，其中圣水牛的骨骼数达 1000 以上，他们指出：

> 安阳三种最多之动物（猪、四不像鹿及圣水牛），为数既如此之多，即或非本地繁殖，来源必不甚远。而水牛之多，殆为气候与现在不尽相同之证。④

---

① 丁山：《商周史料考证》，中华书局 1988 年版，第 175 页。
② 姚孝遂、肖丁（赵诚）：《小屯南地甲骨考释》，中华书局 1985 年版，第 151 页。
③ 胡厚宣：《卜辞中所见之殷代农业》，《甲骨学商史论丛二集》上册，成都齐鲁大学国学研究所专刊 1945 年版。
④ 杨钟健、刘东生：《安阳殷墟之哺乳动物群补遗》，《中国考古学报》第 4 册，1949 年版。

从上可以得到这样一个印象：在商代的殷墟时期，在其"王畿"范围内，游荡着多种属于热带及亚热带的动物群。现今这些动物在华北地区是早已不见其踪迹而大大地向南移了，这其中的原因，恰如杨钟健、刘东生两位先生在文中所说，"其所以与现在动物分布情形之不同，可以人工猎逐、森林摧毁、人工搬运以及气候变异，诸原因解释之"。诸多因素中，气候变异应是主要的。

（四）古土壤的磁化率所反映的商时期气候

土壤的磁化是指在土壤的形成过程中，通过无机或有机化学的反应过程，形成超微粒磁性矿物。而在这一形成土壤中超微粒磁性矿物的过程中，与气温的高低和降水量的大小关系密切：当气候温暖湿润时，土壤形成作用强烈，形成超微粒磁性矿物就多，反之，当气候干冷时，则土壤化作用差，形成超微粒磁性矿物就少。中国科学院地质与地球物理研究所的周叔昆研究员对洛阳皂角树遗址土壤中的磁化率进行了测定，标本仍然取自该遗址西北角的黄土剖面，每隔5厘米采一个样，从0.50—2.85米共采集48个样品进行分析。测定的项目主要是黄土中磁铁矿、赤铁矿和磁赤铁矿形成多寡的测定，视其磁化率高低，以判断气候冷暖与干湿的变化。通过对大量黄土磁化率的测定，证明黄土的土壤化程度与磁化率大小直接相关，即磁化率高，土壤化程度高，气候暖湿，反之亦然。测定的结果作出的磁化率曲线图，如图1—11所示。

从图1—11中可以见到，剖面上磁化率大小变化与黄土的土壤化程度一致。在二里头文化前期磁化率在经过一个强磁化率形成的磁化率曲线最高峰后，到

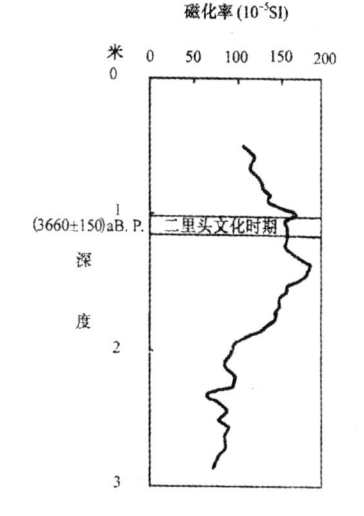

图1—11　黄土剖面磁化率曲线图
（《洛阳皂角树》第86页）

剖面深度1.25米处降到低点，此后磁化率增强，而二里头文化时期正值该期形成。[①] 现将二里头文化时期以后即深1.25米以上至深0.50米土壤的

[①] 洛阳文物工作队：《洛阳皂角树》，科学出版社2002年版，第86—87页。

磁化率测定数据，列表1—4于下，以便与"曲线图"相对照。[①]

表1—4　洛阳皂角树遗址西北角黄土剖面磁化率表（二里头文化以后部分）

深度/米	磁化率/10^{-5}SI	深度/米	磁化率/10^{-5}SI
0.50	103.4508	0.90	131.302939
0.55	117.774757	0.95	144.831121
0.60	116.978982	1.00	166.317056
0.65	113.000105	1.05	152.788874
0.70	117.774757	1.10	157.563527
0.75	124.14096	1.15	156.767751
0.80	126.528287	1.20	155.179201
0.85	136.873367	1.25	152.788874

皂角树遗址西北角黄土剖面的二里头文化层，距地表深0.90—1.25米。在深0.90米以上是东周以后文化层，磁化率虽有降低，但也并不大。东周和二里头文化时期之间，是商、西周时期，图1—11上和表1—4中都反映出，这一时期，特别是紧接二里头夏文化之后的商时期，其土壤的磁化率应是处在二里头文化结束时形成的高峰里。可见在商时期，土壤的磁化率是较高的，因而其气候应是温暖湿润的。

（五）冬季闻雷声

甲骨卜辞中记载，从十月到次年的三月有占卜是否打雷的：

　　癸巳卜，㱿，贞帝令雨、雷。十月。（《合集》13406）
　　贞帝其及今十三月令雷。
　　……帝其于生一月令雷。二告（《合集》14127）

"十三月"是闰月，商人在武丁时期多将闰月置于年终，称为"年终置闰"。

　　乙丑［卜，贞］生一月其雨。
　　七日壬申雷，辛巳雨，壬午亦雨。（《合集》13417）

[①] 洛阳文物工作队：《洛阳皂角树》，科学出版社2002年版，第87页。

癸亥卜，贞旬。一月，昃雨自东。九日辛未大采，各云自北，雷，延。大风自西。刜云率雨，母（毋）䌾日……（《合集》21021）

"雷，延"是说打了很长时间的雷。

贞及今二月雷。（《合集》14129 正）

癸未卜，争，贞生一月帝其弘令雷。

贞生一月帝不其弘令雷。（《合集》14128 正）

……采烙云自北，西单雷……星。三月。（《合集》11501）

从上引卜辞看到，在十月至次年的三月皆有关于是否打雷的占卜，说明商时期在这几个月里时有打雷的气象发生。这种现象应作何解释？有一种解释说是与商代的月建相关。这种意见认为，商人的历法是建未，即甲骨文中的一月是今日的六月，[①] 或说"殷正建午"[②]，即殷历一月相当于夏历五月。这种大改岁首的说法有一问题，即是与夏和周所行用的历法差别太大。夏商周三代是同文同种的民族，而商历大异于周历，却在我国古籍中没有任何一点反映，实可怪异。我国自古是以农业为主要生计的民族，我们的先祖，从来就十分重视历法，如《尚书·尧典》、《夏小正》、《春秋经》中所记历日以及《竹书纪年》、《吕氏春秋》、《礼记·月令》等文献中有关记载我国古代历法，却不见以五月或六月为一月（正月）的任何一点儿痕迹。我们认为冬雷这种现象，应与商时期的气候有关。商时华北地区年平均气温比现今高2℃，有时在冬天出现打雷的现象也是可能的，现在的南方也偶有冬雷的现象出现的。在春秋时期就有冬季下大雨和冰雹的记载，《春秋经》载鲁昭公四年（公元前538年）"春王正月，大雨雹"。据推算这年建亥，是以夏历的十月为岁首，[③] 此"正月"应即夏历的十月。是该年的十月下大雨和大冰雹。大雨、冰雹是常和雷声相伴出现的一种气象。

从植物群落、动物群和土壤的磁化率等诸方面，都反映出商时期华北的气候确实比今天要温暖湿润，竺可桢的研究结论是可信据的。

---

① 郑慧生：《"殷正建未"说》，《史学月刊》1984年第1期。

② 常玉芝：《殷商历法研究》，吉林文史出版社1998年版，第408页。

③ 杨伯峻：《春秋左传注》，中华书局1981年版，第1244页。

二 商时期的降雨量

上面我们已经证实,商时期气候比现今温暖湿润,与此相应的是一年之中都是下雨的季节。

对商时期降雨量更为具体的了解,只有根据安阳殷墟出土的甲骨卜辞。安阳殷墟甲骨文虽然是商后期的文字,但也可以使我们今天了解三千多年前商代降雨的具体情况。

(一) 卜辞所载商时期每月有雨

殷墟所出土的甲骨卜辞里,每月都有关于降雨否的占卜,知商代的殷墟时期是一年四季都有雨的。

一月份降雨的占卜:

辛亥卜,内,贞今一月帝令雨。四日甲寅夕［雨］。(《合集》14295)

癸巳卜,争,贞今一月不其雨。

癸巳卜,争,贞今一月雨。王占曰:□丙雨。旬壬寅雨,甲辰亦雨。己酉雨,辛亥亦雨。(《合集》12487)

商人迷信,以为下雨是由上帝所掌握,故有是占卜。上引两条卜辞中,"四日"和"二旬"以后是验辞,表示占卜的事是应验了的。

二月份降雨的占卜:

贞翌戊寅雨。二月。(《合集》12503)

辛酉卜今二月雨。七日戊辰雨。(《合集》12509)

三月份降雨的占卜:

贞今三月帝不其令雨。(《合集》14135)

乙□卜,宾,贞及今三月雨。王占曰:其雨,惟……(《合集》12530)

四月份降雨的占卜:

癸丑卜，贞旬甲寅雨。四月。(《合集》13361)
戊子卜，㱿，贞帝及四月令雨。(《合集》14138)
乙未卜其雨。丁不。四月。
辛丑卜奏甜，从甲辰即雨，丁小。四月。(《屯南》4518)

五月份降雨的占卜：

己巳卜，宾，贞雨。五月。(《合集》12565)
癸丑卜，王，贞旬。八[日]庚申𢦏人，雨自西，少。夕既。五月。(《合集》20966)

六月份降雨的占卜：

乙丑卜王即宾丁。
勿即宾丁，雨。六月。(《合集》12590)
丙申卜令多方，雨㱿不风，允不。六月。(《合集》21017)

七月份降雨的占卜：

贞其遘雨。七月。(《合集》12599)
贞今夕其雨。七月。(《合集》12607)

八月份降雨的占卜：

辛卯卜，贞今日其雨。八月。(《合集》6)
戊子卜，旅，贞又来雨。八月。(《合集》24866)

九月份降雨的占卜：

丁卯卜，即，贞今日夕有雨，于盟室牛，不用。九月。(《英藏》2083)
丁酉雨至于甲寅旬又八日。九月。(《合集》10976 正)

十月份降雨的占卜：

辛丑卜，即，贞兹旬惟雨。十月。(《合集》24872)
贞弗其及今十月雨。(《合集》12627)
壬寅卜生十月雨。(《合集》6719)
丙午卜，韦，贞生十月不其惟雹，雨。(《合集》12628)

十一月份降雨的占卜：

丙寅卜，争，贞今十一月帝令雨。
贞今十一月帝不其令雨。(《合集》5658 正)
丁丑卜，争，贞今十一月其雨。(《合集》12636)

十二月份降雨的占卜：

贞今夕其雨。十二月。(《合集》12639)
贞其雨。十二月。(《合集》10389)

十三月份降雨的占卜：

己未卜，㱿，贞今十三月雨。
贞今十三月不其雨。(《合集》12648)
乙亥卜十三月雨。(《合集》12644 正)

商人占卜一事总是从正反两个方面卜问，所以卜雨可能下了雨也可能没有下雨。甲骨卜辞中，有关雨的占卜情况是，有的确曾下了雨的，有的则没有下雨，还有一种是不明确是下了还是没有下雨，按这三种情况，将有月份的卜雨卜辞制成表1—5：①

---

① 表中的"常表"采自常玉芝《殷商历法研究》，吉林文史出版社1998年版，第386页。

表 1—5　　　　　　　甲骨文中记月份卜雨卜辞统计表

	一月	二月	三月	四月	五月	六月	七月	八月	九月	十月	十一月	十二月	十三月	总计
已雨	23	22	26	17	23	15	11	6	9	10	7	6	6	181
不雨	6	12	18	12	14	3	7	1	2	5	4	2	6	92
不明	5	7	4	12	5	1	7	3	3	1	4	2	3	57
月计	34	41	48	41	42	19	25	10	14	16	15	10	15	330
常表	27	51	39	45	39	24	23	14	13	24	18	15	12	344

其中一至五月份占卜雨的次数为多。这也并不十分奇怪，按照夏历一、二、三月是春季，春季雨量比冬季增加，是很自然的，所谓"好雨知时节，当春乃发生"。一至五月，正值春季和夏初，是农作物播种、发芽、出苗和生长的时期，所谓"春雨贵如油"，人们（也包括统治者）有希望下雨、盼望下雨的心理，故卜雨的卜辞增多。"已雨"是指确实下了雨，是商时期的 12 个月份都有下雨的记载，印证了商时期华北的气候比今日暖的意见，今日长江流域地区，一年四季都是有雨的。

（二）占卜雨的用语反映出商时的雨量状况

甲骨卜辞中的卜雨用语除常见的"雨"、"不雨"，"其雨"、"不其雨"，"遘雨"、"不遘雨"外，还有一些表示下雨的程度和后果的用语，从这些用语的使用，可反映出当时的下雨状况。这些用语有：

1. 大雨

顾名思义，"大雨"就是雨下得很大，至于下的时间长短，则不可确知，有可能只是几分钟，也有可能达几个小时，甚至一整天。下面录其有月份的几条卜辞：

　　　　乙酉卜，大，贞及兹二月有大雨。（《合集》24868）
　　　　……大雨。五月。（《合集》12579）
　　　　□卯卜，王，[贞]旬。五月……大雨。（《合集》20945）
　　　　贞今日其大雨。七月。（《合集》12598）
　　　　壬寅卜，在昌贞王其射柳，雨。

不遘大雨。

其遘大雨。

其于七月射柳兕，无灾，擒。（《英藏》2566）

戊辰卜，在敦贞王田沱不遘大雨，兹御。在九月。（《合集》37646）

占卜是否有"大雨"的月份有二月、五月、七月、九月。

2. 弘雨

与大雨相关的是卜问雨是否"弘"：

今日雨，庚弘。（《合集》12015）

王占［曰］：雨，弘。（《合集》13031）

弘者大也，"雨，弘"就是雨下得很大。

3. 多雨

记有月份的如下：

□□卜，贞今一月多雨，辛巳……（《合集》12496）

贞今生一月不其多雨。（《合集》12501）

……雨……巳亦雨，多。一月。（《英藏》1071）

丙申卜，亘，贞今二月多雨。王占曰：其惟丙［雨］。（《合集》12511 正）

□□卜，凹，贞今三月帝令多雨。（《合集》14136）

甲午卜，宾，贞今五月多［雨］。

……曰：多雨。（《合集》12577）

□申卜……六月雨，多。（《合集》12587）

辛未卜，争，贞生八月帝令多雨。

贞生八月帝不其令多雨。（《合集》10976 正）

占卜是否"多雨"的月份有一月、二月、三月、五月、六月、八月。常玉芝举出的《合集》14140 正上有"九月"多雨的一条卜辞有误，此片的正面上的辞为"帝令多雨"而无"九月"字样。①

4. 延雨

"延雨"是时间下得比较长一些的雨,即延长下雨的时间,当与"阵雨"下雨的时间相反,今日所谓阴雨连绵者也。占卜是否有"延雨"的卜辞很多,其辞例有贞卜雨是否会延长:

辛酉卜,㱿,翌壬戌不雨。之日夕雨,不延。(《合集》12973)

壬戌日的白天没有下雨,这天的晚上下了雨。"不延",没有下多久就停止了,没有延续到第二天。有卜当日之雨是否会延长:

□丑卜,亘,贞其延雨。(《合集》12763)
壬辰卜,宾,贞延雨。(《合集》12765)
甲申卜不延雨。(《英藏》2466)

占卜"今日"即今日白天里,是否有连绵雨:

己酉卜,贞今日延雨。(《合集》13868)
戊戌卜,在㵚贞今日不延雨。(《合集》37536)
贞今丙午延雨。
今丙午不其延雨。(《合集》4570)

占卜"今夕"即今天夜晚,是否有连绵雨:

庚子卜,贞今夕延雨。(《合集》24859)
贞今夕不其延雨。(《合集》24863)

记有月份的"延雨"的卜辞:

---

① 见常玉芝《殷商历法研究》,吉林文史出版社1998年版,第387页。所举《合集》12543亦无三月多雨的辞,此片甲骨甚残,无"雨"字,"多"字和"三月"不是属于同条卜辞。

> 癸巳卜，贞旬。二月之日子□……延雨。小。（《合集》21021）
> 乙丑卜王侑三叀于父乙，三月延雨，小。（《合集》19771）
> ……其延雨。六月。（《合集》24864）

"三月延雨"是卜问在这年的三月里是否会有连绵雨。与"延雨"类似的是几日连续的下雨。有连续五天下雨的：

> 壬寅卜，㱿，贞自今至于丙午雨。（《合集》667正）
> 辛未卜，贞自今至乙亥雨。一月。（《合集》12820）

壬寅至丙午、辛未至乙亥均为五天。"自今至乙亥雨"即从占卜的"今"天，亦即壬寅日起至乙亥日的五天是否连续下雨。此意由下面的一辞可证：

> 自今五日日雨。（《合集》12316）

此辞明白地指出，自今五日内是天天下雨。"日雨"即日日下雨之意，所以"自今至"某日雨的卜辞，应即是从占卜之日起至某日的天数内连续的下雨。有连续六天下雨的：

> 甲辰卜，王，自今至己酉雨。允雨。（《合集》12964）

甲辰日至己酉日六天。有连续十天下雨的：

> 庚午卜，争，贞自今至于己卯雨。（《合集》10516）

庚午日至己卯日十天。有连续十三天下雨的：

> 丁未卜，王，贞今夕雨。吉。告之夕允雨，至于戊申雨。在二月。（《合集》24773）

丁未日夕至于戊申日十三天。有连续十八天下雨的：

丁酉雨至于甲寅旬又八日。九月。(《合集》10976 正)

5. 盧雨

盧字与雨相连构成"盧雨"一词，在卜辞中常见，但其辞例却不复杂，只卜问是否有"盧雨"：

乙丑卜，殻，贞盧雨。(《合集》13151 正)
贞亦盧雨。
贞不亦盧雨。(《合集》12658)
贞今夕其亦盧雨。
贞今夕不亦盧雨。(《合集》12659 正)
贞今乙丑亦盧［雨］。
贞今日不亦盧［雨］。(《合集》12661)

"盧"字唐兰认为假为修，"修，长也，久也"，谓盧雨"盖雨之绵长者"①。饶宗颐释为"湛"字，"读如辰巳之巳"，谓"'巳雨'犹'嗣雨'，谓雨之续降不断"②。于省吾"读盧为调，训调雨为调和之雨"③。应以唐说为长。盧雨与延雨义实相近。另，"亦盧雨"的"亦"在这类卜辞中不是夜的同音假借字，而是表示同样的"也"、"也是"义，知者卜辞云"今夕其亦盧雨"，辞中有夕指夜，若"亦"字假为夜就犯复，故"亦盧雨"应表示"也有"、"还有"之意。

6. 造成灾害性的雨

造成灾害性的下雨，如：

(1) 疾雨

贞今夕其雨疾。(《合集》12670)
今［夕］不［其］雨疾。(《合集》12674)
……疾雨，亡（无）勻。(《合集》12900)

---

① 唐兰：《天壤阁甲骨文存·考释》，北京辅仁大学影印本1939年版，第19页。
② 饶宗颐：《殷代贞卜人物通考》，香港中文大学出版社1959年版，第84页。
③ 于省吾：《甲骨文字释林》，中华书局1979年版，第120页。

"雨疾"即"疾雨",是因下雨造成灾祸因而成"疾"。能造成灾害的雨当非暴雨类莫属。

(2) 烈雨

烈雨的烈字作卨形,其字与雨字相连组成"卨雨"一词,仅见于一版甲骨上的两条卜辞:

　　贞其亦烈雨。
　　贞不亦烈雨。(《合集》6589 正)

于省吾说,"烈雨犹言暴雨"①。暴雨最易成灾,是一种灾害性的降雨。

(3) 囧(祸)雨

　　辛酉卜,㱿,贞乙丑其雨,不惟我囧。
　　贞乙丑其雨,惟我囧。(《合集》6943)
　　甲申卜,争,贞兹雨惟我囧。
　　贞兹雨不惟我囧。(《合集》12883)
　　贞兹雨不惟囧我。(《合集》12889)
　　贞雨不惟我囧。(《合集》12891)

"囧"即祸字。上举卜辞是占卜下雨会不会对商王——"我"造成灾祸。卜问降雨是否造成灾祸,此雨不是暴雨就是大雨。雨水过多会影响农作物的收成,如:

　　贞兹雨惟年囧。(《合集》10142)
　　贞兹雨不惟年囧。(《合集》10143)

"年"是指一年的农业收成言,与古语中的"有年"的"年"意同。"兹雨惟年囧"即此雨当对一年的农业收成造成灾害。能对一年的农业造成灾害的雨,不是暴雨淋坏农作物就是长期的霖雨,致使农作物缺乏阳光而不能很好的生

---

① 于省吾:《甲骨文字释林》,中华书局 1979 年版,第 371 页。

长。另有卜辞云：

……兹雨致敱。（《合集》12896）

"敱"于省吾说"敱即古摧字，与摧字通。甲骨文除有时用作人名外，都指摧毁的灾害之言"①。"兹雨致敱"是说这次下的雨造成了摧毁性的灾害，可见下雨的程度是十分地猛烈。

大雨、弘雨、多雨、疾雨、烈雨、囚（祸）雨等皆是造成灾害的下雨量。

（4）宁雨

卜辞宁雨是向神灵请求停止下雨：

癸酉卜，贞宁雨[于]岳，惟……（《合集》14482）
乙亥卜宁雨，若。（《合集》30187）
丁丑，贞其宁雨于方。（《合集》32992）
己未卜宁雨于土。（《合集》34088）
宁雨于⊗。（《屯南》744）
丁未[卜]于上甲宁雨。（《屯南》1053）
……宁雨。在七月。（《英藏》1077）

宁雨时所祈求的对象是商王的祖先神或自然神。宁字有安定、止息之意，《尚书·大禹谟》"万邦咸宁"，孔颖达传"天下安宁"。《国语·晋语八》"闻子与和未宁"，韦昭注"宁，息也"。商人"宁雨"是因雨下得太多而求神灵止雨。

从上引述的甲骨卜辞反映了商时的降雨状况及各种雨情，有时甚至造成灾害而请求神灵帮助止息。

三 干旱的威胁

商时期气候，总的来说比现在的华北地区温暖，因而有一年四季下雨的现象，今日的江淮之间，就是一年四季都有下雨的情况。但总的来看，商代华北地区似乎是个缺水的时代。

---

① 于省吾：《甲骨文字释林》，中华书局1979年版，第227页。

（一）古文献的证据

从古文献记载上看，在商朝的开国和亡国时期，都曾发生过严重的干旱，以致加速改朝换代的进程。西周末年的伯阳父说："昔伊、洛竭而夏亡，河竭而商亡。"① "竭"是河水干涸。伊、洛流域是夏的王畿地，桀的都城所在。河指今黄河，商后期都今安阳，为古时黄河流经的地区。是夏、商的末年都曾发生过大旱。夏末的大旱一直延续到商初，《艺文类聚》卷十二引《帝王世纪》：

> 汤伐桀后，大旱七年，殷史卜曰："当以人祷。"汤曰："吾所为请雨者民也，若必以人祷，吾请自当。"遂斋戒剪发断爪，以己为牲，祷于桑林之社。言未已而大雨，方数千里。

"汤祷"遂成我国历史上的一佳话。是商初的旱情接着夏末的旱情而未解除。商末殷纣王时期"河竭"，黄河水都干涸，其旱情是十分严重的。《墨子·非攻下》谓纣时"雨土于薄（亳）"，"雨土"即今日称之为"落黄沙"或"沙尘暴"。② 现今的常识都已知道，这种现象的出现是由于植被破坏、长期干旱造成的。古本《竹书纪年》上载文丁三年"洹水一日三绝"，是说在文丁时商王畿内有一次大旱情，商末年竟至到了"河竭"的严重程度。

（二）考古学上的证据

商时期缺水在考古学上也有一些迹象，就是华北地区商时期的地下水位有的时期比现今的还要低。在郑州、安阳商代遗址内都有一些灰坑、墓葬的底部在现在的地下水位以下。如郑州二里岗下层时期的灰坑C9.1H118，位于南关外，是一口部略大于底部的长方形竖井形深坑，现存坑口南北长1.6米、东西宽1.41米、深2.9米。此坑的底部已达发掘时的水平面之下，故未发掘到底。在郑州铭功路的制陶器作坊遗址范围内，发现属二里岗下层二期的"深灰坑"12个，这些深灰坑的"坑底深度多达发掘时的水面以下，所以这种灰坑多未发掘到底"。在属二里岗上层一期的地层内发现深灰坑15个，"数坑底深度达发掘时的水平面之下"。有一座二里岗下层二期的长方形

---

① 《国语·周语上》。

② 王晖、黄春长：《商末黄河中游气候环境的变化与社会变迁》，《史学月刊》2002年第1期。

土坑墓（C7M28），墓室的底部也在今日的水平面以下。在郑州商城二里岗上层一期发现的 170 个灰坑中，就有 49 个在发掘时因"见水未到底"。① 在安阳殷墟也发现不少的灰坑和墓葬的底部在今日水面以下，如大司空村第三区的灰坑 H317，小屯西地第二区的 H202、H405，白家坟西地 H3、H13，都"因到水面，未清理至底"。在 1958—1961 年发掘的 302 座长方形竖穴墓中，有 57 座墓发掘时"出水"，是这些墓的墓底已在今日的地下水面以下。椭圆形地穴式房屋 GH405，其居住面也因在潜水面以下而无法清理到底。② 1969—1977 年在殷墟西区发掘的 937 座墓葬中，有 79 座墓的墓底在今日地下水位以下。发掘时"地表下 5 米即见地下水"，而这批墓葬中，属殷墟二期的 M391 底深 5.40 米，三期的 M928 底深 4.80 米，属四期的 M698 底深 7.80 米。③ 著名的妇好墓，墓口距今日地表 0.50 米，墓底距墓口深 7.50 米，即距今地表 8 米，墓底已深入今日地下水位线以下 1.30 米。"发掘工作从（1976 年）5 月 17 日开始，6 月 4 日挖到潜水面，6、7 两日用水泵抽水，7 日下午清理完竣"④。妇好墓及 M698 的底已经深潜入今日地下水位以下，故在妇好下葬的武丁时期，其时的地下水位应在距今地表 8 米以下。在河北邢台曹演庄的商时期灰坑，一般深 2.80—5 米，"清理时，一般至 4 米即见水，因而部分未做到底，只到水面为止"⑤。2008 年在殷墟刘家庄北地发掘 30 余眼水井，时代为殷墟三期晚到四期晚，即文丁以后，这些井深都在 10 米以上，⑥ 可见当时地下水位之低。

这些"底"在今日地下水位以下的灰坑、墓葬，在商时期，它们的"底"则应是在当时的地下水位之上的。由此说明，在商时期挖这些灰坑、水井、埋葬这些死者的时候，当地的地下水的水位比今日要低。地下水位

---

① 河南省文物考古研究所：《郑州商城》，文物出版社 2001 年版，第 152、412、442、572 页及 542 页之表二九。

② 中国社会科学院考古研究所：《殷墟发掘报告》，文物出版社 1987 年版，附表十三、二二、三六、四八及第 100—102 页。

③ 中国社会科学院考古研究所：《1969—1977 年殷墟西区墓葬发掘报告》，《考古学报》1979 年第 1 期"墓葬登记表"。

④ 中国社会科学院考古研究所：《殷虚妇好墓》，文物出版社 1980 年版，第 2 页。

⑤ 河北省文物管理委员会：《邢台曹演庄遗址发掘报告》，《考古学报》1958 年第 4 期。

⑥ 中国社会科学院考古所安阳队：《河南安阳市殷墟刘家庄北地 2008 年发掘简报》，《考古》2009 年第 7 期。

的高低，是一个时期雨水丰歉的反映。商代的某些时期地下水位比今日华北地区的低，从一个侧面反映出在商代有些时候的降雨量比今日华北地区还要少。

（三）甲骨文中反映的旱情

在商代的殷墟时期，从甲骨文中反映出是时有旱情出现的。甲骨文有 𦰩、𡢎、𢦏 字，有释作谨或艰，唐兰隶定作𦰩，谓"当读如暵"，即今"旱"字，"久不雨则恐天降以旱暵，故卜贞之也"。① 释作暵即旱字是对的，下面卜辞可证：

　　　　□丑卜，贞不雨，帝惟暵。（《合集》10164）

"不雨"而"暵"，此"暵"字当然应是天旱的"旱"字。字从日或从火写作"熯"字。常玉芝在《殷商历法研究》书中，讨论"殷代的年历"时搜集了记有月份的、有关暵与否的卜辞十条，其中一月三辞、二月一辞、三月三辞、九月一辞、十一月一辞、十二月一辞，移录于下：

　　　　戊申卜，争，贞帝其降我熯。一月。（《合集》10171）（图 1—12）
　　　　贞我不熯。一月。
　　　　……其熯。（《合集》10178）
　　　　贞不熯。一月。（《合集》10183）
　　　　甲辰卜，永，贞西土其有降熯。二月。（《续存下》155）
　　　　辛卯卜，㱿，贞帝其熯我。三月。（《合集》10172）
　　　　辛卯卜，㱿，贞其熯。三月。
　　　　辛卯卜，㱿，贞不熯。（《合集》10184）
　　　　贞其熯……。三月。（《合集》10181）
　　　　贞帝不降大熯。九月。（《合集》10167）
　　　　乙亥卜，大，贞来丁亥酒其熯。丁巳……十一月。（《合集》25971）
　　　　……降我熯。十二月。（《合集》10170）

---

① 唐兰：《殷虚文字记》，1934 年讲义本，中华书局影印本 1981 年版，第 64 页。

图 1—12 帝降旱的卜辞

(《合集》10171)

商代统治者们对"帝"这个上天神特别尊崇,把发生的旱情归于心目中至上神"帝"的行为,那所遇到的旱情一定是十分严重的。从殷墟出土甲骨卜辞反映出,盘庚迁殷后的商代晚期,是时有旱情发生的,有的旱灾可能还相当的严重,因而将其归为天帝的降灾。

商代是一个以农业为主要生业的农业社会,雨量的稀少,对农业是十分不利的。我们从后面的"农业"章中看到,商王及其臣下,都对农业给予极大的关注。商王亲自号令农业生产,关注农业生产的各个环节,以确保农业的收成。这从一个方面也反映出,农业生产形势的严峻。

(四)商人解决干旱的举措

商时人们解决干旱的行为主要是采取一些迷信的方式,征之卜辞有以下几种:

1. 向神灵请雨

旱情发生,商人解决的办法是向神灵祈雨。祈求的对象是各种神灵,有自然神祇,如方位神:

　　甲子卜其祈雨于东方。(《合集》30173)
　　□□卜其妾祈雨于南……　大吉　用(《合集》30459)
　　□未卜祈雨于🐍。七月。(《合集》34270)

更多的是向商王的先公先祖神祈雨,先公神如:

　　贞翌辛卯叀祈雨夒,舁雨。(《合集》63 正)
　　壬午卜于河祈雨,燎。(《合集》12853)
　　□午卜方帝三豕三犬卯于土宰十,祈雨。(《合集》12855)

"土"即相土。或说土即社,社神即土地神。先祖神都被商王们赋予有请雨的本领,如:

　　祈雨于上甲宰。(《合集》672 正)
　　壬申,贞祈雨于示壬一羊。(《屯南》2584)
　　乙丑卜于大乙祈雨。十二月。(《英藏》1757)
　　庚戌……三示祈雨。(《合集》21082)
　　□卯卜祈雨[于]九示。(《合集》34112)

"示"是神主牌。"三示"、"九示"是指三位、九位先祖神。大臣伊尹的神灵也是祈雨的对象:

　　甲戌卜其祈雨于伊奭。(《合集》34214)

2. 跳舞蹈请雨

跳舞请雨是古时常用的方法，商人亦特信此道，故这类卜辞较多，如卜问舞是否有雨：

> 贞我舞雨。（《合集》14209）
> 其舞有雨。（《合集》12835）

卜问舞后是否有从雨：

> 丙辰卜，贞今日奏舞有从雨。（《合集》12818）
> 乙未卜今夕奏舞有从雨。（《合集》12820）

"奏舞"是舞时有音乐伴奏。"从雨"的"从"应读作"纵"，"纵雨"当是比较大的雨，试与下引卜辞比较：

> 惟戌呼舞有大雨。（《合集》30028）
> 于翌日丙舞有大雨。吉（《合集》30041）
> 呼舞亡（无）大雨。（《合集》30029）

"有从雨"与"有大雨"同，故"从雨"是指下雨的程度。《周礼·地官·舞师》"教皇舞，帅而舞旱暵之事"，《周礼·春官·女巫》"旱暵则舞雩"，《周礼·地官·稻人》"旱暵供其雩敛"，皆是有关请雨的事。对于雩，《周礼·春官·司巫》"若国大旱，则帅巫而舞雩"，贾公彦《疏》引《春秋纬考异邮》"雩者，呼嗟求雨之祭"。求雨的舞者有特别的装束，郑司农说是"蒙羽舞"，即头上插着五彩的鸟羽毛。郑玄认为自古未见有蒙羽于首的舞蹈，不赞同其说，他认为应是"析五彩羽为之，亦如帗"。[①]"帗"是用手拿着的舞具，《周礼·地官·鼓人》"凡祭祀百物之神，鼓兵舞帗舞者"，郑玄注："帗，列五彩缯为之，有秉，皆舞者所执。"

---

① 《周礼·舞师》郑玄注。

3. 焚巫求雨

卜辞里有 ✿、✿ 字,是与求雨有关的一个字,像人被架于火上,多释为"烄"。裘锡圭持异说,认为此字上部非"交"字而是"黄"字,从黄从火隶写作尞。"'黄'、'尪'音近",黄应即尪,"'黄'字像'尪'在'火'上,应该是专用于'焚巫尪'的'焚'字异体"①。无论释何字(这里从烄读),征诸卜辞乃是焚烧人以求雨,卜辞云:

贞烄有雨。
勿烄亡(无)其雨。(《合集》12842)

被"烄"的人名字多从女:

惟奻烄有雨。(《合集》1130 乙)
贞烄婞有雨。(《合集》1121 正)
甲辰,贞烄嬬雨。(《合集》32299)
□□卜其烄杏女有大雨。大吉(《合集》30172)
戊辰卜其烄永女雨。(《合集》32297)(图1—13)

图1—13 焚女巫求雨的卜辞
(《合集》32297)

《周礼·春官·女巫》"旱暵则舞雩"句下,郑玄注云:"使女巫舞,旱祭崇阴也。郑司农云:'求雨以女巫'。"《礼记·檀弓下》云:"岁旱,穆公召县子而问焉。曰:'吾欲暴尪而奚若?'曰:'天久不雨,而暴人之疾乎,疟,毋乃不可与?''然则吾欲暴巫而奚若?'曰:'天则不雨而望之愚妇人,於以求之,毋乃已疏乎!'"巫的职事之一就是跳舞求雨,《周礼》中有《男巫》、《女巫》,"舞雩"只女巫而男巫无行此舞,与卜辞求雨所焚皆为女性同。这些求雨时被焚的女性就应是商时的女巫。

---

① 裘锡圭:《说卜辞的焚巫尪与作土龙》,《甲骨文与殷商史》第1辑,上海古籍出版社1983年版。

商时期的气候比现今高 2℃左右，与今日的江淮地区气候同，因此动植物品类丰富。从商文化遗址反映出当时的地下水位比今日低，再证之古文献和甲骨卜辞，商时的雨量却似乎并不比今日的华北地区为多，且常遇到很严重的干旱灾情。看来商代并不是一个雨水充沛的时期。殷墟甲骨文中，占卜是否有雨的卜辞特别的多，过去研究者认为是商时多雨的反映，可能不一定符合实际，有可能恰是相反：不断地占卜是否有雨应是缺雨而希望下雨心情的表示（当然商王为出行而进行的是否有雨的占卜，是为选择好天气，则与求雨占卜不同）。

商代"王畿"所处的自然环境是有利于进行经济活动的。它三面是高山，阻挡住了外敌的进入，再加上军事的防御，保障了环境的安定；"王畿"西部的山间盆地，有着厚实的黄土层土壤，东部的大平原，是深厚的冲积土，是上等的农耕土壤；气候温暖，动植物品类丰富。旱涝灾害不时降临，雨量大致比今日略少。因为当时人口稀少，对自然环境的破坏作用不大，原生的自然地貌还保持着，且为应付旱涝灾害，商朝的统治者从商王起，就十分注重农业生产，商王亲自发布各种有关农业生产的号令，并有时亲自指挥农业生产，因此气候虽不大好，却对农牧业生产尚无大碍。商代经济之所以有长期的大发展，在农业、畜牧业和手工业三大领域内都获得高度成就，是与所处的自然环境分不开的。

第二章

土地制度

土地所有制形态关涉到一个社会的经济体制，是经济史研究中的一个重要课题。目前史学界对商代土地制度的认识十分歧异：有的认为商代土地是国有制；有的认为是王有制；有的主张商王没有实际上的土地所有权，全国土地形态处于一种自发性的公有制状态；有的认为是一种氏族公社或家庭公社的共同体所有制等[①]。

我们认为商代的土地所有制形态基本上是一种国有制。商代是继夏代之后，我国出现的第二个统一王朝。当然，商朝所能够统一、控制的地域和政权体制的结构，皆与秦汉以后的统一王朝有所不同。在君主专制的统一王朝内，国家的最高统治者是国王，在这种情况下，国有、王有并无实质上的差别。

我们说商代土地制度基本上是一种国有或称为王有制，但贵族和普通平民也并非处于完全无土地权的地位。国家、贵族和平民在土地的权限上，又各有自己的个性和特点，所以，我们拟对国家、贵族和平民这三个层次的土地所有权状况，分别加以考察。

第一节 国家（或商王）对土地所拥有的权力

在商代，国家或处于最高统治地位的国君商王，对所辖领土范围内的土地，拥有实际上的所有权。这种所有权，表现在以下几个方面。

[①] 林甘泉、李祖德、田人隆：《中国古代史分期讨论五十年》（1929—1979），上海人民出版社1982年版，第228—231页。中国史研究编辑部：《中国古代史研究概述》，江苏古籍出版社1987年版，第38—40页。

一　商王可到全国各地圈占土地，建立田庄，经营农业

在甲骨文中可以看到，商王根据需要，可到全国各地垦田。如卜辞云：

戊辰卜，宾，贞令永衷田于盖。（《合集》9476、9477）
癸卯［卜］，宾，贞［令］禽衷田于京。（《合集》9473）
戊子卜，宾，贞令犬延族衷田于虎。（《合集》9479）

"衷田"是一种农事活动，张政烺先生说是垦荒造田①。又如：

戊寅卜，宾，贞王往致众黍于冏。（《合集》10）
贞呼妇井穄于丘商②受［年］。（《合集》9529）
贞呼穄于敦宜受［年］。（《合集》9537）

上引诸卜辞中的"黍"、"穄"为动词，意为种黍或穄。盖、京、虎、冏、丘商、敦皆为商王国内地名。永、禽、犬延、妇井为人名。令和呼为甲骨卜辞中的使令动词，其发布"令"、"呼"者或为商王，或是作为王朝中央政权的职能部门。上面这些卜辞是商王或王朝中央向某贵族或官吏下令，要他们到指定的地方去垦荒造田或种植农作物。这些垦辟出的土地为王室田庄③，其收获归王室所有。如冏地的农作成熟时，就由商王直接收割：

庚辰卜，宾，贞惟王叔南冏黍。十月。（《合集》9547）

叔即摘取禾穗④。商王以冏地之黍祭祀祖先，如：

□□卜，争，贞登冏穄祖乙。（《合集》1599）

---

① 张政烺：《卜辞衷田及其相关诸问题》，《考古学报》1973 年第 1 期。
② 穄为黍之一种，说见本书后《农业》章。
③ 王贵民：《就甲骨文所见试说商代王室田庄》，《中国史研究》1980 年第 3 期。
④ 裘锡圭：《甲骨文中所见的商代农业》，《农史研究》第 8 辑，农业出版社 1989 年版。

囧地大约在商王室之南，故称为"南囧"。而在王室之南，或王都的南郊，设有仓廪，称之为"南廪"：

　　己酉卜，贞令吴省在南廪。十月。(《合集》9638)
　　己亥卜，贞惟竝令省在南廪。(《合集》9639)

"南廪"，很有可能是储藏南囧地所产之谷物。可见囧地之耕垦，是作为王的田庄土地。其他的地方，也当类似。在甲骨文中，商王常亲自到某地进行农事或派人到某地进行农事活动，在这类卜辞中，涉及不少的地域名，为省篇幅，不一一列举。

上引卜辞中的地名，是在王室直接治理的王畿内之地，商王还派人到诸侯、方国领地去占地耕作。如卜辞云：

　　贞令受衷田于先侯。十二月。(《合集》9486)
　　贞王于黍侯受黍年。十三月。(《合集》9934 正)
　　贞王令多〔尹入〕绊衷田。(《合集》33213)
　　贞令众人取（趋）入绊方衷田。(《合集》6)（图 2—1）

图 2—1　进入诸侯国垦田的卜辞
（《合集》6 局部）

先侯、黍侯，为商时的诸侯国①，绊方是臣服于商的方国。如《合集》9934 辞中所言，商王在黍侯的国土上"受黍年"，即获得黍的好收成。

由上引证的甲骨卜辞内容可知，商王可到他所能控制的领土范围内的任何地方垦土造田，建立王室田庄。这种情况，只有土地为王有或国有制的情况下，才有可能。

二　商王称所垦辟的土地为"我田"

如甲骨卜辞云：

丙辰卜，永，贞呼省我田。（《合集》9611）
贞我北田受年。（《合集》9750 乙）
贞我奠受年。（《合集》9767）

甲骨文中还有大量占卜"我受年"的卜辞，这些辞中的"我"，皆与上引卜辞一样是商王的自称。所谓"我田"即商王的田。"我北田"即指商王在王朝北部的农田。"北田"为王室所有，还见于商末铜器作册羽鼎，铭文云"王令寝农省北田四品"，即商王派遣寝农去视察王室北地的四种田地。寝是掌王宫寝的内官。商王派内官去省视的田，当是王有的土地。奠即甸地，"我奠"即商王的甸地。卜辞常见的"我受年"，亦即是卜问商王的农田是否得到好收成，这种累见于甲骨文中的以"我"相称的土地，完全是一种土地主人、所有者的语气。

三　商王对诸侯、方国和贵族所占有的土地拥有支配权

卜辞云：

贞呼从奠（郑）取坏夏鄙三邑。（《合集》7074）

奠即郑，是商王武丁时期贵族被封为诸侯的其中之一，卜辞有"子郑"（《合集》3195），又有"侯郑"（《合集》3351），知郑是由商王之子或子姓贵族之

---

① 杨升南：《卜辞中所见诸侯对商王室的臣属关系》，胡厚宣主编《甲骨文与殷商史》第一辑，上海古籍出版社 1983 年版。

受封为侯者。上引卜辞内容是卜问商王下令从郑的怀𡧊地的边鄙上，取走三个邑。古时邑和田是紧相关联的，言田即包括邑，言邑亦含有田在内。邑是居民聚居之地，田在邑外，为邑中居民赖以生存的条件。《公羊传》鲁桓公元年云："田多邑少称田，邑多田少称邑。"这种解释并不确，杨树达先生作《六年琱生簋跋》文时指出，在西周金文中，"邑字与田字有关"，他在金文中列举五例证明器铭中言邑实指田①，其说至确。其实，在甲骨文中，田、邑也有互用的例子，如：

　　沚或告曰：土方征于我东鄙戋二邑，舌方亦侵我西鄙田。（《合集》6057正）

东鄙称"邑"，西鄙称"田"，实邑、田相对同义。同版有一条卜辞讲到敌人侵"田"时，却抓走若干人：

　　𠂤友角告曰：舌方侵我示𡕨田七十人五。（《合集》6057正）

舌方侵𠂤友角所辖示𡕨之地的"田"，而掠走75人。实则舌方所侵入的是聚居地邑，"示𡕨田"实为"示𡕨邑"不然何有人被掠走，是田和邑相关联的事实，甲骨金文中皆是相同的。

　　上引《合集》7074是商王从郑侯国内取走三个邑，实指三个邑所领有的土地。这三个邑所领有的土地原本是郑侯的，商王则派人将其取走，以归王室。"取邑"的卜辞还有：

　　［呼］取三十邑［于］彭、龙。（《合集》7073）

这条卜辞当与下面一辞相关：

　　贞勿令师般取□于彭龙。（《合集》8283）

"彭"是商时一贵族，在康丁甲骨中他曾担任贞卜人物。"龙"是一方国，如

---

① 杨树达：《积微居金文说》（增订本），科学出版社1959年版，第270页。

"王惟龙方伐"(《合集》6583)。龙方后来大概被商征服而臣王朝,卜辞有"龙来致"(《合集》9076),"致"是卜辞中的一个贡纳用词。商王曾在龙地行猎,甲骨卜辞有"王从东龙兔"(《合集》902),兔为一动词,字从兔,即猎兔之意。上引《合集》7073是占卜商王下令从彭和龙两地取回三十个邑所领有的土地。从龙地取来的土地,由王室直接经营:

乙未卜,贞穄在龙囿耆受有年。二月。(《合集》9552)

囿为精耕细作的农地,甲骨文此字像在方块田中种植禾稼之形。穄是黍类作物之一种即糜,是一种不黏的黍类。关于穄我们在后面还要讨论(参见本书《商代的农作物》节),此从略。上引卜辞中的穄是个动词,即种穄,其地在龙的囿内。囿后的耆字,当是龙方之一小地名,为囿之所在。商王还派遣众这种人到龙地去:

戊戌卜,贞令众涉龙西北,无祸。(《怀特》1654)

"涉"字在甲骨金文及古文献中,除有"涉渡"之义外,还有"过"、"入"、"到"等义,如《格伯簋铭》云"涉东门",杨树达谓"东门既非水名,不得以涉渡为解。《汉书·高帝纪赞》云'涉魏而东',注引晋灼曰:'涉犹入也'。然则涉东门,正谓入东门矣"①。卜辞"令众涉龙西北"之涉字,其义亦即入,谓商王命令众进入龙方的西北地。"众"是商代的农业劳动者,商王令其到龙地,与前引《合集》7073辞中,商王从龙和彭地取走三十个邑是相关联的。

"取"字是从商王角度讲的,在古文中这个"取"字是君对臣、上级对下级的一个用语。《韩诗外传》中有一则孔子正假马之名的故事,就是讲"取"字的这种用义,其文云:

孔子侍坐于季孙,季孙之宰通曰:"君使人假马,其与之乎?"孔子曰:"吾闻君取于臣谓之取,不曰假。"季孙悟,告宰通曰:"自今以往,

---

① 杨树达:《积微居金文说》(增订本),科学出版社1959年版,第225页。

君有取谓之取，不曰假。"故孔子正假马之名而君臣之义定焉。①

"君取于臣谓之取"此乃犹如拿取自己所有的东西、物件一样。臣以田邑给君，甲骨文称为"致"，如下面两条卜辞，就是从两个不同角度讲同一件事：

　　［贞］勿呼取右邑。（《合集》7072）
　　贞行致右师暨右邑。（《合集》8987）

一辞从商王角度讲，称"取右邑"；而从臣下、王室贵族讲，则称"致右邑"。"行"是商时的一个贵族，祖庚、祖甲时担任贞卜之官。致，即致送，《说文》"致，送诣也"。商王有时还下令贵族将邑致送于王室：

　　乙卯卜，宾，贞曰：致乃邑。（《合集》8986 反）

"曰"字用法与呼、令义相近。"乃邑"即你的邑，即贵族的田邑。商王"取"田邑于贵族，贵族则送诣于王室，此乃说明贵族之田邑，其所有权在王。

贵族、诸侯所占有的田邑，商王还直接命其"归"于王，如：

　　贞呼亶归田。（《合集》9504）
　　令望乘先归田。（《合集》39963）

亶是贵族。望乘是武丁时一员武将，甲骨中常见商王命他去征讨下危。他有土地，卜辞中有"望乘邑"（《合集》7071）。其田邑之所有权在商王，故卜辞有令其"归田"的占卜。

四　商王以册封的形式将土地授予各级贵族

甲骨卜辞：

　　呼从臣沚又册三十邑。（《合集》707 正）

---

① 《韩诗外传》卷5，许维遹校释本，中华书局1979年版，第34章。

汜是商代武丁时的一个诸侯,"臣汜"之臣,为职官之称,即汜为王室臣。册指典册,《尚书·多士》"惟殷先人有册有典"。此辞中的"册"是个动词,有"册封"之意。辞的大意是商王让汜将三十个邑书之于典册,以封赏给某个贵族。册上登录有土地邑名(甚至可能有土地界四至的范围),以此册授予被封者,被封者则以为凭信,拥有册上所登录的土地。

商王(或国家)可将田邑以典册的形式封赏给诸侯、贵族,同时又可随时令其归还于王室而将其"取"回;商王(或国家),对土地提出要求时,土地占有者则随即"致"送于王室。甲骨文中所反映出的这种关系,是商王(或称为国家)拥有实实在在土地所有权的表现,而不仅是名义上的"领土主权"或"国家疆域"的概念。

第二节 奴隶主贵族的土地权

奴隶主贵族的土地权,呈现出复杂的状况。从总体来看,是一种占有关系,即使用权。但是,这种占有具有承袭性,且赋予法律上的认可,如在前节指出的"册三十邑",是商王封赏给贵族、臣僚的土地,还有"册"作凭证。土地一旦封赏给贵族,他人就不得涉足,如卜辞:

> 丁丑,贞王令■归侯以田。(《屯南》2273)

此大概是贵族■侵占某诸侯的田,故商王下令让其归还给侯。

在西周金文中常见到在土地赐予或转手时,必须踏勘疆界的四至,此举称作"履",并在疆界处作上标识,称为"封"(如《散氏盘》)。商代还没有类似的材料发现,但受封者或土地占有者所占有的土地范围是明确清楚的。在甲骨文中常见有某人之"鄙"的用语,如前引《合集》7074郑地的"鄙"上有三个邑,《合集》6057是汜国的首领向商王室报告说,土方征伐他的东鄙,捣毁了二个邑,舌方又侵入其西鄙。《合集》32982、36484 有"攸侯叶鄙"、"攸侯喜鄙",《合集》7075 有"臀鄙"等。"鄙"即边鄙,《公羊传》庄公十九年"伐我西鄙",何休注云:"鄙者边垂之辞。"《礼记·月令》"四鄙入保",郑玄注谓"鄙,界上邑也"。汜、攸侯,是商代的诸侯。郑、臀是商代的贵族(郑也称侯,为贵族受封)。他们所占土地有"鄙"的存在,且鄙上还有邑落，知其必是与相邻地域有较为确定的边界划分。

土地一旦被占有，就打上占有者的印记。占有者称其地为"我田"，如：

> ㅂ妻笒告曰：土方侵我田十人。（《合集》6057反）
>
> 亘友角告曰：舌方侵我示巂田七十人五。（《合集》6057正）

或曰"我奠"（甸）：

> 亘友化呼告曰：舌方征于我奠（甸）丰。（《合集》6068）

"丰"是贵族亘友化领地上的邑名。或如前引诸辞言"我东鄙"、"我西鄙"等。以"我"来强调了田邑之所属。

从商王的角度，亦以所封之人名名其地，如：

> 王呼取我夹在臀鄙。（《合集》7075）
>
> 在正月，王来征人方，在攸侯喜鄙永。（《合集》36484）
>
> 乙酉……[妇]好邑……（《合集》32761）
>
> 戋望乘邑。（《合集》7071）

商王对受封者之邑，有时径直称作"乃邑"，前引卜辞"乙卯卜，宾，贞曰：致乃邑"（《合集》8986反）中"乃邑"即你的邑。在古文献中则有称"尔邑"、"尔土"的，如《尚书·多士》篇中，周公对商遗民贵族讲话时说：

> 尔多士攸服奔走臣我多逊，尔乃尚有尔土……尔不克敬，尔不啻不有尔土，予亦致天之罚于尔躬。今尔惟时宅尔邑，继尔居，尔厥有干有年于兹洛。

所谓"尔土"、"尔邑"、"尔居"，即甲骨文中的"乃邑"。可见，西周初期周人对商贵族所拥有的土地权还是承认的。

受封者以"我田"、"我奠"（甸）、"我鄙"这样的用语来称封邑封地的现象，胡厚宣先生作了恰当的解释，他说，"对殷王而自称我某人之田，则土地已为封建侯伯所有可知","以殷王而称在攸侯喜之鄙,则疆土既封,遂不复为王之属,又昭昭然明矣"①。这种现象又显然是与前述土地王有或国有制是相矛盾的,其实,这种矛盾现象正合于历史的本来面貌。恩格斯说,"一切文明民族,都是从土地公有制开始的,在已经经历了一定的原始阶段的一切民族那里,这种公有制在农业的发展进程中变成生产的桎梏。它被废除,被否定,经历了或长或短的中间阶段之后,转变为私有制"②。所谓的"中间阶段",就是土地从公有制到私有制的转变时期,或名之曰"过渡时期"。林甘泉说研究我国古代土地制度史时,注意这个"中间阶段"是很重要的。③ 当然,我们这里讨论商代(也包括夏代和西周、春秋时期)的土地"公有"问题,已不是原始社会时期的"自发的土地公有",而是作为王有或国有性质出现的。在我国先秦时期,这个"中间阶段",就是指从王有或国有形式的土地所有制形态,转变为家庭或个人的土地私有制形态。

中国土地制度演变的这一"中间阶段",延续的时间是相当长的,其开始可追溯到夏,其下限则要到战国,而商和西周、春秋时期,则是处在这一转变的重要阶段,其特点就是贵族所拥有的土地具有国有(或称为王有)和贵族家族所有这样两重性。一方面国家(或国王)可以根据需要处置贵族领有的土地,或"取"回,或令其"归田",或转赐(如西周时的《大簋》铭所载);另一方面,土地领有者又可以像处置其他物品一样,处置他所占有的土地、田邑(如西周时的《格伯簋》等),显现出国有(或王有)与贵族私有的两种性质并存的状况。这种矛盾现象,正如神话中的"人首蛇身"或"狮身人首",其头已进化到人类而身子却还停留在动物世界。在这个"中间阶段"中,如果我们认定只能有一种土地所有制形式,就会把这一时期复杂的土地所有制现象简单化了,对几种土地所有制并存的事实,就无法作出合理的解释。

为什么会有这种现象呢?这与中国古代社会的特点有关。中国古代贵族获得土地财富的途径,不像古代希腊罗马那样,在古希腊罗马贵族土地的获

---

① 胡厚宣:《卜辞中所见之殷代农业》,《甲骨学商史论丛二集》上册,成都齐鲁大学国学研究所专刊1945年版。

② 恩格斯:《反杜林论》,《马克思恩格斯选集》第3卷,人民出版社1972年版,第178页。

③ 林甘泉:《中国古代土地私有化的具体途径》,《文物与考古论文集》,文物出版社1987年版。

得主要是通过经济手段，即通过购买。而我国古代贵族主要是以政治手段获得土地财富的，是靠国王或上司的封赏赐予。这些贵族大多是在国家的各级政权部门任职，所谓"官有世功，则有官族"①，即指此。封赏的土地具有"禄"的性质，所以在中国古代的贵者即富者。这样的"禄"地，授予者可根据政治形势的变动而加以变更，从而表现出国有或王有的性质，但是，贵族得到土地后，一般是长期地、固定地占有下去而很少变动。这样长期地、固定不变地占有，深化了私有因素，于是就逐渐形成事实上的私有②。在商代，贵族称他所占有的土地为"我田"、"我奠"（甸）、"我鄙"，商王称某贵族所占有的土地为"某人之鄙"，所占有的田邑为"乃邑"，就显露出贵族土地私有的端倪。在西周，贵族可将其占有的土地进行交换，或赐予他人，是土地私有化更为明朗的表现。当然，这里还须指出的是贵族土地私有化的程度，是与王权强弱的程度相表里的。中央王权的削弱，无力对贵族实施有效的控制，贵族自行处置所占有土地的权力就增大，私有化的性质就显得更为突出。

第三节　邑人（公社成员）的份地

商代的平民阶层，在以往的论著中或称为"氏族成员"，或称为"公社成员"，或称为"自由平民"，目的是要同奴隶这类身份的劳动者相区别。若按照甲骨文中的称呼，似应称作"邑人"为好。甲骨文中常见有"邑人"这一名称，如：

贞呼邑人出羊牛。（《合集》9741 反）

邑人能出羊和牛，是他们有自己的财产，《礼记·曲礼下》"问庶人之富，数畜以对"，可见羊牛是古时财富的标志。

卜辞又有：

癸酉卜，王，贞自今癸酉至于乙酉，邑人其见（献）方俘不其见

---

① 《左传》隐公八年。

② 林甘泉：《中国古代土地私有化的具体途径》，《文物与考古论文集》，文物出版社1987年版。

（献）方执。一月。（《合集》799）

俘，是俘虏。执，是指带手枷的人。方是指敌对方国，从敌对方国俘获而带手枷，可能是指敌方之首领人物，因其抵抗顽强，败而不服，故给他们带上施之于罪人的刑具手枷，以防其逃跑。一般俘虏，可能是不带手枷。邑人所献的是一般俘虏，带刑具手枷的"执"，或由出征将领进献于商王，以便请功。① 邑人参加献俘的典礼，是邑人有作为战士的资格。甲骨文又有：

有来孽，邑人震。（《合集》14211 反）

孽，是灾祸之意，"来孽"即有灾祸降临，邑人震恐，此片甲骨正面两辞云：

戊戌卜，争，贞帝疾兹邑。
贞帝弗疾兹邑。（《合集》14211 正）

疾之来于帝，是帝降灾于兹邑中，故反面说有来孽，邑人发生震恐。是邑人之休咎，商王甚为关注。从上引诸辞看，邑人之身份当为自由民。在古文献中也有关于邑人身份的记载，《易·讼》九二云，"不克讼，归而逋，其邑人三百户无眚"。高亨谓此爻辞言"奴隶主虐待邑人，邑人讼之于上级奴隶主，其人败诉，将受惩罚，乃归而逃走，其邑人三百家得免于灾难"②。《易·无妄》六三云，"无妄之灾，或系之牛，行人得之，邑人之灾"，意谓邑人系其牛于某处，而己离去，又无人看守，牛挣脱缰绳走失，被过路的人得到，邑人因粗心大意失其牛，故云无妄之灾。高先生认为这是讲的两个"古代故事"，当实有其事。《周易》一书是西周初年的作品③，书中所记载的这两个"古代故事"，当比成书时的周初要早，很可能就是

---

① 裘锡圭认为此辞中"见方俘"、"见方执"的"俘"、"执"是疑问词。说见《关于殷墟卜辞的命辞是否问句的考察》,《古文字论集》，中华书局1992年版。"见方"的"见"释为"见面"的"见"亦通。因"方"是商的敌对方国，卜问"邑人"是否同"方"见面，乃是有关战事的占卜，亦证"邑人"是战士。

② 高亨：《周易大传今注》，齐鲁书社1979年版，第115页。

③ 同上书，自序第1页。

发生在商代的。能使上司败诉的"邑人",当不是无权的奴隶可知。有牛羊,当是邑人有财产。《易·讼》卦和《无妄》卦中"邑人"的身份,与甲骨文中邑人的身份是一致的。

甲骨文中的邑字,除用作人名外,作为地域范围名称,所界定的地域范围,有五种:

(1) 指商王国内由王室直接治理的王畿,如卜辞中的"大邑"(《合集》32176、33240、33241)、"大邑商"(《合集》36482、36507)。

(2) 指商王朝的王都,卜辞中的"兹邑"(《合集》7859、7853、7854)、"天邑商"(《合集》41758、36541、36542)①。

(3) 指方国、诸侯或贵族的封地,如卜辞的"妇好邑"(《合集》32761)、"望乘邑"(《合集》7071)、"柳邑"(《合集》36526)。妇好是武丁之妻,有封地,故称"妇好邑",望乘为武丁时大将,柳亦为贵族。

(4) 商王室或方国内的次级政治中心所在的大邑,如"西邑"(《合集》6156、7863)、"右邑"(《合集》8987)等是。

(5) 是一般居民聚居的小村落,这样的聚落在甲骨文中常用若干个邑来计量,见于甲骨文的计数从"二邑"起,最多的是"三十邑":

  土方征于我东鄙戋二邑。(《合集》6057)
  告曰……夹方相二邑。(《合集》6063)
  呼从郑取坏夏鄙三邑。(《合集》7074)
  舌方征于我……三邑。(《合集》6066)
  ……四邑。(《合集》7866)
  ……其多兹……十邑……。(《合集》28098)
  ……大方伐啚二十邑。(《合集》6798)
  [呼]取三十邑[于]彭、龙。(《合集》7073 正)
  呼臣汕又册三十邑。(《合集》707 正)

用数字计量邑,在金文中也常见如,《鬲从盨》铭中有二邑、三邑、十又三邑等计数,《命鎛》铭文中有"二百又九十又九邑",这种以数字计量的"邑"

---

① 陈梦家:《殷虚卜辞综述》,科学出版社1956年版,第257页。

皆是一些较小的聚落①。

邑本是居民聚居之处，《史记·五帝本纪》"舜一年而所居成聚，二年成邑，三年成都"，刘熙《释名·释州国》"邑，犹偊也，邑人聚会之称也"。但是邑在古时候又作为一个行政建制单位名称。《周礼·地官·小司徒》云：

> 九夫为井，四井为邑，四邑为丘，四丘为甸，四甸为县，四县为都。

郑玄注云"邑方二里"。《小司徒》"九夫为井，四井为一邑"，则一邑之人为三十六家。邑之规模《管子》又有不同的说法。《管子·小匡》云：

> 制五家为轨，轨有长；六轨为邑，邑有司；十邑为率，率有长；十率为乡，乡有良人；三乡为属，属有帅。

是《管子·小匡》以三十家为一邑，比《周礼》的规模为小。而《晋书·地理志》则规模大，其文云：

> 昔在帝尧，协和万邦，制八家为邻，三邻为朋，三朋为里，五里为邑，十邑为都，十都为师，州有十二师焉。

是《晋书》以三百六十家为一邑，但不知何所本，不过《晋书》与《周礼·小司徒》的制度应是一个系统，《晋书》只是将《小司徒》的家数扩大10倍。成书于西周初年的《易》其《讼》卦九二爻辞中有"邑人三百户"，是300户为一邑为古代所实有。

上述文献中三种有关邑规模不同的记载，可能是与时代不同以及地域相异有关，但它们皆与古书上讲的井田规划土地有关，"九夫为井"是"井"字形的规划耕地制度。《孟子·滕文公上》云："方里而井，井九百亩"，一夫治田百亩，可供九夫之耕，故云"九夫为井"。

孟子又云"其中为公田，八家皆私百亩，同养公田"，实为"八家共井"；《晋书》云"八家为邻"似当与八家共井相关涉。古文献记载还有"十

---

① 宋镇豪：《夏商社会生活史》，中国社会科学出版社1994年版，第39—46页；又2005年增订版，第49—72页。

夫"为单位的授田制,见于《周礼·地官·遂人》:

> 凡治野,夫间有遂,遂上有径。十夫有沟,沟上有畛。百夫有洫,洫上有涂。千夫有浍,浍上有道。万夫有川,川上有路,以达于畿。

这是一种十夫为单位的土地制度。

前面我们曾指出过,邑和田是相关的。在古文献中田和邑是直接挂钩的。如《周礼·小司徒》的"四井为邑",而甲骨文中的"田"字,和文献中所讲的井田区划是相一致的,甲骨文中的"田"字,除作正规汉字的"田"形外,还有如下的一些形状:

① 𝍇 (《合集》33210,《屯南》2260)
② 田 (《合集》4315、33209,《屯南》65)
③ 𝍈 (《合集》6528)
④ 𝍉 (《合集》33212、33218)
⑤ 𝍊 (《合集》33211,《屯南》102、499)
⑥ 𝍋 (《合集》21999)
⑦ 𝍌 (《合集》22097)
⑧ 𝍍 (《合集》21473)

从上列甲骨文中"田"字的构形上看,有作"井"字形划分的,如⑤形,此即所谓"方里而井"。(图2—2)但亦有不作"井"字形规划者,而⑦、⑧两形显然是对非方整土地作的划分,这些不同形状,正是当时土地划分实况在文字上的反映。

甲骨文中把土地这样划分成较为整齐的方块,是与当时的土地分配制度相关的。恩格斯在《马尔克》一文中,描述了德国摩塞尔河畔和霍赫瓦尔特山区的"农户公社"土地制度情况,他写道:

图2—2 井字形的田字甲骨文
(《屯南》499)

> 在那里……每隔3年、6年、9年或12年，总要把全部开垦的土地（耕地和草地）合在一起，按照位置和土质，分成若干"大块"。每一大块，再划分成若干大小相等的狭长带状地块，块数多少，根据公社中有权分地者的人数而定；这些地块，采用抽签的办法，分配给有权分地的人。所以，每一个社员，在每一个大块中，也就是说，在每一块位置与土质各不相同的土地上，当初都分到了同样大的一块土地。①

无疑，甲骨文中的"田"字形状，是与恩格斯所描述的"马尔克"中分配耕地的制度相关的。这种棋盘状的方块耕地划分，就是古代公社存在的证据。马克思说：

> 如果你在某一个地方看到陇沟痕迹的小块土地组成的棋盘状耕地，那你就不必怀疑，这就是已经消失的农业公社的地产！②

在商代甲骨文中，与这种棋盘状耕地相结合的小聚落"邑"，就应是一种"公社"的社会组织。③ 田被划分成小块，是便于在公社成员中定期分配。恩格斯在《马尔克》中讲的"农户公社"中的土地分配制度，在我国古代也是存在过的，《公羊传》宣公十五年何休注云：

> 司空谨别田之高下善恶，分为三品：上田一岁一垦，中田二岁一垦，下田三岁一垦，肥饶不得独乐，墝埆不得独苦，故三年一换主易居，财均力平。

"三年一换主"之制，在银雀山出土的竹书《田法》中也有记载，其文云：

> 五十家而为里，十里而为州，十乡（州）而为州（乡）。州、乡以地次受（授）田于野，百人为区，千人为或（域）……□居焉，循行立

---

① 恩格斯：《马尔克》，《马克思恩格斯全集》第19卷，人民出版社1963年版，第355页。
② 马克思：《给维·伊·查苏利奇的复信草稿——三稿》，《马克思恩格斯全集》第19卷，人民出版社1963年版，第452页。
③ 徐喜辰：《井田制度研究》，吉林人民出版社1982年版，第49页。

稼之状，而仅□美亚（恶）之所在，以为地均之岁……□巧（考）参以为岁均计。二岁而均计定，三岁而壹更赋田，十岁而民毕易田，令皆受地美亚（恶）□均之数也①。

"三岁而壹更田赋"，整理者谓"疑谓国家授予农民之田三年更换一次……简文'赋'字亦当训为'授'或'班与'"。银雀山汉墓出土的古佚书，根据篇题木牍有《守法》、《守令》十三篇。称"法"不称"律"，知此十三篇当成书于商鞅变法之前。② 是知在商鞅变法之前，我国古代确曾实行过定期交换耕地的制度。商代甲骨文中"田"字的各种形状，应是这种换田制存在的图像实录。田和邑是相关联的，故知商代的"邑"确实是古代的一种"公社"组织。邑人所耕种的土地，需要定期分配、更换，是一种份地制。

商王可以将"邑"赐予贵族、臣僚，如前引《合集》707 商王下令臣沚册封某贵族 30 个邑。"邑"还可以从贵族手中收归王室，可见"邑"是属于国家或王的，其土地属于国家，"邑"作为集体占有而在其成员"邑人"间进行分配。邑人耕种着国家或王的土地，必须为国家履行各种义务。就甲骨文中看，其重要义务是服兵役，《合集》799 载"邑人其见（献）方俘"就是例证。在武丁甲骨文中常见"登"人三千、五千出征的卜辞，这些被"登"来作战的"人"，就是"邑人"。③ 邑人耕种着国家的土地，所以必须用服兵役的形式来换取这种使用权。马克思说，"土地所有权靠社会的存在来保证；而社会的存在则又以社会成员采取服兵役等等形式，用他们的剩余劳动来保证"④。邑人虽然还没有土地私有权，但承袭性的、长期的使用权是他们取得生活资料及财富的保证；邑人之服兵役，也是为了保证这种使用权。甲骨文中常见边境守将向商王报告敌情，言敌人来后"伐"我多少邑、"戋"我多少邑，掠走我多少人，如"土方征于我东鄙戋二邑"（《合集》6057）、"舌方征于我……戋三邑"（《合集》6066 反）、"大方伐啇二十邑"（《合集》6798）、

---

① 银雀山汉墓竹简整理小组：《银雀山竹书〈守法〉、〈守令〉等十三篇》，《文物》1985 年第 4 期。

② 《唐律疏议》："魏文侯师于李悝，集诸国刑典，造《法经》六篇……商鞅传授，改法为律。"

③ 杨升南：《略论商代的军队》，《甲骨探史录》，生活・读书・新知三联书店 1982 年版。

④ 马克思：《资本主义生产以前的所有制形态》，见中国社会科学院历史研究所编《马克思恩格斯列宁斯大林：论资本主义以前诸社会形态》，文物出版社 1979 年版，第 307 页。

"土方侵我田十人"(《合集》6057 反)等。"戋"是个战争用词,张政烺先生指出卜辞此字与征、伐、敦一样,都是战争动词,其行动都和战争有关,此字与征、伐、敦的区别是它属于战争的细节,行动比较具体。征、伐、敦是前提,此字则表示战争的成果。[①] 所谓战争的"细节"、"成果",是指打败其对手,捣毁其城邑,劫掠人畜财物。在这种时候,最受苦遭殃的是普通民众,即"邑人"。故"邑人"之服兵役,在一定意义上说,是为保证份地的使用权。

第四节 商代"公社"——邑的性质

我们在上面论证了甲骨文中的"邑"是一"公社"组织,但"邑"是一种什么性质的"公社",研究者之间有着很大分歧。弄清"公社"的性质,对认识"邑人"份地的特点是很有必要的。

按照马克思的意见,"公社"的形式主要有两种:血缘氏族公社和地缘公社。马克思说:

> 所有其他公社都是建立在自己社员的血缘亲属关系上的。在这些公社中,只容许有血统亲属或收养来的亲属,他们的结构是谱系树的结构。"农业公社"是最早的没有血缘关系的自由人的社会联合。[②]

"农业公社"即是"农村公社",这两个词在马克思的著作中含义是相同的。

"邑"中成员之间的关系,在甲骨文和古文献中皆无明确记载。但从考古发掘中却给我们提供了一些线索。

在山东平阴县朱家桥的殷代遗址中,发掘 230 平方米,出土房屋基址 21 座。房屋皆小型化,大者面积不足 12 平方米,小者仅 7 平方米左右。这样集中的房屋,当是商代的一个邑。每座房基内都有一个灶坑(火塘),一套陶制生活器皿和劳动工具(农业的和狩猎用的)。[③] 说明每一社员用自己的力

---

① 张政烺:《释戋》,《古文字研究》第六辑,中华书局 1981 年版。

② 马克思:《给维·伊·查苏利奇的复信草稿——三稿》,《马克思恩格斯全集》第 19 卷,人民出版社 1963 年版。

③ 中国科学院考古所山东队:《山东平阴朱家桥殷代遗址》,《考古》1961 年第 2 期。

量来耕种分给他的地,并把产品留为己有①,即是各家单独进行生产(当然不排除其间的协作,且是必要的协作)和生活的。

一般说来,墓葬的情况,最能反映出死者间的生前关系,特别是较集中的大型墓地。这样的墓地经过发掘而资料报道详细的有河北藁城台西商代遗址、安阳小屯殷墟遗址。台西虽然属方国文化遗址,但又同属商时期遗存,故能反映商代一些情况。下面我们对这两处墓地的埋葬情况作一剖析。

在藁城台西清理了112座墓,绝大多数属于商代中小墓葬,即一般民众的墓葬。墓葬的分布似有成群集中的现象(见《藁城台西商代遗址》图四:台西遗址遗迹分布图)。这112座墓的情况,我们从埋葬的头向、埋葬姿式、墓底腰坑的有无和随葬品的有无多寡四个方面,作一统计,其情况如下:

1. 头向:东向(46°—135°):38座

    南向(136°—225°):47座

    西向(226°—325°):7座

    北向(326°—45°):8座

    不清:12座

2. 葬式:仰身葬:50座

    俯身葬:35座

    屈肢葬:12座

    葬式不清:15座

3. 墓底腰坑情况:有腰坑:34座

    无腰坑:78座

4. 随葬品情况:

    A. 有青铜礼器,或有殉人和其他器物随葬者:12座

    B. 有青铜工具,兵器(无礼器)和其他器物者:7座

    C. 无青铜器而有陶器等随葬者:60座

    D. 无任何随葬品者:33座(其中6座墓有扰乱)

在已发掘的遗址东南部,即探方6、8、11、15等四个探方内(T6、T8、T11、T15)共清理出48座墓,其墓葬分布密集,为一墓区。这48座墓葬

---

① 马克思:《给维·伊·查苏利奇的复信草稿——三稿》,《马克思恩格斯全集》第19卷,人民出版社1963年版。

之间的情况，我们也像上面一样，按其头向、葬式、腰坑有无、随葬品有无多寡，统计如下：

1. 头向：东向（46°—135°）：15座

   南向（136°—225°）：22座

   西向（226°—325°）：2座

   北向（376°—45°）：3座

   不清：6座

2. 葬式：仰身葬：18座

   俯身葬：20座

   屈肢葬：5座

   葬式不明：5座

3. 墓底腰坑情况：有腰坑：21座

   无腰坑：27座

4. 随葬品的情况：

   A. 有青铜礼器或有殉人及其他器物随葬者：3座

   B. 有青铜用具及其他器物者（无青铜礼器）：6座

   C. 无青铜器而有陶石器等者：26座

   D. 无任何随葬品者：13座（其中2座墓有扰乱）①

在安阳殷墟范围内，历年都有较为集中的中小墓区发现，其中以殷墟西区和大司空村、后岗几处最为突出，现选择大司空村和殷墟西区中的各一组墓地加以分析。1953年考古研究所在大司空村清理商代中小墓166座。这些墓按地域分成东区、南区、北区三群，各群墓葬都较集中，我们选取墓葬分布密集的北区加以分析。

北区墓群共有97座，细分还可分为若干群组，其中以西部两沟之间的一群墓葬最集中，我们暂将其称为A组，A组有墓葬59座，我们将它按以下标准分为5个等级：

第一等：有铜礼器如鼎、卣、觚、爵及殉人者（铅礼器包括在内）；

第二等：有铜器兵器、工具而无铜礼器或殉人者（铅兵器、工具包括在内）；

---

① 河北文物研究所：《藁城台西商代遗址》表4：《墓葬登记表》，文物出版社1985年版。台西陶器中无觚爵礼器，故分四等级，这里与殷墟稍有异。

第三等：无金属器而有陶礼器者（指有陶觚爵或其一者）；

第四等：无金属及陶礼器而有其他陶、石器者；

第五等：无任何随葬品者，即为赤贫。

按照藁城台西墓葬的分析要素，大司空村北区A组墓葬的情况是：

1. 头向：东向（46°—135°）：6座

　　　　南向（136°—225°）：15座

　　　　西向（226°—325°）：3座

　　　　北向（326°—45°）：33座

　　　　不清：2座

2. 葬式：仰身葬：20座

　　　　俯身葬：11座

　　　　葬式不明：28座

3. 墓底腰坑情况：有腰坑：41座

　　　　　　　　无腰坑：18座

4. 随葬品情况：一等墓8座，二等墓14座，三等墓17座，四等墓13座，五等墓（赤贫者）7座①

1969—1977年在殷墟西区清理中小墓936座。按墓室的分布情况，发掘者将其分为八个区，我们选择其中的第六区作一分析。第六区共有商代墓葬146座，其情况如下：

1. 头向：东向（46°—135°）：6座

　　　　南向（136°—225°）：63座

　　　　西向（226°—325°）：6座

　　　　北向（326°—45°）：71座

2. 葬式：仰身葬：43座

　　　　俯身葬：43座

　　　　屈肢葬：6座

　　　　葬式不明：54座

3. 墓底腰坑情况：有腰坑：54座

　　　　　　　　无腰坑：83座

　　　　　　　　其余不明

---

① 马德志等：《1953年秋安阳大司空村发掘报告》，《考古学报》第9册（1955年）。

4. 随葬品情况：一等墓 8 座，二等墓 36 座，三等墓 52 座，四等墓 29 座，五等墓 21 座。①

殷墟西区墓葬 8 个区中的情况，大致与第六区相似，后岗墓葬群各墓间的情况，也大致与西区第六墓区差不多。

从以上所揭示出的 3 个墓区的情况，可以看出有以下几个共同的现象：

1. 各墓的头向是不一致的；
2. 各墓埋葬的姿式是不一致的；
3. 各墓墓室的结构是不一致的；
4. 各墓的随葬品差别是较大的，如一等墓随葬有青铜礼器，有的还有奴隶殉葬；而第五等则无一件随葬品，显然处于赤贫状态。这里还要说明一下的是，随葬品的等级与葬式无关，三种葬式（仰、俯、屈）的墓，其随葬品五个等级的都有。

在这各个不同的要素中，1—3 项反映的是埋葬习俗，不牵涉财富问题，就如腰坑来说，在埋葬时于墓底挖一个小土坑，是不需要何种财产作基础的，所以腰坑的有无全是一个习俗，即传统。其埋葬方向、葬式就更反映的是传统习惯。第 4 项是财产多寡、地位高低的区别物，如礼器的有无，反映的是祭祀权的有无。四等以下墓中的主人，大致是无权参与祭祀的。埋葬习俗是古代民族的一个极重要传统。荀子云，"氐羌之虏也，不忧其系累（纍）也，而忧其不焚也"（《荀子·大略》），可见埋葬习俗（即处理尸体的方式）对一个民族是十分重要的。关于埋葬习俗与民族的关系，李济先生在《俯身葬》一文中作了精辟的论述，他说：

> 埋葬死者的样式，不像我们现在穿衣服似的，可以随时变动，他多半代表一个民族极坚决的信仰，在那神权的时代尤为如此，所以习于火葬的，总是火葬；习于鸟葬的，总是鸟葬；屈肢的总是屈肢，仄身的总是仄身。这种习惯要变迁，差不多代表那民族文化本身的一种极剧大的变动。考古学家因此可依靠葬式的研究发现古民族在一个区域内的兴替……俯身葬这种习惯，我们可以认定它代表一个区域内一个时代，一

---

① 中国社会科学院考古所安阳队：《1969—1977 年殷墟西区墓葬发掘报告》，《考古学报》1979 年第 1 期。

个民族的普遍习惯。①

李济先生这个意见是极为重要的，在商代墓葬群中仰身、俯身、屈肢葬式的墓主，应从其民族角度来考虑这种区别。

埋葬制度差异的现象，对殷墟所出商代墓中的人骨体质特征的研究，也得到相同的结论。李济先生根据吴定良对19世纪30年代出土于殷墟西北岗的100多具头骨测量的数据判定，提出西北岗头骨属"异种系"的论点。随后杨希枚教授对400具西北岗头骨进行了34项测量，并对其测量的指数进行分析，将西北岗组头骨加以形态分类，认为这些头骨"分别类似布里亚特蒙古种、海洋尼格罗种、北欧种、爱斯基摩蒙古种（鼻骨呈锐三角形）和不十分确定但怀疑与波里尼西亚头骨相似的五个分组"②。西北岗是商代王陵所在地区，所出的头骨是用以祭祀或殉葬用的人。这些人身份低下，不是奴隶就是战俘。③ 韩康信、潘其凤对武官村祭祀坑人头骨和殷墟中小墓（即平民墓）所出人骨的体质特征分别进行了鉴定，他们的结论是：祭祀坑人头骨的体质特征与中小墓人骨的体质特征是相同的。他们认为无论是祭祀坑还是中小墓中的人种，都是单种系的，即都属于以蒙古人种为主干的东亚成分。这个结论与李济、杨希枚先生不一致。但同时他们又指出，在蒙古人种这个大种系下，又有东亚型、北亚型和南亚型这样几个"亚型"，即在同种系下，又可分为不同的型。④ 但人种和族不是等同的，不同的种系当然不可能有血缘意义上的"族"，就是在同一种系下的人，也不一定就是有血缘意义上的"族"。在今日中国境内的各民族，除少数几个外，大多数都属于蒙古人种，但并不同族，更无血缘意义上的"族"，这在古今是一样的。所以，无论是多种系说的"种"之异，还是单种系说的"型"之别，"种"或"型"间都不可能会有血缘关系的"族"。殷墟人骨体质上不同的"种"或"型"之存在，与墓葬中葬式的不同正相契合。

---

① 李济：《俯身葬》，《安阳发掘报告》第3期，1931年。

② 杨希枚：《卅年来关于殷墟头骨及殷代民族种系的研究》，《安阳殷墟头骨研究》，文物出版社1985年版。

③ 杨升南：《商代人祭身份的再考察》，《历史研究》1988年第1期。

④ 韩康信、潘其凤：《安阳殷墟中小墓人骨的研究》、《殷墟祭祀坑人头骨的种系》，见《安阳殷墟头骨研究》，文物出版社1985年版。

从对殷墟墓葬的葬式和人骨"种"系或"型"的研究可以看出，埋葬在殷墟的人，其民族成分是很复杂的，埋在同一个墓地中的人，他们之间并不都是具有血缘关系的一群人（当然并不排除其中部分人甚至大部分人之间有血缘关系），所以，我们不好把这样的墓区称作为具有血缘意义的"族"墓地。这些人生前同居于一个邑内，死后埋于同一墓地内，当是他们生时聚居在一起，或生时被编制在同一个社会组织团体中。他们之间的关系应是如马克思指出的是"没有血缘关系的自由人的社会联合"。说这种墓葬群是同一氏族或家族的"族墓地"，显然无法合理地解释考古学上给我们提供的这些材料。

从上述考古材料考察，甲骨文中作为邑人聚居的"邑"，不是一种血缘组织，而是一种地域组织；不是氏族或家族公社，而是农村公社。

农村公社与血缘氏族公社有三个不同的特点：（1）农村公社是最早的没有血缘关系的自由人的联合体；氏族公社只是血缘亲属的组织，不容有外来户。（2）农村公社中房屋及其附属物——园地，是社员私有的；氏族公社是实行公共住房的集体所有制，故无住房和宅旁园地的私有。（3）农村公社社员的份地是用自己的力量来耕种，产品归自己，即"公有私耕"；氏族公社是共同生产，产品共同消费即"公有共耕"①，生活上是"吃大锅饭"。在农村公社时期，耕地、山林、河湖是公有的，但是各个家庭单独占有房屋和园地。小土地经营和私人占有产品这种固有的"二重性"，成为公社解体的契机，亦即公社社员份地私有化的萌芽。农村公社的这种二重性，就是恩格斯指出的土地私有化过程中的"中间阶段"。

私有制的因素在商代"邑人"中的存在，是毫无疑问的。从山东平阴朱家桥、河北藁城台西、河南安阳小屯殷墟等商代遗址中，都发掘出不少房屋基址。就在同一个遗址内（殷墟宫殿基址为王宫，非一般邑人所居，故应排除在外），房屋的大小结构是很不相同的，像朱家桥房基大者有12平方米，小者仅7平方米。在藁城台西的房屋建筑分为两种形制，一种是十分简陋的半地穴式房屋，面积有的仅4平方米左右；有的房屋则比较宽敞，建筑考究，像二号房屋，为双间式，面积有30多平方米，是一种硬山式的地面建筑，地基经过夯打，以防潮湿。在建筑过程中，为保房屋主人的"平安"无

---

① 马克思：《给维·伊·查苏利奇的复信草稿——三稿》，《马克思恩格斯全集》第19卷，人民出版社1963年版。

灾，还用人和牲畜祭祀鬼神，仅是殉人就杀了8个作为奠基、安门、落成等礼的祭神。像四号房子，也是一种地面硬山式的建筑，有50平方米，分为3间，在土坯砌的山墙上还有"风窗"①。这与半地穴式的房屋相差十分的大。

　　墓葬中的随葬差别，也是悬殊的，就以前举台西T6等4个探方内的48座墓葬间、殷墟西区内第六区146座墓间，已可以十分清楚的反映这一现象。随葬品的多寡，是生时贫富的反映。这些现象所反映的只是"个人（或曰家庭）的发展"，而不是氏族血亲同胞间的"同财共济"、"有饭同吃"的原始平均。这种差异，正是"小土地劳动"所产生的"牲畜、货币，有时甚至是奴隶或农奴等动产积累"的结果。在这样的前提下，份地的私有化，只是时间问题了。所以商代农村公社的份地制，实在是孕育着土地的私有化因素。

---

　　① 河北省文物研究所：《藁城台西商代遗址》，文物出版社1985年版。

第三章

作为经济基础的农业

马克思主义认为,"农业是整个古代世界里的决定性的生产部门"①。在中华大地上生活的先民们,也是走着与世界上多数民族相同的道路,是以农业为其主要生活来源的。我国的农业相传是神农氏发明的,第一个从事农业生产的应就是神农氏部落。从考古发掘知,在距今一万年前,我们的先民就发明了农业。从种植农业的被发明,到商代,已经历了八千多年的时间。商代的人们生活于先民生活过的自然环境里,继承并发扬了远古先民的传统。农业已是商代经济的基础部门,是商代人们衣食的主要来源。无论在甲骨文、考古发掘中以及古文献记载里,都反映出商代是以农业为主体的社会。

商代农业的生产技术已具有相当的水平。我国传统的农作物种类,即所称的"五谷",皆已齐备。在农业生产工具、耕作技术、农业管理等方面,都有新的发明创造,并成为我国传统农业技术宝库中的精华。

第一节 农业是商代社会经济中的一个主要部门

在商代社会经济中,农业是一个决定性的生产部门,是商代社会中经济的主体。这一认识,从古文献记载、甲骨卜辞的有关内容和地下考古出土的遗物所提供的材料,都得到证实。

---

① 恩格斯:《家庭、私有制和国家的起源》,《马克思恩格斯选集》第4卷,人民出版社1972年版,第145页。

一 文献中所见商代农业

据古代典籍所载，商人还在灭夏建国以前，就是以农业为其主要生业的。《国语·鲁语》载展禽之语云："冥勤其官而水死"，韦昭注谓"冥，契后六世孙，根圉之子也，为夏水官，勤于其职而死于水也。"《礼记·祭法》云："殷人禘喾而郊冥。冥勤其官而水死。"冥为商人首领，供职于夏王朝为水官，主管水利之事。掌水、治水活动，都是农业民族所具有的。冥被夏王朝委以治水之职，是冥必有治水之经验，善于治水。由此可知商人有发达的农业。

成汤伐桀建国前，曾施惠于其邻国葛伯，此事也反映出商人的经济情况，广为流传的《孟子·滕文公下》所载"葛伯仇饷"的故事云：

> 汤居亳与葛为邻，葛伯放而不祀。汤使人问之，曰："无以供牺牲也。"汤使遗之牛羊。葛伯食之，又不以祀。汤又使人问之，曰："何为不祀？"曰："无以供粢盛也。"汤使亳众往为之耕，老弱馈食。葛伯率其民，要其有酒食黍稻者夺之，不授者杀之。有童子以黍肉饷，杀而夺之。《书》曰："葛伯仇饷。"

汤派亳地的民众帮助葛伯国耕田，而国人为助耕者所送的饭食是"酒食黍稻"、"黍肉"，可见亳地的人民，不但会耕田种地，而其食物是以"黍稻"，即粒粮为主食。此故事告诉我们，亳地人民是以农业为其主要生业。这一点在《尚书·汤誓》中亦可得其证，《汤誓》是成汤伐夏桀之战前的一篇阵前誓词。在誓词中，汤针对士兵的怨言说道，"今尔有众，汝曰：'我后不恤我众，舍我穑事而割正夏。'""穑事"即农事。汤的士兵不愿在农忙季节去征讨夏桀，都抱怨说，"我们的君主不体恤我们，舍弃了我们的农事不顾而让我们去征讨夏国"。这些士兵所担心的只是荒废了家中的"穑事"而不言其他，可见，商人在建国前，其民是以农业为主业的。

建国以后的情况，依然如是。虽然在建国后商王朝曾进行了五次迁都，但农业经济的活动还是继续进行的。在《尚书·盘庚》篇里，盘庚往往用农业生产来设喻，以说服不愿迁都的人，如：

> 若农服田力穑，乃亦有秋（上篇）。

> 惰农自安，不昏作劳，不服田亩，越其无有黍稷（上篇）。

这是盘庚在迁都前的讲话。盘庚是从奄地（今山东省曲阜）迁到豫北安阳小屯村的。是在奄地之商民，仍以农为主要生业。如果商人上下不通晓熟悉农业，盘庚就不会以农业生产来设喻劝导商民。

《尚书·无逸》篇载周公告诫成王时说，商王朝自祖甲以后各王，"生则逸，不知稼穑之艰难，不闻小人之劳，惟耽乐之从"，故享国短而致使国亡。周公认为商末诸王的最大荒政就是"不知稼穑之艰难"，不注重农业生产，故亡了国。由此也反映出农业在商代确实是一个决定性的生产部门。在《尚书·酒诰》中，周公对殷遗民说："妹土，嗣尔股肱，纯其艺黍稷……用孝养厥父母。""妹土"即指商王都为中心的商代畿内之地。此句意谓：殷王朝的遗民们，自今以后你们要靠手脚的力气，专心种植黍稷，以供养你们的父母。周公的命令，作为亡国之人的殷民，不得不遵从。商朝被灭亡后，箕子远走朝鲜，其后他到镐京朝见周王，经过殷墟这一旧时王都时，"感宫室毁坏，生禾黍"，见此伤心，于是作了一首"麦秀之歌"的诗，其诗云：

> 麦秀渐渐兮，禾黍油油；彼狡童兮，不与我好兮。①

"狡童"指殷纣王，他不听大臣劝谏，淫乐无度，终于把一个好端端的商王朝给弄灭亡了。原来繁华异常的王都，现在遍地是麦、粟、黍等农作物。这些农作物的种植者，当然是商民，即《酒诰》中所讲的"妹土"之民。周公命他们"纯其艺黍稷"，果真此地出现了"麦秀渐渐"、"禾黍油油"，一派大好农业景象。可见殷民是勤于农作的人们。

商人嗜酒是极有名的，《尚书·微子》篇载：

> 我用沉酗于酒，用乱败厥德于下。
> 天毒降灾荒殷邦，方兴沉酗于酒，乃罔畏畏。

西周早期的大盂鼎铭中，周王分析商朝灭亡的原因时，也指出是亡于酗酒：

---

① 《史记·宋微子世家》。

> 我闻殷坠命,唯殷边侯甸与殷正百辟率肆于酒,古(故)丧师。(《集成》2837①)

鉴于商人酗酒之害,周武王的弟弟康叔封于殷故都的卫地时,周公特以王命告诫康叔要禁酒,这就是《尚书》中的《酒诰》篇。

从甲骨文中可见,作为祭神用的酒类名称就有酒、醴、鬯等,且用量大,次数多。而酒无论什么名称,什么种类的,其酿造主要是用粮食。若没有充足的粮食作保证,商人上上下下嗜酒也是不可能的。从商人嗜酒和大量用酒祭神上,也反映了商代农业的发达情况。

上引古文献中的一些记载,皆可反映出商代农业是主要的经济部门。

二 产生于农业的历法

一个民族实行什么样的历法,是与该民族的经济类型相关的。商代实行的是一种比较进步的阴阳合历。平年为十二个月,如《合集》41757(《英藏》2563)为商末征伐人方的一块甲骨,其中有记月的两条卜辞为:

> 甲午,在十二月,十祀。
> 丁〔酉〕在正月。

甲午之后的第三天是丁酉日,是十二月之后接着是次年的正月,即一月。闰年有十三个月,如卜辞:

> 贞帝其及今十三月令雷。
> 〔贞〕帝其于生一月令雷。(《合集》14127)

这是武丁时的一片甲骨,是十三月后为一月。"十三月"是闰月,闰月的设置是为调节节气,以便于农作。甲骨文中的"月"字,是一个象形字,像半圆形的月亮,故商人称"月"是以天上月亮圆缺一周为一月的。为了与地球

---

① 《集成》指中国社会科学院考古所编《殷周金文集成》(中华书局1984—1994年版)一书(以下简称《集成》,不再出注)。

绕太阳一周的回归年相符，故置闰月以相调剂，调剂的目的是为将四时与一定的月份相配，以便于农业生产。

商代的月有三十天和二十九天之分，即后世的大小月。如《合集》11546（《甲》2122）是武丁时代的一版较完整的龟腹甲，其上契刻有从十月到次年五月的连续九个月的卜旬卜辞，其干支及月份如下：

癸酉	十月
癸巳	十一月
癸卯	十一月
癸丑	十二月
癸酉	十二月
癸巳	十三月
癸酉	二月
癸酉	四月
癸巳	四月
癸卯	五月
癸亥	五月

十二月癸酉到二月癸酉之间，最多只能有 59 天。这其中"癸巳"日已记有月份"十三月"，是这 59 天为十三月与次年一月两个月份的日数，故这十三月和一月两月中，必为一是 30 日，一是 29 日方能合理。月亮绕地球一周，即地球上人们凭视觉观察月亮圆缺一次，为 29 日半稍长一些，今日测定为 29.530588 日，故置 30 日与 29 日相配以与月亮的圆缺相应。有人以为商人的一月有可能多到 31 日以上的，少至 28 日，甚至有少到 25 日的。但商人既以视月亮圆缺为一个"月"的计时单位，且已能用置闰月来调节太阳年和朔望月年间的关系，当时虽然是观象授时，但也不会对一个朔望月的观察有达数日之大的误差。所以其说不可信。

四季的观念在商代也是有的。甲骨文中有关于四方风（即东、南、西、北四方的风名）的记载，风向是与四时的观念有关。① 四方与四时有关，古人早已指明，《汉书·律历志》："四方，四时之体"，刘熙《释名·释天》

---

① 李学勤：《商代的四风与四季》，《中州学刊》1985 年第 5 期。

"四时,各方为一时"。作为王朝统治阶级,测定四方而判定四时的主要目的,是"敬援民时"。《尚书大传·尧典》篇中有云:

> 主春者张昏中,可以种谷;主夏者火昏中,可以种黍;主秋者虚昏中,可以种麦;主冬者〔昴〕昏中,可以收敛。①

《夏小正》亦有相似的记载:"正月,启蛰……农纬厥耒,初岁祭耒……农率均田……初服于公田",三月"妾、子始蚕"、"祈麦实",五月"乃衣(食)瓜","种黍、菽、糜",等等。五月正是夏季,《尚书大传》云:"可以种黍",《夏小正》云:"种黍、菽、糜",即是为安排与四季相应的农业生产活动。

商代历法的设置闰月、月的大小,是为使朔望月与四季之节候相扣合,以便于指导和安排农业生产活动。这样的历法,是为农业生产服务的,故又被民间称之为"农历"。由商人使用的历法亦可见,商代是以农业为主体的社会。

三 纪年称谓所反映的农业信息

用什么名称来称呼一年,这些名称所包含的内容,是与该民族的经济生活息息相关的。商代的纪年称谓,《尔雅·释天》称作祀:

> 夏曰岁,商曰祀,周曰年,唐虞曰载。

实则未全对,商人纪年不但称祀,也称岁和年。

称"祀",屡见于商代甲骨、金文,在此不一一列举。称若干"祀"的甲骨和青铜铭文,大都是商末帝乙帝辛时物。根据商王室实行的周祭制度,到帝乙帝辛时,用五种祭祀方法轮番追祭曾即位为王的先王和直系先王的先妣一次,需时约36—37旬,即360—370天,用时大致为一年②,故称一年为一"祀"。

称"年"的卜辞,胡厚宣先生在《殷代年岁称谓考》及其《殷代称

---

① 陈寿祺:《尚书大传辑校》,《清经解续编》卷354,上海书店出版社1988年版。
② 常玉芝:《商代周祭制度》,中国社会科学出版社1987年版,第225页。

"年"说补正》两文中已作了论述。① 胡先生在文中列举出了甲骨文中有关称"年"的材料，现抄录如下：

癸未卜，贞燎于□十小牢卯十牛，年十月用。（《合集》14770、《前》4·7·8、《通》774）

□戌卜，出，贞今十年又五，王豐。（《合集》24610、《续》1·44·5）（图3—1）

□□卜，贞〔尹〕至于十年宝。（《合集》35249、《粹》1279）

……仔十年。（《侯》19）

乙巳卜，贞尹至于五年宝。

乙巳卜，贞尹至于七年宝。

（《文物》1987年第8期）

称"年"的卜辞在武丁时已出现（《合集》14770），董作宾、胡厚宣先生都认为殷代早期用"年"或"岁"纪年，晚期则用"祀"。就目前所见到的材料看，称"年"的卜辞从武丁到武乙时皆有，而帝乙帝辛时未见；而称"祀"的卜辞最早见于武乙文丁时期，而以见于帝乙帝辛时卜辞和青铜器铭文中为多。这种现象说明商人本以"年"或"岁"称一年这一时段，由于周祭制度产生，到帝乙帝辛时一祭祀周恰与一年的时间长度大致相符，于是就改用"祀"称以纪年。称年纪时的卜辞材料虽不及称"祀"纪年的多，但在使用时间上却长，故商人主要还是用"年"来表述一个四季轮回这一时段的。②

称"年"和"祀"之别，"称祀大概与王家的祭祀有关而年或岁当与农

图3—1 称年的甲骨文
（《合集》24610）

---

① 胡厚宣：《殷代年岁称谓考》，《甲骨学商史论丛初集》第2册，成都齐鲁大学国学研究所专刊，1945年版。又《殷代称年说补正》，《文物》1987年第8期。

② 参见朱凤瀚《记中村不折旧藏的一片甲骨刻辞》，载《揖芬集——张政烺先生九十华诞纪念文集》，中国社会科学出版社2002年5月版，第219页。

事有关"①。称"年"纪时，显然是与农业民族相关的，甲骨文中的"年"字从禾从人，禾是指粟，即今之小米②。其"年"字像人负禾而归之状。《说文》，"年，谷熟也"。《春秋·穀梁传》云"五谷皆熟为有年"③，古文献上的解释与甲骨文的造字之形是相符的，所以于省吾先生说"年乃就一切谷类全年的成熟而言"④。

以谷类成熟这一事件作为一个民族的纪年名称，说明此事为该民族的头等大事。商人以"年"称纪时，正是以农立国的反映。

四　考古发掘出土大比重的农业生产工具

在考古发掘中，农业生产工具在出土的遗物里占有突出的地位。例如1953—1985年在郑州商城发现的商代前期，即二里岗下层和二里岗上层出土的石、骨、蚌质用器中，作为生产工具的铲、镰、刀都占相当大的比重。如二里岗下层一期，出土石器31件，其中铲6件、刀2件、镰10件，三项共计18件，占58％。另外还有磨制石质工具的砺石11件，两相加为29件，农业生产工具所占比重高达93.5％。此期出土有蚌器10件，其中有镰8件、刀1件和铲1件，全是农业生产工具；二里岗下层二期出土石器140件，其中铲20件、刀43件、斧16件、镰23件，共102件，占石器总数的72.85％；骨器152件，有骨铲13件；蚌器86件中，有铲16件、刀15件、镰38件，总计69件，占80.2％；二里岗上层一期出土石器共342件，其中铲59件、斧45件、刀69件、镰79件，共计252件，占石器总数的73.6％。若加上砺石33件，则有农业生产工具285件，占83.3％。此期出土骨器作为工具和武器的有272件，其中作为农业生产工具的有铲23件。蚌器120件，作为农业生产工具的有铲36件、刀35件、镰39件，共110件，占蚌器总数的91.6％。⑤

---

①　张秉权：《甲骨文与甲骨学》，台北编译馆1989年版，第292页。

②　裘锡圭：《甲骨文所见的商代农业》，《农史研究》第8辑，1989年。此文收入《古文字论集》，中华书局1992年版。（以下凡引裘说出自此文者不另注）

③　《穀梁传》桓公三年。

④　于省吾：《甲骨文字释林》，中华书局1979年版，第251页。

⑤　参见河南省文物考古研究所编著《郑州商城》上册，文物出版社2000年版，第154—160页、中册第601—616、685—706页。二里岗上层二期因出土遗物不多，没有统计价值，故未计在内。

河南柘城孟庄是一处较大的商代前期遗址，发现房子9座、陶窑1座，应是一村落。出土的文化遗物中除大量陶器外，主要是不同材质的生产工具，而工具中又以农业生产工具为主，有骨铲1件、蚌铲4件、石刀3件、蚌刀5件、石镰32件、蚌镰7件、角镰1件，① 以收割用的镰、刀为多。

1958—1961年对殷墟苗圃北地、孝民屯、大司空村、北辛庄、小屯西地等9处进行发掘，出土石器209件，其中农业生产工具有铲11件，镰82件，刀（铚）44件，磨石7件，计144件，占石器总数的68.9%。出土蚌器205件，其中农业生产工具有铲2件，镰162件，刀15件，计179件，占所出蚌器总数的87.3%。② 可见殷墟苗圃北地、孝民屯等地也是以收割用的镰和刀（铚）所占比例大。

从上述几个遗址可以看出，在生产工具中，以农业生产工具为主，反映出农业是这些遗址上所住居民的主要生业。

在商代遗址和墓葬中，从出土的生活用器上，可以看出商代人的生活习惯，是属于农业民族的。凡商代遗址内，皆出有大量的陶器，有的陶器如瓮、罐、大口尊等器形都相当大。这些陶器无论是夹砂还是泥质的，也无论是何种器形，一个最显著的特点皆是以圆形器为主。以陶器为主要生活器皿，且形体大、器形多圆状，是定居农业民族的用器，因为这样的用器是不适合流动迁徙的。

从生活用具中的用器种类看，酒具，如盛酒用的青铜方彝、尊、觥、壶、卣、罍、盉，温酒用的爵、饮酒用的觚等，皆大量出土。商代墓葬中作为礼器的基本组合是酒器的觚和爵，贵族用青铜质，平民用陶质。虽质地有异，其用意却一，皆是祀神所用的酒器。商人嗜酒的风气，在遗址内出土的商人遗物得到印证。前面已指出，酒的酿造是需粮食的。

作为炊器的鬲、甑是用来蒸煮食物的。甑是用以蒸谷类食物，鬲则是用以煮熟谷物类食物。鬻字从粥从鬲，是一形声字，即在鬲内煮米为饭。鼎一般认为是用以煮肉的，也不排除煮谷物的可能，在一般平民中它可能主要是用以煮粥。《左传》载孔子先祖正考父庙中的鼎上铭文内容为"馆于是，鬻

---

① 中国社会科学院考古研究所河南一队等：《河南柘城孟庄商代遗址》，《考古学报》1982年第1期。

② 中国社会科学院考古所：《殷墟发掘报告1958—1961》附表44、45，文物出版社1987年版。

于是，以糊余口"①，杜预注谓"于鼎中为饘粥。饘粥糊属，言至俭也"，是鼎亦能煮米粥而不只煮肉。可见商人是以粒粮为主食的。

就以上所述，古文献所记载、商人行用的阴阳合历的历法、四季的划分、纪时用语的年、岁、春、秋及其含义等，皆可说明商代是一个以农业为主的社会。农业是商人谋生的主要生产部门，是商王朝赖以存在和发展的经济基础。

第二节 农作物种类

古文献中记载的商代农作物品种的资料，有下面几则：

> 惰农自安，不昏劳作，不服田亩，越其罔有黍稷。（《尚书·盘庚上》）
>
> （商人）纯其艺黍稷，奔走事厥考厥长。（《尚书·酒诰》）
>
> （纣王）厚赋税，以实鹿台之钱，而盈钜桥之粟。（《史记·殷本纪》）
>
> （周武王）命南宫括散鹿台之财，发钜桥之粟，以振贫弱萌隶。（《史记·周本纪》）

《诗经·商颂·玄鸟》篇中有"龙旂十乘，大禧是承"句，毛传谓"禧，黍稷也"。从古文献记载中可以看到商时的谷类作物有粟、黍、稷三个名称。而稷是什么作物，农学家们还有不少分歧，或认为黍，或说是粟，实则可确指的只有粟、黍两种，稷是粟或黍中之一。商代农作物的种类在甲骨文中，古人所称的"五谷"——粟、黍、稻、麦、菽（豆）等都有了。

关于甲骨文中所见的农作物品种，历来为研究甲骨文和商史的学者所注意。在这方面撰写的考证文章不少。但是就甲骨文中某一个字，各家的考证还未能完全统一，而就是较为统一的文字，在实质上它是否就是与后世所称的那种作物，也还难确说。这里我们根据各家的考证，采取笔者以为比较可信的作一介绍。根据甲骨学家们的多年考证，卜辞中的农作物种类有如下一些。

---

① 《左传》昭公七年。

一 禾（粟）和秫

禾字的本义是指谷子，即粟，去其皮则称为小米。甲骨文中的禾字有两种字形（图3—2）：

  a. 𣎳　𣎳　（《合集》28231、28232）
  b. 𣎳　𣎳　（《合集》19804、40889、9615）

裘锡圭说"谷子的穗是聚而下垂的，黍子的穗是散的，麦子的穗是直上的。要依靠穗形的不同来区别"，甲骨文中禾字的字形"酷肖成熟的谷子"[①]，此说甚是。

禾字在古书中有广狭二义，狭义即指粟，广义指一切谷类作物。在甲骨文中的禾字，于省吾先生认为都是用的广义，他说：

  甲骨文中所见禾都是广义的……甲骨文凡言受某年者，年上一字必为谷类专名，如受黍年，受𪗨年，受秜年是其例，但从未有受禾年者，足见禾不是专名。[②]

图3—2 带穗头的禾字甲骨
（《合集》19804）

裘锡圭在文中举出下列两片甲骨中的禾字是指谷子而言的：

  盂田禾釋，其御。吉。刈。（《合集》28203）
  䁥用禾延釋。（《合集》28233）

[①] 裘锡圭：《甲骨文中所见的商代农业》，《农史研究》第8辑，1989年版。
[②] 于省吾：《甲骨文字释林·释禾、年》，中华书局1979年版。于先生指出《乙编》1731版上的年字从黍，《乙编》1966、7205版上的年字从来，应是例外的误刻。

裘说甚是。我们还可以补充下面这样几条卜辞：

> 贞今秋禾不遘大水。(《合集》33351)
> □□卜，贞王……母癸登禾……尤。(《合集》36318)
> 甲午卜，王禾。(《合集》19804)

很明显，上举这些卜辞中的"禾"是指农作品种粟，不是广义的五谷。卜辞有禾、年相替代的，但上面所引《合集》33351一辞，是绝对不能用"年"字去替代，故知此辞中之"禾"是一农作物专名。《合集》36318之"登禾"同于他辞的"登黍"，黍是一农作物专名，此辞中"禾"亦是一专名。《合集》19804片上有两条卜辞，皆为从左向右读，除上引一辞外，另一条卜辞为"庚寅卜燎上甲九□"。辞中之"王禾"的"禾"是一动词，即是商王亲临于种禾之地，与他辞的"王黍"义同，是禾在此辞中亦是农作物专名。甲骨文有"利"字，有的字所从的禾旁作㫃形，亦是粟的象形（见《合集》7042、7043、7044）。甲骨文有关"受年"、"求年"的卜辞相当多，四期卜辞"年"字一律变作"禾"字。"受年"之占卜，除数量不多的"受"字后缀以农作物名（或缀以地名、人名）外，绝大多数是仅言"受年"。现将甲骨文中各类"受年"类卜辞列表3—1。

表3—1　　　　　　甲骨文中"受年"类卜辞统计表

种类	受年	受禾	受秋年	受黍年	受稷年	受䎽年	受畚年	受来年	合计
次数（次）	338	97	12	62	59	23	5	1	597
百分比（%）	56.6	16.2	2.0	10.4	9.9	3.9	0.8	0.16	

表中"受年"一栏，是指仅言受年类卜辞，如"贞蜀受年"(《合集》9774正)、"贞敦受年"(《合集》9782)之类，此种数量最多，占受年卜辞的56%以上。"年"字卜辞从禾从人，意即人负禾而归，其义是收获粟（即谷子，去皮称小米）。卜辞中凡他种作物之收获，则在"受"与"年"间加作物名称字，是故受年乃专指粟之收获。四期卜辞则竟以"受禾"代替"受年"，

更可说明禾（粟）在商代粮食作物中的重要地位。"受年"实即"受禾"只是时代不同的用语，若将"受年""受禾"卜辞相加，则占"受年"卜辞的72.8。至于甲骨文中从不言"受禾年"的缘由，裘锡圭说：

> 不管哪一期或哪一组卜辞，都从来不卜问"受禾年"，这应该是由于禾（谷子）的种植量比其他植物大得多，卜问是否受年，实际上主要就是卜问是否受禾年，所以不必再专门为文卜问的缘故。

因其太普遍而不必特言，这大概是我们古人的一种传统。《考工记》云：

> 粤无镈，燕无函，秦无卢，胡无弓车。粤之无镈也，非无镈也，夫人而能为镈也。燕之无函也，非无函也，夫人而能为函也。秦之无卢也，非无卢也，夫人而为卢也。胡之无弓车也，非无弓车也，夫人而能为弓车也。

郑玄注云："言其丈夫人人皆能作是器，不须国工"。以此语法例之当可云：卜辞不言"受禾年"者，非无"受禾年"也，夫"受年"主要是卜问受禾年也。

粟在我国栽培的历史很久，我国新石器时代，就有粟发现①，且粟的收获量还很大，像河北省武安县的磁山仰韶早期遗址内，发现大量的炭化粟。在发掘的476个窖穴中，有88个窖穴储藏有粮食，有的窖穴中炭化的粟层厚达2.9米。据遗迹推算，这88个储粮窖穴当时储入的粮食有109立方米，合138200余斤。②此遗址的年代经碳14测定为公元前6000年至公元前5000年。③在山东省胶县三里河的大汶口后期地层中，发现一座贮藏粮食的库房基址，内有一个大型的窖穴，其中有约1.2立方米的粟粒。④在甘肃东乡林

---

① 吴梓林：《古粟考》，《史前研究》1，1953年创刊号。
② 佟伟华：《磁山遗址的原始农业遗存及相关问题》，《农业考古》1984年第1期（总第7期）。
③ 中国社会科学院考古研究所：《新中国的考古发现和研究》，文物出版社1984年版，第36页。
④ 中国社会科学院考古研究所：《胶县三里河》，文物出版社1988年版，第11页。

家马家窑遗址的一个窖穴内,发现有堆积厚达 1.8 立方米的粟。① 在新石器时代有这样大量的粟贮藏于窖穴中,说明粟是当时的主要农作物。1992—1993 年考古工作者在洛阳皂角遗址属于夏代二里头中晚期地层内,发现有粟。② 在安阳殷墟范围内的后岗圆形祭祀坑内第一层的人骨架上,发现一堆籽粒保存较好的粟③,安阳殷墟的白家坟遗址 1997—1998 年发掘时,经过浮选法作业,发现有粟、小麦等粮食作物。④ 以上的考古发现印证了古文献和甲骨文中关于商代粮食作物有粟的记载。商人的文化,是继承新石器时代及夏代的文化发展而来的,所以商人也应是以粟为其主要食物。

甲骨文有一字从禾从数小点或数小圆圈,作:㮌(《合集》10024)、㮌(《合集》30305)形。于省吾先生认为这类字的圆圈与小点是相同的,他说,"古文字点画的填实同于双钩"。于先生认为禾间的小点或圆圈,乃是齐字,"齐字之点所加于禾上的部位是因隙乘间,在构形上具有美观的姿态",认为此字应"从齐从禾即穧字,而穧即稷字的初文,今通称为谷子,去皮叫做小米"。⑤ 裘锡圭把这两种字形的字都定作黍字的异体(即裘文中的 4 类字体的 a、e、f 和 5 类字体的 a、b 形)。裘文将这两种字体归为黍字的异体字形,是值得考虑的。这类字体的特点是"穗是聚而下垂的",与黍的散穗截然不相混。于先生认为这类字从禾,应是正确的,释此字为稷的初文穧字,较裘锡圭释黍,在字形上较为合理。但于先生认为此字禾间的小点或圆圈是契文"齐字之点"还未可必。契文齐字作㮌、㮌形,其基本母形类似于平面几何中的菱形图案。其菱形为两在上一在下,或一在上两在下,似有整齐之意;而于先生所释的这类字,点、圈多少无定,既不作菱形,又乘隙错杂于"禾"字之间,无甚整"齐"意,说为从齐,似亦牵强。我们认为,这类字间的小点应是水滴,它应是从水从禾,可隶定为"沃"字,是"禾"的一个

---

① 西北师范学院植物研究所、甘肃博物馆:《甘肃东乡林家马家窑文化遗址出土的稷与大麻》,《考古》1984 年第 7 期。甘肃省文物工作队等:《甘肃东乡林家遗址发掘报告》,《考古学集刊》4,1984 年。
② 周叔昆等:《中国最早大豆的发现》,《中国文物报》2002 年 3 月 22 日。
③ 中国社会科学院考古研究所:《殷墟发掘报告》,文物出版社 1987 年版,第 278 页。
④ 徐广德:《近两年来安阳殷墟的考古发现与研究》,《殷墟发掘 70 周年纪念会论文集》,中国社会科学院考古所编,1998 年 8 月。
⑤ 于省吾:《商代的谷类作物》,《东北人民大学人文科学学报》1957 年第 1 期。

品种。在禾字间加小点、小圈者，目的是与一般的禾相别，表示它是禾的别种。

这个"禾的别种"相当于古文何字？齐思和先生曾说稷是"禾的别种"。但是在古书中禾与稷是异名同指的。齐先生在《毛诗谷名考》一文中已指出"禾同稷是一种东西，所以它们在古书中没有两种并举的"[①]，是稷不当是禾的别种而应说"稷是禾的别名"，是名不同而非种有异。禾（或稷）的别种，应即《说文解字》的"秫"字，齐先生在《毛诗谷名考》的"《诗经》中所无的谷名"一节中说：

> 《说文解字》"秫，黏稷也。"按今谷子中有黏谷子，当即其物。

凡谷类作物，黏者比不黏者优。种植黏者要细心，而收获量在同一面积的土地上，黏者要低于不黏者。在甲骨文中其字从禾从水，亦表示其经营管理要精心，多投入劳动力。秫字虽然晚出，但并不影响商时有禾的别种黏谷子存在。前面我们已经指出，我国发现粟的大量遗存的河北省磁山遗址，距今已有七八千年，距商代也已有四五千年。在这四五千年中，难道粟就只有单一的一个品种？这显然是不可能的。谷子的别种，《说文》里载有5种，《齐民要术》注所载有42种，现在华北有60多种。所以甲骨文中从小点或小圈从禾的这类字，其中"禾"是该字的本义，加小点的禾应即是"禾的别种"，当是稷之黏者的秫。甲骨文中还有白秫之称：

> 丁卯［卜］，登于祖乙，惟白秫。（《合集》34601）
> 惟白秫登。（《会集》32014）

有的认为白秫是《诗经》中的芑[②]。卜辞称为"秫"，无疑是秫之色白者，当又是一新种。秫是粟中的上品，商人最为重视。甲骨文中以五谷祭祖称为"登"，其中言"登秫"的最多，达34次，而麦类11次，黍类却只有4次。这是由于粟是商人的主食，而黏粟是粟中的上品，故用它来献祭祖先

---

① 齐思和：《毛诗谷名考》，《燕京学报》第36期，1949年6月。后收入《中国史探研》，中华书局1982年版（以下凡引齐说出自此文者，不另注）。

② 王贵民：《商代农业概述》，《农业考古》1985年第2期（总第10期）

神灵。

秫字在卜辞中约70次,是仅次于黍的一类作物。言"受秫年"的有12次,所记月份有一月(《合集》20649)、二月(《合集》10029)和三月(《合集》10024)。秫在的周代,也是重要食品,如《弭叔簋铭》中云"用盛秫稻粱",簋是盛饭食的用具,可知秫是周人食粮的一种。

二　黍和穄（糜）

黍字是甲骨文中诸家认识均统一的一个字,且都认为是农作物的一种,即今北方的黍子,叫做糜子,去皮叫大黄米的。商代有黍,在河北省邢台曹演庄和藁城台西遗址,已有实物出土①。黍字的主要构形是散穗。甲骨文黍字的字形主要有两种,即有从水（A 型）与不从水（B 型）之分:

A 型字形作

  a ▨（《合集》11）

  b ▨（《合集》9937）

  c ▨（《合集》9941）

B 型字形作

  a ▨（《合集》547）

  b ▨（《合集》376）

  c ▨（《合集》9949）

A、B 两种字体的字,在甲骨文中出现的次数,仅就《甲骨文合集》所收的第一期农业生产类（第一期农业生产类甲骨从 9472—10196 号,共 725 版),其中 A 形字出现 94 次,B 形字出现 77 次,在"受年"辞中言受 B 形字体作物之年为 55 次,A 形字体为 52 次。A 形字体总体上略多于 B 形字体。它们在卜辞中词位、用法都相同,都有作为名词和动词的性能,只是从水的黍字有作地名用的例子,如《合集》9934"于漆侯",《合集》795"在漆",而不从水的黍字未见有用作地名的例子。所以现在甲骨学、古文字学界的学者们都把这两种字体当作一个字,即"黍"字,而不再分别。

为什么同指一种农作物,有的加水而有的不加,且加水旁的字与不加水旁的字又大致相等？甲骨契刻不易,若两个字都表示同一个意义,同一种农作物,照理应减省水旁才是,何必肿事增繁？且在甲骨中凡一事多卜或对贞

---

① 唐云明:《河北商代农业考古概述》,《农业考古》1982 年第 1 期（总第 3 期)。

问卜的相关卜辞里,这两种字体的字也不混用,如:

> 癸未卜,争,贞受❍年。
> 弗其受❍年。(《合集》10047)
> 贞我受❍年。
> 贞[我]不其受[❍年]。(《合集》10043)
> ……于敦祀,若。[受]❍年。
> ……[弗]其受❍年。(《合集》9817)

在这样对贞的卜辞中,绝无一从水一不从水相混的例子,这种现象不是契刻者的随意增省,而应该是它们分别指两种不同农作物的证据。

黍本有不同的品种,齐思和先生已有论证,他说:

> 黍分黏与不黏两种,其不黏的一种名为穈,也称为稷,《说文》"穈,稷也。"又"稷,穈也。"现今河北省北部犹呼穈为稷子,称穈子饭为稷子饭,至大名一带犹呼穈子为稷子,可见稷是各地对于同一种东西不同的名称。《说文》:"黍,禾属而黏者也。"黍子既专指黏者而言,那不黏已别称为穈而不称为黍了。可见汉时的名称已和现今相同。

齐先生结合现今农作物考证古时作物名,甚为精当。正如齐先生指出,黍的黏与不黏而异名情况在汉时已存在了。在我国黍的栽培同粟一样,也是很早的,新石器时代遗址中就多次报道的粮食作物有黍出土。经过鉴定的遗址有:

(1) 甘肃省秦安大地湾新石器时代遗址。出土少量碳化的粮食,种子经甘肃师范大学植物研究所鉴定为黍。该遗址年代为距今 7150±90 年①。

(2) 陕西省临潼姜寨史家文化,出土有谷迹朽灰,经西北农学院和中国社会科学院考古研究所黄其煦鉴定为黍。② 史家文化层的年代距今 5000—

---

① 甘肃省博物馆:《1980 年秦安大地湾一期文化遗存发掘简报》,《考古与文物》1982 年第 2 期。

② 魏仰浩:《试论黍的起源》,《农业考古》1986 年第 2 期(总第 12 期)。黄其煦:《"灰选法"在考古学中的应用》,《考古》1982 年第 4 期。

5500年。

（3）甘肃省东乡林家马家窑遗址的一个窖穴中出上大量的粮食作物，经西北师范学院鉴定为黍（但鉴定报告称为稷，他们是持稷为黍的说法的）。[①] 另外，在甘肃省民乐县东灰山遗址中，农学家李璠发现了200粒粮食，经他鉴定有"稷和黍的炭化籽粒"。该遗址属马家窑文化，经碳14测定其年代为距今5000±159年。[②]

（4）东北黑龙江省东康新石器时代遗址中，农学家李璠认为出土的粮食作物是炭化的黍粒。[③]

（5）沈阳新乐遗址出土谷物，经辽宁省农科院植物育种所鉴定是黍。新乐遗址年代距今约六七千年。[④]

在夏代的遗址中也发现了黍，在洛阳市皂角树遗址的二里头文化层中发现26个黍的样品，占出土粮食作物样品总数的25%，仅次于粟（粟占42%）[⑤]。

从上举几个遗址可知黍的栽培在我国已有七千多年的历史，距商代有三四千年的历史，所以其品种定会不少。

农作物品种的区别，在同种作物中首当属黏与不黏，因为它是最易引起人们注意的。甲骨文中黍字的两种字体，应是当时人们表示黍之黏与不黏的两种农作物。《说文》曰："黍，禾属而黏者，从禾，雨省声，孔子曰：黍可为酒，故从禾入水也。"事实上，《说文》记载了两种字形的黍字："从禾，雨省声"和"从禾入水"。这两种字体在汉时仍然存在，战国时东方六国"文字异形，言语异声"，一字多种写法并不奇怪。从甲骨文"黍"的A型字可知，"从禾入水"是正确的写法，而"从禾，雨省声"却是错的。许慎作《说文解字》时，将"从禾，雨省声"列为正字，故《说文》篆体的"从禾，雨省声"的"黍"字，既与甲骨金文对不上号，又与隶楷书体不相合，而成

---

① 西北师范学院植物研究所、甘肃博物馆：《甘肃东乡林家马家窑文化遗址出土的稷与大麻》，《考古》1984年第7期。
② 李璠等：《甘肃省民乐县东灰山新石器古农业遗存新发现》，《农业考古》1959年第1期（总第17期）。
③ 李璠：《栽培植物的起源》第5分册《生物史》，科学出版社1979年版。
④ 李宇峰：《西江河流域原始农业考古概述》，《农业考古》1986年第1期（总第11期）。
⑤ 洛阳文物工作队：《洛阳皂角树》，科学出版社2002年版，第113页表9。

了不可解的死字，幸好《说文》里还保存了"从禾入水"这一字形，使黍字的本义不致湮没。

《说文》黍字字形正确的解释应为"黍，禾属而黏者，从禾入水"。我们上举甲骨文中"黍"字的 A 型字体从禾从水，而其中的 b、c 两种字体，简直就是"从禾入水"的图解。据《说文》"从禾入水"的"黍"是指黏的品种，则甲骨文中凡从水作的黍字，应写作"黍"。

"从禾入水"的黍为黏黍，那么不从水的黍（即我们上举的 B 型字），应就是指不黏的黍，不黏的黍，应按《说文》称为䵮或穄。为了通行起见，可写作穄。

黍和穄两个品种作物相比较，在甲骨文中是黍略比穄出现的次数多，可见商人对黏黍的重视。在卜辞中明显地可见黍、穄多于他种作物，反映商王室对黍、穄的重视。黍、穄之所以被商人重视，除黏黍是优质食粮外，还与黍、穄是做酒的主要原料有关。关于这一点前辈学者胡厚宣、齐思和、于省吾诸先生已早指出。商人嗜酒之风，又是极有名的，故卜辞中有关黍、穄的卜辞特别多。

三 麦（来）

麦是商代农作物的一种，在考古发掘中已得到证实。在商代早期的都城河南偃师商城和晚期都城安阳殷墟，都发现了小麦的遗存。[①] 甲骨文中有麦字，作𡘇形，诸家释此字皆无异辞。麦字在卜辞中有作为地名和农作物两种用义，用为地名的如：

> 其田麦，擒。（《合集》29369）
> 王田于麦。（《合集》24228）
> 癸巳王卜，在麦贞旬亡祸。（《合集》36809）

作地名讲的麦字，其卜辞时代都偏晚。说者或以为此地以产麦著称，故以名地。当农作物讲的"麦"字，最有名的一片是《合集》24440。这片甲

[①] 中国社会科学院考古研究所：《河南偃师商城商代早期王室祭祀遗址》，《考古》2002 年第 7 期。徐广德：《近两年来安阳殷墟的考古发掘与研究》，《殷墟发掘 70 周年学术纪念会论文》，中国社会科学院考古所编，1998 年 8 月。

骨首先著录于《后下》第一页第五片，郭沫若收入《卜辞通纂》，排在第六片。这是一块非卜用骨版，上记有两个多月的 66 个干支，其开头一句作"月一正，曰食麦"。郭沫若作考释引《礼记·月令》"孟春之月食麦与羊"为证，认为"食麦"即是食麦子。① 这一论证已得到普遍赞同，由是知商代不仅有麦，而且商人还以麦为食。

甲骨文中有"告麦"的卜辞如：

[己]亥卜，宾，翌庚子有告表。允有告麦。
庚子卜，宾，翌辛丑有告麦。(《合集》9620)
翌己酉亡其告麦。
己酉卜，宾，翌庚有告麦。(《合集》9621)
翌乙未亡其告麦。(《合集》9622)
翌丁亡其告麦。允亡[告麦]。(《合集》9623)
……其告麦。
□午有告麦。(《合集》9624)
翌辛丑亡[其]告麦。(《合集》9625)
……告麦。(《屯南》3678)

"告麦"的"麦"为农作物"麦子"，也是诸家取得的一致认识。但对"告麦"一词的解释，却有种种不同的说法，除裘锡圭认为"告麦的确切含义究竟是什么还有待进一步研究"而主张"阙疑"外，目前主要有三种意见：郭沫若在对《通纂》461 片（即《合集》9620）考释说："《月令》'孟夏之月农乃登麦，天子乃以彘尝麦，先荐寝庙。'此云'告麦'，盖谓此。"胡厚宣在《卜辞中所见之殷代农业》一文中说："麦者乃较为稀贵之品，故产麦乃来告于殷王也。"② 于省吾对这两说皆不赞同，他主张是侦察敌方麦收以便去抢劫。他说："告麦的意义是：商王在外边的臣吏，窥伺邻近部落所种或所获的麦子，对于商王作了一种情报，商王根据这种情报，才进行武力掠夺。"③

---

① 郭沫若：《卜辞通纂考释》，科学出版社 1983 年版，第 2 页上。
② 胡厚宣：《甲骨学商史论丛二集》上册，成都齐鲁大学国学研究所专刊，1945 年版，第 88 页。
③ 于省吾：《商代的谷类作物》，《东北人民大学人文科学学报》1957 年第 1 期。

其实,"告麦"与甲骨文中的"观耤"、"省黍"等事例一样,应是一种农业生产中的管理措施,"告麦"即是各地官吏向中央政府报告苗情,说见下面"生产管理"一节所述。

甲骨文中有"来"字,早年罗振玉就释出其字,并指出其字是麦的象形。而卜辞中常用的往来之来义,却是假借的。①甲骨文往来的来字有作农作物名称的,如:

> 乙亥卜,受来禾(年)。(《合集》33260)
> □□卜,㞢,贞□□我田有来。(《合集》10553 正、《续》5.29.1)
> 辛亥卜,贞咸刈来。(《合集》9565)

"刈"字像用刀割穗形,试比较下辞:

> 贞王往立(莅)刈穄于……(《合集》9558)

穄是黍之一种,上已说明是不黏的黍,故"刈来"的"来"亦应为一农作物。卜辞中还有求"来"之丰收的:

> 求年来,其卯于上甲㞢,受年。(《合集》28272)

此片原著录于《甲编》3587 片,屈万里先生考释云:

> 来,麦名。求年来,谓祈求麦之丰收也。②

"来"作为一农业品种,有向王室致贡的,如:

> 亚致来。(《合集》914)
> 贞曰:致来,廼往于敦。(《合集》11406)
> 壬戌卜,狄,贞敄勿以来。(《合集》28011)

---

① 罗振玉:增订《殷虚书契考释》(中),东方学会石印 1927 年版,第 34 页下。
② 屈万里:《殷虚文字甲编考释》,中央研究院历史语言研究所 1961 年 6 月版。

"以来"的"以"字，义为"用"，《说文》"以，用也"，有致送义。叔是人名，此辞是卜问此人是否向王室致送"来"之义。卜辞中还有言"食来"的：

  食来。(《合集》914)

此与《合集》24440 之"月一正，曰食麦"之"食麦"，是相同的用语。"来"也和"麦"字一样，有作地名用的，如：

  □未卜，旅，贞王其田于来，亡灾。在二月。(《英藏》2041)
  己未卜，今日不雨，在来。(《合集》20907)
  王往田从来祟豕擒。(《合集》33362)
  弜田来。(《屯南》588)

上引这些甲骨卜辞中的"来"字，除作为地名外，其他皆是用来的本义，即麦类作物。《诗经·周颂·思文》"贻我来牟"，《臣工》"欲皇来牟"，毛传、郑笺、孔疏仅训牟为麦而不训来，陈奂《诗毛氏传疏》谓"传释牟为麦，则经中来为语词。"齐思和指出其说不可信，他说，"来、牟既是贻的对象，则牟（应即来字之误——引者）乃是名词，而非语辞"。齐先生又指出《说文》、《广雅》等字书中训来为麦。来应即小麦，牟是大麦。上举《诗经》中的那两个"来"字，与我们上举甲骨文中的来字一样，都是指麦。从《合集》9565 的"刈来"一辞看，"来"确应是指麦类中的一个品种。

  甲骨文中的麦、来两字，都是指今日的麦子。在古文献中和甲骨文字中都有以"来"字为麦名，且论者皆谓"来"本是麦的本名，用为"往来"之"来"义，乃是假借字。其后，往来之来行，而作为农作物"来"之名，为了与往来之来相区别，而另造麦字，于是麦与来在形、音、义上都分了家。这样"往来"之义喧宾夺主，鸠占鹊巢，把"来"的本义挤掉了。这个解释也不无道理。但另一派意见则另有所说，他们谓麦之称来，正说明它是一种外来作物，非中国原产。① 考古学者也从考古发现和中国野生小麦资料方面

---

  ① 何炳棣：《黄土与中国农业的起源》，香港中文大学出版社 2001 年版，第 124 页。

论证中国普通小麦为外部传入。① 但是，农学家李璠于 1985 年和 1986 年先后两次在甘肃省民乐县东灰山的新石器时代遗址中，发现有炭化的小麦和大麦粒。这个遗址的年代，经碳 14 测定为距今 5000±159 年。李璠认为这个发现证实中国是"普通小麦、栽培大麦"的原产地和重要起源中心之一。② 陈恩志指出在黄河流域两岸的三门峡、洛阳、卢氏及西安、宝鸡等地大量存在"植物学特征与普通小麦栽培种亲缘最接近的小麦草"，这种小麦草很可能早已为我们的先民采集和栽培，③ 而从野生麦的存在证实麦起源于中国本土，这从考古学和植物学上给麦为中国本土起源论提出了坚实证据。在洛阳偃师皂角树属于夏代的二里头文化遗址中，发现有栽培的小麦，且占粮食作物的第四位。④ 说明夏代我国已经种植麦子了，而且是主要的粮食作物之一种。在洛阳偃师皂角树属于夏代的二里头文化遗址中，还发现有大麦的遗存。⑤ 麦是我国土生的一种农作物，但是"麦"为何称"来"，"往来"之"来"义为何假借麦而不假借他字，在语言学上总还是留下一个疑团需要继续探索。

四　荳（菽）—豆

知此字在甲骨文中是一农作物名称，是卜辞中常见"受荳年"一词，如表 3—1 所列，"受荳年"一辞有 23 见，且常与"受黍年"对贞卜问，如：

癸未卜，争，贞受荳年。
贞弗其受荳年。二月。
癸未卜，争，贞受黍年。
贞弗其受黍年。（《合集》10047）（图 3—3）

---

① 黄其煦：《黄河流域新石器时代农耕文化中的作物》（续），《农业考古》1983 年第 1 期（总第 5 期）。

② 李璠等：《甘肃民乐东灰山新石器时代遗址古农业遗存新发现》，《农业考古》1989 年第 1 期（总第 17 期）。

③ 陈恩志：《中国六倍体普通小麦独立起源说》，《农业考古》1989 年第 1 期（总第 17 期）。

④ 周叔昆等：《中国最早大豆的发现》，《中国文物报》2002 年 3 月 22 日。洛阳文物工作队：《洛阳皂角树·表 9》，科学出版社 2002 年版，第 113 页。

⑤ 洛阳文物工作队：《洛阳皂角树》，科学出版社 2002 年版，第 105 页。

此字是一农作物名称，在甲骨学界已无异议。但是这个字指何种农作物，则分歧很大。早年罗振玉释此字为酉①，金祖同释粟②，20世纪50年代陈梦家释为秬，认为是制鬯用的黑黍③，唐兰释为稻④，于省吾释为豆，即古文中的尗⑤。

比较诸家之说，我们认为以于先生所持大豆说较长。于先生在后来编定《甲骨文字释林》时，大约自认为论证还不够坚实而未收入此字，但他在文中考证所提出的那些论据，还是有力的。于先生所提出

图3—3 受𪏮年与受黍年同版甲骨
（《合集》10047）

的理由是：

1. 在声韵方面

𪏮字从米，冟声，冟之音读同于厚。古韵厚与豆属侯部，尗属幽部，侯幽通谐。就声纽言，古尗吊豆都读舌头音，厚之读作尗与豆为喉舌之转。

2. 在字形上

其字上从米，古代豆也称为米，段玉裁注《说文》云"麦豆亦得云米"，因为古人"啜尗饮水"（《礼记·檀弓下》），"豆饭藿羹"（《战国策·韩策》），用它当饭吃。

这个字的下部所从是一陶罐，作为声符，可直接写作"缶"字。古人对罐类器也称"缶"，如著名的"栾书缶"，实为罐却自名为缶，就是一证。又《说文》"缶，瓦器，所以盛酒浆"，《易·比》初六："有孚""盈缶"，郑玄注云：缶"汲器也"。《说文部首证》"缶为盛酒浆之瓦器，象形，下像所盛之器，上像盖，中像画文"。所谓酒器、盛酒浆之器必为罐类器。缶字属幽部，尗字亦属幽部，在声韵上此字释尗无桎碍，所以此字读为"尗"是可

---

① 罗振玉：增订《殷虚书契考释》（中），东方学会石印1927年版，第72页。
② 金祖同：《殷契遗珠·发凡》，上海中法文化出版委员会1939年版，第35页。
③ 陈梦家：《殷虚卜辞综述》，科学出版社1956年版，第527页。
④ 唐兰：《殷虚文字记》，北京大学讲义1934年，第32—34页。
⑤ 于省吾：《商代的谷类作物》，《东北人民大学人文科学学报》1957年第1期。

从的。

豆是我国古代重要的粮食作物之一,在商之前的夏代,也已经有豆之农作物。在属于夏文化的偃师二里头遗址内,就发现有人工种植的大豆和野生的大豆。在洛阳皂角树的二里头文化层内发现了大豆的样品21个,占该遗址内所出土农作物样品的20.2%,排在第3位,仅次于粟和黍,[①]知其在当时人民生活中的地位。周代豆也是最为重要的一种食粮,在《诗经》中据齐思和统计,菽出现6次,"荏菽"出现2次。齐先生考证《诗经》中豆是豆科的类名,"荏菽"是豆科的科名,即大豆。是豆在《诗经》中共出现8次,应排在齐思和《诗经》中所见谷类作物出现次数统计表的麦之后,居第4位,此亦可见周时豆类作物在人们生活中的地位。在商之后的西周时代,豆已成为人们的重要食粮之一,所以商时有豆是无疑的。甲骨文中的荳字为菽字,即豆,从形、声、义上说,应是可从的。又据《四月民令》,二月可种植禾、大豆、苴麻、胡麻。《合集》9551一辞记此农作物正在二月种:

　　　　己丑卜,贞荳于[名]享。二月。

荳字在此条卜辞中是动词,于后字为地名,即是在此地种荳。"二月"是记载播种的时令。是播种的时令也相吻合。

五　稻（秜）

稻是我国的一种传统农作物,距今一万多年前就发现有栽培稻的遗存,在湖南省道县玉蟾岩出土的古稻,据农学家游修龄鉴定,属栽培稻,此遗址为距今13000年。[②]我国古稻主要发现于长江流域及其以南地区,但是在黄河流域地区,稻作的遗存也有不少的发现。据统计,我国发现距今四千年以前的稻作遗址达156处,其中长江中下游地区有123处,江淮地区有13处,黄淮地区有20处。[③]在黄河流域如郑州大河村（距今5000年）、陕西华县泉护村（距今5000年）、河南渑池仰韶村（距今4000年）、陕西户县丈八寺

---

①　周叔昆等:《中国最早大豆的发现》,《中国文物报》2002年3月22日。洛阳文物工作队:《洛阳皂角树·表9》,科学出版社2002年版,第113页。

②　游修龄:《中韩出土引发的稻起源及籼粳分化问题》,《中国文物报》2001年10月12日。

③　裴安平:《质疑韩国小鲁里》,《中国文物报》2002年3月15日。

（距今 4000 年）等遗址内，都发现了稻谷的遗存。① 在山西襄汾陶寺龙山文化早期小城内，在其灰坑遗物里浮选出大米遗存②。在夏文化的洛阳偃师皂角树遗址内，发现了栽培稻遗存。在商代早期都城河南偃师商城内的一号宫城北部的祭祀区内，发现了一处以稻谷等农作物为主的祭祀场。③ 在郑州白家庄的商代遗址中，曾发现有稻壳的痕迹。据传，20 世纪 30 年代在安阳殷墟内也已发现稻的遗存。④ 稻是商代农作物的一个品种，已得到考古学上的实物证实。

甲骨文中与稻有关的一个字为"秜"。目前只见到一条卜辞：

丁酉卜，争，贞呼甫秜于妣，受有年。（《合集》13505）

这是武丁时期的一片甲骨。甫是人名，妣是商时一重要农业区。"秜"字在此条卜辞中是一动词，意为令甫在妣地种秜。于省吾认为"秜是野生稻的专名"也通作穞秜。《淮南子·泰族训》有"离先稻熟而农夫耨之，不以小利伤大获也"，高诱注云"稻米随而生者为离"。何炳棣认为秜、秜、穞、离是汉以后野生稻的四个同音不同形的字，都是称野生稻。⑤

既然"甫秜"是指甫去种"秜"，就是人工种植"秜"，所以在商时，"秜"就不是野生稻的"专名"，而应是栽培稻在商时的"专名"才对。

甲骨文中有一字作⿰余秫形，左旁从余，右旁从秫，宋镇豪隶定作从余从禾的字，认为"可能指黏性稻"⑥。这条卜辞基本完整，辞为：

丁酉卜，在㠱……⿰余秫芳，弗每。（《合集》37517）

"芳"字是长满杂草的耕地，甲骨文中有"告芳"一辞（《合集》33225），裘

---

① 陈文华：《中国稻作起源的几个问题》附表，《农业考古》1989 年第 2 期。
② 何驽等：《襄汾陶寺城址发掘显现暴力色彩》，《中国文物报》2003 年 1 月 31 日。
③ 中国社会科学院考古研究所：《河南偃师商城商代早期祭祀遗址》，《考古》2002 年第 7 期。
④ 许顺湛：《灿烂的郑州商文化》，河南人民出版社 1957 年版，第 7 页。
⑤ 何炳棣：《中国农业的本土起源》，《农业考古》1985 年第 1 期（总第 9 期）。
⑥ 宋镇豪：《五谷、六谷与九谷——谈谈甲骨文中的谷类作物》，《中国历史文物》2002 年第 2 期。

锡圭认为"告芳"是"报告撂荒地上已长满草莱"①。

先秦时期，水稻是我国北方的一个重要农作物品种，此事有大量的古文献材料为证，像《诗经》中的"稻"字出现就有 5 次之多，《豳风》诗云，"十月获稻"，豳地在今陕西省旬邑县，在渭水以北；《唐风·鸨羽》"王事靡盬，不能艺稻粱"，《诗谱》云，"唐者帝尧旧都之地，今日太原晋阳是尧始居"。《汉书·地理志》云，"太原晋阳县，故《诗》唐国"，是在今山西省太原地区古产稻；《鲁颂·閟宫》"有稻有秬"，鲁在今山东省曲阜，在华北平原；《汉书·沟洫志》载，战国初年魏国史起为邺（今河北省临漳县）令，他引漳水溉田，以富魏国之河内地，邺地老百姓编起歌谣赞颂他道：

邺有贤令兮为史公，
决漳水兮灌邺旁，
终古舄卤兮生稻粱。

是在先秦时期，今天的陕西、河北、山西、山东地区皆种稻。②

甲骨文中所见稻的卜辞只有一条，称作"秜"。商时有稻，商人食稻当是事实。但是，北方不太宜于种稻，而主要是以耐旱的粟为主要的种植作物，故商人是以粟为主食的。张雪莲等通过对人骨 ^{13}C、^{15}N 同位素的含量，测得偃师商城和安阳殷墟时期人们的食谱情况是，偃师商城的人以食粟为主，安阳殷墟时期的人以食黍、稷为主。③ 稷，我们在前面已经指出是小米，甲骨文中称为禾的农作物。

六 高粱

武丁卜辞中有"受畬年"的卜辞，且与"受黍年"、"受稷年"同版：

---

① 裘锡圭：《古文字论集》，中华书局 1992 年版，第 175 页。

② 关于北方种稻的研究，参看胡厚宣《气候变迁与殷代气候之检讨》，载《甲骨学商史论丛二集》下册。邹逸麟：《历史时期黄河流域水稻生产的地域分布和环境制约》，《复旦学报》1985 年第 3 期。

③ 张雪莲等：《古人类食物结构研究》，《考古》2003 年第 2 期。

己巳卜，㱿，贞我弗［其］受䆃年。

……弗受䆃年。（《合集》9946 正甲）

己巳卜，㱿，贞我受黍年。

……受䆃年。

贞我受䆃年。

……弗其受䆃年。（《合集》9946 正乙）（图 3—4）

图 3—4　记载有高粱的甲骨
（《合集》9946 正乙）

由卜辞知䆃也是一种农作物。甲骨文齐字作形，与此字上部所从相似，陈梦家乃疑此字为《说文》的秫，即稷。① 袁庭栋等认为字是余字之异体，此字应从田从余，当隶定为畬，读为稌，即今日北方种的粳稻。② 但是此字像植于田上穗大而直的作物，跟粟和稻的字形皆不合，裘锡圭疑为高粱，从字形上看此说颇合理。穗大而直的农作物，非高粱莫属。在郑州铭功路西商代制陶遗址二里岗下层二期、编号为 102 号陶窑的窑箅上，有"类似高粱秆的印痕"。③

我国新石器时代已有关于高粱作物的报道。一是郑州大河村仰韶文化遗址出土一瓮炭化粮食，经农学家李璠鉴定为高粱。④ 此遗址距今约 5000 多年。1985 年、1986 年李璠又在甘肃民乐县东灰山马家窑文化遗址中，发现炭化粮食多种，其中有高粱⑤。在新石器时代遗

---

① 陈梦家：《殷虚卜辞综述》，中华书局 2004 年版，第 528 页。

② 温少峰、袁庭洞：《殷墟卜辞研究——科学技术篇》，四川社会科学出版社 1983 年版，第 176—177 页。

③ 河南省文物考古研究所编著《郑州商城》，文物出版社 2001 年版，第 391 页。

④ 郑州市博物馆：《郑州大河村遗址发掘报告》，《考古学报》1979 年第 3 期。

⑤ 李璠等：《甘肃民乐东灰山新石器遗址古农业遗存新发现》，《农业考古》1989 年第 1 期（总第 17 期）。

址中高粱的发现,还有解放前在山西省万荣县白荆村遗址,原报告说出土有"黍稷及黍稷之皮壳"①。1943年经日本人高桥基生鉴定为粟和高粱。② 对郑州大河村的高粱虽有人提出过异议,但我们还是应该相信农学家们的意见。在洛阳皂角树二里头文化遗址内,也发现有高粱的遗迹。在108号灰坑的第9层发现有高粱小穗。但发掘者认为"从颜色及宿存芒及短柔毛等特征看,可能是现代高粱小穗(未炭化)混入",从而否定了这一发现。③ 然而,这个灰坑至少有12层,高粱小穗是发现于第9层内的,其上面至少还有3层叠压着,而在这上面的3层(10—12层)中,发现的都是二里头文化的遗物,可见在第12层以下,此灰坑并没有被扰乱过,说在第9层内混进了后世的东西,似乎不大可能。

在进入历史时期之后,从西周始,各个时期的遗址和墓葬中,都有高粱遗存的发现。1987年大连市文物管理委员会在大连市甘井子区大嘴子遗址中出土一批炭化谷物,经浙江农业大学游修龄鉴定,是粳稻和高粱。④ 该遗址的年代经碳14测定为距今2945±100年。按惯例,谷物在碳14测定基础上再加100年,确切年代应为距今3045±100年,恰在商末周初。在20世纪50年代江苏省新沂县三里墩的西周遗址中,发现有高粱的秆和叶子,⑤ 在石家庄市的市庄村战国遗址中发现有炭化高粱。⑥ 新沂三里墩标本由南京农学院农学系主任李扬汉教授鉴定,西周时有高粱是无疑的。两汉以后发现的高粱遗存就更多了。⑦

我国可能是高粱的原产地之一。我国华北地区有一种野生高粱,籽粒成熟易于脱落,故名为野生"落高粱"。把它与现今栽培高粱进行穗头比较,发现籽粒从易脱落到不易脱落,穗头由小到大,由松散到紧密等,有

---

① 董光忠:《山西万泉石器时代遗址发现之经过》,《师大月刊》第3期(1935年)。

② 转引自董其煦《黄河流域新石器时代农耕文化的作物》,《农业考古》1982年第2期(总第4期)。

③ 洛阳文物工作队:《洛阳皂角树》科学出版社2002年版,第105页。

④ 《大连发现三千年前农作物》,《光明日报》1991年8月15日。

⑤ 尹焕章、黎忠义:《江苏新沂县三里墩古文化遗址第二次发掘简介》,《考古》1960年第7期。

⑥ 河北省文物管理委员会:《河北石家庄市市村战国遗址的发掘》,《考古学报》1957年第1期。

⑦ 见黄其煦《黄河流域新石器时代农耕文化作物》,《农业考古》1983年第1期(总第5期)。

规律地在变化着。① 这表明高粱在我国境内黄河流域能由野生变为人工栽培。这与新石器时代的发现是相吻合的。所以，商代有高粱也是顺理成章的事。

高粱在我国古书中叫什么名字，还有很大的分歧。清人程瑶田作《九谷考》，旁征博引，证明古文献中的稷就是高粱，清儒大多赞同，但今日多不首肯，齐思和在《毛诗谷名考》中揭出程文十条错误，指出其说不能成立。齐先生说《诗经》中没有高粱这一名称。对于此，还有待进一步研究，既然从新石器时代就有高粱栽培，古文献中不会无其名。

根据目前的研究，从甲骨文里辨认出的农作物，主要就是上面所举的几种：即禾（粟、秋）、黍（穄）、麦（来）、菽（豆）、稻（稌）、高粱。从卜辞所见，有的同类作物，已产生了新种，像粟类、黍类都有黏与不黏的区别，这正是农业技术不断改进的反映。当然，商代实际种植的农作物，一定比甲骨学家们已经认出的要多，因为甲骨文字被认出来的还不到一半，而有些农作物也不一定在商代贵族占卜时提到而被契刻在甲骨上。这是由于甲骨文字是商王和贵族们决定自己行动而求神问卜后契刻的迷信文字，它并不是社会档案性的记录，故甲骨文的内容是有一定的局限的。

第三节　农业生产工具

马克思说："动物遗骸的结构对于认识已经绝迹的动物机体有重要意义，劳动资料的遗骸对于判断已经消亡的社会经济形态也有同样重要的意义。"② 古代社会中遗留下来的生产工具，就是"已经消亡的社会"中的"劳动资料的遗骸"，而且是十分重要的遗骸。在商代遗址、墓葬的考古发掘中、殷墟出土的甲骨文中，都有丰富的商代人们使用工具的记载和出土实物，而在这些工具中，农业生产工具占有突出的地位，这对我们了解商代农业生产中使用工具的状况，进而认识商代社会经济形态，提供了丰富的资料。

一　农业生产工具的质料

商代农业生产工具的质料有六类：青铜器、石器、蚌器、骨器、木

---

① 吴汝祚：《甘肃青海地球的史前农业》，《农业考古》1990 年第 1 期（总第 19 期）。
② 马克思：《资本论》第 1 卷，人民出版社 1975 年版，第 204 页。

器、陶器。各种质料制作工具的数量,以考古发掘出土的实物而论,石器最多,蚌器、骨器次之,陶质农具居第四位,青铜制品最少。木、竹质工具由于易腐朽,故很难发现实物,其占工具质料的比例可能并不比石质的少。青铜器作为农业生产工具,已是大家一致赞同的。商代的青铜农具有钁、锸、铲、镰、犁铧、耒、耜、铚。陈振中统计,在今河南省境内,考古发掘出土的商代青铜农具有耜6件、镰2件、铲21件、锄7件、钁52件。另外,斧一般应被视为是手工业生产工具,可是在农业生产中,开垦荒地时,清除地面林木,就必须使用斧,故斧亦可视为农业生产工具的一种。①

既然出土有作为农具的青铜工具,商代在农业中使用青铜工具,大概是不会有人怀疑的了,目前意见不一致的地方是,青铜农具的普及程度,是刚开始的少量使用,还是大量使用的问题。② 就出土的数量而论青铜农具与石、骨、蚌质工具是不可比量的。据统计仅小屯1929—1932年发掘时,在7个灰坑中出中的石镰就达3640件,而作为青铜制的镰则还未在小屯遗址中见到,说商代农业中使用的工具是以石骨蚌质为主,从考古出土的实物来看应是不错的。但是有些种类的工具,可能已较多的使用青铜器了,如掘土翻地的钁,有的研究者指出,"在伊、洛河流域龙山文化中出现较多的石钁,到商代晚期不见了此类工具,可能已较多的使用青铜器了"③。这个推断是可能的。在郑州商代二里岗时期南关外的铸铜遗址内,从出土的铸造青铜器的陶范就可以得到证实,在所发现的陶范中,能辨出器型的范块,以工具范为主,而在工具范中又以钁范占绝大多数。其具体情况如表3—2、表3—3所示。

---

① 陈振中:《先秦青铜生产工具》,厦门大学出版社2004年4月版,表2—1全国出土先秦生产工具统计总表。

② 近年来有关此问题的讨论,主要发表在《农业考古》上,主张大量使用青铜农具的一方,有陈振中等;主张开始使用或使用初期阶段的有白云翔、徐学书等。请参看《农业考古》1981年第1期、1985年第1期、1986年第1期、1987年第1期、1987年第2期、1989年第2期的相关讨论文章。

③ 佟柱臣:《二里头时代和商周时代金属器替代石器的过程》,《中原文物》1983年第2期。

表 3—2　郑州商城二里岗下层二期各种铸铜陶范数量统计表

	生产工具范	兵器范	容器范	不明范
数量	50（镈范 41 块）	7	8	60
百分比	40%（镈范 32.8）	5.6%	6.4%	48%

表 3—3　郑州商城二里岗上层一期各种铸铜陶范数量统计表

	生产工具范	兵器范	容器范	其他	不明
数量	81（镈范 60 块）	26	51	8	62
百分比	35.5（镈范 26.3）%	11.4%	22.4%	3.5%	27.2%

（以上两表资料来源：河南省文物考古研究所编著《郑州商城》第 346、365 页，2001 年出版）

说明在商代早期，起土类工具中，已有较多使用青铜农具的倾向。在安阳孝民屯商代铸铜遗址内，也发现有铸造镈的陶范块。[①] 另外，我们不应只考虑出土青铜农具的数量，正如有的研究者指出的，还应该看到青铜手工工具在加工非金属农业工具中的作用。像木制的耒、耜，使用青铜的斧、刀进行加工，比用石斧、石刀加工，在速度和产品的质量上都是不可比拟的。据陈振中先生统计，河南省内已出土商代青铜斧 23 件、锛 65 件、凿 22 件、锯 8 件。在石器时代及青铜器时代，农业生产中最为重要的起土翻耕、点种以及除草的环节，应主要使用的是木、竹质的农具。斧、锛、凿、锯这些青铜工具，它们是手工业生产工具，同时也是更有效的加工木、竹质材料农业工具的工具。有了青铜质的手工业工具，较为坚硬的木、竹质材料，就比较容易地加工成各式各样的适宜农具。青铜工具加工木、竹质农具，对农业生产所起的作用，就是青铜时代农业生产水平高于石器时代的原因所在（当然还有人们积累的经验）。所以说，青铜器在商代农业生产中的作用不能低估。虽然在考古发掘中不能证明此时已大量使用青铜质农具，但青铜质农具在农业生产中也不是无足轻重的。我们讨论此问题时，特别应注意这样一个事实：即青铜农具使用坏了农人并不像对待石骨蚌质非金属农具一样，随手将

[①] 见上引佟柱臣文。但是，在中国社会科学院考古研究所编著的《殷墟发掘报告（1958—1961）》（文物出版社 1987 年版）书中则说孝民屯铸铜遗址内的工具范中只有铲和锛两种而无镈范。这大致缘于考古工作者之间定名的不同。

它扔掉而是回炉再铸新器。新中国成立前中国农村的农民所使用的铁器，若使用坏后就将其回炉打制新器，农民对铁是十分珍惜的，他们连一根细小的铁钉都绝不扔掉，更何况比铁难得的青铜质器？所以青铜农具发现极少，是有原因的，因此不能因青铜农具发现数量较少就否定青铜农具在农业生产中使用的广泛性。青铜质的农具及加工非金属农具的青铜工具的使用，标志着农业生产已进入一个全新的阶段。商代文明的高度发展，是以它雄厚的经济为基础的，而商代雄厚的经济基础，又是与农业生产中青铜农具及使用青铜工具来加工非金属农具相关联的。

二 农业工具的种类

从考古发掘和甲骨文中记载，可以获知商代用于农业中工具的种类，主要有翻土、中耕、收割和脱粒几类。有的研究者把斧、斤亦当做农业工具，认为古时森林多，垦荒的第一步就是清理耕地上的林木，这就必须要斧、斤一类工具，而列入砍伐类农具。这个意见也是有道理的。但是我们认为商代的农业生产已不是原始的"砍倒烧光"农业，而是进入"耜耕农业"阶段，农业生产的第一步是松土而不是垦荒。当然商时人们还在不断地垦辟荒地为农田，但那已不是商时农业生产的主流，所以我们在这里把斧、斤一类的工具放入手工业类工具而不直接归于农业工具。下面我们对商代农具的种类作一概略叙述。

（一）起土工具

1. 镢

在商代发现青铜镢较多而石镢仅有少量发现。有的研究者认为，石镢之所以发现少是由于青铜镢代替了石镢之故。《说文》曰，"镢，大钼（锄）也"，《国语·齐语》说，"恶金以铸钼夷斤属试诸壤土"，钼即锄之大者，是"试诸壤土"的农具。郭宝钧认为青铜器中"柄向与刃垂直而长大厚钝的叫镢，用以掘土，形制为单斜面或双斜面。"[1] 黄展岳把镢分为三种：长条形镢，有孔镢和有齿镢。他认为长条形镢应是"器体厚重，长身、窄刃，长宽约为三比一，侧视为等腰三角形（楔形），平口刃，顶中空，銎口长方形，

---

[1] 郭宝钧：《中国青铜器时代》，生活·读书·新知三联书店1978年版，第19页。

銎深约为全器的四分之三"。① 陈振中认为钁长应在 10 厘米以上。② 青铜钁在河南省的商代遗址和墓葬中都有发现，其形制为长条空头端刃。在郑州二里岗的铸铜遗址内，除出土大量制造青铜钁的陶范块外，还发现两件青铜钁的实物，都是二里岗上层一期的。一件略残，一件完整，完整的一件通长16.5 厘米（宽度未报道），顶端有近方形銎，銎的周缘作菱形凸起，下为长方楔形钁身，钁身正背面各有一个凸起的"十"字纹，薄刃锋利。（图 3—5）在郑州铭功路商代二里岗下层二期的一个陶窑的火膛下部周围的壁上，发现残存有挖火膛时残留的钁印痕迹。其中保存较好的钁印痕迹，竖长 7 厘米、宽 5 厘米、痕深 0.5 厘米，相当光滑，说明所用的钁应是相当锋利的青铜钁。③ 可见钁确实是用于掘土的工具。

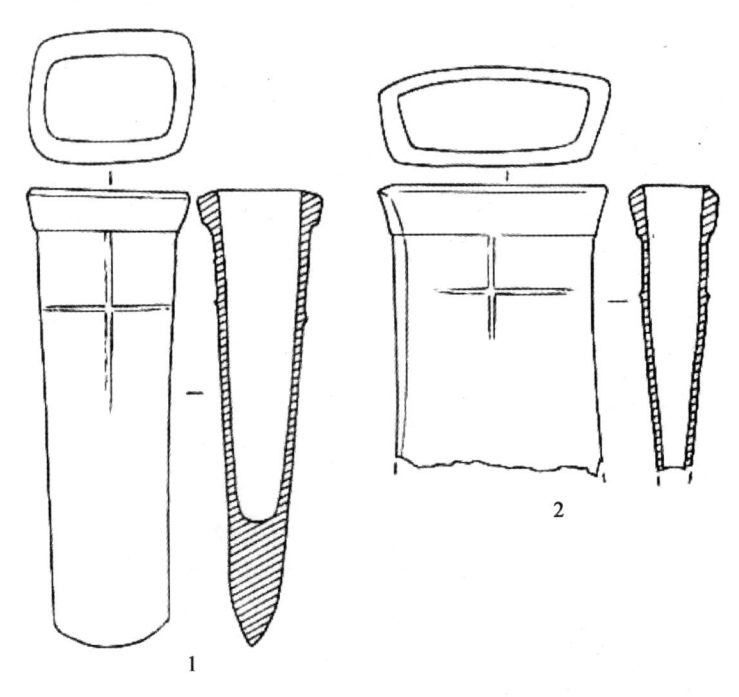

图 3—5　郑州南关外铸铜遗址出土的青铜钁

（《郑州商城》第 366 页图 222：1、2）

---

① 黄展岳：《古代农具统一定名小议》，《农业考古》1981 年第 1 期（创刊号）。
② 陈振中：《先秦青铜生产工具》，厦门大学出版社 2004 年版，第 9 页。
③ 河南省文物考古研究所编著《郑州商城》，文物出版社 2001 年版，第 365、389 页。

石镬在商代的遗址和墓葬中发现都少。1984 年在殷墟墓葬 M260 的墓道填土中曾发现一件残断的石镬，残长 13.4 厘米、宽 4 厘米、厚 2.5 厘米，发掘者认为可能是遗弃的挖土工具。① 另外在徐州高皇庙的商代遗址中，出土一件骨镬，形如现今的鹤嘴锄，是用兽腿骨削成，利用臼骨的一端凿成长 3.5 厘米，宽 2.5 厘米的长方孔，以纳柄。② 可见非青铜制的镬还在使用。

青铜镬作为掘土工具，其装柄法应是横装，用曲木或树杈的一端插入銎内；或先在銎内插入木叶，再在木叶上横装柄，木柄与镬身呈 90°左右的角度，与今日南方农民使用的锄相当。

2. 锸

青铜锸在河南省罗山蟒张后李、湖北省盘龙城、随县淅河、江西省新干大洋洲等地都有发现。有三种形制：平肩直体式，盘龙城出土作此式，器身近方形，扁平銎中空，刃部呈弧形，器身中部有一方形穿，长 12.4 厘米、刃宽 8.8 厘米、重 0.4 千克；③ 凹字形锸，河南罗山蟒张后李商代墓 M27 内出土一件，作弧刃，整个器呈凹字形（图 3—6 左图）；④ 长方形，又称一字锸，今豫西称为"加刃铣"的农具即是这种类型的锸，在湖北随县淅河的商代遗址中曾出土一件。⑤ 凹字形锸带木柄的完整实物曾发现于马王堆三号汉墓中，此器全长 139.5 厘米，叶长 46.5 厘米，金属刃口宽 13.1 厘米，高 11 厘米（图 3—6 右图）。⑥ 刃口为铁质，其刃口的形状与河南罗山蟒张后李商代墓 M27 所出青铜锸相同，由此推测商代的青铜锸的装柄及形制，大小亦

---

① 中国社会科学院考古研究所安阳工作队：《殷墟 259、260 号墓发掘报告》，《考古学报》1987 年第 1 期图 10：1。

② 江苏省文物管理委员会：《徐州高皇庙遗址清理报告》，《考古学报》1958 年第 4 期。

③ 湖北省文物考古研究所：《盘龙城》，文物出版社 1998 年版，第 176 页图一一七：1，图版五〇：1。

④ 信阳地区文管会罗山县文化馆：《罗山县蟒张后李商周墓地第二次发掘简报》，《中原文物》1981 年第 4 期。

⑤ 随州市博物馆：《湖北随县发现商代青铜器》，《文物》1981 年第 8 期。

⑥ 见《文物》1974 年第 7 期，图版 4：1。又见同年第 11 期，第 46 页图 1。汉代持锸的陶俑还见于成都天回山崖墓持锸俑（《考古学报》1958 年第 1 期，图版 8：2）；宜宾翠屏村东汉墓持锸俑（见《考古通讯》1957 年第 3 期，图版 6：3）；郫县红光一社东汉墓持锸石人俑（见《考古》1959 年第 8 期，第 440 页图 1 之右）。

相近。①

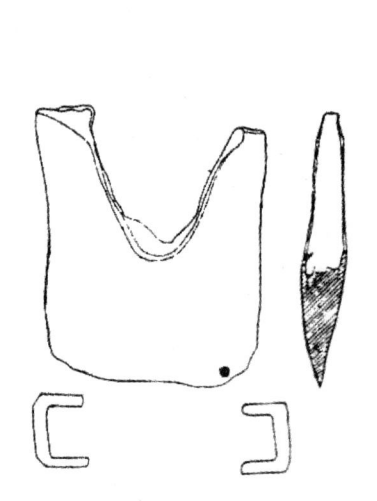

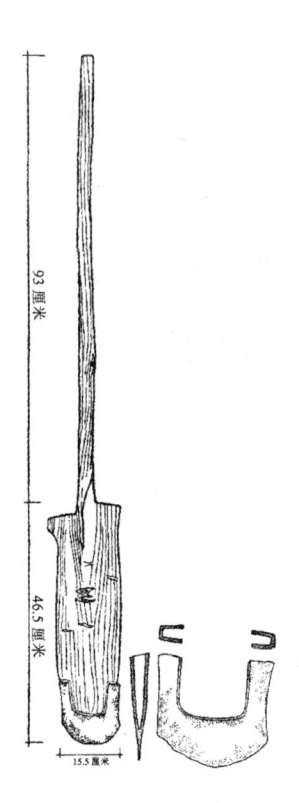

图 3—6　1. 罗山蟒张后李出土的铜锸　2. 马王堆三号墓出土汉时带柄铁口锸

（《中原文物》1981 年第 4 期）　　　（《文物》1974 年第 11 期第 46 页 88 图 1）

锸是一种起土工具，《释名》"臿，插也，插地起土也"。《汉书·沟洫志》"举臿为云，决渠为雨"，形容众多的农人以锸开沟修水利的盛况。锸的形制、装柄方式和使用法都与今日北方使用的铁锹相同。使用时双手握柄，用足踏肩部使之入土，利用杠杆原理，扳动锸柄，将土撬起。这种锸，实即古书中常讲的耜，《说文》"耜，臿也"，徐铉注："今俗作锹"。《吕氏春秋·任地篇》云，"以六尺之耜所以成亩也"。《礼记·月令》中也提到"修耒耜，

---

① 凹字形刃也可装在木叶上，再在木叶上装横柄，如成都市郊青杠坡汉墓出土的一件残陶手持的工具即是（见《文物参考资料》1954 年第 9 期，第 84 页附图）。又西藏藏族使用的一种凹形铁亦呈此形（见《农业考古》1986 年第 1 期，第 174 页图 3：7）。

具田器"，《淮南子·汜论训》"古者刬耜而耕"。是耜为古代农业工具中之最重要者。《周礼·考工记》载"耜广五寸"。《考工记》据近人考证，成书于春秋战国时期。战国尺度，据传1931年在河南省洛阳金村古墓中出土一把铜尺（现藏南京大学），铜尺长23.1厘米，[①] 那么五寸，则合今公制11.55厘米，耜刃的宽度大约为11.55厘米。耜最初是木做的，《易·系辞下》云，"神农氏作，斲木为耜，揉木为耒"。斲，《说文》"砍也"，即砍削，字从"斤"。斤即斧类工具，是耜需用斧类工具砍削方能成器。青铜质的斧，就可以发挥它的作用。耜和耒是两种不同的农具，东汉许慎在《说文》中把耜误作耒端，后世的注家多沿其误。徐中舒师在《耒耜考》一文中，已详为分辨，谓"耒与耜为两种不同的农具，耒下歧头，耜下一刃，耒为仿效树枝式的农具，耜为仿效木棒式的农具"[②]，这是很精辟的见解。

在商代，耜当是一种主要的翻土农具。商代的遗址中常发现使用这类工具的痕迹。如1977年在河南柘城孟庄商代遗址的发掘中，"在窖穴的壁面上，常常遗留有两种不同的工具痕迹，其中一种刃宽约10厘米，像是平刃铲的挖痕，另一种刃宽约6厘米，挖痕有弧度"[③]。1969—1977年在安阳殷墟西区墓葬发掘中，在一些墓的坑壁上也见有耜挖的痕迹，如M269墓壁上留下的工具痕迹，长16厘米，宽10厘米；M1010墓壁上留下的工具痕迹，刃宽8厘米；M300墓壁上留下的工具痕迹，刃宽9厘米；脚窝上的痕迹，刃宽12厘米。报告者认为"从上述痕迹观察，推测当时建筑的工具，大概是木耒、石铲一类的工具"[④]。在苗圃北地的灰坑中，"坑壁上有的还留有铲或长锥形的工具痕迹，个别的有涂泥或经过拍打"[⑤]。这些拍打痕迹的特点是"印痕浅，表面光滑，多个耜痕相互叠压，而且方向一致"[⑥]。从殷墟墓壁留下的痕迹看，这种工具宽8—10厘米，与《考工记》的"耜广五寸"之制大

[①] 国家计量总局等主编《中国度量衡图集》，文物出版社1984年版，第2页。

[②] 徐中舒：《耒耜考》，《中研院史语所集刊》第2本第1分册，1930年版。

[③] 中国社会科学院考古研究所河南一队商丘地区文物管理委员会：《河南柘城孟庄商代遗址》，《考古学报》1982年第1期。

[④] 中国社会科学院考古研究所：《1969—1977殷墟西区发掘报告》，《考古学报》1979年第1期。

[⑤] 中国社会科学院考古研究所：《殷墟发掘报告》，文物出版社1987年版，第27页。

[⑥] 杨宝成：《先秦时期的木质农具》，《农业考古》1989年第1期（总第17期）。

致相符。

为在翻地时容易锸入土内，还要在锸头的上部的木质柄上安一根横木，以便刺土时脚踏横木下压刺土，以提高翻地效率。西藏南部的珞巴人所使用的"青岗锹"即是木制的耜，在柄与耜头间装有一根横木，这是刺土时踏脚助其发力入土的踏木。① 据说现今江西省的九江农村"所使用的铁锹，下部仍有一活动横木，撬土时装上，铲土时可以取下"②。从甲骨文看，商代的耜大致在耜与柄间也装有一根横木，以便刺土时踏脚发力。甲骨文中的力字及从力之字，其字形就是这类工具的写实（图3—7），如：

力：〔字形〕（《合集》19801、20686）
协：〔字形〕（《合集》1、2、3、4）
耦：〔字形〕（《合集》5345、6753）
　　〔字形〕（《合集》6573、7002、10410反）
男：〔字形〕（《合集》3451、3453、3457）
　　〔字形〕（《合集》3452、3454、3455）
　　〔字形〕（《合集》21954）

"力"字中的短画，表示踏脚的横木。裘锡圭认为甲骨文中"力"字，就是古书上说的耜，谓"商代实际使用的力，无疑已经发展到木耜的阶段，后来耜加上金属的刃套，就演变成为战国、秦汉时最常用的发土工具锸"③。其实，耜头所装的金属刃套，即发现于商代遗址内的青铜锸，在商代已出现，不是待到战国、秦汉时才有。当然战国、秦汉时的金属套头是用铁制的，而商时是青铜制的。

图3—7　甲骨文男字
（《合集》3453）

3. 耒

徐中舒师在《耒耜考》一文中说，"耒歧头"，正确地描述了耒的形状，

---

① 宋兆麟：《我国古代踏犁考》，《农业考古》1981年第1期（创刊号）。
② 李恒贤：《江西古农具定名初探》，《农业考古》1982年第1期（总第2期）。
③ 裘锡圭：《甲骨文中所见的商代农业》，载所著《古文字论集》，中华书局1992年版。有的研究者认为"甲骨文中今释作'力'的字，应该就是最早的耒的象形"（见彭邦炯《甲骨文农业资料考辨与研究》，吉林文史出版社1998年版，第533页），其说未安。

已为学术界所普遍接受。甲骨文中的耤字,就像人持耒脚踏横木而耕作之形,近于图画,其字形作:

      𣪘（《合集》9506、9511）（图3—8）

      𣪘（《合集》8、5604）

      𣪘（《合集》9507正）

      𣪘（《合集》14反、904）

      𣪘（《合集》5603）

其形像耕者手足并用,奋力发土的情景,颇为生动。甲骨文多用"耤"字来指耕种,说明耒也是当时使用很普遍的一种起土工具。

图3—8　甲骨文耤字
（《合集》9506）

图3—9　殷墟灰坑壁上的双齿耒痕迹
（《考古》1961年第4期）

我国木耒的使用很早,考古报告说,在河北省武安磁山遗址中,一部分灰坑的"坑壁上留有似斧和木耒之类工具的痕迹"[①]。磁山遗址根据碳14测定距今约7000多年。其后在临潼姜寨、西安半坡、河南陕县庙底沟、三里桥、山西省陶寺以及河南省偃师二里头遗址中都发现有灰坑壁上保留的双齿耒痕迹。在安阳殷墟,1958—1959年发掘时,就曾发现在"不少的窖穴壁上

---

① 河北省文物管理处邯郸市文物保管所:《河北武安磁山遗址》,《考古学报》1981年第3期。

清晰的木耒痕迹，都是双齿的，小屯西地 H305 的坑壁上留下的耒齿痕长 19 厘米，齿径 7 厘米，两齿间的距离为 8 厘米"。

大司空村 H112 坑壁上留下的木耒痕齿长 18 厘米，齿径 4 厘米，齿距 4 厘米。① 1984 年在安阳武官村北发掘 260 号墓时，发现其墓壁光滑平整，大部经拍打，未经拍打处留有挖土工具痕迹。从痕迹上看，当时挖土的工具最少有两类：一类为双齿工具（耒），齿痕长 20—25 厘米，宽 3—4 厘米，二齿间距 6—8 厘米；一类为䦆类，刃宽 4 厘米。② 在孝民屯的 H116 壁上留下的双齿木耒痕迹，齿长 8 厘米，宽 5 厘米，两齿间距离为 5 厘米。③ 这种双齿耒痕，与甲骨文"耤"字所从的"耒"形，是一致的。（图 3—9）

商代木耒的实物还没有发现，这是因为木质工具不易保存，至于耒的齿端是否套青铜刃的问题还不能确定。陈振中认为在商代遗址、墓葬中出的"空头条形端刃器"，其长度接近或超过 20 厘米的"有极大可能是耒的刃套"④。这个问题还有待进一步研究。但从上述殷墟灰坑或墓壁上留下的耒痕可知，商代耒齿痕长一般在 20 厘米上下，若青铜套刃也在 20 厘米左右，似不大可能。若当时已有用金属器作耒齿套刃，与其求之空头端刃器之长大厚重者，还不如到轻小的一种中去寻求。那些长仅 10 厘米，宽 4—5 厘米的空头端刃器，或称为锛，或称为斤，或称为䦆的，才有可能是耒齿的刃套。但无实物发现，这只能是一种推测。不过既然有称为锸的金属刃套于粗端发土，木耒有金属刃套也许并非是不可能的事。青铜耒只在江西省新干商墓中出土一件，銎为椭圆形，有两个扁平齿，长 12.7 厘米，宽 8 厘米。

4. 犁铧

在我国新石器时代的遗址里，常出土一种被称"三角形器"，又有人称作"V 形器"的器物，用石制成，大小不等，大者长可达 60 余厘米，宽 40

---

① 中国社会科学院考古研究所安阳工作队：《1958—1959 年殷墟发掘简报》，《考古》1961 年第 4 期。

② 中国社会科学院考古研究所安阳工作队：《殷墟 259、260 墓发掘报告》，《考古学报》1987 年第 1 期。

③ 中国社会科学院考古研究所安阳工作队：《殷墟发掘报告》，文物出版社 1987 年版，第 65 页。

④ 陈振中：《殷周青铜䦆》，《农业考古》1986 年第 1 期（总第 11 期）。

余厘米，像江苏吴县出土的一件个体较大，① 小者长宽仅 10 余厘米②。南北方新石器时代遗址中都有出土，特别是南方出土较多，且多大型者。这种三角形器，研究者将其称为"石犁"，并认为我国新石器时代已开始犁耕。③ 这个说法是有可能的，三角形器作为生产工具，只能与后世犁铧的使用方法一致。

商代这种石器和铜器都有发现，石制品在河北省武安县赵窑遗址中发现一件，报道说，此器用石灰岩打磨而成，平面呈三角形，刃部极锋利，有使用痕迹，残长 5.6 厘米，宽 6.6 厘米。④ 青铜三角形器出土于江西省新干县大洋洲的一座商墓中，出土 2 件。形近等边三角形，两侧薄刃，正面中部拱起形成截面为钝三角形的銎部。标本 343 两面均饰简体式云雷纹，銎部正中有一穿对通，长 9.7 厘米，肩宽 12.7 厘米。⑤（彩图 20 新干大洋洲出土的青铜犁铧）1973 年济南物资回收公司从一包废金属中拣选出一件。⑥ 据云，此器曾送北京有关专家鉴定，但因为像战国秦汉时的犁铧，而未敢定时代，后又将此器带回山东。当时见到过山东这件三角形青铜器的李学勤同志，在参观了江西大洋洲所出土的青铜三角形器后说，山东的这件器物，也可能是商时之物。但是，青铜制的三角形器在商"王畿"即今河南省境内还没有见出土的报道。

这种三角形器，在我国，从新石器时代的石制品，铜器时代的青铜制品，到战国秦汉又改用铁制，而它的形制与战国秦汉时的铁制犁铧基本一致，可见三角形器器型的发展线索清楚。到战国秦汉时，其用途亦明确，即起土的农具犁铧。那么，商代的三角形器，包括新石器时代的三角形石器，就应该也是起土的犁铧。

（二）中耕农具

中耕除草的农具主要是铲。《说文》："铲，平铁也。今方刃施柄者也。"

---

① 叶玉奇：《江苏吴县出土的石犁》，《农业考古》1984 年第 1 期（总第 7 期）。
② 季曙行：《"石犁"辨析》，《农业考古》1987 年第 2 期（总第 7 期）。
③ 余扶危、叶万松：《试论我国犁耕农业的起源》，《农业考古》1981 年第 1 期（总第 1 期）。
④ 唐云明：《河北商代农业考古概述》，《农业考古》1982 年第 1 期（总第 3 期）。
⑤ 江西省文物考古研究所等：《新干商代大墓》，文物出版社 1997 年版，第 115 页及第 118 页之"图六十一"，彩版三五：1
⑥ 中航：《济南市发现青铜犁铧》，《文物》1979 年第 12 期。

《释名》"铲,平削也"。铲字又写作划,《广雅》卷十四"划,古文铲"。《齐民要术》卷一"养苗之道,锄不如耨,耨不如划。划柄长三尺,刃广二寸,以划地除草"。知铲主要是耘田除草的工具,当然亦可松碎表土或作点种用。古时工具往往一器多用,这种现象今日犹存。

商代遗址和墓葬中出土的铲相当多,其制造的原料有铜、石、骨、蚌等。青铜铲在出土的青铜农具中数量是较多的,仅在安阳殷墟一地就已经出土 17 件。在其他商代的遗址及墓葬中亦有发现。殷墟出土的青铜铲其型制可分为三式:(1)长方形铲体。这种型制的铲一般器体较厚重而大,通长在 15 厘米以上。(2)近方型铲体。形体较短小,一般连柄计通长在 10—15 厘米以下。(3)卷云形铲体。形体亦较小,但制作精美,上有花纹。此种形制只见于妇好墓中出土 4 件(图 3—10)。

图 3—10 妇好墓出土的青铜铲
(《殷虚妇好墓》图版六七 1、3、4、7 组合)

殷墟及其他地区所出土的青铜铲,具有以下几个共同的特征:
(1)大多数刃部都有使用痕迹;
(2)大多数銎内残留有木柄朽木,銎上铸有施钉孔;
(3)一些铜铲的銎首铸有加固箍,銎下铸有加强筋(突棱);
(4)大多数都与铜、石、骨、蚌制生产工具共同伴出。

从以上四个特征表明,青铜铲在当时是实用的生产工具。[①]

[①] 杨宝成:《殷墟文化研究》,武汉大学出版社 2002 年版,第 191 页。

石、骨、蚌质铲在遗址中发现较多，如在郑州商城的二里岗下层二期（商城最繁荣的时期之一），出土石铲20件，分有孔和无孔两种。骨铲13件，蚌铲16件。① 有的石铲形体很大，如郑州商城二里岗下层二期出土的一件无孔铲，长34.2厘米，刃部宽9.2厘米，中厚0.3厘米。如此大型的石铲，只应适宜于起土。有可能捆绑在木柄上，用作翻土的农具。除草用的铲，是较小形的那种石铲。铜质及骨、蚌质铲，主要是除草用的农具，青铜质铲一般形体较小，不宜用于起土，骨、蚌质铲易断折，也不宜用来作起土的农具（图3—11）。

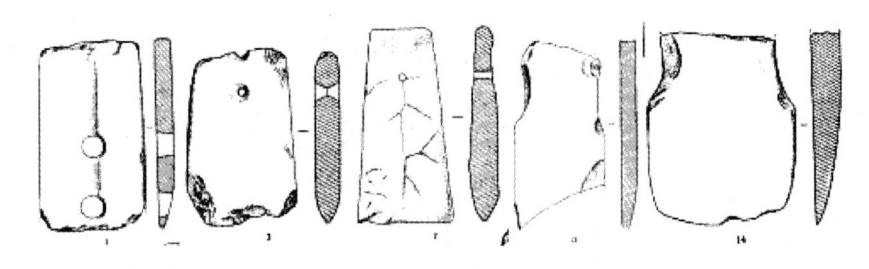

图3—11 郑州二里岗上层一期石铲

（《郑州商城》（中）第678页图470；1、3、7、12、14组合）

甲骨文中有从"林"或从"草"从辰从又的字，如：

a. 𣂰（《合集》9495、22610、22636）
b. 𦥑（《合集》583反、10474）
c. 𦫳（《合集》9493、10474）
d. 𦫳（《合集》20624）

上举a、b两种字形从林从辰，b形字还从又，"又"是表示"右手"字的隶定。字从"辰"，郭沫若认为是指"蜃器"，② 杨树达认为是指"蜃蛤"。③ 在此字中表示用手握蚌器从事劳作。后两字上从草，像用蚌器割草

---

① 河南省文物考古研究所编著《郑州商城》，文物出版社2001年版，第601、608、614页。
② 郭沫若：《甲骨文字研究·释干支》，大东书局石印本1931年版。
③ 杨树达：《积微居甲文说·释农》，中国科学院1954年版。

形。胡厚宣释作"耨",① 裘锡圭亦释为"耨"字,但他认为所从的"辰"字不是"蜃器"的象形而应是石铲。② 我们认为郭沫若、杨树达所释可从。考古发掘出土不少蚌铲,与古书上所说的"摩蜃而耨"之说相符。③ 蚌之边锋利,是天然的切割草本植物的工具(图3—12)。

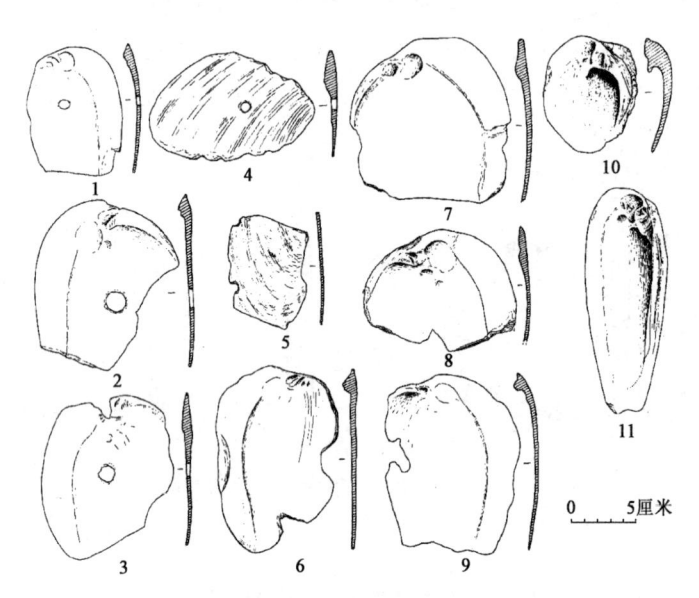

图3—12 郑州二里岗时期出土的蚌铲

(《郑州商城》(中)第704页图480)

(三)收割农具

收割类的农具有镰和铚两种。

1. 刀(铚)

商代的刀类工具其质料有铜、石、蚌、骨、陶等。青铜刀一般都带有柄,是生活用具或手工业中用的工具,不适宜于作农具。在江西省新干大洋洲商代大墓中出土的一件青铜刀,作长方形,近背脊部有并排的长条形穿三个,发掘者称为"铚"。④ "铚"是握在手中切割穗头的,今日北方农村称为

---

① 胡厚宣:《甲骨文所见商代奴隶的反压迫斗争》,《考古学报》1976年第1期。
② 裘锡圭:《甲骨文所见的商代农业》,载《古文字论集》,中华书局1992年版。
③ 见《淮南子·氾论训》。
④ 江西省文物考古研究所等:《新干商代大墓》,文物出版社1997年版,第123页。

"爪镰"。大洋洲这件"铚"形体大，似不可作"爪镰"用，而应是一件刀类工具。这类有柄的刀，可用以砍倒禾秆，当然也可视为农具。

石、骨、蚌、陶质刀，其形体皆不大，故皆可作为农业工具。陶刀在新石器时代较为常见，进入青铜时期后在商代遗址中，只有南方还在使用。出土数量最多，型制最复杂的是石刀。在偃师商城，郑州商城和安阳殷墟都有大量出土。仅在安阳殷墟就已经出土达3700多件。[①] 石刀的型制大致可分为九式（图3—13）：

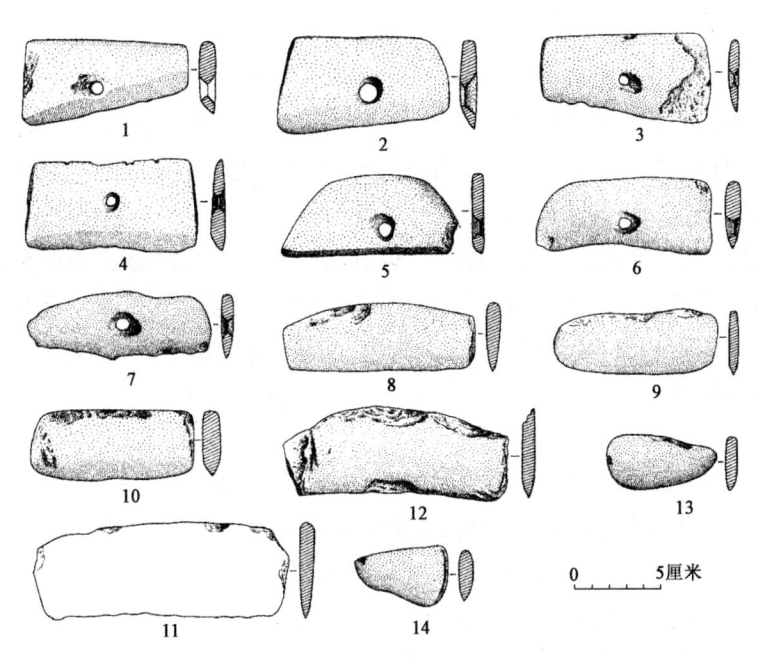

图3—13 郑州二里岗下层二期出土的石刀

（《郑州商城》（中）第691页图472）

Ⅰ式，长条形，直刃；
Ⅱ式，三角形，直刃；
Ⅲ式，长方形，直刃；
Ⅳ式，长方单孔；
Ⅴ式，三角形或梯形，双孔；

---

① 中国社会科学院考古研究所编著《殷墟的发现与研究》，科学出版社1994年版，第366页。

Ⅵ式，长方卷瓣，单孔；

Ⅶ式，近椭圆形；

Ⅷ式，长条形，偏刃；

Ⅸ式，长条形，有柄。①

就其器身而论，石刀的型式主要有三种：

（1）两侧带缺口；

（2）长方形；

（3）半月形。

长方形和半月形石刀的刀身上有的还有一至数个不等的穿孔。半月形和长方形的石刀，与现今华北、东北一带农村所称的"爪镰"、辽宁省一些地方称为"掐刀"或"捻刀"的，用来割取粟和高粱穗的工具相似，古书中称为"铚"。《说文》"铚，获禾穗镰也"，《释名》"铚，获黍铁也。铚铚，断黍穗声也"。安志敏认为，两侧有缺口和穿孔的石刀，可能是在背部缠以皮革或绳索，系成套环，便于插入手指以增加使用的方便，而被认为是一种用以摘取禾穗的收割农具，即古书上说的"铚"，它们主要是作农具用的。② 安先生的这一见解无疑是对的。

2. 镰

镰是商代的收割农具，其质科有铜、石、蚌三种。据报道有三处出土青铜镰：济南大辛庄（济南大辛庄的报告者称为锯）、安徽省含山孙家岗、江西省新干大洋洲。济南大辛庄、安徽省含山孙家岗的青铜镰为弧背直刃，刃部有锯齿，是今日南方常见的锯齿镰。江西省新干大洋洲墓出土5件，为长条，前锋下勾，体薄，无齿，单面刃，背部有隆起的脊，近内处有一穿，以便于固定在木柄上。通长20.5厘米、宽5.2厘米、厚0.1厘米、平均重10克。③ 今日我国南、北方都有近似的有刃而无齿的铁镰，器身呈半月形，只是装木柄的不是直内而是与器身呈100°左右夹角的圆形銎。青铜镰在商代的"王畿"范围内也还没有发现过。

石质和蚌质镰主要是收割用的农具，在商代遗址中有大量的发现，如安

---

① 安志敏：《中国古代的石刀》，《考古学报》第10册（1955年）。

② 同上。

③ 江西省文物考古研究所等：《新干商代大墓》，第123页。

阳殷墟在20世纪30年代的发掘中，出土石镰占石器中的第一位，曾在一个窖穴中出土达百数件以上。据1929—1932年所发掘的7处灰坑统计，出土石镰达3640件，在一个灰坑中就出444件。[①] 殷墟所出的石镰，最初都被称为"石刀"，安志敏先生认为"殷墟之石刀应定名为石镰"。石刀和石镰的不同，从形式上即可分辨：石刀是长方形（方形或长条形）和半月形；石镰则为长条形的薄片，一端收缩成尖状与刃相接，另一端较粗大，刃部在长的一边，一般都不穿孔，个别带孔的也是偏在粗端。使用时附着木柄如现代的铁镰。[②] 安先生为殷墟石镰所作的"正名"很重要，因为镰和刀不但形状不同，而且使用的方式也相异。由于镰是装柄的，故在收割时不是仅摘取禾的穗头而是割取禾秆，这比仅摘取禾穗头在收割上又前进了一步。连禾秆割取或是为及时清除耕地以备下次耕播，或是进一步利用禾秆，如作饲草用等，这反映出了商人对农作物的综合利用水平。

石镰的形式有两种：一是曲背凹刃；一是曲背直刃。主要区别在刃的曲直上。（图3—14）

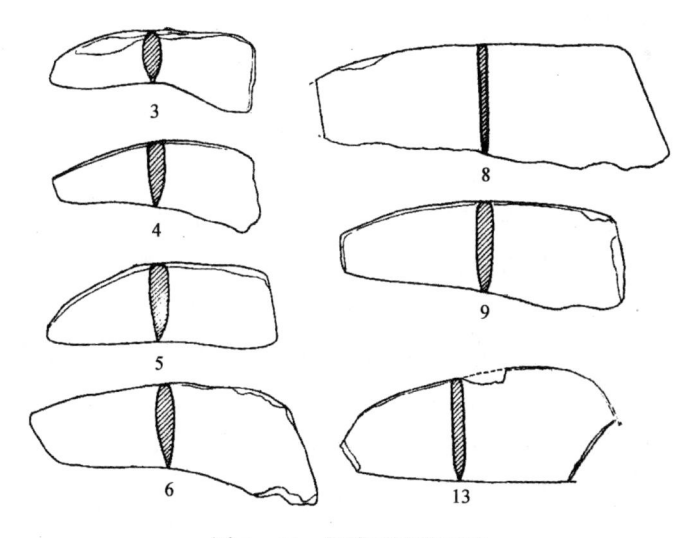

图3—14　殷墟苗圃期石镰

（《殷墟发掘报告》第175页图一三四：3、4、5、6、8、9、13组合）

[①] 石璋如：《第七次殷虚发掘：E区工作报告》，《安阳发掘报告》第4期，第723页。
[②] 安志敏：《殷墟之石刀》，《燕京学报》第33期（1947年12月）；又《中国古代的石刀》，《考古学报》第10册（1955年）。

蚌质制作的镰在商代也大量使用,在遗址中出土的数量仅次于石镰。骨镰比较少见。蚌镰的形状与石镰相似,亦是曲背凹刃和曲背直刃两种形式(图3—15)。

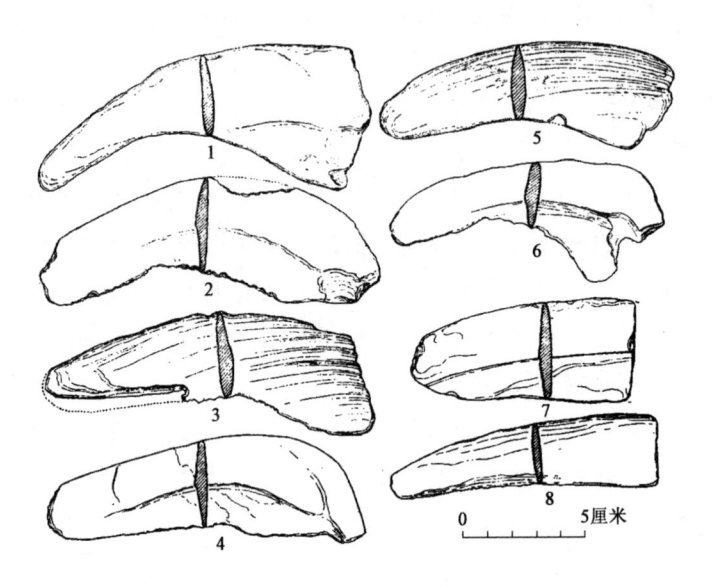

图3—15 殷墟苗圃期蚌镰

(《殷墟发掘报告》第197页图一五一)

为了解商代镰和刀在工具中所占的地位,我们选取4个商代遗址中出土的石、骨、蚌器总数量与镰和刀所占百分比如表3—4所示。

第四节 农业生产技术

科学技术是人们在长期生产劳动实践中发明创造的。我国的栽培农业传说是神农帝所发明。但从考古学中知道,我国的栽培农业,大约已经有一万年左右的历史,迄至商代,已有六千多年的农业栽培史了。经过几千年,我们祖先在农业生产领域,已经有了很多的创造发明,所以在商代,农业中的科技含量,已有相当的水平。这些科技,贯穿于整个农业生产的各个环节,亦即贯穿于整个农业生产过程中。以下,我们就从商代农业生产的各个环节,来考察此时期农业生产中的科学技术水平。

表 3—4　　商代遗址出土石、骨、蚌器与镰、刀数量对比表

数量	石器					蚌器					骨器					资料来源
	出土总数	镰		刀		出土总数	镰		刀		出土总数	镰		刀		
		件数	比例(%)	件数	比例(%)		件数	比例(%)	件数	比例(%)		件数	比例(%)	件数	比例(%)	
郑州商城（二里岗上、下）	499	113	22.6	115	23	219	86	39.2	52	23.7	466	0		29	6.2	《郑州商城》
盘龙城	116	19		21												《盘龙城》
藁城台西	586	336	57.3	44	7.4	197	29	14.7	7	3.5	795	0		23	2.9	《藁城台西商代遗址》
安阳殷墟（1958—1961）	209	82	39.2	44	21	205	162	79	15	7.3	1439	0		7	0.004	《殷墟发掘报告》

一　对耕地的选择

土地是农业之本，土地的好坏，对农业生产影响至大。特别是在古代，对自然的依赖程度远比今日强，而改造自然的能力和手段又不完备，所以古人为农，首先要对耕地进行选择。《荀子·王制篇》云：

> 相高下，视肥墝，序五种，省农功，谨蓄藏，以时顺修，使农夫朴力而寡能，治田之事也。

《吕氏春秋·孟春纪》云：

> （孟春之月）是月也……王布农事：命田舍东郊，皆修封疆，审端经术，善相丘陵、阪险、原隰，土地所宜，五谷所植，以教道民，必躬亲之。

所谓"相"、"视"皆是耕种前选择宜耕种的土地，以便开始耕作。商人对土地的选择无疑是重视的，故在卜辞中就有上田、隰田之分，如：

癸卯卜，王其延上孟田叒，受禾。(《合集》28230)

惟隰［田］叒延，受年。(《合集》28228)

惟上田叒延，受年。

惟隰田叒延，受年。(《屯南》715)

乙未卜，今日其……用林于隰田有……(《屯南》3004)

"隰田"指低下地带的耕地，《尔雅·释地》"下者曰隰"，又云"下湿曰隰"。下湿之地苦恶，收成不好，《诗·秦风·车邻》"阪有漆，隰有栗"，正义引李巡曰："下湿谓土地窳下，常沮洳，名曰隰也。""上田"是对"湿田"言，从《屯南》715"上田"与"湿田"对贞卜问可知，"上田"应指岗上之地。《散氏盘》铭中有"墙田"铭文云"我既付散氏湿田、墙田"，"墙田"与"湿田"对文，与《屯南》715 辞中的"上田"与"湿田"义同，卜辞"上田"即《散氏盘》之"墙田"，指地势较高的土地。在《诗经》中湿田往往与原、阪、山相对为言（见《信南山》、《车邻》、《简兮》等），原、阪、山即金文中之"墙田"、甲骨文之"上田"。"上田"和"湿田"都是可以耕种的土地，但地势不同，土质各异，所宜种植的农作物就不尽相同，如上引《车邻》诗中就说"阪"地（即高坡地）种的是漆树，"隰"地种的粮食作物粟，就是古人已知的以"土地所宜"而定"五谷所植"，合理、科学地利用土地。

商代将土地分为上田和湿田是仅就地势之高下为标准，大略划分为两类。还有更进一步的细分，从商末《作册羽鼎》铭文知，商时更有划分为四等的（图3—16）：

庚午，王令寑农
省北田四品。在二月。作
册羽使赐甾贝，
用作父乙尊。羊册。(《集成》2710)

图3—16 土地分等的商代青铜器
（《殷周金文集成》2710）

"寑"为官名，是主管王宫的内官，"农"为寑官的私名。"北田"即商王室北方的农田。卜辞中亦有"北田"之称，如云"北田受年"（《合集》9750）。"品"

即种类、等第,《国语·郑语》"夏禹能平水土,以品处庶类者也",韦昭注云"品,高下之品也",《汉书·匈奴传》"给缯絮食物有品",注云"谓等差也"。"省"是视察、省视,"省北田四品"即省视、视察北方的四种不同等级的土地,以便于农耕。

甲骨文中的"省田"就是选择农耕地的一种活动。"省田"的卜辞,在甲骨文中占有相当的数量,闻一多认为"卜辞省字有田猎义","卜辞动词之田当读为畋,名词之田亦为狩猎之地,非田畴之田也"①,但检遍"省田"的卜辞,无一辞言"省田"而获兽者。陈炜湛说"卜辞所谓'省田'、'省某田',所省之田多为农田,亦有少数指田猎活动,须作具体分析,不可一概而论"②,其说是。上引铜器铭《作册羽鼎》中之"寝农省北田四品",其"省田"为省视农田之义无可疑,因为田猎之地是不必分成几"品"的。

我国在先秦时期,就已经根据土地的地势和肥瘠之不同,而将其分成不同的种类或等级,如《国语·齐语》载春秋时齐国的土地有陆、阜、陵、谨、井田等五类,《左传》襄公二十五年楚国芬掩实行"书上田"时,分楚国土地为山林、薮泽、京陵、淳卤、疆潦、偃猪、原防、隰皋、衍沃等九类。在《周礼》中对土地有上、中、下三等之分,《尚书·禹贡》则划分土地为九个级别,如冀州"厥田为中中"即中等田之中级,为第五等。《作册羽鼎》的"四品"可能类似这样对土地等级或种类的划分。划分的目的是以便选择可耕之地,进行分配及垦种。要划分田土的等第,就要先对土地有所了解,"省田"就是了解土地的状况,也是选择耕地的过程。

甲骨文中还有关对土地的测量,称为"土田":

弜犬延土田。(《合集》33214、《合集》33215同文)

"土田"即古文献中的"土地",《周礼·春官·典瑞》"土圭……以土地",郑玄注"土地"为"度地",即《礼记·王制》的"司空执度,度地居民……量地远近"。卜辞"土田"应指在开荒、翻耕之前,进行度量土地,以便"分农田而耕"③。

---

① 闻一多:《古典新义·释省眚》,《闻一多全集》第3卷,生活·读书·新知三联书店1982年版。
② 陈炜湛:《甲骨文田猎刻辞研究》,广西教育出版社1995年版,第36页。
③ 裘锡圭:《甲骨文中所见的商代农业》,载《古文字论集》,中华书局1992年版。

甲骨文中有埅字，上从沚，下从土，隶定为浡。卜辞云：

> 癸未卜，宾，贞禽浡田，不来归。十二月。（《合集》10146）
> 甲戌卜……令禽浡田……不……（《合集》10147）
> 贞勿令浡田。十一月。（《合集》10148）

浡字，张政烺先生认为此字从止从土，"按字形分析当是从止、土声，依照字音去求义，盖读为度"①。其义与上述"土田"义同。度田之月份在十一月、十二月，正是来年春耕的准备时期。

由上知商代在开始农耕之前要"省田"，即巡视土地，选择耕地。省田之后进行划等，或区别为上田、下田，或区别为不同的等级，并要度量其面积的大小，以进行分配，或用以考其勤惰的工作量。

二 清除耕地面上的草木

无论生荒地或者是耕垦过的熟荒地，在抛荒期间，地面上都会长满草木，要重新耕种，必先清除地面上的草木。《诗·载芟》云"载芟载柞，其耕泽泽。千耦其耘，徂隰徂畛"，毛注"除草曰芟，除木曰柞"，郑玄笺云"隰谓新发田也，畛为田间有路径者也……将耕，先使芟柞其草木"。《周礼》中有薙氏、柞氏两个职官，薙氏"掌杀草"，柞氏"掌攻草木及林麓"。张政烺认为它们都是"伐草木为田以种谷"的。②"柞"字已见于商代甲骨文中：

> 乙丑，王柞方。
> 乙丑，王蓐柞方。（《合集》20624）

第一条卜辞王字后的字，裘锡圭释"柞"，第二辞中的"蓐"字可读为"农"或"耨"，"柞"与"农"（或耨）对言，"正应该当'除木'讲"。③ 柞方是一方国名。

---

① 张政烺：《释甲骨文尊田及土田》，《中国历史文献研究集刊》第3集，1983年版。
② 张政烺：《卜辞裒田及相关诸问题》，《考古学报》1973年第1期。
③ 裘锡圭：《甲骨文中所见的商代农业》，《农史研究》第8集，1987年版。

甲骨文中有"告芳"一辞：

己卯贞，在冏，屌来告芳，王［其秌］。
王弜秌。
庚辰贞，在冏，屌来告芳。
王弜秌。(《合集》33225)

《说文》"芳，草也。"《玉篇》引《说文》云"旧草不芟新草又生曰芳"。严一萍有《释芳》一文，谓"告芳"是有关农耕之事，他解释上面那版甲骨上的卜辞是"卜王拟在冏地种黍而晏（严释屌字为晏）之报告该地旧草不除，新草又生，故不能植黍。"①

芳与柞一样，都是垦耕之前清除田面草木的工作。这是古时农耕前必须完成的一项任务。

三 垦荒（叀田）

卜辞中有一"叀"字，此字在甲骨文中有各种不同的写法，但其基本要素是从手从土。最繁的字形作从手从土从用，像以两手执用插入土之状，"用"当是起土的工具，字形作：

⿱ （《合集》22、9485、9486)
⿱ （《合集》9473、9474、9475)
⿱ （《合集》9484、11473)
⿱ （《合集》6773)
⿱ （《合集》34239)
⿱ （《合集》33209、33210、33211)
⿱ （《合集》33223)
⿱ （《屯南》2260)

这个字往往与"田"组成"叀田"一辞，如卜辞：

---

① 严一萍：《释芳》，《中国文字》第16册，1965年6月。黍应为秌，字为禾间有水滴状。

甲子卜，凹，贞令叟哀田于□□。（《合集》22）
癸巳卜，宾，贞令众人取（趍）入绊方哀田。（《合集》6）
癸□［卜］，□，贞令叟哀田于先侯。十二月。（《合集》9486）

上列各种不同的写法，古文字学家们都认为是同一字的异体。但对这个字的释读却是分歧很大。因为这个字常与"田"构成"哀田"一词，所以除杨树达释为掘，认为是掘矿外，[①] 其他学者都认为是与农业生产有关的一项工作。但是到底是一项什么样的工作，各家的意见很不一致。徐中舒师释为贵，谓贵田犹耨田；[②] 胡厚宣从其说，撰《说贵田》一文申其义。[③] 陈梦家则释为粪田，即施肥之意。[④] 丁山认为此字是《说文》土部的叁字之初文，《说文》"叁，扫除也。从土，并声，读若粪"，他说"粪田者，除田之秽也"。[⑤] 郭沫若释作圣，谓"圣田"即《诗·豳风·七月》的"筑场圃"。[⑥] 于省吾从郭说释为圣，但认为"圣田"非"筑场圃"而是垦荒。[⑦] 饶宗颐释为壅，谓"壅田"是给禾田培土，即是壅禾。[⑧] 张政烺释为"哀"，谓"哀田"就是聚土治田，是开垦荒地。[⑨] 裘锡圭从饶释读作"壅"，而认为"壅田"是"填土于低洼之处或修筑堤防、田垄"。[⑩] 比较各家诸说，以于省吾和张政烺两先生的"垦荒"说，验诸卜辞于义为长。耨草、施肥、筑场圃、壅禾等说，皆与卜辞占卜的时间不合。记载"哀田"卜辞所的记月份有五月（《合集》22）、六月（《合集》6、20843）和十二月（《合集》6773、9486）三个月份。耨草、壅禾皆与十二月之节令不相关，而五月、六月是禾稼生长的季节，离"九月

[①] 杨树达：《耐林廎甲文说·甲骨文中开矿的记录》，中国科学院，1954年5月。

[②] 徐中舒：《试论周代田制及其相关问题》，《四川大学学报》（哲学社会科学版）1955年第2期。

[③] 胡厚宣：《说贵田》，《历史研究》1957年第7期。

[④] 陈梦家：《殷虚卜辞综述》，科学出版社1956年版，第537—538页。

[⑤] 丁山：《甲骨文所见氏族制度·论耤田与仆土田》，科学出版社1956年版，第38页。

[⑥] 郭沫若：《殷契粹编考释》，科学出版社1956年版，第658页第1221片考释。

[⑦] 于省吾：《从甲骨文看商代的农田垦殖》，《考古》1972年第4期。又《甲骨文字释林·释圣》。

[⑧] 饶宗颐：《殷商贞卜人物通考》，香港中文大学出版社1959年版，第258页。

[⑨] 张政烺：《卜辞哀田及相关诸问题》，《考古学报》1973年第1期。

[⑩] 裘锡圭：《甲骨文中所见的商代农业》，《古文字论集》，中华书局1992年版。

筑场圃"、"十月纳禾稼"的时间还差两月。而六月、十二月是我国古代开垦荒地的季节，因为这两个季节便于攻杀草木。《周礼·秋官》曰：

> 柞氏，掌攻草木及林麓。夏日至，令刊阳木而火之。冬日至，令剥阴木而水之。若欲其化，则春秋变其水火。凡刊木者，掌其政令。

郑玄注云："刊、剥互言耳，皆谓砍去次地之皮。生山南为阳木，生山北为阴木。水之、火之，使肄不生。""化，犹生也，谓时以种谷也。变其水火者，乃所火则水之，所水则火之，则其土和美。"为何选在夏日与冬日进行攻杀草木，开垦荒地的工作。张政烺先生说，这是与当时的生产力水平，也就是与生产技术相关的。他说：

> 殷周是青铜器时代，农夫使用的主要是石器，用石斧伐木是有困难的，所以发明了剥树皮的办法，在夏至最热天气，把向阳树木靠根的皮剥光，并用火烧它，在冬至最冷天气，把背阴树木靠地树皮剥光并泼水冻它，以速其死，等它枯槁便容易砍倒了。最后还要火烧成灰，水沤成汁，使它变成肥料。

有夏至与冬至期间攻杀林木进行开垦荒地的认识，张先生就合理地解读通了下面的这一条卜辞（图3—17）：

图3—17 五百四旬七日甲骨

（《合集》20843）

> 袁，五百四旬七日至丁亥，从。在六月。（《合集》20843、《乙》15）

对这条辞的读法，有不同的意见，先要正其读。主要的一种意见是"五百"和"四旬"之间、"至"和"丁亥"之间都应有脱字，故不能连读成"五百四旬"。常玉芝读作：

> 袁五百……四旬七日至〔于〕丁亥，从□。在六月。

她说，"'五百'或是田数，或是人数，或是捕捉物之数，期限是到四十七天后的丁亥日"①。细审此版拓本，"百"和"旬"两字下皆有可容字的空地，而此版上这条辞的字与字之间都是十分紧密，故"百"和"旬"字下的空位不应是缺字而是提行，所以"五百"和"四旬"、"四旬"和"七日"之间应连读成"五百四旬七日"，董作宾的读法没有问题。问题是商人为什么占卜547天这样一个长的时期？张政烺注意到商周时期垦荒在一年的夏、冬两个季节进行这一事实后，把这条卜辞作了合理的解读，他说：

> 五百四旬七日是547整日，加上卜日的半日（不是一日）共547.5日。这是回归年一年半的日数。这条卜辞是在六月即"夏至月"占卜的，等着过了五百四十七日半，到明年十二月的日至（即冬至）丁亥这天，照卜兆行事，开始袁田。这条卜辞的卜日（干支）虽然缺失，推测当在庚辰，即夏至日。关于殷人卜卦断吉凶的标准我们毫无所知，推测这次卜兆所反映的大约是正的，但是迟缓的，所以要延期执行。卜辞袁田记月份的有六月，有十二月，大约以半年为一期。五百四旬七日数目虽大，不过是推迟三期罢了。这条卜辞，只有这样理解，才能明白，不然就无法解释为什么要拖这么多日子去挑选一个丁亥日。②

在诸多学者对此条刻辞的解说中，张先生此说较为合乎情理。

商王朝行"袁田"的地区，不仅在王国领土内，还到诸侯国境去"袁田"，如上举《合集》9486到先侯境地、《合集》6到绛方境地去"袁田"即

---

① 常玉芝：《殷商历法研究》，吉林文史出版社1998年版，第77页。
② 杨向奎、张政烺、孙言诚：《中国屯垦史》（上册），农业出版社1990年版，第41、43页。

是。卜辞所见，商人有在同一地区长期实施"裒田"活动，像"京"这个地方，从武丁到武乙时期都有在此地"裒田"的占卜，如武丁时卜辞：

　　癸卯［卜］，宾，贞，令禽裒田于京。（《合集》9473）

武乙时期卜辞云：

　　乙丑，贞王令裒田于京。（《合集》33209）
　　□卯，贞王令禽［裒］田于京。（《合集》33220）
　　……［多］尹裒田于京。（《屯南》102）
　　……裒田于京。（《屯南》4251）

京地从武丁到武乙时皆言"裒田"。《合集》33220与《屯南》102皆是武乙卜辞而卜问"裒田"于京。一是卜问派禽去，一是卜问派多尹去。禽是商王室的一位重要人物，"多尹"是王朝官吏。故不可能同时派两位有地位的人物到同一地去领导裒田这一件事，故这两条卜辞，当不是同年所卜。所以京这个地区，"裒田"之举是不断地进行的。如此，这个地方就不可能是生僻的荒地而应是熟地撂荒后，又多次不断地耕垦。从对"京"地的多次"裒田"可知，商代已在实行"熟荒轮作制"。所谓"熟荒轮作制"是耕种数年后，抛荒几年又再耕垦，以休息地力。当然，实行"熟荒轮作制"并不排斥对生荒地的垦辟，"裒田"既可以是指开垦生荒地，也可以是开垦熟荒地。但更多可能是指开垦熟荒地。

四　翻耕

翻耕土地在甲骨文中称为"叠田"和"耤田"，以及犁耕。

（一）叠田

甲骨文中常言"叠田"而与"受年"相连的占卜，故知"叠田"是一农事活动，卜辞云（图3—18）：

　　……［王］大令众人曰：叠田，其受年。十一月。（《合集》1）
　　……曰：叠田，其受年。（《合集》2）
　　□□卜，㲀，贞王大令众人曰：［叠田其］受［年］。（《合集》5）

弜已灾，惟懋田叶，受有年。(《合集》29004)

图 3—18 叶田卜辞
(《合集》1)

甲骨文叶字从三力从口（亦有不从口者，如《合集》27277、27338），"力"是耜一类的起土工具，董作宾指出"叶田"是"众人同力合作，以事田亩"①，胡厚宣说"叶字从三力，正示合力之义"。②"叶田"的田，张政烺说"田"字在卜辞中最常见的用法有两种，一是田猎，二是田土，这条卜辞（引者按：指《合集》1）下文说"其受年"自然是指"田土"，"懋田"即懋地的田土。③ 卜辞中"叶田"记月份的目前只见有十一月、十二月两个月份，十一月的卜辞见上引《合集》1，十二月的卜辞见《合集》9499，辞为：

贞惟辛亥叶田。十二月。

看来，"叶田"这一农活，是在冬季的年底进行的。

对于"叶田"的耕作性质和方式，裘锡圭认为"可能是在冬天大规模翻耕土地，为明年的春耕作准备"④。这个解释可从。叶字从力，"力"表示用耜翻耕土地；字从三力，古人以"三"表示多，如甲骨文"众"字从三人，非仅指有三个人而是表示有很多的人的意思，故从三力表示有很多的人一起举耜共同耕作，所以说是"大规模"地翻耕。在商周时期，实行集体耦耕制度，是由于当时的生产工具是木、石质料为主，用这种质料的工具，最低限

---

① 董作宾：《殷历谱》，下编卷4，第6页下。
② 胡厚宣：《卜辞所见之殷代农业》，《甲骨学商史论丛二集》上册，成都齐鲁大学国学研究所专刊，1945年版。
③ 张政烺：《殷契叶田解》，《甲骨文与殷商史》第一辑，上海古籍出版社1983年版。
④ 裘锡圭：《甲骨文中所见的商代农业》，《古文字论集》，中华书局1992年版。

度要两个人一起协力才能翻动泥土，到春秋时期还是如此，《论语·微子》"长沮、桀溺耦而耕"，《考工记·匠人》"二耜为耦"。耦耕时二人合力，发土较易，清人程瑶田在《耦耕义述》一文中说"二人并二耜而耦耕之，合力同奋，刺土得势，乃并发以终长亩不难也"。西北农业大学的张波在周人的发源地陕西岐山周原，经过实地耕作验证，二人耦耕确实有"刺土得势"的效果，他说：

> 盖二人同耕，确实相互激励，能迸发出单独耕作无法产生的力量。二人同时猛力踩耜，具有极大势能，在耜头着地处产生一大压强。发土时，耦耕把原来一铣搬动变成二铣共"抬"，自然省力。当地农民即将这种发土专称曰"抬"。耦耕整套动作极富节奏，二人步伐进退协调有度，双手变换，踩踏时双脚跳跃，腰鼓扭动，再加上脚踏板与铁铣接触时，发出富有节奏的"嘎嘎"之声音，真像是一场有声有色的音乐和舞蹈演出。这种协作气氛、节奏的力量，大概就是所谓的耦耕之"势"吧，是耦耕效率提高途径之一。①

在商周时期，实施耦耕的时候，规模相当的大，《诗经》中讲到西周时期劳动场面有两千人共耕，《周颂·载芟》：

> 载芟载柞，其耕泽泽。
> 千耦其耘，徂隰徂畛。

唐人孔颖达《疏》云："千耦，谓为耦者千，是二千人为千耦。"还有更达上万人共耕的场面，《周颂·噫嘻》诗中云：

> 噫嘻成王，既昭假尔。率时农夫，播厥百谷。
> 骏发尔私，终三十里。亦服尔耕，十千为耦。

郑玄笺注"十千为耦"句云："万耦同时举也。""万耦"就是两万人共耕。人数不一定实指，只显示当时耕作场面的宏大。这与甲骨文中显示的商代的

---

① 张波：《周畿求耦》，《农业考古》1987年第1期（总第13期）。

耕作场面相似，上引《合集》1、5卜辞都有商王下令进行㔾田时，在"令"字前都加上一"大"字。"王大令众人"，表示所遣令的"众人"不少，与周时的"千耦其耘"、"十千为耦"的耕作场面和气势是相当的。

（二）耤田

甲骨文"耤"字像一人踏耒以发土之形，是一个象意字。"耤"和"㔾田"之"㔾"的不同，在于所使用的工具，"㔾"是用耜，而耤所用的工具从甲骨字形看，是双齿的耒。耤和㔾都是翻地发土，但此两字所翻耕土地的对象应是不相同的，如上引《合集》29004 上残留两条卜辞：

弜已灾，惟懋田㔾，受有年。
……噩旧田，不受有〔年〕。

张政烺根据《甲编》1369（《合集》28200）一片上的卜辞：

弜耤噩旧〔田〕，不受有年。

认为这两片甲骨字体相同，是同时之物，可残辞互补，将《合集》29004 版上的一条辞义补足。这条辞应为：

〔弜耤〕噩旧〔田〕，不受有〔年〕。

此版的另一条卜辞完整，补足后的两条卜辞应为：

〔弜耤〕噩旧〔田〕，不受有〔年〕。
弜已灾，惟懋田㔾，受有年。

噩和懋是地名，噩地的田被称为"旧田"，张政烺说，"旧田"是"久已开发，岁岁耕种之田"。① 同版两条卜辞，噩地的"旧田"言"耤"，而未称为"旧田"的懋地的田却言"㔾"，其义当是有别的："㔾田"大致是指开垦荒地，"耤田"是翻耕连种的熟地。

---

① 张政烺：《殷契㔾田解》，《甲骨文与殷商史》第一辑，上海古籍出版社 1983 年版。

甲骨文中记月份的"耤田"卜辞，有两见：

　　庚子卜，贞王其萑耤，惟往。十二月。(《合集》9500)
　　丁酉卜，㱿，贞我受甫耤在姷年。三月。(《合集》900正)

萑，即观字。观察，巡视。"王其观耤"是商王亲自前往观察劳动者翻耕田土之事。十二月，显然是冬耕，以备来年播种，与"叠田"在十一月、十二月的冬季，时令相同。都是翻耕土地，以待来年开春播种。"耤田"有在"三月"者，是"耤"有时也包括播种这一环节在内，故有"耤"后卜问是否"生"，即出苗与否，如卜辞：

　　甲申卜，宾，贞呼耤，生。
　　贞不其生。(《合集》904正)
　　王占曰：丙其雨，生。(《合集》904反)

"生"是生长，出苗。此辞正面卜问耤后会不会出苗生长。反面是占辞，商王看了兆象后说：丙日（甲日后的第三日）会下雨，将会出苗生长。是耤与播种相连。《合集》13505是一块完整龟腹甲，其中有一组农业内容的"受年"占卜，卜辞正反对贞，其辞云：

　　丁酉卜，争，贞呼甫秜于姷受有年。一
　　丁酉卜，争，贞弗其受有年。一
　　甫耤于姷受年。二三
　　贞弗其受有年。二告　二　三
　　受年。四
　　弗其受。四
　　贞受年。五
　　弗其受有年。五

卜辞后的数字称为"兆序"，是记占卜次序的。这组卜辞的内容是有关受年与否，从龟甲上的兆序知占卜了五次，只记下四次占卜的内容。较为完整的

一、二次占卜之辞，一称"秜"，一称"耤"，是秜和耤可以互代之证。[①] 秜字前面已经指出过，是一种作物，即稻，但字在此辞中是一动词，意为"种稻"，和"种"在这组卜辞里是一回事。前引《合集》29004片甲骨上有辞云，"耤噩旧田"，"旧田"是常年耕种的熟地。《合集》904这片甲骨文中"耤"和"生"的这种连带相占卜，当是在连种田上进行的，翻耕与下种是前后紧相衔接的农活。

（三）关于犁耕

对商代是否有犁耕，目前是一个争论很大的问题。甲骨文中有一个从牛从㐭的字作㸚形，有释此字为物的，或释为勿、牛二字，意指杂色牛。释物，或释为勿、牛二字者，皆认为商代不会有犁耕。有释此字为"犁"者，则力主商代已经出现犁耕，甚至说有牛耕。主张释为犁字的，是认为所从的㐭象耒形，而古音耒、犁音通，且以为牛拉耒，即为初期的犁耕。反对者则谓㐭是刀而不是耒，故此字绝不可释犁。后来上海博物馆新收获的甲骨中有一片上"幽勿牛"与"黄勿牛"对举，沈之瑜认为"学者们多释'勿牛'为'物'，即杂色牛（图3—19）。'物'既为杂色牛，那就不应该在其前冠以形容词'幽''黄'，可见'勿牛'不应释为'物'，也非杂色牛，应是'犁'字"[②]。裘锡圭不同意沈说，他说："其实'幽物'（应读为勿牛）和

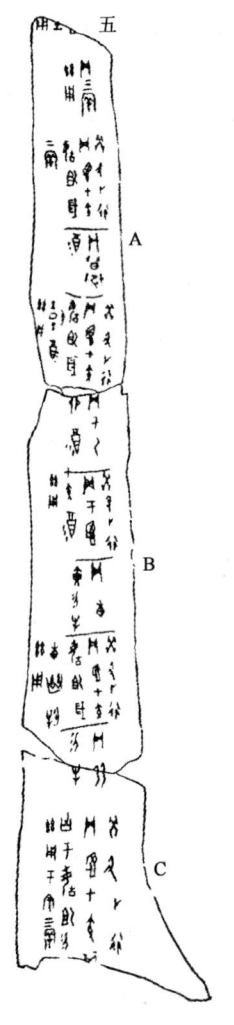

图3—19 幽勿牛与黄勿牛甲骨
（《上海博物馆集刊》第3辑沈之瑜文）

---

① 裘锡圭：《甲骨文中所见的商代农业》，《古文字论集》，中华书局1992年版。
② 沈之瑜：《甲骨卜辞新获》，《上海博物馆集刊》第3期，上海古籍出版社1986年版。

'黄物牛'可以解释为以幽色为主的杂色牛和以黄色为主的杂色牛,其义并非不可通。"

"卜辞里的㸠很显然地是指某种颜色的牛而言的,绝不能解释为拉犁的牛"①。裘氏的解释不如沈先生的说法有说服力。但是应该承认,这个字无论释什么字,皆没有发现一例与农业生产直接相关联的卜辞,所以,要从这一个字的释读来探索商代是否有犁耕,还是困难的。先丢开对一个甲骨文字释读的争论,走到考古工作的田野,则有一些可注意的材料。前面在叙述农业工具中,讲到一种V形器,又称为"三角形"器的石器和铜器。这种器物考古工作者大都命名为"犁铧"。把它称为"犁铧"是有道理的,因为在战国秦汉时期,使用的铁犁铧就是这种形状。这从汉代画像石、画像砖上的牛耕图中,

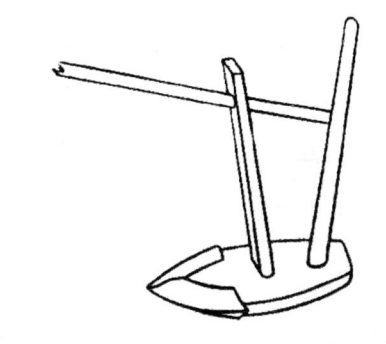

图3—20 战国铁犁头复原图
(《中国古代史参考图录·战国时期》第14页)

也得到确证。汉代画像石上牛耕图的犁头上的铧,就为这种V字形。由此上推石器时代的V形石器和青铜时代的V形铜器的用途,也应是犁铧(图3—20)。

石制的V形器,在新石器时代南北方都有出土,且数量不少。铁制V形器在战国及秦汉时期也有大量发现。只有商周时期,无论是石制的,还是青铜制的,目前发现都还不多。在商代遗址中,石制品只河北省赵窑遗址报道一例,青铜制品在江西省新干大洋洲出土两件。对这种现象作何解释,还有待进一步研究。不过考古发现是带有一些偶然性的,新干大洋洲的大量青铜农具,也是最近发现的,此墓中出了很多鲜为人知的器种。如果石器时代的V形器是作为犁耕用的犁铧,铁器时代的V形器又无疑是犁铧,那么处于石器和铁器时代之间的青铜时代,其V形器也应是作为犁田用的犁铧方才合理。犁耕比用耒、耜翻地效率高,这是人们一望而知的。贵州黎平县侗族有木牛,即人拉犁耕,据调查锄耕、木牛(人拉犁)与牛拉犁的速度比较如

---

① 裘锡圭:《甲骨文中所见的商代农业》,《古文字论集》,中华书局1992年版,第165页。

表 3—5 所示。①

表 3—5　　贵州黎平县锄耕、人拉犁与牛拉犁耕效率比较表

耕作方式	单位时间	所用动力	耕作面积
锄耕	一天	1 人	1 担田
人拉犁	一天	2 人	4 担田
牛拉犁	一天	1 人 1 牛	14 担田

犁耕即使是用人挽，其功效也比耜耕提高功效一倍。人类的生产技术总是相承袭而发展的，人们既然已经发明了犁耕这种先进的技术，当然不会弃而不用。因此，商代使用犁耕，是可能的。

五　整理土地

土地翻耕后，不能直接播种，必须对新翻的土地进行一番整理。整理的目的是打碎大的土块，去高填低，使其平整，甚至开沟作垄，以便排灌。这些工作都必须在播种前完成。《考工记·匠人》叙述田间水道设施云：

> 匠人为沟洫。耜广五寸，二耜为耦。一耦之伐，广尺深尺谓之甽。田首倍之，广二尺，深二尺，谓之遂。九夫为井，井间广四尺深四尺，谓之沟。方十里为成，成间广八尺，深八尺，谓之洫。方百里为同，同间广二寻，深二仞，谓之浍。

甽，《说文》谓，"篆文く，从田，犬声"，"く，水小流也"。浍字古文作巜，《说文》"巜，水流浍浍也"，段玉裁《说文解字注》云，"浍浍当作㓰㓰。毛传曰：㓰㓰，流也。水部曰：㓰㓰，流水声也。"水流涓涓然曰く，㓰㓰然则曰巜，巜大于く矣，此字之本义也。"甽是两张耜宽的一条田间水沟，随着田土面积的扩大，水沟也就一级一级加宽加深而名为遂、沟、洫、浍。这种完整的水利系统，由这些宽深不同的水沟，使土地呈现出方块的"田"字形，是与古代的土地分配制度相连的，所谓"九夫为井"就是讲的这种土地分配制度。在甲骨文中，田字作⊞、⊞、⊞、⊞、⊞、⊞等形，

---

① 宋兆麟：《木牛挽犁考》，《农业考古》1984 年第 1 期（总第 7 期）。

此字的这些不同写法，是商时耕地实际情况的反映。田字方框内小方块的区划，就是田间的小水沟，当然它又是作为各户间的田界。甲骨文中有"甽"字：

  令尹作大甽。
  勿令尹作大甽。（《合集》9472）

"大"后一字，过去多被释为田字，其实此字上面还有一"∨"，作甽形。张政烺说田上∨即く，亦即古文字中的甽，即《说文》的畖（甽）字，张先生谓"大甽"，"是非常大的甽，自然不是垄间的小水沟，应当就是指的甽、浍这种系统的水利工程"。① 是在商代的农田上，除有小水沟外，还有大水沟。这些水沟的开辟，当然是在翻地以后播种前做的。

开小水沟与田间打垄是一个工序的两个方面的工作，《国语·周语》"或在甽亩"，韦昭注云："下曰甽，高曰亩。亩，垄也。"甲骨文的"尊田"被认为就是作垄，卜辞云：

  辛未卜，争，贞曰：众人……尊田……（《合集》9）

张政烺谓"尊"字在卜辞中，上从尊下从土，可隶定作墫，墫是聚土。"墫田是把开荒的土地作出垄来，使它变成正式的田亩"。② 卜辞更有直言"作垄"的，如：

  其作龙于凡田，有雨。（《合集》29990）

"凡"是地名，这里也是商王室的田猎地：

  戊寅［卜］，贞王其田，亡戈，在凡。（《合集》33568）

---

① 杨向奎、张政烺、孙言诚：《中国屯垦史》，农业出版社1990年版，第47—48页。
② 张政烺：《释甲骨文尊田及土田》，《中国历史文献研究集刊》第3集；又《中国屯垦史》，农业出版社1990年版，第72—74页。

其地在今日河南省卫辉市西南，周时的凡国地。①"凡田"的"田"是指土田、土地，即农田。"作龙"之"龙"即垄，"作垄"与上述"尊田"是同一的工作。

要之，从甲骨文中"田"字的各种写法，反映的是在"尊田"、"作垄"后的耕地形状。开沟可排水亦可灌溉，作垄则是有利于保墒防旱排涝。据研究，垄作是耕层构造上的一种虚实并存结构。农作物种植在垄台，则以垄台为田面，虚无的垄间（垄沟）与土壤组成的垄台构成虚实并存的耕层结构。农业工作者们经过实验证实，这种虚实并存的耕作法有很大的优越性。他们说：

> 使虚部和实部结合成一个有机整体，创造了互相对立的好气性和嫌气性土壤环境于同时在同一耕层内并存的条件，协同了作物根系与好气、嫌气性土壤微生物三者对土壤环境的各自需求，从而使作物吸肥及土壤矿化供肥和土壤腐殖化培肥三大生物学过程并行不悖达到增产和培肥并举，实现了用养结合。②

古人当然不会知道什么"三大生物学"方面的知识，他们要解决的是排涝和灌溉，商代的气温比现今暖和，旱涝不时降临。由于排灌之需而做的垄沟，客观上就形成了现代农业科学技术中所认识到的虚实并存耕层的状况，从而提高了产量。到战国时期，人们对垄亩制的优越性就有了比较合乎科学的认识，《吕氏春秋·任地篇》云，"亩欲广以平，甽欲小以深，下得阴，上得阳，然后成生"。所谓"阴阳"即是现今讲的"虚实"。

由于甲骨材料本身的局限性，我们无法知道商代垄沟田作的推广程度，但从甲骨文"田"字的不同写法上看，垄作也不会仅是个别地区的、小范围内采用的耕作技术。垄作无疑是当时很先进的一种农业生产技术。当然，商代也还会有不少地方采用较为原始的缦田耕作法，即不起垄，翻耕即播种的较为原始的耕作方式。各地区技术发展不平衡，古今皆一。

---

① 李学勤：《殷代地理简论》，科学出版社1959年版，第16页。
② 迟仁立、左淑珍：《耕层构造史初探——虚实并存耕层是古代农业"精耕"的继承和发展》，《农业考古》1988年第2期（总第16期）。

六 粪种

西汉时著名农学家氾胜之在其书中曾讲到，商初伊尹教民"粪种"之事："汤有旱灾，伊尹作为区田，教民粪种，负水浇稼。"① 氾胜之此说，不知出自何处，当是有一定根据的，如所称的"区田"，甲骨文中"田"字的各种方块形状，就应是商代"区田"的写实。商代的畜牧业和家畜饲养业都较为发达，已采用圈栏饲养，如牛羊之圈栏称为"牢"，马圈称为"厩"，猪圈称为圂。如卜辞云：

王畜马在兹厩……母戊，王受佑。（《合集》29415）
贞呼作圂于专。（《合集》11274）

牛栏之牢字从牛，作⌒形，羊栏之牢字从羊，作⌒形，此二字在甲骨文中不胜枚举。牢圈饲养牲畜，有利于牲畜粪便的收集，而牢圈中又必须清除畜粪。畜粪（也包括人粪便）有利于农作物的生长和增产，在长期以农业为主的民族中，是会逐渐认识的。粪种的记载屡见于先秦著作，《吕氏春秋·任地》"人肥必以泽，使苗坚而地隙"，《孟子·万章》"百亩之粪，上食农夫九人"，《荀子·富国》"掩地表亩，刺草殖谷，多粪肥田，是农夫众庶之事也"，《韩非子·解老》"积力效田畴，必且粪灌"。

商代甲骨文中有一㞢字，古文字学家隶定写作"㞢"字。甲骨学家们都注意这个字是与农业有关的，现选录有关卜辞于下：

庚辰贞翌癸未㞢西单田，受有年。十三月。（《合集》9572）
……丁㞢有正。二月。（《合集》9577）
……㞢有正，乃衰田。（《合集》9480）
贞令㞢有田。（《合集》9576）
甲子卜，允，贞于翌乙丑㞢㠯，乙丑允㞢㠯，不……（《合集》9570）
壬□[卜]，古，[贞]令㞢剢。（《合集》9584）
丙申卜，争，贞令徯㞢有田，受年。（《合集》9575）

---

① 万国鼎：《氾胜之书辑释》，农业出版社1980年版，第62页。

对于"厵"字，目前学者们中有着不同的解释：有释"厵"为"选"即"选田"，是耕种前选择耕地；① 有释"厵"为"徙"，"徙田"即换田，是农村公社重新分配耕地的活动；② 有释厵为肖，"肖田"是开垦荒地或播种前清除田面杂草工作；③ 有释为粪，"粪田"即施肥。④ 参照诸说，我们以为"粪田"说较为合理。

"厵田"的卜辞，记月份的有两条，一是十三月，一是二月。十三月是武丁时行年终置闰，这是一年的最末一个月份。在十三月、二月给农田施肥是合理的。我国北方，特别是华北大平原的农村，对土地施肥，十分讲究施底肥，即在土地翻耕前把人畜粪肥均匀地撒在耕地中，然后再翻耕，趁翻耕之机将粪肥埋于土中，今日北方农村还是这样的。施底肥的时间，一般在春节前的冬季，先将干固的粪肥运到所要翻耕的田地中，一堆一堆的堆放着，临翻耕前用铁锨将其撒开。这一工作春节后开耕前也有继续进行的。《合集》9480"厵"后言"裒"正是这样的先后次第。先运送肥于翻耕之前，然后翻耕，再下种，故称为"粪种"。《周礼·草人》云：

> 掌土化之法以物地，相其宜而为之种。凡粪种，骍刚用牛，赤缇用羊，坟壤用麋，渴泽用鹿，咸泻用貆，勃壤用狐，埴垆用豕，疆㯺用蕡，轻㵓用犬。

陈旉《农书》谓："《周礼·草人》掌土化之法，以物地相其宜而为之种，别土等差而用粪治之。"所谓牛、羊、麋、鹿、豕、犬者，是指其畜之粪。江永《周礼疑义举要》谓，"凡粪种，谓粪其地以种禾也"，"凡粪，当施之土"，是对"粪种"作了很恰当的解释。先粪地，后播种故名为"粪种"。

为了增加耕地的肥力，在农作物的穗头割掉后，对存留在地里的禾秆，也还要加以处理，使其腐烂肥田。甲骨文里有一从禾从口的字，作㪰形，隶定作柬。郭沫若释此字为禾秆的秆，谓其字"当是秆之古文，从禾加束以示

---

① 裘锡圭：《甲骨文中所见的商代农业》，《古文字论集》，中华书局1992年版。
② 俞伟超：《中国古代公社组织的考察》，文物出版社1988年版，第2—6页。
③ 张政烺：《甲骨文"肖"与"肖田"》，《历史研究》1978年第3期。
④ 胡厚宣：《殷代农作施肥说》，《历史研究》1955年第1期；又《殷代农作施肥说补正》，《文物》1963年第5期；又《再论殷代农作施肥问题》，《社会科学战线》1981年第1期。

茎之所在，指事字也"①。裘锡圭释作梨，据《说文》"梨，黍穰也"，《广韵》"穰，禾茎也"，说"梨是禾黍一类谷物的茎秆之名"，用作动词"应指处理禾秆的一种行为"②。裘说字义作为动词，与郭沫若说为"秆"字亦无甚不同，秆字作为动词，也是处理禾秆之意。下面的卜辞显然是在田中处理禾秆之事：

  惟庚午秉于噩田，不遘大雨。（《屯南》335）
  □戌秉于盂［田］，［其］遘大雨。（《合集》31198）
  其秉于盂［田］……（《合集》31201）
  □酉卜，其秉盂［田］……（《合集》31796）
  惟新秉屯用上田，有正。（《屯南》3004）

"田"前一字是地名，即指该地的农田。"上田"是指高爽地区的农田。"新秉"当是指新鲜的禾秆。禾秆可用作肥料，商人用刀将禾穗摘下后，禾秆留地，将其处理而变为肥料。甲骨卜辞有"秉"与"舞"相连的：

  翌日庚其秉乃舞，郯（比）至来庚有大雨。
  翌日庚其秉乃舞，郯（比）至来庚亡大雨。
  来庚郯秉乃舞，亡大雨。（《合集》31199）

这3条辞是一次行动的占卜，即占卜庚日处理禾秆之后举行求雨的"雩舞"活动，卜问是否有雨。"郯"字裘锡圭释为剿，当截断解，"郯秉"是截断禾秆。禾秆截断倒伏于地，若加以水渍则易腐烂成肥，故在郯后即举行"雩舞"，祈求下雨，以便禾秆很快腐烂。"郯至"即比至、及至。

七 播种

  商时农人如何播种，是撒播、点播还是条播？今天没有什么材料可供研究。商时农人播种使用什么工具，也还不能指实。但有一点应是可推断的，即播下的种子一定要用土覆盖着，因为商代草木茂畅，鸟兽繁多，若不覆

---

  ① 郭沫若：《殷契粹编考释》，科学出版社1956年版，第567页。
  ② 裘锡圭：《甲骨文中所见的商代农业》，《古文字论集》，中华书局1992年版。

盖，所下的种子将成鸟的食物。在挖有垄沟的田中，有可能是采用点种，因为农业之初，人们播种时是用尖状器将土戳一个洞，随即置种子于洞中，再用脚将土覆上。由这种方式，发展成为点播。所以点种应是比较早的一种播种方法。考古中发现，商代遗址内有大量的骨锥，其用途有可能是点种用的。若骨锥是作播种工具，则商代有可能是实行点播的（图3—21）。《吕氏春秋·辨土》云："茎生有行，故遬长……衡（横）行必得，纵行必术"，衡即横，有横行、纵行，这当然是点播法的农田。

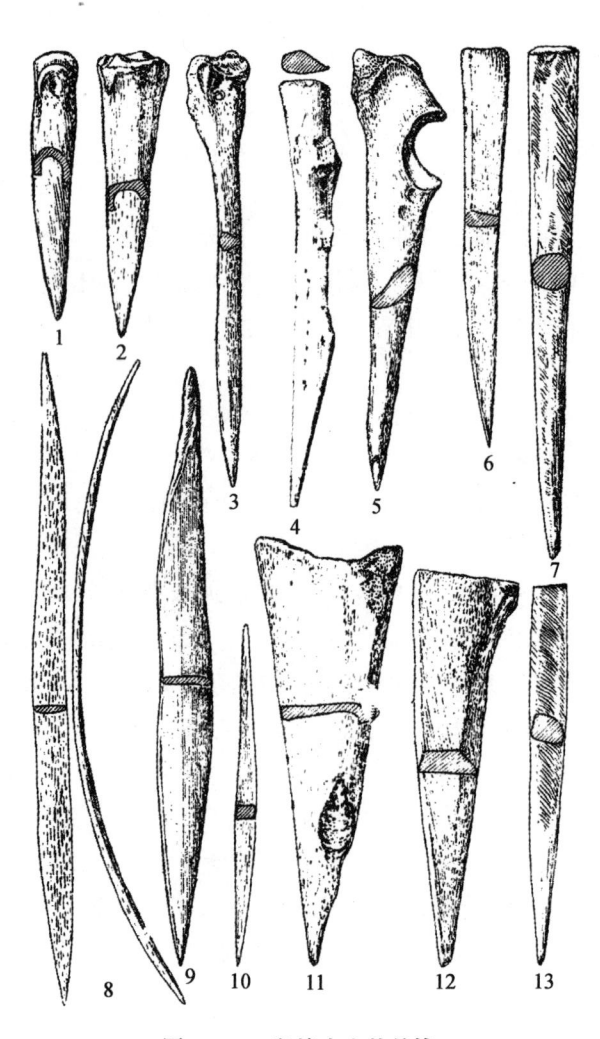

图3—21 殷墟出土的骨锥

（《殷墟发掘报告》第185页图一四一）

甲骨文中播种的用词，即是以作物名形成的动词，如《合集》10 云："王往致众黍于囧"中的"黍"字，黍是一农作物名，名词，在此卜辞中则成动词，即"种黍"。此条卜辞意为商王派遣众人到囧地去种黍。农作物的播种时间，可从记有月份的卜辞中略知其一二，如：

> 贞王立黍，受年。一月（"一月"在"贞"和"王"字之右）。（《合集》9525 正）
> 庚辰卜，王，甫往秋，受年。一月。（《合集》20649）
> 己丑卜，贞菽于［名］享。二月。（《合集》9551）
> 乙未卜，贞穋。在龙囿耆，受有年。二月。（《合集》9552）

黍、秋、菽、穋皆是农作物名。《合集》9525 中的"王立黍"的"立"，即莅临的"莅"，是商王亲临种黍的现场。

从上引卜辞看，播种在一月、二月，若不是预卜远日而是占卜当前行动的话，则在一月、二月，商代已经开播种黍、秋、菽、穋等农作物。传统农业作物"五谷"有三大类在这两月间下种。其播种时间是显然比今日为早，这与学者们研究得出的商代气候"比今日为热"[①] 的结论是相一致的。

八　田间管理

播完种，禾苗生长出来以后，就要细心地对田间进行管理工作。加强田间管理，是获得好收成的保证。商代的农人们，也已经注意到要对田间管理这个能保障有收成的环节。从甲骨卜辞里可以看到，商代农业生产中的田间管理，大致有以下几个方面。

（一）中耕除草

农业工具中，商代遗址里出土了不少铜、石、骨、蚌质的铲。铲的作用就是除草。《齐民要术》卷一中说："养苗之道，锄不如耨，耨不如铲……以铲地除草。"甲骨文中有一字作 形，像双手执铲类工具除草，裘锡圭释为芟，甲骨文中迄今只发现一条残辞：

[①] 胡厚宣：《气候变迁与殷代气候之检讨》，《甲骨学商史论丛二集》下册，成都齐鲁大学国学研究所 1945 年版。竺可桢：《中国近五千年来气候变迁的初步研究》，《考古学报》1972 年第 1 期。

……白……𥝩（芟）……田弗……（《合集》10571）

"芟"是去除田中杂草，《左传》隐公六年"为国家者，见恶如农夫之务去草焉，芟夷蕰崇之，绝其根本，勿使能殖"。甲骨文中有一䇞、䇞字，从旬从丯，隶写作𦰩，卜辞中在𦰩之后连以"受禾"或"受年"的词，如卜辞：

惟湿［田］𦰩延受年。（《合集》28228）
癸卯卜，王，其延上盂田𦰩受禾。（《合集》28230）
惟湿［田］𦰩延受年。大吉
惟上田𦰩延受年。（《屯南》715）

裘锡圭认为，其字从旬声，当读为耘，"有可能是指作物生长过程中耘除杂草的工作而言"。① 裘氏的这个说法是有依据的。在上引这四条卜辞中，每条辞都是关于农业生产的内容。而"旬"和"耘"是同音字，古人记音不记字，旬当是耘的音写。"丯"字的造字本意今已不知何所从来，但甲骨文的"丯"字像一带柄的双齿工具，是否就是从新石器时代早期，在距今7000多年的河北磁山文化时期，就已被人们使用的农业生产工具耒的形状，可以考虑。耒用以翻地，在中耕时也可用以松苗间的土，因为在田间管理时，也需要松土，所以被称为"中耕"，"耒"正是"耕"的农具。

（二）灌溉

我们在前面已经指出，商时期华北大平原上的雨水并不充沛，某些时期的地下水水位比今日还低，旱灾时有发生。遇到天旱时，利用河湖之水浇地，是自然之事。上引《氾胜之书》中谓伊尹曾教民"负水浇稼"。《世本》还载"汤旱"之时，"伊尹教民田头凿井以灌田"。凿井之术我国新石器时代已发明，用水井灌溉，在龙山文化时期就已出现，如在河北省邯郸涧沟的龙山文化遗址中，就发现两口水井，并发现有沟渠与井口相通，井内遗留有吸水用的陶罐。②

甲骨文中有一字作䇞形，井旁有水流状，隶写作洍字（图3—22），辞云：

---

① 裘锡圭：《甲骨文中所见的商代农业》；《古文字论集》，中华书局1992年版。
② 北京大学、河北省邯郸考古发掘队：《1957年邯郸涧沟发掘简报》，《考古》1959年第10期。

……百洲。(《合集》18770)

有的研究者指出其字像凿井灌田。①沈之瑜认为"洲"字即古文"阱"。《周礼·秋官·雍氏》"春令为阱，护沟渎之利于民者"，郑玄注"沟渎浍，田间通水者也"。据《玉篇》洲字义为"小水貌；又，漂流也"。《集韵》"洲洴，小水，一曰波直貌"，可证甲骨文中的"百洲"，是百条沟渎的意思。②洲之义为小水流，田间沟渎是小水，井中提水入沟亦是小水。不过此字从井从水，其状如水在井旁流，与邯郸涧沟的井旁水沟之义更为相近。

图3—22 百洲的甲骨
(《合集》18770)

商代用于农田灌溉的水沟，在河南省孟县涧溪的商代遗址中已有发现。在孟县涧溪遗址发现一条壕沟，其方向是由东南而西北，沟口距地表3.7米，沟深1.2米，口宽1.2米，底宽0.7米。已清理出15米长的一段壕沟，沟的底和壁较平整，显然是人工有意挖掘的壕沟，已探出有80米长，西北端还未到头，沟的东端一直延伸到现在涧溪沟的断崖上，显然是与涧溪相连接的。水沟中出土有商代陶片和一件有銎铜矛，铜矛的銎内还残存有朽木柄。此遗址的发掘者推测，从沟的东端连接涧溪看，应为商时人们引涧溪水以灌溉农田用的灌渠。③

商人有井或沟渠引水溉农田，所以他们已不全是靠天吃饭，如卜辞云：

庚辰卜，大，贞雨不正辰，不隹年〔祸〕。
贞雨不正辰，亡匄。(《合集》24933)

"正辰"或释为"足辰"，即"及时"。刘钊认为其字应读作"正"，谓"'雨不正辰'、'雨不正'，犹言'雨不当'。'雨不当辰'即'雨下得不是时候'

---

① 温少峰、袁庭栋：《殷墟卜辞研究——科学技术篇》，四川社会科学院出版社1983年版，第202页。吴浩坤、潘悠：《中国甲骨学史》，上海人民出版社1985年版，第278页。
② 沈之瑜：《"百洲""正河"解》，《上海博物馆集刊》第4期，上海古籍出版社1987年版。
③ 河南省文物局文物工作队：《河南孟县涧溪遗址发掘》，《考古》1961年第1期。

之意。下雨乃自然现象，久旱不雨或暴雨连绵都会造成灾害，所以殷人祈求上帝下雨下得适当、适时"①，"雨不正辰"是该下雨的时候不下雨，此即是天旱的年份；或是不该下雨的时候，却下了过多的雨，造成涝灾。上引卜辞可注意的是辞末的"不惟年祸"、"无匄"两个短语。"不佳年祸"即是对此年的农业收成不会造成灾祸；"无匄"即无害，意思与"不惟年祸"同。由此可见，商代虽然遇到"雨不正辰"的非常年岁，但是对农业收成却不会造成灾害。要是没有人工的水利排灌设施，商代的统治者们能有这个自信！

（三）治虫

甲骨文有一𥝢字，有的字下还从火。像一昆虫形，隶写作蠢。其字像蟋蟀，以往说此字为表示秋天的"秋"字，谓蟋蟀秋天鸣叫，其声啾啾然，故以其声像指季节之秋。近来有研究者认为此昆虫不是蟋蟀而是蝗虫。② 这个字在甲骨文中有一种义为"秋天""秋"，是没有问题的，如卜辞中常见的"今蠢"、"来蠢"的"蠢"只能读成"秋天"的"秋"字，别无他读。但在有些卜辞中，说为"秋天"的"秋"，或"秋收"的"秋"字就扞格难通，如甲骨卜辞中的"宁蠢"一辞：

乙亥卜，其宁蠢于夒。（《合集》32028）
贞甲申蠢夕至，宁，用三大牢。
贞其宁蠢于帝五玉臣，于日告。
于商宁水。（《屯南》930）

"宁"是向神灵祈求，希冀他们以其神力止息自然灾害或祛除疾病，如上引《屯南》930"宁蠢"与"宁水"同在一版占卜，宁水是止息水害之意。他辞还有"宁风"、"宁雨"、"宁疾"等，"蠢"作为秋成则不可"宁"，故"宁蠢"的"蠢"，一定是对商人有害的一种东西。

甲骨文中还有讲到至与否的问题，如：

庚申卜，出，贞今岁蠢不至兹商。二月。

---

① 刘钊：《卜辞"雨不正"考释》，《殷都学刊》2001年第4期。
② 彭邦炯：《商人卜螽说》，《农业考古》1983年第2期（总第6期）；范毓周：《商代的蝗灾》，同前。

>贞䖡其至。(《合集》24225)
>
>癸酉,贞䖡不至。(《怀特》600)

"䖡至"之"䖡",不是秋成丰收之秋,上引《屯南》930版上有一条卜辞云"贞甲申䖡夕至,宁,用三大牢"。作为年成秋收的"秋",不可言"夕至",所以此"䖡"字在这类卜辞中用的是其本义,即蝗虫或螽斯一类农作物害虫。这个字有的下面还从火(如《合集》29715、32854、32968等),从火,表示用火烧灭蝗。曾听一河南老人讲,从前蝗灾甚剧,他年轻时常见蝗虫铺天盖地而来,民众毕出围打。打下的蝗虫用大麻袋装,一壮汉一日可捕打数麻袋。对这些蝗虫或挖深坑掩埋,或置于火中烧死。甲骨文"䖡"字下有的从火,正是商人用火烧灭蝗虫的方法之一。

九 收割

收割是农业中季节性强的一道农活,不及时收获,一年辛苦就会白费。商王室对收获之事当然很注意,并设有专管其事的"小刈臣"(《乙》2813、5915)。

商人收割农作物的方式有两种:一是仅摘取禾穗头;一是连禾秆一起收割。摘取禾穗头之字作🌾形,像以手摘穗状,陈梦家和陈邦怀均释为采,谓其字"像手采禾穗之形"①。裘锡圭隶定作叔,读为拶。《广雅·释诂三》"拶,缩也。"《说文》作捪,"蹴引也",段玉裁注云,"就引者,蹴迫而引取之"。裘氏谓"摘取禾穗正是'蹴迫而引取之'的一种动作。"② 在甲骨文中,这个字作为动词往往与农作物相连,如卜辞云:

>庚辰卜,宾,贞惟王叔南冏黍。十月。(《合集》9547)
>
>丁亥卜,其叔秋,惟今日丁亥。(《屯南》794)

上引卜辞是占卜摘取黍、秋的穗头。卜辞还见"出叔"而"受年"的占卜,如:

---

① 陈梦家:《殷虚卜辞综述》,科学出版社1956年版,第536页。陈邦怀:《小屯南地甲骨所见的若干重要史料》,《历史研究》1982年第2期。

② 裘锡圭:《甲骨文中所见的商代农业》,《古文字论集》,中华书局1992年版,第188页。

> 惟丁卯出敊，受年。
> 暮出敊，受年。吉
> 及兹夕出敊，受年。大吉
> 于生夕出敊，受年。吉（《屯南》345）

从"暮出敊"、"夕出敊"的占卜看，商时人们对收割的时间是抓的很紧的，在卜辞中已能体味出收割期间抢收的紧迫感。

摘取禾穗所用的工具是刀，在商代遗址中石、蚌、骨、陶质的刀都发现不少。由于摘取禾穗的工具在古文献中称为铚，故摘下的禾穗也被称为铚，《尚书·禹贡》"二百里纳铚"，伪孔《传》云："铚，谓禾穗也"，唐孔颖达疏谓，"禾穗用铚以刈，故以铚表示禾穗也"。

连秆收割的行为在甲骨文中称为"刈"，其字作 ，像以刀割禾茎之下部形，隶写作秄，为刈禾之"刈"的专用字。刈字后所从的农作物有黍、穋、禾、秋、麦等：

> ……刈黍。（《合集》9564）
> 贞王往立刈穋于……（《合集》9558）
> 盂田禾释，其御。吉，刈。（《合集》28203）
> 甲午卜，弜刈秋。（《合集》9563）
> 甲子卜，贞咸刈来。（《合集》9565）

《合集》28203一辞明言"盂田禾"，后言"刈"，当然是指刈割盂田中的禾。有在其地刈的：

> 己丑卜，宾，贞今弋商刈。
> 贞今弋商不刈。（《合集》9560）

是指今在商地是否刈获。有时在刈之先卜是否"受年"：

> 丁亥卜，贞今菈（秋）受年。吉。刈。（《屯南》620）

"吉、刈"是"占辞"和"验辞"的简省形式。这是一片武乙时期甲骨,"吉"的前面省去了"王占曰"几字,武丁时期卜辞的占辞均作"王占曰:吉。"这样的形式。此条卜辞是占卜是否受年,得到吉兆而开始刈割。

甲骨文中有一"利"字,从禾从刀,刀割的部位皆在禾的近根处,如:

a. 𠛬 (《合集》7044、27146)
b. 𠛬 (《合集》7043)
c. 𠛬 (《合集》24506)
d. 𠛬 (《合集》28196、28195)

其 b 型字带有禾穗头;c 型字从手,像以手握住禾穗的头,再用刀割其秆;d 型字与 c 型字同,只是在禾秆的根旁加一"土"形符号,表示禾是生长在土里的。利字在甲骨文中多作名词用,但是以下几条卜辞中的"利"字则应为动词:

弗利(《合集》28863)
庚申卜,贞王勿利南麓。(《合集》27459)
衞长先利。(《合集》28063)
……至,呼其利,延……(《屯南》3823)

否定词"弗"、"勿"后皆接动词。① "其"是时间副词,表示将要发生的事件,其后亦接动词,"其利"的"利"是动词。"衞长"是人名,"先"时间副词,先后之意,"先利"的"利"也应是动词。所以上引诸辞中的"利"字,有可能是指农作收割言。"利"字后来的词义为吉利、顺利,其义应是由收割农作物的事由而来的。以锋利的刀割取禾穗,收割的速度加快,也就是农业民族中最为顺利、吉利之事。

十 脱粒

商代以前的人们储藏粮食的方式有两种:储藏穗头和脱粒储藏籽粒。

---

① 裘锡圭:《释"勿""发"》、《说"弜"》,载《古文字论集》,中华书局 1992 年版。张玉金:《甲骨文语法学》,学林出版社 2001 年版,第 40—50 页。

1978年在甘肃省东乡林家马家窑文化遗址内的 H19 和 H21 两个窖穴内，发现捆扎成束的粟穗，有秩序的堆放在一起，① 是直接储存穗头，待食用时再行脱粒；磁山遗址的大批窖藏粟粒，② 则是脱粒后入窖储藏。

商代有连秆收割的方式，连秆收割下来的禾稼则不可连秆收藏，必先脱粒。脱粒最原始的方法就是用手揉搓，用脚踏踩，用工具则用棍棒捶打。甲骨文有"驭釐"一词，釐字作 （《合集》29488）、 （《合集》27616）、 （《合集》26899）等形，董作宾谓其字左旁像麦形，并说其字的造字本意云：

> 釐字右旁之文，乃是持木枝，或有歧，或无歧，皆为用以打麦之物。釐之字，完全表现一种先民打麦时的形状，以"手执木条打麦"为像。麦下加又者，乃"以一手提麦根一手持条击之，使麦粒下落"，为像更肖。

但是，甲骨文的釐字只有进福、受佑义而无打麦之意，对此董作宾谓：

> 许多文字，到了商代已习用他假借的意义而失去原初造字之旨。

由打麦之行动，变为受福佑的釐，其间也有一定的关联，董先生云：

> 由打之使麦离秆而下，所以后世引申有分离、坼划之义，由收获即人民受天之佑而年占大有，所以有福佑之义。③

这种由棍棒击打禾穗，后世称为"连枷"，今日南方农村还有使用的。商时是否已发明了"连枷"这样的脱粒工具，还不敢肯定。

十一 储藏

我国古代储藏粮食分地上、地下两种。地下储粮情况已有学者进行过专

---

① 甘肃省文物工作队、宁夏回族自治州文化局、东乡族自治县文化馆：《东乡林家遗址发掘报告》，《考古学集刊》第 4 集，中国社会科学出版社 1984 年版。
② 佟伟华：《磁山遗址的原始农业遗存及相关问题》，《农业考古》1984 年第 1 期（总第 7 期）。
③ 董作宾：《释"驭髭"》，《安阳发掘报告》第 4 期（1936 年）。

门研究,新石器时代最著名的地下储粮遗迹是河北省磁山文化遗址,已发现有 88 个窖穴,据推算储粮达 13 万多斤。在洛阳曾发现唐代规模宏大的含嘉仓,是地下大窖,一窖可储粮 10 多万斤。[①] 在商代遗址中,往往发现大批窖穴,有的窖穴中发现有炭化的粮食,是商时也有用地下窖穴储粮的。《史记·殷本纪》载,商纣王"厚赋税以实鹿台之钱而盈钜桥之粟",《集解》引服虔云:"钜桥,仓名。"这个"仓"是指地下窖穴还是地上的仓廪,不得而知。甲骨文中有"西仓"(《屯南》3731),是商王室建在西部的仓廪。

地上储粮的建筑称为"廪",甲骨文字"仓廪"的"廪"字作:

⋂ (《合集》583 反)
⋂ (《合集》9639)
⋂ (《合集》5708 正)
⋂ (《合集》33236、33237)

其字像今日北方农村场院上装谷物的粮仓。仓廪所建地,主要在王都之南,甲骨文中常有称为"南廪"的卜辞,如:

贞勿省在南廪。(《合集》5708 正)
庚寅卜,贞惟束人令省在南廪。十二月。(《合集》9636、9637)
己酉卜,贞令吴省在南廪。十月。(《合集》9638)
己亥卜,贞惟竝省在南廪。(《合集》9639)
贞先省在南廪。(《合集》9641)
……南廪省。十月。(《合集》9642)

"南廪"不知是不是与上引《史记·殷本纪》中的"钜桥"仓有关,不得而知。

除王都附近的南廪外,在其他地区也设有仓廪,从卜辞可见到有以下一些地区设有仓廪:

王占曰:有祟,敾、光其有来艰。迄至六日戊午,允有[来艰],

---

① 余扶危、叶万松:《中国古代地下储粮之研究》,《农业考古》1982 年第 2 期(总第 4 期)、1983 年第 2 期(总第 6 期)。

有仆在叟，宰在……耨，亦（夜）焚廪三。十一月。（《合集》583反）

己亥卜，贞令多马亚、䑞、遣、㲋省陕廪，至于仓侯。从榀川、从垂侯。（《合集》5708正）

戊寅卜，方至不。之日又曰：方在崔廪。（《合集》20485）

"方"指敌对的方国，看来这次"方"占领了在崔地的仓廪。《合集》583反记载叔和光向王室报告说，仆和宰这两种人在叟地和另一地方耨草，趁黑夜焚烧了王室的三个仓廪，引起王室很大震动。

为确保仓廪安全，王室在仓廪所在地设有兵员守护，并常派人去巡察，上引《合集》9636、9637中的束人，就是指束地或束邑中的人。这种一般平民担负的是守护任务而不可能是视察工作。又如《屯南》180辞云："……以众省廪"，"以"字前残缺，"以"字意为"用""使"。"以"众省廪是用众（或使众）去省廪。众，这种人是商代社会中地位较为低下的一个群体，不会是派他们去巡视仓库，而只可能是充任守护者。当然也有可能"束人"和"众"是作为"省廪"者的护兵或卫队。不过仓廪都是设有重兵把守的，如《汉书·王莽传》载西汉末农民起义军过华阴，争夺京师仓，发生激烈战斗，农民军"数攻不下"，就是一例。

常被王室派出"省廪"的官员，除上引甲骨卜辞的多马亚、䑞、遣、㲋、吴、竝、先外，见于卜辞的还有禽、宁、鼓、马等人：

癸巳卜，令禽省廪。（《合集》33236）

惟宁、鼓令省廪。

惟竝令省廪。

惟马令省廪。（《屯南》539）

"惟"字使句中的宾词前置，起强调宾词的作用。从上引《合集》5708正的卜辞可见，这次被派去省陕廪官员有多马亚、䑞、遣、㲋等四位人物，视察时涉过榀川，经过垂侯地面方才到达仓廪所在的陕地，可见人众之多和仓库所设之地离王都路途之遥远，是商朝储粮于境内各地，而非只储于王都附近。当然，王都附近的"南廪"可能是王室最大、最为重要的一处仓廪。

第五节　农业劳动者

从甲骨文中反映出，商代的农业生产劳动者主要是被称为"众"或"众人"的这种身份的人，如卜辞云：

[王]大令众人曰：劦田，其受年。十一月。（《合集》1）

"劦田"是翻耕土地，这在前面已经讲述过了的。"众人"的从事农业劳动有以下四个特点：

1. 集体进行的

如上引卜辞言商王"大令"众人去"劦田"，既然是"大令"就不是命令少数几个人去耕作。又如：

戊寅卜，宾，贞王往致众黍于冈。（《合集》10）

商王亲自下令发送到冈地去种黍的众，当然不会是一两个人可知。

2. 从事劳动的地点不固定

上引《合集》10是商王派遣众到冈地去种黍，他辞言又派他们到绊方去"哀田"：

癸巳卜，宾，贞令众人取（趋）入绊方哀田。（《合集》6）

下面一辞是派众人到"先侯"国境内去"哀田"：

己酉卜，宾，贞供众人呼从叟叶王事。五月。
甲子卜，㽙，贞令叟哀田于[先侯]。（《合集》22）

《合集》22的两条卜辞是相关联的，前一辞讲"供众人"从叟去勤劳王事，后一辞令叟到先侯境内去哀田，叟是一贵族，亦即王朝一官员，他当是去领导哀田之事，而实施哀田劳动的是跟随他去的众人。

3. 劳动时是在专人管理下进行的

如卜辞：

> 贞惟小臣令众黍。一月。(《合集》12)
> [贞惟]小臣[令][众]黍。(《合集》13)

众人种黍的农活，是在小臣的命令下进行的。商王室对众人设立了专门的官吏管理：

> 贞惟吴呼小众人臣。(《合集》5597)

"小众人臣"是管理众人的"小臣"。"小臣"是商王朝诸多职官之一，这已从上引《合集》12辞中"小臣"的地位得到证明。

4. 劳动时有机会就逃跑

如卜辞（图3—23）：

> □□卜，贞众作耤不丧，[其丧]。(《合集》8)

"作耤"是翻耕土地。"丧"即丧亡，即是逃亡。又如：

> 甲子[卜]，□，贞衷。涉屯、众，不丧众。(《合集》22537)

此辞卜问要"衷田"而涉渡屯和众过河，众会不会趁机逃走。人身如此不得自由的"众（众人）"当是商王或贵族的附属民。

仆和宰也从事农业生产，但在甲骨文中迄今只一见：

图3—23 种田的众逃亡卜辞
（《合集》8）

> [癸巳卜]，争，[贞]旬[无]祸。(《合集》583 正)

> 王占曰：有祟，啟、光其有来艰。迄至六日戊午，允有［来艰］，有仆在**受**，宰在……耤，亦（夜）焚廩三。十一月。（《合集》583反）
>
> ［王占］曰：有祟，其有来艰。迄至六［日戊午，允有来艰，有仆］在**受**，宰［在……耤］，亦（夜）焚廩三。（《合集》584反＋584反甲）

"仆"是奴隶，他们大量被杀戮，如有一次在十天之内就杀死六百个仆：

> 癸丑卜，**㱿**，贞五百仆用。旬壬申又用仆百。三月。（《合集》559）

商代从事农业生产的还有"邑人"。商时的"邑"有规模大小之别，大的如王都，被称为"天邑商"，小的则是一个乡村聚落。卜辞中所见的十邑、二十邑、三十邑等用数字计的"邑"，就属于这样的乡村聚落。居住在这种聚落中的人，就是文献和甲骨文中所称的"邑人"。这种"邑"是原始社会时期"农村公社"的残留，是当时社会基层行政组织。有关"邑"和"邑人"的情况，我们在"土地制度"一章中已经作了考察，此不赘。邑人耕种着公社亦即国家的土地，以家为单位独立耕作，收获归己。有的研究者称这种制度为"公有私耕"，[①] 是合于当时实际状况的。邑人所耕种的土地，有可能还要实行定期的轮换。但是关于这一点，迄今只是推测，得不到任何文字材料证明。

第六节　农业管理

商王室对农业管理很重视。甲骨文中见到，商王朝不但设置有专门主管农业的职官，而且从商王到各级贵族、官吏都亲自参与农业管理活动，反映出王朝上下重视农业生产的气氛。

一　农官的设置

甲骨文中见有"耤臣"主管耕耤事务。

> 己亥卜，贞令吴小耤臣。（《合集》5603）

[①] 李根蟠等：《中国原始社会经济研究》，中国社会科学出版社1987年版，第377页。

"小耤臣"即主管耕作之事的"小臣"。作为职官的"小臣",其地位不低,像春秋时期齐国青铜器叔夷镈铭文中有云"伊小臣为辅","伊小臣"是指伊尹,他被称为"小臣"。伊尹是商朝开国之君成汤的辅助大臣,建国后身为宰相,位高权重的一位显赫人物而被称为"小臣",可见"小臣"在商代的地位不低。①"吴小耤臣"是吴担任"小耤臣"这一职官。吴是武丁时期一位地位显赫的贵族首领,他有自己的军队,称为"吴师"(《合集》5811),他率师征讨羌方(《合集》6630—6637)、下令镇压反叛王朝的贵族子画(《合集》6053)、捕捉逃奴(《合集》578)、经常从事"叶王事",即勤劳王室事务的活动(《合集》177、5458—5465),所以吴应是商王朝中央总管农业的农官。②为了农业收获物的安全,吴还亲自巡察仓廪:

己酉卜,贞令吴省在南廪。十月。(《合集》9638)
庚子卜,令吴省廪。(《合集》33237)
乙丑卜,令吴省廪。(《屯南》204)

上引三条卜辞中,后两条卜辞属武乙文丁时期,是吴这个家族至少从武丁时期起,就在王朝内担任掌管农业这一职务。甲骨文里还有"小刈臣":

……呼小刈臣(《乙编》2813)
……小刈臣(《乙编》5915)

"小刈臣"之职,裘锡圭认为是总管刈割之事的王官,性质与"小耤臣"相类。③收割还设有专官,可见商朝农官有详细的分工,明确的职掌。

甲骨文中还有一畯字(见《合集》5605—5610),惜皆为残辞,其字在辞中的词意不明。罗振玉释此字为畯,谓畯字"古今文皆从允,与卜辞

---

① 张永山:《殷契小臣辨证》,载胡厚宣主编《甲骨文与殷商史》第1辑,上海古籍出版社1983年版。
② 张秉权:《甲骨文与甲骨学》,台北编译馆1988年版,第46页。
③ 裘锡圭:《甲骨文中所见的商代农业》,《古文字论集》,中华书局1992年版。

合"。①《说文》及《尔雅》皆谓畯为"农夫",晋人郭璞注称"农夫即今之啬夫"。清人郝懿行疏谓:"《尔雅》之农夫,则谓农官耳。"《诗经》中有"田畯"一语,《豳风·七月》"田畯至喜",毛传说:"田畯,田大夫也。"西周时期的田畯是主管农业的职官,甲骨文中"畯"即"田畯"也当是一农官。

二　商王亲自参与农业各环节的管理活动

商王参与农业管理活动表现在以下几方面:

(1) 商王以最高统治者的身份,发出一系列有关农业生产的指令:

> 王令衷田于京。(《合集》33209)
> 王令多尹衷田于西,受禾。(《合集》33209)
> 王令多[尹入]绊方衷田。(《合集》33213)
> 王大令众人曰:叠田,其受年。十一月。(《合集》1)
> 王呼黍在姐,受有[年]。(《合集》9517)

"王令""王呼"是商王下令臣下或民众去从事某一项农事。

(2) 商王直接参与指挥某一项农业生产,如卜辞:

> 王往致众黍于冈。(《合集》10)
> 王其萑糌,惟往。十二月。(《合集》9500)
> 王其黍。(《合集》9516)
> 甲午卜王禾。(《合集》19804)
> 王立(莅)秋。(《合集》9520)
> 王勿往省黍。(《合集》9612)
> 王往立(莅)刈稼于……(《合集》9558)
> 惟王刈稼。(《合集》9559)
> 惟王叙南冈黍。(《合集》9547)

上引甲骨卜辞皆言"王"如何如何,乃是商王直接参与农业生产的管理活动。

---

① 罗振玉:增定《殷虚书契考释》,东方学会石印本1927年版,第12页下。

《尚书·无逸》载，商王武丁"旧劳于外，爰暨小人"，祖甲"旧为小人"，他们知道民众疾苦，即位后"爰知小人之依，能惠保于庶民"。确实，从甲骨卜辞可以看到，在武丁祖甲时期的卜辞中，有不少"王"参与农业指挥的活动，使他们知道"稼穑之艰难"。但在祖甲以后的商王，仍然在参与农业管理、关注农业生产。如康丁时卜辞有：

王惟田省。(《合集》27026)
王其观。
弜观秉。(《合集》28201)

"田省"即省田，"省田"是视察农田的一项活动。康丁时期卜辞中，还有相当数量的"求年"、"求禾"的占卜（见《合集》28423—28296）。武乙、文丁时期卜辞如：

癸亥，贞王令多尹衷田于西，受禾。
乙丑，贞王令衷田于京。(《合集》33209)
己巳王……刚衷田。(《合集》32210)
王令……衷田［于］龙。(《合集》33212)
王令多［尹入］绊方衷田。(《合集》33213)
戊寅，贞王秋（《合集》32212)
戊寅，贞惟王秋（《合集》33224)
王其秋。
王弜秋。(《合集》33225)

在帝乙帝辛时期的卜辞中，有关农业生产方面的内容确实较少，但是也还是有"王"关注农业的卜辞，如有王"甾秋"的卜辞（《合集》36982）；有向神灵"求年"的卜辞（《合集》36981）；有卜问商王畿内及其周边四土是否"受年"的卜辞（《合集》36975—36980）。可见祖甲以后诸王，并非如周公所说，皆是"不知稼穑之艰难，不闻小人之劳作"（《尚书·无逸》）的昏庸之君。

（3）随时派遣官吏或贵族参与某项农事的管理。商王室除专设农官管理农业生产事务外，根据需要还随时派遣其他官吏或贵族参与某项农事的管理活动，如前举《作册羽鼎》的"王令寝农省北田四品"，即商王派掌王室宫寝的官，去执行巡视北方土地的任务。在甲骨文中如派贵族禽去"省田"：

贞勿呼禽省田。（《合集》10546）

禽是商王室一重要贵族人物，担任王朝要职。甲骨文中"省田"的卜辞相当多，粗略统计有187版，238条卜辞，可见商王室对耕地选择、土地管理的重视。

在农业生产的各个环节中，商王都要派官吏去进行督促、领导，如垦荒起土之时节：

令禽衷田于京。（《合集》9473）
令永衷田于盖。（《合集》9476）
王令刚衷田于魁。（《屯南》499）
呼甫耤于姷受年。（《合集》13505）
呼雷耤于明。（《合集》14）
告攸侯耤。（《合集》9511）
呼魏耤。（《合集》9508）

禽、永、刚、甫、雷、攸侯、魏皆是人名，他们既是贵族，也是王室的官吏。他们不一定具体担任掌管农业方面的官职，但却从事农业管理事务。又如施肥的时节：

贞令凡屎有田。（《合集》9576）
丙申卜，争，贞令後屎有田，受年。（《合集》9575）
令般屎有卫。（《英藏》1995）

"屎"前一字皆是人名，亦即贵族官吏，上引卜辞是他们参与田间施肥的管理事务。参与播种管理的人物如：

呼妇姘往黍。（《合集》9533）
呼甫秅于姷，受有年。（《合集》13505）

"妇妌"是商王武丁的正配王后,她也参与农事管理。在农作物生长的各个环节,都要派王室要员去管理,如卜辞有"观穱"、"省黍":

  观穱乃……(《合集》9590)
  贞王勿往省黍。(《合集》9612)

观穱、省黍是观察、省视穱黍的长势。农作物的生长状况,地方官吏还要向王室报告,甲骨文中的"告麦"的卜辞,就是这一程序的记录,如:

  [己]亥卜,宾,贞翌庚子有告麦。允有告麦。
  庚子卜,宾,贞翌辛丑有告麦。(《合集》9620)
  翌己酉勿其告麦。
  己酉卜,宾,翌庚有告麦。(《合集》9621)

对"告麦"的含义,诸家解释各不相同,以胡厚宣说近是,他说"麦乃稀贵之品,故产麦乃来告于殷王也"①。其实,"告麦"与上引卜辞中的"观穱"、"省黍"活动是一样的性质,是各地官吏向中央报告麦苗或麦子的生长情况。地方政府要向中央报告农作物生长情况,在古代中国是一重要制度。《云梦秦简·田律》中有一条法律规定,地方官吏要向中央报告禾稼情况:

  雨为澍(澍),及诱(秀)粟,辄以书言澍(澍)稼,诱(秀)粟及垦(垦)田畼毋(无)稼者顷数……旱(旱)及暴风雨、水潦、螽(螽)蚰、群它物伤稼者,亦辄言其顷数。近县令轻足行其书,远县令邮行之。尽八月□□之。

澍(澍),即时雨。"以书言"是以文书的形式向中央报告。"轻足"是走得快的人,"邮行"是通过邮路送达。"尽八月"是时间限制到八月底。这是战国时期秦国的制度。商代甲骨文中的"告麦"当与此相类。农作物成熟时,

---

  ① 胡厚宣:《卜辞中所见之殷代农业》,《甲骨学商史论丛二集》上册,成都齐鲁大学国学研究所专刊1945年版,第89页下。

要进行评估,甲骨文中称为"品",如:

  今秋品禾,九……(《合集》9615)

"品"即品评,视其好坏,定其等差。农作物成熟收割时,王室除设有专主其事的"小刈臣"外,还派他臣督促,如:

  甲子卜弜刈秌。(《合集》9563)
  辛未卜,贞咸刈来。(《合集》9565)

弜、咸皆人名,是王朝派他们去督促收割之事。

  从殷墟出土的甲骨卜辞看到,在商代(主要是殷墟时期)除设立专门职官掌管农事外,从最高统治者商王到中央、地方各级官吏,都参与农业生产的管理活动。一个朝代的最高统治者——帝王本人,如此频繁地从事农业管理活动,在我国历史上勤如商代的王们可称是绝无仅有的。王室对农业生产十分地重视,一方面因为农业是商代的主要经济部门,是赖以立国的基础;另一个重要的原因是商时气候变化大,旱涝时至,灾害频仍。为了应对不利于农业生产的自然灾害,保障王朝能生存下去,必须举朝上下关注农业。

  由于王朝上下一致重视农业生产,商代的农业生产技术获得大发展,故农业收成不薄,为商代文明的繁荣提供了坚实的物质保障。

第四章

成为独立经济部门的畜牧业

畜牧业是商代社会经济中的一个重要部门。在殷墟出土的甲骨文中，记载了商王及其臣僚、贵族们，大量使用畜产品进行祭神活动。他们动辄用牛、羊、豕等数十、数百，甚至上千头。若无发达的畜牧业，这样大量用牲畜祭神是不可能的。甲骨文中的记载情况，在商代遗存的地下考古发掘中也得到印证，如在河南偃师商城发掘的早期祭祀遗址内，就发现用大量的猪、牛、羊祭祀的遗存。据报道，用猪达 300 头以上。[①]

商代的畜牧业，不但牲畜种类齐全，而且还有一套独特的科学技术和生产管理方式。这些技术成就，生产管理经验，是我国古代劳动人民的伟大创造，是对人类历史的贡献。

第一节 畜牧业在商代社会经济中的地位

畜牧业是商人的传统经济行业。他们经营此业有悠久的历史和丰富的经验。有关畜牧经济中的一些重要创制都与他们有关，特别是商王朝建国后，畜牧业获得更大发展，成为社会中的一个独立经济部门。畜牧业的发达还推动了手工业的发展，从而为商代社会的繁荣提供了物质保障。

一 悠久的畜牧业传统

商族的祖先，以畜牧业著称于当世。《管子·轻重戊》载："殷人之王，

---

① 王学荣、杜金鹏等：《偃师商城发掘商代早期祭祀遗址》，《中国文物报》2001 年 8 月 5 日。中国社会科学院考古研究所：《河南偃师商城商代早期王室祭祀遗址》，《考古》2002 年第 7 期。

立皂牢，服牛马，以为民利而无下化之"，"皂牢"即槽牢，养马牛的食槽和牢圈。契的五世孙名曹圉，曹当即槽，圉，一般释为马厩或养马之人，如《左传》昭公七年"马有圉"，杜预注云"养马曰圉"，《说文》圉字下云"一曰圉人，掌马者"。其实，凡是用牢圈饲养牲畜的设施及行为，都可以称作"圉"，如《文选·东京赋》"圉林氏之驺虞，扰泽马与腾黄"，薛综注"圉，牢养也。林氏，山名也。驺虞，义兽也。（李）善曰：《山海经》曰'林氏有珎兽，大若虎，五采毕具，尾长于身，其名驺吾'。"因而曹圉名当与以槽牢从事养牲畜有关，不一定是专指养马言。曹圉所处的时代为夏朝，说明商族人此时就在畜牧饲养业方面有了一定的发展。商人的另一位祖先王亥，据传他曾发明了牛拉车的技术。《世本·作篇》云，"胲作服牛"。胲，王国维考证即亥，即甲骨文中的王亥。① 服牛，宋衷注《世本》云"能驾车"，又云"始驾牛"。王亥曾赶着畜群到有易部落去放牧，结果丧了命，从而引发一场战争，此事在《周易》（大壮旅卦）、《楚辞·天何》、《山海经·大荒东经》等书中都有记载。

在成汤攻伐夏桀的战争中，畜品曾作为他戈矛士卒的补充，成汤用它们去结交、拉拢夏桀诸侯的手段，《越绝书·吴内传》载：

> 汤献牛荆之伯。荆之伯者，荆州之君也。汤行仁义，敬鬼神，天下皆一心归之。当是时，荆伯未从也，汤于是乃献饰牺牛以事。荆伯方媿（愧）然曰：失事圣人礼。乃委其诚心。此谓汤献牛荆之伯也。

汤对他的近邻葛伯，也是使用的这一手。《孟子·滕文公下》篇载：

> 汤居亳，与葛为邻，葛伯放而不祀。汤使人问之曰："何为不祀？"曰："无以供牺牲也。"汤使遗之牛羊，葛伯食之，又不以祀。

汤本想以此拉夏朝诸侯葛伯，葛伯却不买他的账，后来汤就借口葛伯不祭祀祖先，终于将其灭掉。此即所谓"汤始征，自葛载"，载即开始。收买不成，则继之以大军。在建国以前，汤就能以大批牛羊馈赠他国，当是其本国有发

---

① 王国维：《殷卜辞中所见先公先王考》，《殷卜辞中所见先公先王考续考》，见《观堂集林》卷九，中华书局1959年版。

达的畜牧业。

二 建国后畜牧业的发展

成汤灭夏建立商王朝后，畜牧经济得到进一步的发展。在对商代遗址的考古发掘中，出土了大量的家畜骨骼。如在商代早期的偃师商城内，就发现用于祭祀的猪达 300 多头以及水牛、黄牛、羊、兔等家畜。[①] 在商代中期的郑州商城内，已发掘出不少牛、羊、猪、犬的骨骼，尤其以牛、犬、猪为多，仅在郑州商城东北角的一条深沟中，埋犬之坑就达 8 个，用犬 90 多只，最多的一个坑内埋犬 23 只。[②] 在二里岗遗址中出土骨碎片 12802 块，探沟中出骨料 20116 块，据观察，一般以猪骨最多，牛、羊骨次之，还有少量的马、犬骨[③]。在紫荆山北的商代二里岗下层二期制造骨器的作坊遗址内，作为制骨器的原料有牛、猪、羊、鹿的肢骨。[④]

在商代晚期的安阳殷墟遗址中，用马、牛、羊、豕、犬随葬、祭祀更为普遍。专门用作祭祀的牲畜坑，在遗址内有多处发现，如 20 世纪 30 年代，在西北岗王陵区的东区发现埋马坑共有 20 座，各坑埋马数不同，少者埋 1 匹，最多埋 37 匹，共埋马 71 匹[⑤]。1987 年在武官村北地商代祭祀场内，发现 30 个埋马的祭坑，每坑埋马少者 1 匹，多者达 8 匹，共埋马 117 匹。马身上皆无饰物。据探测，附近还有类似的祭祀坑 80 个，亦皆多埋马为祭。若以已发掘的 30 坑平均每坑 3—4 匹马计，埋马当有 240—320 匹之多。[⑥]

商人以牲畜的骨、角制作工具及生活用器。在白家坟曾发现一坑中埋牛

[①] 王学荣、杜金鹏等：《偃师商城发掘商代早期祭祀遗址》，《中国文物报》2001 年 8 月 5 日；中国社会科学院考古研究所：《河南偃师商城商代早期王室祭祀遗址》，《考古》2002 年第 7 期。

[②] 河南省博物馆、郑州市博物馆：《郑州商代城址发掘报告》，《文物资料丛刊》第 1 辑，文物出版社 1977 年版。

[③] 河南省文化局文物工作队：《郑州二里岗》，科学出版社 1959 年版，第 35 页。

[④] 河南省文物考古研究所编著：《郑州商城：1953—1985 年考古发掘报告》，文物出版社 2001 年版，第 483 页。

[⑤] 胡厚宣：《殷墟发掘》，学习生活出版社 1955 年版，第 82 页；杨宝成：《殷墟文化研究》，武汉大学出版社 2002 年版，第 100 页。

[⑥] 中国社会科学院考古研究所安阳工作队：《安阳武官村北地商代祭祀坑的发掘》，《考古》1987 年第 12 期。

角，共有 40 余只，最长的有 40 余厘米，短的也有 20 厘米以上，① 每牛 2 只角，这堆牛角就有牛 20 多头。在大司空村、北辛庄等地，都设有制造骨器的作坊，其中有半成品和骨料。在大司空村的一处制骨作坊内，发现有骨料 35000 多块，角料 200 多块。在北辛庄的一处制骨作坊中，发现骨料 5000 块。能辨出动物种类的有马、牛、羊、猪、犬、鹿等。②

在殷墟出土的甲骨文中，记载商人用以祭神的牺牲牛、羊、猪、犬等，少则一头、数头、十数头，多则数十、数百甚至上千头的，如：

丁巳卜，争，贞降酉千牛。
不其降酉千牛千人。（《合集》1027 正、《缀合》301）（图 4—1）

图 4—1　用千头牛祭祀的甲骨
（《合集》1027 正，局部）

这是卜问准备用一千头牛、一千个奴隶祭祀。商人用牲，常是多种牲畜共用以祭祀，如：

---

① 中国社会科学院考古研究所：《殷墟发掘报告（1958—1961）》，文物出版社 1987 年版，第 115 页。

② 同上书，第 82—83 页。

　　　　□□卜，争，贞燎㘱百羊百牛百豕五十䝅。(《合集》40507)

"豕"字表示是被阉割的公猪，"䝅"是小猪。这次用牲牛、羊各100头，公猪100头，小猪50头，共计350头，其数亦相当庞大。甲骨文中用牲常以牢记，其数亦可观，如：

　　　　……兄丁延三百牢，雨。衣宗□。(《合集》22274)

关于牢的牲数，古文献中有大牢、少牢（小牢）之分，朱骏声《说文通训定声》牢字下云：

　　　　《周礼·大行人》：礼九牢，注：三牲备为一牢。《吕览》仲夏以太牢祀于高禖。注：三牲具曰太牢。《仪礼目录》：羊豕曰少牢。

所谓三牲，是指牛、羊、豕各一。甲骨文中的牢字，有从牛与从羊之别，有的学者认为从牛者为文献中的大牢，从羊者为文献中的少牢。但甲骨文中有连用牛、羊、豕三牲若干（如上举《合集》40507）而不言牢若干的，也有言用羊、豕若干而不言从羊作之牢的。可见三牲、二牲说皆不合于商人实际。胡厚宣从大量的甲骨材料研究出发，得出甲骨文中从牛的牢是一对牝牡牛，从羊的牢是一对牝牡羊，此即文献中的"大牢"、"少牢"，[①] 此说当是。上引《合集》22274祭祀兄丁用"三百牢"，即用600头牛。试想，一次宰杀600头牛，其规模，其场面，是何等的壮观！商人祭祀，一次成百上千地宰杀牲畜，没有发达的畜牧业为基础，当是不可能的。

　　周人在伐商前，周公曾向周武王献伐商策略，其中有一项是"三虞"，即：一、边不侵内；二、道不驱牧；三、郊不留人（《逸周书·酆谋解》），孔晁注云："虞，乐也。设此三禁，所以悦民。""悦"民，即是取悦于商民，目的是使商朝的人民满意。这"三虞"中的第二是"道不驱牧"，就是禁止在进军途中捕捉商人放牧的牛羊。可见商人放牧牛羊比较普遍，它已成为人民生计的主要来源。《礼记·曲礼上》说，"问庶人以富，数畜以对"。畜产是民众财富的标志，故周公有此禁令。

---

　　① 胡厚宣：《释牢》，《中央研究院历史语言所集刊》第8本第2分册。

三 畜牧业是商代一独立经济部门

畜牧业在商代已成为一个独立经济部门，其标志是它已作为当时人们食物的主要来源之一。这从甲骨文中，商人向其祖先献祭时所用的食品种类中可得到印证。从已发现的十余万片甲骨中考察，作为食品献祭祖先、神灵的有三类：

1. 粮食制品

如粟、秫、黍等，如：

> 丙子卜，其登秫于宗。（《合集》30306）
> 甲午卜，登秫于高祖乙。（《合集》32459、《粹》166）

"登秫"就是以秫献祭神灵，这些"秫"当然是给祖先及诸神们果腹的。

2. 酒、鬯等饮料

商人祭神的饮料有酒、鬯、豊（醴）等，皆是酒类。此类卜辞甚多，不烦列举。

3. 畜产品

最常见且最多的是牛、羊、猪、犬等牲畜。这样的例子太多，不胜枚举。牛、羊、猪等牲品是作为食物供神食用的，在考古发掘中，已得其确证。在商代的墓葬中，常发现有牲品放置于食器之内，如在殷墟苗圃北地发现的墓群中有这样的现象：

> 以牛头、羊腿或其他兽肢随葬的有十四座墓。少的用羊腿（或羊的其他部分）一只或其他兽肢一块，一般的用兽肢数块，较多的用羊头一，羊腿二，牛腿一；最多的用羊头六，牛头一，羊腿二，牛腿三。羊腿骨或其他兽肢骨多数放在陶器皿内（如盘、豆、簋、鬲），少数的单独放在二层台上。小屯西地 G—233 的牛、羊头系分散放置……羊腿则放在漆盘内。由此可知漆盘在当时是盛食用的。[①]

---

① 中国社会科学院考古研究所：《殷墟发掘报告（1958—1961）》，文物出版社 1987 年版，第 213 页。

盘、豆、簋、鬲皆是食器，表明这些殉牲是供死者食用的。可知在甲骨文中出现的大量牲畜献祭，也是供祖先的神灵食用的。在甲骨文中作为食品献祭的三种中，是以畜产品为主而粮食类比较少。向神灵献祭的物品，应是以现实生活中人们的实际需要为依据的。甲骨文中献祭祖先的食物构成，是商代人们（主要是奴隶主贵族们）食物结构的反映。以牛、羊、猪等牲品为主的献祭，反映商代的贵族阶层中，畜类食品占有重要地位。所以商人畜养牲畜，主要目的是获得肉食产品。以生产食品为主要目的的养畜业，就是构成这个社会中的独立经济部门。

第二节　家畜、家禽的种类

家畜、家禽是人们对野生动物驯化的结果。野生动物的驯化是畜牧业的基础，野生动物被驯化品种的多少，是畜牧业发展程度的重要标志。从殷墟甲骨文、考古发现和古文献的记载，我们可以确知，后世畜牧经济的牲畜品种，在商代都已具备。下面我们分畜、禽两类予以考察。

一　家畜的品种

商代家畜品种，从已有材料分析，主要有以下一些：

（一）马

马在我国被驯养，有报道说大约在新石器时代晚期。在山东省历城县城子崖的龙山文化层里，发现马骨，在各种动物骨骼中仅次于猪而居第二位，据研究，马骨是被驯养的家马。[①] 龙山文化的年代距今约4500年。据河南省文化局文物工作队编著的《郑州二里岗》一书报道，在二里岗遗址内出土的骨料中有少量的马骨。[②] 然而，在迄今的偃师商城考古发掘报道中，以及河南省考古研究所编著的《郑州商城：1953—1985年考古发掘报告》（2001年出版）一书中，都未见有关马骨被发现的任何报道，所以中国社会科学院考古研究所研究员袁靖、安家瑗认为：马最早起源于乌克兰，距今约6000年，

---

① 梁思永等：《城子崖》，《中研院史语所集刊》1934年，第91页。
② 河南省文化局文物工作队：《郑州二里岗》，科学出版社1959年版，第35页。

中国黄河中下游地区的家马很可能起源于商代晚期。① 有关马的起源地和中国何时有家马的问题，古生物学家和考古学家们还将继续讨论下去。但是在商代的安阳殷墟时期，商人已经用马驾车，甚至作为骑乘以代步，看来似乎不是刚引进家马时所具有的水平。

用马驾车的实物均发现于商代晚期的遗址中。在河南省安阳殷墟、山东省益都苏埠屯、滕县前掌大、陕西省西安老牛坡等地的商代晚期遗址中，都曾发现有车马遗物。在安阳殷墟范围内，自1928年开始发掘以来，共发现车马坑31座。② 一般用两马，也有四马拉一车的，有作为代步的乘车，也有战车。像1936年春在小屯东北地的宫殿乙七基址南，发现5座车马坑，皆南北向，作"品"字形排列，呈战斗队列状。保存较好的M20内埋车1辆，马4匹和3个人。车舆的内外，有3套作战用的兵器：铜戈、镞、弓形器、兽头刀、石戈、石镞、砺石以及两条玉制的马鞭柄即"策"。③ 这是一辆由四马驾的战车。在西安老牛坡商代遗址中发现的一座车马坑，埋1车2马，马在车舆前，④ 是两马拉一车。

马坑在安阳殷墟范围的商代遗址中亦有不少发现，除前面已提及用于祭祀的埋马坑外，有的马坑往往与人同埋。在安阳殷墟的一个马坑内，埋1马、1人和1只狗，似为一位骑马的猎人。1987年在安阳郭家庄发现一马坑（M51），内埋2马和一个10岁左右的少年。马头上有铜泡等饰物，有马镳。⑤ 这种人马合埋，其人是养马者或是赶马者。甲骨文中有以马驾车打猎的，如：

癸巳卜，㱿，贞旬亡祸。王占曰：乃兹亦有祟。若偁，甲午王往逐

---

① 袁靖、安家瑗：《中国动物考古学研究的两个问题》，《中国文物报》1997年4月27日。又见《中国考古》网站所发布的《考古学家袁靖》。韩东：《也谈家马的起源及其他》，《中国文物报》1999年6月23日。美国学者夏含夷认为商代的马车是约在公元前1200年前后从西北的中亚地区传入中国境内的。见《温故知新——商周文化史管见》，稻禾出版社1997年版，第49—88页。

② 杨宝成：《殷墟文化研究》，武汉大学出版社2002年版，第126页。该书中杨氏力主马和马车起源于中国本土。

③ 石璋如：《殷虚最近之重要发现，附论小屯地层》，《中国考古学报》第2册，1947年。

④ 宋新潮：《西安老牛坡遗址发掘的重要收获》，《西北大学学报》1987年第1期。

⑤ 中国社会科学院考古研究所安阳工作队：《安阳郭家庄西南的殷代车马坑》，《考古》1988年第10期。

兕，小臣叶车，马硪骅王车，子央亦堕。(《合集》10405、《菁》1·10、《通》735)(图4—2)

这是商王武丁出行打猎，在追逐兕牛的途中，小臣叶驾的车马出了毛病，撞了商王乘的车子，乘在王车上的子央也从车上摔了下来。辞中还有商王训练马匹的内容：

王弜学马无疾。(《合集》13705)

学马即训练、调教马匹，使之习于驾车。战国时吴起曾说，参加战争的马匹必须使其"习其驰逐，闲其进止，人马相亲，然后可使"(《吴子·治兵》)。

商代马的品种优良，体形高大。1953年在安阳大司空村M175号车马坑中出土有一车两马，据保存较好的马骨推测，此两马高145厘米。① 1972年在殷墟孝民屯M7发现的车马坑中，两匹马的前肩高度实测为140—150厘米。② 这与目前国外的良种马一般高150—160厘米上下的体态差不多，而优于我国现在的一般马。我国现在的各种马，高多在130厘米上下，如蒙古马平均体高为120—135厘米，河曲马平均体高为126—140厘米，西南马（或称川马）为105—131厘米，三河马（内蒙、东北一带产）的公马平均146.2厘米，母马141.1厘米，伊犁马为136厘米。③ 商代的马体高达140厘米以上，在今日视之，也算得上良种。

图4—2 驾马车打猎的甲骨
(《合集》10405)

(二) 牛

牛的饲养在我国比较早。在山东省滕县北辛仰韶文化早期和宝鸡北首岭的仰韶文化中，都发现有黄牛的骨骼，据推测，有可能是家养的。在大汶口文化的大汶口遗址和王因遗址中，都发现有作为家畜的黄牛和水牛骨。我国

---

① 谢成侠：《中国养马史》，科学出版社1959年版，第33页。
② 杨宝成：《殷代车子的发现与复原》，《考古》1984年第6期。
③ 谢成侠：《中国养马史》，科学出版社1959年版，第33、272—279页。

南方距今 7000 多年的河姆渡文化中，就已经养畜了水牛。在我国新石器时代的黄河流域，既养水牛，也饲养黄牛。① 商代早期的偃师商城，已发现有用水牛和黄牛祭祀②，是商人从建国时期起就养殖水牛和黄牛。

商代养牛的规模相当大，在甲骨文中祭祀用牛常成百上千，在此略举几例：

丁巳卜，争，贞其降酓千牛。（《合集》1027 正）

乙亥［卜］，内，酓大［乙］五百牛，伐百。（《合集》39531、《英藏》1240）

登大甲牛三百。（《怀特》904）

……黄尹百牛。（《合集》3498）

……兄丁延三百牢。（《合集》22274）

一牢是两头牛，三百牢是六百头牛。一次祭祀用牛成百上千，必有发达的畜牧业和大批牛群才有可能。商代统治者还用牛作为赏赐品，见于1956 年陕西长安县沣西大原村出土的商晚期青铜器子黄（7 名乙卯）尊的铭文（图4—3）：

图 4—3　子黄尊铭
（《集成》6000）

---

① 中国社会科学院考古研究所：《新中国的考古发现和研究》，文物出版社 1984 年版，第 194—198 页。

② 王学荣、杜金鹏等：《偃师商城发掘商代早期祭祀遗址》，《中国文物报》2001 年 8 月 5 日。中国社会科学院考古研究所：《河南偃师商城商代早期王室祭祀遗址》，《考古》2002 年第 7 期。

乙卯子见在
大室伯□□
一琅九屮（又）百
牢王赏子黄瓒一贝百朋子
光赏姒员用作己□□
冀（《集成》6000）

"一"前的两字漫漶不清，"琅"是一种玉器名，第三行的"一琅九屮（又）百牢"的句读，应读为"一琅，九屮（又）百牢"还是读作"一，琅九，屮（又）百牢"。后一读法是"百牢"，前一读法则是九百牢。一次赏赐九百牢其量太大，应属不可能。伯字后缺两字，当可补"赐□"，赐后缺字是所赐的物品名，此铭文可补读如下：

乙卯，子见在
大室，伯［赐］□
一、琅九屮（又）百
牢。王赏子黄瓒一、贝百朋，子
光赏，姒员用作己□□

"琅九屮（又）百牢"是九只琅，再加一百牢。一次赏赐一百牢，其数亦甚巨。伯和王的赏赐品，都是从商朝国库里支出的。

商代牛的种类分水牛和黄牛。前已指出，在商代早期的偃师商城已发现商人用水牛和黄牛祭祀。1948年杨钟健、刘东生曾对安阳殷墟出土的哺乳动物骨骼进行鉴定，其中圣水牛的骨骼数达千件以上。二位先生认为，鉴定的骨骼"在100以上者，均为易于驯养或捕获之动物。此等动物，无疑的是为当时猎捕或饲养之对象"，并云，"而水牛之多，殆为气候与现在不尽相同之明证"①。在商代遗址和墓葬内所出铜器纹饰中的牛纹，也多是带节而弯曲度较大的水牛角②。（图4—4）以水牛头作为铜器纹样，是因为商人很熟悉

---

① 杨钟健、刘东生：《安阳殷墟之哺乳动物群补遗》，《中国考古学报》第4册（1949年）。
② 参见中国社会科学院考古研究所《殷墟青铜器》，文物出版社1985年版，附图38：4.39：6.41：2等。

水牛。

甲骨文中有幽牛、勿牛，胡厚宣先生谓"勿牛者，即鷖黑之牛，即今长江流域以南最普通之水牛也"①。甲骨文中有一次祭祀示壬的配偶妣庚就用"勿牛七十"头（《合集》938 正）。还有一次"求年"用 110 头勿牛（《合集》10116）。甲骨文中有直言黑牛的：

  乙亥夕岁祖乙黑牝，子祝。
  乙亥夕岁祖乙黑牝一，子祝。
（《花东》H3：224）
  己酉夕翌日召岁妣庚黑牡一，庚戌酒牝一。（《花东》H3：1406②）

图 4—4　妇好墓铜罍上的水牛角纹
（《殷墟青铜器》图三九：6）

黑牡、黑牝，即黑色的公牛和母牛。甲骨文中也有黄牛之称，如：

  惟幽牛又黄牛。（《合集》14951 正、《乙》7120）
  乙卯其黄牛正，王受有祐（《合集》36350）
  贞燎东西南卯黄牛。（《合集》14315）

黄牛即今北方常见的黄牛。前述杨钟健、刘东生的鉴定中，除圣水牛外，还有一种仅称为"牛"的骨骼，其数量亦在 100 头以上。按杨、刘二氏的意见，这种易于捕获和驯养的牛，当是黄牛。在中国社会科学院考古研究所安阳工作站的陈列室内，有一具完整的牛骨架，此牛之角生在靠前额，是黄牛的特征。

甲骨文中还卜问用白牛的，如：

---

① 胡厚宣：《卜辞中所见之殷代农业》，《甲骨学商史论丛二集》上册，齐鲁大学国学研究所专刊 1945 年版。

② 见刘一曼、曹定云《殷墟花园庄东地甲骨卜辞选释与初步研究》，《考古学报》1999 年第 3 期。

乙丑其侑升岁于祖乙白牡三。(《合集》22904)

白牛惟二，有正。

白牛惟三，有正。

白牛惟九，有正。(《合集》29504)

"白牡三"即白色的公牛三只。白色牛少见，甲骨文中以此种颜色的牛作为祭祖的牺牲也很少见。

商人养牛，除食其肉（用于祭祀也是供神灵食用的）外，还用以拉车。《世本·作篇》云"胲作服牛"，胲，王国维考证即亥，即甲骨文中的王亥。[1] 服牛，宋衷注《世本》云"能驾车"，又云"始驾牛"。牛车的遗迹在河南偃师商城和郑州商城遗址内都还没有发现，但在安阳殷墟出土的甲骨文中有一从牛从系从囗的字，作 、 等形，宋镇豪释作"牵"字，认为"甲骨文牵字就是牛车"。[2] 甲骨文中所见"牵"的计数都很大，有50 牵、90 牵、150 牵等数（见《合集》34674、34675、34677）。牛拉车的遗迹在安阳殷墟可能已有发现，1977 年冬在王陵区的东南部钻探时，发现祭祀坑120 座，有埋人和动物的坑，在 M19 内埋牛骨架 2 具，头南尾北，面相对，颈部各系一铜铃，考古学家认为"这两头牛生前可能是被用于驾车的"[3]。

（三）羊

羊之成为家畜，大致在仰韶文化及龙山文化时期。在仰韶文化早期的一些遗址中，零星地发现羊骨或陶塑羊，古生物学者认为皆不能断定其是否为家畜。在北方黄河流域，家羊骨骼发现于三门峡庙底沟二期文化中。[4] 庙底沟二期文化属龙山文化，经碳14 测定年代为公元前2780 年。[5] 可见我国家

---

[1] 王国维：《殷卜辞中所见先公先王考》，《殷卜辞中所见先公先王续考》，见《观堂集林》卷九，中华书局1959 版。

[2] 宋镇豪：《甲骨文牵字说》，载胡厚宣主编《甲骨文与殷商史》第 2 辑，上海古籍出版社1986 年版，第74 页。

[3] 杨宝成：《殷墟文化研究》，武汉大学出版社2002 年版，第102 页。

[4] 中国社会科学院考古研究所：《新中国的考古发现和研究》，文物出版社1984 年版，第194—199 页。

[5] 中国社会科学院考古研究所：《中国考古学中碳14 年代数据集》，文物出版社1983 年版，第72 页。

养羊已有4700多年的历史。龙山文化时期，养羊业应比较普遍。商族的祖先有着悠久的养羊业史，《周易·大壮》六五"丧牛于易"，《旅》上九"丧牛于易"，皆指王亥事。顾颉刚说"王亥在丧羊时，尚无大损，直到丧牛时才碰到危险"①。是王亥到有易放牧时，牛羊是分开放牧的，故先丧失羊群而后丧失牛群。

商人建国后，继续发展传统的养羊业，在建国早期的偃师商城就已发现用羊祭祀的遗存，在郑州商代二里岗时期和安阳殷墟时期的遗址内，羊的骨骼都有大量的发现。商代的羊有绵羊和山羊两个品种。绵羊，古生物学家称为殷羊，在殷墟出土的动物骨骼中，杨钟健、刘东生二氏的鉴定是殷羊骨骼在100以上，山羊骨骼在10以下。②在殷墟妇好墓中出土两件圆雕玉羊头，皆卷角，是绵羊。③（图4—5）山羊骨骼之少，可能有采集品的偶然性在其中，不一定反映出真实。

图 4—5 妇好墓出土的玉雕绵羊

（《殷虚妇好墓》图版一三五：3）

---

① 顾颉刚：《周易卦爻辞中的故事》，《燕京学报》第6册，1929年。
② 杨钟健、刘东生：《安阳殷墟之哺乳动物群补遗》，《中国考古学报》第4册（1949年）。
③ 中国社会科学院考古研究所：《殷虚妇好墓》，文物出版社1980年版，第163页、图版一三五：3、4。

在甲骨文中，商王用羊祭神的数字也很大，如卜辞云：

五百牢。(《合集》20699)
御［于大丁］、大甲、祖乙百㲈百羌卯三百牢。(《合集》301、302)
贞御自唐、大甲、大丁、祖乙百羌百牢 (《合集》300)
甲午，贞其御雍于父丁百小牢。
甲午，贞其御父丁百小牢。(《屯南》4404)

御是拔除灾祸之祭，卯为刘字初文，有杀伐义。从羊之牢，即古文献中的少牢，甲骨文中称为"小牢"，一小牢是一对羊。五百牢是1000只羊，三百牢是600只羊，百牢是200只羊。一次祭神用如此多的羊，反映商人养羊业的规模是可观的。

甲骨文中有"川"是否"邑羊"的卜问：

壬申卜川邑羊（羊字横刻）。(《合集》18915)
壬申卜川邑羊（羊字横刻）。
壬申卜川弗邑羊（羊字横刻）。(《屯南》2161)

"川"字在甲骨文中是一多义字：有"河川"义（如《合集》5708"鬲川"）；人名或地名（如《合集》9083"川致"、《合集》2157"在川人"、《合集》21734"川子"）。"邑"字有用为人名的，如"邑来告"（《合集》4467）；有用作城及村落的，如"洹弘弗敦邑"（《合集》23717），此"邑"在洹水旁，应是指商晚期的王都，即今河南安阳小屯殷墟，又如"三十邑"（《合集》707正），此"邑"是指普通村落。"邑羊"、"弗邑羊"的"邑羊"应是一动词，意为在邑中养羊或养羊于邑。养羊于邑中，当即是牢圈饲养。

（四）猪

我国对猪的驯养很早，在广西桂林的甑皮岩（距今约7580—11310年）和浙江省余姚河姆渡（距今约6310年）遗址中，都有家猪的骨骼出土。[①] 在北方新石器时代早期遗址如磁山、裴李岗也有家猪骨骼发现。猪是杂食性动

---

① 中国社会科学院考古研究所：《新中国的考古发现和研究》，文物出版社1984年版，第196页。

物，繁殖力强，易于喂养。养猪与农业有密切的关系，商代农业发达，为养猪业的发展提供了有利条件。在商代早期遗址中，所出土动物骨骼以猪骨为多，如在偃师商城内出土的家畜骨骼中猪骨最多；郑州二里岗出土的30000多块骨料中，主要是猪骨。① 在杨钟健、刘东生对殷墟哺乳动物骨骼的鉴定表中，有两种猪，一是肿面猪，其骨骼数在1000以上；一是猪，其骨骼在100以上，皆属易于驯养的动物。在偃师商城发现祭祀用的猪，一期所用多是幼猪，"从第二开始，祭祀中使用的猪个体普遍增大，反映出商代早期家畜饲养业的发展状况。"② 在商代晚期的甲骨文中祭祀时使用的猪主要是成年的猪，但也有用幼猪的，幼猪称作"南"，如：

乙巳卜，宾，贞侑于祖乙二南。(《合集》1528正)
侑于祖辛八南。(《合集》1685)

此"南"字与南方的"南"为一字，吴其昌认为作为祭祀用品的"南"应是一种牲畜。③ 唐兰释为青读为豰，④ 郭沫若从唐释青而改读为豰，云"豰者，《说文》云'小豚也'"。⑤ 此说为古文字学家们所赞同。⑥ 幼猪在甲骨文中还称为"豚"，字作 、 等形，于省吾认为，其字所作的 都是肉字，从肉从豕即豚字。⑦《说文》"豚，小豕也"。卜辞有用豚以祭神祖：

御父乙羊御母壬五豚兄乙豚。(《合集》32729)

猪在甲骨文中一般称为豕，指成年的猪，幼猪昆称南也称豚。

---

① 河南省文化局文物工作队：《郑州二里岗》，科学出版社1959年版，第35页。
② 中国社会科学院考古研究所：《河南偃师商城商代早期王室祭祀遗址》，《考古》2002年第7期。
③ 吴其昌：《殷虚书契解诂》，《武汉大学文哲季刊》第3—6卷，1934—1937年。又单行本第150—151页。
④ 唐兰：《天壤阁甲骨文存释文》，北京辅仁大学出版社1939年版，第51页。
⑤ 郭沫若：《殷契粹编考释》，科学出版社1956年版，第671页。
⑥ 见于省吾主编《甲骨文字诂林》，中华书局1996年版，第2872页之按语。
⑦ 于省吾：《甲骨文字释林》，中华书局1979年版，第326页。

甲骨中祭祀用猪时，还要卜问其毛色，如：

惟黄豕，王受有祐。(《合集》29544)
惟豕。
惟白豕。
[惟] 黄 (《合集》29546)
甲子岁祖甲白豭一，叔豼一。
惟黑豕祖甲，不用。(《花东》H3：1417)

茜，或释为堇，郭沫若谓是赤色 (《殷契粹编考释》第 80 页)。杨树达认为"字实作黄字用"(《卜辞求义》第 50 页)。商人祭祀用猪时还卜问牝牡及去势与否，如：

丙午卜，御方九羊、百白豭。(《天理》300)
甲子卜，飤二豭二豼于內乙。(《合集》22276)
庚寅卜，弜取豼祖庚。(《合集》22045)

豭即公猪，豼即母猪。《天理》300 一辞是卜问用一百只白色的公猪，可见当时白毛猪是较多的猪种。有时卜问用去势的猪，如：

□□卜，争，贞燎册百羊百牛百豕南五十。(《合集》40507)

豕字作 形，像公猪的生殖器被割断之状，闻一多释为豕，谓是去势之猪。①去势之猪易于育肥，是献给祖先神以肥猪。此次燎祭牛羊去势的猪各一百只，以及幼猪五十只，是一次用大小猪达一百五十头。不仅用量大，而且在祭祀献牲时，还要卜问所用猪的毛色、牝牡、大小、去势与否等，由此可见到了商代的殷墟时期，商人养猪业的发达状况。

(五) 犬

犬作为家畜的历史很早，在我国新石器时代早期遗址中，就发现有家养犬的骨骼。在商代遗址和墓葬中，常发现用犬作为门的奠基或墓中殉葬。在

---

① 闻一多：《释豕》，《闻一多全集》第二卷，生活·读书·新知三联书店 1982 年版，第 540 页。

墓葬中，犬多埋于腰坑内的现象十分普遍，可见犬作为家畜饲养的普遍性。用犬祭祀的，如前面已指出的郑州商城北墙东段的 8 个埋犬坑，共埋 92 只犬，最多的一坑埋 23 只。且 8 坑在同一平面上，方向一致，分成 3 排排列，推测当是同时埋入的。① 甲骨文中的狩字从单从犬，陈梦家认为此"犬用以田猎，则是家畜。"② 商人用犬祭神，其数亦不小，常以几十上百只，如卜辞：

  十五犬，十五羊，十五豚
  二十犬，二十羊，二十豚。
  三十犬，三十羊，三十豚。
  五十犬，五十羊，五十豚。（《合集》29537、《前》3·23·6）

这是一种选卜，是卜问祭神用犬、羊、豚各 15 只、20 只、30 只还是各 50 只。由此知犬与羊、豚在商人心目中是同样的家畜。一次用犬祭祀上百只的，在甲骨中亦不少见，如：

  甲午卜，侑父丁犬百羊百卯十牛。（《合集》32698）
  丁巳卜，侑燎于父丁百犬百豝卯百牛。（《合集》32674、《京津》4065）
  癸巳卜，毛于父丁犬百羊百卯十牛。（《屯南》503）

甚至有一次多达 300 只的：

  贞令䁖三百犬……（《合集》16241）

用犬百只以上的还有，此仅举几例。商王用犬有的是从诸侯、贵族那里贡入的，如：

---

① 河南省博物馆、郑州市博物馆：《郑州商代城址发掘报告》，《文物资料丛刊》第 1 辑，文物出版社 1977 年版。在正式发掘报告中说"如果把被叠压在八个坑下部的狗骨计算在内，我们初步估计八座殉狗坑内共殉狗约有 100 只以上"见《郑州商城》，文物出版社 2001 年版，第 496 页。
② 陈梦家：《殷虚卜辞综述》，科学出版社 1956 年版，第 556 页。

贞㞢来犬。

㞢不其来犬。(《合集》945 正)

㞢是人名，武丁时贞人。"来"是贡入，此辞是贞问向㞢王室贡不贡犬。有时贡入犬的数量相当大，如：

……兹致……二百犬……□昜。(《合集》8979)
……致百犬。(《合集》8980)

一次用上百只犬以祭，甚至三百只犬；一次贡入王室多达二百只犬。看来犬应是有专门饲养的，且规模还不小。

　　向祖先献祭时不仅用犬数量多，而且与牛羊等一起献祭，这当不是作为猎犬献给祖神，供他们在另一个世界中打猎所用，而应是供神灵食用的。我国古代食犬肉之风是很盛的，《礼记·月令》记载，孟秋、仲秋之月中，天子皆"食麻与犬"并"以犬食麻，先荐寝庙"，其事还相当隆重。《左传》昭公二十三年载鲁国叔孙诺被囚于晋国，他随身带有一只善吠的犬。负责监守叔孙诺的小吏想要这只犬，叔孙诺一直不给他。当晋国要释放叔孙诺回国时，在临行前他乃"杀而与之食之"，即把这只犬杀掉与小吏一起共享。叔孙诺是一贵族，可见在春秋时期贵族中还喜食狗肉。《孟子·梁惠王上》载孟子对梁惠王说："鸡豚狗彘之畜，无失其时，七十者可以食肉矣。"将狗与鸡、豚一道称为"畜"，而作为一般农家肉食品的来源。可见在战国时，一般百姓人家也养狗吃肉。这吃狗肉的传统，其源可溯于商代。

(六) 象

《吕氏春秋·古乐篇》载："商人服象，为虐于东夷。"服象与服牛义同，乃是利用其力，如今日南亚各国，以象作骑乘用。河南古称豫州，《逸周书·职方解》"河南曰豫州"。豫州之所在云"其镇山曰华山，其泽薮曰圃田，其川荥雒"。华山即今日之华山，地在陕西、河南之间。圃田在今河南省中牟县境。荥即荥泽，在今河南省荥阳县东。雒即今洛阳地区之洛水。《职方解》所指划的范围，大致在今河南省西部地区，亦是商代王畿范围内。《说文》曰："豫，象之大者也。"段玉裁注云："此豫之本义，故其字从象。"河南省地区古时之所以称为豫，乃是这一地区产象。甲骨文中有商王打猎捕获到象的。武丁时卜辞云：

> 今夕其雨，获象。（《合集》10222）

帝乙、帝辛时卜辞中获象的记载较多，甲骨文中有时一次狩猎获象多至十头的，如：

> 辛未王卜，贞田喜往来亡灾。王占曰：吉。获象十，雉十又一。（《合集》37364）

一次捕获十头象，当时的野象当不在少数，故商人有条件"服象"。甲骨文中有向王室贡象以用作祭祀的：

> □□〔卜〕，宾，〔贞〕致象……侑祖乙。（《合集》8983）

在殷墟用象祭神的象坑也已发现。1935年秋在1400号大墓附近，发现一象坑，内埋一人一象，其人应是饲养象者。[①] 1978年在武官村北地的祭祀场内，发现一象坑，内埋一头象和一只猪，象的脊背上有一铜铃[②]，说明此象已被驯养。《合集》21472正面刻一母象图画，象的腹中怀一子，其旁有幼象相随，是一幅"母象产子图"。只有在驯养象的情况下，才能对象的怀孕产子有如此细致的观察。

甲骨文中有"省象"：

> 壬戌卜今日王省。于癸亥省象，旸日。（《合集》32954）

省即省视，视察，巡视。只有驯养在一定地区的动物，才可言"省"，如卜辞中的"省牛"即是。"省象"之辞中，所省的象，乃是商王室已驯养的象。商王还派属员"省象"：

[①] 胡厚宣：《殷墟发掘》，学习生活出版社1955年版，第89页。
[②] 王宇信、杨宝成：《殷墟象坑和殷人服象的再探讨》，《甲骨探史录》，生活·读书·新知三联书店1982年版。杨宝成：《殷墟文化研究》，武汉大学出版社2002年版，第102—103页。

贞令亢省象，若。(《合集》4611 正)

亢是王室贵族。甲骨文中的"为"字，是一手牵象之鼻形(《合集》15179—15188)，表示驯服象就是有作为，这也说明象可以驯化家养。(图 4—6)甲骨文不是中国文字的始创时期，牵象作"为"之义，其产生当比甲骨时代要早，这反映了驯养象在我国已有较长的历史。

(七) 鹿

在甲骨文中，从字形结构上分析，商代的鹿类动物特别多，可辨识的有鹿、麋麑等。商王在狩猎中，获鹿类动物数最多，如：

丁卯……狩，正……擒。获鹿百六十二……(《合集》10307)

丙午卜，王陷麋，允擒三百又四十八。(《合集》33371)

□□贞乙亥陷，擒七百麋，用皂……(《屯南》2626)

图 4—6 甲骨文"为"字
(《合集》15179)

狩猎一次擒获数百只鹿或麋，可见其多。狩猎捕获的鹿或麋，当然是野生的。在安阳殷墟动物骨骼中，鹿骨在 100 件以上，四不象鹿骨骼在 1000 件以上。① 四不象鹿即梅花鹿，谢成侠认为四不象鹿是"已进入驯养阶段"的鹿，并说商纣王的"鹿台"并不是聚集钱财的地方，其实就是"供游乐的鹿苑"②。我国古代确有养鹿的传统，在《诗经》里就有关于周

---

① 杨钟健、刘东生：《安阳殷墟之哺乳动物群补遗》,《中国考古学报》第 4 册（1949 年）。
② 谢成侠：《养鹿简史》,见《中国养牛史》,农业出版社 1985 年版，第 206 页。

文王在灵囿里养鹿的颂歌,"王在灵囿,麀鹿攸伏"(《灵台》),毛传云:"囿所以养禽兽也。天子百里,诸侯四十里。灵囿言灵道行于囿也。麀,牝也",孔疏云:"《春秋》成十八年筑鹿囿,昭九年筑郎囿,则囿者筑墙为界域,而禽兽在其中,故云囿,所以域养禽兽也。"筑囿养兽在我国先秦时期当是有的,战国时的齐宣王问孟子云:"寡人之囿方四十里,民犹以为大,何也?"(《孟子·梁惠王下》),是齐宣王有囿方四十里,与孔颖达举《春秋》时诸侯筑鹿囿、郎囿,正相表里。

周文王是与商王室的文丁、帝乙、帝辛同时的人物。古本《竹书纪年》载"文丁杀季历",季历为文王之父,《史记·周本纪》"古公卒,季历立,是为公季……公季卒,子昌立,是为西伯。西伯昌曰文王"。周原出土的西周甲骨有"酉周方伯"(H11:84)、"典酉周方伯"(H11:82)的内容。酉、典酉"周方伯",是商王加封周文王的一种行为,是周文王与商王间发生的关系。① 由是知文王为商末时人,且与商王室有交往。周文王有"灵囿"以养鹿,商人当亦会有之。且周文王的灵囿之设,大约还是仿效商人的鹿台。周文王的灵囿是设在灵台四周,亦即灵台设于灵囿之内,正与商的鹿台相同,皆称为"台",周人仿商之迹可见。

二 家禽的种类

在商代除畜养马、牛、羊、猪、犬、象、鹿等牲畜外,也饲养家禽。此虽不可纳入畜牧业经济范畴,但亦是商人取食肉类的来源。故在这里也略加申说。在商代作为家禽的主要是鸡、鸭、鹅三种,现分述如下。

(一) 鸡

《尚书·牧誓》中有一段关于反对母鸡司晨的话云:"王曰:古人有言曰,牝鸡无晨。牝鸡之晨,惟家之索。"伪孔传云:"言无晨鸣之道……索,尽也……雌代雄鸣则家尽。"孔疏云"牝鸡,雌也"。雌鸡即母鸡。母鸡不能报晓鸣叫,若谁家母鸡鸣叫报晓,那一家人就有灾祸降临。周武王说是此话引自"古人有言。"这个"古"字,说明以雄鸡报晓已有很久的历史了。下云"惟家之索",这个"家"字也很重要,它表明在当时养鸡是家家皆有,犹如今日之农村人家,说明其普遍性。

养鸡的用途当然是食其肉,也可能食其蛋。在郑州商城内的二里岗

---

① 杨升南:《周原甲骨族属考辨》,《殷都学刊》1987年第4期。

上、下层遗址里都发现有食用鸡的遗迹，如在属于二里岗下层二期的窖穴 C5.IH125，为一长方形竖井形，坑口长 1.65 米、宽 0.80 米、深 2.85 米。南北坑壁上各挖有供上下的脚窝，北壁四个，南壁残存三个。在南、北壁的偏西部靠上处还挖有两个南北相对称的横圆洞，可能是原来穿有圆木棍，作为悬挂贮藏食物用的。在此坑内发现有大量的禽兽骨骼，其中有较多的鸡骨。在二里岗上层一期的 C9.IH142 窖穴内也发现很多的鸡骨和其他家畜骨骼，发掘者认为此坑"可能上部作为炊事坑，而下部作储藏东西的坑"。① 这些鸡当是作为食用的家禽。在殷墟的一些不大的墓葬中，鸡骨也一般放置在陶制器皿内②，显然也是供死者食用的。甲骨文中有一片用鸡祭神的卜辞：

贞惟鸡……（《粹》）1562）

鸡字在甲骨文中多用作地名，当是此地盛产鸡，或专为王室饲养鸡之地，而此辞应为以鸡祭祀神。

（二）鸭、鹅

鸭和鹅是我国农家传统的家禽，有很高的食用价值。在商代遗址内鸭、鹅的骨骼还未能辨认出来，但用玉或石雕刻的鸭、鹅却常有发现。1975 年在小屯北地一座编号为 F10 的房屋内，出土一件石鸭，长 5 厘米，高 5 厘米。作昂首游水状，双翼并拢，短尾下垂，圆眼微突，造型生动逼真。③ 1969—1977 年在殷墟西区的 M861 号墓中，出土一件玉鸭，呈乳白色，长 3.8 厘米，作游水状，体态肥硕。④ 具有家养鸭的特征。古籍中家养鸭称为鹜。清人朱骏声在《说文通训定声》中云，"鹜飞行舒迟，驯挠不畏人，今之家鸭也"。鸭肉在古人食谱上是比鸡肉要逊一等的食物，《左传》襄公二十八年载，齐国给大臣的办公用餐是"日食双鸡"，主管膳食的官吏则"窃更之以

---

① 河南省文物考古研究所编著：《郑州商城》，文物出版社 2001 年版，第 536、557 页。

② 陈志达：《商代晚期的家畜和家禽》，《农业考古》1985 年第 2 期（总第 10 期）。

③ 中国社会科学院考古研究所安阳工作队：《1975 年安阳殷墟的新发现》，《考古》1976 年第 4 期。

④ 中国社会科学院考古研究所安阳工作队：《1969—1977 年殷墟西区墓葬发掘报告》，《考古学报》1979 年第 1 期。

鹜",因此使贵族子雅、子尾十分生气而在公堂上大闹了一场。由此故事也可见古人食鸡鸭肉的传统习惯。

鹅的雕塑品出土于妇好墓中，1976年发掘该墓时，从墓中出土3件玉质浮雕鹅。三件雕塑品都作站立长颈垂首，体态肥硕。一件高8.8厘米，一件高7.8厘米，一件高7.2厘米①（图4—7）。参加该墓发掘的陈志达认为可能是商人饲养的家禽②，其说当是。

图4—7 妇好墓出土的玉鹅
（《殷虚妇好墓》第167页图八七：10、11、15拼组）

综上，在商代畜牧业的家畜品种有马、牛、羊、猪、犬以及可能还有象、鹿等，家禽有鸡、鸭、鹅。后世家畜牧家禽饲养经济中畜禽的种类，商时都已具备。这些牲畜和家禽的饲养，给后世的畜牧业经济奠定了很好的基础。

第三节 畜牧业生产技术

在商代畜牧业生产中，对牲畜的饲养、管理，已脱离原始野放阶段而采用比较精细的人工管理形式，且积累了丰富的畜牧业经验和掌握了一套生产技术。这些生产技术概括起来，有以下几个方面。

---

① 中国科学院考古研究所：《殷虚妇好墓》，科学出版社1984年版，第170页。
② 陈志达：《商代晚期的家畜和家禽》，《农业考古》1985年第2期（总第10期）。

一　人工放牧

放牧是畜牧业生产的一种基本生产方式，凡食草动物都可以放牧。但放牧有野放和人工放牧两个阶段。

野放是较原始的放牧方式。它是把牲畜赶到野外，任其自由觅食与活动，既无专人照管，亦无圈栏。牲畜的繁殖是任其自然杂交，需要吃用时，才去捉拿。野放在一定程度上恢复了动物的野性，因而甚至需要用狩猎方式如射捕等去抓获。如新中国成立前的云南西盟佤族的许多村寨，就是把牛羊放到野外，日夜不归，无人看管。我国东北地区的鄂温克人驯养鹿也是这种方式，他们没有鹿圈，让驯鹿在附近山中自由活动，采食食物，晚上也在外面露宿，有时人们喂它一些盐。①

在商代，从甲骨文的文字结构可知，已采用人工放牧而不是野放。甲骨文中的牧字有从牛从攴作⿻形（《合集》36969），攴表示赶牛用的鞭子。有从羊从攴作⿻形（《合集》32982《屯南》1024等），有从马从攴者，见于铜器铭文（见周法高等编《金文诂林附录》第482页）。有从鹿从攴者，作⿻形、⿻形（《合集》31997、4605等），皆像人持鞭赶马牛羊鹿状。甲骨文还有从三羊之牧字者，作⿻形（《合集》11404），像赶着群羊放牧之状。"三"表示其多，三羊表示群羊。甲骨文中还有从行从牛羊之字，作⿻（《合集》16229）、⿻（《屯南》149）、⿻（《合集》20306）形。⿻为行字，表示四通之道路。这些赶着牛羊群行走于道，表示出牧或牧归。《屯南》149辞中一字从彳从羊从止，止是表示人之足，是人赶羊于道上之义更为明显。周武王代纣前，周公曾建议武王发布禁令，周军入商境要"道不驱牧"（《逸周书·酆谋解》），就是不准抢劫商民放牧的牛羊。甲骨文中的这些字，是当时畜牧业生产实际的反映，表明放牧无论马牛羊鹿，皆有专人管理。

商人还设有专供畜牧的牧场。它们分设于商王畿和诸侯国内。关于商代牧场的设置情况，将在第四节专门叙述，此从略。从牧场的设置可知，商代畜牧已非逐水草移徙的游牧而是比较固定的牧场放牧。

马牛羊可以放牧，作为杂食性牲畜的猪，也可能是放牧的。古书中记有放牧猪的事，《汉书·公孙弘传》："公孙弘，菑川薛人也。少时为狱吏，有

---

①　李根蟠、黄崇岳、卢勋：《原始畜牧业起源和发展若干问题探索》，《农史研究》第5辑，1985年。

罪免。家贫，牧豕海上。"海上即海滨。公孙弘为山东省薛县人，故可牧豕于海滨。河南省至今仍有放牧猪的习惯。1970 年笔者在河南省息县的"五七干校"劳动时，还看到当地人将猪成群地放牧于野，生产队派一二专人看管，称为"猪倌"或"猪娃"。这种习惯可能就是上古流传下来的。

牛羊的放牧，群皆有数，一般不宜过大，《诗经·小雅·无羊》云：

谁谓尔无羊，三百维群。
谁谓尔无牛，九十其犉。

犉是指肥大的牛，羊以三百只为一群，牛以九十头，而不过百。根据现代畜牧生产的经验，这是一个比较理想的畜群规模，过大则不易管理，过小则浪费人力。

二　圈栏饲羊

圈栏饲养又称为舍饲。商朝人在立国前就早已采取此技术。我们在前面已指出，商之祖先有名"曹圉"者，曹圉，即槽圉。槽是牛马食槽，圉是圈栏，圈养马牛者，此即《管子·轻重戊》"殷人之王，立皂牢"的皂牢。皂牢，槽牢也。商祖之名"曹圉"，当有可能他与"相土作乘马"，"王亥作服牛"相似，为"曹圉立皂（槽）牢"，是商先公中对畜牧业和利用畜力的三大发明创制者之一。因"立皂牢，服牛马"之创制，对民之生计有重大影响，故"天下化之"，天下之人都学习这些技术，而拥戴其为首领。这是科技和政治在我国古代的一次有机结合。当然放牧仍是其不可少的，根据季节的不同，或是放牧，或是舍饲，相互补充，两者结合，当是行之有效的方法。

牲畜的舍饲栏圈，在甲骨文中称为牢，作⌐⌐形。⌐⌐是养牲畜的栏圈平视状，下方缺口是栏圈之门，▌是牲畜进出的通道。之所以要从门外再向前伸出一段狭道，是控制牲畜进出时乱窜乱撞，拥挤成一团，而使之进出有序，不将门撞坏。这样的栏圈，在青海省都兰县诺木洪遗址中，已发现其遗迹。在该遗址的第二层下部，有一平面呈卵圆形的建筑遗存，长 7.3 米，宽 6.6 米，在北部有出口一个，宽 1.22 米。出口两侧各有一根圆形的木柱，当是出入口的栅门材料。栅栏的壁是用树枝做成的篱笆形墙，其外立有木柱，以支撑篱笆墙。栏圈内堆积有厚约 15 厘米至 20 厘米的羊粪，中杂以少量的马、牛、骆驼的粪便，是一处以圈养羊为主的畜舍。① 很有意思的是，这个栏圈的平面形状，与甲骨文中"牢"字所从的外框相同。甲骨文字作方折转角，是便于契刻。诺木洪牲畜栏圈遗址，为我们了解商代甲骨文中的"牢"字之所由来和商代圈养牲畜栏圈牢的构造，提供了极好的佐证。养羊的圈在渭水流域的商时期遗址里也有发现，我们将要在后面讲到。其实，这样的栏圈形式，在今日内蒙古牧区有些地方还可以看到。

根据甲骨文字形分析，用这样的牢栏养畜的牲畜有牛、羊、马三种：

☐（牢），从牛，表示牢栏中养的是牛。

☐（宰），从羊，表示宰栏中养的是羊。羊的宰圈还有作两宰并列者，作☐形（《合集》19799、《乙》407），其上之弧形，表示上有避雨之顶棚类物。

☐（写），从马，表示写栏中养的是马。此字见于《合集》29415、29416，其辞云：

> 王畜马在兹写，……母戊王受佑。
> 〔王〕畜马在兹写……

郭沫若释☐为厩，云：

> 《说文》"畜，田畜也"。淮南王曰："玄田为畜"。此作乃从玄从囷，明是养畜义，盖为系马牛于囷也。字变而为畜，淮南非其朔。写字……为厩之初文。②

郭释畜、释厩皆是。"王畜马在兹厩"，是商王有专设的马厩。兹，此也。"此厩"指"这一个马厩"，看来商王的马厩不止一处。《周礼·校人》云"天子十有二闲，马六种"，闲即是厩。商时之制，商王是否有十二厩，不得而知，不过有多处养马之厩是有的。在甲骨文中还有一从牢从马的字作☐形（《合集》29420、36985、36986），是一种马的名称。此马之得名，当是

---

① 青海省文物管理委员会等：《青海都兰县诺木洪塔里他里哈遗址调查与试掘》，《考古学报》1963年第1期。

② 郭沫若：《殷契粹编考释》，科学出版社1956年版，第756页。

与牢圈饲养有关。

饲养猪的栏圈甲骨文字作◻（《合集》6505 臼）、◻（《合集》11280）、◻《合集》22050）、◻（《合集》136）等形，是表示猪圈的平面或侧视形。作侧视的后两字，表示圈之上部有人字形屋顶，一般释作家。猪在早期人类生活中，是财产的象征，如在大汶口文化的墓葬中，死者以猪头随葬，以显示其富有程度。① 前两种形式之字释作圂。朱骏声《说文通训定声》云："圂，厕也。从豕在囗中，会意。亦曰圈。"《苍颉篇》曰："圂，豕所居也。"《汉书·五行志》曰："豕出圂坏都灶"，其注：圂，"养豕牢"。"养豕牢"，养猪称牢是周人的用语，《诗·大雅·公刘》"执豕于牢，酌之用匏"，孔疏云："晋语曰'大任溲于豕牢'，即牢是养豕之处，故云'搏豕于牢'。"豕牢，商人称圂，甲骨文中有商王下令营造豕舍的：

贞呼作圂于专。

勿作圂于专。（《合集》11274 正）

专是一地名，甲骨文中有"侯专"（《合集》20065、6834），知专为一诸侯国，是商王命令在侯专之领地建造王室的养猪栏圈。

三　牲畜的阉割

在商代的刑罚中，有宫刑，已见于甲骨文中，其字像以刀割去男子生殖器（见《合集》525、5996—5999）。施于人体的去势之刑产生之前，必先有对牲畜的去势这一技术。甲骨文中对猪去势的字作◻形，闻一多释为豝：

[豝]腹下一画与腹连着者为牡豕，则不连者殆即去势之豕。因之，此字即当释为豝……豝之本义当求之于经传之椓及劅毈等字……椓劅毈并与豝音同义通。豝去阴之称，通之于人，故男子宫刑亦谓之豝。②

---

① 山东省文物管理委员会等：《大汶口》，文物出版社 1974 年版；中国科学院考古所山东队：《山东胶县三里河遗址发掘简报》，《考古》1977 年第 4 期。

② 闻一多：《释豕》，《闻一多全集》第二卷，生活·读书·新知三联书店 1982 年版，第 540 页。

甲骨文中还有一字作豕形，从豕从刀，过去或释此字为豝，认为是母猪的专字。但在卜辞中从刀之字作勿形，与代表雌性的匕字作𠂉、𠃌者有别，从刀之豕应隶定作剢字，其意为经过阉割之豕①。甲骨文中表示对猪阉割的字有两个：豕与剢，两者之别有可能豕是施之于公猪去势的专字，这从甲骨文字形就反映出来。剢字是对施之于母猪阉割的用字。阉割母猪比阉割公猪技术要复杂得多，能对雌性牲畜实施阉割，反映商人的阉割技术已是很高超的了。经阉割后的猪性情变温顺，易于饲养，且易肥而肉质优。《齐民要术·养猪》云经阉割后的猪"骨细多肉"，未阉割的猪则"骨粗少肉"。对猪的阉割是获得优质肉的保证，可见我国早在3000多年前的商代，已认识这一道理并运用于生产的实践之中，这在当时是很先进的技术。

马的去势，王宇信已有专文论及②，其说当是。相传马的去势是黄帝时的通微真人③，显然是不可信的。商代用马驾车，以车代步，驾车攻击敌人，故对马的饲养、管理，商人是十分精心的。马去势的作用首先是能使马变得温顺，易于调教；其次因马是放牧群处，若随意交配，让其自然繁殖，会使马的品种变劣，为留优汰劣，将体质弱的公母马阉割，不让其繁殖。为保证有优良的马匹，对其施以阉割是很必要的。周人沿用此法，《周礼》中称为"攻特"，《校人》职文云："夏祭先牧，颁马攻特。"郑玄注云："夏通淫之后，攻其特，其为蹄啮不可乘用，郑司农云：攻特谓騬之。"孙诒让《正义》云："《广雅·释兽》云'騬，攻犗也'，谓割去其马势，犹今之扁马。"西周时"颁马攻特"已成为一种制度，设有专人管理，其"攻特"之术当源自商人。

甲骨文中有"䉧牛"（《前》6.2.1）一辞，唐兰读作"戠牛"，谓即"割牛"④，谢成侠认为"割牛"是对"牛的阉割"⑤，李孝定认为《铁云藏龟》卷八第6页第3片上有一条卜辞为"燎十豭羊"的"十豭羊"为"去势之羊

---

① 彭邦炯：《商史探微》，重庆出版社1988年版，第228页。
② 王宇信：《商代的养马业》，《中国史研究》1980年第1期。
③ 喻本元：《元亨疗马集》。
④ 唐兰：《天壤阁甲骨文存考释》，北京辅仁大学出版社1939年版，第52页。
⑤ 谢成侠：《中国养牛史》，农业出版社1985年版，第84页。

十"①。由上可见，在商代人们对马、牛、羊、猪等几种畜牧业中的主要牲畜，皆施以阉割术，可见其运用之普遍。这种普遍性我们从对猪的阉割中可见其一斑。甲骨文中常见用阉割（豕）了的公猪祭祖神，最多的一次竟用到100只（图4—8），如：

□□卜，争，贞燎酉百羊百牛百豕南五十。（《合集》40507）

一次用去势的100只公猪为祭，可见去势在商代的畜牧业生产中，是常采用的一种生产技术。

对牲畜施以阉割其目的有三：一是育肥，去掉牲畜生殖器官能很快育肥长膘，多出肉，出好肉。商人在长期畜牧业生产中，已认识这一道理，故常采用。二是选种，将劣种、体弱之牲畜去势，不让其繁殖，也达到留优汰劣的目的。商代的马体高达140厘米至150厘米，品种优良，不能不归功于对马选种技术的运用。选留良种最有效的方法就是将劣者阉割。三是改变牲畜性格，特别是马。公马性暴烈，甲骨文中常有卜问马"剌不剌"的（《合集》29418），即烈不烈。经阉割后马性情温顺，易于调教服用。由于采用阉割技术，使商代的畜牧业保持

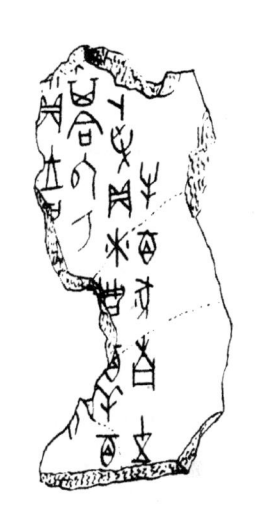

图4—8　百只去势的猪
（《合集》40507）

了较高的水平，为王室祭祀、食用提供大量优质的牲畜，并为战争提供了优良的战马。商代晚期战争频繁，甲骨文中反映武丁时期战争不断，商王室之所以能一一战而胜之，在战车和车战逐渐兴起的时代，优良战马的供应保证，是其重要因素。

四　对牲畜外形的观察

对牲畜外形的观察，是辨识其优劣的重要手段，它是畜牧业生产中的一种专门学问，今日称之为"外形学"。我国古代对牲畜所言的"相"，如"相马"、"相牛"，就是这种外形学的古代用语。《隋书·经籍三》有《相书》46

---

① 李孝定：《甲骨文字集释》第11卷，"中研院"史语所1970年再版本，第3300页；温少峰、袁庭栋：《殷墟卜辞研究——科学技术篇》，四川省社会科学院出版社1983年版，第52页。

卷、《相经要录》2卷、《相马经》1卷，注谓梁有伯乐《相马经》、《齐大夫宁戚相牛经》、《王良相牛经》、《高堂隆相牛经》、《淮南八公相鹄经》、《浮丘公相鹤经》、《相鸭经》、《相鸡经》、《相鹅经》、《相贝经》各2卷。此梁指南朝时宋齐梁陈之梁，即南梁。这些"相经"在当时都还存在，可见对畜禽的"外形学"在我国古代颇为重视和发达。对牲畜外形进行观察，在商代主要有四个方面：性别、毛色、年龄、体态。

辨牲畜之性主要是为其繁殖所需，以便选择良种；其次也是祭神所需。商人祭神常要求对牲品有性别的献祭，如用雄性或雌性，是否去势等，都要区别开来。甲骨文中在牲旁加一土字表示雄性，猪有时则在腹下加一斜画与腹相连，以表示雄猪。雌性则加匕符，阉割去势之牲畜于猪字则作腹下根断形，或在一旁加刀形。

对毛色的观察则凭外观，甲骨文常见的牲色有勿（青色）、白、黄、幽（青黑色）、骍（赤色）、物（杂色）等。但一般不标明毛色。

在年龄辨识方面，对小牲畜则加一"子"字，如称小马为"犽"（《龟》2.15.5），称小猪为"豯"（《珠》279，《续存下》229），或以专名称南或豚。[1] 对牛的年龄辨别更为细致，可在文字上标示出几岁牛，其方式是在表示牛字角上加横画，如丫表示一岁牛（《合集》1291、2214、14358），丫表示三岁牛（《合集》1051正、21117）。丫（《怀特》168）字从牛从土（表示雄性），角上有三画，表示三岁公牛。丫（《合集》1780）从牛从上角上有四画，表示四岁公牛。丫（《合集》15067）左角上四画，右角上两画，表示六岁之公牛[2]。有的研究者认为这是一种"看牙口"之法以判定牲畜的年龄，[3]当是。这种"看牙口"以判断牛的年龄，在今日农村中仍是行而有效的方法。

牲畜的特性，可从其体态中观察获得，商人当已具有此技术。在甲骨文中马有各种名字，反映商人的爱马之心，而这些名字有的就可能是根据其体态特征起的。如有马名"驶"，当是从行动疾速而名；有马名�，释为骄，是以"高大雄伟"而名；有马名猳，是以像野猪一样善于奔突而名；有马名

---

[1] 郭沫若：《殷契粹编》，科学出版社1954版，第165页。

[2] 严一萍：《〈说文〉牭牰牬牭四字辨源》，《中国文字》第2期。

[3] 温少峰、袁庭栋：《殷墟卜辞研究——科学技术篇》，四川社会科学院出版社1982年版，第254—256页。

骃,是以行走平稳耐久而名。① 这些都应是以体态、性状特征命名,也是对马外形观察和性状的了解而得到对该马的认识。

五 对牲畜的保护

畜牧业是商代的重要经济部门,它不但是祀神牲品的来源,而且更为重要的是为人们提供肉食和畜力。故商代统治者对牲畜的生死、疾病、灾祸都很关注。甲骨文中常有商王卜问马有无灾祸、会不会有死亡,如:

　　□□卜,争,贞我马无[祸]。(《合集》40179)
　　贞马其有[祸]。(《合集》11021)
　　□□卜,宾,贞马其死。(《合集》11026)
　　贞马不死。(《合集》11024)

马的灾祸、死与不死的占卜,当是马有无疾病。马的灾祸除疾病外,还可能受到野兽的侵袭,如常卜问有无虎患:

　　贞我马有虎佳祸。
　　贞我马有虎不佳祸。(《合集》11018)

是卜问虎会不会危害马群。商代虎对人畜常构成威胁,甲骨文中有卜问是否有虎患:

　　戊申卜,**殸**,贞其有虎。
　　戊申卜,**殸**,贞无其虎。(《合集》14149 正)

在商代青铜器上,常有虎食人的图案,如在著名的司母戊大鼎的耳部上,纹饰为对称两虎,大张其口,两口间为一人头。妇好墓出土的一件大铜钺(编号为799)上,钺身两面靠肩处均饰虎、人头纹,人头居于两虎口之间。虎

---

① 温少峰、袁庭栋:《殷墟卜辞研究——科学技术篇》,四川社会科学院出版社 1982 年版,第 254—256 页。

作侧面形，大口对着人头，作欲吞噬状。① 在四川广汉三星堆出土的龙虎尊的肩下铸有三只虎，皆以口衔人②等。这些与甲骨文占卜中有无虎祸相关联，反映了商人的恐虎心态。③ 所以卜问马有无虎祸，是为防范虎祸的发生，另有在马厩四周建立防护设施：

　　　　□□卜，王其作塁桧于厩。（《合集》30266）

塁即塞，是卜问商王在马厩之地建造防护的关塞，以防止马遭受猛兽（如虎）的侵袭。

对牛、羊、猪的灾患，商王也很关注，而卜问其吉凶与否，如卜辞文云：

　　　　贞隹父乙壱牛。
　　　　贞不隹父乙壱牛。（《合集》2251、《乙》4599）
　　　　贞祟勿牛。（《合集》11157）
　　　　丙子卜，祈牛于祖庚。（《乙》8406）

壱字意为灾祸，罗振玉云，"《说文解字》'它，虫也，上古草居患它，故相问无它乎。或从虫作蛇。'卜辞中从止从它"④。裘锡圭释此字为虿，即害字。"父乙壱牛"卜问父乙的神灵是否为害于牛群。祟即作祟，为害，制造灾祸。"祟勿牛"卜问神灵是否为患于水牛。这两辞是牛有病，卜问是否是祖先或神灵作祟，以找出牛病根源而采取对策。祈即祈求，祈求神灵保佑无灾无祸。"祈牛于祖庚"是祈求祖庚的在天之神灵保佑牛群无病无灾，兴旺发达。此举不能不说是商人关注牛群的重大措施。甲骨文中有卜问羊的安全情况：

　　　　贞祟我羊。（《合集》16974、16975）

---

① 中国社会科学院考古研究所：《殷虚妇好墓》，文物出版社1980年版，第107页及彩版13：1。
② 李学勤：《商文化是怎样传入四川的》，《中国文物报》1988年第28期。
③ 马季凡：《关于虎食人卣的定名》，《中国文物报》2001年2月28日。
④ 罗振玉：增订《殷虚书契考释》（中），东方学会石印本1927年版，第34页。

是卜问神鬼是否为祟于我的羊群。

　　　　丁未卜，王，贞盘不佳丧羊，若。(《合集》20676)

是卜问盘（般）的羊不会有损失，不会逃散，而顺利。若，《说文》"顺也"。

　　　　□羊允死。(《合集》11189)

"允"是应验之辞，"允死"是真的死了。

　　商代统治者利用龟、骨卜问马、牛、羊等牲畜有无灾祸，逃散不逃散，死不死，以祈求神的保佑。这当然是一种迷信，但是古时巫和医往往不分，有不少科学技术成就被裹上迷信的外衣，或者说在迷信的外壳中求得发展。如甲骨文中有一片甲骨是卜问妇好何时生孩子，卜得日期说到某日将要生，结果在那一天果然妇好生下一个女孩（见《合集》14002 正）。此事若仅从迷信的角度来看就无法解释。这应当是人们在当时已有能推算预产期的医学水平。又如《合集》11267 片上有这样一条卜辞（图 4—9）：

　　　　……东……其有⊕……

这最末一字像一只母猪的腹内有一子，将临产，但腹内小猪仔的头却朝前，表示胎位不正的难产。猪的两旁（腹、背）各有一手，表示用人工助其产子。能认识猪的难产是因为胎位不正，说明当时人对牲畜的产子已不只是求助于神灵，他们在求神的同时，也采用较为符合科学的手段，作出适当的处理。上引卜辞中帮助难产的双手，很可能就是当时的一位兽医的两只手。

图 4—9　猪产子甲骨文
（《合集》11267）

　　马在商代的牲畜中，是最为重要的畜力。马拉车，引重致远，长途奔驰，靠的是四足。四足以四只蹄着地，于是商人开始注意对马蹄的保护。在甲骨文中有的马字足蹄处契刻成一个小方框，作形（《合集》11041、5723 等），或足下一横作形（《合集》11019、

11020、11021等），一横是方框的简化。这蹄趾的方框或一横，当是马蹄上所着物，即用以保护马蹄的革履或革鞮。在马蹄上打铁蹄以前，人们在马蹄上穿草或革做成的履，以保护马蹄。《盐铁论·散不足》中说，"古者庶人贱骑绳控、革鞮皮荐而已"，《方言四》履条下云，"禅者谓之鞮"，《说文》"鞮，革履也"。革鞮即是革履，指用皮革制的马履。草履着于畜足，近代南方贩牛者，在山中行走，一般都要给牛蹄穿上草履，以避免牛蹄因长途行走而受伤。商代已有编制草鞋的技术。1976年在河南柘城孟庄商代早期遗址中，发现一只用树皮纤维搓成绳状编织的草鞋。① 又商人已用革制作皮甲，用草及有韧性的树皮和动物皮革制马履当也是可能的。总之，在甲骨文中马字足下的方框或一横，表示马足着履以保护蹄足，当是有可能的。

第四节　牧场的设置

中国自古是一个以农业为主体的社会，但同时也注重畜牧业的发展。然而农业和畜牧业经营方式不同，故在地域上自古就注意将其分开，以免畜群损坏农作物。《尔雅·释地》云："邑外谓之郊，郊外谓之牧，牧外谓之野，野外谓之林，林外谓之坰"，晋人郭璞注云："邑，国都也，假令百里之国，五十里之界，界各十里也。"清人郝懿行《义疏》谓："牧者，放牧之地。《诗经·出车》传：'出车就马于牧地。'《静女》笺'自牧田归荑'，《载师》云'以牧田任远郊之地'。远郊在郊外，牧田在远郊，是郊外谓之牧矣。"由此看来古人放牧畜群之地设有专域。《史记·殷本纪》曰："周武王于是遂率诸侯伐纣。纣亦发兵拒之于牧野。"《集解》引郑玄云，"牧野，纣南郊地名"。牧野之名，照《尔雅》之义，当处牧与野之间，可能就是商王国内的一个牧地。《尔雅》所载当然有理想成分，一个国内必地形复杂，不可能那样整齐。但牧地专设，不与农耕地相混，则是古制。在商代也已专设有牧场，甲骨文中有"牧鄙"，如：

　　癸酉卜，㱿，贞呼伇取㮇于牧鄙。(《合集》11003)

---

① 中国社会科学院考古研究所河南一队、商丘地区文物管理委员会：《河南柘城孟庄商代遗址》，《考古学报》1982年第1期。

"牧鄙"就是牧地的边鄙、边沿地带。可知商代的牧地与农耕地是分开的，牧场是有一定范围的。

商王室的牧场不止一两处，在甲骨文中有二牧、三牧、九牧等名称（图4—10）：

乙丑卜，宾，贞二牧又……用自……至于多［后］。（《甲》1131）
辛未，贞三牧告。
辛未，贞于大甲告牧。（《屯南》1024）
……受兹三牧……于唐……（《合集》1309）
王其祈惟九牧告。
弜祈。（《天理》519）

二牧、三牧、九牧是牧场的实际数量。"告"是商王要这些牧场的管理者向王室报告其经营情况。《屯南》1024片上一辞"于大甲告牧"，即是向大甲的神灵报告畜牧之事，以求其保佑畜群兴旺而无灾。美国芝加哥大学藏顾立雅所收甲骨中，[①]有一片甲骨卜辞，与《屯南》1024同文，也是告牧于神灵。其辞为：

图4—10 九牧的卜辞
（《天理》519）

辛□［卜］贞……
辛未，贞于大乙告牧。
辛未，贞于大甲告牧
……告［牧］（《顾》77）

王室牧场由王室派专人管理，其职名称为"牧"，如著名的人物禽，就担任过牧官：

---

① 夏含夷：《芝加哥大学所藏商代甲骨》，《中国图书文史论集》，台北正中书局1991年版。

□□卜，扶，令羍……禽牧白林……（《合集》20017）

禽主管右牧场地的畜牧，故卜辞称他为"右牧禽"：

　　壬申卜，在攸，贞右牧禽告启（《合集》35345）
　　癸酉卜，戉伐。右牧禽启人方，戉有戈。弘吉（《屯南》2320）

禽在王室为重臣，其职官为亚，称为"亚禽"（《屯南》580、2378），为王之亲信重臣而称为"小臣禽"（《合集》5571反、5572反、5573）。

商代的国家体制是内外服制，即商王室直接控制的"王畿"部分和诸侯国地。商王室在王畿内外，皆设有牧场。

一　设于商王室畿内的牧场

在甲骨文中有南、北牧场：

　　贞于南牧。（《合集》11395）
　　瞏鹿其南牧擒。吉
　　其北牧擒。吉（《合集》28351）

南牧、北牧即是南北两牧场。南牧可能是指商周会战之地的牧野地区，北牧当在今日河南安阳殷墟之北。殷墟之北又称为北土：

　　贞呼牛于北土。（《合集》8783）

此辞"牛"字为动词，即牧牛、养牛之意，是在北土牧牛。商时的北土，大致在今日的河北南部石家庄以南以及晋南地区，其地有商王室牧地，如：

　　戉戌卜雀芻于敎。（《合集》20500）

"雀"为人名，王室贵族。"芻"为动词，即芻牧，放牧。"雀芻于敎"，即派雀到敎地去主管芻牧。山西有敎水、敎山。敎水出桓曲县北，南流注入于河，胡厚宣先生考证，此教水、教山即甲骨文中的"教"地①。教地或即商王室的"北牧"场。卜辞还有左、右牧：

　　迨于右牧。
　　于左牧。（《合集》28769）

左牧、右牧当是东、西牧场。这南、北、东、西（左右）四牧场，当是王室近畿的牧场。

甲骨文中有"某牧"之称，是指设于该地的牧场，如设在丂地的牧场：

　　辛未，贞在丂牧来告辰卫其从史，受佑。（《合集》32616）
　　□□卜□在丂牧。　《合集》35240

"丂牧"是商王室设在丂地的牧场。卜辞有商王室向丂地输送刍牧的劳力：

　　贞奠、畣致刍于丂（《合集》101）

奠、畣是人名。致为致送。刍是进行畜牧劳动的放牧者。"致刍于丂"与丂地牧场的设置，正相一致。

设在盖地牧场：

　　甲子卜，贞盖牧称册。（《合集》13515）

"盖牧称册"是盖地的牧官受命称册。盖地还设有犬官：

　　惟盖犬从，亡戈。（《屯南》4584）

"盖犬"是盖地的犬官。犬是狩猎者和牧人的助手，盖地有犬官，说明此地是一狩猎及畜牧地。

---

　　① 胡厚宣：《卜辞中所见之殷代农业》，《甲骨学商史论丛二集》上册，成都齐鲁大学国学研究所专刊 1945 年版。

设在苋地的牧场：

  贞苋牧。(《合集》5625)

苋是一地名，商王常到此地活动，如：

  贞翌庚戌步于苋。(《合集》8235)
  ……往于苋。(《合集》8234)

商王往苋当与此地的牧业有关。
  设在兑地的牧场：

  贞惟兑牧。
  惟……王禽。
  ……阰……戌。(《屯南》2191)

"兑牧"是在兑地的牧场。"王禽"是一狩猎用语，商王曾在此地狩猎（见《合集》28353、38799等），可见兑是一田猎地，此地亦设有犬官。如：

  惟兑犬陕从，亡〔戋〕。(《合集》27898)

与上述盖地设置相同。犬是协助狩猎、畜牧者。甲骨文中还有"分牧"（《合集》11398），分当即汾，是设在汾地的牧场。

  卜辞言"牧于某地"及"刍于某地"，无疑此地也应是一牧扬。牧于某地的卜辞如：

  贞令牧于叨，不……(《合集》11396)

叨是一地名，地望不详。
  言"刍于某地"的卜辞有：

  贞弓刍于戋。(《合集》151正、《乙》3422)

> 庚辰卜，宾，贞朕芻于門。
> 贞朕芻于丘剩。(《合集》152 正、《乙》6899)
> 奠弜芻于橐（《合集》11408、《佚》910)
> 贞芻于旬。(《合集》11407)
> 贞䧅芻于秋。(《合集》150 正、《合集》225)
> 贞㠯芻于兹庙。(《合集》249、《乙》3331)
> 贞于敦大芻。(《合集》11406、《前》4·35·1)

朕是商王自称，弓、奠、䧅、㠯等是人名，戋、門、丘剩、橐、旬、秋、庙、敦皆是地名。芻是动词，即"养牛羊曰芻"之义。"芻于某地"反映此地是王室的放牧区，即牧场。像上引《合集》11406 的敦地，就是以放牧牛为主的一个牧场。如：

> 庚子卜，亘，贞勿牛于敦。(《合集》11153)

"勿"字在卜辞中为一否定词，"牛"为动词，有放牧牛之意。"勿牛于敦"是贞问不要在敦地放牧牛吗？但事实上敦地是王室的牧牛场地，如：

> 贞王往省于敦。小告
> 贞王勿往省牛。三月。(《合集》40181)

"省牛"是视察牛群。商王前往敦地"省牛"的卜辞还见于《合集》9610、11171 等。可见卜辞言"芻于某地"者。其地皆是牧场。

从事畜牧业的生产者是"芻"（见后），故凡有"芻"的地方，当是畜牧之地，亦即商王室的牧场之所在。如：

> 牧致芻于敦。(《合集》104)
> 勿牧致芻于敦。(《合集》105)

敦是地名，此两辞卜问是否向敦地派送从事畜牧生产的劳动人手，其地无疑是设有牧场。

> 取竹芻于丘。(《合集》108)

丘是地名，竹是一个诸侯，见于青铜器铭文，称为孤竹[1]。其地在今河北省的卢龙县境到辽西一带。甲骨文中有"令竹"(《合集》20333)、竹向王室入贡(《合集》902反)。"竹芻"是竹国的芻牧者，其先当在丘地放牧，此是卜问将其取走之事。

在益地有芻牧者：

> 癸丑卜，争，贞旬亡祸。王占曰：有祟，其有梦。甲寅允有来艰。左告曰：又龏芻自益十人又二。(《合集》137正)

龏字，从止从立。胡厚宣谓，"止有向前之义。立与位同，像人本来安居其位，因受逼迫而出走，其义为逃亡"，又谓"卜辞亦有亡字，但皆用为有无之无，绝无用作逃亡之义者。凡逃亡之字皆作龏"[2]。其说甚是。"龏芻"是芻逃亡了。"又龏芻"说明芻的逃亡不止一次，这一次逃跑了12个人。"益"地的芻牧者不断地逃亡，可知此地聚集有不少芻牧之人，当是一牧场之所在。

在穽地有芻牧者：

> 贞龏芻自穽，[不]其得。(《合集》135正甲)
> 己卯卜，㱿，贞沐幸芻自穽。(《合集》136正)

"得"是获得。"不其得"意为不会捕捉到，从穽地逃亡的芻不会被捉到。沐是人名，幸字像拘捕罪人的手枷形，此辞中为动词，有捕捉义。此地有芻逃亡，有芻被带上手枷，知此地亦有不少芻牧者，为一牧场无疑。

在雔地有芻牧者：

> 贞幸雔芻。(《合集》122)

---

[1] 李学勤：《试论孤竹》，《社会科学战线》1983年第2期。
[2] 胡厚宣：《甲骨文中所见殷代奴隶的反压迫斗争》，《考古学报》1976年第1期。

雎是人名，前引《合集》的 150 片有"雎刍于秋"的内容。是商王命他到秋地去管理刍牧之事。甲骨文中人名往往与地名同名，此辞的"幸雎刍"之雎即是地名，意为给雎地的刍带上手枷。是雎地亦为一牧场。雎的地望，王国维认为即《续汉志》河内郡山阳县的雍城，在今河南省修武县西①。

二 在诸侯国境内的牧场

在诸侯国境内的牧场，就甲骨文所见，有以下一些。

（一）在攸侯境内的牧场

卜辞云（图 4—11）：

戊戌，贞右牧于爿，攸侯叶鄙。
中牧于义，攸侯叶鄙。
〔左牧于□，攸侯叶鄙〕。（《合集》32982）
□卯，贞右牧〔于爿，攸侯〕叶鄙。（《屯南》242）

《合集》32982 一片甲骨上，"左牧"一辞残去，按商人习惯，有右牧、中牧，必有左牧存在，故可补足全辞。叶是攸侯的私名，鄙即边鄙。"攸侯叶鄙"即在攸侯叶的边鄙地区，商王室在这里设有右、中、左三牧场。右牧场在爿地，甲骨文中又称为"爿牧"：

在爿牧……在虎……方……（《合集》36969）
甲辰卜，在爿牧延启又……邑……在洒。弘吉（《屯南》2320）

图 4—11 右、中牧场卜辞
（《合集》32982）

---

① 王国维：《殷虚卜辞中所见地名考》，《观堂别集》卷一，中华书局 1959 年版。

爿可称为爿牧，是"中牧于义"之义地，也可称为"义牧"。即义地的牧场。在攸侯叶边鄙的三个牧场，是属于王室的。知者乃是由王室官吏去管理，如卜辞：

    壬申卜，在攸，贞右牧禽告启……（《合集》35345）
    癸酉卜戍戋。右牧禽启人方，戍有戋。弘吉（《屯南》2320）

"右牧禽"乃是禽为右牧场的管理者，此"右牧"是禽的官职名。此辞中的"右牧"非王畿内的右牧，由其"在攸"地贞卜禽的活动可知。对于禽这个人，我们在前面曾指出过，是王室职官。由王官去管理的牧地，当然属于王室所有。

  （二）在易伯境内的牧场

    甲戌卜，宾，贞在易牧获羌。（《珠》758、《通》462）

易是商时一诸侯，甲骨文称为"易伯"：

    辛亥卜，㱿，贞王惟易伯㚣从。（《合集》6460）

"㚣"为易伯之私名，与前"攸侯叶"之叶义同。"易牧"即是在"易伯"境内的牧场。易牧之地有牛和犬，卜辞云：

    兹易伯牛……勿……（《合集》3393）
    兹致犬二百……易……（《合集》8979）

可见易地向王室提供牛和犬。易国一次向商王朝进贡200只犬，可知其养犬已具规模。易国的地望由其可获羌知在今西北地区带。因羌族居于今陕西北部一带，易地既然能获羌，就说明其地距羌人居地不远。

  （三）在侯卓境内的牧场

    㘴芻于卓。（《合集》249）

丩是商王室一官吏，如卜辞：

乙酉，贞王令丩屠亚侯，右。（《合集》32911）
甲午卜，争，贞呼丩从王……（《合集》8282）

卓，卜辞称为侯：

贞王从侯卓……（《合集》3355）
侯卓来。（《合集》3354）
□□卜，王从侯卓……（《合集》32813）

知为商时一诸侯。其地近洍：

三日乙酉又来自东洍，呼卓告旁戎。（《合集》6665正）

洍地在今山东省临淄附近。①"旁"为一方国，卜辞有旁方（《合集》6666）。此辞意为东洍地有变故，商王命令侯卓去传达王命，让旁方首领去平息此事。"戎"此为戎兵，有平息之义。旁方之首领曾为王官，称为"亚旁"（《合集》26953），故得执行王命。而卓与洍、旁地望，由此辞可知是相近的。"丩芻于卓"，是商王派丩去管理卓侯国境内的芻牧之事，其牧地当由王室经管。

（四）骨子国境内的牧地

癸未子卜，芻骨……（《龟》2·22·6）
乙亥子卜，芻骨，入。（《合集》21713）
庚辰彻卜，芻骨，入。（《续存下》585）

"芻骨"是卜问到骨地芻牧之事。入，进入骨地芻牧。卜辞有"子骨"（《合集》20051，《缀合》390）"骨任"（《续》4.28.4，《天》87），任即五等诸侯中的"男"②。骨地设有王室牧场，故卜辞有向骨境致送芻牧劳力者：

---

① 董作宾：《东洍与洍》，《大陆杂志》第6卷第2期。
② 林沄：《甲骨文中的商代方国联盟》，《古文字研究》第六辑，中华书局1981年版。

>贞侯致骨刍。允致。(《合集》98 正)
>……允叶，率致骨刍。(《合集》97 正)

"侯致骨刍"是商王令侯向骨地致送刍牧人手，"允致"是验辞，表示侯已经向骨地致送去了刍牧之人。王命人向骨地输送畜牧人，其牧场属于王室。

（五）奠侯境内的牧场，卜辞云

>庚午卜，宾，贞㠯殳刍奠。(《合集》143)
>……㠯殳刍［奠］。(《合集》144)
>□午卜……奠刍……(《合集》146)

"㠯殳"应是人名。"刍奠"、"奠刍"是在奠地行刍牧，奠是商时之侯国：

>贞勿曰：侯奠。(《合集》3352)
>甲寅卜，王呼致，侯奠来［告］。六月(《合集》3351)

（六）在雇伯境内的牧场

>雍刍于雇。(《合集》150 正)

此是商王命雍到雇地去主管刍牧之事。在甲骨文中称为"雇伯"：

>呼取雇伯。(《南师》1.80)

雇地在征人方的途中：

>癸亥卜，黄，贞旬亡祸。在九月，征人方。在雇彝。(《合集》36487)

雇的地望，王国维认为在河南省荥阳卷县北之扈亭，郭沫若认为其地应在今山东省范县东南五十里的顾城。①

（七）在肱地的牧场

在商代铜器上有"肱牧"一词。1978年10月在西安袁家崖的一座商代晚期墓中，出土一件铜爵，其上有铭文"肱敎（牧）"二字。肱字作⸢形。②肱其人在甲骨文中称为"王肱"（《合集》5532）、"中子肱"（《合集》21565），或直称"肱"（《合集》10419）。甲骨文中的王一般指商王，若在私名前或私名后加上一"王"字，则为边鄙之地的小国君长之称，其地位与常见的侯、伯、子、男无异。③此"肱"既称"王肱"，又称"中子肱"就是一个例证。"肱牧"即在肱地的牧场。西安老牛坡曾发现商代大批墓地和遗址，传说是商时崇侯的领地，肱当为其地的一小国。

（八）在侯专地的养猪场

卜辞云：

贞呼作圂于专。
勿作圂于专。（《合集》11274）

辞意为命建造猪圈于专地，还是不建造猪圈于专地，是卜问在侯专的辖地内造猪舍之事。甲骨文占卜之事，往往是正反贞问，行此事是否吉利。而所卜之事即是商王要进行之事，一般是将要实施或准备实施。专是一诸侯，卜辞称为"侯专"：

癸酉卜，王，贞余从侯专。八月。（《合集》3346）

专还曾是王室的史官，为贞人，④ 与王室关系甚密切，故商王在其境内建造养猪场。

---

① 郭沫若：《卜辞通纂》，科学出版社1983年版，第535页。
② 《集成》8197。《集成释文》释此器为"又敎"，不确，"又"应为"肱"字。牧字从羊与从牛同，皆为牧字。
③ 齐文心：《关于商代称王的封国君长的探讨》，《历史研究》1985年第2期。
④ 王宇信：《甲骨贞人"专"时代的审定》，载胡厚宣主编《甲骨探史录》，生活·读书·新知三联书店1982年版。

（九）在孤竹国内的牧场

解放后在河北省丰宁县发现一件商代柱足鼎，口沿内有"亚牧"二字，器主当是商一牧官（见《文物考古工作三十年》第39页）。丰宁地望接近坝上草原，非常适宜畜牧。此地出有牧官的铜器，可能是此人在该地为王室掌管畜牧而留于此。丰宁地在商时的孤竹国范围内。[①]

从上面列举商代牧场情况可以看出，其牧场的设置是较多的。地域上，遍及全国各地。就牧场所在地而言，有设在国之边鄙者，如攸侯叶鄙的三个牧场；有设在商王的狩猎地，如雍、丘剢；也有的设在农业地区，如戋、敦。卜辞有在该地卜问受年的。如：

　　辛巳卜，争，贞戋不其受年。（《合集》9775正）
　　贞戋受年。（《合集》9774正）
　　乙卯卜，宾，贞敦受年。（《合集》9783）

在农耕区芻牧，虽有农牧争地的矛盾，但也有利用农作物禾秆作饲料的有利方面。若处理得当，可收相得益彰的效益，只要加强管理，农牧争地的矛盾当可得到解决。今日在农区的间隙地内，还有利用空间放牧牛羊者。在京广沿线的河北、河南境内，本为农区，若乘火车经过，在窗外可时时看到白色羊群放牧其间，宛如蓝天中的朵朵白云。若农作物收成后的农闲地，更是绝好的牧地。古人农田实行休耕制，有不易之地（年年耕种），一易之地（耕种一年，休耕一年），再易之地（耕种一年，休耕二年）（见《周礼·地官·大司徒》）。在休耕地上放牧，还可增加土地的肥力。在农区进行放牧，说明商人已能较好地处理农牧业间的矛盾，更能反映出所具有的管理水平。

第五节　畜牧生产的劳动者——芻

在商代从事畜牧业生产的劳动者称为"芻"，卜辞中有芻和牧直接相连构成一词，称为"牧芻"，如卜辞：

[①] 李学勤：《试论孤竹》，《社会科学战线》1983年第2期。

呼取牧芻。(《合集》111)

□□卜，争，贞羽致牧芻。(《合集》409)

"牧芻"即放牧牛羊之芻牧者。甲骨文中的芻字作 形，像以手割草。《说文》"芻，刈草也"，正是其本义。《说文》又云芻之形"象包束草之形"，唐兰已指出其说"非是"①。对古文献中芻字的训义，见朱骏声《说文通训定声》，其说云：

芻，刈草也。象包束草之形。按象断草包束以饮马牛者也。此字兼象形、会意……《小尔雅广》"物秆谓之芻"，又生曰芻。《诗·白驹》"生芻一束。"……《礼记·月令》"共寝庙之芻豢"，《孟子》"犹芻豢之悦我口。"谓食芻之牛羊也。又《周礼·充人》"芻之三月"，《注》"养牛羊曰芻"。

据朱骏声的解说，芻义有三：(1) 指饲养牲畜的饲草，即"物秆"；(2) 饲养牲畜的行为，即"养牛羊曰芻"之义；(3) 指食芻草的牲畜，即《孟子》讲的"悦口"之芻豢。甲骨文中的芻字，有言"芻于某地"的，如"芻于雇"《合集》150)、"于敦大芻"(《合集》11406)、"芻于教"(《合集》20500)是第(2)义，指放牧畜这种活动。朱氏所有第(1)、(3)两种用义，卜辞不见。在甲骨文中除作为动词用，义为放牧、饲养牧畜这一行为之外，作为名词则指从事畜牧业的生产者。甲骨文中有芻逃亡的：

贞坴芻得，不其得。王占曰：吉。其得。(《合集》133 正，反)

"得"是追而捕获，得到之意。知所亡之芻不是牲畜牛羊而是人者，由以下卜辞可证：

癸丑卜，争，贞旬亡祸。王占曰：有祟有梦。甲寅允又来艰。左告曰：又坴芻自益十人又二。(《合集》137 正)

□戌□……仆龟芻坴自爻围六人。六月。(《合集》138 正)

---

① 唐兰：《天壤阁甲骨文存考释》，北京辅仁大学出版社 1939 年版。

"圥嫊"自某地而称若干"人",可见所逃亡的"嫊"是人而不是牲畜。

一 嫊的来源

嫊主要是羌族人,在甲骨文中"羌"和"羌嫊"有时可以互用,如卜辞:

倪至,告曰:雸来致羌。
止(之)日倪至,告曰:雸来致羌嫊。(《合集》39496正、反)

这两辞是一片甲骨上正反两面的刻辞。正面辞说,倪来报告雸要向王室致送"羌"这一消息,反面辞则说是"致羌嫊",是"羌"与"羌嫊"为同义语。另外,甲骨文中有"斝嫊"(《合集》96正),此"斝"在他辞中称为"羌斝"(《合集》22134),亦可证嫊为羌人。

"羌嫊"是从羌族中抓获的俘虏转变而来的,如卜辞:

丁未卜,田于西。
[丁]未卜,贞其田于东。
丁未卜,贞令戍、光又获羌嫊五十。(《合集》22043)

此片甲骨上三条辞,其中两条卜田猎,一条卜令戍和光二人去抓获五十个羌人充作畜牧人手。商代田猎目的之一是进行军事训练,① 故行猎时常有捕到异族俘虏之事,如:

丙寅卜,子效臣田获羌。(《合集》195正乙)
乙卯卜,争,贞今齒令多田,从𢦔至于淹获羌。王占曰:艰。(《合集》199)

《合集》22043中言"令戍、光又获羌嫊五十",意为命令他们去捕获五十个

---

① 杨升南:《略论商代的军队》,载胡厚宣主编《甲骨探史录》,生活·读书·新知三联书店1982年版。

羌人，以作为畜牧业中的人手。而《合集》94 一辞，恰与此相印证：

　　甲辰卜，亘，贞今三月光呼来。王占曰：其呼来。气至惟乙。旬有
　　二日乙卯，允又来自光，致羌芻五十。

由前引《合集》22043 片甲骨知，此辞中光所致送于王室的五十个"羌芻"，是从战场上抓获的。

王室羌芻的另一来源主要由各贵族、诸侯提供，在甲骨文中称为致、取、来等，如言致的，除上面所引卜辞外，他如：

　　乙未卜，宾，贞致武芻（《合集》456）
　　贞吴率致羀芻。（《合集》95）
　　乙丑卜，㱿，贞即致芻其五百隹六。
　　贞即致芻不其五百隹六。（《合集》93 正）（图 4—12）

图 4—12　贡芻 506 人的甲骨

（《合集》93 正，局部）

"即"是人名，祖庚、祖甲时甲骨文中担当贞人之职，当是一贵族。《合集》93 卜问他是否向王室送来五百又六个芻牧生产者。一次向王室输送 506 个从事畜牧生产的人手，此可见当时畜牧业所需劳动力的数量之大，亦可见其畜

牧生产的规模是相当可观的。

"来刍"是从中央王室角度卜问,某人是否向王室送来刍牧劳动者。卜辞云:

> 戊子卜,王,贞来兢刍。(《合集》106)
> ……吴来刍。(《合集》107)

言"取刍"者,一是言取某人的刍,如:

> 丁巳卜,争,贞呼取何刍。(《合集》113 正甲)
> 庚子卜,亘,贞呼取工刍,致。(《英藏》757)
> 贞令雀〔取〕雍刍。(《合集》119)
> 贞取克〔刍〕
> 贞取般〔刍〕。(《合集》114)

何、雍、克、般皆为人名。"取"是王室向诸侯贵族"索取"。在古文中"取"字是上级向下索取贡物的用词。关于此字的用义,我们在第二章《土地制度》第一节《国家(或商王)对土地所拥有的权力》中已作了论述,请参阅,此从略。这种"索取"应是带有强迫性的。

取的另一用义为将某人的刍从某地取走,如:

> 取竹刍于丘。(《合集》108)
> 勿取夫刍于〔隹〕。(《合集》109)
> 庚寅卜,宾,贞呼取扶刍于□。(《合集》110)

竹、夫、扶皆是人名。竹称为"卜竹",又是商时一方国。扶是武丁晚期一贞人,为王朝贵族。卜辞"于"后一字虽残,但为地名是可知的。这类辞是王室直接从诸侯、贵族的某地取走刍牧劳动力。

二 刍的身份

由羌族这样的异族战俘转变成的畜牧生产者的刍,其地位是相当悲惨的。他们从事着繁重的畜牧生产劳动,但其生命却得不到保障,只要需要,他们就被作为祭神牺牲，像牲畜牛羊豕一样，被宰杀，如卜辞云：

　　　　来芻陟于西示。(《合集》102)

"示"是神主牌位①。"西示"当是置于宗庙中西侧的神主牌，此犹后世的昭穆制。"陟"字为一祭名，《说文》"陟，登也"，即升，有奉献之义。此辞意为：某人向王室送来芻牧劳动者，用以升祭于西示。又如卜辞云：

　　　　乙酉卜，左□己芻。(《合集》22062 反)

"左"后所缺一字，当是先祖或先妣的区别字，此片甲骨为武丁时所卜，武丁之前祖先名己者唯雍己一人，先祖配偶庙号为己的有仲丁、祖乙二人。此"□已"是"雍己"还是"妣己"已不可知，但为用芻以祭祖神则是一定的。

芻由于是处于被奴役地位，其劳动是被迫的，他们不堪忍受奴役而常逃亡，如：

　　　　贞㚔芻得（《合集》133 正）
　　　　贞㚔芻不其得。（《合集》131）
　　　　甲寅卜，争，贞㚔芻弜得。（《合集》130）

㚔字义为逃亡，"得"是获得，是卜问逃亡之芻能否捕获得到。又如：

　　　　癸丑卜，争，贞旬亡祸。王占曰：有祟。有梦。甲寅允有来艰。左
　　　　告曰：有芻㚔自益十人又二。（《合集》137 正）

此辞是左来报告说益地的芻牧者逃跑了十二个人。"王占曰：有祟。有梦"，商王看了兆象说，有灾祸，与昨夜所梦见的事相同。可见商王做梦都在担心着芻牧的逃亡，亦见其芻逃亡之频繁，它已构成对王室的一大威

---

① 杨升南：《从殷墟卜辞中的"示"、"宗"说到商代的宗法制度》，《中国史研究》1985 年第 3 期。

胁。逃亡的刍，商王要令人将其捕获，卜辞常问"壴刍不其得"是问不会捕捉到已逃亡的刍牧之人吧。甲骨文中有一辞记载逃亡的刍要在第八日之后才能捕获：

> 己卯卜，㱿，贞沐幸壴刍自穿。王占曰：其惟丙戌幸，有尾。其惟辛，家。（《合集》136 正）

"有尾"之"尾"读为祸祟之祟，"家"读为"嘉"，义为美、善、祥。① 辞义为从穿地逃亡的刍牧之人，在丙戌日去捕捉，会有灾祸，不吉利。在辛日去捕捉，则吉利，嘉好。丙戌是己卯后第八日，丙戌后的第一个辛日是辛卯，距己卯日为十三天。可见逃亡的刍牧之人，要捕回之不易。搞不好，还会"有祟"，对捕手产生不利。从"有祟"这一占辞可以想见，这些逃亡者已不仅仅是消极逃跑，而是有对抗追捕者的能力和手段。

商统治者对被抓回的逃亡者，投入监牢之中，但他们还是设法再次逃亡，如卜辞：

> ……己未㑄（搜）黾刍羍自爻圉。（《合集》138）
> 癸亥卜，争，贞旬无祸。［六日］戊辰黾刍羍自爻圉六人。八月。（《合集》139 正、反）

圉字卜辞作▨形，方框内从羍从口。从羍从口像拲手刑具连有项枷之形。从方框者，方框是房屋的平面图，表示受刑而且被拘于牢狱之中。② 羍字不见于字书，或释为拲，或释为桎梏之桎。胡厚宣谓其字与壴字同用，字从止从幸，像罪奴被以刑具，终亦挣扎而逃脱，其为逃亡之义则一。爻为地名，"爻圉"是爻地的监狱③。卜辞义为：在爻地的监牢中，有六个刍牧之人逃亡掉了。

商代统治者把刍牧之人当做牲畜一样，从他们对逃亡刍捕捉时的用词可见其义。如：

---

① 胡厚宣：《甲骨文中所见殷代奴隶的反压迫斗争》，《考古学报》1976 年第 1 期。
② 同上。
③ 齐文心：《殷代的奴隶监狱和奴隶暴动》，《中国史研究》1979 年第 1 期。

······罤芻于······（《合集》149）

吴率致罤芻。（《合集》95）

罤字从网从兔，其本义是狩猎时以网网兔，是商时一个狩猎用语，商承祚释为《尔雅·释器》"兔罟谓之罝"的罝之本字。① 卜辞有"罤豕"（《合集》10726）、"罤虎"（《合集》20710），故不仅用为捕兔的用语。"罤芻"则是视捕逃亡之芻与猎捕豕、虎一类动物一样。

为了防范芻在劳动中怠工、逃跑，商统治者对他们加以严密监视，如卜辞：

萑芻。七月。（《合集》294）

此片甲骨现藏法国巴黎中国学术研究院，雷焕章收入所编《法国所藏甲骨录》一书中的第一片，他在释文中云：萑字释为"观察"是最恰当的解释。又谓芻"当为名词似较允当，意指'割草之人'"②。此辞虽甚残，但"萑芻"二字完整，此"萑芻"应是对从事芻牧之人的一种监视行为。

由上可见商代畜牧业中的直接生产者是芻。芻来源于被俘的羌人。羌族本是西北民族，善于畜牧业。《说文》"羌，西戎牧羊人也，从人从羊"。《风俗通》说，"羌，本西戎卑贱者也，主牧羊"。故商人用其所长，将其民捕获以为商统治者从事畜牧生产劳动。芻的身份，由其被当做牛羊一样，用作祭神的牺牲，无疑为当时最受压迫的奴隶。故他们要不断地以逃亡的形式来反抗这种压迫，而王室不仅平时监视其劳动，还随时加以镇压，甚至投入牢狱之中。

第六节 畜牧业的管理体制

畜牧业是商代一重要经济部门，其牧场遍于各地，为使其正常从事生产活动，在王室内建立了一套管理畜牧业的行政体制。这套体制包含有以下一

---

① 商承祚：《殷虚文字类编》第 7 卷，决定不移轩石印本 1923 年版，第 15 页。
② 雷焕章：《法国所藏甲骨录释文》，利民学社 1985 年版，第 135—136 页。

些方面。

一 牧官的设置

在甲骨文中作为总管王室畜牧业的职官称为"牧",如卜辞:

> 戊戌卜,宾,贞牧匄[羌],令遘致受。(《合集》493 正)

匄读为丐,有乞求、要求之意。"牧匄羌"是牧要求提供羌人以补充畜牧业中的人手(羌是畜牧业劳力的主要成员,说见上)。"令遘致受"是商王命令遘将羌人送往受地,以补充那里的畜牧劳力。这里要求提供羌人的"牧",当是王室的畜牧业主管者。

在商代的青铜器铭文中常见有"亚牧"的徽识,罗振玉编的《三代吉金文存》和《续殷文存》书中都收录有。① 解放以后在河北省丰宁县出土的一件商代柱足鼎的口内有"亚牧"铭文(图4—13)。② 1952 年在河南省安阳殷墟出土的一件铜爵上有铭文"亚牧"二字(见《中原文物》1988 年第 1 期),与已著录的铜器铭文相同。"亚"为商时地位较高的职官。在铜器铭文中还有"牧正"徽识,1959 年在四川彭县竹瓦街出土的铜器中,有"牧在父己"觯,徐中舒认为这批铜器为商代物③。有"牧正"之铭文铜器在 1976 年陕西宝鸡竹园沟的七号墓所出的铜觯上,1977 年陇县韦家所出的一件铜尊上也有④。这两件铜器皆为晚商时物,与竹瓦街铜器群的制作时代大致相当。牧、亚牧、牧正应为同类职司的官吏,为王室畜牧业的主管者⑤。

图4—13 河北丰宁亚牧铭文
(《三代》14·35·4)

---

① 罗振玉:《三代吉金文存》3.15.1,14.35;3—4;《续殷文存》51.2。
② 文物编辑委员会编:《文物考古工作三十年》,文物出版社 1980 年版,第 39 页。
③ 徐中舒:《四川彭县蒙阳镇出土的殷代二觯》,《文物》1962 年第 6 期。
④ 陕西考古所编:《陕西出土商周青铜器》(3),文物出版社 1984 年版。
⑤ 裘锡圭:《甲骨文所见的"田"、"牧"、"卫"等职官研究》,《文史》第 19 辑。

甲骨文中有"芻正"：

> 貞呼芻正。（《合集》141 正）

"芻正"當是一官職名，《爾雅·釋詁》"正，長也"，郭璞注謂"官長"。芻指芻牧之人，"芻正"即是管理芻牧之人的職官。商時畜牧業發達，從事其勞動之人多，故設有專職官吏主管其事，如管理農業勞動者的"小眾人臣"一樣。

對各種牲畜也設有專職主其事。甲骨文中有以馬名官的，如馬亞、多馬亞、多馬：

> 貞多馬亞其有禍。（《合集》5710）
> 貞其令馬亞射麋。（《合集》26899）
> 貞令多馬衛于北。（《合集》5711）

商代用戰車，戰車要以馬牽引，上述馬亞、多馬亞、多馬當是商時的武職官名[1]。具體主司馬者，當是"馬小臣"：

> 丙寅卜，惟馬小臣……（《合集》27881）
> ……來告，大方出伐我師，惟馬小臣……（《合集》27882）

"馬小臣"與"小藉臣"主管耕藉事一樣，當是主管養馬事宜。甲骨文中還有"多馬羌"和"多馬羌臣"兩種官名：

> 貞令多馬羌。（《合集》6763）
> □寅卜，賓，貞令多馬羌禦方。（《合集》6761）
> ……多馬羌臣……（《合集》5718）
> 丁亥卜，賓，貞惟羽呼小多馬羌臣。十月。（《合集》5717）

羌是商代畜牧業生產的芻牧勞動者。"馬羌"是馬的飼養者羌人之意。作為

---

[1] 陳夢家：《殷虛卜辭綜述》，科學出版社 1956 年版，第 508—509 頁。

一种官职名,意为管理养马的羌人。马由羌人饲养,主管养马的羌人之职,当然是主管养马事务,此与《周礼·司马》的属官"校人"地位相当。

主管牛的官职,称为"牛正"或"牛臣"。在商代一件铜尊上,有"父癸牛正"铭文①。"牛臣"之词见于甲骨卜辞:

　　……前牛臣㐰。
　　……[牛]臣……呼前有㐰。(《合集》1115[反])

"牛正"与"牛臣",即是主管牛的饲养之官。甲骨文中主管羊、猪、犬的官称为"司",如:

　　癸卯卜,今日侑司羊。用。七月。(《合集》19863)
　　……羊、豕司。(《合集》19210)
　　惟豕司。(《合集》19209)
　　惟彘司。用。(《合集》19884)
　　惟豭司衒。吉 (《合集》19212)
　　甲午卜,𠂤,司犬。(《合集》20367)

"司"即其事的执掌者。《说文》"司,臣司事于外者,从反后"。段玉裁注云:"外,对君而言,君在内也。臣宜力四方在外,故从反后。《郑风》'邦之司直',《传》曰'司,主也'。凡主其事,必司察恐后。故古别无伺字,司即伺字。"朱骏声《说文通训定声》引《周礼》注,"凡言司者,总其领也"。司羊或羊司,是主管羊业之职,其他豕司、司犬亦是豕、犬之家畜主管者。在商代的青铜器上,有不少以马、牛、羊、豕、犬为徽识者,即铸器者的族徽。"官有世功,则有官族"(《左传》隐公八年),这些铜器的制造者,其先祖当是为商王室主管该种牲畜的职官,因其有"世功"而以"官"为其族。

商王对牧场的经营十分关注,各牧场的管理人选皆由商王委派,并通过"灵龟"占卜,征得神灵的认可,如卜辞云:

---

① 罗振玉:《三代吉金文存》卷11.15.5。

雍芻于雇。(《合集》150 正)
贞弓芻于戋。
贞弓芻勿于戋。(《合集》151 正)
贞㞢芻于兹庙。(《合集》249)

上引甲骨卜辞，是商王通过"灵龟"占卜，卜问派这些人到所指派的地方去主管芻牧之事是否可以。裘锡圭说，这些由中央王朝派往各地主持畜牧业的官吏，后来就演变成统治一方的诸侯。像穿地，前已述及是一牧场。西周时的《豆闭簋》铭中有"穿俞邦君"，是此地由商时一牧场，而变为一诸侯国。所以，在古书里，"牧"也用作对诸侯的称呼。①

派往牧场去的人选是否合适，派某人到何地去主其事为好，要经过反复卜问而决定。从下面一片甲骨上有关派雍到何地主管芻牧之事的占卜，可反映出这一事实：

雍芻于苋。
雍芻勿于苋。
贞雍芻于秋。
雍芻勿于秋。
贞雍芻于苋。
［雍芻勿于苋］
雍芻于雇。
［雍芻］勿于雇。(《合集》150)

商王准备让雍主管一地的芻牧之事。但是派他到苋地、秋地还是雇地去主其事，看来商王心中无数，拿不定主意，故要在龟甲上反复多次占卜以决定其派往何地。可见商王对派谁到何地去主持畜牧事的重视。

二　牧场管理者向王朝报告牧情

商王为掌握各牧场的经营情况，各牧场的管理者要定时向商王朝报告本牧场的情况，如前已举出过的下列卜辞云：

---

① 裘锡圭：《甲骨文中所见的"田"、"牧"、"卫"职官研究》，《文史》第 19 辑。

□子，贞牧告楸……（《屯南》149）
　　辛未，贞三牧告。（《屯南》1024）
　　王其祈，惟九牧告。（《天理》519）

"牧告"即牧场管理者向王室报告本处牧场的经营情况。"三牧告"、"九牧告"是三个牧场、九个牧场的管理者向王室报告情况。

三　商王对牧群的巡察

为了掌握、督察牧场的经营情况，商王或亲自、或派员到各牧场去巡察。这在甲骨文中称之为"省"。如卜辞云：

　　丙寅卜，㱿，贞王往省牛于敦。
　　贞王勿往省牛于敦。三月。（《合集》11171）
　　贞王往省牛。（《合集》11175）
　　贞王勿往省牛。十三月。（《合集》11170）

是商王亲往敦地去视察牛的饲养情况。商王或中央官署下令派专人去视察的卜辞，如：

　　贞王往省牛。（《合集》11175）贞呼省牛于多奠。（《合集》11177）
　　贞呼省专牛。（《缀合》220）
　　省倏马。（《合集》36990）

"呼省某（动物）"是商王下令臣下去视察各地的畜牧生产情况。其结果由他们向王室报告，以便王朝中央政府掌握、了解各牧场的牧情。

四　对优者的奖赏

对经营牧群情况好的，商王要给予奖励，如卜辞：

　　贞勿商牧。六月。（《屯南》附19）
　　壬辰卜，贞商牧。

贞勿商牧。六月。(《合集》5597)

上举卜辞的"商"字在否定词"勿"后，是动词，故此"商"字即"赏"字的假借。在西周金文中，此种用例常见，如《小子省卣》铭"子商小子省贝五朋"、"省扬君商"，《令簋》铭"王姜商令贝十朋，臣十家，鬲百人"。铭文中的"商"字皆用为赏赐之赏。刘心源谓"商用为赏，古刻通倒"[①]。卜辞"商牧"，即"赏牧"，是对经营有成效的牧场管理者给予赏赐。《夏小正》五月有"颁马"之举，《周礼·夏官》校人有"夏祭先牧，颁马攻特"，《礼记·月令》仲夏之月有"班马政"。郑玄注谓"马政调养马之政教也"。在颁布养马之政教时，当会有赏罚之举。如西周铜器《盠驹尊》铭载，周王参加"执驹"的典礼（幼马升为服马的典礼）时，就曾亲自颁赏。作为制度，马政年年在仲夏之月（五月）颁布，每年利用颁马政之机，实行奖优罚劣，将收最佳之功效。文献记载，周人颁马政在五月，与上举甲骨卜辞记商人赏赐畜牧者在六月，时间亦相近。若按传统的"三政"说，夏人建寅，商人建丑，则夏之五月，正是商之六月。商人在六月对"牧"行赏，其作用正与夏周"颁马政"的用意同。

从本章的叙述，我们可以看到商代畜牧业生产的状况和科技成就。畜牧业在商代的地位与农业一样，是一个独立的经济部门。它是商代人们（当然是统治阶层中人员）食物的重要来源之一。作为畜牧业的牲畜品种有马、牛、羊、猪、犬等五种主要牲畜，可能还饲养象和鹿。家禽有鸡、鸭、鹅等。后世畜牧业中的畜类品种，在商代已经齐备，而对于水牛的饲养则与今日北方的畜类有所不同；在畜牧业生产技术上，采用人工放牧和圈栏牢圈饲养相结合的方式。对牲畜已经采用去势阉割术，以促其育肥和选种。对牲畜的保护和防治疾病亦很注意，如对马可能已用草、革一类制的履以保护其蹄足。畜牧业生产领域已设立有专门的牧场。这些牧场不仅设立于王畿内，在诸侯方国内也设置有属于王室的牧场。畜牧业的生产者称为"刍"，他们是由被捕获的羌人而来的。他们在王室派人监督下从事劳动，因而常以逃亡方式进行反抗，商统治者对其加以残酷镇压，其身份应为奴隶。为管理畜牧业生产，王室已建立起一套有效的管理体制。王室

---

① 刘心源：《奇觚室吉金文述》卷一，石印本1902年版，第27页。

主管畜牧的官称为"牧",或称"亚牧"、"牧正"。各种牲畜亦有职官专司,如"马小臣"、"多马羌臣"以掌马政,牛司、司羊、豕司、麀司、司犬分别掌牛、羊、豕、犬之政事。各牧场由王室派专人主其事。牧场的管理者要定期向王室报告本牧场的情况,而商王也时时到各牧场去巡视或派专人去巡察。对经营管理好的牧场主,还加奖励赏赐。

从管理体制上可看出,上述商代的畜牧业是属于王室即商朝国家的产业。至于民间的畜牧业其规模不能与王室相比,民间应主要是家庭饲养为主,当然也有大小不等的牧群。但其牲畜的种类和饲养技术是会大体相同的。

第五章

补充肉食来源的渔猎活动

渔猎活动又称为捕捞活动，即是捕捉鸟兽和捞鱼摸虾。这种活动是早期人类获得肉类食物的主要来源。商代已进入文明社会，它的经济以农业为主体，畜牧业也成为一个独立的经济部门，所以渔猎活动在经济生活中的地位已大为降低，它已不是人们获取生活资料的主要手段，不是当时社会中的一个经济部门，所以我们称其为"渔猎活动"而不称为"渔猎业"。

商代人们渔猎活动的目的，是以所从事人群的阶层不同而有区别的。对于商王及其贵族们，狩猎的目的有三：一是游乐；二是军事训练；三是"获鲜"，用以饱口福及祭神。普通劳动者则是作为补充肉食品来源的一个重要手段，更多地具有经济方面的意义。当然，无论是哪个阶层的人们所进行的渔猎活动，都是以获得鸟兽鱼虾为其目的之一。既然渔猎活动是以猎获鸟兽鱼虾为目的，而它们又是具有经济价值的物品，所以渔猎活动在商代经济生活中，无论渔猎者们从何种目的去渔猎，都有一定的经济效应，故它也应是当时的一种经济活动，特别是在普通劳动阶层中更是如此，所以本书设专章叙述商代的渔猎活动概况。

研究商代渔猎活动的资料，主要是借助于商晚期即安阳殷墟出土的甲骨文，契刻在甲骨上的渔猎活动，都是商王及其贵族们的活动。但是，在渔猎活动中所获动物的种类、渔猎的技术方面，无论贵族、平民基本上是相同的，所以虽然我们所叙述的主要是反映统治阶层的渔猎活动，但也能反映出平民阶层渔猎活动的状况。

第一节 狩猎所获禽兽种类

从甲骨文记载和地下出土禽兽骨骼所见，商人猎获的动物种类多，数量亦巨，现分述如次。

一 猎获的兽类动物

商人狩猎获得的兽类动物有以下种类。

（一）虎

虎是一种猛兽，甲骨文中其字皆作侧视，张口露齿，夸大其嘴以别于他种兽。就甲骨文言，殷墟时代的商代晚期，从武丁到帝辛时期，都有猎获虎的记载。《合集》10197 是武丁时的一片甲骨，其上记商王在一次狩猎中，捕获到二百零五只禽兽，其中有两只母虎和两只雄虎：

乙未卜今日狩🐚，擒。允获虤二、兕一、鹿二十一、豕二、麂百二十七、虎二、兔二十三、雉二十七。十一月。

🐚是地名，是商人这次狩猎的地区。虤字从虎匕，指雌性虎，后一种虎字没有性别指示符号，当是指雄性虎，因前一种虎已经指明是雌性，故不再特别标出雄性符号。一次猎获四只虎，以及其他动物达两百多只，可推想其狩猎的规模不小。在帝乙帝辛卜辞中，有一次猎获了三只虎：

己亥卜，贞王田□麓，往来亡灾。获鹿四、虎三、麂二。（《合集》37463）

……兹御〔获〕虎三……狐……麂。（《合集》37366）

常见的是一次狩猎获虎一头的，如：

……狩，获虎一、豕□又六……（《合集》10200）

商人视捕获到虎为快意之事，不但寝其皮，食其肉，还特别把捕捉猛虎之事刻在食余的虎骨上。《怀特》1915 是一片现藏于加拿大多伦多博物馆的一块虎骨刻辞（图5—1），其文为：

辛酉，王田鸡麓，获大㲋虎。在十月。隹王三祀肜日。（《合集》37848 同文）

这是一片记事刻辞。上记在帝辛三年的十月辛酉日，商王在鸡山之麓狩猎，捕捉到一只大老虎，刻辞以为纪念。此刻辞显然是在炫耀这次狩猎的成绩。

在考古发掘中，也可反映出商人对虎是常有接触的。在 1953 年发掘郑州二里岗时，出土一件用泥质灰陶雕塑成的陶虎，两爪伏地，张嘴怒目，十分凶猛。① 1975 年在二里岗下层二期的探方内，发现一块上有"虎噬人"图案的陶片，其图案内容是："左侧为一个刻有面、眼、鼻、口、耳的人头像，头下有颈，颈下有肩；在人头左侧刻有一只似作跪立状的侧面虎，口大张，目前视，作欲吞噬人头状"②。在安阳殷墟曾发现虎的若干头骨及肢骨，经鉴定头骨有 20 多个。另外还有豹的头骨③。1950 年在武官村大墓中，出土 1 件虎纹大理石

图 5—1 虎骨刻辞
(《合集》37848 正、反)

磬，长 84 厘米，宽 42 厘米，厚 2.5 厘米，正面雕刻 1 只虎，"作张口欲吞状。"④ 同类型的磬，1973 年在殷墟小屯村北又发现 1 件。在商代铜器更常见虎纹。以虎作为艺术的雕刻题材，也反映出商人对捕获虎的嗜好。

（二）象

在甲骨文中的文字构形为突出长鼻，作 (《合集》10222)、 (《合集》10223)、 (《合集》10226) 等形，以区别于他种兽类。卜辞中有狩猎获象

---

① 河南省文化局文物工作队：《郑州二里岗》，科学出版社 1959 年版，第 31 页，图版 7：9；图 20：2。

② 河南省考古研究所编著：《郑州商城》，文物出版社 2001 年版，第 267 页，图一六三；彩版六。

③ 杨钟健、刘东生：《安阳殷墟之哺乳动物群补遗》，《中国考古学报》第 4 册，1949 年。

④ 郭宝钧：《1950 年春殷墟发掘报告》，《中国考古学报》第 5 册，1951 年。

的，如：

    今夕其雨，获象。（《合集》10222）

此"获象"与"获虎"、"获鹿"一样，是狩猎时捕获象的记载。在帝乙帝辛时，常有获象的卜辞，且有时一次可多达10头，如：

    辛未王卜，贞田曹往来亡灾。王占曰：吉。获象十、雉十又一。（《合集》37364）
    乙亥王卜，贞田噩往来亡灾。王占曰：吉。获象七、雉三十。（《合集》37365）

获象是指野生象被捕获，这反映出在商代中原地区本有象。我们在畜牧业章中已指出，商人已训养象，当是获野象而驯养。《吕氏春秋·古乐》："商人服象，为虐于东夷"，是使用象作战的记载。

（三）兕

甲骨文中的兕字头上有大角一只，作♁形（《合集》10405），为一象形字。《山海经·海内南经》"兕在舜葬东，湘水南，其状如牛，苍黑、一角"。"苍黑"，《说文》作"青色"。《山海经·南山经》南次三经中，"祷过之山，其上多金玉，其下多犀、兕"。郭璞注云："犀似水牛，兕亦似水牛，青色，一角，重三千斤。""三"字，郝懿行《尔雅·释兽》引此文云"三字衍"，是兕为重千斤，似青色水牛的大兽。兕一般是青色，偶尔也有白色。帝乙帝辛时捕获到一只白兕，商王以为珍奇，刻辞记事于兕头，其文云：

    在九月惟王□□祀肜日，王田孟于㑒□，获白兕。（《合集》37398）

《山海经》言兕在湘水南，其实在商代中原亦多兕。卜辞中，商人狩猎，从武丁到帝乙帝辛时，多有获兕。因为兕是凶猛的大型野兽，不易猎获，故卜辞常见一次获一只、两只，如：

    擒获麋八十八、兕一、豕三十又二。（《合集》10350）

但也有一次狩猎获多头的，如：

……获兕十一、鹿……（《合集》10308）

辛巳卜，在箕，今日王逐兕，擒。允擒十兕。（《合集》33374 反）

偶尔一次竟能捕获三四十头者，如（图5—2）：

□卯卜庚辰王狩……擒。允擒，获兕三十又六。（《屯南》2857）

擒，兹获兕四十、鹿二、狐一。（《合集》37375）

一次猎获达40头之多，可见在商末中原地区，兕牛是成群结队地出没于山水之间①。北方黄河流域多兕，到春秋战国时期还是如此，《左传》宣公二年宋国的华元说宋国"牛皮则有，兕虎尚多"。宋国的国都在今天的河南省商丘市。

卜辞猎兽称擒，是生擒，一次生擒36头或40头凶猛的兕牛，也反映出当时狩猎的规模大、狩猎者的技能高超。

图5—2 获兕四十的甲骨
（《合集》37375）

（四）豕

狩猎中猎获的豕是野猪，它与性格温顺的家养猪大异。野猪性凶猛，善奔突，不易猎获，且易伤人，所以猎人素有"一猪二虎"的意识，认为打野猪的危险性还胜于猎虎。卜辞常见猎豕有无灾祸的占卜，就知其危险性，如：

贞惟□豕逐，亡灾，弗每。（《合集》28368）

……麦田……亡灾……有大豕。吉（《合集》28311）

惟魃豕射，亡戈，擒。（《合集》33363）

---

① 胡厚宣先生在《气候变迁与殷代气候之检讨》一文中，引一条卜辞有商王追逐一百只兕的，其辞如下："□子卜，㱿，贞王逐百兕，阱。"

参加猎豕的是多马这样一些武装人员,如:

□□卜其呼射豕,惟多马。吉(《屯南》693)

狩猎获豕一般亦只一二头为常,十头以上的少见,较多的一次是前引《合集》10350 片,获豕 32 只。《合集》20723 上记获 40 头,乃为卜辞所见最多的一次:

……麋七十、彘四十、麂百。

卜辞彘字像豕身被箭射之形,当指野猪。野猪性凶猛,不易生得,多用箭杀伤方可获得,所以卜辞用这样的造型表示野猪。①

(五) 鹿

卜辞鹿字头上一般作两只角,其上再分叉,也有作一支角上分叉者,为其简写体:

☘ (《合集》10260)
☘ (《合集》10293)
☘ (《合集》10327)
☘ (《合集》10302 正甲)

鹿字在卜辞中是泛指鹿类动物。从地下出土的兽骨鉴定,商时有鹿、四不象麋、斑鹿等品种②,卜辞未予分别表示。在甲骨文中,鹿是狩猎的主要对象,常见逐鹿、射鹿、网鹿、擒鹿、获鹿的卜辞,如:

乎多马逐鹿,获。(《合集》5775 正)
丙戌卜王,我其逐鹿,获。允获十……(《合集》10950)

---

① 赵诚:《甲骨文简明词典》,中华书局 1988 年版,第 200 页。
② 杨钟健、刘东生:《安阳殷墟之哺乳动物群补遗》,《中国考古学报》第 4 册,1949 年;裴文中、李有恒:《藁城台西商代遗址中之兽骨》,《藁城台西商代遗址》附录 1,文物出版社 1985 年版。

贞王其令呼射鹿。(《合集》26907)
王涉滴射有鹿，擒。(《合集》28339)
呼多犬网鹿于蒇。八月。(《合集》10976 正)
狩，获。擒鹿五十又六。(《合集》10308)
王其田羌亡戈，擒鹿十又五。(《英藏》2289)
贞多子获鹿。《合集》10275 正
田羌往来亡灾。王占曰：吉。兹御，获鹿十五。(《合集》37400)

甲骨文中，获鹿最多的一次是一百六十二头：

……丁卯……狩征……擒，获鹿一百六十二……□百十四，豕……十，旨……(《合集》10307)

鹿性虽温顺，但听觉、嗅觉皆极锐敏，又善于奔跑，故亦是不易获得。如：

丁丑卜，我惟三十鹿逐，允逐。获十六。一月。(《合集》10950)

辞中的"我"是商王武丁的自称。此次狩猎发现一鹿群共有三十头，武丁去追逐，只打到十六头，跑掉了十四头，几乎有一半逃脱追捕。因而商王猎获到鹿时十分地高兴，有时把猎鹿之事刻在被猎获的鹿头上，以为纪念。

(六) 麋

甲骨文麋字作鹿身而特别突出目上的眉毛，以表声，其字作：

🦌 (《合集》10345 正)
🦌 (《合集》10372)
🦌 (《合集》10374)

《急就篇》："貍兔飞鼯狼麋麇"，颜注云："麋似鹿而大，冬至则解角。目上有眉，因以为名也。"此兽习性居水草，《诗经·巧言》有"居河之麋"，注云:"水草多谓之麋",故又称之为"水鹿"①。麋为鹿科,形似鹿而体大,一般体长两米多,肩高一米。雄性有分枝之角,是商代狩猎的主要对象,所获数量多,最多的一次曾捕获到七百头:

　　　　□□贞乙亥阱,擒七百麋,用㠯……(《屯南》2626)

这是一片第四期卜辞,即武乙文丁时的狩猎,其方法是用陷阱。在武丁时有一次狩猎捕捉到四百多头。

　　　　允获麋四百五十。(《合集》10344反)

这450头麋不知用何方式猎得,此版正面有12条卜辞,其中5辞是卜问能否擒获麋、鹿、兕、兔的,但亦未记用何方式狩猎。获数百头麋一般多用陷阱,如:

　　　　甫擒麋,丙子阱。允擒二百又九十。一月。《合集》10349
　　　　丙戌卜丁亥王阱,擒。允擒三百又四十八。《合集》33371

《合集》33371的"阱"字从麋,当是用陷阱捕获的麋鹿。《屯南》663是1973年出于小屯村南的甲骨,此版上有5条卜辞是关于狩猎的(图5—3):

　　a. 甲子卜……日王逐。
　　b. 乙酉卜,在箕,丙戌王阱,弗征。
　　c. 乙酉卜,在箕,丁亥王阱,允擒三百又四十又八
　　d. 丙戌卜,在箕,丁亥王阱,允擒三百又四十又八。
　　e. 丁亥阱,擒。允。

图5—3　狩猎阱麋的卜辞
(《屯南》663)

―――――
① 丁骕:《契文所见之鹿字》,《中国文字》第21期,1996年。

a 辞甲子距 b 辞乙酉，相距 22 日，是占卜商王去"逐"猎的，当与 b 辞所卜不是一回事。b—e 辞为一组占卜，卜用"阱"法狩猎。e 辞是 d 辞的"验辞"，即丁亥日去阱麋，"允"表示获得了 348 只麋。此版甲骨上的"阱"字从麋，故知所获是麋鹿。

获麋百只以上的狩猎，皆在一、四两期，第五期有一辞记获四十八只的，见《合集》37458。二期不见有获麋的记载，第三期虽有猎麋，但不见有猎获数量多少的记录。

麋过去一般认为它角似鹿而非鹿，头似马而非马，身似驴而非驴，蹄似牛而非牛，故名为"四不像"。其性温顺，食草为生，故易被大批猎获，遗骨在安阳殷墟有大量出土。1946 年杨钟健对殷墟 15 次发掘所出土的部分兽骨进行鉴定，其中"四不像鹿"骨骼在 1000 件以上，可见当时在中原麋鹿是很多的，故周武王在灭商后说商王国内，在从他未降生到灭商的 60 年间，"麋鹿在牧，蜚鸿满野，"① 他斩杀殷纣王而灭商后，在商境进行狩猎，猎获大量野兽，其中猎获到的麋鹿竟达 5235 只之多。②

（七）麛

卜辞麛字的字形，像鹿无角，表示幼鹿，其字作：

　　 （《合集》10386）

《国语·鲁语上》曰："兽长麑麛。"韦昭注云："鹿子曰麑，麛子曰麛。"《韩非子·说林》曰"孟孙猎得麛，使秦西巴持之归，其母随之而啼，秦西巴弗忍而与之"，是幼鹿称麛之证。幼鹿又称为麑，《淮南子·主术训》曰"先王之法，畋不掩群，不取麛夭"，注曰："鹿子曰麑，麛子曰夭"，夭即麛字，是幼鹿既称麛又称麑。商代没有"不取麛夭"之法，相反麛却是主要狩猎对象之一。

---

① 《史记·殷本纪》。

② 见《逸周书·世俘解》。武王此次狩猎获兽中，有麋和麌两种兽，麌数为 30 只，麋为 5236 只。注引梁处素云："麌必有一字作麋者，古麋麌多通写"。卜辞中有麌字，但不见有作兽名者当是此类兽少之故。因此，武王获 5000 多只的麋，以甲骨文中多麋相参照，应为麋。获麌 30，或是卜辞少见的麋。

在武丁时的一次狩猎中，除猎获兕虎等大批动物外，还猎获有麑127只：

  乙未卜今日狩🔲，擒。允获虤二、兕一、鹿二十一、豕二、麑百二十七、虎二、兔二十三、雉二十七。十一月。(《合集》10197)

另有一次狩猎捕获到麋70只，野猪40只，麑最多达100只：

  ……麋七十、豕四十、麑百。(《合集》20723)

一次狩猎捕获百头以上的，还见于《合集》10198，获麑159只：

  戊午卜，㱿，贞我狩敏，擒。之日狩，允擒。获虎一、鹿四十、狐一百六十四、麑百五十九……

《合集》10407 记捕获 199 只麑：

  ……其擒。壬申允狩。擒。获兕六、豕十又六、麑百又九十又九。

这是捕麑最多的一次。卜辞有特言明逐麑、射麑、执麑、获麑的：

  ……多子逐麑，获。(《合集》10386 正)
  王其射🔲麑，惟逐，无〔灾〕。(《英藏》2295)
  令戍执麑。十二月。(《合集》10389)

狩猎特指明捕获麑的卜辞，皆属武丁时期。武丁以后，对麑捕获的数量大减。二、三、四期只有两版甲骨的三条卜辞记有获麑的，但都无具体数字。第五期时猎麑的卜辞有所增加，但所获数量与武丁时相比也大为逊色。就卜辞所见，一次狩猎获麑或一只二只，最多的一次捕捉到八十只(《合集》37380)，是仅见的一次。出现这种现象可能缘于武丁以后，商人已产生了不猎幼鹿，使其长大体肥再捕的意识。

  (八) 狐

  此字从犬从亡。卜辞亡字皆读为有无的无而不读为逃亡的亡，如常见的"旬亡祸"，读为"旬无(wú)祸"，是卜问未来10天中有无灾祸，而不读作

"旬亡（wáng）祸"。故此字从无（wú）音，读为狐（hú），而不从亡（wáng）音，读作狼（láng）。在安阳殷墟有狐的骨骼发现，而未见有狼骨[①]，也为此字应读狐而不读狼提供一佐证。狐也是商人狩猎的主要对象之一，武丁时一次狩猎中曾捕获 164 只（见前引《合集》10198），可见狐这种野兽在当时也不少。以狩猎获狐次数论，当以帝乙帝辛时为多。此时见诸卜辞的获狐有 75 条卜辞，仅次于获鹿的次数。获狐的数量亦可观，一次捕获 10 只以上的有 17 次，40 头以上的有三次：

　　□□卜，贞王田鸡往来亡灾……弘吉，兹御，获狐八十又六。（《合集》37471）

　　……御……［获］狐四十……（《合集》37450）

　　壬子卜，王，贞田盂往来亡灾。王占曰：弘吉，兹御，获狐四十一、麑八十一、兕一。（《合集》37380）

甲骨文中有裘字（见《合集》4537、7921、7922 等），作形，像皮毛外露之衣。狐皮自古是做衣裘的上等原料，《诗·豳风·七月》"取彼狐狸，为公子裘"。商人大量猎获狐，当与此用有关。狐裘大约以白色最为珍贵，白狐稀少，在卜辞中获白狐的仅两见：

　　……白狐惟……（《合集》33364）

　　□□王卜，贞［田］𦎫往［来亡］灾。获鹿……麑二、白狐一。（《合集》37499）

（九）兔

卜辞兔字作短尾长耳形，猎获兔子以一期武丁时为多，《合集》10197 记获 23 只，《英藏》856 获 73 只：

　　……豕，允获……兔七十又三。（《英藏》856）

[①] 见杨钟健、刘东生《安阳殷墟之哺乳动物群补遗》之哺乳动物群材料表，《中国考古学报》第 4 期，1949 年。花园庄东地 H_3 坑出土甲骨中有狼字，见刘一曼、曹定式《殷墟花园庄东地甲骨考释教则》。

下面几条卜辞是关于获兔 74 只的记录，可能是一组同文而互有残缺，录如下：

> 戊寅卜，争，贞……豕四兔七十又〔四〕。（《合集》13331）
>
> ……我其狩盩……擒获兕十一、鹿……七十又四、豕四、兔七十又四。（《合集》40125）
>
> 戊寅……盩其……擒……麋……〔兔〕七十〔又四〕。（《天理》205）
>
> ……曰我其狩盩……。允擒，获兕十一鹿……七十又四，豕四，兔七十又四。（《苏德美日》附录一）

这四条卜辞可互补成一条较完整的卜辞，现补如下：

> 戊寅卜，争，贞……曰我其狩盩。其〔擒〕，允擒。获兕十一、鹿……、麋七十又四、豕四、兔七十又四。

盩，裘锡圭释为邲，认为即《左传》宣公十三年记晋楚战于邲的邲，其地在今郑州附近。① 这次狩猎捕获有兕、鹿、麋、豕、兔等多种兽类，捕获兔 74 只，也是甲骨文中所见获兔最多的一次。

总计以上所述，商人狩猎的对象中哺乳动物有虎、象、兕、豕、鹿、麋、麑、狐、兔等九种，实际当不止此。还有一些动物或者卜辞还未见到（因卜辞内容所限）、或见于卜辞而未予释读出来，这有待于今后的研究。现将杨钟健、刘东生对安阳殷墟出土的兽骨鉴定表中，去除其家畜牛、马、羊、犬四种外，将其他属于野生动物及既有野生又有家养的（如豕、象、鹿）动物种类和甲骨卜辞所见、《逸周书·世俘解》中周武王灭商后在商境狩猎所获的动物种类及数量制成一表（见表 5—1），以考察当时的哺乳动物群和人们狩猎获兽的种类：

藁城台西商代遗址中出有麕的骨骼，在安阳殷墟和卜辞中皆未见。鲸是海产，与狩猎无关。鼠类有三个品种，其遗骨亦不少，是否商人有捕鼠为食

---

① 裘锡圭：《释邲》，《古文字研究》第三辑，中华书局 1980 年版。

的习惯，不可知。若除去鲸和鼠不计，两种熊、两种猪以一种计，包括台西的麋在内，商时人的狩猎对象，在哺乳动物方面计有 25 种。

表 5—1　　　　　　　商境狩猎所获动物一览表

项目 名称	材料约计		估计总数 （只）	是否见 于卜辞	《逸周书·世俘解》 载周武王灭商 狩猎所获
	第一次鉴定	第二次鉴定			
狐		三个头骨及破碎之下颌骨	10 以下	见	
狸	三个下颌骨	若干上下颌	100 以下	未见	
熊	一上颌及两个下颌骨	上下颌及牙及指骨	100 以下	未见	获 151 只
乌苏里熊	一下颌骨		10 以下	未见	
獾	二下颌骨	数头骨及肢骨	100 以下	未见	
虎	若干头骨及下颌骨	二十余头骨及少数肢骨	100 以下	见	获 22 只
豹	二上颌骨一下颌骨	?	10 以下	未见	
猫		一后大腿骨	10 以下	未见	2 只
鲸	脊椎骨及肢骨	100 以下		未见	
黑鼠	二头骨	四头骨及下肢	10 以下	未见	
竹鼠	三下颌骨	二头骨及下颌骨	100 以下	未见	
田鼠		三头骨数下颌及肢骨等	10 以下	未见	
兔	头骨上下颌	二头骨上下颌及肢骨	100 以下	见	
獏	一左下颌 一右下颌	?	10 以下	未见	
犀牛		二指骨	10 以下	见	获 12 只
肿面猪	二头骨及上颌骨	大量上下颌及肢骨等	1000 以上	未见	
猪	下颌	破碎之上下颌	100 以上	见	获 152 只

续表

名称	材料约计 第一次鉴定	材料约计 第二次鉴定	估计总数（只）	是否见于卜辞	《逸周书·世俘解》载周武王灭商狩猎所获
獐	头骨下颌骨	头骨肢骨等	100 以上	未见	
鹿	下腭	头骨上下颌骨及肢骨	100 以上	见	获 5208 只
麋（四不像鹿）	角上下颌及肢骨	大量角上下颌及肢骨	1000 以上	见	获 5235 只
扭角羚		一对角及若干可能归此种之肢骨	10 以下	未见	
象	肢骨、牙	牙、肢骨及脊椎骨	10 以下	见	
猴	上下颌	一头骨及牙齿	10 以下	未见	
麂				见	
辤				未见	获 721 只
貉				未见	获 18 只
麈（鹿）				未见	获 16 只
麝				未见	获 50 只
麇				卜辞只作人名用	获 30 只
罴				未见	获 118 只
总计 三十种	18 种	19 种（存疑 2 种）		9 种	获 13 只

二 捕获禽鸟的种类

卜辞中所见，捕鸟所获的种类有：

（一）雉

卜辞雉字从隹从矢，以矢为声，是一形声字，俗称山鸡、野鸡。获雉以一期和五期卜辞较多，获最多的一次是 50 只：

壬子卜，㱿获鹿。获……麂一、雉五十。（《合集》40834）

其次是 30 只：

乙亥王卜，贞田噩，往来亡灾。王占曰：吉。获象六、雉三十。（《合集》37365）

《合集》10197 片记获 27 只，《合集》10921 记获 17 只，《合集》10514 记获 15 只。获 10 只以上的还有《合集》8659（获 10 只）、39364（获 11 只）、37368（获 11 只）等。

(二) 鹰

甲骨文有鹰字，作 形。长喙，展翅欲飞形。鸟类中的长喙，为猛禽的象征。鹰在安阳殷墟已发现其骨骼，1987 年在小屯东北宫殿区的甲四遗址东的一个大灰坑内，出土有鹰、雕等大型猛兽，其中雕的个体较多。[①] 经鉴定，这些骨骼属三种类型的雕。[②] 以这个灰坑出土陶器分析，属殷墟早期。猎鹰的卜辞，只见于武丁时期：

……往逐鹰。（《合集》10495）
辛巳……王于翌……往逐鹰，不……（《合集》10496）
……燕，……。获鹰五十。（《合集》10499）
……擒，获鹰十、豕一、麋一。
……往逐磬鹰，弗其擒。（《合集》10500）

飞禽一般是网或射来猎获，此用"逐"，当是鹰（或雕）为猛禽，善飞，需在奔跑中射猎，故称为"逐"。

(三) 鸟

卜辞鸟字为一象形字，武丁时有一次网捕 5 只鸟：

甲寅卜呼鸣网鸟，获。丙辰风，获五。（《合集》10514）

[①] 中国社会科学院考古所安阳工作站：《1987 年安阳小屯村东北地的发掘》，《考古》1989 年第 10 期。

[②] 侯连海：《记安阳殷墟早期的鸟类》，《考古》1989 年第 10 期。

商人捕获鸟，其数当很多，甲骨文擒获的获字从隹从又，"隹"表示鸟，"又"表手，表示用手捉住鸟，就是"获"。在第五期卜辞常见"获隹"，其数皆可观，现将获 100 只以上者摘录于下：

擒隹百三十八、象二、雉五。（《合集》37367）

获隹百四十八、象二。（《合集》37513）

获隹二百五十、象一、雉二。

获隹二百二十二……六。（《合集》41802）

（四）秦

甲骨文中有一秦字，从隹从✳，当是一种鸟类，多见于武丁卜辞中，如卜辞：

戊子卜，宾，贞王往逐秦于沚，无灾。之日王往逐秦于沚，允无灾。获秦八。（《合集》9572）

癸未卜，𣪘，贞多子获秦。（《合集》10501）

以上两条卜辞完整，其他皆辞残（见《合集》10502—10505）。其字有省掉隹，只有下半者（见《合集》10506—10509），当是此字的省体。完整的卜辞目前只见到一条：

癸未卜，贞翌戊子王往逐✳。（《合集》10506）

卜辞中对此种动物有"逐"与"获"两动词，曾一次获到 8 只（《合集》9572），故为猎获对象。此鸟究为何科类，却不得而知。

商时期鸟类的种类一定很多，其留下的名称，见于甲骨文的却不多。上引卜辞中称为鸟（隹）的，只是禽类的总名，应包含了不同种类的鸟。其具体名称、种类，已不可考知。

下面我们就卜辞中所见各期狩猎所获禽兽种类及出现频率，制成表 5—2，以考察商时期的狩猎情况。

表 5—2　　　　卜辞中所见各期狩猎所获禽兽种类表　　　　单位：次

动物 \ 次数期	一期	自、子、午	二期	三期	四期	五期	总计
虎	32	12	/	4	3	10	61
象	6	/	/	/	1	12	19
兕	83	10	5	32	18	33	181
豕	43	3	2	14	3	2	67
鹿	158	18	3	55	12	76	322
麋	60	4	/	45	9	10	128
麂	20	3	/	1	2	24	50
狐	92	/	/	13	/	75	92
兔	11	5	/	/	/	/	16
雉	6	/	1	/	1	13	21
鸟	6	/	/	1	/	7（隹）	14
鹰（雕）	5	/	/	/	/	/	5
兔	12	/	/	1	/	/	14

第二节　狩猎技术

相传孔子见老子返回鲁国后，对他的弟子们说："鸟吾知其能飞，鱼吾知其能游，兽吾知其能走。走者可以为罔，游者可以为纶，飞者可以为矰。至于龙，吾不能知。"① 罔即网。纶即钓鱼丝线，《诗·小雅·采绿》："之子于钓，言纶之绳。"笺云"纶，钓缴也。君子……其往钓与，我当从之，为之绳缴"，孔颖达《正义》云："钓缴者，谓系于钓竿也。"矰，射飞鸟的箭，《说文》"矰，弋射矢也，从矢曾声"。此是孔子讲的当时从事渔猎活动的三种工具，从使用的工具而知其时渔猎活动的三种方法，亦即三种技术：猎兽用网；捕鱼用钓竿；打鸟用箭射。在甲骨文中所见的商代渔猎的技术，却比孔子讲的要复杂得多，在甲骨文的狩猎卜辞中，常记有用何种方式而获得禽兽的，如：

---

①　《史记·老子韩非列传》。

> 贞乙亥陷，擒七百麋。（《屯南》2626）
> 翌癸卯其焚……擒。癸卯允焚，获……兕十一，豕十五，兔二十五。（《合集》10408正）
> 甲寅卜，呼鸣网鸟。丙辰风，获五。（《合集》10514）

"陷"是挖坑以捉兽，即所谓的陷阱。"焚"是烧山以驱兽而将其捕捉。"网"是张网捕捉鸟兽。这"陷"、"焚"、"网"就是"田猎动词"，由这些动词即可得知商代人们的狩猎方式，亦即狩猎的技术。

一 狩猎活动通称为"田"

狩猎卜辞中使用得最频繁的一个动词是"田"字，在整个狩猎卜辞中，言"田"而猎的有2747条之多，占狩猎卜辞总数5200余辞的52%左右，而在5200余条狩猎卜辞中，占卜田猎方式的动词，包括"田"在内，有3500余辞，可知"田"字使用的频率是很高的。[①] 卜辞中有直言"田"而获兽的，如：

> 戊王其田于画，擒大狐。（《合集》28319）
> 乙巳卜，王曰贞王其田羌亡戋，擒鹿十又五。（《合集》41351）

如上所述狩猎有陷、焚、网等，而"田"是不能指实为用何方式获猎，而是狩猎活动的总称，是泛指。狩猎卜辞"田"字，还与其他狩猎方式动词连用，如与狩连用：

> 辛丑卜翌日壬王其田，狩［亡戋］。大吉（《合集》28775）
> 戊王其田，狩亡戋。（《屯南》2114）
> □亥卜……田，狩……擒。（《屯南》3014）

"王其田"是占卜商王行猎这种活动。"狩亡戋"，是卜问用狩这种方式行猎有无灾祸。法国雷焕章神甫谓："田"字是泛指在猎地上巡猎，而"狩"则

[①] 此统计数字采自杨升南《商代经济史》，贵州人民出版社1992年版，第275页。《甲骨文合集补编》和《殷墟花园庄东地甲骨》两书的卜辞未计。

强调猎捕的动作。甲骨文中"田"、"狩"两字有时一起出现，可见是指两个不相同的田猎动作：意即在猎地上游巡（田）并捕获（狩）猎物。① "田"还与焚相连用的，如：

> 今日壬王其田在渊西，其焚亡戋。吉（《屯南》722）

此辞是卜问商王在渊西行猎，用焚法狩猎有无灾祸。"田"与"征"连用：

> 壬寅卜王其田□□兕，先征（征字倒刻）亡戋。擒，泳王。（《合集》28398）
> 丙寅卜王其田瀼。惟丁往戊征……大吉
> 惟戊往己征亡戋。泳王。（《屯南》1098）

"征"是一田猎方式动词。田与射连用：

> 王其田斿。其射麋亡戋，擒。（《合集》28371）
> ……王其田，射徣鹿。（《怀特》1441）

田与"逐"连用：

> ……其田……麋逐，擒。（《合集》28355）

田与网连用：

> 庚午卜，宾，贞田㲋，羉。
> 贞田弗其㲋，羉。
> 贞田羉。（《合集》110 正）

羉是用网狩猎的一种方式。可见"田"不是狩猎方式，而是狩猎活动的总名称。

---

① 雷焕章：《法国所藏甲骨录》，利氏学社 1985 年版，第 141 页。

将狩猎活动总名之为"田",在后世文献中是常见的,如《周易·恒》九四"田无禽",孔疏云:"田者,田猎也"、《诗经·郑风·叔于田》毛传云:"田,取禽也。故后世将狩猎活动称为"田狩"或"田猎"。清人朱骏声《说文通训定声》以为田是畋。在畋字条下,朱氏谓"畋当训为猎也"。甲骨文中已有畋字,作🅐、🅑、🅒形(见《合集》20744、20745、20746),确与狩猎相关:

　　丙辰卜,贞畋,禽。《合集》20745

禽,是记载狩猎有所获的专用语。打猎为何称"田",是否与农田之事有关,我们在下面有关狩猎活动的经济意义节中再讲。

二　商人狩猎使用的具体方式

从殷墟甲骨卜辞中可以看到商人狩猎用的具体方式有:

(一) 狩

狩字卜辞作从单从犬,即后世的兽字。叶玉森认为所从的单字"像捕兽之器,其形似叉,有干。∇像叉上附着之铦锋似镞"。① 罗振玉认为"古兽狩实一字",又云"古者以田狩习战阵,故字从战音,以犬助田狩,故字从犬"。② 李孝定认为甲骨文中的"兽"字其"初谊谓田猎,本为动词,继谓兽所获为兽"。③ 这些解释都是有据可从的。

狩和田字连用已如前述,狩字还和焚这种方式同辞共卜:

　　惟㳄麓焚,擒,又小狩。(《屯南》2326)

㳄当是一山名,㳄麓即㳄山的山麓。此次狩猎活动是先用焚,然后继之以"狩"的方式。"小狩"可能在规模上与一般正规的狩有所区别。有的研究者认为"狩"是田猎的总称,从上引《屯南》2326一版卜辞知,狩和焚有别,"焚"不包括狩,故狩仍是狩猎方式的一种为宜。

---

① 叶玉森:《殷虚书契前编集释》卷1第123页,上海大东书局石印本,1933年10月版。
② 罗振玉:增订《殷虚书契考释》(中),东方学会石印本1927年版,第69页下。
③ 李孝定:《甲骨文字集释》第14卷,"中研院"史语所1970年再版本,第4201页。

甲骨文中的"狩"可能是以多人进行合围的一种方式。从甲骨文中看，言"狩"行猎时，所获动物的数量大、种类多，如：

乙未卜，今日王狩󰁑，擒。允获虒二、兕一、鹿二十一、豕二、麑一百二十七、虎二、兔二十三、雉二十七。十一月。（《合集》10197）

戊午卜，𣪘，贞我狩㪯，擒。之日狩，允擒。获虎一、鹿四十、狐一百六十三、麑一百五十九。（《合集》10198 正）

……其……擒，壬申允狩，擒。获兕六、豕十又六、兔一百又九十又九。（《合集》10407）

□卯卜庚辰王其狩……擒。获兕三十又六。（《屯南》2857）

《合集》10197 一辞，在一次"狩"猎中，获动物七种，计205头（只），其中包括凶猛的虎4只，飞禽雉27只。一次"狩"获这样多种类和数量的动物，只有大规模围猎才有可能。再证之以《合集》10198、10407两次所获，说"狩"是一种大规模的围猎方式，当是可信的。

"狩"这种方式行猎，只见于一至四期的甲骨卜辞，在第五期甲骨中不见。但是，在第五期甲骨中，有"衣逐"一词：

戊□［卜，在］膏［贞］…夕。
戊午卜，在呈贞王田，衣逐亡灾。
辛酉卜，在敦贞王田，衣逐亡灾。
□□卜，在□贞王田，［衣逐］亡灾。
□□卜，在木［贞］［王］田，衣［逐］亡灾。（《合集》37532）

李学勤指出"商王狩猎时采用'衣'或'衣逐'的方法。'衣'读为'殷'，训'同'或'合'，'衣逐'即合逐之意"。又云"五期卜辞常见'干支卜，在某贞，王田，衣逐，亡灾'之例，其所在地名有18个之多"（按《甲骨文合集》37531—37564、37567等版为"王田衣逐"卜辞，所在地名有23个）。同时，下列卜辞明举了所田之地：

辛巳卜，在敦贞，王田允，衣，亡灾。（《合集》37644）
壬申卜，在□贞，王田澅，衣［逐］，亡灾。（《合集》37533）

□□〔卜〕，在桑贞，〔王田〕涃，衣〔逐〕，亡灾。（《合集》37562）

是足证"衣"在此并非地名①。除上举出在"衣"前有地名的3片外，《英国所藏甲骨集》2566一版上有这样一组卜辞：

壬寅卜，在昌贞王其射柳，雨。
不遘大雨。
其遘大雨。
其于七月射柳兕亡戈，擒。
弗擒。
弗擒。
丙午卜，在昌贞王其射柳，衣逐亡戈。擒，不擒。

"射柳"即射柳地之兕，其狩猎地在柳。可证李学勤认为这类卜辞中的"衣"不是地名，而是"合逐"之意是确实的。"合逐"与"狩"行猎的方式是相同的，五期无"狩"而有"衣逐"卜辞，当是以"衣逐"替代了"狩"之故。

（二）焚

焚字，甲骨文作형形，从林从火。《说文》"焚，烧田也"，段玉裁注云："字从火，烧林意也"。胡厚宣谓《说文》的"烧田"不是烧田进行农业耕作而是"烧宿草以田猎"②，并引13次发掘殷墟时出土的一版甲骨为证，其辞为：

其焚，擒。癸卯允焚。获兕十一，豕十五，兔二十五。

这是一片龟的右尾腹甲，上部有断去的部分字，故辞不完整。此龟腹甲已经缀合成一基本完整甲骨，收入《甲骨文合集》10408（图5—4），其辞为：

翌癸卯其焚，擒。癸卯允焚，获□□，兕十一，豕十五，虎□，兔二十。

---

① 李学勤：《殷代地理简论》，科学出版社1959年版，第7页。
② 胡厚宣：《殷代焚田说》，《甲骨学商史论丛初集》第1册，成都齐鲁大学国学研究所专刊1944年版。

获兽不少，可见"焚"猎在商代是一种很有效的行猎方法。

卜辞中，除焚而获的卜辞外，还有"火田"（《合集》19427 反）的占卜，惜辞太残。"火田"亦是指田猎，见于古籍记载，《礼记·王制》云："昆虫未蛰，不以火田"。《尔雅·释天》曰："火田为狩"，郭注云："放火烧草猎亦为狩"。《逸周书·周祝解》云："泽有兽而焚草木。"

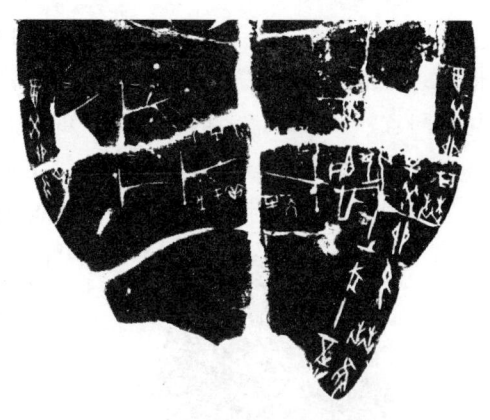

图 5—4 焚田获兽卜辞
（《合集》10408 正，局部）

甲骨文还有一燎字，作 、 、 等形，与焚字不同的是林下是手持火炬，过去诸家多释为"焚之繁体"，实则此二字在卜辞中是有区别的。姚孝遂、肖丁在《小屯南地甲骨考释》中说，此两字"形体及用法均有区别，不得混"，认为焚是烧山林，"燎是手持火炬驱赶隐藏之兽"，与《诗经·大叔于田》所描写的"叔在田，火列具举"的围猎方式相同。[①] 其说当是。卜辞有燎而获兽的内容：

王其燎兄逦录，王于东立位，虎出，擒。（《合集》28799）

录即麓，兄地的山麓。立即位，指商王在东边的位置，虎被火驱赶出来而商王将其擒获。

卜辞中"焚"字见于武丁宾组卜辞，以后则不见，而燎字见于武丁晚期𠂤组卜辞以后，主要是𠂤组和第三期卜辞。焚烧山林是需要大片的空旷地区的，且对林木的毁坏严重。武丁是商时一大发展期，农牧业生产皆有长足发展，人口增加，土地垦辟，于是空闲地减少。在其晚期，已不能随意放火烧山狩猎了，故改为猎者持火炬以驱兽，它不需焚烧山林亦可获得野兽。这一变化不仅反映了狩猎方式的变化，也反映了农牧业的发展和人口的繁衍。

[①] 姚孝遂、肖丁：《小屯南地甲骨考释》，中华书局 1985 年版，第 162—168 页。

（三）阱（陷）

甲骨文中阱字作兽在坑坎中形。罗振玉释为阱字，谓《说文》"阱，陷也"，"穿地以陷兽也"。又云："卜辞象兽在井上，正是阱字。或从坎中有水与井同意。又卜辞诸字均从鹿属，知阱所以陷鹿属者矣"①。坎中之小点，叶玉森认为"像食物，盖饵之也"②。阱字不是"均从鹿"而是一般多从麤，这是早期的甲骨学者对鹿、麤两种兽未能仔细分辨开来之故，实则有从鹿的也有从麋、从麤、从兕的，如（图5—5）：

壬申卜，㱿，贞甫擒麤。丙申⟨⟩（阱字从麤）。允擒二百又九。一月。（《合集》10349）

□□〔卜〕，贞乙亥⟨⟩（阱字从麤），擒七百麤，用⟨⟩。（《屯南》2626）

贞令……⟨⟩（阱字从鹿）。（《合集》10659）

己卯卜，㱿，贞我其⟨⟩（阱字从麋），擒。（《合集》10655）

戊辰卜其⟨⟩（阱字从兕）惟……擒，有兕。吉（《屯南》2589）

图5—5　陷坑获七百只麤鹿
（《屯南》2626）

从上引卜辞看，阱字所从的兽，就表示所猎获的兽。如上引《合集》10349贞问让甫去猎获麤，而后面的阱字就从麤作，《屯南》2589一辞中的阱字从兕，其后擒获的动物中特指明"有兕"。这样，有不少的卜辞中只言阱而不言擒获何种动物，而从阱字所从的动物就知所获的是何种动物，如：

丙戌卜丁亥王阱（字从麤）擒，允擒三百又四十八。（《合集》33371）

壬午在箕，癸亥王阱（字从麤）擒。不擒。（《屯南》664）

---

① 罗振玉：增订《殷虚书契考释》（中），东方学会石印本1927年版，第50页。
② 叶玉森：《殷虚书契前编集释》卷一，上海大东书局石印本1933年版；又台北艺文印书馆影印本1968年版，卷2，第25页下。

这类用阱所获的动物品种，卜辞虽未明言捕获的是什么动物，而从阱字所从的动物是麋，即知是捕获的麋这种动物。

阱字所从的坑坎形，一般作⩗形，也有作∨（《合集》10349）、⊔（《屯南》2626）、▭（《屯南》2589）、⊟（《屯南》814、923）形的，皆是陷兽坑坎的象形。

阱埋狩猎除单独运用外，还有和其他狩猎方式同辞连用的，如阱和狩连用的：

　　　　贞王勿〔往〕狩爻，既，阱（从麋）麋，归。九月。（《合集》40133正）

这是一组对贞卜辞的反贞辞，其正面贞卜当是"贞王往狩爻，既，阱麋，归"。"爻"是地名。"既"即结束，是卜问"狩"结束后，再阱麋。

"阱"与网同辞占卜的：

　　　　囗已卜，𠭥，贞王阱（从麋）……网麋。（《合集》10666）

阱和狩、网同辞并卜，知阱和狩、网各是不同的狩猎方式。有陷和逐连用的：

　　　　丙午卜，凹，贞王往阱，其逐。（《怀特》931）

当是以阱为主，辅之以追逐。在各种狩猎方式中，用阱的方式狩猎，在一次行猎中所获的动物数量最多。像前引《屯南》2626在乙亥日阱麋，擒获多达700头，是田猎中所见获动物数量最多的一次。他如《合集》33371（《屯南》663、《怀特》1626同文）用阱之方式一次擒获麋348头。阱是猎获大型动物的重要方式，《盐铁论·通有篇》载"设机陷，求犀象"。在我国的苗族、瑶族、侗族和壮族地区陷阱十分流行，"以此猎虎、熊和鹿等大型动物"。[①] 但用陷阱的方法，在商代就很流行了。

---

① 宋兆麟：《中国原始社会》，第152页。

甲骨文中有一字作👤形,隶写作魯字,在卜辞中是狩猎动词,如:

  王田,魯鹿。
  不魯。(《合集》267 反)

卜辞"不"后一字皆为动词,如常见的"不雨",此"雨"为动词,意为不下雨。"不往",此"往"为动词,不去之意。上举辞中之"不魯"与此同,亦应为动词。"王田",是商王进行狩猎活动,"魯鹿"当是捕获到鹿。他辞有:

  王其逐鹿于宙。魯。勿逐鹿,魯。(《合集》10937 正)
  贞王其逐鹿,魯。(《合集》10299 正)

这种辞例与"王其逐豕,获"(《合集》230),"王其逐鹿,获"(《合集》10292)同,当是与擒、获、执一类的词相当,表示有所擒获,下面一片甲骨上有两辞,其义亦同:

  王从魯
  王从龙东,魯。(《合集》902 正)

龙是一方国名,"龙东"乃龙方的东边。甲骨卜辞有言魯而获的,如:

  允魯豕……获八。(《合集》10900)

此字上从一兽形,下从口,与《屯南》2626"阱"字的坑坎形相同,其造字意为以坑坎陷兽,此字可能仍应是"阱"字。

  (四) 网

  网不但可捕鱼,也有狩猎禽兽用的。《说文》"网,庖牺氏所结绳,以田以鱼也"。又"罟,网也,从网古声",段氏注云,"不言鱼网者,《易》曰'作结绳而为网罟,以田以渔',是网罟皆非专施于鱼也。罟实鱼网,而鸟兽亦用之,故下文有鸟罟、兔罟"。"下文"即指《尔雅·释器》,其文云:"鸟罟谓之罗,兔罟谓之罝,麋罟谓之罞,彘罟谓之羉,鱼罟谓之罛。繴谓之罿，罿，翳也。翳谓之罦，罦，覆车也"。郝懿行疏谓"一物五名，方言异也"。《韩诗》云，"施罗于车上曰罿"。"覆车"，郭璞注谓"今之翻车也，有两辕，中施罥，以捕鸟"。郝疏引孙炎云："覆车网，可以掩兔者也。"王筠《说文释例》对覆车的构造讲得更具体，其云"以双绳贯柔条，张之如弓，绳中央缚两竹，竹之末箕张，亦以绳贯之，而张之以机，机上系蛾，鸟食蛾则机发，竹覆于弓而环其项矣"。前引孔子讲狩猎时称"走者可以为网"，可见在春秋时期用网捕走兽方法还是很普遍的。用网狩猎，在商代已是很流行的一种方法，其实大约早在夏代以前很久就已经流行了，有关成汤"网开三面"的传说，就是发生在夏末的一则故事。《吕氏春秋·异用》篇载：

汤见祝网者，置四面，其祝曰："从天坠者，从地出者，从四方来者，皆离（罗）吾网。"汤曰："嘻！尽之矣，非桀其孰为此也？"汤收其三面，置其一面，更教祝曰："昔蛛蝥作网罟，今之人学纡。欲左者左，欲右者右，欲高者高，欲下者下，吾取其犯命者。"汉南之国闻之曰："汤之德及禽兽矣。"四十国归之。人置四面，未必得鸟，汤去其三面，置其一面，以网其四十国，非徒网鸟也。

此说可见夏时已用网网鸟。在甲骨文中网字作▨、▨、▨等形，罗振玉释第一字为"像张网形"①。郭沫若释第二字形为"字像投网之形，殆即网之异文"②。黄然伟以为此字即说文中的翳字，为"捕鸟覆车"③。商人常用网狩猎和用网网鸟，《合集》10514上，有两条卜辞占卜网雉，一辞占卜网鸟。

庚戌卜申获，网雉，获十五。
庚戌卜▨获，网雉，获八。
甲寅卜呼鸣网鸟，获。丙辰风，获五。

网字作▨形。申、▨、鸣皆是人名。雉俗称野鸡。一次网雉达15只之多，可见当时雉不少。用网网兽的卜辞，如：

---

① 罗振玉：增订《殷虚书契考释》（中），东方学会石印本1927年版，第49页上。
② 郭沫若：《殷契粹编》，科学出版社1965年版，第767页。
③ 黄然伟：《殷王田猎考上》，《中国文字》第14册。

　　　　壬戌卜，𣪘，贞呼多犬网鹿于蔑。八月。
　　　　壬戌卜，𣪘，贞取豕，乎网鹿于蔑。(《合集》10976 正)
　　　　其网鹿。(《合集》28329)
　　　　弜网鹿，弗擒。(《京人》2116)

前举《合集》10666 亦有"网鹿"之文。卜辞中有从网从某种动物的字，这些字，亦是用网以狩猎的动词；如𦊈、𦉪字，从毕（网）从豕，像一人手举网罩豕之形，也是用网捕兽之一种。《说文》"毕，田网也"，王国维释此字为《尔雅·释器》"彘罟谓之䍷"的䍷字①，是一种捕捉野猪的网。此字在甲骨文中用作动词有捕捉、抓获之意，如下面的卜辞是对兽类的捕捉用词：

　　　　贞䍷获。(《合集》10701)
　　　　□□卜〔贞〕……䍷获……王占〔曰〕……(《合集》10702)
　　　　丙寅卜，我，贞呼印取射麋。
　　　　己巳卜，我，贞射麋。
　　　　庚午卜，我，贞呼䍷获。(《合集》21586)

己巳、庚午日相接，射麋与网豕，皆为田猎之方法。甲骨文中又有一从网从眉的字，作：

　　　　𦉶 (《合集》10726—10729)
　　　　𦉶 (《合集》10756—10758)

王国维释此字为麗，谓"从鹿首在网下，《尔雅·释器》'麋罟谓之罞'，郭璞注'冒其头也'。盖麋鹿大兽，不能以网网其全身，但冒其头已足获之，此字正像以网冒鹿首之形，殆即《尔雅》罞字也"②。其网下从眉或从目，当是一字的不同写法。卜辞云：

---

① 罗振玉：增订《殷虚书契考释》（中），东方学会石印本1927年版；第49页下，引王氏语。
② 王国维：《戬寿堂所藏殷虚文字考释》，上海仓圣明智大学石印本1917年版，第69页上。

以罞（从麋头）擒，有鹿。翌旦允擒。（《合集》28332）
其罞（从目）戙鹿，擒。（《合集》28342）
□□卜，亘，贞王往罞（从麋头）……有豕……（《合集》10730）

皆与田猎有关。《合集》10726、10727 有"罞豕"，与《合集》10730"王往罞""有豕"同意，是网豕，故从网从眉的字，不一定仅是用网捕麋鹿类野兽。殷墟花园庄东地出的卜骨 H3：52 有一用网捕豕字作❉形，是一种长条形的长网，隶写作瞏，其辞为：

乙酉卜子又之阞南小丘，其❉，获。
乙酉卜弗其获。
乙酉卜子于翌日丙求阞南丘豕，轰。
以人轰豕。
乙酉卜既，皋往敫，轰豕。
其阞鹿，子占曰：其轰。①

这一版上所占卜的内容主要是猎豕，其方法从❉字可知是用网捕。

甲骨文有从网从兔的字，兔在网下横置者，作❉形，见于《合集》10744—10747、10749、10750 等，兔在网下竖置者，作❉形，见于《合集》10726、10727、10736—10742 等片，罗振玉云，"像兔在罟下，王氏国维谓即《尔雅·释器》'兔罟谓之罝'之罝"②。此字在卜辞中多残辞，义难明，但从下面两辞知是一田猎动词：

辛丑卜，王，翌□寅我罝……获，允获。（《合集》10750）
……其……擒。王占曰其罝。（《合集》10749）

所获兽种类在上两辞中未记，不知是否究为网兔之兔。但此字还有网虎的：

---

① 刘一曼、曹定云：《殷墟花园庄东地甲骨卜辞选释与初步研究》，《考古学报》1999 年第 3 期。
② 罗振玉：增订《殷虚书契考释》（中），东方学会石印本 1927 年版，第 49 页下。

甲……燎于蠱曾，置（网下从虎）虎。（《合集》20710）

此是用网捕捉到虎。虎和野猪，性均凶猛，最不易捕获，商人能用网捕捉到这两种野兽，可见商人用网狩猎技艺的高超和网的牢固。

（五）逐

甲骨文逐字从豕从止，作⟨⟩形。《说文》"逐，追也"，又"追，逐也"，二字互训。但卜辞中追、逐二字有别，杨树达云："余考之卜辞，则二字划然不紊，盖追必用于人，逐必用于兽也。"① 商王行猎，逐兽以车，《合集》10405 有辞云：

甲午王往逐兕，小臣叶车，马硪骎王车，子央亦坠。

知逐兽用车。逐的动物以鹿、豕、兕、麋为多，如：

丁丑卜我惟三十鹿逐，允逐，获十六。一月。（《合集》10950）
辛丑卜，在箕，今日王逐兕，擒，允擒十兕。（《合集》33374）
辛未卜，亘，贞往逐豕，获。（《合集》10229 正）
□□卜令甫逐麋，擒。十月。（《合集》28359）

对于禽属，卜辞中也言逐，如：

……往逐磐鹰，弗其擒。（《合集》10500）

磐后一字，为一展翅欲飞的鸟，从其长喙推测，当是雕类猛禽。这类猛禽在安阳殷墟有其遗骸发现。②

戊子卜，宾，贞王往逐柔于汕，无灾。之日王往逐柔于汕，允无

---

① 杨树达：《释追逐》，《积微居甲文说》，《杨树达文集》之五，上海古籍出版社1983年版，第27页。
② 中国社会科学院考古所安阳工作站：《1987年安阳小屯村东北地的发掘》；侯连海：《记安阳殷墟早期的鸟类》，同载《考古》1989年第10期。

灾。获𢆶八。(《合集》9572)

癸未卜，㱿，贞多子逐𢆶。(《合集》10501 正)

此辞逐后一字从隹作，亦是鸟类之一种，但其字不识，不知为何鸟。

逐与阱可连用：

丙子卜，凹，贞王往阱（字从麋从坑）其逐。《怀特》931

这大概是阱井中之兽逃掉，再加以追逐。

（六）从

甲骨文"从"字作𠚥形，像二人一前一后相随之状，或释为"比"。其实这个字释作比在绝大多数卜辞里是无法讲通的，而释作从则在所有卜辞中皆顺适无轻碍。饶宗颐认为自组卜辞的"𠚥斗"一语，即古文献中的"从星"，说甲骨文"𠚥"字应释为从。① 其说甚是。"从"也是一种狩猎方法，如卜辞云：

王其田，从。(《合集》28576)
惟东西麋从。(《合集》20931)
翌日戊王其从，亡戈，擒。(《合集》29039)
于辛田，擒。王从，擒。(《合集》29354)

所"从"的野兽除麋鹿之类外，还有猛兽兕，如：

惟从兕。(《合集》28411)

以其字形推之，"从"当与"逐"相近，大致也是一种追逐兽类的方式。追逐野兽时商王及贵族乘车，如前引《合集》10405，普通平民只能靠双脚了。猎人是善于奔跑且耐力颇强的人，在现今的非洲、澳大利亚等地的土著人，为了追逐猎物，他们可以连续追赶达几个小时之久，直至猎物跑不动了，猎人还能奔跑前去将其杀死。

---

① 饶宗颐：《谈归藏斗图——早期卜辞"从斗"释义与北斗信仰溯源》，载《追寻中华古代文明的踪迹——李学勤先生学术活动五十年纪念文集》，复旦大学出版社 2002 年版。

(七) 射

射是田猎中获禽兽的重要方法，在未有火药火枪之前，弓箭就是冷兵器时代的远程武器，它既是战争中的武器，也是狩猎中最为有效的工具。在商代的遗址和墓葬中，出土很多的铜、骨、蚌、石、玉等质料的箭头，在大中型墓中，多出铜质箭头，而小型墓中多出石、骨、蚌质箭头，《吕氏春秋·异用》云：

> 古之人贵能射也，以长幼养老也。今之人贵能射也，以攻战侵夺也。

陈其猷注云："渔猎时代，射禽兽所以长幼小而养老弱也。"射猎获兽，在卜辞常见，如：

> 贞其射鹿，获。（《合集》10320 正）
> 王其田斿，其射麇亡戋，擒。（《合集》28371）
> □□卜呼射豕惟多马。吉（《屯南》693）
> 王其射穆兕，擒。（《合集》33373）

"穆兕"，穆地的兕。射同其他狩猎动词连用，有与田连用的：

> 王其田，射徣鹿。（《怀特》1441）

有与逐连用的：

> ……王其射🦌麋，东（惟）逐亡［戋］。（《合集》41350）

有与网连用的：

> 王其网，射大兕亡戋。（《屯南》2922）

(八) 征

征字在卜辞中也是一田猎用语，如卜辞云：

甲戌卜，王，征获鹿不？（《合集》10311）

我弗其征麋。（《合集》10378）

贞其祝，允擒，乙王其征襄兕。吉（《合集》30439）

丙寅卜王其田襄，惟丁往戍征，［亡戋，泳王］。大吉（《屯南》1098）

于斿征，擒。《合集》33399

襄、斿是田猎地，征获的动物有鹿、麋、兕、兔等。有的卜辞中，还记有征获的动物数量，如：

甲戌卜，斿，征擒获六十八。（《合集》10514）

丁卯卜，内，征获不其百。（《合集》7636）

……征获……百四十……（《合集》7643）

惜所获的动物名称不详。

（九）㲋

㲋甲骨卜辞作✍，于省吾谓此字从内从止释作退，其义有卻、罢、止等义，[①] 李孝定认为有迟义，且有的卜辞中又是一方国或人名。[②] 此字在卜辞中，与田猎有关，见下面卜辞：

贞王其逐兕，获。弗㲋兕，获豕二。（《合集》190）

壬子卜，史，贞隹其㲋鹿。（《合集》10303）

惟官麋祟，㲋擒。（《合集》38369）

……㲋鹿……允㲋三……获鹿一……（《合集》10321）

丁巳卜，史，贞，呼从□虎㲋。十月。（《合集》10917）

贞勿㲋犬。（《合集》10106）

贞戌弗㲋麋。（《合集》7684）

---

① 于省吾：《双剑誃契骈枝》三编，石印本1944年版，第26页。

② 李孝定：《甲骨文字集释》第2卷，"中研院"史语所1970年再版本，第579—580页。

张秉权谓"空字有获或捕杀之义,疑即迬之或体踁字,通为阬(俗作坑)……阬有陷杀之义"①。林小安认为此字应即各字,假为格,格有"杀"义。②

(十)袁(搏)

此字张政烺先生释作袁,即开垦荒地。并指出五期卜辞中的"袁兕"之袁即"捕捉",在五期卜辞,有三版甲骨占卜袁兕(图5—6):

丁酉[卜],贞翌日壬寅王其袁兕(下略)(《合集》37387)

丁卯卜,在去贞甾告曰兕来羞,王惟今日袁,亡灾,擒。(《合集》37392)

戊午卜,在潢贞王其袁大兕,惟犳采翾亡灾,擒。(《合集》37514)

张先生说卜辞"袁兕"的袁字即《说苑·君道》中的"攫犀搏兕"的"攫"或"搏"字。攫和搏不使用兵器,《史记·殷本纪》载,商纣王"手格猛兽",兕是猛兽之一,这与第五期卜辞中的"王袁兕"是相合的。③ 其说当是。而袁字裘锡圭释其字为壅,谓其字"当读为壅遏、壅蔽之'壅'",用为狩猎是"挡住兕的去路进行兜捕"。④ 亦可备一说。

图5—6 袁大兕甲骨
(《合集》37514)

(十一)弹

弹字从弓从单,字像弹丸在弓之弦上,卜辞中仅见一例,用以弹兔:

---

① 张秉权:《殷虚文字丙编》上辑(2),《考证》,第108页。
② 林小安:《武丁臣属征伐行祭考》,《甲骨文与殷商史》第2辑,上海古籍出版社1986年版,第256页。
③ 张政烺:《卜辞裒田及其相关诸问题》,《考古学报》1973年第1期。
④ 裘锡圭:《甲骨文中所见的商代农业》,《古文字论集》,中华书局1992年版。

丙午卜，弹延兔。(《合集》10458)

在新石器时代的遗址中，就常发现有陶、石质的弹丸，即用以狩猎，商人乃承其后，在商时期的遗址里也常有石、陶质制的弹丸发现，如在安阳殷墟的苗圃北地就发现了100多枚陶质弹丸，[①] 当是狩猎时用的。

（十二）牧

牧在卜辞中主要用为放牧牛羊等畜牧劳作方面的动词，但也有"牧雉"者，如卜辞：

癸酉卜王其田，牧雉，惟乙亡［戈］
惟戈田，牧雉，亡戈，弗每，永王。(《屯南》4033)

雉为飞禽，不可放牧，此"牧雉"当如胡厚宣先生指出的"为出猎之法"。但"牧"究竟为何法得雉，却不可知。

关于步和迨（迡）、省田（田省）等类卜辞，有人认为是田猎卜辞，但是，已有研究者对卜辞中的这几个用词作了全面地考察，得到的结论是这几个词与田猎无关，不是田猎动词。[②] 我们认为其说是，故在这里不再讨论。

下面我们对卜辞中的狩猎方法及使用频率列表，见表5—3所示。

第三节 狩猎活动的参加者和组织

商代狩猎活动除统治者们的游乐一面外，还具军事、经济意义（见第四节），参加者甚众，且有组织管理体系，以保障田猎活动的顺利进行。

---

① 中国社会科学院考古研究所：《殷墟发掘报告（1958—1967）》文物出版社1987年版，第162页。

② 参见陈炜湛：《有关甲骨文田猎卜辞的文字考订与辨析》，中国古文字学会第六次年会论文1986年，第7页；《甲骨文田猎卜辞研究》，广西教育出版社1995年版，第25—28页；杨升南：《商代经济史》，贵州人民出版社1992年版，第290—294页。

表 5—3　　　　　　　　卜辞所见狩猎方法及使用频率表

方式 \ 期别	一	自、子、午	二	三	四	五	总计
田	146	16	108	1024	594	859	2747
狩	139	27	2	40	29	/	237
焚	27	6	/	20	/	/	53
阱（鲁）	55	/	/	8	13	/	76
网	77	18	/	17	/	/	112
逐	112	2	2	35	13	2	166
射	9	3	1	96	7	5	121
征	5	/	/	5	4	/	14
壴	3	/	/	1	1	/	5
衣逐	/	/	/	/	/	47	47
衰	/	/	/	/	/	3	3
牧	/	/	/	2	/	/	2
弹	1	/	/	/	/	/	1
总计	574	72	113	1248	661	916	3584

一　狩猎活动的参加者

狩猎活动的参加者，按常理有贵族和平民。就卜辞所见，在商晚期，参加狩猎的人可分为三个层次：商王；王室臣僚及诸侯；普通平民及奴隶。

（一）商王出猎

在甲骨文里，有关田猎卜辞中，占绝大多数的句式是："王"加狩猎动词或狩猎方式动词，如四、五期常见的形式是"干支卜贞王其田亡灾"，或"干支卜在某地贞，王其田往来亡灾"，即是此类卜辞，例多不胜枚举。其他狩猎方式动词，若以商王亲出，则前加主语"王"，如：

　　　　贞王其狩区。(《合集》685)
　　　　丁巳卜，宾，贞王往涉，狩。(《合集》10602)

"区"是地名，"其"是"将要"之意。"王其狩区"是商王将要到区地去狩猎。又如"逐"：

癸丑卜王其逐豕，获。允获豕。(《合集》10230)

在卜辞中，有不言谁去行猎的句式，即省掉主语，如：

辛未卜，亘，贞逐豕获。(《合集》10229)
贞其逐兕，获。(《合集》10399)

这些省去主语的卜辞，其行动之主体应为商王。

（二）臣僚出猎

臣僚狩猎有三种情况：一是随王狩猎。商王出猎，前呼后拥，其中有身边的各级臣僚、诸侯，甚至方国部族跟随其后，如：

甲午王往逐兕，小臣叶车，马硪驭王车，子央亦坠。(《合集》10405)

在王车上有小臣驾车，有掉下车来的子央。子央是王室一重要成员，卜辞有"御子央于母庚"(《合集》3010)、"酒子央御于父乙"(《合集》3013)。御是攘除灾祸之祭。《合集》3013是武丁时卜辞，辞中的"父乙"指武丁之父小乙，《合集》3010辞中的"母庚"是小乙的配偶，武丁的生母妣庚，故武工向其父母之灵祈求攘除子央的灾患，他应是王室成员。

其次是商王"呼"、"令"某人去狩猎，如：

贞呼伲逐兕，获。(《合集》10403)
戊寅卜呼侯敌田。(《合集》10559)
辛亥卜，王，贞呼弜狩麋，擒。(《合集》10374)
壬戌卜，王，贞令雀田于□。(《合集》10567)
……令画执兕，若。(《合集》10436)
癸丑卜令介田于京。(《屯南》232)

这是在商王的指令下，由臣僚进行的狩猎。

第三是臣僚自己进行的狩猎，如：

> 壬申卜，㱿，贞甫擒麋。丙子阱（陷），允擒二百又九。一月。（《合集》10349）
>
> 戊午更阱（陷），擒。允擒二□。二月。（《合集》10951）
>
> 戊寅卜，争，贞薅有擒。（《合集》10772）

甫、更、薅皆王室臣僚。这类卜辞中出现的人物，他们既不是跟随商王出猎，也不是在商王"呼"、"令"下出猎，应视为臣僚们自动出猎。臣僚单独进行或受商王的指令狩猎的卜辞，主要见于早期甲骨，即武丁时期。这反映出，在武丁时期，狩猎活动更多的具有经济意义。

（三）平民及奴隶参加狩猎

商时狩猎，从所获兽类看，一次狩猎能获麋鹿700头，或凶猛的兕牛40多头、猛虎、大象多头。用火焚山，以火炬驱兽，挖陷坑，收集猎获物等贱役，皆非商王及臣僚亲身其事，而是委于普通平民百姓或被压迫的奴隶阶级。下层人员参与狩猎而见诸甲骨文的，有称为"王人"的，如：

> □□卜，叶，王人……狩……南。（《合集》20748）

西周康王时的"宜侯矢簋"铭有"在宜王人"，或指为商王室之族人，与此卜辞义同。辞中有"狩"，当是王人参加狩猎活动。有族人进行狩猎的：

> 辛亥卜，在攸，贞大左族有擒。（《合集》37518《怀特》1901同文）

此卜问"大左族"参加狩猎，是否有所擒获。有称"右人"的：

> 丁酉中录卜，在兮贞在戜田□，其以右人畐。亡灾。不雉众。（《合集》35344）

"右人"当是军队中一种编制，或为右师、右旅、右戍之人。编入军队中的"人"，皆为普通的平民，他们与具有奴隶身份的众、羌、臣等不同。[①] 卜辞中的"人"是泛指，但在一般情况下，指非奴隶的平民。

---

① 杨升南：《略论商代的军队》，《甲骨探史录》，生活・读书・新知三联书店1982年版。

各贵族在狩猎时，向商王提供的人员称为"人"：

丁卯卜令执致人田于𡐦。十一月。(《合集》1022 乙)
乙丑贞惟亚禽以人狩。(《屯南》961)

执是人名，为一贵族，亚为商王室的一种高级官职，禽是人名。他们"致人田"、"以人狩"是在商王出猎时，提供服役人员，这些"人"的身份不得而知。

被奴役的民众参加狩猎的，如众：

甲子卜令众田，若。(《屯南》395)
其以众田，湄日亡戈。不擒。(《苏德美日·柏俗》253)

"众"在狩猎中，只能执贱役，如收集、搬运猎获物：

贞惟众涉兕。(《合集》30439)

商王和他的贵族们，狩猎时飞车逐兽，尽情娱乐，兴尽而归，其获"兕"则由"众"这种人担负运回的劳务。

除"众"外，羌是常见参加狩猎的人，如：

辛卯卜，凹，贞呼多羌逐兔，获。(《合集》154)
贞多羌不获鹿。(《合集》153)
贞多羌获。(《合集》156)
羌其阱麋于𣦵。(《合集》5579 正)

羌是被俘的羌族人，他们常被用以作为祭神的牺牲，毫无人身自由。参加狩猎的"羌"是商统治者役使的劳力。"臣"也参加狩猎，如：

癸亥，子卜多臣人呼田羌。(《合集》21532)

这是一片武丁晚期子组卜辞。"多臣人"，应即"多臣"管理下的臣仆，又如

称"子效臣田":

> 丙寅卜子效臣田,获羌。(《合集》195 乙)

子效是王室成员,"子效臣"即子效所属下的仆役。

卜辞中所见到的第三种人参加的狩猎活动,其实不是他们自己的狩猎活动,而是为贵族狩猎服劳役,所获禽兽是"取彼狐狸,为公子裘",全部交给主人。最多也只能是"言私其豵,献豜于公"(《诗经·豳风·七月》),留下小的给自己,把大的交给王公贵族。平民自己的狩猎活动,是不可能被契刻在王室或非王室贵族才能使用的甲骨上的。但是,在考古发掘中,在商代的普通民居遗址及平民的坟墓里,从早商到商末,皆有狩猎的工具发现,如铜、石、骨、蚌质料制作的箭头,陶、石质的弹丸以及大量的野兽骨骼,这是普通民众为自己生活所需而进行的狩猎。这些活动必然是大量的、经常的,但是他们的这些活动却无任何文字材料留下来,我们今天已不可能作具体描述。然其狩猎的技术和所获猎物的种类,从卜辞里商王及贵族们的狩猎活动中,也可窥其一斑。

二 狩猎活动的组织

在商代,商王和贵族的狩猎活动有一套管理的体制,主要体现在重要的狩猎地区都设有负责狩猎事务的官员,即"犬"官的设置,在甲骨文中称为"犬"。就卜辞所见设有犬官的地区有:

(一) 在盂地设有犬官

> ……戊王其从盂犬叶田戠,亡[戋]。(《合集》27907)
> 乙未在盂,犬告有鹿。(《合集》27919 反)
> 盂犬告鹿,[王]其从,擒。(《合集》27921)

盂是重要的狩猎地,已如前述。"盂犬"即盂地的犬官。"盂犬叶"之"叶",是盂地犬官的私名。

(二) 在戠地设有犬官名凡

> 甲辰卜,狄,贞惟戠犬凡从,亡灾。(《合集》28892)

(三）在成地设有犬官

王其田，惟成犬从，擒，亡戋。（《合集》27915）

成地犬官，见于卜辞的有禽、纍二人：

惟成犬禽从，亡戋，擒。弘吉（《屯南》2329）
惟成犬纍从，湄日亡戋，泳王。（《合集》27914、《合集》29349 重）

(四）在牢地设有犬官

甲申卜王惟牢犬……吉（《合集》27916）
牢犬告，王其从，亡灾，擒。（《合集》27920）
牢犬告鹿，[王]其从，擒。（《合集》27921）
牢犬告鹿。（《怀特》1350）

牢犬官之名，有称亢和舌者：

惟牢犬舌从，弗悔。（《合集》27923）
惟在牢，犬亢从，亡戋，擒。（《合集》27910）

(五）在洍地设有犬官

……在洍，犬告狐，王……弘吉（《合集》27901）
戊辰卜，在洍，犬中告麇，王其射，亡戋，擒。（《合集》27902）

"犬中"之"中"为犬官的私名，与"盂犬叶"之"叶"，"成犬凡"、"成犬禽"之"凡"、"禽"义同。有时也省去"犬"这一官衔，而径称洍中，如：

惟在洍，中从，亡戋，擒。（《屯南》625）

"中从"即"犬中从",是洒地名中的犬官。
(六) 在宕地设有犬官

惟宕犬节从,亡戋。(《合集》27903、27904)

其中"节"为宕地犬官的私名。
(七) 在阞地设有犬官

王惟阞犬……(《合集》27916)

(八) 在沁地设有犬官

沁犬告曰:有犬〔狐〕,擒。(《合集》27900)

此字从犬从心,当为沁字,有的隶定作陨(阞)字,乃误。
(九) 在兇地设有犬官

惟兇犬陸从,亡〔戋〕。(《合集》27898)

其中陸为犬官名。
(十) 在襄地设有犬官

惟在襄犬壬从,亡戋,擒。(《屯南》625)

其中壬为襄地犬官之名。
(十一) 在盖和綏地设有犬官

王惟綏犬从,亡戋。
王惟盖犬从,亡戋。(《屯南》4584)

盖为猎地。盖地还设有牧场,称为盖牧(《合集》13515)。此辞言"盖犬从"

当是狩猎，当然，犬官亦可在商王非猎时，执行管理牧场的职务，毁地未见狩猎，有大官，当亦为一狩猎地。

（十二）在祝地设有犬官

> 惟祝犬从，亡戋。（《屯南》106）

祝地在沁阳猎区，距毁三日程：

> 壬戌卜，贞王其田祝，亡戋。
> 甲子卜，贞王其田毁，亡戋。（《屯南》660）

毁与覃为一日程（《屯南》2306、2640）。据松丸道雄考证，覃距椋、盧皆在一日程内，① 祝地当在今河南省西沁水东的雍榆地区，即今修武境内。

（十三）在齟地设有犬官

> □寅卜，王其从齟犬……壬湄日亡戋。（《合集》27899）

（十四）在䀠地设有犬官

> 惟䀠犬豕从，亡［戋］。（《合集》27911）

"豕"为犬官名。

（十五）在𣥑地设有犬官

> 惟𣥑犬戋从，亡戋，擒。（《合集》29207）

𣥑字在他辞中有不从水者，见于《合集》29395、29396、41350，《屯南》217等片甲骨，为一狩猎地。从水当是邻于河流。"犬戋"之"戋"为犬官私名。其地当近向，《合集》29207同版上有"于向亡戋"。

---

① 松丸道雄：《殷虚卜辞中的田猎地》，《东洋文化研究所纪要》第31册，1963年版。

（十六）在囚地设有犬官

□□壬卜，贞在囚犬雍告……从，惟戍申利，亡戋。（《合集》36424）

雍为囚地犬官私名。

（十七）在眢地的犬官

眢犬口从，屯日……兹用。（《合集》27751）

眢是一猎地，距徣三日程（《合集》33560）。据松丸道雄文表，徣距宫一日程，距噩二日程。口为眢地犬官名。

（十八）在舌地的犬官

辛亥卜戊王其田惟虞，擒。

惟舌［犬］从，湄日亡戋。（《合集》29294）

舌地在商王室的北方，邻近舌方（《合集》6131"舌方其至于舌"）。

就卜辞所见，在上述18地设有犬官。各地设置犬官的用意有二：一是向商王报告当地的兽情，以便商王有目的地出猎，上引《合集》27921的"盂犬告鹿"以及《合集》27919、《怀特》1350的"牢犬告鹿"等是。犬官报告兽情，当是亲到王都或商王的驻跸之所，向商王报告，如卜辞：

□丑卜，犬来告：有麋。（《合集》33361）

庚申卜，犬［来告］曰：有鹿，［王其］从，擒。（《屯南》2290）

言"来告"是指到达商王所在地报告。商王接到犬官的报告，然后到该地狩猎。上引《屯南》2290即是。这样一来，商王接到准确的兽情报告，再前往狩猎，就不会"乘兴而来，败兴而归"，而是每有所获。

犬官的第二个任务是，商王到该地狩猎时作为前导。上引卜辞中常见"惟某犬从"的句式，是商王跟随某地犬官前往狩猎的习语。犬官为当地地方官，熟悉地形和兽情，故在狩猎时，为王前导引路。

从各猎地犬官的设置及其任务，可见商王室狩猎已有一套较完整的管理体制。

第四节 狩猎活动的经济效益

商代的狩猎活动，除具有统治阶级游乐和军事演练的一面外，还具有一定的经济效益，该经济效益归纳起来主要有两个方面：

一 提供肉食品和手工业原料，是农牧业经济的补充

甲骨文中常见用狩猎品以祭祖先神的，如以兕牛为祭品的：

> 戊午卜，狄，贞隹兕于大乙，隹示。大吉
> 戊午卜，狄，贞隹兕于大丁，隹示。吉
> 戊午卜，狄，贞隹兕于大甲，隹示。（《合集》27146）

这是卜问用兕祭祀大乙、大丁、大甲。以虎为祭品的：

> 乙未卜其禩虎，陟于祖甲。
> 乙未卜其禩虎于父甲福。（《合集》27339）

禩字，像以手执隹献于神祖"示"上，罗振玉谓"像两手奉鸡牲于示前"[①]，是卜辞常见的祭名。用此祭名所用牲品，家畜有马（《合集》32435）、牛（《合集》40874）。野兽除上引兕、虎外，还有麋（《合集》15921）、鹿（《合集》10316）等，故在卜辞时代，此种祭祀仪式，已不仅是献祭鸟类为牲品，也包括兽类动物。以鹿为牲祭神的卜辞，如：

> 癸卯，贞酒肜于父丁，惟鹿。（《合集》32083）

是祭父丁用鹿。卜辞还有直言获鹿用于祭的：

> 贞子宾获鹿禩于□□。（《合集》10316）

[①] 罗振玉：《殷虚书契待问编》，载《殷虚文字类编》，决定不移轩石印本1916年版，第15页。

卜辞"用"字是祭祀中杀牲的用语，常见有家畜如牛、羊，人牲如羌、臣仆的。卜辞有用麋以为祭的：

> 庚申卜，狄，贞王惟斿麋，用。吉（《合集》27459）

是用从斿地猎获的麋以为祭。狐也被作为祭品：

> ……用狐于丁。（《合集》10254）

"丁"即名丁的先祖先妣神（或释为祊即宗庙）。"用狐于丁"，即用狐祭祀庙号丁的祖先神。

用猎获野兽作为牲品祭祖先神，当是商人以猎获野兽作为食物的反映。

猎获的幼麋鹿，可能加以人工饲养。卜辞有关于捕捉逃跑之麋的占卜：

> 王幸垄麋……又九。之日……雨、风。（《合集》10372）

"幸"是捕捉，"垄麋"即逃亡之麋。当是生擒之麋而后逃跑者。诸侯贵族臣僚还有向王室献兽的，如：

> 己丑卜……麇致鹿。（《合集》40061）
> 见麋。（《英藏》215 反）
> ……鼎见，致麋。 《东京》242

"致"为致送。"见"即献，贡献之意。此是卜问向王室贡献的鹿、麋，所贡之物除供祭神外，当然是供商王的盘中餐。《礼记·王制》载周时狩猎的意义云：

> 天子诸侯无事则岁三田：一为乾豆；二为宾客；三为充君之庖。

此"岁三田"是指狩猎获兽的三个用途。乾豆即祭神之牲品。郑玄注云："谓腊之以为祭祀豆食也。"豆是古代的一种盛食用具，高圈足上有一浅盘，有陶、铜质制品。证之甲骨卜辞，商王在狩猎中的猎获物亦有此三种用途。

猎获物的皮毛骨角是手工业的原料，《吕氏春秋·分职》"枣，棘之有；裘，狐之有也。食棘之枣，衣狐之皮"。狐皮自古是上等的皮制品原料，武丁时曾一次猎获狐164只之多。以后各期皆有不断猎获，且还有珍贵的白狐。西周时期王室有专掌皮衣的官，在《周礼》中称为"司裘"，其中的"功裘"即为狐皮所制。1975年在陕西岐山董家村出土有裘卫诸器。"裘"就是替王掌裘衣之官。商周人皆着裘，前已指出过，甲骨文中有一裘字，其字形像兽毛衣，即以兽皮为衣。狩猎是裘皮的重要来源，狐皮更是其唯一来源。商代遗址中的象牙制品使用的象牙，亦多是猎获物。

所以，狩猎不但为商人提供衣食来源，也为手工业提供了原材料，它是农业和畜牧业的重要补充。

二 对农牧业的保护作用

卜辞中的狩猎地，有不少本就是农业区，像盂既是一狩猎地区，如卜辞云：

辛巳［卜］，贞王其田向，亡戈。
壬午卜，贞王其田噩，亡戈。
乙酉卜，贞王其田向，亡戈。
戊子卜，贞王其田盂，亡戈。
宰卯卜，贞王其田噩，亡戈。
壬辰卜，贞王其田向，亡戈。
乙未卜，贞王其田噩，亡戈。（《合集》33542）

这些地方也是重要的农业区，如卜辞云：

在洒盂田受禾。
弜受禾。（《合集》28231）
癸卯卜，王其延上盂田，鴑受禾。（《合集》28230）
盂田禾释，其御。吉。刈。
弜御。吉。刈。（《合集》28203）

卜辞第四期受禾即受年。"刈"是收割。《合集》28203是讲盂地的禾成熟了，举行御祭，很吉利，可以收割。敦也是一农田区，如卜辞：

乙卯卜，宾，贞敦受年。小告（《合集》9783）

其他如㽙（《合集》9791）、万（《合集》9812）、噩（《合集》28250）、龙（《合集》9552、33209）、京（《合集》9980、33209）、画（《合集》9811）、宫（《屯南》2129）、凡（《合集》22990）等，皆为农业区，此不一一具举。甲骨文中将狩猎泛称为"田"，且有的"田"字不是从囗从十作四个方块，而是像实际耕地一样作六个、八个方块，如：

□□〔卜，争〕贞王曰：龟鹰田✦，其幸。
贞勿曰：龟鹰田（此田字作✦✦形），其幸。（《合集》6528）

龟鹰是人名，✦为地名，田是动词，田猎、狩猎。第2辞的田作✦✦形，显然是一种耕地的象形。可见称狩猎为"田"是与农耕地有一定关系。这与上引卜辞，在农业区狩猎是一致的。《白虎通》解释古称狩猎为"田"的理由是"为田除害"，当不是没有道理。商时人口较少，森林覆盖面大，耕地与森林错杂，林中鸟兽多，对农业生产造成很大破坏。狩猎驱逐鸟兽，对农业是一种有效的保护作用。今日在山区农作物成熟期间还专门派人守护，他们手持火枪或能敲击、摇动的响器，以驱赶鸟兽啄食农作物。不然，有的耕地遭鸟兽破坏，竟至颗粒无收而白辛苦一年。

从甲骨卜辞看到，臣僚和民众进行田猎活动，是因上级的命令而参加的，如"呼"、"令"臣僚出猎：

戊寅卜呼侯敉田。（《合集》10559）
辛亥卜，王，贞呼弜狩麋，擒。（《合集》10374）
……令画执兕，若。（《合集》10436）
癸丑卜令介田于京。（《屯南》232）

民众被派遣去打猎：

> 丁卯卜，令执致人田于羴。十一月。(《合集》1022)
> 甲子卜令众田，若。(《屯南》395)

这些被"呼"、"令"、"致"去参加打猎的绝非自愿，而是去完成上级交给的任务。这种"任务"最有可能的就是"为田驱兽"，保护农田作物，免受鸟兽糟蹋。

狩猎对畜牧业也有保护意义。例如对虎这种猛兽，商人就对其有恐惧心理。商代铜器上常用虎食人的图案作装饰花纹，就是一种恐虎心态的表露，所以甲骨文中有占卜虎是否会对人们造成灾祸的，如：

> 丁巳卜，贞虎其有祸。(《合集》16496)
> 贞虎亡其祸。(《合集》16523)

饥饿之虎，不但叼食牛羊，即使善于奔驰的马，也常成为其口中食，故卜辞中有占卜马是否会受到虎害问题：

> 贞我马有虎，佳祸。
> 贞我马有虎，不佳祸。(《合集》11018正)

这是占卜我的马遇到虎，会不会遭到伤害。

第五节　捕鱼活动

鱼是人类早期的重要食物之一种，也是商代人们的重要食物品种，如在河南偃师商城商代早期王室祭祀遗址内，"有的单独使用牛头作牺牲，之后又埋入大量的鱼"。[①] 用鱼作为祭品，表明鱼是商人的食品之一。在河南省郑州市二里岗的商代遗址中，出土有"鱼类的骨骼和骨牙"，[②] 当是人们食后扔下的鱼骨。位于郑州陇海东路东端北侧一个二里岗下层二期的灰坑

---

① 中国社会科学院考古研究所：《河南偃师商城商代早期王室祭祀遗址》，《考古》2002年第7期。

② 河南省文化局文物工作队：《郑州二里岗》，科学出版社1959年版，第55页。

(C9.IH125)内,"值得注意的是,在南北壁的偏西部靠上处还挖有两个南北对称的横圆洞,可能是原来穿有木棍,作为悬挂储存肉食用。此坑内除发现有可以复原的陶鬲和陶大口尊外,还填埋有大量的兽骨、鸡骨、鱼骨……此坑应是作为储藏肉食用的窖穴"。在同地区的二里岗上层一期的灰坑C9.IH142内,"有较多的牛、羊、狗、鹿、鸡、鱼等骨骼与烧骨以及红烧土块等",发掘者认为此灰坑"其用途可能是上部作为炊事坑,而下部作为储藏东西的坑"。① 在灰坑里埋的鱼骨当是普通民众食鱼的遗存。在安阳殷墟苗圃北地的墓葬中,常发现用鱼随葬。如在编号为113号墓中的一件陶鬲内,有鱼的骨头。② 陶鬲是当时人们常用的一种炊器,鬲中的鱼骨反映商人食鱼的方式是放入鬲内煮食。甲骨文中有用鱼祭神的,如:

□丑,贞王令旎尸口取祖乙鱼,伐告于父丁、小乙、祖丁、羌甲、祖辛。(《屯南》2342)

其示……鱼。(《合集》27456)

"取"字为祭名,郭沫若认为"取殆槱省,《说文》'槱,木薪也',音义具与橞近"。③ 橞为燔烧牲品于木柴上之祭。"取祖乙鱼",乃是燔烧鱼以祭祖祖乙。商王得了疾病,也卜问是否"用鱼"以求神灵保佑(《库》1213)。用鱼祭神,与用鱼随葬的用意相同,乃是供给神灵食用的,这说明鱼是商人的食物之一种。卜辞中还卜问捕鱼以做宴飨用的内容:

〔丙〕寅卜,宾,〔贞〕翌丁卯鱼,飨多□。(《合集》16043)

此辞中的"鱼"字为动词,捕鱼之意,"飨"即"飨宴",多字后缺,所缺字可能是子、尹、生诸字之一,卜辞常见商王宴飨"多子"(《合集》27644、27647—27649)、"多尹"(《合集》27894)、"多生"(《合集》27650)等活动。商王对渔业生产很重视,甲骨文中常见商王亲往捕鱼。如:

---

① 河南省文物考古研究所编著:《郑州商城》,文物出版社2001年版,第536、557页。

② 中国社会科学院考古研究所:《殷墟发掘报告(1958—1961)》,文物出版社1987年版,第261页附表48。

③ 郭沫若:《殷契粹编》,科学出版社1965年版,第360页。

王鱼。

勿鱼。(《合集》667 反)

辛卯卜,㱿,贞王往延鱼,若。

辛卯卜,㱿,贞王勿往延鱼,不若。(《合集》12921 正)

上引卜辞中的"鱼"字皆是动词,作"捕鱼"解。延,有连绵不断、继续之意。"延鱼"就是连续捕鱼。

丁卯卜,王大获鱼。(《通》749)

"大获鱼"就是捕到很多的鱼。商人捕鱼的数量,据甲骨文记载,有一次竟多达数万尾:

癸卯卜,豙获鱼其三万不。(《合集》10471)

"豙"是一人名(或族名)。这是卜问豙能否捕获到三万尾鱼(图 5—7)。一次捕鱼达三万条,在今天看来,也是一个不小的数字。这个捕鱼的数字说明,商代捕鱼业的发达和渔业在社会经济中的重要地位。

图 5—7 获三万尾鱼甲骨
(《合集》10471)

一 鱼类资源

商王朝的中心地区,即"王畿"之内,由于当时的气候比现在温暖,地面上的河湖薮泽较多,极有利鱼类的生殖繁衍,因而鱼类资源丰富。伍献文在 20 世纪 40 年代曾对殷墟出土的鱼骨进行过初步鉴定,其结论是:

可确定有六种:鲻鱼(Mugilsp)、黄颡鱼、鲤鱼、青鱼、草鱼、赤眼鳟。除鲻鱼是产于江海交汇地区需咸水外,其他五种皆仍为豫北所有之鱼，……此五种鱼类分布之广，即今日河南北部尚盛产之。①

鲻鱼是咸水鱼，即是海鱼。商人的祖先相土时，其势力就曾达于东海之滨，《诗经·商颂·长发》歌颂其先祖功烈云"相土烈烈，海外有截"。此类海产，不是商王室渔民所捕，也当是其属国所贡。

20世纪50年代，在郑州商城中出土有鲟鱼骨。② 1987年春天，中国社会科学院考古所安阳工作站在小屯东北甲组建筑基址群中的一号灰坑中，出土一块鲟鱼的侧线骨板。③ 鲟鱼又称鲔，甲骨文中有捕获鲔的卜辞：

翌……豪……［获］鲔……（《怀特》347）
乙未卜，贞豪获鲔。十二月。允获十六。（《合集》258）（图5—8）

图5—8 捕获鲔（鲟鱼）卜辞
（《合集》258）

鲟是一种大型经济鱼类，体长可达三米左右，重可达千斤，其肉鲜美，卵呈黑色，是一种珍贵的食品。此鱼周身是宝，其鳔和脊索可制鱼胶。在我国现存有三个品种：史氏鲟（又名东北鲟），分布于黑龙江、乌苏里江；小体鲟或裸腹鲟，分布于新疆；中华鲟又称杨子鲟和达氏鲟，仅分布于长江流域。④ 这种有重要经济价值的大型鱼类，商人一次竟能捕获16条之多，可见其捕鱼技术已具有相当水平。但捕捉这种大型鱼也非易事，故捕鱼前要多次占卜问神能否有所获：

□未卜，王，贞三卜豪幸鲔。（《合集》5330）

---

① 伍献文：《记殷墟出土之鱼骨》，《中国考古学报》第4册，1949年。
② 杨育彬：《河南考古》，中州古籍出版社1986年版，第106页。
③ 中国社会科学院考古研究所安阳工作站：《1987年安阳小屯村东北地的发掘》，《考古》1989年第10期。
④ 侯连海：《记安阳殷墟早期的鸟类·附记》，《考古》1989年第10期。

幸字像手枷形，即执、抓捕之义。"三卜"是经过第三次占卜。第三次占卜才得到可以捕捉到鲔的吉兆，可见商人是常捕捉鲔这种大型鱼类的。

黄河是流经商王国中心地区的一条大河，商人当然也在河中捕鱼。据《诗经·陈风·衡门》记述河中的鱼类有鲤和鲂：

> 岂其食鱼，必河之鲂，
> 岂其取妻，必齐之姜。
> 岂其食鱼，必河之鲤，
> 岂其取妻，必宋之子。

从《衡门》诗中知，黄河里的鱼有鲂和鲤两种佳品，黄河鲤鱼在今天仍然是席上的珍肴。鲂是分布较广的一种草食性鱼类，属鲤科，大者可长至50余厘米。诗中的河指黄河，战国时期周定王五年（公元前464年）黄河发生第一次大改道，在此之前的河称为"禹河"，传说是大禹治水时所开凿的河道。① 河道在今河南省荥阳县的广武山北麓折而东北行，经浚县，北行入河北省，过曲周、任县、深县到天津附近入勃海，② 正穿商王畿中心地带而过。《衡门》虽为东周时作品，而河中的鱼类，当是早已具有的品种，如鲤鱼，前已指出殷墟遗物中就曾发现其遗骨。

在湖北省沙市的周梁玉桥商代遗址中，出土有当时人们食后所抛弃的鱼骨，其种类除有黄河流域的鲤鱼、青鱼外，还有盛产于南方的大口鲶鱼和鳜鱼。③

从出土遗物和文字材料记载知，商代人们捕食的鱼类有海鱼鲻，在北方黄河流域有黄颡鱼、青鱼、鲤鱼、草鱼、赤眼鳟、鲔（鲟）和鲂等，在长江流域有鲤鱼、青鱼、大口鲶和鳜鱼等。当然，实际存在的品种可能还要丰富，但因无材料可证而无从考知。

---

① 《汉书·沟洫志》。
② 张淑萍、张修桂：《〈禹贡〉九河分流地域范围新证——兼论古白洋淀的消亡过程》，《地理学报》第44卷第1期，1989年3月。
③ 彭锦华：《沙市周梁玉桥商代遗址动物骨骼的鉴定与研究》，《农业考古》1988年第2期（总第16期）。

二 捕鱼方法

从甲骨卜辞分析和出土实物研究,商代人们所使用的捕鱼方法,大致有以下几种:

(一) 网捕

用网捕鱼的方法起源很早,在我国新石器时代的仰韶龙山文化时期,就已发现有大量作为网具的网坠,商代的网捕鱼技术,是其继承和发展。在甲骨文中,有卜问用网捕鱼的卜辞:

甲申卜,不其网鱼。(《合集》16203)

"网鱼"即卜问用网捕鱼。在甲骨文中常见有一字,作 形 (见《合集》10478、10479、28426—28432,《屯南》3060等),从鱼从网从又,像手持长条形网拦鱼,十分形象,可隶定为鳗字。《合集》10478鱼字横刻(图5—9),作 形,像鱼被网拦出水。此字甲骨中常见,当是商人常采用的一种方法。从字形上观察,网作长条状,手持网的两端,当是一种"拦网"。这种网是用以拦截一定的水域,逐渐围收于岸边,以获取鱼。它是一种大型的、需多人合作的捕鱼方法。

图5—9 捕鱼的拦网
(《合集》10478)

用网捕鱼,在江河湖中皆可使用,甲骨文中记载有在河中捕鱼的:

惟滴鳗……(《合集》28426)

"滴"即滴水。滴水有人指为漳水,① 有的说是今沁水。② 此辞是卜问在滴水中

---

① 葛毅卿:《说滴》,《中研院史语所集刊》第7本第4分册;杨树达:《积微居甲文说》卷下《释滴》。

② 李学勤:《殷代地理简论》,科学出版社1959年版,第13页。

用拦网捕鱼。作为网具的网坠，在商代遗址中有大量出土。在郑州二里岗遗址中，出土有陶、石两种质料的网坠，陶质网坠是制成后烧制而成，一般作扁圆形和圆柱形。① 在河北藁城台西商代遗址中的陶质网坠有四种型制：

1. 圆柱形

两端近端处刻有凹槽一周，以便系绳。

2. 梭形

像织布之梭，中间粗两端略细，中有銎，以便穿绳系于网沿上。

3. 鼓形

两端略细中间鼓起，中有穿绳用的銎。

4. 锥形

一端粗，一端细，中有銎孔穿绳。② 网坠有的长7厘米，直径3—4厘米，当是在一种大型网上使用的，与甲骨文中所见的"拦网"相吻合。

用网捕鱼是一种很有效的方法。商时的人们一次出鱼捕获鱼达三万尾，只有用这种效率高的网捕工具，才能有这样大的收获量。今日捕鱼的网，也只是对古人网具的改进而已。

(二) 钓鱼

钓鱼也是源于新石器时代的一种捕鱼方法。在甲骨文中有一字作❓形，像手持渔竿，鱼上钩在杆上（见《合集》48、8105—8108、10993、10994、24382、24383等），从鱼从系从又，可隶定为鲛字，作为动词，即是钓鱼的钓字，如：

　　　　弜……其每，鲛。(《合集》27946)

此字在甲骨文中常作为地名（见《合集》10993、10994、14149等）。作为地名，大约因这里是常为人们进行垂钓之地。

钓鱼所用的鱼钩，在商代遗址中常有发现，有铜、骨、蚌质制品。郑州

---

① 河南省文化局文物工作队：《郑州二里岗》，科学出版社1959年版，第31、33页；《郑州商代遗址发掘报告》，《文物资料丛刊》第1辑，1977年；河南省文物考古研究所编著：《郑州商城》，文物出版社2001年版，第607、618—619、709页。

② 河北省文物研究所编：《藁城台西商代遗址》，文物出版社1985年版，第61页。

二里岗出土的一件青铜鱼钩个体较大。① 在藁城台西出土的两件青铜鱼钩的钩尖上有倒刺，与今日所用的鱼钩相同，其中一件长 59 厘米。台西还出土一件骨质鱼钩，在系绳处有一道凹槽，以便系绳。② 在山东省济阳县邝家商代遗址中，出土一件蚌制鱼钩，钩角成 70°，高 6.8 厘米，宽 3.2 厘米，系绳处有两道凹槽，有明显的使用痕迹。③

（三）用弓箭射鱼

用弓箭射鱼也是人们捕鱼的一种重要方法，《说苑·正谏二十四》曰：

> 吴王欲从民饮酒，伍子胥谏曰："不可，昔白龙下清冷之渊化为鱼，渔者豫且者射中其目，白龙上诉天帝，天帝曰：'当是之时，若安置而形？'白龙曰：'我下清冷之渊化为鱼'，天帝曰：'鱼，固人所射也，若是，豫且何罪。'……"

"鱼，固人所射"，说明古人用弓箭射鱼是很普遍的。今日的鄂伦春族和台湾高山族人民还有使用此法捕鱼的。清人在所绘《台湾风俗图·捕鱼》的题记中写道：

> 社番（高山族）颇精于射，又善于用镖枪，……尝集社众，操镖挟矢，循水畔窥游鱼唼呴浮沫或扬鬐曳尾，辄射之，应手而得，无虚发。

射鱼所获相当丰厚，清康熙《彰化县志》载蓝鼎元见到高山族民在日月潭射鱼的丰收情景，"水深鱼肥且繁多。番（高山族）不用罾罟，驾蟒甲（独木舟）、挟弓矢射之，须臾盈筐"。郁永河在《裨海记游》中也记有"番人夫妇，乘蟒甲射鱼"的情况。④ 高山族射鱼所使用的弓箭和舟船两样工具，皆

---

① 河南省文化局文物工作队：《郑州二里岗》，科学出版社 1959 年版，第 37 页；《郑州商代遗址的发掘》，《考古学报》1957 年第 1 期；又，河南省文物考古研究所编著：《郑州商城》，文物出版社 2001 年版，第 620 页。

② 河北省文物研究所编：《藁城台西商代遗址》，文物出版社 1985 年版，第 83、86 页。

③ 熊违平：《济阳邝家遗址出土商代蚌鱼钩》，《农业考古》1988 年第 2 期（总 16 期）。

④ 转引自刘如仲、苗学孟：《清代台湾高山族的狩猎与捕鱼》一文，《农业考古》1986 年第 2 期（总第 12 期）。

是商时人们已常使用的。在商代遗址中，作为弓箭的实物遗存是镞，即箭头，有铜、石、骨、蚌等质料制成的。舟在商人的生活中是常用的一种工具，甲骨文中不但有"舟"字和从"舟"的"般"等字，还有人驾舟行水上的"荡"字。甲骨文中的"受"字，像一人以手致送舟，一人接受舟之形，所谓"受"依甲骨文的字形结构，就是"舟"的致送与接受，故在读音上"舟""受"相近。商代甲骨文时期虽不是文字的始创期，但以舟的接受立意创字，反映古时舟的使用有一个十分频繁的时期。

甲骨文中有时称捕鱼为"狩"，如：

戊寅……王狩膏鱼，擒。（《合集》10918）
□□卜，宾，贞翌乙亥……狩鱼……（《巴》6）

"狩"字从犬从干，是一田猎用词，一般以犬追逐而以弓箭射杀猎物，所以"狩鱼"当即是以弓箭射鱼。甲骨文还有卜问是用网还是以"狩"的方式捕鱼：

壬弜鳗其狩。（《合集》28430）

此是卜问壬日不用网捕而用狩，此狩与网捕相连求问，当是"狩鱼"，即射鱼。

（四）筌鱼

筌又称为笱，是用竹或木条编制而成的捕鱼工具。有一喇叭状的口，颈有倒须，颈下为一鼓形状腹，尾收缩成尖状，一般不封死，可以随时打开取鱼。鱼筌一般放置于河中水下，鱼顺水流从喇叭状口进入筌腹，因颈口有倒须故不能复出。放置一定时间，提起筌即可得鱼，这种捕鱼方法在台湾高山族和南方各地汉族人中还有使用。

鱼筌的使用在我国相当早，在浙江省吴兴县钱三漾的新石器时代遗址中，就发现有鱼筌的实物。[①] 在殷墟甲骨文中也有用筌捕鱼的卜辞：

---

① 浙江省文物管理委员会：《吴兴钱三漾遗址一、二期发掘报告》，《考古学报》1960年第2期。该报告称为"倒梢"，即鱼筌。

甲子卜，宾，贞禽𢾤在疾，不从王古。（《合集》9560）
□□卜，□家□［禽］𢾤鱼。（《合集》10474）

《合集》9560"在"字前一字，《合集》10474"鱼"字前一字，均像鱼筌在水中，乃是用筌捕鱼的写照，反映商时人曾使用这种方法捕鱼。

（五）鸬鹚捕鱼

鸬鹚又称鱼鹰、乌鬼、水老鸦、鱼老鸦、里鱼部、鹅等，巧于潜水捕食鱼类。性情温顺，不畏人，易于驯养。嘴长，末端稍曲，特别是上喙端钩曲而尖，像齿钳，故能牢固地钳住鱼体而不致滑脱。它的潜水深度可达 10 米，能在水中停留 30—40 秒钟，有时可达 70 秒。利用鸬鹚捕鱼时，为防止其得鱼即吞食，渔人常用草圈缓套其颈间，使其稍大一点的鱼就不能吞下肚去。[①]

我国利用鸬鹚捕鱼的历史很早，在新石器时代的浙江省河姆渡遗址中（距今约 7000 年），就发现有鸬鹚的遗骨。[②] 河南省临汝县阎村的仰韶文化墓葬中，在一件陶缸上绘有一件石斧和一只嘴含鱼的鸟。[③] 这幅鸟含鱼图，有的命名为"鸬鹚叼鱼图"，[④] 当是恰当的。利用鸬鹚捕鱼，在我国古代文献中不乏记载。唐朝著名诗人杜甫在诗中曾写道，"家家养乌鬼，顿顿食黄鱼"，就是描写长江沿岸巫山一带人民，用鸬鹚捕鱼的情况。

鸬鹚的遗骨在商代遗址中虽然还未见到发现的报道，但在殷墟妇好墓中，却出土了两件鸬鹚的雕刻品：一为玉质，长 5 厘米、高 2.6 厘米，作伏卧状，两眼甚大，长嘴弯曲于胸前，双足屈于翼下；一为石质，长 40 厘米、高 28 厘米，亦作伏卧状，圆眼，长嘴紧贴于胸前，长尾略内卷。商人将此鸟作为雕刻题材，应当是已驯养了它们作为捕鱼之用的反映。一项生产技术，是代代传承的，新石器时代的人们已知驯养鸬鹚捕鱼，商代的人们当会传承这一技术的。

三 对鱼类资源的保护

对鱼类资源，商时的人们已注意对其加以保护，并合理地利用。甲骨文

[①] 张仲葛：《鸬鹚小史》，《农业考古》1982 年第 1 期（总 3 期）。
[②] 浙江省博物馆自然组：《河姆渡遗址自然遗存的鉴定与研究》，《考古学报》1978 年第 1 期。
[③] 临汝文化馆：《临汝阎村新石器时代遗址调查》，《中原文物》1981 年第 1 期。
[④] 吴诗池：《从考古资料看我国史前的渔业生产》，《农业考古》1987 年第 1 期（总第 13 期）。

中有关捕鱼的卜辞，大多在九月到十二月，如：

> ……鰻。五月。(《合集》10479)
> 乙卯卜，内，豦出鱼。不沁。九月。(《合集》20738)
> 庚寅卜，争，贞鱼，惟甲寅。十月。(《合集》15455)
> 王鱼。十月。(《合集》10475、10476)
> 贞今日其雨。十月在圃鱼。(《合集》14591)
> 贞其雨。十一月在圃鱼。(《合集》7897)
> 乙未贞豦获鲔。十二月。(《合集》258)
> 辛未卜，贞今日龛庸。十二月在圃鱼。(《合集》24376)

上举《合集》10479 片上的鰻字是一捕鱼方法，其前之辞虽残，从仅存的一字也可知是一条占卜捕鱼的卜辞。五月捕鱼只此一见。这个统计当然不全面，但仅以上引卜辞可以看出，商人捕鱼多在九至十二月进行，特别是十至十二月为多。古时人们很重视"顺时取物"的自然规律。《礼记·王制》称"獭祭鱼，然后鱼人入泽梁"。孔颖达疏引《孝经纬》云："兽蛰伏，獭祭鱼，则十月也。"十月举行獭祭后，才准入泽捕鱼。这是因为到了冬季，小鱼已长大，又没有母鱼产子问题。在这时开禁捕鱼，有利鱼类资源的保护。《国语·鲁语上》记载了一则鲁国太史里革阻止鲁宣公在夏天捕鱼的故事：

> 宣公夏滥于泗渊，里革断其罟而弃之，曰："古者大寒降，土蛰发，水虞于是乎讲罛罶，取名鱼，登川禽，而尝之寝庙，行诸国，助宣气也。鸟兽孕，水虫成，兽虞于是乎禁罝罗，猎鱼鳖以为夏犒，助生阜也。鸟兽成，水虫孕，水虞于是乎禁罝罣麗，设穽鄂，以实庙庖，畜功用也。且夫山不搓蘖，泽不伐夭，鱼禁鲲鲕，兽长麑䴠，鸟翼毂卵，虫舍蚳蝝，著庶物也，古之训也。今鱼方别孕，不教鱼长，又行网罟，贪无艺也。

里革讲"大寒降，土蛰发"这段时间内主管鱼类资源的"水虞"才让捕鱼。因这时鱼类已成熟长大，正是取鱼季节。"土蛰发"即开春，此后就禁捕了。因此时正是"水虫孕"之时，母鱼怀孕产子，故不可捕捉。鲁宣公违背时节，设网在泗水中捕鱼，听了里革的一番话后，不但未责备里革把渔网砍破而扔掉的行为，还承认错误，说"吾过而里革匡我，不亦善乎"，并称里革为"良罟"，让"有司"将里革的话记录下来，加以长期保存，以便随时提醒他。

里革向鲁宣公讲的这番话，他称为"古者"、"古之训"，乃是引经据典而不是他的发明。可见这种"鸟兽孕"、"水虫孕"时禁止捕鱼狩猎的措施，当是来自前朝前代的"古之训"。我们在甲骨文中看到，商人常在十至十二月份捕鱼，可以推知，商代也当已有这样的制度。

根据古书的记载，獭祭一年要举行两次，十月和正月各一次。十月獭祭如《礼记·王制》所讲是开禁捕鱼，正月獭祭是禁止捕鱼。《礼记·月令》有正月"獭祭鱼"，孔颖达认为是"獭一岁再祭鱼"。正月獭祭后"虞人不得入泽梁"，以便让鱼类产卵繁殖、生长。甲骨文中有对开始捕鱼时行祭的：

癸酉卜，宗其祝，其鳗。（《屯南》3062）

"其鳗"是指开网捕鱼，"其祝"是祝告神灵的一种祭祀，祝告的对象可能是主管鱼类资源的神灵"司鱼"：

壬子卜其帝司鱼，兹用。
于室。
于权。
惟己有日。兹用（《合集》29700）

帝即"禘"，是商代的一种祭神礼仪。"司鱼"是掌鱼类之神，商王对它献祭，是祈求保祐鱼鳖类水生物无灾祸，生长繁庶。

甲骨文中有商王卜问鱼有无灾祸的：

乙亥，贞鱼亡祸。（《屯南》1054）

对鱼类的生长状况，商王也关心，甲骨文中有记载商王视察鱼的：

庚寅卜，翌日辛王兑省鱼，不冓雨。吉（《屯南》637）

"省鱼"即省视巡察鱼的生长情况。

有的研究者指出,在商代可能已开始了人工养鱼的养鱼业,举出甲骨文中的"在圃鱼"为证。① 认为"圃"即是园圃,"在圃鱼"乃是在园圃内捕鱼。在人工修建的园圃内捕鱼,当然是人工养的鱼,这一解释不无道理。"在圃鱼"的"圃"字,甲骨学家释为甫,其字从禾从田,像田上有禾苗形。甫字在甲骨文中有作人名的,如:

　　贞甫其有疾。(《合集》13762)
　　丁酉卜,宾,贞令甫取兄伯。(《合集》6)

卜问甫有无疾病,命令甫去取兄伯之甫,其为人名无疑。甫还作为地名,如:

　　甫受秜年。(《合集》10022)
　　甫弗其受年。(《合集》9779)

这与《合集》36975"东土受年,南土受年"、"商受年"例同,皆是地名。因此"在圃鱼"也可解作为在甫地捕鱼。但《合集》7897"在圃鱼"的地点却与亘有关:

　　乙亥卜,贞酚衣于亘,冓雨。十一月,在圃鱼。

这是商王"十一月在圃鱼"的时候,在亘地举行衣祭而遇到天雨。由此知这次商王"在圃鱼"之地是在亘地内。"甫"和"亘"都是商代甲骨文时期的重要贵族,亘是武丁时贞人,并有卜辞称为"亘方"(《合集》33180)。所以"甫"地绝不在亘地之内,而此辞的"在圃鱼"的"圃"确在亘地内,故此"圃"不是贵族的领地,而应是园圃的圃。作为园圃字,应释作圃。

"在圃鱼"的"鱼"字应是一动词,这类辞式结构在卜辞中常见,如祖庚祖甲卜辞中常见有"在某卜"、"在某彝"的:

---

① 邱锋:《中国淡水养鱼史话》,《农业考古》1982年第1期(总第3期);周苏平:《先秦时期的渔业》,《农业考古》1985年第2期(总第10期)。

丙子卜王，在夹卜。（《合集》24239）
丁未卜，行，贞王宾岁亡尤，在师寮卜。（《合集》24272）
……亡祸，在敦卜。（《屯南》4564）
王在师菽彝。（《合集》24255）

"卜"和"彝"都是动词，与"在圃鱼"的"鱼"字用法与"在某卜""在某彝"的"卜"和"彝"字相同，也应为动词。

园圃作为商王的游观地，设有养鱼的池塘供王观赏游乐。不过从"在圃鱼"的时间多在十月至十二月观之（参见《合集》7894、7897、14591、24376等），应是捕捉饲养的鱼类。因按"古者"的习惯，此时正是开禁捕鱼的季节，而天寒亦不宜于水中游乐。《左传》隐公五年载，鲁隐公五月在棠观鱼，前引《国语·鲁语》载鲁宣公在夏天设网于泗水中捕鱼，才是带有游乐性质的。此时正是进入暑天，临水观鱼、捕鱼，以取乐，与天寒地冻的十月至十二月不同。

西周铜器铭中，常见在池中捕鱼的，如《井鼎》（《集成》2720）、《公姞鬲》（《集成》753）、《遹簋》（《集成》4207）等都记载在池中捕鱼之事，《公姞鼎》铭记名子仲的人，于十二月在名大池的池中捕鱼，"天君"称赞公姞，命史赏赐"公姞鱼三百"。《遹簋》记六月周王在"大池"里捕鱼，《井鼎》记周王七月在𣲺池里，并让井一起下池捕鱼，捕鱼结束后对井"攸赐鱼"，赐给井不少的鱼（图5—10）：

图5—10 《井鼎》铭文
（《殷周金文集成》2720）

唯七月王在芬京。辛卯王渔于𣲺池，呼井从渔。攸赐鱼。对扬王休，用作宝尊鼎。

"敔池"是池名,其他如《遹簋》、《公姞鼎》等皆有在池中捕鱼的内容。铜器铭文里所记载周王在水池中捕鱼,显然是一种游乐活动。但水池里的鱼当为人工所饲养。所以殷墟甲骨文中的"在圃鱼",正透露出在商代已开始了在园圃、池中进行人工养鱼的信息。在河南省偃师县尸乡沟发现的偃师商城,在宫城北部的中央发现有一面积为2600平方米、深1.5米的水池,在水池内发现有陶及汉白玉制的捕鱼网的网坠。① 这就从考古学上证实,在水池里养鱼、捕鱼,在商代早期就已经有了。

---

① 杜金鹏:《偃师商城初探》,中国社会科学出版社2003年版,第198—202页。

第六章

发达的手工业

商代的手工业十分的发达,是商代社会中的一个独立经济部门。手工业不但门类多,而且在同一个手工业部门内还出现更为细致的分工。考古发掘出土及传世的各种商时期的手工业制品,如青铜器、玉器、象牙器、骨器、马车等等,其制作技术复杂,工艺精湛,造型奇巧,是具有很高技术水平的反映。下面我们对商代的几个主要手工业部门作一考察。

第一节 青铜冶铸业(上)

我国青铜时期,大致是从公元前2000年左右形成,历经夏、商、西周和春秋,到战国时进入铁器时代,历时约15个世纪,商代正处于我国青铜器时代的上升到鼎盛时期。商代青铜器出土的地域广,数量大,种类多。器物造型奇巧,纹饰瑰丽,装饰神秘,在世界冶金史和文化艺术史上都占有重要的地位。在商代,青铜冶铸是当时最先进的科学技术,它是社会生产力发展水平的标志,犹如现今的钢铁业可衡量一个国家的工业发展水平一样。商代高度发达的青铜冶铸业,反映出已具有较高生产力水平。它是我国古代劳动人民的伟大创造,是对人类文明作出的重大贡献。

一 青铜器的种类

青铜器的种类是青铜冶铸技术水平的重要标志。从考古发掘证实,商代青铜器的种类前后期是不一样的:前期器物种类较少、数量也少;后期器种增加、数量也大增。

商代文化的分期,考古学界一般分作三期:早、中、晚。晚期是指安阳殷墟时期亦即盘庚迁殷以后的时期，学者间意见比较一致，但在早期和中期的划分上，却有两种不同的意见：一种意见主张偃师商城为早期，郑州商城二里岗文化为中期；① 一种意见主张偃师商城和郑州二里岗商文化为早期，郑州小双桥、安阳洹北商城为中期。② 鉴于偃师商城、郑州小双桥和洹北商城迄今所出土的青铜器很少，进行比较研究的材料不足，故我们暂时采取分为前后两期的办法进行比较研究。前期以郑州商城二里岗文化为代表，后期以安阳殷墟为代表。

（一）郑州商城时期出土的青铜器

郑州二里岗文化分为下、上两个大时期，每个大时期又分为一、二两小期。据近来出版的河南省文物考古研究所编著的《郑州商城》一书报告，各期出土的青铜器种类及数量如下。

南关外期：未有发现。

二里岗下层一期。容器：无；生产工具2件：凿1件，刀1件；其他：铜锈块2块。

二里岗下层二期。容器11件：斝2件，爵6件，盉3件；生产工具9件：刀3件，锥4件，钻1件，钩1件；兵器13件：戈1件，镞12件；其他：看不出器型的铜残片数片。

二里岗上层一期。容器（共出土100多件，完整的有97件）：方鼎4件，圆鼎10件，鬲7件，斝22件，爵27件，觚13件，盉1件，尊4件，罍5件，卣1件，盘2件，中柱盂1件；生产工具32件：刀11件，刻刀4件，钻3件，锥13件，钉1件；兵器26件：戈2件，镞24件；其他：坠形器1件，看不清器型残铜片数片。

二里岗上层二期。容器4件：斝1件，觚1件，爵2件；生产工具2件：镢1件，刀1件；兵器1件：镞1件。二里岗上层二期发现的铜器远比一期的少，是因此时这里已不再是王都。

1976年9月在郑州市张寨南街位于商城西墙外约300米名为"杜岭"的土冈南段，发现一铜器窖藏，出土大铜方鼎2件，铜鬲一件（图

---

① 杨升南：《"殷人屡迁"辨析》，《甲骨文与殷商史》第二辑，上海古籍出版社1986年版；杨育彬：《夏商周断代工程与夏商考古学文化研究》，《华夏考古》2002年第2期。

② 邹衡：《郑州商城即汤都亳说》，《文物》1978年第2期；唐际根：《商王朝考古学编年的建立》，《中原文物》2002年第6期。

6—1），时代为二里岗上层。是郑州商城首次发现方形铜鼎。1996年在郑州南顺城街发现一青铜器窖藏坑（H1），时代属于商代二里岗上层二期，[①] 或说是属于商代二里岗上层一期到殷墟一期间。此坑出土青铜器12件。

容器：方鼎4件，斝2件，爵2件，簋1件。

兵器：钺1件，戈2件。

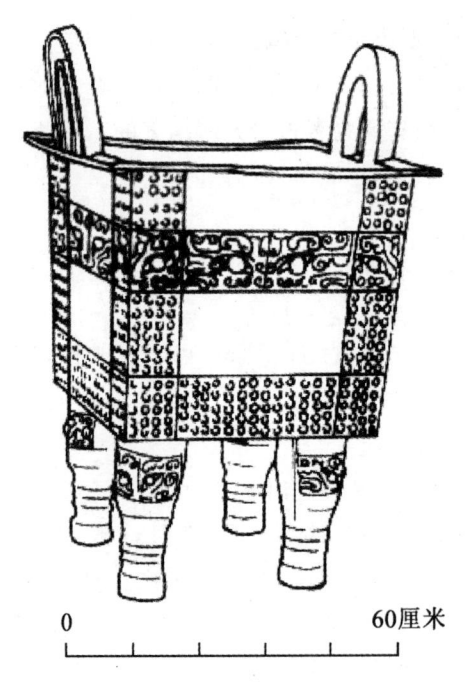

图6—1　郑州张寨杜岭出土的青铜方鼎

（《郑州商代铜器窖藏》第76页图四九）

（二）安阳殷墟时期出土的青铜器

以安阳殷墟为代表的商代后期青铜器，出土数量已是十分庞大。据不完全统计，仅在安阳殷墟出土的铜器，仅容器已近1000件，还有比容器数量

[①] 河南省文物考古研究所、郑州市文物考古研究所编著：《郑州商代铜器窖藏》，科学出版社1999年版，第101页。

更多的兵器、工具未计在内。① 安阳殷墟历年所出青铜器的种类及数量，迄今还没有具体的统计，我们这里以出土青铜器数量和种类最多的妇好墓为例。该墓出土青铜器 468 件，另有小铜泡 1 组，计 109 个，两项共计出土青铜器 577 件。这些铜器按用途，可分为容器、乐器、工具、生活用具、武器、马器、艺术品和杂器等 18 大类 47 个小类。② 其具体器类如下。

1. 容器（210 件）

（1）炊煮器（42 件）　鼎：31 件（方鼎 5 件，圆鼎 26 件）；甗（图 6—2）：10 件（三联甗一套 4 件，分体甗两套 4 件，连体甗 2 件）；汽柱甑形器：1 件（似甗，中有一柱中空透气，以蒸熟食物）。

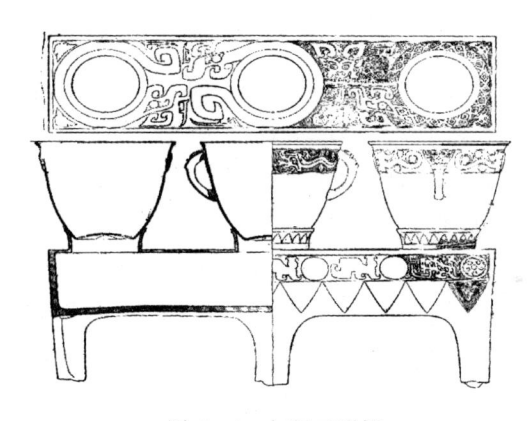

图 6—2　妇好三联甗
（《殷虚妇好墓》第 45 页）

（2）食器　簋：5 件。

（3）酒器（155 件）　方彝：5 件（偶方彝 1 件，方彝 4 件）；尊：10 件（方形 3 件，圆形 5 件，鸮形 2 件）；觥：8 件（四足觥 2 件，圆足觥 6 件）；

---

① 1928—1937 年间的 15 次发掘，出土青铜器 174 件。1949 年以后到 1985 年以前出土仅礼器有 600 余件（生产工具、兵器及其他杂器未统计在内。见郑振香、陈志达：《殷墟青铜器的分期与年代》，载《殷墟青铜器》，文物出版社 1985 年版）。1990 年在郭家庄发掘的 160 号墓就出土礼乐器 44 件，兵器 1129 件，工具 7 件，杂器 8 件（见中国社会科学院考古研究所：《安阳殷墟郭家庄商代墓葬》，中国大百科全书出版社 1998 年版）；2001 年在花园庄 54 号墓内出土青铜器 310 多件，有容器 27 件（见《河南安阳市花园庄 54 号商代墓》文，《考古》2004 年第 1 期）。

② 见中国社会科学院考古研究所：《殷虚妇好墓》，文物出版社 1980 年版，第 15—114 页。

壶：4件（方形壶2件，扁圆形壶2件）；瓶：3件；卣：2件；罍：2件（方形）；斝：12件（方形斝4件，圆形斝8件）；盉：6件（封口盉2件，三足提梁盉1件，椭长平底盉1件，长体折肩盉1件，卵形圆足盉1件）；觯：2件；瓿：53件；爵：40件（平底爵28件，卵形底爵12件）；斗：8件（斗是取酒器，其中方形孔斗5件，圆形孔斗3件）。

(4) 水器（4件） 盂：1件；盘：2件；罐：1件。

(5) 大形高圈足器 1件（上有铭文"司母辛"三字，器之用途不详）。

2. 乐器（5件）

铙：5件（此5件为大小相次的一套编铙，通高分别为11.7、11.5、11.4、9.8、7.7厘米）。

3. 工具（41件）

锛：9件；凿：2件；刀：23件（凹背曲刃、刀尖上翘10件，凹背曲刃直柄2件，拱背曲刃环首细长刀10件，拱背凹刃龙首刀1件）；铲：7件（卷云式4件，长方形式2件，方形式1件）。

4. 生活用具（11件）

镜：4件（梳妆用具）；匕：1件（取食物用）；鸭形器：1件（杖首）；丁字形器：1件；铃头竿形器：1件；器柄：2件（蛇头形，细长）；箕形器：1件（似有柄的簸箕，当是今锨、铲一类物）。

5. 武器（兵器）（134件）

钺：4件（大小各2件）；戈：93件（直内戈8件，曲内戈40件，銎内2件，玉援铜内戈2件，余皆不明形制）；镞：37件又2束（每束10枚）；弓形器：6件（固定弓之用）；镈形器：1件（可能是插旗帜用的）。

6. 马器（111件）

铜镳：2件；小铜泡：109个。

7. 艺术品（4件）

铜虎：4件（虎身镶嵌绿松石）。

8. 杂器（50件）

尺形器：28件（龙头尺形器11件，鸟头尺形器17件，可能是嵌插在漆木器上的装饰品）；铃：18件；多钩形器：1件（似为船的锚，有人认为是一种兵器）；钻形器：1件（似镞而无翼）；棒槌形器：1件。

妇好墓所出青铜器种类大致包含了殷墟时期青铜器的器种。但也只能是"大致",因为它还不能全部包括殷墟时期青铜器的器种,像食器中的豆,①酒器中的角,②车马器中的车器,③兵器中的青铜矛和武士用的头盔等④,此墓中都未见到。1990年在安阳郭家庄的M160号墓中,出土礼器44件,器件皆厚重,多方形器,补充了妇好墓里一些未见的器种。但仅从妇好墓中铜器的种类,已可反映出殷墟时期比二里岗时期青铜器种类、数量都有大量增加,我国青铜器的种类,殷墟时期已大备。

殷墟出土的青铜器与郑州二里岗时期出土的青铜器相比还有以下几个不同:一是器体大器型厚重,如著名的司母戊大方鼎重达847公斤(彩图6—1);二是花纹繁缛,还出现双层甚至三层满花;三是铜器上较普遍地铸有铭文,长的铭文已超过40字。在二里岗时期,还没有发现铸有铭文的青铜器。⑤

二 青铜器的合金成分

合金的出现是金属铸造史上的一次重大技术突破。两种或两种以上的金属,经过高温使它们熔合在一起成为与原来金属性能不同的另一种金属,就是合金。今日冶金业中,合金制品已十分普遍,但人类使用最早的合金则是青铜。

---

① 中国社会科学院考古研究所:《1987年夏安阳郭家庄东南殷墓的发掘》,《考古》1988年第10期。M1内出土铜豆1件,另山东长清和山西保德出土过商代铜豆(见《文物》1964年第4期,《文物》1972年第4期)。殷墟是首次发现。

② 中国社会科学院考古研究所:《殷墟发掘一座商代贵族墓》,《中国文物报》1991年1月20日。出土10角与10觚相配成组,青铜角在以前亦有出土。

③ 马德志等:《1953年安阳大司空村发掘报告》,《考古学报》1955年第9期;中国社会科学院考古研究所:《安阳郭家庄西南的殷代车马坑》,《考古》1988年第10期。两文中的关于车马青铜饰品出土的报道。

④ 梁思永、高去寻:《侯家庄——安阳侯家庄殷代墓地》第5本《1004号大墓》,1970年台北版。侯家庄1004号前墓道北口发现大量青铜戈、矛和头盔,被称为"兵器库"。

⑤ 唐兰认为在郑州二里岗时期的青铜器上已有文字,这些文字都是"图象形字"。见《从河南郑州出土的商代前期青铜器谈起》,《文物》1973年第10期;此文后收入《唐兰先生金文论集》,紫禁城出版社1995年版,第481—493页。我们认为这些"图画形文字"更像纹饰而不是文字。

青铜通常是纯铜与锡的合金，称为锡青铜。也有与铅的合金，则称为铅青铜。铜与锡或铅的合金，是由两种金属产生的合金，故称为"二元合金"。在青铜器中还有铜、锡与铅三种金属熔合的合金，称为锡铅青铜或称为"三元合金"。

作为铜锡合金的青铜，其优点是比纯铜硬度高，熔点低，铸品光泽性好和抗腐蚀性强。① 纯铜的熔点为1084.5℃，若加15％的锡，熔点降到960℃，若加25％的锡，熔点降到810℃。② 加锡更重要的是增加合金的硬度，纯铜的维氏硬度为35度，含锡越多，硬度越高。中国社会科学院考古研究所实验室对妇好墓出土的26件青铜器作了合金成分和硬度测定，得出加锡与硬度的关系是：

铜锡合金中含锡量在11％—15％，维氏硬度约为107。含锡量在15％—18％，维氏硬度约为136，含锡量在19％—21％，维氏硬度约为161。③

加铅也可以降低纯铜的熔点，不过不如加锡降低得多。如在纯铜中加10％的铅，熔点比纯铜降低43℃，若加同样比例的锡，熔点则降低73℃。加20％的铅，熔点可降低83℃。加铅可增加铜液的流动性，使所铸造器物上的花纹清晰。铅还可增加合金的韧性，合金中若含锡量过高，虽然硬度增强却使合金变脆、易折，若加一定量的铅，则可克服易脆折的缺陷。④ 但含铅量对硬度有影响，含铅量越大，硬度越低，如锡铅青铜中，含锡量为11％—15％，含铅量为3％—6％则维氏硬度为99度，⑤ 这反映出铸铜合金配料技术的复杂性。

---

① 《铸工手册》编写组：《铸造有色合金手册》，机械工业出版社1978年版，第388页。
② 马承源主编：《中国青铜器》，上海古籍出版社1988年版，第499页。
③ 中国社会科学院考古研究所实验室：《殷墟金属器物成分测定的报告（一）——妇好墓铜器测定》，《考古学集刊》第2辑，文物出版社1982年版。又见《殷虚妇好墓》附录《妇好墓铜器成分的测定报告》。
④ 李敏生：《先秦用铅的历史概况》，《文物》1984年第10期。
⑤ 中国社会科学院考古研究所：《妇好墓铜器成分的测定报告》，《殷虚妇好墓》附录，文物出版社1984年版。

商代青铜器中，往往加过量的铅，特别是非王室的青铜器。这主要是节省贵重的锡料，以铅代锡。

在合金中，掌握铜锡料的比例，是一个复杂的技术课题，特别是要根据器物用途配置不同比例的原料，非有长期实践经验不可。关于铜锡量在合金中的比例，我国古代有"六齐"之说，《考工记》"攻金之工"文云：

> 金有六齐。六分其金而锡居其一，谓之钟鼎之齐。五分其金而锡居其一，谓之斧斤之齐。四分其金而锡居其一，谓之戈戟之齐。叁分其金而锡居其一，谓之大刃之齐。五分其金而锡居其二，谓之削杀矢之齐。金锡半，谓之鉴燧之齐。

文中的"金"是指纯铜。齐即和，"六齐"郑玄的注解说"目和金之品数"，意即六种合金的配料比例。

对《考工记》中这段文字所记载合金比例，历来有不同的理解。一种认为"六分其金而锡居其一"，是指"金（铜）"在器物中占六分，锡占一分。即铜与锡合共为七分，铜占 $\frac{6}{7}$（85.71%），锡占 $\frac{1}{7}$（14.29%）；[1] 另一种意见认为"六"是合金的总量，"六分"即将铜锡量分为"六份"，锡占"六份"之中的一份，则铜为 $\frac{5}{6}$（83.33%），锡占 $\frac{1}{6}$（16.67%）。[2] 但是在古书中，只称纯铜为"金"，不称铜与锡的合金为"金"，"金"和"锡"在典籍记载中是有别而不混的。所以"六分其金"的"金"，应是指铜而言，不是指铜锡总量而言。第六种的"金锡半，谓之鉴燧之齐"的金和锡是各占一半，即各占50%的量。有的将此句理解为"金一锡半"，[3] 即"锡是铜的一半"，亦即铜占二份，锡占一份，也解释不通。若锡是铜的一半，其行文应作"锡金半"，方可作如是解。所以我们认为第一种解释比较合理。据此，现将《考工记》"六齐"之合金成分比例如表6—1所示。

---

[1] 马承源主编：《中国青铜器》，上海古籍出版社1988年版，第501页。
[2] 林尹：《周礼今译今注》，书目文献出版社1985年版，第440页。
[3] 何堂坤：《"六齐"之管窥》，《科技史文集》(15)，上海科学技术出版社1989年版；何堂坤：《先秦青铜合金技术的初步探讨》，《自然科学史研究》第16卷第3期，1997年。

表 6—1　　　　　　《考工记》"六齐"之合金成分比例表

合金名称	含铜量（%）	含锡量（%）
钟鼎之齐	$\frac{6}{7}=85.71$	$\frac{1}{7}=14.29$
斧斤之齐	$\frac{5}{6}=83.33$	$\frac{1}{6}=16.67$
戈戟之齐	$\frac{4}{5}=80$	$\frac{1}{5}=20$
大刃之齐	$\frac{3}{4}=75$	$\frac{1}{4}=25$
削杀之齐	$\frac{5}{7}=71.43$	$\frac{2}{7}=28.57$
鉴燧之齐	$\frac{1}{2}=50$	$\frac{1}{2}=50$

前已指出铜中加锡，可降低熔点，增加硬度和光泽，使其美观。合金中含锡的比例越大，硬度越高，光泽性也越好。这"六齐"是我国古代铸工们根据铸件的需要，在经过长期实践中总结出的不同器物的含金配方比例，是一个创造。从实用的角度来看，"六齐"的铜锡比例基本上是符合科学的。但是《考工记》被认为是春秋战国时期齐国的著作，故"六齐"所反映的对合金规律的认识，是春秋战国时期的认识水平。但是在商代，合金的配方还处在探索的阶段，下面我们来看看商代王室领域内铜器的合金情况。

（一）商代前期——郑州二里岗时期的合金成分

郑州二里岗时期的青铜器，经过测定其成分的有 4 件，其化学成分如表 6—2 所示。

表 6—2　　　　　　郑州二里岗期青铜器合金成分表（一）

器物名称	铜（%）	锡（%）	铅（%）	其他（%）	资料来源
杜岭二号方鼎	75.09	3.48	17.00	镁 0.011、硅 0.1—0.4	《中国古代冶金》①
窖藏方鼎（H1:2）	87.73	8.00	0.10	锑 1.25	《文物》83.3②
窖藏盘（H1:7）	86.37	10.91	0.69	锑 0.01	同上
二里岗铜尊	91.29	7.10	1.12		《文物》59.12③

① 北京钢铁学院编写组：《中国古代冶金》，文物出版社 1978 年版，第 33 页。
② 河南省文物研究所、郑州市博物馆：《郑州新发现商代窖藏青铜器》，《文物》1983 年第 3 期。
③ 杨根、丁家盈：《司母戊大鼎的合金成分及其铸造技术的初步研究》，《文物》1959 年第 12 期。

北京科技大学冶金史研究所的孙淑云对 1996 年在郑州南顺城街商代窖藏出土的青铜器中，选取 5 件青铜器进行了成分分析，其结果如表 6—3 所示。①*

表 6—3　　　　　　　郑州二里岗期青铜器合金成分表（二）

器名及编号	铜（Cn）(%)	锡（Sn）(%)	铅（Pb）(%)	铁（Fe）(%)	硫（S）(%)	其他（%）
簋 H1：9	78.9	13.0	5.50	0.16	0.45	
鼎 H1：4	64.3	8.14	25.60	0.21	0.82	0.92
罍 H1：5	53.3	0.53	40.9	0.24	0.74	4.13
鼎 H1：3	70.9	17.8	10.1	0.21	0.57	
鼎 H1：2	69.5	8.68	19.9	0.27	0.91	0.68

南顺城街窖藏铜器的年代考古学者间有两种意见：一种认为是商代二里岗上层二期，即白家庄期；② 一种意见认为应处在"郑州白家庄期和殷墟一期之间"，在测定的 5 件青铜器中，认为簋和鼎 3、鼎 4 属商代二里岗上层一期，鼎 2 属二里岗上层二期，而罍属殷墟一期。③ 从表 6—2、表 6—3 可见二里岗的青铜器铸造时，铜锡的配料比例不稳定，杜岭二号方鼎含铅量为 17%，锡为 3.48%，南顺城街窖藏鼎 4 含锡量 8.14%，含铅量更达 25.6%，鼎 2、鼎 3 的含铅量都在 10% 以上，这是三元合金，锡、铅显然是有意识加进的。杜岭二号鼎重 64.25 公斤，需用铅 11 公斤，需锡 2.24 公斤，看来锡也不是铜矿中夹带，而是有意识地加入。据传在早于二里岗时期的二里头后期灰坑中，就出土过一块不成器形的铅块（IVH76：48）④，可见我国掌握冶炼铅的技术很早。三元合金的制造，是冶金史上一大进步，在西方三元合金的出现

---

①　孙淑云：《郑州南顺城街商代窖藏青铜器金相分析及成分分析测试报告》，载河南省文物考古研究所、郑州市文物考古研究所编著：《郑州商代铜器窖藏》附录三，科学出版社 1999 年版。

②　安金槐：《再论郑州商代青铜器窖藏坑的性质与年代》，《华夏考古》1997 年第 1 期。

③　河南省文物考古研究所、郑州市文物考古研究所编著：《郑州商代铜器窖藏》，科学出版社 1999 年版，第 71 页。

④　李敏生：《先秦用铅的历史概况》，《文物》1984 年第 10 期。

要比商代晚几个世纪。[1]

(二) 商代晚期——安阳殷墟所出青铜器的合金成分

中国社会科学院考古研究所实验室近年对妇好墓内出土的铜器，选取了91件进行化学成分的测定，对殷墟西区墓葬出土的1600余件铜器，选取了43件进行测定，总测定数为134件。

据妇好墓91件铜器的测定结果，该墓铜器分为铜锡型和铜锡铅型两类。铜锡型又称锡青铜，是以铜、锡为主，以含锡量大于3%，含铅量少于2%为标准。铜锡型礼器有48件，武器12件，残片7件，共计67件，占妇好墓测定铜器的72.53%。其中含锡量最高达20.6%，最低的为8.79%。礼器中含锡量低于10%的仅2件，一半以上含锡量在16%—18%之间。武器测定有钺、刀、戈、镞等13件，其中6件含锡量在8%—13%之间，硬度在100左右，[2] 属高铜—低锡类，硬度较小。另7件含锡量在15%—19%之间，硬度在150左右，属低铜—高锡类，硬度较大。这后一高锡低铜类，与《考工记》的"六齐"中的"戈戟之齐"大致接近，并且武器中没有含铅的。

铜锡铅型以含锡量大于2%、含铅量大于3%为标准。这类样品有25件，其中礼器18件，工具4件，残片3件，占分析样品的27%。其中锡含量最高为19.82%，最低为11.24%，含锡量低于13%的只有3件。含铅量最高为7.8%，最低为2.09%，就是铜锡铅合金中，含铅量也是偏低的。

在妇好墓所出的青铜器中，武器类无铜锡铅型，因武器为战争所用，需一定的硬度。这一现象说明，武器中是有意不加铅，以保证使其有一定的硬度。[3] 无疑，当时人们已认识了锡铅的性能，而能依据铸件性能要求配备合金用料。

1969—1977年在小屯殷墟西区发掘了939座中小墓葬，大部分是平民墓。出土约1600多件青铜器和50余件纯铅器。墓葬时代从殷墟二期至四期，即武丁晚期至帝乙帝辛时期。有关学者对其中43件铜器、4件铅器进行

---

[1] 中国社会科学院考古研究所实验室：《妇好墓铜器成分的测定报告》，文物出版社1982年版。

[2] 指维氏硬度，下同。

[3] 妇好墓的合金成分的分析，参见中国社会科学院考古研究所实验室（李敏生执笔）：《妇好墓铜器成分的测定报告》，此表未列数据。

了化学成分的测定。[①] 测定结果，这 43 件青铜器的化学成分分为四类：（1）纯铜型（含铜量大于 90%）；（2）铜锡型（含锡大于 3%，含铅少于 2%）；（3）铜锡铅型（含锡大于 2%，含铅大于 3%）；（4）铜铅型（以含锡少于 2%，含铅大于 3%）。四类铜器与器种及时代关系，如表 6—4 所示。

表 6—4　　　殷墟西区平民墓出土二—四期青铜器的化学成分表

合金类型	件数	所占比例（%）	器物种类	期别 二	期别 三	期别 四	合计
纯铜器	4	9	礼器		1		1
			兵器	1	1		2
			工具	1			1
铜锡型	9	21	礼器	3	1		4
			兵器	2		3	5
			工具				
铜锡铅型	11	26	礼器	1	1	1	3
			兵器		3	2	5
			工具			3	3
铜铅型	19	44	礼器		1	5	6
			兵器	6	2	4	12
			工具			1	1
合计	43	100		14	10	19	43

从测定可知，西区墓葬铜器，以含铅器为多，占测定标本的 70%。在铜铅型中，有的含有少量的锡，但其中有 5 件礼器不含锡，有 8 件兵器不含锡，只有铜和铅的合金。以时期论，二期 3 件，三期 2 件，四期 8 件。殷墟二期，即武丁晚期，与妇好墓的时代相当，或较晚于妇好墓时代。另从 4 件铅器的成分测量，其含铅量达 99%，已达到含杂质甚微的纯铅。证明商人已掌握了铜、锡、铅这三种金属的冶炼技术，并对其物理性能有了一定的认识，而从下述四类铜器化学成分的平均值表中更可见这一事实。

---

① 李敏生等：《殷墟金属器物测定报告（二）——殷墟西区铜器和铅器测定》，《考古学集刊》第 4 辑，科学出版社 1984 年版，第 328—333 页。

殷墟西区铜器四种类型化学成分平均值对比，如表 6—5 所示。

表 6—5　殷墟西区平民墓出土四种合金类型青铜器的化学成分对比表

类型	件数	铜（％）	锡（％）	铅（％）	杂质含量（％）
纯铜	4	92.14	0.74	2.26	1.95
铜锡	9	78.37	15.40	1.05	1.19
铜锡铅	11	79.51	7.06	5.83	2.15
铜铅	19	74.80	0.09	15.84	2.70

这四种类型铜器的存在，是商代后期的工匠在掌握铜、锡、铅的冶炼技术，认识其物理性能的基础上，根据铸造不同器物的需要，配制成相应比例的铜锡、铜铅二元合金以及铜锡铅三元合金。

殷墟西区墓葬铜器的化学成分，与妇好墓相比，含铅量大增，而含锡量减少，且西区墓葬中的钝铜器和铜铅器，在妇好墓中不见。发生这种变化的原因，是铅比锡易得，锡贵铅廉。铅与锡一样，加入纯铜中，均可降低纯铜的熔点。但铅对青铜铸件质量要求——硬度与光泽——却不能满足需要。相反，铅质软，且在潮湿的空气中，表面极易氧化，使器表迅速暗淡而失去光泽。所以铸造器物加大量的铅，目的是节省贵重的锡。铜铅合金，就是以铅替代锡而出现的。1990 年在安阳郭家庄发掘的 M160，出土青铜容器 44 件，兵器 1127 件，墓主"是一位地位显赫的贵族，是较高级的武将"。[1] 此墓中出土的青铜器含铅量均高，测定了 12 件容器，有 10 件属铜锡铅三元合金，测定的 13 件兵器中，有 11 件属铜铅型合金，所随葬的铜器应是专为死者随葬制造的明器，此墓的时代为殷墟三期偏晚。[2]

妇好是武丁之妻，王室重要成员，故其铜器质量好，含锡量普遍高，含铅量低。殷墟西区多为平民墓，所以含铅量偏高。在西区的墓群中，也有一些贵族墓，而贵族墓所出的铜器中，比平民墓所出的铜器含锡量高。西区

---

[1] 中国社会科学院考古研究所：《安阳殷墟郭家庄墓葬》，中国大百科全书出版社 1998 年版，第 126 页。

[2] 同上书，第 156 页及附表 2。

"测定的 24 件武器中有 9 件为铜锡型和铜锡铅型的皆出于有礼器之墓,而铜铅型和纯铜型武器,多出于无礼器墓中"。① 因此说明,在商代不同等级、不同身份的人使用的青铜合金是有区别的。

铅青铜器和铅器的使用,除与等级、身份有关外,还与时代有关。铅青铜器和铅器的大量增加,是在殷墟三期以后。这是由于连年战争,消耗大量青铜兵器,加剧了铜和锡的稀缺,故用铅以代替锡而风行铜铅型器,甚至用铅替代铜而出现纯铅器物,郭家庄 M160 的这位高级武将,以铅为主的明器随葬,就是这个时代的现象。

三 铸造青铜器的矿料来源

商代铜器数量多,器物厚重,所需原材料更多。如妇好墓出土铜容器 468 件,另有铜泡(车饰)10 个,估计铜器总重量达 1625 公斤以上。② 司母戊鼎重达 875 公斤,其中铜 741.74 公斤、锡 101.85 公斤、铅 24.41 公斤。而妇好、母戊皆为武丁之配偶,③ 其陪葬铜器如此之多,王陵中的铜器必然会比他们的后妃更壮观。这样大量的铜器,其原料的来源必然相当广泛,才能满足王室及地方诸侯贵族们的铸器之需,因而采矿之地,必不是少数几处所能满足的。

商代的青铜器无论早期还是晚期的,从测定其成分知道,它们都是二元合金及三元合金铸就,其主要原料是铜、锡和铅,因此对这些矿产资源的拥有与获取,对青铜冶铸业就是必不可少的了。

(一) 商代的铜矿

我国铜矿较为丰富,分布面较广,《管子·地数篇》载:"出铜之山,四百六十七山"。《山海经》一书中记载铜产地 15 处。《史记·货殖列传》云:"铜、铁则千里往往山出棋置也。"可见铜矿分布之广。对于找铜矿的经验,《管子》载:"上有慈石者,下有铜金,上有陵石者,下有

---

① 李敏生:《殷墟金属器物理成分的测定报告》(二),《考古学集刊》(四),科学出版社 1984 年版,第 323—328 页。

② 中国社会科学院考古所编:《殷虚妇好墓》,文物出版社 1980 年版,第 15 页。

③ 妇好即妣辛,母戊为妣庚,祖甲时称武丁之配偶妣戊。三期甲骨有"妣戊妌"之称(见《屯南》4033)。妌即武丁卜辞中之妇妌,妣戊妌即指妇妌,其庙号为戊。武丁有三个法定配偶:妣戊、妣辛、妣癸。二期卜辞称母戊、母辛即武丁之配偶。

铅、锡、赤铜。"①"慈石"即磁石，亦即磁铁，说的是铁和铜矿共生。湖北大冶铜绿山铜矿床就是铁铜矿垂直分布的矿体。"陵石"，《太平御览》地部三引作"绿石"，是铜矿之"苗"，即"包括孔雀石在内的各种绿色氧化铜矿场"。②《管子》书中的这些经验，是古人寻找铜矿长期实践经验的总结。

我国古文献中记载铜产地材料很丰富、地域分布亦广泛。据石璋如先生统计我国境内有114个县161处产铜地（见表6—6）。③

表6—6　　　　　　古文献中记载我国铜矿产地省县分布表

省份	县数	省份	县数	省份	县数
河南	7	湖北	8	山东	3
山西	12	湖南	17	辽宁	12
陕西	2	江西	1	吉林	3
甘肃	3	江苏	3	四川	7
新疆	10	浙江	1	云南	13
青海	1	广东	2	贵州	5
福建	2	广西	2		

据石先生的统计，在商王朝势力所及的范围内，即以河南为中心，在河北、山西、陕西、四川、湖北、湖南、江西、安徽、江苏、山东等省广大范围内，皆有铜矿。石先生说，"殷代铜矿砂之来源，可不必在长江流域去找，甚至不必过黄河以南，由济源而垣曲，而绛县而闻喜，在这中条山脉中，铜矿的蕴藏比较丰富"，并认为武丁征伐舌方，从地域观察，"实际上等于铜矿资源的战争"。张光直说，"把铜矿与征伐连接起来看，是很有见地的"，并指出，"三代都城之迁徙与追逐矿资源有密切关系"，商代

---

① 《管子·地数篇》。

② 夏湘蓉等：《先秦金属矿产共生关系史料试探》，《科技史文辑》第3辑，上海科学技术出版社1980年版。

③ 石璋如：《殷代的铸铜工艺》，《中研院史语所集刊》第26本。

都城迁徙，"从采矿的角度来说，也可以说是便于采矿，也便于为采矿而从事的战争"①。李民也认为盘庚迁都于今安阳，矿产资源的追求是考虑的重要因素之一。②

据20世纪70—90年代各省测绘局绘制"省地图册"公布的物产统计资料，证实古文献的记载和现今的地质勘察基本相吻合。表6—7是与商文化相关省内有铜矿的县数。

尤其是在距商王室中心地不远的地区，铜的储量相当可观，如山西省境内，探明的铜矿储量达上百万吨，居全国第五位，而主要集中分布在晋南中条山地区的垣曲、闻喜等地。垣曲铜矿是我国现今第二大铜矿。这些铜的蕴藏地，为商时人们提供了利用的可能性。

商代铜矿的开采和冶炼遗址的发现，始于1973年湖北大冶铜绿山古矿冶遗址。其后各地陆续都有关于古矿冶遗址的报道。经过碳14测定或有伴出器物可定时代，其遗址早到商代的有大冶铜绿山、江西瑞昌铜岭和辽宁林西大井三处。其开采、冶炼技术都十分的先进。

表6—7　　　全国"省地图册"物产统计有关铜矿分布表

省份	有铜矿的县数	省份	有铜矿的县数	省份	有铜矿的县数
河南	29	河北	15	山西	19
陕西	24	湖北	15	湖南	23
江西	22	安徽	25	江苏	9
山东	18	四川	47	云南	25

在我国南方的湖北、湖南、江西、安徽等省皆发现有古代矿冶遗址，说明南方在古代就是我国铜的重要产地，中原王朝所需大量的铜，部分当来自这些地方。《诗经·鲁颂·泮水》云："憬彼淮夷，来献其琛，元龟象齿，大赂南金。""大赂"即"大辂"，大车也。所谓"南金"，即指淮夷、荆楚地区向鲁献纳的铜。淮夷之地处江淮之间，与赣皖境内的古铜矿址相符，湖北大

---

① 张光直：《考古学专题六讲》，文物出版社1986年版，第125—126页。
② 李民：《殷墟的生态环境与盘庚迁都》，《历史研究》1991年第1期。

冶地属古荆楚。古时南方向北方中原贡纳铜锡有专门的交通道路，称为"金道锡行"。《曾伯霖簠》铭云："克狄淮夷，印燮繁汤，金道锡行"，郭沫若谓"金道锡行"，是"金锡入贡或交易之路"。①

关于商王室使用铜矿料石的产地，在20世纪80年代金正耀等学者就用"铅同位素比值"这一地球化学的手段，作新的考察，得出了与以往不同的结论。他们对郑州商代二里岗、安阳殷墟、江西新干大洋洲商代大墓、四川广汉三星堆两个器物坑所出土的青铜器，进行铅同位素比值测定，发现在这几个地点出土的青铜器中都含有低 $^{207}Pb/^{206}Pb$ 比值的高放射性成因的异常铅（殷墟只一二期较多，三期已大为减少，四期已不见）。② 这种铅是在"某一特定矿体或者矿区的同位素比值在铅的演化图上的位置都接近一条直线，而普通铅则不然"③。这就是说，凡是同位素比值在铅的演化图上的位置都接近这一条直线的青铜器，其铜矿料石有可能是来自同一矿区的。这一研究表明，商代这几地青铜器铸造业中使用的铜矿石有可能来自同一矿区，而从现在地质科学研究资料方面，已知我国境内只有数处含有这种高放射性成因的铅铜矿，其分布"都在滇东黔西地区"，④ 如云南省的永善金沙、昭通乐洪、巧家东坪和元谋大罗叉等。在距今3000多年前的商代，在其晚期王都安阳小屯使用的铜料，有可能是从远在数千里外的云南省东部地区运来的。这项研究结论确实开拓人们的新思路，对商代社会和经济研究都具有重大意义。但是，该项研究者也指出，滇西地区铜矿已有的高放射同位素铅的比值数据，与上述商代几地青铜器中所含的高放射成因铅比值数据"有很大的差异"⑤。故还难于肯定地说，商代中原地区铸造青铜器的铜原料中有

---

① 郭沫若：《两周金文辞大系考释》，上海书店出版社1999年影印本，第186页。

② 金正耀：《跨入新世纪的铅同位素考古》，《中国文物报》2000年12月22日。

③ 金正耀等：《中国两河流域青铜文明之间的联系》，载中国社会科学院考古研究所编：《中国商文化国际学术讨论会论文集》，中国大百科出版社1998年版。

④ 金正耀：《晚商中原青铜的矿料来源》，载杜石然主编：《第三届国际中国科学史讨论会论文集》，科学出版社1990年版。金正耀等：《广汉三星堆遗物坑青铜器的铅同位素的比值研究》，《文物》1995年第2期。李晓岑：《从铅同位素比值试析商周时期青铜器矿料的来源》，《考古与文物》2002年第2期。朱炳泉、常向阳：《评"商代青铜器高放射成因铅"的发现》，载北京大学中国考古学研究中心等编：《古代文明》第1卷，文物出版社2002年版，第278—283页。此文作者支持金氏的意见。

⑤ 金正耀等：《江西新干大洋洲商墓青铜器的铅同位素比值研究》，《考古》1994年第8期。

一部分就是来自云南省的东部地区。而且据云南省测绘局第三测绘大队编制，中国地图出版社 1999 年出版的《云南省地图册》的说明文字，在该省 25 个有铜矿的县市中，并不包括永善、昭通、巧家、元谋四县，在今天这四县都没有发现有铜矿的信息。所以上述研究的结论，还有待进一步完善。希望将来地球科学工作者找到含高放射成因铅比值数据与商代青铜器中所含高放射成因铅比值数据较为接近的铜矿，也希望考古工作者对上述滇西四县的古矿遗址作一些考古调查，看在这些地区是否有古代的采矿遗迹。商代的玉器原料已经确知有来自远在今新疆的和阗，且已形成一条"玉石之路"①，商所用的铜原料来自远在中国西南地区的滇东北，在空间上应是不成问题的。② 金正耀先生曾到出产高放射性成因铅原料的产地——云南省东北去实地考察，据说那里是一处含铜高达 99% 的大铜矿，数百年来人们取其自然铜制器而对铜产地向外保密。获取高品位铜矿，是商人在殷墟前期冶铜技术还不高的情况下，不辞路途遥远到滇东获取铜原料的重要缘故。③

（二）商代的锡矿

商代的大量青铜器中，锡的含量相当高，所需的锡料亦多，这只有对锡矿的开采和冶炼有了专门的行业，才能满足需要。但至今考古方面还没有发现古代的锡矿遗址，其开采冶炼技术不得而知。锡的熔点比较低，为 232℃，冶炼技术要求不是很高，关键是锡矿的资源问题。

从现今勘测开采情况看，我国锡产地主要在南方的云南、广东、广西、湖南诸省及北方的燕辽地区。云南个旧是著名的锡都，其储量占全国已知储量的 83.65%。④ 根据新的探测结果，广西的锡"探明储量占全国第一位"⑤。

---

① 杨伯达：《中国古代玉器概述》，载《中国古代玉器全集——原始社会》，河北美术出版社 1992 年版。

② 近有日本学者斋藤努博士提出商代青铜器中的高放射成因铅原料可能来自秦岭地区，金正耀博士认为其说无据，见金正耀：《商代青铜器高放射成因铅原料的产地问题——答斋藤努博士等》，《中国文物报》2003 年 1 月 17 日。

③ 此是 2004 年 7 月在安阳"中国国际殷商文明学术研讨会"上，金先生见告。

④ 刘绵新：《泛论我国锡矿主要成因——工业类型的特点及其成矿分区》，《锡矿地质参考资料》(3)，1980 年。

⑤ 王春惠等：《广西锡矿成因类型与特征》，《中国地质》1983 年第 10 期。

古代锡从南方来是可能的,《考工记》载"吴越之金锡","金"指铜。《李斯谏逐客书》谓"江南金锡",南方通往北方之道路被称为"金道锡行"(《曾伯霖簠》铭)。商周时中原王朝所用锡的原料与铜相似,有相当一部分是从南方来的。

我国北方各省在古代也是产锡的,石璋如在《殷代的铸铜工艺》一文中,统计以商后期盘庚迁殷定都安阳为中心,由近而远,半径由100—400公里不等,画一同心圆,显示出锡的分布图表。章鸿钊《古矿录》从魏晋以来的地理著作和志书中,辑录了产锡地48处。闻广在此基础上又补充4处,共52处,做成"商及西周疆域内锡矿历史产地表"①。石璋如表与闻广表有相重者也有互易者,两表及其异同如表6—8所示。

表6—8　　　　　　石璋如、闻广统计锡矿产地异同表

锡产地	石表	闻表	资料来源
河南淇县	道口镇	淇县	石:小山一郎《支那矿产地》;闻:《大明一统志》
河南武安	武安	武安	石:《大清一统志》;闻:《新唐书·地理表》、《元丰九域志》、《大明一统表》、《大清一统志》
河南汝县	汝州	今临汝	石:《大明一统志》;闻:《大明一统志》、《河南通志》
河南嵩县	露宝饰山	露宝山筛山	石:《大明一统志》;闻:《明史·地理志》、《大明一统志》
河南永宁	洛宁	长水	石:《大清一统志》;闻:《新唐书·地理志》、《宋史·食货志》、《大明一统志》、《河南通志》
河南灵宝	灵宝	虢州	石:《大明一统志》;闻:《宋史·食货志》、《大明一统志》、《河南通志》
河南方城	裕州	裕州	石:《大清一统志》;闻:《大明一统志》
河南伊阳	/	五重山	闻:《新唐书·食货志》、《新唐书·地理志》
河南伊阳	/	筛子垛山	闻:《大明一统志》、道光《汝州志》,筛子垛山即唐时五重山
河南嵩山	/	大矿山	闻:《明史·地理志》
河南卢氏	/	卢氏	闻:《河南通志》

---

① 闻广:《中国古代青铜与锡》,《地质评论》第26卷第5期,1980年。

续表

锡产地	石表	闻表	资料来源
河南乐安	/	乐安	闻：《隋书·地理》（今光山）
河北成安	成安	/	石：道光《河南通志》
河北广平	磁县	/	石：小山一郎《支那矿产地》
北京密云	/	幽州	闻：《太平寰宇记》
河北迁安	/	北京迁安	闻：《大明一统志》
河南淇县	道口镇	淇县	石：小山一郎《支那矿产地》；闻：《大明一统志》
河北栾县	/	滦州	闻：《大明一统志》
山西阳城	阳城	阳城	石：《大明一统志》；闻：《旧唐书·地理志》
山西沁源	沁源	/	石：小山一郎《支那矿产地》
山西沁水	西乡	西乡	石、闻：《大清一统志》
山西交城	交城	交城	石、闻：《大清一统志》
山西平陆	箕山	箕山	石：《大明一统志》；闻：《大清一统志》
山西安邑	稷山	稷山	石：《光绪山西通志》；闻：《太平寰宇记》
山西大同	/	恒州白登山	闻：《魏书·食货志》
山东莱芜	莱芜	莱芜	石：《唐书·地理志》；闻：《新唐书·地理志》、《明史·地理志》
山东峄山	夹儿山	灰儿山	石：《大清一统志》；闻：《大明一统志》、《读史方舆纪要》
山东胶县	/	胶山	闻：《大明一统志》
山东诸城	/	锡山	闻：《山东通志》
山东营州	/	七宝山	闻：《大清一统志》
山东临朐	/	嵩山	闻：《大清一统志》
陕西礼泉	/	九嵕山	闻：《陕西通志》（引《昭陵志》）
陕西华州	/	南山麓	闻：《陕西通志》（引《华州志》）
陕西洛阳	/	松朵山	闻：《宋史·食货志》、《陕西通志》
陕西勉县	/	西县	闻：《新唐书·地理志》、《宋史·地理志》、《元丰九域志》

两表中的资料可互为补充，可见北方6省市合计出锡地34处。又清道光《汝州志》谓唐时五重山即《明一统志》之筛子垛山，为一地两名，故实为33处。其中河南省11处、河北省4处、北京市1处、山东省6处、山西省7处、陕西省4处。所记产锡之地的这些文献记载都比较晚。其中最早一条是宋《太平寰宇记》卷四十六引《山海经》云安邑稷山多锡。《山海经》据考证成书于战国时期，其《中山经》云"槐山谷多金锡"。阮元本槐字作𥕢，谓𥕢即稷字古文，认为槐山即𥕢山，亦即稷山，在今山西稷山县。

上述所引文献记载虽较晚，但可证明在商周疆域中心地有锡的蕴藏这一事实。据新中国成立以来历年的地质资料，"表明中原有着一大批找锡线索，其中不少古锡矿点与现代的找锡线索"，"在区域上互相吻合"。① 当然，这个"古锡矿点"的"古"，也只是表6—8中所列的文献记载，而要证实商代在中原已开采这些锡矿，还要寄希望于考古学的发掘探测工作。

在青铜器发展的初期，锡和铜一样，都是产自当地，是古人利用当地资源才发明青铜工艺的。目前我国青铜制品，最早出土于甘肃和青海，甘肃东乡县林家遗址的铜刀，碳14测定为公元前3280±120年，② 发掘者认为此数据有些偏早，到了夏纪年之前。青海贵南杂马台25号墓出土一件铜镜，遗址年代为公元前2000年左右，当在夏纪年范围。③ 由于早期青铜器量少，用锡量小，加之锡的熔点低，小的矿点也可炼出。到商代，特别是殷墟时期，直至西周，青铜器高度发展，王室、贵族、方国都在开炉铸器，锡量不足，于是大量向南方索求。商周时期，曾大量向南方用兵，如武丁甲骨文中的伐曾，《诗经》中讲到的武丁伐荆楚，周人的多次对淮夷用兵，与打通运往中原的铜锡道路不无关系。有研究者指出，商代晚期青铜原料有来自滇、黔地区，而云南自古是我国著名的锡矿产区，因此"中原大规模青铜铸造所用锡料可能来自云南地区"。④ 而要坐实其说，还需要更多的证据。

（三）商代的铅矿

与西亚、古埃及相比，我国青铜器的显著特点是含铅量高而不含或极少

---

① 闻广：《中原找锡论》，《中国地质》1983年第1期。

② 中国社会科学院考古所：《中国考古学中碳14年代数据集》，文物出版社1983年版，第134页。

③ 夏商周断代工程专家组：《夏商周断代工程1996—2000年阶段成果报告·简本》，世界图书出版公司2000年版，第86—88页。

④ 金正耀：《晚商中原青铜器的锡料问题》。

含砷，也反映出我国青铜冶铸技术是独立发展起来的。我国自青铜合金出现起，就有铜锡、铜铅合金两个类型。青海贵南杂马台出土的铜镜为铜锡合金，含锡量10％，而甘肃永靖县秦魏家的齐家文化遗址出土的一件铜环，铅含量5％①，是一件铅青铜。在青铜冶铸技术初期，对加锡加铅能降低铜的熔点，当是人们首先认识到的，而对加锡加铅能引起金属物理性能（指硬度、光泽等方面）的改变，还没有足够的认识。因而铅的冶炼技术史和锡一样，在我国是随青铜器的出现而出现的。据传在偃师二里头已发现有纯铅块，② 由此更可证明铅的冶炼历史在我国是很早的。

二里头遗址出土的铜器已有相当数量的铅锡青铜，而郑州商代二里岗时期所出的青铜器，含铅量已相当高。如张寨所出2号方鼎重64.25公斤，其中含铅17％，一件铜器中的铅重量竟达10.92公斤。

纯铅器在殷墟时期发现更多，1969—1977年在殷墟西区出土了57件纯铅器，其中包括礼器、兵器、工具、生活用具。③ 1953年大司空村出土1件铅爵、1件铅觚和8件铅戈。④ 洛阳东郊商代遗址中，也出土有3件铅戈。⑤ 殷墟时期不但青铜中有铅锡铜三元合金或铅铜二元合金，还出现纯度很高的铅器，殷墟西区所出4件铅器平均含铅量为90％左右，⑥ 如此高纯度的铅，反映了商时冶铸铅的技术已有很高的水平。

在商代的冶金业中，以锡为贵，铅为贱。纯铅礼器和兵器一般都出在平民墓中，以替代锡青铜器或铅青铜器。

关于铅的储量，据新中国成立以来历年地质勘察得知，我国铅储量居世界前列，产铅之地遍于全国各地，⑦ 有的矿储量相当丰富，矿石含铅量的品位极高。如在晋南的中条山、晋中的吕梁山都是产铅之地。晋中的交城目前

---

① 北京钢铁学院冶金史组：《中国早期青铜器的研究》，《考古学报》1981年第3期。
② 李敏生：《先秦用铅的历史概况》，《文物》1984年第10期。
③ 中国社会科学院考古研究所：《1969—1977年殷墟西区墓葬发掘报告》，《考古学报》1979年第1期。
④ 马德志：《1953年秋季洛阳东部发掘报告》，《考古学报》1955年第9期。
⑤ 郭宝钧等：《1952年秋季洛阳东郊发掘报告》，《考古学报》1954年第9期。
⑥ 李敏生：《殷墟金属器物成分的测定报告（二）——殷墟西区铜器和铅器的测定》，《考古学集刊》第4辑，科学出版社1984年版。
⑦ 地图出版社编：《中华人民共和国地图集》第23册《中国矿产说明》，地图出版社1984年版。

正有一大型的铅锌矿在开采和冶炼之中。潼关以南的华山地区也是富铅矿区。

商代用铅当是主要取自本地，从用铅器的阶层就可作此推测。若铅要从遥远的南方运到中原，其价必定不低，一般平民也用不起。对古代铅矿开采和冶炼情况，与锡一样，目前还缺乏考古学上的证据，寄希望于今后考古方面的新发现。

四 铜矿的开采与冶炼

商代铜矿的考古发现和进行过发掘工作的有湖北大冶铜绿山、江西瑞昌铜岭、辽宁林西大井几处。铜岭、大冶、大井三处遗址，碳14测定都在商代时期。这几处采炼铜遗址，其起始年代不应晚于商代安阳殷墟时期。湖北大冶铜绿山铜矿的开采，一般认为在春秋时期。其实这个开采的起始时期应大为提前。大冶铜绿山遗址面积南北长2公里，东西宽1公里。在这范围内已发现了不少古代矿井和采矿工具、用具，经碳14测定，此矿从商代后期已开始开采，一直延续到春秋战国，最晚可到西汉。其中7号矿体223井的木质背板，碳14测定年代为公元前1380±150年，7号矿体203井壁出土的木质测定年代为公元前1390±150年。[①]据"夏商周断代工程"公布的年表，武王伐纣灭商是公元前1046年。这两个数据就只减不加，也分别是公元前1230年和公元前1240年，相当于"夏商周断代工程"公布的年表的武丁时期。[②]有关这三处铜矿的开采技术，我们放在"方国经济"章的相关节去讲，此从略。

此外，在河南省的济源、辉县和汲县，山西省的中条山，河北涞源一带，据地质矿产资料记载，在这些地方的铜矿上，有许多古代开采过的老洞。山西中条山的铜锅、马蹄沟、店头、篦子沟等地皆有古铜矿冶炼遗址的发现。[③]济源铜炉山铜矿、安平附近的东西塘凹铜矿、孙真人铜矿、莽山秦

---

① 中国社会科学院考古研究所编：《中国考古学中碳14年代数据集》，文物出版社1986年版，第95、96页。

② 夏商周断代工程专家组：《夏商周断代工程1996—2000年阶段成果报告·简本》之"夏商周年表"，世界图书出版公司2000年版。

③ 李延祥：《中条山古铜矿冶遗址初步考察研究》，《文物季刊》1993年第2期。

岭铜矿和纸坊铜矿等矿床上，古人开采过的铜矿老洞多达数十个。[①] 这些遗址不排除商人已开采的可能性。

在商代遗址里发现了多处大面积的铸铜器的作坊，在这些作坊内及周围，皆没有发现冶炼铜矿石的冶炼遗迹，是商代"王畿"内的铸铜作坊只铸造铜器而不冶炼铜矿石。

第二节 青铜冶铸业(下)

一 型范的制造工艺

商代的青铜器是用型范工艺铸造出来的。荀子在讲到铸造青铜器的工艺时指出要"型范正，金锡美，工冶巧，火得齐"。[②] "型"就是铸造器物的形状，又称为"模"，即所铸器物的原大模型，"范"是指从模上翻下来的器物外表壳。偃师商城、郑州南关外、紫金山、河南柘城孟庄、安阳苗圃北地、孝民屯、薛家庄、小屯东北地等，特别是郑州南关外、安阳苗圃北地、孝民屯三处规模大的商代铸铜遗址内，都出土了大批的陶范（图6—3），证明陶范铸造是商代青铜器的主要成型方法。

对商代的制范工艺，国内外学者已进行了大量研究，一些专家还进行多次试铸实验。[③] 其主要工艺流程如下。

（一）制模

制模是铸造工艺的首要环节。荀子讲的"型"就是模，即所要铸造器物的模型。"型范正"的"正"，就是模和范要准确。模、范若不准确，铸造出的器物就会成为次品甚至残品。制模的材料主要是陶土。制模前工匠先要根据器主的要求设计器物（所要铸造器物的品种、大小、纹饰及文字等）。铜器上的花纹和铭文都要先在陶模上表现出来，而这种器上花纹的制作是精细复杂的工艺，李济认为制作花纹有五种方法：刻划范纹、模范合作纹（既在

[①] 申斌：《商代科学技术的精华——青铜冶铸业》，中国安阳师范专科学校、日本东京春秋学院联合刊行〔单行本〕。作者对上述地点作过实地调查。

[②] 《荀子·疆国》。

[③] 李济、万家保：《古器物研究》第4本《殷虚出土青铜鼎形器之研究》，1971年台北版。华觉明：《中国冶铸史论集》，文物出版社1986年版，第71—89页。谭德睿：《商周陶范铸造科技内涵的揭示》，《中国文物报》1998年5月6日。

模上刻，又在范上刻）、堆雕模纹、浮雕模纹、深刻模纹。① 其主要是在模上制作。

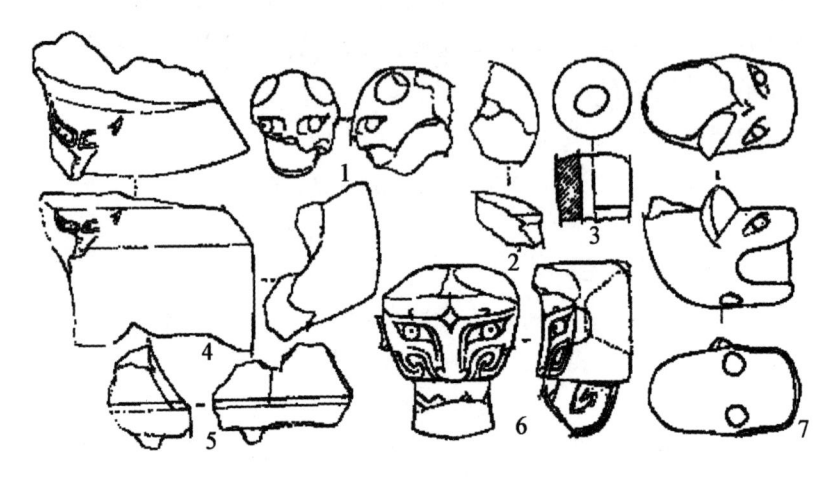

图6—3 苗圃北地陶模与内范
（《殷墟发掘报告》第53页图三八）
1. 觥盖　2. 钮盖　3. 内范　4. 尊　5. 觚　6. 尊兽头　7. 卣提梁兽头

制好陶模后，要放置在不通风的地方使其阴干，然后放进特制的窑内焙烧，使泥模坚硬，宜于翻范。从郑州商城和安阳殷墟铸铜遗址出土的陶模，均呈红色或红褐色、灰色，是经过焙烧的反映。万家宝、华觉明他们在试铸青铜器时，制好模、雕刻好纹饰待其阴干后，都曾对陶模加以焙烧。②

（二）外范的制造

外范的材料有两种：石头和泥土。用泥做成的称"陶范"，用石质制成的称"石范"。石范的优点是能耐高温，因而能反复使用，但石质不易加工，不宜做容器和刻凿花纹，只能铸造简单的工具和兵器。陶范在铸铜工艺中广泛应用，凡商代遗址内皆有大量陶范的发现。

---

① 李济、万家宝：《古器物研究专刊》第1本《殷虚出土青铜觚形器之研究》，1964年台北版，第15页。
② 李济、万家保：《古器物研究》第4本《殷虚出土青铜鼎形器之研究》，1971年台北版；华觉明：《中国冶铸史论集》，文物出版社1986年版，第71页。

陶范是用泥土制的。制范的泥土要求很高，陶土的泥料要经过特别选取，不是随便什么泥都可以用的。对选好的泥料要经过晾晒、破碎、筛分、混匀，然后加入适量的水分，和成软硬适度之后，还必须经过反复摔打、揉搓，并经过长时间的浸润，使其定性，方能使用。

制范方法主要有两种：一是用泥片在模上压制；一是夯筑。压制法是将制备好的泥切成片，然后将泥片紧压在模子上，模上的纹饰或文字即反印在外模的里面。整个模面压完后，再依照器物的需要分切成数块，在两块相接处作出榫头和卯眼，以便铸造合范时对接。在范的切开接缝处涂上烟灰之类的分型物质。这样的切范和范上榫卯，在商代铸铜器的陶范上常能看见。夯筑法是用备制的泥料一层一层夯筑而成的。夯筑的方法是把制好的陶模放在一个框子内再加泥，用棍棒一类的夯具筑打，使其泥与模粘贴紧密。夯筑完成后，也要根据器物的要求分切成几块，作榫卯，接缝处涂分型物质，以便浇铸时对接合缝（图6—4）。

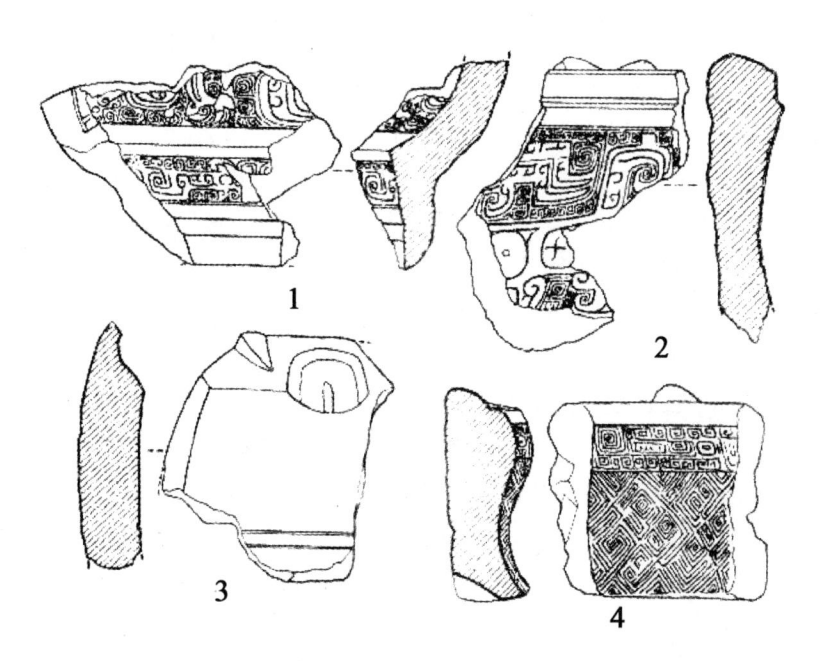

图6—4 苗圃北地陶外范

（《殷墟发掘报告》第41页图三二：1、2、3、4组合）

1. 簋圈足 2. 簋腹 3. 器盖 4. 簋腹

外范制成后，先要将其阴干，以保证范不变形不走样以及范块之间合缝严密。实验证明，工匠们在陶范缓慢阴干过程中，必须反复予以捶实，使范的收缩率降至1‰以下，才能保持形状的稳定性。这是为获得形状准确、范线匀薄的器物必不可少的关键工序。陶范阴干后，也需经过焙烧，而掌握焙烧温度有严格的要求。要使陶范经焙烧而又未达到烧结的温度，所谓"陶范"实际并未陶化。如果焙烧温度达到烧结温度（即陶化），范体将收缩变形，原有的退让性、充型能力和脱范性能将变差，且不耐金属液的热冲击，铸件必然产生诸多的缺陷。商代的工匠已掌握了较严格的焙烧陶范的技术，焙烧温度控制在850℃[①]—950℃之间[②]。经过焙烧后的范就可以合范进行铸造了。铸造一件器物要多少块陶范，需依据所铸器物的种类、形状、大小而不同。大型而复杂的器物均用多块范组成铸造。像重达875公斤的"司母戊"鼎，据今人研究，铸造时用范达20块以上。[③]

（三）内范

内范又称芯心。铸造时内范与外范间的距离，即是铸器的壁厚。

内范（芯）的制作通常认为有刮模法和范翻制法两种。刮模法是利用制外范的模子，将其表面刮去一层，所刮去的厚度要与铸器要求的厚度相等。因为内范已刮去一定厚度，在浇铸合范后，外范与内范间就有一定的空隙，这个空隙就是容纳铜液的地方，亦即器壁。范翻制法是用已制成的外范来翻制内范，与制外范的工序正相倒。其操作方法有二：一是在已制成的外范块的里面贴上泥片，泥片的厚度与所铸器的厚度相等，然后合范，再在外范的空腔内填芯料。筑紧芯料后脱开外范，去掉泥片，修整后即成铸器的芯心。一是先合范，在外范空腔内充填芯料，筑紧后脱开外范，均匀地刮削去一层作为容铜液的型腔。对商代遗址内出土模、范的考察，结合传统工艺调查和模拟试验，用外范翻内范是内范制作的主要方法。[④] 传统泥型铸造的内范，是在外范内腔贴一层泥片，合拢后内填范料即成内范。剥除泥片，内、外范之间的空腔即为器物的壁厚。模拟实验证明，用外范翻制内范比刮削法制内

[①] 谭德睿：《商周陶范制造科技内涵的揭示》，《中国文物报》1998年5月6日。

[②] 华觉明：《殷墟出土商代青铜瓿铸造的复原研究》，《考古》1982年第5期。

[③] 冯富根等：《司母戊鼎铸造工艺的再研究》，《考古》1981年第2期。

[④] 谭德睿：《商周陶范制造科技内涵的揭示》，《中国文物报》1998年5月6日。

范方便得多，即使倘有损坏还可再制。

(四) 铭文的制作法

商代铜器上铭文的位置有在器表和器内两种情况，如青铜爵上的铭文一般在器外的把手处，而在器内是主要的。在器表的铭文与制作器表花纹法同。在器里的铭文，都是阴文，其制作方法是在内范上刻成阳文，铸出即成阴文的铭文。

商代铜器上的花纹瑰丽、细致、精美，有的研究者就认为商代铜器是用失蜡法铸成的，不然无以铸出如此高质量的青铜器来。[①] 前已指出，商代铸铜遗址出土大批陶范，有的铜器上还往往发现未被打磨掉的范铸痕迹——铸缝（范线）。因此可断定商代青铜器是以陶范铸造法为主。近年来上海博物馆的研究人员在考察青铜器时，发现晚商时期的一些卣和壶，其提梁作股绳索状，其上未见范线，而只在环耳处有范线，且根部有纫丝捆扎的痕迹。这类器件是创造性地应用丝、麻一类纤维制成模型，突破了以泥制模的传统。模型制成后，其外部敷整体泥范料，唯在环耳处分型。制范后进行焙烧，绳索即被焚烧成灰。此后将环耳范打开，吹去灰烬，再合范浇注而成的。经模拟试铸，证实这一工艺的可行性，定名为"焚失法"。"焚失法"是失蜡法的滥觞。由此推断中国失腊铸造技术起源于"焚失法"[②]。

(五) 型腔的控制

型腔是指合范后外范和内范间的空隙，是铸件壁的厚度。外范和内范在组装时，要内范在外范腔内的正中，使型腔的各个部位完全相等，而合范浇铸时要使内范保持固定不移的位置，直到铜液注入结束，如果发生位移铸造就失败。从对商代铸造铜器陶范的观察和对出土青铜器的分析，当时的工匠们已经很好地解决了在浇铸时内范发生位移的难题。他们采取了两个办法来控制型腔：

一是用型座。型座就是内范下着地的座子。铸造容器是口沿朝下底朝上。铸件的口部不能直接着地，而必须把内范制作在一个专制的座子上（内范和座子是一整体），在座子上作出榫头或卯眼。在作外范时，将外范的口沿部分的泥延长几厘米，在延长部分处作出与型座相应的榫头或卯眼，使其与之能扣合。在合范时，外范器口的延长部分就包住型座，型座和外范上预

---

① W. Perceval Yetts: *The Eumorfopoulos Collection*, Vol, 1, 1928, p. 38.

② 谭德睿：《商周陶范铸造科技内涵的揭示》，《中国文物报》1998年5月6日。

先作出的榫和卯相互紧密扣合，这样就使内外范在浇注铜液时不致发生位移。

另一种办法是在型腔内放置支撑垫，或称为芯撑。支撑垫是用铜片或泥块作的，其厚度与型腔的空隙相同。在浇注前将支撑垫固定在型腔的相应位置上，铜液注入时有各部位的支撑垫顶住，就不会因高热铜液进入型腔时所产生的挤胀而使内范发生位移。

万家宝对安阳殷墟出土的一件青铜鼎（R1110）用钴 60 透视，铸器时的支撑垫清晰可见。[①] 用型座法在安阳殷墟的铸铜遗址内已有发现。在苗圃北地出土好几件型座陶范，座上的榫卯仍可见（图 6—5）。

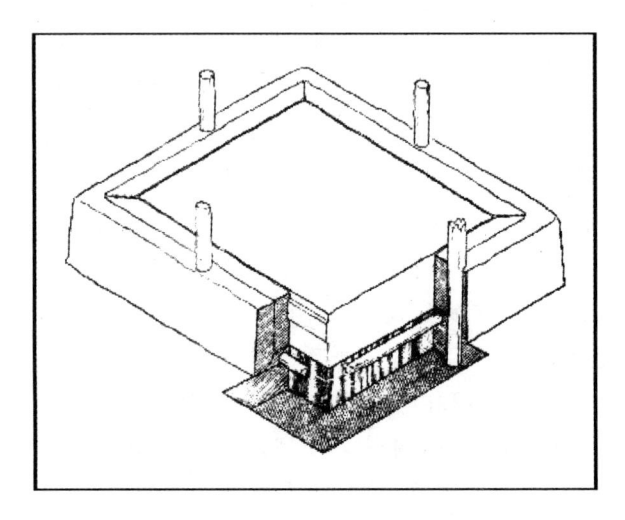

图 6—5　苗圃北地方形陶范安装示意

（《殷墟发掘报告》第 49 页图三五）

二　青铜器铸造的工艺流程

熔铜、浇注成器、脱范后对铸器的修整，是铸造工艺的最后工序，也是至关重要的工序。

（一）铜的熔化

在郑州商代二里岗及安阳殷墟遗址内，虽然都发现过铜矿石，但都没有发现炼铜矿石成铜的遗迹，可见当时铸造铜器是使用已经炼成纯铜的铜块。

---

① 李济、万家宝：《殷虚出土鼎形器之研究》，1970 年台北版，第 8 页及图版 32。

在安阳殷墟曾发现一块重达9.5公斤的纯铜块，呈椭圆形，似鱼状，表面为绿色。[①] 应是从外地运来供铸造铜器用的铜块。

熔铜设备主要有三种：熔铜竖炉，由泥条盘筑而成，炉身在地面上，外涂黄泥以保炉温。这种炉壁残片占苗圃北地铸铜遗址出土熔炉残片总数的87%，是殷墟时期的主要铜块熔化炉。炉身为圆形或椭圆形，口沿直径1米左右；土坑式熔炉在郑州紫金山、安阳苗圃北地都有发现。苗圃北地的直径约1米，坑深0.3—0.59米，有圆形和椭圆形两种，有平底和圜底。在壁的上部还残留有一层草拌泥，多被烧流，有的坑内还残留有铜渣和木炭屑；陶质熔炉在郑州商城和安阳殷墟均有发现。郑州二里岗时期多用陶尊，安阳殷墟多见用被称为"将军盔"的陶器。在陶器的外壁或内外壁均涂草拌泥。在这类陶器的内壁往往发现内壁已烧流并粘附有铜渣（图6—6）。

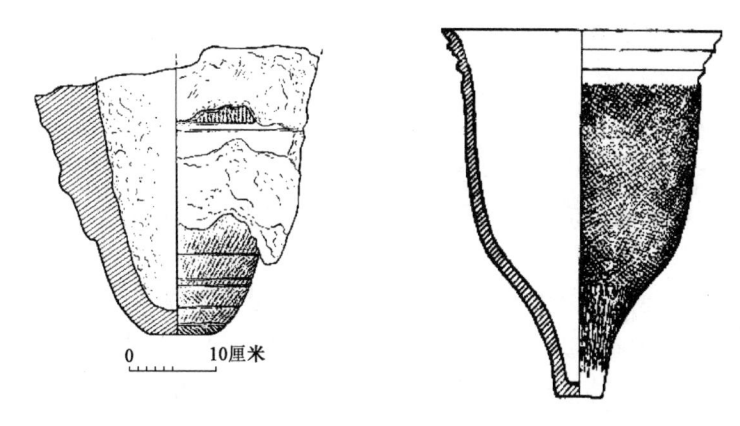

图6—6　郑州熔铜坩埚和"将军盔"

（《郑州商城》第339页图209、《殷墟的发现与研究》第241页图118：1）

铜、锡、铅在炉里熔化温度需900℃—1000℃，铜溶液从出炉到浇注间的过热温度，必须在150℃以上，出炉温度至少要达到1150℃以上。内径60厘米的大熔炉，要具有这样高的温度，必须有鼓风设备才能达到要求，因而可能已有一种皮制风囊之类的鼓风器。安阳苗圃北地和孝民屯铸铜遗址中，都发现有一端粗，另一端细的呈红色的陶管，且常伴随着熔炉的残块出土，

[①] 岳占伟：《安阳殷墟出土甲骨600余片》，《中国文物报》2002年10月25日。

无疑是装在皮囊类鼓风器上的风嘴（图 6—7）。①

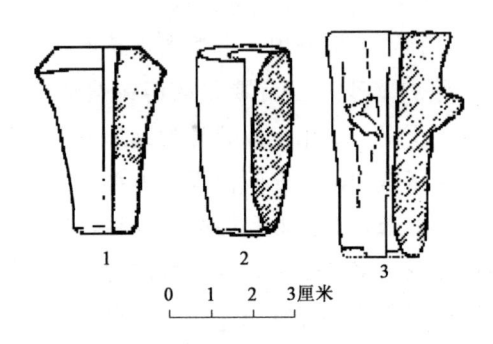

图 6—7　苗圃北地陶鼓风管
（《殷墟发掘报告》第 31 页图二七）

熔炉的燃料是木炭，在郑州、安阳殷墟等地的铸铜遗址内，都有大量的发现。

（二）浇注

浇注首先解决浇注口的位置，即铜熔液注入型腔内的入口。商代的青铜器腹部以上部分附有精美的花纹，因而不宜做注口。浇注口一般设于底部及带足器的足部。稍大型的器，浇注口一般有两个以上，才能保证铜液在型腔内不产生冷凝现象。为排除型腔内的空气，避免在铸件上产生气泡类疵点，还须作冒口，即排放热气孔。三足器一般二足做浇口，一足做冒口。

浇注前先要把外范和芯心合拢，并在外面涂泥或用绳缚紧加固，以免铜液进入型腔后将外范胀开而跑液。合拢待铸的铸范置于沙坑或沙厢内，以避免外范破裂发生危险。苗圃北地工棚内有一件大型铸范，呈方形，型底外范的每一面都有洞，洞中还留有朽木，是四根木头"井"字形地相交于外范下部。当是为加固外范，使不至于在注入铜液时将外范胀开（图 6—8、图 6—9）。

（三）浑铸和分铸

浑铸法是指一件器物由一次浇注而成，无论此器用多少块外范拼拢成一器，但浇注一次成器者，称作"浑铸"。器形简单、器体较小的器物，一般用浑铸法铸成。

---

① 中国社会科学院考古研究所：《殷墟发掘报告》，文物出版社 1987 年版，第 31 页。

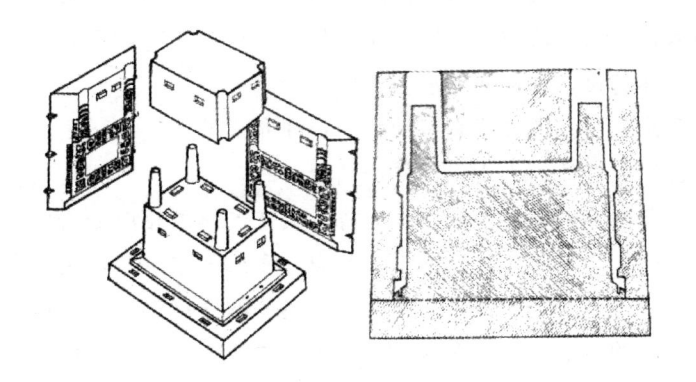

图 6—8 司母戊鼎的铸型及其装配

（华觉民《中国冶金史论集》第 92 页图三、四）

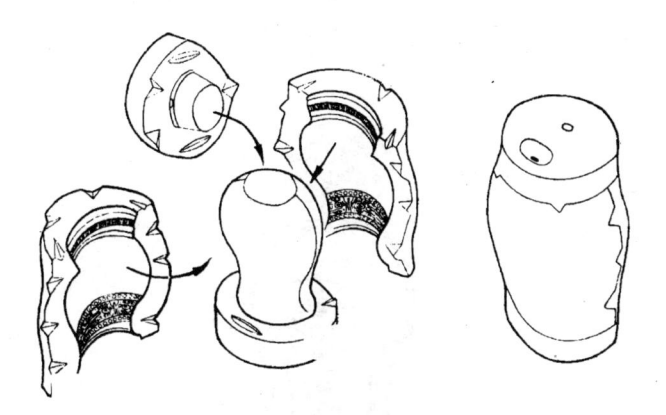

图 6—9 铜觯浇铸示范图

（《殷墟发掘报告》第 40 页图三一）

分铸法又称合铸、二次铸造、多次铸造法。是将器身与器身上的附件分开铸造，然后再将其合铸在一起，类似后世的焊接。有学者指出分铸法之产生，当是在修补铜器的长期实践中创造出来的。[①] 在商代青铜器中常见有对穿孔的补丁、断足、断耳的再接，补、接技术是利用熔化铜液的高温效果而达到粘接的目的，工匠们由此受到启示，而创造出这种方法。

---

① 李济、万家保：《殷虚出土青铜鼎形器之研究》，1970 年台北版，第 13 页；澳大利亚学者巴纳也持此说，见 N. Benerd, *Qrigins of Bronze Castingin Ansientchina*.

分铸法有两种方式：一是后铸法，即先铸器的主体部分器身，然后再在其上接铸附件。另一法与此相反，先铸附件部分，在铸器身时再将附件放入陶范中和器体铸接，称作先铸法。

器体和附件铸接的方式有三种：一是榫卯式的铸接，一般用于器壁较厚的器物。此法以器体为榫头，附件上则为卯眼，故称榫卯式铸接。如妇好墓所出方罍肩部四隅的有翼怪兽，是先铸器及在器体的相应处铸出榫头，然后再铸怪兽。此器出土时有一隅的兽头断裂，露出卯眼空腔，展示出榫卯铸接技术的使用。二是铆接式铸接，即附件与主体的连接像铆钉一样结合，一般用于器壁较薄的铜器。三是多次铸接（套合式铸接），一些复杂的器物，器体和附件必须进行多次铸接才能完成。妇好墓出土的一件铜卣（标本765）为带盖龙头的提梁卣，腹部有对称的小环钮，其上安有龙头提梁。盖面呈弧形，中部铸有一鸟，以作盖钮。盖面上有一附加的活动环带，与提梁上的小环相套合，启盖后，盖可悬于提梁（图6—10）。

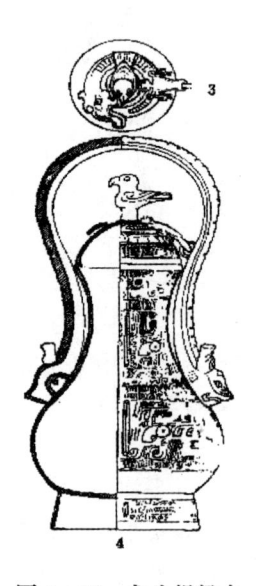

图6—10　龙头提梁卣

（《殷虚妇好墓》第65页图四三：3、4）

这件卣附件多，结构复杂，是经多次铸接而成器的：卣体两侧铸有半圆形的环钮，在其上用类似铆接的铸接方式加铸提梁，由于环耳里侧敷有泥料，浇注后除去，形成间隙，使提梁能活动但不与卣体分离。卣盖和附钮亦是接铸，铸器盖时在盖顶预铸孔洞，然后鸟形盖钮模与器盖合模、浇注，依靠金属液的凝固收缩使钮与盖联结紧密。盖和钮之间的环套是预先铸就在铸接钮、盖前放入的，环套两端的圆孔中又穿以先铸的半圆形铜环，在浇注提梁时和梁铸接。①

这样，通过先铸和后铸，运用榫卯式、铆接式、套合式三种铸接方法，分多次把几个部件连接成一个整体。在完成复杂器件组合的同时，实现了各器件功能的要求。其匠心独运和技能的成熟性，代表了这一时期分铸法所达到的技术高度，是商代铸工们的杰出创造（图6—11）。②

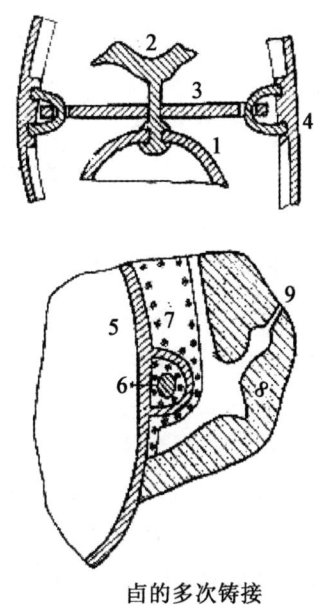

卣的多次铸接
（上，提梁和套环、钮和卣盖的铸接，下，提梁和卣的铸接）
1.卣盖 2.盖钮 3.圆錾 4.提梁
5.卣体 6.销 7.芯 8.范 9.气孔

图6—11 提梁卣的多次铸接
（《中国冶金史论集》第124页图三七）

---

① 华觉民：《中国冶金史论集》，文物出版社1986年版，第124页。
② 华觉明：《妇好墓青铜器群铸造技术的研究》，《考古学集刊》第1辑，科学出版社1981年版。

分铸法在郑州二里岗时已出现，这种技术的应用，在郑州商城内的几处窖藏铜器中，就被广泛地采用。如郑州食品厂窖藏铜器中的一件中柱盂、一件提梁卣，都是用分铸法铸造的。①

商代后期的安阳殷墟时期，分铸法使用更为普遍，并应用的十分娴熟。所以在还没有失蜡法工艺的条件下，能铸造出大量精美、复杂的青铜器。这些青铜器上花纹精细异常，整体造形和谐生动、铸工考究而很少疵病。这是中国古代工匠们的伟大创造，充分展示了中国人民的聪明才智。

（四）特殊器件的铸接

在商代遗址中出土有青铜与其他质料的器体相铸接：有玉体与铜柄的戈、矛、戚，绿松石和青铜的镶嵌及红铜镶嵌器等，在方国境内还有铁刃与铜身相接的钺。

青铜和玉质物的铸接，主要是兵器，也有部分杂器，如铜内玉援戈、铜柄玉矛、铜内玉戚、虎头首玉柱等。这类器物在安阳殷墟已有不少发现，如在妇好墓里就出土两件玉援铜内戈，制作十分精致，像编号为438的一件，玉援呈灰黄色，通体抛光，作长条三角形，前锋尖锐，末端被包铸于铜内中。戈全长27.8厘米，玉援长15.8厘米。② 其制作方法是先制作好玉质的援，然后再铸造铜内，在铸造铜内时将玉援包铸于铜内里，这仍然是榫卯式铸接法。但是，铜液浇铸时，温度高达1000℃以上，为使玉援不致在如此高温时破碎，在铸造时先对玉援加热，以提高玉质的受热能力。③

绿松石及红铜镶嵌。绿松石的镶嵌技术在夏代已经出现，在偃师二里头第三期就发现一件绿松石镶嵌的铜器，④ 在安阳殷墟出土的镶嵌绿松石的铜器就更多，如上举妇好墓中出土的那件玉援铜内戈的铜内上，"内的前段近方形，饰饕餮纹，遍镶绿松石；内后作鸟形……在鸟身上亦遍镶

---

① 河南省文物考古研究所、郑州市文物考古研究所：《郑州商代铜器窖藏》，科学出版社1999年版，第97—99页。

② 中国社会科学院考古研究所：《殷虚妇好墓》，文物出版社1980年版，第108页及彩色图版一七：3。

③ 王琳：《从几件铜柄玉兵器看商代金属与非金属的结合铸造技术》，《考古》1987年第4期。

④ 中国社会科学院考古研究所二里头工作队：《偃师二里头发现的铜器和玉器》，《考古》1976年第4期。

绿松石"。红铜镶嵌器，在北京故宫博物院藏的一件传出土于安阳的青铜戈上的花纹，便是用红铜镶嵌的。美国旧金山亚洲艺术博物馆藏的一件商代青铜钺，其内上的花纹，也是用红铜镶嵌而成的。[①] 绿松石镶嵌是先把绿松石切成需要的小薄片，再把绿松石小薄片粘贴在外范里面花纹的相应位置上而高出于泥范平面，浇铸时高出于泥范平面的绿松石片就被铜液包住而将其铸嵌于铸件上。红铜镶嵌是将红铜捶打成薄条，再将薄条嵌于泥范里面的花纹线条上，使红铜片高出于泥范，浇铸时红铜片就被铜液包住而将其嵌铸于所铸器物的表面上，铸成后，将凸出于器表（即嵌入外范里的部分）的部分打磨掉即成所需的红铜花纹。由于青铜的收缩率较大，故在冷凝后绿松石片、红铜片就被铜质紧紧包裹住而不会脱落。

（五）对铸件的修整

浇铸完毕，经一段时间冷却后，即可脱范。脱范后的青铜器由于外范有一定缺陷，在器上形成毛刺、飞边，又由于范块间合缝处，有一定的缝隙而产生铸缝，这些都需修整。修整青铜器的工具，主要是磨石。在商代铸铜遗址内，出土大量形状不同的磨石。如1982—1984年在安阳殷墟的苗圃北地铸铜遗址内就发现磨石660多块。[②] 经过修整、打磨后，一件青铜器的铸造过程就完成了。

商代青铜器铸造，在吸收前代技术的基础上，将陶范铸造的工艺技术水平提高到顶峰：铸型工艺的规范化、分范形式的多样化、分铸法的大量应用、金属芯撑的使用、焊接技术、补铸技术的成熟以及铸造成器后的打磨加工技术等，构成商代（主要是后期的殷墟时期）青铜铸造的特点。商代青铜器，特别是礼器（容器），铸件厚实，布满器身的纹饰大量采用浮雕和平雕相结合的起花方法，精美绝伦。运用夸张、象征手法，表现动物神怪的兽面纹空前发达，既庄严神秘又富有生气。在铜器上发明了铸造文字的技术，记事体铭文在商末已经出现，最长的铭文已超过50字，为西

---

① 华觉明等：《曾侯乙墓青铜器红铜纹饰镶嵌法的研究》，《科技史文集》（金属史专集），上海科学出版社1985年版。

② 中国社会科学院考古研究所安阳工作队：《1982—1984年安阳苗圃北地殷代遗址的发掘》，《考古学报》1991年第1期。

周时期的长篇铭文开了先河。西周以后的铜器铸造，在工艺技术上只是对商代的继承。

第三节　陶瓷业

陶器、瓷器都是由泥土经过高温烧制达到改变其物理性能而成为人类的生活用器。陶器的发明和使用，是与栽培农业和定居生活相关的。粒粮食物的烹制、饮水的搬运和贮存、粮食的贮藏等，都需要特制的专门用具，人类使用的这种用具最早的就是陶器。我国先民使用陶器的历史，据古文献记载都很晚，有说是舜发明的，《世本·作篇》"舜始陶，夏臣昆吾更增加也"（见茆泮林辑本），更有说是"昆吾作陶"（见《史记·龟策列传》引《世本》、《吕氏春秋·君守》），昆吾为夏时人，时代比舜更晚，皆不可信。从考古发掘知，我国陶器的发明，可追溯到距今近万年左右。在江西万年县仙人洞、广西桂林甑皮岩两遗址内出土的陶器，烧制的火候很低，具有相当的原始性，经碳14测定，两遗址的年代都在公元前七八千年。[①] 在河南新郑裴李岗、河北武安磁山遗址中，出土的陶器也具有一定的原始性，据碳14测定，两遗址的年代均在公元前五千年以前。[②] 到商代，陶器的使用，即使以中原地区论，也已经历了三千多年，因而商代的陶器制造技术，已具有相当的水平。

商代陶器可分为普通日用泥质、夹砂陶、白陶、硬陶和原始瓷器（或称为釉陶）几类。

一　陶器的质料与颜色

商代的日用陶器质料有泥质和夹砂两种。泥质、夹砂是指陶胎的质料，即是指制造陶器的泥料，又称"陶系"。泥质陶是陶胎中不含砂粒，它的泥料是经过淘洗以便能制造精美的陶器；夹砂陶是人工有意识地在陶土中添加一定比例的砂粒或其他矿石，被加进的砂粒称为"羼和料"。夹砂陶中加进

[①] 中国社会科学院考古研究所：《中国考古学中碳14年代数据集（1965—1991）》，文物出版社1991年版，第127、214—216页。

[②] 同上书，第21、161—162页。

的砂粒，据测量占陶土总量的30％左右。① 加进砂粒可以改变陶土的成形性能和成品的受热急变性能，所以夹砂陶一般用作炊器。从统计数字表明，在商代泥质陶器略多于夹砂陶器，如郑州二里岗下层二期泥质灰占陶器总数的50％左右，夹砂灰陶占陶器总数的40％左右。②

制造陶器用泥土的化学成分和普通黄土有着显著的不同。据化验，黄河流域普通黄土含氧化钙（CaO）高，可塑性很差，而泥土中氧化钙（CaO）是不能通过淘洗而降低的，因而难以用人工方法制成陶胎用的泥土。经观察比较，商代陶片断面结构比现在的砖瓦致密，气孔也小得多，证明制造陶器的泥土不是一般的农耕土或含腐殖质较多的地表土（砖瓦多用地表土制成的）。据实验和调查，制造陶器的泥土，当是选择特殊的红土、沉积土、黑土和其他黏土。③

因烧成的颜色有灰和红两种，所以又有泥质灰陶、泥质红陶，夹砂灰陶、夹砂红陶之分。在商代以灰陶为主，红陶较少。

白陶、硬陶和原始瓷器是一种特殊的泥土制成的，它们的制坯泥料是高岭土。李济委托中研院的李毅化验殷墟出土的白陶、硬陶、原始瓷器（釉陶）和日用灰陶片的化学成分结果后说，白陶的化学成分"与现代制瓷器的重要原料，高岭土的化学成分相近"，差别是殷墟白陶中含有1％—2％的氧化钛（TiO_2），而江西高岭土则完全没有这种成分。至于硬陶与原始瓷器的化学成分"与清代瓷器之内体，亦无大差别"④。中国社会科学院考古研究所化验室对殷墟出土的白陶、硬陶和原始瓷器的化学成分和吸水率进行了测

---

① 周仁等：《我国黄河流域新石器时代和殷周时代制陶工艺的科学总结》，《考古学报》1964年第1期。

② 河南省文物考古研究所：《郑州商城》，文物出版社2001年版，第622页。

③ 周仁等：《我国黄河流域新石器时代和殷周时代制陶工艺的科学总结》，《考古学报》1964年第1期。

④ 李济：《殷虚器物甲编·陶器》（上辑），中研院史语所1956年版，第16、20页。彭适凡认为，南方地区的几何印纹硬陶与原始青瓷的胎料成分有着本质上的不同：原始青瓷是用瓷土作坯而成的，几何印纹硬陶是用含铁量较高的一种黏土作坯而成的。所以几何印纹硬陶和原始青瓷在胎的颜色、质地细腻程度、器类上都有很大的差别。见其著《中国南方古代印纹陶》，文物出版社1987年版，第390—391页。是否南、北地区的几何印纹硬陶在制坯的陶土上有所不同，还需要作进一步的研究。

定，现将其化验结果与商代普通日用红、灰陶成分见表6—9。①

表6—9 殷墟出土白陶、硬陶、原始瓷器同普通日用陶器化学成分、吸水率比较表

陶片类别	器物编号	化学成分（%）									吸水率（%）
		二氧化硅(SiO_2)	三氧化二铝(Al_2O_3)	三氧化二铁(Fe_2O_3)	氧化铁(FeO)	氧化钙(CaO)	氧化镁(MgO)	氧化钠(Na_2O)	氧化钾(K_2O)	二氧化钛(TIO_2)	
白陶	78WBM1:2	56.81	34.91	1.23	0.74	0.16	1.42	0.57	1.63	0.93	5.42
	78AWBM1:1	57.13	34.79	1.08	0.74	0.16	1.20	0.77	1.49	0.93	6.36
硬陶	85XTT27④:13	69.49	21.96	3.23	0.56	0.81	1.08	0.55	1.77	0.75	3.53
	85XTH136:1	69.27	23.11	2.32	0.40	0.49	0.72	0.64	2.15	1.01	1.05
	85XTT27④:1	71.72	20.00	2.33	0.48	0.48	1.08	0.36	1.58	1.01	1.59
	85XT27④:1	69.07	22.86	2.53	0.48	0.17	1.12	0.69	2.20	0.60	2.77
釉陶	75XYF11:1	70.73	20.51	1.47	0.92	1.02	1.08	0.45	2.79	0.79	2.75
	75XTF11:2	72.15	19.18	0.94	0.73	0.99	0.92	0.63	3.04	0.98	1.75
二里岗红陶		59.26	16.22	6.34		5.49	2.66	1.71	2.75	1.72	
殷墟灰陶		66.39	17.09	5.82		2.11	2.28	1.92	2.49	0.87	
		67.68	16.97	1.81	3.85	1.52	2.08	2.00	2.89	0.71	

各类陶器的主要化学成分组成都是以二氧化硅（SiO_2）为主，但白陶、硬陶、釉陶（原始瓷器）与普通日用红陶、灰陶的差别在氧化铝和氧化铁的比重上，日用陶器所含的氧化铝低而氧化铁高（一般均在5%以上）。氧化铝使陶胎能耐高温焙烧而氧化铁含量高的陶胎则不能耐高温焙烧，且使陶胎变成红或灰暗的颜色。试验表明，含氧化铁6%左右的陶片，烧到1100℃表面就开始熔融变色，烧到1200℃时就烧流而烧坏。在郑州铭功路商代二里岗制

---

① 采自中国社会科学院考古研究所：《殷墟的发现与研究》，科学出版社1994年版，第190页表2；周仁等《考古学报》1964年第1期文之表1、5；李家治《考古》1978年第1期文之表1、2；李济《殷虚器物甲编·陶器》（上辑），第12页之表2。

陶作坊内，发现不少被烧坏的陶器，就是含铁量高耐不住高温的陶胎质陶器。含氧化铝高，含铁量低的胎质陶器，烧成后胎呈白色、近白色或淡黄色；含铝低，含铁量高的胎质陶器，烧成后呈红色。这种红色陶器，若在烧成后封窑，使其陶器在窑内发生碳的还原反应而呈灰色陶器。实验表明，"Fe_2O_3 的含量多少直接影响到陶瓷器的质量，影响到瓷器的两个重要指标：白度和透光度"。[1]

白陶、硬陶和釉陶器因其含氧化铝高含铁量低，能经受住 1200℃ 高温的焙烧。陶器的烧成温度高，其硬度就大；硬度大的陶器，其吸水率就低。只有吸水率低的陶器，才适合较长期储存如酒类的高级饮料。李济选取日用灰陶、白陶和硬陶（包括釉陶即原始瓷器）各 20 片进行硬度和吸水率的测验（吸水率测验少 2 片），测验的结果如表 6—10 所示。[2]

表 6—10　　　李济测定殷墟灰陶、白陶、硬陶的硬度和吸水率

硬度	1°	2°	3°	4°	5°	实验总片数
灰陶片数	14	6	—	—	—	20
白陶片数	6	3	9	2	—	20
硬、釉陶片数	—	—	—	—	20	20
吸水率（％）及实验片数	20.94 (18)	18.97 (10)	15.08 (8)	10.28 (2)	0.02069 (20)	58

灰陶的硬度普遍低，最大的也只有 2 度，其吸水率大；白陶的硬度比灰陶高而不及硬陶和釉陶，其吸水率比灰陶小，但最低的吸水率也高达 10.28％，故白陶器不适合较长期储存如酒类的高级饮料；硬陶和釉陶的硬度均在 5 度，吸水率很低，适合作长期储存如酒类的高级饮料的容器。白陶、硬陶和原始瓷器胎质洁白，纹饰美丽。原始瓷器的釉色鲜艳，色彩光亮，实用而美观，代表当时制陶工艺的最高水平。

---

[1] 李家治：《我国古代陶器和瓷器工艺发展过程的研究》，《考古》1978 年第 3 期。
[2] 李济：《殷虚器物甲编·陶器》（上辑），中研院史语所 1956 年版，第 30、31 页之表 26、27（有合并删节）。

二 日用陶器：泥质陶和夹砂陶

日用陶器是指从平民到王公贵族，在日常生活中都使用的一类陶器，这类陶器是用普通的泥料制成的，故一般人用得起，从而成为当时人们普遍使用的生活用具。

（一）陶器制造技术

商代陶器的制造技术是继承前代的，主要是用轮制、模制和手制三种方法。

轮制是在陶车上拉坯成形，今手工制陶用的传统陶车（又称陶钧、快轮、陶车）基本原理，在商代制陶工匠中已掌握。商代遗址和墓葬中出土的陶器器表上，常留下同心圆的痕迹，就是轮制的证据。根据对商代各个时期出土陶器的观察，轮制是十分普遍采用的一种制法，如郑州二里岗下层二期的陶器，在制法上，"除部分砂质厚胎缸形器似采用泥条盘筑法后又经轮修整者外，绝大多数陶器的坯胎都是采用快轮拉坯成形"。[①]

手制是指捏制和泥条盘筑。捏制是用手捏成的一些小件器物，如陶塑小动物、小器皿、纺轮、网坠、弹丸等。泥条盘筑也称为圈泥法，是制造大型器物如缸、瓮、罐等常采用的方法。其制法有两种：圈叠法和盘筑法。圈叠法是先将泥条制成一定大小和高度的圈状坯，然后将圈状坯套合在一起，用稀泥涂抹接缝处，再用湿手抹平。在安阳殷墟出土的一些用泥条盘筑的陶器的器壁保存有泥条痕迹，泥条宽约2厘米。[②] 盘筑法是将泥搓捏制成长条，再制一圆形饼做器底，从器底螺旋状向上盘至器口。或从器口向器底盘筑。为使泥条间粘接紧密，边盘泥条边用专制的拍子拍打器表。拍打时器里垫上硬质物制的垫子，以避免器壁被拍打塌陷。

关于模制陶器技术，考古学者在报告中指出，"（陶器）制法：就出土的陶器看，有模制、轮制和手制三种，其中以模制和轮制是主要的"。[③]《殷墟发掘报告（1958—1961）》等书也指出有模制的。模制陶的证据是在陶鬲等器的袋足和裆内留有清晰的"反绳纹"，这就是用烧好的鬲作为模而制成的。

[①] 河南省文物考古研究所：《郑州商城》，文物出版社2001年版，第622页。

[②] 中国社会科学院考古研究所：《殷墟的发现与研究》，科学出版社1994年版，第194页。

[③] 河南省文化局文物工作队：《郑州二里岗》，科学出版社1959年版，第16页。

但也有相反的观点，认为用陶模法成形制造陶器是不存在的，① 即从工艺角度看，这种制陶成形方法会产生一定困难，特别是泥料要收缩和模壁粗糙，以致使坯体不易脱模和发生开裂。

对模制持否定观点者只是看到问题的一面。事实是商代陶器中，大量存在袋足三足器。袋足器的袋足，轮制、手捏、泥条盘筑皆不易成形，若用现成烧制好的陶模进行制作，就方便得多。轮制、泥条盘筑等法，制造平底、圈底的瓮、罐、盆之类器，无疑是十分方便的。而有袋足的三足器的足则无可施其技。在一些商时期遗址里，发现有圆锥状的陶制品，考古工作者称为模，就应是制三足器的内模。陶器上的器耳、鋬、盖钮、爵的柱和锥状足等，一般形制规范，表面光滑，似应采用模制成后再安接到器体上去的。

一件器物的成器，有的不限于使用一种制法完成，如有三个袋足的陶鬲、甗，其袋足为模制，其器身或为轮制，或为泥条盘筑，然后再用手接合上去，经陶车修整而成器。有的器物的器身是轮制或泥条盘筑，器耳、器鼻却是手制或模制而成，然后安上去的。②

（二）陶器纹饰

出土的商代实用陶容器表面，大多数有一种或数种纹饰。泥质和夹砂陶器的表面常见的纹样有绳纹（包括细绳纹、中绳纹、粗绳纹）、弦纹、三角形划纹、三角形绳纹等，另外在少数陶器表面还饰有饕餮纹、夔纹、云雷纹、圆涡纹、方格纹、菱形纹、网状纹、曲折纹和附加堆纹、圈足上雕刻镂孔纹等。陶器表面纹饰的制作方法，主要是用预先制作好的拍子待陶坯未干前拍打上去的。拍子上刻有各种纹样，这样的拍子在郑州和安阳殷墟的商代遗址里都有不少的发现（图6—12）。弦纹是在轮制陶器拉坯时的同时制成的。有的纹饰如划纹、圆圈纹等是刻划上去的。绳纹及一些复杂而呈成组的纹饰是拍打而成的。在郑州商城宫殿区第五夯土基址小区C8T62内叠压夯土层的商代二里岗文化层内，发现一块带有"虎噬人"图案的陶簋残片，其图案右侧为一个有眼、鼻、口、耳的人头像，头下有颈，颈下有肩；人头左侧为一只形似作跪立状的侧面虎，口大张，目前视，作欲吞噬人头状，报告

---

① 周仁等：《我国黄河流域新石器时代和殷周时代制陶工艺的科学总结》，《考古学报》1964年第1期。

② 中国社会科学院考古研究所：《殷墟发掘报告》，文物出版社1987年版，第130页。

作者认为此图案是"刻"成的。① 但刻划在陶器上的纹饰线条是阴纹，而该陶片上组成图案的线条是凸起的阳纹，似是用刻有阴纹的模具拍印上去的。在个别的陶器上还有用笔类的工具绘上去的图画，如在安阳小屯 F11 内出土的一件陶罐残片上，用红漆绘成的以饕餮纹为主纹，以三角为辅纹组成的图案。② 陶器器表施纹饰，除起装饰作用、使器物美观外，有的则是为加固器物，如绳纹，多施于用泥条盘筑法制造的器物，成器后用拍子拍打泥条相接处，使其粘接紧密牢固。附加堆纹是拉坯成形后加上去的，多加在器的肩部，也是有加固的作用。（图 6—12）

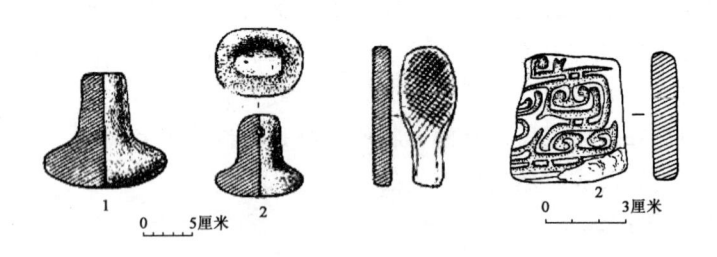

图 6—12　郑州铭功路出土的陶拍

（《郑州商城》第 417 页图 261：1、2、10；第 418 页图 262：2 组合）

（三）陶器的种类

在考古发掘中，特别是先秦时期的遗址，陶器是出土数量最多的一种文化遗物，由此可了解此一时期陶器的种类和用途。商代的陶器，按其用途大致可分为以下四类。

1. 生活用器

生活用器主要指贮藏（包括水类）、炊煮、饮器、食器、盛储器和生活中的一些其他杂器等。这些器类品种皆属于传统的陶器种类，到了商代只是种类有些增减，器物形制有些变化而已，如在炊器中，以前常用的鼎，在商代则逐渐减少而代之以鬲，并出现蒸食用的陶甗，盛储器中的瓮、缸外，大

---

① 河南省文物考古研究所：《郑州商城》，文物出版社 2001 年版，第 267 页图一六三，彩版六，1。
② 中国科学院考古研究所安阳发掘队：《1975 年安阳殷墟的新发现》图一〇，《考古》1976 年第 4 期。

口陶尊成为主要的陶器。食器中的高柄豆逐渐减少而新出圈足豆和陶簋，饮器中的陶觚、爵的普遍使用等。我们从郑州商代二里岗时期的陶器可以了解商代前期生活用陶器的大概情况。以下是1953—1985年在郑州商城内出土的生活用陶器的种类（图6—13）。①

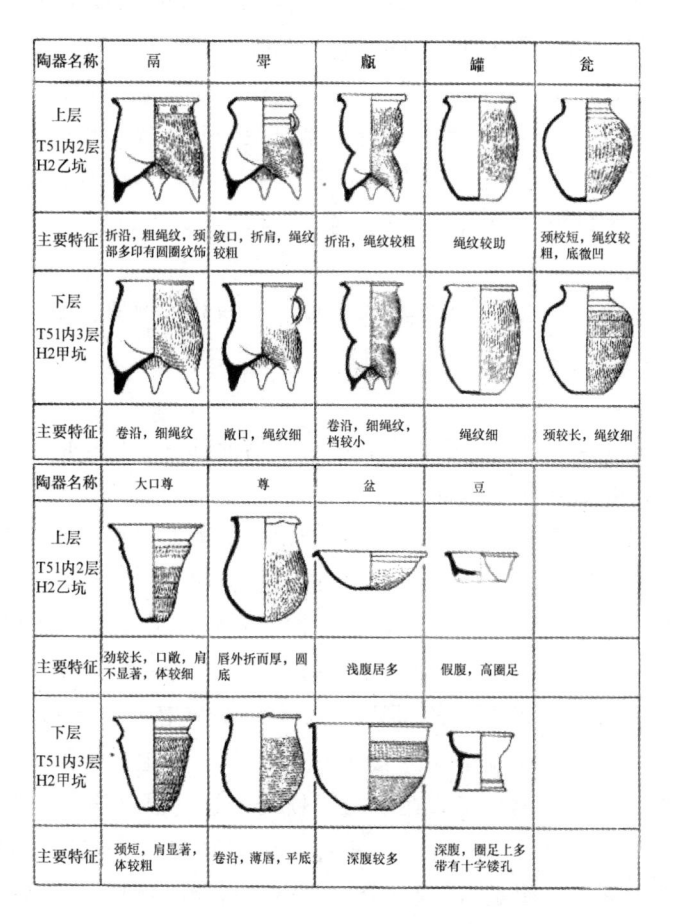

陶器名称	鬲	斝	甗	罐	瓮
上层 T51内2层 H2乙坑					
主要特征	折沿，粗绳纹，颈部多印有圆圈纹饰	敛口，折肩，绳纹较粗	折沿，绳纹较粗	绳纹较助	颈校短，绳纹较粗，底微凹
下层 T51内3层 H2甲坑					
主要特征	卷沿，细绳纹	敞口，绳纹细	卷沿，细绳纹，档较小	绳纹细	颈较长，绳纹细

陶器名称	大口尊	尊	盆	豆
上层 T51内2层 H2乙坑				
主要特征	劲较长，口敞，肩不显著，体较细	唇外折而厚，圆底	浅腹居多	假腹，高圈足
下层 T51内3层 H2甲坑				
主要特征	颈短，肩显著，体较粗	卷沿，薄唇，平底	深腹较多	深腹，圈足上多带有十字镂孔

图6—13 郑州二里岗上下层主要陶器比较图
（《郑州商城》第141页图）

（1）南关外期　炊器：鼎，鬲，甗，砂质罐；饮器：斝，爵；食器：

---

① 郑州商时期资料采自河南省文物考古研究所：《郑州商城——1953—1985年考古发掘报告》，文物出版社2001年版。

簋，豆，平底盆；盛储器：瓮，尊；其他：器盖。

（2）二里岗下层一期　炊器：鼎，鬲，甗，砂质罐，甑；饮器：斝，盉，爵；食器：簋，豆，钵，盂；盛储器：瓮，大口尊，捏口尊，罐，缸，盆。

（3）二里岗下层二器　炊器：鼎，鬲，甗，细砂质红陶罐，砂质灰陶罐，甑；饮器：斝，盉，爵，觚，杯；食器：簋，豆，钵，盘；盛储器：瓮，尊，大口尊，捏口尊，罐，缸，盆；其他：澄滤器，器盖，漏孔器。

（4）二里岗上层一期　炊器：鼎，鬲，甗，砂质罐，甑；饮器：斝，盉形器，爵，觚，杯，带流壶；食器：簋，豆，碗，钵，盘，盂；盛储器：瓮，罍，尊，大口尊，捏口尊，罐，缸，盆，带穿壶；其他：澄滤器，器盖，器座。

（5）二里岗上层二期　炊器：鬲，甗，砂质罐；饮器：斝，爵，杯；食器：簋，豆，盘；盛储器：瓮，大口尊，捏口尊，罐，缸，盆，壶；其他：澄滤器，器盖。

从南关外期到二里岗上层，器物种类和器形都有变化，但主要器物种类大致是继承沿袭而略有变化而已。

商代后期的生活用陶器，从安阳殷墟出土的陶器中可观其大概。殷墟遗址考古学家分为四期，各期出土的生活陶器种类如下。①

（1）第一期　炊器：鬲，甗，甑；饮器：觚，爵（觚、爵皆明器非实用），杯；食器：簋，豆，钵，盘（有圈足、圜底、平底），盂、中柱盂；盛储器：瓮，罍，大口尊（圜底、圈足），小口折肩尊，方尊形器，小口罐，盆（圜底、平底），卣，壶，方形圈足器（方彝）；其他：器盖，器座。

（2）第二期　炊器：鬲，甗，甑；饮器：觚，爵（觚、爵皆明器非实用）；食器：簋（有大、小），豆，小钵，盘（圜底），小盂；盛储器：瓮，罍，大口尊（圜底、圈足），罐（分大、小口），尊（圜底、圈足），盆（圜底、平底），壶；其他：器盖。

（3）第三期　炊器：鬲，甑；饮器：觚，爵（觚、爵皆明器非实用）；食器：簋（有大、小），豆，盘，盂；盛储器：罍，大口尊，尊（圜底、圈足），罐（分大口、小口、敛口、直腹），盆（分大、小。小形盆可能用作食

---

① 安阳殷墟的资料采自中国社会科学院考古研究所：《殷墟的发现与研究》，科学出版社1994年版，第198—228页。

器），壶；其他：器盖、小皿。

（4）第四期　炊器：鬲，甗，甑；饮器：觚，爵（觚、爵皆明器非实用）；食器：簋（有大、小）；盛储器：瓮，罍，圈足尊，罐（分大、小口），盆（分大、小。小形盆可能用作食器），壶，瓿，觯；其他：器盖，小皿。

2. 生产工具

陶制生产工具主要有纺织用的纺轮，捕鱼的网坠，打猎用的弹丸，制造陶器的陶拍子等。

陶制纺轮早在新石器时代已经出现，商人继承其技术。在郑州南关外商文化的早期遗址里就发现一件陶纺轮，二里岗下层一期发现2件，二期发现37件，二里岗上层一期发现65件，二期发现10件。① 在商代晚期的安阳殷墟，仅苗圃北地就发现110件。②

捕鱼用的网坠在偃师商城、郑州商城和安阳殷墟等遗址内都有发现，如在安阳苗圃北地出土7件，皆为泥质陶，一般为圆柱形，两端多为半球形，接近两端和中央部分各有一条凹槽，横贯两端也多有一条凹槽，以便系在网上，长10厘米，径4厘米左右。打猎用的弹丸，发现亦多，在安阳苗圃北地就发现127个。③

制陶工业中使用工具拍子皆为陶制品，在郑州铭功路的商代制陶作坊遗址内就发现13件，分为杵形、扁长方形、扁椭圆形、带握手形、圆筒形、陀螺形六种形状。其用途是在制作陶器的过程中，为使陶器坯胎致密，用拍子拍打坯胎外表，而为防止拍打时坯胎内凹，将陶拍子顶在坯胎内作为支垫。在这处制陶作坊内还发现10件陶花纹印模，是在制陶过程中，用来拍印作为装饰的不同图案花纹的工具，拍上的花纹图样有方格纹、云雷纹、夔纹、饕餮纹、曲折纹和弦纹等（图6—12）。④

在生产工具用陶中，还有一大宗，就是铸造青铜器的陶范，这方面我们在"青铜冶铸业"一节中已作了论述，故此从略。

---

①　河南省文物考古研究所：《郑州商城》，文物出版社2001年版，第125、160、616、706、855页。

②　中国社会科学院考古研究所：《殷墟发掘报告（1958—1961）》，文物出版社1987年版，第162—163页。

③　同上书，第162页。

④　河南省文物考古研究所：《郑州商城》，文物出版社2001年版，第414—418页。

3. 建筑用陶

建筑用陶器，在商代发现有排水管道和瓦两种。用陶制管排水，早在河南淮阳平粮台的龙山文化晚期古城中就已使用。夏代的偃师二里头遗址里，也发现陶水管。在商代的郑州二里岗时期，郑州铭功路制陶工场内，出土2件陶水管道，完整的一件长27.2厘米，一头细一头粗，细口径13.4厘米、粗头口径14厘米、壁厚0.6厘米；另一件残长31厘米、口径15.1厘米、壁厚1.1厘米。陶水管道出土于窑场，说明它是此窑场制造的产品之一。在郑州商城内东北部的商代宫殿区偏东部的二里岗上层一期地层内，发现6件陶水管，有的两端口径基本相等的直筒形，有的一端粗，一端略细（图6—14）。①

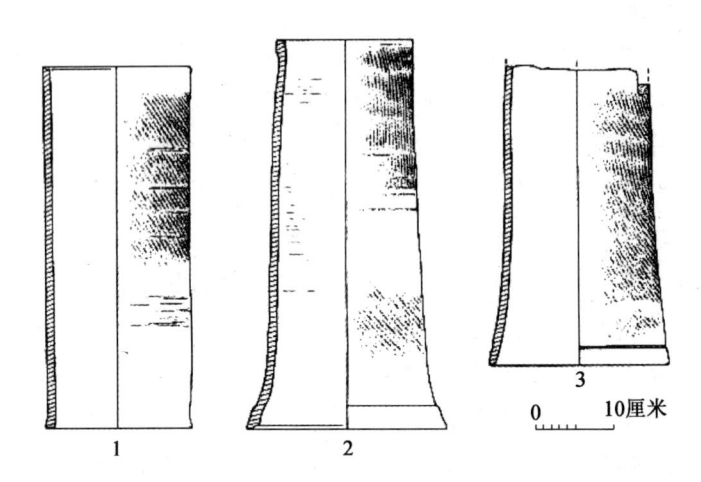

图6—14 郑州商城出土的陶水管

（《郑州商城》第786页图531）

在河南安阳殷墟范围内，陶水管道有多次发现。1959—1961年在苗圃北地的PNT232第三层，发现一条地下水道，水道内放置有陶制水管，水管长33厘米，一端口直径17.5厘米，另一端口直径15厘米，壁厚1.6厘米，用套合的方法相衔接。② 1972年在安阳殷墟的白家坟村西发现了三通陶水管

---

① 河南省文物考古研究所：《郑州商城》，文物出版社2001年版，第419、786页。
② 中国社会科学院考古研究所：《殷墟发掘报告（1958—1961）》，文物出版社1987年版，第24页。

道。此水管道埋于距地表深 1.1 米,南北、东西呈"丁"字形排列。南北向一段残长 7.9 米,有 17 个陶水管。东西向的水管残长 4.62 米,有 11 个水管。南北向与东西向间由一个三通水管相交接。陶水管系手制,每节长 42 厘米、直径 21.3 厘米、壁厚 1.3 厘米,管口齐平。三通形水管与现代自来水三通水管相似。水管两端大小相同,是平口对接。在此陶水管道正北 9 米处,还发现一段东西向的残存陶管道,残长 3.36 米,有 8 个陶水管,亦是平口相对接。这些陶管应是房基地下的排水设施。①

瓦发现于郑州商城内。1986 年以来在商代宫殿区的三个地点的考古发掘中,曾多次发现陶制板瓦残片。瓦大体呈长方形,正面微鼓,背面微凹,两侧面有切割痕迹。用泥条盘筑加慢轮修整制成。可复原的一件长 42.5 厘米、宽 23 厘米、厚 1—2.4 厘米。形制与西周时期的板瓦相同(图 6—15)。② 曾主持郑州商城发掘工作的杨育彬先生说:"近些年在郑州商城宫殿区内,多次有二里岗上层晚期绳纹板瓦的发现,这是目前我国所见最早的板瓦,它应

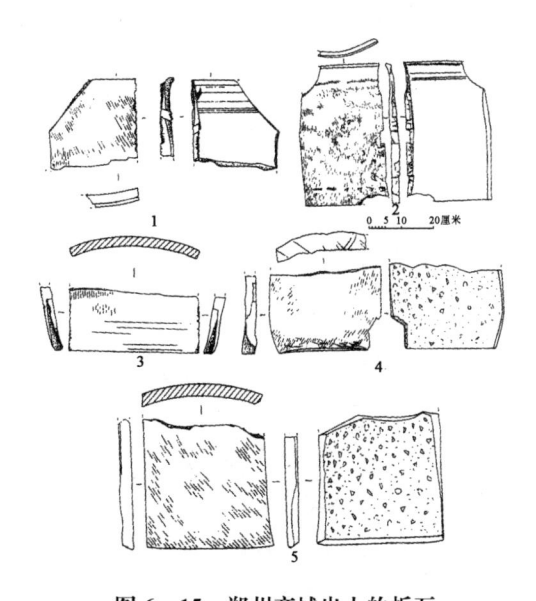

图 6—15 郑州商城出土的板瓦

(《华夏考古》2007 年第 3 期第 33 页图二)

---

① 中国科学院考古研究所安阳工作队:《殷墟出土的陶水管和石磬》,《考古》1976 年第 1 期。
② 河南省文物考古研究所:《郑州商城宫殿区商代板瓦发掘简报》,《华夏考古》2007 年第 3 期。

是宫殿建筑草瓦混合屋顶的构件。"①

(四) 陶塑品

陶塑品是用陶土捏或雕塑各种动物或人物形象，入窑烧制而成的，是当时人们的一种艺术创作。陶塑品在陶器发明不久就已出现，进入夏、商时代仍很盛行。在郑州商代遗址中，出土有陶龟、陶虎、陶羊头、陶鱼、陶猪、陶鸟头、陶人坐像等陶雕塑品。其中以陶龟数量最多，或许与商人认为龟是通神灵的观念有关，因为商王的一切活动，都需通过龟、骨占卜得到神的许可和指示才能行动。在安阳苗圃北地出土有陶质牛头、兽头、鸱鸟头等。这些陶塑形象生动、逼真。郑州二里岗遗址中还出土名陶埙的乐器，共4件。其形如鸡蛋，中空，有孔，可吹成曲调。②妇好墓出土三件，皆泥质灰陶，近椭圆形，鼓腹，小平底，体腔中空，顶端有一吹气孔，近底的一面有三个小孔；另一面有左右对称的小孔。经初步测定，可发出12个音，能吹出简单的乐曲。③《诗·小雅·何人斯》所言"伯氏吹埙，仲氏吹篪"之埙即此。反映了商代陶塑艺术的丰富多彩和作者的艺术水平（图6—16）。

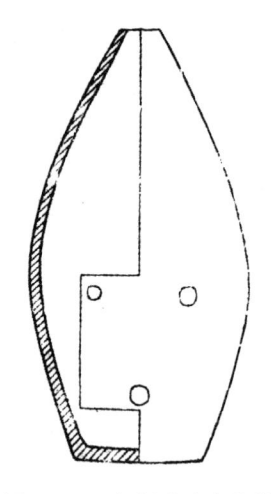

图6—16 妇好墓出土陶埙
（《殷墟的发现与研究》第244页图121之4）

---

① 杨育彬：《郑州商代铜器窖藏·序》，科学出版社1999年版。
② 李纯一：《原始社会和商代的陶埙》，《考古学报》1964年第1期。
③ 中国社会科学院考古研究所编著：《殷墟的发现与研究》，科学出版社1994年版，第245页。

三 白陶

白陶是指器表和胎质都呈白色的一种陶器。制造白陶器的陶土，据分析，其化学成分接近于制造瓷器的高岭土，这种土含铁量为 1.72%，遂使这种陶器呈白色。① 这种陶器在新石器时代的大汶口文化和龙山文化的墓葬和遗址中就已出现，在夏文化的二里头文化中发现有白陶鬶、盉、斝等酒器，在郑州商城内，出土多为白陶器的残片，其中能看出器形的有鬶、盉、爵、豆、罐、钵等，器表多为素面，只有少量饰印绳纹。② 在商代后期的安阳殷墟，出土白陶器的数量和质量都大大超过以前时期的遗址。

殷墟白陶大多数出土于大墓和中型墓中，遗址里极少发现。据李济统计，20 世纪 30 年代中研院史语所在侯家庄西北岗的大墓和小屯少数较大的竖穴墓中，出土完整和可复原的白陶器十多件，陶埙一件，残片 663 片。③ 1950 年在武官村大墓内出土白陶卣、罍、尊、盘、皿等残器及残片数十片。④ 1978 年在侯家庄北发掘的 1 号墓中出土白陶残片 820 片，据云此墓在 30 年代被盗掘时，曾出土白陶片五六筐，当地农民称为"白陶坑"。⑤ 1984 年秋，在武官村北地发掘一编号为 84AWBM260（即传出司母戊大鼎的墓）"甲"字形大墓，此墓中出白陶残片 90 多片，可辨认的器形有簋、尊等，纹饰很简单，只有绳纹和弦纹。⑥

殷墟白陶器的器皿种类，从保存较好的器皿和可辨认器形的残片观察，白陶器皿大致有豆、簋、盉、盘、皿、瓿、罍、卣、斝、折肩大口尊、瓮、盆、罐、器盖等，以食器和酒器居多。

白陶器的制法大致与日用陶器的制法相同。有泥条盘筑和陶车轮制。在安阳殷墟侯家庄 1 号墓内出土的一件白陶假腹豆的圈足内壁留有泥条盘筑痕迹未打磨掉，泥条宽度分别为 2.3 厘米、2.4 厘米。簋、盘、盉的圈足及口

---

① 中国硅酸盐学会：《中国陶瓷史》，文物出版社 1982 年版，第 73 页。
② 河南省博物馆：《郑州商代城址发掘简报》，《文物资料丛刊》1978 年第 1 期。
③ 李济：《殷虚器物甲编·陶器》（上辑），中研院史语所 1956 年版，第 13 页。
④ 郭宝钧：《1950 年春殷墟发掘报告》，《中国考古学报》第五册，1951 年版，第 27—28 页。
⑤ 中国社会科学院考古研究所安阳工作队：《安阳侯家庄北地一号墓发掘简报》，《考古学集刊》第 2 辑，文物出版社 1982 年版，第 36、39 页。
⑥ 中国社会科学院考古研究所：《殷墟 259、260 号墓发掘报告》，《考古学报》1987 年第 1 期。

部都是用轮制的（图6—17）。①

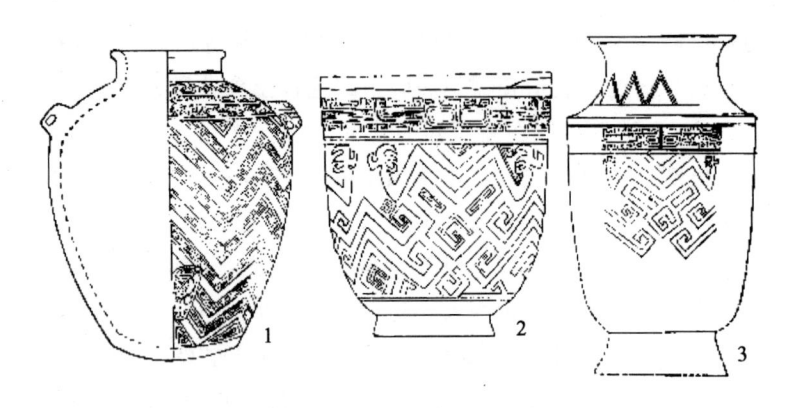

图 6—17　殷墟白陶罍
（《殷墟的发现与研究》第233页图111：1）

商代晚期白陶器的纹饰比日用陶器丰富多彩，从殷墟历年出土的白陶观察，其纹饰有饕餮纹、夔纹、龙纹、兽面人体纹（也称躯体纹）、蝉纹、云纹、雷纹、雷纹三角纹、雷纹折叠纹、斜角云雷纹、钩连云雷纹、斜方格云雷乳丁纹、圆涡纹、绳纹、附加堆纹等。几何纹较普遍是白陶器突出的特点。一件制作精美的白陶器，往往通体布满花纹，主纹与辅纹布局严谨和谐，给人以美的感受。② 殷墟时期是我国白陶工艺技术的顶峰，是时的白陶器是一种极为珍贵的工艺美术品。

四　硬陶

硬陶因其器表大都拍印有几何形图案，故又被称为印纹硬陶、几何印纹硬陶。硬陶的胎质比普通日用陶器细腻、坚硬、胎薄、渗水率低，烧成温度也高，估计在1150℃左右，故敲击时会发出金石样的声音。硬陶胎质原料，与原始瓷器的化学成分相同，只是含氧化铁（Fe_2O_3）比原始瓷器多些，所以硬陶器的表里和胎质颜色多呈紫褐色、红褐色、灰褐色和黄褐色。

---

①　中国社会科学院考古研究所安阳工作队：《安阳侯家庄北地一号墓发掘简报》，《考古学集刊》第2辑，文物出版社1982年版。

②　中国社会科学院考古研究所：《殷墟的发现与研究》，科学出版社1994年版，第231页。

硬陶主要发现于长江以南地区和东南沿海地区，这一地区硬陶出现的时间早而延续的时间也长，从原始社会晚期出现，一直延续到秦汉。黄河流域的硬陶器，在夏代的偃师二里头遗址里已有发现，此遗址内曾出土有器表拍印着人字纹（应为叶脉纹）的硬陶片。① 商代前期的郑州商城内外的商代灰坑、窖穴、墓葬和文化层内，多次发现硬陶片，有的残片还可复原成器，如二七路BQM2墓内，随葬一件可以复原的硬陶尊。从出土能复原的硬陶片和能看出器形的硬陶器残片观察，郑州商代二里岗时期的硬陶器种类有尊（有折肩深腹尊、折肩浅腹尊两种）、瓮、罐（有折沿长颈圆腹罐、敛口卷沿圆腹罐、敛口卷沿折腹罐和直口直壁深腹罐四种）和壶等。纹饰主要是小方格纹、小云雷纹、小席纹、小篮纹和小人字纹（又称叶脉纹）等。制法有泥条盘筑法、轮制法。随葬硬陶器的墓葬内都有青铜器随葬，说明硬陶器与青铜器、原始瓷器一样，是当时人们日常生活中所使用的珍贵器皿之一。②

商代后期的硬陶器，以安阳殷墟发现较多。在安阳殷墟文化第二至四期的居住遗址和墓葬中都发现有硬陶器，但多是残片，完整器及能复原其器物的很少。能辨认出器形的有瓿、罐、豆和器盖等。器表面的纹饰有小方格纹、指甲纹、席纹、绳纹、弦纹。制法主要有轮制和泥条盘筑两种。

五 原始瓷器

商代的原始瓷器因其原始性，故有学者又称其为釉陶。因其已具瓷器的基本性质，本书仍称其为原始瓷器。瓷器应该具备以下三个条件：一是原料。瓷器的原料是瓷土或高岭土，主要表现在瓷器的泥料中氧化铝的提高和氧化铁的降低，氧化铁含量降低，一般在2%左右（一般日用陶器在6%），就使胎质呈白色。二是烧成温度。温度虽在1200℃以上，这样的温度烧制，就使胎质烧结致密、不吸水、叩击时发出清脆的金石声。三是器表施有高温下烧成的釉，胎釉结合牢固，厚薄均匀。三者之中，原料是瓷器形成最基本的条件，是瓷器形成的内因，烧成温度和施釉是属于瓷器形成的外因，但也是不可缺少的重要条件，三者必须紧密地结合起来，方能烧制成瓷器。③ 从

---

① 中国科学院考古研究所二里头工作队：《河南偃师二里头早商宫殿遗址发掘简报》，《考古》1974年第4期。

② 河南省文物考古研究所：《郑州商城》，文物出版社2001年版，第673、674、787—790页。

③ 中国硅酸盐学会编：《中国陶瓷史》，文物出版社1982年版，第76页。

考古发掘所公布的材料知,我国的原始瓷器在黄河中下游地区的河南、河北、山西和长江中下游地区的湖北、湖南、江西、江苏等地的商代遗址和墓葬中都有出土。在郑州商代二里岗下层二期的遗址和墓葬中都发现有原始瓷器的残片,惜皆不能复原。但从残片观察,其器形多为尊、罍、罐等。其胎质细腻而坚硬,颜色多呈灰白或棕白色,表面纹饰以弦纹、旋纹、篮纹、小方格纹和席纹为主,器表的釉多呈青绿或豆绿色。郑州商代二里岗上层一期的原始瓷器出土的数量明显较下层二期增多,能看出器形或能复原的器物也多,且在铭功路西的 M2 和人民公园遗址的 M25 两座墓中,各出土了一件原始瓷器的折肩深腹尊。器表釉呈褐黄色或青绿色,釉薄而色泽光亮,纹饰除与二里岗下层二期相同的外,另增加了人字纹、云雷纹,制法与硬陶相似,以轮制和泥条盘筑为主。① 1996 年在郑州商城西城墙南段外侧 50 余米的南顺城街发现一窖藏(H1),与铜器伴出的陶器和三件完整原始瓷尊和一件印纹硬陶尊。瓷器为高岭土烧制,火候较高,胎质多呈灰色,外施青灰色釉,釉质晶莹纯净,肩施双行"S"纹(图 6—18),时代为二里岗上层二期偏晚。②

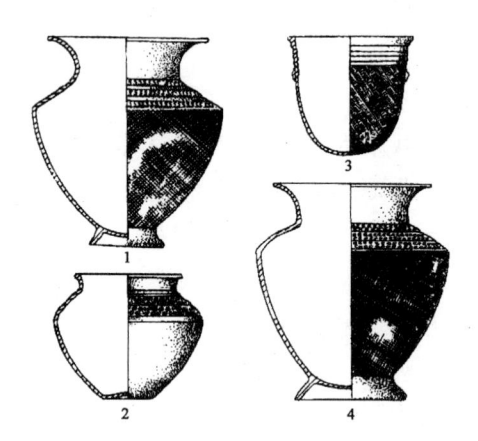

图 6—18　郑州南顺城街 H1 出土的原始瓷器及硬陶器
(《郑州商代铜器窖藏》第 50 页)
1、2、4 原始瓷尊　3. 印纹硬陶尊

---

① 河南省文物考古研究所:《郑州商城》,文物出版社 2001 年版,第 673—674、790—793 页。
② 河南省文物考古研究所、郑州市文物考古研究所编著:《郑州商代铜器窖藏》,科学出版社 1999 年版,第 50—51 页。

殷墟时期的原始瓷器在居住遗址和墓葬中都有发现，胎较厚，多呈灰白色。器形有豆、瓿、罐、壶、器盖等。器表纹饰有小方格纹、弦纹等，釉多呈深浅不同的绿色，有淡绿、黄绿、深绿等色，多施于器表，也有器的表里都施釉的，还发现有个别未施釉的器，釉面多数均匀光亮，色泽美观，但有些器表有流釉现象。其制法与郑州商代二里岗时期的原始瓷器相同，以轮制和泥条盘筑法为主，如在 11 号房子内出土一件壶（F11：50），就可看出是用泥条盘筑法制成的。①

关于我国原始瓷器的起源，目前学术界主要有两种意见：一种意见认为起源于我国南方的浙江、江西等地，然后传播到黄河流域及其他地区；一种意见认为几乎同时起源于长江、黄河流域，没有南北先后的问题。近期中国科学技术大学考古联合重点实验室等学术单位，采用电感耦合等离子体发光谱（ICP—AES）方法，分析原始瓷的元素组成和同位素比值，测定了我国南北方商周时期若干重要遗址出土原始瓷器中的微量及痕量元素，通过多元统计分析，探讨它们的产地，得出如下的几条结论。②

（1）以往有研究者表明，江西吴城的原始瓷与印纹硬陶，它们的原料基本相同，但这里的数据表明，两者的原料具有明显的差异。

（2）北方商城出土的原始瓷器，除河南郑州商城样品 ZS4 外，其余 5 块样品的微量、痕量元素组成相近，明显不同于其他地区的原始瓷器，包括江西吴城遗址，这一结果不支持我国北方的商代原始瓷来源于南方的观点。

（3）多元统计分析指出，不同地区的原始瓷基本能各自聚为一类，这一结果暗示我国古代的原始瓷具有多个产地。

考古学者早已指出过，在郑州商城和安阳殷墟都发现有烧坏的瓷片，并肯定所出瓷器就是在本地烧制的。③ 对瓷器元素分析的结果，进一步证实本地产的意见。

瓷器是我国享誉世界的传统工艺品，其制作的基本技术、对制作瓷器胎料高岭土的认识、器表上釉的工艺、烧成温度的窑室、火候的控制等，在商

---

① 中国科学院考古研究所安阳工作队：《1975 年安阳殷墟的新发现》，《考古》1976 年第 4 期。
② 朱钊等：《商周原始瓷产地的再分析》，《南方文物》2004 年第 1 期。又王昌燧、朱钊、朱铁权：《原始瓷产地研究之启示》，《中国文物报》2006 年 1 月 6 日第 7 版。
③ 安金槐：《谈谈郑州商代瓷器的几个问题》，《文物》1960 年第 7、8 期，收入《安金槐考古论文集》，中州古籍出版社 1999 年版。

代就已经基本掌握了。

六　陶窑和陶器的烧成温度

陶瓷器是在陶窑中烧制而成的，商代的窑址在河南、河北、山东、山西、陕西、湖南、江西、安徽等地都有发现。窑的结构有四种类型：升焰窑、龙窑、直壁圆筒形窑、无箅竖穴窑。在商王朝直接统治的地区，目前只发现升焰窑一种，其他三种窑都发现于南方的江西、湖南等省内，这些地区属商代的方国所控制，有关这几种窑的情况，我们将在方国经济章中论述。

升焰窑是火膛在窑箅下，火焰通过窑箅直接上升于窑室焙烧陶器，因火焰上升而命以此名。因窑室呈竖穴状，故称为"竖穴窑"，因其平面似马蹄形，又被称作"马蹄形窑"，其窑室顶部像馒头，所以又称作"馒头形窑"。这种窑是由火口、火膛、窑柱、火道、窑箅、窑室六部分组成。窑室一般不大，直径多在1米左右，所以一次入窑烧的陶器只能容纳四五件。考古工作者对郑州铭功路商代二里岗下层二期的五座陶窑进行发掘，经过复原知这种陶窑的形制结构，并了解其建筑的方法和步骤如下：

第一步，在经过平整的地面上向下挖出一个口径1—1.5米、深1—1.5米的圆形竖穴土坑，坑的周壁稍直或下部略向内收、或中部略外鼓，底部近平或近圜形。土坑作为陶窑的火膛。在挖火膛的同时，在火膛内的中部与靠后壁处留出一个高约1—1.5米、纵长0.5—0.8米、宽0.2—0.3米的竖长方形土柱，作为支撑窑箅的窑柱；并在与窑柱相应的火膛土壁上，再挖掘出一个略高于火膛底部的竖长方形或竖长方拱顶形的洞口，作为向火膛内填送燃料的火门。火门一般高0.4米、宽0.2米；另在火门外再挖一个通往地面的前高后低的槽形斜坡直走道或拐走道，作为向火门处运送燃料和清理火膛内的灰烬的往来通道。

第二步，在筑好的火膛周壁和窑柱上涂抹草拌泥，使其坚固、平整而光滑。与此同时，在火膛内顶部与窑柱之上棚架一些纵横的圆木棍，并在木棍之上再铺垫一层植物秆与杂草等，然后在其上铺涂一层周边厚、中间薄（中间一般厚0.1—0.15米）、顶部打磨平整的草拌泥窑箅。待草拌泥窑箅半干时，再用直径8—10厘米的圆木棍或竹竿，由箅顶面向下穿戳出10—15个圆筒形箅孔，以便使火膛内的火焰通过箅孔进入窑室。

第三步，构筑窑室。窑室位于窑箅之上，是放置被烧陶器的地方。窑室的底部略大于窑箅2—4厘米。窑室的形制因已发掘的窑室部分保存下来的都很少，或已全部毁坏，所以窑室的形状很难复原。但 C11Y110 的窑室底部，还残存有高约 12 厘米的略呈下大上小的残圆弧形窑壁，并且在火膛内发现的残窑室壁也是弧形的，由此可推知，窑室的形制应为下大上小的圆鼓的"馒头形"。窑室的周壁除下部有些是土壁涂抹草拌泥之外，其上部都是用草拌泥构筑而成的。据推测，窑室顶部可能还有烟囱设施（图 6—19）。①商代后期的陶窑在安阳殷墟只发现一座，其结构仍然是二里岗时期的"馒头窑"，但是火膛中的窑柱已取消，②这样就增大了火膛的容量，能添加进更多的燃料，提高窑炉的温度。

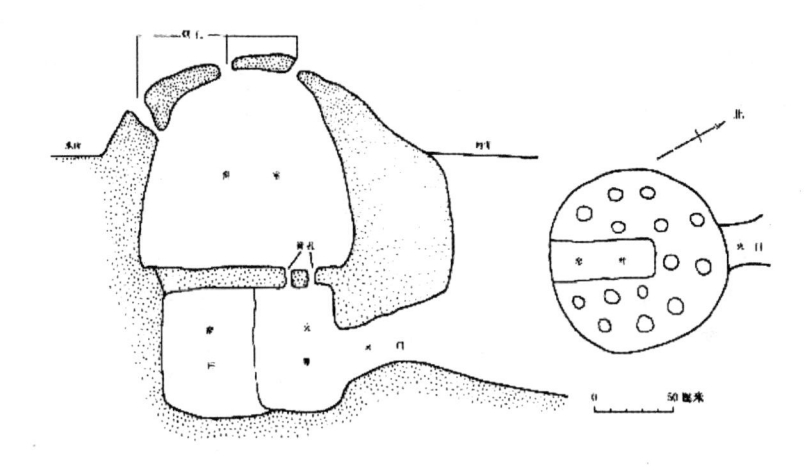

图 6—19　郑州商代陶窑

（《郑州商城》第 393 页图 238）

商代的陶窑多有集中分布的现象，如在偃师商城北部一个不大的范围内，就发现八座升焰窑，基本具备了制陶作坊的雏形。③ 在郑州铭功路西侧，商城西城墙外 1300 米处的今十四中学内，在 1400 平方米的范围内，已经发现升焰窑 14 座和 10 多座小型房屋，据探测其窑场面积约有一万多平方米。

---

① 河南省文物考古研究所：《郑州商城》，文物出版社 2001 年版，第 392—393 页及插图二三八。

② 中国科学院考古研究所安阳发掘队：《安阳小屯南地发掘简报》，《考古》1975 年第 1 期。

③ 王学荣：《河南偃师商城遗址的考古发掘与研究评述》，《考古求知录》，中国社会科学出版社 1997 年版，第 292 页。

在房屋基址内外堆积着有经过淘洗的泥料、拍印着绳纹还未入窑烧制的陶坯残片、制陶用的工具（各种拍印花纹的拍子）。在房屋基址和陶窑之间，是一块平坦而坚硬的空旷场地，应是整治制陶泥料及晾干陶坯的场所。在作坊周围的壕沟和灰坑中，堆积着大量商代二里岗时期残破陶器和碎片，其中有不少是烧坏变形的废品。[①]

商代陶器的烧成温度，有关的一些测定数据如下：辉县琉璃阁商代早期夹砂陶片950℃左右；郑州二里岗商代红陶片1000℃；郑州二里岗商代硬陶片1180℃20℃。[②] 商代白陶的烧成温度，据波普（J. A. PoPe）的实验：约为1050℃—1150℃，日本梅园末治的实验则大约在975℃。[③] 原始瓷器的烧成温度在1200℃以上。[④] 新石器时期的仰韶文化、龙山文化陶器的烧成温度在800℃—1000℃左右。[⑤] 现今普通砖瓦的烧成温度约为850℃—950℃，商代陶器烧成温度比之略高。商代的"馒头窑"的窑室为穹隆式封闭顶，顶上设有烟囱（图6—20），这就能提高窑炉内的温度，达到1200℃以上（没有设烟囱的窑，绝达不到1200℃以上的炉温，无法烧出硬陶和瓷器）。在郑州商城内和安阳殷墟发现的硬陶和原始瓷器，都是用这种陶窑烧制成的。如在郑州铭功路商代二里岗上层制陶作坊内发现有"少量原始瓷片与印纹硬陶片"，[⑥] 还发现两片被烧裂的瓷片。[⑦] 在安阳殷墟范围内王裕口村的一个探方（VET13）内，出土原始瓷片和印纹硬陶片40片，其中有6片是被烧坏的残品。[⑧] 被烧坏的残片，不会是从外地运来的而只能是本地窑所烧，因烧坏而随手丢弃。如上所述，在郑州和安阳两地的商代遗址内，所发现的都是馒头

[①] 杨育彬：《河南考古》，中州古籍出版社1985年版，第101页；河南省文物考古研究所：《郑州商城》，文物出版社2001年版，第384—460页。

[②] 李家治：《中国古代陶器和瓷器工艺发展过程的研究》，《考古》1978年第3期。

[③] 转引周仁等《我国黄河流域新石器时代和殷周时代制陶工艺的科学总结》，《考古学报》1964年第1期。

[④] 中国硅酸盐学会编：《中国陶瓷史》，文物出版社1982年版，第78页。

[⑤] 同上书，第47—50页之"我国新石器时代陶器的化学成分（%）、烧成温度（℃）和物理性能（%）"。

[⑥] 河南省文物考古研究所：《郑州商城》，文物出版社2001年版，第443页。

[⑦] 安金槐：《谈谈郑州商代瓷器的几个问题》，《文物》1960年第7、8期。

[⑧] 中国社会科学院考古研究所：《殷墟发掘报告（1958—1961）》，文物出版社1987年版，第132页。

式的升焰陶窑并无其他形制的陶窑，所以此两地的硬陶和原始瓷器都是用"馒头窑"烧成的。在郑州铭功路商代二里岗时期的制陶作坊范围内，已发现不少烧坏、烧流的废陶器及残陶片。普通陶器要烧坏以致烧流，其窑炉温度要到1100℃—1200℃才有可能。①

图 6—20　孟庄商代陶窑复原图

(《考古学报》1982 年第 1 期第 57 页图 10)

上述这些考古发掘情况说明，商代烧制陶器的陶窑有集中、规模大的特点，与龙山文化时期陶窑多单个且建在居室旁的状况有着极大的不同。

商代制陶作坊已有一定的分工趋势。像在郑州铭功路的商代二里岗时期制陶作坊区域内，从出土大量的陶器残品、烧坏的陶器废品、陶器坯胎残片和各种花纹陶印模及其纹样看，这里应是以烧制盆、甑、簋、豆、瓮、罍等泥质陶器为主的制陶作坊遗址。而郑州商代二里岗遗址中，出土的大量夹砂陶鬲、罐、斝、甗、缸等陶器，必然是另有专门烧制夹砂质陶器的作坊生产。以此说明，在商代二里岗时期，陶器制造业中，烧制泥质陶器与烧制夹砂陶器之间，已有了分工。② 在一些地区，还发现以烧制某一种陶器的窑场，

---

① 关于商代原始瓷器产地，研究者有两种不同的意见：一种意见认为是南方生产而后运往北方地区的；另一种意见认为北方地区的原始瓷器是本地生产的。讨论概况见刘毅《商周印纹硬陶与原始瓷器研究》，《华夏考古》2003 年第 3 期。

② 河南省文物考古研究所：《郑州商城》，文物出版社 2001 年版，第 460 页。

如1981年在安阳殷墟花园庄南地的一次发掘中，曾发现一处制造陶器的作坊，在一处灰层中，有几十个式样相同的灰陶豆，有正品，也有烧流的残品，应是一处专门烧制陶豆的作坊。

在河北省境内的邢台、邯郸地区的商时期遗址内，多次发现窑场并烧制较为单一的器种陶器，我们将在后面方国经济中去细讲，此从略。

商代的制陶业，作坊规模大，陶器种类多，制陶业内部已有一定分工，特别是原始瓷器的创制，反映了陶瓷业的发展已具相当水平。享誉世界的中国瓷器，就是从此时的烧制开始起步的。

第四节　建筑业

建筑是人类较早发明的一项技术，因为人们要解决居住的问题，解决居住就是建筑的活动。我国古史传说中的有巢氏构木为巢，这个"为巢"就是一种建筑行为。在进入新石器时代，人们普遍走出山洞，在蓝天下、大地上建屋而居，由单个房屋、成群的聚落而发展到用高高的围墙和深陷的壕沟围绕起来的城堡，由此也就形成了建筑这一门技术和专业。所以到了商代，建筑这一门技术已经有几千年的历史了。

建筑业广义地讲，凡是动土木的工程，如房屋、城垣、陵墓、道路、窑穴、水利（水渠、水井）等建筑种类都是建筑业；从狭义讲是仅指房屋（宫殿）的建设，即今日所指的"楼盘"。在商时期的诸多类建筑中，尤以大型建筑群体——城垣及房屋（宫殿、民居）最能反映此时代建筑技术水平，故我们在本书中只对这两个方面作重点考察。

一　城垣的建筑

城垣建筑最具有代表性的当然是王都。商代的王都曾多次迁徙，据《尚书·盘庚》载，从汤建国到盘庚时，已迁都五次。因而张衡在《东京赋》中说："殷人屡迁，前八后五。"其"后五"即指从汤到盘庚时的迁都次数。商汤建国后"五迁"的地望，学者间迄今也还没有一个统一的见解，被说到的地方有偃师（汤居的西亳）、郑州（仲丁所迁的，或说是汤的亳）、郑州小双桥（或说是仲丁所迁的）、河南内黄（河亶所迁的相，或说安阳洹北商城为其所迁之相）、河北邢台（祖乙所迁之邢）、山西河津县东南（"祖乙圮于耿"之耿亦即邢）、河南温县（祖乙所迁之邢）、山东费县（祖乙所迁之庇）、曲阜（南庚所迁的奄）、安阳（盘庚所迁的殷）等。文献记载有歧异，今人的说法也各有不同，但在考古发掘中发现有王都规模的商时期城址有偃师尸乡沟商城、郑州商城、郑州小双桥商代遗址、安阳洹北商城和洹水南的小屯殷墟。除郑州小双桥商代遗址和洹水南的小屯殷墟没有发现城垣外，其他三地都发现了比较完整的城墙和护城的壕沟。比王都次一级城邑遗址是较大贵族及军事重地，在商王室直接统治的"王畿"内，河南焦作市府城村商城就是一座这样的城邑。在王畿以外的诸侯方国境内，这样的城邑也已经发现了多座，如山西垣曲县的商时期古城、陕西岐山、扶风间的周原遗址、四川广汉的三星堆城、湖北省黄陂的盘龙城、江西清江的吴城等，这些我们将在方国经济章中分别叙述。

发现有城墙的三座王都，其规模都相当大。

（一）偃师尸乡沟商城的建筑技术

偃师尸乡沟商城由大小两个城构成，从考古发掘探知，这是由于先建小城，后来因需要再将小城向北向东扩展而成最后的规模和样子。但是考古发掘却是相反，先发现大城（1983年发现），过了若干年后才发现小城（1996年发现）。小城平面呈南北长的长方形，南北长1100米，东西宽740米，城墙底部宽6—7米，面积为81.4万平方米；大城平面呈北部宽南部窄的"菜刀"形，东城墙长1640米，北城墙长1240米，西城墙长1710米，南城墙长740米，城墙总长5330米，面积190万平方米。城墙上开有七座城门（东、西两边各三座，北边一座，已经探明的有五座），城内有四处建筑基址，在小城中部的一处规模最大，长宽各200米，四周有厚2米的夯土墙围绕着，城墙两侧有坡度较缓的护坡，考古发掘时编为一号基址，被认为是"宫城"。大城的南边临洛河，其余三面的城墙外都是与城墙平行的护城壕沟，沟上口宽20米，深6米，其横剖面呈倒梯形，外侧沟岸坡度陡，内侧坡度缓。城墙的厚度在17—18米之间，包括两部分：墙身和基槽。基槽指当时地面以下的部分，墙身指当时地面上的部分（图6—21）。

城墙的建筑方法是先挖基槽（深约1.2米以上），在基槽内填土夯实，填土夯筑到与地面水平后，地面部分用版筑夯筑墙体。当墙体高出基槽口0.25—0.40米时，内外两侧分别向中心内收缩0.60—1.15米，然后有收分地逐层向上夯筑。西城墙现存墙高出基槽口部1.7—1.85米，墙体宽为16.4米，是每增高1米内收缩0.90米。照此收缩计算，若建筑10米高的墙，墙的顶部当有

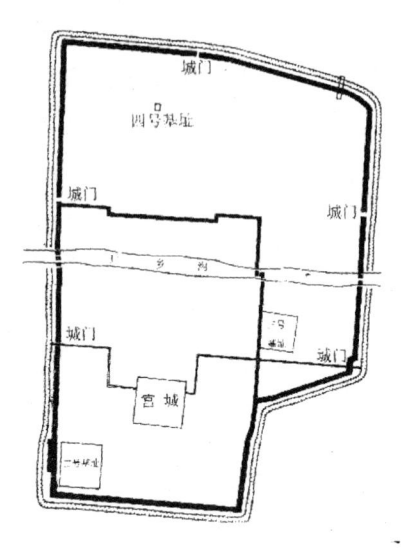

图 6—21　偃师商城大小城平面图

（杜金鹏：《偃师商城初探》第 90 页图 9）

9米宽。墙体是用分段、分层夯筑而成。修建墙体时，每加土厚约10厘米就夯打一次，夯实后再加土10厘米左右再夯打，直至墙顶。考古发掘看到，夯土每层厚8—13厘米。表面夯窝密集，排列多重叠，系反复夯打所致。夯窝为圆形，圜底，直径2—3厘米，有的4—5厘米，推测当是用小木棍或石锤夯筑留下的痕迹。解剖北墙的探沟（T2）内发现，在北墙夯土顶部以下，高约1米的断面上，左右两半的夯土颜色判然有别，夯层上下相错，两层间的分界线为一斜直线，其上层东倾，其下层西斜。在左右夯层接合处，西边的夯层每层都翘起一个小角，显然系填土打夯时挤压所造成的现象。这种现象说明建筑城墙时，每夯筑1米厚时移动一次地方，如此循序而进向前推移。北墙的夯层下端西斜，上端东倾，乃是由东向西夯筑留下的痕迹。[①] 城墙筑成后，在内侧堆筑护坡，再在护坡外铺料礓石，以防雨水对墙体的冲刷毁坏。

同厚实的墙体相反，偃师商城的城门却比较狭窄。如发掘解剖的西二城门，门道全长16.5米，即与城墙的厚度一致，但是宽却仅2.4米，与城墙的厚度大不相称。门道的两侧筑有木骨土墙，以保护门道的泥不致塌落而阻

[①] 中国社会科学院考古研究所洛阳汉魏故城工作队：《偃师商城的初步探测和发掘》，《考古》1984年第6期。

碍门的通畅。在西二城门发现门道的两壁残存有90厘米高的木骨土墙，墙内有柱子洞34个，柱洞下有柱础石。东二门也是宽2.4米，门道两侧也筑有木骨泥墙。其他城门未发掘解剖宽度不知，但厚墙窄门现象是存在的，这样设置利于防守。①

筑城墙所用土，系取自城外的壕沟及附近。一圈高高的城墙筑成，耸立在地平线上，因筑墙取土，在城墙外就形成一道深陷的壕沟，大大增强了城的防卫功能。

从发掘的现象观察，在建筑偃师商城的城墙时，为了解决城墙基础的水平问题，已采用了"水地"的技术。在发掘小城墙时，发现小城的基槽底部并非是处在一个平面上，而是在城墙基槽底部的两侧（有的地方只有一侧），各有一条小沟，宽约0.5米，深约0.2—0.4米。沟内填充黏土逐层夯实，推测"是与基槽的水平测量有关"，即是说"小城部分基础的水平测量是采取挖沟灌水以测水平的方法完成的"，相同的遗迹，在郑州商城也曾发现过。②汉语中所谓"水平"一语，可能就是源出于建筑上的这个技术词。

（二）郑州商城的建筑技术

郑州商城是20世纪50年代发现的，到20世纪70年代城址的四面城墙都已探明，并做了解剖发掘。整个商城夯土城垣略呈南北纵向长方形，其中东墙长约1700米，南墙长约1700米，西墙长约1870米，北墙长约1690米，总周长约6960米，近7公里，现存商代夯土城墙底宽20—30米，现在地面上有的地方还残存达4—5米高的商时期夯土墙垣。城址面积达300万平方米（图6—22）。在四面城墙上发现了11个缺口，这些缺口有的是商城废弃后被挖土损坏的，有的应是商时城门的遗迹。在城墙外有与偃师商城相同的城壕。郑州商城的夯土城墙处于现郑州市区内，城外附近多有新旧楼房建筑，给在城外附近找城壕带来很大困难，故城壕一直未有发现，不过1989年在夯土城墙的东墙外，发现一段战国与汉代的城壕下，有大量的商代遗

---

① 赵芝荃、徐殿魁：《偃师尸乡沟早期城址》，《中国考古学会第五次年会论文集》，文物出版社1988年版。

② 杜金鹏、王学荣、张良仁：《试论偃师商城小城的几个问题》，《考古》1999年第2期；杜金鹏：《偃师商城初探》，中国社会科学出版社2003年版，第68—69页。

物，推测这应是商代城壕废弃后形成的。①

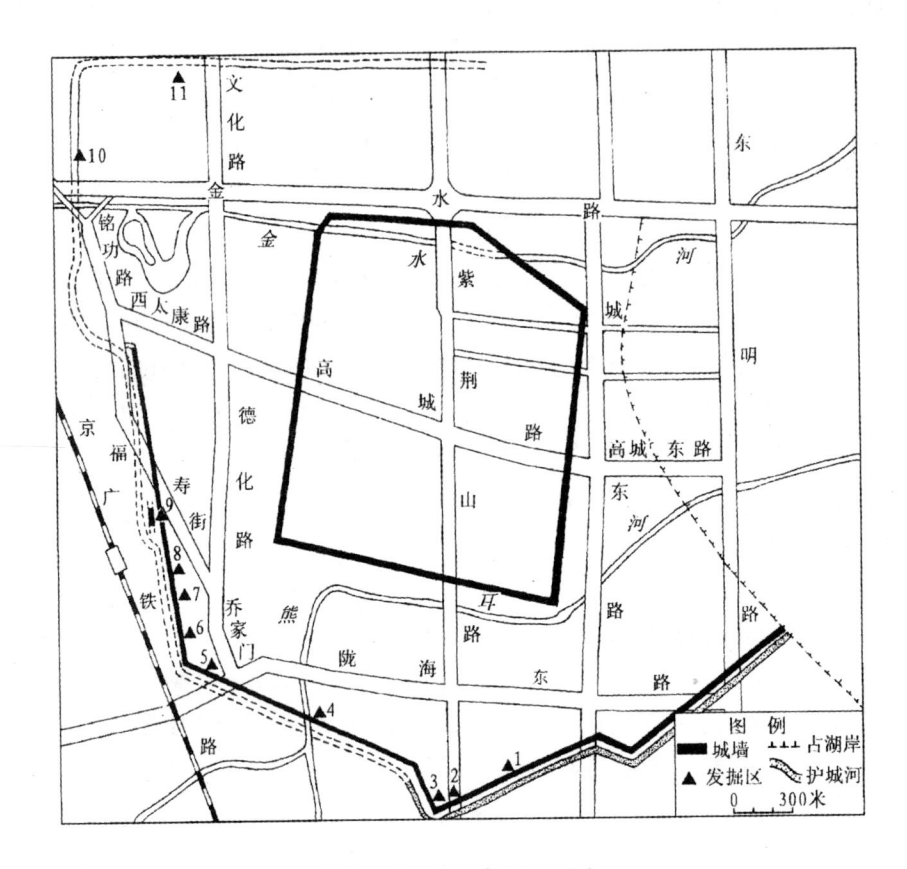

图6—22 郑州商城平面图

（《考古》2004年第3期第41页图一）

古时城有城和郭两道防卫设施，《礼记·祭法》孔颖达《正义》引《世本》云："鲧作城郭。"郭是城外的一道防卫建筑，规模大于城，孟子所谓"三里之城，七里之郭"。②郭又称郛，《春秋》文公十五年十二月"齐侯侵我

---

① 宋定国：《1985—1992年郑州商城考古发现综述》，载《郑州商城考古新发现与研究》，中州古籍出版社1993年版；河南文物考古研究所：《郑州商城》，文物出版社2001年版，第227页。袁广阔、曾晓敏认为郑州商城的内城墙是平地起建，没有先挖基槽，内城墙外也没有如偃师商城外那样的护城沟（见其著《论郑州商城内城和外郭的关系》，《考古》2004年第3期）。

② 《孟子·公孙丑下》。

西鄙，遂伐曹，入其郛"。杜预注"郛，郭也"。《公羊传》曰："入其郛。郛者何？恢郭也。"何休注："恢，大也。郭，城外大郭。"在郑州商城的南城墙与西城墙之外侧600—1100米处，发现了一道围绕郑州商城约半个圈，其长度约3000米的商代夯土城墙遗址，推测北边也应有郭城墙，只东边是水泽而无墙。[1]

郑州商城的城墙似今夹心饼干，分"主城墙"和"护城坡"两部分，横切面呈梯形。其建筑方法是：在修筑城墙之前，先平整地面，然后在"主城墙"内壁相应的地面处，向下挖出一道与即将修筑的城墙平行的沟槽。在南城墙发掘出一段长10.8米的沟槽，口部宽2.5米，底部宽2.3米，深0.55米，槽底平坦，这个不宽的沟槽，可能是作为建筑城墙内壁底部而开挖的。筑城墙墙体时，从基槽底部开始层层向上夯筑。当夯筑到与基槽口部齐平时，则把城墙的夯土层向外侧加宽。发掘的这段南墙的"主城墙"宽16.25米，是筑到与沟槽口齐平时向沟槽口外加宽了13.65米。在沟槽口向上筑时，则在城墙的两侧开始用木板相堵，逐层夯筑出内外两壁近于垂直的"主城墙"。因此，在"主城墙"的壁上遗留有比较明显的横列木板痕迹，在南城墙内壁上的木板痕迹每块长约3米、宽0.16—0.19米，在东城墙"主城墙"上发现版筑木板痕迹的木板长2.5—3.3米、宽0.15—0.3米。东城墙的"主城墙"的底宽10.6米，看来各面城墙的"主城墙"的宽度并不统一。"主城墙"的两侧筑有"护城坡"，解剖城墙发现，"主城墙"的两侧与"护城坡"接缝处有近乎垂直的壁面，壁面上留有木板痕迹，"主城墙"呈水平分布，"护城坡"的夯层则是向两侧倾斜筑成。[2]"护城坡"的修建有四个用处：

1. 支撑版筑的木板

在版筑"主城墙"时，"护城坡"起着支撑横着的木板的作用。

2. 便于筑城墙时运土

由于"护城坡"面是斜坡，便于筑城墙时运送泥土到逐渐增高的工作面上去。

---

[1] 河南文物考古研究所：《郑州商城》，文物出版社2001年版，第297—307页；河南文物考古研究所：《郑州商城外郭城的调查与试掘》，《考古》2004年第3期；袁广阔、曾晓敏：《论郑州商城内城和外郭城的关系》，《考古》2004年第3期。

[2] 河南文物考古研究所：《郑州商城》，文物出版社2001年版，第223—224页。

3. 保护主城墙

在"护城坡"面上铺有一层料姜石碎块，以防止"护城坡"受雨水冲刷而铺设的保护层。这样也就保护了主城墙不致被雨水冲刷和人为的其他破坏。

4. 有利于守城

南城墙的内侧"护城坡"底宽 3.65 米，外侧因破坏不可确知，东城墙内侧"护城坡"底宽 7.25 米，外侧宽 4 米，是内侧护坡的底比外侧护坡的底宽近一倍，是内侧护坡缓而外侧护坡陡，若遇敌情，军民可以方便登上城墙，而陡峭的外侧护坡，却给攻城者增加困难。

城墙是用夯筑而成的。夯层一般厚 8—10 厘米，但也有厚到 20 厘米或薄到 3 厘米的。每层夯土表面皆保留有密集的圆形尖底或圆形圜底的夯杵窝痕迹。夯窝口径多为 2—4 厘米、深 1—2 厘米。另外还有少部分为长方形或三角形的杵窝痕迹，推测当是用成捆的圆木棍作为工具夯筑的。"主城墙"夯筑是分段筑成的，其筑法是将两壁和一个横头用木板相堵住，构成冂形框架的木板槽，然后填土到槽中夯实。用此法逐段延长加高。因此在每段相接处发现有横列木板的版筑痕迹。与近代农村盖房时用夹板筑土墙壁的方法相似。"主城墙"的夯筑是两边夯打紧密坚实，中间疏松。①

(三) 洹北商城城墙的建筑技术

洹北商城是 1999 年发现的，位于安阳市北郊，南与著名的殷墟遗址相接，京广铁路纵贯城中。此城是已发掘的商代古城中面积最大的，其平面近正方形，城址南北长 2200 米，东西宽 2150 米，面积 407 万平方米。城墙外是否有壕沟，目前还没有发现。城内发现有宫殿基址、一般房址、水井和墓葬等，从出土器物判断，城的时代晚于二里岗上层早于安阳殷墟早期，有人认为是河亶甲所迁的"相"，有人认为是盘庚所迁的"殷"（图 6—23）。

洹北商城的城墙在现今地面上已无存留，只留下埋在地面以下的墙基槽。经解剖表明，洹北商城四面城墙基槽大部分宽 7—11 米、深约 4 米。其中东墙槽完全夯筑填实，并筑起了部分墙体（解剖可观察到墙体高于当时地面 0.3 米左右），北墙槽、西墙槽也夯实至当时地面，但均未见夯起的墙体。从东、北、西城墙基槽上共 4 道解剖沟的剖面均观察到"内外双槽相叠"的现象，即墙槽分两次垫起。先垫墙槽的内侧（即城内一侧），垫土未经夯打，

---

① 河南文物考古研究所：《郑州商城》，文物出版社 2001 年版，第 302 页。

垫至当时地面后，形成宽约1.5米的"内槽"，"外槽"以"内槽"为依托，用不同于"内槽"的黑土夯筑而成，这种"垫内槽夯外槽"建筑城墙的方法是十分的独特。

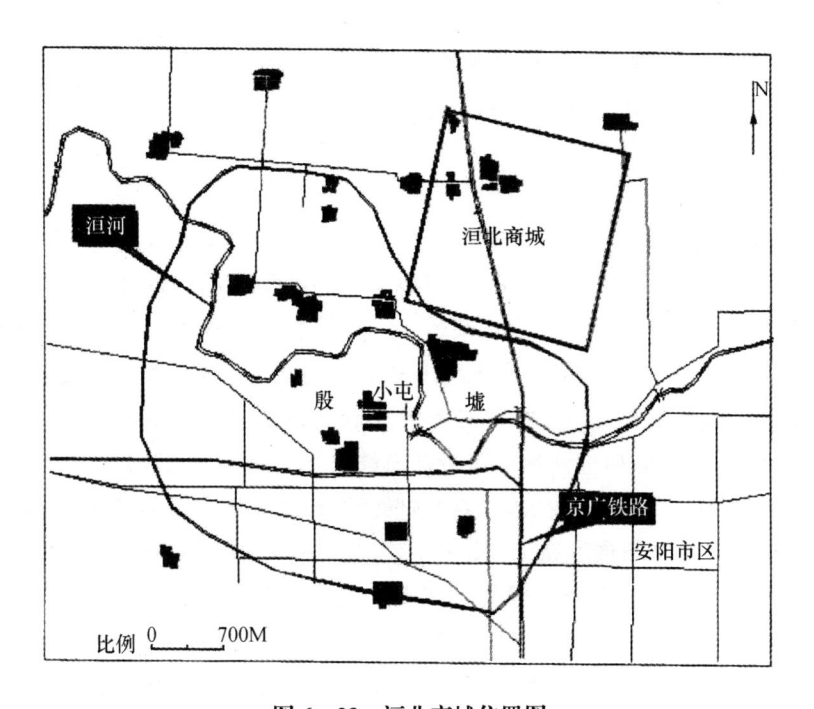

图6—23　洹北商城位置图
(《中国社会科学院古代文明研究中心通讯》第5期第64页)

南墙经过解剖，未见其他三面墙基槽内"内外槽相叠"的现象，也不见夯起的墙体，其建筑法似有不同。

从总体上看，解剖沟凡可见内外槽者，外槽均以黑土夯实。大部分夯层厚10—15厘米，似用成束的小木棍夯成。[①] 所使用的夯具，与郑州商城城墙建筑时所用的夯具基本相同。

甲骨文中有"郭"字，作 、 、 形，其字像城墙上有高耸的楼形。卜辞有"作郭"(《合集》13514)，就是建筑城的活动。但所发现的商时期古

---

① 中国社会科学院考古研究所安阳工作队：《河南安阳市洹北商城的探测与试掘》，《考古》2003年第5期。

城，地面上城墙大都早已被毁，其城楼的遗迹无存，城楼的有无及形状不得而知。

二　宫殿的建筑

（一）商代甲骨文中有关宫殿建筑的名称

甲骨文中有关宫殿建筑的名称名下。

1. 京

甲骨文字的京字作🏛、🏛、🏛等形，像高大的建筑。《说文》京，"人所为绝高邱也，从高省，丨像高形"。甲骨文的高字作🏛形，《说文》所说的京字构形正与上列甲骨文的第1字形同。京，后世称为"京师"，《文选·东京赋》"迁邑易京"，薛注"京，京师也"，《公羊传》桓公九年，"京师者何？天子之居也。京者何？大也"，蔡邕《独断》（上）"天子所都曰京……京，大；师，众也，故曰京师也"。王都周围有郊、甸之设。卜辞中有"京奠"（《合集》6），奠即后世的甸字，是指国都郊外的地区。《左传》襄公二十一年"罪重于郊甸"，杜预注云，"郊外曰甸"。甸是离国都二百里的地区，《周礼·大宰》"三曰邦甸之赋"，郑玄注"四郊去国百里，邦甸二百里"。《周礼·司会》"掌国之官府、郊野、县都之百物财用"，郑玄注"郊去国二百里"。也有说是距国都百里的，《文选·西京赋》"郊甸之内"，薛注"五十里为之郊，百里为甸"。卜辞的"京奠"即"京甸"，应是指王都外附近的地区。反过来看，有奠（甸）设置的"京"，应即是王都之称。

2. 宗

甲骨文的宗字作🏛形，从🏛，即今部首宀，表示房屋，从丅，即示，表示神主牌位。在一栋建筑物内供奉有祖先的神主牌位，这栋建筑就被称为"宗"。作为都城必有宗庙，《左传》庄公二十八年云，"凡邑，有宗庙先君之主曰都，无曰邑"。这个庙里又必须供奉的是"先君之主"，即是当权者的祖宗的神主牌位。这是因为中国的统治者特别重视对祖先祭祀权的获得及掌握，有了掌握祭祀祖先的权，就是有政权的象征。《左传》襄公二十六年卫国君献公被赶出国，后派人回国与掌握着大权的甯喜相约，"苟反，政由甯氏，祭则寡人"。可见对祭祀权控制的重要性。因为在中国，一个朝代的政权是以某一个人为核心打下来的。这个核心人物取得政权后就成了"王"、"皇帝"，以后的政权就在他的子孙中父子相继，一代一代地传下去，所以祭祀祖宗的事具有特别的意义。商代有神主牌位,称为"示",卜辞中有"上示"(《合集》102)、"下示"(《合集》32330)、"大示"(《合集》242)、"小示"(《合集》557)、"元示"(《合集》14827)以及用数字计的"示",如"二示"(《合集》14822)、"三示"(《合集》21282)、"四示"(《合集》22062反)、"五示"(《合集》248),最多的到二十三示:

  壬戌卜侑岁于伊二十又三示。兹用。(《合集》34123)

还有一些带名字的"示",如"丁(或读祊)示"(《合集》14906)、"✦示"(《合集》14348)、"牛示"(《合集》14358)、"蚕示"(《合集》14354)等。"大示"、"小示"和以数字计的若干"示"的"示",是指商王的祖先神主牌位,因为它们有时和某先祖相连,如:

  丁丑,贞又升伐自上甲大示五羌三牢。(《合集》32090)
  壬辰卜祈自上甲六示。(《合集》32031)
  庚寅卜,贞辛卯侑岁自大乙十示又□牛,小示㲋羊。(《屯南》1116)

可见,"宗"字所从的"示",即建筑物中供奉的"示",应主要是商王祖先的神主牌位。殷卜辞中的"宗"亦不少,其构词法是"祖先名+宗",如"大乙宗"(《合集》33058)、"大丁宗"(《怀特》1559)、"祖乙宗"(《合集》33108)、"父丁宗"(《合集》32330)、"妣庚宗"(《合集》23372)、"母辛宗"(《合集》23520)以及"大宗"(《合集》30376)、"小宗"(《合集》34045)等。这些祖先的"宗",应多是建在王都城中的,也有建在都城附近的,如郑州小双桥就是商中期的宗庙,① 距王都约20公里。

3. 宫

  甲骨文的宫字作宫形,是一象形字,表示在同一屋顶下分成多间居室,这与已经发现的商城内的大型基址相符,是"宫"字的造字之所本。但"宫"字卜辞中有作为地名的甚多,这与宫殿无关。下面的"宫"无疑是指

---

① 马季凡:《商代中期的人祭制度研究——以郑州小双桥商代遗址的人祭遗存为例》,《中原文物》2004年第1期,后收入又中国社会科学院历史研究所编:《古史文存·先秦卷》,社会科学文献出版社2004年版。

"宫殿"：

> 天邑商公宫（《合集》36541、36542）
> 天邑商皿宫（《合集》36542）
> 右宫（《合集》30375）

"天邑商"指商王都。

4. 厅

甲骨文厅字是个形声字，作 ☐、☐ 形，从 ☐ 从 ☐。☐ 为听字。厅即厅堂，是举行大型活动的地方，如商王在厅里举行宴飨活动：

> 王其飨在厅。（《合集》31672）
> 王其飨于厅。（《屯南》2276）

5. 室

甲骨文中的室字作 ☐ 形，从至声，也是一个形声字。甲骨卜辞中的室名有"大室"（《合集》23340）、"中室"（《合集》27884）、"东室"（《合集》13556反）、"南室"（《合集》557）、"西室"（《合集》30372）、"新室"（《合集》13563）、"血室"（《合集》13562）、"☐☐室"（《合集》24945）、"祖丁室"（《合集》30396）等。"祖丁室"当即与"祖丁宗"同。

6. 寝

甲骨文寝字作 ☐、☐，从妇，应是一会意字，寝为妇女所居之地。卜辞中的寝名有"王寝"（《合集》9815）、"东寝"（《合集》34067）、"西寝"（《合集》34067）、"新寝"（《合集》13571）、"祖乙寝"（《屯南》1050）等。

7. 门

门是一象形字，作 ☐、☐（《合集》13605、13606反）形，是两扇合开关的双开门，由此字可知，商时已流行双开门。甲骨卜辞中有关门的卜辞很多，有"宗门"（《合集》32035）、"厅门"（《合集》30284）、"甲门"（《合集》13603）、"乙门"（《合集》12814）、"丁门"（《合集》13602）、"南门"（《合集》13607）、"亦（夜）门"（《合集》13606反），等等。

8. 户

户字作 ☐ 形，并不是只一扇门，而是指只有一扇门的门，这种门在今天十分的流行，一般较小的房间都是用的一扇门。有关"户"的卜辞，如"南户"(《屯南》2044)、"西户"(《合集》27555)、"丁宗户"(《合集》26764)、"宗户"(《屯南》3185)等。

9. 门塾

甲骨文有一🈳字，从🈳从🈳，裘锡圭释为门塾的"塾"字，即《尔雅·释宫》"门侧之堂谓之塾"。① 甲骨文中此字仅数个，见"于右邑塾"(《合集》30174)、"于厅门塾"(《合集》30284、30285)、"塾圈"(《合集》5976)。商代宫殿建筑的门塾，在考古发掘中已被细心的考古工作者发现。2001—2002年中国社会科学院考古研究所安阳工作队，在发掘洹北商城宫殿区第 1 号基址的过程中，在其南庑的中段偏东部，发现长 38.5 米、宽 11 米，明显宽出两侧廊庑(南廊庑宽 3 米)，中间有两道门，将廊庑分成左、中、右三部分，发掘解剖靠东边的 2 号门知，门道长 11.4 米，门的南边入门处宽 4 米，门槛在门道的中间，宽 3.1 米。②

(二) 宫殿建筑的特点

商代都城宫殿建筑有三个特点。

1. 集中在城内的某一地区

如偃师商城的宫殿集中在小城的中部偏南，北半部是民众居住区及手工业作坊。郑州商城的宫殿集中在城内的东北部，居民住地和手工业区或在其他地方或在城外。洹北商城的宫殿集中在城内的南部，民众居住区和墓葬地在城的北部。安阳殷墟的宫殿集中在小屯村的东北地，那里已经发掘出 54 座大型建筑基址。

2. 宫殿有建筑在整个城的中轴线上的趋势

郑州商城宫殿集中在城的东北部，安阳殷墟因为还没有发现城墙而不知其在城中的位置外，偃师商城和洹北商城的宫殿区都是集中分布在城的中轴线偏南的地区上，③ 与今日仍完好的明、清时期的宫殿区(即今日的北京故

---

① 裘锡圭：《释殷墟卜辞中与建筑有关的两个字——"门塾"与"𠂤"》，《出土文献研究续集》，文物出版社 1989 年版。

② 中国社会科学院考古研究所安阳工作队：《河南安阳市洹北商城宫殿区Ⅰ号基址发掘简报》，《考古》2003 年第 5 期。

③ 偃师商城的宫殿区的分布位置是以小城的位置言的，因为小城先建成，大城是过了一定的时间后扩建的。

宫）位置相同。

    3. 宫殿建筑的高台化

    商代宫殿都是建筑在用夯土筑成的一定高度的土台上。偃师商城的宫殿基址一般高出当时的地面10—40厘米，如四号基址的正殿基址，发掘时其夯土台基高出当时地面25—40厘米，① 郑州商城宫殿基址的台基，"保存最高者达2.5米左右"②。洹北商城一号宫殿基址，保存下来的殿基高于当时地面约0.6米。③ 安阳小屯村东北地已发现商代晚期的宫殿基址54座，有的基址高出当时地面1米左右。④ 因为宫殿是建筑在高约1米的夯土台子上，所以宫殿的门前都建筑有台阶，以供出入时上下，如在偃师商城的四号宫殿基址台基的南侧"有4处长方形台阶，间距约为5.5米，有三级台阶，用夯土筑成"⑤。洹北商城的一号宫殿基址的正殿和西配殿都发现了台阶建筑，目前总共发现有15处之多。⑥ 1987年在安阳小屯东北宫殿基址群的南边，发现一座呈"凹"字形的大型宫殿，编号为54，在正殿的南边，亦发现筑有台阶。⑦ 商代宫殿的台基普遍在高1米左右，与后世几米甚至十多米高的台基相比，还是算低矮的。但以当时的技术条件，已是大为耗费了。宫殿基址的高台化，是居者不易受潮湿之害，而在召集群臣议朝政时，国王在台阶上，群臣在低约1米的台阶之下的庭院里，就使国王有居高临下的威严之感。

（三）宫殿的建筑技术

    从考古发掘知，商代的宫殿建筑使用了以下一些技术。

---

    ① 中国社会科学院考古研究所河南二队：《1984年春偃师尸乡沟商城宫殿遗址发掘简报》，《考古》1985年第4期。

    ② 河南省文物考古研究所：《郑州商城》，文物出版社2001年版，第227页。

    ③ 中国社会科学院考古研究所安阳工作队：《河南安阳市洹北商城宫殿区Ⅰ号基址发掘简报》，《考古》2003年第5期。

    ④ 石璋如：《殷虚建筑遗存》，中研院史语所1959年版，第156页。

    ⑤ 赵芝荃：《偃师商城建筑概论——1983—1999年建筑遗迹考古》，《华夏考古》2001年第2期。

    ⑥ 中国社会科学院考古研究所安阳工作队：《河南安阳市洹北商城宫殿区Ⅰ号基址发掘简报》，《考古》2003年第5期。

    ⑦ 《安阳殷墟发掘一处大型宫殿建筑基址》，《光明日报》1989年2月25日；郑振香：《殷墟发掘六十年概述》，《考古》1988年第10期。

1. 牢固的地基

在宫殿建筑前先要进行设计，这是必要的。首先是要规划一座所要建筑宫殿的大小和形状，然后打地基。地基有地下和地上部分，这同今天建房的程序是一样的。先划出基址（地基）的大小，然后向下挖出基坑，基坑一般深达1—2米左右，其深浅是根据建筑性质及承重的需要而定的，非是完全一律，像安阳小屯东北地区的宫殿基址群，浅者只有0.4米，深者达3米。石璋如对乙组基址的厚度作过一些统计，所列9个基址的厚度分别为：乙六基址厚0.40米，乙十五基址厚0.50米，乙十六基址厚1.00米，乙十一基址厚2.28米，乙十三基址厚2.50米，乙七基址厚2.60米，乙二十基址厚2.80米，乙五基址和乙二十一基址厚3.00米。① 有的基址各个部分基槽的深浅并不一致，如洹北商城一号基址，主殿的基槽深1米，北部西庑基槽深0.80米，西配殿基槽深1.20米，南庑基槽深0.50米。② 基槽挖好后，再填纯净的细泥土，层层夯打，直到与基槽口齐平，所以称为"打基础"。高大的宫殿，必有深厚的基础，是符合建筑学上的力学原理的。基槽的夯土打到与基槽口平后，再根据需要加高，成为高于当时地面的夯筑台。夯土台基的四周有"散水"，以避免台基被从屋檐上流下的雨水冲坏而致使台基垮塌，造成柱倒房垮。在郑州市西北20公里处的小双桥商代建筑基址旁已发现有"散水"的遗迹。③

2. 立柱

商代的宫殿建筑的柱子的竖立方法有两种：一是用栽柱法。因为无论偃师商城、郑州商城还是安阳小屯东北地的宫殿群内，所发现的柱子遗迹，不少留有或深或浅的柱洞，并在柱洞的底部垫上一块石头（有不少是天然河卵石），考古学界称为"柱础石"，目的是防止柱子因承重受力而下沉。柱洞的做法是先在夯土台基上设计好栽柱的地方，然后向下挖一大小适合柱子粗细的洞，将洞底部夯实，再放置柱础石。然后将柱子置于洞中，立直，柱周围的空隙处填硬性物陶片、礓料石及土夯打紧实。用硬性物填塞柱洞，是为防

---

① 石璋如：《殷代的夯土、版筑与一般建筑》，《中研院史语所集刊》第41本第1分册，1959年。

② 中国社会科学院考古研究所安阳工作队：《河南安阳市洹北商城宫殿区Ⅰ号基址发掘简报》，《考古》2003年第5期。

③ 宋定国、李素亭：《郑州小双桥遗址又有新发现》，《中国文物报》2000年11月1日第1版。

止柱歪斜。凡是有柱洞的基址，其立柱法都是用此法。二是明柱法。即是柱础在台基上，不挖柱洞。如在偃师商城四号宫殿基址的正殿上，在台基表面的四边，发现一周断断续续的圆形或椭圆形的夯土墩，土质极为坚硬，呈褐黑色，直径在65—110厘米之间，厚仅5厘米。夯土墩排列有一定次序，土墩的中心距离台基的边缘80厘米。现存南排6个、北排6个、西排3个、东排1个，每排的夯土墩基本在一条直线上。在安阳小屯东北地的甲组十一号基址上，还发现10个青铜制的柱础。这种铜柱础厚为数厘米、直径约10—20厘米的铜片。① 它是垫在石柱础与木柱间，以隔断地下水而避免受潮腐烂，建筑学上称为"质"。研究古代建筑的学者认为，这种铜"质"的使用说明，石柱础已不是深埋于地下的柱洞里，而是明露在台基上。② 这样的立柱法称为"明柱"。栽柱因埋柱端于地下，易受潮湿而腐烂，致使建筑物的寿命缩短。明柱的柱子全在地面以上，使柱子接触地面的部分不致受地下的潮湿气而腐烂，对延长建筑物的寿命是有益的。在屋宇间架的组合即梁柱间的结合上，明柱必须用榫卯技术，而栽柱则是用原始的捆扎技术。榫卯技术替代捆扎技术，是我国建筑技术上的一大进步。商代宫殿的立柱有的相当粗，如上举偃师商城四号宫殿的柱础有的直径达1.1米，郑州商城C814夯土基址上的柱础基槽口径约1米，在黄委会中心医院内的商代夯土基址上，发现两个圆形柱础槽，直径为1.1米，C8F16基址上的圆形柱础槽的直径一般为0.95—1.6米。③ 直径达1米左右的立柱，其建筑物必定是十分的宏伟、壮观。

3. 结顶

商代宫殿的屋顶是个什么样的形状，即是如何结顶，古文献记载说是"四阿，重屋"。《考工记·匠人》云，"殷人重屋，堂修七尺，堂崇三尺，四阿，重物"。郑玄注说，"若今四注屋"，唐孔颖达疏云，"四阿，四霤者也"。霤字从雨从留，留即流的借字。刘熙《释名·释宫室》曰："霤，流也，水从屋上流下也。"是"四霤"即四流，水从屋顶上四面向下流。"人"字形的屋顶，是两面坡，水只能从屋顶的两面向下流；水从屋顶四面向下流，只能是四面坡式的屋顶。安阳殷墟妇好墓中出土了一件命名为"偶方彝"的青铜

---

① 石璋如：《殷虚建筑遗存》，中研院史语所1959年版，第43—50页。
② 杨鸿勋：《建筑考古学论文集》，文物出版社1987年版，第88页。
③ 河南省文物考古研究所：《郑州商城》，文物出版社2001年版，第262、266、283页。

器，其盖是仿照当时四阿式宫殿铸造的。屋顶中脊和四坡的四角有扉棱，凸出四面的转角，中脊两端有两个四阿式顶短柱钮。盖口缘长边一面有方形盖七个，器身口缘相应处有七个方形槽，盖、器扣合后，排列整齐的七个方形盖，像是房子的房缘木（图6—24）。①

图 6—24　妇好墓出土偶方彝
（《殷虚妇好墓》第51页图33）

关于"重屋"，《考工记·匠人》郑玄注说"重屋，复笮也"。《太平御览·宫室部》引桓谭《新论》"商人谓路寝为重屋，商于虞夏稍文，加以重檐四阿，故取名"，孔广森云"殷人始为重檐，故以重屋名"②。重屋的建筑遗迹在考古发掘中多有发现，例如在郑州黄委会科研所内的一处商代二里岗下层二期的大型夯土基址（编号为C8F15），此基址东西长在65米以上，南北宽13.6米。在基址上南北各有一行东西排列的柱础洞，两柱础洞间的距离都是2.10米，柱础洞距基址边缘约2.3米。③ 在北行偏西部的两个柱础槽（原编号为

---

① 中国社会科学院考古研究所：《殷虚妇好墓》，文物出版社1980年版，第50页。
② 转引自孙诒让《周礼正义·匠人》，中华书局1987年版，第3444页。
③ 发掘报告未言明柱础洞距基址边缘的距离，但此基址宽13.6米，南北两排柱础洞间是9米，柱础外为4.6米，故一边应有2.3米的宽度。

北柱17、22）的外侧约0.50米处，发现保留有两个相对称、间距约1米的小柱窝，这应是立柱外侧的擎檐柱（图6—25）。

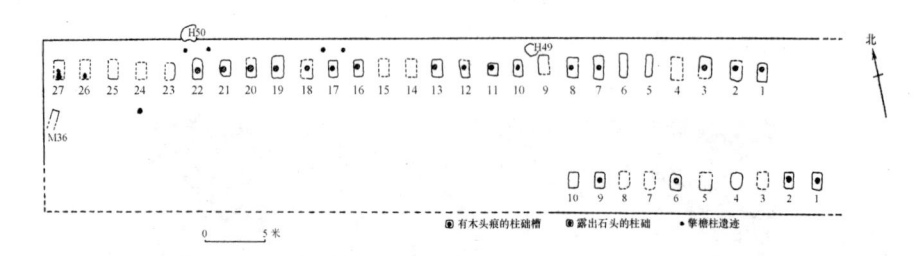

图6—25　郑州商城C8F15平面图
（《郑州商城》第248页图一五二　1—27柱础槽）

擎檐柱与立柱之间应是宫殿的回廊，故此基址复原为一座带回廊的"四阿重屋"式的草顶建筑。① C8F16是一座大型而特殊的建筑，南北残长38.4米，东西残宽31.2米，现存夯土基址厚1.5米，高出地面，形成夯土台基。在夯土台上的西部和南部拐角处残存有52个圆形柱础洞，其排列方法不论南面或西面，都是内、中、外三行排列，三行柱础间纵横看去都是距离均等和排列有序的，看来此夯土基址四周立柱的设置，分别都是内、中、外三层的，这应是一座周围带有两周回廊的重檐建筑（图6—26）。②

在安阳洹北商城，一号宫殿基址的"主殿上柱网结构清晰，可明显看到殿面上是一字排开的9间正室（仅统计已清理的间数）和正室外围长长的走廊。走廊的宽度约3米"③。是回廊式建筑（图6—27）。在安阳"殷墟博物苑"内，古建筑学家杨鸿勋，在1987年复原了甲十二和乙二十（部分）两座宫殿，也是带回廊的"四阿重屋"式的草顶，他复原的依据是20世纪30年代中研院史语所考古组的考古发掘资料。

---

① 河南省文物考古研究所：《郑州商城》，文物出版社2001年版，第247—248页。
② 同上书，第281—283页。
③ 中国社会科学院考古研究所安阳工作队：《河南安阳市洹北商城宫殿区Ⅰ号基址发掘简报》，《考古》2003年第5期。

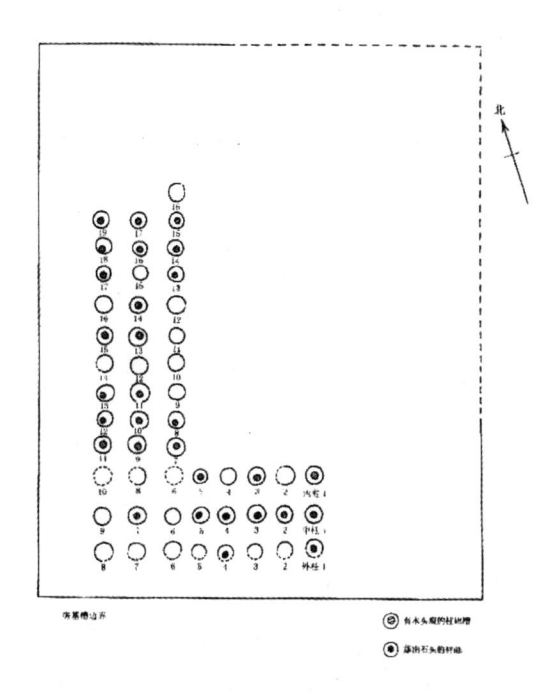

图 6—26　郑州商城 C8F16 平面图

（《郑州商城》第 284 页）

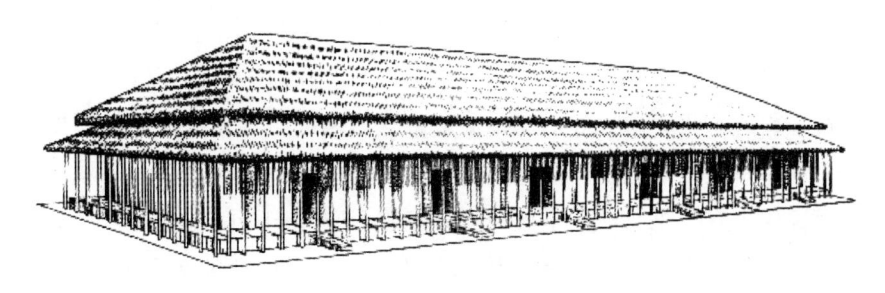

图 6—27　郑州商城 C8F15 复原图

（《郑州商城》第 249 页图一五三）

　　商代的宫殿建筑的顶应主要是草顶，但在 1986 年以来，在郑州商城的宫殿区内，多次发现二里岗上层一期的绳纹板瓦，[①] 长期主持郑州商城发掘

---

① 河南省文物考古研究所：《郑州商城宫殿区商代板瓦发掘简报》，《华夏考古》2007 年第 3 期。

工作的杨育彬认为"当与宫殿建筑有关"。① 可复原的一件长 42.5 厘米、宽 23 厘米、厚 1—2.4 厘米，有一定的弧度。形制与两周时期的板瓦相同，② 推测可能是用来压在屋脊梁上的。

4. 建筑墙体

郑州商城 C8F15 大型宫殿基址上的宫殿墙体的建筑法，考古学家认为是"在南北两行立木柱之间的宫殿内，再加筑木骨泥墙或草拌泥堆筑墙。然后，再在南北两行木柱之上构筑木梁架与草顶，形成'四阿重屋'式的雄伟宫殿建筑"③。郑州商城内的民居有用版筑法建筑墙体的，如在铸铜遗址内的 C15F1 号房，"房基周围土墙的筑法，都是采用版筑法，即用两块长木板和一块短木板堵头构成'凵'形框架的木板槽，将此槽置于拟筑的土墙处，并在木框架夹板槽的缺口的下面再横置一根圆木棍支垫夹板，然后在木框夹板内填土夯实，并逐层提高木板夯筑需要高度的版筑土墙（即'夹板墙'）。从 F1 隔墙版筑痕迹看，每块夹板长 1.33 米、堵头板长 0.43 米。在上下两层版墙之间的一头，还留有一个径约 0.08 米的圆孔，应是在加高夹板墙时在夹板槽下所用的支垫圆木棍孔痕迹"④。洹北商城一号宫殿主殿的墙壁，可能是土坯垒砌，也可能为版筑（倒塌的墙体堆积中可看到少量版筑夯土，但大部为土坯）。⑤ 可见，商代墙体的建筑方式有三种：木骨泥墙、版筑夯土墙和土坯垒砌墙。

5. 廊庑组合

廊庑组合是指正殿（即主殿，一般坐北朝南向）的东南西三面有廊庑相围，中间是一块空地庭院，整组建筑呈"回"字形，近似现今北京城的四合院。廊庑组合在二里头遗址里已发现，偃师二里头一号、二号宫殿基址都是廊庑组合，⑥ 杨鸿勋对一号宫殿还进行了复原。⑦ 偃师商城早期（第一期）

---

① 杨育彬：《夏商周断代工程与夏商考古学文化研究》，《华夏考古》2002 年第 2 期。
② 河南省文物考古研究所：《郑州商城宫殿区商代板瓦发掘简报》，《华夏考古》2007 年第 3 期。
③ 河南省文物考古研究所：《郑州商城》，文物出版社 2001 年版，第 248 页。
④ 同上书，第 371 页。
⑤ 中国社会科学院考古研究所安阳工作队：《河南安阳市洹北商城宫殿区Ⅰ号基址发掘简报》，《考古》2003 年第 5 期。
⑥ 杨育彬：《河南考古》，中州古籍出版社 1985 年版，第 81—87 页。
⑦ 杨鸿勋：《初论二里头宫室的复原问题》，《建筑考古学论文集》，文物出版社 1987 年版。

就发现了一组完整的廊庑组合即四号宫殿基址。此基址平面为长方形，东西长51米、南北宽32米。保留有正殿、廊庑、庭院和门道四部分遗迹。正殿居北，台基东西长36.5米、南北宽11.8米，高出庭院约0.4米。从残留在台基上的柱础看，此宫殿是面阔14间，进深4间，台基南侧有四处三级台阶，每处台阶相间约5.5米。基址的东、西、南三面有廊庑相围，东、西两庑址北起正殿东、西两侧的中部，三面庑址平面呈"凹"字形。廊庑宽5.4米，高出庭院0.10米，外侧有木骨泥墙，内侧有柱础，当是支撑顶棚用的。在西庑和南庑的中部各有一道门，门道宽2.4米。正殿和三面廊庑相围的庭院，东西长约40米，南北宽约14米，庭院中间有两口水井。第二期的五号宫殿基址也是一座廊庑组合式的建筑。① 每一座宫殿，都是一个建筑单元，而每个建筑单元都是由四座单体建筑组成回字形建筑群，或者是由三座单体建筑组成的凹字形建筑群，凹字形建筑群均位于回字形建筑群的后面，以回字形建筑群的主体建筑为前屏，实际上也形成回字形。因此，几乎每个建筑单元都是四面封闭的"四合院"。② 在洹北商城一号基址平面呈"回"字形（四周是建筑主体，中间为庭院），东西长约173米（东部未发掘），南北宽85—91.5米，总面积（包括庭院面积）近1.6万平方米。整个基址的建筑物部分由门塾（包括两个门道）、主殿、主殿旁的廊庑、西配殿、门塾两旁的长廊组成。估计尚未发掘的基址东部还应有东配殿（图6—28）。③ 主殿与廊庑结合成封闭式的"回"字形的庭院，是中国古代宫廷建筑的一个十分显著的特色。这种建筑组合是封闭的，十分的安全。庭院中有水井，生活方便，故后来被民间采用，今北京城中的四合院民房建筑组合，就应是其后身。

6. 宫室的装饰

商代古城内的宫殿的地上建筑，早已是荡然无存，其内的装饰状况无从知晓。但在安阳殷墟的F11号房屋内，发现一块残壁画墙皮，表面绘有红色

---

① 赵芝荃：《偃师商城建筑概论——1983—1999年建筑遗迹考古》，《华夏考古》2001年第2期。

② 杜金鹏、王学荣：《偃师商城近年考古工作要览——纪念偃师商城发现20周年》，《考古》2004年第12期。

③ 中国社会科学院考古研究所安阳工作队：《河南安阳市洹北商城宫殿区Ⅰ号基址发掘简报》，《考古》2003年第5期。

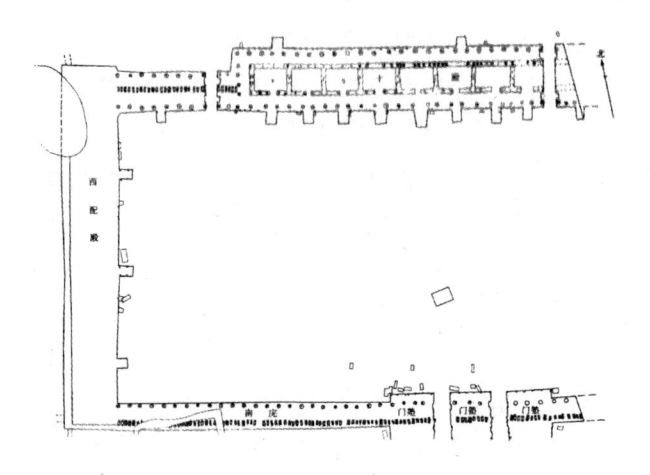

图 6—28　洹北商城一号基址平面图

（《考古》2003 年第 5 期第 20 页）

花纹和黑色圈点的图案，[①] 是此屋的墙壁上有红、黑色的壁画。这是一间半地穴式的建筑，从房屋内的出土物看，应是一处制玉器的作坊。这样的建筑都有壁画，其规格大大高于它的宫殿，其墙壁上有更为华丽的装饰，当是不成问题的事（图 6—29）。

图 6—29　小屯 F11 残壁画墙皮

（《殷墟的发现与研究》第 77 页图 34）

---

① 中国科学院考古研究所安阳工作队：《1975 年安阳殷墟的新发现》，《考古》1976 年第 4 期。

1985年和1990年在郑州小双桥的商代宗庙宫殿遗址区域内，发现青铜建筑构件，其上有华丽的花纹，推测是安装在宫廷正门两侧枕木前端的装饰，是商代的宫殿已有用青铜构件装饰。青铜构件在春秋时期比较流行，特别是在秦国，在其国都雍城（今陕西凤翔县南）遗址内发现不少。被称为"金釭"。①

7. 池苑和供、排水系统

（1）池苑　王都中有人工修建的水池，这是中国古代都城的一个特色。西周文王时期的都城沣京中有"灵沼"，《诗·大雅·灵台》曰"王在灵沼，于牣鱼跃"。牣是充满的意思。《诗》意是说：周文王在灵沼池中游玩时，满池的鱼都欢快地跳跃起来。灵沼为周文王所挖造，刘向《新序·杂事第五》有"周文王作灵台，及为池沼，掘地得死人之骨"。周武王将都城从沣迁到镐，武王在镐修建有镐池，故周武王被称为"镐池君"，《史记·秦始皇本纪》曰，"秋，使者从关东夜过华阴平舒道，有人持璧遮使者曰'为吾遗镐池君。'"《集解》引"张晏曰：'（周）武王居镐，镐池君则武王也。'"周承商之后，夏、商时期的王都内当亦有"池"，文献记载夏桀、商纣时都城内都造有"酒池"。此"池"不一定是酒，是一水池的可能性较大。商代最早的王都偃师商城内，已发掘出一处东西长约130米、宽约20米、深1.5米，面积约为2600平方米的水池。其位置在宫城的北部中央。水池的四壁用自然石块垒砌而成。池底弧凹，未见用石块铺垫。水池的东西两端各有一条与之相连通的石砌渠道通往宫城外，二渠出宫城后，先往北，再分别向东、西拐折，从城门下穿过，通向城外护城河（图6—30）。②

郑州商城的水池坐落在商城东北部的宫殿区范围内。水池平面呈长方形，横断面呈倒梯形，东西长约100米、南北宽约20米、深约1.5米，面积约为2000平方米。池壁及底先铺料礓石，然后层层夯实（料礓石层厚约1米），再用直径约10—30厘米的圆形卵石加固池壁，用长方形或方形青灰色页岩石板铺底。石板最大的长、宽约60—100厘米，最小的约为20—30厘米，向上的一面略经磨制，较为光滑，向下的一面较粗糙（图6—31）。③

---

① 杨鸿勋：《凤翔出土春秋铜构——金釭》，《建筑考古学论文集》，文物出版社1987年版。
② 杜金鹏：《偃师商城初探》，中国社会科学出版社2003年版，第198—202页。
③ 河南省文物考古研究所：《郑州商城》，文物出版社2001年版，第234—235页。

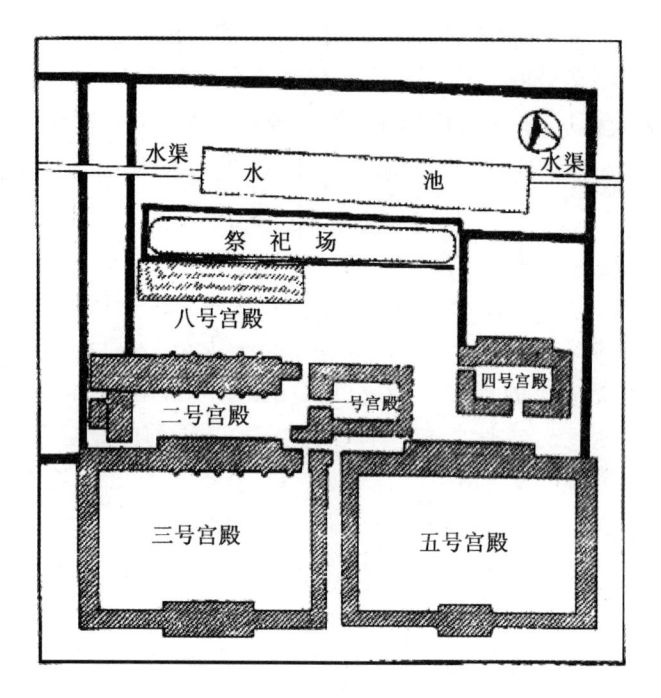

图 6—30 偃师商城宫城遗址平面图

（杜金鹏：《偃师商城初探》第 197 页之图 1）

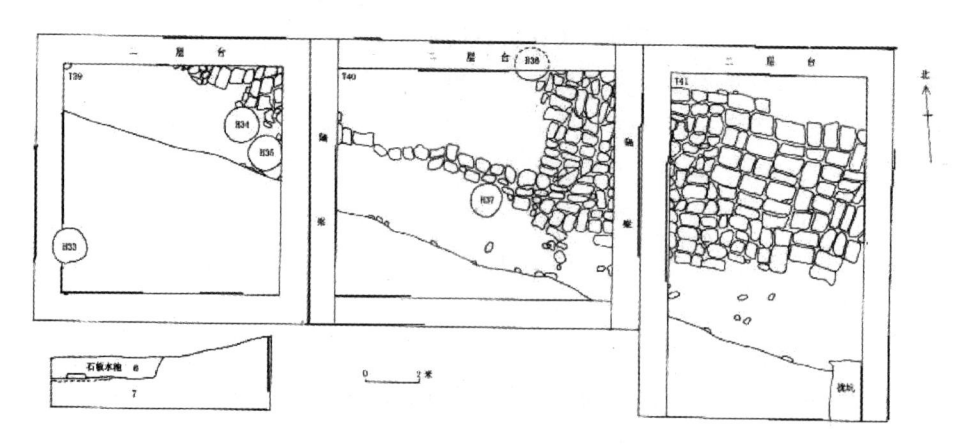

图 6—31 郑州商城石板水池

（《郑州商城》第 236 页）

水池在安阳刘家庄发现三个大灰坑，每个面积达 3000 平方米，深约 8

米。"局部的边缘还铺设石子路面和夯土护坡",应是商时的池苑类遗存。①对偃师商城和郑州商城内发现的水池的用途,有的认为是城市生活供水设施,有的认为是供统治者游观的池苑,并兼有消防供水的功能。② 池苑说是有据的,因为无论在偃师商城还是郑州商城的宫殿建筑的庭院内或附近,都挖有水井,是供吃用水的来源,且在偃师商城的水池南岸发现有建筑物遗址,池内发现有陶及汉白玉制的网坠,说明曾有人在此池内捕鱼,若是供帝王吃水用的蓄水池,是绝对不会让人捕鱼,也不会在这样用途的池内养鱼的。

（2）供水设施　商代城内的供水设施是水井。无论在偃师商城内还是在郑州商城安阳殷墟范围内,都发现大量商时期的水井,有的在庭院内,有的挖在宫殿的附近。水井挖的都较深,一般在井壁上还挖有对称的两排脚窝,清理井底时供人上下用。商代考究的水井的底部有木质井框和底盘,如1989年11月在郑州电力学校建设工程中发现一口商代二里岗下层二期的水井（编号为89ZDJ3）,该井位于夯土基址的东侧偏东处。井口平面呈圆角长方形,长2.1米、宽1.3米,井口距今地表2.7米,距井底7.8米。在接近井底部2.0米深的位置,有木构井框。井框用人加工的圆木纵横叠套成"井"字形,木构之间为榫卯结构。在木构井框的底部还有四块粗大的长方木拼成的井盘,方木的宽度与厚度均在0.40米左右,井盘的长度为2.42米、宽度为1.34米。井盘的制作十分讲究,在四角相套的地方,不仅加工出相互咬合的榫头,而且在方木的两端穿孔,再纵向插入圆木,形成坚固的榫卯结合,上可连接井框,下可固定井盘。井盘的外侧及井框周围还围护一周青膏泥,用以加固井框,防止沙土塌陷。井盘内侧的沙土层上,铺垫有0.20—0.25米的破碎陶片,对水井起着过滤作用。在井的周围是一个口径约为7.2米、深7.8米的夯土坑。据此现象可知,此井的建筑方法是:先挖一个口径约为7.2米、深7.8米的土坑,然后在坑内分层填土夯实,再在夯土坑口部中间略偏北处,向下挖出一个口径东西长2.1米、南北宽1.3米,底径东西长2.68米、南北宽1.24米、深7.8米的土壁井,并在接近底部近2米深处的位置构筑"井"字形的木框,在木框的底部又用四块粗大的长方木构件筑

---

① 中国社会科学院考古研究所安阳工作队:《河南安阳市殷墟刘家庄北地2008年发掘简报》,《考古》2009年第7期。

② 杜金鹏:《偃师商城初探》,中国社会科学出版社2003年版,第196—197页。

成榫卯相扣的木质井盘。这种先筑夯土坑,再在夯土坑中挖井体的方法,是为了防止沙层塌陷而采取的挖井方法(图6—32)。①

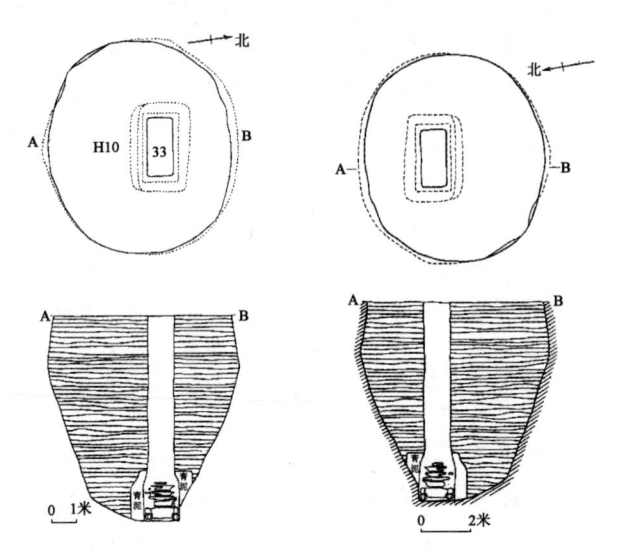

图 6—32　郑州商城井 3 平、剖面图
(见《郑州商城》第 290、532 页)

(3) 排水设施　商代都城的排水设施有两种:水沟和陶质水管。水沟又有明沟和暗沟之分。明沟即是在地面上挖一条口略宽于底的"凹"字形的沟渠。在安阳小屯村东北商代宫殿基址范围内,特别是乙组基址,在基址的下面、近旁有许多水沟。20世纪30年代,考古学家们在这里已发现纵横交错的水沟31条,总长度达到650.90米。最短的不足3米,最长的达52.60米,一般以长15—20米为多,有主沟与支沟之别,主沟的宽、深都大于支沟。沟口一般宽0.40—1.00米,以0.50—0.80米宽为常见。底宽0.30—0.80米,以0.40—0.50米为多。有的沟深达2米以上,浅者只深0.40米,一般深1.00—1.50米。沟的两侧每隔0.70—1.00米处打一根立木柱,以防止沟壁垮塌。这些沟应是作为宫殿区排水用的。②

暗沟是用石板砌成的。如在偃师商城宫城北部水池的东西两侧各有一条

---

① 河南省文物考古研究所:《郑州商城》,文物出版社2001年版,第526—534页。
② 石璋如:《殷虚建筑遗存》,中研院史语所1959年版,第268页。

石砌的水渠，西渠东起水池的西侧，东渠西起水池的东侧，两渠出宫城后，先往北，再分别向东、西拐折，从城门下穿过，通向城外护城河。水渠的底、两侧和盖都是用石块和石板砌成，宽约 0.4 米、高约 0.5 米。西水渠高于东水渠，西水渠应是进水渠，东水渠是排水渠，因为在城的东墙外是一片低洼地，正是接纳城内流出的水的地方。① 在偃师商城四号宫殿基址的东北、东南和南庑南面发现了三处石块砌成的排水沟。水沟底铺较薄的片状石块，合缝铺平，然后在水沟两侧叠石砌壁，最后在沟壁上面加盖较大的石块，形成方腔水道，堵严漏缝，封土填平。水沟内宽约 0.30 米、高约 0.47 米，是宫殿中的排水设施。② 郑州商城在宫殿区内也发现一条封闭的石水管道，因其洞宽约 1.50 米、高约 1.50 米，特别的宽大，发掘者称为"涵洞"。这样大的管道，当是当时城中宫殿区内的主排水管道。此石砌水管道呈西北至东南向，全用青石板材砌筑而成。其建筑法是：先从地面向下挖出一条口宽底略窄的基槽，然后用青石板材铺底和两壁，再用大石板盖顶，从而形成方形的石砌水管道。在石水管道相隔一段距离处，还修有用石板砌成的竖井形的天井设施，以便在管道堵塞或排水不畅通时，人从竖井下去排除堵塞物。③

陶质水管道。用陶质管道作为城中上排水设施，早在河南淮阳平粮台的龙山文化晚期古城中就已使用。夏代的偃师二里头遗址里，也发现陶水管。在二里头二号宫殿遗址庭院的东北部，发现一条残存约 7 米的陶水管道，在基址下穿过东廊和东墙第一门。陶水管保存完整的有 11 节，泥质灰陶，圆筒形，有齐口式和子母口式。④ 在商代的郑州二里岗时期，郑州铭功路制陶工场内，出土 2 件陶水管道，完整的一件长 27.2 厘米、窄头口径 13.4 厘米、粗头口径 14 厘米、壁厚 0.6 厘米；另一件残长 31 厘米、口径 15.1 厘

---

① 赵芝荃：《偃师商城建筑概论——1983—1999 年建筑遗迹考古》，《华夏考古》2001 年第 2 期。

② 中国社会科学院考古研究所河南二队：《1984 年春偃师尸乡沟商城宫殿遗址发掘简报》，《考古》1985 年第 4 期。

③ 河南省文物考古研究所：《郑州商城》，文物出版社 2001 年版，第 234 页。

④ 中国社会科学院考古研究所二里头队：《河南偃师二里头二号宫殿遗址》，《考古》1983 年第 3 期。

米、壁厚1.1厘米,陶水管道出土于窑场,说明它是此窑场制造的产品之一。① 在郑州商城内东北部的商代宫殿区偏东部的二里岗上层一期地层内,发现6件陶水管,有两种型制:一是齐口式,两端口径基本相等的直筒形;一是插口式,圆筒形,一端粗,一端略细,一节水管的细端可插套入另一节水管的粗端口内,可严密套合,不易漏水。②

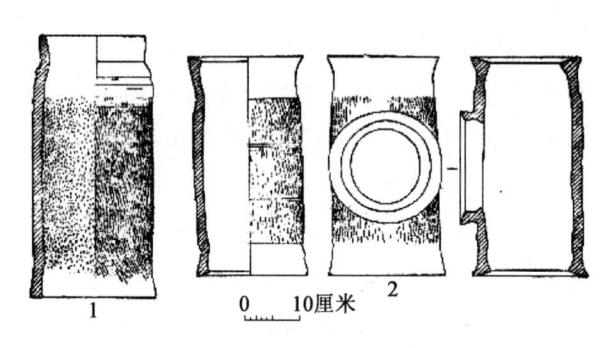

图6—33 安阳殷墟出土的陶水管
(《殷墟的发现与研究》第241页图117)

在河南安阳殷墟范围内,陶水管道有多次发现。水管的形制也有两种:齐口式与插口式。1959—1961年在苗圃北地的PNT232第三层,发现一条地下水道,水道内放置有插口式的陶制水管,水管长33厘米,一端口直径17.5厘米,另一端口直径15厘米,壁厚1.6厘米,用套合的方法相含接(图6—33)。③ 1972年在安阳殷墟的白家坟村西发现两条齐口式的陶水管道。两条水管道呈"⊤"形排列,南北向的一条水管保存17节,全长7.9米;东西向的一条水管保存11节,全长4.2米。交接处用一节三通水管相沟通。三通水管的两端与其他齐口水管相同,只是中部向外伸出一个圆形管孔,与现代三通管相似,构造十分巧妙(图6—34)。此水管道埋于距地表深1.1米,陶水管系手制,每节长42厘米、直径21.3厘米、壁厚1.3厘米。在此陶水管道正北9米处,还发现一段向东的残存陶管道,残长3.36米,有8

---

① 河南省文物考古研究所:《郑州商城》,文物出版社2001年版,第219页。
② 同上书,第419、786页。
③ 中国社会科学院考古研究所:《殷墟发掘报告(1958—1961)》,文物出版社1987年版,第23页。

个陶水管，亦是平口相对接。这些陶管应是房基地下的排水设施①。

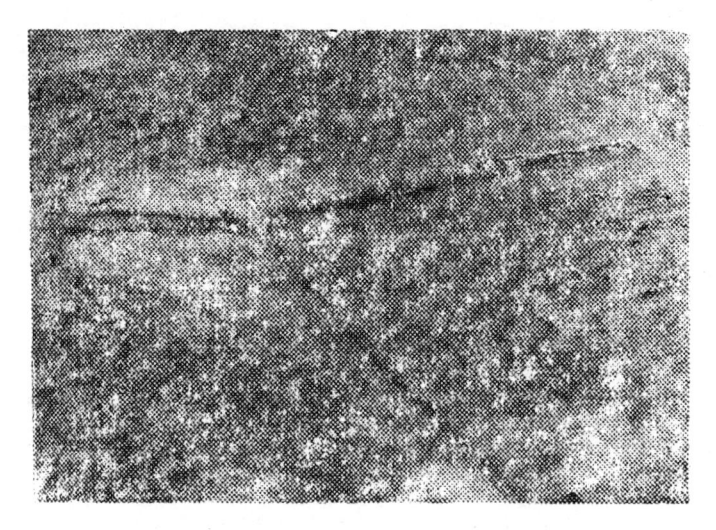

图 6—34　殷墟白家坟商代"丁"字形陶水管道
（《考古》1976 年第 1 期第 61 页图一：1）

　　石砌地下管道设置"竖井"、插口式陶水管和三通水管，是十分先进的排水设施。今天城市里的地下排水管道还是采用这种设置"竖井"的方法，解决地下排水管道的堵塞疏通难题；插口式陶水管和三通水管，直至今日城市的地下陶制排水管道和三通管道仍然是采用的这个原理，是我们祖先在建筑史上的一重大创造发明，在解决城市排、供水上作出的一大贡献。

三　民居建筑

　　商代的民居建筑无论在都城内外及王国境内，都有发现。民居建筑与宫殿建筑相比较：一是其规模小；二是结构较简单。但尽管如此，它还是有一定的技术含量，故民居的建造，也是手工业的一个项目。

（一）地基的建筑方式

　　商代的民居建筑按其地基的深度有地穴式、半地穴式、平地起建和低台基四种；按其平面布局看，有圆形、方形和长方形三类；按其房屋间数分有

---

①　中国科学院考古研究所安阳工作队：《殷墟出土的陶水管和石磬》，《考古》1976 年第 1 期；中国社会科学院考古研究所：《殷墟的发现与研究》，科学出版社 1994 年版，第 240—242 页。

单间与多间的不同。

1. 地穴式建筑

地穴式建筑是从地面向下挖一个所要建房屋大小和形状的深坑,以坑壁作为墙体,顶棚用树木枝干和其他植物茎叶封盖(或再加涂抹草拌泥),坑壁直而光滑,有的还涂有草拌泥。一般深2米左右,出入地穴的道路为斜坡或台阶。地穴式民居平面布局有圆形、椭圆形和长方形几种形状。

(1) 圆形　圆形地穴式房屋在安阳殷墟多有发现,在小屯村东北宫殿区的圆形地穴式房屋多压在宫殿基址的下面,如 H23 位于乙七基址之下 40 厘米处,H134 位于乙十二基址西边缘之下。H23 圆形,坑口规整,直径 7 米、深 5.8 米。坑内有一 17 级的阶梯,建在居室的中部,将居室分隔成两部分,西面的一部分较浅,深约 4.7 米,东部比西部深约 1 米。底部有一块大石头,坑口外有两块石头,可能是支撑屋顶的柱础石。[①] 在河南柘城孟庄发现的一座圆形房子 (F5),是建立在生土上的,距地表深 1.50 米,平面为圆形,直径约 2.60 米(图 6—35)。

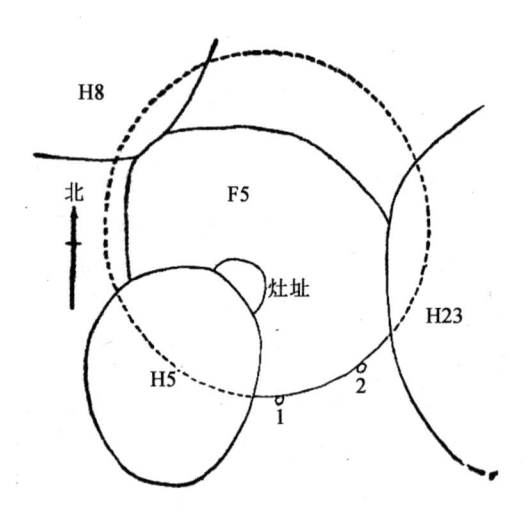

图 6—35　孟庄圆形房子平面图

(《考古学报》1982 年第 2 期第 55 页图七)

(2) 椭圆形　在小屯曾发现两处椭圆形地穴式房屋:GH213 和 GH405。

---

① 石璋如:《小屯殷代建筑遗迹》,《历史语言研究所集刊》第 26 本,1955 年。

GH213 坑口平面呈椭圆形，南北径 4.5 米、东西径 3.6 米、深 3.20 米。在近底部的东南隅发现五层台阶环绕坑的周壁。台阶的高度和宽度都不一致，最宽的约 35 厘米、窄的 15 厘米，最高的约 35 厘米、低的 10 厘米。坑壁直而光滑，接近底部用草拌泥涂抹。坑底很平坦，有的地方有草拌泥碎块。GH405 坑口距今地表 0.80 米，平面呈椭圆形，南端有一条窄长带台阶的通道。坑口南北长 10.50 米（包括通道在内），东西宽 4.80 米，坑底因超过潜水面深度不详。通道西壁微斜，口宽 1.00 米、底宽 0.80 米、长 4.60 米。由通道口往下有台阶 13 级（13 级往下因超过地下潜水面情况不明）。现有台阶的宽度和高度都不一致，宽度在 0.20—0.50 米，高度在 0.10—0.40 米。通道两侧的地面上有 5 个柱洞，应是支撑顶棚的柱子洞。台阶上的土质极为坚硬，似久经人们踩踏所致。填土中的硬土块和草拌泥块，可能是顶棚一类倒塌后的残迹（图 6—36）。①

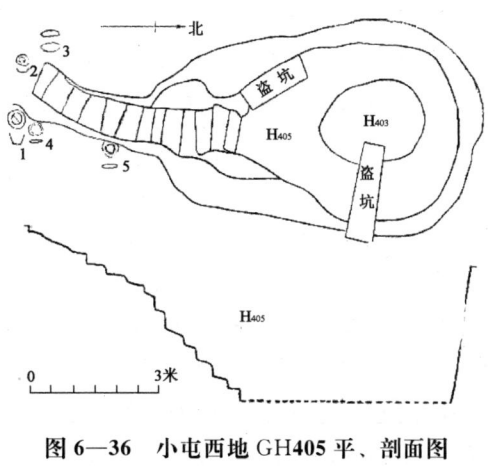

图 6—36　小屯西地 GH405 平、剖面图
（《殷墟发掘报告》第 100 页图七〇）

（3）长方形　在 20 世纪 30 年代，在小屯东北丙一基址的北部，发现的 H304 坑就是一长方形的居址。此坑上口距今地表 0.37 米。坑口长 4.05 米、宽 3.05 米、深 3.55 米。坑底平整。坑内有一台阶，由南坑壁的东头开始向西，至西端再向北，沿西壁而下，直至西壁中部而止。台阶通长 3.60 米，

---

① 中国社会科学院考古研究所：《殷墟发掘报告》，文物出版社 1987 年版，第 100—102 页。

共11级，其中沿南壁的6级，沿西壁5级。①

1975年冬在小屯北地发掘两座房子（编号为F10、F11），属殷墟文化第四期。F11打破F10，是一座地穴式的长方形房子。上口呈长方形，南北长5.95米、东西宽2.50米、深约3米。自口向下1.60米，房内西、北、东三面出现平整的烧土台面，台面往下1.30米左右为居住面，分成前后两室。后室为主室，修建较考究，在东、西、北三面墙壁的下部都嵌有木炭以防潮，室内还发现一块残壁画，可见此房屋的墙壁上还有壁画装饰。后室北壁挖有一条槽，可能是出气孔。门道设在南边。前室的居住面皆为平整的红烧土硬面，厚约17厘米。②

2. 半地穴式房屋建筑

半地穴式的房屋，在商代遗址区多有发现，其形状也有圆形、椭圆形和长方形及方形几种。这类房屋的地穴较浅，往往是以坑壁作为屋墙的下部，再在坑口上建筑墙体，加盖屋顶。在偃师商城的中北部居民区发现的民居中，有"地穴"式建筑，据发掘者说，这种"地穴"式的建筑，是整个房屋完全位于大坑之中，系对坑底进行平整后修筑。墙体下部夯筑，一般厚30—50厘米，可以肯定的是，至少室内部分用草拌泥多次抹过，这种建筑面积较小，已发现的都不足10平方米，其居住活动面一般低于坑外地面1米以上。③

在郑州商城制陶遗址区内发现的6座房屋基址，都是半地穴式的方形或长方形房屋，如C11F101房址，位于制陶遗址中部。它是先在地面向下挖出一个东西长约4米、南北宽2.6米、深约0.30米的基础坑，然后在基础坑周围用土堆出宽0.50—0.65米的土墙。大部分土墙虽遭破坏，但尚能在一些地段看出堆筑土墙的痕迹。房屋的东北角的北墙与东墙相接处，残留有一个东西长约1.30米、宽0.80米、高约0.20米的烧土台。与烧土台相应的南墙东部有一缺口，应是朝南开的房门。房屋的地面铺设有红烧土（也可能

---

① 石璋如：《小屯殷代建筑遗迹》，《历史语言研究所集刊》第26本，1955年。
② 中国科学院考古研究所安阳工作队：《1975年安阳殷墟的新发现》，《考古》1976年第4期；中国社会科学院考古研究所：《殷墟的发现与研究》，科学出版社1994年版，第77页。
③ 王学荣：《河南偃师商城遗址的考古发掘与研究》，载中国社会科学院考古研究所编《考古求知录》，中国社会科学出版社1997年版；赵芝荃：《偃师商城建筑概论——1983—1999年建筑遗迹考古》，《华夏考古》2001年第2期。

是建房时经过烧烤的地面），在红烧土上再铺一层平整的白灰面。①

1975年冬在小屯北地发掘的编号为F10的房子，是一座半地穴式的近方形房屋，上口东西长2.50米、南北残宽2.10米、现存深1—1.30米。北部被F11破坏。西壁北端扩出一个耳室，门道可能在北壁东端。居住面用黄褐色土铺垫，西南角有一片烧土面。房子上部未保存下来而不明其结构。在屋内上层发现大量经过火烧过的夯土块和草拌泥堆积，一部分夯土块上有明显的夯窝。最大的一块呈长方形，长40厘米、宽21厘米、厚12厘米，像是垒砌墙壁的土坯。草拌泥的背面有附着物，有的像苇秆；在它们的表面涂有一层类似细沙的合成物，其上有一层白灰面，应是房顶塌下来的泥块。② F10、F11两座房子从出土物分析，可能是商代的一个制玉器的作坊（图6—37）。

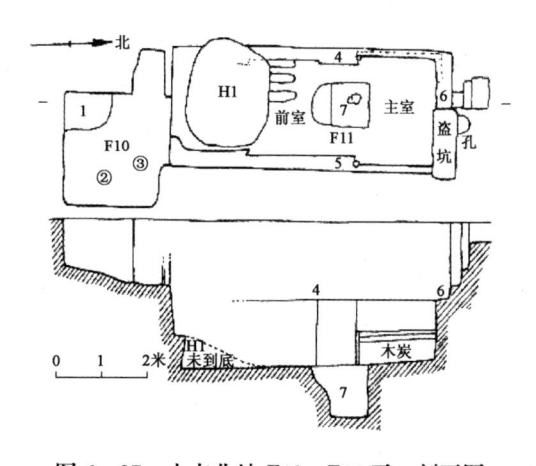

图6—37 小屯北地F10、F11平、剖面图

（《考古》1976年第4期第265页图三；杨宝成：《殷墟文化研究》第49页图十三）

3. 地面起建

地面起建是建筑物的基址大都建在较为坚硬的地面上；也有建在低矮的夯土台上的，大都经过拍打，故较坚硬；有的房子在建筑时先在地面挖一个浅基槽，然后填土夯打到与地面平齐，或夯打成一个浅台基，再在夯土基址

---

① 河南省文物考古研究所：《郑州商城》，文物出版社2001年版，第430—431页。
② 中国科学院考古研究所安阳工作队：《1975年安阳殷墟的新发现》，《考古》1976年第4期；中国社会科学院考古研究所：《殷墟的发现与研究》，科学出版社1994年版，第77页。

上盖单间或双间以至多间的房屋。如河南柘城孟庄的 F1—F3 房子，"是先在地面上夯筑一个台子，然后在夯土台上建造泥墙房屋"。① 在房基上往往发现有柱子的痕迹，有的有柱洞，一般在洞底垫一块河卵石作柱础石，而有的洞内则没有柱础石；有的没有柱洞，只发现在房基上摆放一块大的石块或河卵石，按其摆放的位置，知其为房子的柱础石。这类无柱洞的房子，就是"明柱"立柱法，是比有柱洞的"栽柱"立柱法要先进的一种建筑法。地面起建是商代民居最为普遍的一种建筑法，在商代的各个遗址中都有较多的发现。有圆角方形、方形和长方形两种，以长方形的为多。②

在商代早期的偃师商城的中北部发现的民居建筑中，"有的为单间地面起建，木骨墙体，面积一般 10 平方米左右；有的地面起建房屋，室内用墙隔成多块，形成套间，木骨墙体，这类房屋的面积一般在 20—30 平方米左右"③。在郑州商代二里岗上层一期的紫金山北铸铜遗址的中部，经过发掘的 6 座房基，多为地面起建东西并列的两间房。房基的建筑法有两种：一种是在拟进行建房的地方，先把地面平整和夯实，然后在房基四周修筑土围墙；另一种是先在房基处，依据建房的大小，向下挖一长方形坑，然后再在坑内填土夯实作为地坪，并在其周围修建围墙。如房基 C15F1 是一座从地面起建的房屋，C15F5 的建筑法是"先在拟筑的屋基下面挖出一个与房基大小略等的东西长方形基础坑，然后在房基坑内分层填土夯实，进而在房基四周再筑出土墙和房基内中间版筑土隔墙（图 6—38）"④。在河南柘城孟庄发掘的一座商代房屋基址，是一座地面建筑的三开间的长方形房屋。三间房建筑在东西长 14.10 米、南北宽 7.00 米的浅夯土台基上，东边一间的面积为 6.70 平方米、中间一间的面积为 18.48 平方米、西边一间的面积为 7.45 平方米，门开在南边。⑤

---

① 中国社会科学院考古研究所河南一队：《河南柘城孟庄商代遗址》，《考古学报》1982 年第 1 期。

② 杨宝成：《殷墟文化研究》，武汉大学出版社 2002 年版，第 42—50 页。

③ 王学荣：《河南偃师商城遗址的考古发掘与研究》，载中国社会科学院考古研究所编《考古求知录》，中国社会科学出版社 1997 年版。

④ 河南省文物考古研究所：《郑州商城》，文物出版社 2001 年版，第 370—373 页。

⑤ 中国社会科学院考古研究所河南一队：《河南柘城孟庄商代遗址》，《考古学报》1982 年第 1 期。

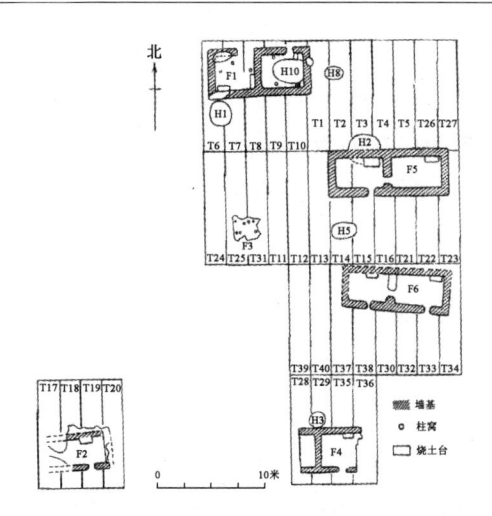

图 6—38　紫金山北商代铸铜遗址探沟及遗迹分布图
(《郑州商城》第 370 页图二二五)

无论哪种房屋,其居住面都经过仔细的处理,除一般的夯实外,还在夯土之上填红烧土块和涂一层白灰面,以防潮。

(二) 民居的墙体建筑

商代的居室建筑物,凡露在地面上的部分皆早已荡然无存,墙体也是如此。但有少数房屋的墙体底部,还残留有几厘米甚至到 1—2 米的高度,以及垮塌在室内的墙体遗迹,都为我们了解墙体建筑方法提供了证据。根据考古遗迹观察,商代民居墙体的建筑方法大致有三种。

1. 夯土墙

夯土墙在黄河流域各地的商代遗址中多有发现,如在郑州商城、安阳殷墟等地。其建筑法是在选择好的房屋基址或已经夯筑好的夯土地基上,用灰面(云母粉之类的白色粉末)画出基槽线(基槽线为两条平行线),然后沿线挖出基槽。基槽一般宽 50—70 厘米,深 40—50 厘米。基槽挖好后,选择纯净而具有黏性的土填入,并层层夯实(有不挖基槽的则就地坪起筑,但也需先画出墙基宽度和房基形状的工作线)。如在郑州商城紫金山北铸铜遗址发掘的 6 座房屋基址,都是版筑土墙。土墙的筑法,都是采用版筑法,即用两块长木板为边、用一块短木板堵头,构成"⊔"形框架的木板槽,将此槽置于拟筑的土墙处,并在木框架夹板槽的缺口下面再横置一根圆木棍支垫夹板,然后在木框夹板内填土夯实,并逐层提高木板,直到所需要的高度。从F1隔墙版筑痕迹看，每块夹板长1.33米、堵头板长0.43米。在上下两层板墙之间的一头，还留有一个径约0.08米的圆孔，应是在加高夹板墙时在夹板槽下所用的支垫圆木棍孔痕迹。其中南墙残高1.47—1.70米，墙壁宽0.60米，隔墙残高2米，宽0.55米，北墙和西墙残高0.20—0.50米。①

2. 土坯墙

土坯墙是先制成土坯，然后用土坯一层一层地叠砌成所需的高度的墙体。安阳小屯北的F10号房子内，靠近四壁的多数烧过的夯土块，有长方形、方形和拐角形，多数残断，部分保存有整齐的断面。上有径3—6厘米的夯窝。长方形的最大的一块长40厘米、宽21厘米、厚12厘米。推测夯土块是房屋塌下来的上部墙壁的土坯。此房屋墙壁的下部是夯土墙（在残留的东南西三面墙壁还有残高1—1.30米的夯土墙壁），上部是用土坯垒砌的混合墙体。②

3. 泥土堆筑墙

泥土堆筑墙是用泥土（或加草成草拌泥）堆筑而成的土墙，既未用夯打又没有立木柱为木骨。在河南柘城孟庄发现的商代房屋的墙壁，基槽宽0.40—0.50米、深0.10—0.30米。观察残留的墙体，既没有夯筑的痕迹，也没有木骨泥墙的痕迹，推测其墙体应是用土堆砌成的。③ 在郑州商城铭功路西侧的商代制陶作坊区内的C11F101号和C11F102号房屋的墙体都是堆筑的。发掘时发现C11F102号"在白灰面地坪的基础之上，又在周围堆筑了不够规整的土墙"。C11F101号的建筑法是"先在地面向下挖出一个东西长4米、南北宽2.90米、深约0.30米的基础坑，然后在基础坑周围用土堆筑出宽0.50—0.65米的土墙。其中大部分土墙已遭到破坏，尚能看出堆筑的土墙痕迹者，仅有西墙北段与北墙西段，以及南墙中段一少部分。"④ 墙体虽然保存不多，但对了解墙体的建筑方法已是足够了。

---

① 河南省文物考古研究所：《郑州商城》，文物出版社2001年版，第371页。
② 中国社会科学院考古研究所安阳发掘队：《1975年安阳殷墟的新发现》，《考古》1976年第4期。
③ 中国社会科学院考古研究所河南一队：《河南柘城孟庄商代遗址》，《考古学报》1982年第1期。
④ 河南省文物考古研究所：《郑州商城》，文物出版社2001年版，第398、430页。

4．木骨泥墙

木骨泥墙是先在建墙的地基处栽立排柱作为"木骨"，然后在木骨的两侧涂泥，以支撑屋顶及室内以防风雨。① 偃师商城的中北部民居建筑，有"木骨泥墙"式的房屋发现（图6—39）。②

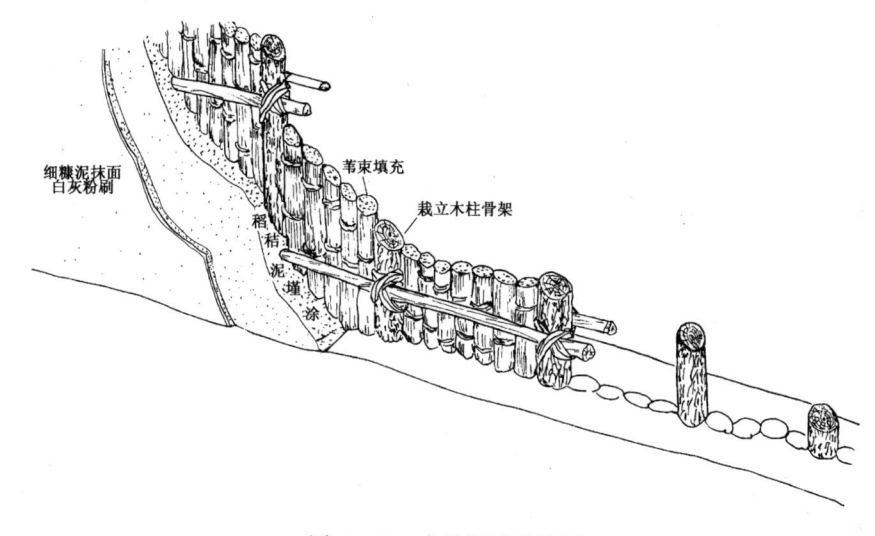

图6—39　木骨泥墙结构图

（《盘龙城》杨鸿勋复原图）

（三）结顶

商代宫殿的屋顶是"四阿重屋"，民居的屋顶主要是"人"字形的顶棚，殷墟甲骨文中的"宗"、"宫"、"室"、"寝"等一类有关房屋的字，其顶部都作"⋂"，其上的两斜坡是"人"字形的屋顶盖，其下两竖画是表示承载屋顶的墙。从甲骨文的造字看，"人"字形屋顶，在商代使用普遍。从发掘出的商代民居遗址的房基看，多是长大于宽的长方形房子，这样形状的房子，用"人"字形结顶最为简便。今日我国北方农村的房子，不少还是使用这种结顶方式。"人"字形屋顶有两个十分显著的优点：一是便于房上的雨水很快顺人字坡流下；二是房顶的坡度可减弱风力。斜坡对风的阻力小，气流遇

---

① 杨鸿勋：《盘龙城方国宫殿建筑复原研究》，《盘龙城》附录——，文物出版社2001年版。

② 王学荣：《河南偃师商城遗址的考古发掘与研究》，载中国社会科学院考古研究所编《考古求知录》，中国社会科学出版社1997年版。

斜坡，即沿斜坡分散向上流走，屋顶不致被大风吹坏，很具科学性。

"人"字形屋顶，在屋顶盖与山墙（即房子两端的墙）间的设置上，有"硬山式"和"悬山式"两种："硬山式"是屋子顶棚盖的两边与山墙齐平或山墙略高于屋顶盖，就称为"硬山式"屋顶建筑；屋顶伸出两边山墙的墙体外，则称为"悬山式"屋顶建筑。河南柘城孟庄发现的商代民居F1—F3号房屋的屋顶，古建筑学家杨鸿勋复原成"硬山式"的屋顶（图6—40、6—41）。①

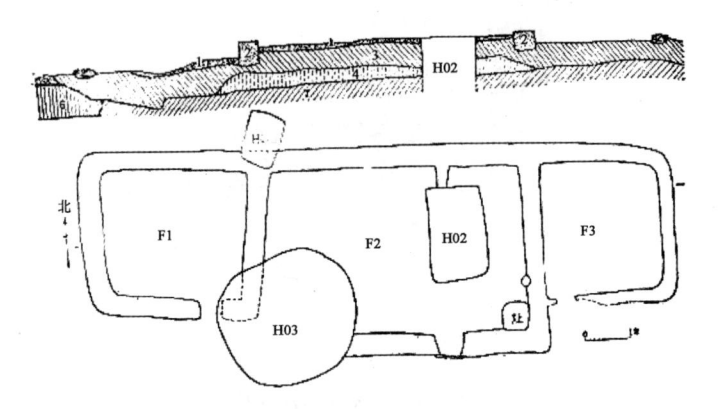

图6—40　柘城孟庄商代房屋平、剖面图

（《考古学报》1982年第1期第51页图四）

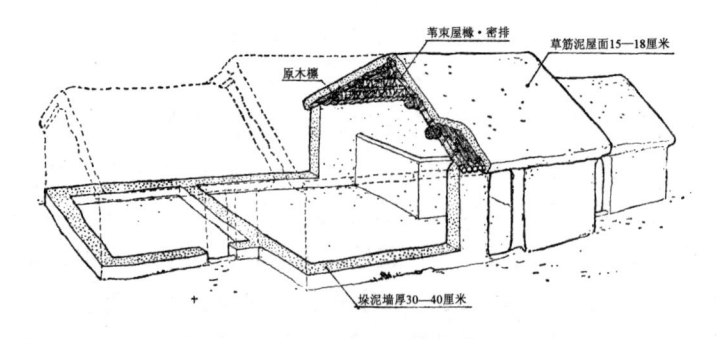

图6—41　孟庄商代房屋复原透视图

（见《考古学报》1982年第1期第51页图五）

---

① 中国社会科学院考古研究所河南一队：《河南柘城孟庄商代遗址》，《考古学报》1982年第1期。

屋顶盖的构成有木梁、木檩和苇草束。在河南柘城孟庄发现的商代民居F1遗址的屋内，室内地面上堆积着许多红烧土块，土块厚15—18厘米。有的土块表面光滑，底面密布直径6—12厘米的芦苇束印痕。芦苇束印痕多朝南北向。在草拌泥堆里，发现许多东西向倾斜的圆木炭，炭块直径6—12厘米。这些当是房屋顶上塌下来的遗存。① 东西方向的木炭块，是置于房屋东西墙及隔墙上的木檩子，南北向的芦苇束是置于木檩上的，表面光滑的红烧土块，是抹在芦苇束上的泥。安阳小屯村北的商代F10号房屋，发掘时发现不少的草拌泥土块堆积在房屋的中部，其表面光滑而坚硬，涂有一层厚1—1.5厘米的细沙合成物，再在其上涂一层白灰面。在草拌泥土块的另一面则有附着物的痕迹，有的像木棍，直径8—10厘米，有的像芦苇秆，直径0.7—1.1厘米，而以芦苇秆为多。② 木棍应是檩子木，芦苇秆是铺在木檩上的用以承托草拌泥土。此房屋顶盖的建筑步骤应是：在东西墙或柱上置檩子木，檩木上南北向密集放置芦苇秆（芦苇秆当用绳索捆扎在檩木上，以免滑落），芦苇秆上涂草拌泥，草拌泥上再涂一层厚1—1.5厘米的细沙混合物，最后在细沙层上涂抹一层白灰面，成为白色的屋顶盖。

四 村落的布局

商代的普通平民以村落形式聚居，甲骨文中称为"邑"。村落在商代考古发掘中已有多次发现，如柘城孟庄商代遗址，钻探查明此遗址的面积约3万平方米，在已发掘的约400平方米范围内就发现了房屋9座。③ 2003年在安阳殷墟西部的孝民屯村，发现了商时期的三个村落遗址。此次在孝民屯共发现商代房屋131处，其中有半地穴式房屋100套、200多间，时代为殷墟二期。除一套在北区外，其余都相对集中在南区中南部的三个区域，即构成三个相对独立的村落。保存较好的一个村落处发掘出半地穴式房屋27套共70间。该村落的特点可概括为以下三点。

（1）村落的房屋分布密集，错落有序 建筑的基本分布方式为由南向

---

① 中国社会科学院考古研究所河南一队：《河南柘城孟庄商代遗址》，《考古学报》1982年第1期。

② 中国科学院考古研究所安阳工作队：《1975年安阳殷墟的新发现》，《考古》1976年第4期。

③ 中国社会科学院考古研究所河南一队：《河南柘城孟庄商代遗址》，《考古学报》1982年第1期。

北，大体按东西成排分布，排与排间的房屋南北向并相互错位，以利于通风。

（2）房屋结构紧凑，布局合理，等级分明　每套房屋构成一相对独立的单元，单元内有1、2、3和4间四种组合方式，且各种组合的形式也比较固定，出入门道一般位于建筑的南部或东部。房屋设计十分强调厅或门厅的概念，其建筑是由厅或门厅与房屋组合成一套的结构，故完全可借用现代民用建筑的概念，将1、2、3和4间四种组合方式称为一室、一室一厅、二室一厅和三室一厅，以二室一厅的房屋居多，约占一半。三室一厅的房屋有3套，其中有两套是二室一厅的变体，真正三室一厅的只有一套，这一套大体位于村落的中部。一室的房屋仅2套，其余为一室一厅，反映出二室一厅和一室一厅是当时此地居民的普通住房结构。居住在村落中部三室一厅房屋内的主人，显然是村落内的地位最高者。

（3）房屋的功能齐备　每套建筑门厅以外的房间里，多在一侧发现土台，显然是用于睡觉的"炕"。绝大多数房间皆发现数量不等的灶，依其形制大体分为四类，有的专门用于炊煮烧饭，有的用于取暖、保存火种或烧烤食物等。不少房间里保存有实用的生活器皿，还在有些房间里出土了占卜用的龟甲。[①] 孝民屯的村落为我们提供了认识商时期普通平民的居住和生活状况、村落的布局和组织结构。

商代宫殿建筑的四合院、民居建筑厅（堂）室套房结构，为后世代代所沿用，它是中国古代建筑文化艺术的重要组成部分。

第五节　纺织业

衣食住行是人类生存所必需的四大要件，衣是其一。最初的人类不知纺织，是利用树叶、兽皮裹身，以遮羞及御寒。《韩非子·五蠹》曰："古者丈夫不耕，草木之实足食也；妇人不织，禽兽之皮足衣也。"《礼记·礼运》载孔子语云："昔者……未有麻丝，衣其羽皮……后圣有作，然后……治其麻丝以为布帛，以养生送死，以事鬼神上帝。"人类发明了利用天然植物纤维纺织，作为避体的衣料，就有了纺织这一门手工业。我们的祖先何时发明纺织这门技术，孔子说是"后圣"，并无确指。庄子说是神农时代，在《盗跖》

---

①　王学荣：《殷墟孝民屯发掘的重要收获》，《中国文物报》2005年6月15日第1版。

篇中说"神农之世……耕而食，织而衣"。《世本·作篇》载"伯余作衣裳"。又有"胡曹作衣"。宋衷注云"黄帝臣也"。《淮南子·氾论训》"伯余之初作衣也，丝麻索缕，手经指挂，其成犹网罗。后世为之机杼胜複，以便其用，而民得以掩形御寒"。高诱注："伯余，黄帝臣。《世本》曰：'伯余制衣裳'。一曰伯余，黄帝。"又有伯余即是黄帝一说。不管伯余是黄帝本人还是黄帝的臣，古人都多把发明创制归于黄帝本人或是他的臣下，以表示其来自遥远的过去。我国的纺织技术，从考古发掘出土文物知，在仰韶文化时期就有布。在据今七千多年的裴李岗和磁山文化中，就发现有陶制的纺轮。① 纺轮的使用，是有纺织工艺的重要标志。且根据民族学的材料，纺织业应起源于编织业的手搓加捻的方法，专制陶纺轮的出现应在其后，所以我国纺织业的发生当在裴李岗、磁山文化之前。② 从纺织业的产生到商代，已有几千年的历史，所以商代的纺织业已具有一定的水平。

纺织业的主要功用是解决人们的穿着。商代人的衣着情况，从考古发掘中出土的一些玉或石雕的人像上，可略见其一斑。

1975年在安阳小屯村北发掘的妇好墓中，出土700多件玉器，63件石器。③ 其中有几件玉石人的着装很清晰，如腰插宽柄器玉人（371），高7厘米，跪坐，双手抚膝，头梳长辫一条，戴圆箍形"頍"，用以束发。身着衣，交领并于胸，长袖至腕，袖口较窄，腰束宽带，衣下缘似及于足踝，上衣饰云纹，腹前悬长条形"蔽膝"（今称围裙），下缘及膝部，似着鞋（末露脚趾）。短辫玉人（372）、猴面玉人（375），着衣形状也很明显，皆是长袖窄口。短辫玉人衣口缘下及小腿，为长衣。猴面玉人衣下缘仅及臂部，为短衫高领。腰插宽柄玉人的衣服上有纹饰，可能是刺绣纹而非织上去的纹饰。1928—1937年间发掘殷墟时，也出土几件着衣冠及鞋的玉石人雕刻作品。④ 从出土玉石人雕像的衣着考察，商代人是以纺织品为衣料的（图6—42）。

---

① 河南省博物馆等：《河南密县莪沟北岗新石器时代遗址发掘报告》，《河南文博通讯》1979年第3期。邯郸市文物保管所等：《河北磁山新石器遗址试掘》，《考古》1977年第6期。

② 李根蟠、黄崇岳、卢勋：《中国原始社会经济研究》，中国社会科学出版社1987年版，第207—208页。

③ 中国社会科学院考古研究所：《殷虚妇好墓》，文物出版社1980年版，第151页。

④ 胡厚宣：《殷代的蚕桑和丝织》，《文物》1972年第11期。

图 6—42　着衣石人（左）和玉人
（《殷墟的发现与研究》第 340 页图 199：1、图 200：1 组合）

在商代甲骨文中，与纺织业有关的字据胡厚宣先生统计有：从衣的字：21 个；从网的字：29 个；从爿的字：35 个；从束的字：46 个；从系的字：81 个；从丝（二系）的字：16 个；从丝（三系）的字：3 个。[①] 仅从系的字就有 100 个之多。从衣、网、爿、束诸字所指的纺织原料，虽不能确定，但指纤维原料制品是不会错的。从系以下三字，有指丝织品，但也不一定专指丝织物，有的可能是泛指纺织物。有关纺织业的甲骨文字就有 231 个，由此可见商代纺织业与人们关系的密切，同时也反映了纺织业的发达情况。

一　纺织物原料的种类

商代纺织物的材料有麻、毛、蚕丝，可能还有棉。

（一）麻

麻织品在安阳殷墟多次发现。1958—1961 年在发掘殷墟大司空村 SM301 墓中，出土"花土"一片，残长 33 厘米，宽 19 厘米。从遗留的痕迹看，是一段粗麻布。布色黄白相间，上用黑色线条勾画出类似饕餮的花纹，可能属于仪仗一类的东西。[②] 但麻布属何种品种的麻，是大麻还是其他种类

[①] 胡厚宣：《殷代的蚕桑和丝织》，《文物》1972 年第 11 期。
[②] 中国社会科学院考古研究所：《殷墟发掘报告（1958—1961）》，文物出版社 1987 年版，第 260 页。

的麻，无法鉴定。在后冈圆坑第一层人骨架及铜器表面，有麻布12片，最大一片长5厘米，宽3.5厘米，布纹较粗，每平方厘米经纬线为108根，有一块用麻绳缝制的口袋（图6—43）。① 1987年安阳郭家庄M52车马坑中的车箱内，有红色布纹，② 可能也是麻布。1990年发掘的郭家庄160号墓时，发现在11件青铜器表面覆盖有纺织物，经观察，其中一件上的纺织物为麻类织物。③ 在妇好墓中的青铜礼器中，有50余件表面上粘附有纺织品残片，据鉴定，其中10例属麻织物，皆为平纹组织。④ 但属于何种麻，正式报告还未见公布，推测可能属于大麻。

图6—43 殷墟出土麻布残片
（《殷墟发掘报告》图版80：3）

大麻是我国古代常用的纺织原料，栽培很早。在新石器时代晚期的甘肃东乡林家马家窑遗址中，发现有保存在陶罐中的大麻籽。⑤ 此遗址的年代为公元前5000年。在湖南长沙马王堆一号汉墓中出土的大麻布，经检验分析，大麻纤维投影宽度为21.83微米，横断面面积为153.01平方微米。⑥ 已接近

---

① 中国社会科学院考古研究所：《殷墟发掘报告（1958—1961）》，文物出版社1987年版，第278页。

② 中国社会科学院考古研究所安阳工作队：《安阳郭家庄西南的殷代车马坑》，《考古》1988年第10期。

③ 中国社会科学院考古研究所：《安阳殷墟郭家庄商代墓葬》，中国大百科出版社1998年版，第78页。

④ 中国社会科学院考古研究所等：《殷虚妇好墓》，文物出版社1980年版，第17—18页。

⑤ 西北师范学院植物研究所等：《甘肃东乡林家马家窑文化遗址出土的稷与大麻》，《考古》1984年第7期。

⑥ 上海纺织科学研究院等：《长沙马王堆一号汉墓出土纺织品的研究》，文物出版社1980年版。

现代种植的大麻,其品种已十分优良,乃是我国劳动人民长期种植、选育良种的结果。商代的大麻种植正是承上启下,介于两者之间,故其麻可能为大麻。

大麻是一年生草本植物,其茎高 2.5—3 米,雌雄共株。雄称作枲,雌称作苴。枲茎的韧皮部分含有可供纺织的纤维,而苴的纤维只可充作绳索原料。我国在棉花未被推广以前,一般民众皆以大麻做衣料,所以古代有关农事书中,如《管子·地员篇》、《氾胜之书》等,都有种植大麻的技术记载。

(二)毛

毛织物在商代遗址中还没有实物发现,推测商代应有毛织物,《逸周书·王会解》后附有一篇商朝初年伊尹向诸侯颁布的"四方献令",即贡物命令,其贡物中有"纰罽"一项,罽就是毛织物。《墨子·尚贤》说:"傅说被褐带索,庸筑乎傅岩"。"褐"是一种粗毛布衣,为一般下层人所服用。《诗·豳风·七月》曰:"无衣无褐,何以卒岁"。郑玄笺云:"褐,毛布也。"唐孔颖达疏谓:"毛布用毛为布,今夷狄作褐皆织毛为之,贱者所服。"商代的畜牧业比较发达,羊是商人饲养的主要家畜品种,人食其肉,以其毛做纺织原料,乃是就地取材。所以毛织物在商代应是重要的纺织原料。

(三)丝

丝织物在商代发现不少,绝大多数是附在青铜器的表面。如殷墟妇好墓出土的青铜礼器表面附有纺织物的就有 50 多件,其中除 10 件鉴定为麻织品外,其余 40 多件皆是丝织物,有的铜器上包裹的纺织物达数层之多。这种现象屡有发现,因而推测将贵重的随葬品包裹丝麻织物入葬,大概是商人的葬俗之一。除妇好墓外,其他如安阳后冈圆坑中的铜鼎、二件铜戈上也有丝织品痕迹,其密度为每平方厘米经纬线为 21×26 根,织纹为平纹。① 1950年在河南安阳武官村大墓中,所发现三件铜戈上,皆有绢帛包裹的布纹。② 1990 年安阳郭家庄 160 号商代大墓中,经观察有 8 件青铜器表面上的纺织物

---

① 中国社会科学院考古研究所:《殷墟发掘报告(1958—1961)》,文物出版社 1987 年版,第 278 页。

② 郭宝钧:《1950 年春殷墟发掘报告》,《考古学报》第 5 册,1951 年。

为丝织物。① 1955 年在郑州出土的一件商代铜器外面，也附着布纹。②

20 世纪 20 年代、30 年代发掘安阳殷墟时，也常有丝织物发现，如 1929 年第三次发掘殷墟时，在小屯西北地 182 号商墓中出土的戈形兵器上面，"有极显著的布纹"。③ 1934—1935 年第十、十一次发掘殷墟时，在侯家庄西北岗第 1001 号大墓内，出土的铜戈、爵、觚上有席纹和麻布纹外，还有细布的痕迹。④ 上述布纹、细布纹，专家认为"就是丝绢类的遗迹"。⑤

在商代的一些传世品上，也往往有丝织物包裹的痕迹，如故宫博物院收藏的一件玉戈上，正反两面都留有麻布、平纹绢等纺织品痕迹，并渗有朱砂。在一件青铜戈的柄上，用 25 倍放大镜观察，其上有丝织物痕迹多处。⑥又如斯德哥尔摩的远东区博物馆（The Museum of Far Eastern Antiguities）收藏一件商代的铜钺、马尔米博物馆（Malmo Museum）收藏的一件商代铜觯上，都有丝的附着物痕迹，经瑞典丝织物学者西尔凡（ViVi Sylwan）女士检验为丝织品，其报告发表于 1935 年出版的《马尔米博物馆年鉴》。⑦ 后来日本学者布目顺郎对这两件器物上的纺织品又作了重新检验，确认了西尔凡女士的研究成果。⑧

以上这些发现与研究，对确认商代已有丝织品和研究丝织的纺织技术，都是极为重要的。

（四）棉

我国棉布成为普通人的衣料，大致是在宋代以后，商代有棉织品的说法也是 20 世纪 70 年代才被提出来的。1975 年，张秉权在整理 1936 年殷墟

---

① 中国社会科学院考古研究所：《安阳殷墟郭家庄商代墓葬》，中国大百科出版社 1998 年版，第 78 页。

② 许顺湛：《灿烂的郑州商代文化》，河南人民出版社 1958 年版，第 18 页；许顺湛：《商代社会经济初探》，河南人民出版社 1958 年版，第 30 页。

③ 李济：《俯身葬》，《安阳发掘报告》第 3 期，1931 年。

④ 梁思永等：《侯家庄 1001 号大墓》上册，第 311、319、325 页，中研院史语所 1962 年版。

⑤ 胡原宣：《殷代的蚕桑和丝织》，《文物》1972 年第 11 期。

⑥ 陈娟娟：《两件有丝织品花纹印痕的商代文物》，《文物》1978 年第 12 期。

⑦ Vi Vi Sylwan, *Sideni Kina under Yin-dynastuen*, *Malmi Museums dysberttelse* (1935) pp. 19—20.

⑧ 布目顺朗：《关于先秦时期的娟纤维和其他纤维》，《京都工艺纤维大学部学术报告》第 7 卷，第 2 期（1973 年）。又《养蚕的起源与古代绢》，东京 1979 年版，第 190、195 页。

H127 坑出土甲骨时，发现有些碎甲上粘附有布纹痕迹，于是请人鉴定。经用光学显微镜和电子显微镜观察，确定为"棉纤维类之纺织品"。这是一项惊人的发现，张先生说在这批甲骨中，一共发现在 65 片上粘附有纺织品痕迹，皆为十字平纹棉织。① 商代棉织品的遗物，中原地区还不见有出土的报道，只有 1978 年在福建武夷山白岩崖洞墓的船棺葬内，出土了死者穿的衣服残片若干块，经上海纺织科学院鉴定其衣料有大麻、苎麻、丝、棉布（木棉）四种质料。其中棉布为木棉制品，平纹，青灰色，每平方厘米为经纬线各 14 根，质量较好，系多年生灌木型木棉，棉纤维与今海南岛所产木棉接近。②

武夷山白岩洞墓的船棺木经中国社会科学院考古研究所实验室测定为距今 3370±80 年（公元前 1378±80 年），树木年轮校正为 3620±130 年（公元前 1628±130 年）。北京大学考古系实验室测得为距今 3840±90 年（公元前 1848±90 年），树木年轮校正为 4200±140 年（公元前 2200±140 年）。中国文物保护研究所测的数据为距今 3235±80 年（公元前 1243±80 年），树轮校正后为 3445±100 年（公元前 1453±100 年）。③ 其年代最晚在商代盘庚迁殷前后，这是我国境内出土的最早的棉织物。安阳小屯 127 坑所出甲骨，时代为武丁时期，约在公元前 1400—前 1300 年之间，与武夷山白岩崖洞墓时代相近。安阳与武夷山两地相隔很远，却都发现有棉织物，其意义重大。这说明，在商代，我国境内已确有棉的种植，且利用其纤维进行纺织成布做衣。

二 纺织技术

纺织业包括纺和织两部分，纺是将纤维原料纺成线，织是将线织成布。纺线须有原料，如麻、毛、蚕茧、棉等。而棉、麻的种植，蚕的饲养，毛的收集都应是纺织业的组成部分。

---

① 张秉权：《殷墟出土龟甲上粘附的纺织品》，《国际汉学会议论文集》，1981 年台北版，第 145 页。又《甲骨文与甲骨学》第 20 章，国立编译馆 1988 年版。

② 福建省博物馆、崇安县文化馆：《福建崇安武夷山的白岩洞墓清理简报》，《文物》1980 年第 6 期。

③ 中国社会科学院考古研究所编：《中国考古学中碳 14 年代数据集》，文物出版社 1986 年版，第 57 页。

我国是世界上最早产丝绸的国家,丝绸的纺织自古受到重视,而丝织技术反映了一个时代的纺织技术的最高水平,因而本节以丝织业为代表,来说明商代纺织技术概况。

商代丝织业生产及技术主要有如下几项。

(一) 养蚕的桑

"桑"字是甲骨文中的一常见字,是一象形字,作:

　　(《合集》6959)
　　(《合集》10058)
　　(《合集》29362)

从字形而言是一种高桑。① 但桑字在甲骨文中皆为地名,可能是此地以种桑树多之故。商人有关桑和桑地的传说颇多,如汤祷于桑林以求雨的桑林,② 伊尹生于空桑,③《书·咸乂》有"桑穀之样"的传说云:"伊陟相大戊,亳有祥,桑穀共生于朝",《史记》等书因之。

(二) 蚕

商代蚕的遗迹不可能有发现,而玉、石制的蚕却时有出土。1953 年在安阳大司空村发掘一商墓时,出土玉蚕一件,长 3.15 厘米,有七节,白色。④ 1966 年山东益都苏埠屯大墓中,也发现一件玉蚕。⑤ 1976 年在妇好墓中出土一件玉蚕,白色,头仰起,有较密的足,长 4.6 厘米、厚 0.1 厘米。⑥ 传世的玉蚕在中国历史博物馆和故宫博物院都曾展出过。商代铜器上还有一种纹饰作蚕形,称作蚕纹,其形状为"头圆而眼突出,身体屈曲,作蠕动状。饰

---

① 夏鼐:《我国古代蚕、桑、丝绸的历史》,《考古》1972 年第 2 期,又载《考古学和科学史》,第 98—116 页。
② 见《墨子·兼爱》、《荀子·大略》等。
③ 《楚辞·天问》。
④ 马得志等:《1953 年安阳大司空村发掘报告》,《考古学报》第 9 册,1957 年。
⑤ 《文化大革命期间出土文物》第 1 辑,文物出版社 1972 年版,第 124 页。
⑥ 中国社会科学院考古研究所:《殷虚妇好墓》,文物出版社 1980 年版,第 192 页,图版一六二:1。

于器的足部、口部和腹部"①。

甲骨文中有一虫形字，作：

〇（《合集》10061、10062、14353、23033）
〇（《合集》14354）
〇（《合集》10063）
〇（《合集》10060）

有关此字的考释，古文字学家间有不同的意见，有释为蚕，也有释为虫即"它"字者。但应释为蚕字，因其形状与出土的玉蚕和今家养蚕相依者多，且商代丝织物已多有发现，必有家养蚕业。而甲骨文中桑字多见，应有蚕字。如卜辞：

戊子卜，呼省于蚕。（《续补》7402）（武丁时期）
贞元示五牛，蚕示三牛。十三月。（《合集》14354）（祖庚祖甲时期）
丙寅，贞惟丂以羌暨蚕于黾示，用。（《合集》32033）（康丁时期）

卜辞中"呼省于蚕"犹言"呼省蚕"，甲骨文中的"蚕示"即蚕神（图6—44）。《合集》32033是一完整卜辞，其内容是以羌和蚕为祭品，祭祀黾示。虽不知黾示是何神，但以卜辞祭祀时所献祭品知，祭品皆是对人类生活有用之物，"虫"或"它"何能作献神的祭品？商人宝丝织物，故蚕是有用之物，得以作祭品献神，由此知此辞中的"〇"字只能释作蚕而不能释作虫或它。商人每于蚕神求年，知蚕桑之业，与农业生产一样，亦为一年的重要收成。②

有学者据甲骨文中蚕字的"斑纹"分析，认为商代蚕至少有三个不同类型的品种，即头部有眼状斑纹的，与今浙江太湖地区的普通蚕种的眼状斑纹一致；蚕字背部有"x"纹的，是蚕的原种，即武汉地区的赭茧种；蚕字身上有"八"字纹的，像中国的大安桥种蚕。③

---

① 容庚、张维持：《殷周青铜器通论》，科学出版社1958年版。
② 胡厚宣：《殷代的蚕桑和丝织》，《文物》1972年第8期。
③ 高汉玉：《中国桑蚕丝帛起源的探讨》，载《亚洲文明论丛》，四川人民出版社1956年版。

图 6—44　蚕示甲骨
（《合集》14353—14354）

（三）缫丝

蚕吐丝成茧，茧要经过抽丝才能成为纺织用的原料，这一工序称作缫丝。我国丝织品早在良渚文化中就有发现，无疑很早就掌握了缫丝技术。甲骨文中从丝的字很多，但哪一为缫丝的缫字，不见有古文字学家解说。甲骨文中有一字作"𢆶"形，从丝从鬲，像在鬲中煮丝（《合集》8294），此字应与缫丝有关，或即"缫"字。有人认为甲骨文中的"𢆶"字与后来的缫字有关，但此字在甲骨文中均作地名而无作动词用的。甲骨文中有一手提丝形字作"𢆶"（《合集》31161）、"𢆶"（《合集》21695）形，或从二丝，或从三丝，中间或有一横将手与丝相隔。古文字学家释为系，或径直隶写作"䌛"、"䌛"。其字像手持丝形，或云像手治乱丝。有人认为像从蚕茧上作抽丝状，H 表示丝簝（筊），即绕丝的框架，"从手示作理绪抽丝的活动"，① 是有道理的。在甲骨文中此字有作为动词用的，如：

癸卯卜，宾，贞令墉䌛，在京莫。（《合集》6）
贞呼犬䌛于京。（《合集》5667）

---

① 高汉玉：《中国桑蚕丝帛起源的探讨》，载《亚洲文明论丛》，四川人民出版社 1986 年版。

"墉"、"犬"为人名,辞是命令墉、犬<u>巠</u>,与他辞常见的"令某伐"、"令某田"、"令某出"相类,人名后皆为动词,是命令其去做某事。但这个字究竟读为何字,还可以研究,作为动词用,也应是与缫丝相关的字。

(四) 纺

麻、毛、棉纤维都要纺成纱,然后才能用于织布。蚕丝去掉丝胶和杂质可得600—1000米的长丝,不需再纺即可织,但有的也要求打拈然后织,以使成品出现花纹。丝线在安阳后冈圆形祭祀坑中有所发现,皆成束地放置,丝已缩成两股或三股线。同坑中还出土了一段残长4厘米的、由两股三缕丝线绞成的丝绳,其形状与今日的丝绳接近(图6—45)。① 纺纱的工具,考古发掘中出土大量各种质料的纺轮,即是纺纱用的。在郑州二里岗下层二期出土石纺轮5个、陶纺轮37个,二里岗上层一期出土石纺轮3个、陶纺轮65个。在殷墟的妇好墓中出土玉纺轮22个。多作圆形,其中心有一孔,插一根杆,即可纺线。纺轮主要是用于纺织麻、毛类纤维,丝的纺具是否用纺轮,或别有纺机尚待研究。纺轮纺线,一人一个足矣,妇好墓中却随葬22个纺轮,当可供一个作坊人工使用的工具。

图 6—45 后冈圆坑发现的成束丝

(《殷墟发掘报告》图版80:2)

(五) 织

从出土的丝织物分析,商代丝织物的织纹有三种:一是普通的平纹织。此种织法是经纬线大体相等,每平方厘米约30—50根,但经线略多

---

① 中国社会科学院考古研究所:《殷墟发掘报告》,文物出版社1987年版,第278页。

于纬线。据实物考察，每平方厘米经纬线的比例为 8∶7 或 75∶50，且经纬线的直径也大致相等。① 二是畦纹的平纹织。此种织法是经线比纬线多出一倍，每平方厘米细者经线 72 根，纬线 35 根，粗者经线 40 根，纬线 17 根。三是文绮织。地纹是平纹组织，花纹是三上一下的斜纹组织，由经线显花。②

夏鼐认为这三种织物的丝线都是未加拈或拈度极轻的意见，但被后来新出的实物证实并非确论。1973 年、1974 年在河北藁城台西 38 号商墓中，所出土的一件铜觚上有 5 处包裹丝织物的痕迹，据鉴定，序号 1—2 号是平纹组织的纨。序号 3 是经纬织线比较细、密度较稀疏的平纹纱类织物。序号 4 织物有隐约的绞经组织，应是两经绞素罗。序号 5 是一块疏松的平纹丝织物，经丝为 z 指向，拈度为 2500—3000 拈/米，密度为 30—35 根/厘米。纬丝为 s 指向，拈度为 2100—2500 拈/米，密度约为 30 根厘米。从经纬丝的拈度范围来看，属于强拈丝。用这种强拈丝织成的绸，在以后的煮练加工时，原先在加拈时丝线内部存在着的应力促其退拈，因而使经纬线收缩、弯曲，在织品表面上就显现出美丽的绉纹来。序号 5 的经纬线稀疏，为收缩、卷曲提供空间，以便起绉。这块织物应属平纹绉丝织物的"縠"。③ 从藁城台西遗址出土的丝织物看，都是加绞拈而织成的纨、纱、罗、縠等。

妇好墓中出土的 50 余件铜器表面粘附有丝织物，有的单层，有的则为多层，面积一般不超过几个平方厘米，有的像是包扎在铜器外面的。经分析，丝织物中有 5 个品种。

1. 平纹绢

数量最多，可辨认的约 20 余例。其密度，粗疏者每平方厘米有经丝 20 根，纬丝 18 根；一般中等密度（占多数）约为每平方厘米经丝 50 根，纬丝 30 根；最密的（极少）每平方厘米经丝 72 根，纬丝 26 根，不加拈，织物表面出现畦纹外观的效果。

2. 朱砂染色的缟（或纨）

可辨认的有 9 例，多粘附在一些大中型器上，其密度为每平方厘米有经

---

① 沃尔默（John Vollmer）：《中国青铜器上织物假晶》，见菲什克（Patricial·Fiska）《考古学上的织物》，华盛顿，1974 年。

② 夏鼐：《我国古代蚕、桑、丝绸的历史》，《考古》1972 第 2 期。

③ 高汉玉等：《台西村商代遗址出土的纺织品》，《文物》1979 年第 6 期。

丝 60 根，纬丝 20 根，朱砂染色的织物是染色工艺的一项重要发现。

3. 缣类和绢类织物

有单经双纬和双经双纬的平纹变化组织，汉代称此织物为缯。在司孠母大圆尊（M5：793）上各发现一例，前者经丝每平方厘米 32 根，纬丝 14 对（根），经丝为 S 拈向，每米约 800 个拈；后者经丝每平方厘米为 18 对（根），纬丝 14 对（根），经丝亦为 S 向拈，每米 800 个拈。

4. 回形纹绮

只有一例，附着于偶方彝下的一侧，其花纹与此墓所出玉人（M5：372）衣袖上的纹饰相似。

5. 罗类织物

大孔罗。发现两件，一件在妇好墓连体甗（M5：865）的口部下，另一件在小方彝的盖上（M5：828）。前者密度为每平方厘米有经丝 32 根，纬丝 12 根，织物的孔眼较大，经、纬都是正手（S 向）加拈，每米大约有 1500—2000 个拈。这是我国目前发现年代最早的绞经机织罗实物。①

藁城台西和妇好墓出土的丝织品中，有绮（或称作縠）和罗，应是夏鼐所未曾注意到的。绮、縠、罗三种丝织物，代表了商代纺织技术的发展水平，縠虽是平纹织物，但起縠效果的掌握，是对平纹机织技术的发展和提高，绮和罗织物上有各种花纹图案，技术要求更为复杂。从实物上看，商代丝织品上的花纹图案主要有两种。

（1）回纹　瑞典西尔凡女士在 1937 年介绍的远东古物博物馆藏的一件商代铜钺表面，附有回纹的丝织物印痕。妇好墓中也发现一例，附着于偶方彝下的一侧。回纹花绮是四枚对称的斜纹起花，平纹织地，作全封闭的正方形。这种花纹图案，与殷墟出土的一石刻人帽子上的花纹相同。②

（2）雷纹　故宫博物院所藏玉戈和铜戈的把上皆有雷纹丝织品图案印痕，沈从文主编的《中国古代服饰研究》收录了一例安阳侯家庄出土殷代玉石人像和妇好墓中所出的一件玉人，服饰图案中都有雷纹图案。③

商代丝织物上的花纹皆是几何形的复方格纹（回纹）、雷纹、水波纹等（图 6—46），其图案与后世相比还是比较简单的。但织成这样的花纹需

---

① 中国社会科学院考古研究所：《殷虚妇好墓》，文物出版社 1980 年版，第 18 页。
② 陈娟娟：《两件有丝织品花纹印痕的商代文物》，《文物》1979 年第 12 期。
③ 沈从文主编：《中国古代服饰研究》图 1，商务印书馆香港分馆 1981 年版。

要十多个不同的梭口和十数片综,这就需要专业的分工才能掌握这套织造技术。

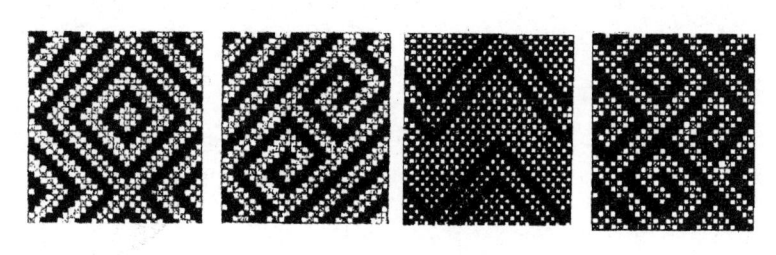

图 6—46　商代丝绸图案
(《商代经济史》附图 42、44、45 组合)

三　织机

商代的织机迄今无任何发现,只能根据纺织品来推测。夏鼐认为商代的丝织物花纹虽简单,但"已需要十几个不同的梭口和十几片综,这就需要有简单的提花装置的机织"。又说"殷代的文绮需要某种提花设备,当时织机已有平放式的或斜放式的"。[①]

德国学者库思认为商代丝织品上的花纹是用卧机装提花杆织出来的。他根据侯家庄 1217 墓出土白玉雕像衣服上的花纹,即被称作 T 形花纹(即雷纹)的织造为据,复制出一台织机。这台织机前有一个卷布轴,将织成的布卷在卷轴上,有 2 片综,15 个纹杆,1 个卷经轴,他所称的纹杆,又叫做提花杆,实即提花综,是织布时起花用的。织造"T"形花纹,他设计用 15 个纹杆即可完成。[②]这种织机梭口如何开,是否使用脚踏,则未作涉及。

商代丝织品实物上有织造的花纹,必有多片提花综才能织成。有多片提花综(可能有十几片),必须用卧式或斜式织机方能织出。这样的织机,商代无疑已有。《易·系辞上》说"参伍以变,错综其数,以通其变而成天下之文也",就是作者观察用多片综织机织造绫绮的实况概括。"参伍"即三五,指综数。"错综其数"指脚踏踏板,使综依次交替升降,形成梭口,以

[①] 夏鼐:《我国古代蚕、桑、丝、绸的历史》图 12、13,《考古》1972 年第 2 期。
[②] 库恩:《商代的丝织工场》,《中国科技史探索》,《中华文史论丛》增刊,上海古籍出版社 1981 年版。

投梭织布。后一句是说掌握这种变化就能织出任何图样的花纹，可见当时织工的自信。

织布时在织机上需要使用刀杼，即割丝刀。有研究者认为在商代遗址中常出土的"骨匕"，就是纺织上用的割丝刀。① 这种匕用骨制成。制造精细光洁，一端厚，一端有薄刃，器身微曲，长10—20厘米，宽2厘米，一般认为是用作取食用的"匕"。已故的著名河北省考古学家唐云明说，现在石家庄一些织布厂用的割丝刀，其形状与商代遗址中所出的骨匕完全一样，确信这就是纺织机上用的刀。

丝织品用机织，其他原料的织物，如麻、毛、棉等当也是在机上织成。但这些织物上未发现花纹，应是平纹织，比提花织造技术为简单。

四　染色

商代对纺织品已不是只用织物的本色，而是要经过染色处理。在妇好墓中，出土9块用朱砂涂料染的平纹绢织物，这些织物多粘附在一些大型青铜器上，是一种朱染工艺。② 1987年在安阳郭家庄西南的M52车坑内，在一个殉葬人的骨盆至足部，发现红色织物痕迹，有赭、白两种颜色的花纹，长1米，宽0.4米。车箱中的木板上有红色布纹，这也是一种朱染。③ 1934—1935年第10—12次发掘殷墟时，在西北岗大墓的木椁顶上，常有一片片的红色布纹。④

在织物上施彩绘，商代也常见。在安阳殷墟的墓葬中，常发现有彩绘的"幔帐"。如在殷墟西区M1052中的人骨架上有数层彩结布，厚达3—4毫米，其上的图案以红色为地，黑色线条勾轮廓，白色或黄色填充，所绘图形像一蝉，蝉的头向与主人的头向一致。⑤ 这当是彩绘布覆盖在死者尸体上的随葬品。同样的情况在大司空村等地都有发现。可见在商代织物上染色后，

---

①　王若愚：《从台西村出土的商代纺织物和纺织工具谈当时的纺织》，《文物》1976年第6期。

②　中国社会科学院考古研究所：《殷虚妇好墓》，文物出版社1980年版，第18页。

③　中国社会科学院考古研究所：《安阳殷墟郭家庄商代墓葬》，中国大百科出版社1998年版，第127—129、13页。

④　梁思永等：《侯家庄1001号大墓》上册，中研院史语所1962年版，第58页。

⑤　见中国社会科学院考古研究所安阳队：《1967—1977年殷墟西区墓葬发掘报告》，《考古学报》1979年第1期。

还要加彩绘。这不仅是染色的技术，还是一种绘画艺术品的创造。

我国的丝绸同瓷器一样，享誉世界，其制作工艺在商代就已达到了很高的水平，为我国的丝绸生产奠定了基础。

第六节 玉器制造

玉器是中国特有的一种艺术品，具有鲜明的民族特色。我国先民使用玉器的历史悠久，从考古发掘材料知，在我国南北各地的新石器时代早期遗存中，如在内蒙古赤峰兴隆洼新石器时代早期遗址里（距今8200—7600年）、在甘肃大地湾一期文化遗址里（距今7850—7400年）、在陕西的老官台文化遗址里（距今8000—7000年）、山东的北辛文化遗址里（距今7500—6200年）、在上海的马家浜文化遗址里（距今7000—6000年）、在浙江的河姆渡文化遗址里（距今7000—6000年），都发现有玉器。① 且有的文化中玉器已相当精美，如在距今7300年左右的沈阳新乐新石器早期遗址中，就出土有小型玉雕刻器和玉珠。② 红山文化的龙和一些动物玉雕，形态生动，制作精巧；③ 良渚文化出土的大型玉琮、玉璧、玉钺、冠饰及各种佩饰等，其造型和纹饰都具有很高的艺术。④ 这些发现表明，在新石器时代晚期，我国的制玉工艺已达到了一个相当高的水平。商代的玉器制造业，传承了前人的工艺技术而又有自己的发展创新。

玉器是一种艺术品，它的制作需要安定的社会环境和较为好的物质条件。所以，商代的玉器制造业，在其前期还是处于吸收前人成果酝酿阶段，故在前期的偃师商城和郑州商城遗址里面，玉器发现都较少，制作工艺也不甚精。如在偃师商城内，1983年发现在西二城门的M3内出土1件虎形玉

---

① 刘国祥、田广林：《中国史前研究中的几个问题》，《中国文物报》2003年8月22日第7版。
② 沈阳市博物馆等：《沈阳新乐遗址第二次发掘报告》，《考古学报》1985年第2期。
③ 孙守道：《三星他拉红山文化玉龙考》，《文物》1984年第6期。孙守道、郭大顺：《论辽河流域的原始文明与龙的起源》，《文物》1984年第6期。刘葆华：《辽宁阜新县胡头沟红山文化玉器墓的发现》，《文物》1984年第6期。
④ 浙江省文物考古研究所反山考古队：《浙江余杭反山良渚墓地发掘简报》，《文物》1988年第1期。

饰、1件玉璜、1件小玉刀，^① 1984年在D4宫殿基址内发现18件玉镞和1件玉笄，^②器物皆小件，制作也不甚精。在郑州商城，据《郑州商城》一书所报道，1953—1985年的三十多年发掘，在二里岗下层一期里只发现柄形器和饼形器各一件，且磨制也不规整，在二里岗下层二期发现的数量虽略有增加，但也只"仅见一些柄形器（6件）和簪（1件）"，另外还有玉戈一件。但到二里岗上层一期，情况就有了大的变化：玉器的数量和种类都大为增加，制作工艺也较为精致。据报道在二里岗上层一期，出土的玉器达72件之多，另外还有5件绿松石制品。在器种上有礼器璧（4件）、琮（1件）、玦（1件）、璜（6件）；装饰品簪（15件）、柄形器（21件）、蝉形饰（2件）、铃形饰（1件）、坠饰（2件）、柿蒂形饰（1件）、环（1件）、管形器（1件）；武器（当是仪仗）戈（12件）、钺或称为铲（4件）等。有的器物雕刻精致，形象生动，如一件虎形璜（标本C8M3：23），用灰白色玉雕刻而成，虎头圆瞪大眼，张口露牙，作扑食凶猛状，凸边脊棱上雕刻有齿状纹饰。^③ 然到二里岗上层二期及其以后的人民公园期，此地出土的玉器在数量和品种上都有减少。^④ 这是因为作为王都的郑州商城，在二里岗下层二期开始，才修建巨大的夯土城墙，二里岗上层一期成为商王都，到"二里岗上层二期或更晚一段时"，它就被逐渐废弃。^⑤

商代的玉器制造工艺，到后期即安阳殷墟时期，获得空前的发展，出土玉器的数量大、种类多，琢玉工艺的技术和艺术造型上，都达到了很高的水平。下面所述的商代玉器制造业的情况，主要是殷墟时期的材料。

在殷墟，玉器的绝大多数出土于大墓及中型墓中，如妇好墓里就出土玉器755件（内有少量石器），^⑥ 小墓和居住遗址内发现较少。在殷墟范围内，

---

① 中国社会科学院考古研究所河南第二工作队：《1983年秋季河南偃师商城发掘简报》，《考古》1984年第10期。

② 中国社会科学院考古研究所河南二队：《1984年春偃师尸乡沟商城宫殿遗址发掘简报》，《考古》1985年第5期。

③ 河南省文物考古研究所：《郑州商城》，文物出版社2001年版，第161、620、685、715—717、838—844页。

④ 同上书，第871—873、908、928—931、948页。

⑤ 河南省文物考古研究所：《郑州商城》，文物出版社2001年版，第39页。

⑥ 中国社会科学院考古研究所：《殷虚妇好墓》，文物出版社1980年版，第144页。

发掘出土的玉器，据粗略统计，1928—1990 年，大约有 2000 多件。① 而流失、损坏的玉器则更多，《逸周书·世俘解》记载周武王伐商，殷纣王兵败，登上鹿台，身缠 4005 块玉自焚。周武王为抢夺商王室的玉器"乃俾千人求之"，专门派了 1000 人去"接收"玉器。其结果"得旧宝玉万四千，佩玉亿有八万"。"宝玉"是"玉之美者"，高诱注《吕氏春秋·重己》说："昆山之玉，燔以炉炭，三日三夜，色泽不变。"据云这种玉"足以御火灾，故宝之"。佩玉是指佩戴在身的普通的玉。古时以十万为亿，"亿有八万"即十八万。在商周战争时，以《世俘》所记，纣所聚敛的玉器有：一是纣王缠身被焚毁 4005 块；二是周武王所得旧宝玉 14000 块；三是周武王所俘佩玉 180000 块。以上三项总计 198005 块。②

玉字见于甲骨文，有"大玉"(《合集》9505) 之称，有"取玉"(《合集》4720) 之举。"取玉"即商王命人向诸侯、方国、贵族征集玉器入贡王室。卜辞有"惟内玉用"(《合集》11364)，"内玉"大致是贵族"内"贡入的玉。"内"是武丁时一贵族，为贞人之一，所谓"用"即是用玉以礼神或随葬。卜辞中用玉祭神的也常见，如"王其称珏于祖乙燎三宰卯三大牢"(《合集》32535)。"称"，举也，"称珏于祖乙"即奉献玉于祖乙之意。珏字像两块玉并列，与《说文》"二玉相合为一珏"之说正合。商代的甲骨、金文中，都出现了宝字。甲骨文中的宝字，作屋下从贝从玉（见《合集》6451白、17511 白），商人的意识，屋中有贝有玉即是"宝"。金文中的宝字，其构形与甲骨文同（见《戍辰彝》、《戍嗣子鼎》），只是增加声符"缶"。③《尚书·盘庚》篇中有"具乃贝玉"，"无总于货宝"。所谓"货宝"即指"贝玉"。从文字记载和考古发现皆可看出商人以玉为宝，视玉器为权力和财富的象征，故商人对玉器的大量需要，必然促进制玉工业的发展。

---

① 中国社会科学院考古研究所：《殷墟的发现与研究》，科学出版社 1994 年版，第 323 页。
② 《逸周书·世俘解》文中的数字颇大，后世学者从孟子起就认为不可信。据近人研究，实为武王伐纣时的一篇实录，皆可信。后世儒家为美化周武王为"至仁"之君，故将此篇视为伪作。详见顾颉刚：《逸周书·世俘篇校注、写定与评论》，《文史》第 2 辑，1963 年 4 月。又收入《顾颉刚古史论集》，中华书局 1988 年版。
③ 王宇信：《卜辞所见殷人宝玉、用玉及几点启示》，收入邓聪编《东亚玉器》第一册，香港中文大学中国考古艺术研究中心 1998 年版。

一 玉器的种类

商代的玉器种类已较为齐全。根据器物的类型和用途，以出土实物为据，结合古文献的记载，大致可分为以下七类。

（一）礼器

也称为"礼玉"，主要是用作礼仪、祭祀等，人死后则用以随葬。《周礼·大宗伯》有"以玉作六瑞"，贾公彦疏云，"人执曰瑞"。"六瑞"虽云"六"，实只圭、璧两种，"王执镇圭，公执桓圭，侯执信圭，伯执躬圭，子执谷璧，男执蒲璧"。《大宗伯》又有"以玉作六器，以礼天地四方"，贾疏云"礼神则曰器"，是祭祀所用的玉器。"六器"即"以苍璧礼天，以黄琮礼地，以青圭礼东方，以赤璋礼南方，以白琥礼西方，以玄璜礼北方。"即璧、琮、圭、璋、琥、璜六种器。这些器物在殷墟都有发现，如在妇好墓中出土璧16件，琮11件，琮形器3件，圭8件，璜73件。① 璋在殷墟铁路南的刘家庄墓葬中发现较多的残片，有的上面还有朱书的文字。② 作为礼神"六器"的琥，郑玄注谓"琥猛，象秋严"，贾疏云"谓以玉为琥形，猛属西方，是象秋严也"。唐人认为"琥"是玉制的虎形器。清人聂崇义从之，在《三礼图》中说"白琥以玉，长九寸，广五寸，刻伏虎形，高三寸"。孔广森则说"琥当是半琮"，孙诒让《周礼正义》从之，谓"六瑞五玉，未上刻为物形者。虽古说，似不可信"。但是，"半琮"在商代文化遗存中未有发现过（西周时期遗存里也未有此物发现），而玉虎则多有出土，在妇好墓中就出土了8件，圆雕和浮雕各4件，每件的形象均不相同，发掘报告撰写者将其归于装饰品类的"各种动物形象"里而不认为是礼器。

（二）兵器

玉制兵器实际是作仪仗用的，有戈、矛、戚、钺、大刀和镞等，形制多仿铜器。玉兵器一般无使用痕迹，有的大型玉戈边缘极薄，质硬而脆，有的还刻有纹饰。像妇好墓中出土的一件玉制大刀，刀身窄长，凹背凸刃，尖略上翘，刃由两面磨成。刀背上雕出锯齿形薄棱，刀身靠背两面均雕刻龙纹，张口，目字形眼，眉细长，身尾雕菱形纹，两侧填小三角形纹。造型与刻纹

---

① 中国社会科学院考古研究所：《殷墟妇好墓》之"玉器"，文物出版社1980年版。此节以下所引妇好墓资料皆出于此书，不再注。

② 安阳市博物馆：《安阳铁西刘家庄南殷代墓葬发掘简报》，《中原文物》1986年第3期。

均十分精致。通长33.5厘米、刀身宽5.2厘米、厚0.5厘米，显非实用器。有的玉瑗嵌入铜柄（内）中，称为"玉瑗铜内戈"，也是仪仗用器而不具有实用价值。玉镞在偃师商城内出土18件，呈三角形，磨制锋利，当是实用兵器。

（三）工具

工具类玉器有斧、凿、锛、锯、刀（包括小型刀、刮刀、梯形刀和刻刀）、纺轮、铲、镰、槌、觿等。铲和镰是农业生产工具，其他为手工业生产工具。在玉制工具中，有些是实用器，如镰、纺轮、小刻刀等器。有的上面有使用的痕迹，但也有无使用痕迹的，且有的上面雕刻有精致的花纹，更不像使用过的实用器。这类工具大致也是象征性的。锯、槌、觿在殷墟均只各出土1件，觿在大司空村出土1件，上端雕成牛头形，下端如角锥，长6.1厘米，[①] 是一件实用器。觿一般认为是解绳结的用具。

（四）日用器

作为食器的簋，用器的盘，研磨朱砂的臼、杵，调色的盘，梳理头发的梳，挖耳用的耳勺，取食用的匕等。玉制的发笄，显然属实用器。在妇好墓中出土玉簋两件，玉盘一件，在安阳博物馆展出其中一件玉簋。玉的质料很好，工艺精致。臼、杵在妇好墓中出土一套，臼是大理石岩制成，臼窝晶莹光亮，满染朱砂。杵为玉质，有长时间的使用痕迹。调色盘的盘底满染朱砂，也是实用器。

（五）装饰品

装饰品为玉器的大宗，如妇好墓中装饰品达426件，占所出755件玉器的56%，在殷墟历年出土总数超过千件。装饰品的数量多，种类也很复杂，大致可分如下几种。

1. 佩戴或镶嵌饰物（有的两者兼用）

题材多样，主要有人像、人头像、各种写实性和神话性的动物形象以及柄形饰、牌状饰、牙璧（旧称璇玑）、璜和玦等。人像着衣，人头上梳各种发型，是研究商代衣冠发式的第一手材料。写实性动物形象有虎、象、熊、鹿、猴、马、牛、狗、兔、羊头、蝙蝠、鸟、鹤、鹰、鸱鸮、鹦鹉、雁、鸽、燕雏、鸬鹚、鹅、鸭、鱼、蛙、龟、鳖、螳螂、蚱蜢、蝉、蚕和螺蛳等31种，其数达390多件。神话性动物玉雕有龙、凤、怪鸟和

---

① 马德志等：《1953年安阳大司空村发掘报告》，《考古学报》1955年，第9册。

怪鸟负龙等，数量不多。一件浮雕玉凤，作侧身回首状，圆眼，短翅长尾，尾翎分开。胸前有两孔，腰间有一凸起的环钮，可佩戴，是装饰品（图6—47）。

玉龙在妇好墓中出土9件，其中圆雕3件，多作蟠曲状。编号为M5：408一件圆雕玉龙，呈墨绿色，头微昂，张口露牙，眼作目字形，龙身蟠卷右侧，尾尖内卷，身、尾饰菱形纹身三角纹，下颌正中有上下对称的小孔。造型生动（图6—48）。

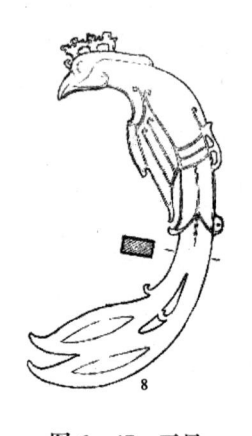

图6—47　玉凤

（《殷虚妇好墓》第165页图85∶8）

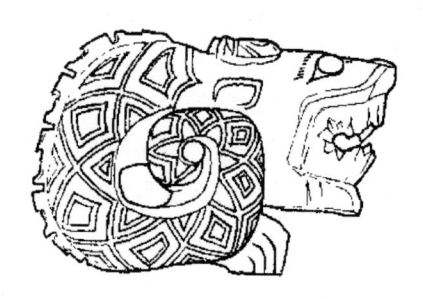

图6—48　玉龙

（《殷虚妇好墓》第157页图82∶4）

2. 头饰与冠饰

头饰主要是发笄，多数为平头无纹，少数笄头雕琢成夔形或鸟形，也有琢成卷云形或人形的。冠饰在20世纪30年代小屯M331中出土一组称之为"编珠鹰鱼饰"的头饰，由一枚雕鹰玉笄、十七条玉鱼和一百八十一颗绿松石珠组成，在其中的一条玉鱼上刻有"大示它"三字。在侯家庄M2099中出土的一件，略呈半月形，中间有两行几何形纹镂孔，边缘作齿牙状，沿冠内缘有许多绿松石片，当是帽子后面护领上的装饰品。[①]

3. 腕饰

只手镯一种。在妇好墓中出土18件，皆出于棺内，孔径最大6.7厘米，

[①] 石璋如：《殷代头饰举例》，《历史语言研究所集刊》第二十八本（下），1957年台北版，第637、631页。

最小的3.9厘米，一般在6厘米以上的，可适于成人佩戴，5厘米左右的只适宜儿童佩戴。

4. 坠饰

数量较多，大致有两种形式：一种作直筒形，有些表面琢有蝉纹或弦纹，多数有坠痕，长度以5—6厘米居多；另一种作矮筒形，壁孔也有坠痕，长2—3厘米。

5. 串珠

有管状和圆形两种，当是挂于项上的颈饰，一般无纹饰，但都较光润。

6. 用途不甚清楚的玉饰

按外形的不同，可名之为圆箍形饰、长条形饰、圆棒形饰、圆管形饰、侧身人形饰等，此外，还有多种形状的玉片，当是做镶嵌用的。

（六）艺术品

数量甚少。此类玉器都是无孔眼或榫头，不能佩戴或镶嵌，只能做摆设观赏用。这类器物一般玉质都较好，雕琢精细，如妇好墓出土一件圆雕蟠伏玉龙，形象凝重端庄，刻纹精细。同墓出土的一件龙角玉虎，企望虎能腾云升天，颇具神秘感。

（七）杂器

凡不能归入以上六类的，均为杂器。如妇好墓中出土的扳指儿、玉链、玉珌、器座形器、曲尺形器、匕首形器、柱状或长条柄形器等，其中有些器的用途现在还不清楚。[①]

二 商代玉器的原料产地

我国境内玉石的产地，据古书记载遍于全国各地。[②] 商代玉工们所用的玉料，其来源也应是多源的。在商代后期王都的安阳殷墟，王室所使用玉器的玉料，有相当部分是产自今新疆和田地区的和田玉石。1976年妇好墓发现后，考古所将此墓中出土的三百件玉器请北京玉器厂及安阳玉雕厂的技师进

---

① 中国社会科学院考古研究所：《殷墟的发现与研究》，科学出版社1994年版，第328—353页。陈志达：《夏商玉器综述》，载《中国玉器全集·商西周》(2)，锦华国际有限公司1994年版。

② 周南泉：《中国古玉料定义和产地考》，《文博》1988年第1期。

行初步鉴定，鉴定的结论认为，大部分为软玉，少数属硅质板岩和大理岩。曲石说，在妇好墓中，"出土的七百多件玉器经鉴定其质料大部分为青玉、白玉；青白玉较少，黄玉、墨玉、糖玉更少。这几种玉料大都是新疆所产"。① 从被化验的五件妇好墓出土玉器的化学成分，与今日和田玉的化学成分相比较，也得到相同的结论。下面是五件妇好墓出土的玉器化学成分和新疆和田玉、河南省南阳独山玉和辽宁省岫岩玉的化学成分表（见表6—11）。②

　　从表6—11的化学成分可以看出，已化验的5件妇好墓出土的玉器，皆与今新疆和田玉成分相近，而与岫岩玉、独山玉都不同，申斌说妇好墓中玉器的制作原料产于新疆和田应是无疑义的。③ 这个鉴定结论也得到现今研究玉器学者的认可，杨伯达指出，妇好墓中所出土的三件小型玉雕（编号为M5：393、394、419）是和田籽玉。④ 而殷墟历年所出土的羊脂玉、青白玉、黄玉、墨玉制品，学者认为亦是新疆的和田玉。⑤ 在殷墟妇好墓旁的M18中，出土的一件绿色玉戈，经鉴定是新疆青玉。⑥

　　河南本省也产玉，且开采亦很早，考古发掘证实，在独山玉、淅川玉、密山玉及陕西的蓝田玉、辽宁的岫岩玉产地附近，发现的新石器时代遗址中，出土的玉器制品，经观察，就是当地的玉石制造的。⑦ 曲石认为，在妇好墓中"还有质地近似岫岩玉、独玉以及孔雀石、玛瑙、大理岩类玉石"。又说，商代玉器中那些"以深浅不同的绿色为主，有墨绿、淡绿、黄绿、茶

---

① 陈志达：《夏商玉器综述》，载《中国玉器全集·商西周》（2），锦华国际有限公司1994年版。

② 资料来源：张培善：《安阳殷墟妇好墓中玉器宝石的鉴定》，《考古》1982年第2期；申斌：《应用理化检测法确定殷墟妇好墓玉器原料产地》，《文物保护与考古科学》第3卷第1期，1991年6月（上海博物馆）。

③ 申斌：《应用理化检测法确定殷墟妇好墓玉器原料产地》，《文物保护与考古科学》第3卷第1期，1991年。

④ 杨伯达：《中国古代玉器概述》，载《中国玉器全集·原始社会》，河北美术出版社1992年版。

⑤ 曲石：《关于我国古代玉器材料问题》，《文物》1987年第4期。

⑥ 中国社会科学院考古研究所安阳工作队：《安阳小屯北的两座殷代墓》，《考古》1981年第4期。

⑦ 贾峨：《关于河南出土东周玉器的几个问题》，《文物》1983年第4期。

表6—11　妇好墓出土玉器与和田、岫岩玉化学成分比较表

玉器名称		标本号	化学成分									
			SiO_2	TiO_2	Al_2O_3	Fe_2O_3	FeO	MgO	MnO	CaO	Na_2O	K_2O	P_2O_5	F
妇好墓玉器		M5:07	52.92	—	2.90	0.66	0.22	25.32	0.10	11.88	3.00	0.18	0.80	0.25
		M5:1511	57.71	—	1.06	0.45	0.50	24.71	0.10	12.73	0.70	—	0.012	
		M5:1439	59.00	—	0.72	0.07	0.32	25.31	0.02	12.61	0.48	—	0.026	
		M5:017	57.14	0.016	1.00	0.83	0.47	24.71	0.05	12.73	0.48	—	0.14	
		M5:021	57.34	0.016	0.52	2.15	0.41	24.40	0.15	12.73	0.38	—	0.18	
		五件平均值	56.83	0.016	1.24	0.83	0.39	24.89	0.08	12.54	1.01	0.04	0.28	
和田玉		七件平均值	54.57	—	1.27	1.40	1.13	22.10	0.08	16.49	0.33	0.14	0.17	
岫岩玉		42.80		—	0.51	1.33	1.07	40.75	0.02	0.50	0.32	0.10	0.11	
独山玉		六件平均值	44.72	—	29.73	0.72	0.58	2.33	—	19.33	0.67	0.67		

绿，而其他颜色很少，这一特征正与河南所产以绿色为主的南阳独玉、翠绿色的密县玉、黄绿色的淅川玉、黑绿色的墨碧玉，从色泽上相吻合。由此推断，商代玉材的主要来源是近地采掘"①。鉴定者仅凭肉眼观察和个人经验，不能作为定论。但从表6—11的化学成分知，所化验的五件妇好墓中玉器都是新疆和田玉。在江西新干大洋洲商代大墓中出土的一千多件玉器中，经鉴定也有和田玉石制品。②是在商代，今日新疆和田产的玉石，就已经运至中原各地而为贵族们所喜好。从商代（或者更在其前的新石器时代）新疆的和田玉石就被运到内地，至晚在商代就应存在一条从和田到内地（今河南安阳、江西新干）运输玉料的"玉石之路"，③它比汉代开辟的"丝绸之路"要早一千多年。有学者认为这条"玉石之路"，"是从黄河中游，经山西境内，至鄂尔多斯，然后向西通过河西走廊，最后抵达塔里木盆地西部的和阗"。④其实，这就是《穆天子传》中所讲的周穆王前往昆仑与西王母相会所走的路线。从现今的考古文化遗迹大致可看出，新疆和硕和罗布泊境内分布有新石器时代和夏、商时代某些少数部族的遗存，而在其东南甘肃的玉门、酒泉、民乐、永靖一线分布有古代羌族的遗存。因此说，夏商时期，距中原遥远的新疆也不是不毛之地。由此推测，殷商时期，新疆和田玉进入中原地区极有可能沿着河西走廊这条路线而辗转输入的。⑤

三 制玉工艺

制造玉器有一特别专用字"琢"，称为"琢玉"，所谓"玉不琢，不成器"。"琢玉"一词，表示了玉器加工制造的精度和难度。琢玉的工艺有切割、钻孔、雕花、磨光等几道工序。

---

① 曲石：《关于我国古代玉器材料问题》，《文物》1987年第4期。
② 陈聚兴：《新干商代大墓玉器鉴定》，见《新干商代大墓》，文物出版社1997年版，第306页。
③ 杨伯达：《中国古代玉器概述》，载《中国玉器全集·原始社会》，河北美术出版社1992年版。
④ 贾峨：《关于春秋战国时代玉器三个问题的探讨》，邓聪编《东亚玉器》第二册，香港中文大学中国考古艺术研究中心1998年版，第67—68页。
⑤ 陈志达：《殷墟玉器的玉料及其相关问题》，载《商承祚教授百年诞辰纪念文集》，文物出版社2003年版。

（一）切割

切割玉料是制造玉器的第一步，被称作"开料"。商代的玉器以平面的浮雕、阴线刻纹为主，其形体为扁平体，如玉璧、玦、环、瑗、璜等，其次是立体的圆雕。

扁平体的玉器是将玉石矿料切割成片状，然后作进一步加工。夏鼐说若遇到较大的玉料，"古代的玉匠常把它们锯成薄片，然后将薄片周缘琢出轮廓线，再在一面或两面磨琢出花纹"。① 商代玉匠们也是将玉石矿料先切割成薄片后，视玉料片的形状进行设计，再作进一步的器件加工。立体的圆雕，"就是砾石形玉料的原来形状和大小设计造形，以省切削琢磨的劳力"。② 有的认为，圆雕是先将玉料切割成圆柱体或立方体后，再进行细部雕琢而成器，如玉琮、玉簋及人物、动物形象的立体圆雕作品，就是这样制成的。③

切割玉料的工具有两种：硬性的片状物和柔性的线状物。

硬性片状物最早是石、玉质的刀、锯，称为片切割。《诗经·小雅·鹤鸣》"它山之石，可以攻玉"，石可以作为制玉的工具，是来自实践。1998年南京博物院考古研究所对江苏句容市丁沙地遗址第二次发掘时，发现一良渚文化晚期的制玉作坊遗址，在不少的玉料上留下片切割痕或线切割痕。在17件玉料上留有"V"形的凹槽，此即硬性片状物切割痕迹。发掘者认为，这是使用硬度较高的片状砂岩质石锯双面对切，最后通过敲击完成切割工作。在该遗址内发现5件片切割工具，4件为砂质岩，1件含铁量较大。形制有两种，一种为方形扁平体，两面刃；一种为三角形，有一件三角形切割器与带片切割痕的玉料同地出土，当是使用这一工具切割的。④ 用硬性片状物切割的痕迹，在殷墟已有发现，如在妇好墓出土的一件玉瑗（M5：913），一面中部两边的"肉"上，各有一条切割痕。切割痕均为两端窄中间宽，中宽为0.5厘米，两端宽为0.3—0.4厘米，中心部位深0.15厘米。⑤ 这是用硬性工具切割留下的痕迹。商代硬性片状物可能已主要使用砣子这种工具。砣

---

① 夏鼐：《有关安阳殷墟玉器的几个问题》，载《殷墟玉器》，文物出版社1982年版。
② 同上。
③ 赵铨：《绚丽多彩的殷代玉雕艺术》，载《殷墟玉器》，文物出版社1982年版。
④ 南京市博物院考古研究所：《江苏句容丁沙地遗址第二次发掘简报》，《考古》2001年第5期。
⑤ 陈志达：《殷代玉器的工艺考察》，《中国考古学研究》，文物出版社1986年版。

子的形状像长脚大头钉，将长脚装在能转动的辘轳的一端，用脚踏辘轳使转动的大头切割玉料。今日所见商代的一些玉器上留有同心圆，如妇好墓中一件玉璧（M5：588）上，两面各有同心圆三组，每组三周，每周的间距0.1—0.2厘米，布局匀称；一件玉戚（M5：560）的表面有宽窄不一的弧形线八条，其弧度可复原成直径约17厘米的圆周，这应是使用砣子之类的工具开料留下的痕迹。另外，大量玉器表面的花纹，其线条大多作弧形，线与线结合紧密，线条柔和流畅，大概也是用砣子琢出的。[①] 但是，这种工具今日仍未有发现过。无论是石刀还是砣子，在切割玉料时，都要用一种称为"解玉砂"的中介物质。明代宋应星《天工开物》绘有一幅用铁制的砣子切割玉料图（图6—49），并说："凡玉初剖时，冶铁为圆盘，以盆水盛沙，

图6—49　《天工开物》琢玉图

（《天工开物》岳麓书社2002年版第416页）

---

① 中国社会科学院考古研究所：《殷墟的发现与研究》，科学出版社1994年版，第327页。

足踏圆盘使转，添沙剖玉，逐忽划断。中国解玉沙，出顺天玉田与真定邢台两邑。其沙非河中出，有泉流出，精粹如面，藉以攻玉，永无耗折。"顺天玉田即今河北省玉田县，真定邢台即今河北省邢台市。解玉砂是天然的石英砂（硬度为7度）、石榴子砂（6.5—7.5度）、刚玉砂（9度）。[①] 这些砂的硬度都比和田玉大（和田玉的硬度为6.5—6.9度之间），故能"藉以攻玉，永无耗折"。据台湾大学的钱宪和研究，良渚文化的玉匠们，就已知用"嵌有琢玉砂的工具来雕琢玉器"。[②]

柔性线状物切割法，也是在原始社会时期就已经使用的一种切割玉料的方法。线切割留下的痕迹有两个特点：一是凹槽呈"U"字形；一是切割线有一定的弧度。良渚文化玉器已确认采用了线割法开料，在上举丁沙地良渚文化遗址里，发现用线切割痕的玉料10件，玉料面上留有弧线凹槽，且凹槽呈"U"字形。[③] 有学者认为，线切割法是"崧泽文化的首创"。在崧泽遗址出土一件玉璜（M91—3）的一面上，几乎布满了起伏不平的凹弧痕，这是线割留下的痕迹。这种切割痕在崧泽玉器上相当少见，故应是刚发明此法。[④] 崧泽文化的年代为距今5900—5300年，比良渚文化（距今5300—4000年）早。到良渚文化时期，此种切割法就较普遍地使用了。商代的玉器打磨比较光滑，开料痕迹留下很少，不过在少数玉器上还是留下一些作弧形线状的切割痕，如妇好墓中出土的4件玉璜（标本1426、1427、1113、1115，图版一〇二：3、一〇三：1），一件玉兔（标本471，图版一三八：3上）和在一些玉璧、瑗、环（如M：5，标本489的Ⅱ式瑗）上，其上的弧形曲线，显非装饰花纹而应是线切割留下的痕迹。

用线切割，玉工们称为"拉丝"开料。直到20世纪40年代，苏州的玉匠们在解玉料时，是把"玉璞安放在架上，不时需要蘸水抹砂（解玉砂或金

[①] 唐延龄等：《中国和田玉》，新疆人民出版社、台北地球出版社1994年版。

[②] 钱宪和：《古玉之矿物学研究》，邓聪编《东亚玉器》第二册，香港中文大学中国考古艺术研究中心1998年版，第229页。

[③] 南京市博物院考古研究所：《江苏句容丁沙地遗址第二次发掘简报》，《考古》2001年第5期。

[④] 张明华：《崧泽玉器考略》，邓聪编《东亚玉器》第一册，香港中文大学中国考古艺术研究中心1998年版，第247—249页。

刚砂），并由两人慢慢拉动钢丝绞成的弓锯，把玉解成小块或片子"。① 此法显然是承袭古代线切割法而来的，只是将有机物的线改成钢丝。

（二）钻孔

在商代玉器上，大多都有一二个甚至有三个大小不同的圆孔。据观察钻孔技术有桯钻和管钻两种。"桯钻"是用细棍状的钻子钻孔（称为"桯子"），"桯钻"的钻头，应是在商代遗址和墓葬中所出的青铜钻，而今人称之为"桯子"。较小的圆孔，就是用桯钻法钻成的。

"管钻"的工具是圆形中空的管子，这类钻头，目前制玉工厂中仍在使用（图6—50）。② 管钻的管壁薄，当是青铜制造的。但这种青铜管至今还未发现过。商代玉器上较大的一些孔，都应是用"管钻"从两面对钻而成的。

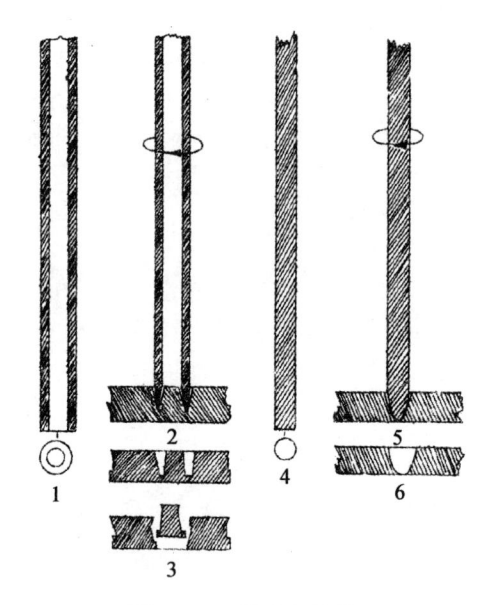

图6—50 钻头与钻孔

1. 管钻头　2. 管钻在使用中管理磨损　3. 管钻打出的孔形断面
4. 桯钻头　5. 桯钻在使用中头部边棱磨损　6. 桯钻打出的孔形断面

商代玉器上常有封闭式及半封闭式的镂孔，如妇好墓中的一件玉盘（标

---

① 陈廉贞：《苏州琢玉工艺》，《文物》1959年第4期。
② 北京市玉器厂技术研究：《对商代琢玉工艺的一些看法》，《考古》1970年第4期。

本16，图版八三：4)圈足上的一周封闭"十"字形镂孔、一件玉梳（标本512，图版一二八：2)半封闭式镂孔花纹、长条形的镂孔玉片（图版一六三：3，4)等。封闭式镂孔，大概是先在相应的部位上钻一个或数个孔，然后用"锼弓子"之类的工具向外侧锼出所需要的形状；半封闭式镂孔也要钻孔，钻好孔后，再用锼弓子由孔壁向外侧和右玉版外侧向内锼出所需要的形式。①

（三）雕琢花纹

雕琢花纹是琢玉工艺中最关键的一环。雕琢花纹首先要视玉料而对所要制的器物进行设计，将设计好的器形作出毛样，再将所要雕琢的花纹绘在毛样上，工匠们按照图样琢刻。商代玉器上的花纹是用阳线、阴线、浮雕和镂孔透雕等工艺手法雕琢而成的。其纹饰有饕餮、兽面、云纹、雷纹等，雕刻这些图案纹饰，难度很大。

据观察，阳线纹的琢刻法有二：一是沿预先绘的纹样两侧边缘，分别刻出阴线，即所称的"双阴线"，再将阴线外侧加以修磨成斜面，阳线效果就显露出来了；一是磨去纹样周缘的玉面，使纹饰凸显出来，就成为浅浮雕作品。阴线纹的雕刻被称为"勾彻法"，其实也是两种雕刻手法：一是直接沿绘制的花纹线刻入，使成阴线，玉工们称为"勾"；一是将刻出的阴线一侧或两侧再加修磨，使成小斜面，玉工们称为"彻"。镂孔花纹的琢刻法，在上面的钻孔法中已说过了，故此从略。

在商代雕刻玉器花纹的工具，据北京玉器厂技术研究室的观察研究，是用安装在简单车床上的圆形工具，用不停地转动来琢制成的。其理由是：一，玉质矿料硬度大，当时没有如今的金刚钻或合金钢，单靠青铜刀是雕刻不出来的。这些线条或者只有用青铜薄片，蘸着解玉砂在玉料上来回地长久摩擦而成。但是此法对于直线有用，而对弯曲度大的线条，如兽面的鼻翼、眼睛等，则根本不可能有来回摩擦的余地。二，在一些阴刻线纹中发现，线条从中间到两端其深度越来越浅，宽度越来越窄，形成一定的"波面弧形"。这种现象是用圆形工具琢制时留下的痕迹，因为转动着的圆形工具，在琢制线端时，不可能琢制出深度一致的垂直角度来。② 这一分析是合理的。

---

① 陈志达：《夏商玉器综述》，载《中国玉器全集·商西周》(2)，锦华国际有限公司1994年版。
② 北京市玉器厂技术研究室：《对商代琢玉工艺的一些初步看法》，《考古》1976年第4期。

（四）抛光

商代玉器多数晶莹剔透，光洁度很高，显示出很高的抛光技术水平。有学者认为商代"可能用兽皮作主要材料，蘸拌水的细砂对玉面进行抛光"[①]。商代制玉业中磨制技术不仅表现在玉器的光洁度上，还表现在用于镶嵌的细小如米粒的绿松石片上，都有一定的形状，如殷墟妇好墓中出土的象牙杯表面的花纹中镶嵌的绿松石，是先在杯身上按花纹刻出凹槽，再按花纹凹槽做绿松石片，然后镶嵌到凹槽内。这些绿松石片表面光滑，其磨制难度相当大。

（五）艺术造型

商代的玉器，特别是到了商代后期，不但琢制精细，种类多，而且造型丰富多彩。商代玉器的造型，除吸取传统玉器的造型（如礼器、兵器、工具等）和仿青铜器造型（如簋）外，还突破传统造型格式，创作出了人像、动物的圆雕作品。玉工们能按照片状或圆柱状不同的玉石料，设计出所要制作的动物或人物，抓住其特征，用准确的外轮廓线，勾勒出生动的艺术形象，并在取材构思上各具特色，给人以强烈的艺术感染力，如妇好墓中出土的两只小象（M5：510、511），玉工准确地把握住了幼象憨态的特征：浑圆的身体，下垂的大耳，粗短的四肢，卷曲的长鼻，再在周身饰以卷曲的云纹，使小象显得娇憨活泼，逗人喜爱；两只玉鹤（M5：416、437）颈部下曲，两翼微张而伫立，像是刚出水面梳理身上羽毛的神态；人像（M5：371—376）或跪踞或站立，神态各异，面部表情不同等等。在商代后期，玉器的造型可以说已达于很完美的程度，据推测，在琢制前应有一设计"稿本"，然后绘于玉料上，再加细琢，因而使制品形象生动，线条流畅，整体和谐完美。[②]

（六）"巧色"玉和"活链"玉

最能显示商代琢玉工艺技术的是"巧色"工艺和"活链"技术。

所谓"巧色"（也称作"俏色"），就是利用玉料天然色泽纹理，别出心裁，因料制宜，将颜色变异处，恰到好处地琢成相应部位，使其与作品融为一体。出于巧妙地利用颜色变异，故称为"巧色"。巧色玉是玉石工艺独有的一种表现形式，是玉石行业难度极高的绝活，需要运用玉雕艺术的全部技巧，同时还必须掌握巧色玉雕的绝妙技术。在河南安阳殷墟妇好墓中已出现

[①] 陈志达：《殷代玉器的工艺考察》，《中国考古学研究》，文物出版社1986年版。

[②] 赵佺：《绚丽多彩的殷代玉雕艺术》，《殷墟玉器》，文物出版社1982年版，第19—24页。

"巧色"的制品，如标本374为一圆雕玉人[①]，头为棕褐色，两眼与方脸呈黑色，眼窝深陷，未雕出眼珠，似盲人，形象毕似。有人认为此玉人头与两眼所呈黑色，可能是有意识地利用了玉料的自然色。1975年在小屯村北的11号房中，出土一件圆雕玉鳖，背中呈黑色，头、颈和腹部呈灰色[②]。同出的一件圆雕石鳖，背甲、双目、爪均呈褐色，微发黑，腹部呈肉色。显得很丰满。其色调与真鳖无异，配合绝妙，是很出色的"巧色"作品。以前传统的看法是，我国琢玉工艺中的"巧色"作品是近代才有的一种技术创造。1970年西安何家村唐代一窖藏中出土一件玛瑙"牛角杯"，其作品的造型和颜色配衬得很合理，被认为是一件"巧色"作品。从而将"巧色"工艺创造提前到唐代。妇好墓时代为武丁时期，小屯村北11号房子，时代为帝乙帝辛时期，属商代晚期，这几件玉器作品的出土，把我国"巧色"玉器作品的工艺创造，提早到了3000年前的商代晚期。

"活链"玉就是在一块整玉上，用特别的方法，琢出数环相扣、伸缩自如的链条。在妇好墓中，出土一件玉链，为大小两环相套合。两环均呈椭圆形，大环长径3.3厘米、高0.7厘米，小环长径2.6厘米、高0.9厘米。小环无缺口，大环的短边一侧有一口宽0.7厘米的缺口，恰可套入小环内。两环相套后长5厘米。[③] 因一环有缺口而使另一环套合，这还不是真正意义上的活链。1989年在江西新干大洋洲的商代大墓中，出土一件兽面羽人玉制品，在高冠后部雕琢出三环相扣的活链拖垂于后背，链环大小、粗细、形状几乎一致。[④] 这是我国迄今发现的时代最早的一件活链玉器制品（见后"方国经济"章）。

四 制玉作坊

商代玉器，特别是殷墟时期，出土已超过两千件以上，而据《逸周书·

---

① 见中国社会科学院考古研究所：《殷墟玉器》，文物出版社1982年版，图版107、108。
② 同上书，图版67。
③ 中国社会科学院考古研究所：《殷虚妇好墓》，文物出版社1980年版，第195页图版一六六：2。
④ 江西省文物考古研究所等：《新干商代大墓》，文物出版社1997年版，第159页，图八〇：1、2；彩版四六；图版六四：2。彭适凡：《新干商代玉器琢制工艺初探》，邓聪编《东亚玉器》第二册，香港中文大学中国考古艺术研究中心1998年版。

世俘》篇里记载，殷纣王的仓库中有19万多块玉器，妇好墓中所出土的玉器就有755件。妇好只是一王室女性成员，商王们的墓中随葬的玉器，超过此墓的不知凡几？但这些墓皆被盗一空，无由知其详，妇好墓是偶然保存下来未被盗的几座随葬品丰富的墓。由此知王室成员用玉的情况。商代用玉量如此之大，且玉器制作的难度又很大，所以，没有专门的玉工和专门的制玉器作坊是不可能有如此众多和精美的玉器产品的。

制作玉器的作坊，在安阳殷墟已发现一处。1975年冬，中国社科院考古所在小屯村北约40米处，发掘出了一座长方形房屋遗址。此房南北长5.95米、宽2.5米，门向南，内分为前后两室。在房屋内出土圆锥形石料600多块，多残断，表面有加工过的锉痕。有略呈长方形的磨石260余块。还出土有玉料、石料及玉、石制品的成品和半成品，如玉龟、玉鳖、石鳖等，前面指出的商代"巧色"玉器作品，就是出土于此房屋内。① 这应该就是商代后期的一处制玉器的作坊遗址。

第七节　骨角牙器制造

骨牙角器是指用兽骨（也有人骨）、兽牙、兽角制造的用器。商代的日用器具中，除铜、陶、石质料制品外，就应数骨料制品了，所以我们要对其作专门研究。

一　广泛使用的骨制品

商代虽然已经是比较发达的青铜时代，但由于铜料来源有限，而铸造、制作铜器又不是一般人都能制铸的，所以青铜器又不是一般民众所能获得。青铜器的主要制品是礼器和兵器，因而一般日用器具和生产工具中，还是以非金属的木、石、骨、蚌质为主。

考古发掘中，骨器往往是出土数量最多的一种遗物，与陶器、石器处于同样的地位。如1953—1954年对郑州二里岗商代遗址发掘时，出土陶器

---

① 中国社会科学院考古研究所安阳发掘队：《1975年安阳殷墟的新发现》，《考古》1976年第4期。

2431件，陶片180072片，石器480件，骨器110件，骨料23918片。① 在安阳殷墟的苗圃北地，1958—1963年发掘时，出土完整陶器600余件，陶片十余万片，石器209件，骨器1439件。②

商代遗址所出遗物中，骨器不仅数量多，且使用范围广，这从骨器制品的种类就可观其大概。现将郑州二里岗、安阳苗圃北地两处商代遗址所出骨器分类情况列于下，③ 以观其梗概：

郑州二里岗遗址　生产工具：锥（13）、匕（149）、铲（16）；武器：镞（70）；生活日用品：笄（258）、针（28）、管（5）。

安阳苗圃期　生产工具：锥（295）、匕（122）、刀（7）、铲（11）、凿（16）、制陶工具（7）；武器：镞（174）、戈（1）；生活日用器：笄（763）、针（30）、梳（1）、花骨（4）、环（2）；杂器：筒（2）、片（2）、圆锥形器（2）、穿孔器（2）。

从上举两遗址出土的骨器种类看出，骨器在商人生活中的各个领域内都在使用。其中又主要集中在笄、锥、镞几个种类上。

骨锥在各处商代遗址里出土的数量都相当不少，主要是兽骨制的，也有兽角制的。制作工艺一般不甚精致，有的甚至很粗糙，只使其尖光滑，其大小正可以手握把持。骨锥的用途学者间有不同的认识，我们认为它应是农业生产中的播种用具。手持骨锥，撬开泥土播下种子，顺手盖上土，既轻巧又方便。

笄是一种束发器。从出土数量来看，是骨制品的主要产品之一。如郑州商城紫荆山北二里岗下层二期和二里岗上层一期的制骨遗址内，所制骨器的成品及半成品都是以笄（报告称簪）为最多，在二里岗上层一期的遗址内出土骨笄328件。④ 在安阳大司空村是殷墟时期规模较大的制骨作坊，制骨半成品以笄杆和笄帽占大部分，同郑州商城和安阳大司空村的骨料中多笄帽、笄杆是一致的，"也许这是一处以生产骨笄为主的制骨作坊"。北辛庄的制骨

---

① 河南省文化局文物工作队：《郑州二里岗》，科学出版社1959年版，第17页表4，第18页表5、6，第19页表7，第33页表14，第35页，第36页表17。

② 中国社会科学院考古研究所：《殷墟发掘报告（1958—1961）》，文物出版社1987年版，第128、171、182页。

③ 材料分别见《郑州二里岗》、《殷墟发掘报告（1958—1961）》两书。

④ 河南省文物考古研究所：《郑州商城》，文物出版社2001年版，第468、474—475、829页。

作坊内"出土的骨半成品,以笄杆和笄帽为最多……这一作坊的主要产品是骨笄"。① 商人流行束发,人人必用,故出土特别多。在妇好墓中,就出土495件,大部分装在一个木匣子里随葬。② 在安阳苗圃期的遗址内出土763件,在郭家庄M160号墓内,三个殉葬人的头顶上都有一件骨笄。③ 可见上自贵族,下至殉葬的奴隶,都使用这种束发器。但是在商代的墓葬里,却很少发现有用笄随葬的现象,如郑州二里岗下层二期清理的3座随葬铜器的墓及13座随葬陶器的墓里,无一座墓随葬笄,二里岗上层一期随葬铜器的墓16座,只一座墓里随葬骨笄2件,以随葬陶器为主的墓22座,只有一座墓内随葬玉笄1件。在1958—1961年发掘殷墟时,清理中、小墓葬302座,随葬有骨笄的只3座。1969—1979年发掘安阳西区939座中、小墓中,随葬骨笄的墓仅5座。郭家庄中小墓184座,只在一座墓里随葬有一件骨笄。郭家庄M160号大墓墓主人随葬品中并无笄这种器物,所出3支骨笄皆殉葬人头部,应属殉葬人所有。妇好墓出土499件骨笄,都发现于距墓口深5.6米的墓室中部偏南处,除49件圆盖形骨笄凌乱地放在"木匣"之南外,其余的似都装在木匣内。墓主人的头部并无骨笄。有28支玉笄,"均出于棺内北端,具体位置不清楚"。数达28支之多,似也不是戴在死者头上的,而应同499件骨笄一样,是作为财富随葬的。遗址里发现大量骨笄,制骨作坊里主要制造骨笄,而墓葬内的随葬品中却很少有骨笄,说明笄是商时人们生时使用的,死后却不用以随葬。这大致是商人有死后埋葬时要把生时被束着的发解开再下葬的习俗。迄今迷信的人谈到鬼时,还是以"披头散发"来描述其形状,其来当有源。

  笄的形制多样,当然有一个发展过程。在商代中期的郑州二里岗出土的骨笄,顶端无另外加制作的笄帽,只将顶磨成平齐即可。到安阳殷墟时期,笄帽的变化多样,帽和杆身有的已分开制造。帽的花纹,样式繁复,有齐头式、鸟头形式、鸡冠形式、夔头形式、"羊"字形式、"干"字形式等等,甚至有的帽上还镶嵌绿松石(图6—51)。

---

  ① 中国社会科学院考古研究所:《殷墟发掘报告》,文物出版社1987年版,第82页。
  ② 中国社会科学院考古研究所:《殷虚妇好墓》,文物出版社1980年版,第208页。
  ③ 中国社会科学院考古研究所:《安阳殷墟郭家庄商代墓葬》,中国大百科全书出版社1989年版,第123页。

图 6—51 妇好墓出土的骨笄

（《殷虚妇好墓》第 209 页图 104：8，211 页图 105：1、14，213 页图 106：1 组合）

镞是兵器，也是狩猎工具。骨镞在新石器时代已广泛使用，商代人们虽有铜镞，但一般人还是用不起。因镞不比戈、矛、刀等兵器，一支在手可以长期反复使用。镞是消耗性兵器，一次性使用，故商代一般人还是使用非金属的石、蚌、骨镞等。骨镞与新石器时代的样式大体相同，但已有所改进，在藁城台西和安阳殷墟等遗址中出土带翼形骨镞，就是仿青铜镞式样，不见于新石器时代的新品种。[①] 从整体上看。骨镞的制作也较为精细，尖端磨制更锋利，增加了杀伤力。

骨匕系用兽的肋骨或肢骨制成，一般为长条扁平形，通体磨制光滑、一端有弧形刃，少数为凹形刃，也有两端为刃的。骨匕长短不一，长者有近 30 厘米，短的仅 5—6 厘米。二里岗出土一件（H10：66）长仅 1.59 厘米，是为特殊者。其宽一般约 2 厘米，厚 0.2—0.6 厘米，有的一端还有小孔。骨匕的用途或认为是取食器，或认为是与纺织有关的工具。[②] 河北省文物考古研究所的唐云明走访保定化纤厂时，在丝纺车间所见割丝工具，竟与藁城台

---

① 中国社会科学院考古研究所安阳发掘队：《1975 年安阳殷墟的新发现》，《考古》1976 年第 4 期。

② 王若愚：《从台西村出土的商代织物和纺织工具谈当时的纺织》，《文物》1979 年第 6 期。

西商代遗址出土的骨匕形制完全一样,工人称之为"骨刀",也是用牛肋骨做成,一般长16厘米、宽约2厘米。骨匕作为食具一说,著名考古学家梁思永先生早已有所怀疑。1937年在领导发掘安阳侯家庄西北岗时,就曾指出,这类器"从未与食器同出。又出时成丛,有时多至百枚",① 故列入生产工具类。骨匕制作精致,有的上面还雕刻有精美的花纹(图6—52)。

图6—52 妇好墓出土的雕花骨匕

(《殷虚妇好墓》第208页图103:1)

骨刀有用于切割用和雕刻用两种。安阳苗圃北地出土三件边刃带柄形,刀背平直,刀刃微凸,由两面磨成,与今日带柄刀相似。在藁城台西出土一种用猪下颌上端齿槽部分制成的刀,近似长方形,刃在一端,中间有一穿孔。这两种形制是用作切割用的。另一种是用动物的肋骨制成,又称为"刻刀",长条形,一端作刃,与今日的刻字刀相似。

骨针的形制有两种:其中一种是一端磨尖,一端带孔,与今日的缝纫用针相同。这种针在藁城台西和安阳商代后期遗址中都有出土。苗圃北地出土30件骨针,都有穿孔,一般长在4—7厘米之间,比今日缝衣针为粗大。② 另一种是两头磨尖,圆形,还有是一端磨尖,一端齐平,皆可归于无孔针类。甲骨文中有"衣"、"裘"字,是纺织品和兽皮缝制的衣服,其缝制工

---

① 梁思永:《梁思永考古学论文集》,科学出版社1959年版,第154页。
② 中国社会科学院考古研究所:《殷墟发掘报告(1958—1961年)》,文物出版社1987年版,第187页。

具，即是这种骨针。

骨铲乃是农业上的工具。在新石器时代人们就利用兽骨的肩胛骨作工具。像浙江河姆渡文化遗址中，骨耜有大量出土，就是用兽骨中的肩胛骨制作的。[①] 商代虽有青铜制的犁、铲、锸等农业生产工具，但还不能排斥非金属工具。然而骨铲数量从总的来看是减少了。

骨梳在各遗址中都有发现。在郑州出土一件商代骨梳上有13个齿。在妇好墓中出土的一件骨梳，呈方形，两侧刻出对称的锯齿形扉棱，顶端正中刻一小鸟，两面都刻有兽面纹花纹，齿均残断折，从残迹看，应有4根齿。

用骨料制作的装饰品，多种多样，如骨管，雕花骨板等。商承祚先生1933年所编《殷契佚存》就收录了3片雕花骨片，上面还契刻有关于田猎的卜辞（见该书第426、427、518片）。著名的"宰丰骨"板，一面刻字，一面雕花，是一件艺术珍品（图6—53）。1958—1961年，在安阳苗圃北地也发现4片，有刻兽面纹、"人"字纹等图案。妇好墓中出土两件长条形雕

图 6—53　宰丰雕花骨

（《殷契佚存》426、427、518）

---

① 浙江省文管会、浙江省博物馆：《河姆渡遗址第一期发掘报告》，《考古学报》1978年第1期。按：骨制的铲和耜在农业上的用途当是除草，骨质的坚韧度似不适合作为起土用工具的。

花骨板。新中国成立前"中央研究院"史语所发掘安阳侯家庄西北岗王陵大墓中，出雕花骨很多，有的花纹中还镶嵌绿松石，显得十分华丽。

商人占卜用的龟骨中，所用的骨也应是骨器的一种。从书写、篆刻用品来讲，所使的肩胛骨就是一种用器。卜骨上记录着占卜的内容，骨臼、骨面上的"记事"刻辞兽骨，都应是当时的书写用品。这显然是一种特殊的用品，但也应入骨器的行列中。这方面的用量相当大，在考古发掘中，用作占卜的牛胛骨出土数量多。上面未刻字的，一般弃而不计，就是其上契刻的有字甲骨，就不下 10 万片。①

二 骨器制造作坊

商代骨器用途广，需要量大，有的骨器制造需要较高的技术要求。如骨笄、骨匕、雕花和用于占卜、刻字的牛肩胛骨等，非一般人可以随意制造得出的。为保证满足社会需要的生产量和产品的质量，故骨器的生产，常在专门的作坊中进行，以便能集中技术力量。

商代制造骨器的作坊遗址，主要发现在郑州和安阳殷墟两地。

1954 年，在郑州商城北城墙外，发现一处制造骨器的作坊（今新华通讯社河南分社院内）。虽然发掘面积不大，却出土遗物十分丰富。在一个长方形竖井窖穴中，就出土上千件的骨器成品、半成品、带有锯痕的骨料、废料，以及 10 多块磨制骨器用的砺石，加工骨器用的青铜小刀等。骨器的成品和半成品以笄和镞为多，也有少量的骨锥和骨针。②

1974 年在郑州商城内的东北部城墙内，即今东里路一号院内，发现一条商代的壕沟。沟内堆积三堆人头盖骨，总数有近百个，以及少量的牛骨和猪骨。但没有发现人体的肢骨和肋骨。不少人头骨上有明显的锯痕，一般都在眉骨和耳根部上端横截锯开。经鉴定多半是青壮年男性。③

在商城东南的二里岗地区，1954 年发掘 53 条探沟，24 个灰坑中，除出土骨制成品外，还出土有相当多的"带有锯痕或残留的废骨料"，总计有

---

① 据胡厚宣先生统计，出土甲骨有 15 万多片。其中包括龟壳。若去掉龟壳，其中牛骨不会少于总数的一半。见《八十五年来甲骨文材料之再统计》，《史学月刊》1984 年第 5 期。
② 河南省文化局文物工作队：《郑州商代遗址的发掘》，《考古学报》1957 年第 1 期。
③ 河南省博物馆：《郑州商城遗址内发现商代夯土台基和奴隶头骨》，《文物》1974 年第 7 期。

32918块。① 这里也应是一个骨器制造场地，不然不会有半成品及带锯痕的废骨料。

在商代后期都城所在地的河南安阳殷墟范围内，已发现两处大的制骨作坊遗址，一处在大司空村，一处在北辛庄。

1958—1969年在大司空村的东南（今豫北纱厂内）发掘时，发现一处较大的制骨作坊遗迹。遗址西北距大司空村约600余米，南邻洹水，被编为第四发掘区，发掘面积为250平方米。探测此地有商代文化遗迹范围可达1380平方米。在已发掘的范围内，发现房子1座，夯土基址1座，灰坑12个，骨料坑12个，其中11个骨料坑在房子附近。在这一地区散于各灰坑、文化层内的骨料、制骨工具比比皆是。此处无疑是商时的一处大型制骨作坊。

在12个骨料坑内所出骨料，大致可分为两类：一种是以堆积兽类的肱骨、股骨的臼和蹄骨等废料为主的坑；另一种是堆积骨料、半成品和碎料为主的坑。可见废料与备用料是分开堆放的。据初步统计，此地出骨料、半成品、废料达35000多块。② 骨器半成品以笄杆和笄帽为主；其次是骨锥，而镞和匕少见。

1959年在殷墟西部的北辛庄南300余米处，也发现一制骨作坊遗址。此次发掘清理房基址1座，骨料坑1个。在骨料坑中，出土骨料5110块，以及骨笄帽、骨镞、骨针及石刀、石钻、磨石、残铜锯和陶器等物。此地已钻探出7个骨料坑，因修建安阳钢铁厂基建任务紧迫，只清理了其中1个坑，其余6个坑未予清理。③ 已清理的一坑出土5100多块骨料，总计7个坑中所有骨料亦当在35000块以上，④ 其总数也不会比大司空村少。从此地所出骨料及半成品观察，也应是一处以制造骨笄为主的大型作坊。⑤

上述已发现的几处制骨作坊遗址中，皆以制骨笄为主，郑州商城北部有制镞的作坊。商代骨器，种类繁多，像骨匕、针、梳、雕花骨等，都需要有一定的专门技术，才能制造，而制造这些器物未见在已发掘的作坊内制作，

---

① 河南省文物工作队：《郑州二里岗》，科学出版社1959年版，第35页。

② 中国社会科学院考古研究所：《殷墟发掘报告（1958—1968）》，文物出版社1987年版，第80页。

③ 同上书，第87—89页。

④ 同上书，第79—80页。

⑤ 同上书，第86页。

当是另有专门的作坊,惜今还没有被发现出来。郑州商城内东北处,即今东里路1号院内的壕沟,这里只有锯截人头骨制作骨器而无人的四肢骨;但在城北即今新华通讯社河南分社院内发现的制骨作坊内,其骨料经鉴定一半以上是人的四肢骨。① 从骨器的制造上看,这两处作坊所制器不同,反映骨器制造业的内部已有进一步分工,也属商时一独立的手工业部门。

三 制造骨器的材料

制造骨器的材料,主要是牛这类大牲畜的骨骼,也有猪、羊、狗及鹿的,如在安阳苗圃北地出土的11件骨铲中,9件是用牛的牙床骨制成,2件是用牛的肩胛骨制成。

除了使用动物骨骼制成骨器外,在商代中期还使用人的骨骼制造日用器具。前已指出,在郑州商城内东北的壕沟内有百余具人头盖器,城外作坊骨料经鉴定在1000余件骨料、半成品及废料中,竟有一半以上是人骨,闻之令人毛骨悚然!

商代统治阶级用人骨作材料,也见于甲骨文中。在甲骨文中发现有"人头刻辞",即在人的头盖骨上刻字,目前已发现11块,如上刻"白"、"方白用"、"人方白……祖乙戉"等字,乃是将敌对方国灭亡后,用其首领的头祭祖,再将其头骨之人名及有关事刻于其上,以炫耀其武功。②

从骨料和半成品及成品骨器分析,商代的工匠们善于根据骨骼的不同部位,巧妙地取材、构思,制造出各种用器。如利用牙床骨、肩胛骨制造骨铲,用肋骨的条状制骨匕,用肢骨和肋骨制造骨笄,用肢骨带关节的部分制锥,以关节的一端为握手的柄,另一端磨成尖锥,以便使用时握持。能够因料制品,省工省料,制品实用美观,反映出制骨工匠们的技术已具相当水平。

四 制造骨器的工具

在出土骨料和半成品上,常留有清晰的锯、锉、钻、削、磨等工具痕迹,这对我们考察商代骨器制造中所使用的工具和工艺过程有很大的帮助。根据骨器上的遗痕和出土实物,商代制造骨器所使用的工具如下:

---

① 杨育彬:《郑州商城初探》,河南人民出版社1985年版,第37页。

② 胡厚宣:《中国奴隶社会的人殉和人祭》,《文物》1974年第8期。

（一）锯

在每条骨料和半成品上几乎都能看到锯的痕迹，是用锯切割骨料的遗迹。

锯有石和青铜两种，在郑州商代西城墙的探沟 CWT_3 内，出土一件二里岗上层时期的石锯，锯齿清楚。① 青铜锯在各地都有发现，在安阳殷墟的制骨作坊遗址内，出土有 5 件，其中北辛庄 2 件，大司空村 3 件。大司空村制骨遗址出土的 1 件（标本 SH410：41），背部平直，齿面较凸，现存有 14 个锯齿，齿长在 0.2—0.3 厘米之间，此锯残长 3.6 厘米，宽 0.4—0.6 厘米，厚 0.11 厘米。在大司空村制骨遗址内出土 1 块骨料，其表面留有 10 条锯痕。锯痕宽约 0.15 厘米，大致就是用这种铜锯锯的。据计算，锯断厚约 1 厘米的兽骨材，有 16 条锯牙痕，即要拉 16 次方能锯断。

（二）刀

在某些骨料上，发现有削痕，应是用刀削的。制造骨器的刀有石质和青铜质两种，在北辛庄制骨作坊内出土石刀三种，凸背弧刃，刃部由两面磨成，用青灰色岩石制成。青铜刀在商代遗址中是一种常见的器种，其用途亦很多。大司空村制骨作坊内出土 1 件，其用途显然是与制骨相关。该刀直背，刃尖向上翘起，已残。残长 12 厘米、宽 1.5 厘米、厚 0.1—0.2 厘米。

刀可用以削，亦可用以切割骨料。对出土骨料切割痕进行观察，发现有两种不同的锯痕，一种是锯路较直，两侧剖面有匀细的锯纹；一种是锯路较斜，面宽底窄，两侧剖面无明显的锯纹。用遗址内所出青铜锯和石刀试验，用青铜锯锯开的骨料，锯痕是第一种状态，用石刀拉切锯开的骨料，痕迹为第二种状态。② 证明石刀亦是切割骨料的工具，而不仅是削料的工具。

（三）钻

部分骨料上留有很多钻孔，在制成品上，如骨针、骨匕等都有钻孔。商代骨器上的钻孔，应是用青铜钻钻出的孔洞。青铜钻目前已发现不少。20 世

---

① 河南省博物馆、郑州市博物馆：《郑州商代城遗址报告》，《文物资料丛刊》第 1 辑，文物出版社 1977 年版，第 14 页，图 18：4。

② 中国社会科学院考古研究所：《殷墟发掘报告（1958—1961）》，文物出版社 1987 年版，第 58 页。

纪50年代，在郑州发现3件。二里岗出土的1件（H13：10）顶端微残，作柱状，横断面近于等边的八角形，下端有锋利而略呈弧形的两面刃，残长3厘米、中径0.3厘米、刃宽0.65厘米。[①] 或认为是钻卜骨的，但也可以钻其他物品。在安阳殷墟制骨作坊内，于大司空村和北辛庄两处，各出土青铜钻4件，总计8件。青铜钻出土于制骨作坊，其用途当然是以钻骨孔为最合理的解释。

殷墟出土的这8件青铜钻，有长条三棱形、长条圆形和长条扁平形三种。钻尖的锋钝程度亦不一样，是钻不同的孔（大、小之别）时，使用不同的钻头。

（四）磨石

磨石是取材天然的砂质石料，有粗砂和细砂两种。其形状大小不一，没有一定的规格、样式，以取用方便为宜。磨石在郑州和安阳殷墟商代制骨作坊遗址都有大量的发现。在不少的砂石上，因长期使用，上面已磨出深深的凹槽。骨器成形后，最后打磨，当是用这类磨石来完成的。砂质的粗细不同，是根据加工的工序而异，细砂石大致是最后打磨光滑时使用，这与今日木工使用砂纸先粗后细的情况，大体相类似。

五　制造骨器的工艺流程

制造骨器的工序，大致有以下几个步骤。

（一）备材和选材

先要准备材料。商朝畜牧业发达，狩猎活动亦频繁。动物骨材是不成问题的。被杀以祭神的奴隶的人骨，亦不少。甲骨卜辞记载，商王一次杀死500个仆奴，过10天又杀死100个仆奴祭祀（见《合集》559正）

各种骨骼收集后，要根据所制造的器物选材。如制匕用肋骨，笄用肢骨，锥用股骨等，做到量材制器，达到省工省时的效果。

（二）切割

即将选好的骨料，根据所制器的要求，将其切割成粗坯。切割工具用铜锯或石刀、铜刀。一般以用锯为主，如制造骨笄，先选动物肢骨，然后锯成条状骨坯，以作笄杆。笄帽若是另加上的，则将骨材料锯成方块状，以备进

[①] 河南省文化局文物工作一队：《郑州二里岗》，科学出版社1959年版，第37页；河南省文化局文物工作队：《郑州商代遗址的发掘》，《考古学报》1957年第1期。

一步加工。

(三) 削

将料粗坯用刀削成所制器的粗略外形，笄杆是圆杆，则需削成圆形。匕是薄片状，则需削成薄片。因削比磨工效快，故需先削成坯，再进一步深加工，这样可提高效率。

(四) 钻孔

钻孔不是所有的骨器都需要的，但在需要钻孔的骨器上，应是在削好粗坯后，磨制成器前进行。一则削后已初具器的外形，且骨料根据制器的要求已削薄，钻孔容易。再则此时钻孔，若钻坏了，亦不甚可惜，因还是坯。若已磨制成器才钻孔，倘若钻坏而报废，则前功尽弃，所投入的大量劳动就白白地浪费掉，极不合算。像针，尖很细，磨成后钻孔也很困难，故钻孔应在磨以前进行。

(五) 磨

磨是用砂石，开始用粗砂石，最后用细砂石，以使器光洁滑润。

一般骨器的制造。大致要经由这五道工序。但若有带艺术装饰的，还得另外有特殊加工。如笄帽上的雕花、雕花的骨板等。大致在器物磨制成后，再行雕刻各种花纹。[①]

六 角器的制造

角器的材料，在商代遗址中主要是牛角和鹿角。在安阳白家坟曾发现一处堆积牛角的地方，共有牛角 40 余支。[②] 大司空村东南制骨作坊遗址内，发现有角料 250 余块，多为鹿角。

角器的制造，大致与骨器相类似。

角制品主要是锥、镞、挂钩、纺轮等种类。1958—1961 年，发掘殷墟遗址时，出土过 5 件角锥，是用鹿角制成。同时所出土角质制造的镞 13 件，鹿角做成的挂钩 2 件，是利用鹿角的天然枝杈制成的。

---

① 参见中国社会科学院考古研究所《殷墟发掘报告》，文物出版社 1987 年版。
② 同上书，第 115 页。《考工记·弓人》载，为增加弓的力度，要在弓木的里侧衬以牛角片，并用兽筋、丝缠紧，上胶涂漆，故古时称弓为"角弓"，"角弓"的实物至今还没发现。

七　牙器的制造

牙器主要是指用象牙和猪牙制作的用品。

猪牙做装饰品，在新石器时代就有了。到了商代，也还有使用的。在1934年殷墟第十次发掘时发掘西北岗4座大墓（M1001、M1002、M1003、M1004）和32座小墓时，出土牙制品800多件，"是野猪的大牙，也有象牙"。大部分都是作镶嵌用的装饰片，镶嵌的图案形状不同，有几十种之多，如在一座俯身葬的旁边，发现用牙饰排列成"饕餮"形。[①] 1969—1677年在殷墟西区的93号墓内随葬有猪獠牙7件，有的一端有钻孔。这是一座有殉人、青铜礼器、兵器随葬的奴隶主贵族墓。[②]

象牙制品在我国制造和使用的历史很早，南方可追溯到距今7000年的河姆渡文化时期，北方可追溯到距今5000年前的大汶口文化时期。在河姆渡遗址内，出土的象牙雕刻品有刻纹雕片、鸟形雕刻、小盅、双鸟朝阳雕片、蝶形器等。[③] 在山东大汶口文化遗址中出土有象牙雕刻品达三十多种，富有特色的是几件象牙筒形器，是用整段象牙切削雕镂而成。有一件透雕牙筒，周身透雕连续的规则花瓣纹，十分精致。

商代的象牙制品技术是承前代而来的，所以在商代早期象牙制品就很有水平。1955年在郑州白家庄商代墓内，出土一件象牙觚和一件象牙梳。象牙觚呈圆筒形，颈部和下腹部各有一道凹槽，梳的下部有10个梳齿，[④] 工艺相当考究。

商代后期的安阳殷墟，历年来出土的象牙制品不下数百件。种类有杯、碟、碗、尊、梳和用于镶嵌的象牙饰片等。象牙器上都雕刻有各种各样花纹。这其中最具有代表性的是妇好墓中出土的三件象牙杯。

妇好墓中出土的三件象牙杯，都有鋬（把手）。杯身满雕花纹。其中两件形制花纹一致，应是一对，鋬饰夔纹，称为"夔鋬象牙杯"。另一件鋬饰

[①] 胡厚宣：《殷墟发掘》，学习生活出版社1955年版，第77页。

[②] 中国社会科学院考古研究所安阳工作队，《1969—1977年殷墟西区墓葬发掘报告》，《考古学报》1979年第1期。

[③] 刘道凡：《我国上古的象牙雕刻》，《文物》1980年第11期。

[④] 杨育彬：《郑州商城初探》，中州古籍出版社1985年版，第39页。

虎纹，且有流，称为"带流虎鋬杯"①。

两件夔纹鋬象牙杯，其中一件（标本101）高30.5厘米，口径10.5—11.3厘米，壁厚0.9厘米，切地径8.8—9厘米，另一件（标本100）高30.3厘米、口径11.2—12.5厘米，壁厚0.9厘米，切地径9.4—9.6厘米，切地厚0.8—1厘米。带流虎纹鋬杯（标本99）高42厘米，流长13厘米，流宽7.6—7.8厘米，切地径10.6—11.2厘米，壁厚0.9厘米，呈扁圆形。三件杯身皆用象牙根段制成，根段中空，因料造形，巧具匠心。夔鋬杯上下边口为两条素地的宽边，中间由绿松石镶嵌的条带花纹，将杯身花纹从口至切地处分为四段：第一段高3.5厘米，雕刻三组饕餮纹，眼、眉、鼻镶以绿松石。第二段高16厘米，是杯的主体部分，包括颈和腹，亦雕刻饕餮纹三组，兽首下面雕刻一若青铜器上蝉纹，两侧附对称夔纹，眼、眉、鼻镶嵌绿松石。第三段在下腹，高2.4厘米，雕有三个变形夔纹，眼、眉、鼻镶嵌绿松石。第四段高4.9厘米，雕有三组饕餮纹，凸出的眼、眉、鼻亦镶嵌绿松石。整个器身花纹用三道绿松石条带隔开，使其既有层次感，又有整体统一的韵味（图6—54）。

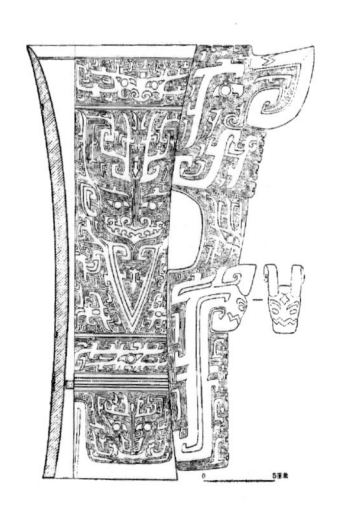

图6—54　夔鋬象牙杯
（《殷虚妇好墓》第216页图108）

---

① 中国社会科学院考古研究所：《殷虚妇好墓》，文物出版社1980年版，第216—218页。

杯的一侧有一夔形鋬，夔首向上，宽尾下垂。空中部雕一兽面，其下又雕凸起兽头一个，双角上竖。鋬靠杯身的一面，有上下对称的小圆榫，以插入杯身。鋬上兽的眼、口、鼻与杯一样，皆镶嵌以绿松石。鋬与杯高几乎相等。这样高大的鋬，使杯高与口径比例相差过大而产生的不稳定和不协调感得到补救，整体造型获得了平衡。

妇好墓中出土的象牙杯，器形硕大，花纹繁复，综合了线刻、浮雕、镶嵌等多种工艺，是商代工艺技术的结晶。①

象牙器，是一种名贵而奢侈的用品。在考古发掘中，象牙器一般都出在像郑州、安阳这样的王都所在地的国王、贵族的墓中。解放前对殷墟侯家庄西北岗王陵墓的发掘中，虽然所有的大墓被盗掘一空，但还是在劫掠之余，留下不少的象牙制品。② 1976 年发掘的妇好墓，因其是武丁的配偶妣辛，故其墓中能出三件精美的象牙杯和一些象牙雕刻。象牙用器，在当时人认为是贵重奢侈品而不轻易使用它。《帝王世纪》载，"纣始作象箸"，箕子叹其必有淫奢之欲，以为不可而非之。③ 其实，商代统治者早就用象牙杯了，而不仅是象牙箸。

商代统治阶级对象牙制品的需要量很大。所需象牙除狩猎捕获外，还令诸侯、方国及贵族向王室贡纳。在武丁时期的甲骨文中，就有关于"获象"的记载（《合集》10222），一直到商末纣王时皆有猎获象的卜辞。帝乙帝辛卜辞中常见获象的。有条卜辞记载一次打猎捕到 10 头象（《合集》37364）。商纣王对东夷的战争还使用过象队，"商人服象，为虐于东夷"。④ 可知商本土在当时是产象的。我们在"畜牧业"章和"狩猎"章中，列举了有关驯养象和猎获的材料，可以参考。

诸侯、方国向王室的贡品中，有一种称为"齿"的物品，如：

　　允有来齿自商。（《合集》17300）
　　贞商其致齿。（《合集》17302）
　　丙戌，允有来入齿。（《合集》17299）

---

① 刘道凡：《我国上古的象牙雕刻》，《文物》1980 年第 11 期。
② 参看胡厚宣《殷墟发掘》第 2 章，学习生活出版社 1955 年版。
③ 《太平御览》卷八三引《帝王世纪》。
④ 《吕氏春秋·古乐》。

……日禽其来致齿。(《合集》17303 反)

所"致"、所"入"的"齿",即是象齿,亦即象牙。商时期在商王畿内有象群,在商的方国境内,特别是南方的方国,也应都有象,如在今四川境内,在广汉三星堆和成都金沙这两处商及商末周初的遗址内,就发现了大批的整只象牙(图 6—55)。据报道,在金沙遗址内出土象牙约有 1000 多根,梅苑东北部发现的一座象牙坑,平放着 8 层象牙,最大长达 1.5 米,四川省文物考古研究所的黄剑华认为,这些象牙很可能是从古蜀本地或栖息流域的象群中获得的。[①] 可见商代象牙的来源还是相当充裕的。

图 6—55　三星堆二号坑象牙埋藏情况
(《三星堆祭祀坑》第 160 页图版 55)

象牙器的制造工艺流程,大致是与骨器制造差不多。在商代遗址中虽还没有发现制造象牙的工场遗址,但从象牙制品所显示的高超工艺看,非有专业的工匠是不能达到这样高的水平的。

[①] 云源:《四川金沙遗址出土千根象牙》,《北京晚报》2005 年 2 月 5 日第 12 版。

第八节 手工业劳动者及管理

商代遗址、墓葬里出土有各种各样的手工业制品，种类繁多，甲骨文中有"多工"（《合集》19433—19435）、"百工"（《屯南》2525）两个词，是手工业门类多的反映。从出土的商代文物看见，每一种制品都显示出精湛的工艺、复杂的技术，只有专门长期从事其事的一批人，方能有这样大量精致的作品。商王室为获得大批精美的手工业产品，建立了各种手工业作坊，设立了专门管理手工业的职官。

一 手工业劳动者——工

甲骨卜辞中，有被称为"工"的一种人：

癸卯卜，争，贞旬有祟，不于我工祸。（《合集》19441）
惟工有尤（忧）。（《合集》26865）

这是卜问"工"有无灾祸。甲骨卜辞中所见从事"工"劳动的只有"众"这种人：

戊寅卜，争，贞今茞众又工。（《合集》18）
□戌卜……供众宗工。（《合集》19）
庚□卜，□，贞供〔众〕宗工。（《合集》20）
众又工。（《屯南》599）

"众又工"即众加入作坊去做工。"宗工"应是在宗庙中从事手工业劳动，西周铜器伊簋铭载，周王任命伊"官司康宫王臣妾百工"，即主管周康王庙里的"百工"。此"百工"应是指各种工匠。"百工"序在"臣妾"之后，可知其地位低下。在康宫里的百工们，不可能是建筑宗庙的，因康宫早已建成；也不可能是执宗庙中杂役，因有臣妾去做。故"宗工"当是制造宗庙里的各种陈设，如青铜器、玉器、骨牙器等。

工们地位低下，劳动十分辛苦，故时有开小差的事，卜辞云：

其丧工。

丧工。(《合集》97)

"丧工"就是卜问工匠是否逃跑。逃跑就要被追捕、捉拿,卜辞有"执"工的卜问:

……执工不作尤。(《合集》26974)

甲骨文"执"字像手带刑具枷之人,有捕捉之意。"作尤"即"作祸",是否有灾祸。被捕捉到的工,有时还被用来祭祀神,作牺牲,如:

戊辰卜,今日雍己夕,其呼庸执工。大吉。
弜呼庸执工,其作尤。
庸执工于雍己,[无]尤。(《屯南》2148)

"夕"是一种祭祀名称、祭祀仪式。"雍己夕"即夕祭雍己。庸是一个人的名字。"今日雍己夕,其呼庸执工",是今天要对雍己举行夕祭,派庸去捉工。"庸执工于雍己"即庸捉来了工用于祭祀雍己。雍己是大庚的儿子,在《史记·殷本纪》中排在第九位的商王。

从上面所引卜辞看,商代"工"的地位是很低的。

二 手工业的管理

商代的手工业门类众多,从事其事的"工"当也不在少数。为保障生产正常进行和对王室、贵族手工业品的供给,商代已设有主管手工业的官,称为"百工"或"多工":

癸未卜有祸百工。(《屯南》2525)
乙未酒多工率条遣。(《合集》11484 正)
甲寅卜,史,[贞]多工无尤。(《合集》19433)
甲寅卜,出,贞多工令暨戈方。(《合集》41011)

"多工"即"百工",是主管手工业的官之总称。《考工记》"国有六职,百工居一焉"。孔颖达《疏》："小宰职云：六曰冬官，其属六十，掌邦事。此百工即其属六十，言百者举其大数。"手工业的主管者得由商王或王室任命，如甲骨文：

    壬辰卜，贞惟弓令司工。（《合集》5628）

"惟弓令"即令弓，弓是人名，武丁朝的一位贵族。"惟"字在此句中是使前词倒置，起强调令的语气。"司工"即主管手工业生产，当是任"百工"之职。"山"这位贵族，也曾被任命主其事：

    己酉，贞王其令山〔司〕我工。（《合集》32967）

此辞中的"我"是商王自称。商王室还根据需要临时任命某位臣僚去兼管手工业事，如：

    贞师其有工。（《合集》4247）
    己巳卜，㱿，贞犬延其工。（《合集》4632）
    贞光其工。（《合集》4484）

师、犬延、光皆人名，亦是贵族，"其有工"、"其工"的"工"是做工。工的地位低，贵族不会亲去操其事，而是去主管做工之事。商时期的"官"不但文武未分职，就是一人也是所司职任无定，只要是王朝需要，什么事都得去承担。上举数人，在农业管理、对外战争等方面也很活跃，这里又负责手工业事务。

甲骨文中有"右尹工"之词：

    丁亥卜，争，贞令𩁉奇右尹工于垂。（《合集》5623）
    龚屎右尹工。（《合集》5624）
    丁卯卜，贞令追奇右尹工。（《合集》5625）

𩁉、龚、追是人名，奇、屎为动词，在动词后面的"右尹工"用为名词。若按其字面理解，也应是主管手工业的一种职官。但究竟是不是，还说不准，存疑。

百工、多工是主管手工业的职官。令某人"司工"当是他主管手工业,其职名为"百工"或"多工"。某人"工"是任命其去临时管理手工业之事。

商代的手工业,除了本书中所探讨过的青铜冶铸业、陶瓷业、纺织业、玉器制造业、建筑业、骨牙器制造业外,应还有木作、漆器及酿酒业等,限本书的篇幅,只好从略,有兴趣的读者可参看笔者所著《商代经济史》[①]一书。从以上所述,商代的手工业是很发达的。

---

① 杨升南:《商代经济史》,贵州人民出版社 1992 年版。

第七章

活跃的商业

商业即是做买卖、交易的一种行业。这种行业，在英文中有两个词表示，即 trade 和 commerce，英文字典上注释此两字都有商业、贸易的义涵。我们中国为何称之为"商业"，将做买卖的人称为"商人"，不少研究者已指出，是与商朝的人有关。①《尚书·酒诰》中周公对商王都地区的人民讲道：

> 妹土，嗣尔股肱，纯其艺黍稷，奔走事厥考厥长。肇牵牛车远服贾，用孝养厥父母。

妹土，指商王朝旧都之地。周公要"妹土"的人民在农闲之时，牵着牛车，到远方去做生意，赚钱财养活父母。作为西周王朝宰辅重臣的周公，鼓励商遗民去做买卖经商，这就说明商人中经商活动，已是一件极平常的事。商朝人会做买卖，商亡后，西周的统治者还鼓励他们从事这种活动。因此，在周人的心目中，做买卖的就是商族人。后来做买卖的不一定都是商族人，但这一名词却固定化，把凡做买卖的人都称作"商人"，将买卖这一行为称为"商业"。做买卖的活动及买卖人称为"商业"、"商人"而不称作"夏业"、"夏人"，"周业"、"周人"，正表明商代商业活动的发达。

---

① 见徐中舒《从古书中推测之殷周民族》，《国学丛刊》1927 年第 1 期；郭沫若：《古代研究的自我批判》，载《十批判书》，科学出版社 1959 年版；王毓铨：《我国古代的货币起源和发展·附录〈我国古代商业的发展〉》科学出版社 1957 年版；吴晗：《从商品生产想到商人的起源》，载《灯下集》，三联书店 1960 年版；吴慧：《中国古代商业史》第 1 册，中国商业出版社 1983 年版。

第一节　商代社会的分层及贫富差异

　　商业的产生，是同社会经济发展水平相适应的。有的学者认为商代社会经济发展水平较低，那时没有商业，更不可能有货币。他们认为中国"古代社会中氏族制残余到处存在"，"在战国以前，私有制并不发达。在一般平民中更是如此。基本上是共同劳动，平均分配产品。平民中没有比较富有的人，也没有破产的人，生活水平差不多"。当时的人，特别是平民，是生活在氏族制残余下过着吃"大锅饭"似的日子。只有到了战国时期，"大锅饭打破以后"，才有可能发展商品，出现货币。

　　这个看法是不符合商代社会的历史实际的。

　　我们首先探讨"氏族制残余到处存在"和"私有制并不发达"的问题。商代社会里确实存在氏族制的残余，但是不可估计过分。我们知道氏族制是原始社会时期的社会组织，由于那时的生产力低下，氏族成员间只能是"共同劳动，平均分配产品"，氏族成员间的贫富差别不大。但是商代已是我国第二个阶级国家，脱离原始社会已四五百年，若计到殷墟时期，更有七百多年（因为迄今对商代社会了解比较多的还是殷墟时期）。进入文明社会如此之久，还说存在浓厚的氏族组织，似难理解。其实早在夏代，以血缘为基础的氏族组织，就渐次被以地域为基础的地缘组织所取代。这个现象从汤伐桀之事可见一些端倪。《尚书·汤誓》载夏人对他们自己的首领夏王桀诅咒说，"时（是）日曷丧？予及女（汝）皆亡！"汤灭夏之后，夏民更是衷心地拥护商汤的统治，《吕氏春秋·慎大览》载：

　　　　汤立为天子，夏民大说（悦），如得慈亲，朝不易位，农不去畴，商不变肆，亲殷如夏。

"衣"即"殷"。"亲衣如夏"即夏民亲近殷朝就像亲近夏朝一样。如果是氏族社会，氏族成员间有的只是血亲复仇，而不会像夏民那样，对自己的氏族首领那样仇恨，对灭掉自己氏族的仇家那样的感激、亲近。夏民对商人的态度，只能从政治社会的角度理解，血缘纽带已较为松散的环境下才会有的现象。

　　夏朝末年的社会已是如此。商代社会里的所谓血缘"氏族"，就更加薄弱。从甲骨文、金文和考古资料都反映出，商代已是一个家族或者说是宗族为主体的社会。家族或宗族虽然仍是以血缘为基础的组织，但它的血缘情感上的联系小于经济上的联系。它在商代不是一个生产单位和共同消费单位。其成员间的财产差别是很大的，并不是没有富人和破产的人。这一点我们从商代的墓葬情况就可得到了解。在河南安阳殷墟及其他一些商代遗址里，都发现不少的以中小墓为主的墓葬群。这些墓群中的墓主人，生前是因某种关系（或因聚居在一起，或因血缘。目前学界多有认为是同族关系）而死后埋在同一个墓地里。从这些墓群中，对墓主人的随葬品就可以清楚地看到，他们生前的财产差别是十分悬殊的。1969—1977年中国社会科学院考古所安阳工作队在殷墟西区发掘了939座殷代中小型墓葬，这些墓葬可分为八个区，发掘者认为这是"以族为单位的公共墓地"。① 这个墓群中各墓随葬品的情况，发掘报告指出：

> 少数墓型较大，随葬品丰富，有整套铜礼器随葬，有的还有殉葬人，其墓主人应属于小奴隶主。M93、698—701等五座带墓道的墓，随葬有精制的铜器，车马器与玉石器，并有较多的殉葬人，这些墓主人的身份应属奴隶主。

> 还有一些墓型小，无葬具，没有或极少随葬品（特别是没有礼器）的墓，这些墓的墓主人应属于平民的下层，是较贫苦的族众。在政治上他们可能还有一定的人身自由，但是在经济上已赤贫如洗，他们随时都可能被沦为奴隶的队伍中。

各墓间随葬品差异，按照随葬品的多寡、随葬品中礼器的有无，可分成五个等级。我们在此以第六墓区为例，来看商人中的分阶层情况。该墓区共有146座墓，按其随葬品多寡的情况可划分为五个等级：

一、青铜礼器（包括铅器），如鼎、卣、觚、爵及殉人者8墓，占5%。

二、无青铜礼器、无殉人但有青铜兵器、工具和陶制礼器觚、爵者36墓，占24.6%。

三、无任何金属用器而有陶制礼器觚、爵和其他一些随葬品者52墓，

---

① 中国社会科学院考古研究所安阳工作队：《1969—1977年殷墟西区墓葬发掘报告》，《考古学报》1979年第1期。

占 35.6%。

四、无金属器和陶礼器而有其他一些陶、石器者 29 墓,占 19.8%。

五、无任何随葬品者 21 墓,占 14%。

商人重视礼,有没有礼器是他们社会地位的重要标志。随葬礼器,表明他们有祭祀权,被承认为家族或宗族的成员,亦即有公民的自由权。第四等无礼器,已失掉祭祀权,其财产也不会有多少。第五等应为社会的赤贫者。

赤贫者在商代社会中,已不是个别的现象,在殷墟西区的 939 座墓中,有 131 座墓没有任何随葬品发现,占 14%。就是说,在这个社会中有 14% 的人,已经是一无所有,成为赤贫者。他们不是破产者又是什么呢?那五座带墓道的大墓,不但有很丰厚的随葬品,还有用较多的人殉葬,如 M699 号墓殉 5 人,M701 号墓殉 12 人。这些墓的墓主人,显然是"比较富有"的一小部分人。富有者和贫穷者的差别十分的显著。

这种现象在商代的方国中也是如此,如河北藁城台西的商代遗址,共发掘商代中小墓 112 座,这 112 座墓的随葬品情况,可分为四个等级:

一、有青铜礼器,或有殉人和其他器物随葬者 12 座墓,占 10.7%。

二、有青铜工具、兵器(无礼器)和其他器物者 7 座墓,占 6% 强。

三、无青铜器而有陶器等物品随葬者 60 座墓,占 53.6%。

四、无任何随葬品者 33 座墓(其中 6 座墓有扰乱),占 29.9%。若不计有扰乱的 6 座墓,则为 27 座无随葬品的墓,占 24%。[①]

在藁城台西商代墓葬也显示出,商代社会贫富差别是很悬殊的,其中有高达 24% 的人处于赤贫状态。这个数字,在一个社会中是不算低的了。所以商代的人们不是彼此间"生活水平差不多",而是彼此间的生活水平相差十分的悬殊。商代社会里这种明显的分层现象,只要分析一下商人墓葬间随葬品的状况,就会了然。

第二节 社会分工的深化与城市的发展

商代的商业发展处在两个有利的条件下,即社会分工的扩大和城市的兴起。

---

① 河北文物研究所:《藁城台西商代遗址》,文物出版社 1985 年版,表四《墓葬登记表》。

一 社会分工的深化

马克思说，社会分工"是商品生产存在的条件"。[①] 列宁也说，"社会分工是商品生产的基础"。[②] 商代社会中的主要产业为农业、畜牧业和手工业。在这三大产业中，已有明确的分工，它们在空间上和人力上都是分开的。如农业有王室田庄、畜牧业有牧场、手工业有专门的作坊，互不相混。在人力上，从事农业的是被称作"众"、"众人"的这类人；从事畜牧业的，是称作"芻"的这种人；从事手工业的，是被称作"工"的这种人。这在以上有关章节中，我们已作了讨论，此不赘述。

商代不仅农业、畜牧业、手工业这三大产业间早已形成固定的分工，且在手工业中，又有铸铜、制陶瓷、制玉、纺织以及建筑、木作、制骨、漆器、酿造等不同的部门。

在手工业中，各部门内部，也有更进一步的分工出现。如在制陶业中，郑州铭功路西侧的窑场内，只出土泥制陶器，不见有夹砂陶器出土。夹砂陶器是用作炊器，因含砂粗，耐火而不破裂，今日所用的"砂锅"还是利用这一原理。在郑州商代遗址中，夹砂陶器出土数量相当大，如郑州二里岗遗址中，出土夹砂陶片约占陶片总数的32％。[③] 铭功路窑场内无一片夹砂陶出土，说明夹砂陶是在另外的地方生产的。河北邢台贾村商代遗址中，发现了四座陶窑，陶窑内及附近只出土陶鬲及陶鬲残片，[④] 可见这是一处专门烧造陶鬲的制陶工场。在安阳花园庄南地的一处商代晚期制陶作坊中，出土的陶器多是陶豆，是一处烧制陶豆的窑场。[⑤]

青铜器的铸造，在开采出矿石、冶炼成铜锭（块）后，在铸造过程中要经过三个步骤：第一个步骤是制模、翻范片、修剔花纹、烘烤、合范；第二个步骤是配料（铜、锡或铜、锡、铅的比例）、熔化、浇铸；第三个步骤是

---

① 马克思：《资本论》第1卷，《马克思恩格斯全集》第23卷，人民出版社1963年版，第55页。
② 列宁：《俄国资本主义的发展》，《列宁选集》第1卷，人民出版社1972年版，第161页。
③ 河南省文化局文物工作队：《郑州二里岗》，科学出版社1959年版，第17页表4。
④ 河北省文化局文物工作队：《1958年邢台地区古遗址、古墓地的发现与清理》，《文物》1959年第9期。
⑤ 中国社会科学院考古研究所：《殷墟的发现与研究》，科学出版社1996年版，第441页。

对铸件进行打磨修整、抛光。每一个步骤里都有若干道工序。每一个步骤、每一道工序虽不一定每一样都如流水作业一样分工，但绝不是一人从头做到底，内部一定有分工。① 如在郑州商代遗址所中发现的两处作坊，其中南关外发现较多铸造镞和镢的陶范。② 看来它们的产品有些不同，是内部分工的表现。在河南安阳殷墟的铸铜遗址也有类似的现象。考古工作者在发掘时发现，苗圃北地的铸铜作坊内，出土陶范主要是礼器范，而工具和武器范少，特别是工具范几乎不见，说明这一作坊，是铸造礼器为主的。③ 合理的分工，是青铜器铸品质量的保障。

在手工业中，其生产物，有相当一部分是供王室所需，但是，也有部分是当做商品交换用的，商品性生产的目的很明确。如在骨器制造业中，主要以制造束发用的骨笄为主，无论在郑州、安阳殷墟，发现的制骨器作坊内，其骨料、成品、半成品，都是以制骨笄为主。这样大批生产骨笄，若只供王室成员享用，是大大有余的，这多余的骨笄，当是被用作交换，即卖给其他贵族、平民或远方异国。骨笄作为一种实用品，人人得需用，故有市场，因此，骨笄也成为一种财富。如妇好墓中，就出骨笄499件，被装在一个木匣内随葬入墓。④ 这499枝骨笄中，不少形制是相同的，如其中夔形头的骨笄有35件，鸟形头骨笄334件，圆盖形头骨笄49件，方牌形头骨笄74件，鸡形头骨笄2件，四阿屋顶形头骨笄3件。这样众多且形制相同的发笄，作何用？这显然是作为一种财富葬于墓中的。妇好的墓中，随葬有阿拉伯绶贝一枚，货贝6880余枚，看来妇好其人，不但会打仗，也还兼营商业。在古时候，战争和商业贸易活动本就有联系。《商君书·垦令》篇中云："令军市无有女子，而命其商人自给甲兵，使视军兴。"《史记·冯唐传》"军市之租，皆自用飨士"，《索隐》云："谓军中立市，市有税，税即租也"。军市制度，当自古有之。

在陶器制造业中，商业性生产更为明显。考古工作中已发现商时期烧制陶器的窑，往往是集中分布，如郑州铭功路商代窑场，已发现14座，偃师尸乡沟商城北部已发现8座。在商代的方国地区，如河北邢台地区窑场集中

---

① 中国社会科学院考古研究所：《殷墟的发现与研究》，科学出版社1996年版，第440页。
② 杨育彬：《郑州商城初探》，河南人民出版社1985年版，第26页。
③ 中国社会科学院考古研究所：《殷墟发掘报告》，文物出版社1987年版，第60、69页。
④ 中国社会科学院考古研究所：《殷虚妇好墓》，文物出版社1980年版，第208页。

且以烧制陶鬲为主，① 湖南岳阳费家河遗址中发现 63 座，江西吴城发现升焰式窑 8 座，平焰式龙窑 4 座。一地集中大量陶窑，其烧成品，当然不止供自己消费。相反，在商后期都城范围内，制陶器的遗迹却发现很少，安阳殷墟历经七十五年的长期发掘，发现烧陶器的陶窑不多。而此地出土的各种完整的陶器和破碎的陶片，已无法数计。王都各阶层中人使用的陶器，非交换无由获得。

作为商品生产物的手工产品，在商代墓葬中也处处可见。在安阳殷墟的墓葬中，往往出土一些非实用的冥器，即专门为随葬送死人的器物，如陶制的爵、觚，仿铜礼器的陶器和铅器等。陶器制造粗糙，如觚、爵等器，只手捏出其大致形状。火候亦极低，像殷墟西区 M4、M1057、M1133 等墓中所出仿铜礼器的陶器，从墓中取出时，因火候低而成碎末。铅器在殷墟中小墓中也常有发现，大司空村、殷墟西区等地的墓群中都有出土。1969—1977 年在殷墟西区墓葬发掘中，出土有铅质的鼎 6 件，簋 5 件，觚 5 件，爵 7 件，戈 22 件，锛 4 件，凿 2 件，镞、刀、锥各 1 件，铅条 3 件。② 大致反映了铅制品的种类。铅硬度低、有毒，但熔点低，易于冶炼，价廉而容易铸造，故被一些上层平民（邑人）选作随葬用品，以显示富有而不同于一般平民。这些铅器出土时，多已成粉末。这些无实用价值的铅器，也不是一般人家所能制造的，而是需要专门的生产者。冥器使用较广，其生产者显然是为了出卖，这更具有商品的性格。

商代各产业中，无论从大的部门间，还是部门内部，不但有分工，且分工已向更细的方向发展。

当然，我们应该严格区别哪些条件下的社会分工促进了商品生产和交换的发展，哪些条件下的社会分工不能形成商品交换。马克思在《资本论》第一卷第一章"商品"中就曾指出，"在古代印度公社中就有社会分工，但产品并不成为商品。或者拿一个较近的例子来说，每个工厂内都有系统的分工，但是这种分工不是通过工人交换他们的产品来实现的。只有独立的、互不依赖的私人劳动产品，才作为商品互相对立"。③ 即促进商品生产和交换的

---

① 杨升南：《邢台地区商文化中的商品经济》，《三代文明研究》（一），科学出版社 1999 年版。
② 中国社会科学院考古研究所安阳工作队：《1969—1977 年殷墟西区墓葬发掘报告》，《考古学报》1979 年第 1 期。
③ 马克思：《资本论》，《马克思恩格斯全集》第 23 卷，人民出版社 1963 年版，第 55 页。

社会分工，作为产品的生产者（或拥有者）必须是私有者。商代，是以私有制为基础的社会，这大致是人们的一个共识。商王是最大的私有者。各级贵族，他们拥有自己的领地和财产，有的贵族可能还有自己的手工作坊。他们的财产是属于他们私有的。广大的平民阶层，即农村公社成员，或如我们称之为"邑人"的阶层。他们耕种的土地虽然是公社的土地，但已实行"公有私耕"制度，产品归自己消费。有的平民或者还从事手工业生产，像殷墟西区墓葬群中的平民墓，以随葬手工业工具的墓最多，有66墓，出农具的墓10座。① 可知这些人既有从事农业生产的，也有从事手工生产的，或者兼而有之的。这些平民自己独立进行生产，产品归自己消费，是个体的小私有者。关于这方面的情况，我们在"土地制度"一章中，已有较详细的论述，请有兴趣的读者翻阅一下即知，此不详论。所以，商代的社会分工，是"独立的互不依赖的私人劳动"（国王或国家所属的作坊，产品归商王为首的国家所有，实际上也是一种私有），即是以私有制为基础的。这样的社会分工，必然会促进商品生产和交换的发展。

二 城市的发展

商业和城市的关系，正如马克思在《资本论》中指出的，"商业依赖于城市的发展，而城市的发展也要以商业为条件"。② 在商代，不但城的规模较大且数量亦较夏代增多。河南偃师县尸乡沟商城，是汤都西亳所在地，城址四周有夯土城墙相围，现在已找出四面的墙垣和墙垣上的7个供出入的城门（北面1座、东、西面各3座）。城址平面呈长方形，南北长1710米，东西宽1240米，城区面积约为190万平方米。③

郑州商城是商代中期仲丁迁的都城隞（也有认为是汤所都的亳）。城址平面呈长方形，北垣长约1690米，西垣长1700米，南垣和东垣均长1870米，城区面积约为317万平方米。若包括城垣外，郑州商代遗址范围达25

---

① 中国社会科学院考古研究安阳工作队：《1969—1977年殷墟西区墓葬发掘报告》，《考古学报》1979年第1期。

② 马克思：《资本论》，《马克思恩格斯全集》第25卷，人民出版社1972年版，第371页。

③ 赵芝荃：《二里头遗址与偃师商城》，《考古与文物》1989年第2期。赵芝荃、徐殿魁：《偃师尸乡沟商城的发现与研究》，《中国古都研究》第3辑，浙江人民出版社1987年版。

平方公里。①

在郑州西北约 20 公里处的小双桥，发现一处大型商代二里岗上层二期（白家庄期）的遗址。此遗址面积达 144 万平方米，有学者认为，这里就是中丁所迁的隞都。②

1997 年发现的洹北商城，位于安阳市北郊，与举世闻名的殷墟遗址相邻。城址略呈方形。四周已确认有夯土夯筑的城墙基槽，南北长 2200 米，东西宽 2150 米。商城总面积 470 万平方米（约 4.7 平方公里）。方向北偏东 13°。③

以安阳小屯为中心的殷墟，是商代盘庚迁都后的王都。宫殿基址集中在小屯村东北，解放前已发现 53 处，1987 年又发现一处面积达 5000 平方米的大型基址，在解放前发掘的基址之南约 130 米处。小屯殷墟至今未发现有夯土城墙，只有从小屯村西向南经花园庄向东至洹河的一条大壕沟，以作防护之用。以小屯为中心的商代文化遗址范围，从前估计是 24 平方公里，近年来发掘表明，遗址范围面积"至少不会小于 30 平方公里"。④

商代早期偏晚至晚期的方国都城，目前已发现六座：

湖北盘龙城是商代中期的一座方国都城，城内有三处大型宫殿遗址。城垣南北长约 290 米，东西宽约 260 米，面积为 75400 平方米。⑤ 遗址分布的中心区东西长约 1100 米、南北宽约 1000 米，面积为 1100000 平方米。⑥

山西垣曲古城是商代中期城址，平面略呈平行四边形，城区中部发现夯灰土台基，是宫殿遗址。城墙东南西北四边分别长 390 米、350 米、395 米、

---

① 河南省博物馆、郑州市博物馆：《郑州商城遗址发掘报告》，《文物资料丛刊》1977 年第 1 辑。杨育彬：《郑州商城初探》，河南人民出版社 1985 年版。

② 陈旭：《商代隞都探寻》，《郑州大学学报》1991 年第 5 期；邹衡：《郑州小双桥商代遗址隞（嚣）都说辑补》，《考古与文物》1998 年第 4 期，后收入《夏商周考古学论文集》（续集），科学出版社 1998 年版。

③ 中国社会科学院考古研究所安阳工作队：《洹北商城的考古新发现》，中国社会科学院：《古代文明研究中心通讯》2002 年第 5 期。

④ 《三千多年前古都范围布局基本搞清》，《人民日报》1988 年 10 月 29 日。

⑤ 湖北省博物馆、北京大学考古专业盘龙城发掘队：《盘龙城一九七四年田野考古纪要》，《文物》1976 年第 2 期。

⑥ 湖北省文物考古研究所：《盘龙城》，文物出版社 2001 年版，第 2 页。

335 米，面积约为 125000 平方米。①

陕西清涧李家崖晚商城址，据说是鬼方的都城。平面呈不规则长方形，南北以临河的悬崖峭壁为防御屏障，只在东西两面筑有石结构城墙。城东西长 495 米，南北宽 122—213 米，面积约为 67000 平方米。②

四川广汉三星堆是商代早期偏晚的古城，推测可能是古蜀国鱼凫族或杜宇族的都城所在。这座古城东西南三面均有人工筑的城墙，局部用土坯垒砌，北面以天然河流作屏障。城东西长 1600—2100 米，南北宽 1400 米，城区面积有 224 万—294 万平方米。③ 经过多年探测后，有学者推算"城内面积至少应在 4 平方公里以上，人口至少应在 24000 人左右"。④

山西夏县东下冯发现商代城址一座，目前仅知南墙总长为 440 米，西墙南段残长 140 米，东墙南段残存 52 米，墙厚 8 米，外侧有城壕，城区西南隅有四五十座圆形建筑基址。这座城时代属二里岗期，即商代前期。⑤ 若以南墙为准，假设为方形城，则此城的面积有 193600 平方米。

1999 年在河南省焦作市的府城村发现一座商代城址，被评为当年的十大考古之一。

甲骨文中有 51 个方国名称，称作"侯"的有 38 个，"伯"的有 40 个，"子"的有 127 个，"妇"的 86 个，⑥ 共计有 342 个。方国、侯、伯、子、妇在商代都是政治实体，他们的政治中心所在地，就是一个个大小不等的城邑，像上面的 6 座古城址，就是这 342 个中的 6 个。可见，在商代全国各地至少已出现有 300 多个大大小小的城镇。

城是人口集中的地方，林沄根据《战国策·赵策三》赵奢所说"古者四海之内分为万国，城虽大，无过三百丈者，人虽众，无过三千家者"的人口密度推算，指出依古代一尺合 0.23 米，城垣 900 丈长为 690 米，其城的面积为 476100 平方米，城市人口 3000 家，其人口密度大体为每户占地 160 平

---

① 佟伟华：《垣曲县古城商代前期城址》，《考古学年鉴 1986 年》，文物出版社 1988 年版。
② 张映文、吕智荣：《陕西青涧县李家崖古城址发掘简报》，《考古与文物》1988 年第 1 期。
③ 陈德安、罗亚平：《蜀国早期城初露端倪》，《中国文物报》1989 年 9 月 5 日。
④ 林向：《三星堆与巴蜀文化区》，《中国文物报》2003 年 8 月 15 日第 7 版。
⑤ 东下冯考古队（徐殿魁等）：《山西夏县东下冯遗址东区、中区发掘简报》，《考古》1980 年第 2 期；又见《夏县东下冯》，文物出版社 1988 年版。
⑥ 张秉权：《甲骨文与甲骨学》，国立编译馆 1988 年版，第 514 页。

方米左右。① 根据这个人口密度指数，偃师尸乡沟商城的人口约有 12000 户（1900000/160），以每户 5 口之家计算，有人口在 60000 上下。以此方法计算，郑州商城城区内约有 2 万户 10 万人口，安阳殷墟遗址范围近 30 平方公里。② 这个范围是逐渐扩大的，由此人口也是逐渐增加，宋镇豪考证，盘庚到武丁时，大致有 7 万余人，文丁前有 14 万余人，帝乙帝辛时大概有 23 万人上下。各方国诸侯国内的中心城市人口，以城垣面积与古时人口密度指数相比较，盘龙城可居 480 家，人口 2400 多人，这还不包括城外的居民点。山西桓曲古城镇商城可居 800 家，人口在 4000 人以上。陕西清涧李家崖鬼方城，可居 420 家，有人口 2100 人以上。四川广汉三星堆古城，可居 15300 多家，人口有 76500 人左右。③ 这个推算大体是与实际相合的。甲骨文中有一条卜辞讲到商王征集兵力，一次征集"妇好三千人"（《合集》39902）。古时出征，每家出 1 人，每家以 5 口计，3000 家有 15000 人。甲骨文中有"妇好邑"（《合集》32761），"妇好邑"就是指妇好封地的城邑。商朝对诸妇诸子亦给以封地，④ 使其各就一方而不仰仗王室的供给。这 3000 名兵员，乃出自妇好的封邑内。是妇好所据的城邑人口有 3000 家之数。至于王都的人口，亦可以出兵人数推之。商朝王室的兵员，武丁时就有三个师，三万人。武乙时又有卜辞云"王作三师右中左"（《合集》33006），是武乙时再建三师。商朝到武乙时拥有 6 个师 6 万人的军队。⑤ 6 万人即有 6 万家。以 5 口之家计，其有人口数为 30 万人。这 6 万人的兵员，主要应来自王都及其附近的"邑人"。

据古文献记载，商代城中还设有"市"、"肆"一类的交易场所。《六韬》中有云，"殷君善宫室，大者百里，中有九市"。《帝王世纪》中载殷纣王大造宫室"七年乃成……宫中九市，车行酒，马行炙"（《太平御览》卷 83 引）。姜太公据说在未遇周文王前，曾在朝歌做卖牛肉生意，在孟津渡口卖酒。屈原《离骚》中有云，"吕望之鼓刀兮，遭周文而得举"。《天问》中云，

---

① 林沄：《关于中国早期国家形成的几个问题》，《吉林大学社会科学学报》1986 年第 6 期。
② 《三千多年前古都范围布局基本搞清》，《人民日报》1988 年 10 月 29 日。
③ 宋镇豪：《夏商人口初探》，《历史研究》1991 年第 4 期。
④ 胡厚宣：《殷代封建制度考》，《甲骨学商史论丛初集》第 1 册，成都齐鲁大学国学研究所专刊 1944 年版。
⑤ 杨升南：《略论商代的军队》，载胡厚宣主编《甲骨探史录》，三联书店 1982 年版。

"师望在肆昌何识,鼓刀扬声后何喜"?吕望、师望即指姜太公,鼓刀即操刀屠牛贩卖牛肉,所以《战国策·秦策五》中姚贾说"太公望,齐之逐夫,朝歌之废屠",《尉缭子·武议》说"太公望年七十,屠牛朝歌,卖食孟津"。谯周《古史考》说"吕望尝屠牛于朝歌,卖饮于孟津"。孟津自古是黄河渡口,为一集镇,故有商业活动。这些传说当然不一定都可靠,但也不排除其中有些史影。从对河南安阳小屯殷墟七十多年的考古发掘看,这座商代晚期的王都,有宫殿、普通民居、各种手工业作坊。从墓葬分析,各墓间的墓室结构、墓葬的方向、处理尸体的方式(葬式)都表现出很大的差异。其墓中的随葬品富者如帝王府库、珍宝馆,贫者无一件破陶器。反映出不同民族、不同风俗习惯和不同经济地位的人杂处的实际情况。① 商代晚期的王都安阳是一座各方人物、各色人士汇集之处。② 所以"妹土"(纣都)之民,周公还让他们"肇牵牛车远服贾",外出经商,重操旧业。

第三节 社会各阶层在商品交换中所处的地位和作用

在《周易》、《楚辞·天问》、《山海经·大荒东经》、《古本竹书纪年》等先秦古籍中,记载着一则王亥到有易人中被杀,他的牛羊被抢夺的故事。《周易·大壮》六五云:"丧羊于易,无悔。"《旅》上九云:"鸟焚其巢,旅人先笑后号咷,丧牛于易,凶。"《山海经·大荒东经》曰:"王亥托于有易、河伯仆牛。有易杀王亥,取仆牛。"郭璞注引《古本竹本纪年》:"殷王子亥宾于有易而淫焉,有易之君绵臣杀而放之,是故殷主甲微假师于河伯以伐有易,灭之,遂杀其君绵臣也。"《楚辞·天问》曰:"该秉季德,厥父是臧,胡终弊于有扈,牧夫牛羊?"该,王国维考证即王亥的亥。③ 王亥见于甲骨

---

① 杨升南:《关于商代的俯身葬问题——附说商代的族墓地》,《四川大学考古专业创建三十五周年纪念文集》,四川大学出版社1998年版;杨升南:《关于殷墟西区墓地的性质》,中国社会科学院考古研究所编:《纪念殷墟发掘七十周年国际会议论文》,科学出版社1998年版,又载《殷都学刊》1999年第1期。

② 李济在《安阳》(中国社会科学出版社1990年版)一书中说,"很早以前,华北平原是许多不同民族的支系云集的地方,而原始的中国人群就是部分地由这些民族集团融合而成的"(见该书第18页)。

③ 王国维:《殷卜辞中所见先公先王考》,《观堂集林》卷九,中华书局1959年版。

文,是商的先公(立国前的商族首领)之一。商族在建国前活动地主要在豫东、豫北及鲁西一带。① 有扈即有易,其地在今河北易水流域。王亥赶着牛羊群远到易水流域而进入有易部落境内,显然不是生产性放牧,而是一种经商活动。牛羊是动产,是财富的象征、指示物,"问庶人之富,数畜以对",古时以牛羊的多少来计算财产的多少。马克思说,牲畜是可以让渡财产的主要部分。② 王亥与有易人的交往,当是商人的先祖就曾跋山涉水,赶着畜群到远方进行交易活动。可见商人经商的传统,其来有自。

商代是一个奴隶社会,商代社会的阶级结构为奴隶主贵族、自由平民(即"邑人")和奴隶三个主要阶级。这三个阶级,由于所处的政治、经济地位不同,在商品交易活动中的地位和状况也不一样。这一点在研究商代商品交换时,首先应引起重视而加以区别。

一 奴隶阶级

奴隶阶级是最受压迫的一个阶级。他们被剥脱政治、经济的一切权利,本身就是被奴隶主当做财产、被当做"会说话的工具"。在古代世界其他各国,如希腊、罗马奴隶制时期,买卖奴隶之风十分盛行。奴隶本身就是作为交换的商品之一种。我国有"买妾不知姓则卜"(《左传》昭公元年),《周礼·地官·质人》有"掌成市之货贿、人民、牛马、兵器、珍异,凡卖僖者质剂马"。郑玄注"人民,奴婢也"。西周铜器曶鼎铭中,有"匹马束丝"作价五个奴隶,可知在我国周代有可靠文字记载是有奴隶买卖的。商代的奴隶,当也会有被买卖的,但惜无文字可稽考。奴隶阶级是社会的底层,他们本身只有被作为商品,被奴隶主买卖,而不能作为交换的参与者。

二 国王及王室成员

在奴隶主阶层中,作为国家代表的商王,他所需要的物品,主要是通过政权方式获得,即由国王直接经营的王室产业生产或由方国、诸侯、贵族贡纳,以赋税的形式,向国王提供。这在前面各章以及下面"财政制度"一章中,我们都有详细的讨论,此不赘述。

在商王或王室成员墓中,以及在王都中出土的一些物品,非王室地域或

---

① 王国维:《说自契至于成汤八迁》,《观堂集林》卷一二,中华书局1959年版。
② 马克思:《资本论》,《马克思恩格斯全集》第23卷,人民出版社1963年版,第107页。

商王室势力所能达到的地域以外所产者，如在后期王都河南安阳小屯出土有马来半岛所产的大龟、大海中的鲸鱼骨、新疆和田产的玉石等，很可能就是由交换得来而非贡物。若说是贡入的，当时商人的势力还远远达不到这样遥远的地方，故似无贡入的可能。这些物品很有可能是经过交换手段获得的。像在安阳殷墟常有和田玉制品出土，这些玉石原料，当是通过一定的道路，从新疆和田产区，由商人辗转运到商都安阳小屯。所以我们说很有可能，在我国商代已由于对和田玉的需求而开辟了一条"玉石之路"。安阳殷墟出土的青铜器，经放射性铅同位素测定，其铜矿石原料，有部分可能是产自遥远的云南省的东北地区。商朝的势力还达不到那里，殷墟的铜料若真是有来自今云南东北地区的，那也多半是交换获得的。

王室是买者，也是商品的拥有者，像王室经营产业所获的产品及由贡赋而得的物品，除王和王室成员，以及作为行政必须用度之外，有余亦可能投入交易中。像妇好墓里那400多件各种形制的骨笄，她自己不可能使用那样多，就有可能是用于交换的商品。

三 奴隶主贵族

贵族所需要的物品，特别是生活必需品，主要也是由其领地内自产的。商代的奴隶主贵族，都有自己的领地，领地内有奴隶为其生产各种生活必需品，他们不必向外购买。有可能，奴隶主贵族领地内的生产物，有剩余也是投入交换之中去。但是贵族所拥有的一些物品，如青铜质的各种用具、玉器、高级的丝织品、白陶、原始瓷器等，是他们不能完全由自己制造的。像江西新干大洋洲商贵族大墓中，出土玉器754件（颗），玉器的质料经鉴定有新疆和田玉、陕西蓝田洛翡玉、浙江青田玉及湖北郧县、竹山等地的绿松石等，[①] 皆非本地所产。这些贵重的奢侈品，虽然一部分可能是由国王或上司赏赐，但大部分就得通过购买。就如作为身份标志的青铜礼器，也是买来的，商末青铜器中，常有某人受赏赐若干贝而用以制造一件铜器的，下面略举两例商代青铜器铭文。小臣邑斝：

> 癸巳，王赐小臣邑贝十朋，用作母癸䔻彝。佳王六祀，肜日，在四月。亚矣。（《三代》十三·五三·六；《集成》15.9249）

[①] 陈聚兴：《新干商代大墓玉器鉴定》，载《新干商代大墓》附录10，文物出版社1997年版。

小子夔簋铭：

  乙未，飨使，赐小子夔贝二百，用作父丁障簋。夔（《续殷文存上》48.2；《集成》7.3904）

《小巨邑䍃》铭文的意思是，在某商王的六年四月癸巳日，正值举行肜祭的日子，商王赏赐给名叫"邑"的小臣贝十朋，小臣邑用这十朋贝为他的庙号为癸的母亲做一件祭器。另一件《小子夔簋》，"乙未"后省去了一个"王"字，当是商王"飨使"。铭文大意是，在乙未这天，商王宴飨使者，并赐给小子夔贝二百，小子夔用这些贝，制造一件祭祀庙号为丁的父亲的一件祭器。"贝二百"当是二百朋。商周青铜器铭文中，贝的赏赐，凡言明数量的，总是以"朋"为计量单位。

  贵族青铜器的铭文，大体是这样的内容，可见，贵族青铜器虽是受赏而作，但所赏赐的不是铜器也不是铜块，而是作为货币的贝。受赏者以所得的贝到铸铜作坊（或铜器制造者个人）中去定做一件铜器。[①] 作器者与铜器制造者之间，是一种交换行为：你给他贝，他给你铸造一件铜器。青铜器铸造作坊除王都外的其他地方虽也有发现，但有条件建铸铜作坊，开炉铸造的毕竟不多，故这样的遗址发现也是不多的。因为青铜器铸造，从原料到成器，是一相当复杂的过程，技术难度大，不是一般奴隶主都能具备铸造条件的，也没有必要都开一个铸铜器作坊。集中的、大型的铸铜作坊就成为当时各奴隶主加工订货的地方。

  作为礼器的青铜器，需要用货币交换而来，贵族用的不能自己制造的其他用品，如玉器、漆器、丝织品等，无疑也是用交换的手段获得的。

四　平民

  商代的平民阶层（"邑人"），在商品交换中是很活跃的。殷墟西区发掘的939座中小墓（即平民墓）中，就有340座随葬贝，占1/3。且殉贝在

[①] 松丸道雄：《西周青铜器制造之背景》，载《西周青铜器及其国家》，东京大学出版会1980年版。

100 枚以上的都是无青铜礼器随葬的中下层人物墓。① 1958—1961 年殷墟发掘中小墓 302 座,其中 83 座有贝随葬。白家坟西 B 区第 49 号墓为小型墓,却出贝 385 枚,② 是出贝最多的墓,可见平民在交换中的活跃情况。但是平民阶层对市场的需求与贵族有所不同,平民阶层主要是交换日用品,平民("邑人"或称农村公社成员)阶层作为商品交换的,主要有以下物品。

（一）日用陶器

陶器是商时人们普遍使用的日常生活用器,如炊煮用的鼎、鬲、罐,食器的碗、钵,饮器的杯,盛器的缸、盆等,凡生活中所用,无不是陶器。然而,陶器却不是每家都能烧制的。故须通过交换得来。

陶器在商代无疑已是一种商品,这也能从商代的制陶工场中得到证实。我们在"陶瓷制造业"一节中已指出,商代制陶工场的特点。一是集中,具有一定的规模,像郑州铭功路的不大范围内,已出土 14 座陶窑。在湖南岳阳费家河遗址内,发现有 67 座陶窑。③ 在江西清江吴城发现 8 座升焰窑和 4 座龙窑。④ 规模大,生产成品就多。二是窑场有一定分工,像郑州铭功路窑场,只烧制泥质灰陶器而不烧夹砂陶器。安阳花园庄南地制陶器作坊主要是烧制陶豆。邢台贾村制陶工场,从出土器物看,似只制造陶鬲的作坊。在下七垣的 3 号窑内,发现不少的残陶鬲,口腹被烧扁,鬲足已变斜。⑤ 这种规模大,产品趋向单一化的生产,应即是商品生产。

（二）小件青铜器

在考古发掘中,一些中小型墓内虽无青铜礼器,但却有一些小件青铜器,如一把铜戈、矛、小刀,一件铜凿、锛、锥,一只小铜铃等。这些用以随葬的青铜器,是墓主的私有物。铜器是贵重之物,原材料不易得,非一般人所能制作,中小墓主能够拥有它们,只能是由交换得来。另外,随葬铅器的墓主,亦是地位不高的上层邑人,铅器也应是用交换手段获得的。

---

① 中国社会科学院考古研究所安阳工作队:《1969—1977 年殷墟西区墓葬发掘报告》,《考古学报》1979 年第 1 期。

② 中国社会科学院考古所:《殷墟发掘报告（1958—1961）》,文物出版社 1987 年版,第 258 页。

③ 湖北省博物馆等:《湖南费家河商代遗址和窑址的探掘》,《考古》1985 年第 1 期。

④ 文物编辑委员会:《文物考古工作十年（1979—1989）》,文物出版社 1990 年版,第 150 页。

⑤ 唐云明:《河北商文化综述》,《华夏考古》1988 年第 2 期。

（三）玉器

中小墓中，有的还随葬有一两件玉器制品或绿松石制品，如一只玉鸟、一只玉鱼、一只玉蝉等，这些玉器，也应是通过交换得来的，像殷墟西区第272号墓，有一套陶器：觚、爵、盘、罐、簋各1件，铜锥1个，铜铃1个和玉饰1件，而随葬贝350枚。第1082号墓，随葬陶觚、爵各1件，另有玉鱼、玉鸟、玉璜、玉管、玉刻刀、玉龟各1件，玉饰件2件，随葬贝10枚。从所随葬贝看，他们的玉器、铜器是通过购买得来的。

（四）食盐

盐在甲骨文中称为卤，甲骨文中有关卤的卜辞，在后面第八章的"财政收入"节中再引录，此从略。甲骨文中有向王室贡卤，还有"卤小臣"（《合集》5596）是商王室设置管理盐业（卤）的专官。可见商代盐这种生活必需品已由王室控制。山西省境内是著名的盐产地，商王朝的势力从商代前期就已抵达山西境内，像前已指出的，夏县东下冯、垣曲古城镇就有二里岗时期的商代古城址。在今晋中、晋西北，沿黄河到晋西南，皆有商代墓葬和遗物出土，像石楼县出商器多批，且多为武器，似为武将的遗物，这就很可能与保护盐产地有关。

甲骨文中既已有盐（卤），商王室并设专官主其事。甲骨文有"燎酒卤册大甲"（《合集》1441），是以酒和卤祭祀大甲。以盐卤为祭品，乃是供神食用的，可见盐已成为商人食物中的调味品。当时盐的贩卖情况无从知晓，但这人人不可缺少的日用必需品——盐，平民百姓也只能通过购买获得。

（五）其他物品

平民要获得日用品，特别是必不可少的陶制器皿、食盐以及小量的铜器、玉器等，必须用购买的方式获得。平民百姓要购买这些物品，就只有出卖自己能生产的物品，或用它们换成作为货币的贝，或用实物去交换。具体有哪些物品进入交换领域虽不可确知，但必是他们自己所能生产的，其中有可能是手工艺品（如人们生活中使用很广的编织物、席、草鞋等），也有可能是农牧产品。这些物品本是生产者自己用的，但为购买自己不能生产的生活必需用品，故将其送入市场，这些物品就成了商品，所以，商代的商品种类应是相当丰富的。马克思说，"商品首先是一个外界的对象。一个靠自己的属性来满足人的某种需要的物"，又说，"商品是一种二重性的东西，即使用价值和交换价值"。① 列宁也说,"商品是这样一种物品,一方面,它能满足人们的某种需要,另一方面,它是能用来交换的物品"。② 人们生产的剩余物品,将其用作交换他种物品,这种物品就成了商品。为卖而生产的是商品,为买而卖出的剩余物品,有时甚至是生活必需品(非剩余),为购买别的用品而卖出的物品,只要进入市场流通,就成了商品。所以商代农牧业产品,在特殊情况下,也具有商品的性格。

在私有制度下,社会结构的贫富分化,生产领域的分工深入,必然产生用互通有无的交换方式,来满足人们生活中的各种需要。战国时期农家学派主张"贤者与民并耕而食,饔飧而治",儒家学派首领孟子与弃儒学而转从农家学派的陈相有一段精彩的对话,道出了交换的必然性和必要性:

孟子曰:"许子(农家学派的创始人许行)必种粟而后食乎?"

曰:"然"。

"许子必织布而后衣乎?"

曰:"否。许子衣褐。"

"许子冠乎?"

曰:"冠。"

曰:"奚冠?"

曰:"冠素。"

曰:"自织之与?"

曰:"否。以粟易之。"

"许子奚为不自织?"

曰:"害于耕。"

曰:"许子以釜甑爨,以铁耕乎?"

曰:"然。"

"自为之与?"

曰:"否。以粟易之。"

"以粟易械器者不为厉(注:病也)陶冶;陶冶亦以其械器易粟者,岂为厉农夫哉?且许子何不为陶冶,舍(为甚么)皆取诸宫中而用之?

---

① 马克思:《资本论》,《马克思恩格斯全集》第23卷,人民出版社1963年版,第47、54页。
② 《列宁全集》第21卷,人民出版社1963年版,第41页。

何为纷纷然与百工交易？何许子之不惮烦？"

曰："百工之事固不可耕且为也。"

曰："然则治天下独可耕且为与？有大人之事，有小人之事。且一人之身而百工之所为备，如必自为而后用之，是率天下而路（穷困）也。"①

商代人的生活，已不是万事不求人的"老死不相往来"，而是各行各业，各阶层间的人们，在经济生活中相互依存的社会，生活中的必需品谁也不可能做到"自为而后用"。所以在商代，对商品的依赖，上自商王，下至普通民众，都不能避免。商代的平民阶层，所需的是普通日用品；而商王、贵族所需的是奢侈品，但它们都是商品。由于所需商品的品类不同，从而显出商品交换中的不同层次。商王、贵族不需购买普通民众的日用品，一般民众也无力去购买贵族享用的奢侈品。

第四节　贝是商代的货币

商品交换最初是以物易物的实物交换，其发展必然出现用一般等价物做媒介进行交易，马克思说：

> 在直接的产品交换中，每个商品对于它的所有者直接就是交换手段，对于它的非所有者直接就是等价物，不过它要对于后者是使用价值。因此，交换物还没有取得同它本身的使用价值或交换者的个人需要相独立的价值形式。

这一段讲的是物物交易，即"直接的产品交换"。马克思说，在物物交换中，被交换的物品对双方来说都是需要的东西，即有"使用价值"。如用米去换布，持有布者需要米做饭，持有米者需要布制衣，两者才能成交。一方不需要另一方的物品，皆不能成交，交换也就不能进行，马克思接着说：

> 随着进入交换过程的商品数量和种类的增多，就越来越需要这种形

---

① 《孟子·滕文公上》。

式(即交换物独立的价值形式——引者)。问题和解决问题的手段同时产生。如果不同商品所有者的不同商品在它们的交易中不和同一个第三种商品相交换并作为价值和它相比较,商品所有者拿自己的物品同其他种种物品相交换、相比较的交易就决不会发生。这第三种商品由于成为其他各种商品的等价物,就直接取得一般的或社会的等价形式。

这"各种商品的等价物"就是货币。它开始是由某种物品承担,后来就逐渐固定在某一种商品上。马克思说,它"交替地、暂时地由这种或那种商品承担。但是,随着商品交换的发展,这种形式只是固定在某些特定种类的商品上,或者说结晶为货币形式"。①

按马克思的上述论述,货币的出现,是在"进入交换过程的商品数量和种类"增多,商品交换已发展的情况下,才会出现的。商代由于商品交换的发展,为进行交换的需要,已经出现了货币,这种货币就是贝。

商代用贝作为货币,是可信的。

古人以贝为货币,常见于古文献记载。《史记·平准书》曰:"农工商交易之路通,而龟、贝、金、钱、刀、布之币兴焉,所从来久远,自高辛氏之前尚矣,靡得而记云。……虞夏之币,金为三品,或黄或白或赤;或钱或布或刀;或龟、贝。"

《盐铁论·错币篇》云:"弊(币)与世易,夏后以玄贝,周人以紫石,后世或金钱刀布。"

许慎《说文解字》贝字下云:"古者货贝而宝龟,周而有泉,至秦废贝行钱。"

以上所引三种记载,是具有代表性的,其说大致合于历史实际,具有一定科学性。

按照马克思的理论,货币主要有四种职能:价值尺度、支付手段、流通手段、储藏手段。商周时期的贝是否具有货币的这些职能呢?从甲骨文、商周金文、考古资料和古文献中是可以得到证实的。

一　贝所具的价值尺度职能

贝是不是货币,最为重要的一个界标就是看它是否具有价值尺度。

---

① 马克思:《资本论》,《马克思恩格斯全集》第23卷,人民出版社1963年版,第106—107页。

贝所具有的价值尺度，在商代迄今还没有确凿的材料证实，但是稍后的西周时期，贝的价值尺度职能就是明确无误的。《易·损》六五（《易·益》六二同文）：

> 益之十朋之龟。

"朋"是贝的计数单位。商代甲骨文及商周金文中，常见赏赐给某人"贝若干朋"，也常见"贝朋"连言。多少个贝为一朋，说法不一，有从二枚到十枚为一朋的不同说法。王国维考证应以十枚贝为一朋。① 上引《周易》文中的"十朋之龟"的"十朋"，就是那只龟的价值，此即是用贝来计算龟的价值。这就是贝所具有的价值尺度职能。西周青铜器卫盉铭文云：

> 矩伯庶人取瑾璋于裘卫，才（裁）八十朋，厥贮（贾）其舍田十田。

"才（裁）八十朋"的"才（裁）"即"财"。② 是裘卫的这一块玉器瑾璋，矩伯若要用贝支付，就要八十朋贝；若要用田去换，就要十田（一田为一百亩）。由此知，"八十朋"是这块玉器瑾璋的价值（也是十田即一千亩土地的价值）。贝在这里亦是作为价值尺度的职能。在此铭文中，矩伯还从裘卫那里取走两件玉雕的虎和三件皮制品，其价值是"才（裁）二十朋，其舍田三田"。二十朋贝乃是这两件玉虎和三件皮制品的价值。

"周因于殷礼"，西周时期贝的这种职能，无疑是沿于商代的。

二　贝的支付手段职能

贝所具的支付手段，从商周青铜器铭文中常见的赐贝的赏赐记录中，就反映出来。在商代和西周的青铜铭文里，常见某人赐给某人贝若干朋，受赐者因受到此赏赐而制造一件铜器作为纪念，如：

> 辛卯，王赐寝鱼贝，用作父丁彝。　　《寝鱼爵》（《集成》9101）

---

① 王国维：《说珏朋》，《观堂集林》卷三，中华书局1959年版。
② 彭裕商：《西周金文中的"贾"》，《考古》2003年第2期。

丙午，王赏戍嗣子贝二十朋，在阑宗，用作父癸宝鼎。《戍嗣子鼎》（《集成》2708）

　　　　乙卯……王赏子黄瓒一，贝百朋。子光赏，姒员用作己［宝盘］。《子黄尊》（《集成》6000）

上举三件青铜器都是商代晚期的，这样的例子还很多，不一一备举。在中国社会科学院考古所编的《商周金文集成》一书中，收录赐贝而制器的青铜铭文达168件之多。这类铭文中的"用作"，就是"用"所得的"贝"，作为资金去"制作"。像西周早期的《父乙觚》铭，特指明是用受赏赐的贝为资制造的器：

　　　　贝唯赐，用作父乙尊彝。（《集成》7310）

"贝唯赐"是宾语前置的倒装句，"唯"即唯一、只有之意。强调赏赐的只有贝。下面的"用作"，就只能是用受赐的贝来"制作"了。所以，这件青铜器是用受赏赐的贝为资制造的，这个意思在铭文中说得再清楚不过了。下面商代的两件同铭青铜爵，与上举西周早期的《父乙觚》内容是相同的而略有减省，铭云：

　　　　赐唯贝，父乙。（父乙前有一商周时常见的或释"析子孙"的族徽）（《集成》9050、9051）

铭文中贝字后缺"用作"二字，父乙后缺"尊彝"或"宝彝"一类的套语。若与《父乙觚》相比照，铭文的所缺字就很清楚了。受赐贝而"用作"制造一件青铜器，即是用贝的购买力，去购买青铜原料，或自己开炉铸造，或到他人的青铜器作坊去定做。① 直接讲用多少"贝"制造一件青铜器的例证，见西周早期《遽伯还簋》（图7—1），此簋铭云：

　　　　遽伯还作宝尊彝，用贝十朋又四朋。（《集成》3763）

---

① 松丸道雄：《西周青铜器制造之背景》，载《西周青铜器及其国家》，东京大学出版会1980年版。

用贝制作青铜器,就是贝所具有的支付手段。

三 贝的流通手段职能

商代贝常作为重要的赏赐品,普遍见于青铜器铭文,也见于甲骨文,例如:

> 庚戌[卜],□,贞赐多女又贝朋。(《合集》11438)
>
> ……征不死,赐贝二朋。一月。(《合集》40073)

图7—1 遽伯还簋铭文
(《殷周金文集成》3763)

贝作为有价值的物品而作为赏赐品,在商人中流动,受到赏赐的人们,用贝去制作青铜器或者去购买其他所需物品,这就是贝所具的流通手段。商代甲骨文中,还有占卜"买"与不"买"的卜辞,如:

> 戊寅卜,内,呼雀买?
> 勿呼雀买?(《合集》10976)(图7—2)
> ……弗买?(《合集》21776)

图7—2 甲骨文买字
(《合集》10976,局部)

"买"字的释读，在古文字学界已得到一致赞同。字上从网下从贝，在西周金文中也是如此构形。《集成》所收 16 件器铭中有"买"字，但这 16 个"买"字都是名词而无一例作动词用的。西周早期《亢鼎》铭文中的"买"字，始见此字在金文中用为买卖交易之义，铭文云（图 7—3）：

图 7—3　亢鼎铭文
（《上海博物馆集刊》第 8 期马承源文）

公大保买大休（球）于某亚，在五十朋。公令亢归某亚贝五十朋。①

在《尚书》及《诗经》这类先秦早期文献中虽未见有"买"字，而在春秋战国时期的文献中，"买"字就已经作为贸易交换的常用字了。如《左传》昭公元年"买妾不知姓则卜之"，又昭公十六年，晋国大夫韩起出使郑国，韩起有一只玉环，这玉环原是一对，另一只在郑国的商人手里。韩起当时担任晋国的中军元帅，相当于后世的宰相。他到郑国后，趁郑国国君接见他时，向其提出，希望得到在郑国商人手中的那一只玉环。郑国的执政大臣子产不给，说商人手中的东西，我们国家不能强使他们卖出。韩起只得到市场上去"买诸贾人"，从商人手里买得。战国时期的秦国云梦竹简中的《金布律》文

---

① 马承源：《亢鼎铭文——西周早期用贝币交换玉器的记录》，《上海博物馆集刊》第 8 期，上海书画社 2000 年版。马先生说休为球字，"球"是玉名，即《诗经·商颂·长发》中的"大球小球"之"球"。

里，就常使用"买"这个词，如：

> 有买及买（卖）也，各婴其贾（价）；小物不能各一钱者，勿婴。

"婴"是指在货物上系上价格标签。在秦简中买卖为同一字。上引《合集》10976上的两条卜辞，"买"前的"雀"是甲骨文中常见的一个人名（或族名），其后的"买"字为动词。下一辞"弗买"的"弗"是一否定词，否定词是否定一种行为的用词，故"弗"后的"买"字，也是一个动词。这两片甲骨上作为动词用的"买"字，与西周《亢鼎》铭文及春秋战国时期文献中"买"字的含义是相同的。是商代甲骨文中"买"字的用义，与西周金文、《左传》及战国秦简中的用义，是一脉相承的。《说文》称"买，市也。从网贝。孟子曰：'登垄断而网市利。'"商代甲骨文中的"买"字从"贝"，就是用贝进行交易。这就是贝的"流通手段"职能。

四 贝的储藏职能

贝的储藏职能，在考古中有大量的发现。在商人的墓中常用贝为随葬品，少者一枚，多者如殷墟的妇好墓，随葬贝达6880余枚，在四川广汉三星堆的二号祭祀坑中贝亦达6千多枚。这些被用作随葬或祭祀的贝，是为了供给死者或神灵在另一个世界里使用的。给死者的随葬品以及祭祀时给神所献的各种祭品，都是供死者在另一世界里使用的有用物品。这种观念，在今天的一些人的头脑中，也还是存在的。用大量的贝随葬、献祭就是储藏给死者使用的。

甲骨文中有一宝贝的"宝"字，其字形主要有两种。

一作屋内有贝和玉：

    ⛎（《合集》6451白）
    ⛎（《合集》17512）
    ⛎（《合集》17511白）

一作屋内只有贝而无玉：

    ⛎（《合集》35249）

两字都是"宝"字,已得到古文字学界的共识。在商代的金文中,"宝"字也是一个常见字,与甲骨文"宝"字构形基本相同,只是在屋内多增加音符"缶"。在屋内有玉、有贝就是"宝"。甲骨文中的另一"宝"字构形是只有贝而无玉,也为"宝"字,就说明商人更重视贝的价值,只要有贝就是"宝",与有没有玉关系似乎不是很大。商人将贝作为"宝"密藏于屋内,此即是贝的储藏职能。

在《尚书·盘庚中》篇里,盘庚指责他的大臣们聚敛钱财,并搬出这些大臣的先祖用刑罚来惩罚他们子孙贪婪行为的要求:

兹予有乱政同位,具乃贝玉。乃祖乃父丕乃告我高后,曰:"作丕刑于朕孙"。迪高后丕乃崇降不祥。

"具乃贝玉",周秉钧《尚书易解》称:"言贪于货财。"所以盘庚在另一篇讲话(即《盘庚》下)中自我表白说,"朕不肩好货"(我不作敛财之事)。在此篇讲话结束前,他劝诫那些敛财的大臣们要"无总于货宝,生生自庸"。"总于货宝"也就是聚敛财富,即是聚敛贝与玉。与"具乃贝玉"的指责是一致的。大臣们聚敛贝玉,是商人以贝玉为"宝"。贝被贵族们宝藏,这就从古文献中获知,在商代贝所具的储藏职能。[①]

贝为什么会成为货币。这缘于贝本身所具的特点和成为货币的物质所要求的条件相符。货币是商品交换到一定阶段的必然产物。货币本身就是一种商品,这种商品充当"社会的等价形式",使其不同物品之间的交换得以进行。究竟何种物品可以充当货币的职能呢?马克思说,有两种情况起着决定性的作用,即"或者固定在最重要的外来交换物品上,这些物品事实上是本地产品的交换价值的自然形成的表现形式;或者固定在本地可以让渡的财产的主要部分,如牲畜这种使用物品上"。又说,作为货币的物质要具有"均质性"和纯粹只是具有量的差别,作为货币的物质"只有分成的每一份都是均质的才能成为价值的适当表现形式","因为价值量的差别纯粹是量的差别,所以货币商品必须只能有纯粹量的差别。就是说,必须能够随意分割,

---

[①] 马季凡:《贝玉不是商人的葬具——读姚朔民的〈"具乃贝玉"新说〉》,载《2004年安阳殷商文明国际学术研讨会论文集》,社会科学文献出版社2004年版。

又能够随意地把它们的各部分合并起来"。① 贝正符合这些要求。

贝在商代是一种最重要的"外来品"。作为货币的贝是海贝,在当时商王国内不产,就是我国大陆沿岸也不产,它主要产于远离我国海岸的南海、西沙群岛以及西亚、非洲的海湾,因得之不易故贵重。贝壳坚硬,抗磨损,可长期在人群之间流通而不致损坏。作为货币的贝大小基本一致,具有"均质性",可以随意合并也可以随意分割。这些特点都使贝具备充做货币的物质。

在商周以后贝作为货币的事不乏其例。春秋战国时期,楚国通行的蚁鼻钱就是仿贝的金属货币,这与商代的铜贝是一个系统,也可能它就是商代贝币的延续。在汉代的今云南地区贝币的使用很普遍,在云南的晋宁石寨山和李家山地区的汉代古墓中,1955—1972年间,就发现贝30多万枚,与此相应,在同时期的墓葬和遗址中出土了各种形状的青铜贮贝器。② 因为贝是货币,故用特制的青铜容器来贮藏,如在云南石寨山墓地第二次发掘时,出土11件铜鼓,就有9件装满了贝;李家山第一次发掘时出土的8件铜鼓中,有2件装满了贝。③ 这一地区的一些民族,到元明清时期,还有使用贝币的。他们称贝币为"贝子"。《元史·世祖纪九》曰:"定云南税赋,用金为则,以贝子折纳,每金一钱,值贝子二十索。"贝八十枚为一索。明李时珍《本草纲目·介部·贝子》云:"古者货贝而宝龟,用为交易,以二为朋。今独云南用之,呼为海巴。以一为庄,四庄为手,四手为苗,五苗为索。"(一索亦是八十枚贝)贝是货币,所以也作为财富储藏起来。李京《云南志略》载:

> 斡泥蛮(即今之哈尼族)在临安西南五百里,巢居山林,极险。家有积贝,一百二十索为一窖,藏之地中。将死,则嘱之子曰:"我平日藏若干,汝可取几处,余者勿动,我来生用之。"④

云南的一些民族以贝作为货币,已是不争的事实。在世界其他地区也有用贝

---

① 马克思:《资本论》,《马克思恩格斯全集》第23卷,第107—108页。
② 王永胜:《四牛骑士贮贝器》,《中国文物报》2002年2月6日。
③ 肖明华:《论滇文化的青铜贮贝器》,《考古》2004年第1期。
④ 转引自李家瑞《古代云南用贝币的大概情形》,《历史研究》1956年第9期。

做货币的。1978年苏联《在国外》周刊第15期译载西德《地理》杂志上的一篇文章，介绍了太平洋所罗门群岛中的劳拉齐小岛上的居民们，"用贝壳做货币，至今仍是这样"。①

商代的墓葬、遗址中，甲骨文字和金文中都有商人大量使用贝的材料，这些贝是用作货币的，当是不会有大的问题。贝曾充当过货币的问题，近代学者从王国维以来，已有不少的研究者作出了肯定答案，不烦一一列举，就以中华书局1995年出版、河南钱币学会编纂的（主编朱活）《中国钱币大辞典·先秦编》中，在其先秦货币条中就肯定地写道，"在夏商西周时期，中原和某些沿海地区以海贝为重要的货币"。在词条中还专列有"贝"、"贝化"、"贝币"、"货贝"四个条目来阐释贝的货币职能。该书显然吸收了钱币学界研究的成果，其见解无疑是对的。

商代是中国先秦时期经济文化发展的第一个高峰时期（第二个高峰应该是战国时期），农业、畜牧业、手工业间的分工已经形成。在这个社会里，虽然宗族或家族组织仍然较为普遍存在，但是宗族或家族已不是一个共同生产、共同消费的组织。商代社会是以经济为基础的分层社会。从当时人们的墓葬反映出，个体家庭是基本的生产及生活单位，各个家庭间的经济差别是相当悬殊的。在这样的社会里，互通有无的交换行为，不可缺少。所以，在商代商品交换应是有一定程度的发展。商品交换的发展，就对商品交换中的"一般等价物"——货币——的出现提出了要求，因而，贝就以其本身所具的特点，成为了这个时期的"一般等价物"。从大量的古文献、古文字及考古资料分析，商代（包括西周时期）的贝已具备货币的四种职能，贝是商代的货币这一论断，是可以成立的。②

---

① 见新华社编：《参考消息》1981年5月14日。
② 杨升南：《贝是商代的货币》，《中国史研究》2003年第1期。

第八章

商代的财政制度

"财政"一词的含义，是"国家凭借对一部分社会产品进行分配和再分配而形成的分配关系"。① 这种意见认为，财政是"出现国家以后的产物"。另有一种意见主张，早在国家产生以前，人类还处在部落和部落联盟时期，就应有财政了。② 这里我们不涉及财政的起源问题，因为商代已经是我国历史上第二个奴隶制国家，作为一个国家，必有它的财政制度，方能使国家机器运转起来。

国家的财政制度，包括两个方面的内容：收入和支出，即部分产品的"分配和再分配"。所谓"分配"就是指国家从直接生产者、经营者手中取走的部分，今日称为"税"的部分；所谓"再分配"就是国家从生产者、经营者手中取去的部分，用于各种开支。国家收入和支出的形式，是随着时代不同而各异的。《孟子·滕文公上》中说，"夏后氏五十而贡，殷人七十而助，周人百亩而彻"，贡、助、彻是孟子概括的夏、商、周三代不同的财政收入方式。孟子在这篇文章中又讲道，"劳心者治人，劳力者治于人。治于人者食人，治人者食于人"，就是讲的财政支出，即"再分配"的问题，亦即国家财政支出的事。当然，国家供给"治人"者即官吏的俸禄，只是国家财政支出的一个方面。

孟子把商代的财政收入概括为"助"，本质上没有错，但不全面。实际上商代也有"贡"的制度。在财政支出方面，亦是各种各样的，其目的是为了巩固商王朝的国家政权，满足商王及奴隶主贵族们奢侈的生活所需。

---

① 许涤新主编：《政治经济学辞典（下）》，人民出版社1981年版，第485—486页。

② 陈光焱：《对我国财政的产生和财政本质的探讨》，《财政研究》1988年第3期。

第一节 财政收入

商代的财政收入主要有两个方面：一是王室直接经营的产业；一是诸侯、方国和贵族们的贡纳。

王室直接经营的产业，主要是农业中的"王室田庄"，畜牧业中的"王室牧场"，手工业中的"王室作坊"。在王室这些直接经营的产业中，产品归王室亦即国家所有，它是王室财政收入的重要来源。这些，我们在前面的有关章节中，已经作了详细的讨论，就不再重复。在本节中，我们将着重讨论有关贡纳方面的问题。

贡纳制度是我国先秦时期的一个重要制度。它既有经济上的意义，也有政治上的意义。其产生的原因是那时实行的"内外服"即封建诸侯制的政治制度。

商代的贡纳制度，古文献记载最为详细的，当以《逸周书·王会解》后所附的《商书》中《伊尹朝献》一篇，其文云：

> 汤问伊尹曰：诸侯来献，或无马牛之所生而献远方之物，事实相反，不利。今吾欲因其地势所有献之，必易得而不贵，其为四方献令。
>
> 伊尹受命，于是为四方[献]令，曰：
>
> 臣请正东：符娄、仇州、伊虑、沤（瓯）深、九夷、十蛮、越沤（瓯），䰂文身，请令以鱼支（皮）之鞞、乌鲗之酱、鲛瞂、利剑为献。
>
> 正南：瓯邓、桂国、损子、产里、百濮、九菌，请令以珠玑、玳瑁、象齿、文犀、翠羽、菌鹤、短狗为献。
>
> 正西：昆仑、狗国、鬼亲、枳巳、闟耳、贯胸、雕题、离丘、漆齿，请令以丹青、白旄、纰罽、江历、龙角、神龟为献。
>
> 正北：空同、大夏、莎车、姑他、旦略、貊胡、戎翟、匈奴、楼烦、月氏、孅犁、其龙、东胡，请令以橐驼、白玉、野马、騊駼、駃騠、良弓为献。
>
> 汤曰：善。

文中所举国家的地望和所献物品，今已不能——确指。唐大沛说："《伊尹朝献》一书，文不过二百余字，简古可爱，其为商时古书无疑。因作《王会》

者附录之，以传至今数千年，当与商之鼎彝并宝矣。"① 其他的古文献也有相应的内容，如《诗经·商颂·殷武》歌颂成汤建国后，方国来朝见、来献贡的情况道："昔有成汤，自彼氐羌，莫敢不来享，莫敢不来王，曰商是常。"郑玄笺云："享，献也。世见曰王……成汤之时，乃氐羌远夷之国，来献来见曰：商王是吾常君也。"孔颖达疏谓："世见曰来王，《秋官·大行人》云'九州之外谓之藩国'。'世一见'谓其国父死子继及嗣王即位乃来朝，是之谓'世见'。"《玄鸟》诗歌颂武丁时，诸侯向商王室朝贡的盛况道，"龙旂十乘，大糦是承"，郑玄笺云："交龙为旂。糦，黍稷也。高宗之孙子，有武功有王德于天下者，无所不胜服，乃有诸侯建龙旂者十乘，奉承黍稷而进之者，亦言得诸侯之欢心。十乘者，二王之后八州之大国。"此诗又云，"四海来假，来假祁祁"。郑玄笺云，"假，至也。祁祁，众多也……天下既蒙王之政令，皆得其所而来朝觐贡献。其至也，祁祁然众多，其所贡于殷大至"；《荀子·解蔽》篇中说，汤用伊尹灭夏"受九有"而"远方莫不致其珍"；晋时人皇甫谧在所著的《帝王世纪》中说，诸侯叛桀归汤，"同日职贡者五百国"。

上述这些记载容或有夸大的成分，但所讲商时有"贡"这一制度，在安阳殷墟所出土的甲骨文中，得到证实。甲骨文中发现有关贡纳的卜辞具有相当数量，弥补了古文献记载的不足。下面我们对甲骨文中的贡纳卜辞，加以整理，以观商代贡纳制度的一般情况。

一 甲骨文中有关贡纳活动的用语

甲骨文中贡纳活动的用语分为两类。一类是诸侯、方国、臣僚向王室贡献各种物品时的用语，这类用语有氏（致，或释以）、供、入、见（献）、登等，如言氏（致）：

□未卜，贞禽氏（致）牛。（《合集》8975）

是"禽"这位大臣向商王室致送牛。如言"供"：

---

① 唐大沛：《逸周书分编句释》，台北学生书局影印稿本。转引自黄怀信等《逸周书汇校集释》，上海古籍出版社1995年版，第983页。

贞呼吴供牛。(《合集》8937)

"吴"是一位大臣,此辞是商王室下令吴提供牛给王室。如言"入":

妇好入五十。(《合集》10133)

"妇好"是武丁之妻,① 她有封地,甲骨文中称为"妇好邑"(《合集》32761)。如言"见(献)":

丁巳卜,其见牛一。(《合集》33577)

"见"假借为献字。是卜问某人将会献一头牛于王室。如言"登"(图8—1):

……登羊三百。(《合集》8959)

"登"义为进献。

另一类是从王室角度向诸侯、臣下征集贡物的用语,有"取":

贞呼取马。(《合集》8814)
贞呼取,唯牛。(《东京》273)
贞呼取羊。(《合集》8813反)

"取"字在古文献中,是一上级向下级索取物品的用语。《仪礼·乡饮酒》有"宾言取",《疏》云"尊者得卑者物言取"。《韩诗外传》卷五有云:"君取于臣谓之取"。甲骨文中的"取"字正是此种用法。甲骨文中有"🅟"字,像眼睛上有一物,前人未释,有"征集"之义,卜辞中常有"🅟"多少人去征伐某敌国的,如:

图8—1 贡羊三百甲骨
(《合集》8959)

---

① 王宇信等:《试论殷墟五号墓的"妇好"》,《考古学报》1977年第2期。

庚寅卜，㱿，貞勿🀀人三千呼望吾［方］。（《合集》6185）
□寅卜，凸，貞🀀三千人伐……（《合集》7345）
貞🀀三百射呼……（《合集》5777）
王其🀀戍，甾……（《合集》28026）

戍是戍卒，武装人员。甾字往往与伐字相连，组成"甾伐"一词，是一战争用语。可见这个🀀字与甲骨文中常见的"登人"、"供人"若干去征伐的"登"、"供"词义是相同的。从字形上看，目上的"∏"，指示眉毛，是一指事字，其字当与"眉"字音近。眉、募同声，当是"募集""招募"的"募"字。甲骨文有𝄞、𝄞字，此字目上有两或三画带钩的竖画，指示眉毛，是一指事字，学者均释读作"眉"。甲骨文中有从眉的字，作𝄞形，释读作湄，杨树达说"湄盖假为弥，弥日谓终日"。① 于省吾认为此字"与妹昧音近通用"，卜辞"湄日"即"昧日"，"指天将明时言之"。② 由湄字证𝄞、𝄞字释作"眉"为确释。与眉字形近的🀀字，就不应是眉字，而有可能是音近而义有别的"募"字。这与上举卜辞"募"人多少征伐的词义是相一致的。对于人是募集、征集，对于物，则是上对下的索取，如卜辞：

貞🀀（募）牛百。（《合集》9041、11176）
貞🀀（募）牛五十。（《合集》6000 反）
丙午卜，㱿，貞，🀀（募）羊于吴。（《合集》40186）
貞🀀（募）勿（犁）牛。（《合集》11181）

从商王室角度的"募"，当是王室向诸侯、贵族、方国征取贡物。

甲骨文中有匃字，卜辞中有"匃马"（《合集》21007），"匃人"（《合集》493 正），"匃射"（《合集》6647 正）等。《说文》曰"匃，气也。亡人为匃，逯安说"。段玉裁注云：

---

① 杨树达：《卜辞求义》，《杨树达文集之五》，上海古籍出版社 1986 年版，第 73 页。
② 于省吾：《甲骨文字释林》，中华书局 1979 年版，第 121—122 页。

气者，云气也。用其声，假借为气求气与字。俗以气求为入声，以气与为去声，匄训气求亦分二义二音。《（汉书）西域传》"气匄无所得"，此气求之义也，当去声。又曰"我匄若马"，此气与之义也，当入声。要皆强为分别耳。《左传》"公子弃疾不强匄"，又子产曰"世有盟誓，毋或匄夺"，皆言气求气匄也。通俗文曰：求愿曰匄。则是气求之曰气匄，因而与之亦曰气匄也。今人以物与人曰给，其实当用匄字。《广韵》古达切。其字俗作丐，与丏不同。《广韵》曰："二字同"，非是。……从亡从人者，人有所无，必求诸人，故字从亡从人。

朱骏声《说文通训定声》谓："许以通借字训正字，当训求也。亡人会意者，逃亡之人，求食于他乡者。"《玉篇》"匄，乞也，取也"。《集韵》曰："匄，求也。"是匄有求取之意。

由匄字义知，卜辞"匄马"是商王朝中央政府向诸侯、贵族求取马匹的行动。"匄人"、"匄射"是征集人员、射手的活动。

卜辞中有"乞"字，亦是求取之意，甲骨卜辞云：

甲午卜，宾，贞令周乞牛多……（《合集》4884）
乙未，匄乞自霁十屯，小妇。（《合集》13523 白）
……乞自喦二十屯。小臣中示。（《合集》5574）

"周"是商朝一诸侯国。匄是人名，当是一贵族，霁是地名，《合集》13523 白是商王朝令匄从霁地求取十对牛肩胛骨。"屯"是指一对牛的肩胛骨。牛肩胛骨是商人占卜时使用的材料之一种，在安阳商代遗址内，已有大量的发现。因用量多，故须向诸侯、臣下索取。喦即岩字，在卜辞中是一地名。《合集》5574 是某人从喦地征集到二十对牛肩胛骨。

贡纳的另一类用语，是从王室角度记录诸侯、贵族、臣僚致送贡物到达王都，王室签收之意，卜辞有"来"和"至"两个词语，如"甶来马"、"贞甶来犬"（《合集》945）、"画来牛"（《合集》9525）、"奠来白马五"（《合集》9177）、"望乘来羌"（《合集》237）等。"来"意为到来、到达王室，是王室记录所贡物品到达了之意。"至"字与"来"字义应同，卜辞云："贞百牛至"（《合集》9214）、"贞今十三月沚至十石"（《合集》39680）。"石"指玉石制品，妇好墓里出土一件玉磬，上刻"妊竹入石"四字，名为"石"，[①] 实则为玉制品。

上述有关贡纳的十个用词，相互间的用义，在当时应有不同，但是，同为诸侯、臣僚向王室缴纳各种物品，则是相同的。

二 贡物的种类

就古文献记载、考古出土遗存和殷墟出土甲骨文所见，诸侯、方国、贵族向商王室贡纳的物品主要有以下一些。

（一）人员

王室各生产部门需要大量的劳动人手，宫寝中所需的杂役、祭祀时献神的人牲等，有相当部分是各地贡入的。所贡的人多有一个名称，或以职事名、或以所来的国族名，见于卜辞的有以下一些。

1. 刍

有一条卜辞卜问，一位名叫"即"的贵族，是否向王室"致"送506个"刍"：

> 己巳卜，㱿，贞即致刍其五百唯六？
> 贞即致刍不其五百唯六？（《合集》93）

此条卜辞上所"致"的数量大，即这个人可能是王室刍牧的管理者，此卜辞反映的可能是他调集王室的人而不是他本人所有的刍。"刍"又称为"羌刍"，有卜辞说名叫"光"的贵族，向王室"致"送50个"羌刍"：

> 乙卯允有来自光，致羌刍五十。（《合集》94）

这是一条卜辞的"验辞"，是记载所卜问的事已经应验了，即实现了的意思。"刍"、"羌刍"是从事畜牧劳动的人手，我们在前的"畜牧业"章中已经讨论过了。

[①] 中国社会科学院考古研究所：《殷虚妇好墓》，文物出版社1980年版，第198—199页，文字见第136页，图75∶1。

2. 仆

有"致"仆的卜辞，如：

> 犬致仆。(《合集》554)
> 勿呼沐致仆。(《合集》552)

"仆"字像人在屋下执事形，今称为"仆人"，是执杂役的人，① 也大量地被用来作为祭祀神灵的牺牲。②

3. 巫

卜辞言"致"巫、取巫：

> 贞禹致巫。
> 贞禹弗其致巫。(《合集》946)
> 贞妥致巫。
> 贞妥弗其致巫。(《合集》5658)
> 贞周致巫。(《合集》5654)
> 致子娥巫。(《合集》5874)
> 壬辰卜，亘，贞有酋巫，呼取致。(《合集》5647)
> ……［令］周取巫于垂。(《合集》8115)

"巫"是神职人员，从事降神的迷信活动。《说文》曰："巫，巫祝也，女能事神无形，以降神者也。"其实巫不仅是女性，也有男性。《周礼·春官·宗伯》有"司巫"、"男巫"、"女巫"等职，其人数亦不少，"司巫"是"巫官之长"，其下有"男巫无数、女巫无数"。在商代巫的地位有高低，大戊时有名臣巫咸，祖乙时有名臣巫贤，《尚书·君》称，"在大戊，时则有若伊陟臣扈，格于上帝，巫咸乂王家。在祖乙，时则有若巫贤"。《说文》巫字下"古者巫咸初作巫"，段注云："马云：巫，男巫名。咸，殷之巫也。郑云：巫咸，谓为巫官者……或云大臣必不作巫官者，是未读《楚语》矣，贤臣何必

---

① 饶宗颐：《殷代贞卜人物通考》，香港大学1959年版，第170页；胡厚宣：《甲骨文所见殷代奴隶的反压迫斗争》，《文物》1976年第1期。

② 王宇信、杨升南主编：《甲骨学一百年》，社会科学文献出版社1999年版，第477页。

不作巫乎。"但一般的巫地位不高，有时还被"用"为牺牲以祭神，如：

> 乙亥，扶，用巫。今兴母庚，允事。（《合集》19907）
> ……在敦……其用巫，祁……祖戊。若。（《合集》35607）

"用巫"就是杀巫以祭祀神。吴其昌云："卜辞'用'字之义，为刑牲以祭之专名……尝综考卜辞数千片全体，除'其牢兹用'不计外，'用'字凡见三十余处，几于无一处不作祭用之媵义。"① 李棪亦云："'用'，乃杀牲之通称；人与畜无别，亦可同时并用。"② 春秋时期鲁国有求雨不得而焚烧巫的，③ 说明地位低的巫处境十分悲惨。

4. 臣

在甲骨文中可看出"臣"的地位有高低，但"臣"字的造字本义是指地位卑贱的一种人，郭沫若谓卜辞、金文中的"臣"字"均像一竖目之形。人首俯则目竖，所以'象屈服之形'者殆以此也"。④ 古人称奴隶为臣，《尚书·微子》"今殷其沦丧，我无为臣仆"，《诗经·小雅·正月》"民之无辜，并其臣仆"，《左传》僖公十七年楚卜招父云"男为人臣，女为人妾"。于省吾说甲骨文臣字的用法有两种：一谓奴隶；二谓臣僚。⑤ 所以"臣"也是入贡的一种人，如：

> 丙申卜，争，贞令出致商臣于盖。（《合集》636）
> 丁丑卜，争，贞令翊致子商臣于盖。（《合集》637）
> ……惟供郑臣。（《合集》635 反）
> 贞呼取垂臣‖。（《合集》938 正）
> ……吴于……供王臣。（《合集》5566）

---

① 吴其昌：《殷虚书契解诂》，原载武汉大学《文哲季刊》第3—6卷（1934—1937年），台北艺文印书馆影印本1959年版，第50—52页。

② 李棪：《殷墟斫头坑骷髅与人头骨刻辞》，《中国语文研究》第8期。

③ 《左传》僖公二十一年：夏，大旱。公欲焚巫、尫。臧文仲曰："非备旱也。……巫、尫何为？天欲杀之，则如无生；若能为旱，焚之滋甚。"公从之。

④ 郭沫若：《甲骨文字研究·释臣宰》，上海大东书局石印本1931年版。

⑤ 于省吾：《甲骨文字释林》，中华书局1979年版，第311页。

> 贞吴弗其致王臣。(《合集》5567)

商、子商、郑、垂、吴等是商代晚期的贵族及诸侯。

5. 女、子、妾

卜辞有取女子及取妾：

> 辛卯卜，争，呼取郑女子。
> 辛卯卜，争，勿呼取郑女子。(《合集》536)
> 呼取女。
> 呼取女于林。(《合集》9741)
> □□卜，争，贞取汏妾。(《合集》657)

女子被作为物品一样赏赐给他人，如：

> 庚戌……贞赐多女又贝朋。(《合集》11438)

女子不仅是被充作使唤丫头，也有不少是充后宫者，《史记·殷本纪》"九侯有好女，入之纣。九侯女不憙淫，纣怒，杀之，而醢九侯"。诸侯把自己的亲生女也贡入，结果父女皆丧命。周文王被囚，"西伯之臣闳夭之徒，求美女奇物善马以献纣"(《史记·殷本纪》)，闳夭之徒所求的"美女"，据《史记·周本纪》是"有莘氏美女"，也应是充后宫的。

6. 羌

羌是商代的一敌对方国，商军在与其交战中常俘获大批羌人，成为王室或军事贵族的奴隶。贵族的羌奴亦成向王室的贡品，如：

> 乙未卜，贞……致羌六。(《合集》258)
> 辛丑卜，宾，贞𤔲暨䀠致羌。(《合集》267 正)
> 㱿不其来五十羌。(《合集》226)

贡入羌的卜辞很多，不备举。贡入的羌不少是被用作祭祀时的人牲，如：

> 壬申卜，䀠，贞兴方致羌用自上甲至下乙。(《合集》270 正)

羌人也是王室畜牧业生产中的劳动人手，前已指出他们被称为"羌刍"。

（二）谷物

商人的主要食物是粒粮。王室的粮食主要产自王室经营的田庄，但诸侯、贵族也要向王室贡入部分粮食。前引《诗经·玄鸟》篇中的"龙旂十乘，大糦是承"诗句，就是描写诸侯、贵族向商王室贡纳谷物时的热闹场面。在殷墟出土的甲骨文中，有关贡纳谷物的卜辞也不少。

1. 有登黍的

贞登黍。
勿登黍。（《合集 235》）
壬午卜，争，贞令登，取泹穄。（《怀特》448）

泹是地名，泹穄是泹地产的穄。穄是黍的一个品种，我们在前"农业"章中已经指出，甲骨文中的黍是具有黏性的谷物，穄是不带黏性的黍，今日北方称为黍子，去皮称作大黄米。黍因具黏性，农村多用以做年糕或糕点。穄子不带黏性，只能用来蒸饭，称为穄子饭。

2. 有登秫的

□□卜，大，贞见（献）新秫，翌……（《合集》24432）
癸未卜登秫。乙酉。（《合集》27826 反）
甲辰，贞其登秫。（《合集》34587）
癸丑卜，王，丁秫入，其登于父甲。（《合集》27455）

秫是粟之一种，我们在前面"农业"章中已指出，秫是粟之黏者，北方人称为"黏谷子"。[1] 甲骨文中没有"粟"字，是由于商时称粟为禾，甲骨文中的"禾"即指今日的"粟"言之。[2]

3. 有麦类入贡者

麦有时被称为来，如：

---

[1] 齐思和：《毛诗谷名考》，《燕京学报》第 36 期（1949 年 6 月）。
[2] 裘锡圭：《甲骨文中所见的商代农业》，《古文字论集》，中华书局 1992 年版。

食来。
亚致来。(《合集》914)
贞曰：致来，乃往于敦。(《合集》11406)
壬戌卜，狄，贞有出，方其以（致）来莫。
壬戌卜，狄，贞叔勿以（致）来。(《合集》28011)

甲骨文"来"是麦的另称，说见前"农业"章。

4. 在战时，商王军队所到达的地方，所在的诸侯、方国要为"王师"提供给养，如：

缶其嗇我旅。
缶不我嗇旅。(《合集》1027)

缶是一方国名，甲骨文中有"㠱方缶"(《合集》6572)。嗇即穑，稼穑。《说文》"嗇，谷可收。"旅是指军队，商代军队称为师也称作旅。① 此言"嗇我旅"、"不我嗇旅"当是卜问缶是否向我（商王）的军队提供谷物。②

（三）畜牧产品

1. 牛

贡牛的数量很大（图8—2），如：

……致牛四百。(《合集》8965)
呼取牛百，致。(《合集》93反)
禽见（献）百牛。(《合集》102)
……致百牛。(《合集》8966)
贞品（募）牛百。(《合集》9041、11176)

图8—2　贡牛百头甲骨
(《合集》102)

---

① 杨升南：《略论商代的军队》，载胡厚宣主编《甲骨探史录》，三联书店1982年版。
② 钟柏生：《卜辞中所见殷代的军政之———战争启动过程及其准备工作》，《中国文字》新14期，艺文印书馆1991年版。

> 致牛五十。(《合集》8967、8968)
> 貞叀(募)牛五十。(《合集》6000 反)

其他不少是仅言"致"、"供"、"入"牛的卜辞而未记具体数量的还很多。一次向王室贡入五十、一百，甚至四百头牛，贡纳的负担是何等的重，对王室经济的重要性可知。

2. 羊

羊也是王室索取的贡物，其数量也很大，有一条卜辞记载，一次贡入三百只：

> ……登羊三百。(《合集》8959)

入贡羊多未记数字者，如：

> 至☒羊。(《合集》22049)
> 惟羊夕入。(《屯南》2388)

☒当是人名、族名或地名，"☒羊"是有此地产的羊而贡入王室者。

3. 马

马的贡入见于甲骨文的一次有多达三十匹：

> 貞象致三十马，允其幸(执)羌。(《合集》500)

有言所贡马的颜色的，如：

> 貞奠来白马五。王占曰：吉。其来。(《合集》9177)

其不记数量的，如：

> 弜来马。(《合集》9175)
> 取马于畗，致。(《合集》8797)

第八章　商代的财政制度　489

马可驾车，战争和交通运输都需要，是一战争物资，王室需要从各地贡入。《史记·周本纪》称周文王被纣囚禁，他手下的"闳夭之徒"，"乃求有莘氏美女，骊戎之文马，有熊九驷，他奇怪物，因殷嬖臣费仲而献之纣"。文马，《正义》曰，"骏马赤鬣缟身，目如黄金，文王以献纣也"，九驷，《正义》谓，"三十六匹马也"。

4. 豕

豕也是贡物之一种，如卜辞：

戈允来豕二，贝……（《合集》11432）
皿致豕。（《合集》21917）
呼吴曰：毋致豕。（《合集》8981）
取豕。（《合集》40051）

上举卜辞是记载戈、皿、吴等人向王室贡豕的情况：致送豕还是暂时不要致送豕。

5. 犬

贡犬的数量相当大（图8—3），如：

……兹致二百犬。（《合集》8979）
……致百犬。（《合集》8980）

贡入的犬可能有多种用途，杀以祭神当是其大宗。

（四）野兽

狩猎的野兽也是贡物之一类，见于甲骨文的贡入种类如下。

1. 兕

兕是青色的大野牛：

癸未卜，亘，贞画来兕。（《合集》9172）
曰弜来兕。（《合集》9174）

图8—3　贡犬二百甲骨
（《合集》8979）

2. 象

甲骨卜辞此见有致象、来象（图8—4）。

> 戊辰卜雀致象。（《合集》8984）
> 壬辰……贞来［象］。
> 贞不其来象。（《合集》9173）

3. 虎

> 呼伇取虎于牧鄙。（《合集》11003）

4. 鹿

> 己丑卜……㐭致鹿。（《合集》40061）

图8—4　来象甲骨
（《合集》9173）

5. 麋

> ……见（献）麋。（《英藏》215反）

6. 麑

麑是幼鹿。

> 贞见致麑。（《东京》242）

此辞中的"见"是一人名或族名，是卜问"见"这个人（或族），向商王室致送幼鹿之事。

7. 隹

> ……勿翌……登隹……（《合集》21225）

"隹"是鸟的一种，狩猎时常有猎获，商王行猎最多的一次打到鸟一百多只：

王田楝往来无灾，获佳百四十八，象二。（《合集》37513）

8. 猱

己巳卜，雀致猱。（《合集》8984）

"猱"类似猴子，是一种珍贵的动物。

狩猎所获的野兽，是献给商王的"野味"，当然也可能是献给商王供其作观赏之用。商代畜养动物供统治者观赏取乐的游乐活动已经出现，《史记·殷本纪》载，殷纣王"使师涓作新淫声，北里之舞，靡靡之乐……益收狗马奇物，充仞宫室。益广沙丘苑台，多取野兽蜚（飞）鸟置其中。慢于鬼神。大冣（聚）乐戏于沙丘，以酒为池，县（悬）肉为林，使男女倮（裸）相逐其间，为长夜之饮"。《太平寰宇记》卷五十九引《帝王世纪》曰："纣自朝歌北筑沙丘台，多取飞禽野兽置其中"。这应是我国三千多年前的王家"动物园"。纣所取的"飞禽野兽"，当有不少是从诸侯、方国及贵族那里"取"来的。

（五）手工业产品

贡纳的手工业产品主要有以下一些。

1. 青铜器

甲骨文中有一卜辞称"致卣"（《东京》286）。卣是一种青铜铸造的盛酒器，一般有提梁称为"提梁卣"，在商代及西周时期是一流行器物，如在殷墟的妇好墓中，就出土二件龙头提梁卣。卜辞言"致卣"就是向王室贡入这种铜器。在殷墟妇好墓中，就有部分青铜器是各个诸侯、贵族贡入的，由这些铜器上所铸的铭文知某器是谁的贡品。从铭文中看，有"亚弜"的大圆鼎一件、铙二件；"亚其"的酒器二十一件（计有大圆斝一对、觚十件、爵九件）；"亚启"的方彝一件、铜钺二件；"束泉"或"子束泉"的酒器二十二件（计圆尊一对；斝一件、爵九件、觚十件）；"戓"的圆鼎一件；"官𤰞"的爵一件。①"亚"是商代的官名。②弜、其、启、束泉、戓、官𤰞等是族名

---

① 中国社会科学院考古研究所：《殷墟妇好墓》，文物出版社1980年版，第97—100页。
② 郭沫若：《殷契粹编》，科学出版社1965年版，第644页第1178片考释。

或方国名。这些铜器当是由这些族（贵族）、方国贡入王室，妇好死后用以随葬。安阳殷墟王陵大墓皆被盗，特别是墓中的青铜器几乎全被盗一空，不然我们将会在这些商王的大墓内看到更多的贵族、方国贡入的铜器。

2. 丝织品

有一片甲骨卜辞云："蚩致䋾"（《合集》9002）。蚩是人名或族名。"䋾"字从纟从斤，应为一与丝织物字。[①] 甲骨卜辞"致"后一字皆为名词，所以"䋾"字是一种丝织物的名称，究为何种丝织物，待考。不过，此辞的内容是明白的：蚩这个人（或族）向王室致送名为"䋾"的丝织物。

3. 食盐

食盐属矿产，需要经过加工才能食用，故是手工业品之一。在商代甲骨文和西周金文中都称食盐为"卤"，其字形作：

⊕（《合集》1441）

⊕（《合集》19497）

⊕（《合集》5569）

⊕（《免盘》、《晋姜鼎》）

上举金文中⊕字两见，学者们皆释为"卤"，[②] 上举甲骨文诸字，其构形与金文同，亦应是"卤"字，且释作"卤"在相关的甲骨卜辞中亦无扞格。[③] 卤的贡纳如卜辞：

壬戌［卜］令弜取卤。二月。（《合集》7022）（图8—5）

……［不］致卤，［若］。（《合集》19497）

□致卤五。（《合集》7023反）

惟十卤以（致），乙……（《合集》22294）

---

① 王贵民：《论贡、赋、税的早期历程——先秦时期贡、赋、税源流考》，《中国经济史研究》1998年第1期。

② 参见周法高主编《金文诂林》，香港中文大学1975年版，卷十二"卤"字下，第6539—6542页。

③ 杨升南：《从"卤小臣"说武丁征伐西北的经济目的》，载台湾师范大学国文系、中研院历史语言研究所编《甲骨文发现一百周年学术研讨会论文集》，台北文史哲出版社1999年版。

甲子卜，出，贞束又致卤于寝。(《合集》41021)

庚卜，子其见（献）丁卤，以（致）。
(《花东》202)

我国的海盐产在东海边，池盐产在今山西境内，井盐产在蜀国，关于盐业的生产，我们在方国经济章里的有关方国去讲，此从略。

4. 舟

舟在商代是一种重要的交通工具，其使用当很普遍，甲骨文中常见一"受"字，作"🈷"，从又（手）从舟，像一只手授给人以舟，一只手接受人所授予的舟。授予人物品或接受人物品的授受关系，即是授人一舟。舟是贡品，卜辞有：

图8—5　取盐卜辞

(《合集》7022)

贞禽来舟。

禽不其来舟。(《合集》11462)

贞勿令吴荡，由取舟。不若。(《合集》655)

5. 玉石制品

在商代的王都偃师商城、郑州商城及安阳殷墟遗址和墓葬里，出土了大批玉石制品。商王国统治的中心区域内不产玉石，所以这些玉和石的制品或原料，除部分是交换得来的外，其中有相当部分应是诸侯、方国和贵族贡入的。在殷墟妇好墓中，出土的一件玉戈上刻有"卢方皆入戈五"六字，"卢方"是一方国，"皆"是此方国首领的名字，记载他向商王室贡入玉戈五件。在一件石磬上刻有"妊竹入石"四字，说明此石磬是一位名叫"妊竹"的人贡入的。[①] 1935年春发掘安阳侯家庄1003号大墓时，在墓中出土一件断掉耳的石簋，其上刻有"辛丑，小臣𢆶入，皂宜在東以簋"十二字，知此石簋是小臣𢆶贡入的。[②] 甲骨卜辞有贡石制品的内容：

---

① 中国社会科学院考古研究所：《殷虚妇好墓》，文物出版社1980年版，第131、199页。

② 胡厚宣：《殷代卜龟之来源》，《甲骨学商史论丛初集》第4册，齐鲁大学国学研究所专刊1944年版。

贞雀致石，冥。雀不其致石。(《合集》6952 正)

沚𢦏至十石。(《合集》39680)

沚𢦏是商朝武丁时期的一个诸侯国，其地在今山西省境内。①"石"以妇好墓中石磬称"石"例之，此辞的"十石"应是十只石磬。贡玉的卜辞如：

令员取玉于俞。(《合集》4720)

辛酉，贞呼师般取珏不……(《合集》39525)

"珏"是指合在一块的两块玉，《说文》"二玉相合为一珏。"王国维据甲骨文"珏"字的字形，认为应是十块玉串成两串的象形，是十玉为珏。②

6. 骨制品

在甲骨文中有关贡纳骨的卜辞，如：

我来贮骨。(《合集》6571 反)

庚戌乞骨于丫。(《屯南》638)

上引卜辞中的"骨"是指贡入骨器还是贡入供占卜用的牛胛骨，不能明。还有"骨"和他物相连的贡品，如：

侯致骨刍。(《合集》98)

勿呼取方骨马。(《合集》8796)

上两辞中的"骨刍"、"骨马"是一物还是骨和刍，骨和马分别为二物，亦不明。骨制品在殷墟的考古发掘中却已有实物证据，在 20 世纪 30 年代对安阳侯家庄西北冈王陵 1001 号大墓发掘时，从该墓里出土一件骨笄，在此骨笄

---

① 韩江苏：《沚的地望考》，《殷都学刊》2002 年第 3 期。

② 王国维：《说珏朋》，《观堂集林》卷三，中华书局 1959 年版。

的骨帽上刻有"舀入二"三字,① 舀是一诸侯（见《库》379）。是名舀的诸侯向商王室贡入骨笄二只，商王死后刻字的这一只被作了随葬品。商代的雕花骨器很精美，在安阳殷墟内有不少的出土，特别是在商王的大墓里出土的数量、质量都上乘。这些雕花的骨器，有部分当是贡品。

7. 象齿

甲骨文中常见有关"齿"的贡纳，我们在前面"手工业"章中的"骨角牙器制造"节已论述了，请参见，此从略。

8. 弓矢

弓和矢既是战场上的武器又是狩猎时的工具，商时战事频繁，商王又喜打猎，故弓矢需量大，须地方诸侯贡入。有关贡弓矢的卜辞如：

贞呼吴取弓。（《合集》9827）
贞勿令师般取矢于彭、龙。（《合集》8283）

（六）贝

贝是商人使用的货币,② 故是贡品之一，如卜辞有"来贝"的：

戈允来豕二、贝……王。（《合集》11432）
……取有贝。（《合集》11425）

有言"致朋"的：

车不其致十朋。（《合集》11442）
……致十朋。（《合集》11445）

有言"取朋"的：

---

① 胡厚宣：《殷代卜龟之来源》，《甲骨学商史论丛初集》第 4 册，齐鲁大学国学研究所专刊 1944 年版。

② 王国维：《说珏朋》，《观堂集林》卷三，中华书局 1959 年版；杨升南：《贝是商代的货币》，《中国史研究》2003 年第 1 期。

贞呼师般取朋，不……（《合集》826）

（七）邑

甲骨文中有关于"邑"的贡入内容，如：

贞呼取邑。（《合集》39987）
贞呼从郑取怀爰畕三邑。（《合集》7074）
乙卯卜，宾，贞致乃邑。（《合集》8986反）

古时称"邑"包括土田和居于其上的人民，《公羊传》桓公元年"田多邑少称田，邑多田少称邑"。田指土地，邑指家数人口，是言邑必有田在其中。甲骨文"取邑"是商王朝从诸侯、贵族那里收回土地；"致邑"是诸侯、贵族主动将土地献给商王室，此与《史记·殷本纪》周文王"献洛西之地"给纣，"以请除炮格之刑"情况相似。

（八）占卜用的龟、骨

商人占卜材料是龟甲和牛肩胛骨，故称为"甲骨"。胡厚宣先生曾认为占卜所使用的龟多产自南方，[①]故卜辞有南方向商王朝贡龟与否的占卜：

又来自南致龟。（《合集》7076正）
贞龟不其南致。（《东京》311）

近年宋镇豪认为，商代卜龟的来源并不单一，不仅有南方的，也有西方黄河上游地区、东方黄河下游地区及北方地区所产的龟，举甲骨文中有"周人十"（《合集》6649甲反）、"羌入五"（《合集》13648反）、"雀入龟五百"（《合集》9774反）、"唐入十"（《合集》9811反）、"竹入十"（《合集》902反）、"画入百"（《合集》12102反）为证。据学者研究，周和羌在今黄河上游的陕西境内，雀和唐在今山西省境内，竹在今河北省卢龙、抚宁县境，画在今山东省临淄西北。[②] 龟是喜温湿的动物，商时的气候比现今为热，据竺

[①] 胡厚宣：《殷代卜龟之来源》，《甲骨学商史论丛初集》第4册，齐鲁大学国学研究所专刊1944年版。

[②] 王宇信、杨升南主编：《甲骨学一百年》，社会科学文献出版社1999年版，第230—235页。

可桢研究，商代的年平均温度比现在高2℃左右。① 据研究，某地年平均温度每降低或升高1℃，就等于将此地向北或向南推移200—300公里。② 若竺氏的研究可信，则商时今黄河流域的气候与今日江淮地区差不多，故商时北方产龟是可能的。

龟的贡入者和贡入的数量，一般记录在龟腹甲反面的"甲桥"及甲骨的背甲、尾甲上。③ 迄今所见一次贡入最多的是一千：

我致千。（《合集》116反、2530反、9013反）

其次是八百：

□□卜，永，贞我致［龟］……其八百。（《合集》9018）

再次是五百：

贞［光］……来王……唯来五……允至，致龟，黾八、鼋五百十。四月。（《合集》8996）

还有四百、二百五十、二百、一百，记数最小的是二，有只记"某人"而不记数者甚多。有学者统计，贡入一千的记数有28次，八百的有2次，五百的有4次，四百的有1次，二百五十、一百的多见。④

贡入的龟应是活的龟。因为古人认为活的龟才有灵气，占卜才灵验。而且龟壳在用作占卜前，要进行一系列整治：把背甲和腹甲从两侧相连的甲桥处锯开，把向里的一面打磨平整光滑，再在向里的一面先凿成一排一排枣核形的窝并在每个窝旁钻一个圆形的坑，以备占卜时烧灼。占卜后，有时还把

---

① 竺可桢：《中国近五千年来气象变迁的初步研究》，《考古学报》1972年第1期。
② 程洪：《新史学——来自自然科学的挑战》，《晋阳学刊》1982年第6期。
③ 胡厚宣：《武丁时五种记事刻辞考》，《甲骨学商史论丛初集》第3册，齐鲁大学国学研究所专刊1944年版。
④ 王贵民：《试论贡、赋、税的早期历程——先秦时期贡、赋、税源流考》，《中国经济与研究》1988年第1期。

占卜的内容刻在龟壳上，以备检验。这一系列的活动，都要在鲜湿的龟壳上才能作，若是干的龟壳，就不易做出来。

牛胛骨应主要取自本地。占卜用的牛胛骨也是鲜骨，古人认为只有鲜湿的牛骨才有灵气，且作为占卜用的牛胛骨在利用其占卜前，同龟壳一样，也要进行一系列整治：刮削去反面的骨脊、锯去骨臼角、打磨光滑平整、在反面凿成一排一排枣核形的窝并在每个窝旁钻一个圆形的坑，以备占卜时烧灼。占卜后，有时还把占卜的内容刻在甲骨上，以备检验。这一系列的活动，也都要在鲜湿的甲骨上才能作，若是成年干的牛胛骨，就作不出来。而牛是各地向王室贡纳的重要物资之一，王室也不缺乏就地取材的牛胛骨用。但是任何事情都不能绝对，牛胛骨有时也需要贡入的，只是比龟的贡入数量少得多。牛胛骨在甲骨文中称为"屯"，① 据研究，一屯就是一对牛胛骨，即一头牛身上的两只肩胛骨。贡牛胛骨的用词为"乞"，最多的是一次"乞"50 屯，如：

……乞自䧅五十屯。(《合集》9396)

其次是 40 屯 (《合集》13055 反)、20 屯 (《合集》5580) 以及 10 屯和 10 屯以下的记数。

从上述可见，在商代，诸侯、贵族们向王室贡纳的物品种类是相当多的，有时入贡的数量相当的大，如刍牧奴隶一次达 506 个，牛一次多达 400 头，羊达 300 只，显然是一笔丰厚的财产。贡纳无疑是商朝的一重要税收制度，贡纳物品也无疑的是商王室的一极为重要的经济收入。

第二节 财政支出

收入是为了支出，所谓"发展经济保障供给"者即此意。一个国家的财政支出，是为维持政权和执行社会职能所必需的。而国家财政支出的项目，是随着社会的发展变化而有所不同的，如今日国家财政支出项目中政府部门工作人员的工资和军队给养、装备这两大项，在我国春秋以前的国家里，是

---

① 甲骨文"屯"字作 ⟋、⟍ 形，诸家释读歧异，有矛、包、豕、屯、匹、夕、身、笔、对等（见于省吾主编：《甲骨文诂林》，中华书局 1996 年版，第 3313—3322 页），以释屯为长。

基本上没有的。我国在春秋时期以前，做官的俸禄是土地，即所谓"大夫食邑，士食田，庶人食力"①。做了官，国家就按官职的大小划给他一定数量的土地，最高的官爵卿可多达一百个邑，大夫可达六十个邑。② 最小的邑是十家人，每家耕种 100 亩土地。士以下只给少量土地。给邑是整邑之人连同土地都归受邑者，他不仅收取邑中的租税而且拥有该邑的治民权，给田只收其田地上的租税。不做官了就要把作为俸禄的邑或田退还给国家，否则就是杀头之罪。③ 官吏靠土地出产养活，国家不另再给实物作为俸禄。

军队的维持需要口粮和装备。冷兵器时代军队的装备比较简单，商周时期更是如此。一支青铜矛、一把青铜戈、一张盾牌即是上等的装备，这套武器可长期反复使用而无须更新。只有弓箭的箭头射出去后就回不来，是一种消耗性的兵器。而用弓箭作战的，不是有地位的贵族就是经过特殊训练的射手，广大的普通士卒，还不可能拥有。甲骨文中有"羌射"：

> 癸巳卜，𣪘，贞令禽羌射。
> 癸巳卜，𣪘，贞惟奠羌射。
> 贞惟奠羌射。
> 贞令禽羌三百射。
> 贞勿令禽羌三百射。（《合集》5772）
> 癸巳卜，𣪘，贞令奠羌三百射。（《合集》5771 乙）

"羌射"的"羌"字，陈梦家说是动词，谓"《说文》有羌字，此假作养或庠。卜辞'令禽羌三百射'者令禽教三百射以射"。④ 可见商代的射手，是要经过专门训练才能参加作战的。战士的口粮基本上是自备，《尚书·费誓》称，"甲戌，我惟征徐戎。峙乃糇粮，无敢不逮；汝则有大刑"。《费誓》是西周初年鲁国国君伯禽讨伐徐国的誓师词。他要求士兵要准备好干粮，如果没有

---

① 《国语·晋语四》。

② 《左传》襄公二十七年："（宋平）公与免余六十邑，辞曰：'唯卿备百邑，臣六十矣。下有上禄，乱也。臣弗敢闻。'"

③ 《左传》襄公二十六年："孙林父以戚如晋。书曰'人于戚以叛'，罪孙氏也。臣之禄，君实有之。义则进，否则奉身而退。专禄以周旋，戮也。"

④ 陈梦家：《殷虚卜辞综述》，科学出版社 1956 年版，第 513 页。

带好干粮,就要被处死。违者惩罚是十分严厉的。周初是如此,商时也会是一样的。

国家虽然不养军队、不给官吏实物俸禄,但是作为一个国家,其他的财政支出,还会是相当大的。商代的财政支出,归纳起来主要有以下几个方面。

一 商王及其后妃的消费

商王及其后妃们的消费,由国家财政支出。作为最高统治者的商王,生活十分讲究排场,其衣食住行都特殊化。且有的商王随心所欲,奢侈浪费,最著名的如末代国王纣,荒淫无度。他大兴土木,"南距朝歌,北距邯郸及沙丘,皆为离宫别馆","作琼室,立玉门",① 建筑十分华丽。"纣多发美女,以充倾宫之室。妇女衣绫纨者三百余人",② 纣还"益收狗马骑物,充仞宫室","多取野兽飞鸟置其中",使乐师师涓"作新淫声,北里之舞,靡靡之乐","大聚乐于沙丘,以酒为池,以肉为林,使男女裸相逐其间,为长夜之饮",③ 这其中不无夸大的成分,但也有一些史影。商代的妇女很活跃,甲骨文中有不少妇女的名字,早年胡厚宣先生统计见于甲骨文的有 64 个,认为皆是武丁的妻子。④ 继胡先生之后不断有人作进一步的统计,最近的一次是徐义华《甲骨刻辞诸妇考》中的统计,在"甲骨刻辞中计有妇 157 位",商代金文中有妇 55 位,其中有 8 位见于甲骨刻辞,单见于金文的有 47 位,两项相加,"商代诸妇的总数达到了 204 位"。⑤ 这么多的妇女,当然不都是商王的妻妾,其中有商王的妻妾也是没有问题的。《尚书·牧誓》中说"今商王受惟妇言是用",也反映出商王对妻妾的宠幸。

商王本人及后妃们的费用,在国家财政支出中,当占相当的比例。

---

① 古本《竹书纪年》。
② 《后汉书·桓帝纪》注引《帝王世纪》。
③ 《史记·殷本纪》。
④ 胡厚宣:《殷代婚姻家族宗法生育制度考》,《甲骨学商史论丛初集》第 1 册,齐鲁大学国学研究所专刊 1944 年版。
⑤ 徐义华:《甲骨刻辞诸妇考》,见王宇信、宋镇豪、萧先进主编:《殷商文明暨纪念三星堆遗址发现七十周年国际学术研讨会论文集》,社会科学文献出版社 2003 年版。

二　王宫戍卫及杂役人员的费用

为了保卫商王及王室成员的安全，国都和王宫要设立常住的戍卫。为料理商王和王室成员衣食住行而服务的杂役，其数亦不少。从考古发掘知，商代王都的规模都相当大，如早期的偃师商城面积为 190 万平方米，呈刀把形，四周有高大的城墙相围绕。郑州的商城面积达 300 万平方米，四周亦有高大的围墙，而且在此围墙外还发现了一段外城墙，以增加防卫能力。在安阳殷墟范围内的洹水北岸，近年发现一座更大规模的商代中期的城，面积超过 400 万平方米，四周也有城墙相围绕。在被城墙围绕的范围内，是王、王室成员及官吏、贵族们的办事和居住之所。其防卫设施也是考虑得很周到的，如偃师商城，在外城墙内，还发现四座宫城。其中南部正中的一座宫城长宽各 200 米，四周有宽 3 米的夯土墙。宫城内有长宽各数十米的夯土台基数座，为王室宫殿的废墟。这种大城套小城的防卫设施体系，不仅是为防范外敌的入侵，更主要的恐怕是防备民众的反抗和统治者间内部的争斗。在安阳殷墟的小屯村东北，已经发现了 54 座商代后期的宫殿基址，这里虽然没有发现城墙，但在小屯村西已发现一条宽 7—21 米，深 5—10 米的大沟，将小屯村东北的宫殿包围起来，形成一道防御设施。除了这些物质的"死"的防御设施外，十分重视自身安全的商王们，当然会在王城及宫城内外，设置武装守备，以防不测。在现今还存在的一些部落里，其酋长都拥有保护他们的卫队，商王作为一个规模巨大国家的国王，当然会有卫队，而且卫队的人数还不会少。

除守备人员外，在众多的宫殿内，服杂役的人员亦不可乏缺。在王都之内，有各种宫、厅、室、寝、宗等建筑。在这些宫、厅、室、寝、宗等建筑中，都应有服杂役的人员和管理者，如在商代的甲骨文和青铜器铭文中都有"寝"这样一种职官，如著名的"宰丰骨"刻辞，就有宰、寝两种职官：

　　　　壬午，王田于麦麓，获商戠兕。王易（赐）宰丰、寝小𰀁兄（祝）。在五月，隹王六祀，彡（肜）日。①

宰是职名，丰是私名。"宰"本是掌管为王割烹膳食的服役人员，因近王而

---

① 商承祚：《殷契遗存》518，金陵大学中国文化研究所丛刊甲种影印本 1933 年版。

受到重用，后就变成总领王室大政的高官，如武丁时的"冢宰"，他初即位，"三年不言，政事决定于冢宰，以观国风"。①"寝小臣"的"寝"是职名，掌管宫寝事务。寝是王及后妃居住之所，甲骨文中有王寝（《合集》9815、24952）、东寝、西寝（《合集》34067）、新寝（《合集》13571）等，卜辞有云："三妇宅新寝，齐宅"（《合集》24951）。甲骨文中有割去男子生殖器的刑罚，② 这部分人中有的当被充作王宫寝中杂役，如后世的太监。

王都及宫寝的守卫、杂役，他们的开销应由国家财政支出。

三 军事方面的支出

商代国家虽然不养活常备军，但一些特殊武装和重要的装备，还需要由国家提供，如兵车、驾车的马、消耗性的青铜箭头、武士的盔甲等，只有国家才能制备。在郑州商城和安阳殷墟的商代王室铸铜作坊遗址里，都出土了不少制造青铜箭头的陶范，从陶范可看出，一次可铸造十个左右箭头，③ 可见其生产量不低。驾车的驭手要经过专门的训练，射手也要经过训练才能上战场。甲骨文中有"新射"（《合集》5784、5785、32996、32997），是还没有经过训练的新手；有"善射"（《合集》5770、5771、5772），前已指出"善射"就是训练射手。被训练的射手一次多达300人（《合集》5572）。射手、驭手都是当时有专门技能的武装人员，其装备和衣食应是由国家供给。

四 对王室直属产业中劳动者的生活供给

商代王室亦即国家直接经营的产业有农业、畜牧业及手工业。直属产业中的劳动者的生活，当然要由王室即国家供给，以维持其生存，才能不断地榨取他们的劳动力，卜辞中有云：

　　　　□已，贞禽隹……食众人于泞。（《合集》31990）

"食众人"就是供给"众人"饭食。辞意为让禽在泞地供给众人的饭食。众

---

① 《史记·殷本纪》。
② 赵佩馨：《甲骨文中所见的商代五刑》，《考古》1961年第2期。
③ 河南省文物考古研究所：《郑州商城》（下册），文物出版社2001年版，图版五十六、五十七。

人常被派遣到不同地点从事农业劳动、作战等，是众人在从事这些活动时要由国家供养。《诗经·豳风·七月》"九月叔苴，采荼薪樗，食我农夫。"苴是青麻子，可食。"叔苴"是收割青麻子。荼是苦菜。樗是臭椿树，此种树生长快，木质差，只能作燃料。"薪樗"即是砍伐臭椿树当燃料。诗意为：九月里收割那青麻子，采摘些苦菜，砍伐臭椿树当柴烧，以养活那些为我种田的"农夫"。"农夫"即是种田的奴仆，他们吃的只是"苴"和"荼"。即或是主人们把自己所享用的"黍稷稻粱"给点与"农夫"食用，那也是陈谷子烂米，《诗经·小雅·甫田》中讲，田主们"乃求千斯仓，乃求万斯箱"的黍稷稻粱，而供给耕作者的则是"我以我陈，食我农人"。虽然是陈谷子烂米供给"农人"食用，但总得供给耕种者饭食，这与甲骨文中的"食众人"情况是相同的。

五　对死者的丧葬费用

中国古代对死者的丧葬特别重视，受着"事死如事生"思想的支配，皆讲究厚葬。商人厚葬的风气是十分惊人的，凡人世间享用所需的物品，死后都是随葬品。安阳侯家庄西北岗商王们的陵墓全部被盗一空，不能详知这些当时最高统治者墓里的随葬品情况。1976年在安阳小屯村发掘的一座妇好墓，保存完好而未被盗掘过。据学者们考证，这座墓的主人是商王武丁之妻妇好，是仅次于王的王室成员。其墓中的随葬品多得惊人。此墓圹作长方竖井形。墓口南北长5.6米、东西宽4米、深7.5米（墓底已深入水面以下1.3米）。在距墓口深6.2米的东西两壁中部各挖有长方形壁龛一个，用以埋殉葬的人和狗。墓底四周壁有经夯筑的夯土二层台，用以放置随葬的物品。墓底中部稍偏南处挖有一个长约1.2米、宽约0.8米、深约1米的腰坑，内埋一个人和一只狗。葬具有木椁和木棺，由于都潜入水下，其结构不清楚。从保存较好的一根椁盖木看，椁盖是用原木构成，椁四围及底是用整齐的木板构成。棺底是用木板构成，棺木的木板已朽不能辨认其形状。椁木上粘有红黑相间的"彩绘"，估计是椁盖上的覆盖物。从发掘现场取回的一块棺的残片观察，断面有红、黑相间的漆皮。漆皮厚约0.015厘米，并有明显的层次，像是经过多次髹漆而成。漆皮之上有一层较粗的麻布痕迹，在麻布之上又有一层薄绢。由此看出，墓室的修建、棺椁及其附着物都是十分讲究的。在棺木范围内的底部，有一层较厚的漆皮和朱砂。漆皮是棺上漆脱落下来的，朱砂应是垫在死者尸体下的一种物品，其作用是防腐、避邪气还是其他的用意，今已不知其究理了。墓中的随葬品更是多得惊人，现将此墓的随葬品揭示于下：

(1) 殉人：至少有16人。

(2) 殉狗：6只。

(3) 青铜器：468件（另有109个小铜泡未计），其中作为重器的礼器210件。

(4) 玉器：755件（另有残片和有孔的圆片未计）。

(5) 宝石制品：47件。

(6) 石器：63件。

(7) 骨器：564件（主要是骨笄，而残碎过甚的笄头未计）。

(8) 象牙器皿：完整者3件，残片2片。

(9) 陶器：11件。

(10) 蚌器：15件。

(11) 阿拉伯绶贝：1个。

(12) 货贝：6880多个。

(13) 红螺：2个。

随葬于此墓的物品，不计货贝及残断品，完整的器物就达1928件。器物制作皆十分精美、凝重，如铸有"司母辛"铭文的大铜方鼎，通高80.1厘米，重达128公斤；铸有"妇好"铭文的三联甗，长103.7厘米，重131公斤，加上三只甑，总重为138.2公斤。对墓中196件青铜礼器和90余件其他青铜器物的重量统计，共约1605公斤，估计此墓出土青铜器的总重量当在1625公斤左右。墓中出土的一件象牙杯，杯身和鋬手上满布花纹，并在花纹中镶嵌绿松石，精美绝伦。① 一个王妻所随葬的物品就如此丰厚，国王就更可见。20世纪30年代中国考古学家们发掘商王陵，在多次被盗之后，还是获得一些盗余的随葬品，现今这些发掘出来的物品都陈列在台湾省中研院史

---

① 中国社会科学院考古研究所：《殷墟妇好墓》，文物出版社1980年版。妇好墓以后，在安阳殷墟又发现了几座未被盗掘的、随葬品丰富的中型墓，如郭家庄的160号墓，殉人4个，殉狗3只，随葬品353件，包括青铜器291件，玉器33件，石器6件，陶器16件，骨器4件，象牙器1件，竹器1件，漆器1件（见《安阳殷墟郭家庄墓葬》，中国大百科全书出版社1998年版，第77页）。花园庄54号墓，殉人15个，殉狗15只，随葬器物570多件，包括青铜器310多件，陶器21件，玉器210多件（见《河南安阳市花园庄54号商代墓》，《考古》2004年第1期）。

语所和台北故宫博物院内，从这些残余物品可看出，其规格、精美程度都要超过妇好墓随葬的物品。由此可见，商王和妻妾死后的丧葬费用，是十分巨大的。

六　祀神的费用

古时"国之大事，在祀与戎"①。商代的人更是迷信神灵，《礼记·表记》记载孔子论述夏、商、周三代政教的特点时，说商代的特点是"殷人尊神，率民以事神，先鬼而后礼"。从甲骨文可以看到，商王们在不断地祭祀他们的祖先和其他神祇，而祀神所用的祭品都十分得丰富。下面就甲骨文里所见商人祭祀神灵时献祭的物品归类如下。

（一）人

用大量的活人祭祀神灵，是商王室祭神的一大特点。有一片甲骨上记载商王卜问，是否准备用一千头牛和一千个人祭祀：

丁巳卜，争，贞降嚮千牛？

不其降嚮千牛、千人？（《合集》1027正）

"嚮"即册，是登记祭品的文书，古时祭祀前要将祭品和对神灵的祝祷词预先写在简册上，祭祀时献上祭品并读祝祷词。此种仪式见于文字记载的如《尚书·金縢》，周公为周武王祈祷："（周）公乃自以为功，为三坛同墠，为坛于南方，北面，周公立焉。植璧秉圭，告太王、王季、文王。史乃册，祝曰……"

"人"在卜辞中是一通称，这准备用来作为祭祀牺牲的一千个"人"，其地位当是十分低下的奴隶。

图8—6　用五百仆祭祀
（《合集》559正）

卜辞记载，有一次祭祀杀了500个"仆"奴，过了十天又杀死100个

---

①　《左传》成公十三年。

"仆"奴祭祀：

> 癸丑卜，㱿，贞五百仆用？旬壬申又用仆百？三月。
> 贞五百仆勿用？
> □子卜，㱿，贞五百仆用？
> ［癸］丑卜，㱿，贞五百［仆］……
> 王占曰：其用。（《合集》559正反，图8—6）

"用"是杀而祭神。此片甲骨上反复占卜用不用500个仆祭祀，反面的占辞是"其用"，说明这一占卜的内容是实施了的，即在癸丑日用500个"仆"祭祀，过了十天再用100个"仆"祭祀。是在十天之中，就有600个称作"仆"的这种人被用来祭祀。

羌是常被用来祭祀的一种人，最多时一次达300人：

> 壬子卜，宾，贞惟今夕用三白（百）羌于丁？用。（《合集》293）
> □丑卜，宾，贞［用］三百羌于丁？（《合集》294）
> 三百羌用于丁？（《合集》295）
> 三百羌于［丁］？（《合集》296）

这几片甲骨可能是占卜的同一件事，是卜问用300个羌人祭祀庙号为"丁"的祖先之事。从《合集》293的辞末有一"用"字看，这300个羌是被"用"掉了的。

用上百、几十、几人以及只言用人祭祀而不言用人多少的占卜，屡见于甲骨卜辞。与此相应，在安阳殷墟，无论是在侯家庄西北岗、武官村的商代王陵区，还是小屯北地的宫殿区，都发现了大量用人殉葬及祭祀的遗存。① 例如在小屯北地宫殿区乙组宫殿的乙七基址的南面、乙八基址的东面、乙十二基址的西面，发现了大量的人牲性质的埋葬，埋葬人骨的坑达100余座。各坑中所埋的人骨多寡不一，少的1人，多的13人，总计在这里被杀祭的

---

① 胡厚宣：《中国奴隶社会的人殉和人祭》，《文物》1974年第7、8期。安阳文物考古训练班、中国社会科学院考古研究所安阳工作队：《安阳殷墟奴隶祭祀坑的发掘》，《考古》1977年第1期。

人数在600人以上。石璋如先生将这一墓葬群分为北、中、南三组。① 三组墓葬的时代，除南组墓的M232号墓（南组仅有此一座墓）比基址早，且从墓室结构和随葬品看，死者可能是殷王室成员或贵族外，其余的墓葬都应是祭祀的人牲，时代属殷墟二期，即武丁时期。

这些被用来殉葬、祭祀的人，无论其身份、地位如何，作为人，他们都是社会的财富，特别是大批用来祭祀的人牲，是创造社会财富的奴隶，用他们来祭神，应是商王室的一项重要财富支出。

（二）牲畜

牲畜是商王室祭祀时献神的主要祭品，其数量也很大。其种类有牛、羊、豕（猪）、犬以及马等。用牛的次数多数量大，上举《合集》1027片占卜商王准备用1000头牛祭祀，是在甲骨文中所见用牛牲最多的一次。其次是一次用500头、300头的：

乙亥［卜］酚大［乙］五百牛，伐百……（《合集》39531）
贞御惟牛三百。（《合集》300）

羊同牛一样，也是常被用来作为献给神灵的祭品，且数量亦不小：

贞昔乙酉葡旋御……乙百乇百羌三百宰。（《合集》302）

此"三百宰"的"宰"字从羊，称为小牢。古文献上说一羊一豕为一小牢，胡厚宣说甲骨文中从牛的牢是指一对牛从羊的牢是指一对羊，② 也有学者认为甲骨文中的牢只是一头关在栏中特殊饲养准备用来祭祀的一头牛或一只羊。③ 无论是一对还是一只，这次祭祀用羊数都是很大的。有一次商王得了"耳鸣"的小疾，以为是祖庚作祟，于是用158只羊祭祀他，以求其保佑：

---

① 石璋如：《殷虚墓葬之一·北组墓葬》，中研院史语所1970年版；《殷墟墓葬之二·中组墓葬》，中研院史语所1972年版；《殷虚墓葬之三·南组墓葬附北组墓葬补遗》，中研院史语所1973年版。
② 胡厚宣：《释牢》，《中央研究院历史语言研究所集刊》第8本第2分册。
③ 姚孝遂：《牢、宰考辨》，《古文字研究》第九辑，中华书局1984年版。

庚申卜朕耳鸣，侑御于祖庚羊百又用五十八侑又女用〈?〉，今日。（《合集》22099）

商王祭祀时为表示其虔诚，一次献祭祖先的牲品常常是几种，如：

甲午卜侑于父丁犬百豕百卯十牛。（《合集》32698）

用马作祭品的事例在卜辞中不多见，下面几片甲骨上的卜辞，可能是以马献神的占卜：

丙申卜，扶，延墩马大丁，用。（《合集》19813 正）
甲子卜，扶，禧马至祖乙。（《合集》19847）
甲辰卜叙俘马自大乙。（《合集》32435、《屯南》1078 同文）

在考古发掘中，已发现不少的专门埋马的祭祀坑。1934 年秋至 1935 年秋中研院史语所考古组在安阳侯家庄西北岗王陵区发掘出马坑 20 个（东区 13 个，西区 7 个），每坑里的埋马数少者 1 匹，多者 37 匹，而以一坑 2 匹为多。1978 年春中国科学院考古研究所安阳工作队在 M1500 大墓东南铲探到上百个方形坑，成行成列地排在一起，发掘了 40 个，其中 30 个是马坑。每坑埋马数少的 1 匹，最多的 8 匹，而以一坑 2 马（共 12 个坑）和 6 马（共 11 个坑）为多，其中有 3 个坑中每坑埋一人二马。[①] 在商时马虽然珍贵，但为祭神，还是被大量用作牺牲，反映了商王们浓厚的"尊神"观念。

（三）酒类

甲骨文中有一字作 ⟨?⟩、⟨?⟩ 形，孙诒让认为是酒字，谓"龟文此字甚多，寻文究义似即用为酒字，三非彡（即彡字——引者），实即水之省变"。[②] 罗振玉亦释为酒，他说卜辞的酒祭即《说文》的酻字。[③] 叶玉森认为不是酒字，

---

① 中国社会科学院考古研究所安阳工作队：《安阳武官村北地商代祭祀坑的发掘》，《考古》1987 年第 12 期；中国社会科学院考古研究所编著：《殷墟的发现与研究》，科学出版社 1994 年版，第 117 页。

② 孙诒让：《契文举例》（楼学礼校点本），齐鲁书社 1993 年版，第 108 页。

③ 罗振玉：增订《殷虚书契考释》（中），东方学会石印本 1937 年版，第 25 页。

他说此字从彡，"疑即卜辞彡（肜）日之彡。酚盖肜日酒祭之专名"。① 李学勤也认为这个字作"酚"形，不从"水"而从"彡"，商至周初文字凡"飨酒"的"酒"都作酉，此字和酚字的区别是很清楚的，它究竟是个什么字，意思是什么，还不清楚。② 但一般多从酒字说。李孝定认为字从酉从三乃象形字，"从三象酒滴沃地以祭之象也，非从彡……然从三终嫌与彡易混，故之篆文变从三为从水"③。酒字在卜辞中作祭名，是表示用酒祭神：

癸亥卜酒三□上甲。（《合集》1192）
翌庚寅酒大庚。（《合集》10936）

卜辞中有鬯字，文献中的鬯是一种用香草浸泡的酒，是一种香味。《说文》曰："鬯，以秬酿郁草，芬芳攸服以降神也。"卜辞云：

丁酉卜，贞王宾文武丁伐十人、卯六牢、鬯六卣，无尤。（《合集》35355）

"卣"是商周时期的一种盛酒器，主要是青铜制造的，在商周时期的墓葬中已经出土了不少。此次商王文丁除献上六卣香酒外，还杀了10个奴隶和6个牢牲。鬯的用量多时一次用到百卣：

丁亥卜，殻，贞昔乙酉葡旋御……[大]丁、大甲、祖乙百鬯、百羌、三百[牢]。（《合集》301）

据上引卜辞中的"鬯六卣"知，鬯酒的量度单位是卣，故此辞中的"百鬯"应即是"鬯百卣"的省语。这片甲骨是武丁时期的，上面记载着这次祭祀先祖大丁等用了一百坛香酒、杀了一百个羌人和三百个小牢的牲畜。试想，其耗费是何等的巨大！

---

① 叶玉森：《殷虚书契前编集释》卷一，上海大东书局石印本1933年版；又台北艺文印书馆影印本1968年版，第47页。
② 李学勤：《建国以来甲骨文研究·序》，中国社会科学出版社1981年版。
③ 李孝定：《甲骨文字集释》，中研院史语所1970年再版本，第十四卷，第4399—4400页。

(四) 谷物

谷物粮食是商人献祭神灵的重要物品,如:

□□[卜],争,贞登冈穄(于)祖乙。(《合集》1599)
癸未卜其延登秫于羌甲。(《合集》32592)
丁卯[卜]登于□乙,惟白秫登。(《合集》34601)
辛未卜酒来登于祖乙,乙亥。(《合集》32534)
庚寅卜,贞王宾登禾,亡尤。(《合集》38686)

穄、秫、来、禾皆是谷物,穄是黍的一种,指不黏的黍。秫是带黏性的小米。来是麦子,禾是谷子(去皮称小米)的通称。这些我们在前面的农业章中已经较为详细的讨论过了。"登"是敬献之意。

(五) 贝、玉等珍奇

贝除用作随葬给死者,也作为祭祀时的祭品献神,如:

贞巫曰:歆贝于妇,用。若。(《合集》5648)

歆是祭名,妇是被祭祀的对象,此辞是用贝祭祀妇。有一片甲骨上记载着占卜用多少"朋"献神的卜辞:

其五朋?
其七朋?
其八朋?
其三十朋?
其五十朋?
其七十朋?(《怀特》142、《合补》2626)

从五朋一直卜问到七十朋。[①] "朋"是贝的计量单位,一般认为 10 个贝为一朋。用玉为祭品献神的,如卜辞:

---

① 杨升南:《殷契"七十朋"的释读及其意义》,《文物》1987 年第 8 期。

> 甲申卜，争，贞燎于王亥，其珏。
> 甲申卜，争，贞勿珏。(《合集》14735)
> 戊辰，贞刚于大甲，䀓珏，三牛。(《合集》32486)
> 庚午，贞王其禹珏于祖乙，燎三宰，[卯三大牢]。(《合集》32535)
> 庚申卜，宾，贞南庚珏又毕。(《合集》2019)

珏是两块玉，《说文》称，"珏，二玉相合为珏。"用玉祭祀祖先神灵的占卜，屡见于甲骨卜辞，[①] 其用量是相当可观的。

从上述商人祭祀时献神物品的种类和数量可见，商王们祭祀神灵的支出是十分庞大的。

七　对贵族、官吏的飨宴

商王室作为国家政权代表，必有国务活动，飨宴诸侯、贵族及官吏，就是这类活动的一个重要方面。甲骨文中商王室所举行的飨宴活动，是由飨、食、宴这三个字所体现的一套制度。

(一)　飨

飨字在甲骨文中是一个象形字，作 形，为两人面对一食器状，进食之状一望而知。甲骨文字的即、既也是与飨宴相关的两个字，即字作 形，是人对食器而坐，意谓"即席"、"就座"进食。既字作 、 形，人背对食器而坐，表示就食结束。

甲骨卜辞中"飨"的对象有两类。一是先祖先妣神的飨，如：

> 翌乙酉登祖乙，飨。(《合集》27221)
> 翌癸丑侑妣癸，飨。
> 御于小乙奭妣庚其宾，飨。(《合集》27456)

登、侑、御都是祭祀名称，即一种特定的祭祀仪式，上面所引卜辞是卜问商王祭祀先祖祖乙、先妣妣庚、妣癸时，他（她）们是否来飨食所献的祭品。这是神灵享受供品。另一类是对活着人的飨宴，如对"多子"的飨宴：

[①] 王宇信：《卜辞所见殷人宝玉、用玉及几点启示》，载邓聪主编《东亚玉器》第一册，香港中文大学、中国考古艺术研究中心1998年版。

□□卜，即，[贞]……飨多[子]。(《合集》23543)
　　惟王飨受佑。
　　飨多子。(《合集》27644)
　　甲寅卜，彭，贞其飨多子。(《合集》27649)
　　贞惟多子飨于厅。(《合集》27647)
　　惟多子飨。(《合集》27648)

卜辞"多子"这个词，是对大臣或诸侯一类人物的称呼。①"飨多子"即是对大臣、诸侯一类高级职官的飨宴。甲骨卜辞有对"多尹"进行飨宴：

　　弜不飨，惟多尹飨。
　　元簋惟多尹飨。(《合集》27894)

弜是一人名，"多尹"是王室重臣，如：

　　戊子卜，癸，贞王曰：余其曰多尹，其令二侯：上丝暨仓侯，其……周。(《合集》23560)

此条卜辞是占卜商王让多尹去向两位诸侯传递王令，可见其地位不低，故能受到商王的飨宴的礼遇。卜辞还有对"多生"的飨宴：

　　惟多生飨。(《合集》27650)

"生"即姓，"多生"即多姓，"多姓"应指各姓贵族首领。商王族是子姓，商王国内，除子姓的王室集团外，还有很多的异姓集团，如周人为姬姓，商末纣时身为三公的周文王、九侯、鄂侯皆不与商王族同姓。成汤的左相仲虺为任姓，封为挚国(《诗·大明》)，大戊的驭手仲衍为嬴姓(《潜夫论·志氏姓》)。《路史·国名纪·己》列举了商时侯国五十六个，这些国里有不少与商王族异姓。这些众多与商王族异姓的诸侯、贵族首领，就是卜辞中的"多

---

① 李学勤：《释多君、多子》，载《甲骨文与殷商史》第一辑，上海古籍出版社1983年版。

生"。商王不时对他们飨宴,以联络感情加以笼络,用以巩固统治。

为战事而举行的飨宴:

> 庚午卜,争,贞惟王飨戎。(《合集》5237)
> 庚辰,贞至河,禽其戎,飨方。(《屯南》1009)
> 贞舌方出,王自飨,受有佑。五月。(《合集》39854)

"戎"指戎事,"王飨戎"当是商王宴飨及奖赏战胜归来的出征将士,与后世的"饮至"之礼同。《左传》桓公二年:

> 凡公行,告于宗庙。反行,饮至、舍爵、策勋焉。礼也。

饮至、舍爵、策勋是国君出征返回后必做的三件事。"饮至"即是到达国都后宴饮出征将士,然后给有功人员晋升爵位,策命勋劳。"禽其戎,飨方"当是禽率军出征时有方国首领率军相助,故而有宴飨方国首领之举。方国、诸侯派使者到王都朝见商王或办事,王室也得为其举行宴飨:

> 辛未王卜在召厅隹执其令飨使。(《合集》37468)
> ……飨使于燎北宗,不[遘]大雨。(《合集》3823)

商时青铜器铭中也记载有相似的内容,如(图8—7):

> 乙未,飨使,赐小子𠭯贝二百,用作父丁障簋。(《小子𠭯簋》,《集成》3904)

"使"即使者,商王室宴飨的使者,是方国、诸侯派到王室从事公务活动的人员。

(二) 燕(宴)

甲骨文的燕字作 、 、 、 形,罗振玉谓其字"象燕尔口布翅枝尾之状……卜

图 8—7 小子𠭯簋

(《集成》3904)

辞借为燕享字"。① 甲骨卜辞中常见"王燕惟吉"一语（《合集》27830—27871），有时卜问燕时是否遇雨：

> 己亥卜，何，贞王燕惟吉不遘雨。（《合集》27832）
> 壬子卜，何，贞王燕惟雨。（《合集》27843）

"王燕"即"王宴"，是商王举行宴会之事。这种"燕"大致是与祭祀活动有关，如：

> 辛酉卜，鼓，贞王宾辛、壬、丁，燕惟吉。（《合集》27382）
> 贞王往于夕福不遘雨，燕惟吉。（《合集》27862）
> 己巳卜，何，贞王往于日不遘雨，燕惟，吉。允雨，不遘。（《合集》27863）
> 丙寅卜，尧，贞王往于夕福不遘雨，燕惟吉。（《合集》27861）

宾、往、夕是祭祀名称。辛、壬、丁、日是祭祀的对象。由上引卜辞看，此"燕"可能是祭祀之后举行的一种宴飨活动的专称。《淮南子·说山》："先祭而后飨则可，先飨而后祭则不可。"可见古时祭祀后有举行宴飨的活动。商王迷信，祭祀频繁，若每祭祀后设宴，其支出费用是相当大的。此"燕"也被用以赏赐，如卜辞：

> 翌乙亥赐多射燕。（《合集》5745）

"多射"是武官，是商王赏赐多射宴饮。

（三）食

食是供给某人或某种人饭食，不具飨、燕那样正规性。飨、燕是一种礼制，应该有一定的程式，而"食"则只是"管饭"，如卜辞有"食多子"（《合集》39652 反）与上述的"飨多子"，虽然都是供饭食，但两者的场景应是不同的，即有规格的高低、正式与非正式的区别。当然，卜辞中的"食"某某，也是王室提供的食物。除"食多子"这样的贵族外，卜辞有"食"征

---

① 罗振玉：增订《殷虚书契考释》，东方学会石印本1937年版，第33页上。

战将士的：

> 戍兴伐邠方，食……
> ……方，既食戍，乃伐，戋。(《合集》28000)

"戍"是戍卒，甲骨文中"戍"又是一职官名称，是率领戍卒武职。"戍兴"的"戍"是职官名称，"兴"是人名，下辞中的"食戍"的戍是指戍卒。"既食戍，乃伐，戋"是说戍卒们吃过了饭后，就发起向敌人进攻，结果获得了胜利。"戋"是获得胜利的意思。① 卜辞有"赐食"：

> ［癸］未卜，㱿，贞□令子□赐食□吕。(《合集》3823)
> 丁巳卜，宾，贞令巂赐匕食，乃令西使。三月。(《合集》9560)

屈万里认为此"赐食"是谷禄薪饷，② 钟柏生认为是"赐宴"，"殷人习惯（或言礼制），殷王命官就任之时，有设宴款待即将上任官员的惯例（或言礼制）"。③ 我国实物谷禄制，最早出现在春秋晚期，④ 在此前官吏之薪俸是土地，⑤ 故钟氏说可从。上举两条卜辞皆是"令"后而"赐食"，亦即是"赐宴"。

从甲骨文中的飨、燕、食等相关卜辞，知商王所举行的飨宴活动是很多的，不但有定期的飨宴还有赐食的活动，它已经成为王室的一项制度。特别是祭祀活动之后的设宴，因商王祭祀频繁，此类宴必多，故其费用也是相当巨大的。

---

① 张政烺：《释戋》，《古文字研究》第六辑，中华书局1981年版。
② 屈万里：《殷虚文字甲编考释》第2121片。
③ 钟柏生：《论"任官"卜辞》，载《第二次国际汉学会议论文集》，台北1989年版，第909页。
④ 《论语·泰伯》："子曰：三年学，不至于谷，不可得也。"此"谷"指谷物俸禄。孔子仕鲁薪俸已是谷物，《史记·孔子世家》"孔子适卫……卫灵公问孔子：'居鲁得禄几何？'对曰：'奉粟六万。'卫人亦致粟六万。"
⑤ 《国语·晋语四》载，春秋前期，晋文公即位（公元前636年）颁布政令、制爵禄云："公食贡，大夫食邑，士食田，庶人食力，工商食官，皂隶食职，官宰食加。"士以上所"食"（即俸禄）都是土地而没有谷物。

甲骨文中的飨、燕、食等制度，就是后世国家的一项"飨宴"之礼制。《周礼·春官·大宗伯》曰："以饮食之礼，亲宗族兄弟……以飨燕之礼，亲四方之宾客，以脤膰之礼，亲兄弟之国，以贺庆之礼，亲异姓之国。"郑玄注"亲者，使之相亲。人君有食宗族饮酒之礼，所以亲之也……宾客谓朝聘者"。贾公彦《疏》云"飨燕谓《大行人》云：上公三飨三燕，侯伯再飨再燕，子男一飨一燕。飨，享大牢以饮宾；献，依命数，在庙行之。燕者其牲狗，行一献四举。旅降，脱履升坐无算爵，以醉为度，行之在寝。此谓朝宾。若聘客，则皆一飨，其燕与时赐无数，是亲四方宾客也"。在飨燕时有乐相伴助兴，故《诗经》里留下有《常棣》、《鹿鸣》、《湛露》等诗篇。《常棣》诗《序》云："《常棣》，燕兄弟也。"唐人孔颖达《疏》谓："作《常棣》诗者言燕兄弟也，谓王者以兄弟至亲，宜加恩惠以时燕而乐之……兄弟者，共父之亲，推而广之同姓宗族皆是也，故经云'兄弟既俱，和乐且孺'，则远及九族宗亲，非独燕同怀兄弟也。"《鹿鸣·序》曰："燕群臣嘉宾也。既饮食之，又实币帛筐篚，以将其厚意，然后忠臣嘉宾，得尽其心矣。"《湛露·序》曰："天子燕诸侯也。"郑玄笺谓："燕谓与之燕饮酒也。诸侯朝觐会同，天子与之燕，所以示慈惠。"孔颖达曰："作《湛露》诗者，天子燕诸侯也。诸侯来朝，天子与之燕饮，美其事而歌之。"据古文献记载，周时天子要飨燕同宗族兄弟、群臣、四方诸侯，其事至繁，其费颇巨。商时不一定有周时那样明确的对不同类型人的设宴，而上举甲骨文中的飨多子、多尹、多生、多射、使、食成等已初具周时飨燕礼制的规模。这些飨燕活动，是商周时期王们笼络臣下的一种手段，目的是使他们为王事"尽其心"。为此，飨燕之事，王室是不得不举行的，而且要不断地举行，所以，其耗费的资财应是不会小的。

八 赏赐的费用

商王对臣下有赏赐，以奖掖对王室效忠出力者。作为赏赐品的有妇女、货币、谷物、牲畜、兵器等。如卜辞：

庚寅［卜］，□，贞赐多女又贝朋。（《合集》11438）
……征不死，赐贝二朋。（《合集》40073）
乙卯卜，亘，贞赐禾。
勿赐禾。（《合集》9464）

乙卯卜，亘，贞勿赐牛。
贞赐牛。（《合集》9465）
……于南赐羊。（《合集》9466 反）
贞㚔豝百。九月。（《合集》15827）

"㚔"亦为赐字。豝，是指公猪。此次赐公猪达一百头，赏赐是够重的了。

贞勿赐黄兵。（《合集》9468）
赐龙兵。（《屯南》942）

"黄兵"当是指青铜制的兵器，"龙兵"不知为何物，或是青铜兵器上铸有花纹的。

货币贝的赏赐，常见于青铜器铭文，如：

辛卯，王赐寝鱼贝，用作父丁彝。（《寝鱼爵》，见《集成》9101）
丙午，王赏戍嗣子贝二十朋，在阑宗，用作父癸宝鼎。（《戍嗣子鼎》，见《集成》2708）
乙卯……王赏子黄瓒一，贝百朋。子光赏，姒员用作己［宝盘］。（《子黄尊》，见《集成》6000）
乙未，飨使，赐小子𠭰贝二百，用作父丁障簋。（《小子𠭰簋》），见（《集成》3904）

上举器铭中有三件明言是"王赏"，这是商代的铜器，此"王"当然是商王。《小子𠭰簋》中的"贝二百"应是"贝二百朋"，知者因在青铜器铭中赏贝计数的，若有计量单位的都是"朋"，从未见有"个"、"只"、"枚"等表单个计量的，故此"贝二百"应是"贝二百朋"。此铭中省去了赏赐者王，因"飨使"的举动、赐贝的大数量，都只有商王才有的规格。

上所举八项商王室的支出，其耗费是十分巨大的。

商代财政的收支是否平衡，没有证据评说。但财政收支平衡与否，是关系到国家政权的稳定。收支平衡甚至还有些盈余，则国家兴旺、政权稳定；反之，支出大于收入，国家财政入不敷出，则国家衰弱，政权不稳。从《史记·殷本纪》载，商朝的历史上，有多次"兴"、"复兴"，又有多次"衰"。

这些"兴"、"衰"的原因是多种的,其中财政上的收支平衡与否,应是其中之一。

从本章所述知,商代的财政收入主要是两个方面:一是王室亦即国家直接经营的产业所获得的收入;一是诸侯、贵族及臣僚们的贡纳物。商代国家的财政支出主要是用在消费性的方面,用于扩大再生产性的支出是很少的。这样的财政是与商代社会的特点和发展水平相一致的。

第九章

商代方国经济（上）

商代的政治体制是内外服制，《尚书·酒诰》中讲商的官制说"越在内服"、"越在外服"，西周初年的大盂鼎铭中说"殷边侯田与殷正百辟"，都说明商的政治体制是二分制，即内、外服，亦即殷正百辟与殷边侯田，"殷正百辟"就是内；"殷边侯田"就是外。职官的这种"内外服"制，是由各自治理的地域不同而形成的。"内服"职官治理的是商王朝直接统治的地域，即是"王畿"地域；"外服"职官即是"殷边侯田"，即是诸侯、方国首领，他们统治本国所辖的地域，这些地域一般在"王畿"之外。当然，诸侯、方国也不全在"王畿"之外的四周，在"王畿"内也有诸侯，西周时称为"县内诸侯"，《礼记·王制》曰："天子之县内诸侯，禄也；外诸侯，嗣也。""县内诸侯"是指有食邑的公、卿、大夫，它们是王朝的官吏。"外诸侯"是分布在王畿以外的诸侯，"嗣"是子孙世代承袭诸侯职位，统治该地的侯国。它有自己的政治、军事、经济体系，具有很大的独立性，所以各诸侯国间的经济、文化发展也是不平衡的。且因所处的地理环境不同，而形成各具特色的地方经济。我们研究商代的诸侯、方国经济，就是这类"外诸侯"，即"王畿"以外地区的诸侯、方国，亦即"外服"。商时的"王畿"，我们在第一章中已经指出过，其范围大致与今日的河南省相当。

在商代的甲骨文中同一个诸侯，有时称为"某侯"，有时又称为"某方"，故诸侯与方国在大多数情况下实际上是一回事。这是因为作为诸侯，它已是一个政治、经济上的实体，是一个事实上的国家，所以我们以"方国"统称之。当然，我们研究的方国，是臣属于商王朝的方国，那些与商王朝为敌的方国，限于资料，我们还无法加以研究，只得从略。

商时的诸侯有侯、伯、男（任）、田、卫几种名称，见于甲骨文中的侯有49位、伯有45位、男（任）19位。田只见"侯田"或"多田"，不见具体所指的"某田"或"田某",故无具体统计数字。至于"卫",甲骨文中有"某卫"之词,发现有9个,若将其视诸侯名,则有9个。① 这些名称不同的诸侯,能统计出数字的共113位。然而,这113位诸侯,除了极少几个能确知其地望外,绝大多数还不能确知其地望在何方。它们还不能与"王畿"外某个地区发现的商时期的考古学文化遗存挂上钩。所以本章的"方国",我们只能以今天发现商代遗存的地区来叙述。

第一节 晋地诸方国经济

晋地即今山西省地区。晋地东部有太行山与河北省西部、河南省的西北部相隔,南部有中条山、黄河与河南省的北部相隔,由商王畿进入晋地在交通上十分不便,只有河流切割的山间小道,即所称的"太行八径"作为进出华北大平原的通道。然而在商时期,晋地是古国、古族较多的一个地区,② 据学者考证,在商晚期的主要敌国羌方、舌方、土方都在晋地之西及北部,晋中及晋南地区则多是一些与商王国友好的方国,有的是商王朝直接派驻的军事首领。如在平遥、汾阳地区的沚国,③ 灵石地区的丙（🗆）国（或释鬲）、④ 周成王封给其弟叔虞的唐、晋南垣曲地区的亘方,以及遭到土方、舌方侵扰而不断向商王朝报告敌情的㚔国㚔妻娕（《合集》6057反）、🗆（或释为长）国（🗆友角（见《合集》6057正）、🗆友唐（见《合集》6063反）、🗆戈化（见《合集》584甲正）、🗆友化（见《合集》6068正）等。如沚国,甲骨卜辞中有"臣沚"（《合集》707正）,是沚国向商称臣,又有"沚伯"（《东京》945）、"伯㦰"（《合集》5945正）之称,㦰是沚国首领名,甲骨文里常见"沚㦰"连称之名。"伯"是商代诸侯爵称的一种,⑤ 是沚国接受商王室的封爵为诸侯。唐在殷墟甲骨文中有"侯唐"（《合集》39703）,又有"唐子"（《合集》973）是唐亦是商王国一诸侯。这些方国不但在政治、军事上同商王国保持着密切的联系,而且在经济上也有着密切的关系,商王室关心他们的安危,他们也有着向商王室纳

---

① 王宇信、杨升南主编:《甲骨学一百年》,社会科学文献出版社1999年版,第463—469页。
② 见陈梦家《殷虚卜辞综述》第八章"方国地理",科学出版社1956年版。
③ 韩江苏:《甲骨文中的沚㦰》,中国社会科学院研究生院硕士学位论文,2001年4月,北京。
④ 殷玮璋、曹淑琴:《灵石商墓与丙国铜器》,《考古》1990年第7期。
⑤ 董作宾:《五等爵在殷商》,《中研院史语所集刊》第6本第3分册,1936年。

贡的义务，如商王关心沚国的年成（《合集》18805），沚国向商王室贡白马（《合集》9176 正），唐国向商人贡占卜用的龟（《合集》892 反、5776 反）等是其证。所以，晋地诸方国的经济是商时期经济的组成部分，故加以研究。

晋地（包括陕西东部黄河西岸地区）的商文化大致可分为两个类型：① 第一类型，五台山以南、吕梁山以东的晋中晋南地区是商文化特点较多的地区；第二类型：五台山以北、吕梁山以西地区，是地方文化特点较突出的地区。这第二类型文化其地域西到陕西西部的黄河沿岸，北到内蒙阴山以南的广大地区，被认为是属于羌方、𠮷方、土方、鬼方以及西周时期狎狁等少数民族的文化遗存。这种类型的文化有的称为"李家崖文化"，② 有的称为"光社文化"。③ 下面我们在研究晋地方国经济时，注意对这两个类型文化的不同处加以分别叙述。

一　农业、家畜饲养及渔猎经济

晋地商时期第一类型文化，其经济形态是以农业为主的农业经济，以家畜饲养和渔猎为其补充；第二类型文化，从考古发掘的遗址分析，也是以农业经济占主导，但畜牧渔猎经济成分大于第一类型文化。

（一）农业

第一类型商时期文化，从商代二里岗下层时期就已到达晋南，逐渐向晋中地区推进，直到商周之际，与商王朝相始终。经过科学发掘的遗址不多，只有夏县东下冯、④ 垣曲古城镇商城、⑤ 太谷县白燕⑥ 和灵石旌介村四座墓

---

① 陶正刚：《山西出土的商代铜器》，《中国考古学会第四次年会论文集》（1983），文物出版社1985年版。李伯谦：《从灵石旌介商墓的发现看晋陕高原青铜文化的归属》，《北京大学学报（哲学社会科学版）》1988年第2期；又《中国青铜文化结构体系研究》，科学出版社1998年版。

② 张映文、吕智荣：《陕西清涧县李家崖古城发掘简报》，《考古与文物》1988年第1期；吕智荣《试论李家崖文化的几个问题》，《考古与文物》1989年第4期。

③ 刘军社：《先周文化研究》，三秦出版社2003年版，第219—242页。

④ 中国社会科学院考古研究所：《夏县东下冯》，文物出版社1988年版。

⑤ 中国历史博物馆考古部等：《垣曲商城：1985—1986年度勘察报告》，科学出版社1996年版。中国历史博物馆考古部等：《1988—1989年山西垣曲古城南关商代城址发掘简报》，《文物》1997年第10期。中国历史博物馆考古部等：《1991—1992年山西垣曲商城发掘简报》，《文物》1997年第12期。

⑥ 晋中考古队：《山西太谷白燕遗址第一地点发掘简报》，《文物》1989年第3期。

葬①，另外平陆县坡底乡岸底村前庄修公路时出土一批商前期文物，考古人员对该遗址进行过两次调查，清理出一批文物。② 东下冯、垣曲商城、平陆前庄几处遗址，时代都在商代二里岗时期，太谷白燕遗址的时代从二里岗上层到殷墟二期，灵石旌介村先后清理的三座墓葬时代在殷墟晚期或在商周之际。

在这几处遗址里都出土了大批陶器和农业生产工具。垣曲商城前后经过三次发掘，在二里岗上下层文化中都出土有石、骨、蚌质农具。如在1985—1986年度发掘时，在二里岗下层出土石斧3件、石刀12件、石铲6件、石镰13件、盘状器1件，骨镰1件、骨锥6件、角锥4件、牙锥1件。在二里岗上层出土有石斧3件、石刀23件、石铲5件、石镰14件、骨铲1件、骨锥9件、角锥3件、蚌刀1件。在1988—1989年度发掘时在二里岗上层发现有铜刀，1991—1992年度发掘时更在二里岗下层发现铜刀。铜质刀具不但是手工业工具，更是锋利的农业收割农具。古时往往是一器多用，铜刀就是这样的工具。

夏县东下冯遗址被划分为六个文化层，即六期，"Ⅰ至Ⅳ期（东下冯类型）与偃师二里头Ⅰ至Ⅳ期为代表的二里头类型大同小异；Ⅴ期和Ⅵ期与郑州二里岗的下层和上层基本相同"。③ 在第五期出土的农具有石斧13件，石铲38件、骨铲5件、蚌铲2件、铜刀4件、石刀37件、骨刀1件、蚌刀9件、陶刀1件、石镰10件、蚌镰10件、骨锥77件、角锥1件。在第六期出土的农具有石斧9件、石铲5件、蚌铲9件、铜刀1件、石刀13件、骨刀3件、石镰7件、蚌镰5件、骨锥29件、角锥1件、牙锥1件。

太谷白燕第一地点第五期文化时代为二里岗上层至殷墟二期，《简报》中第五期只着重报道陶器，对其他物质的器物未予提及，或者是没有发现。但遗址内出土的大量的陶器，说明居住在此遗址内的商时期居民，是以农业为其主要生业的。

在晋地的诸侯国沚，其农业经济就较发达，它的国境地带都是农田，甲骨卜辞记载，沚国边境上的农田遭到土方、舌方的侵扰而向商王室报告：

---

① 山西省考古研究所、灵石县文化馆：《山西灵石旌介村商墓》，《文物》1986年第11期。

② 卫斯：《山西平陆发现商代前期遗址》，《中国文物报》1990年3月29日；周有安：《山西商代前庄遗址又有新发现》，《中国文物报》2000年6月18日。

③ 中国社会科学院考古研究所：《夏县东下冯》，文物出版社1988年版，第214页。

　　　　沚䤴告曰：土方征于我东鄙戋二邑，舌方亦侵我西鄙田。(《合集》
6057 正)

陈梦家云"邑与田是有别的：邑是聚族而居之处，田是耕田。《公羊传》桓
元年'田多邑少称田，邑多田少称邑'"。① 商王也关心沚国农业的收成，甲
骨卜辞有云：

　　　　己卯……沚不受年。(《合集》18805)

沚国在农业收割时，商王有时还亲临其境，以示关注：

　　　　丁丑卜，㱿，贞王往立刈，延从沚䤴。(《合集》9557 正)

立，莅临也。连秆收割的行为在甲骨文中称为"刈"，其字作㓼，像以刀割
禾茎之下部形，隶写作㓼，为刈禾之"刈"的专用字。② 延《说文》："长行
也。"段玉裁注："本义训延行，引伸则专训长。《方言》曰：'延，长也。'"
是"延从"即是使沚䤴长时间地跟从。杨树达认为甲骨文中常见的"王从某
某"的从字，不是王"跟随"某某，而是某某跟随王。其说云：

　　　　《论语·公冶长篇》云：子曰：道不行，乘桴浮于海，从我者其由
　　　与？按孔子谓"从我者其由"，谓弟子中之仲由可随孔子行也。此从训
　　　随行之例也。中国文法有多数之外动字往往同一意义有正面反面两种用
　　　法，甲随乙行谓之从，如仲由从孔子，此正面用法也。反面言之，乙使
　　　甲从我行亦谓之从。《汉书》七十七卷何并传云：并自从吏兵追林卿，
　　　行数十里，林卿迫窘，乃令奴冠其冠被其襜褕自代，乘车从童骑，身变
　　　服从间径驰去。并自从吏兵者，何并使吏兵随并行也。林卿从童骑者，
　　　王林卿使童骑跟随林卿也。甲骨文中亦有此用法，如《殷虚书契前编》
　　　柒卷拾捌叶壹版云：王从望乘伐下危。此言王使望乘随王行而往伐，非

---

① 陈梦家：《殷虚卜辞综述》，科学出版社 1956 年版，第 322 页。
② 裘锡圭：《甲骨文中所见的商代农业》，《古文字论集》，中华书局 1992 年版。

谓王随望乘行也。此种用法之从字，传注家或训为领。《史记·春申君列传》云：吴之信越也，从而伐齐。《索隐》云："从音绝用反，刘氏云：从犹领也。"按《史记》文谓：吴信越，故从越伐齐，谓率领越国伐齐，乃越跟随吴，非吴跟随越也。以今日口语释之，即"吴国带领了越国伐齐国"也。①

上引《合集》9557正一片上的"延从沚馘"应是沚馘跟随商王。商王"立（莅）刈"而沚馘跟随，是沚馘协助商王管理农业。这次商王"立（莅）刈"的地点是王畿内还是在沚国，却不可知。但却反映沚馘是善于农事的人物，如此他本国的农业也会是得到很好经营的。

在今山西境内商时期的第二类型文化所分布的地区内，还没有经过科学发掘过的遗址，西部保德、柳林、石楼、永和、隰县等县出土几批商时期青铜器，都属墓葬出土。且这些墓葬中出土的铜器又都是当地人在翻耕土地或进行建设时发现、考古工作人员闻讯后赶去清理的，故有的器物已散失不全，如群众只注意青铜器、金器及玉器的收集保存，对石器、陶器的注意就较少，所以在对这些地点文化遗物的报道中，石器、陶器的报道，特别是陶器的报道很少。就时代论，晋西地区出土的青铜器都是商代晚期之物，没有早于殷墟时期以前的墓葬。但是从晋西地区出土铜器容器占有重要的地位，如1971年在保德县林遮峪社员修"大寨田"时挖出一商时期墓，清理出铜器30件，其中有容器7件：鼎2件、豆2件、甗2件、卣1件，其他主要是车马器。②1958年8月在吕梁县石楼片罗村桃花庄农民耕地时发现一带腰坑的墓，清理出青铜器78件（其中铜泡51件），其中有容器15件：鼎2件、甗1件、簋1件、盘2件、觚1件、甗1件、觥1件、瓿2件、卣1件、爵1件、壶1件、斗1件。③1963年5月在永和县下辛角村的一座墓中发现5件青铜器，其中有容器3件：觚1件、瓿1件、爵1件，另有戈2件。④1987年3月隰县庞村农民耕地时翻耕出一座古墓，出土青铜器5件：鼎、觚、

---

① 杨树达：《积微居甲文说·释从犬》，中国科学院出版1954年版。
② 吴振录：《保德县新发现的殷代青铜器》，《文物》1972年第4期。
③ 谢青山、杨绍舜：《山西吕梁县石楼镇又发现铜器》，《文物》1960年第7期。
④ 石楼县文化馆杨绍舜：《山西永和发现殷代铜器》，《考古》1977年第5期。

觚、爵、戈各1件。① 众多的青铜容器，从一个方面反映出墓葬的主人应是处在定居的生活条件下的。定居生活是要以较发达的农业为其前提条件的。

在晋西发现的商时期墓葬中，虽然未出土石、骨、角、蚌质生产工具，但青铜工具却时有发现，如1978年4月在柳林县高红村发现的一个墓葬里，出土铜斧1件、双环铜削3件；② 1969年5月在石楼县义牒商墓中出土青铜锛、凿各一件；③ 在保德县林遮峪商墓中出土铜斧2件；1957年在石楼县二郎坡出土青铜斧、斤、环柄削各1件和一件残石斧；④ 1958年8月在吕梁县石楼片罗村出土铜斧1件；1957年8月在石楼后兰家沟出土铜锛、凿、削各1件。⑤ 刀、削是可以直接用于收割的工具，青铜斧、锛、凿虽不是农具，但是可用以加工木质的农具。

在黄河西岸陕西省东部的绥德、清涧、子长、延川等县出土的商时期青铜器，与晋西部出土的青铜器，形制、风格都十分的相似，它们应是属于同一种文化，有研究者称为"李家崖文化"，并指划这种文化的分布地区为，在山西的吉县、永和、石楼、柳林、保德、右玉县，陕东及北部的甘泉、延长、延安、子长、清涧、绥德、子州、吴堡县等。⑥ 1982年在陕西清涧县高杰乡李家崖村发掘了一座古城（"李家崖文化"就是以此古城出土的器物特征提出的），古城内出土的陶器有鬲、簋、三足瓮、甗、罐、盆、豆、钵、勺、拍、纺轮等，出土的工具有石斧、刀、凿、骨锥等，⑦ 弥补了晋西没有科学发掘遗址的不足。在陕西东部、北部的"李家崖文化"遗址里，也出土了一批青铜工具，如在绥德县甑头村出土有锛、凿，绥德县薛家渠出土铜锛1件，延川县用斗村出土铜锛2件、凿1件、削1件，延川县刘家塬村出土铜斧1件、锛1件、凿2件，延川县去头村出土管銎斧1件，⑧ 加上晋西墓

---

① 王进：《山西隰县庞村出土商代青铜器》，《文物》1991年第7期。
② 杨绍舜：《山西柳林县高红发现商代铜器》，《考古》1981年第3期。
③ 石楼县人民文化馆：《山西石楼义牒发现商代铜器》，《考古》1972年第4期。
④ 山西省文物管理委员会保管组：《山西石楼县二郎坡出土商周铜器》，《文物参考资料》1958年第1期。
⑤ 郭勇：《石楼后兰家沟发现商代青铜器简报》，《文物》1962年第4、5期。
⑥ 吕智荣：《试论李家崖文化的几个问题》，《考古与文物》1989年第4期。
⑦ 张映文、吕智荣：《陕西清涧县李家崖古城发掘简报》，《考古与文物》1988年第1期。
⑧ 刘军社：《先周文化研究》，三秦出版社2003年版，第220—222页。

葬里出土的青铜工具，说明晋地第二类型文化的人们也是从事着农业生产的。

在黄河两岸的商时期墓葬及遗址里出土的青铜器中，一些工具性的器物柄常制作成蛇、蛙样纹或饰蛇样纹，如在石楼后兰家沟发现的一件铜勺，柄首为二蛇戏蛙，一件铜削柄上饰蛇纹，一件长35厘米的刀柄上饰镂孔蛇纹。① 在石楼县还发现一件蛇首柄带环的铜勺，蛇头呈三角形。② 头呈三角形的蛇是毒蛇。以蛇和蛙为日常生活用器的装饰，说明此地蛇、蛙是较常见的动物。蛇和蛙是喜温暖潮湿的动物，今日南方常见，反映商时期这里的气候较温暖潮湿，是适宜农业的气候条件。

（二）家畜饲养

家畜饲养在晋中、晋南的第一类型文化中，是较普遍的，如1985—1986年度发掘垣曲商城时，在二里岗下层"出有较多猪、狗、牛、羊、鹿等家畜及野生动物骨骼"，在二里岗上层同样也"出有大量猪、狗、羊、牛、鹿、鼠等家畜及野生动物骨骼"。③ 在东下冯第五六期地层里（为商时期文化）出土的卜骨，都是用牛、羊、猪的肩胛骨制作的。如第五期出土卜骨29片，"骨料以猪肩胛骨为多，计22片，另有牛肩胛骨9片，羊肩胛骨8片"。在第六期发现卜骨30片，"骨料以牛肩胛骨占多数，计25片；猪肩胛骨只有5片"。④ 制作卜骨的动物，都应是家养的动物。在晋中地区的商晚期没有考古遗存为证，但1976年在灵石县旌介村清理的两座商晚期的墓葬时，墓的腰坑里都随葬有狗，在2号墓室东部正中埋牛腿一条。⑤ 在武丁时期的甲骨文中有一片甲骨上有沚馘向商王室贡献白马的内容（图9—1）：

贞馘不我其来白马？（《合集》9176）

---

① 郭勇：《石楼后兰家沟发现商代青铜器简报》，《文物》1962年第4、5期。
② 杨绍舜：《山西石楼新征集到的几件青铜器》，《文物》1976年第2期。
③ 中国历史博物馆考古部等：《垣曲商城：1985—1986年度勘察报告》，科学出版社1996年版，第206、243页。
④ 中国社会科学院考古研究所：《夏县东下冯》，文物出版社1988年版，第165、207页。
⑤ 山西省考古研究所、灵石县文化局：《山西灵石旌介村商墓》，《文物》1986年第11期。

图 9—1　贡白马、入龟

（《合集》9176）

此辞的"马"字下半残去，只余其头部，但从其头及后颈部的长鬃毛，确为马字无疑。"不我其来白马"即卜问"不会给我送来白马吗？"可见沚是有给商王朝进贡白马的义务。白马是一种珍贵的马种。从上引卜辞知在殷墟时期，在晋中地的沚国，不但有养马，而且还饲养珍贵的白马作为向商王室的贡马。

骡也可能是晋地饲养的家畜之一种。1985年1月山西省考古研究所在灵石旌介村发掘的两座殷墟时期的墓葬中，在第1号墓里出土的一件铜簋（M1∶35）的外底"铸阳线条骡子一匹"。[①] 这是我国最早的骡子形象资料（图9—2）。

在晋西第二类型商时期文化遗存里，还没有关于动物遗存的报道，

图 9—2　铜簋和骡子图形

（《文物》1996年第11期第5页图八∶2）

---

① 山西省考古研究所、灵石县文化局：《山西灵石旌介村商墓》，《文物》1986年第11期。

但在保德县林遮峪的商晚期的一座墓里出土了大量的车马器，① 说明此地养马驾车。在石楼县后兰家沟的一座商时期墓里出土的一件青铜瓿，其器的肩上饰3个羊首身饰方格雷纹，② 用羊首做器物的装饰，反映了此地有养羊业存在。在黄河对岸的清涧县李家崖古城遗址里，出土有"马、牛、羊、猪、狗、鹿等骨骼，说明了该古文化先民……有发达的畜牧业"。③ 晋西多山地，更有利于放牧，可能畜牧业比第一类文化地区更要发达些。

（三）狩猎及捕鱼

在晋南的垣曲商城和东下冯遗址内，都出土了不少的狩猎用具和野生动物骨骼，如在东下冯遗址第五期地层内，出土有石镞6件、骨镞62件、铜镞10件、石球2件、陶球1件、陶网坠1件。在第六期地层内出土石镞3件、骨镞18件、蚌镞1件、铜镞3件。④ 1985—1986年度发掘垣曲商城时，在二里岗下层出土石镞6件、石矛3件、石球1件、石弹丸1件、石网坠1件，骨镞18件、蚌镞1件、铜镞1件；在二里岗上层出土陶网坠1件、石镞2件、石球1件、石弹丸1件、骨镞13件、铜镞2件。在二里岗上、下层都发现有鹿的骨骼。镞、矛是武器也更是狩猎的用器。球和弹丸是狩猎用器，网坠是渔网上的器物，表明是使用渔网捕鱼。用渔网捕鱼是很先进的捕鱼方法，是捕鱼已走向专业化的反映。除捕鱼外，当时还在水中捞取其他水生动物食用，如在垣曲商城二里岗下层的"F2及H134中均发现大量的水生螺壳，显系人类食用后抛弃的"。⑤

在石楼罗村桃花庄出土的一件铜觥，周身饰满精细花纹，整个器作兽形，其腹部饰有夔龙纹和类似鳄鱼的花纹，两边有四只足，足部饰鱼龙花纹。⑥ 除常见的鱼外，特别使人惊异的是花纹中出现鳄鱼纹。这件铜器是当

---

① 吴振录：《保德县新发现的殷代青铜器》，《文物》1972年第4期。

② 郭勇：《石楼后兰家沟发现商代青铜器简报》，《文物》1962年第4、5期。

③ 张映文、吕智荣：《陕西清涧县李家崖古城发掘简报》，《考古与文物》1988年第1期。这是《简报》作者在"结语"中的文字，此《简报》的正文里对动物骨骼的具体情况略而未报。

④ 中国社会科学院考古研究所：《夏县东下冯》，文物出版社1988年版，第167—169、195—196页。

⑤ 中国历史博物馆考古部等：《垣曲商城：1985—1986年度勘察报告》，科学出版社1996年版，第206页。

⑥ 谢青山、杨绍舜：《山西吕梁县石楼镇又发现铜器》，《文物》1960年第7期。

地人铸造的无疑,可见当时此地可能有鳄鱼的存在。

在殷墟时期,晋中的商诸侯国沚就是商王行猎之地,如卜辞:

  戊子卜,宾。贞王往逐❀于沚亡灾。之日王往逐❀于沚允亡灾,获❀八。(《合集》9572)

从"获❀八"知,❀是一种动物。字的上部从鸟,即从鸟,故❀当可能是鸟的一种。此辞是商王到沚国去猎鸟。

  贞沚或其擒,有亦……(《合集》10766)

"擒"是卜辞中一狩猎动词。此辞是卜问沚狩猎是否有擒获。当然,商王、沚打猎的目的与民众打猎的目的各不相同,但沚地有可猎的动物,是贵族可猎民众也是可猎的。

二 青铜器铸造业

晋地商时期青铜器铸造技术,早在二里岗下层时期就传入,在垣曲商城的二里岗下层文化地层里就出土了铜爵、铜斝、铜镞、铜刀、铜匕等器;[①] 在东下冯第五期即二里岗下层时期出土了铜镞 10 件,还发现铜炼渣 5 小块,[②] 证明所出铜器是在本地铸造的。二里岗上层时期,在垣曲商城的 M1 内出土铜鼎、斝、爵各 1 件,并发现一块铜炼渣。[③] 在夏县东下冯第六期地层内发现铜爵 1 件、铜镞 3 件。[④] 1990 年 12 月在山西平陆县前庄村南的黄河边,因修公路发现一批商代早期文物,其中铜器有方鼎、圆鼎、罍、爵、斝

[①] 中国历史博物馆考古部等:《垣曲商城:1985—1986 年度勘察报告》,科学出版社 1996 年版,第 206、243 页。中国历史博物馆考古部等:《1988—1989 年山西垣曲古城南关商代城址发掘简报》,《文物》1997 年第 10 期。中国历史博物馆考古部等:《1991—1992 年山西垣曲商城发掘简报》,《文物》1997 年第 12 期。

[②] 中国社会科学院考古研究所:《夏县东下冯》,文物出版社 1988 年版,第 169、186 页。

[③] 中国历史博物馆考古部等:《垣曲商城:1985—1986 年度勘察报告》,科学出版社 1996 年版,第 243 页。

[④] 中国社会科学院考古研究所:《夏县东下冯》,文物出版社 1988 年版,第 196、206 页。

等。方鼎通高82厘米，口呈正方形，长宽各为50厘米，重40公斤，腹面四周饰乳钉纹，上部饰夹带饕餮纹，足部饰带状饕餮纹。从个体上看，此方鼎与郑州杜岭一、二号方鼎相似。① 1972年12月在长子县北关同福生产大队的一座商时期墓中清理出铜器15件，玉器2件。铜器有铜鼎2件、铜斝1件、铜爵2件、铜甗1件、铜觚1件、铜罍1件、铜戈4件、铜镞3件；1972年3月在相近的地方发现铜器4件、陶器4件并发现人骨，知是一墓葬。铜器有鬲、觚、斝、爵各1件。两次出土的铜器，从其形制、纹饰、风格看，"其时代应属于商代中期或更早一些"。②

晋地在二里岗时期的铜器，只发现于第一类型商时期文化分布的地区，且迄今所发现的地点都在晋南，晋中还没有发现，在晋西第二类型商时期文化分布的地区，还没有二里岗时期的青铜器发现，可见晋中和晋西地区青铜器铸造比晋南晚。相反，到殷墟时期，晋中和晋西地区发现了大量的青铜器，而晋南地区则相对发现较少。

（一）商晚期第一类型文化的青铜器

晋地第一类型商代晚期的青铜器，晋中地区以灵石县旌介村3座墓里的出土最具代表性。1976年11月清理的一座墓中（编号为M3），出土青铜器16件，计有方鼎2件、分档鼎1件、觚1件、爵3件、尊1件、卣1件、觥1件、觯1件、戈3件、钺3件。③ 1985年1月又在该村发现两座商时期墓葬，1号墓内出土铜器41件：鼎2件、斝1件、簋1件、尊1件、罍1件、卣2件、觚4件、爵10件、觯1件、矛6件、戈2件、镞4件、兽首管状器1件、弓形器2件、铃3件。2号墓内出土的青铜器69件：鼎1件、簋1件、罍1件、卣1件、觚4件、爵10件、戈11件、矛19件、镞16件、兽首刀1件、管状器1件、弓形器2件、铃1件。④ 三座墓共出铜器126件，平均每墓41.5件，共出礼器52件（1号墓23件、2号墓18件、3号墓11件）。旌介村三墓位置接近，2号墓居中，南距1号墓4米，北距3号墓50米，应是一个家族墓地。从出土铜器看这个家族的政治地位很高，经济实力很强，当

---

① 卫斯：《山西平陆发现商代前期遗址》，《中国文物报》1990年3月29日。
② 郭勇：《山西长子县北郊发现商代铜器》，《文物资料丛刊》第3辑，文物出版社1980年版。
③ 戴尊德：《山西灵石县旌介村商代墓和青铜器》，《文物资料丛刊》第3集，文物出版社1980年版。
④ 山西省考古研究所、灵石县文化局：《山西灵石旌介村商墓》，《文物》1986年第11期。

是某方国的统治家族。附近可能有此方国的城址或聚落遗址，灵石一带可能是该方国所在地。

三座墓出土的 126 件铜器中，有铭文的铜器 52 件，最多的 3 字，一般的是 1 个字。出现最多的是⊓字，有 34 件，占有铭文铜器的三分之二。此字在铭文中有两种写法：⊓、⊓，两旁带点和不带点，都应是同一字的不同写法。此字有释为丙，有释为鬲，殷玮璋认为，鬲是三只脚，从字形上看，释为丙比释为鬲合理。释为丙当是正确的，丙与并音同，晋地古称并州，其州名之来，当由丙国丙字的音变。

带丙字铭的传世铜器，据统计有 170 多件，且大多为礼器。时代从商王武丁到西周的昭王，历时三百年左右。灵石三座墓有此铭文铜器 34 件，无铭文铜器 70 多件，若按这个比例推算，丙国传世的铜器当有四五百件之多。这些铜器都应是处于晋中地区的丙国作坊所铸造的。[①] 在 1976 年清理的 3 号墓内，出土一件含铁的铜钺（图 9—3）。经化验钺刃部含铁量为 8.02％，阑中部为 4.50％，内部为 3.82％。此铜钺含铁量较高的原因，当是由铜矿中伴生铁矿，在冶炼时炉内温度达到铁的熔点时，铁就熔化与铜液一起流出。但铜的熔点为 1083℃，铁的熔点为 1300℃，可见丙国炼炉的炉内温度已可达到 1300℃的高温。[②] 能达到如此高温的炉，在商王畿内还未见到，可见其冶炼技术的水平。

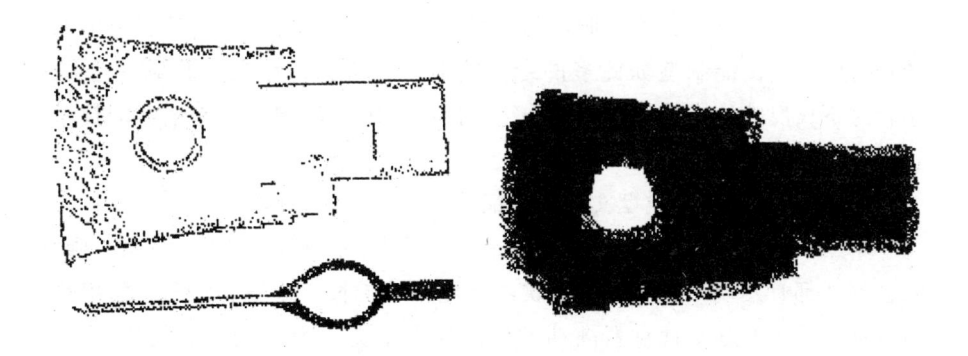

图 9—3　旌介村出土含铁铜钺

（《文物资料丛刊》（3）第 48 页图五，文物出版社 1980 年版）

[①] 殷玮璋、曹淑琴：《灵石商墓与丙国铜器》，《考古》1990 年第 7 期。

[②] 戴尊德：《山西灵石县旌介村商代墓和青铜器》，《文物资料丛刊》第 3 集，文物出版社 1980 年版。

丙国铜器的工艺水平不低，其器物造型庄重典雅，表面有复杂的花纹，有的还饰以三层花纹以及兽头、扉棱等饰件，从总体上看造型合理，装饰华丽，工艺精致，都与安阳殷墟等地的同类器相似，说明丙国拥有一批掌握了较高铸造青铜器技术的工匠。①

在沚国内也有较发达的铜器铸造业。沚国人所铸造的青铜器中有两件铭文较长，一件为鬲，其铭文为：

庚寅，御秦□，在寝，王光赏御贝，用作父〔乙〕彝。沚
（《三代》5.38.1；《集成》751）

另一件为青铜簋，其铭文云：

辛巳，御寻仓，在小圊，王光赏御贝，用作父乙彝。沚
（《三代》6.48.5；《集成》3990）

沚作的铜器，《殷周金文集成》共收录14件，都是礼器，有鬲1件、鼎2件、簋2件、尊1件、觯1件、觚2件、爵3件、方彝2件。除1件觯是西周早期的外，其余14件都是商代的器物。有13件带亚形框，是沚在商的职官为亚。商代"亚"官为武职，与殷墟甲骨文中沚、沚馘大量参与战争的卜辞相一致。沚国能制造如此多的青铜礼器，且器上的铭文字数最多达到18字，这不仅反映沚国使用商人的文字，同时反映出沚国铸造青铜器的技术已达到相当高的水平。

（二）商晚期第二类型文化的青铜器

第二类型文化的铜器，在晋地忻县、石楼、永和、吉县、保德、柳林、隰县等地都有发现，在黄河对岸陕西省境内的子长、绥德、清涧、延川等县内也都有出土。刘军社称晋陕两省内的这类型文化为"光社文化"，将北到内蒙古南部地区的这类铜器分为30群（按：其中第23群陕西淳化出土的铜器，在渭河流域的铜器群被划为第54群，当从其中除去一群)，并将"光社文化"的铜器分为三组：A组，商式器（主要是礼器）；B组，混合式（它们与商式铜器既有相同或相似之处，又有自己独特的一面，如有角觚、带铃

---

① 殷玮璋、曹淑琴：《灵石商墓与丙国铜器》，《考古》1990年第7期。

觚、铃豆、串珠纹簋、细颈扁腹壶、管銎戈、管銎钺等）；C组，地方式（有短剑、兽首匕、铃首匕、兽首勺、兽首刀、环首刀、銎内刀、管銎斧、弓形器、头盔、铎形器、靴形器、车马器等）。地方特色的铜器，主要表现在如下四方面（图9—4）：

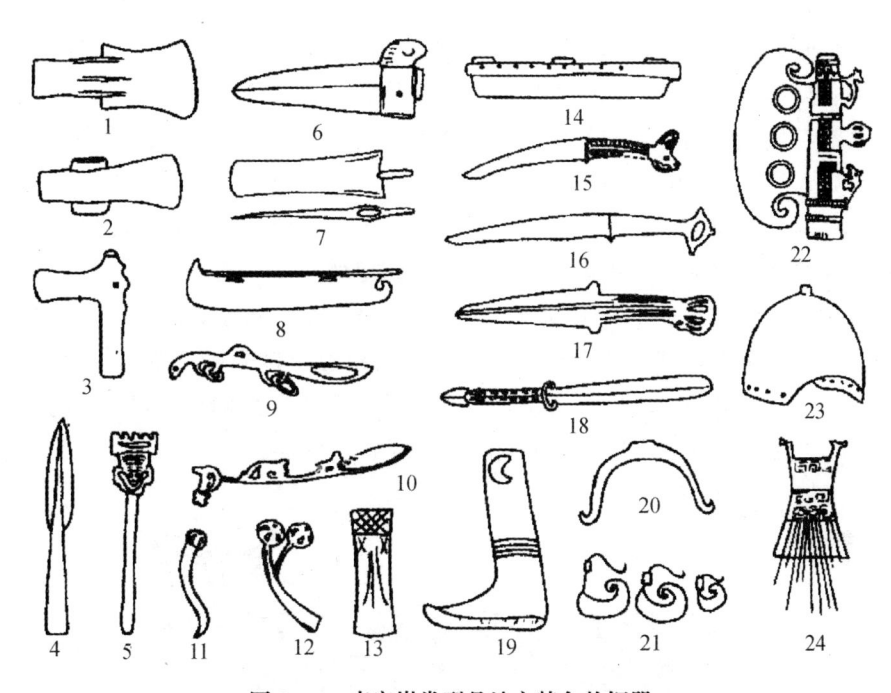

图9—4 李家崖类型具地方特色的铜器

（李伯谦：《中国青铜文化结构体系研究》第175页图四）

1. 造型新颖独特

许多器物不见于中原商文化中，如铎形器、车马器、靴形器等完全是按地方风俗、习惯制造出来的。

2. 铃、环、管銎的常用

带柄器的柄端，或以环为饰，或以铃为饰，而重器则套之以管銎，如管銎斧、条形管銎刀。

3. 普遍装饰各种动物纹饰

主要塑造马（鹿）、绵羊、蛇等动物的头像，动物头像均为圆雕；少数铜器上则装饰有完整的动物形象，如犬、虎、羊等。

4. 柄端多装饰精美的几何形图案

有锯齿纹、方格纹、或斜线组成的复杂图案。①

这些独具地方特色的"地方式"青铜器，有学者称为"鄂尔多斯"式青铜器，其产生是与草原游牧经济相关的。

混合式和地方式两类铜器，无可争辩的是当地人制造的，至于商式铜器，也有可能部分是在当地铸造的。当地不仅能制造兵器及工具，也能制造礼器，如混合式铜器中就有串珠纹簋、有角瓿、带铃瓿、铃豆、细颈扁腹壶等礼器，且这些铜礼器的制作相当的精致，如出土于石楼罗村桃花庄的带角兽形觥，通高19厘米、长44厘米、宽12厘米、盖长33厘米、腹深7.5厘米、足高2.5厘米、重8.5公斤。整个器作兽形，周身饰满精细花纹。盖上饰夔龙纹并有提梁，腹部饰夔龙纹和类似鳄鱼的花纹。两边各有二足，足部饰鱼龙花纹。盖里前部铸有铭文（图9—5）。② 这种奇特造型的铜器，在中原商文化中未见，其铸造工艺与中原商文化铜器的铸造技术相比并不逊色。1973年4月在石楼县城的一处古文化遗址内，发现一件陶范塞，呈红色，高6厘米、底径5厘米，是当地用泥陶范铸造铜器的证据。③

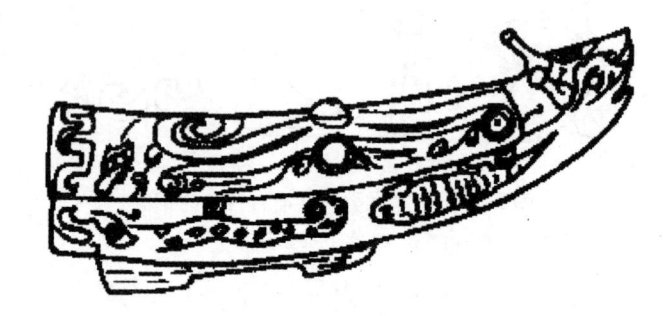

图9—5　带角兽形青铜觥

（李伯谦：《中国青铜文化结构体系研究》第174页图三：9）

第二类型商时期文化出土的铜器，多是从墓葬或窖穴中出土，而这些墓葬、窖穴又都是农民在整理土地时偶然发现的。除陕西清涧李家崖古城外，

---

① 刘军社：《先周文化研究》，三秦出版社2003年版，第220—233页。
② 谢青山、杨绍舜：《山西吕梁县石楼镇又发现铜器》，《文物》1960年第7期。
③ 杨绍舜：《山西石楼义牒会坪发现商代兵器》，《文物》1974年第2期。

还没有经科学发掘的遗址,故对其经济形态、文化归属问题学界也未能达成共识。从李家崖古城反映出此类型文化的农业生产占有一定的地位,从筑城而居就知他们过的是以定居生活为主,至少居于城里的上层统治阶层是如此的。李家崖古城的时代最早是殷墟二期。① 殷墟二期为商王武丁中晚期至祖甲时期。② 晋西和陕东临近黄河两岸发现的商时期青铜器,绝大多数是殷墟二期及以后的文物。③ 从对殷墟出土的甲骨卜辞研究知,武丁时期在晋及陕西北地最为强悍的敌对方国舌方、土方在武丁晚期已被解除。④ 所以,在武丁以后的卜辞中,就不见有以这个方国为敌的任何线索。至于羌方力量也大为削弱,在灵石旌介村商时期的 1 号墓中的两见铜爵上都有"亚羌"铭文,⑤ 说明羌人也已归附于商王朝。在第二期祖庚祖甲时期的卜辞中,羌地就驻有商王室的军队,如二期卜辞:

　　　　戊戌卜,王在一月在师羌□。(《合集》24281)

"师羌"即商军在羌的驻地。到三期及以后,羌地就成为商王们打猎的地方,如三期卜辞:

　　　　于壬王乃田羌遘……吉。(《屯南》3183)

第五期商王打猎前,还在羌地进行占卜活动:

　　　　戊午王卜,在羌贞田旧往来无灾。兹御。获鹿、狐。(《合集》37434)

---

① 张映文、吕智荣:《陕西清涧县李家崖古城发掘简报》,《考古与文物》1988 年第 1 期。
② 中国社会科学院考古研究所:《殷虚妇好墓》,文物出版社 1980 年版,第 229 页。郑振香、陈志达:《殷墟青铜器的分期与年代》,载中国社会科学院考古研究所编:《殷墟青铜器》,文物出版社 1985 年版。
③ 见刘军社:《先周文化研究》,三秦出版社 2003 年版,第 220—222 页。
④ 王宇信:《武丁时期战争卜辞分期的尝试》,《甲骨文与殷商史》第三辑,上海古籍出版社 1991 年版。
⑤ 山西省考古研究所、灵石县文化局:《山西灵石旌介村商墓》,《文物》1986 年第 11 期。

虽然二期以后各时期，商都与羌方有战事，看来也只是羌方攻击远离商边境的残余。从甲骨卜辞中看，在殷墟二期以后，晋陕地的边患应已解除，那么，在殷墟二期及其以后活跃起来的黄河两岸晋陕地区第二类型商时期文化，就不应是与商不同的异族文化遗存，而应是以商文化为主体的方国文化。其证据有三。一、所有出铜器的地点，出土的礼器都是商式的。在保德林遮峪还出土两件石琮。① 琮是中原商族人从南方学来的礼器。说明第二类型文化的人们实行的礼制是与商王室相同的。二、这一地区出土的一些铜器上有徽识铭文，而其铭文的文字，无一例外的都是商人使用的文字，可见他们的文化是接受了商族人的文化的（图9—6）。三、在出土青铜器的墓葬里，大都随葬有小型玉器饰品和贝，玉饰件的造型大体与中原商人墓里出土的相似。中原商人的墓里，也是常随葬玉饰件和贝的，可见其埋葬习俗也基本与商人同。其不同的主要是工具和兵器柄首的装饰部分以及少数的礼器。可见这类型文化其礼制和文化都是商式的，可以认为，第二类型文化所分布的地区，在殷墟二期以后，已是臣属于商王朝诸侯的领地。有研究者观察了陕西绥德县墕头村出土的青铜器后说："绥德墕头村出土的这批商代铜器，在一定程度上可以反映出商朝的幅员辽阔。同时也说明了自古以来我国

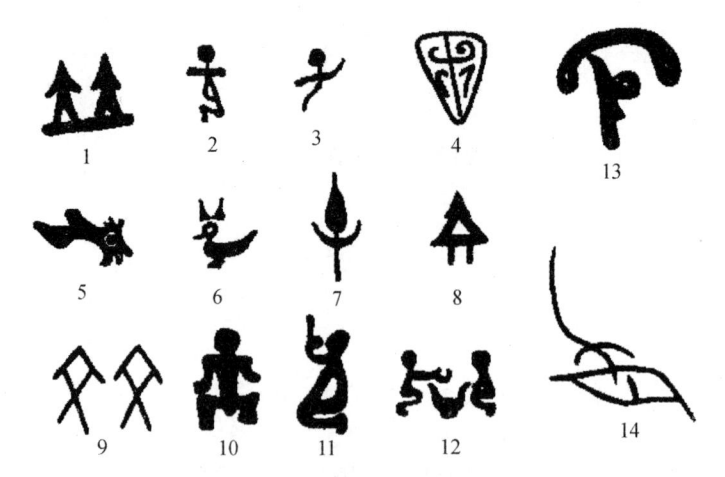

图9—6　第二类型文化铜器铭文

（李伯谦：《中国青铜文化结构体系研究》第179页图八）

---

① 吴振录：《保德县新发现的殷代青铜器》，《文物》1972年第4期。

就是一个多民族国家。"① 晋西陕东黄河两岸出土的青铜器中，有部分铜器在内蒙古、河北省北部以及辽西地区都有出土，又反映出这一地区的方国受到北方地区文化的影响也是很深的。

（三）铜器的合金成分

山西境内出土的商时期青铜器的合金成分，经过检测的有8件铜器，其结果如表9—1所示：②

表 9—1　　　　　　　　晋地诸方国青铜器合金成分表

器物名称	出土地点	时代	成　分（%）			资料来源
			铜	锡	铅	
铜镞	东下冯	二里岗下	78.59	14.13	4.46	李敏生文
铜斝	长治	商	69.60	19.43	6.33	田长浒文
铜鬲	灵石	商晚	77.72	15.59	5.49	田长浒文
鼎足	石楼	商晚	81.13	12.13	2.68	田长浒文
鼎腹	灵石	商晚	86.12	10.44	3.12	田长浒文
爵	垣曲商城 M1	二里岗上	75.391	14.995	8.972	《垣曲商城》第 316 页
鼎	同上	同上	69.927	11.542	17.403	同上
斝	同上	同上	81.595	15.576	2.608	同上

（四）铜矿资源

晋地是一产铜区，据古文献记载，山西境内有12处铜矿产地。③ 经地质勘察，今山西省境内有19个县蕴藏有铜矿，储量达三百万吨，居全国第五

---

① 黑光、朱捷元：《陕西绥德墕头村发现一批窖藏商代铜器》，《文物》1975年第2期。

② 李敏生：《先秦用铅的历史概况》，《文物》1984年第10期；田长浒：《从现代实验剖析中国古代青铜铸造的科学成就》，《科学史文集》第13期，上海科技出版社1985年版。

③ 石璋如：《殷代的铸铜工艺》，《中研院史语所集刊》第26本。

位。主要集中分布于中条山区的垣曲和闻喜，襄汾及灵丘也有少量分布。仅就一个县讲，垣曲县的铜矿蕴藏量居全国县的第二位。中条山有色金属公司是我国目前最大的铜矿之一。① 在垣曲县内中条山有色金属公司管辖的地区内，已发现多处古代开采过的古铜矿遗址。其中一处遗址矿井内支护木的碳14年代测定为距今2315±75年，树木年轮校正为距今2325±85年，即公元前375±85年，在战国前期。② 在山西运城洞沟发现了东汉时期开采的铜矿遗址。③ 汉时铜器上常见"河东"的题记，如"永元八年河东铜官所造"。④"河东"即今山西地区，在河东设立"铜官"说明是一重要的产铜地区。唐代铸铜钱今山西省炉最多，《新唐书·食货志（四）》记唐玄宗天宝年间铸钱云："天下炉九十九：绛州三十，扬、润、宣、鄂、蔚皆十，益、郴皆五，洋州三、定州一。每炉岁铸钱三千三百缗，役丁匠三十，费铜二万一千二百斤，蜡三千七百斤，锡五百斤。"唐时绛州的治所在今山西新绛县。每炉一年用铜二万一千二百斤，绛州30座炉，每年需铜六十三万六千斤。可见晋地铜矿资源是十分丰富的。山西境内也产锡，在山西阳城、沁源、沁水县的西乡、交城、平陆县的箕山、安邑县的稷山、大同地区的恒州白登山等地都有产锡的记载。⑤ 关于铅矿，解放以来地质勘探得知，我国铅储量居世界前列，产地遍及全国各地。已探明在山西境内就有8个铅矿，潼关以南的华山地区，有以铅锌矿为主的多种有色金属矿带。矿体产生于古老的岩系中，矿化范围达200平方公里，主矿脉长500米、宽2米，矿石含铅量的品位极高。⑥ 在晋南的中条山、晋中的吕梁山都有铅矿，在晋中的交城县有一个大型铅锌矿，正在开采和冶炼着。铅矿有明显的晶体形态和特殊的色泽，极容易被辨识而被发现。

晋地区铜、锡、铅矿藏资源都不缺乏，当地人又逐渐掌握了中原商人传

---

① 山西省测绘局：《山西省地图册》，1987年版，第132、205页。
② 李延祥：《中条山古铜矿冶遗址初步考察研究》，《文物季刊》1993年第2期。
③ 安志敏、陈存洗：《山西运城洞沟的东汉铜矿和题记》，《考古》1962年第10期。
④ 刘体智：《小校经阁金文存》第十四卷第十六页，1935年。
⑤ 石璋如：《殷代的铸铜工艺》，《中研院史语所集刊》第26本；闻广：《中国古代青铜与锡》，《地质评论》第26卷第5期，1980年。
⑥ 夏湘蓉等：《先秦金属矿产共生关系史料试探》，《科技史集刊》第3集，上海科技出版社1980年版。

入的开采、冶炼和铸造铜器的技术，所以今日发现器物多而具地方特点的青铜器，就是很正常的事。

三　陶器制造

晋地是人类活动很早的地区，从旧石器时期起直至今日，历史延绵不断。新石器时代的仰韶、龙山文化，夏时期的二里头文化分布于全省各地，这几种文化都有发达的制陶业，① 如垣曲宁家坡发现庙底沟二期文化时期的两座保存十分完整的陶窑，窑箅的火道作"非"字形；② 在新绛县孝陵的庙底沟二期文化和陶寺类型时期遗址内，在 730 余平方米范围里就发现陶窑 43 座。这样规模的群窑场，在全国也是少见的，说明在庙底沟二期文化时期，晋地的陶器生产及烧制"已分工化、专业化、规模化"。③ 商人势力的进入，陶器制造方面，在延续着以往传统技术、风格的同时，也带去了一些商人陶器的风格。

（一）陶器的种类

商时期晋地陶器，可分为两个类型：一是晋南地区类型；一是晋中地区类型。晋南类型以垣曲商城、夏县东下冯等遗址出土陶器为代表；晋中类型以太谷县白燕遗址所出土的陶器为代表。

垣曲商城与东下冯出土的陶器也小有差别：垣曲商城的陶器更接近郑州二里岗时期的陶器，东下冯的陶器则更接近偃师二里头出土的陶器。其区别主要在炊器方面，垣曲商城以罐为主，如对二里岗下层 10 个灰坑出土陶片统计，夹砂陶中，罐类陶片为 217 片，鬲类陶片只 65 片；二里岗上层夹砂陶的罐类陶片为 181 片，鬲类陶片只 69 片，④ 同于郑州二里岗。东下冯以鬲为主，第五期鬲"为最主要的常用器，几乎占全部陶器的四分之一"，第六

---

①　山西省文物工作委员会：《建国以来山西省考古和文物保护工作的成果》，《文物考古工作三十年》，文物出版社 1979 年版；山西省考古研究所：《1979—1989 年山西省的考古发现》，《文物考古工作十年》，文物出版社 1990 年版。

②　山西省考古研究所：《垣曲宁家坡陶窑址发掘简报》，《文物》1998 年第 10 期。

③　王金平等：《山西新绛县孝陵遗址发现新石器时代陶窑群》，《中国文物报》2004 年 9 月 15 日第 1 版。

④　中国历史博物馆考古部等：《垣曲商城：1985—1986 年度勘察报告》，科学出版社 1996 年版，第 168 页表二〇、第 216 页表二四。

期也是以"鬲的残片最多"。① 但两遗址在陶器方面相同是主要的：陶系都有夹砂陶和泥质两类；陶器颜色都以灰陶为主；纹饰以绳纹为主；在器物种类方面也基本相同，现将两遗址陶器主要种类列表对照如表9—2所示：②

表9—2　　　　　　桓曲商城、东下冯商时期出土陶器种类比较表

陶器种类			鬲	罐	鼎	簋	瓿	甑	盆	刻槽盆	大口尊	瓮	蛋形瓮	缸	爵	尊	豆	盘	杯	壶	器盖
垣曲商城	二里岗下	夹砂	V	V	V	—	V	V	V	—	V	V	—	—	—	—	—	—	—	—	V
		泥质	—	V	V	V	—	V	V	V	V	—	V	—	V	—	—	—	—	—	V
	二里岗上	夹砂	V	V	V	—	V	—	V	—	V	V	—	V	—	—	—	—	—	—	V
		泥质	—	V	V	V	—	V	V	V	V	—	V	—	V	—	V	—	—	—	V
东下冯	第五期	夹砂	V	V	V	—	V	—	—	—	V	V	—	—	—	—	—	—	V	—	—
		泥质	—	V	—	V	—	—	V	—	V	V	—	—	—	—	—	—	V	—	—
	第六期	夹砂	V	V	V	—	V	—	—	—	—	—	—	—	—	—	—	—	—	—	—
		泥质	—	V	V	—	—	—	V	—	—	—	—	—	—	—	V	—	—	V	—

说明：V符号表示有这种陶器，—符号表示没有发现这种陶器。

晋中类型以太谷白燕遗址出土陶器为代表。白燕遗址1980、1981年发掘，文化遗存分为六期，第四期是二里头类型文物，第五期为商时期文物，第五期的时代为二里岗上层到殷墟二期。商时期陶器主要是从第4期发展来的，同时接受了某些商人陶器的风格。陶器颜色以灰陶为主，纹饰以粗绳纹

---

① 中国社会科学院考古研究所：《夏县东下冯》，文物出版社1988年版，第171、198页。
② 材料采自《垣曲商城1985—1986年度勘察报告》和《夏县东下冯》。

为主。陶器种类有鬲、甗、盆、簋、罍、甑、鼎（少）、豆、敛口三足瓮（或称"蛋形瓮"）、单把喝口罐、中口折肩罐、缸等。鬲主要有两种形制：大型侈沿深腹鬲和翻沿小型鬲。翻沿小型鬲是商人常用的一种鬲，在白燕遗址里大量存在，它是本地侈沿或矮颈小鬲被"商化"而来的。豆类的粗柄真腹豆和假腹豆是商式豆。

白燕五期文化遗存与中原商文化的关系反映在三个方面：一是当地文化吸收商文化中的某些因素，如商文化的粗柄盘形豆取代本地的细把碗形豆；二是本地文化因素与商文化的某些因素相融合，如五期的"中间型"鬲，是本地固有的绳纹侈沿深腹鬲与商式翻沿鬲融合的产物；三是排斥商文化因素，如商文化中常见的储存器大口尊，在此地不见，而以本地的敛口三足瓮取代（图9—7）。白燕乃至晋中大部分地区都使用敛口三足瓮而排斥大口尊。白燕类型遗存以太原地区汾河中游为中心，在晋中地区有着广泛的分布，与晋南、冀西有所不同。① 敛口三足瓮又名蛋形瓮，这种陶器不仅流行于晋中地区，在东南的长子县同福村、② 晋南的垣曲商城、夏县东下冯遗址的夏商时期地层内，也都有发现。是晋地很独特的一种陶器。

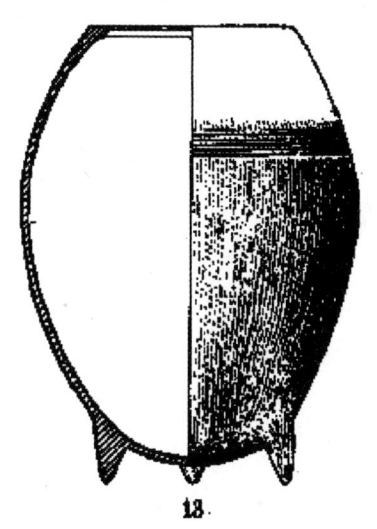

图9—7 敛口三足瓮
（《文物》1989年第3期第17页图十六：13）

除普通日用陶器外，还有釉陶器（原始瓷器）。在垣曲商城二里岗上层灰坑H105、H595发现釉陶尊，夹砂灰色胎，黄绿色釉，侈口矮领，折肩，肩部饰方格纹，下部残去。③ 经对两片釉陶片化验，其二氧化硅（SiO_2）的含量已接近80％，RO低于1％，三氧化二铁（Fe_2O_3）含量低于2％，"这

---

① 晋中考古队：《山西太谷白燕遗址第一地点发掘简报》，《文物》1989年第3期。
② 郭勇：《山西长子县北郊发现商代铜器》，《文物资料丛刊》第3辑，文物出版社1980年版。
③ 中国历史博物馆考古部等：《垣曲商城：1985—1986年度勘察报告》，科学出版社1996年版，第229页。中国历史博物馆考古部等：《1991—1992年山西垣曲商城发掘简报》，《文物》1997年第12期。

种化学组成已完全符合原始瓷的组成"。化验者认为，原始瓷的化学组成和我国南方的原始瓷的化学组成非常相似，它们可能是南方烧制的。① 从考古发现和一些化验看来，在商时期北方地区也自产原始瓷器，② 垣曲的发现还太少，邓、李两位先生的结论，还不好说就是定论。

（二）陶器的制造技术

陶器的制法有手制、轮制和模制几种。模制法主要是用在制作鬲和甗的袋形足上。三个袋足有三足分制与合制两种法。三袋足分制是用单足内模分别制成三个袋足，然后拼接在一起，再接上部器身；三袋足合制是用三足整体内模（或以现成的鬲、甗的袋形足为模）一次制成三袋足，整体脱模，然后拼接上部器身。

手制主要是用泥条盘筑法制作较大型的器物，小型器物多用手捏。从对垣曲商城出土陶器观察，泥条盘筑有正筑法和倒筑法之分，使用泥条有盘筑和圈筑之别。正筑是先从所制器物的下部开始用泥条盘筑，制作时是坯体成正立状。倒筑法是先从所制器物的口沿开始盘筑，制作时坯体成倒置状。盘筑是将泥料捏搓成长条，筑时泥条成螺旋状一圈一圈地盘旋上升。圈筑法是按需要将泥料搓成一个一个大小不同的圆圈，制器时一个圈一个圈地叠放。为使泥条间粘合紧密，要随时对器壁进行拍打。③

（三）陶器的烧制

陶器的烧制是用陶窑。商时期陶窑在平陆前庄④和垣曲商城都有发现，而经过科学发掘的只在垣曲商城内。在垣曲商城内共发现 6 座陶窑，属于二里岗下层的 1 座，其余 5 座属于二里岗上层时期。

二里岗下层的一座陶窑是 1988—1989 年度发掘时发现的，此次共发现 4 座陶窑。属于二里岗下层的一座编号为 Y3，为圆形竖穴窑。窑室平面为圆形，上小下大，状如袋形坑。窑室直径 1.60 米，窑箅面平整光滑，直径

---

① 邓泽群、李家治：《晋南垣曲商城遗址古陶瓷化学组成及工艺的研究》，《垣曲商城：1985—1986 年度勘察报告》附录Ⅰ，科学出版社 1996 年版。

② 朱钊等：《商周原始瓷产地的再分析》，《南方文物》2004 年第 1 期。杨楠：《论商周时期原始瓷器的区域特征》，《文物》2000 年第 3 期。

③ 李文杰：《垣曲商城陶器的制作工艺》，《垣曲商城：1985—1986 年度勘察报告》附录Ⅱ，科学出版社 1996 年版。

④ 卫斯：《山西平陆发现商代前期遗址》，《中国文物报》1990 年 3 月 29 日。

1.50 米、厚 0.15 米。箅面上有火眼 37 个，多为圆筒状，孔径 0.07—0.08 米。靠近中部隔墙的两排火眼向东西两侧斜穿箅面，与东西火膛相通。箅底面凹凸不平，有成排木棍印痕，窑箅的建筑似先在火膛边与隔墙间平铺一层木棍，再在其上建箅面。火膛在窑室下面，中间有一支撑窑箅的隔墙，使火膛分为东西两个半圆形。隔墙长 1.45 米、宽 0.20 米、高 0.55—0.85 米。火膛壁略直，底部缓平，四壁及箅底被烧结。火膛的西北部有椭圆形火门，径 0.46—062 米、高约 0.40 米、高于火膛底 0.15—0.45 米、进深 0.45 米（图 9—8）。①

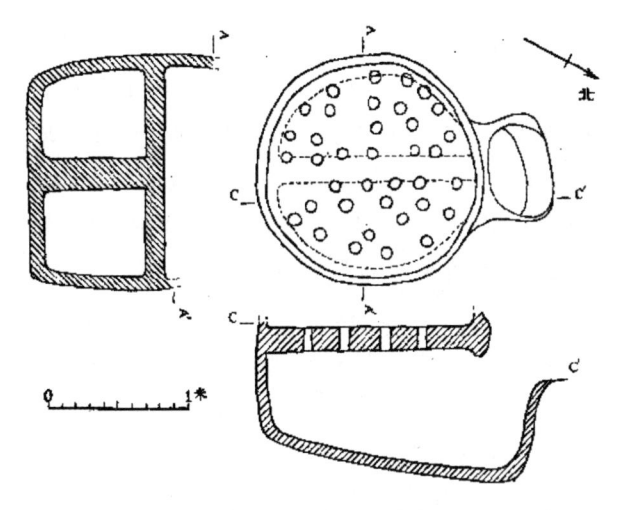

图 9—8　垣曲商城二里岗下层陶窑平、剖面图

（《文物》1997 年第 10 期第 20 页图十四）

二里岗上层的陶窑结构与二里岗下层陶窑的结构基本相同，亦为圆形竖穴窑，上为窑室，中有窑箅，下为火膛。火膛中间有一隔墙，以支撑窑箅并将火膛分隔为两部分。窑箅上有 20 个孔，大致是沿窑箅的周边排列一周，孔为不规则的圆形或椭圆形，孔径最大 0.20 米、最小 0.05 米，均与火膛相通，其中有 5 个孔一半开在火膛中间窑箅下的隔墙上。从残存窑室壁看，窑

---

① 中国历史博物馆考古部等：《1988—1989 年山西垣曲古城南关商代城址发掘简报》，《文物》1997 年第 10 期。

顶应为穹隆形。①

二里岗上下层的陶窑，窑室、窑箅和火膛壁都烧成青灰色，说明窑是经多次使用过的。据垣曲商城出土的陶器看，其烧成温度一般在800℃至900℃之间。其烧成气氛已掌握得很好，可以烧出外表及内部都呈黑色的黑陶。②

四　建筑技术

晋地商时期的建筑遗存只在晋南的二里岗时期有发现，分居住房屋和城垣建筑。

（一）民居房屋建筑

民居房屋在平陆前村、垣曲商城的二里岗下、上层都有发现。平陆前村的房屋暴露在断崖上，为半地穴式，但未清理。垣曲商城发现两座，二里岗下、上层时期各一座。1985—1986年度在城址东南部的居住区内发现一座二里岗下层时期房子，位于探方T3971东北部，编号为F2。房屋为圆形双间半地穴式，两间东西布局，西室较规整，圆形，直径1.70米、保留深度为0.40—0.70米。东室不十分规整，近圆形，南北直径2.20米、保留深度0.10—0.40米。两室连接处较窄，有门坎相连，门坎高于两居室居住面0.10—0.50米、门坎宽0.90米。四周未见柱洞和柱础，西室的中心发现一圆形柱洞，直径0.40米、深0.10米。地面及墙壁都涂有厚约2厘米的白灰面。房屋内上部堆积有黑灰土，近底部为沙质灰褐土。房屋内出土有绳纹陶罐、饕餮纹豆座、石刀等，还出土有猪、羊等兽骨及水生螺壳200余个。③

1988—1989年度发掘时在城内东南部居住区发现一座二里岗上层时期的房屋（编号F7）。单间，半地穴式，平面近方形。南北长3.70—4.10米、东西宽3.50—3.60米、穴壁残留地方高0.40米。居住面不太平整，四周高中

---

①　中国历史博物馆考古部等：《1991—1992年山西垣曲商城发掘简报》，《文物》1997年第12期。

②　邓泽群、李家治：《晋南垣曲商城遗址古陶瓷化学组成及工艺的研究》，《垣曲商城：1985—1986年度勘察报告》附录Ⅰ，科学出版社1996年版。

③　中国历史博物馆考古部等：《垣曲商城：1985—1986年度勘察报告》，科学出版社1996年版，第164—165页。

间低，表面抹有厚 0.30—0.70 厘米的红色胶土，十分坚硬。屋内自上而下堆积为灰褐土、红色沙土和草拌泥土三层。残留有六个柱洞，深 0.10—0.20 米，有的柱洞底部垫有料礓石块或小石块作础石。灶位于西北角，平面呈椭圆形，长 1.20 米、宽 1.10 米。门道位于西南角，长 1.20 米、宽 0.75—1.10 米、深 0.40 米。为台阶式，台阶高 0.15 米、宽 0.22 米。①

（二）圆形建筑基址

在东下冯城内的东南角，发现属于第五期的一组圆形基址。这组圆形基址横成列，纵成行，已确知有 20 座。从粗略钻探的情况看，这个建筑群至少有 7 排，每排 6 座或 7 座，总数大概有 40—50 座之多。

这些圆形建筑平面都是圆形，直径在 8.50—9.50 米之间，高出当时的地面 30—50 厘米。从每座基址的中心点计算，其间距为 13—17 米。每座基址的中心都有一个直径 1.20 米左右的圆形圜底的埋柱坑，坑的中央有一个较大的柱子洞，柱子洞直径 0.20—0.30 米、深约 0.80 米。基址上面都有"十"字形或略呈"十"字形的埋柱子的沟槽，槽宽 0.50—0.60 米、深 0.20 米左右。"十"字形柱子沟槽的交叉点，即大柱子洞的所在。以大柱子洞为中心，将整个柱槽一分为四。四条沟槽有的相交接，有的止于中心大柱子洞外沿而不直接相交接。每条柱槽内的现存柱洞数目多少不等，最多的 4 个，最少的只 1 个，没有柱洞的极少。每座基址的周边有密集的小柱洞。小柱洞的数目不等，一般有 30—40 个，洞径 9—15 厘米，间距多数在 85 厘米左右，最窄的 50 厘米，最宽的 110 厘米（图 9—9）。

每座基址的外面都发现有踩踏过的路土面，如 F501 基址的周围均有路土，路土较薄，宽约 1.50 米左右；F502 基址的东侧偏南，发现有断断续续的路土，路土较薄，与 F501 相连；F506 基址北侧有南北宽约 1.50 米、东西长约 5 米、厚约 0.07 米的路土，路土坚硬。每座圆形建筑的门都没有找到。

基址的建造是：先平整好地面后，铺垫一层黄色花土，作为地基。其上再夯筑台基。台基的夯土有 3—5 层，每层厚 10 厘米左右，然后挖槽（或坑）埋柱，填平夯实。②

---

① 中国历史博物馆考古部等：《1988—1989 年山西垣曲古城南关商代城址发掘简报》，《文物》1997 年第 10 期。

② 中国社会科学院考古研究所：《夏县东下冯》，文物出版社 1988 年版，第 150—153 页。

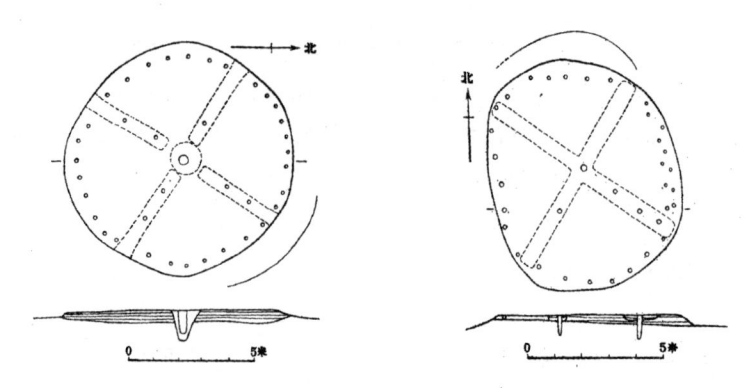

图 9—9 东下冯二里岗时期圆形基址 F502、506 平、剖面图

（《夏县东下冯》第 152、153 页图一三九、一四〇）

圆形建筑内没有发现生火用的灶和用火的痕迹，也没有发现与人生活、生产有关的遗物，其用途不详。推测有可能是仓库或军队的营房。

（三）宫殿建筑

1985—1986 年度在垣曲商城内中部略为偏东的地区发现一组建筑基址群，共探测出六座大型夯土台基：

1. 一号台基位于基址群南部，仅存台基东南部一角的 20 平方米左右，现存夯土 18 层，厚 2.10 米。

2. 二号台基位于基址群的北部，是规模最大的一座，近长方形，东西长约 50 米、南北宽约 20 米，面积 1000 平方米。

3. 三号台基位于基址群的西侧中部，近于方形，现存东西 4 米，南北 6 米，面积 24 平方米。

4. 四号台基位于 2 号台基以南，东半部因障碍无法钻探，情况不明，西半部保存较好，东西长约 30 米，南北宽约 12.5 米，面积 375 平方米。

5. 五号台基位于基址群的西南部，略呈曲尺形，东西 15 米，宽 6 米，南北 27 米，宽 5 米，总面积约 200 平方米。

6. 六号台基位于基址群北部，亦近于曲尺形，南北长 24 米，东西宽 5—8 米，面积约 100 平方米。[1]

这组夯土建筑基址中有曲尺形基址两座，从其布局看，似有一组封闭式

---

[1] 中国历史博物馆考古部等：《垣曲商城：1985—1986 年度勘察报告》，科学出版社 1996 年版，第 11、323 页。

的建筑。整个建筑应为统治者居住的宫殿区。

（四）城墙建筑

二里岗时期在晋南发现两处城墙：一是垣曲，一是东下冯。

1. 东下冯二里岗下层时期古城

东下冯城墙属于第五期即二里岗下层时期，方向为北偏东45°。城墙没有全部探出，只探明城址的南墙、东墙和西墙的南段。东墙南段探出52米，西墙南段探出140米，南墙全长440米。南墙不直，由东墙南端拐角向西，在213米处向南拐75米再折向西152米与西墙相接。东西城墙间相距大约370米。南城墙残高1.20—1.80米，底宽8米，现存残顶宽约7米，外侧近直，内侧外斜，墙体剖面呈梯形。墙体内外都有特别夯筑而成的护墙坡，护墙坡的剖面略呈钝三角形，外陡内缓，外侧护坡底残宽2.50—3米、高1.50米，内侧护坡底残宽3.50米、高1.8米。城墙外2.50—3米处是护城壕沟，与墙外的护墙坡相连。壕沟口宽5.50米、底宽4米、深7米。

经解剖南墙，墙体系用红色土参杂紫褐色土、料礓石碎块夯筑而成。墙体中部有一条直贯的竖缝，竖缝高1.30米，缝两边夯层不对称，表明墙体是分段夯筑的。夯土的质量较高，相当坚硬。夯层平直，一般厚8—10厘米、最薄6厘米、最厚14厘米。夯窝比较密集，清晰可见，皆半球形，径7厘米、深3厘米。①

2. 垣曲商城

垣曲商城始建于二里岗下层，延续使用到二里岗上层时期。此城呈不规则的方形，南北长约400米，东西约350米，周长约1470米，总面积13万余平方米。北墙现存于地面之上，至东端中断，城址西北角缺失，其他三面城墙均埋于地下。在西城墙的南半部和南城墙的东半部之外都有一道外城墙。西外城墙距内城墙7—10米，长286米，宽4—6米。西外城墙南端向南延长25米，与内墙不相连，形成一窄长的通道。南城墙的外城墙与内城墙相距4—14米，只保存西段的164米，宽2.50—5米，与西外城墙不相接，其间的缺口宽16米。城址的东南角被河水冲毁无存。西外墙之外6—8米处，挖有一条与西墙平行的护城沟，沟宽8—9米，长446米。西边和南边的西部都筑有双道城墙，西墙外又设置宽达8—9米的护城沟，是为加强城西部的防守，可见这里常遭到由西边来敌的进犯（图9—10）。

---

① 中国社会科学院考古研究所：《夏县东下冯》，文物出版社1988年版，第148—149页。

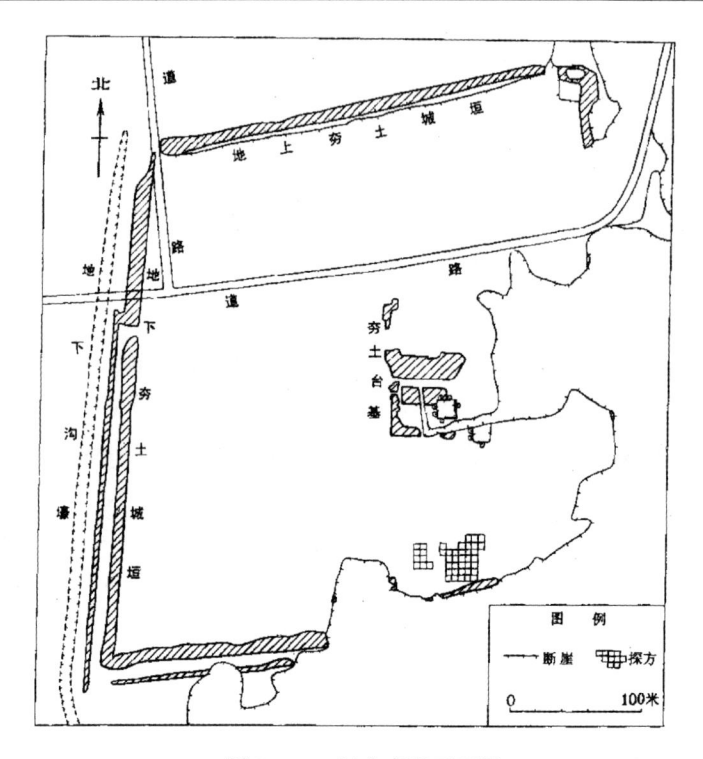

图 9—10 垣曲商城平面图

(《文物》1997 年第 10 期图一)

各面墙体的建筑结构大体相同，均为基槽和墙体两部分组成。基槽方面，北墙基槽残宽 15.75 米、深 1.20 米，保存夯土 10 层；东墙基槽残宽 11 米、深 0.80 米，保存夯土 5 层；西墙内墙基槽呈倒梯形，上口宽 7.75 米，底宽 1.8 米，深 5.80 米，有夯土 31 层。西外城墙基槽亦呈倒梯形，上口宽 4.15 米，底宽 1.40 米，深 6.55 米，有夯土 28 层；南城墙内墙基槽上口宽 10.60 米，底宽 5 米，深 2 米，有夯土 17 层。外侧基槽外侧无存，上口残宽 3 米，底宽 2 米，深 2.70 米，有夯土 17 层。基槽的夯层较墙体的夯层为厚，如东墙基槽夯层一般厚 0.15—0.25 米，南墙的墙体夯层一般厚 0.07—0.12 米。夯窝直径一般在 2 厘米左右。在南城墙的内墙的内侧发现有版筑的痕迹，上下四列，每版宽 0.18—0.20 米，长度不明，每层版向上内错 1 厘米。

3. 李家崖古城

晋地在殷墟时期没有城址发现。晋地第二类型文化中，无论早晚期都没有城址发现，而陕西清涧李家崖古城与晋西第二类型文化属于同一类型文化，故李家崖古城的筑城技术，可以反映晋西殷墟时期文化的筑城技术。

李家崖古城平面呈长方形，东西长 495 米，南北宽 122—213 米，面积 6.7 万平方米。古城的南、西、北三面环水，东西两面筑有城墙，南北两面是利用深至百米的无定河河道的悬崖峭壁为防御屏障。东城墙长 160 米，现存 127.9 米。西城墙呈"T"字形，上道城墙为东西走向，残长 34.5 米，城墙两端应与悬崖相接，全长应为 151 米。下道城墙为南北向，残长 25.7 米，城墙北与上道城墙相接，南段应与河道悬崖相接，其全长应为 126 米（图 9—11）。

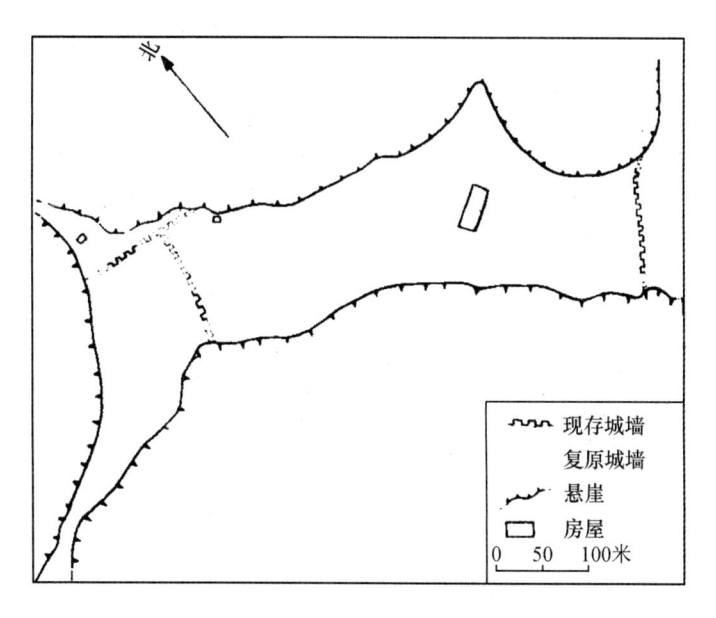

图 9—11　李家崖古城平面图

（《考古与文物》1988 年第 1 期第 48 页图三）

城墙分为内外两层，外城墙是用石块垒砌墙体外包石块，内层城墙是用泥土夯筑墙体外包石块。城墙是分段修筑而成的。外墙是直接从平地起建，地面曾略经修垫平整处理。修筑方法是一层石块铺垫一层泥土，垫土为红色花土，经乱夯打实。夯土坚硬，夯窝呈半圆状，径 6—7 厘米、深 3—4 厘米。这样层层向上筑起。砌筑外墙的石块有两种：砌墙体的石块是上下两面较平；砌墙壁面的石块则须上下及侧面平，以保证墙面的平整。外城墙呈梯形，现存最高 3.10 米，上宽 0.80 米，下宽 1.10—1.75 米。

内城墙是在外城墙修起后，紧依外城墙内壁修建。内城墙基础是从平地起建，原地面不加修整即开始打夯土基础，因此夯土基础的外侧呈缓坡形，下宽 2.85—3.60 米、高 1 米左右。基础部分的夯土质量比主城墙坚硬，夯层厚 4—23 厘米，夯窝直径 4—7 厘米、深 3—4 厘米。内墙的墙体是泥土夯筑，外用石块砌包壁。修筑法是先从平地修筑夯土基础，然后在上面建城墙，一边用石块层层砌壁面，一边加土层层夯筑。内城墙现存最高 3.10 米，呈梯形，上残宽 0.50—0.70 米，下宽 1.05—1.50 米。

东城墙是唯一可以进出城的一面，故东城墙的外侧修筑有护墙坡。因护墙坡也是分段修筑的，故各段的修筑法不相同：有的段是采用修筑外城墙的方法修筑，有的是采用修筑内城墙的方法修筑。护墙坡底宽 1.10—1.75 米、高 1.75—2.07 米，坡度为 55°左右。

早期城墙断面呈梯形，现存残高 3.10 米，上宽 1.25—1.45 米、底宽 2.60—3.25 米、内外墙基础加护坡底总宽 7.40—8.95 米。

东城墙的外侧后来还修筑了一道加固城墙。加固城墙是紧依早期外城墙修建的，修建方法与早期修建外城墙的方法相同，只是壁面的砌筑和墙体修建的质量比早期外墙差。外侧加固墙现存高 0.30—3.70 米，保存的最高处上宽 1.72—2 米，底宽 1.45—2.60 米。加固城墙的地面经过修整垫平处理，有的地方用木杠支垫墙基础，在清理的 28 米长内，发现了 28 根垫木杠，因木杠腐朽只留下存有朽木灰的洞。洞间距为 0.32—1.52 米，洞径 0.10—0.40 米，深 0.90—1.10 米。洞径和洞深即是垫木的粗和长度。

西城墙破坏严重，结构不详，从上道墙的残存部分推测，其建筑法当与东城墙同，只是内外都没有护城墙坡。①

李家崖地处山地，土少石头多，用石头砌城墙是因地制宜。不过从李家崖古城城墙的修筑技术可以了解到，除使用中原纯夯土城墙建筑技术外，还有使用石头建筑城墙的另一种技术。李家崖城墙的建筑，内外城的墙体都使用了夯筑技术，这一技术是商人的筑城墙技术，也是中原人的传统技术，李家崖人加以吸收、改进而用在建造石头城墙上，显示了李家崖人的创造精神。

---

① 张映文、吕智荣：《陕西清涧县李家崖古城发掘简报》，《考古与文物》1988 年第 1 期。

五 盐业生产

晋南中条山北麓，地势低凹，为盐池地带。《说文》盐字下云："河东盐池也，袤五十里，广七里，周百六十里。"盐池在今运城市地区内，《汉书·地理志》载，"河东郡安邑，盐池在西南"。盐池所在地的安邑县，唐时更名为解县，故这里的盐池后称为"解池"。运城市在晋地的西南，战国时属魏称盐氏县，汉时为安邑县，唐时置解县。宋、元时期在解县专门设置转盐运使，遂筑城驻转盐运司，故名运城。运城盐池的开发，最早见于文献的是《左传》成公六年（公元前585年）。那年晋国准备迁都，晋国的诸大夫曰："必居郇、瑕氏之地，沃饶而近盐，国利乐，不可失也。"郇在解池西北，瑕在解池南。① 春秋时人就已知这里近盐而"沃饶"，可见此地盐的开采已有不少的年月了。春秋初年晋国青铜器《晋姜鼎》铭文，记晋君夫人晋姜受到晋君"卤积千两"的赏赐，其铭文云：

> 唯王九月乙亥，晋姜曰："余唯嗣朕先姑，君晋邦。余不暇荒宁，经雝明德。宣邲我猷，用召匹辟辟。每扬厥光烈，虔不坠。鲁覃京师，獒我万民。嘉遣我，赐卤积千两。勿废文侯觐命，俾贯通弘，征繁阳、𣄰。取厥吉金，用作宝尊鼎。用康柔绥怀远迩君子。"晋姜用祈绰绾眉寿，作𤔲为极，万年无疆，用享用德，畯保其孙子，三寿是利。（《集成》2826）

作为重量单位的"两"，春秋以前虽未见于文字记载，但在战国时的秦国已在使用斤、两一类的衡制单位进行计量，如在睡虎地秦墓出土的秦简里，斤、两作为计量单位常出现，如《效律》中有"衡石不正，十六两以上，赀官啬夫一甲；不盈十六两到八两，赀一盾"，"半石不正，八两以上；钧不正，四两以上；斤不正，三朱（铢）以上"。② 故春秋时期用斤、两的衡制单位计重量是有可能的。据上海博物馆藏的"咸阳亭半两铜权"重7.55克推算，秦时一两重15.1克。③ 若以此"两"的重量为准推算，"千两"就是

---

① 杨伯峻：《春秋左传注》，中华书局1981年版，第828页。
② 睡虎地秦墓竹简整理小组：《睡虎地秦墓竹简》，文物出版社1978年版，第113、114页。
③ 国家计量总局等主编：《中国古代度量衡图集》，文物出版社1984年版，第138页。

15100克，合今15.1公斤，市制为30斤又2两。① 三十斤盐在今天只是一笔小数，值不了多少钱，但在春秋初年，盐的生产不易，此已是一笔不小的赏赐，故身为国君夫人的晋姜，铸重器以作纪念。此事在春秋初期，故山西的池盐开采应很早。

考古证实，山西解池的盐，在商代早期的二里岗下层时期就已经大规模地开采了。前述在夏县东下冯古城内的东南部，第五期（二里岗下层时期）那"横成列，纵成行"的四五十座圆形建筑（图9—12），② 就是商人用来堆放盐的仓库。这四五十座圆形建筑内，如上"建筑技术"节中所说，没有一点住人痕迹，只能是堆放物资的仓库。晋南地区可堆放的物资，除盐外似无他物可堆放。且盐受水就溶解于水而流失，故在这些圆形建筑内，都没有留下任何遗物。经对圆形建筑地面上下层土壤与现代盐池地土壤进行化学分析比较，证实此圆形建筑群确为储盐的仓库。③ 这群圆形建

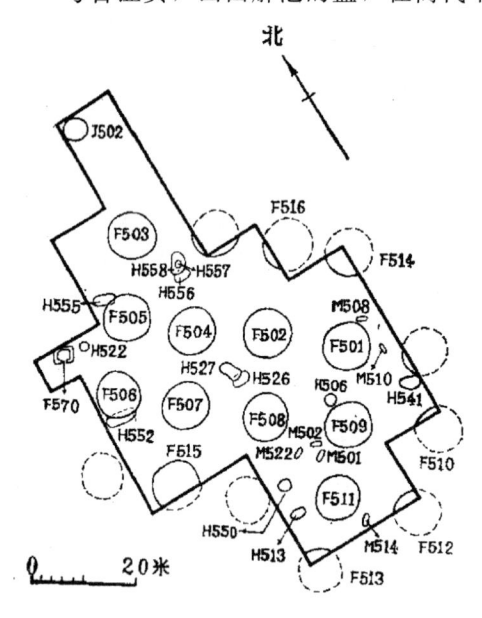

图9—12 东下冯商代圆形建筑基址平面图
（《夏县东下冯》第151页）

---

① 我们曾赞同日本学者白川静在《金文通释》卷四《晋姜鼎》文中说"千两的两是车两"（见杨升南《从"卤小臣"说武丁征伐西北的经济目的》），今觉其数太大，不可从。古时一车的载重量虽不可确知，但不会少于300至400斤。如战车上一般乘3人，若每人以体重120斤计，3人共计360斤。作战的都是男子，其体重一般都会超过120斤。就以一车300斤计，"千车"就有30万斤，其量太大，故不从其说。

② 中国社会科学院考古研究所：《夏县东下冯》，文物出版社1988年版，第150页。

③ 赵春燕：《土壤元素化学分析在考古研究中的运用》，载《中国社会科学院院报》2007年8月16日。文中说："2000年初，我们对东下冯圆形建筑地面上下层土壤及现代盐池土壤可溶性盐类进行了分析……我们研究结果表明，东下冯遗址圆形建筑地面上下层土壤中离子浓度与地表土壤及地下生土层的离子的浓度有明显差别，说明此地面土壤中富含盐类物质。故可推断出，东下冯商代的圆形建筑群，有可能是用于储存河东盐的仓库。"

筑的直径为 8.5—9.5 米，每座圆形建筑的面积达 58—72 平方米，有四五十座这样大的仓库，要存放多少盐？可见在商代早期这里盐业生产的规模就是十分可观的了。二里岗下层时期，商人就在晋南盐池相距不远的垣曲和夏县东下冯建两座城堡，它们应是为保障商人的食盐而建的。盘庚迁都到今河南安阳市西，此地距产海盐的大海已很远，显然晋地就成为了商人食盐的主要供应地。在殷墟甲骨文中有"卤小臣"，是掌管盐务的大臣。武丁时期大规模对晋地的敌对方国进行征讨，其主要目的，就是保护晋西南的盐资源和盐路的畅通。①

六　其他手工业

除铸造铜器、制作陶器和建筑、盐业生产外，晋地的纺织、玉石、漆木等手工业，因材料不足，只能略加提及。

（一）纺织

晋地纺织品的实物也有发现，1976 年在灵石旌介村第 3 号墓里，出土一件含铁铜钺，"铜钺的两面均沾有布纹残迹，一面布纹的经纬线较细密，一面则较粗疏，原来可能是用两层不同的布包着这件铜钺"，②"经纬线较细密"的织物有可能是丝织品。1985 年在旌介村清理的 2 号商时期墓葬中，出土玉蚕一件，"体弯曲呈弧形，卷尾，嘴和尾都有孔，浅绿色，长 4.70 厘米。"③ 铜钺上"较粗疏"的应是麻织物，在陕西绥德墕头村出土的一件夔龙纹铜爵的鋬上系有麻质细绳，④ 反映晋地第二类型文化有麻织品。

纺织用的纺轮、缝制衣物用的针在各处遗址里都有发现，如在垣曲商城 1985—1986 年度的发掘时，在二里岗上层出土陶纺轮 8 件、石纺轮 1 件、骨针 4 件。东下冯遗址第五期出土陶纺轮 43 件、石纺轮 1 件、骨针 24 件；第六期出土陶纺轮 13 件、骨针 12 件。晋西第二类文化遗址里，因

---

① 杨升南：《从"卤小臣"说武丁对西北征伐的经济目的》，台湾师范大学国文系、中研院史语所编：《甲骨文发现一百周年学术讨论会论文集》，文史哲出版社 2000 年版。

② 戴尊德：《山西灵石县旌介村商代墓和青铜器》，《文物资料丛刊》第 3 集，文物出版社 1980 年版。

③ 山西省考古研究所、灵石县文化局：《山西灵石旌介村商墓》，《文物》1986 年第 11 期。

④ 黑光、朱捷元：《陕西绥德墕头村发现一批窖藏商代铜器》，《文物》1975 年第 2 期。

为都是墓葬，所以没有纺织工具发现，但在清涧李家崖城址内也发现了陶纺轮1件。

从考古出土遗存看，商时期晋地有丝、麻两类纺织工艺。

（二）玉石器制造

石器在商时期各遗址里都有大量的发现，已在上面的"农业"一节里作过叙述。石器制作有打制、磨制和钻孔等技术。石器制造同陶器制造一样，是继承当地的传统技术。

玉器在商时期晋地的个别遗址里也都有发现，主要是小型的装饰品。在东下冯五期出土玉簪1件，六期出土带齿的玉器1件，外缘有齿状凸起，一端光平，一端磨成单面刃，残长6.7厘米。可能是利用残断的玉"旋玑"改制的工具。[①] 在垣曲商城二里岗下层出土玉柄形饰、残玉饰各1件，[②] 二里岗上层出土玉柄形饰1件。[③] 在洪洞县上村可能是商晚期的一墓中发现玉刀1件。[④] 在灵石旌介商晚期的1、2号墓里都出土有玉器。1号墓里出土玉器6件，都是佩饰，有鱼1件、管3件、璜1件、鸟1件。2号墓出土13件，大部分为佩饰，器种除两件璧外，其他有鹿、兔、虎、蝉、蚕、鸟、燕等。[⑤] 石楼桃花庄的一座商晚期墓中，出土玉器20件，有璧、璜、玦、刀、凿等，是商时期晋地出土玉器较多的一处。[⑥] 在石楼后兰家沟发现玉璜1件和玉璧残片。[⑦]

晋地出土的玉器，其器物种类和形制，都与中原商器大致同，它们是本地制作的还是从中原流入，一时还难以究明。

七 商品交换

从多座城堡的建筑和墓葬看，晋地商时期的阶层分化、贫富差距已拉

---

① 中国社会科学院考古研究所：《夏县东下冯》，文物出版社1988年版，第196页。

② 中国历史博物馆考古部等：《1988—1989年山西垣曲古城南关商代城址发掘简报》，《文物》1997年第10期。

③ 中国历史博物馆考古部等：《垣曲商城：1985—1986年度勘察报告》，科学出版社1996年版，第237页。

④ 朱华：《山西洪洞县发现商代遗物》，《文物》1989年第12期。

⑤ 山西省考古研究所、灵石县文化局：《山西灵石旌介村商墓》，《文物》1986年第11期。

⑥ 谢青山、杨绍舜：《山西吕梁县石楼镇又发现铜器》，《文物》1960年第7期。

⑦ 郭勇：《石楼后兰家沟发现商代青铜器简报》，《文物》1962年第4、5期。

大；住房的小型化反映出独立个体小家庭的普遍存在，这些就是出现商品交换的前提条件。晋地商时期有商品交换的存在，应是没有问题的。问题是哪些是商品。初期的交换是以其所有易其所无的物物交换，凡是拿出来从事交换的物品，就应是商品。所以食物、牲畜、手工业品甚至渔猎所获，都可以成为交换的物品。

  商品交换达到一定程度就要从实物交换转换成货币为中介的货币买卖。我们已经多次指出过，贝是商代的货币。① 贝在晋地商时期的遗址和墓葬中都有发现，特别是殷墟时期的墓葬里有着更为广泛的发现。在二里岗时期很少有贝发现，迄今只在东下冯遗址的第六期即二里岗上层时期发现一枚"中腰穿一孔"的"贝饰"。② 殷墟时期晋地的贝则多有发现，在灵石旌介村第2号墓内出土2枚贝。③ 在柳林县高红村的一座墓中出土贝3枚。④ 在石楼县义牒村的商时期墓中发现有贝。⑤ 石楼县贺家坪在商时期的一墓葬（或为窖穴）中发现贝多枚。⑥ 在石楼县桃花庄的商时期墓葬中，人骨的右肋骨下发现"很多海贝"。⑦ 在长子县商时期晚期墓葬中出土贝50枚。⑧ 在保德县林遮峪的一座商时期墓中，出土海贝112枚、铜贝109枚。发掘者认为这些贝"与马车共存，似做为辔饰"。⑨ 铜贝多达109枚，是商代青铜铸贝的大发现。我们初曾怀疑这样多的铜贝是不是铜泡的误认，但报道中有"铜泡三件。有大小两种。均为圆形，凸面，背面有一横梁。大者两件，面饰涡纹，径7厘米；小者一件，素面，径2.7厘米"。铜贝形状虽然没有具体描述，但可以肯定发掘者认定的铜贝就是铜贝，而不会是铜泡之误。对此墓的报道中说贝"与马车共存"似不确，此墓中只有车马器而无车随葬。墓中的贝不但与车

---

① 杨升南：《贝是商代的货币》，《中国史研究》2003年第1期。马季凡：《"贝玉"不是商代人的葬具——读姚朔民的〈"具乃贝玉"新说〉》，载王宇信、宋镇豪主编：《2004年安阳殷商文明国际学术研讨会论文集》，社会科学文献出版社2004年版。

② 中国社会科学院考古研究所：《夏县东下冯》，文物出版社1988年版，第207页。

③ 山西省考古研究所、灵石县文化局：《山西灵石旌介村商墓》，《文物》1986年第11期。

④ 杨绍舜：《山西柳林县高红发现商代铜器》，《考古》1981年第3期。

⑤ 石楼县人民文化馆：《石楼义牒发现商代铜器》，《考古》1972年第4期。

⑥ 杨绍舜：《石楼发现古代铜器》，《文物》1959年第3期。

⑦ 谢青山、杨绍舜：《山西吕梁县石楼镇又发现铜器》，《文物》1960年第7期。

⑧ 山西省文物管理委员会：《山西长子的殷周文化遗存》，《文物》1959年第2期。

⑨ 吴振录：《保德县新发现的殷代青铜器》，《文物》1972年第4期。

马器共存，也是与其他随葬器物共存的。这座墓随葬的器物相当多，有铜器30件、石琮2件、装饰品18件、赤金弓形饰2件、金丝装饰品6根。因为此墓是农民在修建"大寨田"时发现的，考古工作者事后才赶去清理，墓中器物的摆放已不是很清楚，只是据社员介绍，"两件铜斧置于人骨架的右侧外，其余所有铜器均零乱地放在足部下端"。这个"介绍"显然十分的不准确。所以我们不能说此墓里的贝只是"与马车共存"而应是与所有的随葬品共存的，因此也就不能肯定此墓中的贝就是"做为嚃饰"用的，也不排除是"做为货币"的可能性。

从上述贝的发现情况，可以看出，商时期晋地的人们可能已将贝作为商品交换时的中介物，即作为货币使用。

第二节　渭河流域的诸方国经济

渭河是黄河最大的一条支流，发源于甘肃省东的渭源县鸟鼠山，东流横贯陕西省中部而形成渭河平原，在潼关县汇入黄河。全长787公里，流域面积13.43万平方公里。渭河的较大支流都在北边，主要有洛河、泾河、汧河等，这些支流又有很多大小不等的河流汇入，形成密似网状的河流分布。渭河在今陕西省境内的地势分为陕北黄土高原和秦岭以北的关中盆地。八百里秦川的关中盆地，以其优越的自然环境，自古就是人类生息繁衍的地方，中华民族的摇篮。在陕北黄土高原上，各大河及其主要支流的中、上游段，往往形成较宽的川地，是黄土高原上的"米粮川"，也是人类适宜生存的地方，在这一地区里发现的新石器时代仰韶文化遗存、龙山文化时期的"客省庄二期文化"遗存[①]等就是最好的证明。到夏商时期，夏人和商人都西进到渭河流域并建立起一些地方政权，[②] 或称为部族、方国。

一　渭河流域的商时期文化及其方国

商人势力进入渭河流域的时间较早，《诗·商颂·殷武》中有"昔有成

[①] 陕西省文物管理委员会：《建国以来陕西省文物考古的收获》，《文物考古工作三十年》，文物出版社1979年版。

[②] 张天恩：《试论关中东部夏代文化遗存》，《文博》2000年第3期。徐天进：《试论关中地区的商文化》，《纪念北大考古专业三十周年论文集》，文物出版社1990年版。

汤,自彼氐、羌,莫敢不来享,莫敢不来王"。"来享"就是纳贡,"来王"就是称臣。氐、羌之地大致在今陕西省西部、甘肃省东部及陕西省的北部地区。是在成汤时期,商人已进入渭河的中下游地带。在陕西华县南沙村、蓝田县怀珍坊、西安市东的老牛坡、耀县北村遗址,出土了与郑州二里岗文化下层相同的遗存,① 证明《诗》中的颂辞有据。商文化主要在渭河流域中下游的今陕西省境内,最西可达甘肃省东部,在渭河支流泾河上游的甘肃庆阳韩滩庙嘴、泾川庄底、灵台郑家山、崇信于家湾等地也发现了商式青铜器或陶器。②

从数十年的考古工作获知,在陕西省关中地区存在着三种不同的考古学文化。第一种文化是商文化,它在相当于商代早期的二里岗下层时期就已分布于关中绝大多数地区,其西界已到达今扶风、岐山一带。这种状况一直持续到了相当于商代早、晚期之交的殷墟一二期之间。以后,商文化在关中的分布范围逐渐缩小,殷墟二期以后就退缩到了西安以东地区,并且文化面貌也发生了变异。大约到了殷墟四期,商文化就逐渐被以周人为主体的考古学文化所取代。第二种文化是"刘家遗存",该文化繁盛于殷墟三期前后,更早的这类遗存现在也已有线索可循,它应是分布于今天关中西部宝鸡地区的一种考古学文化。其东界可能先是与商人在扶风、岐山一带对峙,从而扼制了商文化分布区的继续向西发展;后是与"郑家坡遗存"在扶风、武功一带交错,大约也是从殷墟四期起,该文化逐渐融入"郑家坡遗存"中,成为周文化的构成之一。第三种文化是"郑家坡遗存",这种文化兴起于殷墟二期,其渊源在关中地区现可追溯至殷墟一期。正是由于它的兴起,才迫使商文化分布区向东退缩,并在殷墟二三期之时与商文化和"刘家遗存"并立于关中地区。该文化的分布区,西与"刘家遗存"在今扶风、武功间相交,东与商文化在今西安市一带相对。到了殷墟四期,这种文化陡然繁盛,西面融汇了

---

① 刘士莪主编:《老牛坡》,陕西人民出版社2002年版,第329页。以下凡引老牛坡材料皆采自本书,为节省篇幅,一般不再出注,特此向作者致歉。北京大学考古系商周组等:《陕西耀县北村遗址1984年发掘报告》,载北京大学考古系编:《考古学研究》(二),北京大学出版社1994年版。

② 许俊臣:《甘肃庆阳地区出土的商周青铜器》,《考古与文物》1981年第1期;泾川文化馆:《甘肃泾川发现早周铜鬲》,《文物》1977年第9期;刘得桢:《甘肃灵台两座西周墓》,《考古》1981年第1期;甘肃省文物工作队:《甘肃崇信于家湾周墓发掘简报》,《考古与文物》1986年第1期。

"刘家遗存",东面则逐渐将商文化完全挤出了关中地区。①

文化分类上大体可分为三种,每种文化还因分布地不同而细分为若干个类型。每个类型可能就是一个家族、部落甚至方国。所以渭河流域商时期的方国可称为"林立",周武王九年"东观兵,至于盟津"时,"诸侯不期而会盟津者八百诸侯"。② 这八百个诸侯中,大多数应是处在渭河流域的,因与周人相邻,故跟随伐商。长期在陕西从事考古发掘与研究的学者刘军社提出"水系与古文化、古族、古国之间有着极为密切的联系",并将渭河流域九条较大的支流分为九个大的文化区,再根据同条支流上下游间文化面貌的差异而细分为十六个文化区。③ 若以一个文化区为一个国家的话,就从考古学上证实,在商时期渭河流域上至少有十六个国家。这些国家的国名,见于古文献及甲骨文的有周、崇、密、犬、井、奠(郑)、莘、骊、阮和共等。见于西周金文中还有井、夨、散、弜(或读弜为弓鱼)等国,这些小国在商时当已存在了。所以,渭河流域在商时期从考古学文化上看不是只有一种文化,从古文献及甲骨文、金文资料的记载上,国家也不少,所以把这一地区商时期及其以前的文化,笼统地称为"先周文化"是不妥当的,刘军社认为,"先周文化是指武王灭商以前的姬周族的文化,不同于先周时期的文化,不应包括其他族文化在内"。④ 若包括他族文化,就容易使人误会为渭河流域在商时期只有周一个族,故我们不使用"先周"这个词而以"诸方国"称之。下面引用他人的意见时,为尊重原作者,仍保留引文中"先周"、"周人"的用语,但都是指渭河流域的各族人而不是仅指周族人。

《史记·周本纪》载周文王"受命"之后,"明年,伐犬戎。明年,伐密须。明年,败耆国……明年,伐邘。明年,伐崇侯虎而作邑于丰"。周文王所伐的这几个国家大致都应在渭河流域上。

密须,《史记集解》引瓒说,地在"安定阴密县",即今甘肃省灵台县,有研究者认为以陕西长武县碾子坡遗址为代表的"碾子坡文化"就是商时密

---

① 孙华:《关中商代诸遗址的新认识》,《考古》1993 年第 5 期。刘家和郑家坡有研究者称为"刘家文化"、"郑家坡文化",对其年代与孙华氏的主张也早得多,认为可都应早到商前期。

② 《史记·周本纪》。

③ 刘军社:《先周文化研究》,三秦出版社 2003 年版,第 162—174 页。又见《水系·古文化·古族·古国论》,《华夏考古》1996 年第 1 期。

④ 刘军社:《先周文化研究·内容提要》,三秦出版社 2003 年版。

须国的遗存。① 但也有研究者认为"碾子坡文化"是阮国的文化遗存。② 主持此遗址的发掘者则力主碾子坡遗址是周人迁岐前的周人遗存。③

阮、共两国与密须国相近，《诗·大雅·皇矣》中周人数密国的罪行为"密人不恭，敢距大邦，侵阮徂共"。"大邦"自是周人自称。密人对周、阮、共三国都有军事行动，这四国必地相近且相连，都应在渭河支流泾河流域上。

崇国地望，《史记·周本纪》周文王"伐崇侯虎"下，《正义》："皇甫谧云夏鲧封。虞、夏、商、周皆有崇国，崇国盖在丰镐之间。《诗》云'既伐于崇，作邑于丰'是国之地也。"崇国地在今西安附近，有研究者认为西安老牛坡商时期遗址就可能是崇国的遗存。④

莘、骊。骊被称为骊戎，《史记·周本纪》载周文王被纣囚后，"闳夭之徒患之，乃求有莘氏美女，骊戎之文马，有熊九驷，他奇怪物"献给纣而文王获释。有莘氏下《正义》引《括地志》云："古莘国城在同州河西县南二十里。《世本》云莘国，姒姓，夏禹之后。"同州河西县地在今陕西省大荔县东南朝邑镇。是此莘国从夏禹时立国至商末仍存。⑤ 骊戎国的地望，《史记·周本纪》中《正义》引《括地志》云："骊戎故城在雍州新丰县东南十六里，殷、周时骊戎国城也。"骊，又作丽，《长安志》载"临潼东二十四里有故丽城，商丽国"。据考证其地在今临潼新丰镇东南的代王镇一带。⑥

犬戎。周文王所伐的犬戎，其地亦应距周不远，周文王时周人居岐山南的周原地区。《后汉书·西羌传》曰："后桀之乱，畎夷入于豳、岐之间。"畎与犬字通，是畎夷即犬夷。豳一作邠，是周人公刘所迁地，《诗·大雅·

---

① 张天恩：《古密须国文化的初步认识》，《长远集》（上），陕西人民美术出版社1998年版。
② 刘军社：《论碾子坡文化》，《长远集》（上），陕西人民美术出版社1998年版。
③ 中国社会科学院考古研究所泾渭工作队：《陕西长武碾子坡先周文化遗址发掘纪略》，《考古学集刊》第6辑，中国社会科学出版社1989年版；胡谦盈：《试谈先周文化及相关问题》，《中国考古学研究》第2辑，科学出版社1986年版。
④ 刘士莪主编：《老牛坡》，陕西人民出版社2002年版，第357—361页。
⑤ 汤妃为有莘氏女，伊尹为其媵臣。此有莘氏地在今河南省东部。《史记·殷本纪》中《集解》引《括地志》云："古莘国在汴州陈留县东五里，故莘城是也。"陈留县在今开封市东南陈留城。大荔之莘本当作莘，后与莘混。
⑥ 刘恒武、呼林贵：《西段遗址与古戏地、骊戎地望探讨》，《长远集》（上），陕西人民美术出版社1998年版。

公刘》"笃公刘,于豳斯馆"。地在今陕西旬邑县西南。刘士莪先生认为"夏末之畎夷,或即殷代之犬方"。① 商王武丁时卜辞中有犬、犬方、犬侯,还有犬延、犬延族等名称,这些不同的名称,实际上应是指名为"犬"这个方国。"犬延"称"犬延族"可能是犬国中的一强族。在商代甲骨文中,见犬与居于渭河流域的周、羌常发生关系,如武丁时期卜辞:

> 己卯卜,允,贞令多子族从犬侯🀄周叶王事。五月。(《合集》6812)
> 贞令多子族暨犬侯🀄周叶王事。(《合集》6813)

🀄字多释为与征伐有关的一个字,义为对周的征讨。郭沫若先释寇,"寇周"是征伐周。还有释璞,"璞周"与"寇周"义同,都是讨伐周之意。郭沫若后又说此字可能应读为宝。从字形结构上看,读宝音有据。字从宀殳玉缶,缶是声符,读宝,《说文》曰,"宝,珍也,从宀玉贝,缶声"。徐铉音"博皓切",段玉裁注:"古音在三部"。"宝周"即"保周"。若以"保周"说,周在武丁时已是商朝的一臣属方国。周人到犬地狩猎:

> 癸□卜,宾,贞周禽(擒)犬延灋。(《合集》14755)

灋字从水从麋,麋本是生活在水边的动物,故从水。周与犬也有交恶之时:

> 周弗其擒犬。(《怀特》303)

犬常以羌族俘虏献祭商王祖先:

> 辛亥卜犬延致羌用一于大甲。(《合集》32030)
> 辛巳,贞犬侯以羌用自[上甲]。(《屯南》2293)
> 辛酉卜犬延以羌用自上甲。(《屯南》539)

由上引卜辞看,犬地似临于羌人居地。但犬侯能祭祀商王的祖先,说明他是商王室的一支,盖与夏桀时的畎夷似不同族。

---

① 刘士莪主编:《老牛坡》,陕西人民出版社2002年版,第353页。

从犬与周及羌人的频繁交往上看，犬的地望似应与周、羌地相近，当在渭河流域。但具体地望不可确指，暂时只得存而不论。

奠（郑）国。奠字在甲骨文中有三种用法：一是边鄙，读为甸音，如"南奠"（《合集》7884）、"西奠"（《合集》24）、"北奠"（《合集》32277）、"京奠"（《合集》6）等；二是动词，有安置意，或称为"奠置"①，如"王令吴以子方奠于并"（合集）32107）、"王其奠凸侯，告祖乙"（《合集》32811），此是安置凸侯而向祖乙报告；三是方国名，卜辞中有"侯奠"（《合集》3351、3352），又有"子奠"（《合集》3195甲），此"奠"应读为"郑"，称为"子"与商王的同姓。从下条卜辞看，郑地距羌地不远：

丙辰卜，在奠（郑）贞……王步羌无灾。（《合集》36772）

因此胡厚宣先生认为此郑之地是"在今陕西华县境之郑地"。② 在陕西华县南沙村发现商代早期遗址。③ 1984年华县南的渭南市阳郭乡姜河村出土一批商代前期铜器，有鼎、爵、钺、刀、戈、匕、戚、锛各1件，镞9件等，在华县的高塘，渭南的桥南、丰原、阳郭南堡等地都出土过商代铜器。④ 可见华县是商时期一处重要的据点。

周是渭河流域的重要方国，不窋在夏桀时"奔戎狄之间"，公刘迁于豳，地在今陕西旬邑县境内。古公亶父"去豳，度漆、沮，踰梁山，止於岐下"，⑤ 即地在今扶风、岐山两县间的周原。渭河流域商时期的"国家"小而多，有关这些"国家"的文献资料十分地缺乏。这一地区有关商时期的考古材料虽然较为丰富，但除少数几个遗址被认为可能是某方国的遗存外，⑥ 其他大多数还不能将某一文化遗址或文化类型与某一具体方国对应联系，所以

---

① 裘锡圭：《说殷墟卜辞的"奠"——试论商人处置服属者的一种方法》，《中研院史语所集刊》第64本4分册，1993年12月。

② 胡厚宣：《殷代封建制度考》，《甲骨学商史论丛初集》第1册，齐鲁大学国学研究所专刊1944年版。

③ 许益：《陕西华县殷代遗址调查简报》，《文物参考资料》1957年第3期。

④ 左忠诚：《渭南市又出土一批商代青铜器》，《考古与文物》1987年第4期。

⑤ 《史记·周本纪》。

⑥ 如刘士莪认为老牛坡遗址是崇国的文化遗存，刘军社认为郑家坡遗址是周人的文化遗存等。

我们在下面叙述它们的经济状况时，只能对这一地区作整体考察，而不能具体到各个方国。从多年的考古工作知，在商文化进入渭河流域后，本地的土著文化都受到影响而先后进入青铜时期，其经济发展各地（特别是东、西部间）虽有差异，但在古代这种差异不会是很大，大体还是保持在相同的水平上的。

二 商时期渭河流域诸方国的农业

商时期渭水流域的农业已较为发达，居于此地区的人是以农业为其主要生业。

（一）定居的生活

渭河流域形成渭河盆地，号称关中"八百里秦川"，是农业生产的好地方。从考古发掘可见，在渭河流域商时期的各个遗址里都出土了大量的陶器。这些陶器以作为炊器的有三个袋状足的鬲为主，还有作为蒸食物的甗，盛器的瓮、盆、罐，食器的簋、豆等。大量的陶器，是定居生活的特点。渭河流域的遗址里文化堆积都很厚，如武功县郑家坡遗址，从探方T76的西壁上看，在现代耕土层和扰土层下，第三层是西周文化层，第四层是"先周文化层"即商时期文化层。此层是先周时期两个相叠压的灰坑H10和H35，H10在上H35在下。H10深1.5—1.9米（堆积物厚0.40米），内含大量的灰烬和先周中期的陶片。H35深2.45—3米（堆积物厚0.55米），内含先周早期大量的陶器残片、石器、骨器及卜骨。两个灰坑里的先周文化遗存共厚达0.95米。① 在扶风县壹家堡遗址，以86FYT11为例，此探方地层分为5层，一、二层为现代耕土及扰土层，其下的第三、四、五层都是商时期文化层。第三层厚0—1.25米，第四层厚0—0.60米，第五层厚0—0.90米，三层相加，商时期文化层厚达2.75米。② 宝鸡市西关外纸坊头遗址是一处从仰韶文化到西周时期的文化遗存，其中第4层为先周文化堆积层，此层的堆积厚1.10米。③ 需要居住多长的时间，才能有堆积厚达1—2米以上的文化遗存？只有具有较为发达的农业，对固定范围内的土地进行反复的耕作，才能

---

① 宝鸡市考古工作队：《陕西武功郑家坡先周遗址发掘简报》，《文物》1984年第7期。

② 北京大学考古系商周组等：《陕西扶风县壹家堡遗址1986年度发掘报告》，《考古学研究》（二），北京大学出版社1994年版。

③ 宝鸡市考古队：《宝鸡市纸坊头遗址试掘简报》，《文物》1989年第5期。

保持在一地较为长久的定居。

（二）周人的农业传统

渭河流域上商时期最著名的一个方国就是周，周人很早就是从事农业的一个民族。周人的始祖弃自小好农事，尧任为"农师"而号为"后稷"，是主管持农业的官。《史记·周本纪》曰：

> 弃为儿时，屹如巨人之志。其游戏，好种树麻、菽，麻、菽美。及为成人，遂好耕农，相地之宜，宜谷者稼穑焉，民皆法则之。帝尧闻之，举弃为农师，天下得其利，有功。帝舜曰："弃，黎民始饥，尔后稷播时百谷。"封弃于邰，号曰后稷，别姓姬氏。

弃是否从小就有如此的"大器"不必深究，此传说反映的应是周族人很早就从事农业，是一个善农的人群。周人在虞、夏时，世代为农官，《史记·周本纪》"子不窋立"下《索隐》云："谯周按《国语》'世后稷，以服事虞、夏'，言世（为）稷官。""世后稷"即世代为后稷这一官职。周人另一位先祖公刘，《周本纪》里说他"复修后稷之业，务耕种，行地宜，自漆、沮渡渭，取材用，行者有资，居者有畜积，民赖其庆"。古公亶父从豳地迁周人于岐山下，他"复修后稷、公刘之业"。① 在《诗经》里的《生民》、《公刘》、《绵》等篇是对周人三位著名先祖的颂歌，歌颂其对农事的贡献是主要内容之一。《生民》篇中歌颂后稷的农业功绩云：

> 诞后稷之穑（后稷从事农艺劳动），
> 有相之道（大有助长五谷之法）。
> 茀厥丰草（除去田中丰茂野草），
> 种之黄茂（播种各类良好庄稼）。
> 实方实苞（嫩芽初放，渐次含苞），
> 实种实褎（新苗稀少，渐次长高），
> 实发实秀（舒节拔秆，秀穗齐梢），
> 实坚实好（籽粒渐硬，均匀美好），
> 实颖实栗（禾穗下垂，繁多不秕）。

---

① 《史记·周本纪》。

即有邰家室（建立家室，来此邰地）。

《公刘》篇中，歌颂公刘的农事功绩云：

笃公刘（公刘忠于周之大业），
匪居匪康（日夜忧劳，不得安歇）。
乃场乃疆（整治田埂，整治田疆），
乃积乃仓（聚粮于庾，贮粮于仓）。
……
度其隰原（认真测量低湿之地），
彻田为粮（垦治田亩，生产粮米）。
度其夕阳（再去测量西山之地），
豳居允荒（豳地真是辽阔无际）。

《绵》篇中，歌颂古公亶父的农事功绩道：

古公亶父（周人先祖，古公亶父），
来朝走马（策马疾行，清晨赶路）。
率西水浒（从那豳西水滨出发），
至于岐下（匆匆忙忙到达岐山下）。
……
周原膴膴（周原平野，肥美无比），
堇荼如饴（泥土黏润，如同糖稀）。
……
乃慰乃止（于是安居，于是止息），
乃左乃右（有的住东，有的住西）。
乃疆乃理（先划疆界，又把地整），
乃宣乃亩（疏导沟渠，修治田垄）。
自西徂东（南北西东，周原全境），
周爰执事（普遍忠诚，辛勤劳动）。①

---

① 诗的译文据袁梅：《诗经译注》（雅、颂部分），齐鲁书社1981年版。

从《诗经》中反映出，周人无论在邠、豳还是到了岐下时期，其农业都很发达。不但对土地划有疆界垄亩，还挖有沟渠的水利设施。

在1982年周原凤雏村出土的西周甲骨中，有一片是占卜是否有年的辞：

亡（无）年。（H11：64）

"亡"字初释为"六"，认为可能是周文王或武王的六年。陈全方后来改释为"亡年"，他说"六年是误释，当时放大镜倍数小，未看清。这次用15倍放大镜观察，确为'亡年'"，并云"'亡'即无也。此卜辞'亡年'即年成不好，可见周人对农业的重视"。① 从陈氏在《周原与周文化》书中公布的此片甲骨照片看，确为"亡年"而绝不是"六年"。② 此片甲骨被认为是"文王时物"。③

周人从最高的首领始，都十分地重视农业，又因有先进的农业生产技术，所以在迁到岐山下的周原后，很快勃兴起来，使周围诸国顺服，东边挤走了商人的势力，从而打下灭商的坚实基础。

郑和犬地也有农业。在商代甲骨文里有郑、犬受年的卜辞：

贞在奠（郑）不其［受］年。（《合集》9769反）
□□卜，古，贞我在奠（郑）从龚受年。（《合集》9770）
辛酉贞犬受年。十一月。（《合集》9793、9794）

是郑和犬两个方国的农业收成，受到商王室的重视。

（三）农业生产工具种类多而实用

在考古发掘商时期的遗址里，农业生产工具有着大量的出土，如在老牛坡遗址的商时期文化层被划分为五个期，各期文化层中都出土有农业生产工具。据西北大学考古专业田野发掘报告《老牛坡》一书中，所刊布的有关农

---

① 陈全方：《陕西岐山凤雏村西周甲骨文概论》，《四川大学学报丛刊》第十辑《古文字研究论文集》1982年5月。
② 陈全方：《周原与周文化》，上海人民出版社1988年版，图版第27页下第二片。
③ 严一萍：《周原甲骨》，《中国文字》新1期，艺文出版社1983年版。

业生产工具的材料及数量录如下：

第一期　石器有石斧1件、石刀1件、盘状器1件。
　　　　骨器有骨铲1件、骨锥4件。

第二期　陶器有陶刀2件。
　　　　石器有石斧6件、石铲4件、石刀3件、石镰2件。
　　　　骨器有骨铲3件、骨锥2件。
　　　　角器有角锥1件。
　　　　蚌器有蚌镰1件。

第三期　石器有石斧8件、石锤斧3件、石铲4件、石刀11件、石镰7件。
　　　　骨器有骨铲10件、骨镰2件、骨锥17件。
　　　　角器有角铲2件、角锥2件。
　　　　蚌器有蚌刀1件。

第四期　石器有石斧9件、石锤斧2件、石铲5件、石刀12件、石镰13件、盘状器2件。
　　　　骨器有骨铲14件、骨刀3件、骨镰10件、骨锥16件。
　　　　角器有角铲1件、角锥7件、
　　　　蚌器有蚌刀1件、蚌镰4件。
　　　　青铜器有铜斧4件（分别出于3座墓中）。

第五期　石器有石斧2件、石刀4件、石镰2件。
　　　　骨器有骨锥4件（其中1件出自本期墓葬中）。
　　　　角器有角锥1件。

从灰坑壁上留下的掘土痕迹看，老牛坡人还使用有齿类的工具挖土。在商时期文化第三期的五号灰坑（86XLⅢ₁H5）的东壁和南壁上，分别留有十余道镢类、齿类工具痕迹；有的痕迹平面呈半圆形，宽0.03—0.04米，长0.20—0.30米。痕迹表面光滑，可见工具是很犀利的，似是用青铜质工具遗留下来的。① 在耀县北村属于商时期文化的灰坑ⅠH2的"东、北两坑壁留有许多当时挖坑时留下的工具痕迹，有的呈齿状、有的呈铲状，铲状痕迹的

---

① 刘士莪主编：《老牛坡》，陕西人民出版社2002年版，第119页。

形状、大小和遗址中出土的石铲基本相吻合"。① 商周时期有齿的工具只有双齿的耒。这种耒的形状，已见与商代的甲骨文字里，我们在前面的"农业"章中已作了介绍。

老牛坡商文化第一期相当于郑州二里岗下层，二期相当郑州二里岗上层，三期相当于殷墟文化第一二期，四期相当于殷墟文化第四期，五期应是商亡国后的商遗民文化遗存。从上面所引录老牛坡遗址各期所出土农业生产工具看，这里一直是以农业为主要经济的。

在关中盆地西部处于周原范围内的扶风县壹家堡遗址，在商时期文化层中，出土有石铲、石刀和骨锥。② 在武功县的郑家坡遗址里的商时期文化层内，出土有石斧、石铲、石刀，骨铲、骨锥。③ 泾河中游的长武县碾子坡遗址是一处"先周文化"遗址，其中出土有石斧、石锤、石铲、石刀和骨铲、骨锥及角锥。骨铲用牛的肩胛骨或下颌骨制成。④ 类似的农业生产工具，在渭河流域其他商时期遗址里都有发现，只是因遗址发掘面积的大小不同，出土的种类和件数上有差别。

斧虽然不能直接用在农业生产上，但它是制作竹、木质农业生产工具的工具。古时候竹、木质的农业生产工具，因其制作方便，质坚硬而轻巧，当是大量地被使用，只是因其易腐朽而不能保存下来，以至今天发现的很少而已。所以在这个意义上说，斧可称得上是农业生产工具的母工具。在清除垦殖地面上的树木或灌木时，也必须用斧头砍伐，故它既是手工业生产工具，也是古时候重要的农业生产工具。渭河流域商时期遗址中出土的斧，不仅有石质的还有青铜质的斧。在上举老牛坡遗址里就出土 4 件，在其他商时期遗址里也有出土，如在蓝田怀珍坊出土 1 件，宝鸡峪泉村出土 1 件，岐山贺家村出土 1 件，淳化赵家庄出土 1 件，淳化黑豆嘴 M2 和 M3 内各出土管銎斧

---

① 北京大学商周考古系：《陕西耀县北村堡遗址 1984 年发掘报告》；北京大学商周考古系：《陕西扶风县壹家堡遗址 1986 年度发掘报告》，同载《考古学研究》（二），北京大学出版社 1994 年版。

② 北京大学考古系商周组：《陕西扶风县壹家堡遗址 1986 年度发掘报告》，《考古学研究》（二）。

③ 宝鸡市考古工作队：《陕西武功郑家坡先周遗址发掘简报》，《文物》1984 年第 7 期。

④ 中国社会科学院考古研究所泾渭工作队：《陕西长武碾子坡先周文化遗址发掘纪略》，《考古学集刊》第 6 集，中国社会科学出版社 1989 年版。

1件。① 铜斧在加工竹、木质工具上其效率更高，无疑对农业生产会有很大的推进作用。周人使用金属工具可能从公刘时期就有了，《诗·大雅·公刘》篇中称公刘"涉渭为乱，取厉取锻"。厉是磨，石质和青铜工具都可磨而锋利，锻则只有施之于金属工具，石制工具不可用锻打方式加工。青铜器却是可以用锻打的方式成器的，在四川成都商末周初的金沙遗址里出土的青铜器，经鉴定就有不少的片状器物是用锻打法制的。②

青铜器农具除上举的4件斧外，据陈振中的统计，在渭河流域还出土有镢27件、刀17件。③ 老牛坡五号灰坑壁上光滑的工具痕迹，应就是这类青铜镢留下的。

渭河流域其出土的石铲有大小型之分，大型的是起土的农具，小型的是除草的农具。骨锥在各地的商时期遗址里都有大量的出土，其用途可能是用于点种的，故归入农业生产工具中。刀和镰是收割农具，值得注意的是在各地遗址里还出土有形状不同的青铜刀，它当然也可用于农作物的收割，古时候工具的分工本不是那样严格的。从老牛坡遗址出土农业生产工具可以看到，农业生产的全过程：清除地面林木、翻耕土地、除草到收割的农具都很齐备。

（四）农作物品种

农作物的实物，在渭河流域的商时期遗址里发现较少，只在长武碾子坡遗址内发现有谷物的遗存，经农学家鉴定是未去皮的高粱。④ 在泾阳高家堡的商末周初墓地中，在3号墓内的一件青铜方鼎（M3∶5）的"鼎底有一层干缩焦糊的麦粉状物质"，在4号墓的一件青铜方鼎（M4∶4）的"器底积一层干硬的麦糊状物，被铜锈染成嫩禄色"。⑤ 这两座墓都有腰坑，是商人的墓葬，时代应在商末。是此地在商时期有麦这种农作物的实物证据。在长安

---

① 见刘军社：《先周文化研究》，三秦出版社2003年版，第145—149页。
② 肖璘等：《成都金沙遗址出土金属器的实验分析与研究》，《文物》2004年第4期。
③ 陈振中：《先秦青铜生产工具》，厦门大学出版社2004年版，"表2—5陕西出土先秦生产工具统计表"。
④ 中国社会科学院考古研究所泾渭工作队：《陕西长武碾子坡先周文化遗址发掘纪略》，《考古学集刊》第6集，中国社会科学出版社1989年版。
⑤ 陕西省考古研究所：《高家堡戈国墓》，三秦出版社1994年版，第62、72页。

县马王镇陕西毛纺厂的灰坑 H18 发现碳化粟米。① 粟当是这一地区的主要农作物，早在西安半坡和宝鸡斗鸡台的新石器时期遗址里，就出土有粟的遗存，而黄土高原最适宜种植这种耐旱作物。《诗·豳风·七月》篇中讲豳地人的食物云，"七月亨葵及菽，八月剥枣，十月获稻……七月食瓜，八月断壶，九月叔苴，采荼薪樗，食我农夫"，言秋收景象云，"九月筑场圃，十月纳禾稼。黍稷重穋，禾麻菽麦"。诗里提到的农作物有葵、菽、稻、瓜、壶（瓠）、苴（苜，麻子）、黍、稷、禾、麻、麦等种。葵、瓜、壶（瓠）是蔬菜，稻、黍、麻、菽、麦五种农作物已经明确，菽是大豆。至于稷为何物，迄今无定说，有黍、高粱、粟等主张。禾与麻、菽、麦并称，无疑是一农作物名。商代甲骨文里多见禾字，常见有"受禾"之词，同于"受年"，学者已考订卜辞中的"禾"是指粟，去皮称小米，② 已为治甲骨的学者接受。此句诗中的禾，清人马端辰在《毛诗传笺通释》中说，此诗中的禾是去皮的粟，即小米，马氏云：

  禾有为诸谷通称者，《聘礼》及《周官·掌客》皆言"禾若干车"，通谓粟之有藁者，及此诗"十月纳禾稼"是也。有专指一谷言者，《吕氏春秋》云："禾黍稻麻菽麦，六者之实。"又曰："今兹美禾，来兹美麦。"《淮南子》："雒水宜禾。"又曰："中央宜禾。"及此诗"禾麻菽麦"是也。据《说文》："禾，嘉谷也。""粟，嘉谷实也。""米，粟实也。""粱，米名也。"四者相承而言，是粱者粟之米也，粟者禾之实也，此诗以"麻菽麦"并言者，禾即粱也。

《豳风·七月》诗作于西周初年，《毛诗序》云："陈王业也。周公遭变，故陈后稷先公风化之所由，致王业之艰难也。"东汉人郑玄《笺》云："周公遭变者，管蔡流言，辟（避）居东都。"是时距周人灭商只有几年的时间，诗中所讲的农事及作物品种，虽然不能断定是公刘居豳后至古公亶父迁岐前周人所具有的农作物种类，而视为周人灭商前所掌握的农作物品种，应是可能的事实。麦有大麦、小麦之分，《诗·周颂·思文》"思文后稷……贻我来牟"。《诗集传》："来，小麦。牟，大麦。"

---

① 徐良高、杨国忠：《丰镐遗址考古又获新进展》，《中国文物报》1998 年 3 月 4 日。
② 裘锡圭：《甲骨文中所见的商代农业》，《古文字论集》，中华书局 1992 年版。

从古文献记载及考古发现，渭河流域商时期农作物的品种有稻、粟、黍、小麦、大麦、高粱、菽（大豆）、麻等八个品种，后世所称的"五谷"皆已齐备。

三 家畜饲养和渔猎经济

家畜饲养是获得稳定的肉食来源，渔猎活动是为补充肉食。商时期渭河流域的人们，在这几个方面都进行努力，以获得必需的肉食。

（一）家畜饲养

人们饲养家畜的主要目的是获得较为稳固的肉食品来源，随后是用畜力以代步及搬运货物。作为食用的家畜，食其肉后其骨骼或用作问吉凶的卜骨，或制造工具，或则随意抛弃。通过对这些兽骨的制品及抛在遗址里的骨骼的鉴定，可确知遗址当时的家畜饲养状况。兽骨及兽骨制品，在各遗址里无论多少，都有发现，但其报道情况却分为三种。一是报道详细，不但有兽骨出土的层位、具体地点、数量，还对兽骨进行种属的鉴定。这种报道方式，对当时的经济研究很有价值；二是报道简略，只报道动物骨骼的层位，放置地点。这种报道也有一定的参考价值；第三种情况是只报道人工遗物，对是否有兽骨未作报道。第二种报道方式虽然不能知其动物的品种，却可知该遗址时代的人们，已有家畜饲养活动。如扶风白家窑出土商时期9件陶罐，报道说"其中一件内盛兽肢骨四根"。[1] 又如耀县北村遗址报道说，在一些灰坑里有"食用后扔弃的兽骨"。这些未经鉴定种属的兽骨，虽不知其具体种属，是家畜还是野生，是饲养还是狩猎所得，但却知时人的食物品种。我们根据商时期遗址报道和古文献记载，大概能确知渭河流域商时期的家畜品种，以研究家畜饲养业状况。

1. 家畜的品种

（1）马 在碾子坡遗址里报道说有马的骨骼。[2] 周人养马据文献记载较早，《诗经·大雅·绵》篇中有"古公亶父，来朝走马。率西水浒，至于岐下"。"走马"被认为是骑马。周先祖早期"奔戎狄之间"，可能在那里学会了养马和骑马的技术。周人在迁居岐山以后，养马业当有很大的发展，周武

---

[1] 罗西章：《扶风白家窑水库出土的商周文物》，《文物》1977年第12期。
[2] 中国社会科学院考古研究所泾渭工作队：《陕西长武碾子坡先周文化遗址发掘纪略》，《考古学集刊》第6集，中国社会科学出版社1989年版。

王伐纣时,他的职官中有"司马"一职,司马是主管军队的,以"马"名此官,是军队以车为主,而车需要马牵引。武王伐纣时"率戎车三百乘"(《史记·周本纪》),一车两马。武王有如此规模的战车队,没有长久的发达养马业,是不能的。西周甲骨 H11:41 片上有"駣騋"二字,意为"摇马衔使马奔驰",① 反映出周人驾驭马的技术很熟练。

马的骨骼在老牛坡有多次发现,如在商文化第四期出土的骨铲里有用马、鹿等动物下颌骨制成的。此外,在第四期还发现三座有马的埋葬坑:一座人、马、狗的合葬墓(86XLⅢ1M30);一座殉葬的马坑(86Ⅲ1M17),坑内埋两匹马;一是车马坑一座(86XLⅢ1M27),内埋两马一车。可见老牛坡人已使用马驾车,这与商的殷墟时期同。

(2) 牛、羊、猪 牛是这一地区人们的重要家畜,西周甲骨文中有一片上有"其牛九"(H11:59+118),还有一片上有"五百牛"(H11:125)。这记有"五百牛"的一片甲骨上下都残断,不知为何记上这样多的牛。在文献上曾记载周武王伐商后庆祝胜利举行祭祀时,用牛达五百多头。《逸周书·世俘篇》载:

> 越五日乙卯,武王乃以庶国馘祀于周庙:"翼余冲子!"断牛六,断羊二。庶国乃竟。告于周庙,曰:"古朕文考修商人典,以斩纣身告于天、于稷。"用小牲羊、犬、豕于百神、水土。誓于社,曰"惟余冲子,绥文考,至于冲子……"用牛于天、于稷五百有四,用小牲羊、犬、豕于百神、水土社二千七百有一。

郭沫若认为,周武王这次祭祀所使用的大量牲畜,不是周人自己饲养的而是"用的是商人的遗产",所以周人祭祀用牲,"在历史上只留下了这么空前绝后的一次"。② 顾颉刚先生说"本节屡言'周庙'当为归周后之祭"。③ 这片甲骨所记可能就是这件事,因其他部分已残去,不能确定。既然是归国后的

---

① 陈全方:《陕西岐山凤雏村西周甲骨文概论》,《四川大学学报丛刊》第十辑《古文字研究论文集》1982 年 5 月。

② 郭沫若:《十批判书》,人民出版社 1954 年版,第 18 页。

③ 顾颉刚:《逸周书世俘篇校注、写定与评论》,《文史》第二辑,中华书局 1963 年版。上引文采自顾文。

祭祀，这些被用作祭祀的牺牲，就应是周人自己的，或者说主要应是周人自己的畜产品。由此可见周人的家畜饲养业也是很发达的。

在遗址里发现的兽骨很多，如在碾子坡遗址的商时期文化层里就出土了不少的兽骨，"居址中出土牛、马、羊、猪和狗等家产骨头数量特别多，采集有一百多小麻袋，至少还有1/4的骨头因腐朽未能收集起来。其中以牛骨居多，约占全部兽骨一半以上"。① 发掘者认为，此遗址的居民"狩猎不发达而以牛为主的畜牧业较发达"。② 在老牛坡遗址商时期文化第三期的第八号灰坑内有"许多人骨和牛、狗、猪的动物骨骼"，此文化层内出土骨器54件，器类有铲、镰、锥、匕等，这些器物都是用牛、羊、猪的骨骼制作成的，如CⅠ式骨铲"系截取羊、猪等兽类的下牙床骨后部带关节部位做成的"，CⅣ式"系截取牛类下颚骨臼齿所在的后段部位，顺着齿槽劈裂为两半，利用外面的一半制成"，CⅠ式骨镰"系截取牛、羊等兽类下颚骨的一段劈裂制成"。在遗址各期的文化层中都出土了不少的卜骨，这些卜骨是用的牛、羊、猪等动物的肩胛骨制做的，主要是使用牛的骨骼。卜骨在渭水流域商时期的各处遗址里都有发现，多是用牛、羊、猪的肩胛骨制成的。

(3) 犬　在墓中的腰坑内一般有用狗殉葬，如老牛坡商时期文化第四期的M6内，墓底有五个坑，中间和四角各有一坑，中间的腰坑内埋一条大狗，四角四个坑内各埋一只小狗。

(4) 鸡　《尚书·牧誓》中，周武王数纣的一大罪状是使"母鸡司晨"，以比喻殷纣"唯妇言是听"而迫害忠良。可见周人是养鸡的，并利用公鸡报晓。

2. 圈养技术的使用

(1) 养牛的牢

主要的家畜用牢圈饲养。西周甲骨文中在四片上有从牛作的"牢"字：

　　……牢　　　　　　　(H11：78)
　　……二牢　　　　　　(H11：99)
　　……□其三牢　　　　(H11：119)
　　三牢

---

① 胡谦盈：《试谈先周文化及相关问题》，《中国考古学研究》（二），科学出版社1986年版。
② 中国社会科学院考古研究所泾渭工作队：《陕西长武碾子坡先周文化遗址发掘纪略》，《考古学集刊》第6集，中国社会科学出版社1989年版。

丁卯卜王在……　　　　　（H11：133）

牢就是养牛的圈拦，此字在殷墟甲骨文中常见。

（2）羊圈

　　从羊的牢字，在西周甲骨文中还没发现，但羊圈的遗迹已发现。在扶风县壹家堡的商时期文化层内发现圈栏一处，为半地穴式，坐东向西，东边为斜坡状的门道，其余三边修成垂直的墙壁。最深处达 2.6 米。此圈栏比较大，形状不十分规整。在圈栏的西北及西南转角处的顶端，残存 13 个插檩椽的圆孔，孔内有木材的朽灰痕；而在圈栏地面上也见有已烧成木炭的木檩椽数段。由此推知，该圈栏顶部原曾有圆木、草或树叶搭成的草顶，这草顶毁于一场大火（图 9—13）。

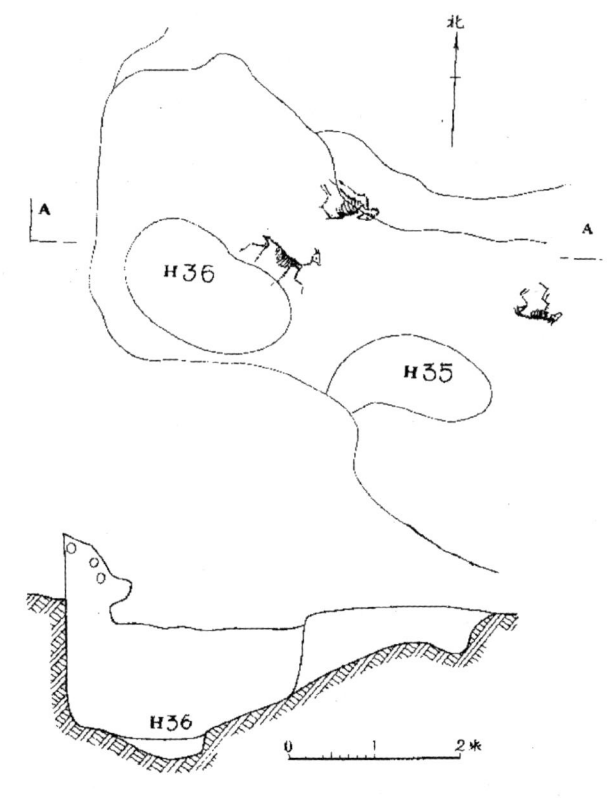

图 9—13　扶风壹家堡羊圈平、剖面图
（《考古学研究》（二）第 356 页图九）

在圈拦底部有两个浅坑，编号为 86HYH35、36。坑平面及立面形状均不甚规则，坑内还有不少羊粪便遗存，其中尤以 H36 的粪便最多，几乎将浅坑填满。显然，这两个坑原是用来储存羊粪便用的，圈内关拦的牲畜也应是羊。

在圈拦中部，发现了二具完整的羊骨架，另在圈拦门口也有完整的羊骨架一具，这应是圈拦着火时烧死的牲畜。①

(3) 猪圈

猪圈在周人称为"牢"。《诗·大雅·公刘》篇云："笃公刘，于京斯依。蹌蹌济济，俾筵俾几……执豕于牢，酌之用匏。"孔疏云："《晋语》云'大任溲于豕牢'，牢是养豕之处，故云'搏豕于牢'也。"《国语·晋语四》晋胥臣对晋文公说："臣闻昔者大任妊（孕）文王不变，少溲于豕牢，而得文王不加疾焉。"韦昭注云："少，小也。豕牢，厕也。溲，便也。"在南方一些地方，近代还有将猪圈当厕所用的。此诗言公刘在京地设宴，从猪圈中捉猪宰杀供食上用。体味诗意，当是从公刘家的猪圈里捉的猪，但郑玄《笺》诗却说是群臣为公刘设几筵，从自己的牢中捉猪宰杀："厚乎公刘之居于此京，依而筑宫室。其既成也，与群臣士大夫饮酒以落之。群臣则相使为公刘设几筵，使之升座。公刘既登，负扆而立。群臣乃适其牧群，搏豕于牢中，以为饮酒之殽，酌酒以匏为爵。"无论是公刘家的猪还是群臣家的猪，都是从猪圈里捉的猪。说明从公刘时期到周文王时期，周人已使用圈栏养猪。

(二) 狩猎活动

犬地是一狩猎地。前引《合集》14755 云"周擒犬延瀵"是周人到犬延国境内打猎，商王也曾到犬国地面上去打猎：

辛卯卜，壬王其田至于犬侑东，湄日无灾，永王。(《合集》29388)

商王也常令犬延狩猎：

贞勿令犬延田于京。(《英藏》834)
……令郭曰：犬延田。(《英藏》835)

---

① 北京大学考古系商周组等：《陕西扶风县壹家堡遗址 1986 年度发掘报告》，《考古学研究》(二)，北京大学出版社 1994 年版。

商代统治者们打猎，除游乐外还有获鲜与军事演习，与普通民众为获取食物不同。《诗·豳风·七月》言周人打猎也是为获鲜与练兵，民众打到大兽得交公，只有小兽才能自己留下，且还有一个任务是捉到狐狸为公子制裘皮衣：

> 一之日于貉（十一月，捕野貉），
> 取彼狐狸（猎取狐狸好绒毛），
> 为公子裘（交给公子作皮袍）。
> 二之日其同（十二月，齐会同），
> 载缵武功（打猎之时练武功），
> 言私其豵（小野猪，自己用），
> 献豣于公（大野猪，献王公）。

毛《传》云："豕一岁曰豵，二岁曰豣。大兽公之，小兽私之。"在渭水流域商时期遗址里出土兽骨中有鹿的骨骼和麋的骨骼。① 遗址中出土的狩猎工具有箭镞和弹丸。箭头有铜、骨、石等材质，以骨箭头出土最多，如在武功郑家坡遗址里出土有铜、骨、石质箭头。② 在耀县北村的商时期文化层中出土骨镞21件，是骨制品中仅次于笄的器种。③ 在老牛坡第四期商文化层中出土骨镞32件，石球2个。宝鸡纸坊头出土骨镞2件。④ 在长武碾子坡遗址里出土有骨、角质的镞和石弹丸。骨镞材料易得且制作方便，当是普通民众经常使用的狩猎用器。

（三）渔捞活动

渭河流域各支流里鱼类资源丰富，《诗·周颂·潜》篇云：

---

① 周本雄：《高家堡商周墓青铜器中的兽骨鉴定》，《高家堡戈国墓》，三秦出版社1994年版，附录八。
② 宝鸡市考古工作队：《陕西武功郑家坡先周遗址发掘简报》，《文物》1984年第7期。
③ 北京大学考古系商周组等：《陕西耀县北村堡遗址1984年发掘报告》，《考古学研究》（二），北京大学出版社1994年版。
④ 宝鸡市考古队：《宝鸡石纸坊头遗址试掘简报》，《文物》1989年第5期。

猗与漆沮（阿呀，漆水、沮水），
潜有多鱼（深水潜藏无数好鱼），
有鳣、有鲔（有鳣鱼、有鲔鱼），
鲦、鲿、鰋、鲤（白鲦、鲿鱼、鲇鱼、金鲤）。

诗中数到的鱼就有六个品种。鱼的种类当不止此六种，《易林·比之观》云"鲦鲿鰋鲤，众多饶有"。表示鱼多的意思。这首诗是祭祀时唱的颂歌，故所举的鱼只是大而味美者，如鳣鱼今称为鳇鱼，《尔雅·释鱼》曰："鳣鳣，大鱼……大者长二、三丈，今江东呼为黄鱼。"鲔即鲟，又名鲟黄鱼，是一种大型经济鱼类，体长可达三米左右，重可达千斤，其肉鲜美，卵呈黑色，是一种珍贵的食品。其鳔和脊索可制鱼胶，此鱼周身是宝。在殷墟甲骨卜辞中有获鲟的占卜，在殷墟遗址里还发现鲟鱼骨。1987年春天，中国社会科学院考古所安阳工作站在小屯东北甲组建筑基址群中的一号灰坑中，出土一块鲟鱼的侧线骨版。① 鲦又称白鱼，重三四斤者，质嫩而味美，过大则不堪食。②

商人捕鱼的方法有网捕和箭射，周人当也如是。弓箭既是射杀陆地上的飞禽走兽，也可射杀水中的游鱼。渭河流域商时期各遗址内大量出土的铜、骨、角、石质镞，我们在上面已指出过。至于捕鱼的网，从各处遗址内出土的陶、石质网坠，就是使用渔网捕鱼的实物遗存。如在老牛坡商时期文化遗存的第一期出土陶网坠1件；第二期出土陶网坠4件，石网坠1件；第三期出土陶网坠4件，石网坠2件；第四期出土陶网坠18件，石网坠2件；第五期出土陶网坠1件。陶、石质网坠在其他遗址内也都有发现，反映了渭河流域商时期人们经济生活的一个方面。

西周时期，周人在荓京修建有水池，并在水池里养鱼，周王常在池中捕鱼取乐，如西周中期铜器《公姞鬲》铭载十二月"子仲渔大池"而"赐公姞鱼三百"（《集成》753），《井鼎》铭载七月"王在荓京，辛卯，王渔于㽞池，呼井从渔，攸赐鱼"（《集成》2720），《遹簋》铭载六月穆王在荓京"呼渔于大池"（《集成》4207）。虽然是周王及贵族取乐，但以所捕的鱼作为赏赐品，是捕鱼兼有政治和经济两重意义，那么池中的鱼就应是人工专门饲养的。是西周已有人工养鱼的技术。周人的技术多是从商时期沿袭下来的，推测商时

---

① 中国社会科学院考古研究所：《1987年安阳小屯村东北地的发掘》，《考古》1989年第10期。
② 王先谦：《诗三家义集疏》，中华书局1987年版，第1029页。

期渭河流域地区也当会有人工养鱼的活动。

四 青铜器制造业

考古材料已经证明，商时期渭河流域已进入高度发达的青铜文化时代。出土的青铜器不仅数量大而且品类多、质量好，到殷墟的中后期，其青铜器铸造工艺技术，已不在商人之下。

（一）青铜器的发现及分期

在这一地区发现商时期的青铜器，大约有 500 件以上，[①] 时代最早的是二里岗上层的器物。出土商时期铜器的地域分布上，东起华县，西到宝鸡市，北到泾河上游的甘肃省庆阳、泾川、崇信、灵台等地，南至秦岭山脉北麓的蓝田、户县、周至等地，可谓遍布渭河及其支流地区。

渭河流域出土商时期铜器，绝大多数是群众整理土地、建筑房屋、兴修水利时偶然发现的零星出土品，经过考古工作者正式发掘的遗址及墓葬中出土的不多，所以对多数铜器的埋藏原因、埋藏时期、器物的组合情况都难于究明。器物的时代，只有参照中原地区商文化的同类器物断定。邹衡先生将渭河流域出土的商时期青铜器分为三期：

陕西商代第一期，约相当于郑州二里岗上层。所举四件器物为西安田王村出土的空足鬲、铜川三里洞和蓝田怀珍坊出土的空足鼎、麟游九成宫出土的空足平底斝、扶风法门美阳出土的云雷纹锥足鬲。

陕西商代第二期，约稍早于殷墟文化第二期，绝对年代约在武丁以前。所举铜器为 1972 年在岐山京当公社一个石砌窖穴（邹先生认为可能是石椁墓）中出土的五件，有鬲、觚、爵、斝、戈各一件。

陕西商代第三期，约相当于"殷墟文化第二期"，绝对年代约在武丁、祖庚、祖甲之时，只见一器，为眉县出土斜角云雷纹鼎。[②]

[①] 此数字是据刘军社著《先周文化研究》（三秦出版社 2003 年版）第三章第一节"渭水商代文化遗存分析"中列举的 62 群渭河流域商代铜器的统计。该书中所举各群铜器大都有具体数字，仅少数几群的兵器、工具没有具体数字。据有数字的各群统计，共有铜器 549 件，其中容器 165 件。非商文化遗址出土的铜器很少，像被认为是先周文化的武功郑家坡遗址只出土铜镞一件，被认为是姜戎墓地的扶风刘家墓群的 20 座墓中只有几件双联小铜泡，未见有礼器（容器），所以该书中所列举的商代铜器数字，基本上就是商时期渭河流域所有铜器的数量。

[②] 邹衡：《先周文化研究》，《夏商周考古学论文集》，文物出版社 1980 年版。

邹先生的文集出版于1980年，其写作当在此前的20世纪70年代。那时的考古工作还没有完全恢复开展，故所见材料有限，文中只举了11件器物。二十余年后的今天，社会安定，考古工作获得空前进展，渭河流域发现的商时期青铜器数量大增，对其文化面貌的认识也更为清楚。刘军社在《先周文化研究》一书中，报道了62群500多件渭河流域发现的商时期青铜器，并将其分为四个时期。该书中的62群铜器，基本上囊括了这一地区已发现的商时期铜器。① 刘氏书中所分的四期为：

第一期，约相当于二里岗上层或稍晚，共8群。出土青铜器共29件（此以刘书中有具体数字的计，下同），其中容器（或称为礼器）18件，有鼎6件（包括鬲形鼎1件）、簋1件、鬲2件、甗1件、觚1件、爵1件、斝3件、卣1件、高足杯1件、觚形杯1件。兵器有戈、钺、镞等，工具有斧、锛、凿、刀、锯等。这8群铜器出土于7个地点：岐山县京当村、扶风县美阳、武功县尚家坡、麟游县九成宫、铜川县三里洞、西安市田王村、蓝田县怀珍坊。最西到岐山县地区。

第二期，约当殷墟一期左右，共3群（实为4群）。出土青铜器41件，其中容器12件，有鼎3件、觚2件、爵5件、斝2件，兵器有戈、钺、镞，工具有斧、锛、刀、削和铜饰件。出土地为扶风县壹家堡、扶风县太白、西安市老牛坡，渭南市姜河村。

第三期，约当殷墟二期，共6群。出土青铜器31件，其中容器16件，有鼎7件、簋3件、甗2件、觚1件、爵1件、斝1件、罍1件，兵器有戈、镞，工具有斧及车马器。出土地为扶风王家嘴、扶风县下河、武功县浮沱村、眉县小法仪、礼泉县朱马嘴。

第四期，约当殷墟三、四期至商周之际，共44群。出土青铜器448件，其中容器129件，有鼎42件、簋37件、鬲1件、甗5件、觚6件、爵10件、斝3件、觯5件、罍4件、卣7件、壶1件、盂1件、盘1件、尊3件、瓿1件、斗2件，兵器有戈、殳、戟、钺、戚、矛、镞、弓形器等，工具有

---

① 刘军社的书于2001年9月定稿，其后还有重要的发现，如2003年8月5日在旬邑县赤道乡魏洛村发现的一座商时期墓葬，出土青铜器19件，有圆鼎4件、甗1件、簋1件、爵1件、斝1件、觚形尊1件、觯1件、戟1件、钺2件、戈1件、铜镜3件。其中6件有铭文，铭文有"鱼丙"、"父乙"、"其父立"、"武丁父"等。见《陕西旬邑发现商代青铜器墓》，《中国文物报》2003年11月12日。

斧、锛、凿、刀、削等以及车马器（近 200 件）、镜、饰件等。出土地有宝鸡市、扶风县、岐山县、武功县、凤翔县、陇县、乾县、周至县、长武县、旬邑县、礼泉县、泾阳县、淳化县、耀县、长安县、蓝田县、西安市、渭南县、华县，以及甘肃省庆阳地区的庆阳、泾川、崇信、灵台等县，涵括了两省的 23 个县市。

从上述可见，渭河流域的青铜文化，在时间上可追溯到二里岗上层时期；在地域分布上早期已达关中的岐山、扶风，晚期则遍布渭河流域；在器物的种类上，早期比较简单，到晚期已与中原商文化中出土的器类差不多。其不同者是渭河流域青铜器以鼎、簋等食器为主，是重食器。如第四期有鼎 42 件、簋 37 件，而酒器的觚只 6 件、爵 10 件。中原商文化青铜器是以觚、爵等酒器为主，是重酒器。

（二）青铜器的铸造

渭河流域商时期的青铜器，邹衡先生按其形制、花纹将其分为三类。第一类商式铜器。这类铜器无论器物的形制、花纹都与中原商文化遗址内出土的同类器物基本相同。第二类混合式。这类铜器其基本形制是商式的，但经过周人从形制、花纹等方面的改造，成为具有一定周人风格（不仅是时代风格）的新产品，而在商器中是不见的。器物形制经过改造的如方座簋，器身是商式的，加了方座，成为商周混合式。圈足罍，商式高体圆罍不见加圈足者，而所见周高体圆罍都加有圈足。这高圈足圆罍显系周人对商式平底铜罍和高体圆罍的改造。在花纹方面如将商式铜器上全身突起的饕餮纹变成只有双目是突出的，其他口、鼻、身、尾等全用宽带阳纹勾成的变形饕餮纹，将夔纹改造成尾作回旋转的回旋转尾夔纹等。第三类周式铜器。这类铜器是指周人固有的形制而言，与商式铜器根本不同。这类铜器数量虽然不多，但特征明显。这类铜器的礼器（容器）有罐形盉、广折肩罐等，兵器有凸刃銎内戈、戣等，车马器如在西周墓中常发现的一种歧形当卢，在先周文化中早已存在，其形制与商当卢迥异。在这三类铜器中，第一类商式铜器最多，数量最大；第二类混合式铜器次之；第三类最少。这清楚地说明先周青铜文化的主要来源是商文化。

就时代而言，先周文化第一期，绝大多数都是第一类，第二类也还不多，第三类仅限于少量的车马器，没有礼器。到了第二期，有了显著变化，第二类已有显著的增加，第三类更出现了礼器。这说明起初，周人几乎是全盘地接受了商人的青铜文化，到了后来，才逐渐发展起来具有一定周人风格的青铜文化。①

与商式铜器不同的第二、三类青铜器，显然是本地人铸造的。第一类铜器的来源比较复杂，有部分可能是在商王畿内铸造的，通过各种方式从中原流入，但大部分应是在当地铸造的，可能是商人的工匠在当地铸造的。这从渭河流域发现的铸造铜器的遗址地点可得到一些证明。

渭河流域发现的商时期铸铜遗址有四处：蓝田县怀珍坊②、西安老牛坡、长安县沣西张家坡和岐山周公庙。在张家坡的早期居址中发现有铸造铜器的遗迹：四块铸造车马器的陶范。一件是铸造十字形四通铜泡的内模，一件是铸造长条形铜泡的内模，另外二件都是铸造小铜泡的外模。此外，还发现一件铸口余铜，类似锛状，下端有折断痕迹。

张家坡虽然被发掘者定为"西周文化"，但最早可早到文王作丰的时期。此遗址的文化层由早晚两期居住遗存所构成。早期的居住遗址是在生黄土上建立起来的，在这以前，既没有居住遗存，也没有墓葬。在早期居址的上面有一层较厚的灰烬，然后是墓葬及晚期居住遗址。墓葬可分为五期，早晚期居住址和墓葬的年代顺序为：

1. 早期居址；
2. 第一期墓葬和车马坑；
3. 第二期墓葬；
4. 第三期墓葬；
5. 晚期居址和四期墓葬；
6. 第五期墓葬。

第一期墓葬的时代从出土的陶器和铜器形制分析，属于西周早期，绝对年代大约在成康时期。从早期居址和墓葬之间有一层较厚灰烬判断，早期居址和墓葬之间应相隔一段较长的时间，发掘报告认为，"也许早期居址是从文王作邑于丰的时候就开始的吧"③。所以沣西张家坡铸造铜器的时代应在灭商前。沣西是周文王迁居之地，无疑是周人的文化遗存，证明周人在灭商前确已掌握了先进的青铜冶铸技术。

---

① 邹衡：《先周文化研究》，《夏商周考古学论文集》，文物出版社1980年版。
② 西安半坡博物馆、蓝田县文化馆：《陕西商代遗址试掘简报》，《考古与文物》1981年第3期。
③ 中国科学院考古研究所：《沣西发掘报告》，文物出版社1963年版，第74页。

岐山周公庙是周公的采邑，2006年陕西省考古研究所和北京大学文博学院联合组成的周公庙考古队，在周公庙遗址朱家巷发掘地点06QFⅢA2H27的灰坑里，发现了与铸造青铜器有关的遗物。其中有陶范、坩埚、炼渣及青铜小刀、小铜块等。此灰坑出土陶片1250片，可辨认器体90件。陶器的特征以及主要器类所占的比例均与1997年在沣西遗址发掘的H18以及2002年在周原遗址礼村发掘的H8中所见陶器特征完全相同。沣西遗址H18和周原礼村H8已被学界确认为灭商前的姬姓周族人的文化，是周公庙H27灰坑里的遗物是姬周族人灭商前的文化遗物。由此证实，此地是周族人在灭商前的一处铸造青铜器的作坊遗迹。①

老牛坡在相当于郑州二里岗上层的商文化第二期的遗存里，就发现铸铜遗迹：两块陶范和两块铜渣。两块陶范一块是铸造铜戈的范，一块是铸造铜镞的范。镞范为泥质红陶，范体近方形，残长10厘米、宽12.5厘米、厚3.6厘米。上面可见五枚铜镞的型腔，呈扇形分布，四枚完好，一枚残损。镞形有两翼，后锋平齐，中部起脊，均有长短不等的铤（图9—14）。铜渣呈不规则状，上有绿色铜斑。

在第四期商文化地层内发现两处冶铜遗存。一处是冶铜炼渣堆积，另一处是铸铜陶范的堆积处。

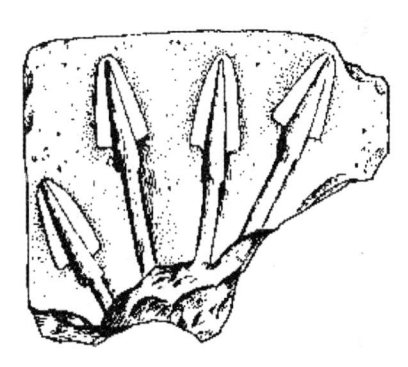

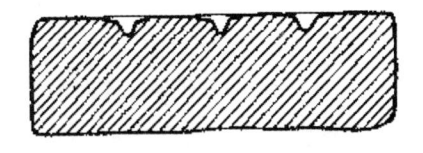

图9—14 老牛坡出土的镞范
（《老牛坡》第91页图六五）

铜炼渣堆积未经发掘，其面积多大无法说清。遗址位于长坪公路（即今312国道）南侧的断崖上，是早年修公路坡道时暴露出来的。堆积的断面呈东西向条带状，长18米，厚0.50—2.00米，全部为冶铜炼渣，间或夹杂少量红烧土颗粒及商代陶器鬲、盆、罐等残片。

铜炼渣为核桃般不规则形小块，均呈褐绿色。从炼渣上所黏附的厚厚铜锈看来，冶炼不纯，内含很多的铜质未能提取，故其比重较大，足见当时的

---

① 种建荣、雷兴山：《先周文化铸铜遗存的确认及其意义》，《中国文物报》2007年11月30日第7版。

冶铜技术还有一定的局限性，致使一些铜料白白地浪费掉了。

铸铜器的陶范遗存发现于老牛坡遗址Ⅰ区第三地点，似为一大型垃圾坑，面积约有 300 平方米。此坑可分为四层，陶范发现于第三层，此层厚约 0.20—1.20 米，出土物有烧土硬块、炉渣、木炭屑、草拌泥木骨墙皮、陶范、陶网坠、石器、骨器、兽骨和大量的陶片。出土陶范 22 块，均使用过，多半残损，最大的范块长 24 厘米、宽 17 厘米、厚 8 厘米；最小的长 6.5 厘米、宽 10 厘米、厚 5 厘米。能够辨识器形的有人面范、牛面范、戈范、钺形范、圆泡范、瓠形范等。陶范上的纹饰有人面形纹、牛面形纹、云目纹、弦纹等。

陶范的制法有模制和手制两种。模制有泥胎和夯筑之别。出土的陶范多呈方形，范背带有无数的夯窝，可见这些陶范多是在方形框内夯筑成的。其制法是将型模放在一个方形的木框内居中，然后用配制好的做铸陶范要求的陶土，一层一层地夯打，直至木框的四周及上下填满。待干到一定程度时，除去木框，根据需要将型模外的整体陶范分成若干块，取出型模，陶范的制作即算完成。这个范称为"外范"。铸造铜器的过程，与取出陶范的过程相反：把分割成若干块的"外范"回置于制范时使用的木框内即可浇注铜液成器。若是铸造容器，在陶范的中间还要置一个陶模，或称为内模。内模的形状即制范时的型模而略小，使外范与内模之间有一定的空隙。空隙的大小就是铸出铜器壁的厚度。所以内模的制作也是十分复杂的技术，马虎不得。

为了控制内模在浇注时不致发生位移而使铸件壁的各处厚薄一致，一般有两种办法：一是用榫卯将外范和内模固定住；一是在内外范模之间的四周及器底部放置若干垫片衬住。这样在浇注铜液时就不会发生内模位移而保证铸造成功。垫片一般有两种质料的，一是泥块，一是铜片。使用泥块的垫片，铸造出的铜器上有孔洞，若在容器的器身，则需要将孔洞补上，所以泥垫少见，使用时也是多置于器物的足部。铜垫片则在浇注时熔于高温的注液中，是较为理想的方式。①

老牛坡商文化第四期的时代相当于殷墟四期，是此地从商代前期的二里岗上层时期，到商代末年，一直都有制造青铜器这种手工业。从堆积的炼渣和陶范的遗存看，铸造铜器不仅时间长，且规模亦相当可观，反映出铸造技

---

① 李济、万家保：《殷虚出土青铜鼎形器之研究》，《古器物研究专刊》第 4 本，1971 年台北；华觉明：《中国冶铸史论集》，文物出版社 1986 年版。

术较为先进和规模的庞大。

五 陶器制造业

若说商时期渭河流域青铜器铸造是受商人的影响而发展起来的一项技术，陶器制造则完全是本地发展起来的一项传统手工业。陶器是新石器时代人们的一项伟大发明，渭河流域从旧石器时代到新石器时代，再到进入文明社会的夏、商时代，其文化是连续不断的。① 新石器早期本地区有距今七八千年的老官台文化，其后是仰韶文化，其后是与龙山文化时代相当的"客省庄二期文化"。紧接其后的夏文化，在陕西省境内也有分布。② 所以商时期渭河流域的陶器制造业不但十分地发达，且有独具特色的器类。

（一）陶器的种类

有普通陶器和釉陶器两种。以普通的日用陶器为主，釉陶器发现很少，在老牛坡商文化第二期地层内发现一件釉陶尊，呈灰褐色。口部微残，直颈、鼓腹、略呈扁圆形，小凹底。颈部饰三周断续的弦纹，腹部为麻布纹般的细密小方格纹。外敷青灰色釉。质地坚硬，叩之声音清脆，带有原始瓷质。残高 12 厘米、口径 11.6 厘米、腹径 16.4 厘米、底径 5.8 厘米。在耀县北村出土一件釉陶尊，胎质紧密坚硬，呈青灰色，表里都有一层黄绿色釉质。敞口，折肩，器身拍印小方格纹，口径 20.4 厘米。③

普通日用陶器，在各个时期的各处遗址内都有大量的发现。我们从以下四个方面观察商时期渭河流域陶器总的情况：

1. 陶系：有夹砂陶和泥质陶两大类。
2. 陶器颜色：以灰陶为主，还有褐、红、黑等色陶器。
3. 陶器表面的纹饰：除素面外，主要是粗、细绳纹，其他还有附加堆纹、方格纹、方格乳钉纹、云雷纹、弦纹、旋纹、饕餮纹、圆圈纹等。
4. 陶器的种类：分生活用器和工具两类。生活用器可分为三类：

---

① 陕西省文物管理委员会：《建国以来陕西省文物考古的收获》，《文物考古工作三十年》，文物出版社 1979 年版；陕西省考古研究所：《十年来陕西省文物考古的新发现》，《文物考古工作十年》，文物出版社 1990 年版。

② 张天恩：《试论关中东部夏代文化遗存》，《文博》2000 年第 3 期。

③ 北京大学考古系商周组等：《陕西耀县北村遗址 1984 年发掘报告》，《考古学研究》（二），北京大学出版社 1994 年版。

(1) 炊煮器：鬲、鼎、甗、甑；
(2) 饮食器：簋、盘、豆、杯；
(3) 盛储器：罐、盆、瓮、尊、盂、钵、壶、缸、器盖等。

生产工具主要有纺轮、网坠和制造陶器的拍子。

各个遗址里出土陶器相互间有一定的差异，这些差异有可能是时间、地区不同而出现的差异，也有可能是族群不同而产生的差异。下面我们举几处经过科学发掘的遗址为例，以观其大概。

武功郑家坡遗址。该遗址有一组独具特点的陶器，有人命之为"郑家坡文化"，或称为"郑家坡类型"。遗址分为早、中、晚三期，各期出土的陶器情况如下：

早期　（1）陶质：有夹砂陶和泥质陶两种。（2）陶器颜色：夹砂陶、泥质陶器的颜色都是以红褐色为主，灰色陶次之，泥质陶器有少量的黑皮陶。（3）纹饰：器表纹饰除素面和磨光外，以绳纹为主，其他有方格纹、方格乳钉纹、弦纹，附加堆纹较盛行，多用于器物口沿，做成锯齿状花边或指窝纹口沿，称为"锯齿花边"。（4）器类：生活用器物有鬲、甑箅、深腹盆、圜底罐、尊、瓮等，器类较简单。

中期　（1）陶质：有夹砂和泥质两种。（2）陶器颜色：夹砂陶器以红褐色为主，灰色陶器较早期有所增加。泥质陶器中，红褐色陶器与灰色陶器几乎各占一半，磨光黑皮陶器仍占一定比例。（3）纹饰：以绳纹为主，印纹增多，常见有方格纹、方格乳钉纹、重菱纹、菱形乳钉纹、变形重菱纹以及叶脉纹（或称人字纹）、云雷纹、重圈纹、"S"形纹等，附加堆纹、锯齿花边继续使用。（4）器类：生活用器物有鬲、甗、簋、盘、钵、深腹盆、罐、盂等，比早期增加了簋、盂、甗、盘等，而未见早期的尊、瓮、甑箅等器。生产工具有用于纺织的陶纺轮、制造陶器的拍子。

晚期　（1）陶质、颜色、花纹基本与中期相似。器物种类有生活用器鬲、深腹盆、罐。生产工具有纺轮。①

扶风县刘家墓葬。这里发现80多座墓葬，清理了52座，其中战国墓12座、西周墓20座、姜戎墓20座。20座"姜戎墓"叠压在西周墓之下，其时代在商时期。墓室结构与墓中出土的陶器与分布于甘、青地区的齐家、寺洼、卡约、火烧沟、马家窑等文化相似，故命名为"姜戎墓"，或称之为

---

① 宝鸡市考古工作队：《陕西武功郑家坡先周遗址发掘简报》，《文物》1984年第7期。

"刘家类型"。20 座墓中有 2 墓被盗无随葬品,其余 18 墓分为 6 期,各期出土的陶器为:第一期 1 墓 M3 内出土鬲 2 件、双耳罐 1 件。第二期 1 墓 M27 内出土鬲 3 件、罐 6 件。第三期有 6 座墓,在 M41 内出土鬲 2 件、罐 3 件。在 M11 内出土鬲 2 件、罐 2 件。在 M47 内出土大耳罐 1 件。第四期有墓 6 座。在 M46 内出土鬲 1 件。在 M8 内出土鬲 3 件、罐 3 件。在 M4 内出土鬲 2 件、罐 1 件。在 M7 内出土鬲 3 件、罐 3 件。第五期有 3 座墓,在 M37 内出土鬲 5 件、5 件。第六期 1 墓,出土鬲 1 件、罐 9 件、小折肩罐 2 件。从各期墓葬中出土的陶器的器类,都只有鬲和罐这两种陶器,是与墓葬的随葬性质决定的。陶器的陶质有夹砂和泥质,颜色以灰色为主,纹饰以细绳纹为多,愈往后粗绳纹愈加多,还有附加堆纹(常被压成花波折状花边)、弦纹、戳划纹、指甲纹等。[①]

长武县碾子坡遗址,也是商时期渭河流域支流——泾河的中游上的一处重要文化遗址,出土的陶器既包含有郑家坡类型的也包含有刘家类型的。中国社会科学院考古研究所对该遗址进行了长期的发掘工作,迄今虽还未见到正式的发掘简报,但从长期主持此遗址发掘工作的胡谦盈执笔的《陕西长武碾子坡先周文化遗址发掘纪略》文中,可知其大概。

根据《纪略》文中的报道,碾子坡出土的陶器情况:(1)陶质:有夹砂和泥质两种。(2)陶器的颜色:以灰色陶器最多,红褐色次之,黑色陶器较少。(3)纹饰:除较多的素面、磨光外,以绳纹为最多,还有弦纹、方格纹、印纹、指甲纹、附加堆纹和镂孔等。(4)器类:有甗、鬲、簋、甑、豆、罐、瓿、盂、盆、尊、瓮、器盖等,以鬲、豆、罐、盂几种陶器最为常见。[②]

扶风县壹家堡遗址。这是一处相当于殷墟时期的遗址,早期是商文化,以后则是郑家坡类型和刘家类型交替出现。1986 年北京大学考古系商周组对该遗址进行了发掘。发掘面积 146.75 平方米,出土的文化遗物中,以陶器为大宗(陶器未作分期报道)。共计出土陶片 15382 片,经修整能辨别出器形的标本 260 件及参考标本 30 件。其情况是:(1)陶质:有夹砂和泥质两种,两种陶质的数量大致相等。(2)陶器的颜色:以褐色占大多数,灰色陶

---

① 陕西周原考古队:《扶风刘家姜戎墓葬发掘简报》,《文物》1984 年第 7 期。

② 中国社会科学院考古研究所泾渭工作队:《陕西长武碾子坡先周文化遗址发掘纪略》,《考古学集刊》第 6 集,中国社会科学出版社 1989 年版。

器仅有褐陶器的 1/3，有一定数量的黑皮陶器，红色陶器极少。（3）纹饰：以绳纹为主，其次为素面陶器，装饰其他花纹的陶器很少。陶质和陶器的颜色、纹饰都随时间早晚不断发生变化。（4）器类：生活用器以鬲（约占陶器总数 26%）、甗（约占 9%）、豆（约占 2%）、罐（约占 47%）、盆（约占 13%）为主，此外还有瓮、簋、壶、盘、小罐、器盖等。[①]

西安老牛坡遗址商时期文化遗存的时代，从商代前期的二里岗下层到商周之际，跨越了整个商王朝。此遗址的文化面貌与中原商文化更为接近，被认为是商王国西进的一个据点，故出土器物被称为"商式"。商时期文化分为五期，从各期出土陶器陶质、陶色、纹饰、器类的情况，可以反映出关中东部商时期制陶工业的状况和所达到的技术水平。

第一期　（1）陶质：以夹砂陶为主，约占此层出土陶片总数的 60%，泥质陶次之。（2）陶器颜色：以灰色陶器为主，个别黑色陶器，不见红色陶器。（3）纹饰：以细绳纹居多，还有弦纹、三角形划纹、X 纹、圆圈纹、篮纹、方格纹和附加堆纹等。（4）器类：生活用器有鼎（少，件数不清）、鬲（8 件）、甗（3 件）、甑（2 件）、豆（4 件）、盘（2 件）、盂（3 件）、小方杯（1 件）、刻槽盆（1 件）、罐（3 件）、壶（2 件）、大口尊（3 件）、敛口瓮（2 件）、大口缸（4 件）、器盖（1 件）。生产工具有纺轮（3 件）、网坠（1 件）、陶垫（1 件，制陶工具）。

第二期　（1）陶质：有夹砂陶和泥质陶两种，以泥质陶器为主。（2）陶器颜色：以灰色陶器为多，如灰坑 H18 出土陶片统计，泥质灰陶占 62.84%，夹砂灰陶占 24.4%，泥质红陶占 8.05%，夹砂红陶占 0.64%，泥质褐陶占 2.40%，夹砂褐陶占 1.43%，泥质黑陶占 0.16%。（3）纹饰：以绳纹为主，且比一期加粗。弦纹、附加堆纹占有一定的比例，方格纹、云雷纹、兽纹、铆钉纹、网纹、手指纹等少见。（4）器类：较一期有明显的增加，生活用器可分为三类：①炊煮器有鼎（少）、鬲（37 件）、甗（残片很多）、甑（5 件）、斝（1 件）；②饮食器有簋（6 件）、豆（7 件）、盘（1 件）、杯（2 件）；③盛储器有盆（7 件）、刻槽盆（4 件）、盂（7 件）、罐（12 件）、壶（存 2 口沿，4 圈足）、小口尊（1 件）、大口尊（15 件）、小口瓮（20 件）、敛口瓮（6 件）、大口缸（6 件）、器盖（7 件，盖钮 3 件）。生产工具有

[①]　北京大学考古系商周组：《陕西扶风县壹家堡遗址 1986 年度发掘报告》，《考古学研究》（二），北京大学出版社 1994 年版。

陶刀（2件）、纺轮（9件）、网坠（4件）、陶垫（3件）、铸造铜器的陶范（2件）。

第三期　（1）陶质：有夹砂陶和泥质陶两种，以夹砂陶为主。（2）陶器颜色：以褐色陶器居多，灰色陶器次之，红色陶器较少。如以灰坑H7出土陶片统计为例，褐色陶占45%（夹砂褐陶占43.02%，泥质褐陶占1.98%）；灰色陶占41.48%（夹砂灰陶占34.13%，泥质合陶占7.34%）；红色陶占14.51%（夹砂红陶占12.11%，泥质红陶占2.4%）。（3）纹饰：以绳纹为主，有粗细之别。弦纹和附加堆纹也比较常见，另有少量的云雷纹、方格纹、乳钉纹、圆圈纹、菱形纹、人字纹、指甲纹、划纹、葵瓣纹、麻点纹等（图9—15）。以灰坑H7出土陶片为例，绳纹占90.11%，弦纹占2.19%，附加堆纹占1.40%，云雷纹和方格纹各占0.09%，乳钉纹占0.03%，波折纹占0.06%，素面陶器占5.39%。粗绳纹多呈稻草状。（4）器类：生活用器分为三类：①炊煮器有鼎（少）、鬲（15件）、甗（残片很多，能看出器形的有7件）；②饮食器有簋（2件）、豆（6件，均为假腹豆）、盘（3件）、碗（2件）、杯（5件）；③盛储器有盆（11件）、盂（1件）、壶（2件）、罐（6件）、瓮（25件）、大口缸（4件）、器盖（4件）。生产工具有纺轮（15件）、网坠（4件）、陶垫（4件），另有陶饼、陶器柄、陶环等。

第四期　（1）陶质：有夹砂陶和泥质陶两种，以夹砂陶为主，如在灰坑H11出土的陶片中，夹砂陶占84.86%，泥质陶占15.14%。（2）陶器颜色：有灰、褐、红、黑诸种颜色，以86XLI3T7的②层出土陶片为例，灰陶占76.70%，褐陶占14.72%，红陶占8.12%，黑陶占0.46%。（3）纹饰：以粗绳纹最多，弦纹、划纹亦常见，此外还有附加堆纹（多为索状或锯齿状）、方格纹、铆钉纹、网纹、羽状纹、条纹、篦纹、麻点纹等。（5）器类：生活用器分为三类：①炊煮器有鼎（少）、鬲（多，残口沿有258片）、甗（残片很多，能看出器形的有25件）、甑（1件）、斝（2件）；②饮食器有簋（4件）、豆（13件，多为假腹豆）、盘（9件）、碗（6件）、杯（4件）；③盛储器有盆（9件）、刻槽盆（4件）、盂（4件）、盉（2件）、壶（5件）、罐（20件）、瓮（16件）、大口缸（20件）、器盖（8件）。生产工具有刀（1件）、纺轮（24件）、网坠（18件）、陶垫（3件），铸造铜器的范（20件），另有陶环（6件）。

在老牛坡商文化第四期清理墓葬40座。其中有18座墓中随葬陶器，共

图9—15 老牛坡商文化三期陶器部分纹饰

（《老牛坡》第126页图九四）

随葬陶鬲29件，陶罐7件。

第五期 （1）陶质：有夹砂和泥质两种。（2）陶器颜色：以灰色陶器为主。（3）纹饰：主要是绳纹和弦纹，其他纹饰少见。（4）器类：生活用器的炊煮器只见鬲（6件）一种；饮食器有簋（1件）、豆（2件）、碗（3件）；盛储器只见罐（8件）一种。生产工具有纺轮（2件）、网坠（1件）、陶垫（1件）。

第五期已到商末周初，商人势力已退出关中地区，此遗址已衰落，故其出土物品较少。

从上面所举几处经科学发掘的遗址中出土的陶器可以看到，陶器的陶质、颜色、纹饰和器类都大同而小异，其不同者，最主要的是陶器的器形。在陶器器形中，以陶鬲最具文化特色，其次是罐。根据多年考古实践和学者研究，陶鬲的形制可分为三种：分裆鬲（或称尖裆鬲）、联裆鬲（或称弧裆鬲）、折裆鬲。刘家类型的人们使用分裆鬲，郑家坡类型的人们使用联裆鬲，商人使用折裆鬲。这三种陶鬲是因制法不同而产生的（见下文说明）。在罐类方面，刘家类型的大耳罐，很具特色，是与甘、青地区的古文化相关联的。所以，渭河流域商时期文化中的陶器，既受东方商人的影响，也受西边及北边甘、青地区古文化的影响，当然最为主要的还是本地区从新石器时代以来文化的延续。

（二）陶器的制造技术。

陶器的制造方法有三种：手制、轮制和模制。

1. 手制

手制有手捏和泥条盘筑两法。手捏是小件器物，如生产工具类的纺轮、网坠，制陶器用的拍子、垫子，装饰品的陶环，器盖上的钮等。泥条盘筑主要用于制作较大型的容器，如扶风刘家"姜戎墓"中出土的陶罐，都是采用泥条盘筑方法制成的。① 武功郑家坡遗址陶器，皆"以手制为主，兼用模制，盛行粘接法，一般都用慢轮加工修整器物口沿"②。

所谓粘接法就是器物的部件分别制作，然后粘接在一起而成一件陶器，如陶甗的上部是一个无底的罐，下部是一只鬲。制作时鬲、罐分别制成后，再将两部分粘接在一起。为了使两部分粘接牢固，往往还在两部分相接处加一圈泥条，泥条上面多做成花纹，以增加美感。又如豆，由豆盘和豆柄组成，其制法是先分别制好盘和柄，然后将二者粘接起来。采用粘接法是制陶技术上的一大进步，掌握了这种制陶技术后，无论什么复杂形状的器物，都可以制作出来。青铜器铸造技术中的分铸法，就是从制陶技术中的粘接法演变而来的。

泥条盘筑法是将做好的陶泥用手搓成粗细适当的泥条，或做成圆圈。先做好器底，然后从器底的边缘向上盘筑或一圈一圈地往上叠加。加到一定高度时，为使泥条间黏合紧密牢固，要用制作陶器的拍子拍打。拍打陶器表面时，要在拍打处的器内用垫子垫着，以免器壁内凹。在有的较大陶器里面，还可见到一条一条泥条盘筑的痕迹。

2. 轮制

轮制陶器是指使用快轮制作陶器的技术。这种技术早在仰韶、龙山文化

---

① 陕西周原考古队：《扶风刘家姜戎墓葬发掘简报》，《文物》1984年第7期。

② 宝鸡市考古工作队：《陕西武功郑家坡先周遗址发掘简报》，《文物》1984年第7期。

时期人们就已经掌握了。到了文明社会的商时期，使用这种技术就更为熟练。快轮制造的陶器，在渭河流域的商时期文化遗址中常见。陶器表面有同心圆的痕迹、纹饰的旋纹都是快轮制陶的证据。

3. 模制

模制的技术主要是用在制作器物的袋足上。渭河流域商时期的人们，炊器用的鬲和甗都有三个袋状的足。袋足用手制、轮制都不易成型，且要保持一器上的三个袋足的大小、形状基本一致，就更加困难了，所以陶工们就发明了用模制的技术，由此解决了这个难题。模的形状、大小是固定的，只需不断地翻模，制作出的部件又好又快。观看各个遗址出土的鬲、甗三袋足，它们数量如此的大，形状如此的规整，反映出了模制技术的实用价值。

制作陶器是需要多种方法的，熟练的制陶工匠能使用各种方法制作出各种类型的陶器，而制作陶器的方法不同，就产生形状不同的陶器群。各种人群都拥有自己的传统工艺，所以不同形状的陶器，反映出制作者人群的不同，考古学上不同的文化、类型就是根据这个标准来划分的。反映渭河流域商时期三个主要族群的陶鬲，其不同处就是由制作方法上产生出的区别。商文化中的折裆鬲，其制法为三袋足联合模制，再加接领部和足部并在裆底塞泥条加厚而成。其形态裆部正视呈人字形与尖裆鬲同，裆部看不出有填塞泥条的痕迹。刘家类型的尖裆鬲（或称高领袋足鬲），其制法为三个袋足分别模制，然后捏合在一起，再接上领部而成。捏合方式为左右捏合，故内隔尖刺。其形态裆部正视呈人字形与折裆鬲同，但裆缝贴压有泥条，裆底十分厚重。郑家坡类型的弧裆鬲（或称联裆鬲），其制法为先模制一个泥筒，将其下端三等分，向内挤压捏合成三袋足，然后接上领部而成。其形态，正视裆部呈弧形，足跟与袋足连为一体。① 鬲的领部可能是用泥条盘筑而成，也可能是用轮制而成的。

渭河流域商时期的人们，已是熟练地掌握了各种制作陶器的技术。

（三）陶器的烧制

陶器的烧制是用陶窑。烧制陶器的窑在商时期渭河流域的遗址中，已有多处发现，如在扶风壹家堡发现 3 座，耀县北村发现 1 座、西安老牛坡发现 6

---

① 北京大学考古系商周组：《陕西扶风县壹家堡遗址 1986 年度发掘报告》，《考古学研究》（二），北京大学出版社 1994 年版。

座、周原王家嘴及贺家村发现3座，① 长武碾子坡也发现有陶窑。陶窑都呈馒头型窑，由火膛、窑箅、窑室三部分构成。火膛在窑箅下面，前有火门以进燃料。窑箅在火膛与窑室间，上有五六个火眼。窑箅上面是窑室，顶部呈馒头形封闭状。如老牛坡商文化第三期的6号窑（87LⅢ2Y6）（图9—16），窑室呈圆形袋状，口小底大，口径0.94米、底径1.20米、深0.80米，周壁由下向上略呈弧形斜收。窑箅位于窑室和火膛之间，平面呈圆形，直径为1.20米，厚为0.30米。窑箅上面留有五个火眼，中心一个，周边四个，呈等距离排列。火眼的最大直径为0.24米。箅下为火膛，底部平面呈马蹄形，顶部微拱。底径1.40米、高0.50米。火门向南，高0.45米、宽0.80米，火门以内就是火膛。

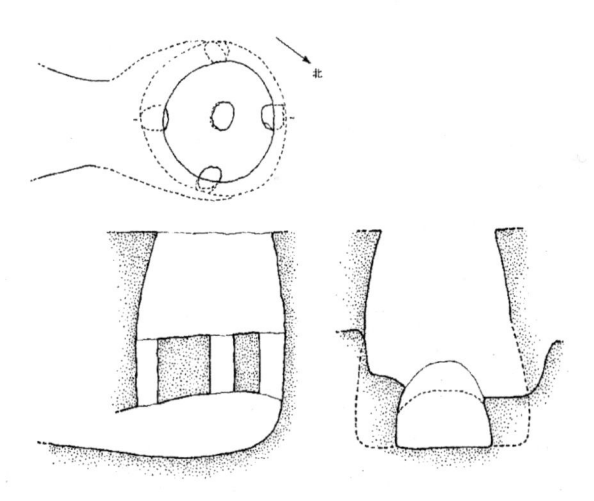

图9—16　老牛坡6号陶窑平、剖面图

（《老牛坡》第116页，图八五）

火膛在窑箅下面，火焰就会通过火眼直接烧着窑室里的陶坯。明火焰直接对着陶坯烧，就会发生因火力过猛而烧坏陶坯。这种现象在老牛坡就已发现，1号窑发现时，窑室内满满地叠放着烧坏的陶器一堆，可看出器形的有16件，其中鬲8件、罐7件、瓮1件。这些烧坏的陶器已全部挤压变扁，此应是因火势太猛或温度太高而使整窑陶坯被烧坏，致使连这座窑也被废弃不再使用。为

---

① 孙秉君、雷兴山：《周原遗址发掘又有新收获》，《中国文物报》2000年2月20日。

了解决这个问题，他们采取了遮盖部分火眼以调节火势的办法。如上举老牛坡6号陶窑，五个火眼中除东南部的一个火眼直通火膛外，其他四个火眼都有一块与火眼大小相近的烧土块盖在上面，以挡住火焰直接烧着陶坯从而减弱部分火力。另外，在烧窑时，一次送多少燃料进火膛，恐怕也是很重要的，今日烧砖瓦时，控制窑炉内的温度还是一门很高的技术，一般人不能够掌握，必须要专门的师傅。控制窑内温度就是在添加燃料的时机和多少上。上举老牛坡陶坯被烧坏的那座窑，窑箅上有六个火眼，每个火眼内都加塞一块草拌泥土块，将火眼遮住了一部分，以减弱火力，但还是将整窑陶器烧坏了。这应是对火膛内的火力控制不好。烧坏了一窑陶器，本可将烧坏的陶器取出，窑还可以利用，但此窑却被废弃不再使用，这当是商时人们迷信思想的反映。大约是以为已经采取了措施还是烧坏陶器，是此窑的不吉利，故将其废弃。

六　建筑技术

建筑上主要是居住方面的建造。可分两个层次：民居建造和宫室建造。

（一）民居建造

民居的建造是老百姓自己家的事，其劳动力主要是自家的父子兄弟、男女老幼，或亲戚邻里相帮助。民居的结构有地穴土窑式和平地起建两种，地穴土窑式又分为深土窑式和浅土穴式。建造这种房屋的过程被称为"陶复陶穴"。《诗·大雅·绵》中说周人在古公亶父迁岐以前是"陶复陶穴，未有家室"。陶即掏字，"陶复陶穴"就是挖窑洞。袁梅说"陶复"的复字即是窤字，即"崖岸之中掘掏旁穴"。陶穴为"从地面向下掏洞"。《淮南子·氾论篇》中说，"古者，民择处复穴"，高注："复穴，重窟也"。马端辰《毛诗传笺通释》载："崔应榴曰，陶其土而为之盖，又陶其土而为之窝。其说是也。……至《淮南》高注以复穴为重窟者，上既陶其土以为盖，下又陶其土以为室，有似于重窟者然，故或以为重窟者耳。"① 这种居室在商时期的渭河流域已较流行，多有发现。

1. 深土窑式房屋

在长武碾子坡和沣西张家坡都有发现。在长安沣西张家坡的早期居住遗址地层内发现6座。这类房屋都是面积较大的深坑，直径都在5米以上。在发掘这种房屋时，总是在坑的一边有大片的生黄土，生黄土的上面和下面都

---

① 袁梅：《诗经译注·雅颂部分》，齐鲁书社1981年版，第327页。

是灰土，显然这些生黄土是从土窑的一壁塌下来的。在坑的中部总有一条斜坡状的生土"隔梁"，将坑底分为两半。在生土"隔梁"的表面都有明显的路土痕迹，应该就是出入的通道。在坑底都有居住的硬面、践踏成的路土、红烧土面以及被坍塌下来的生黄土压着的供炊事用的圆窝小灶等。

深土窑式房屋的建造方法是，先从地面向下挖一个大而深的竖穴土坑，再在坑的下半段之一壁向里掏挖扩大，利用其顶作为掩蔽体，即成一座窑洞，烧火的地方也在挖的窑洞下。因此窑顶容易崩塌，从而形成大片生黄土下面压着灰土的现象。如碾子坡房屋 H503，建造在生黄土层里，为一大而深的椭圆形竖穴土坑，东西长约 4.64 米、南北宽约 3.80 米（图 9—17）。土坑现存最深处距地面为 2.94 米。坑东北壁的下半部向里掏挖扩大，因多次垮塌（在竖穴下部东北侧和西南侧有很多从坑口塌下来的生黄土）现仅残存深 0.10—0.40 米。出入口开在东南边，与坑底中间一条呈西北、东南走向的生黄土埂相连，将坑分成两部分。土埂呈斜坡状，从北至南渐变宽大，底宽 0.40—1.20 米，路面宽 0.30—0.80 米，表面残留有厚约 0.50 厘米的硬面路土。坑底近于平坦，为居住面，因长期践踏而形成厚 0.20—0.50 厘米的硬土面。居住面的西南角有一处被火烧成褐红色的地面，面积为 30 厘米×40 厘米，上面有厚约 10 厘米的灰烬，应为炊煮食物之处。在高出居住面 1.70 米的坑壁上，有三个壁龛。一个在北壁上，口近长方形，平面为半圆形，高约 0.30 米、宽约 0.60 米、残深约 0.40 米。另两个在南壁上，因坑口倒塌已大部被毁，但据残留部分仍可看出其形制与北的壁龛相同。[①]

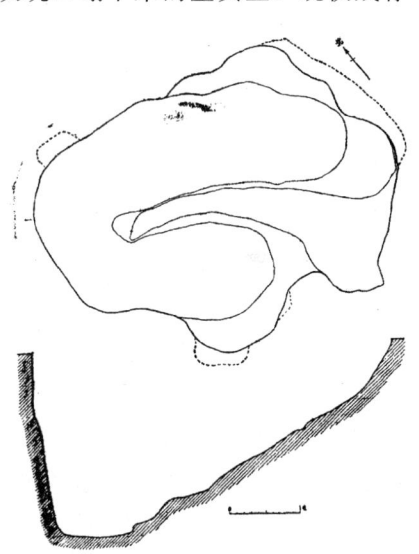

**图 9—17 碾子坡深土窑式房屋
基址平、剖面图**

（《考古学集刊》第 6 集第 126 页图五）

沣西客省庄早期的 H143 是一座上口呈椭圆形的深土窑式房屋，南北径

---

① 中国社会科学院考古研究所泾渭工作队：《陕西长武碾子坡先周文化遗址发掘纪略》，《考古学集刊》第 6 集，中国社会科学出版社 1989 年。

9.50米、东西径7.80米，底部略小。在距坑口深1米处有一层硬土面，硬土面的中央部分比四周略凹，是经过长期践踏而形成的。在北壁下有一个沿着坑壁的半圆形的烧土坑，烧坑很浅，只有5厘米，烧坑底部较平。向南有路土，呈斜坡状，当是出入口。

在硬土面下面，坑的北半部出现大片的生黄土，由北向南长达4米。生黄土的堆积情形是靠西北壁较厚，东南稍薄，当是从北壁坍塌下来的。揭去生黄土后，下面又露出灰土，直到坑底。在坑底偏南有一条东西向的生黄土"隔梁"，将坑分为南北两半，"隔梁"的中部有一个宽约1.20米的缺口，坑的两部分可以互通。坑底较平整，有一层很薄的路土。在东部生黄土"隔梁"上有三级台阶，最下一级宽0.50米，最上一级宽0.25米。台阶转向南，出入口当在南边。

2. 浅土窑式（或称半地穴式）房屋

这类房屋在碾子坡和沣西张家坡都有发现，在张家坡发现5座。张家坡H105是一座南北向的长方形房屋，只残存东、西、南三壁，南壁完整，宽2.20米，房屋的中部较南部宽，最宽处有2.85米。房子是在生黄土上挖成的，就利用坑壁作为墙，保存最高的地方有1.40米。墙壁近于垂直，在墙根的地方有高约5厘米的一段用火烧过，呈红色。屋内中部偏东有一个圆形柱洞，口径0.25米、深0.40米。在西壁偏北有一个掏在壁上的小龛，高0.60米、宽0.60米、深0.50米。屋内有两层居住过的硬土面。上层居住面比较平整，靠近东墙有一片红烧土，和东墙壁根的红烧壁面相连。靠近南壁的东部有一个凹入地面的椭圆形小灶，表面烧成红色，东西径0.60米、南北径0.40米。屋内的北部发现有路土，估计出入口是开在北边的。房顶没有留下任何痕迹，结构不清楚。[①]

碾子坡H820房屋，挖建于生黄土层中，为圆角长方形竖穴土坑。出入口在南边东端，外接一条竖井三级土坡路。房基南北长2.80米、东西宽1.80—2.19米。坑口距今地表0.80—1.50米，坑现存最深处约1.10米。坑壁加工精细，壁面敷一层很薄的料礓石浆并经压磨，表面坚硬光滑。四面墙上发现有9个壁龛。龛口为椭圆形，平面为长方形或半圆形，深浅不一，高15—43厘米、宽14—35厘米、深6—35厘米。在其中的一个龛内曾发现碳化谷物，经鉴定为未去皮的高粱。

---

① 中国科学院考古研究所：《沣西发掘报告》，文物出版社1963年版，第75、76页。

居住面很光滑平整，垫土经过夯打，厚约 10 厘米。夯土面上敷一层厚约 2 厘米的料礓并经过压磨，然后用火烧烤，表面呈红色或红褐色，土质异常坚硬。灶设在屋内西南部，口径 30 厘米、底径 20 厘米、深 15 厘米，内填满灰烬。居住面北侧发现一大石块，长 30 厘米、宽 20 厘米、厚 7 厘米，朝上的一面有研磨痕迹。

房顶未能复原，仅居住面上发现两个柱洞，一个位于中部偏东，口径 33 厘米、底径 17 厘米、深约 45 厘米。底部垫有厚约 12 厘米的黑色硬泥，内夹很多碎陶片渣，周边为黑色泥圈，厚 3 厘米；另一柱洞位于屋内东北部，口径 28 厘米、底径 11 厘米、深 28 厘米。柱洞周壁呈红色，底部垫一圈鹅卵石。两柱洞的周围都发现有白色粉末，当是木柱腐朽的痕迹。[①]

3. 平地起建的房屋

平地起建的房屋在老牛坡发现三处，其中第 3 号房屋保存比较完整。房基建在夯土台上，方向为 22 度，是一座长方形房屋，长 11.30 米、宽 5.80 米。居住面先加夯打，夯层厚 0.06—0.10 米，然后涂抹料礓石粉末。四周是夯土墙，墙宽 0.90—1.30 米，夯层厚 0.08—0.12 米。现今在东、西、北三面还残留一定高度的矮墙，最高处有 0.80 米。在房基上面，由南向北排列着 3 行柱洞，每行 5 个，共 15 个。每行柱洞的前后间距离为 2.10 米，左右间距离为 2.30 米，对应排列，井然有序。其中东、西侧的两行柱洞分别位于边墙内，应是暗柱。中央一行是支撑屋脊柱子的脊柱洞。每个柱洞的底部均置有未曾加工的卵石做柱础。柱洞大小深浅不一，直径为 27—48 厘米、洞深 10—72 厘米。从三行柱洞知，屋顶应是"人"字形的。在东、西两墙的最北端（即房屋的北头）柱洞旁各有一个大小不一的柱洞，在中心柱洞旁也有一个小型柱洞。很有可能是房屋使用一段时间后，这三根柱子发生倾斜而增加的辅柱。在东墙外侧 0.50 米处，发现一行五个较小的柱洞，当是挑檐柱，说明此房屋门前有走廊。在房屋东墙最北的两柱洞间和最南的两柱洞间各发现一个缺口，应是供出入的门道。

根据柱础排列推测，这座房屋当是一座坐西向东、面阔四间、进深二间、面东两门、前有走廊、屋顶为两面坡式的建筑。

[①] 中国社会科学院考古研究所泾渭工作队：《陕西长武碾子坡先周文化遗址发掘纪略》，《考古学集刊》第 6 集，中国社会科学出版社 1989 年版。

（二）宫殿建筑

宫殿建筑的质量和规模都要大大高于民居建筑，不但动员的人力多而且施工的组织也十分地有序，《诗·大雅·绵》篇记载古公亶父迁岐以后建造宫殿的场面道：

乃召司空（于是召集掌管工匠的官），
乃召司徒（于是召集掌管民众的官），
俾立室家（派他们把宫室建）。
其绳则直（拉直绳子划准线），
缩版以载（栽正木桩固定版），
作庙翼翼（建成宗庙多威严）。
捄之陾陾（装土声仍仍），
度之薨薨（倒土声轰轰），
筑之登登（打夯声登登），
削屡冯冯（刮削声乒乒）。
百堵皆兴（百堵高墙很快成），
鼛鼓弗胜（丈二大鼓压不住欢庆声）。
乃立皋门（于是兴建城郭门），
皋门有伉（郭门高耸辉煌）。
乃立应门（于是兴建宫正门），
应门将将（正门严正端庄）。
乃立冢土（于是兴建大祭坛），
戎丑攸行（众人祭祀都前往）。

诗叙述了建造都城宫殿的过程，特别是真实地记录了版筑工艺过程：墙基放线，架立桢、干等模具，用筐篮装土，向模版内倒土，用夯杵捣筑，拆模后进行壁面整修加工——削去凸棱和填补捶打空洞不实之处。① 筑城的地点，诗中明言在古公亶父迁岐以后，当在周原。但在周原范围内还未发现周文王以前的城址及相应的宫殿遗迹。1976 年以来周原考古队在岐山县京当凤雏村发现两组宫殿或宗庙建筑基址，并在基址内发现了西周时期的甲骨。在扶风

---

① 杨鸿勋：《西周岐邑建筑遗址初步考察》，《文物》1981 年第 3 期。

召陈村也发现一处大型建筑基址。凤雏基址有人认为可能早到周文王时期，召陈村基址是西周时期的建筑。

凤雏建筑基址南北长45.20米，东西宽32.50米，面积为1469平方米。整组建筑约呈南北向，以门道、前堂和过廊居中，东西两边配置门房、厢房，左右对称，布局整齐有序。① 凤雏村建筑基址虽然不能早到古公亶父时期，周文王时期也是继承前代人的技术才会有如此规模的建筑。

在建筑材料上，在商末此地有可能已使用砖。2004年考古工作者对岐山县城北约7.5公里的凤凰山南麓的周公庙遗址进行大规模发掘，在04QZH8出土了绳纹残砖4块。此坑的共存器物具有先周偏晚同类器物之特征，据此推测该坑堆积形成时代当为商末周初之际，发掘者认为，此地有砖的存在或可表明先周时期该地点有相当规模的建筑遗存。②

周文王所伐的崇国，也筑有高大城垣。《诗·大雅·皇矣》中有"崇墉言言"、"崇墉仡仡"，毛《传》"墉，城也"，"言言，高大貌"，"仡仡，犹言言也"。周文王攻打崇国很是费了一番工夫才拿下来，诗中说文王经过周密策划，联合友邦，使用了各种武器，方才向崇国都城发起进攻，"帝谓文王，询尔仇方，同尔兄弟。以尔钩援，以尔临冲，以伐崇墉"。崇国的都城被攻破，崇国被灭，故诗中说周文王"既伐于崇，作邑于丰"。是周文王所作丰邑距崇国不应很远，有认为西安老牛坡遗址是崇国的文化遗存，不是没有依据的。在老牛坡虽然还没有发现城垣建筑，但已发现两处大型夯土基址，当是宫殿建筑的基址。

两处建筑基址分别位于遗址Ⅰ区第二地点和Ⅱ区第二地点，一南一北，其间仅隔一条自然沟，相距约百米。

第一号夯土建筑基址呈南北向，东西长30米、南北宽15米，夯基厚约1米。夯层厚度为8—10厘米。夯基面破坏严重，散乱的石柱础均失去原位，看不出其间的关系和排列规律。

第二号夯土建筑基址亦为南北向，南边长23米、东西宽12米，它是建筑在厚为1.20—1.90米的夯土台基上的。因破坏严重，墙基、门道、隔墙等地面建筑均荡然无存，在发掘面积内，只发现残存的15个石柱础。这些石柱础排列十分规律，南北三排，东西七行，其间距为2.50—3.50米。在

---

① 陈全方：《周原与周文化》，上海人民出版社1988年版。
② 周公庙考古队：《陕西岐山周公庙遗址考古收获丰硕》，《中国文物报》2004年12月31日。

发掘探方的北端 3 米处，还钻探出一行 3 个石柱础，可见该基址至少应有东西向石柱础八行，24 个柱础。

每个柱础是由 3—8 块大小不一的鹅卵石堆砌而成，均呈原形，直径在 60—100 厘米之间。柱础的建造方法，是夯基完成后，按照建筑设计的立柱布局，在一定的位置处先挖一个直径约 1 米、深约 0.20 米的平底原坑，中心放置一块大型的卵石，使较平的一面向上，便于立柱，此为主要础石。在大型卵石的周围再堆砌较小的卵石 3—7 块，紧密挤压在一起，使之起到固定中心础石的辅助作用。石础砌置好后，再在上面敷以 3—5 厘米厚的细土并夯打平整，然后在其上立柱（图 9—18）。

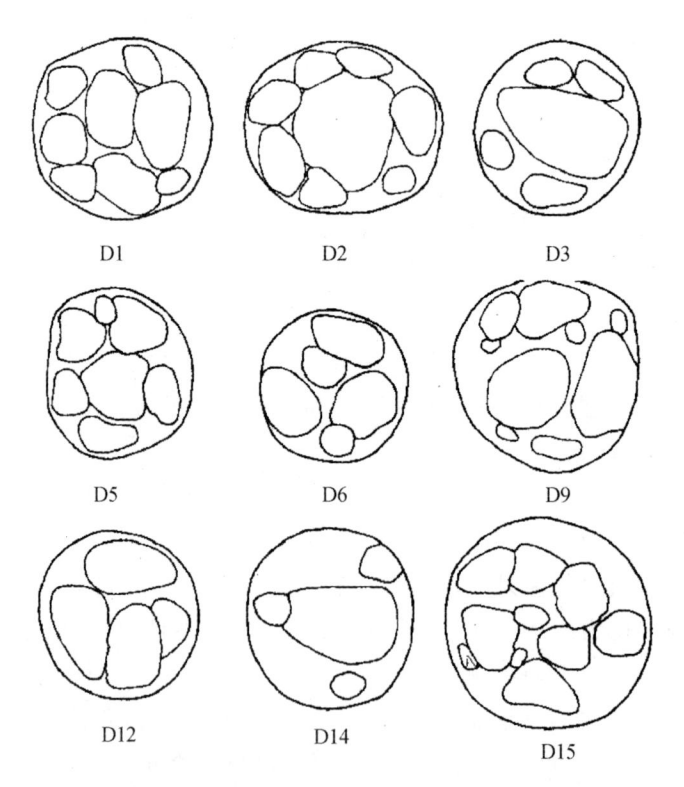

图 9—18　老牛坡第二号建筑基址上的石柱础

（《老牛坡》第 108 页，图八〇）

若据现残存的夯土台基面和柱础推算，第二号夯土基址上面的全部柱础似应是南北 5 排，东西 8 排。目前像这样大型的商代晚期夯土建筑基址，在陕西商时期的考古中还是首见。这样大型的、夯土台基高达1米以上的建筑遗址，无疑应是当时统治者们居住的宫殿，此地很有可能就是《诗经》中的"崇墉"之地。

七　其他手工业

除铸铜、制陶和建筑业外，还有其他一些手工业，如纺织、制骨、髹漆、制玉、木作等，但由于地下出土的遗物少，文献记载亦缺乏，故不能深究。

(一) 纺织

纺织业肯定是存在且发达的，在渭河流域商时期文化各遗址里，都出土了数量不等的纺轮。如在郑家坡遗址里出土有陶和石质的纺轮及骨针；在耀县北村遗址里出土陶纺轮8件、骨针4件；扶风壹家堡遗址出土陶纺轮11件，分为三种型式；在碾子坡遗址出土的纺轮较多，常见的有四种形制：圆饼形、圆台形、算珠形和圆砣形；在老牛坡遗址商时期的各期文化层里都出土有陶纺轮，这在上面讲陶器器类一节里已有叙述。此外还有石纺轮及骨针，在第二期出土石纺轮1件、骨针1件，第四期出土石纺轮1件、骨针3件。在老牛坡遗址里还发现有织物痕迹，如在第四期第十号墓出土的两件铜斧，"斧身表面有织物痕迹"。第一号墓是一座中型殉人墓，在"人骨架的下肢处，发现麻布痕迹数片。从纵横织纹看来，在每平方厘米内有经线8根、纬线6根，质地比较疏松"。这样稀疏的织物，大概是与随葬用品有关，而不是时人的衣着用料。1997年在泾阳高家堡清理的六座商末墓葬里的随葬器物内装有麻片、丝绸、草绳，保存相当完好，有两只铜鼎的双耳缠有麻布，以防移动鼎时烫手。①

除考古中发现的丝、麻纺织外，文献记载，灭商前的周人就有毛纺织和蚕丝。《七月》诗中提到服装的名称有衣、褐、裳、裘等。此诗首句云"七月流火，九月授衣"，讲到"衣"字。这个"衣"是冬衣，是统治者"授"给他的奴隶们的，当是一种麻布衣。再云"二之日栗烈，无衣无褐，何以卒岁？"郑玄《笺》云："褐，毛布也。卒，终也。此二正之月，人之贵者无衣，贱者无褐，将何以终岁乎？"褐是粗毛衣，故为下层人们御寒所用。麻布有精粗之别，精细者染上各种颜色，是上层人士的衣料，故诗中继云：

---

①　《泾阳商末古墓群出土一批礼器》，《中国文物报》1997年9月15日。

"八月载绩，载玄载黄，我朱孔阳，为公子裳。"毛《传》云："载绩，丝事毕而麻事起矣。玄，黑而有赤也。朱，深缬也。阳，明也。"郑玄《笺》云："为公子裳，厚于其所贵者也。"再云，"蚕月条桑，取彼斧斨，以伐远扬，猗彼女桑"，是讲采桑养蚕的事。丝织品只有贵族才能享用的，故在遗址里发现较少。裘是用动物的皮制成的，诗中讲到十一月份捉狐狸"为公子裘"。上等的裘皮衣在皮子里面是要挂布做衬里的，不似普通人家，就只一张光板羊皮披在身上御寒。《七月》诗中反映的纺织品有麻、毛、丝，还有裘皮，说明周人在灭商前的纺织也已具相当水平。

（二）骨角器制造

渭河流域商时期的各遗址里都出土有骨角器，主要种类是工具和武器。工具有骨角制的铲、镰、刀、锥、针、匕、笄等，武器有镞。像中原商文化内那样的雕花骨制品，在这一地区很少发现。这一地区的角器比较多，有别于他地之处。在老牛坡商时期各文化层里都出土了不少的角器，如在第二期出土角锥1件、角镞9件；第三期出土角铲2件、角锥2件、角镞10件；第四期出土角铲1件、角锥7件、角管1件、角镞19件。在碾子坡遗址里也出有不少的角器，多是用鹿角制作的。在沣西张家坡发现的310件骨角镞，"大部分是用鹿角做的，用兽骨做的只占少数"。在张家坡早期居址中，发现有一处制造骨角器的作坊。发现于第一地点，所发现的骨制品主要集中在两个地方：一处是H169以及该坑所在的T144；另一处是在H160和附近的几个探方中。主要产品是骨角镞和骨笄，另外还有骨针、骨锥等。发掘到很多这类产品的成品、半成品、废品以及大量做原料用的鹿角和兽骨，同时，还发现很多磨制骨角器的磨石。在骨角原材料、半成品上往往留有切割、锯的痕迹。[①]

（三）髹漆工艺

漆皮在一些墓中时有发现，如在老牛坡第四期的M5、M6、M8、M11、M24等墓中发现了多起漆器纹饰残片，从其所呈现的器形看，有的为圆形、有的为方形、有的则作不规则形，当为盒、盘、案之类器物的漆皮残迹。残存的一些黑底红彩、红底黑彩的纹饰，有回纹、卷云纹、三角纹、涡纹等，是此地的髹漆技术已具有一定的水平反映。在其他较大的木质棺椁墓内，也常发现有漆器的遗迹。

[①] 中国科学院考古研究所：《沣西发掘报告》，文物出版社1962年版，第78—79、91页。

制玉、木作实物发现很少，留待以后有一定实物发现后再加以深究。

第三节 北土诸方国经济

商代的"北土"大致在今河北省地区（包括北京、天津两市在内，下同），最北可能到达内蒙古的东南、东北可能已达于今辽宁西部。河北省内是发现商时期文化遗存较多的一个地区，发现的商代遗址已有数百处之多。河北省的南部地区，应是商王畿的北境，《史记·殷本纪·正义》引《竹书纪年》云："自盘庚徙殷至纣之灭七（二）百七十三年，更不徙都，纣时稍大其邑，南距朝歌，北据邯郸及沙丘，皆为离宫别馆。"沙丘，《汉书·地理志》说在钜鹿东北七十里，《括地志》则谓"沙丘台在平乡东北二十五里"。地在今广宗县西北大平台，秦始皇东巡病死在此地。广宗县在邢台市东，属邢台市管辖范围。是今河北省邢台以南，应是商王朝直接管辖的地区，即"王畿"的一部分。考古工作者多年在此地发现商时期的遗址多处，① 有研究者还认为这里就是商王祖乙所迁的王都"邢"的所在地。

商时期的"北土"地区有着不少与商王室关系密切的方国。

邢台地区是商代后期井方的地盘，② 应为商畿内之方国。西周时井（邢）国的"井（邢）"之得名应是因封于商时的井地，《麦尊》铭文云"王命辟井侯出，侯于井"。1978 年元氏县西张村发现的臣谏簋证实，西周初年井（邢）国的封地就在今邢台市一带。③ 由此可证明邢台在西周前的商时期确名为井，曾是井方的所在地。

邢台以北的石家庄地区，已发现商时期遗址达 27 处之多，有相当于"二里岗期"的遗物，也有类似"殷墟文化早期"的遗物。藁城台西是经过发掘的一处商代中期偏晚的重要遗址，出土的青铜器上没有发现铭文，但在藁城前西关出土 3 件商晚期带"守"字徽识的青铜器，是"守"族地可能在

---

① 刘启龙：《邢台文物考古概述》，《三代文明研究（一）·1998 年河北邢台中国商周文明国际学术研讨会论文集》，科学出版社 1999 年出版。

② 孟世凯：《甲骨文中井方新考》，《邢台历史文化论丛》，河北人民出版社 1990 年版。

③ 李学勤：《元氏青铜器与西周的邢国》，《考古》1979 年第 1 期。

这一带地区。①

　　易水、拒马河以北、燕山以南地区，在商时期是夏家店下层文化、大坨头文化（或称大坨头类型）、围房三期类型与商文化的结合。商文化二里岗上层时期的势力曾一度到达这一地区，在桑干河支流壶流河流域的蔚县发现了二里岗上层文化（第四阶段）叠压在夏家店下层文化（第三阶段）之上的地层。②但商文化在此只是昙花一现，很快就退了回去，③然而先进的商文化却播及冀北，商人也与当地民族建立起了友好关系，如在易县发现的上有祖、父、兄铭的三件铜戈，王国维说"其器出易州，当为殷时北方侯国之器，而其先君皆以日为名。又三世兄弟之名先后并列，皆用殷制，盖商之文化，时已沾溉北土矣"。④清末在涞水县张家出土数种北伯铜器，⑤殷墟甲骨文中有一名"北方"的方国，属于第四期，其辞云：

　　　　辛亥卜北方其出。（《合集》32030）

已有研究者指出，与卜辞常见的"吾方其出"相比较，此条卜辞中的"北方"应是一方国名而不是方位名称，应是可从的。在同期卜辞里还有商王对"北方"的征讨：

　　　　庚寅，贞王其正（征）北方。（《屯南》1066）

北伯铜器的风格是商式的。涞水县张家窪出土的北伯铜器，可能就是商时"北方"方国的遗存。

---

　　①　石家庄地区文化局文物普查处：《河北省石家庄地区的考古新发现》，《文物资料丛刊》第1辑，文物出版社1977年版。
　　②　张家口考古队：《蔚县夏商时期考古的主要收获》，《考古与文物》1984年第1期。
　　③　李伯谦：《论夏家店下层文化》，《纪念北京大学考古专业三十周年论文集》，文物出版社1990年版。
　　④　王国维：《商三句兵跋》，《观堂集林》卷十八，中华书局1959年版。
　　⑤　王国维：《北伯鼎跋》，《观堂集林》卷十八，中华书局1959年版。

商在北京地区有匽即燕国，① 在唐山地区有竹侯国。甲骨文中的竹侯，古文献中称为孤竹，《国语·齐语》记载齐桓公"北伐山戎，刜令支，斩孤竹而南归"，韦昭注"令支，今为县，属辽西，孤竹之城存焉"。《括地志》曰"孤竹故城在平州卢龙县南十一里，殷时孤竹国也"。唐时的卢龙县与今卢龙县地同。1972 年在卢龙县城西南 25 公里的东阚各庄发现一处商代晚期遗址和一座随葬有青铜器的墓葬，② 这当是商时孤竹国的文化遗存。在辽宁喀左北洞沟多次发现商代窖藏铜器，有的铜器上铸有"孤竹"铭文，③ 有研究者指划孤竹国的地望为："在今日河北东北部到长城外的辽宁西部、内蒙古东南一隅的范围内"。④ 这也是商代"北土"北界。商文化的进入，推动了当地经济的全面发展。

一 北土诸方国的农业、家畜饲养及渔猎活动

商时期北方诸国的经济，以拒马河、易水为界，此以南部地区的方国，农业经济比较发达；以北部地区的方国畜牧渔猎经济比重较大。但北部地区也有农业生产，南部地区畜牧渔猎活动亦是人们获得肉食的方法。

（一）农业

商后期的王都在今河南安阳市的小屯村，从王都到燕山南的地区是广阔的河北平原，平原的西部是太行山脉，北部是燕山山脉。平原及平原与山地交界的山脚地带，是最适宜于农业的地区，因此在殷墟时期，"北土"可能已成为商王室重要的粮食供应地，故在武丁卜辞中，常见有关"北土"是否"受年"的占卜：

甲午卜，宁，贞北土受年。
甲午卜，宁，贞北土不其受年。（《合集》9745）

---

① 杨升南：《殷墟甲骨文中的燕和召公封燕》，《北京建城 3040 年暨燕文明国际学术研讨会会议论文集》，北京燕山出版社 1997 年版。

② 唐云明：《河北境内几处商代文化遗址纪略》，《考古学集刊》（二），中国社会科学出版社 1982 年版；河北省文物研究所：《河北卢龙县东阚各庄遗址》，《考古》1985 年 11 期。

③ 晏琬：《北京、辽宁出土铜器与周初的燕》，《考古》1975 年第 5 期。

④ 彭邦炯：《从商的竹国论及商代北方诸国》，载王宇信主编：《甲骨文与殷商史》第三辑，上海古籍出版社 1991 年版。

> ……北土受年。(《合集》9747)
>
> 丙午……北土[受]年。(《合集》9748)
>
> 北土不其受年。(《合集》9749)

直到帝乙、帝辛时期，商王室还是关心北土的农业收成：

> 北土受年。吉（《合集》36975）

商王室如此关心北土的农业收成情况，绝非无故。

  从考古发掘获知，直到燕山南地区的北土诸方国境内，农业是其主要的经济部门。在各遗址里，都出土了相当数量的农业生产工具，主要是石、骨、角、蚌质的非金属农具。特别值得注意的已有金属农具。在满城要庄采集到一件青铜铲，为方銎，形制同1953年安阳大司空村和1963年安阳苗圃北地发现的差不多。① 起土农具青铜耰在藁城台西遗址的墓葬里出土了2件，② 1978年在灵寿县西木佛村的一座商晚期墓中出土一件青铜耰，原报道称为"锛"，③ 但此器"上宽下窄"，通长10.60厘米，刃宽（原报道作"刃长"）2.60厘米，作窄条形，陈振中认为应是耰而不是锛，④ 是对的。其他的与农业有关的青铜工具还有：青铜刀据统计已发现20件、青铜斧2件、青铜锯1件、青铜凿2件。⑤ 青铜刀是切割工具，除切割肉类食物外，当然也可做农业中的收割用具。以其金属质地的锋利，无论是摘取禾穗头还是连秆收割，都比非金属收割农具的效率高。青铜的斧、锯、凿是间接的农具，它们是加工竹、木质农具的工具，可称作母农具。有了金属工具后，大大方便了对竹、木质农具的加工、制作，特别是对坚硬木材的加工。而用坚硬木材制作成的农具，更有利对土地的耕作活动。所以，金属工具的出现，对农业生产的推动是全面性的，其革命性的作用，不可低估。

---

① 唐云明：《河北商代农业考古概述》，《农业考古》1982年第1期。
② 河北省文物研究所：《藁城台西商代遗址》，文物出版社1985年版，第135页。
③ 正定县文物保管所：《河北灵寿县西木佛村出土一批商代文物》，《文物资料丛刊》第5集。文物出版社1981年版。
④ 陈振中：《先秦青铜生产工具》，厦门大学出版社2004年版，第31页。
⑤ 同上。

金属农具和与农具有关的金属工具，主要发现于河北省的中部以南地区，在易水、拒马河以北地区，只发现刀一种，反映出冀北地区金属农具的使用程度比中南部要低。

非金属农具仍是主要的，在省内各处商时期文化遗址中都有较多的发现。非金属农具中，竹、木质农具应是很普遍地使用，特别是有金属工具后，加工竹、木质农具更为方便，从而促进了竹、木质农具更广泛的使用，但竹、木质农具易腐朽不易保存下来，所以很难有发现者，今日所见者青铜质的外，都是石、骨、蚌质的农具，其中又以石质器为主。石、骨、蚌质的农具出土最丰富而种类齐全的，当是藁城台西商时期遗址。

藁城台西村的商代遗址位于藁城县城东10公里的滹沱河畔。河北省博物馆和文物管理处在1973年、1974年两年进行了两次发掘，开探方19个，发掘面积达1889.75平方米。在此遗址里，出土的农业生产工具数量多，器类也较齐全。在遗址早晚两期居址中，出土石器583件，[①] 农业工具及与农业相关的工具有铲65件、镰336件、刀44件、斧54件。作为收割的农具镰和刀共有380件，占出土石器总数的65.10%。石镰有四种形式：拱背直刃、拱背弧刃、拱背凹刃、拱背斜刃微内凹。石刀的形式多样，有方形、长方形、梯形、长条形等，有的在中部或背部居中处钻有一圆孔，以便用绳索将石刀捆绑在手上采摘禾穗头。

骨器中有骨铲17件、锥128件、刀23件。骨铲中有12件是用兽类（主要是牛）的下颌骨制成，其余几件是用卜骨改制的。刀多是用猪的下颌骨改制而成，也有用卜骨改制的。骨锥的形状不规则，制作粗糙，仅尖部经过加工磨制，其余部分有的还保持着原材料的原始形态（图9—19）。其制作的材料有鹿角和动物的肋骨、带关节的支骨及各种小骨制成。从其长度看，最长的28.9厘米，短的8.8厘米。骨器中还出土骨针16件，所以骨锥不是用于缝纫的用具而应是一种生产工具，是用于农业点种及收获（或采集）时刨取埋在土中的块茎食物的工具。

蚌器中有蚌铲40件、蚌镰29件、蚌刀7件。蚌镰从其柄的位置看，分为"右手镰"和"左手镰"两种。从发现的"左手镰"看，当时也有"左撇子"这种习惯的人。

[①] 在《藁城台西商代遗址》书中说在两期居址中发现石器482件，实应为583件。

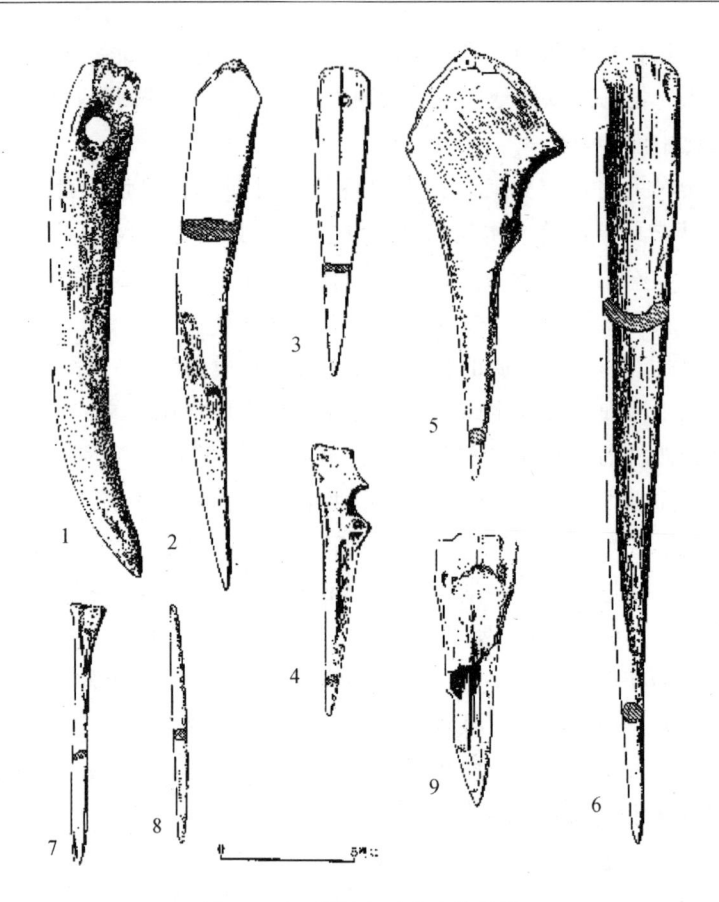

图 9—19　藁城台西出土的骨锥

（《藁城台西商代遗址》第78页图五〇）

内丘县的南三歧村遗址里出土的石器以石铲为最多，约占生产工具中50%，形制有有肩、穿孔和梯形三种。其次是长方形单孔偏刃石刀和拱背石镰以及柱状石斧。① 在邢台尹郭村出土石器主要是农具，有石斧 7 件、石铲 94 件、石刀 35 件、石镰 25 件，石镰有拱背凹刃和拱背直刃两种形式。② 在邯郸龟台商时期文化层中，出土的石器非常丰富，仅 H66、67、81 三个灰

---

① 唐云明：《河北境内几处商代文化遗存纪略》，《考古学集刊》第 2 集，中国社会科学出版社 1982 年版。

② 河北省文化局文物工作队：《邢台尹郭村商代遗址及战国墓葬试掘简报》，《文物》1960 年第 4 期。

坑，就出土石器 115 件，其中铲和镰就占 65% 之多。①

在冀北地区的遗址里也出土有农业生产工具。1978 年发掘唐山市古冶商时期遗址时，发现的石器 39 件，有斧 14 件、铲 2 件、镰 7 件、刀 3 件、锛 3 件和 1 件锤。石镰分两种形式：直背弧刃、弧背直刃。在有的弧背直刃式石镰的后端，留有捆绑木柄的凹槽，是装上木柄使用的农具；② 1964 年发掘大厂回族自治县大坨头遗址，在清理的夏家店下层文化两个灰坑里（这里地表破坏严重，文化遗迹仅剩下一些灰坑），生产工具只有石器，器类有斧（1 件）、刀（2 件）、凿（1 件）等。③ 在蔚县商时期的第三阶段遗存里，发现了与第二阶段大致相同的石、骨、铜器，第二阶段石器的主要器形有斧、刀、镰、锤，骨器有铲、凿、锥、镞、针、匕等。④ 在北京市房山区的镇江营商周第三期（商末周初）遗存里，除出土有石制工具斧、镰、锛、凿等外，还出土一批角质农具，有镢、铲、锥等。都是利用鹿角制作的。其中镢发现较多，完整的有 3 件，是利用鹿角的自然状态，稍作加工而成器（图 9—20）。⑤ 镢是挖掘工具，用于起土及点种，当然也是刨取土中块茎的方便工具。

图 9—20 镇江营出土的鹿角镢
（《镇江营与塔照》第 270 页图 184）

冀北地区各遗址出土的农业生产工具，在数量和种类上，都大不如藁城台西遗址出土的农业生产工具。出现这种现象有两种可能：一种可能是冀北地区的农业不及冀中以南地

---

① 北京大学等：《1957 年邯郸发掘简报》，《考古》1959 年第 10 期。
② 河北省文物研究所：《唐山市古冶商代遗址》，《考古》1984 年第 9 期。
③ 天津市文化局考古发掘队：《河北大厂回族自治县大坨头遗址发掘简报》，《考古》1966 年第 1 期。
④ 张家口考古队：《蔚县夏商时期考古的主要收获》，《考古与文物》1984 年第 1 期。
⑤ 北京市文物研究所：《镇江营与塔照》，中国大百科全书出版社 1999 年版，第 262—272 页。

区发达。在大多数冀北地区商时期遗址里都发现有细石器，如在蔚县"石器按制法分为磨制和压削制（即所谓'细石器'）两类"。① 在天津大坨头遗址的石器分为磨制和打制两种，"打制石器皆为细石器，有镞、锥状器和刮削器等。"② 蓟县张家园遗址第三层出土石器 15 件，其中有细石器 4 件（镞 2 件、刮削器 2 件）。③ 围坊第二期也出土数量较多的细石器，除少数石片外，大部分为有明显使用痕迹的刮削器，围坊二期的时代为商代。细石器是同畜牧、狩猎业相关的一种文化遗存；另一种可能是遗址的性质、发掘的面积的大小有关。藁城台西遗址的文化内涵比较单纯，主要是商代中期的居住遗存和墓葬，是商时期的一个村落，故遗存十分丰富。且发掘面积近 2000 平方米。在冀北地区还没有遇到这样单纯而丰富的遗址。

农作物种类，在邢台曹演庄和藁城台西遗址中发现有黍，在台西遗址里发现有麻，在编号为 F14 的房屋内，发现了 50 克大麻子。④ 河北古代是出产小米的地方，早在新石器时代早期的磁县磁山文化遗址里，就发现了多达 10 万斤的粟，⑤ 直至近现代，河北境内还是我国主要的产粟地区，商时期也应是主要的农作物。

果树也已被栽培。在藁城台西遗址内，在居住的房屋里发现了桃仁、李仁和枣核。在房屋内发现，无疑这些水果仁是食用后遗留下来的。据研究郁李仁是专供药用的。⑥ 桃、李、枣几种水果已见于《诗经》，是我国传统的水果。藁城台西的发现说明，这几种水果至迟在商代中期，在今河北省的中部地区已经为人工所栽培。

（二）家畜饲养

商时北土诸方国的家畜饲养业比较发达。其家畜的种类有牛、羊、猪、

---

① 张家口考古队：《蔚县夏商时期考古的主要收获》，《考古与文物》1984 年第 1 期。
② 天津市文化局考古发掘队：《河北大厂回族自治县大坨头遗址发掘简报》，《考古》1966 年第 1 期。
③ 天津市文物管理处：《天津蓟县张家园遗址试掘简报》，《文物资料丛刊》第 1 辑，文物出版社 1977 年版。
天津市文物管理处考古队：《天津蓟县围坊遗址发掘报告》，《考古》1983 年第 10 期。
④ 唐云明：《河北商代农业考古概述》，《农业考古》1982 年第 1 期。
⑤ 佟伟华：《磁山遗址的原始农业遗存及相关问题》，《农业考古》1984 年第 1 期。
⑥ 耿鉴庭、刘亮：《藁城台西商代遗址中出土的植物》，《藁城台西商代遗址·附录三》，文物出版社 1985 年版。

狗等。在邯郸涧沟的商早期遗存里，发现的动物骨骼有牛、羊、马、猪、狗和鹿、獾、鳖等。① 在藁城台西商代遗址出土卜骨409片，"卜骨绝大多数使用牛肩胛骨制成，只有一两块是用牛的下颌骨，两块系用猪的肩胛骨"。牛有黄牛和水牛。在台西的墓葬里共发现卜骨11片，M56号墓内出土的一片长33厘米，系黄牛的肩胛骨制成，M14号墓内出土的一片长49.5厘米，据鉴定为圣水牛的肩胛骨。裴文中、李有恒说，殷墟和台西村的圣水牛"和现代菲律宾的野生水牛接近"，并认为"台西遗址的水牛，可能是驯养的"。②在藁城台西遗址出土的兽骨中未鉴定出是否有羊的骨骼，但在台西遗址里发现的麻布内却发现有山羊的绒毛，是羊应已成为饲养的家畜。狗常作为随葬的动物，在台西的墓中常有用狗随葬的，如在M38的填土和腰坑内共埋狗3只，填土内2只，腰坑内1只；在M56的东北角和西南角的二层台上各有1只狗，在腰坑内亦埋1只狗；在M85内殉葬狗6只，5只在填土内，1只在腰坑里。M79号墓的腰坑内埋1只狗外，在墓主人头前二层台上的一只陶簋内盛有狗骨，③ 反映出狗不但用来看家、打猎，还是时人的肉食之一种。

在冀北地区的天津蓟县张家园遗址的早期，即"年代应与商相当"的第四层，出土的兽骨中，家畜有猪、牛。④ 在围坊二期出土数量较多的兽骨，计有牛、猪、犬、鹿、麐和鱼，⑤ 牛、猪、犬是饲养的家畜。在涞水县南的胡家庄乡富位村发现一处面积约5000平方米的古文化遗址，在相当于商时期的第三期遗存内，出土了三块卜骨，这三块卜骨"均为牛肩胛骨"制作的。⑥

在北京市房山区的镇江营和塔照遗址，在商周时期的文化层内出土了大量的动物骨骼，分为家畜和野生两类动物。家畜动物可鉴定的标本有544

---

① 北京大学等：《1957年邯郸发掘简报》，《考古》1959年第10期。

② 裴文中、李有恒：《藁城台西商代遗址中的兽骨》，《藁城台西商代遗址·附录一》，文物出版社1985年版。

③ 河北省文物研究所：《藁城台西商代遗址》，文物出版社1985年版，第87、144、152—154页及《藁城台西商代遗址·附录三》。

④ 天津市文物管理处：《天津蓟县张家园遗址试掘简报》，《文物资料丛刊》第1辑，文物出版社1977年版。

⑤ 天津市文物管理处考古队：《天津蓟县围坊遗址发掘报告》，《考古》1983年第10期。

⑥ 拒马河考古队：《河北冀县涞水古遗址试掘报告》，《考古学报》1988年第4期。

件，经鉴定家畜品种有猪、黄牛、马、狗和羊。其中以猪的骨骼为大宗，共有可鉴定的标本357件，占家畜总数的65.60%。从对猪年龄鉴定结果统计，死亡年龄以2岁左右的成年猪为主，占50%以上。猪的死亡年龄明显大于现代猪的屠宰年龄，现代家猪一般是在当年宰杀，这个年龄段的猪的前臼齿尚未长出或正在长出阶段，而此遗址内出土的猪骨骼中不少第三臼齿都已完全长出，这标志着这些猪的死亡年龄"大于20月龄"。这个现象说明家养的猪仍以放养为主，人们按照猪的自然成熟期，即第三臼齿长出，生长发育停止时方将其宰杀食用。黄牛的骨骼占家畜骨骼总数的13.10%、马占6.60%、狗占14.70%。羊骨骼只发现4块，属山羊。① 鉴定者的"因羊的标本很少，暂不定为家畜"意见有可商之处。羊是商王国里最为重要的一种家畜，既见于殷墟甲骨文也在殷墟及其他商代遗址中发现其骨骼，且在内蒙古赤峰市夏家店发现的、与商时代相当的夏家店下层及上层文化中，都发现了羊的骨骼。② 冀北的燕山南北两边地区都饲养羊，此地出土的羊骨骼也应是家养羊的骨骼，不能因其发现的个数少而否定其为家养动物。另外，在北京平谷刘家河商代二里岗时期的墓中，出土了一件青铜制的三羊罍，③ 以羊作为青铜器的装饰纹样，也反映出人们对羊的熟悉和喜爱。

拒马河、易水以北的冀北地区，在夏商周时期的文化，是从当地龙山文化发展起来的夏家店下层及上层文化（即土著文化）与起于中原地区的夏商周文化相结合的一种新文化，但其文化的主体仍是土著的夏家店文化。燕山南的夏家店文化在其形成的过程中，受到燕山以北地区夏家店文化的一定影响。④ 故其经济形态，除农业经济外，畜牧业经济占有相当重要的地位，所以如我们在上面已经指出的，与畜牧经济相关的细石器，在冀北地区的商时期遗址中多有发现，而在拒马河、易水以南的商时期遗址里则少有。

---

① 北京市文物研究所：《镇江营与塔照》附录4《动物遗骸鉴定报告》，中国大百科全书出版社1999年版。

② 中国科学院考古研究所内蒙古工作队：《赤峰药王庙、夏家店遗址试掘报告》，《考古学报》1974年第1期。

③ 北京市文物管理处：《北京平谷县发现商代墓葬》，《文物》1977年第11期。

④ 张忠培等：《夏家店下层文化研究》，苏秉琦主编《考古学文化论集》（一），文物出版社1987年版；李伯谦：《论夏家店下层文化》，《纪念北京大学考古专业三十周年论文集》，文物出版社1990年版。

（三）渔猎活动

渔猎活动，特别是狩猎活动在不同的阶层中有着不同的目的。作为国家统治者及贵族，狩猎目的除游乐、获取野味外，最重要的当是作为军事训练的手段。普通劳动者渔猎的目的则是补充食物的不足，特别是肉食品的不足。在一般遗址里发现渔猎活动的考古遗存，都是普通民众为获取食物补充行为的遗存。

渔猎活动的考古遗存主要是进行渔猎的工具和野生动物的骨骼。

捕鱼的用具主要是网坠，古时人们也用箭射鱼，故各种质料的箭头，既是狩猎工具也应是捕鱼的工具遗存，石球、弹丸则是狩猎用具。这些用具在各遗址里都有发现，网坠有专门用泥土烧成陶质网坠和用石制成的网坠。在藁城台西遗址里出土陶网坠54件、弹丸6个、石球6个、石弹丸3个、石镞1只、骨镞221件、青铜镞54件、青铜鱼钩2件。鱼钩的钩端有倒刺，使钓住的鱼不易逃掉。在蓟县张家园遗址第四层内出土骨制鱼镖1件、铜镞1件，在第三层出土石网坠1件、骨镞3件、铜镞1件，发掘者认为：遗址里出土"细石器、骨镞、骨镖、陶（石）网坠和兽骨"，"说明渔猎也占有一定的地位"。① 在唐山市古冶遗址出土陶、石质网坠各1件，骨镞4件，还出土"网梭"2件。② 此"网梭"似是编织渔网的工具。

野生动物的骨骼常同家畜骨骼混在一起，但一般都能鉴定出其所属的种属。据裴文中、李有恒鉴定，藁城台西商代遗址里出土动物骨骼中有四不像鹿、斑鹿（梅花鹿）、圣水牛和麂。③ 除圣水牛是家养的外，其他皆是野生动物，为当时人们狩猎所获。在蓟县张家园遗址出土的野生动物骨骼有四不像鹿、鹿、麂、麋等。在卢龙县东阚各庄出土的一件弓形器背的中间有一圆形凸钮，钮两侧各刻（铸）一犀牛纹（图9—21），形象十分的生动，④ 说明此地有犀牛活动。在北京市房山区的镇江营与塔照遗址，出土的动物骨骼经北

---

① 天津市文物管理处：《天津蓟县张家园遗址试掘简报》，《文物资料丛刊》第1辑，文物出版社1977年版。

② 河北省文物研究所：《唐山市古冶商代遗址》，《考古》1984年第9期。

③ 裴文中、李有恒：《藁城台西商代遗址中的兽骨》，《藁城台西商代遗址·附录一》，文物出版社1985年版。

④ 唐云明：《河北境内几处商代文化遗存记略》，《考古学集刊》第2集，中国社会科学出版社1982年版。

京大学考古系的黄蕴平鉴定，狩猎的野生动物有麋鹿、斑鹿、狍、獐、麝、狼、豹、狐、貉、熊、虎、獾、兔和鸟，捕捞的动物有龟、鳖、鱼、河蚌等。龟与安阳殷墟发现的草龟相似，鳖有两种，其中一种的特征与中华鳖相似。鱼至少有两个品种，一为鲤科鱼类的圆吻鲴鱼；一为东黄颡鱼。① 这里鉴定出来的野生动物群与安阳殷墟所鉴定出的野生动物群的动物种类相近。② 猎获到虎、熊、豹、狼等凶猛野兽和使用渔网捕鱼，反映出狩猎和捕鱼技术已有相当水平。

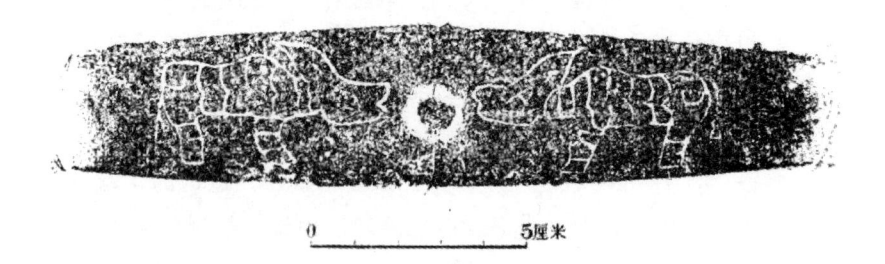

图 9—21　卢龙出土弓形器背上的犀牛
（《考古学集刊》（2）第 45 页图二）

二　青铜器制造业

商代"北土"诸方国的铜器制造技术，在商文化到来之前就已经掌握了，在天津围坊第二期文化层出土了三件青铜器：在 T4③ 出土了两件青铜小刀：一件（T4③：1）仅存刀身的前段，刀尖上翘，断面呈锐三角形，长 10 厘米；一件（T4③：2），弓背式刀，仅存刀身中段，长 6.40 厘米。在 T1③ 出土一件青铜耳环（T1③：7），耳环的一端近似喇叭口状，环身细长。③ 李伯谦将围坊 T4③ 划在夏家店下层文化大坨头类型的第 1 段，T1③ 划在第 2 段，他将大坨头第 1、2 段定在夏代的前期。④ 在蔚县第一阶段的 M2010 中，人骨的"右颞骨下附有铜耳饰一枚"。蔚县壶流河流域古

---

① 北京市文物研究所：《镇江营与塔照》附录 4《动物遗骸鉴定报告》，中国大百科全书出版社 1999 年版。
② 杨钟健、刘东生：《安阳殷墟之哺乳动物补遗》，《中国考古学报》第 4 册，1949 年版。
③ 天津市文物管理处考古队：《天津蓟县围坊遗址发掘报告》，《考古》1983 年第 10 期。
④ 李伯谦：《论夏家店下层文化》表一"夏家店下层文化各类型分期对应表"，《纪念北京大学考古专业三十周年论文集》，文物出版社 1990 年版。

文化分为四个阶段，第二阶段的 81YZT17H30 放射性碳素年代距今 3285±75 年，树轮校正年代为公元前 1560±125 年，在夏末商初。比第二阶段早的第一阶段，应在夏代。① 是在冀北地区，商文化还没有进入前，这里就已有了铜器制造工艺。但这些铜器都是小件的工具及装饰品，不见大件铜器，更不见有容器（即礼器）出现，反映出青铜制造技术还处在十分原始的起步阶段。

商文化是在二里岗上层时期到达冀北地区的，在蔚县壶流河流域发现了二里岗上层直接叠压在夏家店下层文化之上的地层。② 冀北地区，包括整个河北省地区，青铜器铸造技术在二里岗时期突然有了一个飞速的大发展，其标志是青铜容器（礼器）的成批出现，典型的例子就是北京市平谷刘家河与藁城台西出土的青铜器群。

1977 年 8 月，北京市平谷县（现为平谷区）刘家河农民在村东水塘边取土时，发现一批古代文物，北京市和平谷县文物主管部门闻讯后，立即派人赶赴现场清理勘察，认定这些文物是商时期一座墓葬的随葬品，属于商代中期的二里岗上层时期，与藁城台西遗址的时代相近。③ 对于刘家河墓葬的时代，也有研究者认为是殷墟一期。④ 此墓中出土青铜器 32 件，其中有容器 16 件：鼎 5 件（方鼎 2 件、弦纹鼎 1 件、饕餮纹鼎 2 件）、鬲 1 件、甗 1 件、爵 1 件、斝 1 件、卣 1 件、三羊罍 1 件、饕餮纹瓿 1 件、盉 2 件、盘 2 件（图 9—22）。其他 16 件铜器为：铁刃铜钺 1 件、人面形饰 5 件、铜泡 9 件（其中有蟾蜍形铜泡 4 件、蛙形铜泡 2 件）、当卢 1 件。大多数青铜容器的形制、纹饰都与郑州二里岗上层出土的同类器物相似，饕餮纹瓿、斝、铁刃铜钺与藁城台西所出土的同类器基本相同。⑤ 铜器中的盘在中原商文化中不见。盘的中心用涡纹及连珠纹组成龟形图案，内壁有鱼纹三组，盘沿左右对立两

---

① 张家口考古队：《蔚县夏商时期考古的主要收获》，《考古与文物》1984 年第 1 期。
② 同上。
③ 北京市文物管理处：《北京平谷县发现商代墓葬》，《文物》1977 年第 11 期。
④ 林沄：《商文化青铜器与北方青铜器关系之再研究》，载苏秉琦主编《考古学文化论集》(1)，文物出版社 1987 年版；朱凤瀚：《古代中国青铜器》，南开大学出版社 1995 年版。
⑤ 杜金鹏：《北京平谷刘家河商代墓葬与商代燕国》，《北京建城 3040 年暨燕文明国际学术研讨会会议专辑》，北京燕山出版社 1997 年版。

鸟形柱，鸟首相背。1982年在陕西清涧寺墕曾出土一件类似的器物，[①] 是北方地区的铜器。墓中出土的蟾蜍形铜泡和蛙形铜泡也是本地产物。金器中的耳环只见于夏家店下层文化中。

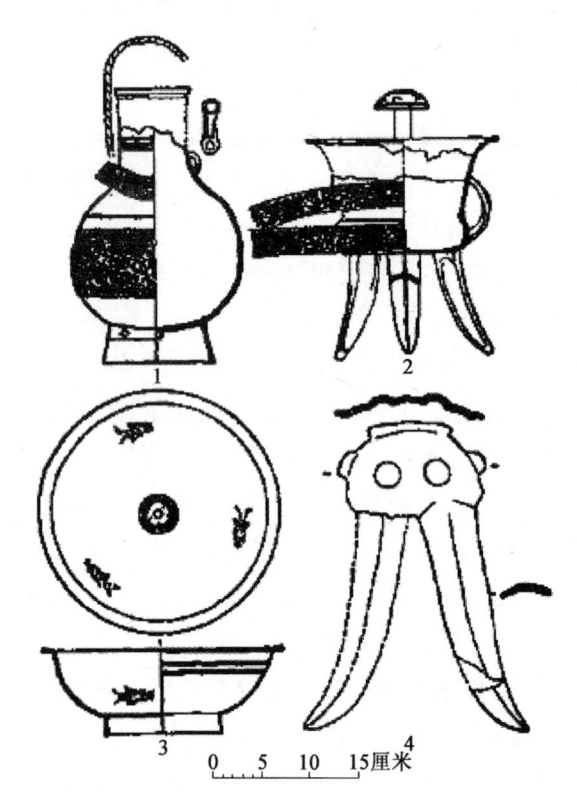

图9—22　平谷刘家河出土的部分铜器
1. 铜卣　2. 铜斝　3. 铜盘旋　4. 铜当卢
（《文物》1977年第11期第5页图六）

藁城台西是一处二里岗上层到殷墟文化早期的商时期遗址，青铜器有遗址中出土和墓葬中出土。在遗址里出土青铜器共74件，主要是武器、工具及装饰品，有镞、刀、凿、钻、锥、鱼钩、铜扣和笄形器等。墓葬中出土青铜器92件，出自18座墓中，另有13件青铜器是历年出土和群众捐献的，共计青铜器105件（原报告称106件）。器形中容器类39件：鼎

[①] 高雪、王纪武：《清涧县又出土商代青铜器》，《考古与文物》1982年第3期。

5件、鬲2件、斝8件、觚11件、爵11件、瓿1件、罍1件；武器类37件：镞20件、钺5件、矛1件、戈10件、戟1件；工具类9件：镢2件、刀5件、凿1件、锯1件；杂器20件：笄形器2件、匕1件、舌形铜饰1件、铃2件、鐏1件、甲泡12件、钮扣（？）1件。其中一件钺（标本M112：1）为铁刃铜钺，刃部断失，器身后半部的上下均施乳钉纹两排，其中一面两排各6枚，另一面分别为7枚和8枚。铁刃残存部分的后段夹于青铜器身内，据X射线透视，夹入部分约1厘米。其器形及铁刃与前述平谷刘家河出土的钺类似，只是刘家河的比藁城的小且是素面。在藁城北18公里的前西关遗址出土商晚期铜器5件：饕餮纹柱足鼎、饕餮纹爵、饕餮目雷纹觚、饕餮纹牛首带穿壶、夔龙纹曲内戈各1件，其中3件上有铭文"守"、"心守"。①

到商代晚期的殷墟时期，青铜器发现地分布面遍于全省各地，东北到辽宁西部，北到内蒙古地区，反映出"北土"诸方国青铜铸造技术的进一步发展。

1966年12月，磁县下七垣农民在修水渠时挖出一批商代晚期青铜器，部分铜器送到邯郸市赵王城保管所，有11件保存在河北省博物馆，这11件为：夔龙蝉纹鼎1件、夔龙纹簋1件（圈足内有"受"字铭一字）、云雷纹卣1件（盖内有一"受"字）、饕餮纹尊1件、觚4件（其中一件有"启"字，一件有"受"字铭）、爵3件（其中一件有"启"字铭）。② 邢台发现"亚父己□"爵、"父己"爵，临城发现"祖父癸"爵，束鹿发现"]0[作父丁宝尊彝"卣。③ 1976年在正定县新城铺发现商代晚期的凸弦纹爵和饕餮纹觚各1件，两件铜器上都有"虜册"铭文。④ 1976年5月在正定新城铺征集到商晚期铜鼎、铜觚各1件，铜觚上有一"❀"字。1972年4月又在距新城铺4公里的冯家庄征集到1件铜爵，爵的腹内尾侧有铭文7字："亚□雈斁□

---

① 石家庄地区文化局文物普查组：《河北省石家庄地区的考古新发现》，《文物资料丛刊》第1辑，文物出版社1977年版。

② 罗平：《河北磁县下七垣出土殷代铜器》，《文物》1984年第12期。

③ 河北省文物管理处：《河北省三十年来的考古工作》，《文物考古工作三十年》，文物出版社1979年版。

④ 石家庄地区文化局文物普查组：《河北省石家庄地区的考古新发现》，《文物资料丛刊》第1辑，文物出版社1977年版。

父癸"。^① 1982年1月新城铺农民在村北取土时又发现商晚期墓葬，出土8件青铜器，其中6件上有铭文。这8件青铜器为：卣1件、尊1件、觯2件、瓿1件、爵3件。1982年7月在此地还征集到一件铜爵，有铭文"子刀"二字。^② 正定县新城铺多次出土商代晚期的带铭青铜器，说明此地是"北土"某一方国的重要聚居地。在新乐同村、无极侯坊出土有商晚期的鼎和簋，在灵寿西木佛出土有"亚伐"铭文的卣、带"茻"字铭文的爵及削、戈、镞、锛、凿、辖、铃、泡等。^③

冀北地区的涞水县张家窪，在清末就出土了一批"北伯"铜器，易县出土的三勾兵，都是晚商时期铜器。1987年在蓟县张家园清理的4座墓中，有3座墓内出土青铜器，M2内出土鼎1件，鼎的内壁一"𦊆"字铭文；M3内出土鼎、簋各1件；M4内亦出土鼎、簋各1件，在簋的底上有铭文"天"字。墓葬的时代在商末周初。^④ 1984年和1992年在迁安县两次发现商晚期青铜器。1983年、1984年农民修路时在10余米范围内，发现铜鼎3件、铜簋1件、铜戈2件、铜斧4件、铜泡124件，另有金臂钏2件、金耳环1件及绿松石、陶器等，鼎内有铭文"作障彝"3字，簋上有铭文"侯爵作障彝"5字，这批文物应是埋在墓葬里的。^⑤ 1992年农民在取土时挖出一座古墓，出土铜鼎、簋各1件，鼎内有一"卜"字铭，簋内有一"其"字铭。^⑥ 1988年12月滦县雷庄镇陈山头村农民在拉沙时挖出一古墓，有铜鼎1件、铜簋1件、有銎斧1件、弓形器1件，时代为商晚期。^⑦ 在卢龙县城西南25公里的东阚各庄，村北200米是滦河，其南岸第一台地的地面隆起，群众称为"棺材石"，实际上是一处商代晚期的遗址，面积约2万平方米，文化层深达2—3米。1972年农民在平整土地时发现一座商晚期古墓，出土饕餮纹青铜鼎1

---

① 刘友恒、樊子林：《河北正定出土商周青铜器》，《文物》1982年第2期。
② 刘友恒、樊子林：《河北正定旋新城铺出土商代青铜器》，《文物》1984年第12期。
③ 河北省文物研究所：《河北省新近十年的文物考古工作》，《文物考古工作十年》，文物出版社1990年版。
④ 天津市历史博物馆考古部：《天津蓟县张家园遗址第三次发掘》，《考古》1993年第4期。
⑤ 唐山市文物管理处、迁安县文物管理所：《河北迁安县小山东庄西周时期墓葬》，《考古》1997年第4期。
⑥ 李宗山、尹晓燕：《河北省迁安县出土两件商代铜器》，《文物》1995年第6期。
⑦ 孟昭永、赵立国：《河北滦县出土晚商青铜器》，《考古》1994年第4期。

件、乳钉纹青铜簋1件、青铜弓形器1件、金臂钏2件。金臂钏的形制与北京平谷刘家河墓中出土的金臂钏完全相同。① 古文献记载卢龙县是商时期的孤竹国所在地。《史记·周本纪》正义引《括地志》曰："孤竹故城在平州卢龙县南十二里，殷时诸侯孤竹国也。"东阚各庄青铜器当是商时孤竹国之文物。

在更向东北的辽宁省西部的喀左县北洞沟，1973年内先后两次发现两个属于商末周初的铜器窖藏坑。1973年3月发现一坑编为1号坑，出土铜器6件：瓿1件、罍5件。2号罍颈口内有"父丁孤竹亚凭（族徽字）"（族徽字在亚形中）铭文6字。② 这个窖藏坑内所埋铜器应是商代晚期孤竹国的器物。1973年5月在1号坑东北约3.5米处又发现一个铜器窖藏坑，埋铜器6件：方鼎1件，圆鼎2件，罍、簋和带流钵形器各1件。方鼎的腹内铸有铭文四行24字：

　　　　丁亥，圅商（赏）又（右）正奊㚔贝，在穆，朋二百。奊辰（扬）圅商（赏），用作母己䵼鼎。

底内中心铸铭文四字："亚異侯失"（異侯在亚形框中）。一件圆鼎腹内壁铸有三字铭文："冉父辛"。有铭方鼎的铭文首书干支，是商人的格式，③ 冉是商代一大氏族，故这两件有铭铜器为商代晚期物。带流钵形器时代不好定，其余的圆鼎、罍和簋皆为西周初期物。④ 此地在商时为孤竹国地域，在周灭商前，孤竹国就归顺了周人，⑤ 这批器物也应是孤竹国在周初的器物，两件商时期的铜器，是传下来的礼器。

1961年在河北省青龙县王厂乡抄道沟村，农民在整地时发现一铜器窖藏坑，坑内埋8件青铜兵器及工具：羊首曲柄剑1件、鹿首弯刀1件、铃首弯

---

① 唐云明：《河北境内几处商代文化遗存记略》，《考古学集刊》第2集，中国社会科学出版社1982年版。

② 辽宁省博物馆等：《辽宁喀左北洞村发现殷代铜器》，《考古》1973年第4期。

③ 罗福颐：《商代青铜器铭文确徵例证》，《古文字研究》第11辑，中华书局1985年版。

④ 喀左县文化馆等：《辽宁喀左县北洞村出土的殷周青铜器》，《考古》1974年第6期。

⑤ 见《史记·伯夷列传》。

刀1件、环首刀3件、铜戚1件、曲柄匕形器1件。① 这是一组具有游牧民族特色的青铜器，时代为商代晚期。②

　　上面所举远不是商代北土地区方国发现青铜器的全部，但由此也可看出商时期北土方国青铜器的分布地域和青铜器的种类。从青铜器的种类上看，有容器（礼器）、兵器和工具三大类。有"孤竹"铭文的铜器当是晚商时期"竹侯"国自己铸造的。那些没有铭文的容器，从其形制、纹饰上看，都与中原商文化遗址中出土同类器相同，然而除部分器物可能是从中原的商王室流入的外，绝大多数应是本地方国自己铸造的。如在藁城台西遗址墓葬里出土的铜器，"绝大部分都是冥器，没有使用痕迹"。冥器显然不会是来自中原地区，而是自己铸造的。有的铜器铸造不精，如台西M35出土的一件铜罍，上层饕餮纹的目内无睛，目的外侧又各饰一目，眼睛角不成勾状，从全形看比例极不相称，显得二目距离太远。M22内的一件铜鼎，出土时就是破碎的，散放在墓主人脚下和下肢的两侧。据观察，此鼎腹部有修补过的痕迹，原因可能是铸造技术粗劣，虽经修补仍不能用，故打碎用来随葬。③ 有修补痕迹的炊器在藁城台西还见有一件铜鬲。对使用破了铜器的修补，当然是在本地进行的。只有掌握了铜器的铸造技术，方能对出现破洞的铜器进行修补。可见台西出土的铜器多为自己铸造。在北京刘家河墓中出土的青铜容器中，腹部饰连珠纹为边的云雷纹方鼎，形体小而制作粗糙；三锥足盖钮与提梁处有环套接的盉，在其他商文化中少见，很可能是当地仿造品。④ 商时期北土地区出土的兵器和工具，如有銎斧、兽首及铃首的刀剑、铁刃铜钺，装饰品的金耳环和金臂钏等，都是本地制造的。青铜器种类中少容器（礼器）而以独具特色的兵器及工具为主，与渭水流域北部和晋北地区（所谓的"三北"）的风格相似，即考古学者们所称的"鄂尔多斯"式青铜器，明显地具有与中原商文化青铜器不同的地域特色。

　　铜器铸造遗存也有发现。1952年在唐山市雹神庙发现5件石范（图

---

① 河北省文化局文物工作队：《河北青龙县抄道沟发现的一批青铜器》，《考古》1962年第12期。

② 河北省文物管理处：《河北省三十年来的考古工作》，《文物考古工作三十年》，文物出版社1979年版，第40页。

③ 河北省文物研究所：《藁城台西商代遗址》，文物出版社1985年版，第119、127页。

④ 杨建华：《燕山南北商周之际青铜器遗存的分群研究》，《考古学报》2002年第2期。

9—23) 和 1 件石斧。5 件石范中有石斧范 1 件、刀范和矛范各 2 件。除刀范是对范完整的一对外，其他都只有对范的一半。5 石范的尺寸如表 9—3 所示：

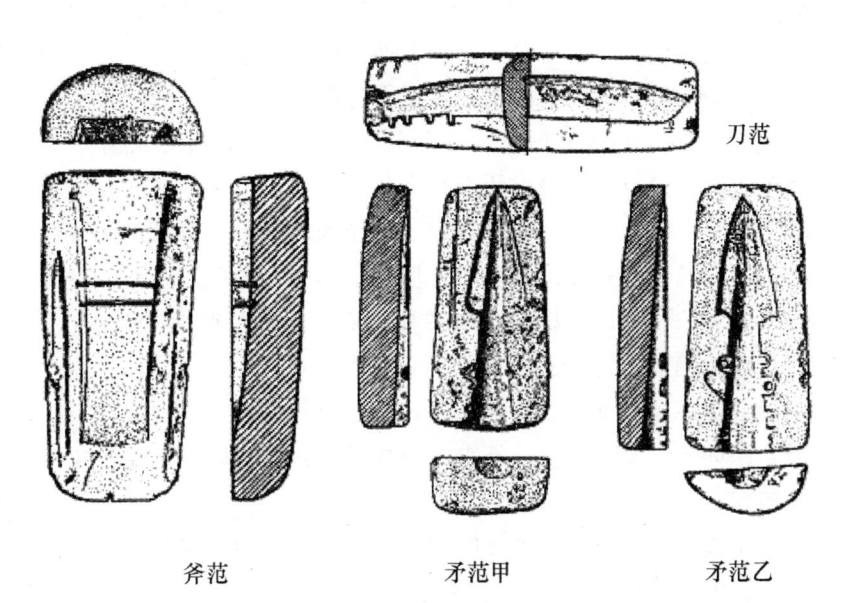

刀范

斧范　　　　　　矛范甲　　　　　　矛范乙

图 9—23　唐山雹神庙出土的石范

（《考古学报》第七册第 83、84 页插图 3、4、5、6）

表 9—3　　　　　　　唐山市雹神庙 5 件石范尺寸表　　　　　单位：厘米

标　本	通　长	宽	厚
斧　范	13.6	6.7	3.2
刀　范	22.3	6.2	2.0
矛范甲	14.1	7.3	3.2
矛范乙	14.6	7.1	2.7

5 件石范都是用麻片岩制成，石质比较软，而且都含有云母质的微粒。石范的背面也都磨制光滑，磨去棱角。顶端附有注口，以便注入铜液。底端刻有

很浅的纵沟，当为两块范的合范记号。①

这批石范的形制与内蒙古赤峰红山后所发现的相同，安志敏在报告中认为，"根据它们和赤峰红山后近似的情况，和小官庄石棺当是同时代或接近的"。从小官庄石棺墓出土陶器和铜耳环观察，是属于夏家店下层文化的遗存。夏家店下层文化的时代为夏到商代前期。而唐山雹神庙的石范应是商时期之物。因为同样的石范在唐山市的古冶商时期遗址内也出土了一件。

1978年河北省文物研究所对唐山市东北25公里的古冶镇北寺村的一处商时期遗址进行了发掘，在出土的大量文化遗物里，采集到一件石范。为斧范的一半，仅存单扇，长8.6厘米、宽4.6厘米、厚1.8厘米，采集到时范上还带有铜渣。其制法是在半圆形的石块上挖出斧形凹槽。斧形为扁体，宽刃，銎端两侧有凸出的两条横棱，与雹神庙所出的石范形制完全相同，② 都应是商时期铸造铜器的铸范遗物。

在房山县镇江营遗址出土陶范一件，为泥质红褐陶。从残块看，似为椭圆形管状，中间有"V"形槽，外表施斜向细绳纹。③ 但此范是否为铸造铜器的范还难定。

商代北土方国特别是冀北地区的方国，铸造铜器的原料铜，当是来自燕山以北的大兴安岭。1974年昭乌达盟地质队204分队作地质勘测时，在辽宁省林西县（现属内蒙古赤峰市）官地公社中兴大队大井村北山上，发现一处规模较大的古铜矿遗址，1976年辽宁省博物馆和林西县文化馆进行了试掘。铜矿所在地属大兴安岭海西褶皱带南端，现探明构成整个矿的三个矿体主要分布在南坡的七条支脉上。现已在山南坡长2.5公里、宽1公里的范围内，发现古代采坑四十多条，最长的达500余米。遗留的古代采坑全部是顺矿脉裂隙露天开采，在各条采坑范围内均发现了陶片、石器、骨器、兽骨、孔雀石等，有的采坑附近还发现炼渣、炉壁碎块等。

考古工作者对四号采坑进行重点试掘，发现此矿坑上宽下窄，坑口宽3—7米，矿坑深7米以上。在揭去矿坑表层10厘米的表土后，是厚70厘米的沙土层，在此层里出土有石器、炼渣、炉壁残块、孔雀石和外表经过打磨的素面褐陶鬲、罐、甗残片等。沙土层下是厚2.7米的灰土层，在这一层内

---

① 安志敏：《唐山石棺墓及其相关的遗物》，《考古学报》第七册，1954年版。
② 河北省文物研究所：《唐山市古冶商代遗址》，《考古》1984年第9期。
③ 北京市文物研究所：《镇江营与塔照》，中国大百科全书出版社1999年版，第161页。

发现三座房屋基址，在房屋基址内外都出土大量陶片、石器、骨器、铜器和细石器等文化遗物。以下是较坚硬的黄土层，黄土层下是开矿时废弃的碎石层。这些都是与采矿、冶炼铜相关的遗存，三座房屋是采、炼铜的工匠们居住用的（图9—24）。

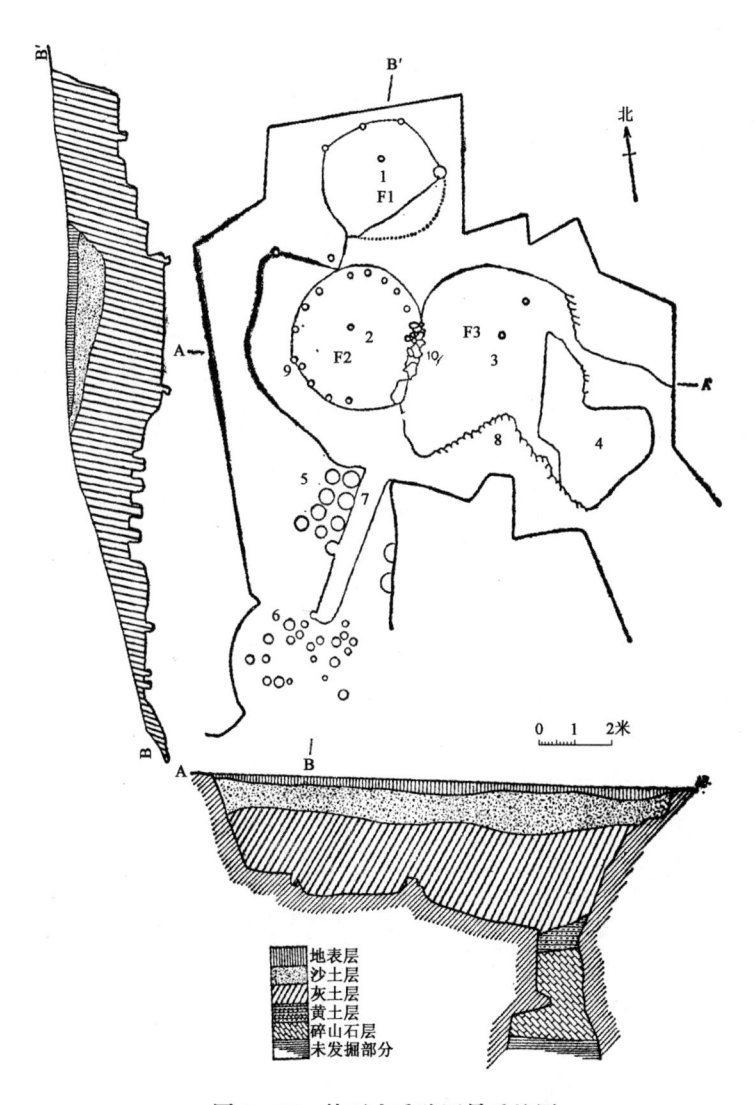

图9—24 林西古采矿四号采坑图

1—3. 一——三号房址　4. 矿坑采掘部分　5.6. 蜂窝状小坑
7. 房址和蜂窝状小坑　8. 矿坑壁

(《文物资料丛刊》(7) 第139页图)

四号采坑南20米处发现一冶炼遗址和房屋基址。冶炼遗址随着30度的山坡形势，分成8个阶梯式平台，每一平台约有5平方米，为一个冶炼区，其上有一、二座或三座炼炉，8个炼区共发现12座炼炉。炼炉有两种：椭圆形（或称马蹄型）和多孔串窑式。

椭圆形或称马蹄形炼炉位于1—3区，共5座。其中2号炉址残存轮廓比较清楚，残存的红烧土草拌泥炉壁高20厘米、厚10—12厘米，炉口残存部分直径80—120厘米，拱形炉门开在低洼的西北方向，高20厘米、宽10厘米。炉内及周围有坩埚片、炼渣、木炭。坩埚片内壁已烧成灰黄色，从残片弧度上看，坩埚的大小与炉址的面积相等。

多孔串窑式炼炉，位于4—7区。有四座炼炉的直径为1.5—2米，上面覆盖的红烧土层中布满孔口和弯曲的孔道，孔径8—10厘米。其中两座炉的西南部发现近直壁的圆形提坑，坑径80—150厘米、深60—80厘米，内填灰土、草木灰、陶片，坑壁有许多小孔和架横木痕迹。这种土坑紧靠炼炉，可能是一种鼓风设施。在四区炉址的灰土层中发现一马首形鼓风管，并在其附近出土了许多小的陶范残块，显然是长期冶铸的结果。

林西大井铜矿开采的时间，有北京大学考古专业碳14实验室的数据，在大井古铜矿K2T4上层炼炉旁采集的石炭标本，测得的年代为距今2970年±115年；K4T2F2堆积层中出土的石炭标本，测得的年代为距今2720年±90年。① 2970年±115年的年代是商末周初，采集的标本是在"上层炼炉旁"，上层是此遗址偏晚的堆积，故此遗址的初始年代将比测得的2970年±115年更早，所以林西大井古铜矿的开采时间，应是从商代就已经开始了的。

三 陶器制造业

北土方国地区所在的范围内，发现的商时期文化遗址已达数百处之多，在每个遗址里都有大量的陶器出土，由此可知陶器是商时期北土诸方国民众的日常生活用品。冀南与冀北地区（包括内蒙古南部、辽宁西部地区）出土陶器，在种类、纹饰及制法上基本相同而又有一些区别。在冀南我们以藁城台西遗址、冀北以房山镇江营与塔照遗址为例来考察商时期北土方国的制陶业状况，因为这两个遗址都进行过大面积的揭露并出版了发掘报告，材料公

---

① 辽宁省博物馆文物工作队：《辽宁林西县大井古铜矿1976年试掘简报》，《文物资料丛刊》第7辑，文物出版社1983年版。

布比较齐全。此两遗址所没有的现象，则以其他遗址材料相补充。

（一）塔照遗址的制陶工艺

镇江营与塔照两遗址在北京市房山区南尚乐的北拒马河两侧，塔照在河北、镇江营在河南，两地隔河相对。北京市文物考古研究所从1986年至1990年连续五年进行发掘，镇江营以新石器文化为主，塔照以商周时期文化为主。塔照的商周文化遗存分为五期，据碳14测定，第一期年代为距今3600—3300年，第二期距今3100年前后，第三期距今3100—2960年。

1. 第一期

（1）陶质与陶色　陶器的质地分为夹砂和泥质两大类，以夹砂陶为主，占陶器总数的80%。陶器颜色，夹砂陶以褐色为主，泥质陶器以灰色为主。各种陶质的陶胎内均含有云母粉，使器表看上去有星星点点的光亮。在陶胎内羼入云母粉的做法，在冀北其他商时期遗址出土的陶器里也有发现，[①]是陶土中本来就含有还是有意人为加工，还须作进一步研究。

（2）陶器种类　炊器有鬲、甗；食器有簋、豆、中柱盂；盛贮器有瓮、罐、尊、盆、盂、钵；工具有纺轮、垫、范以及器盖等，其中以鬲、甗、豆、瓮、尊、盂为最常见的器种。

（3）陶器纹饰　常见的是竖绳纹，其次是划纹、附加堆纹、圆圈纹等。有时在一件器物上施几种纹饰，如瓮的肩部施网状划纹，腹部施竖绳纹后又以划弦纹隔断绳纹。

（4）制法　为泥条盘筑。具体制法与器形有关。三足器的制法有两种：一是泥筒法。先用泥条盘筑成一个泥筒，按压泥筒的上边口沿，使泥筒周边的泥像捏糖三角一样地向中心合拢，三角边凹陷形成裆，三角的角端凸起形成足；另一种是先模制出三只足，将三只足的上口相切合捏紧形成裆部，再向上用泥条盘筑腹及口沿。平底器有两种制法：一是倒筑法，即先用泥条盘筑口部，从口至底用泥条盘成器形，如甑、盆类，大型平底器如瓮类则是先用泥条盘出肩部，从肩至底盘筑，然后再翻过来从肩部用泥条盘筑肩以上部分；一是顺筑法，即先做底部的饼形圆底，然后在圆饼翘起的边缘续盘泥

[①] 在易县涞水、蓟县张家园、唐山古冶等遗址出土的陶器陶胎中都有夹云母粉的现象，见拒马河考古队：《河北易县涞水古遗址试掘报告》，《考古学报》1988年第4期；天津市历史博物馆考古队：《天津蓟县张家园遗址第二次发掘》，《考古》1984年第8期；河北省文物研究所：《唐山市古冶商代遗址》，《考古》1984年第9期。

条，逐渐向上盘筑成器，小的罐、钵、碗类器的制作是采用此法。

泥条盘筑成形后，刮抹内外器壁，最后修抹口沿。口沿修抹得很规整，颈外壁只留有模糊的绳纹痕迹，应是施绳纹后修抹所致。在器壁各部位的接缝处都发现有用绳纹工具拍打按压留下的痕迹，观察发现是使用的一种直径1.5厘米以上，缠有细绳的棒状工具。在鬲裆、鬲足跟、甗腰、平底器的腹底结合部等处都用这种缠绳工具反复按压紧密，个别器物的内壁也留有按痕。

制造陶器的技术还很不稳定，所以每一种陶器都有出现很多不完全相同的样式，考古工作者将其分为类、型、式，如此期的陶鬲，被分为三大类：鼓腹鬲、折肩鬲、折沿鬲，还有因过于残破暂时不能分类的翻沿鬲、筒形鬲、平足鬲，实应为六大类。鼓腹鬲类下又分 A、B、C、D、E 五个型，A型下再分为四式、B 型下分三式、C 型下分二式、D 型下分三式、E 型下分二式。折肩鬲、折沿鬲无器形的差异，故不分型只分"式"，折肩鬲分四式、折沿鬲分三式。因折肩鬲、折沿鬲没有型的区别，它们就与鼓腹类鬲的型相当。如此，仅陶鬲就可分为三大类，7 个型，20 个式，另有翻沿鬲、筒形鬲、平足鬲三类因过于残破暂时不能分类。这种使人头脑发麻的复杂类、型、式的出现，反映出手工制陶的灵活性和随意性，陶工们制造一件器物只可能是大致相像而已。

2. 第二期

（1）陶质与陶色　以夹砂陶器居多，占 84％，泥质陶较少。褐陶和红陶为主要颜色，占 71％，其余为灰色陶器。此期陶胎中都含有云母粉。

（2）器物种类　常见的器物有鬲、甗、甑、瓮、罐、盆、钵等，另外还有工具纺轮、制陶器的垫。

（3）陶器纹饰　绳纹为主，另有弦纹、附加堆纹、划纹等，素面陶器只占少数。

（4）制法　仍是泥条盘筑制作。三足器和平底器的制法同第一期大体相同。在此期发现一件陶鬲足的残片，可以看到三袋足内壁上有横绳纹，知三足器的袋足是模制的。甗分成上下两步制作，上部制成盆，下部制成鬲，然后将两器接合起来，接合部位为腰部，腰部用泥条加固。也有不合为一体的甗。

3. 第三期

陶器质料仍为夹砂和泥质两种。夹砂陶器多含细砂粒，粗砂粒的很少。

无论夹砂、泥质陶器均含有较多的云母粉，器表发亮。常见的器形有鬲、甗、瓮、罐、盆、模具等。此期陶器的器形高大，器形厚重，器表多施有交错绳纹。制法仍是泥条盘筑，与第一期同，只是技术更加熟练。冀北商时期制陶主要是用泥条盘筑，轮修口沿，第三期的时代已到西周前期，仍是泥条盘筑为主的制法。但也发现有轮制的，如在唐山古冶商时期文化遗址中出土的陶器，其"制法主要为手制，兼用轮制和模制"①。

在第一期鬲类中的折肩鬲，豆类中的假腹豆，都是中原商文化中常见的器物，显然是受到商文化影响而出现的器物，而商文化中常见的大口尊、将军盔，在此遗址以及冀北地区都不见。冀北地区独具特色的筒腹鬲（图9—25），在此遗址中有较多的出土，而在冀北他处遗址曾有出土的、流行于晋北地区的蛋形三足瓮则少有发现。②

（二）藁城台西遗址的制陶工艺

藁城台西商时期遗址分为居住遗址和墓葬两部分，陶器主要出土在居住遗址里。出土陶片上万件，完整或虽残破但能复原成器的陶器有439件。按其质料不同，可分为一般陶器、白陶器、原始瓷器（或称釉陶器）和印纹硬器。

1. 一般陶器

（1）陶质与陶色　居住遗址分为早、晚两期，两期陶器按其陶质陶色可分为夹砂灰陶、夹砂红陶，泥质灰陶、泥质红陶、泥质黑陶。陶器颜色以夹砂和泥质的灰陶为主，占出土陶片的92%。

（2）陶器的种类　炊器有鬲、鼎、甗、甑、"将军盔"；食器有簋、豆；饮器有斝、爵、觚、杯；盛贮器有瓮、大口尊、尊、罐、大口罐、壶、盆、钵、盘、漏斗、勺及器盖；生产工具有压锤、网坠、弹丸、纺轮和用途不明的斗、筒形器、圆饼等31种。其中以平底器最多，三足器次之，圜底器较少。早期陶器的陶胎较薄，泥质磨光黑陶所占的比例多于晚期；晚期陶器的陶胎较厚重，表现出陶器的制作上更加重视其实用性和耐用性上，而美观的要求则转到青铜器上了。

---

　　① 河北省文物研究所：《唐山市古冶商代遗址》，《考古》1984年第9期。
　　② 在蔚县壶流河发现有这种陶器，见张家口考古队：《蔚县夏商时期考古的主要收获》，《考古与文物》1984年第1期，第42页图二：12。

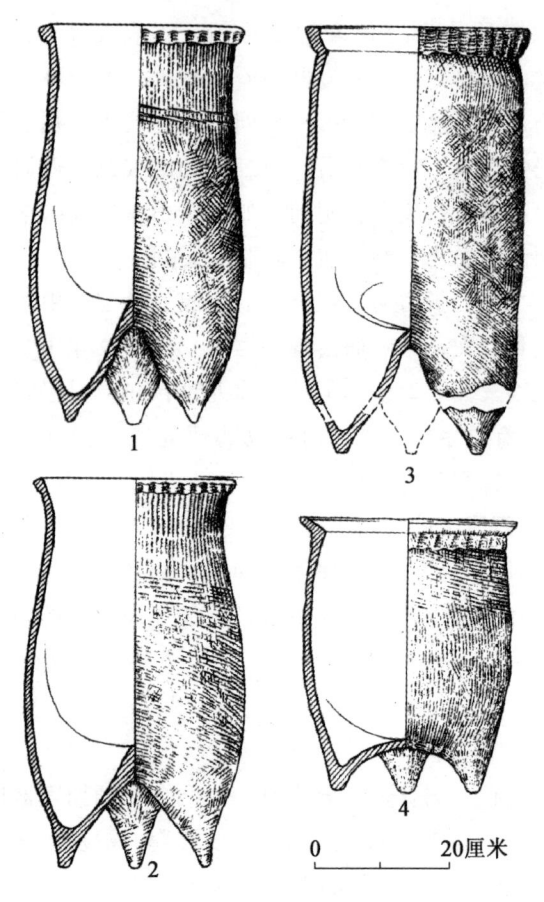

图 9—25　筒腹形陶鬲

（《镇江营与塔照》第 212 页图 145）

（3）陶器的纹饰　以绳纹为主，约占出土陶片总数的 80% 左右，其次有印纹、划纹、附加堆纹、弦纹、篦纹等。绳纹有粗、细之分，早期多细绳纹，晚期则少见。晚期多粗绳纹，粗绳纹一般较粗，排列整齐，且多为竖行排列。印纹有方格纹、圆圈纹、饕餮纹、云雷纹等，大多装饰在簋、豆、罐的肩、腹部和鬲的颈部，由若干组花纹构成条带状的图案。划纹也是较多的一种纹饰，除单独使用外，往往与绳纹并用。如在绳纹陶器的器身加划一周或数周；也有用划纹组成菱形斜方格纹、三角锯齿纹、戳印纹、羽毛纹等几种纹样。圆涡纹则仅限于陶斝柱顶的菌钮上。弦纹是借陶轮旋转时压成的一种纹饰，凡有弦纹的陶器，器表都打磨光亮或施釉。附加堆纹有两种：一种是用波浪式的泥条附加在鬲、罐、瓮的肩或腹部，而后再在泥条上拍印绳纹或枝杈纹；有的则在陶鬲上模仿铜器上的扉棱，组成饕餮纹或绦带纹；另一种是用圆形泥饼做成乳钉纹，这种数量极少。篦纹较少，多表现为直点或斜点状纹饰。

（4）制法　有轮制、模制和手制，以轮制和模制为主，手制仅限于小件器皿和器物的附加部分。有的器物如平底器的罐、盆、钵等，是由轮制一次完成；有的器物如三足器的鬲、甗，圈足器的豆、簋等是分两次或多次完成的。鬲的腹、口颈和三足分别制成，然后结合在一起成一完整的陶器；甗的三足、腹和甑分别制成，然后结合在一起成器；豆、簋的器身和圈足分别制成然后接合在一起。大的陶瓮、大口尊、将军盔之类的大型器皿，大都是兼用泥条盘筑和轮制两种方法制成：器身用泥条盘筑成，口沿部分则用陶轮修整而成。

藁城台西遗址出土的陶器中，有一些冀北的因素，如腹"略呈筒状"的Ⅳ式鬲，就是与冀北地区的"筒形鬲"有联系，但冀南地区的陶器更多的是具有中原商文化陶器的因素，如折肩鬲、假腹豆、大口尊、将军盔等器都是中原商文化中常见的器物。

商时期冀南地区的制陶工业，已经明显出现商品化的作坊生产形式，如在邢台地区，考古常常发现一座烧制陶器的窑内，只烧制某一种陶器。如在邢台市隆尧县双碑商晚期遗址，发现烧制陶器的窑一座和三个储藏陶器的窖穴。三个窖穴内储存的陶器都是陶鬲：H10 内出土陶鬲 55 件、H26 内出土陶鬲 16 件、H31 内出土陶鬲 6 件，还发现 108 个灰坑，坑中填土里所出陶器绝大多数是陶鬲，所以这里应是晚商时期"一处以烧制陶鬲为主的制陶作坊遗址"。① 这种现象在邢台市区附近也是同样地被发现。在邢台市区附近见于报道的窑场有五处：

①邢台火车站西侧专区粮仓院内，发现陶窑两座。

②在火车站西南约 2 华里的曹演庄，发现陶窑 3 座。

③在邢台市西约 10 里的大郭村，虽还未发现陶窑，却发现了大批陶坯和烧坏的陶器，说明此处应是一窑场。

④邢台市西南约 10 华里的贾村，发现陶窑 4 座。

---

① 高建强：《隆尧双碑遗址晚商遗存分析》，《三代文明研究》（一），科学出版社 1999 年版。

⑤邢台火车站西，在南距曹演庄1华里的地方，发现陶窑4座。①

这五处遗址因发掘面积有限，每处的窑数当不止所发现的数，就以发现的情况看，每处都已是一个单独的制陶器作坊。另外还要注意的是，这五处陶窑遗址都在邢台市西，它们之间的距离远者不过10华里，近者仅相距500米左右。在产品上，五处窑场皆以生产陶鬲为主。如在上述第一个窑场内出土的陶器"以陶鬲最多"，在一个窑内还遗留有鬲的残片。② 在曹演庄1号窑的火膛及附近发现许多鬲坯、陶模和烧坏的陶器，发掘者认为"可以肯定这种窑是烧鬲的"，并在一个窖穴内，发现17件未曾使用过的陶鬲和19件陶罐。③ 在上举第4窑场的贾村遗址的1号陶窑内，还有21件未曾出窑的陶鬲，在窑内原封不动地一仰一伏地摆放着。④ 这种现象在邯郸涧沟、磁县下七垣商时期文化遗址中也存在，如在磁县下七垣第三层（商代早期）发现两座陶窑，"在窑西北有一个大坑，坑内除少数罐片外，其余都是鬲片，颜色青灰，没有烟熏、水锈等使用痕迹。还有不少口歪、腹扁、足斜、烧裂的残鬲。这是出窑时剔出残品的堆积。以上说明这两座窑烧制的陶器以鬲为主"。在第四层（商代中期）也发现一座陶窑，"在火膛内及周围的灰土中，有大量烧坏的鬲片。很明显，这也是以烧陶鬲为主的窑址"。⑤ 邢台、磁县地区窑场如此集中，产品又较如此单一地以烧制陶鬲为主，这样的生产结构显然不是生产者为自用而生产，"而是为了出卖、用于交换。可见，这里生产的陶器是商品"。⑥

2. 白陶器

白陶在夏商时期的山东济南大辛庄遗址，河南的安阳殷墟、巩县小芝田、烧柴、偃师二里头、洛阳锉李和登封玉村都有发现。河北省藁城台西是商时期北土地区的首次发现。这里出土白陶片14片，器形有簋和器盖两种。白陶器是商时期制陶工艺水平较高的一种陶器，它是选用高岭土经过淘洗而

---

① 段一平、孙敬明：《商朝时期邢台的制陶业》，《邢台历史文化论丛》，中国人事出版社1994年版。
② 河北省文化局发掘处：《邢台市发现商代遗址》，《文物参考资料》1956年第9期。
③ 河北省文物管理委员会：《邢台曹演庄遗址发掘报告》，《考古学报》1958年第4期。
④ 河北省文物管理委员会：《邢台贾村商代遗址试掘简报》，《文物参考资料》1958年第10期。
⑤ 河北省文物管理处：《磁县下七垣遗址发掘报告》，《考古学报》1979年第2期。
⑥ 杨升南：《邢台地区商文化中的商品经济》，《三代文明研究》（一），科学出版社1999年版。

制成。藁城出土的白陶片火候高，质地坚硬、细密、色泽洁白，吸水性弱，叩击之有金石声。

3. 原始瓷器（或称釉陶）

在藁城台西商时期遗址中出土原始瓷器172片。胎骨以灰色居多，有灰白、灰黄、黄绿及紫褐等色。胎质细腻而坚硬，击之有金石声。有的器表平整光滑，说明制作前陶土是经过淘洗、提炼、陈腐等处理过程。

在器形上，从仅存的几块残底和口沿看，以圜底器为主，敞口折肩圜底尊最多，其次有大口折肩罐、小口短颈瓮和罍等。

瓷器表面釉的颜色主要有豆青、豆绿、黄、棕等四种。其中豆青釉浓淡不一，约占一半以上，青里微显黄色；豆绿釉之间也有差异，以豆绿为主，淡豆绿仅得一片；黄釉颜色也不是十分的纯正，有黄中微带橘红色的，也有颜色暗淡而无光泽的土黄色，两者各占一半左右；棕釉中有带深红的，也有深酱色的，以及类似茶叶末的褐色，后者约占三分之二。施釉的部位有满釉的、半釉的，个别器物内壁也有挂釉的现象。

器表的花纹有方格纹、篦纹、人字纹、附加堆纹、雷纹、弦纹、"S"纹、叶脉纹、曲线纹、划纹等，其中以方格纹为最多，没有发现无纹饰的原始瓷片。

制法主要是用轮制，因此在器的口沿上往往能看出一道道轮制的旋纹痕迹。

台西遗址出土的原始瓷器，发掘者认为当是本地制造的。这个意见从以下几个方面得到证实：从器物方面讲，南方如湖北盘龙城只有尊、瓮两种，而这里不仅有尊和瓮，还有折肩罐、罍；从花纹方面讲，其他地方出土的都在五至七种之间，台西的却达十种之多；釉色上讲，各地大都以青绿、黄绿、豆绿、青色多见，此地则以棕色釉为主，约占出土瓷片的三分之一。更为值得注意的是，台西遗址所出一残瓷片（标本T1：02）是一烧裂后釉面显出"鼓泡"的废瓷片。[1]

在邢台尹郭村、邯郸的龟台遗址都发现有"釉陶片"。邢台尹郭村出土的"釉陶片"，陶片较薄，硬度很大，火候较高，呈暗绿色，表面印方格

---

[1] 河北省文物研究所：《藁城台西商代遗址》，文物出版社1985年版，第65页。

纹。① 也应是原始瓷器。

4. 印纹硬陶器

几何形印纹硬陶，在台西遗址共发现106片，从残片观察，器形多为直口或敞口圜底罐和直口折肩圜底尊，能复原的只一件圜底罐。印纹硬陶和原始瓷器一样，质地坚硬，火候高。陶胎以灰色居多，另有紫褐及黄红两种。纹饰有篦纹、雷纹、人字纹、弦纹等几种。制法与原始瓷器同，也主要是用轮制，在器的口沿上也往往能明显地看出一道道轮制的旋纹痕迹。

关于几何印纹硬陶的产地，藁城台西遗址的发掘者认为，应和原始瓷器一样，是由本地制造的，他们提出"不能以数量多寡来判断自产或外来的"意见，是值得重视的。因为发掘的遗址都只是一个个的"点"，碰到什么现象，都带有一定的偶然性，具有"苗头"的性质，所以是自产还是外来品的意见要坐实，还需要更多的证据。

（三）陶窑

陶窑在冀南冀北地区都有发现，冀南地区发现较多，如前已指出的，在邢台市区附近就已发现5处制造陶器的作坊，每处都有陶窑发现，最多的一处就发现有4座窑。冀北地区陶窑只在唐山市古冶商时期遗址内发现两座，其他地方目前还没有发现的报道。

1. 冀北地区的陶窑

唐山市古冶遗址发现的两座陶窑都是竖穴窑，即火膛在窑箅下。都是由窑室、窑箅、火膛、火门四部分构成，但窑室却一为圆形，一为方形（图9—26）。

（1）圆形竖穴窑（Y1） 此窑保存完好。上为圆形窑箅，直径1.5米、厚0.59米，箅上有7个火眼，正中一个呈圆形，直径0.12米，四周环绕着6个椭圆形火眼，各长0.12米、宽0.04米。下为火膛，平底，顶呈弧形，直径1.4米、高0.5米。火门向南，呈长方形，长0.8米、宽0.9米、高0.4米。从箅上部残存的痕迹看，窑顶原来可能为穹隆形。这种形式的陶窑，在邢台曹演庄、磁县下七垣也有发现。②

---

① 河北省文化局文物工作队：《邢台尹郭村商代遗址及战国墓葬试掘简报》，《文物》1960年第4期。

② 河北省文物管理委员会：《邢台曹演庄遗址发掘报告》，《考古学报》1958年第4期；《磁县下七垣发掘报告》，《考古学报》1979年第2期。

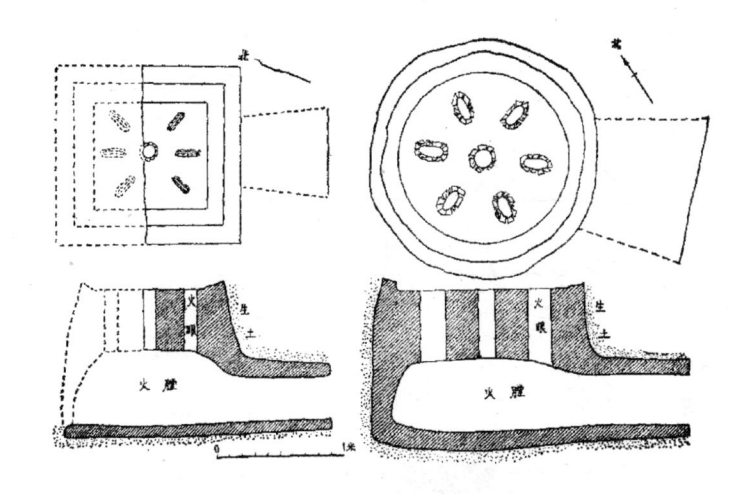

图 9—26　古冶陶窑

(《考古》1984 年第 9 期第 770 页图三)

（2）方形竖穴窑（Y2）　此窑破坏较严重，结构与上述圆形窑相同，只窑箅作长方形。窑箅东西长 0.9 米、南北宽 0.85 米、厚 0.5 米。正中为一圆形火眼，直径 0.12 米，四周辐射环绕着 6 个长方形火眼，每个火眼长 0.14 米、宽 0.02 米。箅下为圆形火膛，直径 1.4 米、高 0.6 米。拱形的门向南，长 0.7 米、宽 0.6 米、高 0.4 米。

两座窑的火膛内，都遗留有大量的草木灰烬和一些陶片。①

2. 冀南地区的陶窑

冀南发现的商时期陶窑较多，在磁县下七垣、邢台、邯郸涧沟等都有多次发现。1957 年在邯郸涧沟遗址发现一座商早期陶窑。窑箅作圆形，上有箅孔七个，一孔居中，六孔等距离地排列在周围。火门略近长方形，发现时有九块封门土坯将火门密封着。② 1958 年在邢台贾村发现的四座陶窑有椭圆形和圆形两种，圆形窑与古冶发现的圆形窑结构相同。1994 年在隆尧县双碑遗址发现一座商晚期陶窑，为圆形竖穴式窑。窑前有工作场，由窑室、窑箅、火膛、火门几部分构成。火膛在窑箅下面，窑室为圆形，窑箅周边靠近窑壁

---

① 河北省文物研究所：《唐山市古冶商代遗址》，《考古》1984 年第 9 期。
② 北京大学等：《1957 年邯郸发掘简报》，《考古》1959 年第 10 期。

处有五个火眼（图9—27）。① 窑顶部不存，当也是穹隆式的顶。

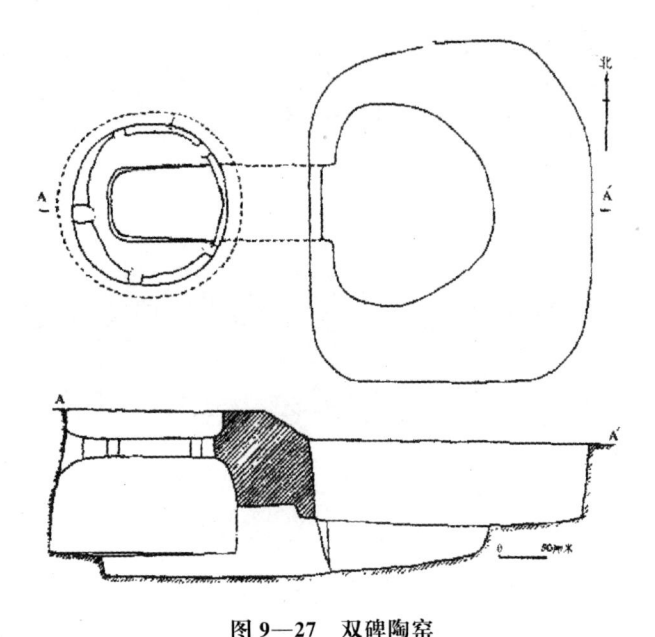

图9—27 双碑陶窑
（《三代文明研究》（一）第230页图三）

四 建筑技术

商时期北土诸方国境内，只发现普通的民居建筑，还没有发现有城垣的建筑遗存。民居建筑形式有地穴式和地面起建两种，有圆形和长方形、方形几种样式，这几种建筑形式在冀北冀南都有。

（一）半地穴式民居建筑

半地穴式民居建筑有两种：半地穴式圆形房屋建筑和半地穴式方形房屋建筑，分述于下。

1. 半地穴式圆形房屋建筑

1964年4月天津市文化局考古发掘队在大厂回族自治县大坨头遗址的夏家店下层文化层内，发现两座圆形的地穴式居室。因是在该文化层地表的下面，被认为是灰坑而编为灰坑一和灰坑二。"灰坑二"是一个椭圆形的大坑，最长处为10.8米、宽8.4米、深1.8米。底铺白色细沙，中央部分有二层，

---

① 高建强：《隆尧双碑遗址晚商遗存分析》，《三代文明研究》（一），科学出版社1999年版。

厚2至3厘米不等。居室被三座汉代墓葬打破，但还存39个柱洞。居室中心为一大柱洞，打破白色细沙入生土，此柱洞呈椭圆形，长45厘米、宽25厘米。居室坑沿的周围残留小柱洞27个，直径都在10厘米左右，从分布情况看，似为两个一组。坑底居住面上，除中心大柱洞外，另有直径约15厘米的较小的柱洞11个，排列不甚规整。坑的东南角有一小坑，有小隔梁和大坑居室相间隔，是居室的出入口。①

在北京房山区镇江营商周第三期遗存里，发现的房屋都是地穴式的圆形建筑。房屋直径在3米左右，屋内有多处烧灶遗迹。保存较完好的F8，但也只留下居住面，地穴的壁已不存。居住面近圆形，东西长2.95米、南北长2.57米，门道在南，宽1.55米、长0.34米。室内有四个灶，中间一排四个柱洞。室内地面垫土为黑色，经过夯打，非常坚硬，厚8—12厘米。其建造当是先挖出一个圆形地穴，平整穴底后，垫土夯实。室内的四个灶，有长期炊煮食物的灶，也有的当是冬天取暖用的。居室周围未发现柱洞，当是在室壁的上面，因壁的上部遭破坏而已不存之故。②

在邯郸龟台遗址内发现38个灰坑，其中属于圆形的4号和96号灰坑都有"壁灶"。4号"灰坑"坑口直径2×1.8米，圆而略椭，坑壁直立，高0.67米。西南壁靠底处掏成壁洞，被火烧成通红，其旁有木炭和灰烬。③ 这两个坑当是住人的地穴式房屋。

2. 半地穴式方形房屋建筑

半地穴式的方形房屋在藁城台西的商时期遗址内发现两座，早晚两期各发现一座。早期的一座（第十一号房）为略呈东南向的长方形，长5米、宽1.6米、深0.20—0.70米。在房子的北壁中部稍偏东处有半堵高30厘米、宽65厘米的矮墙，将房分为东西两室，西室长2.35米，东室残长2米。室内地面已经破坏，从保存的部分看，原来地面应是比较平坦而坚硬的，是久经践踏的结果。

在东室的西北角处有三角形灶一个，灶坑呈椭圆顶，深入地面下16厘米。坑的后半部用草泥覆盖，前半部构成灶口和火膛。灶设有烟囱，在东北

---

① 天津市文化局考古发掘队：《河北大厂回族自治县大坨头遗址试掘简报》，《考古》1966年第1期。

② 北京市文物研究所：《镇江营与塔照》，中国大百科全书出版社1999年版，第195—196页。

③ 北京大学等：《1957年邯郸发掘简报》，《考古》1959年第10期。

角的墙上，呈椭圆形，残高65厘米、直径8厘米，烟囱里满布黑色的烟炱，反映出是经过长期使用的。在此灶的南边相距25厘米的地方，还有一个小灶，结构比较简单，只是在地面向下挖一个直径约26厘米、深12厘米的椭圆形坑。这一室内二灶，靠屋中心的一个灶应是冬天取暖用的。

西室的西南角有一马蹄形的灰坑，口底同大周壁垂直，底部平坦。深1米、直径0.9米。坑内出土一些陶、石和残蚌器，是此房屋内作储藏用的窖穴。

门道开在南边，长1.6米、宽0.55米，西端有可供上下的四层生土台阶，每层高5—14厘米，东端被一灰坑打破而不清，可能也有几级供上下的台阶。在房间与门道之间由一条长0.45米、宽0.5米的过道连接，整个房屋的平面由此恰成一个"吕"字形。过道中间有一道宽6厘米的生土坎，从门道台阶下通门槛处的地面成一道缓坡。当人们进屋时，必须历阶而下，踏着缓坡进入门道，越过门槛，才能进入室内。在过道的东南拐角处并有一个凹进去的半圆形缺口，可能是安装门轴用的。门道外由于经常有人出入，遗留下大片路土。

在此房屋内外都没有发现柱洞，无法判断房屋的梁架和顶部的结构。从室内外散落的草拌泥土看，屋顶是用草拌泥土涂抹的。

这座房屋的门道修得十分讲究，设有门板挡门，以避风雨和防盗。室内有冬季取暖的灶和炊煮食物用的灶，炊煮用的灶还设有烟囱。烟囱有两个功能：一是可以加速灶内的空气流通，使灶内的燃料得到充分的燃烧，从而提高灶内的火力，很具科学性；二是排烟，如果这个烟囱的出口是伸到墙外去了的话，炊煮时柴草燃料生出的烟，就可由烟囱排到屋外，使室内不致因炊烟而成乌烟瘴气。灶上建有烟囱，在我国考古发掘中，这里是时代最早的一例。

（二）地面建筑

地面建筑的房屋发现最多的是藁城台西遗址，这里早晚两期共发现12座。以房顶的结构分，可分为硬山顶式、平顶式和斜坡式3种。

1. "人"字形硬山顶式房子

这种房子发现8座，按其形状可分为长方形和曲尺形两种。

（1）长方形"人"字形硬山式房子　有双间和三间两种。

①双间式房屋。第2号、第5号房子是双间建筑。平面为长方形，坐东朝西，长10.35米、宽3.8米。四周有夯土墙，残存最高处有1.2米、最低

处 0.55 米、厚 0.55—0.7 米。南北两房屋的中间由一道厚 0.45 米的墙相隔。北屋内长 4.35 米、宽 3.25 米，无东墙，但在东墙处相应的地面上的北端有两个并列的柱洞，柱洞的内壁上还粘有树皮，应是支撑房屋顶盖的柱子，北室应是一间厦子式建筑。北室的后墙即西墙靠南处，开有一后门，宽 0.55 米，内侧有安置门槛的凹槽，原来应是安有门的。南室稍小于北室，内长 4.2 米、宽 2.3 米，室内北部靠中的地方有一柱洞，当是整个建筑的中柱，俗称为"金柱"，以承受屋顶的部分重压力。南室的门开在东墙靠南的地方，宽 0.60 米。

此处房屋是建筑在 50 厘米厚的夯土基址上，推测起建过程是先平整地基，再向下挖去 50 厘米的灰土，填土夯实而成为屋地面。墙的基槽是挖在夯土地面上的，墙的基槽呈倒梯形，宽 55—70 厘米、深 50—60 厘米。在基槽口部的两侧发现有用白色云母粉划的线，线条笔直，转角处棱角规整，说明这种建筑是经过精心设计的。

墙的建筑视部位不同而有别：两室之间的隔墙，是用草拌泥堆垛而成；四周墙的下半部分是夯筑，上半部是用土坯垒砌。目前虽然在残墙上还没有发现土坯痕迹，但在两室的内外地面上都发现不少的土坯残段，尤其是在北室西、北二墙的转角处，更是清晰可见，这应该是墙壁倒塌后的迹象。墙壁筑成后，内外均平整地抹一层 3 厘米厚的草泥土，室内地面和四壁用火烤，使之干燥、坚硬，以便防潮而适宜于人居住。

屋顶应是呈"人"字形的"硬山式"。中国古代建筑屋顶有"硬山式"和"悬山式"之分，其区分在山墙与屋顶的结合情况。所谓"硬山式"，就是"人"字形屋顶的屋面，与两侧山墙齐平或山墙略高于屋面，就是"硬山式"；若屋顶盖伸出两侧山墙的建筑，就称为"悬山式"建筑。当然，"悬山式"建筑费材料，但它的优点是伸出的屋盖可以保护墙壁免受雨淋而增加建筑的寿命。

这座房屋的内外，都有几个埋牲畜和人的坑，当是建筑房屋时的祭祀埋牲。

②三间式房屋。第四号房屋是三间式建筑，为南北向。东西长 12.25 米、南北宽 4 米。中间有一厚 60 厘米的墙，将其分为东西两室，东室内长 4.2 米、宽 2.75 米，门开在南墙偏东的地方，门道内宽外窄，内宽 1 米，外宽 90 厘米。西室为一明一暗的套间，外间在西，长 6.2 米，里间长 1.7 米。里外间之间有一厚 60 厘米的墙相隔，两间屋之间的门在中间墙偏南处，墙

上开一宽 40 厘米的门。里间靠东墙偏南处有一柱洞，应是与上述第二号房屋同的"金柱"。外屋的门开在北墙偏东处，门宽 60 厘米。墙的建筑与第二号房屋同，下部为夯筑，上部砌土坯，厚 60 厘米。东墙保存较好，还残留有 2.08 米高，在这面墙壁偏南部距地面 1.35 米的墙面上，有一略呈三角形的"风窗"。我国古代在墙壁上开"风窗"的建筑，在我国考古学上这里是首次发现。

（2）曲尺形硬山式房子　第六号房子的平面呈"曲尺"形，当地群众称为"单甩袖"式建筑（图 9—28）。其结构是由六个长方形单室组成：北房两室，东西长 12.9 米、南北宽 4.85 米；西房四室，南北长 20 米、宽 4.35 米。每室各开有门，室与室间以土墙相隔而不互相通。四周的墙壁及隔墙均厚 70 厘米，残存的墙壁，最低处只有 5 厘米，但北房东西两间的隔墙还很完整，高 3.38 米，顶成"人"字形。墙的上部偏南处有一长 45 厘米、宽 23 厘米的"风窗"。从顶的结构看，此房屋也应是"硬山式"建筑。

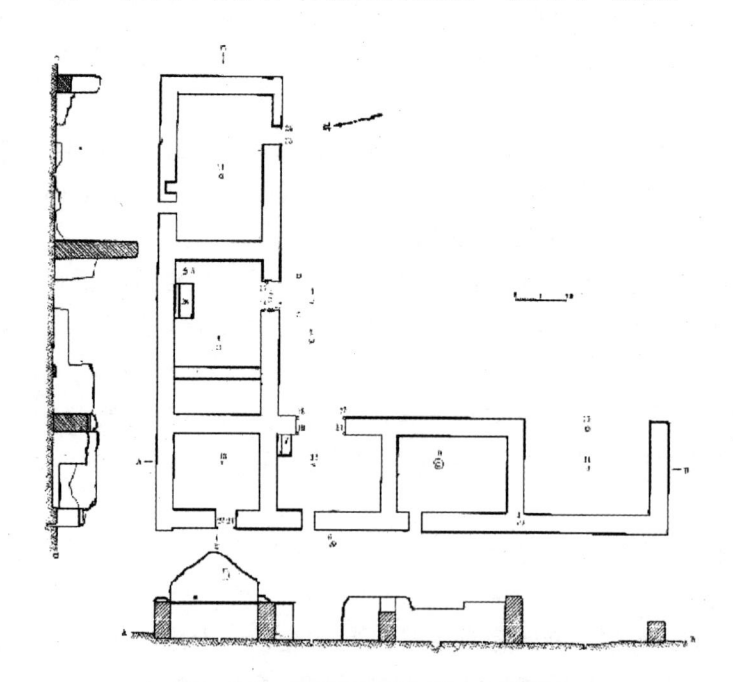

图 9—28　台西第六号房子平、剖面图

1. 奠基奴隶头骨　2—6. 奴隶头骨　7—26. 夯土台
9、11—14. 巢状柱础　8. 石柱础　10、15—25. 柱洞

（《藁城台西商代遗址》第 24 页图 13）

在清理南墙基时，发现一条用石英粉划成的白线，沿墙基自西向东。这同第二号房屋所见的一样，也是建房前先画线的遗迹。

2. 平顶式房屋

平顶式房屋发现2座，保存最好的是3号房子。是一座南北向的单间房子，平面呈长方形。内长4.08米、宽2.7米，房屋四周有用夯土和土坯垒筑起的墙壁，墙的上部厚0.35米，下部厚0.60米，内外都涂一层草拌泥。墙壁保存较好，现存的最低处还有1.15米高，保存最好的北墙和东墙的北端，高达3.27米。从墙的顶部看，上涂草拌泥，并有隐约可见的木檩痕迹，说明这堵墙尚保留着原来的高度。房内地面上有大量的草拌泥和横七竖八的木椽痕迹，由此推测这座房屋应是平顶式的建筑。

房屋的门开在东墙偏南处，高0.95米、宽0.45米。门的左上方墙壁上有一缺口，而且还有窗槛的痕迹，从残痕看窗子宽为1.9米、高1.0米。东、西、北墙上都挖有大小不等的四个壁龛。

3. 斜坡顶式房屋

此类房子只发现一座。房子是建在高出地面0.62—1.34米高的夯土台上，由两个单室组成，北室的东南角与南室的西北角相连接，并相通，呈"凸"形，坐东朝西。两室全长14.35米、宽3.4—3.75米。南室内长7.35米、宽2.75米，北室内长5.65米、宽3.2米。南室的南、东、北和北室的东、北边有约0.55—0.65米的夯土及土坯墙，南室的墙残高1.8—1.95米，北室的残高0.58—1.9米。南室的西边、北室的西、南边则没有墙，但在南室西墙的位置发现有柱洞4个，北室也发现4个柱洞，南北并列、东西对应，大小、深度都相同。其中西边两个在相当西墙南半部的位置，东边两个在东墙内为暗柱。这些柱子起着支撑屋顶的作用。南室东墙下稍偏南处有一两层夯土台，高0.1—0.34米、长1.25米、宽1米。偏北与土台相距1.9米处有一东西向不太规整的矮墙，残高0.38米、长2.15米。北室的北墙壁下也有一阶梯形土台，分三层，高0.07—0.25米、宽1.20米。在南室外西边偏南处有一两级生土台阶，宽1.05米，每层高0.2—0.3米，是供上下出入的。在北室的南室外略偏西处有与南室相同的一座三级生土台阶，宽1.15米，每级高0.17—0.22米。

两座房屋的西边都没有墙，而只有柱洞发现，从南北两室柱洞的布局看，可能是一座一面坡斜顶厦子式的房屋建筑。

台西顶部及其西侧的几座房子都位于晚期文化层内，直接建在当时的地面上，其大小结构基本相同，房子之间相距 1—1.5 米之间，都有夹道相通，房子的方向也一致，应是经统一规划、设计而建造的。从整个看来，似是一大型院落（图 9—29）。

台西晚期居址布局复原图

图 9—29　商时期台西房屋布局复原
（《藁城台西商代遗址》第 32 页图 21）

台西的房屋建筑技术，不少是开中国建筑技术之先，归纳起来有以下几点：（1）建筑前先设计，在地面上划出房屋地基的线，然后再开工；（2）使用土坯垒墙（土坯砌墙虽起于龙山时期，商时仍继续）；（3）墙上开通风窗；（4）灶设烟囱。

（三）水井

早、晚各一眼保存完好的水井，都发现于房子附近，应是当时居民的饮用水之用，是房子的组成部分，故在此介绍。

早期水井。井口作椭圆形，直径 1.38—1.58 米，深 3.7 米。井底为圆角长方形，长 1.56 米、宽 1.06 米。井壁略呈筒状，涂有一层厚 2 厘米的草拌泥，上面密排着许多不规则的小圆孔。孔径 1—1.5 厘米不等，孔内有朽木痕迹，这是为固住井壁上的草拌泥而打的小木橛，木橛年久脱落而留下的孔。井底有木质井盘，盘分内外两层：内盘"井"字形木框架，系用两层圆木搭成，结构是南北、东西两两互相叠压，高 24 厘米。在井盘内的四角插有加固的木桩五根，西北角两根，其他角各为一根；外盘高 64 厘米，南面六层，其他三面为五层，结构与内盘基本相同，只是在盘的中间插有一根圆木，插在南北两面的第二至三层的空隙间，盘内各个角也插有一根木桩。井盘所使用的圆木直径 6—14 厘米不等，加固用的木桩最长的一根长 50 厘米，最短的仅长 15 厘米。木头都没有剥去皮，有的枝杈尚存。圆木两端的底部事先经过加工削平，以便互相叠压时平稳牢固。圆木之间的空隙用短木塞住，以不使泥土进入井内。在此井内除有少量的陶片和一件硬陶罐外，还有一只木水桶，显然是汲水时掉在井内的。

晚期水井。与早期水井比邻，井为圆形，上大下小。上口直径 2.95 米、深 6.02 米。自井口至深 4 米处，向内收成一小平台，以下直径为 1.7 米，深 2.02 米，到底。井底结构与早期同，只是井底的木井盘只有一层，不似早期有内外两层木井盘。井盘每边都用四或五层圆木搭起，圆木两端经过削平，并使紧靠井壁。在井盘外，插有直径 2—4 厘米的木桩 30 根，以固定井盘使其不致移动。井盘内堆满大量的陶罐，有的罐颈仍可看到绳索痕迹，是居民汲水时掉落在井内的（图 9—30）。

这两眼井挖的都很规整，最深的一口打到 6 米多才出水。两口井的井底都架设了木质井盘，为使井盘不致散架，采取了双层井盘或在井盘周围打许多木桩加以固定。有了木质井盘，在汲水时，汲水器不会碰到泥壁而不致使汲上的水成为浑浊的泥水。这两口井反映出，当时人们的打井技术和对获得清洁卫生饮用水的追求。

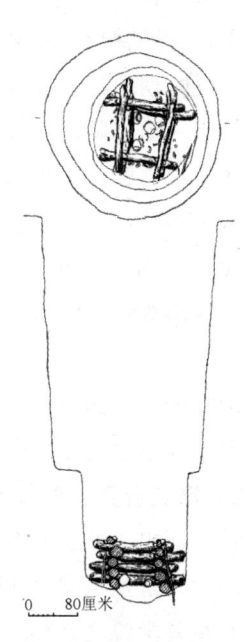

图 9—30 台西商代晚期水井平、剖面及井盘视意图
（《藁城台西商代遗址》第 34、35 页第 23、24 图）

五 纺织业

纺织这一项手工业，在商时期的北土诸方国里，都应是一项十分普遍的手工业。这从作为纺织工具纺轮发现地的广泛性，就可以得到证实。无论冀南、冀北地区，凡是经过发掘的商时期遗址里，都有纺轮出土，只是因遗址和发掘面积的大小不同，出土纺轮的多少有别而已。

（一）纺轮

纺轮有陶质和石质两种，而以陶制的为主。纺轮的样式很多，如在唐山市古冶遗址，出土的陶纺轮有算珠形和圆饼形两种。① 在北京房山的镇江营与塔照的商周第一期地层里出土4件完整的陶纺轮，在第二期地层里出土7件完整的陶纺轮，在第三期地层里出土15件陶纺轮，分为圆台形、圆饼形和不规则形3种。② 天津蓟县张家园遗址时代为商时期的第四层内，出土陶纺轮9件，有四种形状：椭球形、圆饼形、扁鼓形和七角形。③ 1957年在邯郸涧沟的商时期地层里发现有陶质和石质的纺轮，数量及形状未具体报道。④ 在邢台尹郭村出土陶纺轮20件、石纺轮1件。⑤ 发现纺轮最多的是经过大面积发掘的藁城台西商时期遗址。该遗址的居住区里出土陶纺轮162件，墓葬里只在M30内出土一件陶纺轮。纺轮可分为四式：圆饼形；圆饼形而中间聚成脊棱，断面呈六角形；算珠形和特殊形，上下两面凸起，周边为多角形。以算珠形为最多，有76件，次为圆饼形，有59件。石制纺轮5件，为圆饼形。

纺织物的实物遗存，在北土方国境内，藁城台西遗址发现比较多，在平谷刘家河的商墓里也有发现。其他商时期遗址里迄今还没有见报道。

（二）藁城台西和刘家河的麻织品

藁城台西出土的麻织品发现于遗址的T10第四层。该地方发现一卷织物，已炭化，舒展时断裂成13块。但仍发现其中有几根没有炭化的纤维，经上海纺织科学院文物整理组鉴定，这些麻纤维的特征和现代大麻纵剖面的结构是一样的，可以断定是大麻。

对出土的两块麻布实物分析，织品的经纱是两根纱合股加拈而成的。麻

---

① 河北省文物研究所：《唐山市古冶商代遗址》，《考古》1984年第9期。
② 北京市文物研究所：《镇江营与塔照》，中国大百科全书出版社1999年版。
③ 天津市文物管理处：《天津蓟县张家园遗址试掘简报》，《文物资料丛刊》第1辑，文物出版社1977年版。
④ 北京大学等：《1957年邯郸发掘简报》，《考古》1959年第10期。
⑤ 河北省文化局文物工作队：《邢台尹郭村商代遗址及战国墓葬试掘简报》，《文物》1960年第4期。

布的经纱密度为每平方厘米 14—16 根,纬纱为 9—10 根;另一块的经纱为 18—20 根,纬纱为 6—8 根。经纱的投影宽度为 0.8—1 毫米,纬纱的投影宽度为 0.41 毫米。约相当于十升布,与现在的豆纱布相当。

在平谷刘家河商墓的残铜泡上,发现有织物的印痕,经上海纺织学院鉴定,为平纹麻布。其经纬线密度为:经线每平方厘米 8—20 根,纬线为每平方厘米 6—18 根,经纱粗 0.5—1.0 毫米,纬纱粗 0.8—1.2 毫米,以 S 拈向为主。[①]

(三) 丝织品

藁城台西商时期遗址发现的丝织品痕迹,都是黏附在墓葬中出土的青铜武器和容器上的,这些铜器入葬时应是用丝织品覆盖或包裹着的。选取铜觚表面的样品,经上海纺织科学院文物整理组鉴定,据观察,其纤维表面结构形态和毛、麻等截然不同,而同蚕丝纤维的形态非常近似。再从纤维的纵面观察,在扫描电子显微镜的屏幕上,可以清楚地看到丝胶包袱下的两个吐丝孔,它的形状和蚕丝的钝三角接近。因此应是蚕丝纤维。

觚表面上可以辨认出五种丝织物,因此这件铜器上至少包裹了五层不同品种的丝织物。这些丝织品的经纬线密度和丝的投影宽度如表 9—4 所示。

表 9—4　　藁城台西商时期丝织品经纬线密度和丝的投影宽度表

序号	组织	经丝密度（根/厘米）	纬丝密度（根/厘米）	经丝宽度（毫米）	纬丝宽度（毫米）	备注
1	平纹	45	30	0.2	0.4	
2	平纹	24	21	0.3	0.5	
3	平纹	15	12	0.1	0.1	
4	绞纱	36	27	0.3	0.4	
5	平纹	30—35	30	0.1	0.3	

根据表 9—4 数据分析,序号 1、2 丝织物是平纹的"縠";序号 3 经纬

[①] 北京市文物管理处:《北京市平谷县发现商代墓葬》,《文物》1977 年第 11 期。

比较纤细，经纬密度稀疏，应是平纹纱类织物；序号 4 隐约地像绞纱组织，应是绞纱一类织物；序号 5 是一块属于平纹绉丝织物的"縠"（图 9—31）。

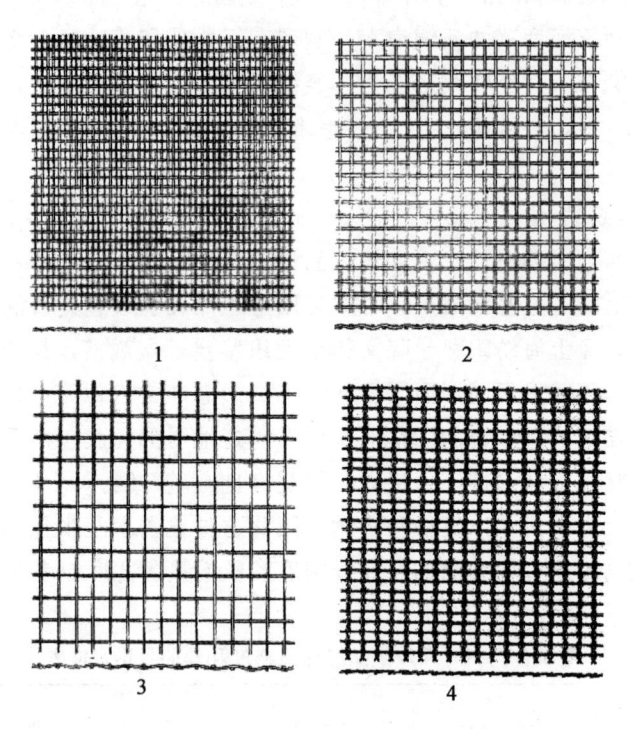

图 9—31 台西铜觚上丝织品组织示意图

1、2. 平纹绉　3. 平纹纱　4. 罗纱

（《藁城台西商代遗址》第 147 页图 88）

台西商时期遗址发现的丝织物，品种至少已有五个之多。而一件随葬的铜器，就用了五种丝织物将其包裹（或覆盖），可见当时丝织物在社会上层人中，其使用已是较为普遍的了。

第四节　东夷诸方国经济

商时东夷诸方国的居地，主要在今山东省境内。这一地区，自新石器早期以来文化就十分发达，形成很多大小不等的部落、部族。进入历史时期，就形成大小不等"国"，其实也就是大小不等的部族。在夏时期，有所称的"九夷"，与夏朝处于同盟的关系。夏末，商不"贡职"，桀"起九夷之师以伐之"。① 夏时的夷名，见于古本《竹书纪年》的有黄夷、于夷、方夷、畎夷、白夷、赤夷、玄夷、风夷、阳夷。商时有兰夷，仲丁讨伐平定其叛乱。②在夏时期，东夷人创造的文化是岳石文化。在商人灭夏前，商人同东夷人已经建立起了牢固的联盟关系，故汤正式出兵伐桀时，桀再次召九夷之师伐商，而"九夷之师不起"，显然"九夷"已同商人站在一起了。郑州南关外期的先商文化中，包含有不少的岳石文化因素，从考古学上证实了东夷人与商人的这种结盟关系。到商代中期，虽有兰夷、班方一度作乱叛商，但很快被仲丁、河亶甲征服，商人直接进入山东地区。从考古发掘知，山东地区的商文化最早到二里岗下层二期，③当是与仲丁征兰夷进军有关。从此以后，商人在东夷地区的势力得到巩固，直到商被周人灭亡后，他们还忠于商王朝。周成王时，三监同殷纣王的儿子武庚叛乱时，东夷立即起兵响应，周人惊异地感叹道："䵼，东夷大反！"周初铜器小臣谜簋铭文云：

　　䵼！东夷大反，白懋父以殷八师征东夷。惟十又一月，遣自㠩师述（遂）东陕，伐海眉。（《集成》4238）

"伐海眉"是指打到了海边。参加反叛的"国家"，据《逸周书·作雒解》载有近二十个：

　　周公立，相天子，三叔及殷东徐、奄及熊盈以略（畔）。周公……二年，又作师旅，临卫政殷，殷大震溃。降辟三叔，王子禄父北奔，管叔经而卒，乃囚蔡叔于郭凌。凡所征熊盈族十有七国，俘维九邑。

孟子更说有五十国被武王、周公灭掉。《孟子·滕文公（下）》载：

　　周公相武王诛纣、伐奄，三年讨其君，驱飞廉于海隅而戮之，灭国者五十。驱虎豹犀象而远之，天下大悦。

---

① 《说苑·权谋》二十九。
② 古本《竹书纪年》。
③ 山东大学东方考古研究中心等：《济南市大辛庄商代居址与墓葬》，《考古》2004年第7期。

"驱飞廉于海隅而戮之"与《小臣谜簋》的"伐海眉"可相互印证。《塱方鼎》铭中说到周公征伐东夷有丰伯、薄姑：

> 惟周公于征伐东夷，丰伯、薄姑，咸戈。（《集成》2739）

丰伯，谭戒甫认为即商代的逄公，亦称有逄伯陵，杨宽从其说，并说其地在今山东益都西北。① 东夷中有风夷，丰伯或当是风夷的国君，亦即郯子所讲的"凤鸟氏"，② 春秋时为郯国。薄姑或说是东夷中一大国，或说是奄国的君长，《史记·周本纪》中说："召公为保，周公为师，东伐淮夷，残奄，迁其君薄姑。"淮夷在东，杨宽说："淮夷也或称为东夷。"③ 薄姑是支持、鼓动武庚叛周的。《尚书大传·金縢》云：

> 管叔疑周公，流言于国曰："公将不利于王。"奄君薄姑谓禄父曰："武王既死矣，今王尚幼矣，周公见疑矣，此世之将乱也，请举事。"然后禄父及三监叛也。

上述可见东夷的国家是很多的，他们与商王室的关系很不错，周公率大军与他们打了三年才将其平定，可知战事的艰巨。这与商人对东夷长期的经营有关。

文献载东夷国有多达五十个的，其国名不能一一考证，其地望更难说清。甲骨文中诸侯、方国的地望同文献上的一样，亦难指其具体地望。张秉权在研究商代农业时指出，在今山东境内的地名指出五个：

> 蜀——在今山东泰安汶上一带
> 雪——在今山东临淄
> 画——在今山东临淄附近
> 龙——在今山东泰安
> 舟凡——在今山东东平④

---

① 杨宽：《西周史》，上海人民出版社1999年版，第145页。
② 《左传》昭公十七年。
③ 杨宽：《西周史》，上海人民出版社1999年版，第143页。
④ 张秉权：《甲骨文与甲骨学》，国立编译馆1988年版，第449页。

还有的研究者也指出一些在今山东省境内的甲骨文中地名，但都是见仁见智，难于坐实，如蜀有山东、山西、四川诸说，所以这里我们不作具体方国的地理地望考证。

　　山东地区是商人经营较早的地区，前已指出，伐夏前商人就与东夷人结成了联盟，郑州南关外先商文化中含有岳石文化因素就是证明。山东地区迄今已发现商代文化遗址达440多处，是除商"王畿"地今河南省外，发现商文化遗址最多的一个省份。属于殷墟以前的遗址有近20处，有研究者认为最早的可早到二里岗上层，① 有学者更认为应早到二里岗下层，从大戊时期商人就开始进入山东地区。② 2003年对济南大辛庄遗址发掘时，在灰坑H690内出土可复原的陶器50余件，以典型的商式陶器为主，"器物组合和形制特征与郑州二里岗下层二期者相同"，③ 证实商人在二里岗下层二期就已经进入了今山东西部地区。商人最早是在山东西部，后逐渐向东推进，在泰沂山脉的北侧和胶莱河以西的地带，包括济南、惠民、东营、淄博、潍坊等地市的鲁北地区，发现属于二里岗时期的遗址较多；鲁中南地区的汶、泗流域，以商代晚期即殷墟时期的遗址为主，只有少数遗址早到二里岗上层。④ 济南大辛庄、长清兴复河、桓台史家、益都苏埠屯及侯城、滕州前掌大这类等级较高的遗址，无疑是重要方国的都城所在地。

　　综观山东地区发现的商代440多处遗存，其经济发展水平不一：早期比晚期低，东部比西部低。西部由于与商"王畿"接壤，受商文化的影响大，商人进入也早，故经济发展水平高于东部地区。各遗址间的差别也很大：等级高的遗址商文化因素较多或者就是以商文化因素为主，而反映出的经济水平也较高，与"王畿"也不逊色多少；等级低的中小遗址以地方文化为主，所反映的经济水平也较低。在滨海地区，由于是"泻卤"的海滩沙地，就只有以鱼盐之利为生。虽然有这些差别，但总的来看，商时东夷诸方国的经济，还是有自己的特点和达到了一定的水平。以下我们对东夷诸方国经济的各门类作一考察。

---

① 徐基：《大辛庄遗址及其出土刻辞甲骨的研究价值》，《文史哲》2003年第4期。
② 王恩田：《大辛庄甲骨文与夷人文化》，《文史哲》2003年第4期。
③ 山东大学东方考古研究中心等：《济南市大辛庄商代居址与墓葬》，《考古》2004年第7期。
④ 栾丰实：《东夷考古》，山东大学出版社1996年版，第343—347页。

一 农业

甲骨文中有卜问"东土"是否"受年"的：

甲午卜，延，贞东土受年？
甲午卜，延，贞东土不其受年？（《合集》9735）
己巳王卜，贞［今］岁商受［年］？王占曰：吉。
东土受年？
南土受年？吉
西土受年？吉
北土受年？吉（《合集》36975）

这个"东土"就是指的"商"王畿以东的地区，即东方臣属于商王朝的方国，故商王关心其农业的收成，可见农业在东方诸侯国中的重要地位。山东地区商时期考古遗址里所发现的丰富的农业遗存是其证据。

（一）大量的陶器

无论早、晚期遗址中出土遗物，东夷诸方国遗址，都是以陶器为主。有夹砂陶和泥质陶两种陶系。器物种类有炊煮器鬲、甗、鼎等，盛贮器瓮、罐、盆、缸、大口尊、壶、罍、斝等，饮食器簋、碗、钵、豆、觚、爵等。这些陶器的特点一是大，二是圆形（见下）。大量使用陶器且器大而圆，是农业民族的生活用器。

（二）青铜器中的"重酒组合"

安阳殷墟的青铜礼器是"重酒组合"，① 这种组合一是反映商人嗜酒的生活特点；二是反映商人粮食的丰富，酿酒是需要粮食的。在东夷地区出铜器的遗址中，青铜礼器"重酒组合"的特点也较为突出，如1983年在寿光县北的古城，发现65件青铜器，其中礼器（容器）22件，有五鼎、五爵、三觚、二卣、二尊及甗、簋、罍、斝、斗各一件。② 其中酒器多达15件：觚、爵是饮酒器，卣、尊、罍、斝是贮酒器，斗是取酒器，从贮酒器中取出酒，倾倒于饮酒器中，或饮或祭祀。青铜礼器的"重酒组合"，在滕县井亭煤矿、

---

① 刘一曼：《安阳殷墟青铜礼器组合的几个特点》，《考古》1995年第4期。
② 寿光县博物馆：《山东寿光县新发现一批纪国铜器》，《考古》1985年第3期。

前掌大、长青兴复河、益都苏埠屯等遗址中都有反映。① 这些酒器都是圆形的，且厚重，显然是农业民族的用器。

（三）遗址中粮食的发现

在1965—1966年对大辛庄商代遗址调查中，采集到一件陶甗的下半部，外有烟熏痕迹，内有白灰，据观察当是粮食的朽灰。② 1965—1966年发掘苏埠屯一号墓时，在第三层的3、4号人骨架旁和脚下都有谷粒痕迹，在5号人骨架头骨的西侧，是一件粘满谷粒痕迹的铜矛残片。③

（四）农业生产工具

山东商时期的考古遗址中，农业生产工具的发现是大量的，如1955年对济南大辛庄遗址勘查时，发现青铜铲1件、石镰13件、石刀3件、蚌刀11件。④ 农业生产工具的质料有石、骨、蚌、陶及青铜等，以石器为主，骨、蚌器次之，青铜质器最少。青铜农具虽少，但它却是当时最为先进的生产工具。特别有意义的是在山东还发现一件青铜犁铧（图9—32），呈"V"形，又称为"三角形器"，是1973年从济南物资回收公司的一包废旧金属物中检出的。⑤

同样形状的器物，在江西新干大洋洲的商代大墓中出土了两件，⑥ 学者们认为这是起土的农具——犁铧。商时期东夷地区的农业中使用青铜犁铧，这在当时是十分先进的工具。一叶知秋，这反映了商时东夷诸侯国的农业生产水平。

---

① 孔繁银：《山东滕县井亭煤矿等地发现商代铜器及古遗址、墓葬》，《文物》1959年第12期。《滕州前掌大遗址有重要发现》，《中国文物报》1995年1月8日；贾笑冰：《滕州前掌大商墓发掘获新成果》，《文物》1999年第3、4期；中国社会科学院考古研究所：《山东滕州市前掌大商周墓地1998年发掘报告》，《考古》2000年第7期；山东省博物馆：《山东长青出土的青铜器》，《文物》1964年第9期；山东省博物馆：《山东益都苏埠屯第一号奴隶殉葬墓》，《文物》1972年第8期。

② 蔡凤书：《济南大辛庄商代遗址的调查》，《考古》1973年第5期。

③ 山东省博物馆：《山东益都苏埠屯第一号奴隶殉葬墓》，《文物》1972年第8期。

④ 山东省文物管理局：《济南大辛庄商代遗址勘查纪要》，《文物》1959年第11期。

⑤ 中航：《济南发现青铜犁铧》，《文物》1979年第12期。

⑥ 江西考古研究所、江西新干县博物馆：《江西新干大洋洲商墓发掘简报》，《文物》1991年第1期。

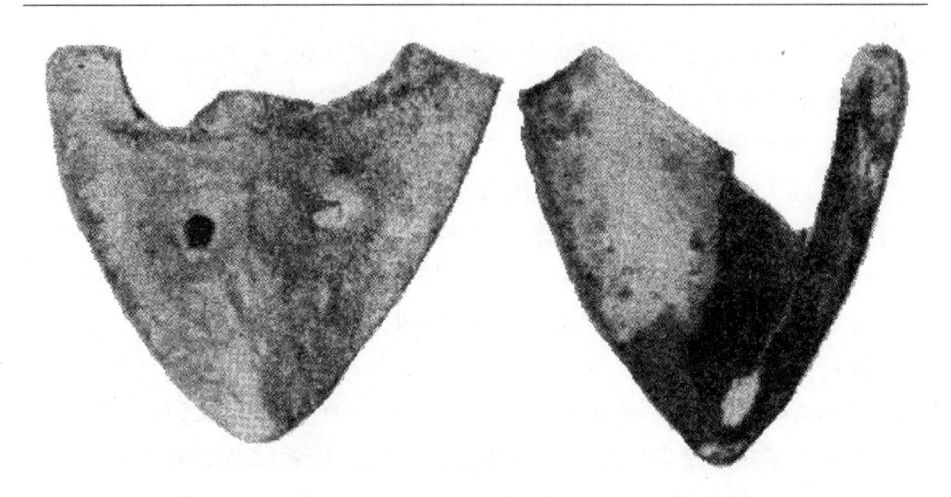

图 9—32 济南发现的青铜犁铧

(见《文物》1979 年第 12 期第 36 页图)

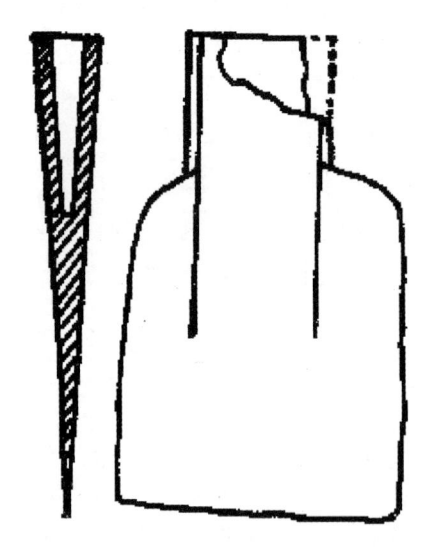

图 9—33 苏埠屯出土的铜铲

(见《考古》1996 年第 5 期第 26 页之图八.1)

中耕农具中的除草农具铲，有青铜和石质制作的。青铜铲发现两件，一件发现于济南大辛庄，一件发现于益都苏埠屯。苏埠屯的一件呈长方形（图 9—33），銎略残，圆肩直刃，高 12 厘米、刃宽 7.5 厘米、銎长 3.8 厘米、銎径 1.6 厘米。①

石铲见诸报道的不多，只有两件，一是长青县南兴复河商代遗址中的一件，体扁平，通体磨光，器身有由两面钻成的一圆孔，长 13 厘米、宽 8 厘米。② 另一件发现于济宁市南赵庄的商代遗址里，铲呈长方形，砾石质，黑色，三面刃，磨制精细，残长 6 厘米、

---

① 山东省文物管理局：《济南大辛庄商代遗址勘查纪要》，《文物》1959 年第 11 期。夏名采、刘华国：《山东青州市苏埠屯墓群出土的青铜器》，《考古》1996 年第 5 期。

② 山东省博物馆：《山东长青出土的青铜器》，《文物》1964 年第 9 期。

宽9厘米。① 总的来看，山东地区商代遗址中石铲发现不多。

收割用的镰和刀（铚）发现较多，质料以石、蚌为主，还发现一件青铜镰（图9—34）。此铜镰发现于大辛庄，弧背直刃，刃部有锯齿，长9.5厘米、宽2.4厘米。② 报道称为"铜锯"，认为是锯骨料的工具，但从刃呈弧形看，弧刃不便锯硬物，故应是农业的收割农具。

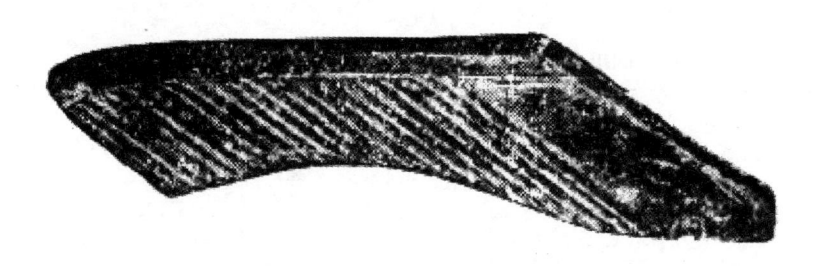

图 9—34　大辛庄发现的铜镰

（见《文物》1959年第11期第11页图47）

石镰发现较多，且在石器中为主要的工具，如苏埠屯出土的6件石器中，有石镰3件，③ 平阴朱家桥出土16件石器，石镰有8件，④ 济宁潘庙遗址出土石器27件，石镰有20件。⑤ 石镰的形制有两种：曲背凹刃和曲背直刃。蚌镰发现的数量略次于石镰，其形制与石镰同，也是曲背凹刃和曲背直刃两种。石刀和蚌刀也是重要的收割农具。石刀有两种形制：长方形和半月形（图9—35）。刀的身上都有一至数个孔，长方形石刀的两侧还带有缺口。孔和缺口是穿绳以便系在手上，割取农作物禾穗头的。蚌刀在大辛庄、朱家桥等遗址中都有发现，多为半月形式。

为便于了解山东商时期东夷诸国的农具镰和刀的情况，我们选择了有代表意义的六个遗址出土的石、蚌器总数量和镰、刀所占比例，制成表9—5。

---

① 济宁市博物馆：《山东济宁市南赵庄商代遗址调查》，《考古》1993年第11期。

② 山东省文物管理局：《济南大辛庄商代遗址勘查纪要》，《文物》1959年第11期。

③ 山东省博物馆：《山东益都苏埠屯第一号奴隶殉葬墓》，《文物》1972年第8期。

④ 中国科学院考古研究所山东发掘队：《山东平阴县朱家桥殷代遗址》，《文物》1961年第2期。

⑤ 国家文物局考古领队培训班：《山东济宁潘庙遗址发掘简报》，《文物》1991年第2期。

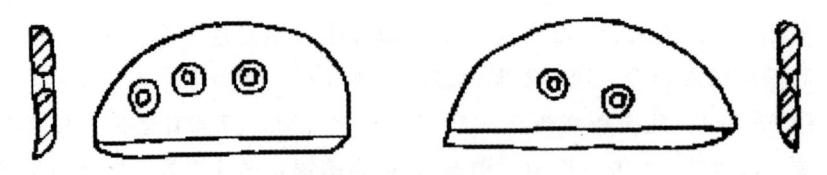

图 9—35　半月形有孔石刀

(栾丰实：《东夷考古》第 342 页图六九：13、14)

表 9—5　东夷诸方国出土石、蚌质镰和刀在石、蚌质工具中所占比例表

	石器					蚌器					资料来源
	出土总数	石镰		石刀		出土总数	蚌镰		蚌刀		
		件数	(%)	件数	(%)		件数	(%)	件数	(%)	
大辛庄(一)	39	13	33.3	3	7.7	14	1	7.1	11	78.5	《文物》1959年第11期
大辛庄(二)	7	3	42.8	2	28.5	—	—	—	—	—	《考古》1973年第5期
朱家桥	16	8	50	2	12.5	未统计	—	—	占多数	—	《考古》1962年第2期
苏埠屯	6	3	50	—	—	—	—	—	—	—	《文物》1972年第8期
济宁潘庙	27	20	74	—	—	3	3	100	—	—	《文物》1991年第2期
济宁凤凰台	3	3	100	—	—	—	—	—	—	—	《文物》1991年第2期

二　家畜饲养

山东商时期的家畜饲养有一定的水平，考古发掘的各遗址中，出土了不少的家畜骨骼。由出土的家畜骨骼，可知当时人民饲养家畜的种类有：

(一) 马

在安阳殷墟发现了数十座车马坑，知商人已经用马驾车。在山东地区的商时期遗址中，也多处发现车马坑和有青铜车马具随葬的墓。车是需要马牵引的，有车马具的墓虽然未直接发现马，但由其出马具可知墓主人家生前是饲养马的。1995—1998年在滕州前掌大商代墓群中，发现5座车马坑。① 如1998年清理的两座车马坑，内都有一车两马，车为单辕，两马背夹辕侧卧。经复原，马头上的装饰有海贝、圆形铜泡，当卢贴有金箔，整体上给人以庄重华丽的感觉（图9—36）。②

青铜车马具在苏埠屯二号墓中出土一套，比较完整，③ 在长青县南三十里的兴复河北岸所出商代铜器群中，出有车马具：马衔2件、当卢1件、衡饰1件、铜镳4件、铜泡饰两组12件、节约214个、铃1件、骨镳4件。④ 在平阴朱家桥的商代遗址内发现一个坑里埋一完整的马骨架。⑤ 马在商时期的东夷诸方国中已用来驾车，而驾车的马是要经过细心的训练调教，可见此地区的养马已有很长的历史了。

图9—36 前掌大商代马具复原
（《中国文物报》2003年1月3日）

（二）牛

牛骨在山东商时期遗址中有多处发现，如平阴朱家桥发现一坑内有完整的牛骨架一具。滕州前掌大的M3内发现一头牛的腿骨，用以随葬，显然是供死者食用的。济宁潘庙遗址中出土有牛骨。在济南大辛庄、桓台史家、寿光等地的商时期遗址里，发现了大量的卜骨，其中主要是牛的肩胛骨。⑥ 在

---

① 王影伊：《山东前掌大商代晚期马具复原》，《中国文物报》2003年1月3日。
② 贾笑冰：《滕州前掌大商墓发掘获新成果》，《中国文物报》1999年3月14日。
③ 齐文涛：《概述近年来山东出土的商周青铜器》，《文物》1972年第5期。夏名采、刘华国：《山东青州市苏埠屯墓群出土的青铜器》，《考古》1996年第5期。
④ 山东省博物馆：《山东长青出土的青铜器》，《文物》1964年第4期。
⑤ 中国科学院考古研究所山东发掘队：《山东平阴县朱家桥殷代遗址》，《文物》1961年第2期。
⑥ 山东省文物管理局：《济南大辛庄商代遗址勘查纪要》，《文物》1959年第11期；山东大学东方考古研究中心等：《济南大辛庄遗址出土商代甲骨》，《考古》2003年第6期；光明等：《桓台史家遗址发掘获重大成果》，《中国文物报》1997年5月18日；寿光县博物馆：《山东寿光县新发现一批纪国铜器》，《文物》1985年第3期。

2003年春季发掘大辛庄遗址时，发现灰坑中有不少埋有完整的动物骨架，种类有猪、羊和牛等。①

（三）羊

羊和牛一样，都是很早就成为人们饲养的家畜，山东地区羊的饲养也早，商时的羊是绵羊。在滕州前掌大的 M11 出土的一件铜卣和 M128 号墓出土的一件铜簋上，都铸有羊首做装饰，其羊的两只角作卷曲状，是绵羊的特征。② 在桓台史家商时期遗址内发现用作祭祀的羊坑，发现的两件卜骨是羊的肩胛骨。在大辛庄遗址内出土的卜骨，也多是羊的肩胛骨。这些羊应是家养的家畜。

（四）猪

山东古代的养猪历史亦很早，在大汶口文化中，猪就是当时人们的重要财富。到商时期猪的饲养更为发达。2003 年 3 月山东大学考古中心等单位，在大辛庄的商时期文化层内发现大批卜甲，其中 7 片上有刻字，有 4 块能缀合成一片较大的龟腹甲，其正面存 34 字，为 16 条卜辞，其中有一条卜辞是卜问用猪祭祀"母"的，其辞为：

御母彘、豕、豕、豕。
弜御。③

彘是野猪，字作 形，中间一横画表示箭射穿猪，此字在殷墟甲骨文中常见，罗振玉说，"从豕，身著矢，乃彘字也。彘殆野豕，非射不可得，亦犹雉之不可生得与。其贯 / 者，亦矢形。许君谓彘从彑矢声从二匕，是误以象形为形声矣"。④ 豕字，闻一多说是阉割后的猪。⑤ 第三个豕字，孙亚冰、宋镇豪认为此豕字的头旁有一点，隶定作豕字，"可能是砍去头部或凿除牙齿

---

① 方辉等：《中商文化墓地在海岱地区首次发现》，《中国文物报》2003 年 12 月 3 日。
② 中国社会科学院考古研究所专稿：《滕州前掌大遗址有重要发现》，《中国文物报》1995 年 1 月 18 日。贾笑冰：《滕州前掌大商墓发掘获新成果》，《中国文物报》1999 年 3 月 14 日。
③ 山东大学东方考古研究中心等：《济南大辛庄遗址出土商代甲骨》，《考古》2003 年第 6 期。
④ 罗振玉：增订《殷虚书契考释》（中），东方学会印 1937 年版第 28 页下。
⑤ 闻一多：《释豕》，《闻一多全集》第 2 卷，三联书店 1982 年版。

的猪"，① 孙、宋说可备一说。第四个豕字与殷墟甲骨文里表示家养猪的"豕"同，应是指普通的家养猪。四个"豕"字表示的是用四种不同的猪祭祀"母"，后二字若都是"豕"，表示两头同样的豕应刻作"豕二"或"二豕"，而不应重刻两个豕字，因为在此条刻辞"御母"二字的上面有一"四"字，反映出商时大辛庄人已经掌握用数字计数能力，不应刻两个"豕"字来表示两头同样的猪。从此甲骨刻辞知，商时期山东诸方国已使用阉割的技术养猪，可知其养猪的水平较高。在商时期的遗址内，猪骨有大量的发现，如在桓台史家遗址里，发掘9个祭祀坑，其中有4个猪坑。

（五）狗

用狗殉葬或祭祀，在山东各处的商时期遗址中都有发现。1984年试掘大辛庄遗址时发现7座殉狗坑，共埋狗29只。② 苏埠屯第一号大墓在殉48人的同时，还殉6只狗。③ 朱家桥遗址的牛骨架坑的北部有两堆狗骨，在牛骨架下也有一堆狗骨。④ 滕州前掌大遗址商代墓Ⅰ区M4的棺椁之间有一殉狗坑，内有零星的狗骨骼。⑤ 2003年春季山东大学东方考古研究中心等单位，对大辛庄遗址进行发掘时，发现多个殉狗的遗迹单位，如在已发掘的11座晚商墓中，几乎都有腰坑殉狗的现象，"二层台"上殉狗的现象更为普遍，一般为4条，最多的达20条，M72殉狗11条，一条在腰坑内其余在"二层台"上。⑥ 反映出狗的饲养已很普遍和人狗关系的密切。

家畜除马是用其力驾车外，其他的家畜是供食用的，如在寿光发现的一批青铜器，有五件鼎，腹和足都有烟炱痕迹，是煮食物用的，在这些鼎内都存留有家畜类的脊柱骨及肋骨。⑦ 这些鼎内的家畜，显然是供人们食用的。

---

① 孙亚冰、宋镇豪：《济南市大辛庄遗址新出甲骨刻辞探析》，《考古》2004年第2期。
② 山东大学历史系考古专业等：《1984年秋济南大辛庄遗址试掘述要》，《文物》1995年第6期；中国科学院考古研究所山东工作队：《滕州前掌大商代墓葬》，《考古学报》1992年第3期；方辉等：《中商文化墓地在海岱地区首次发现》，《中国文物报》2003年12月3日。
③ 山东省博物馆：《山东益都苏埠屯第一号奴隶殉葬墓》，《文物》1972年第8期。
④ 中国科学院考古研究所山东发掘队：《山东平阴县朱家桥殷代遗址》，《文物》1961年第2期。
⑤ 中国科学院考古研究所山东工作队：《滕州前掌大商代墓葬》，《考古学报》1992年第3期。
⑥ 方辉等：《中商文化墓地在海岱地区首次发现》，《中国文物报》2003年12月3日。
⑦ 寿光县博物馆：《山东寿光县新发现一批纪国铜器》，《文物》1985年第3期。

三 手工业

从考古发掘中观察，山东商时期诸国的手工业主要有陶瓷、铸铜、建筑和制盐等。

（一）青铜器铸造

山东商时期出青铜器的遗址遍及全省，如海阳尚都村、① 滨县兰家村、益都苏埠屯、淄博市诸家、长青兴复河、济南大辛庄、苍山东高尧、滕县井亭、邹县城关、寿光古城、滕州前掌大及官桥镇、紫胡镇、级掌镇、羌屯镇、桓台史家村、惠民麻店大郭、章丘明水镇等，有20处以上。其中以长青兴复河、滕县井亭、滕州前掌大、寿光古城（侯城）、益都苏埠屯和济南大辛庄等6处出土的较多。在大辛庄遗址内的M106号墓，是相当于郑州二里岗上层二期的中商时期墓葬，出青铜器11件，其组合为觚、爵、斝、尊和壶。在属于晚期的11座墓葬中，铜器的组合为觚、爵或觚、爵、鼎，如M72号墓出土铜器有觚、爵、鼎和2件铜戈。② 其铜器的组合与"王畿"地区相同。1983年在寿光古城出土铜器64件，其中礼器（容器）23件。计容器有鼎5件、爵5件、觚3件、卣2件、尊2件、罍1件、斝1件、斗2件；兵器有戈10件、矛4件、镞15件；工具有刀3件、锛2件、凿1件；响器有铃6件。从器形知为商代晚期物。多件铜器上有铭文"己"，有说是纪国铜器。殷墟甲骨文中有两个从"己"的字，且都为侯：一个从木或从草的字，作 形，释为杞。有地名"在杞"（《合集》24473、36751），有"杞侯"（《合集》13890）。一个从其从己，作 ，释作冀。有用作地名的"在冀"（《合集》36956），有称"冀侯"的（《合集》36525）。是否与寿光铜器铭有关，有待研究。

滕州前掌大遗址为1984年发掘，获铜器200余件，其中礼器60余件，有鼎、簋、甗、尊、提梁壶、提梁卣、罍、爵、角、觯、斝、盉、觚等，其他铜器有铜胄、铜戈、铜矛、铜弓形器、铜铃、铜泡、铜轴饰、衔、镳等。③

---

① 徐基认为尚都村的铜器时代为周代特征，不能早到商代。见《山东商代文化研究的若干问题》，《中国文物报》1998年5月27日。

② 方辉等：《中商文化墓地在海岱地区首次发现》，《中国文物报》2003年12月3日。

③ 中国社会科学院考古研究所：《滕州前掌大遗址有重要发现》，《中国文物报》1995年1月8日。

1998年底至1999年初发掘又出土铜器200余件，铜器中有礼器59件，其中3件上有铭文。① 苏埠屯1931年发现两批铜器，共15件，其中礼器11件，1965—1966年发掘的一号大墓，完整器已盗走，从所剩下的残片可看出有鼎、方鼎、斝、爵、钺、矛、戈、斧、锛等70余件。②

山东地区的商时期铜器，特别是礼器，其形制多与殷墟出土的同，但却不一定就是王都或"王畿"境内铸造的。山东商时期的铜器上发现有60余种族徽式铭文，有些是不见于中原地区的，像大辛庄M72号墓中出土的一件铜爵上的铭文作？形，③ 他处未见。上举寿光古城铜器上的铭文，也是不见于其他地方。这类山东地区独见的铜器铭文的铜器，应是本地所铸造的。山东地区的铸铜遗迹也有零星发现，如在邹县靠近泗水县的地方有一个商时期的大遗址，这里靠山，附近有铜矿，有古代炼铜的迹象，曾发现过炼铜的铜渣和铸铜器的残石范。④ 1955年勘察大辛庄时发现铜矿石一块。⑤ 1986年在章丘火化厂西的古文化遗址里，发现了相当于夏时期的铜渣，⑥ 说明在夏时期山东境内就已掌握了青铜的冶炼和铸造技术。商时期山东的方国有铸造青铜器的能力，其出土的青铜器绝大多数应是当地铸造的。

（二）陶瓷器制造业

山东境内商时期的制陶工业是很发达的，除大量的日用陶器外，还制造硬陶及原始瓷器。

1. 日用陶器的制造

陶器是山东商时期遗址中最主要的文化遗物。山东商时期遗址内的陶器有三部分文化因素：商文化、岳石文化（土著文化）和非商非夷（或称为亦商亦夷）的混合型的变体文化。早商时期后者的比重较小，随着时间的推移，比重逐渐增大，到晚商后期，显然已经超过前二者。⑦ 在一处遗址里往往有两种以上类型的陶器共存，如济南大辛庄遗址内出土的陶器，按其形制

---

① 贾笑冰：《滕州前掌大商墓发掘获新成果》，《中国文物报》1999年3月14日。
② 山东省博物馆：《山东益都苏埠屯第一号奴隶殉葬墓》，《文物》1972年第8期。
③ 方辉等：《中商文化墓地在海岱地区首次发现》，《中国文物报》2003年12月3日。
④ 王言京：《山东省邹县又发现商代铜器》，《文物》1974年第2期。
⑤ 山东省文物管理局：《济南大辛庄商代遗址勘查纪要》，《文物》1959年第11期。
⑥ 王善荣、李芳、段丽山：《青铜提梁卣》，《中国文物报》2003年5月21日。
⑦ 栾丰实：《东夷考古》，山东大学出版社1996年版，第341—343页。

可分为两大类：第一类（商文化）陶器以灰陶为主，夹砂红陶次之，泥质红陶、黑陶较少。纹饰以细绳纹为主，器形有炊器鬲、甗、鼎与少量的斝；盛贮器有瓮、盆、罐较多，大口尊和缸次之，壶、罍少见；饮食器多簋、浅腹盆、大沿罐和豆，少觚、爵、杯类酒器。第二类（岳石文化）以夹砂褐陶和泥质灰陶为主，夹砂灰陶次之。器形有素面夹砂鬲、甗、鼎、罐和泥质灰陶盆、瓮、钵、罐、豆等。① 其制法第一类陶器有轮制、轮模合制，第二类陶器夹砂褐陶多为手制，以素面为主，泥质灰陶一般为轮制。②

烧制陶器的窑，在菏泽安丘堌堆的早商文化地层内有发现。③ 在滨州市阳信县李屋村的商时期遗址里发现有烧熘的盔形器、窑壁碎块、制陶器用的陶拍子，在 T1307 内还发现了窑室。④ 山东地区商时期文化中的陶器，无论那种类型的，都应是本地烧制的。

2. 硬陶和原始瓷器

硬陶和原始瓷器在山东的商时期遗址中多次发现，如在大辛庄遗址中，商文化被划分为七期，在第一期里就出土有印纹硬陶器，在第二期里印纹硬陶器有所增加，并出土了原始瓷器，种类有尊和罐。第一至三期文化时代为郑州二里岗上层，属商代中期。⑤ 商晚期的原始瓷器在大辛庄、苏埠屯、前掌大等遗址中都有发现，其中以前掌大出土的数量为多，1991 年在 M3 号墓中出土 13 件，其中豆 10 件，尊、罍、罐各 1 件。在 M4 号墓中出土原始瓷豆 3 件。⑥ 1998 年在 M119 号墓中出土印纹硬陶尊 2 件，印纹硬甗 1 件，出土原始瓷豆 2 件，M120 号墓中出土原始瓷器 6 件，器形有豆、罍、尊（图 9—37）。⑦

---

① 山东大学历史系考古专业等：《1984 年秋济南大辛庄遗址试掘述要》，《文物》1995 年第 6 期。
② 栾丰实：《东夷考古》，山东大学出版社 1996 年版，第 340 页。
③ 北京大学考古系商周组等：《菏泽安丘堌堆遗址发掘简报》，《文物》1987 年第 11 期。
④ 燕东生等：《山东阳信李屋发现商代生产海盐的村落遗址》，《中国文物报》2004 年 3 月 5 日。
⑤ 山东大学历史系考古专业等：《1984 年秋济南大辛庄遗址试掘纪要》，《文物》1995 年第 6 期。
⑥ 中国社会科学院考古研究所山东工作队：《滕州前掌大商代墓葬》，《考古学报》1992 年第 3 期。
⑦ 贾笑冰：《滕州前掌大商墓发掘获新成果》，《中国文物报》1999 年 3 月 14 日。

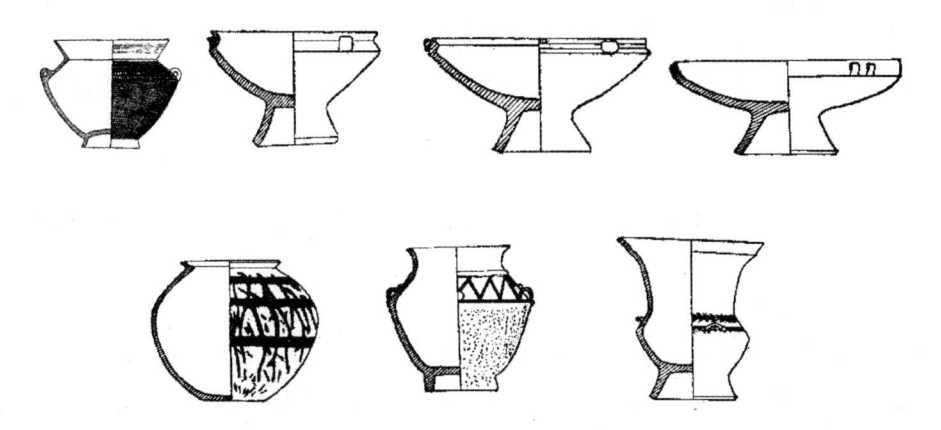

图 9—37　前掌大出土的印纹硬陶和原始瓷器

（《考古学报》1992 年 3 期底 375 页图七：1；383 页图一六：1、2、3、6、9、10）

山东地区商时期发现的原始瓷器应是本地烧制的，其理由是：

（1）原始瓷器的形制与器表纹饰与同时期当地的陶器相同或相近，如前掌大 M3 墓出土的原始瓷罍（M3：3）与同墓出土的陶罍Ⅰ式（M3：13）、Ⅲ式（M3：1）形制基本相似。前掌大原始瓷器上所饰纹饰方格纹、三角纹、弦纹、圆圈纹等在同期陶器上都有体现。

（2）原始瓷器的形制具有独特的地方性。与陶器一样，随着商人势力的东扩，早期出土的原始瓷器其主体风格与中原商文化的相近，表现出共性与个性的交融，但与江西吴城等南方的原始瓷器则大相径庭，晚期则具更多的本地特色。如前掌大商晚期 M3 号墓出土的原始瓷罐 M3：6 与殷墟西区第三墓区所出的瓷罐 M701：58 相似，其瓷豆（M3：37）与殷墟 84XTH94：3 瓷豆相似，而不见于同时期的吴城文化遗址中。而同墓出土的瓷尊（M3：84）与中原地区的敞口、折颈、折肩、圜底的瓷尊形制不同，也不同于吴城文化的大口瓷尊。山东地区所出土的商时期原始瓷罍的形制不同于中原地区的瓷罍，更不见于吴城文化。

（3）山东地区凡出原始瓷器的遗址和大墓，皆伴出印纹硬陶器。在大辛庄遗址第一期就出有印纹硬陶却未出原始瓷器。[①] 说明山东地区在原始瓷器烧制成功前，就已经在烧制硬陶器了。硬陶的烧制技术，为原始瓷器的烧制

---

① 山东大学历史系考古专业等：《1984 年秋济南大辛庄遗址试掘述要》，《文物》1995 年第 6 期。

奠定了基础。

（4）山东地区瓷土资源丰富，而且是具高黏合力和良好烧结性能的高级瓷土，为烧制原始瓷器提供了物质基础，至今山东地区还是我国瓷器的重要产地，像淄博的瓷器，畅销海内外。①

（三）建筑

山东地区的商时期文化遗址中还没有发现城的遗迹，迄今只发现民居和墓上的建筑遗存。

1. 民居建筑

山东地区的商时期民居房屋建筑多有发现，如在大辛庄遗址内发现5座房屋，在朱家桥发现21座房屋基址。房屋平面形状有近方形、近圆形和曲尺形三种。地基有平地起建和半地穴两种。墙壁的建造方法有三种：一是用植物茎编筑的泥巴墙，如朱家桥的房屋多是用此方法建造的墙壁；② 二是泥垛墙。是用草和泥的草泥土，沿着房基槽往上堆成的墙，如济宁潘庙遗址房屋的墙就是这种泥垛墙；③ 三是夯土墙。济南大辛庄遗址商文化第二期发现的5座房屋基址，一座为半地穴式，4座为地面建筑。地面建筑的房屋是夯筑的墙，如Ⅲ 2F7号房，平面呈圆角长方形，门道向东。基址南北长4.4米、东西宽4.12米。槽内夯筑墙基。槽上口宽0.35米、下宽0.28米，北墙存高0.06米，西墙内有柱洞2个。④ 其民居的建筑技术与中原"王畿"地区基本相同。

2. 墓上建筑

墓上建筑称为"享堂"，商代的墓上建筑在安阳殷墟遗址内已有发现，如小屯村北的妇好墓、大司空村的M312等。⑤ 在山东地区滕州前掌大的商晚期墓群中，如M4、M205、M207等都发现有墓上建筑。M4是有南北墓道的"中"字形大墓，在墓室上有轮廓清楚的台基基底边线。台基近长方

---

① 钱益汇：《浅谈山东发现的商周原始瓷器》，《中国文物报》2001年10月26日。

② 中国科学院考古研究所山东发掘队：《山东平阴县朱家桥殷代遗址》，《文物》1961年第2期。

③ 国家文物局考古领队培训班：《山东济宁潘庙遗址发掘简报》，《文物》1991年第2期。

④ 山东大学历史系考古专业等：《1984年秋济南大辛庄遗址试掘述要》，《文物》1995年第6期。

⑤ 中国社会科学院考古研究所：《殷墟妇好墓》，文物出版社1980年版，第6页。

形，南北长约 11 米、东西宽约 10 米。台基上有柱洞，据现存柱洞推测，墓室上的建筑近似方形，南北长约 9 米、东西宽近 9 米，构成阔 3 间，进深 3 间，坐北朝南的格局。屋顶为"四阿式"。南北墓道内外也有柱洞，根据柱洞的位置和对应的距离，地面应是廊式建筑。南廊长 5 米，宽度不一，约 4—5 米；北廊残长 1—1.25 米，宽约 5 米。这组以中心建筑为主体，配以前后廊道的"中"字形建筑，将墓室、墓道全部覆盖，是发现最为完整的商时期墓上建筑遗迹。

M205 号墓是有一条墓道的"甲"字形中型墓，墓道在墓室南。据墓室上的夯土，台基呈长方形，南北长 7.6 米、东西宽约 5 米。据现存柱洞位置，墓上建筑为长方形，南北长 6 米、东西宽约 4 米，构成阔一间，进深两间，坐北朝南的布局。屋顶为"四阿"式。墓道上建有廊道并与主室相通，廊道长约 7 米、东西宽约 3 米。

M207 号墓是一座无墓道的墓。据墓口四角外发现的柱洞位置，墓室上也有建筑，只是没有廊道。①

（四）制盐

商王朝有专门主管盐务的官，名为"卤小臣"，商代甲骨文中有"取卤"、"致卤（盐）"的卜辞，是诸侯、方国向商王朝贡盐的记载，② 反映出方国、诸侯国有盐业的生产。文献记载我国古代产盐的地区主要有两个：一是今山西省境内的池盐，一个是今山东省境内的海盐。海盐的产地主要在渤海南岸，即周代的齐国境内。古文献记载此地区的制盐活动可早到炎帝或黄帝时代，《太平御览》865 引《世本》有"宿沙作煮盐"，《北堂书钞》引作"夙沙氏始煮海为盐"。宿沙应即夙沙氏。宿沙或说是炎帝的诸侯，或说是黄帝臣，时代是相当早的。③《尚书·禹贡》记载青州的贡物有盐、绨、海物。《史记》里屡次提到齐国以"鱼盐之利"称霸，《汉书·地理志》讲齐"太公以齐地负海舄卤，少五谷而人民寡，乃劝以女工（红）之业，通鱼盐之利，

---

① 中国社会科学院考古研究所山东工作队：《滕州前掌大商代墓葬》，《考古学报》1992 年第 3 期。

② 杨升南：《商代经济史》第 634 页，贵州人民出版社 1992 年版；杨升南：《从"卤小臣"说武丁对西北征伐的经济目的》，载台湾师范大学国文系及历史语言研究所编：《甲骨文发现一百周年学术研讨会论文集》，台北 1998 年。

③ 见《世本八种》之《张澍稡集补注本》，商务印书馆 1957 年版，第 20—21 页。

而人物辐辏"。成书于齐地的《管子》书中提到"盐"字的地方达40多处，书中多次提到"北海"、"渠展"和"沛（济）水"等具体的区域名、地名和水名。因此，考古工作者把集中分布于这一地区的盔形器与海盐生产联系起来。① 现有资料表明，盔形器主要分布于鲁北地区，尤其是渤海南岸最为集中。方辉搜集了31处遗址出土的70余件盔形器，划分为五种形制，排出其演变序列和年代，认为Ⅰ式可早到殷墟三、四期，Ⅱ式为西周早期，Ⅲ式到西周中期，Ⅳ式在春秋、Ⅴ式为战国时期（图9—38）。②

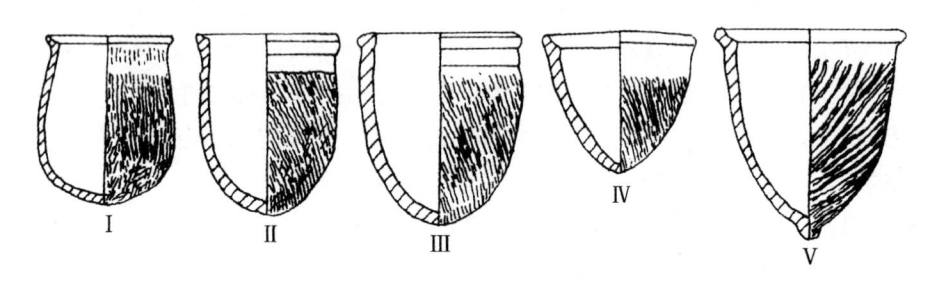

图9—38　盔形器的形制演变图

（《考古》2004年第4期第55页图一、第56页图二）

盔形器为制盐的用具，在2003年夏山东滨州市阳信县李屋村商时期遗址的发掘得到进一步证实。这里是一处商时期的聚落，遗址的商文化层最后达3米以上，遗迹有墓葬、灰坑、窖穴和与房屋有关的柱洞、室内及室外（院落）垫土等。遗址的灰坑中发现大量的盔形器，占该遗址所出陶器的70%—80%，有完整器和大量残片。其器形属方辉所划分的Ⅰ式。在2003年夏、2004年春秋间，为配合南水北调东线工程山东寿光双王城水库工程建设，山东省文化厅考古办公室等单位对水库工程范围内及周围进行了三次考古勘察、钻探和小规模试掘，在8平方公里范围内，发现商周制盐遗址39处，多个遗址内暴露出卤水井、盐田（坑池）和专门烧制盔形器的陶窑。遗址内所出土的遗物均以盔形器为主，所占比例都在95%以上，有的遗址几乎全是盔形器。③

---

① 曹元启：《试论西周至战国时代的盔形器》，《北方文物》1996年第3期。
② 方辉：《商周时期鲁北地区海盐业的考古学研究》，《考古》2004年第4期。
③ 燕生东等：《山东寿光双王城发现大型商周盐业遗址群》，《中国文物报》2005年2月2日。

中国科技大学朱继平博士等人对李屋遗址和桓台、博兴县商代遗址出土的盔形器、鬲、豆、罐及土壤样本，采用 XRF 技术分析结果表明，李屋遗址出土的盔形器内的 Na 元素和 CI 元素的含量明显高于其他样品，盔形器表面附着土样溶解后滤液结晶体的 XRD 和体视显微镜分析，可看出主要成分为 NaCI 的白色晶体。这表明，盔形器应是进行海盐生产的用具。① 制盐的方式有两种：晒和煮。李屋遗址出土的盔形器底部壁厚，且多是泥质陶，用火烧易碎，所发现的盔形器的表面未见用火烧过的痕迹，也未发现煮盐的灶，若盔形器是制盐的用具，则其制盐方式用"晒"的可能性较大。但在山东其他地区发现的盔形器，有的器物外表有火烧的遗迹，如青州凤凰台遗址出土的盔形器，"从断面观察，内壁和外壁被烧成一层厚厚的红烧土层。这是因为器壁厚，内外均经高温焙烧而致"。② 昌邑县唐央火道村出土的盔形器"外表粘有均匀的红烧土"。③ 推测这些红烧土的形成应是"煮海为盐"的结果。④ 肯定盔形器是"煮盐"的用具。

寿光双王城的发掘者则认为"盔形器（如阳信李屋）多泥质、厚胎，并不适合煮熬，而且，考古调查、发掘中也未发现支座、盐灶之类的痕迹，这表明盔形器并不是煮熬海水或卤水之用。圜底、尖底不适合平地放置，侈口、深腹，不便于日晒，也不利于水分蒸发，因此，用之晒盐也不大可能"，因而提出盔形器"应是提取地下卤水的工具"的说法。因为在鲁北地区出土盔形器的遗址大部分离古海岸都有一段距离，说明当时所利用的原料并不是海水。据现代资料显示，渤海湾水浅，海水盐度很低，但南岸冲积平原地区分布着丰富的地下卤水带，卤水盐度是海水的 2—6 倍，仅莱州湾沿岸地带面积就达 1500 平方公里，总储量超过 74 亿立方米，含盐 8 亿吨，是山东得天独厚的"地下液体盐矿床"。包括双王城在内的渤海湾沿岸所发现的制盐遗存基本位于地下卤水分布带上或周围。这些表明双王城一带的制盐原料应是浓度较高的地下卤水。

---

① 燕东生等：《山东阳信李屋发现商代生产海盐的村落遗址》，《中国文物报》2004 年 3 月 5 日。

② 山东省文物考古研究所等：《青州市凤凰台遗址发掘》，《海岱考古》第 1 辑，山东大学出版社 1989 年版。

③ 曹元启：《试论西周至战国时代的盔形器》，《北方文物》1996 年第 3 期。

④ 方辉：《商周时期鲁北地区海盐业的考古学研究》，《考古》2004 年第 4 期。

在双王城遗址内，发现了不少的深井，井口大体呈椭圆形，直径1—3米，已钻探深度超过3.5米（未至底）。井内堆积大体分为上、下两部分，上层为生活和生产垃圾，下层为青灰色和豆绿色淤泥淤沙。在井的不远处都发现多个坑池，如014遗址的坑池之西30米就是井口。此坑池面积超过500平方米。坑池斜壁、平底，深0.4米。底部铺垫豆绿色粉沙土和深褐色黏土，非常坚硬。坑池内堆积着草木灰与豆绿色淤沙土相间层，厚36厘米。其中，草木灰土有4层，豆绿色淤沙5层。坑池内豆绿色淤沙与井内完全相同，其来源应出自井内。坑池是储放地下卤水的池子，坑池底部分别铺垫黏土和沙土层的目的是防止卤水渗漏。坑内层层的草木灰堆积，似是为提高卤水浓度有意识倾倒的，是使用草木灰制盐，与后世制盐中的淋灰法相似。①

盔形器是提取地下卤水的见解，有新的考古发现资料相佐证，是比较合理的解释，但井内是否有破碎的盔形器残片发现，却未有报道。在商周时期遗址里，凡是取水用的水井，其井底都发现有大量的用作取水的陶器残片。若在该遗址坑池旁的水井内，发现有盔形器或其残片，"盔形器是提取地下卤水的工具"说，就能坐实成为定论。我们期待着这方面的报道。

盔形器无论是用作晒、煮还是提卤水的工具，它是制盐的用具应是可以肯定的。山东沿海地区很多商时期文化遗址中都发现大量的这种器物（图9—39），说明商时期山东诸侯、方国已从事盐业生产活动，且其规模不小。殷墟出土的甲骨文中所讲的"致卤"，当有来自山东诸方国的贡品。

从西周的齐太公封齐建立齐国始，齐地就以鱼盐业为其经济特点，在这一地区大量发现商时期遗址里的制盐工具，说明"逐鱼盐之利"的地区经济特点，在商时期就已经发其端了。

四　商品经济——贝

我们已经指出过，在商"王畿"内，贝是商代行用的货币。② 在山东地区的商时期遗址中，贝有大量的发现。在2004年春季，山东大学东方考古中心等单位对大辛庄遗址发掘时，揭露出属于商代中期的遗存，在此时期的M106号墓中，出土有6枚海贝。在商晚期的墓中，出土的贝数量更大。在

---

① 燕生东等：《山东寿光双王城发现大型商周盐业遗址群》，《中国文物报》2005年2月2日。
② 杨升南：《贝是商代的货币》，《中国史研究》2003年第1期。

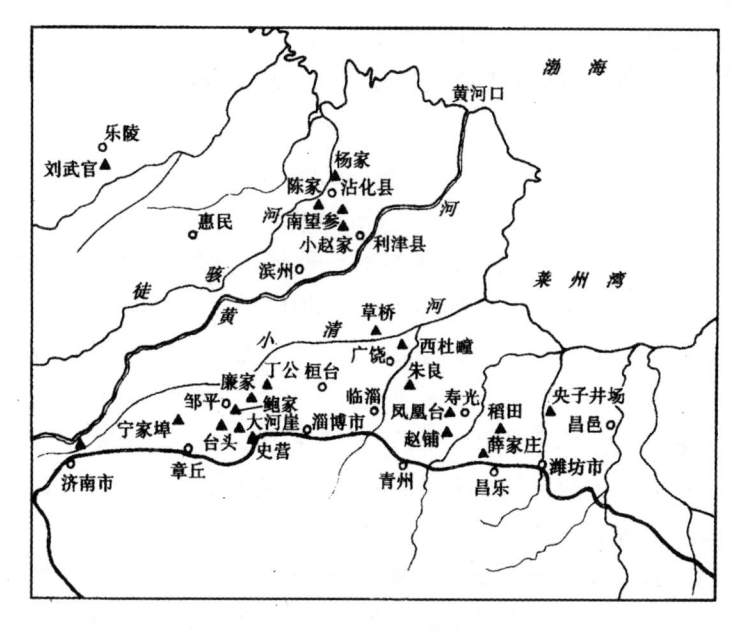

图 9—39　出土盔形器的部分遗址位置示意图
(《考古》2004 年第 4 期第 55 页图一、第 56 页图二)

前掌大的 M4 中，出土海贝 1432 枚，其背部有穿孔。绝大多数出自棺底。M3 内出土 163 枚，M119 的墓主人脚下出土成堆的海贝，海贝的背上都有穿孔。[①]

苏埠屯一号大墓的椁室里出土海贝 3790 枚，海贝的背上都有穿孔。[②]

山东地区商时期的贝，商中期出土较少，晚期较多，像苏埠屯一号大墓内出土达 3790 枚，在中原地区也是不多见的。这些海贝的背上大多有穿孔，是便于穿连成串的。贝的计量单位是"朋"，10 枚贝为 1 朋（有说 5 枚、2 枚的），故背上有穿孔的贝是货币。[③] 苏埠屯、前掌大出土的海贝，放置的位置或在棺内墓主人的脚下、或在棺底、或在椁内，前掌大 M4 号墓中的海贝更置于铺在棺底的朱砂层里，是垫在墓主人的背下，显示其珍贵。这些贝显然不是以墓主人的装饰品随葬的，故而应是货币，是随葬给墓主的财富，其

[①] 中国科学院考古研究所山东工作队：《滕州前掌大商代墓葬》，《考古学报》1992 年第 3 期。

[②] 山东省博物馆：《山东益都苏埠屯第一号奴隶殉葬墓》，《文物》1972 年第 8 期。

[③] 戴志强：《安阳殷墟出土贝化初探》，《文物》1981 年第 3 期。

目的是让他带到另一个世界中去使用。

山东地区出土的海贝都是在大型墓里，反映出货币经济在上层人物中的流通是比较活跃的。

作为交换的商品，在一般平民间，应是以生活日用品为主，如陶器、盐、家畜等，特别是盐和陶器，是家家必需的。这两种物品都不是每家能自己生产得出来的，须要专门的人从事的一种技术性集中劳动。在不少的墓中，出土有玉器、漆器、原始瓷器等高档的用品，更是需要专人生产制作。获得这些高档消费品，也应是通过交换得来。一般平民要获得他们自己不能生产的物品，就必须拿他们自己所能生产的物品，如粮食、家畜等到市场上去交换，所以在一定的意义上，平民生产的粮食、家畜，也成为了商品。

从对考古遗迹的研究知，山东地区商时期诸方国的经济，晚期比中期发达，西部比东部发达。西部因紧邻商"王畿"，商人进入较早，受商文化的影响强，故其经济文化都与商"王畿"的水平接近。虽然东部总的来说经济发展的水平比西部差一些，但东部地区发展也是不平衡的，有些遗址里（如苏埠屯、寿光古城）出土遗物反映出的经济发展水平就相当的高，并不比西部的差。在商时期东夷在商文化的影响下，确有飞速发展，到周代在此基础上，形成具地方特色的齐鲁文化，其基础乃是商时所奠定。

第十章

商代方国经济(下)

第一节 两湖地区的商时期方国经济

两湖地区指今日行政区划的湖北、湖南两省地域。湖北、湖南的商时期文化,虽有一些各自不同的特点,但其共性大于个性。如商文化因素中,都具中原商文化因素;在地方文化因素中,都是本地的土著文化与商文化共处。而两地的土著文化相同大于相异,例如湖北荆州的荆南寺与湖南岳阳的铜鼓山两遗址,其文化面貌基本一致。① 日本学者难波纯子认为,无法从青铜器的特征上将湖北、湖南两地分开。② 故我们将两湖地区作为商时期文化上的一个单元,即甲骨文中所称的"南土"。

在商时期,"南土"也是方国林立,古文献记载有所谓汉南四十国归汤,其国当是不少的。

商文化进入两湖地区的时间较早。湖北盘龙城被分为七期,第三期为商文化开始时期,时代相当于"二里岗下层一期偏早",③ 而湖南迄今发现最早的商时期文化遗址是岳阳铜鼓山、石门皂市等,其早期(第一期)的时代都在二里岗下层。④ 商人势力较早进入两湖地区,与古文献记载相符。《吕氏春秋·异用》载汤出外见捕鸟者四面张网,汤让他去其三面只留一面,"汉南

---

① 何驽:《荆南寺遗址夏商遗存分析》,载北京大学考古系编《考古学研究》(二),北京大学出版社1994年版。

② [日]难波纯子著,向桃初译:《华中型商周彝器的发达》,《南方文物》2000年第3期。

③ 湖北省文物考古研究所:《盘龙城》,文物出版社2001年版,第443页。

④ 湖南省文物考古研究所:《岳阳市郊铜鼓山商代遗址和东周墓发掘报告》,《湖南考古辑刊》第5辑;湖南省文物考古研究所:《湖南石门皂市商代遗址》,《考古学报》1992年第1期。

之国闻之曰：'汤之德及禽兽矣。'四十国归之。"《越绝书·吴内传》载成汤"行仁义"收服了荆楚地区的地方势力：

> 汤献牛荆之伯。之伯者，荆州之君也。汤行仁义，敬鬼神，天下皆一心归之。当是时，荆伯未从也。汤于是乃饰牺牛以事。荆伯乃媿（愧）然曰："失事圣人理。"乃委其诚心。此谓汤献牛荆之伯也。

《越绝书》成书不晚于东汉，更有说是孔子的学生子贡或吴人伍子胥所作。①无论是谁，在他们所处的时代，荆伯（楚国）已拥有了两湖的广大地区，故文中所说的"荆州之君"应是指历史上楚国所据有的地域。这一记载，也正与考古发掘相印证。

两湖地区商时期的文化遗址分布的范围，在湖北分布于江汉平原和山区的交接地带，"主要在该地的长江、汉水及其支流两岸。而鄂西北的汉水中游和鄂西南的清江上游等地区还存在着商代遗存的空白"。②湖南出土的商时期青铜器的分布点达23个县市，③主要分布在湘江、资江、沅江和澧水流域，按其文化的特点，分为"湘江和资江下游、湘江中上游、澧水流域和沅水中下游、沅水和资水上游四个区域"。④在湘江上游的常宁、沅水上游的新宁的湘南地区，也发现了商式铜器。商文化沿着沅水上游即称作夷夫水的河流，进入岭南地区，在广东的深圳也发现有商文化遗迹。⑤

两湖地区商时期的文化，在二里岗时期，中原商文化因素成分强，地方文化因素相对弱，到殷墟时期，则情况逆转，中原商文化因素减弱，地方文化因素增强。这种现象有人认为是商人势力退出"南土"所致，但在殷墟时

---

① 乐祖谋点校：《越绝书·序》，上海古籍出版社1985年版。

② 杨权喜：《湖北商文化与商王朝的南土》，载中国社会科学院考古研究所编：《中国商文化国际学术讨论会论文集》，中国大百科全书出版社1998年版。

③ 何介钧：《试论湖南出土商代青铜器及商文化向南方传播的几个问题》，载《中国商文化国际学术讨论会论文集》，中国大百科全书出版社1998年版。

④ 何介钧：《湖南商时期古文化研究》，载《湖南省博物馆四十周年纪念论文集》，湖南教育出版社1996年版。

⑤ 丁肇文：《深圳惊现殷商古墓群》，《北京晚报》2001年9月17日。据此文报道古墓有26座，出土文物100多件，还发现一处商时期建筑。

期两湖地区仍发现不少的商式铜器,如湖南湘江下游发现的大批商式铜器,多是属殷墟三期以后的,所以上述结论还不能成为定论。

两湖地区的商时期文化,从受商文化影响的程度上看,可分为两个类型:湖北省汉水以东、湖南省洞庭湖、资水以东地区的商时期文化,受中原商文化影响较深;湖北汉水以西、湖南洞庭湖以西地区,商文化因素比东部为弱。如处于汉水以西的荆南寺遗址与处于洞庭湖东的岳阳铜鼓山遗址,"荆南寺是以土著人为主人的居民点,外来的中原商人迁进居住;铜鼓山则是南下中原商人的聚落点,荆南寺土人徙入进住"①。

由于商文化进入两湖地区,推进了当地社会经济的全面发展。

一 农业、家畜饲养和渔猎活动

长江流域在距今一万年以前就已经有了栽培稻,北京农业大学王象坤对野生稻向栽培稻演化及籼粳分化的研究中,得出中国稻作起源在长江中游与淮河上游的结论。在湖南澧县彭头山出土了距今8000年的炭化稻谷,在道县玉蟾岩发现了一万年前的稻谷。② 两湖地区更是我国"稻作农业"的中心地区,长期以种植稻谷为主,人们习惯食稻米饭,这是同北方黄河流域农业的重要区别之处。

生产技术的提高,主要是生产工具的改进。在商文化进入前,此地的是石器、木、骨、蚌质农具,商文化进入带来了先进的青铜生产工具。

商文化进入两湖地区以前,这一地区的社会基本上是处于原始社会时期。湖北境内有几处夏时期的二里头时期文化发现,但其遗存都不丰富,看来受夏人的影响不深。在商人进入以前,湖北地区的石家河文化仍然是主要的文化,故在荆南寺遗址里与中原商文化共存的是石家河文化因素的地方文化而不是二里头文化因素。湖南在商文化进入以前,为原始社会时期的屈家岭文化和龙山文化,这两种文化都是处在文明门槛的外面。商文化进入后,强烈地冲击了当地的土著原始文化。这个冲击首先应是对社会结构的冲击,

---

① 何驽:《荆南寺遗址夏商遗存分析》,载北京大学考古系编:《考古学研究》(二),北京大学出版社1994年版。

② 袁家荣:《湖南道县玉蟾岩1万年以前的稻谷及陶器》,载《稻作、陶器和都市的起源》,文物出版社2000年版;王绍雄:《中国是世界稻作的起源地——第二届农业考古国际学术讨论会侧记》,《光明日报》1997年11月20日。

商人是处在有阶级的社会里，他们到了新的地方，以征服者的身份，建立起有等级的地方政权，统治当地的土著居民。同时把社会分层的理念也传达给了当地的居民，由此促进了当地社会的加速变革。商人在带去新的政治组织结构的同时，也带去了先进的生产技术，这主要反映在青铜技术上。在盘龙城发现的商时期青铜生产工具有锸、镢、斧、锛、刀、锯、凿等。① 1977 年在比盘龙城时代略晚的湖北随县淅河，发现商代青铜器 17 件，其中生产工具有锸、斧、锛、刀、凿等（图 10—1）。② 在湖南湘潭青山桥发现的一商末至西周时期的铜器窖藏中，在所出土 14 件铜器里，有一件青铜锸。③ 在湖南望城县高砂脊的商周时期遗址里也发现一件青铜锸。④ 反映出到商末周初，此地区一直在使用青铜农具。

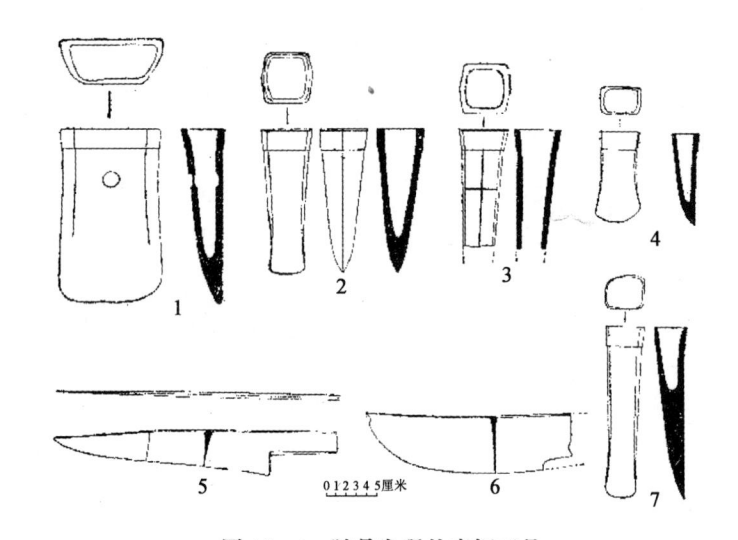

图 10—1　随县发现的青铜工具

1. 铜锸　2、3. 铜锛　4. 铜斧　5、6. 铜刀　7. 铜凿

（《考古》1981 年第 8 期第 48 页图五）

在 1959 年宁乡黄材发现的一件铜罍内，装有 224 件铜斧。有人认为这

---

① 湖北省文物考古研究所：《盘龙城》，文物出版社 2001 年版。
② 随州市博物馆：《湖北随县发现商代青铜器》，《文物》1981 年第 8 期。
③ 袁家荣：《湘潭青山桥出土商周青铜器》，《湖南考古辑刊》第 1 集，1982 年。
④ 湖南省文物考古研究所等：《湖南望城县高砂脊商周遗址的发掘》，《考古》2001 年第 4 期。

批铜斧是货币,故装在珍贵的铜罍内。但这批铜斧有的刃稍缺,似使用过,且斧的重量也各异。有研究者从这批铜斧里随意取出20件对重量进行检测。结果知其重量很少有相同的,其中重的有189克,轻的只有147克,相差42克。作为铜斧来说,这种差别不算什么,作为商品交换的一般等价物来说,这种差别就太大了。故这批铜斧只能是实用的工具。[①]

斧、斫是砍伐工具,古时树林、灌木多,开辟新农田,第一步就是要清除地面上的草木,这就需要斧、斫一类的砍伐工具。在此以前,清除地面上的草木是用石质工具,商文化进入后,使用青铜工具,其效率无疑会大为提高。臿、镬是起土农具,刀可作为收割工具,这些农具的引入,对当地的农业生产,将会大大地推进。当然,石质农具还是主要的生产工具,在两湖地区的商时期文化遗址里,出土的农业生产工具,主要是石器、木、骨、蚌质农具,如石制的斧、铲、镰、刀等,这些工具在盘龙城遗址里的各期都有发现。

家畜饲养业方面,考古发现最多的是狗。在盘龙城多次发现用狗殉葬的现象,如在杨家湾的M11号墓的墓底,有两个殉狗坑,每坑内埋一只狗。[②]有的墓在殉葬狗的同时,还随葬有其他动物,如在盘龙城外的第六期文化遗迹中的M7号墓里,除发现狗骨架一具外,还"在主人盆骨下和足端,发现了零散的兽骨"。[③]兽骨在盘龙城有多处发现,但因骨残太甚,不能辨别究为何种动物,随葬在墓中的"兽骨",应为家畜的骨骼可能性大。在杨家湾第11号墓中,发现用牛肩胛骨制成的卜骨,上有20个未钻透的孔,[④]可知已有养牛。在荆南寺夏商时期文化层中,发现的动物遗骸,"经初步辨认,品种有鱼、猪、牛、羊、鹿、鳖等,以鱼骨数量最多"。[⑤]湖北沙市周梁玉桥遗址是商晚期至西周早期的一处遗址,在此遗址的商周时期地层和灰坑中发现有不少的动物骨骼和龟鳖遗骨,"以古龟鳖类遗骸、猪、牛和鱼骨为多"。还

---

① 傅聚良:《商代铜斧的功能》,载《湖南省博物馆四十周年纪念论文集》,湖南教育出版社1996年版。

② 湖北省文物考古研究所:《盘龙城》,文物出版社2001年版,第266页。

③ 同上书,第231页。

④ 同上书,第296页。

⑤ 荆州地区博物馆、北京大学考古系:《湖北江陵荆南寺遗址第一、二次发掘简报》,《考古》1989年第8期。

有狗、鹿的骨骼。① 湖南多次发现以家畜造型如牛尊、② 羊尊、③ 豕尊④等青铜器，也反映出家畜饲养业的发达。

渔猎方面，以捕鱼或养鱼在考古发掘中所见最为突出。在皂市、费家河等遗址里都出土有网坠，在周梁玉桥出土有青铜鱼钩，其捕鱼方法是网捕和鱼钩钓。在上述荆南寺和周梁玉桥遗址里，鱼的遗迹最多。在荆南寺的动物遗骨中，"以鱼骨数量最多"，在周梁玉桥遗址内，属于商周时期的第四层，出有"鱼骨及大量的龟鳖类遗骸"，此地还发现一件用鱼骨制作的装饰品。是用鱼的脊椎骨制成的，近似圆形，直径3厘米、厚0.7厘米，偏心部位有一直径0.5厘米的圆孔。⑤ 此鱼的脊椎骨可制作装饰品，可见其鱼是很大的，从此也可反映出当时人们的捕鱼技术应是具相当的水平。在湖南岳阳市出土一件商代晚期的铜尊，高50厘米，其腹下用12条鱼作为装饰，⑥ 反映此地的人们对鱼的熟悉和喜好，是当地人们长期从事渔猎活动的佐证。

二　青铜器铸造

两湖地区发现商时期的青铜器，特别是商代后期的青铜器，数量不少，种类齐全，器形很具地方特色。两湖地区铜矿资源丰富，商时期已在进行开采。在中原青铜器铸造技术传入后，当地的青铜铸造业迅速得到发展，从而铸造出大批具有本地特色的青铜器。

（一）两湖地区青铜器的发现及种类

两湖地区是出土商时期青铜器较多的几个地区之一。分布地点湖北在江汉平原，最集中的是汉水以东地区。⑦ 出土的青铜器，仅在盘龙城一地，从

---

① 沙市博物馆：《湖北沙市周梁玉桥遗址试掘简报》，《文物资料丛刊》第10辑，文物出版社1987年版。

② 湖南省博物馆：《湖南省文物图录》，湖南人民出版社1964年版，图版五。

③ 衡阳市博物馆：《湖南衡阳市郊发现青铜牺尊》，《文物》1978年第7期。

④ 何介钧：《湘潭出土商代豕尊》，《湖南考古集刊》第1集。

⑤ 沙市博物馆：《湖北沙市周梁玉桥遗址试掘简报》，《文物资料丛刊》第10辑，文物出版社1987年版。

⑥ 岳阳市文物管理所：《岳阳市新出土的商周青铜器》，《湖南考古集刊》第2集。

⑦ 杨权喜：《湖北商文化与商王朝的南土》，载中国社会科学院考古研究所编：《中国商文化国际学术讨论会论文集》，中国大百科全书出版社1998年版。

20世纪60年代以来，出土的各种铜器就达400多件。[①] 湖南省内出土的商时期（包括少量可能是西周初的器物）总数就有近400件左右，除去兵器和工具外，青铜容器和乐器有100多件。出土地有23个县市，最集中的地区是湘江下游，特别是湘江支流的沩水流域，从横市到黄材，曾出土200多件商时期的青铜器。[②] 两湖地区出土的商时期青铜容器的器形有鼎、鬲、甗、簋、盘、尊、卣、罍、瓿、觯、盉、觚、爵、角、斝等，乐器有铙、鼓等，兵器有戈、矛、镞、钺，工具有䦆、镬、斧、斨、刀、锛、凿、鱼钩等，以及铜泡。与中原商"王畿"内的青铜器种类大体相同。

（二）两湖地区青铜器的铸造地

两湖地区出土的商时期青铜器，研究者将青铜容器分为两群，甲群包括除铜铙的几乎全部铜器，乙群则为各式铜铙。因其器类和形制大体与中原商"王畿"所出相同或相近似，所以对其铸造地就产生两种意见：一种意见认为，甲群铜器中的大部分器物，在中原均有出土，其中多件上有中原商文化铜器上常见的族徽如🔲、戈等，这些铜器必产自中原。两湖地区出土有特色的动物造型铜器及铜鼓等，虽然中原至今未见有相同的器形，但这种器物，一物一范，自然难以发现相同的器形，而从铸造技术、装饰花纹上看，这些器物也是产自中原。乙群铜器铙，有认为是本地铸造的。[③] 有研究者认为"湖南的商周铜器可能主要是三苗部落的一支在汉水流域制造和使用，商末周初受周人所迫其主力迁入湘江流域时带来的。[④] 这后一意见还尚须进一步说明，所指"商周铜器"是否包括了兵器和工具。

我们认为两湖地区出土的商时期青铜器，大多应是本地制造的。其理由如下：

1. 此地区铸造青铜器的原料齐备

此地区有丰富的铜矿。据古文献载，湖北有8处铜矿点，湖南有17个

---

① 陈贤一：《盘龙城遗址的分期及城址的性质》，载北京大学考古学丛书《考古学研究》（五）上册，科学出版社2003年版。

② 何介钧：《试论湖南出土商代青铜器及商文化向南方传播的几个问题》，载中国社会科学院考古研究所编：《中国商文化国际学术讨论会论文集》，中国大百科全书出版社1998年版。

③ 同上。

④ 向桃初：《湖南商周考古和青铜器研究的新进展》，载高崇文、安田喜宪主编：《长江流域青铜文化研究》，科学出版社2002年版。

铜矿点。① 湖北大冶铜绿山铜矿矿藏丰富，其开采时间应从商代开始。碳十四测定，铜绿山铜矿的年代有4个数据在商纪年内：②

(1) 7号矿体223井木背板　3140±80（半衰期为5730年，下同）；3050±80（半衰期为5568年下同）

(2) 7号矿体203井壁木板　3150±80；3060±80

(3) 11号矿体6号炉　3205±400；3110±400

(4) 7号矿体古井　3260±100；3170±100

这四个数据中，都有"±"符号，此符号后的数字，表示可增加或减少的年代范围。如果不保守，用增加的眼光看，上举四个年代数据都到了殷墟时期的年代范围。俞伟超说大冶铜绿山铜矿开采的时间"发生于二里岗的可能性是很大的"，③ 这种可能性应该是有的。在湖北阳新、④ 湖南麻城⑤以及紧临两省之东的安徽南陵、铜陵⑥都发现了铜矿和古代的开采遗迹。阳新蕴藏有铜、铅矿，在阳新矿山中发现许多夏商时期的遗址，也是开采较早的一处铜矿。

湘南桂北有锡和铅矿。铸造青铜器所需的锡和铅，在两湖地区也有。南岭南北麓蕴藏着丰富的锡。广西是一个锡矿蕴藏丰富的地区，有资料说广西的锡"探明储量（包括保有量）占全国第一位"。⑦ 广西的贺县、钟山、宜川和湖南的江永，即岭南都庞岭和萌渚岭两麓，不但锡矿蕴藏丰富而且远比云南的个旧为近。湖南常宁等地有铅矿。⑧ 铜锡产自南方，《考工记》载"吴越

---

① 石璋如：《殷代的铸铜工艺》，《中研院史语所集刊》第26本。

② 中国社会科学院考古研究所编：《中国考古学中碳14年代数据集（1965—1991）》，文物出版社1991年版，第192、193页。

③ 俞伟超：《长江流域青铜文化发展背景的新思考》，载高崇文、安田喜宪主编：《长江流域青铜文化研究》，科学出版社2002年版。

④ 港下遗址发掘队：《湖北港下古矿井遗址发掘简报》，《考古》1981年第1期；湖北省文物考古研究所：《阳新大路铺遗址东区发掘简报》，《江汉考古》1992年第3期。

⑤ 湖南省博物馆、麻阳铜矿：《湖南麻阳战国时期古铜矿清理简报》，《考古》1985年第2期。

⑥ 刘平生：《安徽南陵大工山古代铜矿的发现和研究》，《东南文化》1988年第6期；张国茂：《安徽铜陵大工山古代铜矿的发现和研究》，《东南文化》1988年第6期。

⑦ 王春惠、江余榜：《广西锡矿成因类型与特征》，《中国地质》1983年第10期。

⑧ 何介钧：《试论湖南出土商代青铜器及商文化向南方传播的几个问题》，载中国社会科学院考古研究所编：《中国商文化国际学术讨论会论文集》，中国大百科全书出版社1998年版。

之金锡","金"指铜。李斯《谏逐客书》中称"江南金锡",这个"江南"应是指长江中游地区。铜锡从南方大量运往中原,南方通往北方的通道因此被称为"金道锡行"(见《曾伯霖簠》)。

2. 两湖地区的商时期遗址中,已多处发现铸造铜器的遗迹

在盘龙城的商时期文化地层中,发现有熔铜的坩埚、铜渣、铜块等铸造铜器的遗迹,如在杨家嘴灰烬沟内的两个不规则的椭圆形坑内,"出土有较完整的坩埚及陶缸,坩埚放置有序,其底部用大小不等的石头支垫,显然是起稳定作用。坑内还出土有铜刀、残铜片、熔渣、孔雀石等,沟外东侧灰烬堆积场也发现一些残铜片、熔渣等"。《盘龙城》一书的编者正确地指出:"灰烬沟的土层堆积有序,这种现象绝不是一般的文化堆积,而应是与铸造青铜器的场所有关。"在灰烬沟中有15处发现铜渣,计有18块。① 在湖南省石门皂市的商时期遗址里,发现熔铜炉一座,炉膛周围散布有七八块铜渣,T9发现有附着厚达2厘米铜渣似坩埚使用的厚烧土块。炉膛内出土大陶缸残片多块,炉体旁有大石块六块。还出土了两件石范,一为斤范,一为斧范。② 铜渣、大陶缸、石块都与盘龙城灰烬沟相同。在湖北周梁玉桥的商周时期遗址里,"发现有陶饼,铜炼渣,烧溜土块,烧土块"③。这些遗迹无疑是当时铸造铜器时留下的。周梁玉桥遗址的时代在商晚期至西周初,盘龙城、石门皂市遗址时代为二里岗时期。是两湖地区的铸造青铜器的工业生产,从商代前期直到商末一直在继续。

确实,在两湖地区还没有发现如郑州、安阳铸铜遗址中出土的那种陶范,④ 铸铜遗迹的规模也不大。这种现象有多种原因,也可能是还没有发现,因为考古发现常带有很多的偶然性;也可能是南方雨水多,遗迹不易保存;还有一种可能是,南方的铸铜工艺与中原的不同,所留下的遗迹也有异,如仅按中原的方式发掘,当然找不到。

---

① 湖北省文物考古研究所:《盘龙城》,文物出版社2001年版,第357页及第361页之"表一一"。

② 湖南省文物考古研究所:《湖南石门皂市商代遗址》,《考古学报》1992年第2期。

③ 沙市博物馆:《湖北沙市周梁玉桥遗址试掘简报》,《文物资料丛刊》第10辑,文物出版社1987年版。

④ 报道说在皂市遗址曾发现铸造铜器的"陶范",见文物编辑委员会编:《文物考古工作十年》,文物出版社1990年版,第208页。

3. 两湖地区的一些青铜器的风格与中原迥异

如湖北崇阳大市出土的商代晚期兽面纹铜鼓，① 湖南宁乡黄材寨子出土的人面方鼎，② 兽面纹铜罍（内贮铜斧224件）、四羊方尊，华容出土的兽面纹大圆铜尊（高72.4厘米），长沙东山镇出土的觥卣，醴陵狮顶山出土的象尊，衡阳出土的牛尊，常宁出土的牺首兽面纹方尊，③ 豕尊等，在中原商文化中不见或少见。特别是出土数量多、器形雄伟、纹饰奇特的铜铙（图10—2）——这种铜铙明确出土地点的有43件，湖北出2件，湖南出23件。属于商时期的有28件。④ 铜铙在殷墟虽有出土，且时代比南方的早，但其器形小，纹饰简单，如殷墟文化二期的妇好墓中出土5件，最大一件通高11.5厘米，重0.4公斤，铙体表面只饰有一回字形凸弦纹。⑤ 郭家庄M160号墓出土3件，最大的一件通高24.6厘米，重3.25公斤，铙体表面的下半部饰一似牛面的兽面纹。⑥ 这与南方出土铜铙除形状相同外，其大小、纹饰风格均差异很大。南方地区出土最小的一件铜铙是1974年湖北阳新县白沙刘荣山，此器残高27厘米，重4.7公斤。大小、重量也超过郭家庄最大的一件，而纹饰则全不相

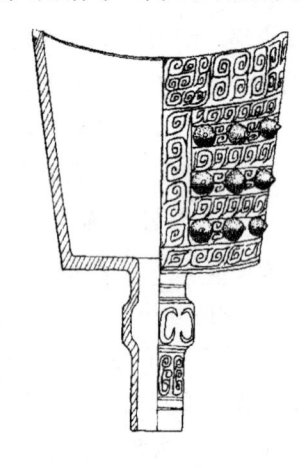

图10—2 大铜铙
（《文物》1997年12期第17页图二）

---

① 鄂博、崇文：《湖北崇阳出土一件铜鼓》，《文物》1978年第4期。

② 高至喜：《商代人面方鼎》，《文物》1960年第10期。1940年河南彰德府（安阳）出土一件商晚期的人面盉，现藏美国弗利尔美术馆。盉大口宽腹圈足，有盖。盖为具有龙角的人面形，人面仰天朝上。器盖与器身连起来，如同仰卧的人头，形态奇特（见《中国文物报》1999年4月21日"海外遗珍"）。此器有可能是南方铸造流入的。

③ 湖南省博物馆：《三十年来湖南文物考古工作》，载《文物考古工作三十年》，文物出版社1979年版。

④ 高至喜：《中国南方出土商周铜铙概论》，载《湖南省博物馆四十周年纪念论文集》，湖南教育出版社1996年版。

⑤ 中国社会科学院考古研究所：《殷虚妇好墓》，文物出版社1980年版，第100页。

⑥ 中国社会科学院考古研究所：《安阳殷墟郭家庄商代墓》，中国大百科全书出版社1998年版，第104页；咸博：《湖北省阳新县出土两件古铜铙》，《文物》1981年第1期；中国社会科学院考古研究所：《安阳殷墟郭家庄商代墓葬》，中国大百科全书出版社1998年版，第124、151页。

同。阳新县这件"器身两面都饰饕餮纹，饕餮双目呈正圆浮雕，余皆平雕……鼓部中央饰小型饕餮"。阳新县刘荣山一坑内出两件铜铙，大小相近。另一件残高24厘米，重5.1公斤。纹饰与上述一件也不同，"铙面由卷云纹组成饕餮形，杏仁形双目凸起。饰圆圈纹似作衬底，并以圆圈纹镶边。鼓部中央纹饰与上述大铙同"。这件铙"以卷云纹构成饕餮面，并用圆圈纹衬底，与江苏江陵县横溪公社所出铜铙近似"。阳新县刘荣山所出土两件铜铙时代在殷墟晚期，郭家庄M160号墓的时代在殷墟三期偏晚阶段，殷墟文化第三期为廪辛、康丁、武乙、文丁时期。"三期偏晚阶段"已是到殷墟晚期了，所以阳新铜铙时代应接近或略晚于郭家庄铜铙。郭家庄铜铙与阳新铜铙相比较，其风格上显然有着很大差异，所以阳新铜铙不会是在中原铸造而流入湖北的，其铸造地应在南方本地。比阳新铜铙体大、厚重、纹饰更加繁缛奇特的铜铙，在中原商文化中连影子也找不到。如在宁乡出土超过100公斤以上的铜铙就有三件，1978年在宁乡老粮仓北峰山所出两件兽面纹铜铙，分别重109公斤和154公斤，奇特的是其中一件的器口内近沿处铸四只卧虎。① 1983年在宁乡月山铺转耳仓山腰出土的一件象纹铜铙重达221.5公斤，铙的隧部有两只相向的立象。② 高至喜、何介钧主张南方铜铙在本地铸造的意见是可从的。③ 能铸造奇特的大铜铙，铸造那些人面装饰的鼎、动物造型的尊形铜器、铜鼓等，在技术上是不会有什么问题的。

当然，南方铜器中有部分是从中原商人带去的，如带有中原铜器上常见的🐾、戈等族徽的那些铜器，可能来自中原。

两湖地区出土的铜器风格，在南方早期商时期文化中，就有自己与中原商文化不同的特点，主持发掘盘龙城的陈贤一说：

盘龙城发现了铜甗、簋、提梁卣、镂孔刻花觚、圆流平底爵等，在郑州商墓中尚未见到。另外，还发现了一件铜觚，鼓腹（楼M5：2）；斝分裆或直腹（南M1：1）；鼎的下腹较鼓（李家咀M2：55）；铜钺器身作梯形，铜叉横断面作半圆状，以及铜器花纹中的人字形、菱形纹等，

---

① 杜迺松等：《记各省市自治区征集文物汇报展览》，《文物》1978年第6期。
② 盛定国等：《宁乡月山铺发现商代大铜铙》，《文物》1986年第2期。
③ 何介钧：《试论湖南出土商代青铜器及商文化向南方传播的几个问题》，载中国社会科学院考古研究所编：《中国商文化国际学术讨论会论文集》，中国大百科全书出版社1998年版。

均为中原同期商墓中少见。①

他推断"盘龙城的青铜器为当地所铸造"。② 器类相同，风格各异，是不同铸造地的反映。

在铸造技术上，两湖地区主要是采用范铸，如盘龙城出土的铜器，容器用多块陶范组合铸成，多数器是用浑铸法一次浇铸成型。分铸的技术也已经运用，如簋 PLZM1：5 的耳是用铸接式后铸法与簋体铸接上去的。提梁卣 PZLM1：9 的提梁、菱形环与卣体是采用活动连接分铸法铸成。为了控制铜器壁厚薄均匀，较普遍使用了铜质的芯撑。在盘龙城出土的铜器上多有补铸的疤痕，这是在铸造时出现的浇铸不足、憋气等缺陷，器物铸成后采用补铸的方法加以补救，漏孔较大者则采取范铸法补铸。③

盘龙城的青铜器铸造技术与郑州二里岗时期的大致相同，显然是接受了商人的铸造技术的。

南方铜器的铸造工匠，应是中原南下的商人。两湖地区的青铜器制品，最早出现于盘龙城文化第二期，为一件铜镞。出土于王家嘴，标本 PWZT12⑧：2 锋圆钝，无翼，中部起脊，短铤作扁圆柱状。④ 盘龙城二期相当于中原二里头文化第三期，此时中原已进入青铜时代。俞伟超说青铜器的铸造技术在族群间是严格保密的，⑤ 就如今日的核技术一样。在盘龙城发现，一些具有商文化风格的墓中，随葬品里有用来熔铜块的坩埚。⑥ 这代表着一种身份，表示这些墓主与铸造青铜器有关，他们是南下的有技术的中原人。

（三）两湖地区青铜器的合金

盘龙城青铜器的合金主要是铜、锡、铅的三元合金，铜、锡二元合金较

---

① 陈贤一：《江汉地区的商文化》，载《中国考古学会第二次年会论文集》，文物出版社1982年版。

② 陈贤一：《盘龙城遗址的分期及城址的性质》，载《考古学研究》（五）上册，科学出版社2003年版。

③ 胡家喜：《盘龙城遗址青铜器铸造工艺探讨》，见湖北省文物考古研究所：《盘龙城》，文物出版社2001年版，第576—598页。

④ 湖北省文物考古研究所：《盘龙城》，文物出版社2001年版，第96页。

⑤ 俞伟超：《长江流域青铜文化发展背景的新思考》，载高崇文、安田喜宪主编：《长江流域青铜文化研究》，科学出版社2002年版。

⑥ 湖北省文物考古研究所：《盘龙城》，文物出版社2001年版，第232、233、256页。

少。日本武藏工业大学对盘龙城出土的41件青铜器样品进行了分析,若某种元素在样品中含量在2%以下为铜矿中自然含量,在2%以上为铸造时人为有意加进的合金,则此41件样品中,有35件是三元合金,有6件是铜、锡二元合金。分析结果的数据如表10—1所示。[①]

表10—1　　　　　　　盘龙城商时期青铜器合金成分表

样品号	器物名	铜(Cu)%	锡(Sn)%	铅(Pb)%
1801	斝残片	68.8	14.9	16.3
1802	弧腹斝残片	81.1	13.9	5
1804	凿	86.4	10.3	3.2
1805	方腹斝鋬	67.2	14.2	18.5
1806	镞	81	17.6	1.4
1807	铜器残片	81.7	14.5	3.8
1808	铜器残片	77.7	5.1	17.2
1809	斝足残片	72.9	9.4	17.7
1810	觚残片	63.4	19.3	17.3
1813	镞	81.8	12.5	5.7
1816	细腰觚残片	65.4	13.8	20.8
1817—1	尊足	78.2	15.4	6.3
1817—2	尊肩	89	11	0
1818	尊残片	76	14.4	9.6
1819	尊	85	13.2	1.9
1820—1	尊口沿	68.1	17.3	14.7
1820—2	尊肩	81.3	12.4	6.3
1820—3	尊腹	72.4	15.4	11.8
1821	斝残片	72.6	19.8	7.7
1822	盘残片	85.6	12.6	0.8

① 陈建立等:《盘龙城遗址出土铜器的微量元素分析报告》之"续表三",见湖北省文物考古研究所:《盘龙城》,文物出版社2001年版,第565、566页。本书引录时有所增减、调整。

续表

样品号	器物名	铜（Cu）%	锡（Sn）%	铅（Pb）%
1823	锥足鼎残片	52.8	9.5	37.7
1825—1	鼎足	66.7	14.7	18.6
1825—2	鼎腹	66.7	14.7	18.6
1827—1	残爵口沿	84.3	7.9	2.6
1827—2	残爵流	69	16.9	14.1
1827—3	残爵腹	78.6	9.0	12.0
1827—4	残爵腹	72.7	6.9	19.0
1829	马面饰	74.4	15.4	10.2
1830	铜器残片	80.9	16.4	2.7
1831	罼伞柱	73.5	11.0	15.5
1832—1	瓠残片	82.7	11.7	5.6
1832—2	瓠残片	76.1	14.2	9.7
1887	容器	72.1	7.1	20.8
1888—1	容器口	64.1	13.1	22.7
1888—2	容器足	65.6	7.0	27.4
1889—1	容器	65.0	7.7	27.3
1889—2	容器	58.4	7.2	34.4
1889—3	容器	36.5	16.6	46.8
1890—1	容器口	81.2	18.6	0.3
1890—2	容器腹	75.7	11.3	13.0
1890—3	容器底	84.6	14.9	0.5

从表10—1可见，合金配制的比例无规律。

三 铜矿的开采和冶炼

青铜器的铸造需要铜、锡及铅矿的开采及冶炼。商周时期两湖地区经过大规模考古发掘的古代铜矿只有湖北大冶铜绿山一处，此处铜矿的开采时间以前的报道说是春秋时期的遗址，经碳14对井下作支护的木板测定，其开采时间已在早商时期，已如前述。而从考古发掘得知，铜绿山铜矿的开采技术具有相当水平。

（一）铜矿的开采技术

铜绿山古铜矿遗址位于大冶县西约 3 公里处，遗址面积南北长 2 公里、东西宽 1 公里。在这一范围内，发现了很多古代的矿井、采矿工具和生活用具。古矿井的附近还有冶炼铜的炼炉、厚约 1 米的炼渣。炼渣约有 40 万吨左右。从冶炼铜的炉渣估计，可炼出约 4 万吨的纯铜出来。

1. 铜绿山的采矿

铜绿山的采矿有露天和地下矿井两种方式：地下矿井有竖井、平巷、斜巷等形式。为保证安全，井巷使用了木支护架（图10—3）。从发掘知，护架是用方框形架作为巷道支护，以承受井巷外向巷道的压力。早期的框架是用榫卯法连接，其制法是在四根方木或圆木的两端砍出长榫头或凿出榫孔，然后将其互相穿接而成。竖井中的框架是上下平行排列的，框架之间用竹索挂住，使上下每两个框架间有一定的间隔而又使整个框架连接成一个整体。框架的外侧用木板、木棍或竹篾等作背板，以防止四壁围岩或矿石崩塌。平巷的框架则是沿采矿方向作横向排列，两边两根立柱，上下各有圆柱形榫，同上面的横梁和下面的地栿的榫孔穿接。立柱的外面也用木棍等作背板。横梁上面则用木版或木棍铺平成顶板。晚期的木方框不用榫卯穿接而改用台阶状搭口榫，这样做起来更方便，框架也大，便于矿工在巷道中行动。

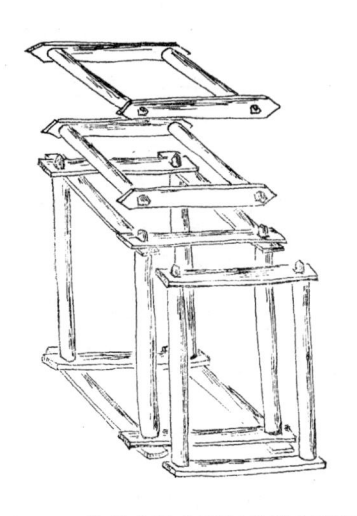

图10—3　矿井支撑木框架结构复原图

（《考古》1981年第1期第20页图一）

铜绿山矿井距地表深40—50米，地下井巷纵横交错，层层叠压，可以看到古人对接触到的铜矿石是竭力加以开采的。在如此深的矿井中采矿，必须解决通风、排水、提升等问题。铜绿山古矿井的通风，是利用井口的高低不同所产生的气压差而形成的自然风流，同时关闭已废弃的巷道来控制气流，促使空气流向采矿方向，达到深井部位的采掘面。这在没有机械鼓风设备的时代，是相当适用的。

2. 矿井的排水

地下矿井一般都有水，在采矿的同时必须不断地将水排出，以保障人员的安全、开采工作的进行。铜绿山古矿井的排水采用两种方法：一是提升法，即用木制水槽将矿下水引入储水坑（井）内，再用木桶将水由竖井提升至地面。当水槽不可避免地要穿过提升矿石用的巷道或竖井时就在水槽上面覆盖一层木板，使其成为暗槽，以免影响矿石的开采和运输。在矿井中发现有木槽、木桶、木瓢等工具，就是采用此法排水的证据。二是用排水巷道。在采矿巷道旁开挖一些较低矮的小巷道，将水引入其中。

3. 矿石的提升

提升矿石是用辘轳。在矿井发现一根木辘轳轴，全长250厘米。辘轳轴的两端砍削成细的轴头，以便安放在支架的立柱上，中间各有两排疏密不同的方孔。在江西瑞昌铜岭的商代铜矿井中发现有滑车，滑车装有曲柄就是辘轳，可见用辘轳这种机械提升的历史相当早。提升的方式是分段进行的，即将采掘面采出的矿石运到平巷，再由平巷运至竖井底处，经竖井提升到地面。地下水的提升也是如此。在矿井里发现有竹筐、竹篓、绳索等用以提升矿石的用具。

4. 选矿脉和照明技术

在矿井里发现两只船形木斗，这是选矿石的用具，目前有些地方仍然在用这种木斗进行重力选矿，以测定矿石品位的高低而决定开采的方向，由此就可选择富矿带进行采掘。井下还发现很短的竹签，一端有火烧的痕迹。这些竹签显然是燃烧后的残余，当是古代矿工们在井下作业时用以照明的物质残留遗存。[1]

---

[1] 中国社会科学院考古研究所铜绿山工作队：《湖北铜绿山东周铜矿遗址发掘》，《考古》1981年第1期；中国社会科学院考古研究所：《新中国的考古发现和研究》，文物出版社1984年版，第335、336页。

（二）铜矿的冶炼技术

铜绿山古铜矿的矿石是经炼炉炼出纯铜的。在古矿井附近，发现了八座炼炉。炉的形状为竖炉，由炉身、炉缸和炉基三部分组成（图10—4）。八座竖炉的结构和大小尺寸大体相同，炉身都已经坍塌，炉缸保存较好。炉基是在地面向下挖一个圆坑，坑内用石块和黏土填满并夯实，但高出地面。直径约1.6米，高出地面0.20米。底部挖一个深0.60米的"T"字形"风沟"，横沟长2.10米、宽0.45米、竖沟长0.80米、宽0.40米。此"T"字形沟是用来通风的，以防止炉缸受潮冻结，以便在沟中生火烧烤炉缸。炉缸架设在"风沟"上，炉缸有长方形和圆形两种，如6号炉缸为椭圆形，长径为0.70米、短径0.40米、缸深0.30米。缸底有一拱形门，是出铜液的"金门"，设在短径一侧。缸的上部在长径一端的端点设一风口，直径5厘米，向下倾斜19°，距缸底30厘米，用以鼓风。炉身因已经坍塌不知其形状，有可能是一正截锥形。炉基周围用土筑成工作台，以便加料、鼓风。①

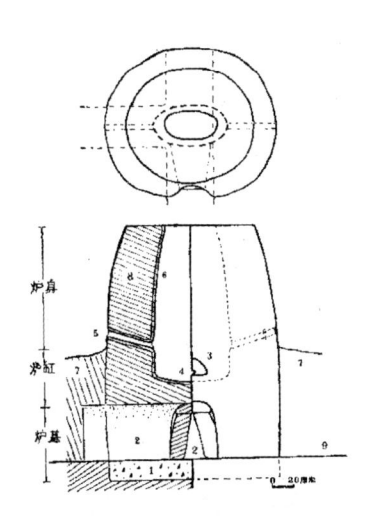

图10—4　铜绿山炼铜竖炉复原图

（《文物》1981年第8期第40页）

铜绿山的采矿和冶炼技术都是相当科学的。上面所述的一些技术，是工匠们长期实践，不断总结、创新的结果。这些技术当然不会在商时期就有那

---

① 卢本珊、华觉明：《铜绿山春秋炼铜竖炉的复原研究》，《文物》1981年第8期。

样的水平，但是商时期采矿、冶炼的基本技术应是已经掌握，不然就谈不上地下的深井采矿和冶炼。没有采矿和冶炼，在商时期的两湖地区也就不会有铜器，特别是那样多而精美的青铜器。以前将这里的铜矿开采时间定为春秋，其采矿和冶炼的技术是春秋时期的技术，是不恰当的，现已有碳14测年证实，其开采年代可早到商时期，这一结论，在江西瑞昌铜岭古铜矿遗址的发掘中，得到进一步的佐证。而且，在安阳殷墟发现的纯铜器中所测定的4件，平均含铜92.14％，在殷墟铸铜遗址里发现的一铜块，测定含铜97.2％。对铜绿山发现的一圆形铜锭分析，其含铜为91.86％，与安阳殷墟发现的纯铜含量相近，两者的冶炼技术水平也会相近。殷墟已有如此高的纯铜，无疑，其时的冶炼技术应已具相当水平。这个水平，也就体现在铜绿山古铜矿的采矿和冶炼技术上。当然，这是南下的商人和两湖地区人民的共同创造。

四　陶瓷器制造

两湖地区陶器制造的历史与中原地区同步而有自己的地方特点，如陶色、纹饰、器形、器物种类等方面，都与中原系统陶器有所不同，陶釜这类炊煮器就不见于中原文化中，只有南方出土。但从用途上分类则大体相同，都可分为炊煮器、饮食器、盛贮器和工具几大类。陶系上都分夹砂陶和泥质陶两个陶系。陶器颜色上，都有灰色陶、红色（或红褐）陶、黑色（或黑皮）陶及白陶等，只是数量多寡、颜色的深浅、火候的高低，做工的精粗有别。南北陶器大体相同的风格，显示出陶器的"中国式"，不同地区的区别，显示其地域性，即考古学界称为"××文化"。

（一）陶器种类

两湖地区陶器在进入商时期以后，由于商文化的进入，中原商文化陶器的因素占有了一定的比例，在多处遗址的发掘证实，在商时期的陶器除本地原有的陶器因素外，又增加了中原商文化陶器的因素。如湖北盘龙城陶器可分为甲、乙、丙、丁四组，甲组的器类有罐、鬲、甗、斝、爵、杯、盆、豆、壶、瓮、大口尊和罍等与郑州二里岗出土的同类器物十分相似，文化因素应来源于郑州商文化。乙组器类有溜肩斜腹罐、带流壶、瓿、碗、直口直腹缸、侈口斜腹缸、筒形器等，乙组陶器中大口缸最多，此种器形最早见于屈家岭、石家河文化中，到商二里岗时期大增，并向西、南和中原传播。故乙组陶器是本地土著文化的发展。丙组器类有带把鬲、粗腰甗、侈口分裆斝、龟尾状器盖等，这些器形见于江西万年商墓和江苏湖熟文化中。丁组陶器以硬（釉）陶为主，器类有溜肩弧腹罐、弧腹尊、鼓腹尊、双折肩尊、小口瓮、圈足杯等，与江西吴城出土的陶器风格相近。在湖南岳阳铜鼓山、石门皂市、费家河、湖北荆南寺、周梁玉桥等商时期的文化遗址中，都存在着相似的情况，只是各种因素所占的比重有所不同而已，如盘龙城、铜鼓山、荆南寺诸遗址里，中原商文化因素占主要成分，而石门皂市、费家河、周梁玉桥等遗址里则以本地土著文化因素为主，中原商文化因素处于次要的地位。①

盘龙城、铜鼓山、荆南寺诸遗址的时期相当于二里岗时期，费家河、周梁玉桥遗址的时代与殷墟时期相当，周梁玉桥更可晚到西周早期。两湖地区的陶器风格到商后期商文化因素减弱，应是南下的商人经过几百年的时间与当地土著人相处，他们"入乡随俗"，已接受本地人的生活习俗和思想意识，故作为日常生活用具的陶器，中原商文化因素已不多见了。

这种变化似不应视为商人势力退出的证据，而应视作两种文化长期接触融合的产物。其理由是晚期遗址里陶器上显示出商文化因素虽大为减弱，但仍有商文化因素的存在，如费家河类型文化里的陶器可分为三组，第一组是商文化因素，其器类有鬲、簋等。② 在周梁玉桥遗址里出土的大部分陶器的风格与商周文化的不同，但还是有"个别器物表现了商周文化的影响"。③ 两湖地区，虽然在商代晚期出土的生活陶器方面，中原商文化因素大为减弱，但是在青铜器的礼乐器方面，中原商文化因素却并未有减退。④ 所出土商晚

---

① 湖北省文物考古研究所：《盘龙城》，文物出版社 2001 年版，第 497、498 页；向桃初：《湖南商周考古和青铜器研究的新进展》，载高崇文、安田喜宪主编：《长江流域青铜文化研究》，科学出版社 2002 年版；何驽：《荆南寺遗址夏商遗存分析》，载北京大学考古系编：《考古学研究》（二），北京大学出版社 1994 年版。

② 向桃初：《湖南商周考古和青铜器研究的新进展》，载高崇文、安田喜宪主编：《长江流域青铜文化研究》，科学出版社 2002 年版。

③ 沙市博物馆：《湖北沙市周梁玉桥遗址试掘简报》，《文物资料丛刊》第 10 辑，文物出版社 1987 年版。

④ 何介钧：《试论湖南出土商代青铜器及商文化向南方传播的几个问题》，载中国社会科学院考古研究所编：《中国商文化国际学术讨论会论文集》，中国大百科全书出版社 1998 年版；施劲松：《中原与南方在中国青铜文化统一体中的互动关系》，载高崇文、安田喜宪主编：《长江流域青铜文化研究》，科学出版社 2002 年版。

期的青铜器,还是中原风格器物居多,那些不同于中原的器物造型、装饰纹样,是受南方文化和思想意识强烈影响的商人后裔们和接受商文化的当地居民们,在商文化底蕴基础上的创造,如在中原的方鼎上用人面作为装饰;将中原流行的礼器尊、罍等制作成各种动物形状,铜铙不但体积变大,花纹也变得丰富而生动,极具想象力和贴近自然。湖南境内出土的晚商至西周早期的青铜器,无论器类还是风格,总带有挥之不去的商文化影子。因此,这里无疑是晚商文化的一个地方类型或是以商文化为主体的融合文化。

(二) 制陶技术

两湖地区陶器的制造技术上,有轮制、模制、手制三种。手制有泥条盘筑和泥片粘贴,手制成器后再用慢轮加以修整。陶器表面上的各种花纹,是在陶器制成后,趁未干时用刻有花纹的拍子拍打上去的。拍打时在陶器里壁相应的地方用一种带有弧度的硬物垫着,以免将陶器拍打变形。这种硬物就称为垫,是制陶工具之一种。拍打花纹的拍子和垫,在两湖地区的商时期文化中都有发现。大型陶缸的腹部多有几道附加堆纹,是陶缸制成后加上去的,为的是增加陶缸的牢固性。

(三) 烧制陶器的窑

烧制陶器的窑在盘龙城、费家河、岳阳对门山遗址都有发现。在盘龙城王家湾发现长窑两座和圆窑一座。长窑建在黄土台上,全长 54 米,一般宽 2.40—4 米,最大宽度近 10 米。结构上分为窑头、窑室(包括窑底、窑壁、窑门和窑顶)、窑尾三部分。整个窑头低尾高,首尾相差 2.75 米。窑门有三个,是装陶器坯和添加燃料用的。窑室里有大量的灰烬、木炭屑和碎陶片。陶片种类很多,以红陶缸为主。这种"长窑"应是烧陶器的"龙窑"。圆窑由窑室、火眼(窑箅)、火膛三部分组成。窑室直径 1.30 米,窑箅上有 10 个火眼,分布在窑壁的一周,孔径为 0.10—0.11 米。火膛位于窑室之南,长 0.40 米、宽 0.30 米。是一种馒头窑。此窑的时代为盘龙城第二、三期,相当于二里头文化四期和二里岗文化下层一期。[①] 看来这里是一个具一定规模的窑场。

费家河由东向西注入洞庭湖,河口在岳阳市南 40 公里。在费家河的北岸及其支流青龙河口的东西两岸,发现多处商时期烧制陶器的窑群,其分布为水庙咀(图 10—6)17 座,双燕咀 6 座,扑拜咀 4 座,杉剌园 3 座,窑田

---

① 湖北省文物考古研究所:《盘龙城》,文物出版社 2001 年版,第 84—88 页。

子4座，王神庙29座，共发现了63座陶窑，清理了其中的32座。

陶窑排列整齐，往往成组排在一条直线上。如水庙咀一排7座，双燕咀一排6座，王神庙有19座分两行排列。窑间的距离最远不超过1米，最近的只有0.20米。已清理的32座窑，有两种形式：一为圆形竖穴窑，一为"8"字形窑。圆形竖穴窑就是在地上挖一个圆形直筒坑做窑室，没有火门、火膛、窑箅（图10—5）。在窑室壁上敷一层厚10—12厘米的草拌泥，先用火烤干。最大的（Y19）口径0.80米、底径0.64米、深1.40米。最小的一座窑口径0.44米、深0.96米。窑的底部积有厚0.30—0.45米的炭渣、草木灰，其上堆积灰褐色土和红烧土，内杂少量夹砂陶片，再上是倒塌的窑壁和扰乱土。烧陶器的方法大致是：先在窑底铺一层厚的谷壳或其他植物籽实的壳，作为燃料；再在其上放置三五件陶坯；然后在陶坯的周围和上面填充植物壳、木柴、稻草等燃料，一次点火，不再补充燃料，闷烧三五日，即可烧成陶器。这种窑火候大概在600℃—700℃之间。

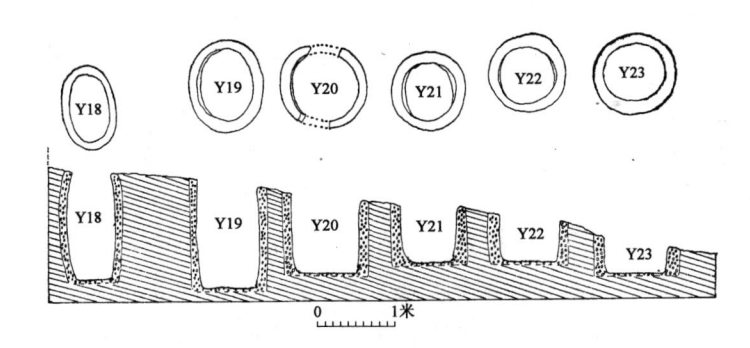

图10—5　双燕咀圆形竖穴窑

（《考古》1985年第1期第3页图四）

"8"字形窑发现四座，其结构与横穴窑相似但无窑箅（图10—6）。四座窑大小相近，以水庙咀Y3为例，全长1.24米，窑室直径0.84米。窑室壁上敷一层厚0.10—0.12米的草拌泥，用火烤干。此种窑分火口、火膛、窑门、窑床、窑室五部分。火口呈新月形，火口下是火膛，火膛与高0.58米的梯形竖穴窑门相连，并伸入窑室内。窑室内有半月形窑床，高出窑室底部0.12—0.18米，是放置陶坯的地方。窑壁略呈弧形，上部已无存，推测窑壁的上部应封顶和设有烟囱。窑内充满淤泥，内夹有大量的烧土、灰烬、炭渣、夹砂陶片、硬陶片及少量的釉陶片。器形有大口缸、鼎足、硬陶盘等。这种类型的窑具有添柴、鼓风的功能，属封闭式窑，火候可到1200℃。①

图10—6　费家河"8"字形陶窑
1. 窑门　2. 火膛　3. 窑床　4. 窑壁
(《考古》1985年第1期第3页图六)

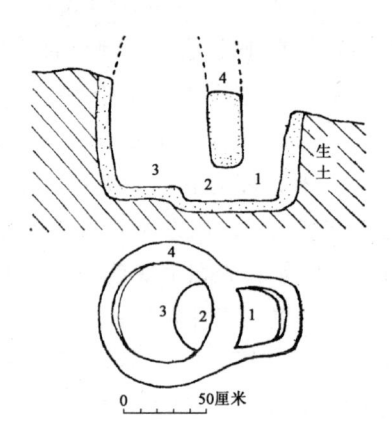

硬陶、釉陶有的研究者又称其为"原始瓷器"。从费家河"8"字形陶窑里，发现有硬陶、釉陶的陶器及残片，知此种窑是可以烧制"原始瓷器"的，并证实这里就是烧制"原始瓷器"的窑场之一。湖南出土的硬陶器，完全不同于江西所出，其器形基本上是折肩桥形耳大圈足瓮、盘（盖）。上饰刻划水波纹，纯属本地制造的器物。硬陶器大量出土于对门山、老鸦洲、费家河等遗址的窑场内，显系在这些窑炉里烧成的。②

五　建筑技术

两湖地区的建筑分民居建筑和宫殿建筑两种。

（一）民居建筑技术

两湖地区的民居遗迹发现不多，有关报道也不详细，如在荆南寺的简报

---

① 湖南省博物馆等：《湖南岳阳费家河商代遗址和窑址的探掘》，《考古》1985年第1期。
② 何介钧：《湖南考古的世纪回眸》，《考古》2001年第4期。

中，对房址的报道只是"房址发现有残存的红烧土墙基和柱洞等"这样一句。[1] 这是因为南方雨水多，遗址多被雨水冲刷掉而不易保存下来之故。但在盘龙城遗址上却是不同，在王家嘴、杨家湾、杨家嘴都发现了平民居住的房基。房屋多为地面建筑，平面一般呈长方形，有石柱础和柱洞，如杨家湾盘龙城四期发现的长方形建筑，东西长 8 米、南北宽 6.80—7.35 米。石柱础一般平置，有的一块石头为一个柱础石，有的则用几块拼成一块柱础石。各边存石础多寡不一，南边一排有 8 个，排列有序，其余的北边存 5 块，东、西边各存 2 块，排列的也不整齐，在房屋中间也有五块，显然是已被扰乱了，这些石柱础基本处在同一个水平面上。地面以黄褐土构成，地面不甚平整。杨家湾 F1 号房屋基址为不规则梯形，东侧（梯形之下底）南北长 16.50 米、西侧（梯形之上底）南北长 12 米、东西宽 6.50 米。是建筑在红生土上，用黄色土夯筑而成，台基最高处为 0.45 米，居住面平整。未发现墙基和门洞，在四周发现 16 个柱洞，东侧保存 6 个，西侧 4 个，南北两端各 3 个。其中圆形柱洞 10 个，椭圆形柱洞 6 个。椭圆形柱洞直径为 0.35—0.40 米；圆形柱洞直径最大的为 0.35 米。柱洞深 0.35—0.40 米，有的柱洞内有柱础石。柱洞间的距离不等，两洞间最远的达 4 米，最近的仅为 0.15 米。房内有灶两个，一在南偏东处，一在北偏东处。房屋的墙壁和屋顶结构不清楚。

（二）城墙及宫殿建筑技术

两湖地区的城址，经过考古工作者科学发掘清理的有湖北盘龙城和湖南宁乡黄材炭河里古城两处。湖北黄陂盘龙城经过多次发掘，其结构及建筑技术比较清楚。

盘龙城位于湖北省武汉市北 5 公里黄陂区滠口镇叶店村境内（图 10—7）。城址是 1953 年秋发现的，1974 年对城址开始了第一次发掘工作，直到 1989 年城址发掘告一段落。古城平面近方形，南北约 290 米、东西约 260 米，城墙周长 1100 米，面积约 75400 平方米。城墙外有宽 11 米以上，深约 4 米的护城壕，护城壕距城墙 8 米多。近年来在城墙外，还发现有郭城墙。城墙用夯土筑成，分为主城墙和护城墙坡。墙体外坡陡，内坡缓，在南墙至今还保存高达 4 米的墙体。墙基宽度各段不等，一般宽 18—45 米。在南、北、西三面各发现一个缺口，当是城门。墙基建筑在生土上，墙体用花土夯

---

[1] 荆州地区博物馆、北京大学考古系：《湖北江陵荆南寺遗址第一、二次发掘简报》，《考古》1989 年第 8 期。

筑成，夯层厚5—10厘米，圆形夯窝直径5厘米。以水平式的夯层筑成城墙主体，主墙体的内侧夯筑斜行夯层，两种夯土层的交接处，有明显的垂直木板腐朽痕迹。盘龙城主体墙用版筑技术，与郑州商代二里岗时期城墙的夯筑技术相同。城墙的始建时期在二里岗上层一期偏晚，废弃的时期在二里岗上层二期偏晚，大致与郑州商城的废弃时间同时。

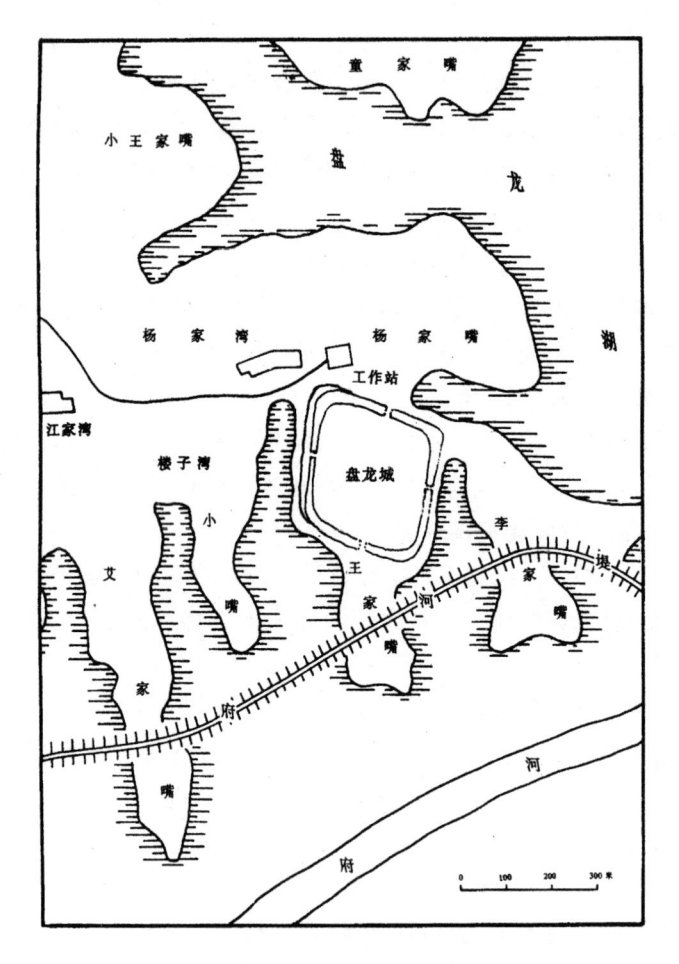

图 10—7　盘龙城位置图

（《盘龙城》第4页图三）

城内有大型宫殿3座，集中分布于东北部的高地上，其中以一号宫殿最大（图10—8）。一号宫殿北距北城墙内基脚36.6米，东距东城墙36.5米，是建筑在东西长39.8米、南北宽12.3米、高0.20米的夯土台基上的。宫殿平面呈长方形，坐北朝南，分为四室，中间二室大，两边两室略小。四室在南面中部各开一门，中间二室北墙的东北隅各开一后门，遂门外有台阶以方便上下。室外四周有回廊，面宽为38.20米、进深11米。宫殿的墙壁及室间的隔墙都是木骨泥墙。

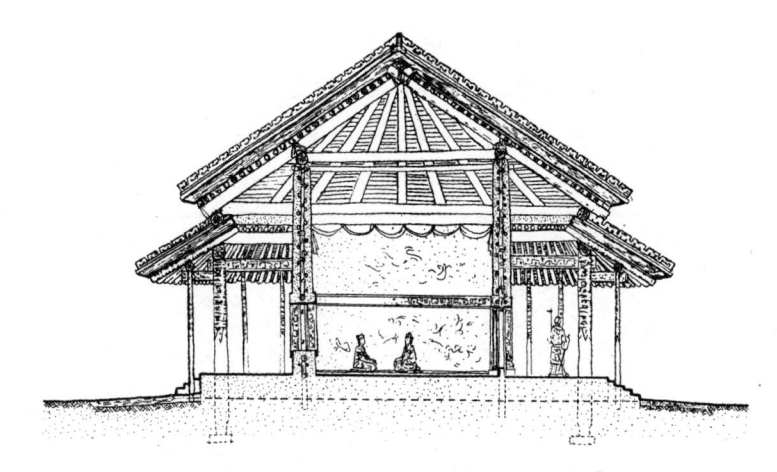

图 10—8　盘龙城一号宫殿复原剖面图

（《盘龙城》第634页图四）

　　四室之外的一周回廊，以檐柱为中心与四室墙中心为计，回廊东、西、北三面宽2.50米、南面宽2.40米。回廊四周有大檐柱43根，檐柱距夯土台基边缘0.60米。回廊的外围有擎檐柱和散水。擎檐柱紧靠台基边缘的下部位，在大檐柱外约0.70—0.80米处，已清理出柱穴11个，北边7个，南边4个，应是围绕台基一周的，其他的已不存。① 散水是用黄色土斜向层层夯实呈缓坡状，上铺多层陶片。这样的房屋是"四阿重屋"式建筑，与偃师、郑州、安阳的商代宫殿建筑形式相同。

　　在盘龙城的城墙外，采集到不少铜镞，据当地老人介绍，东城墙外的李家嘴，曾发现很多铜镞，有的成排放置。② 这一现象当与古盘龙城的攻防战

---

① 有关盘龙城遗址内的建筑技术，参见湖北省文物考古研究所：《盘龙城》，文物出版社2001年版。

② 湖北省文物考古研究所：《盘龙城》，文物出版社2001年版，第438页。

事有关，说明此城的军事性质。

　　在湖南的宁乡地区出土商晚期的青铜器达 200 多件，有研究者认为，这些青铜重器应"为当时某个政治集团所拥有，而且与该集团的最高统治阶层的活动存在密切关系"①。这里应是商晚期的一处政治、文化中心。考古工作者一直在此地寻找相应的文化遗址，这一愿望终于在 2003 年实现，湖南省的考古工作者在宁乡黄材炭河里发现了一处呈圆形的城址（图 10—9）。城址在黄材河与塅河交汇的地方，面积约有 20 万平方米，现今大部分已被河水冲毁，只保存有约 2 万平方米，是原来的十分之一。在城址的西北部还保存一段长 200 米、厚 15 米、残高 2 米略带弧度的城墙。城墙的结构分为

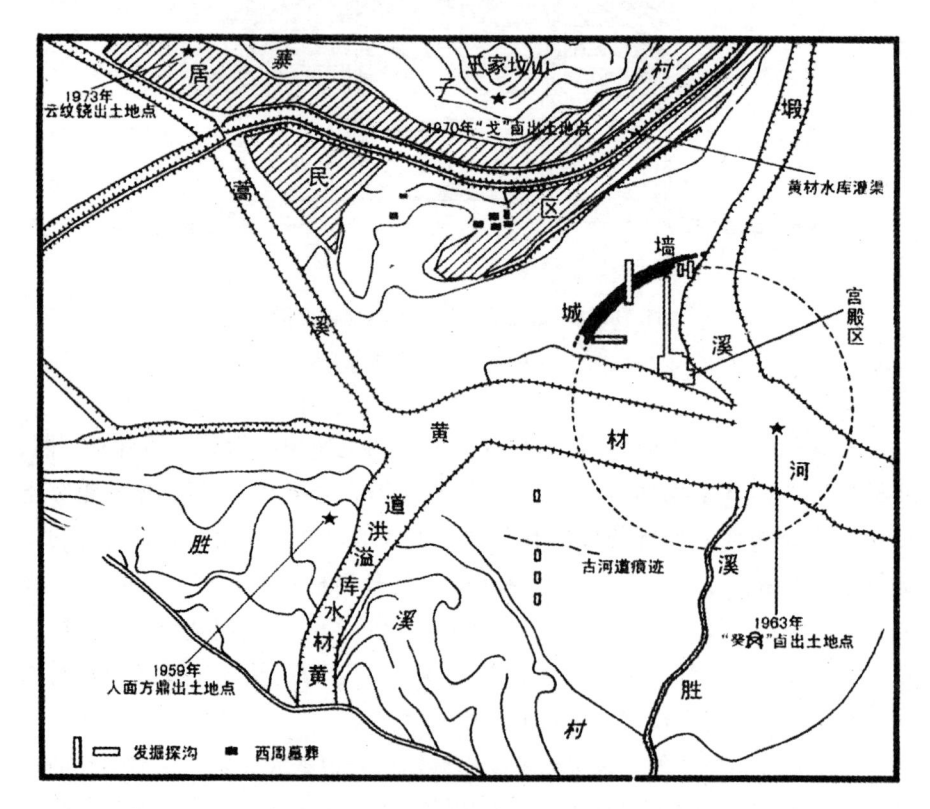

图 10—9　炭河里遗址地形、位置示意图

（《中国文物报》2004 年 6 月 2 日）

---

　　①　向桃初：《湖南商周考古和青铜器研究的新进展》，载高崇文、安田喜宪主编：《长江流域青铜文化研究》，科学出版社 2002 年版。

两部分,下为基础部分,厚约1米,由较纯的次生黄色黏土略施夯打堆筑而成(但未发现夯窝)。基础部分建造在自然形成的砂砾层上,为防止墙体位移,对砂砾层地表进行清理使其中间部分形成凹槽。基础部分上为砂砾层堆筑的主体部分,为防止主体部分滑坡,在墙外侧基础上开挖宽近1米的加固槽,用含陶片、烧土的黏土层层夯筑、逐渐加宽上升与砂砾层墙体同步向上垒筑,并在墙外侧加筑了宽1米以上的护坡。

在城内发现了两处规模相当大的台基。一号台基为人工搬运自他处的次生黄土堆垒而成,北部和东部边缘清晰可辨,西、南部分已遭破坏。据现存形状推测为长方形、东西向,东西残长31.5米、南北残宽15米。台面上有柱坑25个,排列较有规律,柱坑形状大多近圆形、直径50—110厘米不等,填土多为红烧土,并夹杂河卵石。整体看来为一座大型或有回廊的木结构建筑。二号台基在一号台基北约10米,方向一致,长约36米、宽约20米、高约0.5米,但大部分被冲毁,尚存面积720平方米。台上有36个坑,其形状、大小与一号台基同,分布在台基的南北边缘。

炭河里城址的时代,发掘者定在西周。[①] 但从此地及其周围多次出土商晚期铜器上考虑,炭河里遗址古城有可能是始建于商晚期的。其理由有二:一是炭河里遗址考古学文化中商文化因素比较浓厚。发掘简报说遗址"不属于商周文化范畴,而是本地土著文化与受商文化影响的外来文化高度融合的地方性文化。说明它是一个独立于周文化之外的地方青铜文化",显然此遗址的文化类型是湖南湘江下游商时期文化的继承与发展。二是发掘者指出"炭河里遗址与高砂脊遗址属于同一考古学文化,两地出土陶器的文化面貌相同,墓葬埋葬习俗相同,随葬铜器种类和风格相似,年代也大体相当"。高砂脊遗址位于湖南省望城县湘江下游西岸,沩水入湘江河口,这里也是出晚商铜器较多的地方。高砂脊遗址出土的一些陶器和一些铜器的时代可早到商末。[②] 高砂脊遗址的碳14测年数据有12个,最早的为BC1570±90年,最晚的为BC440±100年。[③] 据"夏商周断代工程"公布的成果,周武王伐商

[①] 向桃初、刘颂华:《湖南宁乡黄材炭河里遗址发现西周城墙、大型建筑基址和贵族墓葬》,《中国文物报》2004年6月2日第1、2版。

[②] 湖南省文物考古研究所等:《湖南望城县高砂脊商周遗址的发掘》,《考古》2001年第4期。

[③] 向桃初:《湖南商周考古和青铜器研究的新进展》,载高崇文、安田喜宪主编:《长江流域青铜文化研究》,科学出版社2002年版。

在公元前1046年（BC1046年）。高砂脊遗址最早的年代若按最晚计，减去90年，也在公元前1480年，应在商代中期的年代范围内。因此与高砂脊遗址属于同一考古学文化的炭河里古城应是商时期的城址。因为此城的建造时期周文化还没有产生，或者说周文化还不可能波及遥远的湘江下游地区，所以发掘者在此城遗址里观察到的文化现象是：它"不属于商周文化范畴"，"是一个独立于周文化之外的地方青铜文化"。有"受商文化的影响"因素，却没有周文化的影子，当然是一座商时期的古城。

六　其他手工业

荆楚地区是我国古代产丝绸的地方，在两湖地区商时期的遗址里，发现有不少的陶制和石制的纺轮，除纺织人们日常用的麻织物外，也可能已进行丝绸的纺织。但纺织品不易保存下来，仅1990年9月在湖南西部津市的一座商前期带一条墓道墓中，出土的青铜瓿上有丝绸痕迹。①

在两湖地区的遗址及墓葬里都有发现酒器，有陶制的，也有铜制的。这一地区的陶器中，有一种大口直腹或斜腹的缸，十分显眼，不仅出土的数量多，且器形大。如在盘龙城王家嘴出土的一件侈口陶缸（PWZT72⑦：6）口径54.4厘米、底径12.8厘米、高100.6厘米、胎厚1.80厘米。② 这类陶缸有人推测应是熔铜或造酒的用具。③

两湖地区玉器发现不少，如盘龙城李家嘴第四和五期文化，就各出土玉器12件。④ 特别是1963年在湖南宁乡黄材的炭河里发现有"癸🅇"铭文的兽面提梁卣，内装玉管1100多颗。1970年在王家山发现有"戈"字铭文的卣一件，内装玦、环、兽等精致的玉器320多件。⑤ 这些玉器也有可能是在本地制造的。

两湖地区在商时期由于受中原商文明的刺激，促进了当地经济的发展，农业除传统的木石工具外，引进了青铜工具，民食"稻饭鱼羹"，还有牛羊猪肉佐餐。铜矿的开采技术，已达当时的最高水平。青铜器铸造，不但掌握

---

① 谭远辉：《津市发现商代铜器》，《中国文物报》1991年6月23日。
② 湖北省文物考古研究所：《盘龙城》，文物出版社2001年版，第108页。
③ 同上书，第605、606页。
④ 同上书，第179、201—205页。
⑤ 文物编辑委员会编：《文物考古工作三十年》，文物出版社1979年版，第311页。

了浑铸、分铸和补铸等多项技术，在器物种类、造型、纹饰上逐渐形成独特的特色。大型青铜器不但数量多且风格独具。安阳殷墟所出的铜铙都是在大贵族的墓里，是贵族的私有物，而这一地区发现的青铜铙大都出土于山间野地的窖藏，说明此地区这种乐器是属于族群村社的大众团体集体所有，是使用于民间村社的公众活动场所。反映出两湖地区民众喜好音乐、歌舞的文化特色。在陶瓷器制造上，特别是陶器制造，从盘龙城的"长窑"和费家河的大窑场看，陶瓷业的商业化也已达到相当程度。

第二节 赣鄱地区的商时期方国经济

赣鄱地区是指今江西省。该省地处长江中、下游的交汇点上。长江从湖北省东南进入该省的西北，流经其北部，再从西北流进安徽。境内有我国第一大淡水湖——鄱阳湖，在北边的湖口汇入长江；省内的几条主要河流赣江、抚河、信江、鄱江、修水等都注入鄱阳湖。可见，江西省内的河流都与长江相通，是南北和大江中下游经济文化交流的通道，加之气候温暖、土地肥沃、物产丰富。这样得天独厚的自然环境，自古以来就是人类生息繁衍的好地方。境内有我国最早的新石器时代文化之一的万年仙人洞遗址，商周时代的文化遗址已发现近千处，其中确定为商时期的文化遗存有数十处之多。

从出土文化遗物研究，赣鄱地区商时期的文化可分为两个类型：吴城类型和万年类型。吴城类型主要分布在赣鄱西岸的赣北地区，包括九江、德安、瑞昌、靖安、永修、星子、湖口及赣江中游的樟树、新干、新喻等县市，东不过东乡县境。万年类型主要分布在赣东北地区，包括万年、鹰潭、乐平、余干、德兴、横峰、玉山、弋阳、上饶、贵溪、婺源、铅山、波阳、景德镇、余江、广丰等县市，它的遗物和遗迹最南到达该省的南端定南、大余县境内。赣江中下游、赣鄱湖西岸地区，凡吴城类型商文化分布的地区，两种文化都是共存的。① 在万年县消家山遗址的一座墓中，出土的一件瓷质钺，此器的形制与商代的铜钺相似，② 显然是受商文化影响的作品。由此说

---

① 李家和：《江西商文化遗存的发现与研究》，载中国社会科学院考古研究所编：《中国商文化国际学术讨论会论文集》，中国大百科全书出版社1998年版。

② 江西省文物管理委员会：《1961年江西万年遗址的调查和墓葬清理》，《考古》1962年第4期。

明，两种类型的差别，只是地域不同，所受中原商文化影响程度不同而产生差别，都应是在中原商文化影响下产生的同一地方性文化，亦即商代的方国文化。

赣鄱地区的商时期文化是以吴城文化为主体的。吴城文化分为三期，一期相当于二里岗上层文化，二期相当于安阳殷墟文化的早、中期，三期略相当于殷墟晚期，可能延续到西周初期。①

有研究者认为吴城文化是商代甲骨文中的"亚雀"或"其"。② 在新干大洋洲出土的铜器群中，虎的形象特别突出，因此也有认为吴城文化可能是甲骨文中"虎方"。这些说法还不能成为定论，但这些见解的提出，都是看到赣鄱地区的吴城文化与中原商文化间的联系。以吴城文化为主体的赣鄱地区的商时期文化，在中原商文化的强烈刺激和影响下，其地方经济得到了长足的发展，成为赣鄱地区历史上经济文化发展的第一个高峰。

一 农业、家畜饲养和渔猎经济

农业经济的发展首先表现在生产工具的变革上。在吴城文化的遗存里，出土了一批青铜生产工具，仅在新干大洋洲商时期的一座大墓里就出土农业生产工具和手工业生产工具143件，属于直接用于农业生产上的农具有25件，有犁铧（图10—10）2件、锸2件、耒1件、耙1件、镢1件、铲12件、镰5件、铚1件。③

图 10—10 新干大洋洲出土的青铜犁铧
（《新干商代大墓》第118页图六十一：1）

---

① 江西省博物馆等：《江西省清江吴城商代遗址发掘简报》，《文物》1975年第7期。
② 李家和：《亚雀考》，《中国文物报》1998年12月29日。
③ 江西省文物考古研究所等：《新干商代大墓》，文物出版社1997年版，第115—131页。

除大洋洲以外，其他地方也出土有青铜农具，如在南昌李家庄清理仓库废铜时发现一件铜锸，高5.8厘米、刃宽6.2厘米，属商时期。在奉新出土一件，属西周初期。两器均呈长方凹字形。铜铲在1957年南昌郊区出土一件，高6厘米、刃宽4厘米。1977年在萍乡市北郊福田乡奄子山遗址出土一件，高6.6厘米、刃宽4.5厘米、方銎径2厘米×1.4厘米。① 在江西省新干大洋洲商代大墓中出土的一件青铜刀，作长方形，近背脊部有并排的长条形穿三个，长20.5厘米、宽5.2厘米、厚0.1—0.2厘米，重15克。其"肩脊部有明显的柄、把夹持痕迹"，这是一件装把的刀，发掘者称为"铚"。② "铚"是握在手中切割穗头的，今日北方农村称为"爪镰"的，大洋洲这件"铚"形体大，似不可作"爪镰"用，而应是一件用于砍伐的刀类工具，如在收获时砍倒农作物秆的工作。

犁铧、锸、耒、耜、钁五种是起土农具，用以翻耕土地；铲是中耕农具，用以除草；镰、铚是收割农具。是赣鄱地区出土的青铜农具，包括了农业生产过程的起土、中耕、收割的所用农具，反映出在商时期赣鄱地区的整个农业生产过程，都在使用青铜工具。

古时的耕作多实行轮作制或称为抛荒制，即一块土地耕种几年后，土地肥力降低，就抛弃另开新地耕种，过几年后再回来耕种原先被抛弃的这块地，称为抛荒制或轮耕制、休耕制，以解决土地肥力问题。无论新开地还是"休耕地"，在耕垦时地面必是长满树木杂草，因此在耕垦前必须清除地面上的树木杂草，这就需要砍伐切割工具。在石器时代是用石斧、石刀一类工具来完成的，当然速度慢、效率低。若使用青铜制的工具，其效率当会大为提高。在新干大墓里，出土了一批砍伐、切割的工具，有手斧形器17件、斨8件、各种刀45件。在都昌县大港公社乌云山发现的一件商时期有盖提梁卣中，盛装着5件铜斧和4件铜锛。③ 斧和刀当然是手工业工具，但当它们用在清除即将开垦地面上的杂草树木时，就是农业生产的农具。清除田面树木杂草，是实行农业耕作的第一步。赣鄱地区的商时期居民，在拥有了锋利的青铜斧、刀的条件下而不用，却还要坚持使用石制的斧、刀，是不合情理的。所以在清除地面树木杂草的过程中，青铜制的斧、刀应是发挥了重要作

---

① 彭适凡：《江西先秦农业考古概述》，《农业考古》1985年第2期（总第10期）。
② 江西省文物考古研究所等：《新干商代大墓》，文物出版社1997年版，第123页。
③ 唐昌朴：《江西都昌出土商代铜器》，《考古》1976年地4期。

用的。

  青铜农具在其他遗址里发现不多，是当时确实使用不很普遍，更有可能是青铜器是金属制品，使用坏了后可以回炉作为原料再造成新工具。就如近世的农村，已是广泛使用铁器且铁制品也不是很珍贵之物，但在农村若一件铁器用坏了，农民决不会将其扔掉，而是将坏了的铁农具送到铁匠铺去重新打造一件新的农具。这是因为铁不可随意得到而是要通过购买才能获得。故在农民看来，它是十分珍贵之物，若丢失了铁农具，被视为一个家庭的重大损失，必会千方百计地寻找回来，所以在农村被遗弃的旧房屋里是很难捡拾到铁器的。在商时期，青铜器比近世的铁器更为珍贵，拥有者更不会轻易丢失。所以在遗址里铜器只有偶尔发现，特别是铜农具。偶尔的发现是偶尔的丢失。青铜农具多出在墓中，特别是大型墓葬里，它是作为随葬品有意识地埋葬进去的，与遗址里不慎丢失的情况不同，所以墓葬里的农具不仅数量多，而且品种齐全，应是当时农业生产领域里使用青铜农具真实状况的反映。大洋洲大墓中品种齐全的青铜农具，当然应是赣鄱地区商时期使用青铜农具真实状况的反映。

  在使用青铜农具的同时，非金属农具仍在使用。在吴城商时期遗址里，发现了一批石、陶质的农具。石农具有石斧、石铲、石镰、石刀。石斧除常型外，有一种凹刃石斧。石铲多呈扁而薄的长条形。石镰多呈新月形，也有弧背直刃的。石刀种类多，一般磨制较精，有直背弧刃、梯形、弧背弧刃、长方形弧刃带把、长方形、马鞍形等，以长方形和马鞍形为多。有些石刀的背部中间有穿孔。在清江（即樟树）营盘里遗址中出土的有关农业生产的石农具有石斧 13 件、石犁头 1 件、石铲 15 件、石刀 59 件。石犁头体平薄，前端尖钝，逐渐向后端宽大，侧缘线带对称的弧形，底端平，中部微厚，长 9.5 厘米、后端宽 7 厘米，是一件呈"V"字形的石犁，与大洋洲大墓出土的铜犁铧形状相同。① 石刀作长条形或方形，体平薄，多数有一二个或三个穿孔，只有少数没有穿孔。

---

  ① 江西省文物管理委员会：《江西清江营盘里遗址发掘报告》，《考古》1962 年第 4 期。2004 年在浙江湖州市毘山的崧泽文化晚期墓葬中，出土 10 件"V"字形石器，器物上有一至多个圆孔（1 个孔的 6 件、3 个孔的 3 件、残存 5 个孔的 1 件）。（见方向明等：《浙江湖州市毘山遗址发掘取得重要收获》，《中国文物报》2004 年 7 月 28 日）。圆孔当是固定石犁头在木质柄上用的。可见南方农业中使用犁很早。

陶质农具只发现陶刀一种，但数量多，仅吴城遗址就发现一百多件，[①]赣东临川县横山垴遗址出土13件。[②] 吴城出土的陶刀多模制，有泥质和夹砂质硬陶，火候高，也有少量釉陶和原始瓷的。在百余件陶刀中，除4件为直背弧刃带孔和长方形、新月形外，其余皆为马鞍形、双孔、单面刃。临川横山出土的13件陶刀，亦是马鞍形、双孔、单面刃。器身施釉，除一件施青绿色釉外，其余皆施黄色釉。原《简报》定此批陶刀为春秋战国时物，与吴城出土的陶刀相比较，这批陶刀应是商时期的器物。这种背上带有两孔的陶刀，是穿绳系在手掌上割摘谷物穗头的工具。

赣鄱地区商时期铜、石、陶质农业生产工具的大量发现，反映了农业的发展水平，谷物获得丰收。在营盘里Ⅰ号古城的H2和H3两个灰坑里，"满贮米黄色粉末，出土后渐变成黑色"。这种"米黄色粉末"应为腐朽的粮食。[③] 这两个灰坑应是当时的地下储粮窖穴，亦即地下的储粮仓库。

赣鄱地区商时期遗址内，还没有关于动物遗存的报道，不过在大洋洲大墓里的棺床东北角，"出土猪牙一排"，是已有家猪饲养。在此墓中出土了一件铜罍，侈口、斜折沿、方唇、高领、宽折肩、近圆腹略收、圜底、高圈足外撇、足底内侧加厚一周。在折肩处等距离置四个立体雕的羊头，羊角外卷，"臣"字目，粗鼻，下部左右二个螺旋纹圈，似鼻孔，额部有突脊。出土时，在此四羊罍的旁边是一件羊角兽面。兽面胎体甚薄，正面为浮雕状的省体兽面，"臣"字目，眼睛大而凸出，两羊角外卷。在一件乳钉纹虎耳方鼎（标本XDM：8）和一件立耳方鼎（标本XDM：9）的四足上半部都铸成浮雕式的羊角兽面，羊角内卷，羊头以勾戟状高扉棱为鼻。如此生动的羊造型，说明此地人饲养羊已经有相当长久的历史了。牛的形象也出现在此大墓铜器的纹饰上，在一件四足甗（标本XDM：38）的下部鬲体通体饰四组浮雕式牛角兽面纹，"臣"字目，长扉棱鼻，一对横向牛角，阔嘴，无身躯，双牛角饰鳞片纹，以长扉棱作鼻。在一件盘（标本XDM：43）环耳外表饰浅浮雕状牛角兽面纹，上为外卷的双牛角，中为"臣"字目。这说明牛已是家畜之一。在清江县营盘里商时期遗址上层出土两件陶塑的鸡。[④] 可见鸡也

---

① 江西省博物馆等：《江西省清江吴城商代遗址发掘简报》，《文物》1975年第7期。
② 江西省文物管理委员会：《江西临川新石器时代遗址调查简报》，《考古》1964年第4期。
③ 江西省文物管理委员会：《江西清江营盘里遗址发掘报告》，《考古》1962年第4期。
④ 同上。

应是家禽之一。

在紧接其后的西周初期的遗址里猪、狗、牛的骨骼以及陶瓷的牛制品，可以佐证商时期的家畜饲养情况。湖口县下石钟山西周遗址里出土了大量的动物骨骼，有猪、狗和牛，还在遗址里出土了一只牛的原始瓷塑艺术品。① 西周初期的家畜种类，是沿袭商时期来的，由此亦说明商时期的家畜饲养状况。

赣鄱地区河湖多，鱼虾是商时期人们餐桌上的主要肉食之一。捕鱼的方法从出土打鱼用具上看，当有三种。一是刺杀。在新干大洋洲的大墓中出土了 15 件鱼镖形器。分为长、短式。长式 5 件，状若单翼镞。前锋有棱，锋端尖锐，器身切面为菱形；单翼似钩，后铤切面为扁平的六边形。通长 13.4—14.7 厘米、铤长 6.2—6.6 厘米、平均重 50 克。短式 10 件，前锋立面也呈三角形，唯三角形前锋的一侧延长成单翼。铤扁平作长条形，有对称的凸节两对。通长 7.6 厘米、宽 2.6 厘米、铤长 4.2 厘米。铤是用以装竹木长杆的，似钩的单翼称为倒刺或倒钩，刺到鱼后有此倒刺，鱼就不至于滑脱逃掉。二是网捕。在赣鄱地区的商时期遗址内，出土了大量的陶、石质网坠。在吴城遗址第一至四次发掘时，出土有石质和陶质网坠，主要是陶质的，其数达 80 多件。② 在第七次发掘时出土陶网坠 38 件。③ 在营盘里出土陶网坠 161 件。④ 可见用网捕鱼方法的普遍。三是用箭射鱼。弓箭矢镞，不仅是战争中的武器，也是狩猎射鱼的工具。铜镞在商时期的遗址和墓葬中屡有发现，出土最多的当然是大洋洲大墓，出土铜镞 123 件。石镞出土在一般遗址里，如在营盘里遗址内就出土石镞 257 件。这里的石镞与大量的生产工具如刀、斧、铲、锛、凿、石犁头伴出，说明石镞是生产工具的一种，是打猎、射鱼的用具。

鱼也被用作青铜器上的装饰纹样，如在大洋洲大墓中出土鬲形鼎（标本 XDM：36）的颈部饰衬地的鱼纹一周，凸目，展体，首尾相衔，同向而游。这是人们对鱼的熟悉和喜爱的反映。

---

① 彭适凡：《江西先秦农业考古概述》，《农业考古》1985 年第 2 期（总第 10 期）。
② 江西省博物馆等：《江西省清江吴城商代遗址发掘简报》，《文物》1975 年第 7 期。
③ 江西省文物考古研究所等：《樟树吴城遗址第七次发掘简报》，《文物》1993 年第 7 期。
④ 江西省文物管理委员会：《江西清江营盘里遗址发掘报告》，《考古》1962 年第 4 期。

二 青铜器铸造

赣鄱地区商时期的青铜器，主要分布在赣江中、下游和鄱阳湖西岸一带，已发现的有清江吴城、清江横塘、都昌县乌云山、遂川县洪门、新干县大洋洲等地。① 其中以新干大洋洲商时期大墓出土的一批青铜，反映出了赣鄱地区商时期青铜器铸造技术的水平。

（一）赣鄱地区商时期青铜器的种类

新干大洋洲商时期大墓出土青铜器数量多、器类较齐全，基本上反映出此地区商时期青铜器的种类。大洋洲大墓共出土青铜器475件，可分为礼器、乐器、兵器、工具及杂器五大类：

1. 礼器48件，分为三类10种

（1）炊器类 3种共38件：鼎30件（圆鼎21件、方鼎6件、瓿形鼎2件、鬲形鼎1件），鬲5件（圆肩鬲4件、折肩鬲1件），甗3件（四足甗1件、三足甗2件）；

（2）食器类 2种共2件：盘1件，豆1件；

（3）酒器类 5种共8件：壶2件，卣3件（方卣1件、圆卣2件），罍1件，瓿1件，瓒1件。

2. 乐器4件，分为2种：镈1件，铙3件。

3. 兵器232件，分为11种：矛35件、戈28件（直内戈23件、曲内戈5件）、勾戟1件、钺6件（方内钺5件、带銎钺1件）、镞123件、宽刃剑1件、刀15件、匕首2件、镂孔锋刃器1件、镖19件、胄1件。

4. 工具143件，分为3类18种

（1）农具类 8种共25件：犁铧2件、锸2件、耒1件、耜1件、铲12件、镢1件、镰5件、銍1件；

（2）手工业工具 9类103件：斨8件、锛3件、修刀6件、凿17件、刻刀15件、锥12件、刀24件、砧1件、手斧形器17件；

（3）捕鱼工具 鱼镖形器15件、

5. 杂器48件，分为15种：双面神人头像1件、伏鸟双尾虎1件、羊角面1件、匕（取食器）10件、箕形器1件、扣形器1件、帽形构件3件、杖头形构件1件、鱼纹椭圆形构件1件、钩形构件3件、圆柱形构件1件、方

---

① 赵世纲：《夏商青铜文化的南向传播》，《中原文物》1993年第3期。

形构件1件、双齿形构件20件、环1件、板1件、管1件。

此大墓规格高，墓主人应是方国首领一级人物，故所随葬的青铜器应是当时日常使用的器物，反映出赣鄱地区商时期青铜器种类的全貌。礼器（容器）与中原商文化相比较，酒器不见中原商文化中常见的觚、爵以及斝、觯、角等器（1973年在清江吴城M3中出土一件平底铜斝），食器中不见中原商文化中常见的簋。工具类比中原商文化发现的种类多，特别是青铜犁铧在商"王畿"内还没有发现过。青铜礼器（容器）重炊食器组合，而不同于中原商文化的重酒器组合。此墓里出土的一些青铜容器的耳上铸有爬兽的风格（图10—11），是其他地区商文化遗址出土物中所没有的，为赣鄱地区青铜器的特色。

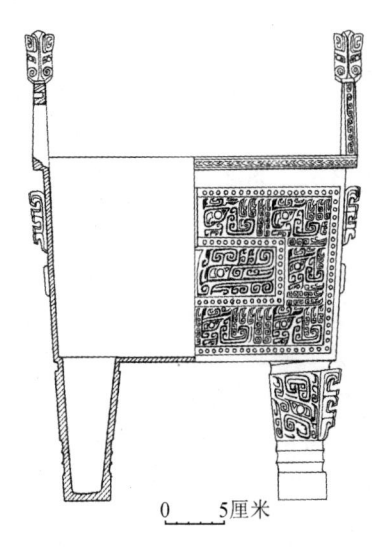

图 10—11　兽面纹虎耳铜方鼎
（《新干商代大墓》第39页图22A）

在江西出土的一件铜器上还发现有文字。1985年和1987年在遂川县枚江乡洪门村先后出土铜鼎、铜卣各一件，两器铸工精细，碧绿透亮。卣盖内有铭文三字"亚羕皇"，腹内底铸四字铭文"亚羕皇䖒"，[①] 有可能是中原流入的。

[①] 梁德光：《江西遂川出土一件铜卣》，《文物》1986年第5期。

(二) 青铜器的铸造

赣鄱地区青铜器铸造业比较发达，具有很高的铸造技术，所铸造的青铜器种类多而地域特色鲜明，是商时期方国中重要的青铜器铸造地。

1. 赣鄱地区青铜器的铸造地

由新干大洋洲大墓出土的青铜器群，反映了赣鄱地区商时期青铜文化高度发达的水平，其所反映的青铜器铸造技术，并不逊色于中原商王朝。赣鄱地区商时期的人们已能自己铸造青铜器，在考古发掘中已得到证实，如在吴城二期的几个灰坑内，"出土大量石范、铜渣、木炭和石质、陶质工具与生活器皿。有的坑壁经过焙烧或黏附铜渣。这显然与铸造铜器有关，或者附近就有这样的作坊"。① 在江西境内，多处商周时期的遗址里出土有石范，以吴城出土最多，初步统计有 300 多块，较大的有 106 块，还出土了两块陶范。② 石范只能铸造兵器和工具，不能铸造容器，陶范的发现反映此地的工匠已经掌握了泥范铸铜器技术。陶范在南方地区目前发现少，原因一时还难于究明。一叶知秋，吴城陶范的发现说明南方同北方一样，都使用陶范铸造青铜器。③

新干商时期大墓出土的青铜器，是研究此地区青铜器铸造技术的主要材料，但这群铜器的中原商文化风格十分浓厚，使人怀疑它们是否就是在本地铸造。要解释这个问题，还得从这群铜器的本身去找答案。发掘报告将新干大墓出土青铜器分为四类：第一类，殷商式。其器类、造型和纹饰等诸方面

---

① 江西省博物馆等：《江西省清江吴城商代遗址发掘简报》，《文物》1975 年第 7 期。

② 彭适凡、华觉明、李仲达：《江西地区早期铜器冶铸技术的几个问题》，《中国考古学会第四次年会论文集》，文物出版社 1985 年版。

③ 苏荣誉、华觉明、彭适凡等在《新干商代大墓青铜器铸造工艺研究》文中，否定了新干商代大墓出土的青铜器使用了石范铸造的技术并认为吴城出土铸范不是石范而应是泥范。文中说，"新干商代青铜器群中形制简单的青铜兵器和青铜工具也是泥范铸造成形的，没有发现所谓吴城商代遗址出土的石范铸造的现象。"在这里作者出了一个注（26），该注文说："过去依据吴城发现的石范指出吴城出土的青铜兵器和青铜工具是石范铸造的，见……但，据我们新近的检测，发现吴城出土的所谓石范仍然是泥范，研究成果有待发表"（见《新干商代大墓》第 293、299 页）。但在泥范未发明前，用石范铸造器形简单的兵器和工具是不可否定的事实，新近发表的有苏荣誉、华觉明参加的《吴干之剑研究》文中说"辽西朝阳出土的石范用以铸造 BⅠ式曲刃短剑，代表较为原始的工艺"（见高崇文、安田喜宪主编《长江流域青铜文化研究》，科学出版社 2002 年版，第 80 页）。此说否定了作者自己的前说。

都具有典型殷商文化特征。这类器的容器有 16 件，占墓中所出全部容器的 30%。第二类，融合式。即器类、造型和纹饰等方面与殷商式基本相同，但又在某些方面进行过不同程度的加工和改造，使其在形制或纹饰上带有一定地域特色。这类器物的容器有 40 件，占全部容器的 67%。第三类，先周式。此类只有兵器 V 式长胡三穿戈、长条带穿刀和勾戟等 4 件。其器类、形制都不见于中原商文化里，却在陕、晋地区的先周文化遗存中多次出现，是周人的独创。第四类，土著式。此类器物的种类和造型乃至装饰纹饰都是南方土著民族的独特创造，在中原从未见过。这类器物的容器有 4 件，占全部容器的 3.4%。属此类型的乐器有镈 1 件、铙 3 件。兵器和工具大多属此类。融合式是当地人仿照中原铜器铸造的。从上述可见，可以肯定为本地铸造的仅容器就占到 70.3%。至于第一类殷商式，除部分是通过赏赐、交换或战争从中原地区流入外，"更多的仍然是吴城土著居民模仿中原地区殷商形制而铸造的"①。

当然，赣鄱地区的青铜文化是在中原商代青铜文化的影响和刺激下发展起来的，俞伟超先生说，"长江流域在二里岗时期本地区的土著青铜文化，几乎没有发展起来"，但一到殷墟阶段，从长江上游经长江中游到长江下游，主要有四大支青铜文化"突然发展起来"。② 这个见解在时间上应稍微作一点修正，就是在郑州二里岗上层时期，长江流域的青铜文化在中原商文化的影响和刺激下，才开始发展起来。吴城文化的第一期的时代与郑州二里岗上层相当。"吴城遗址的'商代层'，压于'新石器时代文化层'之上"。即吴城文化的第一期是直接迭压在赣鄱地区的"新石器时代文化层"之上的，就是说赣鄱地区的"新石器时代文化"，在中原商文化到来之前，并没有发展到青铜文化阶段，他们仍然处在"石器时代"里。吴城文化第一期的陶器中，"常见的鬲、豆、罐、盆等器物，与郑州二里岗遗址同类器物较为接近"，其陶色和纹饰也都与二里岗的相近。这显然是受中原郑州二里岗商文化直接影响下与当地土著文化结合而产生的一种新型文化。恰在这个吴城第一期文化里，出土了赣鄱地区最早的一件青铜刀。③ 这把青铜刀，无论它是中原商人

---

① 江西省文物考古研究所等：《新干商代大墓》，文物出版社 1997 年版，第 192—198 页。

② 俞伟超：《长江流域青铜文化发展背景的新思考》，载高崇文、安田喜宪主编：《长江流域青铜文化研究》，科学出版社 2001 年版。

③ 江西省博物馆等：《江西省清江吴城商代遗址发掘简报》，《文物》1975 年第 7 期。

带来的还是在本地铸造的，都不可能将其与本地居民联系而认为同商人无关。而到吴城文化第二期，赣鄱地区的青铜铸造就达到高峰，铸造出了新干大墓那样辉煌的青铜器群。所以赣鄱地区的青铜铸造工艺应是在中原商王朝青铜文化的直接影响和刺激下发生、发展起来的。赣鄱地区的人民十分聪慧，他们很快从中原商人工匠那里学到铸造青铜器的先进技术，从而制造出具有本地文化特征的青铜器来，并且还有新的创造，如大量使用铜芯撑来代替泥芯撑控制型腔，就很好地解决了铸件的漏孔问题。

2. 赣鄱地区青铜器的铸造工艺

据苏荣誉、华觉民等人的研究，[①] 赣鄱地区的青铜器铸造工艺有如下几个方面：

（1）使用泥范块范法成形　没有发现采用失蜡法铸造的青铜器。

（2）使用分铸法和浑铸法铸造　浑铸法是指一次浇铸成器的一种方法。作为一种铸造方法提出，是指对容器的铸造。至于铜兵器、工具及杂器等形制简单的器物，在青铜器制造的早期就是用两块范或带一块芯心，一次浇铸成形的。容器的浑铸技术，出现于安阳殷墟时期。新干大墓中出土的三件铜鬲和一件鬲形铜鼎是用浑铸法一次浇铸成形的，虽然用此法铸器不多，但说明这里的工匠已经掌握了铜器的浑铸法技术，尽管只是初步的。

分铸法是早期铸造青铜容器所使用的唯一方法。分铸是器身与器物的附件如耳、足、环、盖、提梁等先铸或后铸，通过铸接方式铸接于器体上。所谓"铸接"就是在铸造器体或附件时，利用浇铸时趁铜在液体状态，把先铸好的部件接于所在处。它与"焊接"不同，"焊接"是先铸造好不同的部件，然后在器体和部件的连接处加热、熔化或用熔点较低的金属填充接缝，使其相互连接。

分铸法在郑州二里岗时期，已是一种十分成熟的铸造青铜器的技术，如郑州出土的商代几件铜方鼎，都是用分铸法铸造成的。[②] 新干大墓青铜

[①] 苏荣誉、华觉民、彭适凡等：《新干商代大墓青铜器铸造工艺研究》，《新干商代大墓》，文物出版社1997年版，附录九。以下有关新干大墓铜器铸造工艺未注明出处的，皆引自此文，不再出注。

[②] 河南省文物考古研究所、郑州市文物考古研究所：《郑州商代铜器窖藏》第97—99页及附录一，李京华：《郑州商代大方鼎拼铸技术试析》；附录二，李京华、郭移洪：《郑州商代窖藏铜方拼铸技术试析》，《郑州商代铜器收藏》，科学出版社1999年版。

容器除前述三件铜鬲和一件鼎外，都是采用分铸法铸接成器的。如乳钉纹虎耳铜方鼎（XDM：8）是用32块陶范，分四次铸造铸接成器的。分范情况是：

①底范：2块

②腹范：6块（4块侧壁范、一块底范、一块腹芯组成铸型）

③足范（四足）：16块（足皆对开分型，每足2块侧范、一块足端范和一块足芯范组成铸型）

④虎范（二虎）：8块（耳上爬虎迎面1范、虎身对开分型左右各1范、腹内泥芯1范组成铸型）

铸造及铸接步骤如下：

①先铸底。底上四角处预留四个安足的孔（在泥范的四角处设置四个泥芯撑即可）。

②次铸四壁。铸四壁时，将已铸好的鼎底铸接。两耳范在相应的两个壁范上，与四壁一道铸成。

③再铸四足。四足铸接于鼎底的预留四孔处。

④最后铸两耳上爬虎。铸接于两耳上。

（3）大量使用铜芯撑　在郑州二里岗时期只发现使用泥芯撑，没有发现使用铜芯撑。在安阳殷墟出土的青铜器里，已发现有使用铜芯撑的，李济、万家保对殷墟出土的一件铜鼎（R1110）用钴60透视时，在鼎的底部发现3块青铜片。右足左上方及中足左上方的芯撑上都有云雷纹，中足左上方稍远一点的一块为素面，它们在钴60透视片上都十分地清晰。①但殷墟使用铜芯撑不是很普遍，多数是用范座，将范用榫卯法固定在范座上，以保持在浇注铜液时不会发生位移。泥芯也还在使用。在盘龙城已发现有铜芯撑铸造的铜器。但都不如新干大墓中出土的青铜器使用的普遍，仅凭肉眼观察，就发现有19件青铜容器铸造时使用了铜芯撑，如兽面纹柱足铜圆鼎（XDM：1），腹部"纹饰带下可见3处铜芯撑，最上1处有15个，另两处不详"，底部"有铜芯撑，但分布不详，足根部内侧均可见2个铜芯撑"。又如三足铜甗（XDM：38），"甑收腹处可见有16枚铜芯撑带"。

---

①　李济、万家保：《古器物研究专》第1本《殷虚出土青铜觚形器之研究》，台北1968年版，第8页、图版32。

（4）使用石范铸造工具、兵器等器型简单的器物　吴城遗址的前五次发掘时，揭露面积近两千平方米。初步统计，出土石范三百余块，较大的有一百零六块，能辨识的大部分是铸造生产工具、武器或车马的饰件。还出土有各种型芯约35件，有陶质的也有石质的，芯壁上往往附有一层薄薄的铜痕。类似吴城的石质铸型，在全省的一些商周遗址中也有零星出土。

吴城及各地出土的石范，绝大部分是红色粉砂岩质，石料松软，容易制作。单合范少，几乎全是两扇的双合范，组合范也少见。石范的一端刻有直浇口或浇口杯，以便注入铜液和排气；有的一端两侧刻有纵、横凸棱；有的在一端的两侧有乳钉式凸圆；还有的刻有浅窝似的榫眼。这些都应是双合范的记号，起着子母口或乳钉式榫卯的作用，以便铸器时合口紧密，固定两范的位置。有的石范上，还刻有"↓"指示记号，可能是起着指示方向的作用。[1]中原商文化中石范只偶尔见到。

（5）铸造大型器物的铸型组合尚不能把握　在铸造工艺方面，新干器物群反映出，工匠们对铸造大型器物的铸型组合尚不能把握，如四足铜甗（XDM：38），第一次铸造时甗的腹部泥芯发生了很大的偏移，大约是腹部的三分之一的尺寸。由于泥芯与泥范合在一起，致使在甗腹部形成了很大的孔洞，不得不采取补铸的办法补救。在中原商文化的大型器物上，这种现象还没有发现过。反映出工匠们对青铜器铸造技术的掌握还没有达到中原工匠的水平。

（6）重器少　新干商代大墓出土的青铜器，单个器物一般都在20公斤以下，容器中，最重的一件是四足甗，重78.5公斤，其次是一件乳钉纹虎耳方鼎（XDM：8），重49公斤，一件罍（XDM：44），重35.5公斤，一件虎耳虎形扁足圆鼎（XDM：14），重28.5公斤，一件折肩鬲（XDM：37），重23.6公斤。乐器三件铙分别重18.1公斤、19.4公斤、22.6公斤。除乐器的重量大为超过中原商文化中出土的乐器外，大型容器的重量，都低于中原商文化出土的器物，如1974年在郑州杜岭出土的两件铜方鼎，一号鼎重

---

[1] 彭适凡、华觉民、李仲达：《江西地区早期青铜器冶铸技术的几个问题》，《中国考古学会第四次年会论文集》，文物出版社1985年版。华觉民等后来在研究新干商代大墓铜器铸造工艺时，认为吴城出土的"所谓石范仍然是泥范"（见前注引）。2004年7月在"安阳中国殷商文明国际学术研讨会"上，我们曾询问多次参加吴城遗址发掘工作的黄水根、李昆先生，他们十分肯定地说绝对是石范，制作这些石范的材料就是江西本地常见的粉红色砂岩石。

约 86.4 公斤，二号鼎重约 64.25 公斤。1996 年在郑州南顺城街出土的四件铜方鼎的重量，分别为 52.9 公斤、26.7 公斤、21.4 公斤、20.3 公斤。① 郑州铜器属商文化的二里岗上层，时代比新干商时期大墓早很多（新干大墓时代一般认为在殷墟二期），但铜器却比新干大墓出土的重。殷墟出土的青铜容器，一百公斤以上的器物不少见，如妇好墓中出土的两件铸有"司母辛"铭文的方鼎，一件重 128 公斤，一件重 117.5 公斤。妇好三连甗的长方形器身重 113 公斤，器身上的三只甑分别重 8 公斤、8.7 公斤、8.5 公斤，器身加上三只甑总重 142.5 公斤。② 当然更不用说重达 875 公斤的"司母戊"鼎了。礼器重量的差别，是王室与地方方国之间的差别。这些铜器上的母戊、母辛都是商王武丁的妻子，属王室最高级成员，故墓中出超过一百公斤的重器。

（三）赣鄱地区青铜器的合金成分

合金成分与中原商文化出土的青铜器相同，都是铜、锡二元合金或铜、锡、铅三元合金，合金配置的比例不稳定，在同一类器中合金的比例不相同。现将樊祥熹、苏荣誉对新干大墓 20 件青铜器合金中的铜、锡、铅成分测定的结果如表 10—2 所示。③

从表 10—2 可见，合金类型主要是三元合金，有 13 例，铜锡二元合金 4 例，铜铅二元合金 3 例。

中国科技大学的毛振伟等，选取了 25 件青铜器，采用"X 射线荧光光谱分析"其合金成分。其中有商代的铜器 13 件，这里将赣鄱地区商时期 7 件的铜、锡、铅三种元素的含量移录为如表 10—3 所示。④ 表中的铜元素有"化学法"和"本法"两种方法测得的数据，"本法"即指"X 射线荧光光谱分析"法。

---

① 河南省文物考古研究所、郑州市文物考古研究所：《郑州商代铜器窖藏》，科学出版社 1999 年版，第 10—17、76 页。

② 中国社会科学院考古研究所：《殷虚妇好墓》，文物出版社 1980 年版，第 38、46 页。

③ 樊祥熹、苏荣誉：《新干商代大墓青铜器合金成分》，《新干商代大墓》，文物出版社 1997 年版，附录五。

④ 毛振伟等：《先秦青铜器 X 射线荧光光谱分析》，载《考古学集刊》第 13 集，中国大百科全书出版社 2002 年版。

表 10—2　　　　　　新干商代大墓青铜器合金成分（%）

序号	器　名	器号	铜（Cu）	锡（Sn）	铅（Pb）	合金类型
1	兽面纹虎耳铜方鼎	XDM：11	71.09	12.25	7.34	三元合金
2	兽面纹虎耳铜方鼎	XDM：8	78.84	9.48	7.82	三元合金
3	兽面纹锥足铜圆鼎	XDM：5	75.97	16.84	2.55	三元合金
4	立耳鱼形扁足铜圆鼎	XDM：24	84.41	0.35	1.45	铜铅二元合金
5	铜豆	XDM：42	74.07	1.92	8.92	三元合金
6	Ⅱ式三棱形铜刻刀	XDM：431	77.88	13.25	3.48	三元合金
7	Ⅴ式长骹铜矛	XDM：92	71.52	2.76	3.06	三元合金
8	三足铜甗	XDM：39	56.70	15.68	0.23	铜锡二元合金
9	铜罍（本体）	XDM：44	75.38	18.44	4.73	三元合金
10	铜罍（附饰羊）	XDM：44	75.23	0	5.84	铜铅二元合金
11	兽面纹虎耳铜方鼎	XDM：12	84.57	8.78	0.43	铜锡二元合金
12	兽面纹锥足铜圆鼎	XDM：4	75.26	0.35	5.70	铜铅二元合金
13	铜扣形器	XDM：62	84.15	4.64	4.14	三元合金
14	Ⅱ式长脊宽翼铜镞	XDM：154	49.07	24.27	1.05	三元合金
15	Ⅱ式圆锥形铜镈	XDM：304	57.49	16.21	0	铜锡二元合金
16	Ⅰ式直内铜刀	XDM：114	82.77	16.40	0	铜锡二元合金
17	Ⅰ式翘首铜刀	XDM：466	29.27	34.04	4.93	三元合金
18	铜瓿	XDM：41	47.42	1.58	5.42	三元合金
19	四足铜甗（补块）	XDM：38	79.74	12.95	3.82	三元合金
20	四足铜甗（本体）	XDM：38	78.58	1.15	1.43	三元合金

说明：含量在1%以下者，乃铜矿中自带杂质，非铸造时人为有意加入配制。

铜刀、铜戈含锡量低，达不到锋刃器坚硬的要求。容器、兵器、工具同类器的合金比例，并不一致。合金成分比例的不稳定，是商代青铜器的特点。

表 10—3　　　　　　赣鄱地区出土商代青铜器合金成分（%）

序号	样品原号	样品名称	产地	铜（Cu）		锡（Sn）	铅（Pb）	合金类型
				化学法	本法			
06	94094	扁足鼎	新干	76.84	79.40	10.71	2.05	三元合金
07	94095	铜刀	新干	78.96	79.25	1.96	6.23	三元合金
08	94096	青铜鼎类残片	新干	84.98	83.28	12.77	1.35	三元合金
12	940162	铜凿（锛）	瑞昌	83.08	80.01	16.22	3.36	三元合金
14	940164	铜锛	铜岭	82.88	82.72	14.39	1.79	三元合金
20	940172	铜戈	樟树	93.42	95.31	2.28	0.42	二元合金
21	940173	铜鼎	樟树	98.77	97.14	0.70	0	纯铜器

三　铜矿的开采

赣鄱地区有丰富的铜矿蕴藏。江西省北缘、北距长江 5 公里的瑞昌市铜岭就是一处古代的铜矿遗址。遗址周围武山、丁家山、城门山等有多处现代铜矿。湖北大冶铜绿山、阳新下港等古铜矿遗址在铜岭遗址西的数十公里范围内；在其东，沿长江而下是安徽铜陵的古铜矿冶遗址。这一带的古铜矿遗址，就应是古时"南金"的主要产地。

瑞昌铜岭古铜矿遗址发现于 1988 年，经调查知，此地是古代集开采和冶炼于一地的铜矿遗址。古代采区面积约 7 万平方米，冶炼分布于山脚下附近约 20 万平方米范围内，炼渣堆积厚约 0.6—3.40 米厚。江西省文物考古研究所和瑞昌市博物馆连续进行了四次发掘，清理出矿井 103 口、巷道 19 条、露采坑 3 处、探矿槽坑 2 处、工棚 6 处、选矿场 1 处、砍木场 1 处；发掘和征集铜、木、石、陶质文物 468 件。从矿井里出土的器物和木样碳 14 测年，确知此铜矿最早的开采时期在商代中期，直至战国时期还在开采。如在第 10B 层下开口的 J11（井 11）木样，北京大学测定为距今 3330±60 年，西安测定为距今 3310±60 年；X1（巷道 1）木样西安测定为距今 3220±70 年；X12 木样澳大利亚测定为距今 3120±80 年，皆在商纪年范围内。J90 木样澳大利亚测定为距今 2630±80 年；第 9A 层下开口 P2 木样西安测定为距今 2440±70 年，时代为春秋、战国时期。①

（一）铜矿的开采技术

铜岭古矿商时期的开采方法分为两大类：一是露天开采（简称露采），一是地下开采（简称坑采）。露天开采是开采覆盖层薄、矿体厚、品位高的的铜矿石。这种开采技术比较简单，开采容易，是早期开采的主要方式。

坑采有两种方式：单一竖井开采和井巷联合开采。由于富集的铜矿体埋藏较深，为了减少剥离废石量，有效地开采矿体，就必须要开掘深坑，才能挖到铜矿石。单一竖井是跟着矿脉朝向下的走向，挖坑（打井）至矿石处，开采完即废弃。这样的"井"口一般较大，在铜岭有一商时期的井筒，断面为矩形，井口约 70 米×90 米。

井巷联合开采是在竖井的底部，追踪矿脉走向，平行或斜行开挖巷道开采矿石，即从竖井再转至平巷或斜巷的联合开采。

（二）井、巷支护技术

地下开采的井巷掘进必然要破坏矿体周围的平衡状态，而破坏的程度与周围岩石的稳定性密切相关。铜岭铜矿石蕴藏于白云质岩与泥质粉砂岩接触带内。这个接触带正是破碎带发育的部位，岩体不甚坚硬，围岩比较松软，井巷容易塌方，因此井巷必须边开挖边采矿边搭支护，以免井巷垮塌。

从考古资料反映，商时期的井巷支护是使用的木框架，以抵抗竖井四壁的侧压及平巷、斜巷两壁的侧压、顶压和地面的鼓突。支护有竖井支护和平（斜）巷支护两种。

1. 竖井支护

竖井支护是因周围岩石所受的力往往超过岩石的强力，井筒周围的岩石便会向井内塌落，因而要支护以抵抗井周围的压力。商代中期的竖井支护为杈口接内撑式框架。由四根圆木吻接成矩形框架，其中两根直径约 6 厘米，另两根圆木的两端砍削成杈口状的托槽为内撑。内撑木直径略大于被撑木，以免劈裂。被撑木的两端嵌入井的两壁内，撑木的两端紧贴另两壁撑住被撑木，构成一个方形框架。上下两框间相距约 26—34 厘米（图 10—12）。井筒的断面约 70×80 厘米或 80×92 厘米。同一矿井的支护框

---

① 此节铜矿的开采技术采自刘诗中、卢本珊：《铜岭铜矿遗址出土竹木器研究》（载《南方文物》1997 年第 1 期）和《江西铜岭铜矿遗址的发掘与研究》（载《考古学报》1998 年第 4 期）两文中的成果，以下不再出注。

木规格较统一，可见井框构件为预制件。井框与围岩间插入密排约2—2.5厘米的木棍，有的还在框架与井壁间敷草席，以防止泥土、碎石块掉进井筒内。

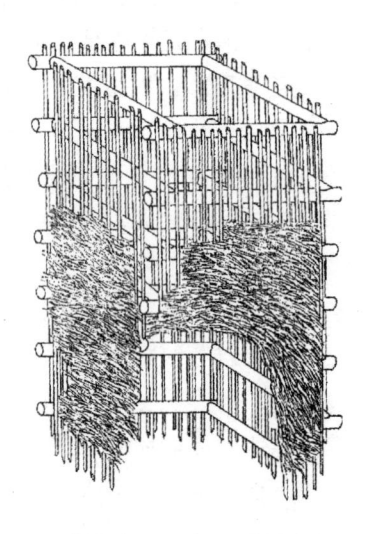

图10—12　商代中期（J72）矿井支架示意图
（《考古学报》1998年第4期，第477页图一四）

商代晚期竖井的支护结构大致与中期相似，不同的是在两根撑木的基础上，再加两根杈口撑木，撑住外撑木，此撑木可称为"内撑木"（图10—13）。撑木是杈口与被撑木吻接，并不固定，撑木接触的两壁若受围岩的挤压，没有固定的撑木就容易发生位移而使这两边的井壁垮塌。撑木因有内撑木撑住，就不会发生位移，从而解决了杈口接支护的缺陷。西周时期的支护采用榫卯接合法，是吸收商时期杈口接支护缺陷的改进。

2. 平巷支护

平巷支护一般由顶梁、立柱和地栿梁构成框架。框架外的顶和巷帮用木棍或木板封闭，以防止泥块、碎石掉进巷道堵塞通路。

商代中期采用杈口接厢架式结构支护，与同期的竖井框架相似。顶梁和地栿木直径8厘米，立木直径9厘米。立木高78—84厘米。立柱两端砍削成杈口状托槽，以支接顶梁和承接地栿。顶棚不见有遮盖物，巷帮也未见栏木棍，为不完全棚子（图10—14）。

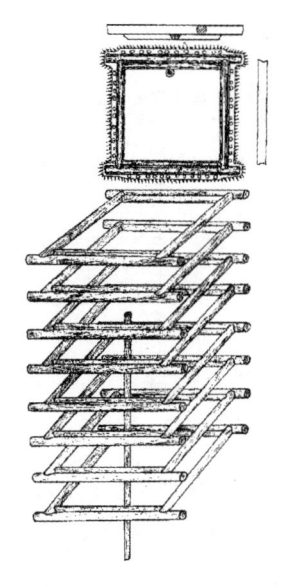

图 10—13 商代晚期矿井支架示意图

（《考古学报》1998 年第 4 期第 478 页图一五）

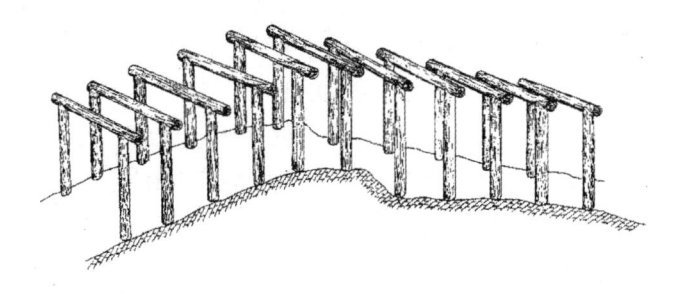

图 10—14 商中期巷道支架示意图

（《考古学报》1998 年第 4 期第 481 页图二〇）

商晚期采用开口贯通榫接厢架式平巷支伏，如 J1（巷 1）的地栿梁为圆形截肩公榫，两立柱头的下端为开口贯通母榫，下凹处宽 2 厘米。两立柱的上端为公榫，顶梁的两端为开口母榫。两立柱与顶梁、地栿梁贯通组接成矩形框架，顶棚和巷帮排列中、小木棍，形成完全的棚子（图 10—15）。

支护的材料都是选取质地坚硬，无木节、扭纹的樟木、栎木、栗木。设计和施工都规范化，从而提高了井巷的支护能力，保证了采矿的顺利进行。

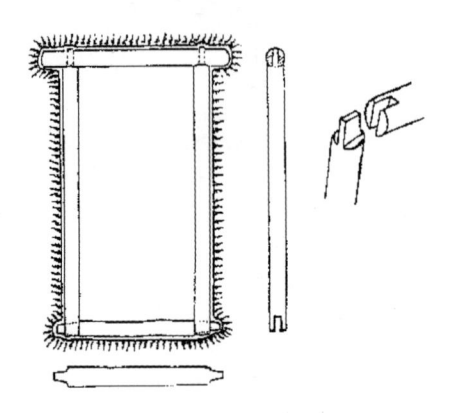

图10—15 商晚期巷道支架结构示意图
（《考古学报》1998年第4期第481页图二一）

（三）采矿工具

采矿工具可分为采掘、装载、运输三类。采掘工具主要是铜质的。遗址内所见到的铜质工具有斧、锛、凿等。这些铜质工具需要安上一定长度的木柄才能使用。在考古发掘中发现有木质的斧、锛、尖状木等，它们的刃部装上铜质的斧、锛、凿，就成为一件复合工具。

装土、矿石的工具主要是木质的铲、锹（锨）、撮瓢。盛土和矿石的用具是竹篓及竹筐。还有木钩、木扁担，用来担挑矿石和土。这些竹木器，在铜岭矿区遗址里都有发现。巷道狭窄，用木钩钩住装满矿石的竹筐拖到巷口，再提升到地面上。

（四）提升工具

在铜岭遗址发现的提升工具是滑车。从商时期到战国的滑车都有发现。在商时期地层中出土的一件滑车（89采：01），木质取样碳14测定为距今3240±80年。器件采用直径35厘米、长32厘米的一段圆木加工而成。圆木的中部有长12厘米的一段比两端低平的凹槽，约低0.6厘米，是绕绳索的。两端各有五个均匀对称的齿，可作扳手也可约束绳索在低平槽内不致滑脱。圆木的中心处有一个穿透的圆形孔洞，这个孔洞的两端小，直径为5.5厘米，中间大，直径为7.5厘米，并在两侧的齿间各凿有一个与中心孔洞相通的孔，孔口径为3厘米×2.5厘米。圆木中间的圆孔是纳轴的，称为轴孔。两齿间的方孔应是添加润滑剂的（图10—16）。轴孔两端小中间大，是减少轴与轴孔壁间的摩擦而设计的，设计科学而具匠心。此物件若装有手柄就是辘轳，但在铜岭发现的 6 件这样的工具中，都没有装柄的痕迹，所以应是滑车，即现代所称的滑轮。

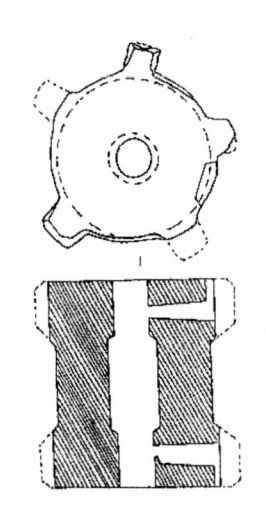

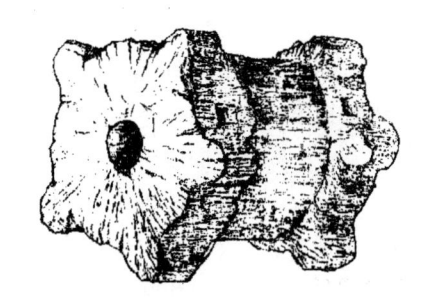

图 10—16　商时期的木滑车

《考古学报》1998 年第 4 期第 486 页图二八：2；《南方文物》1997 年（第 1 期第 60 页图三：1）

滑轮有动滑轮和定滑轮两种。定滑轮仅改变用力方向，使人便于操作，而动滑轮的滑车可省力一半，但对滑轮的稳定性要求较高，使用时轴不能上下摆动过大。动滑轮都很窄，而铜岭的滑车都较宽，当是定滑轮。

根据滑车出土的井口残存木件分析，井口上搭有工棚，滑车应架在棚内，位置较高，人可以站在井口上拉绕在滑车上的一根长绳。据出土的平衡石分析，绳索的一端系筐，另一端系平衡石，井口上的工作台架站上一二个人，利用臂力及体重将矿石提升出井口。用滑车省力、安全而效率高。

（五）排水设施

矿井内有水是必然的，如不及时将井巷里的水排走，就无法继续进行开采。商时期的矿工们解决排水的方法有两种：一是用木桶将水提出井巷。先用水瓢将水装在木桶里，然后提升到地面上去。商时期的木桶已发现一个，系用一段整圆木刳成。桶外有三道篾箍，箍间用竹楔打入，使桶不致开裂。二是用排水槽将水排入水仓或废井内。排水槽有两种，一是在巷道里开凿狭小的水沟排水；一是用木槽。木槽用半圆形木刳成，一端宽一端窄，两节之间由一节的窄端叠放于另一节的宽端上，层层叠落，使引水道形成高低差而流入专用于储水的地方。

（六）通风与照明

通风主要是利用井口高低不同产生的气压差所形成的风流来调节井下的空气，保证氧气的供应。另外，为了增加地下采区的空气流通，及时用开挖新巷道的泥土、废石等把废弃的巷道封堵起来，这样新鲜空气就顺利地流向作业区。

照明主要是用竹签和松柴。在巷道中发现了大量的竹签、松树干，并有火烧的痕迹，这应是井巷内照明的遗迹。

（七）选矿技术

开采的矿石中，通常含有很多没有含矿物的石头，被称为脉石。将含有矿物的矿石和脉石分开，就是选矿。选矿所得的有用成分称为精矿，无用部分称为尾矿，只有精矿才能用来冶炼金属。

我国古代选矿法有手选和水选两种。手选很简单，因矿石的颜色与不含矿物的不同，如瑞昌铜岭铜矿的矿属孔雀石，是一种翠绿色，容易辨认，用手就可拣出矿石。水选是以水为介质，利用矿物和脉石间不同的比重，使矿物分离。

选矿的第一步，是要把大块的矿石破碎。铜岭发现的破矿石工具有木槌、木杵、木臼等。

铜岭主要用水选法选矿。水选的目的不同，所使用的工具也不同。小型的水选是确定矿脉的走向，以便开采。此种选矿的简单工具发现有木勺形盘、竹盘和船形器等。在商时期的地层中发现一件木勺形盘，器长25.5厘米、高3厘米，薄胎，最薄处仅厚0.5厘米。把手呈弧形，两边沿卷起，勺形盘身横切面呈倒梯形，上宽12.6厘米、纵长21厘米。表面加工光滑，盘内较粗糙，便于增加摩擦系数。使用时将破碎好了的矿砂放入勺形盘中，然后把盘浸入水里，握住勺的把手，使盘在水中摆动。利用水的浮力及矿石与不含矿物的石头（脉石）间的不同比重，比重大的矿物沉到下面，比重轻的脉石在上面。拨去上面的脉石，就得到精矿石。

此种选矿法所用的工具都很小，它是作为探测矿脉的一种手段。特别是在矿井下，先用这种选法来确定富集矿脉的走向，以免掘错方向而浪费人力。这是长期实践总结出来的经验，很有实用价值，也很具科学性。

大规模的水选，是木溜槽。铜岭发现一处地面用木溜槽选矿的场地，在一块平地上，向东、向西都分布着木溜槽、尾砂池和滤水台等一整套溜选设施。选矿场的棚柱仍然存在，选矿槽两侧的工作台面有木板围护，以防土坍塌。选矿场周围分布着矿井。布局十分地合理。

溜槽是用大树干刳成，平面呈 U 字形（图 10—17）。槽长 3.43 米、宽 0.40—0.42 米，槽面呈 6°角倾斜。距槽头 1.2 米处设有一挡板，作截留精矿之用。挡板宽 10 厘米、厚 2 厘米，与槽的一壁以开口榫相嵌合，与另一壁以榫卯相接，板底与槽面间距离 5 厘米，形成一个半圆形孔，以阻止大块料通过，使粒度合适的矿料流动进入中间的一段。挡板以上为矿料进入通道，接近槽尾的 0.38 米处设有一个闸门。闸门呈半圆形，宽 42 厘米、厚 1.5 厘米，可与溜槽紧密配合。闸门板一侧有凸榫，与槽壁榫卯相接，闸门可上下启动。闸门以下一段凿深 1 厘米，与闸门以上段形成阶梯状。开启闸门就使尾砂流入尾砂池。尾砂池口 70×80 厘米、深 76 厘米，池内尚有尾砂（图 10—18）。

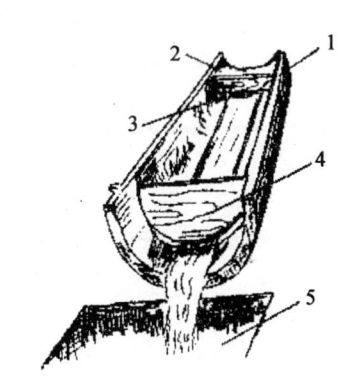

图 10—17　溜槽选矿示意图
1. 精矿截取板　2. 进料槽段
3. 截取板　4. 闸门　5. 尾砂池

（《考古学报》1998 年第 4 期第 490 页图三一）

经过模拟实验证明，铜岭溜槽结构先进，构件合理。精选截留板，不仅可以控制精矿的流失，而且可以限定翻拌矿料的操作范围，保证矿料有足够的流程长度予以分选。下段设置闸门，一是在给冲程水初期，关闭闸门，使槽成一池，便于矿料在水中浸泡后人工搅拌，使其矿粒与脉石分开，有利于矿粒在水流中选出；二是在选分过程中，如果给水量过大，使精矿流失，可及时关闭闸门，再调节给水量。溜槽内设置这两个构件，十分实用，技术上也先进。溜槽的倾斜为 6°，符合现代溜槽槽面斜度为 3—4°，最大不能超过 16°的标准。按槽尺度专门设计以精矿截留板为界，其上段槽体容积为给矿量，仅以每次流程可放 20 公斤矿量为限，否则通不过截取板的孔道。显然古人已认识到给矿量与分选效果的关系，从而规定了一定的给矿量。经模拟实验，木溜槽选矿的效果很理想，达到了选矿工艺的指标。①

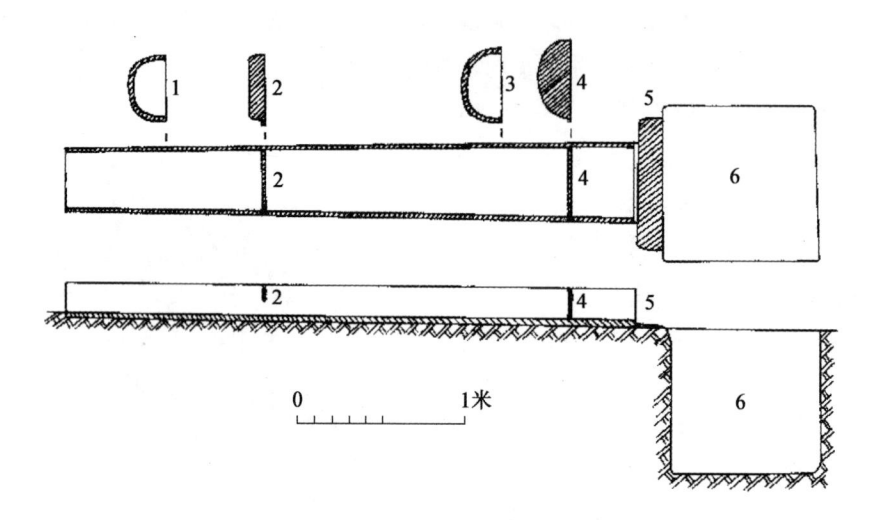

图10—18 选矿溜槽及尾砂池平、剖面图
（《考古学报》1998年第4期第489页图三十）

虽然所发现的木溜槽都是西周时期的，商时期的还没有被发现，但西周时期的技术是承接商时期技术的，所以商时期必会有类似的选矿溜槽，不然商时期是不会有那样多的青铜器的。

另外，还要指出的是，铜岭铜矿的开采工匠，最先可能是南下的中原商人。其证据是在矿井遗址内，发现中原商人使用的生活用具陶器和生产工具等。如在J11底部出土的敛口、折沿、锥状袋足、麻花形把、饰中粗绳纹的陶鬶，与郑州二里岗上层T15HZ：35、H2Z：232出土的敛口、折肩、中粗绳纹、麻花状把的陶鬶作风相似。② 在T15⑨D：2出土的方唇、高领、宽体、分裆、袋足外撇的黑衣灰陶鬲，与安阳殷墟SH317：2出土的Ⅵ式陶鬲相似；③ 以上三种类型的器物均见于中原商文化遗址中。早期遗存中的陶炊器流行夹砂黑衣灰陶，器表所饰的附加堆纹、中粗绳纹、交错绳纹、凸块

---

① 卢本珊等：《铜岭西周溜槽选矿模拟实验研究》，《东南文化》1993年第1期。
② 河南省文化局文物工作队：《郑州二里岗》，科学出版社1959年版。
③ 中国社会科学院考古研究所安阳工作队：《1969—1977年殷墟西区墓葬发掘报告》，《考古学报》1979年第1期。

纹、不规则云雷纹、叶脉纹（或称人字纹）、粗席纹、凸弦纹等均是中原商时期陶器上的流行纹样。

铜岭采矿遗址出土的早期青铜工具也与中原商文化遗址里所出土的相似，如铜锛88采：09，长条形，下束腰，近底呈弧状，与安阳殷墟SM321：6的一件相似。89采：010铜凿，与安阳殷墟Ⅴ式铜凿、SM303：6铜凿的长条形、椭圆銎、下部方形、单斜刃的造型相同。[①]

中原商人日常使用的生活用具陶器和青铜生产工具，在矿井下面发现，说明使用这些用具的是中原商人，他们是确确实实的采掘矿工。青铜技术是中原人的发明，其后才渐次传播到中原以外各地，所以这里的采矿技术应是南下的中原商人带来的。在此遗址里，同时也发现有当地吴城及鹰潭角山等窑场烧制的陶器、瓷器，是当地的土著民也大量在此矿井下采矿。这正是中原商人与本地人民共同劳动的情景。本地人在向中原商人学习到开矿技术后，推动了赣鄱地区采矿业的大发展。

四　陶瓷器制造

赣鄱地区是我国古代陶瓷器较为发达而具本身特点的地区之一。在新石器时代，这里的制陶业就较为发达，以夹砂红陶和夹砂灰陶为主，还有一些磨光黑皮陶器，多为素面，在少数器物上出现拍印的几何纹饰，这种几何纹饰在进入商周时期大量发展，并成为独特的几何印纹陶。陶器的器形有鼎、盘形鼎、罐、壶、豆、鬶等，那种大袋足带把鬶、杯形豆颇具地方特色。三足器特别发达，如筑卫城遗址，仅鼎就有盘形、壶形、釜形、盆形多种，鼎足以丁字形、侧扁形和扁管状为多见。

到商时期，赣鄱地区的制陶工业继续发展。但是，这时期的陶器工业出现了两个变化：一是中原商人使用的陶器风格和器类的进入。像吴城遗址一至三期出土的鬲、豆、罐、盆等器物，与郑州二里岗和殷墟及中原商文化遗址里出土的同类器物，几乎是完全一样。新干大墓中出土的鬲、罐、簋、斝等都与中原商文化中出土同类器相同或相似，特别是墓里出土的26件完整的陶鬲，更是中原商人常用的炊器，而在本地的新石器文化中，还未见有类似的陶鬲出土。这类器物无疑是受中原商文化影响下的制品，或者就是南下的中原商人动手烧制的，当然也可能是在中原商人指导下当地人烧制的作

[①] 中国社会科学院考古研究所：《殷墟的发现与研究》，科学出版社1994年版。

品；第二个变化是釉陶和原始青瓷的大量烧制。如吴城遗址，据各期出土陶片总数统计，釉陶和原青始瓷在各期所占的比例是：

第一期：釉陶占 3.84%，原始青瓷占 0.23%。

第二期：釉陶占 3.87%，原始青瓷占 1.21%。

第三期：釉陶占 16.6%，原始青瓷占 2.6%。

器形有折肩罐、尊、钵、豆、盆、刀、纺轮、垫子等。[①] 在新干商代大墓出土完整及已复原的陶瓷器 139 件，有普通陶器、几何印纹硬陶和原始瓷器三类，硬陶和原始瓷器约占陶瓷总数的 20%，[②] 大大高于吴城遗址的比例。

烧制陶瓷器的窑发现较多，主要是集中在清江吴城和鹰潭角山遗址。在吴城遗址内先后清理出了龙窑 4 座，大型升焰窑 8 座；2000 年在鹰潭角山商时期遗址内清理出一条龙窑、4 座半倒焰马蹄形窑，另有 6 座已露端倪。这两处窑场生产规模都较大，应是商业化的手工场。

升焰窑有三角形和圆角方形两种，其窑体都很大，如 1987 年在青江吴城清理出的一座圆角方形窑（87 清吴 Y1），由窑室和火膛两部分组成，东西向，窑床在西，南北长 4.60 米、东西宽 2.10 米。火膛在东，南北长 4.40 米、东西宽 1.10 米。窑床与火膛的隔墙由 4 个大致距离相等土墩相隔，形成了 5 个由火膛通向窑床的火道，5 个火道自南至北分别宽 45 厘米、40 厘米、50 厘米、45 厘米、44 厘米。窑床底比火膛底高 10 厘米，火膛的壁向窑床方向倾斜 8°，是为将火苗压向窑床而作的技术处理。火道底呈平面斜连火膛与窑床。窑床和火膛残壁的上部都出现弧形券顶痕迹，故窑顶应是呈馒头状封闭的，所以又被称为"馒头窑"，因火苗从火道进入窑床底，火焰在窑床内呈上升状，故又称为"升焰窑"。[③]

龙窑呈长条形，在吴城发现四座、鹰潭角山发现一座。1986 年在吴城清理的一座龙窑，长 7.54 米、宽 0.92—1.07 米，北壁一排设 9 个投柴孔，尾部有烟囱一眼，西口稍残，似有火门（图 10—19）。筑于生土层上，为 1.54°的倾斜，头低尾高，相差 25 厘米。这是我国再次发现龙窑（盘龙城王湾的两座"长窑"，从其结构上看应是龙窑），为我国陶瓷业的更高、更快发展，

---

① 文物编辑委员会编：《文物考古工作三十年》，文物出版社 1979 年版，第 242、243 页。

② 江西省文物考古研究所等：《新干商代大墓》，文物出版社 1997 年版，第 159 页。

③ 黄水根、申夏：《吴城商代遗址窑炉的新发现》，《南方文物》2002 年第 2 期。

开了先路。

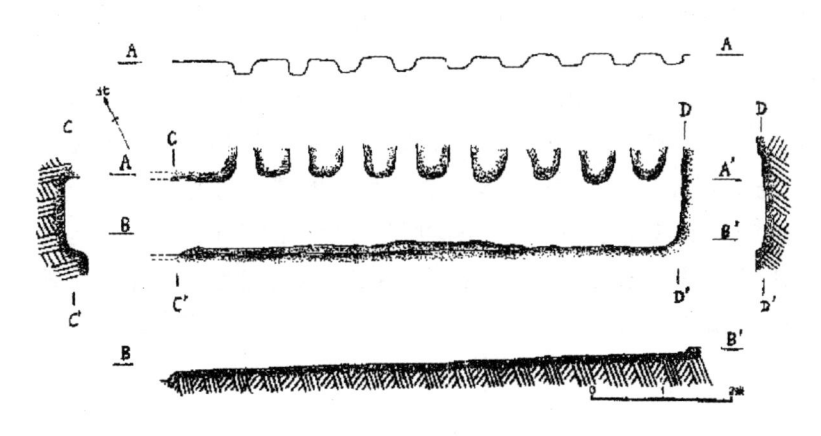

图 10—19　吴城 6 号龙窑平、剖面图

(《文物》1989 年第 1 期第 80 页图二)

据研究，龙窑的窑尾必设有烟囱，起管道效应。在地面裸烧陶坯时，燃料中的有机质与空气中的氧气发生氧化反应，所释放的能量使周围的空气加热而膨胀，因其密度和比重小于外围的冷空气，于是开始向与地球引力相反的方向上升，它上升后产生的负压空间会由冷空气同步填充。当用竖穴窑烧陶时，情况发生了变化，火焰不再是"无约束"的了，它经火道流入窑室，然后从窑室的上方逸出，其特点：一是火焰、热空气的上升路线被限制为火膛→窑室→排烟口；二是排烟口高于火膛。这就好像把一根带有空气的管子置于水中，只要一头翘起，空气便会从这一头逸出，而密度、比重比空气大得多的水则会从低的一头管口流入，管子内即产生两种压力——空气流通的方向为正压，反之为负压，不妨将这种现象称为"管道效应"。在比竖穴窑进步得多的龙窑，"管道效应"大幅度增强，这就意味着龙窑焙烧坯件时窑内从前到后具有更大的正压。与普通窑相比龙窑的焙烧温度要高出 400℃ 强，这就要求燃料的氧化反应更为剧烈，也就是说，龙窑必定具有很强的"管道效应"。

龙窑的"管道效应"数据，系窑头与排烟口的高差除以窑身的水平长度所得的商。数据大小与"管道效应"的强度成正比。实验证明，馒头窑、蛋形窑要获得高温并长时间地维持高温，其反映"官道效应"强度的比值必须大于1。上虞发现的商代龙窑，长5.1米，坡度16度，它的首尾高差只有1.41米。这么小的高差，是不能产生强大的抽力的，因此只有在窑尾设置烟囱才能获得高温烧成器物的"官道效应"强度。此窑产品具有的1200℃左右的烧成温度即是力证。①

吴城龙窑的窑膛内出土了54片陶瓷器残片，其中原始瓷5片、釉陶1片、硬陶1片，其余为夹砂陶和泥质陶片。②原始瓷器残片、釉陶、硬陶和夹砂、泥质陶同出于一窑的现象，在吴城、鹰潭角山的窑场内，多次被发现，说明无论馒头窑还是龙窑，商时期赣鄱地区的陶工们，都能烧制出火候要求高的瓷器来。他们在三千多年前，就已经很好地掌握了生产瓷器的选泥料、淘洗、炼泥、陈腐、拉坯成形、晾干、上釉、入窑烧时控制火候等一套完整生产技术，③这是对中华文明的重大贡献。

五 建筑技术

建筑技术有筑城技术和民居建筑技术。

（一）筑城技术

赣鄱地区商时期的古城已发现一座，在清江吴城，即吴城商时期遗址的中心区。这座城是一座土城，平面近似圆角方形（图10—20）。1995年在对吴城遗址第九次发掘时，肯定了城墙为商代所筑，整个城墙由墙体城垣和壕沟构成。土城的城垣在今地面上尚有一定高度，并且比较壮观，保存较完整，远眺整个城址，轮廓清晰可见。城内面积61.3万平方米，由四个连绵不断、地势高程相近的山丘组成：西北部高地岭海拔58.93米、东北部黄家岭海拔57.38米、西南部大蒜圆岭海拔59.22米、东南部新溪圆岭海拔58.20米。

城垣一周有11个缺口，其中5个缺口两侧有墙垛，根据缺口尚存形状、结构、布局和宽窄，北缺口、东北缺口、东缺口、南缺口、西缺口应与城门有关。当地群众也一直叫这五个缺口为北门、东北门、东门、南门、西门。其余6个缺口是几千年来当地居民劳作、行走而开辟的豁口或走水的水门。

---

① 李刚：《中国古代龙窑结构述要》，《中国文物报》2004年12月10日第7版。
② 李玉林：《吴城商代龙窑》，《考古》1989年第1期。
③ 樊昌生等：《鹰潭角山商代窑址发掘再现3000年前制陶作坊》，《中国文物报》2003年7月4日。

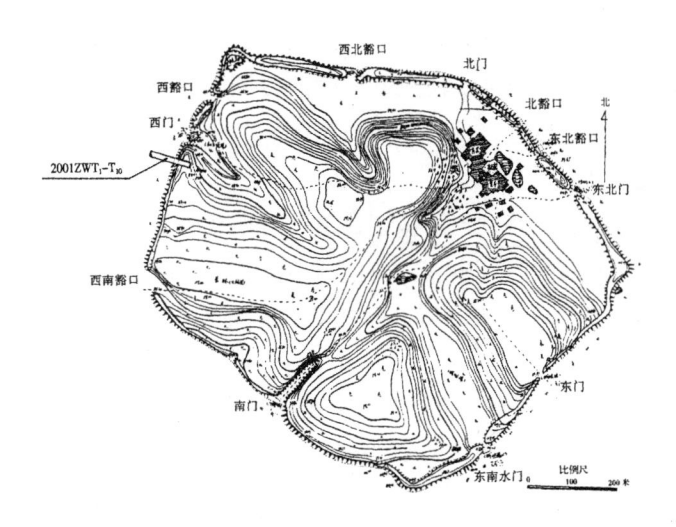

图 10—20　吴城城址地形图

(《南方文物》2003 年第 3 期第 1 页图一)

城墙的建筑是先挖出基槽，再垒筑墙体。基槽上宽下窄，呈倒梯形。口宽 12.30 米、底宽 6.50 米，槽底较平坦。基槽内用纯净生土一层一层垒筑至基槽口，然后再往上垒筑城墙。城墙的宽度，从 2001 年发掘时解剖的一段（2001ZWY1）显示，城墙的底宽 21 米，在残高 3.30 米处宽 8 米。城墙是顺地势、山势填低补高，一层层堆土，泼水踏实垒筑起来的。虽然没有使用如中原的夯筑技术，但这 20 多米厚的墙体是十分坚固的。

城壕靠城的一岸距城墙外墙根 3.70 米，即城墙与城壕沟间，有 3.70 米地空地。城壕口宽 6.50 米、底宽 1.30 米、深 3.10 米。发掘的一段编号为 2001ZWG1，堆积分为 11 层，在⑩层出土完整的人头骨 19 个，碎骨 1 处，股骨 2 处。1995 年在不足 2 平方米的近壕沟底部，挖出商时期的 4 个人头骨。分析这些死者应是与攻守城有关。由此可见这座城的军事性质也就十分的明显。

吴城城墙始建年代，从考古发掘地层出土文化遗物分析，城墙始建于吴城文化第一期，二期进行了重建，确定了城垣的规模和体量。城壕始建于二期早段，使用时期为吴城二期早段至三期早段。①

---

① 江西省文物考古研究所等：《江西樟树吴城商代遗址西城墙解剖的主要收获》，《南方文物》2003 年第 3 期。

吴城土城的筑城不用夯打，更没有使用版筑技术，而是用垒土践踏法筑成，与新近发现的湖南宁乡炭河里商周时期古城的建筑法相似。炭河里古城也没有发现有夯筑的痕迹。①

（二）民居建筑

赣鄱地区的民居建筑发现不多，在第一至四次发掘吴城时，清理出房屋基址一座。此基址属吴城文化第二期，半地穴式，圆角长方形，门向东南。有门道、灶台。室内地面及墙壁经过焙烧，有硬面。南北长3.60米、东西宽2.10米。②

房屋顶的结构，在清江营盘里遗址出土的一件残陶屋顶盖，可窥其大概。此陶屋顶盖上面呈悬山式顶，脊长11.5厘米。前坡存，后坡残佚。前坡檐部长9.5厘米，前后坡的中间有山花板封闭，上穿一圆孔。山花板下有一枋，枋下构成一个斗状。斗口作方形，斗口以下似残佚。残高约17厘米。通体各部分饰小凹点组成的弦纹、同心圆纹、三角形和镂孔等（图10—21）。陶质为黄白色，泥质。形制极似陶屋的顶部。③

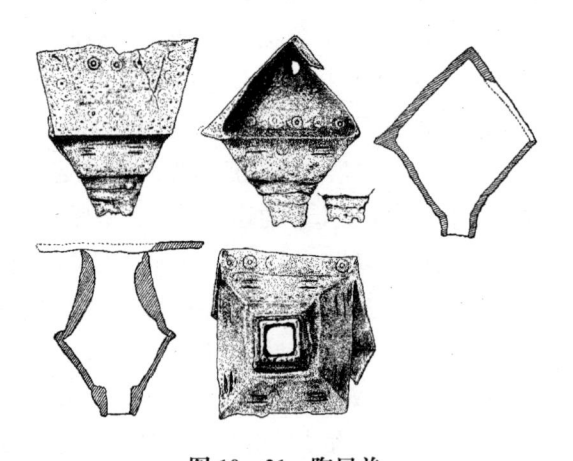

图 10—21 陶屋盖
（《考古》1962年第4期第180页图六）

---

① 向桃初、刘颂华：《湖南宁乡黄材炭和河里遗址发现西周城墙、大型建筑基址和贵族墓葬》，《中国文物报》2004年6月2日。
② 江西省文物考古研究所等：《江西省清江吴城商代遗址发掘简报》，《文物》1975年第7期。
③ 江西省文物管理委员会：《江西清江营盘里遗址发掘报告》，《考古》1962年第4期。

此陶房屋顶盖，当是仿照实际的住房制作的玩具。

六 玉器制造

赣鄱地区商时期的玉器制造工艺达到了一个相当高的水平，在新干商代大墓的一座墓内就出土玉制品1374件（颗），其中各种玉饰品754件，绿松石镶嵌饰品、穿孔玉珠、玉管等679件（颗）。可分为礼器、仪仗器、装饰品和饰件四大类。礼器有琮、璧、环、瑗、玦和璜等6种33件；仪仗器有戈、矛、铲等3种7件；装饰品有镯、笄形坠饰、项链、腰带、串珠等17种712件（颗）；饰件有神人兽面形饰和侧身羽人佩饰2种2件。①

新干大墓出土的玉器里，神人兽面形饰和侧身羽人佩饰两件制品，最能反映出当时的琢玉工艺水平。

神人兽面形饰整体呈扁平竖长方形，通高16.2厘米、下端宽5厘米、中端宽6厘米、顶端宽7厘米、厚0.42厘米。玉质莹润，琢磨光滑。正面中段琢出浅浮雕的人兽面像，神人面以下为脖颈，由窄变宽，最下端横刻一道阳线。兽面头顶上横刻四条平行阳线，再上即为高耸的羽冠。羽冠平顶，两角琢成扉棱状的外卷角，与神人脸面两侧的凸扉棱相对应，惜左卷角已残损。右卷角处有一细穿孔，可知左卷角处也应有一穿孔。羽冠由竖刻11支作放射状的羽翎组成：中央一支，两侧各5支，每支间的距离基本相同，都是3.5毫米。两侧各支羽翎从下部开始就各自向外弧卷，中间一支至2.8厘米处才开始分歧向左右弧卷，至4.5厘米处中轴线上的一支又分歧向左右弧卷。

此神人兽面图像的雕琢技法是采用双线凸雕与单线阴刻两种方法混合使用，神人脸面与高冠上的放射状羽翎以及一些卷云纹等都使用双线阳纹雕琢；下部的兽面嘴巴、牙齿和两对獠牙等则采用单线阴刻。所以，在外观上，上下两部分的效果截然不同。② 要说神人兽面形饰的雕琢技法还是采用的传统琢玉技法的话，那么，侧身羽人头上的三个相套的链环的琢制成功，则是创造了一种全新的琢玉技法——掏雕法。

侧身羽人佩饰作侧身蹲坐状，两侧面对称。叶蜡石制成，棕褐色，蜡状光泽，不透明，无瑕疵。通高11.5厘米、身高8.7厘米、背脊厚1.4厘米、

---

① 江西省文物考古研究所等：《新干商代大墓》，文物出版社1997年版，第8页。

② 同上书，第156页。

前胸厚 0.8 厘米。"臣"字目，粗眉，大耳，钩喙；头顶部着高冠，冠作鸟形，鸟尖喙，匍匐状，身前突，尾敛并后卷成一圆角方孔，再以掏雕技法琢出三个相套的链环；双臂蜷屈于胸前，膝弯曲上耸，脚底板与臀部齐平；腰部至臀部阴刻出鳞片纹，两侧各琢有羽翼，腿部也琢出羽毛（图 10—22）。

图 10—22　侧身羽人玉佩饰

（《新干商代大墓》第 158 页图八十：1）

羽人头上的三个相套的链环称为"活链"。所谓活链，就是在一块整玉上，用特别的方法，琢出数环相扣、伸缩自如的链条。就是科学技术现代化的今天，要琢制一件"活链"玉制品，也是难度很大，要冒一定风险的；三千年前的商时期，其难度就更可想见了。彭适凡根据羽人本身留下的工艺痕迹，并参照现代"活链"玉器的制作工艺过程，推论其制作大体分五步：

（一）预先设计和取料

设计大小长度，然后切取平面呈曲尺形的一块方正玉料。竖的一段制作羽人的身子，横的一段制作羽人的头和三个套环。

（二）"掐节"

在玉料的纵横相交转角处，先琢出鸟形冠饰，然后将冠尾后的横长条玉料平面用线分成三段，为三个活链各自的长度。又在几为正方形横截面玉料四面中央画出两条线，其间的宽度即为三个套环边缘的厚度。这道琢玉工序称作"掐节"或叫"分瓣"。

(三)"刺十字"

玉工们按照平面和横截面上的打稿底线,用砣具将四面中央双线以外的玉料慢慢加工去肉。到一定程度,也即基本将"活链"的长、宽、厚度切割出一个大体轮廓。这道工序基本和现代称作"刺十字"(又叫做"起股")工序相似。

(四)"掏链"

将三个套环分割出来。其方法是或用管钻法连续钻眼,去除余肉;或在环内先管钻出一个圆孔,然后沿着套环大小的线界,用线拉锯去料成孔,并用这种金属拉锯法将环与环之间部位切割拉开。这种线具是利用弓弦原理,以线为弦,手持弯弓再拌以解玉砂来回拉锯,故切割出来的边缘较为平整,切面常见有切锯形成的直条痕。这种工序现代称作"掏链"(又叫"脱环")。

(五)打磨抛光

制成器后,要经过精细的打磨、抛光,使制品光洁莹润。①

制作活链的技术要求很高,除了一般常用的琢玉技巧外,主要是用一种掏雕技术。而掏雕活链,除需要高超的琢玉技巧外,还需要有专门琢制活链的工具,即需要勾砣、细尖头棒、钉砣、搜弓子等不同于其他传统工具。由此反映出商代赣鄱地区的琢玉工具已经相当完备。②

新干商时期大墓出土的玉器,应主要是本地制造的。其制玉工艺是渊源于本地区新石器时代的良渚文化,在江西的丰城、新余、德安、铜鼓、靖安、九江、广丰等地的新石器时代的文化遗址中,都不等地出土有玉斧、玉笄、玉钺、玉琮、玦等一批玉器制品。当然,这里的制玉工艺也受到浙江良渚文化发达的玉文化和山东龙山文化的影响,无论是新石器时期还是进入商周时代,其玉器群中总能看见它们的影子。

新干大墓出土羽人"活链"玉器,是我国最早的一件"活链"玉制品。玉器活链以前多见于清代,故早先曾有认为活链玉技术是我国清代玉工们的创造。1978年湖北随县曾侯乙墓出土一件龙凤纹多节活链玉佩,属战国初期。这比清代提前了两千多年,而新干羽人活链的发现又把我国的活链琢玉工艺技术提前了近千年。

---

① 彭适凡:《新干商代玉器琢制工艺初探》,载邓聪编:《东亚玉器》(Ⅱ),香港中文大学中国考古艺术研究中心1998年版。

② 殷志强:《商代玉羽神:最早的活链玉作》,《中国文物报》2001年4月1日。

赣鄱地区的"活链"玉工艺，与中原安阳殷墟的"巧色"玉工艺，是我国三千多年前南北琢玉工艺技术上的两朵奇葩。

除上述经济门类外，还有纺织业。作为纺织工具的纺轮，遗址里有大量的发现，在清江吴城遗址里，出土的陶质纺轮形状多样，有扁平形、扁凸形、扁凹形、算珠形、腰鼓形等，以扁凸形最为常见，还有少量纺轮上施釉，也有原始瓷质的纺轮。① 在营盘里遗址出土纺轮 92 个，更分为七种形式。② 在新干商代大墓里，也出土了 3 件陶纺轮，2 件呈算珠形，一件呈扁鼓形。纺织原料有丝和麻。在新干商代大墓里出土的青铜兵器和工具，不少器身残留有包裹织物的印痕，③ 中国丝绸博物馆的沈筱凤、浙江丝绸科学研究院的孙丽英从新干商大墓出土的一件铜钺（XDM：335）上采样，用红外线光谱法进行测定，"结果表明为真丝，亦即蚕丝"。对 16 件青铜兵器戈、矛、钺的表面附着织物取样进行鉴定，其结果"均为蚕丝平纹绢"。④ 是此地有丝织业的证据。在一件戈（XDM：126）的内端，残留着固定木柲的褐色麻线，在两件矛（XDM：110、126）的环钮中，也残留着棕色编织麻线，⑤可见有麻类纤维。在棉织物推广以前，普通民众穿麻织品，当有麻纺织业的存在，以解决人们的穿衣问题，只是麻织物还没有在赣鄱地区的商时期遗址中发现。

第三节　商时期蜀国的经济

四川省古称巴蜀或蜀，据学者研究，巴人本在湖北西部，直到战国时期才进入四川省的东部。以"巴蜀"为名连称四川，应在春秋战国时期。⑥ 因此，在春秋战国以前应只称"蜀文化"。四川青铜时期早期的文化被命名为

---

① 江西省文物考古研究所等：《江西省清江吴城商代遗址发掘简报》，《文物》1975 年第 7 期。
② 江西省文物管理委员会：《江西清江营盘里遗址发掘报告》，《考古》1962 年第 4 期。
③ 江西省文物考古研究所等：《新干商代大墓》，文物出版社 1997 年版，第 7 页。
④ 沈筱凤、孙丽英：《新干商代大墓青铜器附着织物鉴定报告》，《新干商代大墓》，文物出版社 1997 年版，附录八。
⑤ 江西省文物考古研究所等：《新干商代大墓》，文物出版社 1997 年版，第 6 页。
⑥ 赵殿增：《巴蜀文化几个问题的探讨》，《文物》1987 年第 10 期；孙华：《四川盆地的青铜文化》，科学出版社 2000 年版，第 44 页。

三星堆文化，以广汉的三星堆遗址和成都十二桥下层为中心。在三星堆发现了一座面积近 3 平方公里的古城、出土大量的陶器、玉石器及铜器，特别是两个器物埋藏坑的发现，使人们对四川境内的青铜文化有了全新的认识。

三星堆文化是否就是商代甲骨文中的方国"蜀"的文化遗存呢？这是首先要辨明的问题，只有这个问题解决了，才能谈到对商代方国蜀国经济的研究。

一　商代甲骨文中的蜀与四川的三星堆文化

"蜀"作为一个国家名字出现，见于最早的古文献是《尚书·牧誓》，文中周武王在与商军开战前的号令中说道："我友邦冢君……及庸、蜀、羌、髳、微、卢、彭、濮人。"《牧誓》是今文《尚书》中的一篇，学者考证，此篇确为周武王伐纣时牧野之战前的誓师词。周武王伐纣时蜀已是一个国家，所以商代有蜀这一个国家的存在，应是没有什么问题的。周原出土西周甲骨中，在一片上有"伐蜀"（H11∶68），在另一片上有"克蜀"（H11∶97），蜀字均作 形。这两片甲骨，研究者都认为是周文王时期的。① 是蜀本不是周人的"友邦"，甚至于是敌国，被周人打败后，才跟随武王伐纣的。在被周人"克"掉以前，蜀应该是商人的"友邦"。

商代甲骨文中有一个字，作 形，孙诒让早在 1904 年在撰写《契文举例》时，就释此字为"蜀"，他说：" 疑是罚字，《说文·虫部》'蜀，葵中虫也。从虫，上目象蜀头形。中象其形蜎蜎。'此省虫，于字例得通。"② 后多从其说，而陈梦家释作旬，③ 也有学者以为是。④ 李孝定认为"陈氏释旬非是。字不从勹，且此从目乃象头形，非眼目字，与旬字无涉"，他还是从孙诒让释此字为"蜀"。⑤ 商代甲骨文中自有旬字，作 形，不下千百十见，又为何另造一复杂的旬字？且与西周甲骨文中的蜀字相比照，商代甲骨文中的 字，释为蜀也较释作旬为合理。

商代甲骨文中蜀的地望，有殷东和殷西两说。殷东说者认为蜀在泰山附

---

① 王宇信：《西周甲骨探论》，中国社会科学出版社 1984 年版，第 71 页及第 241 页表四。
② 孙诒让：《契文举例》（楼学礼校点本），齐鲁书社 1993 年版，第 81 页。
③ 陈梦家：《殷虚卜辞综述》，科学出版社 1956 年版，第 295 页。
④ 见于省吾主编：《甲骨文字诂林》，中华书局 1996 年版，第 611—613 页。
⑤ 李孝定：《甲骨文字集释》，中研院史语所 1970 年再版本，第 3912 页。

近。此说不能成立，《尚书·牧誓》里周武王把跟随他伐纣的盟国称为"西土之人"，是蜀在殷西部甚明，且西周甲骨中有周文王"伐蜀"、"克蜀"的战事，若蜀在殷东，周人也不可能越过商境去攻打还是商人属国的蜀。蜀在殷西，从其被周人征伐，后又跟随伐商看，蜀地一定距周不远。伐蜀在周文王时，周文王已迁到沣，地在今西安市的沣河西岸。在殷西何地，也有不同的说法。陈梦家释旬，认为即荀字，后世的荀国，地在今山西省新绛县西。① 陈氏释字既误，再以误释之字音比照古地名所定的地理位置，当然不可信。日本学者岛邦男"推想可能"在河曲附近。② 从该书中所绘的地图上看，其点定在黄河拐弯的东南面，李伯谦说岛氏定的点，"大致在今陕西东南部商县、洛南一带"。③ 但岛氏只是"推想"实无证据。

　　古文献最早说蜀在今四川者是《尚书》伪孔传，云"蜀……在巴蜀"。唐孔颖达《正义》说"蜀是蜀郡，显然可知"。顾颉刚认为蜀不仅在四川而且领土广大，他说"蜀之北境本达汉中，故《蜀王本纪》有'东猎褒谷，卒见秦惠王'之事"。④《华阳国志·蜀志》载在战国时期蜀国的疆域也还到达秦岭南的汉中地区，"七国称王，杜宇称帝……以褒斜为前门，熊耳、灵关为后户"。以往治甲骨的学者都不把甲骨文中的蜀同四川挂上钩，就是甲骨学大家董作宾也只推测说，蜀的地望"约当在今陕西或者四川"。⑤ 这主要原因有二：一是以为四川距中心地在今河南省境内的商王国地理位置太远，且有秦岭、大巴山阻隔，当时的交通是不易穿越而南的；二是四川的考古工作，还没有发现商时期像样的文化遗迹及遗物，可证明四川地区与中原商王朝的关系。自20世纪80年代以来，四川地区的考古获得重大的突破，取得震惊世界的成果，初步建立起了四川地区先秦时期文化的发展序列。⑥ 与此

---

① 陈梦家：《殷虚卜辞综述》，科学出版社1956年版，第295页。
② 岛邦男：《殷墟卜辞研究》（中译本），鼎文书局1975年版，第376页。
③ 李伯谦：《中国青铜文化结构体系研究》，科学出版社1998年版，第264页。
④ 顾颉刚：《史林杂识初编》，中华书局1963年版，第31页。
⑤ 董作宾：《殷代的羌与蜀》，《说文月刊》三卷七期，1942年。
⑥ 孙华：《四川盆地的青铜时代》之第一篇《四川盆地青铜文化初论》及第十六篇《四川盆地的新石器文化》，科学出版社2000年版；江章华：《成都平原青铜文化考古的新进展》，载高崇文、安田喜宪主编：《长江流域青铜文化研究》，科学出版社2002年版。

相关的是，在陕西的汉中地区也先后发现了大批商时期的文化遗存。① 已有不少研究者指出，汉中盆地城固、洋县以及秦岭以北的宝鸡等地出土的商时期文化遗存与四川盆地的商时期文化遗存属同一种文化，② 从而不仅确定了四川盆地中以广汉三星堆和成都十二桥遗址为代表的文化，是商时期十分发达的一种地方文化、是与中原夏商周文化关系十分密切、是受中原文化影响和刺激下发展起来的一种文化。而且从考古学上证实顾颉刚的"蜀之北境本达汉中"之说不误。

陕南汉中地区商时期蜀文化的确定，使我们突然发现，商与蜀的距离不是很遥远而是相当的近，中间只隔着秦岭山脉，商人只要翻过秦岭就到达蜀国的地盘。但是，商人入蜀是翻越秦岭还是绕道湖北的江汉地区？若绕道湖北的江汉地区进入四川，商与蜀间的距离还是相距遥远，也是人们怀疑甲骨文中的蜀是否能远到被群山阻隔的四川境内。但从商代甲骨文反映的情况看，商和蜀间的交往频繁，距离似不太遥远，卜辞见多次卜问"至蜀"会不会有麻烦：

　　　　癸酉卜，我，贞至蜀无祸。（《合集》21723）
　　　　□卯卜，彻，[贞] 至蜀有祸。（《合集》21732）

以占卜无祸的卜辞为多。商人打猎到蜀地：

　　　　癸卯卜，贞丁出狩，今……
　　　　癸卯卜，贞至蜀无祸。（《合集》21729）

癸卯后的最近丁日是第5天的丁未日。同一天癸卯日再卜一挂问"出狩"到

---

① 唐金裕等：《陕西省城固县出土商周铜器整理简报》，《考古》1980年第3期；王寿芝：《陕西城固出土的商代青铜器》，《文博》1988年第6期；王炜林、孙秉君：《汉水上游巴蜀文化的踪迹》，《中国考古学会第七次年会论文集》，文物出版社1992年版；李烨、张立安：《洋县出土殷商铜器简报》，《文博》1996年第6期；陕西省考古研究所等：《陕南考古报告集》，三秦出版社1994年版。

② 李伯谦：《城固铜器群与早蜀文化》，《考古与文物》1983年第2期，又见《中国青铜文化结构体系研究》，科学出版社1998年版；赵殿增：《巴蜀文化几个问题的探讨》，《文物》1987年第10期。

蜀地有没有灾祸。商王在蜀地进行占卜活动：

  癸卯卜，贞旬无祸。在蜀。（《合集》33126）
  癸巳卜，贞旬。在蜀。（《合集》33141、33142）

商王室常派人到蜀国去办事：

  丁卯卜，𠂤，贞至蜀，我有事。（《合集》21730）

蜀地人也常到商王朝来或报告国事：

  ……以🦴，蜀告。（《合集》21982）
  甲寅卜，臣子来蜀。（《合集》22374）

蜀国的使者到商，商王室派遣其回国：

  □酉卜，□，贞子□遣蜀。（《合集》7981）

商王还卜问蜀地的年成情况：

  贞蜀受年。
  贞蜀不其受年。（《合集》9774）

蜀人有异心，商王室很快能接到情报：

  ……［其］有来艰自蜀。（《合集》7087）

商王即征集军队进行征讨：

  □卯卜，㱿，贞王供众人［征］蜀。（《合集》6859）
  丁卯卜，㱿，贞王敦缶于（与）蜀。二月。（《合集》6863）

从上引殷墟卜辞看，商王室与蜀联系是较紧密的，不像地隔遥远难于到达。这大概应是他们走翻越秦岭的一条近道。

秦岭虽然山高险阻，但它从未能阻断人们的穿越。《华阳国志·序志》云："《蜀纪》言：'三皇乘祇车出谷口。'秦宓曰：'今之斜谷也。'及武王伐纣，蜀亦同行……此谷道之通久矣。"三皇之事难考，但早在新石器时代的早期，秦岭南北的人们就交往密切。陕西境内最早的一支新石器时代文化老官台文化，就分布在秦岭北的渭水流域和秦岭南的汉水上游地区。① 在汉水上游的南郑龙岗乡、西乡李家村、何家湾、洋县土地庙、汉阴阮家坝、紫阳白马石和马家营、商县紫荆村等遗址中，都发现有老官台文化遗存。这类遗存被定名为老官台文化的李家村类型或定名为李家村文化，② 有的研究者干脆称为"李家村—老官台文化"。③ 李家村文化的代表性陶器圈足碗（或称为圈足钵）和三足器，在秦岭北的宝鸡北首岭、彬县下孟村、华县老官台、临潼白家村等遗址里都有发现。夏鼐说，李家村遗址出土圈足钵（即圈足碗）、三足器和其他具有特征的陶器，"在宝鸡北首岭和华县柳子镇元君庙的仰韶文化遗址中都曾发现过……李家村遗址也有仰韶文化的圜底钵和夹砂陶罐等，但绝不见彩陶，它和典型的仰韶文化有密切的关系"。④ 在西乡李家村遗址，不仅有老官台文化，还有黄河流域的庙底沟二期文化。⑤ 仰韶文化中常见的某些遗存在陕南的李家村文化中也有所见。⑥ 如在洛南的沟滩、焦村发现有庙底沟二期文化遗存，⑦ 陕南龙岗寺遗址是一处典型的半坡文化遗址（也包含了一部分老官台文化和庙底沟文化遗存），发现了423座半坡文化墓葬和158个半坡文化灰坑。位于秦岭以南汉水上游地区的此遗址，其文化遗存与秦岭北关中地区的宝鸡北首岭、临潼姜寨、西安半坡、华县史家等半坡

---

① 巩启明：《试论老官台文化》，《中国考古学会第四次年会论文集》，文物出版社1985年版。

② 陕西省考古研究所等：《陕南考古报告集》，三秦出版社1994年版。

③ 吴汝祚：《论李家村—老官台文化的性质》，《考古与文物》1983年第2期。

④ 夏鼐：《我国近五年来的考古新收获》，《考古》1964年第10期。

⑤ 陕西考古研究所：《十年来陕西省考古的新发现》，《文物考古工作十年》，文物出版社1990年版。

⑥ 陕西省文物管理委员会：《建国以来陕西省文物考古的收获》，《文物考古工作三十年》，文物出版社1979年版。

⑦ 卫迪誉、王宜涛：《陕西洛河流域古文化遗址调查简报》，《考古与文物》1981年第3期。

文化遗存具有较大程度的一致性。① 商州市庾原遗址有仰韶、龙山和周文化遗存。此遗址的仰韶文化包括半坡晚期和庙底沟两个类型，半坡晚期类形的陶器有曲腹盆、饰网纹的彩陶曲腹钵、双唇尖底瓶、沿内带泥突支脚的灶等；半坡类型的陶器有敞口直壁钵、饰黑色彩带的直壁钵、敛口带錾的钵、饰鱼纹的折腹盆、夹砂红陶宽平沿盆、底尖较钝的喇叭口尖底瓶等。② 商县紫荆遗址发现客省庄二期文化叠压于庙底沟二期文化之上的地层，③ 这种地层叠压关系也发现于秦岭北的武功县赵来遗址和华阴县横阵村遗址。这些都反映出在新石器时代，陕西秦岭南的汉水上游与秦岭北的渭水流域文化面貌是基本相同的。

　　二里头文化继之，近年来在商州市东龙山遗址发现 40 多座墓葬，墓中随葬品和陶器的种类、形制与西安老牛坡遗址里介于陕西龙山文化与第一期商文化（即二里岗下层一期）之间的，被称为以 88XLI2H4 为代表的"老牛坡类型远古文化"基本相近。参加商州东龙山遗址的发掘者说，"东龙山墓葬在地层关系上十分清楚，应属于该地区二里头文化三期"。④ 商州市位于秦岭东段的南侧，丹江上游，已是跨越了秦岭山脉。在汉中地区的城固苏村出土青铜人面具 23 件，在西安老牛坡遗址商文化第四期里，也出土了 3 件青铜人面具和 3 件牛面具，这些人面具和牛面具，"与 1964—1976 年城固苏村所出的同类青铜器几乎完全一样，只是大小稍异"⑤。反映出了秦岭南北商时期文化上的直接联系。2004 年 11 月城固县龙头镇、宝山镇在改造街道、挖鱼塘时发现属于商代殷墟一、二期的青铜鼎 2 件，鬲、甗各 1 件。⑥ 其器形、纹饰均与安阳殷墟出土同类器基本相同，显然是受商文化影响下的作品。在商末周初，秦岭以北宝鸡县的竹园沟、茹家庄等地的国墓地中，发现了大量与成都平原蜀文化类似的陶器，如斜领尖底罐、绳纹深腹平底罐、绳纹鼓腹

---

① 陕西省考古研究所：《龙岗寺——新石器时代遗址发掘报告》，文物出版社 1990 年版；李英华：《龙岗寺半坡文化墓葬的几个问题》，《华夏考古》2005 年第 3 期。
② 董雍斌：《陕西商州市庾原遗址调查》，《考古》1995 年第 10 期。
③ 商县图书馆等：《陕西商县紫荆遗址发掘简报》，《考古与文物》1981 年第 3 期。
④ 刘士莪：《老牛坡》，陕西人民出版社 2002 年版，第 328 页。
⑤ 同上书，第 334 页。
⑥ 柴福林、何滔滔、龚春：《陕西城固县新出土商代青铜器》，《考古与文物》2005 年第 6 期。其文云：其器形、纹饰均与安阳殷墟出土同类器基本相同，显然是受商文化影响下的作品。

平底罐等，① 是在商末蜀人已翻越秦岭到达了渭水流域。周文王时他的影响力也已达于秦岭以南，《太平御览》84卷引《帝王世纪》谓"文王继父为西伯……化被于江汉之域，于是诸侯归附之者六州"。与此相应，《诗经》中有"周南"、"召南"两组诗，其"周南"组诗中有《汉广》、《汝坟》两首。《汉广序》说，"德广所及也。文王之道被服南国，美化行乎江汉之域"。《汝坟序》说"文王之化行乎汝坟之国"。汉即汉水，汝即汝水。商时期的周人要到达汝、汉，汝、汉地区的人要同周人结交，只有翻秦岭。战国时期的秦国，对秦岭以南的经营就更为频繁，秦孝公封商鞅于商十五邑。② 商地在今陕西省的商洛地区，在秦岭南。秦惠王更元九年（公元前316年）伐蜀，大军翻越秦岭打败蜀国，在今四川成都设蜀郡。过了四年，秦惠王更元十三年（公元前312年）秦与楚战于丹阳，斩首八万，并从楚国手里夺得汉中地。③ 将汉中纳入自己的版图并设郡治理，秦人到陕南汉中地区，就是经常的事。当时的秦国，通往汉中的道路，只能是翻越秦岭。可见秦岭的翻越并不如人们想象的那样困难，蜀地与关中地区的交往也不像李白在《蜀道难》诗中写的"尔来四万八千岁，乃与秦塞通人烟"。

很早以来，人们为了要越过秦岭，曾探索出若干条道路，而这些道路后来由于有军事行动而成为军事通道。最重要的通道有六条：陈仓道、褒斜道、傥骆道、子午道、库谷道和武关道（图10—23）。这些通道主要是利用秦岭的峡谷和河流。④ 如褒、斜二水都发源于衙岭山，上游相距只百余里，《汉书·地理志（上）》右扶风武功县下班固自注云："斜水出衙岭山北，至郿入渭。褒水亦出衙岭，至南郑入沔。"西汉时曾在两水间开凿运道欲运输粮食，《汉书·沟洫志》载："人有上书，欲通褒斜道及漕，事下御史大夫张汤。汤问之，言'抵蜀从故道，故道多阪，回远。今穿褒斜道，少阪，近四百里；而褒水通沔，斜水通渭，皆可以行船漕。漕从南阳上沔入褒，褒绝水至斜，间百余里，以车转，从斜下渭。如此，汉中谷可致，而山东从沔无限，便于底柱之漕，且褒斜材木竹箭之饶，拟于巴蜀。'上（皇帝）以为然。拜汤子卬为汉中守，发数万人作褒斜道五百余里。道果近便，而水多湍石，

---

① 卢连成、胡智生：《宝鸡𢻦国墓地》，文物出版社1988年版。
② 《史记·商君列传》。
③ 《史记·秦本纪》。
④ 史念海：《河山集》（四集），陕西师范大学出版社1991年版，第249页。

不可漕。"看来两条水是沟通了，只是水流太急、水中石头多而无法通运粮船。

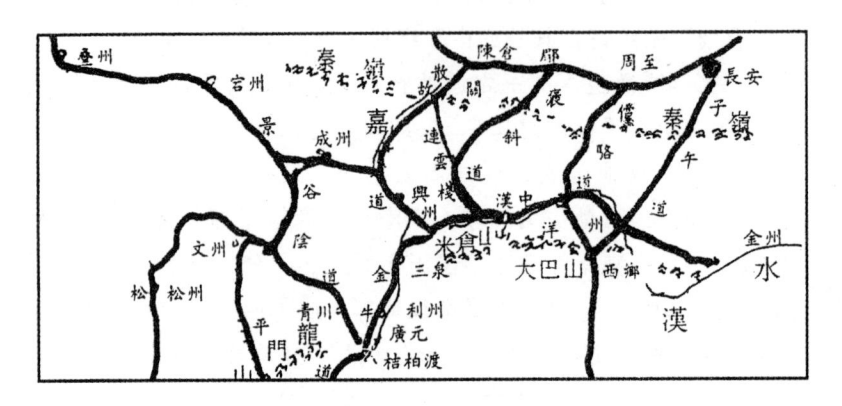

图 10—23　翻越秦岭的古道

（朱玲玲《文物与地理》第 157 页图 4—3）

从汉中地区到成都平原是古人早已开辟的道路。四川盆地东部北缘的广元中子铺，是一处以细石器为主的新石器时代早期遗址。该遗址里所出土的典型陶器之一的三足器，四川大学的宋治民教授已指出"是受汉水上游地区老官台文化李家村类型的影响而来的"。中子铺遗存是绵阳边堆山文化的源头，从广元和绵阳几处新石器遗址出土遗存分析比较，推定其发展序列为：中子铺细石器遗存→张家坡遗址、中子铺晚期遗存→邓家坪遗址→边堆山遗址。[①] 边堆山遗址因出土遗存丰富，曾被以该遗址命名四川盆地晚期新石器时代文化为"边堆山文化"（这类遗存以后来发现的宝墩遗址更为丰富和单纯，故以其命名为"宝墩文化"以取代"边堆山文化"之名）。边堆山文化（或宝墩文化）是三星堆文化第一期（即四川盆地新石期时代晚期文化）的重要源头之一。所以四川盆地早在新石器时代，就通过汉中地区受到秦岭以北的黄河流域诸文化的影响。

秦岭既然并不是人们想象的那样不可逾越，且在新石器时代早期人们就已翻越，因而出现秦岭南北文化的共同性，夏文化和商文化翻越秦岭传到陕

---

① 宋治民：《蜀文化与巴文化》，四川大学出版社 1998 年版，第 27—30 页。除边堆山外其他遗址都在广元境内。

南,进而传入四川盆地,当是完全可能的。

夏文化经三峡入川,到达成都平原之说,目前似觉证据不足。三星堆文化中,属于夏文化因素的主要是陶盉和玉璋。类似二里头的玉璋除在广汉发现外,在鄂西川东的峡江地带没有发现过,不好推断其传播路线。二里头的陶盉,在湖北西部沿江遗址中出土的,"从型制排比来看,尚无早于三星堆文化一期者,因此,此一传播渠道还需要更多的考古材料加以证实"。①

综上所述,商代甲骨文中的"蜀",正如林向先生指出的,其文化遗存就是现今考古发现的三星堆文化。②陕南的汉中地区发现大量与三星堆文化相同的商时期遗存,所以商时蜀国的北境已达陕南的汉中地区。新石器时代的人们就常翻越秦岭,故形成了秦岭南北的共同文化。商人至蜀或蜀人至商,也应都是翻越秦岭。③商、蜀实相邻,与甲骨文中反映的他们相互间交往甚为频繁的状况相符。

二 蜀国的农业、家畜饲养和渔猎

商代蜀国的地域是以三星堆文化和十二桥分布的范围为中心。从考古发掘和调查得知,其西到四川盆地西部边缘的雅安、④汉源;⑤东已出三峡口到达江汉平原,最东一处含三星堆文化遗存是湖北江陵的荆南寺遗址;⑥北边到陕西南部的汉水上游。⑦南边到了何地,目前还不清楚。这一地区有良好的自然条件,自古经济发达。《汉书·地理志》载巴、蜀、广汉"土地肥

---

① 李伯谦:《对三星堆文化若干问题的认识》,《考古学研究》(三),北京大学出版社1997年版,第86页;又见《中国青铜文化结构体系研究》,科学出版社1998年版。

② 林向:《殷墟卜辞中的"蜀"——三星堆遗址与殷商的西土》,《殷墟博物苑苑刊》创刊号,中国社会科学出版社1989年版;后收入林向著:《巴蜀考古论集》,四川人民出版社2004年版。

③ 陈两:《商周文化入蜀时间及途径初探》,《四川文物》1990年第6期。

④ 中国社会科学院考古研究所四川工作队:《四川汉源县大树乡两处古遗址调查》,《考古》1991年第5期。

⑤ 四川省文物管理委员会等:《雅安沙溪遗址发掘及调查报告》,《南方民族考古》第3辑,四川科技出版社1990年版。

⑥ 荆州地区博物馆等:《湖北江陵荆南寺遗址第一、二次发掘简报》,《考古》1989年第8期。

⑦ 唐金裕等:《陕西省城固县出土商周铜器整理简报》,《考古》1980年第3期;李伯谦:《城固铜器群与早蜀文化》,《考古与文物》1983年第2期。

美，有江水沃野，山林竹木疏（蔬）食果实之饶……民食稻鱼，亡凶年忧"。虽然讲的是汉时的状况，但自然环境的变化比较缓慢，一千多年前的商时期也大致差不多，所以商时期蜀国发展农牧渔业的条件是较好的。

(一) 农业

三星堆文化的中心地在今广汉、成都一带，陕西南部的汉水上游是另一个经济文化发达的地区。这两个地区一个处在号称"天府之国"成都平原的中心地区，一个处在号称"粮仓"的汉中盆地，所以对其农业生产活动十分有利。其农业生产的好坏，不仅关系到蜀国，也影响到商王朝，所以商王要为其年成的有无而占卜：

    贞蜀受年？
    贞蜀不其受年？（《合集》9774）
    贞蜀不其受年？二月（《合集》9775）

这两片甲骨是武丁时期的宾组卜辞，即王室卜辞。王室卜辞所占卜的事项，在当时人认为都是最为重要的国家大事。从商王对蜀地农业收成有无的占卜这一事例看，蜀国的农业是处于较为重要地位的，这也与蜀国境内有优良的农业生产自然条件相一致。

蜀国的粮食作物种类是些什么，在三星堆文化分布范围内，还没有谷物发现，推测当是以稻作为主，但无考古学上的证据。

农业生产工具方面，主要是石器。在平原地区多为小型的斧、锛、刀等。1980—1981 年在广汉三星堆遗址发掘出土石斧 23 件，一般长 10 厘米、宽 6 厘米左右，地上采集到的最大一件长 17.8 厘米、宽 8.2 厘米。石锛 27 件，最大的一件长 10.5 厘米、刃宽 3.1 厘米，最小的一件仅长 3.7 厘米、宽 2.4 厘米。石刀 7 件，最大的一件长 9.2 厘米、宽 5 厘米。[1] 1963 年对广汉月亮湾遗址进行发掘时，出土石斧 3 件、石锛 6 件，都是未超过长 10 厘米的小件器物。[2] 1956 年发掘新凡水观音遗址，在其下层出土石器 49 件，其中磨制 19 件，器类有石斧 10 件、石锛 2 件。最大的是一件石斧，仅长

---

  [1] 四川省文物管理委员会等：《广汉三星堆遗址》，《考古学报》1987 年第 2 期。

  [2] 马继贤：《广汉月亮湾遗址发掘追记》，《南方民族考古》第 5 辑，四川科学技术出版社 1992 年版。

9.5厘米、宽4.5厘米。打制石器30件，器类以斧状器最多，其次为锛，有少量的刮削器和石片。①成都十二桥遗址出土磨制石器21件，作为工具有斧2件、锛1件、凿4件，最大的一件石斧长7.5厘米、宽5.2厘米、厚1.6厘米，有打制的盘状器51件，大小厚薄不一，大的直径18厘米，小的4厘米，厚的可达4厘米，薄的仅0.3—0.4厘米。②2001年在成都金沙遗址出土石斧23件、石锛9件。石锛形体皆小而石斧的形体则较厚重，其中一件长19.2厘米、宽6.2厘米、厚2.5厘米，是成都平原发现的石器中最大的一件。③从已发掘的遗址观察，成都平原出土的石器中，缺乏直接用于进行农业生产的工具，如石锄、石铲、石镰等。石器的器型大都较小，多为打制，而打制石器的器类以盘状器为多，例如成都方池街商周遗址内出土完整石器160件，其中打制石器140件，"约占全部出土石器的78.5%，且在打制石器中以盘状砍砸器数量最多，约占43.9%"。④

大量砍砸器的出土，引起学者们的注意。⑤有研究者对成都方池街出土石器进行微型研究和模拟试验，认为这种石质的盘状砍砸器是以加工竹木材料为主的工具。⑥小型磨制的斧、锛、刀等石器，是手工业上使用的工具而不是农具。成都平原出土的青铜工具没有农具，只有少量的手工业工具，如在新凡水观音遗址的1号墓中出土铜斧、削，在2号墓中出土铜削；在1959年彭县竹瓦街的窖藏铜器中，出土1件铜锛。这些无论是石质的还是青铜质的工具，都不是农具，它们只是加工竹、木质材料为农具，可视为间接农具。

在成都平原内，不但铜、石质农具没有发现，在北方常见的骨质、蚌质农具也没有发现过。这大约是与此地的自然条件相关，成都平原位于川西龙

---

① 四川省博物馆：《四川新凡水观音遗址试掘简报》，《考古》1959年第8期。

② 四川省文物管理委员会等：《成都十二桥商代建筑遗址第一次发掘简报》，《考古》1987年第12期。

③ 成都市文物考古研究所：《成都金沙遗址Ⅰ区"梅苑"地点发掘一期简报》，《文物》2004年第4期。以下凡引金沙遗址文物皆出自此简报，不再出注。

④ 傅正初：《成都方池街蜀文化遗址出土石器的微型研究》，《南方民族考古》第5辑，四川科学技术出版社1993年版。

⑤ 宋治民：《蜀文化与巴文化》，四川大学出版社1998年版，第123—124页。

⑥ 傅正初：《成都方池街蜀文化遗址出土石器的微型研究》，《南方民族考古》第5辑，四川科学技术出版社1993年版。

门山脉和龙泉山脉之间,系岷江、沱江和其他河流冲积而成的冲积平原。①冲积土内含有大量的腐殖质和微生物,其土质疏松而肥沃,耕种时使用坚硬而长短可自如的竹木工具就更能"善其事",粗大笨重的石质农具反而不方便,所以这一地区石器主要是作为加工工具而不是直接使用的农具。与此相反,四川盆地西部边缘雅安沙溪遗址,出土的生产工具与成都平原诸遗址出土的就完全不相同。沙溪遗址共出土石器187件,其中打制石器182件(包括细石器17件),磨制石器5件。打制石器中有肩石器74件,计有石铲11件、有肩石斧63件。且石器形体较大,一般长度在20厘米左右,大者有超过30厘米的,如最大的一件石铲(85YST2③:77)长21厘米、宽17.6厘米、厚2厘米,最大的一件石斧(85YST3④:4)长31.6厘米、宽18.8厘米、厚4.5厘米、柄长10厘米、柄宽9.8厘米。这种有肩的石器形体大而厚重,需要捆绑在长柄上、利用杠杆的力学原理方成为适用的工具。这是因为雅安沙溪地处"盆周山区中之平坝地带","四周低山丘陵环抱,河谷、台地相间"。②盆地边缘已不全是河流冲积土壤,而是较为坚硬的土壤,故需使用坚硬的工具,花较大的力气,方能完成耕种的任务,这也叫"因地制宜"。在陕南的汉水上游,城固龙头村,出土铜镰5把,镰形器41件,③1979年在洋县范坝村也出土镰形器3件,④是在这里使用了青铜农具。

酿酒是需要粮食的,商时期蜀文化遗址内常出土有酒器,其质料有陶的和青铜。青铜的酒器如1959年在彭县(现更名彭州市)竹瓦街的一个窖穴中发现8件铜容器,有尊1件、罍5件、觯2件。⑤1980年在发现铜器窖穴之北的25米处又发现一铜器窖藏,出土4件铜罍。⑥罍、觯都是酒器。竹瓦街铜容器,其时代风格属于商末周初中国中心地区铜器的风格,时间可早

---

① 宋治民:《蜀文化与巴文化》,四川大学出版社1998年版,第6页。
② 四川省文物管理委员会等:《雅安沙溪遗址发掘及调查报告》,《南方民族考古》第3辑,四川科学技术出版社1990年版。
③ 王寿芝:《陕西城固出土的商代青铜器》,《文博》1988年第6期。
④ 李烨、张立文:《洋县出土殷商铜器简报》,《文博》1996年第6期。
⑤ 王家祐:《记四川彭县竹瓦街出土的铜器》,《文物》1961年第11期。
⑥ 四川省博物馆、彭县文化馆:《四川彭县西周窖藏铜器》,《考古》1981年第6期。
四川省文物考古研究所:《三星堆祭祀坑》,文物出版社1999年版,第33—40、238—265页。以下凡引用三星堆两祭祀坑出土文物皆出自本书,不再出注,以节省文字。

到商末。三星堆一号祭祀坑中出土铜尊2件、瓿1件。在二号祭祀坑内出土铜尊9件（圆尊8件、方尊1件）、铜罍6件（圆罍5件、方罍1件）、铜壶1件。瓿、壶也是酒器。陶器中的盉、长颈小口罐、杯等都应是酒器。陶盉是温酒用的，长颈罐和长颈小口罐是盛酒用的，因颈长口小利于密封。杯则是饮酒的用具。青铜酒器是以酒祀神用的祭器，陶器则是时人的生活用品。可见商时期的蜀人是饮酒的。由此也反映出他们的粮食是有富余的。

（二）家畜饲养

商时期蜀文化遗址中，从发现的动物骨骼鉴定知，家畜有牛、猪、羊和犬，家禽有鸡等。[①] 对广汉三星堆一号祭祀坑内出土部分动物骨骼鉴定的结果是，"大部分为中型动物，如猪、羊、山羊等；少数为大型动物，如牛、水牛等"。[②] 在成都指挥街出土的大量动物骨骼中，经鉴定有家犬、马、家猪、黄牛、羊（种属未定）和家鸡等。[③] 在新凡水观音遗址里，出土有兽骨及兽牙，惜未鉴定其种属。在雅安沙溪商时期蜀文化遗址里，出土了细石器17件，器类有石核6件和石叶11件，多采用硬度较高的石料制成。在打制石器中有切割器15件、刮削器33件。[④] 细石器主要发现在北方草原地区，是游牧民族经常使用的工具。打制石器里的切割器和刮削器都应是切割、刮削动物皮肉用器。在三星堆二号祭祀坑内出土水牛头饰件5件、公鸡形饰1件，牛和鸡的形象逼真。观察如此细致，只有对家养的动物方能如此熟悉。

（三）渔猎采集

渔猎采集是古时人们经济生活的补充。四川地区地处南方，气候温暖，雨量充沛，森林茂密、河湖凹地多，利于渔猎采集。对成都指挥街遗址采集的孢粉分析表明，成都平原"在距今约3000余年前，该地区生长着茂密的森林，树木高大，系由阔叶树为主而组成的阔叶林，在密林之下以及树干上生长着阴湿的蕨类植物，此外还有水源丰富的湖沼凹地存在于周围，气候温

[①] 宋治民：《蜀文化与巴文化》，四川大学出版社1998年版，第125页。

[②] 本乡一美：《三星堆一号祭祀坑出土动物骨骼的初步鉴定》，《三星堆祭祀坑》，文物出版社1999年版，第522页。

[③] 四川大学博物馆等：《成都指挥街周代遗址发掘报告》，《南方民族考古》第1辑，四川科学技术出版社1987年版。

[④] 四川省文物管理委员会等：《雅安沙溪遗址发掘及调查报告》，《南方民族考古》第3辑，四川科学技术出版社1990年版。

暖湿润"①。成都指挥街遗址发现的动物骨骼鉴定的野生动物有豹、小鹿、梅花鹿、水鹿、白唇鹿，爬行动物有乌龟、陆龟、鳖，鱼类有鲤科。以鹿科为丰富，有4个品种约15个个体。② 1980—1981年发掘三星堆遗址时，出土动物牙齿37枚，经鉴定全系鹿和猪的牙齿。③ 猪当是家猪，鹿则为野生动物。在三星堆二号祭祀坑内，出土有很多奇奇怪怪而不能名的兽、鸟和鱼形饰件。这些兽、鸟和鱼的形状，应是仿照当地自然界存在的实物而铸造的，由此也反映出商时期蜀地野生动物种类的多样性，有着丰富的渔猎资源。

在三星堆祭祀坑里和金沙遗址都发现了大量的象牙，有报道说，仅金沙遗址范围内就已经出土象牙上千根。大批象牙在一个遗址内出土，引起人们的惊异。四川的考古工作者认为，这些象牙应是产于古蜀本地或栖息于长江流域的象群中获得的。要获得这么多的象牙，狩猎时猎杀象以取象牙，就应是古蜀人狩猎的重要目的之一。

狩猎工具除不易保存的木质棍棒外，在遗址中出土的铜兵器戈、矛、钺、镞及石矛、石镞、骨镞也都可作狩猎用器。捕鱼用的网上的网坠在各遗址中都有发现，如在广汉的月亮湾和三星堆遗址、成都指挥街遗址里，都出土有专门用泥土烧制的陶网坠。

三　青铜器铸造

商时期蜀国青铜器，随着三星堆两祭祀坑和随后成都金沙遗址的发现，震惊世界，其独具的特色，令人神往，显示出高度发达的青铜铸造技术水平，是我国青铜文化的一朵奇葩。

（一）蜀国境内青铜器的发现情况

商时期的蜀国境内，发现青铜器的遗址集中在成都平原和陕南的汉水上游两个地区，且多为窖藏。

1. 成都平原的发现

（1）三星堆两个祭祀坑的出土　成都平原以三星堆两个祭祀坑的埋藏最

---

① 罗二虎等：《成都指挥街遗址孢粉分析研究》，《南方民族考古》第2辑，四川科学技术出版社1989年版。

② 四川大学博物馆等：《成都指挥街周代遗址发掘报告》，《南方民族考古》第1辑，四川科学技术出版社1987年版。

③ 四川省文物管理委员会等：《广汉三星堆遗址》，《考古学报》1987年第2期。

为丰富，一号坑内出土铜器178件，器类有人像14件（头像13件、跪坐人像1件）、人面像1件、人面具1件、龙虎饰件6件、尊2件（龙虎尊、羊首牺尊各1件）、瓿1件、盘1件、器盖1件、瑗74件、戚形方孔璧33件、戈44件。二号坑内出土735件，器类有人像类：立人像2件、兽首冠人像1件、跪坐人像3件、喇叭座顶尊跪坐人像1件、人身鸟爪形足人像1件、人头像44件、金面罩人头像4件、人身形饰牌2件；面具类：人面具20件（图10—24）、兽面具3件、兽面9件；眼形器类：眼形饰5件、眼形器71件、眼泡33件；神物类：神树6件（大神树2件、小神树4件。小神树上花朵和立鸟13件、果实3件、神树底座1件、圆座1件）、神坛3件、神殿2件、持璋小人像1件、太阳形器（原称车轮）6件；礼器：尊9件（圆尊8件、方尊1件）、罍6件（圆罍5件、方罍1件）、壶1件、瑗58件（大瑗1件、小瑗57件）、戚形方孔璧25件；仪仗类：戈17件；挂饰类：铃43件、圆形挂饰30件、龟背形挂饰32件、扇贝形挂饰48件、箕形挂饰2件、铃挂架16件、挂环1件、贝4件、三棱饰5件、弹丸4件；铜箔饰件类：鱼形箔饰挂架9件、璋形箔饰5件、叶脉纹箔饰17件、圆形箔饰1件、鱼鳞形箔饰2件、彩绘箔饰1件、兽面形箔饰1件、兽形箔饰1件、鸟形箔饰2件；杂件：蛇10件（另有3件腹部残片无法复原）、蛇前段2件、蛇中段2件、蛇尾2件、蛇羽翅4件、蛇形器1件、圆座1件、龙形饰

图10—24 三星堆铜人面具

（《三星堆祭祀坑》第190页图一〇五）

件 28 件、公鸡 1 件、鸟头 1 件、鸟 5 件、鸟形饰 8 件、鸟形饰尾部残片 3 件、水牛头 5 件、怪兽 1 件、怪兽头 3 件、怪兽耳 1 件、怪兽残片 1 件、鲇鱼 2 件、镂空器 4 件（鞋背形镂空器 3 件、菱形镂空器 1 件）、羽翅形镂空饰件 24 件、窄刀羽形镂空饰件 7 件、宽刀羽形镂空饰件 8 件、双勾云纹羽形镂空饰件 3 件、歧羽形镂空饰件 2 件、尾羽形镂空饰件 2 件、六角形器 1 件。

（2）金沙遗址的出土　2001 年在成都市西郊的青羊区金沙村开挖下水沟时，发现了大量的玉石器、铜器和象牙等物，考古工作者立即赶赴现场进行清理和追缴流失的文物，共获得金、铜、玉石及其他文物 1417 件。由于这些器物为机械施工时挖出，已失去原有单位，发掘者将其归为采集品。但从对遗址清理时的地层及出土文物分析，此遗址的时代约相当于商代晚期至春秋，以商代晚期至西周的遗存最为丰富，推测可能是一处十二桥文化时期的中心聚落，即三星堆文明衰落之后，在成都平原上崛起的蜀国的又一个政治、经济文化中心，为古蜀国的都邑所在地。十二桥遗址的早期，即最下面的 13、12 层为商代晚期时代与三星堆二号祭祀坑所出土器物相当。金沙遗址出土文物虽然已失去原单位，但其出土器物多数与三星堆两个祭祀坑出土的同类器物相类似，而西周的文物也是商时期的继续和发展，所以这里将金沙遗址出土的器物都归于商时期蜀国文物来讨论。

金沙遗址出土文物中有青铜器 479 件。大多数为小型器物，大型铜器仅存残片。发掘简报将出土铜器分为三大类：

第一类，几何形器 401 件。分为 2 类：①多边形器 61 件：戈 31 件、镞 1 件、璋 1 件、锥形 11 件、铃 12 件、菱形器 1 件、多边形挂器 4 件；②圆形器 340 件：璧器 142 件、圆形挂器 13 件、圆锥形器 10 件、圆角方孔器 100 件、圆角方形挂器 61 件、圆角长方形板 12 件、桃形板 2 件。

第二类，像生形器 44 件。分 2 类：①人物形器 30 件：立人像 1 件、人面形器 2 件、眼睛形器 25 件、眼泡 2 件；②动物形器 14 件：龙形器 7 件、牛首 1 件、鸟 2 件、蝉形器 2 件、鱼形器 2 件。

第三类，其他形器 34 件：喇叭形器 1 件、残圈足 4 件、镂空饰 2 件、残片 27 件。

（3）彭县竹瓦街先后发现的两个窖藏坑　1959 年发现的坑内埋铜容器 6 件：尊 1 件、罍 5 件（1 大 4 小）、兵器 12 件：戈 8 件、戟 1 件、钺 2 件、矛 1 件和一件工具铜锛。1980 年发现的坑内，埋有铜容器 4 件：罍 4 件（1

大、3小）、兵器15件：戈10件、戟2件、钺3件。

（4）其他遗址及墓葬的出土　在遗址及墓葬里出土的青铜器都是兵器或工具，还未发现有出土铜容器的。在新凡水观音遗址的上层出土铜镞2件、残铜片3件。属于上层的有两座墓出有铜器，1号墓出土铜器7件：戈3件、矛1件、钺1件、斧1件、削1件；2号墓出土铜器22件：戈3件、矛1件、钺1件、削1件，另有小铜器15件。1963年在广汉月亮湾遗址发掘时出土的铜器皆为残块，因锈蚀太甚已难辨属何器形。成都十二桥遗址出土6件铜器：凿2件、镞4件。

2. 汉水上游地区的发现

1976年以前，在城固的湑水河两岸的苏村、吕村、五郎庙村和莲花村出土商时期青铜器488件。器形有罍2件、尊8件（其中1件残）、瓿4件、簋1件、鼎5件、斝1件、戈97件、矛20件、镞15件、钺1件、斧2件、罐1件、铜脸壳（或称人面壳）23件、铺首（或称兽面壳）25件、尖顶铜泡192件、圆孔顶铜泡90件。这些铜器都是窖藏埋藏。① 后来陆续又有关此地区出土商时期的铜器报道，如1980—1981年在城固龙头村出土两批铜器，第一批有罍1件、牛首尊1件、簋1件、卣1件、壶1件、盘1件、觚4件、矛7件、镰形器41件、钺4件；第二批有罍2件、盘1件、瓿1件、卣1件、觚1件、爵1件、戈2件、镰5件。② 1974年在城固蔡家坟出土瓿1件。③ 1964年在洋县张村出土尊1件，1981年又在张村出土鼎、簋、罍、斝、牛觥各1件。1979年在洋县范坝村出土钺3件、直内戈8件、璋形器10件、镰形器3件，1990年在洋县安冢出土圆罍1件、瓿5件。④ 在紫阳白马石出土人面形钺2件、旬阳黄桥、杨家河、小河各出土空首钺1件。⑤ 总计出土商时期青铜器达540多件。

（二）铜器的铸造技术

商时期蜀国的青铜器主要是在本地铸造的。青铜器的铸造技术应是

---

① 唐金裕等：《陕西省城固县出土商周铜器整理简报》，《考古》1980年第3期。
② 王寿芝：《陕西城固出土的商代青铜器》，《文博》1988年第6期。
③ 陕西省考古研究所等：《陕西出土青铜器》（一），文物出版社1979年版。
④ 李烨、张立文：《洋县出土殷商铜器简报》，《文博》1996年第6期。
⑤ 王炜林、孙秉君：《汉水上游巴蜀文化的踪迹》，《中国考古学会第七次年会论文集》，文物出版社1992年版。

受中原夏商文化的影响，特别是受商文化的影响而发展起来的。作为夏商时期蜀国遗存的三星堆文化中，还没有发现有夏时期的铜器，最早时期的青铜器只是商代早期，即二里岗时期的。李伯谦将三星堆文化分为七段四期，一、二段为一期。时间约相当于二里头文化一至四期直至商代早期。① 在第一期的所有遗址内，都还没有铜器发现。是夏文化的制玉、制陶技术传进了蜀地，而青铜器的铸造技术却未传入，这是因为夏人对蜀人保留了青铜铸造技术的秘密。

无论是成都平原还是汉水上游出土的商时期蜀国，即三星堆文化出土的青铜器，都可以分为三组：第一组为中原商式的；第二组为混合式的，既有中原商式铜器的风格又有明显的本地特点；第三组完全本地式的，不见于中原商文化中。如在三星堆的两个祭祀坑中出土大型立人像、面具、人头、神树等具有鲜明的地方特点，但青铜尊、罍、盘等少数器物，从型制到花纹都有同类商式器物的作风。汉水上游出土商时期铜器的空足分裆鼎、瓿、尊、方罍、簋、曲内戈、双翼铜镞等，造型、纹饰与中原商文化几乎完全相同，是典型的商式铜器；三角形援直内戈、长胡四穿戈、弧刃直内钺等，基本上是模仿中原商文化同类器物，但又有自己的特点；圆刃方銎人面形钺、直口双耳罐、脸壳（或称人面具）、铺首（或称兽面具）形器等，造型、纹饰均不见于商文化，具有浓厚的地方特色。②

混合式、地方式肯定是当地制造的，中原商式铜器有可能是中原传入的，也有可能是当地制造的。在广汉月亮湾遗址的T105、T106、T107三个探方的第二层（商文化层）中，发现铜器残块、孔雀石、铜炼渣，以及一块附有铜炼渣的粗陶片，应为熔铜坩埚的残片。③ 这里应是商时期蜀国的一处铸造青铜器的作坊。

铜器的铸造是用泥范法。工艺流程与中原商文化的基本相同，其步骤有制模、翻范、制芯、合范、浇铸、打磨等。铜容器的大型器物如鼎、罍、尊

---

① 李伯谦：《对三星堆文化若干问题的认识》，《考古学研究》（三），北京大学出版社1997年版，第86页；又见《中国青铜文化结构体系研究》，科学出版社1998年版。

② 李伯谦：《城固铜器群与早蜀文化》，《考古与文物》1983年第2期；刘军社：《先周文化研究》第242—247页，三秦出版社2003年版。

③ 马继贤：《广汉月亮湾遗址发掘追记》，《南方民族考古》第5辑，四川科学技术出版社1992年版。

等用四块外范一个芯心，小型的用三块外范一个芯心铸造而成，人像、兵器、工具、饰件和杂器、挂饰则用两块范铸成。大件铜器采用分段铸造，然后铸接成器，如大型青铜立人像，由立人和座子两部分构成。立人高180厘米，连座子通高260.8厘米。立人采用分段浇铸法嵌铸而成，身躯有两处嵌铸接缝，左右手臂上各有一处嵌铸接缝，左右足底有一卯凸，与座子台面嵌铸结合。人像中空，出土时内存泥芯。显然，立人是分三段浇铸的。从立人左右足底有一卯凸知，器座与立人是用榫卯法铸接在一起的。

在神树的铸造中，除使用榫铆外，还使用了铜液铆焊接和插接技术。树干、树枝及附件分别铸造，再用插入焊接法铆焊成形。插接技术是蜀国工匠的新创造（图10—25）。

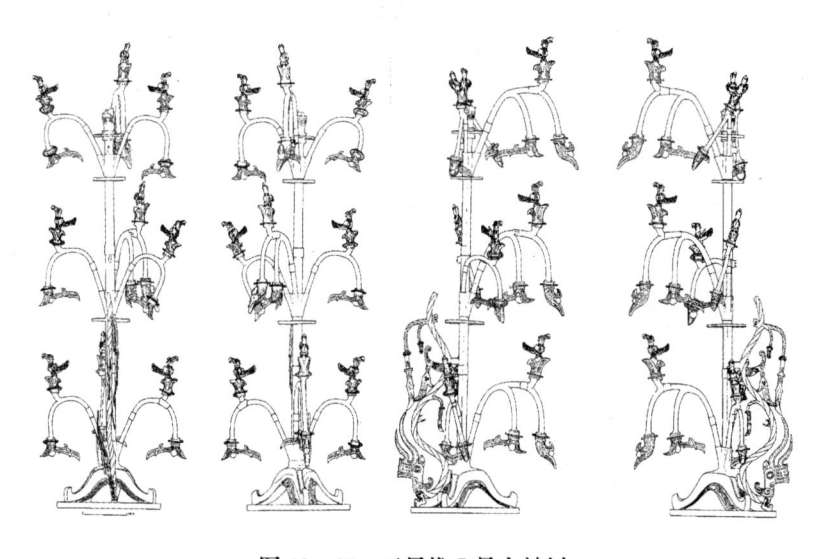

图10—25 三星堆I号大神树

（《三星堆祭祀坑》第219页，图一二〇：2、3）

（三）蜀国青铜器的合金成分

商时期蜀国出土的青铜器，只有对成都平原两个地点即三星堆祭祀坑和成都金沙遗址出土的青铜器进行过合金成分分析。对三星堆两祭祀坑出土铜器有两个单位进行过三次分析，两个单位分析的结果却不一致，我们这里将两个单位的分析结果都采录在这里，以供参考。

1. 金正耀等人的分析结果见表10—4。①

表10—4　　　蜀国青铜器合金成分表（一）：金正耀等人的分析

实验号	器物名称	出土号	成分（%）			合金类型
			铜	锡	铅	
338	尊（圈足）	K2（2）：135	77.9	18.6	3.0	铜锡铅
339	尊（腹部）	K2（2）：109	87.3	6.6	0.3	铜锡
321	面具（内侧毛疵）	K2（2）：114	85.4	7.8	0.6	铜锡
344	尊（底部）	K2（2）：151	80.1	9.1	1.4	铜锡
351	一号神树（树座）		92.8	1.7	0.8	铜
325	铜皮	K1	85.9	10.2	2.5	铜锡铅
331	龙虎尊（圈足）	K1：158	70.3	10.2	14.2	铜锡铅
334	盘（底部）	K1：53	67.5	10.9	20.3	铜锡铅
336	罍（圈足）	K1：19	73.0	15.2	9.7	铜锡铅
332	龙虎尊（肩部）	K1：158	93.1	1.4	0.2	铜
333	盘（腹部）	K1：53	67.3	5.6	21.9	铜锡铅
337	罍（腹部）	K1：19	79.6	15.8	0.3	铜锡
358	戈	K1：3—2	85.2	12.3	0.2	铜锡

表中出土号的"K1"是指一号祭祀坑内出土的器物，"K2"是指二号祭祀坑内出土的器物。在13个分析样品中，合金类型上，两件属于铜（红铜）金属（锡铅含量均小于2%）；五件属于锡青铜（铅含量小于2%，锡含量大于2%）；六件属于铅锡青铜（铅锡含量均大于2%）。其中未见铅青铜（锡含量小于2%，铅含量大于2%）合金类型。

2. 曾中懋的分析

曾氏对三星堆两祭祀出土的青铜器进行过两次采样分析，② 第一次取样

---

① 金正耀等：《广汉三星堆祭祀坑青铜器的化学组成和铅同位素比值研究》，《三星堆祭祀坑》附录，文物出版社1999年版。

② 曾中懋：《广汉三星堆一、二号祭祀坑出土铜器成分分析》，《四川文物》广汉三星堆遗址研究专集1989年版；曾中懋：《广汉三星堆二号祭祀坑出土铜器成分分析》，《四川文物》1991年第1期。

23个，用电子探针进行成分测定，其结果见表10—5。说明：此表和下表把原表中的其他微量元素省去了。

表10—5　　蜀国青铜器合金成分表（二）：曾中懋的第一次分析

器物名称	出土号	成分（%）			合金类型
		铜	锡	铅	
铜人头（下唇）	K1—207	94.41	4.84	0.05	铜锡
铜罍（盖沿）	K1—135	93.08	3.01	3.91	铜锡铅
铜瑗	K1—285—5	97.77		2.23	铜铅
铜尊（虎头）	K1—258	71.76	3.18	25.06	铜铅锡
铜戈（穿部）	K1—53—1	98.40			红铜
铜面具（下唇）	K2—148	96.48	3.17	0.09	铜锡
铜人（腰部）	K2—149	95.81	3.22	0.03	铜锡
铜人（底座）	K2—149	98.09	0.23	0.07	红铜
铜面具（耳）	K2—152	96.16	3.26	0.11	铜锡
铜人头（颈部）	K2—82	97.08	2.45	0.12	铜锡
铜罍（下腹）	K2—88	65.31	8.56	16.82	铜铅锡
铜罍（底）	K2—146	62.91	5.29	29.90	铜铅锡
铜尊（上腹）	K2—127	77.69	4.69	15.97	铜铅锡
星状器（外沿）	K2—139—1	78.08	4.65	16.31	铜铅锡
铜车器（尖）	K2—123	73.11	0.63	24.70	铜铅
铜戈（锋部）	K2—216—5	87.02	7.90	1.64	铜锡
铜树座（底）	K2—191	79.19	2.32	18.49	铜铅锡
铜树（树干）	K2—215	89.55	0.76	9.69	铜铅
铜树干（浇铸缝）	K2—24	78.86	1.19	19.95	铜铅
铜树干（卷枝）	K2—322—11—2	79.65	0.09	20.26	铜铅
铜树（小枝）	K2—261—5	73.86	0.43	25.72	铜铅
铜尊（口沿）	K2—129	99.5			红铜
铜树（果实）	K2—322—11—1	64.48	1.38	32.71	铜铅

第二次取样 12 个，用电子显微镜进行能谱成分分析，其结果见表10—6。

表 10—6　　蜀国青铜器合金成分表（三）：曾中懋的第二次分析

器物名称	出土号	成分（%）			合金类型
		铜	锡	铅	
铜人头（耳后）	K2—15	86.66	3.14	9.19	铜铅锡
铜面具（下唇）	K2—201	78.18	8.54	12.25	铜铅锡
铜人头（耳内部）	K2—121	90.99	3.15	4.99	铜铅锡
铜罍（腹部）	K2—159	88.41	4.76	6.27	铜铅锡
铜罍（底部）	K2—88	83.78	10.44	4.52	铜锡铅
铜罍（底部）	K2—103	85.39	4.03	9.16	铜铅锡
铜尊（口沿）	K2—135	80.76	15.71	2.89	铜锡铅
铜尊（口沿）	K2—200	66.89	10.05	19.23	铜铅锡
铜尊（口沿）	K2—129	79.04	3.26	16.77	铜铅锡
铜车轮（沿口）	K2—67	82.92	0.03	10.34	铜铅
铜车轮（轴）	K2—74	79.66	9.24	9.33	铜铅锡
神树（底中心）	K2—215	96.98	0.67	1.65	铜铅

曾氏把只含铜锡而铅的含量不足 2% 的铜器称为 "铜锡型"，含铜铅而锡的含量不足 2% 的铜器称为 "铜铅型"，含锡铅量都超过 2% 而含锡量量大于含铅量的铜器称为 "铜锡铅型"，反之，把含铅量大于含锡量的铜器称为 "铜铅锡型"。但是，含量低于 2% 的，应是铜矿中多金属共生的夹带，故应不视为铸造时人为的有意添加，第二次分析的神树底中心的样品，其含铅量不足 2%，分析者定为 "铜铅" 型铜器，实应属红铜。

两次分析的 35 个样品里，其中铜锡型 6 件（占 17.14%），铜锡铅型 3 件（占 8.57%），铜铅锡型 14 件（占 40%），铜铅型 9 件（实应为 8 件，占 25.71% 或 22.85%），红铜 3 件（实应为 4 件，占 8.57% 或 11.42%）。分析样品中含铅的有 25 件，占 71.43%，含锡的有 23 件，占 65.71%。从曾氏分析的结果看三星堆铜器中用铅比用锡普遍。锡的含量普遍偏低，含锡量最高的是一件铜尊的口沿（K1—135），含量为 15.71%。含锡量超过 10% 的只有 3 件，含量为 5%—10% 的只有 5 件。铅的含量则普遍较高，含铅量最高的神树果实（K2—322—11—1）达 32.71%，含铅量在 20% 以上的有 6 件，在 10%—20% 的有 8 件，5%—10% 的有 5 件。

3. 肖璘、杨军昌、韩汝玢等的分析

肖璘等对成都金沙遗址出土的青铜器取了 13 个样品进行分析[①]，将其结果列表 10—7。

表 10—7　蜀国青铜器合金成分表（四）：肖璘等对金沙遗址出土青铜器的分析

实验编号	器物名称	成分（%）			合金类型	加工工艺
		铜	锡	铅		
691	圆角长方形板状器	79.3	15.8	4.7	铜锡铅	热锻
905	圆角长方形器表面粘连的铜器残片	84.7	15.2		铜锡	热锻
924	璧环形器	90.7	2.4	砷：5.9	铜锡砷	铸造
TC01	残片	76.2	15.9	7.8	铜锡铅	铸造
TC02	残片	72.8	13.0	14.2	铜锡铅	热锻
TC03	残片	83.6	11.9	4.4	铜锡铅	热锻
TC04	眼形器残片	86.9	11.3	1.6	铜锡	热锻
TC05	残片	84.1	12.0	3.9	铜锡铅	热锻
TC06	残片	83.0	12.2	4.7	铜锡铅	热锻
TC07	残片	83.4	12.3	4.2	铜锡铅	热锻
TC08	残片	85.0	12.2	2.7	铜锡铅	热锻
TC09	眼形器残片	73.8	18.6	7.2	铜锡铅	热锻
TC10	薄壁器残片	82.1	14.9	3.0	铜锡铅	热锻

金沙遗址铜器的锡含量高于铅含量，在 13 件样品中，只有一个样品的

[①] 肖璘等：《成都金沙遗址出土金属器的实验分析与研究》，《文物》2004 年第 4 期。引用表格有变动，且省去其他微量元素。

铅含量超过锡的含量，更未见铜铅型合金，与金正耀等人对三星堆祭祀坑铜器合金成分的分析结果相似，但与金正耀等人对 22 件金沙遗址出土铜器成分的分析却不相同。为了比较，这里也将金正耀等人对金沙遗址 22 件铜器的 IPC 分析结果（重量百分比）列表 10—8。

表 10—8 蜀国青铜器合金成分表（五）：金正耀等对金沙遗址出土青铜器的分析

分类	试验号	器物名	出土编号	铜含量	锡含量	铅含量	金属材质
戈斧形器	ZY—0892	钺	CQJC：498	82.49	0.43	0.45	红铜
	ZY—0878	戈形器	CQJC：967	84.8	0.83	0.63	红铜
	ZY—0879	戈形器	CQJC：964	68.92	0.39	11.93	铅青铜
	ZY—0877	戈形器	CQJC：245	78.01	3.13	15.68	低锡—铅青铜
容器	ZY—0859	容器残片	CQJC：840	71.77	8.45	0.46	锡青铜
	ZY—0860	容器扉棱残片	CQJC：210	55.56	0.22	26.46	铅青铜
	ZY—0862	容器圈足残片	CQJC：417	52.82	0.45	24.05	铅青铜
	ZY—0863	容器提梁残片	CQJIT：8406(6)：2	69.09	10.02	10.10	铅锡青铜
璧瑗类	ZY—0881	璧	CQJC：714	63.92	1.34	17.85	铅青铜
	ZY—0872	璧环形器	CQJC：193	73.51	9.88	2.02	低铅—锡青铜
	ZY—0871	璧环形器	CQJC：675	68.39	10.36	3.72	铅锡青铜
	ZY—0874	圆角方孔形器	CQJC：496	64.24	2.13	26.38	低锡—铅青铜
像生和装饰类	ZY—0889	牛首	CQJC：274	62.42	9.92	6.85	铅锡青铜
	ZY—0858	人像腿部残片	CQJC：586	68.06	9.15	7.42	铅锡青铜
	ZY—0886	眼泡	CQJC：330	55.41	6.78	0.30	锡青铜
	ZY—0870	眼形器	CQJC：1161	55.87	6.10	15.56	铅锡青铜
	ZY—0894	眼形器	CQJC：693	67.30	8.04	4.22	铅锡青铜
	ZY—0880	圆角方形挂器	CQJC：345	67.13	7.71	5.28	铅锡青铜
	ZY—0868	牌饰	CQJC：319	78.09	6.24	6.24	铅锡青铜
	ZY—0869	牌饰	CQJC：320	65.96	4.43	12.82	铅锡青铜
杂器	ZY—0884	箔状戈形器	CQJC：191 附 1	74.94	7.31	0.68	锡青铜
	ZY—0882	条形饰	CQJC：1268	74.98	7.27	6.19	铅锡青铜

（说明：原表铜锡铅以铅锡铜为序，为全书统一，移录时作了调整）

金正耀等人对金沙遗址出土青铜器成分的分析结果表明，金沙青铜器含铅量高，与肖璘等人分析的含锡量高的结果不相一致，而与曾中懋分析的三星堆铜器的成分相近。三星堆和金沙出土的青铜器到底是含铅量高还是含锡量高，分析结果各不相同，故不厌其烦而两存之，以备参考。

值得注意的是，在肖璘等人的分析器物中有一件砷铜器。据研究，最早的砷铜合金发现于西亚，在伊朗、以色列，特别是美索不达米亚、黑海地区，以及印度都发现有砷铜制品。中国的西北地区也发现有砷铜制品，内蒙古的朱开沟遗址出土一件含砷铜残戈，河南偃师二里头遗址出土一件含砷铜的铜锥。① 金沙遗址出土的砷铜合金制品，其来源需进一步研究。在加工工艺上，13 件分析的铜器样品中有 2 件是铸造，热锻成器的多达 11 件。热锻成器技术的使用，是商时期蜀国铜器制造技术上的一个特点。

曾中懋和金正耀等人的表中都有分析对象的具体器物名，从被分析的器物中反映出，无论是三星堆还是金沙的铜器，含锡、铅的成分比例变化幅度都大，相同种类的器物，配料还没有比较固定比例的现象是相同的。这表明铸造三星堆及金沙铜器的工匠们，"在冶炼、铸造时，原料的配方上的随意性较大"②。这也是商代青铜器共同的一个不足之处。商时期是处在青铜器铸造的前期阶段，原料配方上的随意性，是青铜器铸造技术发展上的必然过程。无疑的是，铸造三星堆、金沙铜器的工匠们，已掌握了合金技术，并能铸造出铜锡、铜铅的二元合金青铜器及铜、锡、铅的三元合金青铜器。商时期蜀国境内已出土青铜器一千数百件，特别是三星堆两个祭祀坑出土的近千件青铜器，如大小铜人、铜面具、神树、兽面、龙、虎、牛、鸡、鱼、尊、罍、瓿、戈、瑗等，造型奇特雄伟，构思巧妙，形象逼真，都反映出了商时期蜀国青铜冶铸技术的高超水平。

（四）商时期蜀国铜原料的来源

四川境内还没有发现早到商周时期的古铜矿遗迹，仅三星堆两个祭祀坑内出土的近千件青铜器，就要使用大量的铜、锡、铅原料，这么多的铜、锡、铅从何而来？是商时期蜀国经济研究上的一个谜团。近年来金正耀等人利用铜器中铅同位素比值研究，得出的结论是：三星堆青铜器铸造

---

① 肖璘等：《成都金沙遗址出土金属器的实验分析与研究》，《文物》2004 年第 4 期。引用表格有变动，且省去其他微量元素。

② 曾中懋：《广汉三星堆二号祭祀坑出土铜器成分分析》，《四川文物》1991 年第 1 期。

时所使用的金属原料无论铜或锡或铅,它们的铅同位素组成都很相似,都属于高放射性成因铅。在已测定 13 件器物中纯铜和铜锡合金样品合计占一半以上,可以认为其中所含铅属于铜或锡原料夹带带入的杂质,其铅同位素所反映的是铜料或者锡料的来源信息。这就说明,三星堆青铜铸造所用的金属原料,包括铜锡和铅,可能来自同一处多金属共生矿。在现代地质科学研究资料中,已知有高放射性成因铅的数处矿山都在滇东黔西地区,但现有的数据表明,它们都与青铜器数据有一定的差异。① 虽然"数据有一定的差异"不能完全成为定论,但滇东黔西已发现有数处早到先秦时期的古铜矿遗迹,而成都平原距滇东黔西的地理位置也较近,故三星堆青铜铸造所用的金属原料来自滇东黔西地区的可能性是相当大的。金正耀等人对金沙遗址出土的 54 件青铜器进行铅同位素比值分析的结果,有 34 件属于高放射性成因铅,占所分析数量的 63%,含普通铅的铜器 20 件,占 37%。这与三星堆遗址所出土的青铜器都属于高放射性成因铅不同,金正耀等人认为,"这一结果揭示了金沙时期对早期开发的高放射性铅青铜金属原料产区的延续使用,同时也揭示了矿业活动由开采已久的旧矿区逐渐向新矿区转移的历史变迁"。② 四川省也是一个产铜的地区,在四川西部的邛崃就发现有古代的铜矿遗迹,古文献记载,四川境内有 7 个铜矿产地。③ 据近年来的地质勘察,四川省境内(包括重庆市)有 47 个县发现了 65 个铜矿藏点。④

四 金器制造

黄金制品在商时期蜀国文化遗址中出土较多,引起广泛关注。

在三星堆一号祭祀坑内出土黄金制品四件:金杖、面罩、虎形箔饰、金料块各一件,共重 651.33 克(含黄金杖包裹皮内部分炭化物)。最引起人们好奇的是一件用黄金包裹的长 143 厘米、直径 2.3 厘米,重 463 克(含黄金包裹皮内部分炭化物)的金杖。黄金包皮系用黄金条锤打成宽约 7.2 厘米的

---

① 金正耀等:《广汉三星堆祭祀坑青铜器的化学组成和铅同位素比值研究》,《三星堆祭祀坑》附录,文物出版社 1999 年版。
② 同上。
③ 石璋如:《殷代的铸铜工艺》,《中研院史语所集刊》第 26 本。
④ 刘清泉、高宇天主编:《四川省经济地理》,四川省社会科学院出版社 1985 年版。

金皮后,再包卷在木质杖上而成。在杖的上端有46厘米长的纹饰图案,图案用双勾手法雕成,分三组:靠近下端的一组为两人头,人头图案的上下方各有二条平行线。其余两组图案相同,前端是两只相对的鸟,鸟的后面为两条脊背相对的鱼,鸟的身上各有一支无镞锋的箭置于鸟背和鱼的头部,箭有羽尾。图案上共有两组人头、4只鸟、4条鱼和4支带羽无镞锋的箭(图10—26)。

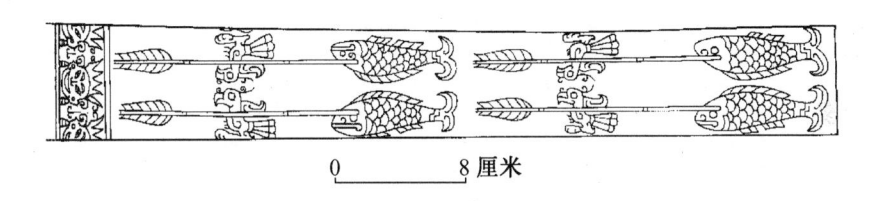

图 10—26 金杖纹饰图案
(《三星堆祭祀坑》第61页,图三四:1)

二号坑出土黄金制品61件,共重191.29克。器形有面罩2件、金箔四叉形器1件、璋形箔饰14件、鱼形箔饰19件、圆形箔饰6件、带饰13条、金箔残片5件、金箔残屑56片,另有金面罩人头像4件。

成都金沙遗址出土黄金器制品56件,以金片、金箔为主,采用锤揲、剪切、刻划、模冲、镂空、打磨等多种技法加工成器。器形分为几何形器、像生形器、其他形器3类。

1. 几何形器27件:多边形器16件(三角形器1件、条形饰14件、鱼带饰1件);圆形器16件(四鸟绕日饰1件、圆饰4件、环形金饰5件、射鱼纹带1件、素面环饰4件、盒1件)。

2. 像生形器11件:人物面具1件;动物形器10件(蛙形器7件、鱼形器3件)。

3. 其他形器18件:喇叭形器3件、几何形器1件、残片14件。

射鱼纹带上的图案是錾刻在金带表面上的,分为四组。每组图案分别有一鱼、一鸟、一箭和一个圆圈。圆圈实应是人头的简化,突出两只大的眼睛。鱼、鸟和箭的放置法与三星堆一号祭祀坑内出土金杖上部的鱼、鸟和箭的构图和放置法相同:无镞锋带羽的箭,放置在鸟身和鱼头上,似未射杀鱼和鸟。① 四鸟绕日器呈圆形，器极薄。镂空纹饰分为内外两层，内层为一圆圈，周围等距分布12条旋转的齿状光芒；外层图案围绕在内层图案周围，由四只相同的鸟组成。鸟首足前后相接，朝同一方向逆时针飞行，与内圈旋转方向相反。外径12.5厘米、内径5.29厘米、厚0.02厘米。

金沙遗址出土的金器主要成分是金，其次是银，还有微量的铜，11件金器分析成分见表10—9。

表10—9　　　　　　　金沙遗址出土金器的合金元素成分表

器物名称	实验编号	合金元素成分（%）			备注
		Au（金）	Ag（银）	Cu（铜）	
面具	465	94.0	5.4	0.6	
四鸟绕日饰	477	94.2	5.1	0.7	
蛙形饰	215	84.2	14.4	1.4	器物表面都有来自埋藏环境的污染物，含有Si、Al、Fe、K、Mg、Na等元素
盒	591	91.0	8.6	0.4	
鱼形饰	1359	86.7	11.7	1.6	
残片2件	1396	93.6	5.7	0.7	
	1369a	93.1	6.7	0.2	
残片	1343	88.2	11.4	0.4	
残片	116	85.5	14.3	0.2	
残片	223	84.5	15.3	0.3	金相检验均为热加工组织
残片	225	83.3	16.4	0.3	
残片	425	89.7	10.1	0.2	

从表10—9看出，金沙遗址出土的金器含金、银、铜元素的波动比较大，可能是自然金加工而成。

金器表面的加工工艺上，表面的纹饰是刻划而成的。如射鱼纹带表面纹饰中的鱼纹，从局部放大照片上可清楚看到纹饰的加工痕迹，纹饰线条刻槽有翻边和线条曲线不流畅、走刀、缺笔等；四鸟绕日饰的纹饰为镂空，内为12层齿状芒，外层是4只逆时针飞行的鸟。可以看到靠近镂空边缘处的褶

---

① 罗明：《三星堆和金沙古金器"射鱼纹"之管见》，《中国文物报》2004年7月9日第7版。

皱。根据四鸟绕日饰镂空纹饰线条及边缘所残留的工艺痕迹和特征，应首先是在成形的金薄片表面刻划出整个图案，然后反复刻划切割形成镂空。由于切割工具不十分锋利，实现纹饰图案的镂空要进行反复刻划，而且每次的刻划不可能与上次线条完全重合以至留下多次刻划的痕迹；也由于反复地用力刻划，造成镂空外边缘的褶皱和边缘线条的不流畅。在对10件器物的表面进行观察中，仅有2件作过表面抛光处理，大部分金器在加工成形后，表面未经过抛光处理。[①]

在黄金制品使用的功能上，商时期南北方各不相同：北方黄金制品的功能是"人体装饰，属于生活用品，所反映的审美观念"；在以三星堆文化为代表的南方系文化中，黄金制品反映的是人的"意识观念形态"，如金杖、巫（人头像）的金面罩、璋形箔饰等。金杖是国家权力的象征物，代表着实际的政治权力，是集神权（意识形态权力）、王权（政治权力）和财权（经济垄断权力）为一体的最高权力的象征。而在中原商文化中，象征国家最高权力是用青铜制的"九鼎"，[②] 即是青铜器中的礼器（容器）。

五　玉、石器制造

商时期蜀地的玉石器制品，在三星堆两祭祀坑内和金沙遗址里，都有大量的发现，为研究商时期蜀国的玉石器制造工艺技术和使用范围、用玉习惯提供了珍贵的资料。

（一）玉器制造

商时期蜀国境内出土的玉器，以广汉三星堆两祭祀坑和成都平原的金沙遗址最为丰富。

三星堆一号坑出土玉器129件，可分为礼器、仪仗、工具三大类，另外还有玉料块和琥珀坠饰。礼器48件：璋40件、琮1件、环1件、瑗2件、戚形器3件、戚形佩1件；仪仗19件：戈18件、剑1件；工具60件：斧12件、锛2件、斤6件、凿35件、凹刃凿3件、磨石2件；其他：玉料1件、琥珀坠饰1件。

三星堆二号坑出土玉器有118件（串），其中有礼器29件：璋17件、璋形饰件3件、璧2件、瑗7件；仪仗22件：戈21件、刀1件；工具51

---

① 肖璘等：《成都金沙遗址出土金属器的实验分析与研究》，《文物》2004年第4期。

② 段渝：《商代黄金的南北系统》，《考古与文物》2004年第2期。

件：斧1件、凿43件、斤1件、磨石6件；饰品：珠5串（325颗）、管5串（55颗）；其他：新月形盒1件、玉料2块；绿松石器：绿松石贝1件、绿松石珠2颗。

金沙遗址出土玉器558件，发掘《简报》将其分为3类：

1. 几何形器449件：（1）多边形器285件：戈31件、矛11件、剑3件、钺3件、璋101件、圭1件、斧9件、锛18件、锛形器4件、凿65件、凹刃凿形器33件、刀3件、梯形器2件、多边形饰1件。（2）圆形器164件：琮12件、箍形器9件、璧形器62件、环形器61件、椭圆形器1件、绿松石珠或管15件（共121枚）、玛瑙珠2件、球形器1件、圆角镂空饰1件。

2. 像生器2件：人面像1件、贝形饰1件。

3. 其他形器107件：美石19件、磨石47件、特殊玉器34件、玉器残件7件。

其他遗址里出土玉器较少，1980—1981年发掘三星堆遗址时，仅出土玉凿1件，1963年在广汉月亮湾遗址出土2件：簪1件、凿1件。成都十二桥遗址、新凡水观音遗址及墓葬都没有玉器发现。三星堆两祭祀坑和金沙遗址的"梅苑"地点都是祭祀性埋藏，证实古时玉确为"礼神"之物。

三星堆两个祭祀坑出土玉器的岩石种类较多，性质复杂。仅在显微镜下鉴定的部分标本就有热变质岩、熔结凝灰岩、含长细砂岩、水云母黏土岩、角闪斜长斑岩等，此外还鉴定出软玉、汉白玉和岫玉、透灰石玉等。在玉器中特别是加工较为精致的器物，可以肯定有不少属于透闪石岩（软玉）。

三星堆祭祀坑出土的玉石器，岩石种类较多，岩性复杂，个别玉石器中还可见上古生代生物化石的存在，其玉石原料的来源可能是产自成都附近龙门山脉南段，即茂县—汶川—灌县一带。龙门山脉位于成都平原西北部，离成都仅50公里。在地质时期曾有过多次岩浆活动（现今仍是我国强烈活动的地震带之一），从而形成了分布广泛的花岗岩、流纹岩、大理岩、蛇纹石、白云石等多种岩浆岩和变质岩。这为古人的采石、制石活动提供了丰富的原料来源。[①] 金沙遗址出土的玉器，"经初步的材质鉴定与玉石矿产地的调查，

[①] 刘兴源等：《三星堆一、二号祭祀坑出土玉石器岩石类型薄片鉴定报告》，《三星堆祭祀坑》附录，文物出版社1999年版。

可确定是以四川盆地及周边山区的玉料为主"。① 大致与三星堆祭祀坑出土玉器的玉料产于相同的地方。玉器多数不透明或半透明，内部结构多疏松，易风化。器物的表面大多呈现出红、紫、褐、黑等色。

对三星堆10件玉器残器硬度和密度鉴定，硬度最低一件玉戈残片为摩氏硬度5.3，最大的也是一件玉戈残片，摩氏硬度6.1。10件标本平均硬度为摩氏硬度5.58，标准软玉摩氏硬度为6—6.5。10件标本的平均密度为2.81g/cm³，最低者密度为2.71 g/cm³，与标准密度值相差较大。一般在通过密度来区别软玉或岫玉时，密度大于2.8 g/cm³为软玉，小于2.8 g/cm³为岫玉。②

商时期蜀国境内出土玉器，材料产自本地，其制造也是在本地。如金沙遗址出土的玉琮，大多数材质普遍内部结构疏松。质地较差，滑石化现象十分严重，这在其他地区的玉琮中极为少见，应为本地制作。其中Ba型玉琮的琮孔特别大，琮壁极薄，特别是射口呈八角形的琮，特征鲜明，在三星堆一号器物坑中也有发现，可能是蜀文化特有的玉琮。③ 在加工技术上，开料用线、锯和片状物三种工具切割；钻空用空心钻和实心钻，钻较大的孔用空心钻，小孔用实心钻，采用单面和双面两种钻孔法。器形规整，器物打磨、抛光细致。商时期蜀国的琢玉工匠们，掌握了提高岩石韧度和降低岩石硬度的处理的技术。对三星堆两个祭祀坑内出土的玉石器进行仔细观察，发现加工精细的玉石器表面有1—0.01毫米的薄膜，似经过人工处理形成的，以黑色为主，伴有绿、灰间色，与内部颜色明显不同，而且具有光滑感。凡有薄膜的玉器，其表层硬度低，具有很高韧性，可以刻划出光滑的凹痕，而不见岩石的碎性粉末。但在玉器的内部刻划的痕迹则比较粗糙，并可见微小粉末。这说明在制作玉器的过程中，对器物表面进行过处理，以便于对玉石器的精细加工，并能延长器物的使用寿命。④

---

① 成都市文物考古研究所：《成都金沙遗址Ⅰ区"梅苑"地点发掘一期简报》，《文物》2004年第4期。
② 苏永江：《三星堆一号祭祀坑出土玉器残片鉴定报告》，《三星堆祭祀坑》，文物出版社1999年版，附录。
③ 朱章义、王方：《成都金沙遗址出土玉琮研究》，《文物》2004年第4期。
④ 刘兴源等：《三星堆一、二号祭祀坑出土玉石器岩石类型薄片鉴定报告》，《三星堆祭祀坑》，文物出版社1999年版，附录。

装饰技法有刻纹、镂空、透雕、立体扉棱饰等，装饰方面崇尚光素、简单、直扑的风格，但也有不少数器物上刻有纹饰图案。纹样有人物、山水、动物、兽面纹、云雷纹、直线纹、网格纹、曲线纹、菱形纹等。个别玉器上图案还很复杂，如在三星堆二号祭祀坑出土的一件玉璋（K2③：201—4），通长54.2厘米、射宽8.8厘米、邸长11.4厘米、邸宽6厘米、厚0.8厘米。此璋的两面各刻两组相同的人物山脉等图案。图案分前、后两幅相对称。每幅又以带状云雷纹分隔为上下两段。上下段图案均以人居上，其下为山，人与山之间用平行线分隔。两山为一组。下段山上有云气纹和⊙形符号。"⊙"应代表日。两山之间悬一弯勾状物，弯勾基部似有套。两山外侧各立一璋。下段山上跪坐三人，各戴穹隆形帽，帽上有刺点纹，耳饰为两环相套，着无袖衫、短裙，两手揖于腹前。上段山外侧有两手握拳按捺于山腰上。两山之间有船形符号，船中似有人站立。前幅上段山上站立三人，后幅上段站立二人，各戴平顶冠，冠上有两排刺点纹，着无袖衫、短裙，两手揖于腹前。在一号祭祀坑内出土的一件Ea形玉璋（K1：235—5），射的顶端镂刻出一立鸟形图案，射的两面均线刻一璋形图案。[①] 刻划图像生动，线条活泼、流畅，显示出商时期蜀国玉工们的高超制玉水平（图10—27）。

商时期蜀国的制玉工艺，受到夏商文化的强烈影响，此地出土牙璋与河南偃师二里头夏文化遗址中出土牙璋形状相同，显然是接受了偃师二里头夏文化的影响。

图10—27 人物山图案玉璋
（《三星堆祭祀坑》第361页图一九七：1）

[①] 四川省文物考古研究所：《三星堆祭祀坑》，文物出版社1999年版，第76页及图四一：1、第358页及图一九七：1。

玉戈、玉钺、玉刀及绿松石、玉管等具有浓厚的中原地区同类器的特点。玉琮、玉璧、玉环、玉镯、玉箍形器等则受长江下游地区文化，特别是良渚文化的影响，显示出商时期蜀国文化的多元性。

（二）石器制造

石器可分为工具、兵器、礼器和像生形器几类。

1. 工具

工具出土最多，在各遗址及窖藏坑中大都有发现，其器形主要有斧、锛、凿和盘状器，石刀发现较少，石铲、石镰等农业生产农具没有发现（三星堆一号祭祀坑的3件石铲，应为石斧）。在制法上有打制和磨制两种。在遗址中出土的石质工具是实用工具，而埋在祭祀坑内的石制工具多无使用痕迹，当是礼神用的。

2. 兵器

石质兵器有戈、矛、钺和镞。石戈在三星堆一号祭祀坑内出土均残断，可识别出的有27件。除一件为泥质页岩外，其余全为细粒砂岩。制作工艺较精，通体抛光。二号坑内出土10件，均为大理岩。矛在金沙遗址里出土11件，在三星堆一号祭祀坑内出土2件。钺在金沙遗址里出土1件。

3. 礼器

礼器有璧、璋、瑗等。器物的形状与玉器的同类器物相同。石璧出土较多，1984年在三星堆北面的真武宫西泉坎，发现大量的成品及半成品的石璧、废料及房屋基址，推测可能是石璧加工作坊。① 2001年在成都金沙遗址出土87件，分大小两种：大的直径10厘米、孔径4.8厘米；小的直径4厘米，孔径1.2厘米。此遗址另出土有"饼形器"46件，呈圆形，周缘较薄，中部略厚，直径在7—8厘米，厚约1.4厘米。这应是未制成的石璧坯子，如在其中有两件的环面上有管钻痕，但未钻通就是证明。据考古工作者在广汉中兴乡古代制玉器作坊调查时，发现石璧大的一件厚1.4厘米，直径13.8—14.4厘米、肉阔6.2—6.4厘米、孔（好）径7.6—8厘米。观察石璧的制作过程应是：先将石材打磨成圆坯后即行制"好"（璧中心的孔），最后加工成器。制"好"的方法是用一根管状工具加沙加水在石坯上转动，钻至

---

① 陈显丹：《广汉三星堆遗址发掘概况、初步分期》，《南方民族考古》第2辑，四川科学技术出版社1990年版。

最后，剩下约 0.6 厘米一薄层时，用另外的工具将其击穿。① 金沙出土的"饼形器"其大小、厚薄及管钻的方式都与制石璧的坯子同。

石璋在金沙遗址出土 17 件，与玉器中的牙璋形同。长方形，凹弧刃，刃尖一边高一边低。身较长，柄（邸）部较短，阑部（射部）有突出器身的齿状饰，并饰有平行直线纹，上还涂有朱砂。

石瑗在三星堆二号祭祀坑内出土 2 件，为石灰岩制成，一件直径 12.2 厘米、孔径 6.6 厘米，一件直径 9.5 厘米、孔径 5.5 厘米。

4. 像生器

石制像生器出土最丰富的是成都金沙遗址，在这个遗址里总共出土了 29 件，分人物和动物两类。

（1）人物形器 10 件，均为跪坐人像（图 10—28）。头顶发式中分，四角高翘，脑后有辫发两束，发束并为一股，直垂于后背的双手之间。裸体、

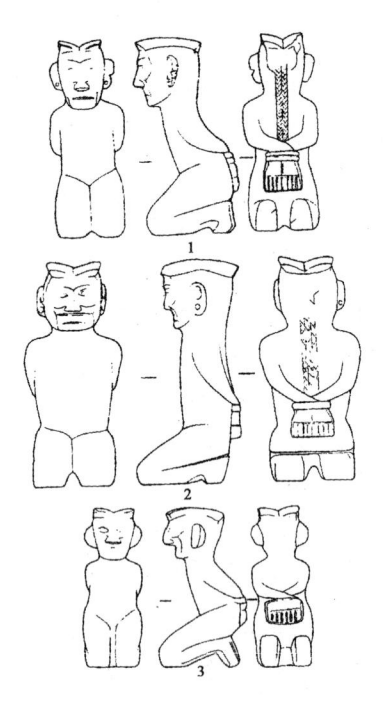

图 10—28　金沙遗址跪坐人石雕

（《文物》2004 年第 4 期）

---

① 四川大学历史系考古教研组：《广汉中兴公社古遗址调查简报》，《文物》1961 年第 1 期。

赤足，双膝屈跪，双手被绳索反缚。在跪着的人像中，大的高27厘米，小的高17.4厘米。

（2）动物形器共19件：虎8件、蛇9件、鳖1件、獠牙形器1件。

反缚双手，双膝屈跪的人，满脸痛苦状；虎怒目张着血盆大口，欲跃起扑食；卷曲的蛇，鼓眼张口，作吞食状，形象生动逼真。这些人物、动物是石质材料的圆雕器，在商时期蜀国出土的玉器中，圆雕的玉制品还未见发现，金沙遗址内像生器的发现，反映出蜀国的玉石工匠对圆雕技术也已掌握得十分熟练，并能雕琢出具有较高水平的艺术作品出来。

六　陶器制造

陶器在商时期的蜀国地区使用的普遍程度，与同时期的其他地区一样，是人们日常生活中的常用器，因此，无论在遗址还是墓葬中，所出土文化遗物都是以陶器为主。古蜀地区的陶器有鲜明的地方特点，但也受中原文化影响的因素，显示出华夏文明的多样性和同一性。

（一）商时期蜀国制陶技术的来源

夏商时期蜀国的陶器制造技术主要是继承前一个历史时期的，即四川新石器时代的制陶技术，但也受到中原陶器文化的影响。宝墩文化是四川新石器时代晚期的文化，三星堆文化是四川的青铜文化，广汉三星堆遗址第一期和温江县鱼凫村遗址出土遗存，介于上述两种文化之间，具有前者向后者过渡的性质。如在三星堆遗址第二期（三星堆文化第一期），在陶器的器形方面，"一部分在第一期已有的器物到了第二期仍继续使用，并有所变化。如在早期出现的里黑外褐的镂空卷足豆，到了第二期豆盘加深加大，卷足上镂空较少仅有一至二个圆形镂空。卷足由原来的外撇变得向内弧曲"。① 在这个时期的遗存里新出现了耸肩小平底盆、宽沿细柄豆、圈顶器盖等三星堆文化常见的陶器，② 可见宝墩文化是三星堆文化陶器的来源之一。在三星堆文化第一期里，有一组具有中原二里头文化因素的陶器，如封口盉、袋足鬶、高柄豆、觚形杯等。③ 封口盉、袋足鬶是中原二里头文化中的典型陶器，在四川盆地的新石器文化里缺乏三足器，所以"三星堆文化中的封口盉与袋足鬶

---

① 四川省文物管理委员会等：《广汉三星堆遗址》，《考古学报》1987年第2期。

② 孙华：《四川盆地的青铜时代》，科学出版社2000年版，第322页。

③ 邹衡：《三星堆文化与夏商文化的关系》，《四川考古论文集》，文物出版社1996年版。

的原形来源于中原的二里头文化而不是来自本地的新石器文化，这应是不争的事实"。① 还有一类陶器是来自湖北的江汉地区，如在三星堆文化晚期出现于四川各地文化遗址中的釜，是两湖、赣鄱地区的主要炊器，它进入蜀地，显然就是溯江而上的。

（二）陶器的种类

商时期蜀国的陶器可分为生活用器和生产工具两大类。生产工具只有纺轮和网坠，主要是生活用陶器。

生活用陶器的陶土质料以夹砂为主，比例达80%以上，陶色以褐陶最多，其次为橙黄色和灰色陶器。泥质陶器较少，陶色有灰色、褐色和橙黄色等。陶器素面居多，纹饰不太发达，据1980—1981年发掘的三星堆遗址探方T2出土二、三期陶片统计，有纹饰的陶片占17.5%。纹饰的种类有粗绳纹、细绳纹、弦纹、划纹、附加堆纹、网纹、戳印纹、镂孔、锥刺纹、凸棱纹、几何形纹、雷纹、篦纹、贝纹等，以绳纹为主要纹饰，粗绳纹占53%，细绳纹占37.4%。② 典型的器物有袋足封口盉、袋足鬲形器、细高柄豆、高柄豆形器、喇叭形器、矮圈足豆、小平底罐、大圈足盘、小平底盘、缸、钵、盆、釜、长颈瓶、束颈瓶、尖底盏、尖底杯、尖底钵、圈顶器盖、鸟柄勺等，其中以封口盉、细高柄豆、小平底罐、尖底盏、尖底杯、尖底钵、鸟柄勺等最具有商时期蜀国文化特色。缺乏中原文化中常见的鼎、鬲、甗等炊器。

（三）制陶技术

陶器的制法有轮制、泥条盘筑和手捏制等几种。泥条盘筑成器过程中，要用拍子拍打，然后用慢轮修整口沿。封口盉是分段制的，器身和三袋足分别做好后再粘接在一起。三星堆遗址中有的陶器制作得非常精致，如有许多薄胎尖底罐，近似山东龙山文化的蛋壳陶，胎厚仅1—1.5毫米。③

陶窑仅发现一座，是1982年在三星堆第三个堆子的南侧。这座窑平面呈马蹄形，窑底为斜坡形，窑壁较直，窑口约44厘米。窑后部有一烟囱。

---

① 孙华：《四川盆地的青铜时代》，科学出版社2000年版，第153页。
② 四川省文物管理委员会等：《广汉三星堆遗址》，《考古学报》1987年第2期。
③ 陈显丹：《广汉三星堆遗址发掘概况、初步分期》，《南方民族考古》第2辑，四川科学技术出版社1990年版。

窑长220厘米、宽163厘米、深12—35厘米。① 在广汉中兴场月亮湾横梁子的西坡，调查时发现有很多陶片堆积层，但迄今还没有进行过发掘，推测这里也应是陶窑的所在地。② 商时期蜀地的陶窑发现很少，就已发现的一座看，已遭严重破坏，不能窥其全貌，窑的结构还不是很清楚。

在商时期的蜀国境内，迄今还没有发现印纹硬陶器和原始瓷器。

七 建筑技术

商时期蜀国的建筑有城垣建筑和民居房屋建筑两种，下面分别简述这两种建筑情况。

（一）城垣建筑

三星堆古城坐落在四川省广汉市西郊外约8公里南兴镇所辖的三星、真武、回龙三个自然村和三星乡所辖的仁胜、大偃两个自然村境内，鸭子河的南岸和牧马河的南北两岸（图10—29）。

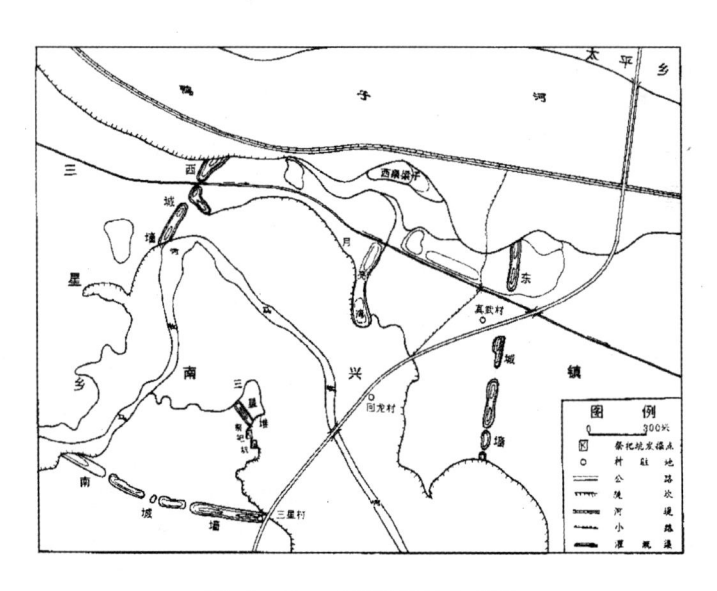

图10—29 三星堆遗址分布图

（见《三星堆祭祀坑》第11页，图三）

---

① 陈显丹：《广汉三星堆遗址发掘概况、初步分期》，《南方民族考古》第2辑，四川科学技术出版社1990年版。

② 王家祐等：《四川新繁、广汉古遗址调查记》，《考古通讯》1958年第5期。

1988—1994年，四川省文物考古研究所三星堆工作站先后对三星堆古城的东、西、南三面城墙进行了四次发掘，基本清楚了城址的规模和城墙的结构。现在地面上仍存有东、西、南三面城墙的一部分，东城墙长1800余米，南城墙残存800余米，西城墙残存约210余米。城墙外有壕沟围绕。北边没有发现城墙的遗迹，有两种可能，一是被鸭子河水冲毁而不存；二是借鸭子河宽阔的河道及汹涌的河水为屏障而本未修筑城墙。调查和勘测结果知，城圈范围内东西长1600—2100米，南北宽1400米，面积约为2.6平方公里。[①]东城墙和南城墙经过试掘，其结构有主城墙、内侧墙和外侧墙（即内外护城坡）三部分组成。主城墙多夯筑成平行夯层，内外侧城墙多为斜行夯筑。东城墙至今仍存4米高，顶宽20米，墙基宽40米。在有的主城墙上部还发现36厘米×47厘米×14厘米左右的土坯作为城墙建筑材料。用这样的土坯建房，在成都平原直到20世纪的50、60年代还有使用。根据地层关系，知城墙建筑于商代早期，使用至西周早期。[②]在城墙范围内，已发现有房屋基址、手工业作坊遗址、祭祀坑和墓葬等，反映了三千多年前这里的一片繁荣景象。

（二）民居房屋建筑

　　民居房屋建筑有两种，地面建筑与干栏式建筑。

　　1. 地面建筑

　　在1980—1981年发掘三星堆遗址时，发现了18座房屋基址，其中早期3座，属新石器时代的住房，晚期15座，属三星堆文化时期人们的住房。晚期房子可分为甲、乙两组，甲组11座，乙组4座。从房子内出土物分析，甲组早于乙组，乙组的房子还有打破甲组房子的现象。两组房子都是建在黄褐色生土层上，而乙组房子的地面上铺垫一层厚约2—5厘米的白膏泥（有的其中夹有黄褐色黏土，或"五花土"），显然比早的甲组房子讲究一些。甲、乙两组房子都是地面木构建筑，基本特征一致，只是甲组房子的墙基沟槽内掘有小沟槽，乙组房子则无。

　　15座房子从平面看，有方形和长方形两种，多数为长方形。房间的面积多在14—35平方米之间，个别有到达60平方米的大房子。甲组房子开建在

---

　　① 或说此古城的面积有4平方公里以上，见林向：《三星堆与巴蜀文化》，《中国文物报》2003年8月15日。

　　② 陈德安：《三星堆遗址》，《四川文物》1991年第1期。

较平坦的生土层上，四周墙基都挖沟槽，宽15—30厘米、深15—30厘米。沟壁整齐坚实，沟底挖柱子洞或小沟槽。柱洞直径一般在14—30厘米、深20—60厘米之间，洞与洞间一般相距60—110厘米。这些较大的柱洞应是立木柱的洞。沟底的小沟槽一般宽5—10厘米、深10厘米，沟底较平整。小沟槽应为木柱间立小的竹、木棍而挖的。在柱子间立好小的竹、木棍后，再在立着的竹、木棍上横编缀竹、木片或枝条，然后在内外涂抹上草拌泥而成"木骨泥墙"式墙壁。墙壁经过火烧烤，使其表面平整而坚实。这从遗址中出土较多的有木柱、木棍、竹片痕迹的红烧土块得到证实。墙壁的厚度约为10—15厘米。结合"木骨泥墙"的支撑力和柱洞底未见任何基石来考虑，房顶很可能是斜坡状以草覆盖。[①] 乙组房屋的建造与甲组同，只是沟底未挖小柱洞及小沟槽。

2. 干栏式建筑

1985年在成都十二桥发现一处商末的木结构建筑遗迹，经发掘清理后确认是一种干栏式建筑群。遗址位于成都市西郊，北及中医学院，南邻文化公园，西依省干休所，东靠十二桥，其范围东西长约142米、南北宽约133米，总面积达15000平方米以上。经过两次发掘，揭露面积达1800平方米。从已揭露出的部分看到，木构件纵横交错，层层叠压，堆积厚达0.35—1.15米。从发掘清理中可以看出干栏式房屋的建筑程序：

（1）打木桩支撑房屋居住面。在Ⅰ区T22、T23和Ⅱ区T30、T40等探方的中部和北部，可见8排南北向排列有序的树桩，每排12—13根，排与排间距40—75厘米。木桩直径8—13厘米、长85—121厘米，下端削尖打入土中，露出地表15—30厘米。木桩与木桩之间，有东西向排列成行的圆木构件，尚能看清楚的计10排。圆木长200—340厘米、直径14—18厘米。在东西排列成行的圆木构件之上，又有10排南北向排列的圆木叠压其上。圆木残长60—280厘米、直径8—11厘米。这样两层圆木便构成一个方格网状的平面。在有的方格网状平面上，发现木板痕迹，木板厚1.2—2.5厘米。木板上还压有直径6—11厘米的圆木构件，也呈方格网状。这木桩上用圆木搭成的方格网状再在上面铺木板，就是干栏式建筑房屋的居住面。

（2）安地梁。1987年第二次发掘时，发现5根砍凿整齐的方木，编号为ⅠT25Ⅰ—Ⅴ。其中Ⅰ—Ⅳ号呈南北向平行排列，每根上都凿有若干个卯眼，

[①] 四川省文物管理委员会等：《广汉三星堆遗址》，《考古学报》1987年第2期。

Ⅴ号长方木呈东西向与Ⅰ—Ⅳ号长方木大体垂直。最长的Ⅰ号方木,残长851、宽40、厚23厘米,上凿7个卯眼,编为1—7号。1、5、6为圆孔,孔径20—30厘米;2、3、4、7号为方孔,孔长40—54厘米、宽20—30厘米。Ⅰ号长方木与Ⅱ号长方木相距92厘米,Ⅱ号长方木相与Ⅲ号长方木相距60厘米,Ⅲ号长方木与Ⅳ号长方木相距60厘米。这有卯眼的长方木,就是用于较大型建筑的地梁基础。

(3)立柱和架梁。在Ⅰ区还发现原始卯口和竹篾绑扎痕迹,在T15内的一根大的圆木构件上,凿有长宽约15厘米、深近4.2厘米的卯眼,卯眼形状不规整,砍凿粗糙。卯眼内残存长17厘米、直径5厘米的小圆木。在T16中的一件大的圆木构件上有用宽1厘米左右的竹篾缠绕的痕迹。这是房屋的上梁和立柱用榫卯加捆绑接合方法留下的遗迹。

(4)架设"人"字形屋顶。房顶当为两面坡式即"人"字形屋顶。在Ⅱ区T36中,有一根长约350厘米、直径18厘米的脊檩木,距脊檩木约145厘米处,平行排列一根直径16厘米的檩子木。两根檩子木上有椽子搭接,其上覆盖着大量用作房顶材料的茅草。

在Ⅰ区T22、T23和Ⅱ区T30、T40等探方中,木构件及其他建筑材料分布较有规律。南侧堆积大片的茅草,数层相叠。表层茅草之下,有直径3—5厘米的小圆木,与茅草捆扎在一起。有的茅草上压有宽2厘米、长61厘米左右的竹片,竹片呈经纬纵横交织,间距14—20厘米。还有的茅草上压有树枝条。这些用竹片、树枝编织起来的茅草,上未见有涂泥,当是作房屋顶盖的。

(5)安装墙壁。墙壁在Ⅰ区T22的北边,紧靠立木桩旁,有竹篾笆痕迹,长300厘米、宽175厘米。篾笆以小圆竹为经、竹片为纬编织而成,小圆竹的间距近20厘米,竹片宽1.4—2厘米。这种竹篾笆应是这干栏式建筑的墙,即所称的"篾笆墙"。

此"干栏式"建筑的基础、墙体、房顶均以圆木(大型用方木)为构件,用原始的榫卯与绑扎相结合的方法,连接成方格网状的骨架,组合成框架式的主体结构。居住面架在木桩上而高于户外地面,可防潮湿和防水(图10—30)。[①] 这种"干栏式"房屋建筑,目前已知最早发现是距今7000年的

[①] 四川省文物管理委员会等:《成都十二桥商代建筑遗址第一次发掘简报》,《文物》1987年第12期。

浙江河姆渡遗址，是南方人民为适应多雨水、地下潮湿的自然环境的创造。

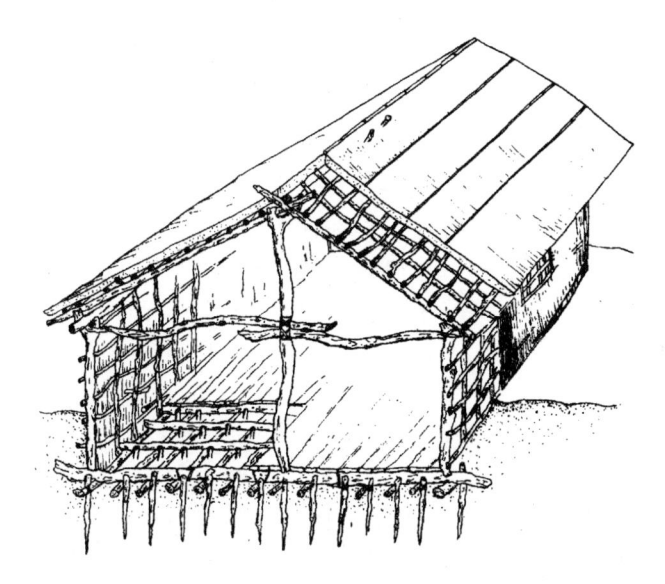

图 10—30　成都十二桥干栏式房屋复原图

（《文物》1987 年第 12 期第 8 页）

八　纺织业

蜀地的开国之君称为"蚕丛"，跟蚕丝业似有一定关系。蜀字，《说文》解释为"葵中蚕"。四川的"蜀锦"天下有名，西汉时已成为重要的纺织地，扬雄在《蜀都赋》中就写道，"绵茧成衽，阿丽纤靡"。三国蜀汉时设织锦官，在成都为管理织锦官的驻地，故成都又称"锦官城"，唐杜甫《蜀相》诗中有"丞相祠堂何处寻，锦官城外柏森森"句。流经成都市的南走马河，因织成的锦在河中洗涤而锦鲜明，成为洗涤织锦的一条河，故又称为锦江。上述文字都反映出古代四川地区纺织业有一定的发达。当然这些传说及文字反映的史事都还够不到商时期。

在商时期蜀国的考古发掘中，作为纺织工具的陶质和石质纺轮，有不少的发现，证实蜀国纺织业的存在。在 1980—1981 年发掘三星堆遗址时，出土陶质纺轮 18 件，可分为四种形式：Ⅰ式，体形近圆锥体，腰部略内收，中有一穿孔；Ⅱ式，扁圆形，一面平，一面隆起，中有一穿孔；Ⅲ式，上端为圆锥状，下端近圆柱体，中有一穿孔；Ⅳ式，形似蚕茧，一横穿孔。出土石纺轮 14 件，均似饼形，中有穿孔。① 在月亮湾出土陶纺轮 6 件，可分为 3 种形式；在十二桥出土 8 件，可分为 4 种形式；在新凡水观音遗址的地层里出土 11 件。在其他商时期蜀国遗址里多出土有陶或石质的纺轮。

纺织物在商时期的蜀地还没有发现过，但从三星堆祭祀坑内出土青铜人的衣着上，可以看出当时的纺织业的状况。在祭祀坑内出土的铜人有戴冠的、着衣的，衣冠最为华丽的是二号坑内出土的大青铜立人（标本 K2②：149、K2②：150）。站立在高约 0.8 米青铜座上的铜人，高 1.80 米。头戴冠，身着三层衣，脚踝戴镯，赤足（图 10—31）。

冠为筒形、平顶。冠的上部变形饰兽面纹，兽面的额部饰一"日晕"，兽面下是两周回纹。立人身上穿窄袖及半臂式三件右衽套装。

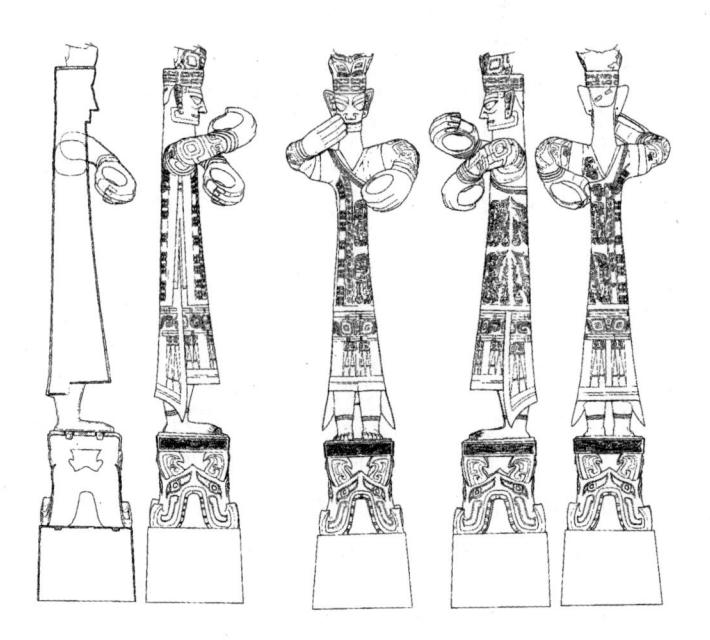

图 10—31　三星堆青铜立人像
(《三星堆祭祀坑》第 162 页，图八二)

外衣为单袖衣，由领至下摆长 76.6 厘米，仅及臀部。开领自右肩斜下至左腋，左侧无袖，右侧为半臂式连肩袖，袖较短，仅及上臂中段，下摆齐

---

① 四川省文物管理委员会等：《广汉三星堆遗址》，《考古学报》1987 年第 2 期。

平。上衣左侧阴刻两组相同的龙纹，每组两条。上衣右侧前后各有两组阴刻竖行纹饰，一组为横倒的兽面纹，另一组为简化的虫纹和回纹，两组之间用平行线相隔。

中衣为短衣，长 68 厘米，被外层衣服所掩，只可见领、袖及衽口。前后领均呈 V 字形，右衽。下部衽口呈剪刀状，半袖，至两臂中段。后背左侧有一龙纹。

内衣最长，长袖。前裙短，下摆齐平；后裙稍长，两侧下摆垂至脚踝。前后裙纹饰相同，分上下两组，上组纹饰为虫纹和回纹，组成简化的兽面，仅有眼、额及身躯；下组为头戴锯齿形状的兽面纹。兽面纹上、中、下用三组平行线分隔，最上和中间两组平行线中填以波褶纹。衣前长 114.4 厘米、后长 132 厘米。

除大铜立人着的冠、外衣、中衣、内衣外，在其他的铜人身上发现有对襟衣、短衣、甲衣、下衣、裙、裤、鞋袜等。①

以大立人在祭祀坑铜器群中的地位，所着衣服的质料，应为丝织物。其上的纹饰应是刺绣或印在衣服上的花纹。祭祀坑内铜人身上表现出来的丰富多样的衣着，反映出商时期蜀国多彩的服饰文化和发达的纺织业。闻名于世的"蜀锦"，在广汉三星堆祭祀坑中出土大青铜立人身上，就向今人展现出了它的辉煌。

九 关于制盐业

安阳殷墟出土的甲骨文中，已有盐的内容，考古文物证实，在商时期今山西和山东临海地带都有制盐的工业，我们在前面的相关章节中对此已作了叙述，商时期的蜀国是否有制盐这一手工业，应值得重视。

商时期的蜀国（即重庆设市以前的四川省）境内，蕴藏着丰富的食盐资源，今天四川南部的自贡市被誉为"盐都"，西汉时蜀郡临邛县（今邛崃县）、犍为郡南安县（今乐山市）、越巂郡定莋县（今盐源县）、巴郡朐忍县（今云阳县）都设有盐官。② 今重庆市的万州市也是一个盐矿资源蕴藏丰富的地区，《新唐书·食货志》载当时的夔州奉节县、云安县、大昌县，万州南

---

① 黄剑华：《三星堆服饰文化探讨》，《殷商文明暨纪念三星堆遗址发现七十周年国际学术研讨会论文集》，社会科学文献出版社 2003 年版。

② 《汉书·地理志》。

浦县，忠州临江县，都设有盐官。据孙华研究，商时期蜀国已有制盐业，其煮盐的工具就是大量出土于重庆市境内的尖底陶杯和花边陶釜。① 这两种陶器出土地分布与盐泉的分布地大致重合（图10—32）。

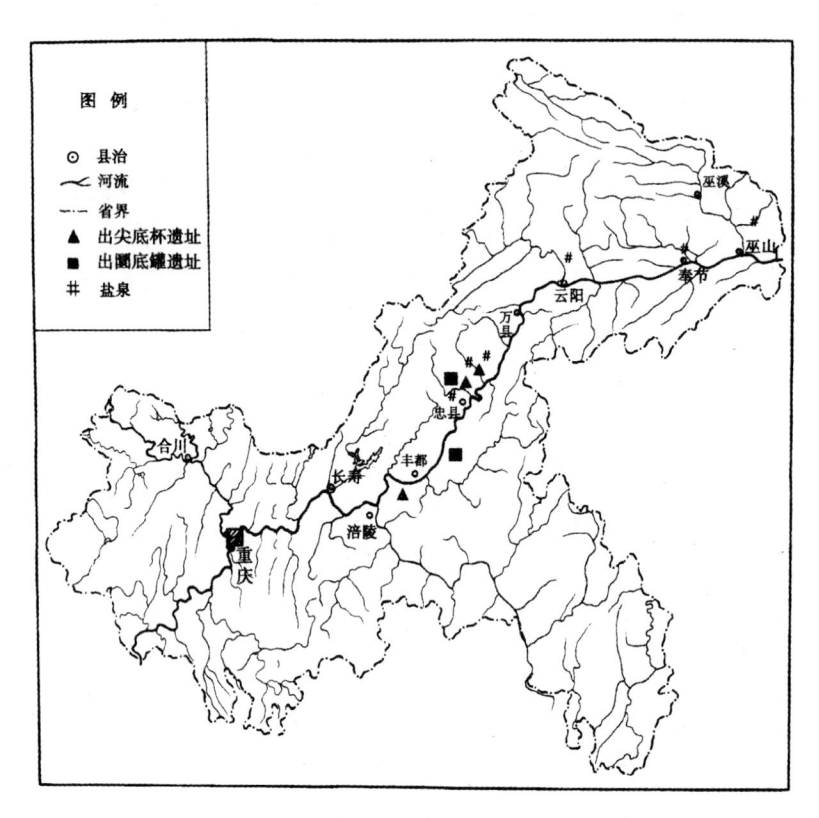

图10—32 重庆地区大量出土尖底杯和圜底罐的遗址分布

（孙华：《四川盆地的青铜时代》第264页）

商周时期蜀国境内，尖底器大量出土，有尖底罐、尖底杯、尖底钵、尖底盏等，构成蜀地陶器的独特风格。这类陶器不仅在重庆地区多有出土，就是在成都平原地区也出土了不少，如在成都十二桥遗址出土尖底罐2件、尖底盏10件、尖底杯33件。三星堆一号祭祀坑出土尖底盏22件。在新凡水观音遗址出土的陶器以尖底器为最多，出土有夹砂灰陶尖底钵6件，细泥灰

---

① 孙华：《尖底陶杯与花边陶釜》，载《四川盆地的青铜时代》，科学出版社2000年版。

陶尖底钵 1 件、细泥灰陶尖底器 3 件、细泥红陶尖底器 1 件、细泥红陶尖底杯 1 件。所谓"尖底器"似炮弹，实际是尖底杯。这种尖底器当是制盐的用具，在四川的井盐产区，近代还在使用一种小盅锅制盐，这种锅形似炮弹，高约一尺六寸，口径八寸，底部逐渐收小，每锅可盛卤水 30—40 斤。① 这种锅近似古代蜀国的尖底陶器。中国和美国科学家对忠县中坝遗址出土的陶器，对器上的附着物用 X 射线扫描和对陶器内部用显微镜观察，都发现有盐的成分，认为在公元前 1000 年前，这里就是一大型制盐场。② 蜀地大量出土的尖底器（图 10—33），若是"煮盐的用器"说可信，从其出土地域的分布看，商时期蜀国制盐业的规模是相当可观的。

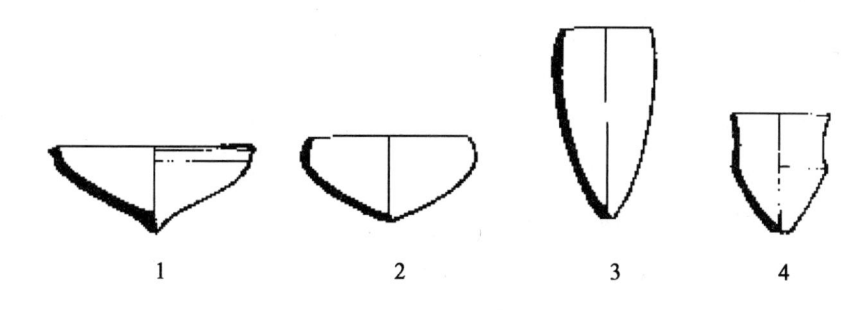

图 10—33 尖底器

（《四川盆地的青铜时代》第 22 页，图 1·5 之 1、2、3、4 组合）

---

① 戴吾三：《汉字中的古代科技》，百花文艺出版社 2004 年版，第 197—198 页。
② 《中国文物报》2005 年 9 月 2 日第 2 版刊载陈勇的文章《中美科学家证明重庆忠县古代就有大型制盐"工业基地"》，文中说：中美两国考古学家应用一系列现代分析法，证明在中国重庆的忠县境内，在公元前 1000 年或更早就有一个大型的制盐基地，这是迄今发现的世界最古老的制盐场。由美国哈佛大学罗万·弗莱德、加州大学洛杉矶分校罗泰、中国科技大学王昌燧等人进行的这一项研究，发表在新一期的《美国科学院学报》网络版上。他们研究的是忠县的中坝遗址，此遗址考古发掘出的文物可追溯至公元前 3000 年。从该遗址发掘出土丰富的陶器和瓷器，科学家据此认为，这里从新石器时代到青铜时代一直是个手工业中心。他们提出四个方面的证据，证明盐是中坝地区远古时代的主要产品：第一，中坝地区有悠久的制盐传统，这里出土的陶瓷器皿与其他产盐地区的器皿有惊人的相似之处；第二，X 射线荧光法发现当地土壤中富含钙、镁成分，与四川盐卤主要杂质成分相符，这应是提纯盐后废弃的盐卤积累在土壤中而成；第三，X 射线衍射发现，中坝遗址出土的陶器上粘附有大量的碳酸钙成分，这应是古代煮盐时使用生石灰而残留下来的痕迹；第四，用电子显微镜观察中坝遗址出土的（陶）瓷器内部，发现微量的钠和氯成分。

十 商品交换

商时期蜀国的商品交换是存在的,而且已经在使用贝作为交换的中介即以贝为货币。在三星堆一号祭祀坑的龙虎尊（K1：258）内,有很多贝被火烧成为炭化物而不能辨个数,其完好者仅有 62 枚。在一铜头像（K1：6）内出土 20 枚,在另一铜头像（K1：11）内出土 2 枚。经鉴定这些贝都是海贝。在二号祭祀坑内出土贝约 4600 枚,主要出自铜尊和铜罍内。经初步鉴定有货贝、环纹货贝、虎纹斑贝等。三星堆出土贝的数量,在商时期是安阳殷墟以外出土最多的。贝被珍藏于青铜尊、罍内,甚至青铜人的头像内,可见对贝的珍贵。在金沙遗址里出土一件玉贝,这件贝的玉料是此遗址里最好的,亦可见其珍贵。在商时期蜀文化遗址出土的陶器上,如在月亮湾遗址的第二层出土的陶片上,就有贝纹,[①] 是贝存在较普遍的反映。在三星堆祭祀坑中出土的贝,其背部大多磨有一穿孔。据研究,背上磨有穿孔的贝,是作为货币用的。[②] 贝的计量单位是"朋",五个或十个贝为一朋,用绳子穿起来。有穿孔就是为了系穿,以便穿成串以计数。贝在中原的商周王朝,都是货币。[③] 蜀国人如此宝藏贝,也应是因贝是当时流通的货币。

作为交换的物品种类是很多的,总之是售其所多余而购回其所需要的。在金沙遗址里,出土的一件大玉琮,据研究不是本地制造的而是产自江浙地区的良渚文化时期。[④] 这件玉琮千里之外到蜀国,很可能是通过商者的手辗转卖到了蜀人的手里。在金沙遗址中,还出土了一件砷铜器。砷铜不产于蜀国。这种铜器产于西亚和南亚的印度,我国西北地区也有出土。[⑤] 这件砷铜器,也可能是交换得来的。蜀地与南亚通贸易当较早,西汉武帝时,张骞出使西域,在大夏"见邛竹杖、蜀布,问安得此,大夏国人曰：'吾贾人往市之身毒国。'"[⑥] 身毒国即今印度。《汉书·地理志》载巴、蜀、广汉等地民

---

① 马继贤：《广汉月亮湾遗址发掘追记》,《南方民族考古》第 5 辑,四川科学技术出版社 1992 年版。
② 戴志强：《安阳殷墟出土贝化初探》,《文物》1981 年第 3 期。
③ 杨升南：《贝是商代的货币》,《中国史研究》2003 年第 1 期。
④ 朱章义、王方：《成都金沙遗址出土玉琮研究》,《文物》2004 年第 4 期。
⑤ 肖璘等：《成都金沙遗址出土金属器的实验分析与研究》,《文物》2004 年第 4 期。
⑥ 《汉书·张骞传》。

"南贾滇、僰童,西近邛、筰马旄(牦)牛"。颜师古注"言滇、僰之地多出童隶也",做贩卖奴隶的勾当。在西汉首都长安(今西安市)富贵人家大量使用僰童服役。邛、筰地的马和牦牛是贸易的运输工具。汉时蜀地兴盛的商业活动,其源可追溯到商时期的蜀国。蜀国发现的大量贝,就是商品交易活跃的最好证据。

蜀国在发达的农业经济基础上,手工业也是十分发达的。青铜器的铸造独具特色,玉石器制造和纺织、成衣的女红皆有很高水平,井盐的生产规模与晋地的池盐、东夷的海盐成为商时鼎足而三的重要盐产地之一。由此促进了商业贸易的发展,因而出土了数量仅次于殷墟的货贝。商时期发达的蜀国经济,为后世西南经济的发展奠定了基础。

第十一章

商代的天文与历法

第一节 甲骨文天象记录的证认

一 甲骨文的月食刻辞

第一期甲骨文中有五次月食记录,半个多世纪来,学者们对其进行了多次、反复的研究,对其发生的年代也作了一些推测。

(一)壬申夕月食

癸□,〔贞〕旬〔亡祸〕。

辛卯。

癸丑,贞旬亡祸。

癸亥,贞旬亡祸。旬壬申夕月有食。

癸酉,贞旬亡祸。

癸卯,贞旬亡祸。(《合集》11482正反)

该牛胛骨上的六条辞分刻于骨的正反两面,正面刻五条卜旬辞和一干支日"辛卯",反面刻"旬壬申夕月有食"。根据卜辞正反两面互相衔接的原则和"旬壬申"的时间指称,知反面月食刻辞是正面癸亥卜旬辞的验辞。"月有食"是说发生了月食。常玉芝指出:"由月食刻辞是作为验辞附记在卜旬卜辞之后可以得到两点启示:一是它反映出殷人尚未掌握月食发生的原因,还视这种自然现象为灾祸。二是殷人尚未掌握月食发生的规律,尚不能进行预先推算,还处在月食发生后的观察记录阶段。"[①]

---

① 常玉芝:《殷商历法研究》,吉林文史出版社1998年版,第22页。

（二）乙酉夕月食

癸亥卜，争，贞旬亡祸。一月。

癸未卜，争，贞旬亡祸。二月。

癸卯卜，[争，贞]旬亡祸。二月。

[癸]卯[卜]，[争]，贞[旬]亡[祸]。五月。

[癸]未卜，[争，贞]旬[亡祸]。

癸未卜，争，贞旬亡祸。三日乙酉夕月有食。闻。八月。（《合集》11485，图11—1）

[癸未卜]，㕢，[贞旬亡]祸。三日[乙]酉夕[月有]食。闻。（《合集》11486）

图11—1 乙酉夕日食
（《合集》11485）

两版都是龟腹甲刻辞，上面都有"乙酉夕月有食"的字样，是一次月食的两次记录。对于这两条月食刻辞中的"闻"字的意义，研究者有不同的意见：董作宾认为是上达、报闻之义，说这次月食殷都或因阴雨，或因食象太小而不得见，是由方国报闻的；① 陈梦家则说古文字"闻"、"昏"一字，这里的"闻"或指月全食而天地昏黑；② 屈万里持有同见，说"'闻'于此当读为昏暗也"；③ 常玉芝检查了所有带有"闻"字的卜辞，没有发现一例是表示报闻之意的，因此董作宾所言于卜辞无据；她发现多数"闻"字在卜辞中的用法与"旸"、"祟"、"艰"、"齿"等表示灾祸之意的字相同，因此，"闻"字应与"旸"、"祟"、"艰"、"齿"等字一样，也是表示灾祸一个字。这样，上述月食刻辞中的"闻"字，就不是如陈梦家、屈万里所说是表示月食发生时天地昏黑，而是表示月食会带来灾祸。

---

① 董作宾：《殷历谱》下编卷三《交食谱》，1945年；《殷代月食考》，《中央研究院历史语言研究所集刊》第22本，1950年。

② 陈梦家：《殷虚卜辞综述》，中华书局1988年版，第237页。

③ 屈万里：《殷虚文字甲编考释》114片，1961年。

（三）己未夕皿庚申月食

癸［卯卜］，贞［旬］亡［祸］。

癸丑卜，贞旬亡祸。［七］日己未皿庚申月有食。

癸亥卜，贞旬亡祸。

癸酉卜，贞旬亡祸。

癸未卜，争，贞旬亡祸。王占曰：有祟。三日乙酉夕皿丙戌允有来入齿。十三月。

王占曰：有祟。（《英藏》886 正反）

［癸丑卜］，［贞旬亡祸］。［七日］己未夕皿庚申月有［食］。

癸亥。

癸未。十三月。

癸巳卜，贞旬亡祸。

癸卯卜，贞旬亡祸。（《英藏》885 正反）

两版都是牛胛骨刻辞，两骨的正反两面都有刻辞。两版同记"己未夕皿庚申月有食"（《英藏》886 版省"夕"字。有"夕"无"夕"意义相同），① 当是一次月食的两次记录。对该次月食发生的日期和月份学者间有不同意见。

在日期上，绝大多数学者都从董作宾说，认为是庚申月食；只有美国天文学家德效骞和周法高认为是己未日夜至庚申日凌晨的月食。这种认识的不同源于对月食刻辞中"己未"和"庚申"两个相接的干支日之间的"皿"字的意义认识的不同。董作宾认为它或是祭名，或指天象；② 德效骞基于商代纪日法是以夜半为始的观点，推算这次月食发生于公元前 1192 年 12 月 27 日至 28 日，即安阳当地日期己未日下午 9 时 53 分，复原在庚申日凌晨 0 时 40 分，从而断定"皿"意味着"中夜"或"连续到"；③ 周法高从

---

① 张秉权：《殷虚文字丙编考释》上辑，第二册，1959 年，第 134—137 页。

② 见《殷历谱》下编卷三《交食谱》，1945 年，第 27 页下。

③ 德效骞：《商代的纪日法》，《通报》40 期，1951 年。此处转引自周法高的《论商代月蚀的记日法》，《哈佛亚洲学报》第 25 期，1964—1965 年。赵林译文载《大陆杂志》第 35 卷第 3 期，1967 年 8 月。

德效骞说。①

关于"㠯"字。孙诒让释岂；叶玉森释豐；郭沫若释蚀；唐兰释良；于省吾释盟，说"夕㠯"是指"天气之阴蔽"；②陈梦家说"夕㠯""一定指晚上的气候"，"不外乎指夜间有星无云或无星有云"；③张秉权说当"㠯"字用在两个相接的干支日名之间时，其用法又分为"㠯"字之前加"夕"字和不加"夕"字两类，他举出三十一个辞例说明，"㠯"字的前面有夕字和没有夕字的意义似乎并无分别，"㠯字之前的那个'夕'字是可以省掉的"，④指出介于两个相接的干支日名之间的"㠯""似乎是当作连接词用的"，"德氏（即德效骞——引者按）的解释固属望文生义，但这个字之作为连接词如'及''和''与'等之用，也不是绝无可能的"。⑤常玉芝认为从卜辞内容上考察，将介于两个相接的干支日名之间的"㠯"字解作祭名或气象都是行不通的，它举出《合集》17396、《合集》6948 正、《合集》6834 正、《合集》137 正说："如果将上述四条卜辞中的'㠯'解作祭名或气象，辞意就不通，特别是王做梦、妇好生子这些事与气象何干？从它出现在两个相接的干支日名之间来看，明显地与指称时间有关。"1993 年，裘锡圭发表《释殷墟卜辞中的'㠯'、'㠯'等字》，该文释"㠯"为"皿"，读为"乡"即"向"，"与《诗经》'夜乡晨'的'乡'同义。"其说可从。但他对该种词组的意义却说了两句不一样的话：一说"都应该是表示介于前后两天之间的一段时间的"，又说是"指甲子日即将结束乙丑日即将开始之时"。⑥这两句话所指的具体时间是不一样的。常玉芝认为需要进一步辨别清楚，她是通过追究该种词组里的"㠯"即"皿"也即"向"的意义来证明的，她说："遍查各种《词典》、《辞典》、《字典》可知，'向'有'临近'、'接近'、'将近'之意"，"卜辞中的'干支夕皿（向）干支'词组简直就是'夜乡（向）晨'的翻版，'夕'在卜辞中指称全夜，'干支夕'是指前一个干支日的夜间，'皿'即

---

① 周法高：《论商代月蚀的记日法》，《哈佛亚洲学报》第 25 期，1964—1965 年。赵林译文载《大陆杂志》第 35 卷第 3 期，1967 年 8 月。

② 见李孝定：《甲骨文字集释》"㠯"字条，1970 年。

③ 陈梦家：《殷虚卜辞综述》，中华书局 1988 年版，第 246 页。

④ 张秉权：《殷虚文字丙编考释》上辑，第二册，1959 年，第 134—137 页。

⑤ 张秉权：《殷虚文字丙编考释》上辑，第一册，1959 年，第 13 页《丙》1 考释。

⑥ 刊香港中文大学中文系编：《第二届国际中国古文字学术研讨会论文集》，1993 年。

'乡（向）'，后一个'干支'是指第二天的'晨'，因此，'干支夕皿干支'与'夜向晨'是同义语。只不过卜辞在'夕'（夜）前加了个日名，'晨'也是用日名表示的罢了。'干支夕皿干支'与'夜向晨'一样，是指前一日的夜间即将结束，后一日的清晨即将来临之时，也即是指前一个干支日的夜间临近后一个干支日的天明那段时间，它并不包括后一日天明那段时间。总之，'干支夕皿干支'词组不是指介于前后两天之间的一段时间的，它不横跨两个干支日，只指前一个干支日的夜间临近结束的那段时间"。① 由此，常氏得出《英藏》886、885两版卜辞所记录的"己未皿庚申月有食"、"己未夕皿庚申月有食"是指发生在己未日夜间临近庚申天明时的一次月食，即这是一次在己未日夜快要结束时发生的月食，该次月食发生的日期是己未日，不是庚申日。前人将此次月食定为"庚申月食"，是将月食日期推迟了一天。

（四）癸未夕月食

[癸未卜]，争，贞翌甲申易日。之夕月有食。甲雾，不雨。
之夕月有食。（反）
[贞]翌甲申不其易日。
[贞][翌己亥]易日。
[贞]翌己亥不其易日。（《合集》11483 正反）

该版龟腹甲刻辞是由张秉权、严一萍先后用六块碎甲拼合成的。最后他们一致认为这次月食应是董作宾所说的"癸未夕月食"。② 现已得到学者的共认。

（五）甲午夕月食

[己]丑卜，宾，贞翌乙[未酒]黍登于祖乙。[王]占曰：有祟。不其雨。六日[甲]午夕月有食。乙未酒。多工率条遣。

---

① 常玉芝：《殷商历法研究》，吉林文史出版社1998年版，第33—34页。
② 张秉权：《卜辞甲申月食考》，《中央研究院历史语言研究所集刊》第27本，1956年4月；《卜辞甲申月食考后记（上）（下）》，《大陆杂志》第12卷第6、7期，1956年3月、4月。严一萍：《卜辞癸未月食辨》，《大陆杂志》第13卷第5期，1956年8月。董作宾的意见见张秉权：《卜辞甲申月食考·附记》，《中央研究院历史语言研究所集刊》第27本，1956年4月。

> 己［丑］卜，贞勿酒登。(《合集》11484 正)

该月食刻辞刻于腹甲的甲首部位，但甲首的右上角残掉了，即残掉了前辞和验辞的天干日，命辞的地支日。多年来，学者们为恢复该版月食的日期费尽了心机。刘朝阳、董作宾、张秉权认为是"甲午夕月食"，严一萍认为是"壬午夕月食"。① 常玉芝认为刘朝阳、董作宾、张秉权补作"甲午夕月食"理由更充分一些。

研究月食刻辞，一个很实际的意义就是推求其发生的年代，进而推求殷商的年代。研究过上述五次月食的学者，大都对其发生的年代进行了推算，但至今仍没有取得共识。

二 关于卜辞中的"星"

关于卜辞中"星"字的意义，目前主要有三种意见：一种认为是指天上的星辰，即"星"是作名词用的；一种认为都应读作后世的"晴"字，也即"星"是作动词用的；还有一种认为"星"在有的辞中作名词"星"解，在有的辞中应读作动词"晴"。将"星"读作"晴"最早是由杨树达提出的，杨氏引《韩非子·说林下》："雨十日，夜星"之"星"字，《说苑·指武》引作"晴"，说明卜辞的"星"字应该读作后世的"晴"。②

（一）"大星"

> 甲寅卜，㱿，贞翌乙卯易日。
> 贞翌乙卯不其易日。王占曰：翌乙勿雨。乙卯允明雾，乞□，食日大星。(《合集》11506 正反)

过去有的学者将该版卜辞最末的几个字读作"三焰食日，大星"，说是日全食时出现日珥的记录。对此，李学勤说："此腹甲背面粗糙不平，'㱿（焰）'

---

① 刘朝阳：《殷末周初日月食初考》，《中国文化研究汇刊》第 4 卷第 10 册，1944 年；董作宾：《殷历谱·交食谱》，1945 年；张秉权：《殷虚文字丙编考释》上辑，第 1 册，《丙》57 考释，1957 年；严一萍：《壬午月食考》，《中国文字》新 4 期，1981 年。

② 杨树达：《积微居甲文说》，上海古籍出版社 1986 年版。

字不清。"他根据曹锦炎论证的"食日"是指上午的一段时间,① 又根据杨树达的意见读"星"为"晴",说"'食日大星',就是至食日而大晴"。②

(二)"鸟星"

　　丙申卜,㱿,贞来乙巳酒下乙。王占曰:酒,佳有祟,其有设。乙巳酒,明雨,伐既雨,咸伐亦雨,施卯鸟星。(正)
　　乙巳夕有设于西。(反)(《合集》11497 正反)
　　丙申卜,㱿,贞来乙巳酒下乙。王占曰:酒,佳有祟,其有设。乙巳明雨,伐既雨,咸伐亦雨,施,鸟星。(正)
　　乙巳夕有设于西。(反)(《合集》11498 正反)

两版卜辞中的"鸟星"多年来被认为是天象记录,李学勤指应是气象记录。他采用杨树达的意见读"星"为"晴",认为"施卯鸟星"(《合集》11498省"卯"字)"就是至施卯时而晴","全辞所述,是关于酒祭下乙,而'伐'与'施、卯'等,都是酒祭中的具体仪注","推求文义,'鸟'有可能用作副词。以音求之,疑读为'倏','鸟星'即'倏晴'"。③ 常玉芝同意李学勤对"食日大星"、"施、卯鸟星"的"星"读作"晴"的见解;但她根据《合集》11497、11498 版卜辞上下辞的文义,提出"鸟星"之"鸟"或许与"食日大星"之"大"一样,也有可能是作形容词用的,她引《说文》"鸟,长尾禽总名也",段注"短尾名隹,长尾名鸟",说:"结合本条卜辞(即《合集》11497)验辞说乙巳日天明时即下雨,伐祭时雨停,伐祭结束时又下雨,即雨总是不停,直到举行施、卯之祭时,天才长时间晴了,即'鸟'字有可能会意为较长时间的意思。"④ 连劭名则认为"鸟星"的"鸟"是指祭祀时供奉玄鸟。⑤

---

① 曹锦炎:《读甲骨文札记》,这里转引自李学勤:《论殷墟卜辞的"星"》,《郑州大学学报》1981 年第 4 期。
② 李学勤:《论殷墟卜辞的"星"》,《郑州大学学报》1981 年第 4 期。
③ 同上。
④ 常玉芝:《殷商历法研究》,吉林文史出版社 1998 年版,第 15—16 页。
⑤ 连劭名:《卜辞中的月与星》,《出土文献研究续集》,文物出版社 1989 年版。

常玉芝论证卜辞中有的"星"字是指星辰，她举出下面四版卜辞①：

戊申……有设。[新]星。(《合集》11507)
……未有设。新星。(《前》7·14·1)
[癸亥卜]……七日己巳夕皿[庚午]有新大星并火……(《合集》11503反)
……大星出南。(《合集》11504)

常氏说《合集》11507、《前》7·14·1两辞虽残，但均有"有设。新星"之语；《合集》11503反有"新大星"。杨树达说："新星者，天上久不见星，今新见星也"，"新星者，新甡也"。② 常氏认为"如果将上述三辞的'新星'、'新大星'解作'新晴'、'新大晴'殊觉别扭，而且与'有设'一词相接也不合"。她举出下面带有"有设"的卜辞：

……庚吉。其隹……有设，虹于西。(《合集》13444)
……戻亦有设，有出虹自北[饮]于河。在十二月。(《合集》13442正)
……卯有……象，庚申亦有设，有鸣鸟……拇执羌戎。(《甲》2415)

说这三条辞中的"有设"后面都接有自然界的兆象，分别为出虹(《合集》13444、13442)、鸣鸟(《甲》2415)。对比上引《合集》11507、《前》7·14·1两辞的"有设"后面都接有"新星"来看，"新星"恐怕应与"出虹"和"鸣鸟"一样，是指自然界的兆象，即是指天空中出现了新的星辰。特别是《合集》11503反辞言己巳日夜间临近庚午日天明时"有新大星并火"的记录，"新大星"即新发现之大星，"火"即大火星，即心宿二，天蝎座 a，商人以观察大火星的运行来制定历法，③"并"即"併"也。即该辞记录的是商人观察到在大火星的旁边出现了一颗新的大星，与大火星并行；如果将该辞的"星"解作"晴"，释成"新大晴并火"，则辞意就不通。《合集》11504

---

① 常玉芝：《殷商历法研究》，吉林文史出版社1998年版，第18—19页。
② 杨树达：《积微居甲文说·释星》，上海古籍出版社1986年版。
③ 见常玉芝：《殷商历法研究》，第五章第三节，吉林文史出版社1998年版。

前半部残掉了，所存之字为"大星出南"，是说有大的星星出现在南部天空。如果将该辞的"星"读为"晴"，释成"大晴出南"，辞意就不通。总之，经过学者们的研究，可知卜辞中的"星"字有两种用法：一是因星见天晴，而引申为"晴"意；一是指天上的星辰。

第二节　殷商时期的历法

《汉书·律历志》说上古至三代有黄帝、颛顼、夏、殷、周、鲁古六历，但南北朝时杰出的天文学家和数学家祖冲之指出，所谓古六历实际是周末汉初行用的历法（《宋书·律历志》）。因此，六历中的"殷历"也就并不是殷代所行用过的历法。

1899 年，在河南安阳殷墟发现了商代的甲骨文以后，学者们即开始从甲骨文中探索殷商历法的原貌。1930 年，束世澂发表了《殷商制度考》（中央大学《半月刊》第 2 卷第 4 期），首先提出了殷代的历法问题，接着刘朝阳、孙海波、董作宾等学者也参加了讨论。到 20 世纪 50 年代，在对殷历的认识上，已逐渐形成了两大派意见：一派以刘朝阳为代表，认为殷商历法是一种"纯粹的政治历"，这种历法月和年的长度都与天象无关，都是人为规定的。另一派以董作宾为代表，认为殷商历法是由推步方法制定的合天的阴阳历。50 年代以后，随着刘朝阳的作古，对于殷历是"政治历"的观点似乎已没有人再坚持了。对董作宾的殷历学说，国内外学者也不断地提出批评。关于殷商的历法问题，虽然经过中外学者 70 多年的反复研究，但到目前为止，学者们达成的共识似乎就只有一点：即认为殷商时期行用的是以太阴纪月、太阳纪年的太阴太阳历，即阴阳合历。但对它究竟是一种什么样的阴阳合历意见却不统一：董作宾认为它是合于四分术的由推步方法制定的严密的合天历（有学者指出，董氏复原的殷历实际上并不是四分历，而是比四分历更为准确的今天的一种新的历法），同意董氏这个论断的似乎只有吴其昌、严一萍两人。大多数学者认为殷代历法还不是推步制定的，但这些学者对殷历的具体内容，诸如殷历的纪日法、日始；历月的长度、闰月的安排、月首；纪年法、历年的长度、岁首月建等等，也都还存在着不同意见。

日、月、年是组成历法的三要素。目前对殷历的历日、历月、历年的研究情况是：

一 关于历日的研究

(一) 殷商行用干支纪日法

商代甲骨文和金文表明，当时采用的是干支纪日法。20世纪50年代初，在商代早期王都郑州商城即商汤所都之亳，[①] 发现了商代早期的牛肋骨刻辞，刻辞上有"乙丑"的干支纪日，[②] 说明在商代早期就已经行用干支纪日法了。商人以十天干：甲、乙、丙、丁、戊、己、庚、辛、壬、癸，与十二地支：子、丑、寅、卯、辰、巳、午、未、申、酉、戌、亥依次相互搭配，组成60个干支单位纪日。此60个干支单位是循环往复使用的，甲骨文中保存有不少专门用以查检日期的干支表就是明证。目前见到的最完整的干支表是刻在属于第五期的一块牛胛骨上，即《合集》37986。

殷墟甲骨文表明，商人也有不少是单用天干纪日的；[③] 他们是否也单用地支纪日，陈梦家、温少峰、袁庭栋持否定意见。[④] 但宋镇豪最先揭出三版用地支纪日的例证，[⑤] 此后常玉芝又举出九版单用地支纪日的辞例，如：

    贞翌己巳勿宜。
    贞翌巳勿宜。（《英藏》1276）
    今辛未王夕步。
    今未勿夕步。（《合集》7772）

《英藏》1276有两辞，是贞问举行宜祭的，前一辞的日期写作"己巳"，后一辞则只写地支"巳"。《合集》7772的两辞是正反两面的卜问，记日一说"今

[①] 邹衡：《郑州商城即汤都亳说》，《文物》1978年第2期。

[②] 郑州出土的商代早期牛肋骨刻辞的图版见杨育彬：《河南考古》图版24，中州古籍出版社1985年版；河南省文化局文物工作队：《郑州二里岗》图叁拾24、插图12，科学出版社1959年版。

[③] 常玉芝曾对各期卜辞单用天干纪日的情况做过统计。见《殷商历法研究》，吉林文史出版社1989年版，第89—90页。

[④] 陈梦家：《殷虚卜辞综述》，中华书局1988年版，第93页；温少峰、袁庭栋：《殷墟卜辞研究——科学技术篇》，四川省社会科学院出版社1983年版，第79页。

[⑤] 宋镇豪：《试论殷代的记时制度——兼论中国古代分段记时制度》，《全国商史学术讨论会论文集》，殷都学刊增刊，1985年。

辛未",一说"今未"。商人单用地支纪日从早期到晚期的卜辞中都有，但是数量很少。

常玉芝发现商人还用先王、先妣的日干名纪日；用干支加周祭祭祀纪日。

常氏举出了28版用先王日干名纪日的辞例，一版用先妣的日干名纪日的辞例。① 下面举二版示例：

癸卯，贞大甲日不雨。
其雨。（《怀特》1601《合补》10443）
自示壬至后，又大雨。
自大乙至后，又大雨。（《怀特》1369《合补》9522）

《怀特》1601于癸卯日卜问"大甲日不雨"，"大甲日"指癸卯日的下一天甲辰日。《怀特》1369中"至"的意义是到；"后"指先王；"又"即"有"。这两条辞分别卜问（省前辞）某段时间有无大雨，但记录时间不说自某个干支日至某个干支日，而是说"自示壬至后"、"自大乙至后"，即是卜问从祭祀示壬的日子起到祭祀某位先王的日子止这段时间有无大雨；从祭祀大乙的日子起到祭祀某位先王的日子止这段时间有无大雨。某位先王指何王，辞中没有明说。这是一版第三期卜辞，我猜测，"至后"应是到时王的父辈，父辈先王的日名卜问者是清楚的，故可不记，只称"后"即可。②

第五期卜辞的时代，还盛行用周祭祭祀记录日期风气。在商代晚期商王及王室贵族每当遇有重要事情需要进行占卜或铸铭纪念时，往往都要在刻辞和铭文的最后部分附记上当日的周祭祭祀，以此作为一种纪日的方式。由于以周祭的五种祀典对先王先妣轮番祭祀一周需要三十六旬或三十七旬的时间，与一个太阳年的日数相当，所以在一般没有闰月等情况下，以一种祀典对一位祖先的祭祀在一年中只会出现一次，③ 因此用周祭祭祀纪日与用干支纪日同样方便。而商人往往是将此两种纪日法结合起来，在卜辞和铭文中

---

① 常玉芝：《殷商历法研究》，吉林文史出版社1998年版，第96—103页。
② 同上书，第102—103页。
③ 常玉芝：《商代周祭制度》，中国社会科学出版社1987年版。

前记干支日，后记当日的周祭祭祀。① 商人用周祭祭祀纪日的方式基本上有两种。一种是明记以何种祀典祭祀何祖先，如：

> 丁卯王卜，贞田巫九备，余其从多田于多白征盂方白炎，叀衣，翌日步，[亡]左，自上下于教示，余受又又。不戋[祸]。[告]于兹大邑商，亡徙在祸。[王占曰]：吉。在十月。遘大丁翌。（《合集》36511）
>
> 甲子，王易鬲挚，商用乍父辛障彝。在十又二月。遘祖甲旬日。隹王二十祀。②

以上两条材料中，前一条是卜辞，后一条是铜器铭文，明记以某种周祭祀典祭祀某祖先的周祭祭祀作时间署辞，可以看到在具体内容上都可以分为前后两部分，前一部分都是卜问或叙述的事项，后一部分都是年（有时省略不记）、月和以周祭祭祀表示干支日的时间署辞。在这些卜辞和铭文中，商人前记干支日，后记某王、妣的周祭祭祀，用干支加周祭祭祀共同纪日，这就使某一天是什么日子一目了然。③ 如《合集》36511记录十月的丁卯日是翌祭大丁之日；后一条"鬲挚方鼎"铭文记录二十祀十二月甲子日是旬祭祖甲之日。用周祭祭祀纪日的另一种方式是不明记是哪一位祖先受祭，只笼统地记上当日是处于举行何种祀典的期限之内，如：

> 辛酉，王田于鸡录，隻大𨍏虎。在十月，隹王二祀。旬日。（《怀特》1915）
>
> 壬申，王易亚鱼贝，用乍兄癸障。在六月，隹王七祀。翌日。（《考古》1986年第8期）

以上两条材料中，前一条是骨刻辞，④ 后一条是铜器铭文。骨刻辞是记录商

---

① 常玉芝：《殷商历法研究》，吉林文史出版社1998年版，第103—104页。
② 文化部文物局、故宫博物院编：《全国出土文物珍品选（1976—1984）》，文物出版社1987年版。
③ 常玉芝：《殷商历法研究》，吉林文史出版社1998年版，第108页。
④ 《怀特》1915是虎骨刻辞，刻于骨的右上膊骨。见许进雄编：《怀特氏等收藏甲骨文集》，第1915片释文，加拿大皇家安大略博物馆，1979年。

王田猎之事的，辞前记干支日，后记年、月，但只记祀典名，不记适逢是某祖先受祭。铜器铭文前一部分叙述某日某人得到赏赐做祭祀某先人的彝器，后部分记年、月、祀典名的时间署辞。很明显，与年、月同刻一处的祀典名都是说明文前的干支日是举行什么祀典的日子。以上说明在商代末期盛行用干支加周祭祭祀纪日的制度。卜辞和铭文前记干支日，后记周祭祭祀。记录祖先名可一目了然前面的干支日是个什么日子；不记祖先名根据周祭祀典和前面的干支日也可以推算出该日是祭祀哪一位祖先的。干支日与周祭祭祀相辅相成，构成商代晚期一种新的纪日制度。①

（二）一个干支表示的时间范围

商人的一个干支表示多长时间呢？也即一个白昼和一个黑夜是用几个干支表示的呢？研究者提出了几种不同的意见：最早是董作宾提出殷代每一个干支包括一昼一夜，也可以包括一个完整的昼或完整的夜。其后美国天文学家德效骞提出殷人将一夜分成两部分，前半夜和后半夜分别用两个干支表示。周法高认为殷代存在着董作宾和德效骞所说的两种纪日法。宋镇豪、常玉芝等经过研究，得出了与董作宾相同的结论。

1931 年，董作宾在《卜辞中所见之殷历》一文中，② 指出殷人的一个干支代表一个完整的白昼，或一个完整的黑夜，即称当日之昼为"今日"，称当日之夜为"今夕"。1953 年，董氏又发表了《殷代的纪日法》一文，③ 明确提出殷代"每一个干支浑言之包括一昼和一夜"，"每一个干支析言之可以包括一个完整的昼或完整的夜。"他用下面两版卜辞证明殷人的一个干支代表一整天，即一昼一夜：

己巳卜，庚午雨。允雨。
庚午卜，壬申雨。壬申允雨。（《续》4・6・1）

说："这里庚午、壬申就包括了这两天的昼夜。"

辛未卜，争，贞生八月帝令多雨。

---

① 常玉芝：《殷商历法研究》，吉林文史出版社 1998 年版，第 109—115 页。
② 董作宾：《卜辞中所见之殷历》，《安阳发掘报告》第 3 期，1931 年
③ 董作宾：《殷代的纪日法》，台湾大学《文史哲学报》第 5 期，1953 年。

贞生八月帝不其令多雨。丁酉雨,至于甲寅,旬有八日。九月。(《合集》10976 正)

董氏说,该版卜辞"证明在殷代一个干支是绝对要包括'日'和'夕',一昼一夜的整天的"。他用下面两版卜辞证明一个干支包括一个完整的昼或完整的夜:

甲寅王卜,在亳,贞今日步于鸿,亡灾。(《后·上》9·21)
甲寅卜,在鸿,贞王今夕亡祸。(《续》3·31·7)

董氏说:"这两辞卜的日子同是甲寅,而卜的时间地点不同。卜行在甲寅的早晨……所问的'今日'包括整个白昼,所问的'今夕',包括整个的黑夜。"

1951年,德效骞发表《商代的纪日法》一文,[①] 他根据对"己未夕皿庚申月食"年代的推算,说殷人是将一夜分成两部分,前半夜和后半夜分别用两个干支表示。

1964年,周法高发表论文《论商代月蚀的记日法》,[②] 认为董作宾和德效骞的意见都不正确,他说:"我相信商代的记日法有两种。第一种,即当殷人说今夕或某夕,他们的意思是指一整个晚上。""其次当殷人用那个在两个干支日中间的字,覀(即皿——引者按),他们试着去将一个完整的夜分成两部分,每一部分赋予一个专门的干支数目。"即周法高认为商代存在着董作宾和德效骞所说的两种记日法。

1984年宋镇豪《试论殷代的纪时制度》一文,[③] 以及1998年常玉芝发表《殷商历法研究》一书,详细探讨了殷人一个干支表示的时间范围,最后得出了与董作宾相同的结论。[④]

下面四组卜辞可证明殷人的一个干支表示一个完整的白昼,也表示一个

---

① 德效骞:《商代的记日法》,《通报》第40期,1951年。
② 周法高:《论商代月蚀的记日法》,《哈佛亚洲学报》第25期,1964—1965年;赵林译文载《大陆杂志》第35卷第3期,1967年。
③ 宋镇豪:《试论殷代的记时制度》,《全国商史学术讨论会论文集·殷都学刊增刊》,1985年。
④ 常玉芝:《殷商历法研究》,吉林文史出版社1998年版,第115—134页。

完整的黑夜的：

第一组："日"与"夕"

> 丁丑卜，旅，贞日不雨。(《合集》24668)
> 丙戌卜，夕雨。(《屯南》2287)

以上两条，前一条是卜问"日"雨的，后一条是卜问"夕"雨的。每条辞中前记干支日，后单称"日"或单称"夕"。常玉芝说："甲骨文的'日'字象日之形，'夕'字象半月之形，《国语·鲁语》下韦昭注曰：'日照昼，月照夜'，因此，这些卜辞表明，一个干支可代表一个完整的白昼，也可代表一个完整的黑夜。"

第二组："终日"与"终夕"

> 辛未卜，内，翌壬申启。壬终日雾。(《合集》13140)
> 癸卯卜，甲启。不启，终夕雨。(《屯南》744)

前一条辞中有"终日"，后一条辞中有"终夕"。"终日"即一整个白天，"终夕"即一整个夜晚。《合集》13140 验辞"壬终日雾"的天干"壬"表示一整个白天。《屯南》744 卜问"甲启"，验辞说"不启，终夕雨"，即天干"甲"表示一个完整的黑夜。

第三组："之日"与"之夕"

> 己丑卜，出，贞今日雨。之日允雨。(《合集》24735)
> 丁卯卜，贞今夕雨。之夕允雨。(《合集》24770)

《合集》24735 命辞问"今日雨"，验辞说"之日允雨"；《合集》24770 命辞问"今夕雨"，验辞说"之夕允雨"。很明显，"之日"是指"今日"，是指卜问之日的白天；"之夕"是指"今夕"，是指卜问之日的夜晚。即各辞的干支均代表一个完整的白昼或一个完整的黑夜。

第四组："干支日"与"干支夕"

> 辛卯卜，王，［贞］甲午日雨。不。(《合集》20036)

甲子夕卜，又祖乙一羌，岁三牢。（《合集》32171）

上引第一辞卜问"甲午日"雨否，卜辞中如不分白天黑夜就直书干支，后面一般不加"日"或"夕"字。此辞"甲午"后加"日"字，显然是指甲午日的白天，这证明一个干支表示一个完整的白昼。第二辞于"甲子夕卜"，"甲子"后加"夕"字，证明一个干支表示一个完整的黑夜。

关于殷人一个干支表示一个完整的白昼加一个完整的黑夜，下面三组卜辞可以为证：

第一组：计日卜辞

癸未卜，贞旬亡祸。三日乙酉有来自东，画乎󱎬告旁戎。（《合集》6665 正）

该辞于癸未日卜问，验辞说"三日乙酉"，癸未的下一个干支是甲申，再下一个干支是乙酉，乙酉是由癸未算起的第三个干支，所以说"三日乙酉"，如果仍拘于"日"专指白天，那么"三日"是指癸未的白天加黑夜、甲申的白天加黑夜、乙酉的白天，即使如此，也可知干支"癸未"、"甲申"都分别是代表一个完整的白昼加一个完整的黑夜的。当然，干支"乙酉"也可代表一个完整的白昼和一个完整的黑夜。这就说明殷人的一个干支可表示一昼一夜。

第二组："日"与"夕"同辞

丁卯卜，今日雨。夕雨。（《合集》33871）

该辞于丁卯日卜问"今日雨"，验辞说"夕雨"，是干支"丁卯"也指一昼加一夜。即该辞证明一个干支可表示一个完整的白昼加一个完整的黑夜。

第三组："今日夕"、"之日夕"

丁卯卜，㱿，贞今日夕㞢于兄丁小宰。（《合集》2874）
辛酉卜，㱿，翌壬戌不雨。之日夕雨。不延。（《合集》12973）

《合集》2874 于丁卯卜问"今日夕㞢于兄丁"，"今日夕"指丁卯日的夜间。

这里的"今日"是指丁卯日的一个白昼和一个黑夜，而"今日夕"是专指丁卯日的夜间的。《合集》12973于辛酉日卜问第二天壬戌日不会下雨吧，验辞说"之日夕雨"，"之日"是指卜问之日壬戌日，"之日夕"即壬戌日的夜间。很明显，"之日夕"的"之日"所指的壬戌干支包括一个白昼加一个黑夜。

（三）殷商的纪时法

殷墟甲骨卜辞表明，殷人为了更好地安排生产和生活，对一日内的时间还进行分段划分，每段都赋予专门的名称。学者们一般称之为纪时法。对殷代某些个别时称作过论述的学者不少，但对其纪时法进行过全面系统研究的却只有董作宾、陈梦家、宋镇豪、常玉芝几家。下面依次对各家的研究作一介绍。

1945年，董作宾在《殷历谱》上编第一卷第二章中，论述了商代的纪时法。他说："古者'日出而作，日入而息'，故其对于时之区分，重在昼，不重在夜。殷代通常称昼为'日'，称夜为'夕'，纪时，则以日为限而不及于夕。"他说殷代的纪时之法"新旧两派，略有不同"。"区分一日之时间，旧派较为完备。"董作宾研究殷代纪时法的结论是：

旧派（武丁、文武丁）：明—大采—大食—中日（日中）—昃—小食—小采—夕（全夜）

新派（祖甲、廪辛、康丁、帝乙、帝辛）：妹—兮—朝—中日—暮—昏—夕（全夜）

1956年，陈梦家出版《殷虚卜辞综述》，该书第七章有"一日内的时间分段"一节，详细论述了殷代的纪时法。[①] 他将研究成果列成下表（见表11—1）。

陈氏还提出殷代可能有以地支为时名的，他举出下面两版卜辞证明：

  甲申卜，今日亥不雨。（《粹》784即《合集》30658）
  王其田以亥，不雨。（《库》713即《合集》41545）

他说："此'亥'不是天干，不代表一天（因卜日为甲子日），恐怕指的是时

[①] 陈梦家：《殷虚卜辞综述》，科学出版社1956年版，第229—233页。

表 11—1

假定时辰	6 卯	8 辰	10 巳	12 午	14 未	16 申	18 酉	24 亥
武丁卜辞	旦、明 日明	大采 大食	盖日	中日	昃	小食	小采	夕
武丁以后卜辞	妹旦	朝 大食		中日	昃	郭兮 郭、兮	莫 昏	夕 落日
文献材料	昧爽、旦 旦明	朝 大采 蚤食	隅中	日中 正中	昃 小还	下昃 大还 餔时	夕	黄昏 少采 日入	定昏	夜

刻"。① 对该字，裘锡圭释作"万"，认为应是祭名或人名。② 笔者认为这两辞的"万"应是地名，卜问万地是否有雨。

1985年，宋镇豪发表论文《试论殷代的纪时制度》，③ 2003年发表了该文的修订稿。④ 对董作宾、陈梦家等学者就殷代纪时法的研究提出了不同意见；对各期卜辞的时称分别作了详细考证。宋氏说：商代"一天中不同时间单位的纪时，甲骨文中是以一批代表不同时间段的名称词即'时称'来表示的。甲骨文中的时称，以三四期廪辛康丁武乙文武丁时代和一期武丁时代所见最详备，其次是二期祖庚祖甲时代，而五期帝乙帝辛时代所见最少"。

他排出三四期卜辞的时称顺序是（见表11—2）：

宋氏说："从22个时称所代表的时段中，去其重叠交叉的部分，可知当时是把一天分为十五时段。据《管子·庙会》云：'日有旦莫，夜有昏晨'，《国语·鲁语下》韦注：'日照昼，月照夜'，则上述一天十五时段，代表白

---

① 陈梦家：《殷虚卜辞综述》，中华书局1988年版，第93页。

② 裘锡圭：《甲骨文中的几种乐器名称》附《释万》，收入《古文字论集》，中华书局1992年版。

③ 宋镇豪：《试论殷代的记时制度》，《全国商史学术讨论会论文集》，《殷都学刊》增刊，1985年。

④ 宋镇豪：《试论殷代的纪时制度》，《考古学研究（五）——庆祝邹衡先生七十五寿辰暨从事考古研究五十周年论文集》，科学出版社2003年版。又修订收入《夏商社会生活史》2005年中国社会科学出版社增订版。这里根据修订稿。

天的,自旦至莫(暮)共有九段,占 15 个时称,代表夜间的,自会至夙共有六段,占 7 个时称。"他排出一期武丁时的时称顺序是:

表 11—2　　　　　武丁时代分段纪时制一览表

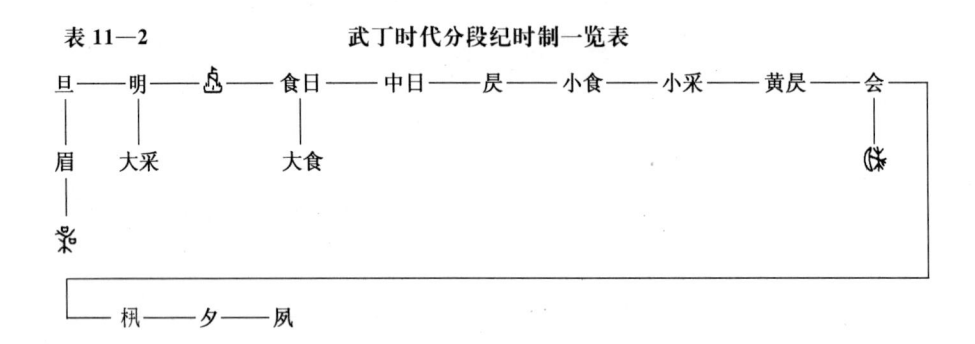

```
旦──明──㿟──食日──中日──昃──小食──小采──黄昃──会─┐
│         │          │                              │           │
眉        大采        大食                                        ㊉
│                                                               
㊉                                                               
└──枛──夕──夙─────────────────────────────────────────┘
```

宋氏说:"武丁时代的时称有 27 个,将一天分为十六时段,其中白天自旦至黄昃分为十段,占 19 个时称,夜间自莫至夙分为六段,占 8 个时称。"他说"二期祖庚祖甲时代甲骨文中的时称所见不很多,只有 10 个,其中同于一期或三四期的有羲(农)、昼、日西、蠱、萌、枛、夕等 7 个,另有妹、橐、㊉ 3 个为该期始见"。他列出二期九个时称的时间顺序是:

……妹──农──橐……昼……萌──蠱──枛──㊉……夕

他说第"五期帝乙帝辛时代甲骨文中的时称更为鲜见,不成系统。今所见者有夕、妹二个"。

宋氏排出晚商分段纪时制一览表如下(见表 11—3):

表 11—3　　　　　商代晚期分段纪时制一览表

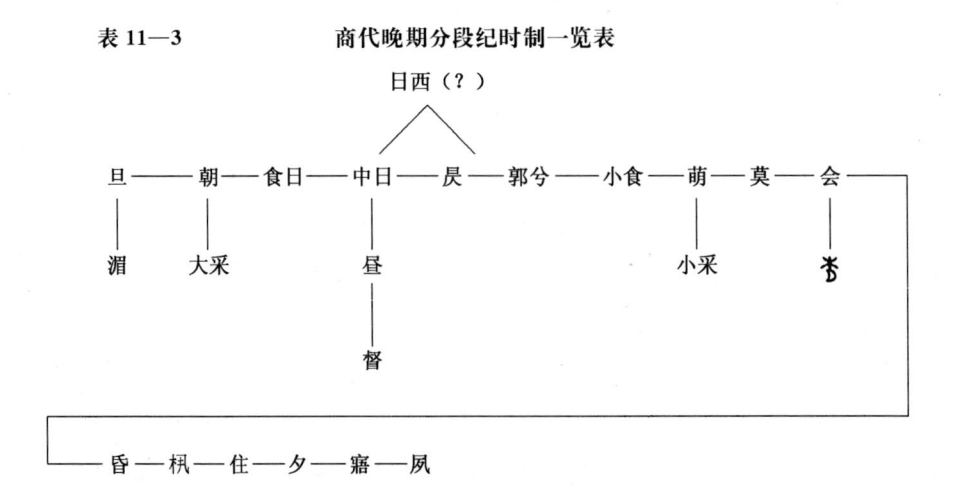

```
                    日西(?)
                     ╱╲
旦──朝──食日──中日──昃──郭兮──小食──萌──莫──会─┐
│       │        │                           │         │
湄      大采      昼                          小采      ㊉
                 │
                 督
└──昏──枛──住──夕──瘟──夙───────────────────────────┘
```

宋氏总结殷代纪时制的特征时指出，商代纪时远未定型，尤其在日出日落点上，调整时间分段以适应太阳周日视运动的不固定性，是晚商纪时制的一大特征。日出日落点前后的纪时日趋细密，而一天中其他时段的纪时却显得疏阔，说明晚商的时间分段不是等时的，时段之间的时间区划是不均匀的，晚商采用的只是一种尚未定型的不均匀的分段纪时制度，但代表日中的时称中日（也称日中）、昼、督三个，时间却是比较恒定的，是凭借原始天文仪器圭表测度日影为之准则。他将商代至唐代一日分段纪时之制制成一表，并与十二辰及今日之 24 时相对应，此取其商代都分表（见表 11—4）于下。

表 11—4

时代	商代分段纪时制											
武丁时	旦 眉 🜨 日出	明 日明 一大采 一🜨	食日 大食日	中日 日中	昃	小食	小采	黄昏 一会 ☾ 一枫		夕	夙	
祖庚祖甲时		晨 菒		昼	日西			萌 蘁	枫	夕		
廪辛至文武丁时	旦 湄	朝 一大采	食日 大食	中日 日中 昼督	日西 昃 郭兮	小食	萌 一小采 采 一莫	会 ☾ 一昏 一枫	住	夕	痛一夙	
	寅	卯	辰	巳	午	未	申	酉	戌	亥	子	丑
	3—5	5—7	7—9	9—11	11—13	13—15	15—17	17—19	19—21	21—23	23—1	1—3

他分析甲骨文时称性质，可分自然与人文两大类：属自然者，是与日月运行相关，有十七个：

旦、朝、菒、中日（日中）、昼、督、昃、黄昏、日西、莫（蘁）、会、昏、明、萌、☾、☾、夕。

属人文者，是与人们的生产活动和生活习俗相关，有十五个：

䢅（农）、䍙（丧）、大食（食日）、小食、住、疾、郭兮（郭）、柤（蓻）、卢、妹、眉、湄、大采、小采、夙。

1998年，常玉芝发表专著《殷商历法研究》，该书第三章有"殷代的纪时法"一节，她根据卜辞最新断代法对殷代的纪时法进行了分组讨论。① 她说："时称出现最多的是无名组卜辞，其次是𠂤组、宾组和出组。"② 她认定的无名组卜辞的时称有（按时辰顺序）：旦、朝、食日、大食、中日、日中、督、昼、昃、郭兮、郭、昏、莫、（蓻）、柤、住、夙，共十六个时称。常氏同意宋镇豪对"督"、"昼"的考证。十六个时称中，旦与朝、食日与大食、中日与日中与督与昼、郭兮与郭、昏与莫（蓻）分别是一个时辰的不同称呼，也即十六个时称表示的是一日一夜九个时段。其中白天由旦、朝至昏、莫（蓻），共分六个时段；夜间由柤至夙，共分三个时段，三个时称中夜间开始时两个，夜间终止时一个，中间是没有时称的。她认定的𠂤组卜辞的时称有（按时辰顺序）：明、大采、大采日、大食、中日、昃、小食、小采、小采日、夙，共十个时称，代表了七个时段。她认定的宾组卜辞的时称有（按时辰顺序）：䢅、朕、明、大采、大采日、大食日、食日、中日、日中、昃、昃日、柤，共十二个时称，代表了六个时段。因𠂤组与宾组的时代相叠相接，这样综合两组的时称是：䢅、朕、明、大采、大采日、大食、大食日、食日、中日、日中、昃、昃日、小食、小采、小采日、柤、夙，共十七个时称，表示的是一日一夜九个时段。白天由䢅、朕、明至小采、小采日，是七个时段；夜间由柤至夙，即由天黑上灯之时到日出之前，整夜不再分段。她认定的出组卜辞的时称有（按时辰顺序）：䢅、朝、昼、蓻、柤，共五个时称，代表了五个时段。白天的时称由䢅至蓻，共分四个时段；夜间只有开始时的一个"柤"，整个夜间不再分段，统称为"夕"。她认定的何组卜辞的时称有（按时辰顺序）：朝、大食、中日、昏、莫、柤，共六个时称，代表了五个时段。她认定的历组卜辞的时称只有夙、莫两个。她认为黄组卜辞没有出现时称。常玉芝总结殷代纪时法的特点有三个：一是时称取之于对日、月、星辰等自

---

① 关于卜辞的分组及所属时代，见李学勤、彭裕商：《殷墟甲骨分期研究》，上海古籍出版社1996年版。

② 常玉芝：《殷商历法研究》第三章第三节，吉林文史出版社1998年版。

然现象的观察和当时人们的生活习俗；二是对同一个时辰赋予多种称呼，并且各组卜辞称呼不尽相同；三是对时段的划分是不均匀的。综合各组的时称，可以看到白天分段细密，夜间分段疏阔。②

（四）殷代的日始

"日始"即一日的起始点。对于殷代的日始目前有三种意见：一种认为以天明为一日之始，另一种认为以夜半为一日之始，还有一种认为以夙为一日之始。三种意见的缘起，均是由于对甲骨文中"己未夕㽞庚申月有食"年代的推算。

最早提出商代日始问题的是董作宾。1945年，董氏在《殷历谱》中结合对甲骨文中"己未夕㽞庚申月有食"年代的推算，论述了商代的日始是在天明之时（董氏有时用词不严谨，将天明说成日出）。而最早提出商代日始在夜半的是美国天文学家德效骞（1946年），1951年，德氏根据对"己未夕㽞庚申月有食"年代的推算，说殷人将一夜分为两部分，前半夜和后半夜分别用两个干支表示，①这就是说殷人是以夜半为日始的。1953年，董作宾再次谈殷代的日始是在天明之时，②但所举例证除了一昼一夜属于一个干支外，其他例证欠确凿。1964年，周法高著文认为殷代存在着以天明为日始和以夜半为日始两种情况，③"即当殷人说今夕或某夕，他们的意思是指一整个晚上"，即此时殷人是以天明为日始的；而"当殷人用那个在两个干支日中间的字㽞（即皿——引者按），他们试着去将一个完整的夜分成两部分，每一部赋予一个专门的干支数目"，即此时殷人是以夜半为一日之始的。1985年宋镇豪在《试论殷代的纪时制度》一文中，④1998年常玉芝在《殷商历法研究》一书中，⑤先后详细论证了殷代的日始是在天明之时。

---

① 德效骞：《商代的记日法》，《通报》1951年40期。这里转引自周法高：《论商代月蚀的记日法》，《哈佛亚洲学报》1964—1965年25期。赵林译文载《大陆杂志》1967年第35卷第3期。

② 董作宾：《殷代的纪日法》，台湾大学《文史哲学报》第5期，1953年。

③ 周法高：《论商代月蚀的记日法》，《哈佛亚洲学报》第25期，1964—1965年。赵林译文载《大陆杂志》第35卷第3期，1967年8月。

④ 宋镇豪：《试论殷代的记时制度》，《全国商史学术讨论会论文集》，《殷都学刊》增刊，1985年。该文的修订稿《试论殷代的纪时制度》，刊《考古学研究（五）——庆祝邹衡先生七十五寿辰暨从事考古研究五十周年论文集》，科学出版社2003年版。

⑤ 常玉芝：《殷商历法研究》，第三章第四节，吉林文史出版社1998年版。

宋镇豪从三个方面论述殷代的日界（即日始）。一个是从殷代的纪日法上论述，认为殷代行用干支纪日法，也可省为干纪日，还有少量省为地支纪日，还有数称纪日法和数称干支混合纪日法。认为殷人将一个白天和一个夜晚统称为一日，他举下版卜辞证明殷人是把白天作为一日的前一段，把夜间作为一日的后一段：

> 癸酉卜，祐母己，叀犯。
> 叀小昜。吉。
> 叀今夕酚。大吉。兹用。
> 于翌日甲酚。（《合集》27454）

说该辞中"'今夕'用'叀'，'翌日甲'用'于'，合于甲骨文中虚词语法的近称用'叀'而远称用'于'的常式。故知今夕自指癸酉日占卜的当夜，夜以继日，就是次日甲了。换言之，就一个全日来说，是先计白天，后计夜晚。""殷代的一日是先计白天后计夜晚，那么纪时制度中白天的始点，也就是日界所在。据甲骨文，白天是以时称旦为始。"所以"旦"是一日之起始点。

常玉芝是从三个方面来论述殷代的日始的。一是论证殷人的一个干支表示一个完整的昼加一个完整的夜（即一日）；一个干支还表示一个完整的昼或一个完整的夜。她利用有"终日"（《合集》13140）、"终夕"（《屯南》744）的卜辞证明殷人的一个白昼和一个黑夜都是完整的，即殷人的日始不会在白昼或黑夜的任何一点，而只能在白昼与黑夜的交接点上。二是论证殷人记录日期是先记白天还是先记夜晚，也即殷人日与日的分界处是在黑夜与白天的交接点上还是在白天与黑夜的交接点上。常氏用十七条卜辞来论证这个问题，今举下面两版卜辞说明之：

> 癸酉卜，出，贞旬亡祸。旬有祟，之日禺沚，夕有咒。在休。八月。（《合集》24358）
> 庚子卜，争，贞翌辛丑启。
> 贞翌辛丑不其启。王占曰：今夕其雨，翌辛[丑]启。（《合集》3297正反）

这两版卜辞都证明殷人记日是先记白天后记夜间的，这就说明殷人日与日的分界不是在白天与黑夜的交接点上，而是在黑夜与白天的交接点上。因此，白天的起点就应该是一日的起始点。因为殷人称天明日出时为"旦"，所以殷人的日始是在旦时（此为无名组纪时制，他组的朝、明、大采与之相当）。三是进一步论证了殷人的日始不会在夜半，她举出四版卜辞予以证明，今选录两版说明之：

> 甲辰卜，尹，贞王宾夕福，亡祸。
> 乙巳卜，尹，贞王宾枫福，亡祸。在九月。（《合集》25385）
> 甲辰卜，㞢，贞王宾夕福至于翌枫福，不乍。（《合集》25460）

常氏论证说，上引第一版卜辞于甲辰日卜问夕福之祭，于第二天乙巳日卜问枫福之祭，因为"夕"指称全夜，"枫"指天黑上灯时分，是黑夜的起始点，今该版卜辞"夕"是在前一个干支日，"枫"是在相接的后一个干支日，这说明相连的两个黑夜不属于同一天，如果殷人是以夜半为一日之始，那么前一个黑夜的下半段与后一个黑夜的上半段应属于同一个干支日，即"夕福"与"枫福"的卜问干支应是相同的，由此可见，殷人的一个黑夜是完整的，是用一个干支表示的，证明殷人的日始不会在夜半。第二版于甲辰日卜问"夕福至于翌枫福"，由后面的"翌枫福"之"翌"知前面的"夕福"之"夕"是指卜日甲辰日的夜间，而后面的"翌枫"是指紧接甲辰日夜间的下一个夜间乙巳日的枫时，这与第一版上的"夕福"在前一日，"枫福"在后一日是一致的，它也证明殷人的一个黑夜是完整的，殷人的一夜不能一分为二，殷人的日始不会是在夜半。宋镇豪也认为殷代的日始是在天明的旦时。[①]

近年，李学勤、黄天树在"夏商周断代工程"中，为了配合对武丁时的月食年代和武王伐纣年代的推定，重又提出殷商的日始是在夜半的问题，[②]

---

① 宋镇豪：《试论殷代的记时制度》，《全国商史学术讨论会论文集》，《殷都学刊》增刊，1985年。该文的修订稿《试论殷代的纪时制度》，刊《考古学研究（五）——庆祝邹衡先生七十五寿辰暨从事考古研究五十年论文集》，科学出版社2003年版。

② 李学勤：《〈英藏〉月食卜骨及干支日分界》，《夏商周年代学札记》，辽宁大学出版社1999年版；黄天树：《殷代的日界》，《华学》第4辑，紫禁城出版社2000年版。

他们所根据的最重要的证据就是像"己未夕㿟庚申月有食"这样有两个相接的干支日的词组的卜辞，他们引用裘锡圭考证该种词组中的"㿟"字是"皿"，读作"向"，"是表示介于前后两天之间的一段时间的"的观点，① 认为商代的日始是在夜半。对此，常玉芝给予辩驳，她认为裘氏考证"㿟"字是"皿"读为"向"是正确的，但它插在前后相接的两个干支日之间组成的"干支夕皿干支"词组，不是"表示介于前后两天之间的一段时间"的，而是表示前一个干支日即将结束后一个干支日即将开始之时。常氏通过进一步追究"㿟"即"皿"也即"向"的意义来证明，她说："遍查各种《词典》、《辞典》、《字典》可知，'向'有'临近'、'接近'、'将近'之意"，卜辞中的"干支夕皿（向）干支"词组与《诗经》"夜乡（向）晨"同义，"'夕'在卜辞中指称全夜，'干支夕'是指前一个干支日的夜间，'皿'即'乡（向）'，后一个'干支'是指第二天的'晨'，因此，'干支夕皿干支'与'夜向晨'是同义语。只不过卜辞在'夕'（夜）前加了个日名，'晨'也是用日名表示的罢了。'干支夕皿干支'与'夜向晨'一样，是指前一日的夜间即将结束，后一日的清晨即将来临之时，也即是指前一个干支日的夜间临近后一个干支日的天明那段时间，它并不包括后一日天明那段时间。总之，'干支夕皿干支'词组不是指介于前后两天之间的一段时间的，它不横跨两个干支日，只指前一个干支日的夜间临近结束的那段时间"。因此，有两个相接干支日词组的卜辞不但不能证明商代的日始是在夜半，而恰恰证明了商代的日始是在天明之时。②

二　关于历月的研究

（一）月长的研究

关于殷商时期历法月的长度，从 20 世纪 30 年代初学者们就展开了讨论，逐渐形成了三种主要的观点：一种是以束世澂、刘朝阳、孙海波等为代表，认为殷代行用的是一种简陋的阳历或政治历。这种历法将一月分成三

---

①　裘锡圭：《释殷墟卜辞中的"㿟"、"㿟"等字》，刊香港中文大学中文系编：《第二届国际中国古文字学术研讨会论文集》，1993 年。

②　详细论证见常玉芝：《商代日始论辩——兼及"己未夕㿟庚申月有食"之年代》，刊《考古学研究（五）——庆祝邹衡先生七十五寿辰暨从事考古研究五十年论文集》，科学出版社 2003 年版。又见常玉芝：《殷商历法研究》，吉林文史出版社 1998 年版，第 33—34、194—203 页。

旬，每旬都是十日；每月都固定为三十日；纪日的干支在各月份里面都有严格固定的位次，即每月的第一日不是甲子就是甲午，每月的末日不是癸巳就是癸亥，① 这就是所谓的"一甲十癸"说。另一种是以董作宾、吴其昌为代表，认为殷代行用的是用推步方法制定的精密的阴阳历。这种历法的月有大小之分，大月全为三十日，小月全为二十九日。② 第三种是以薮内清、常玉芝为代表，认为殷代行用的是依靠观察天象制定的不精确的阴阳历。这种历法的月有大小之分，大月有三十一日以上的，小月很可能也有二十九日以下的。③

束世澂、刘朝阳等认为殷历每月都是三十日的证据是《后·下》1·5版（即《合集》24440）牛胛骨刻辞，它不是卜辞，记有连续两个月的干支，先说"月一正曰食麦"，下刻甲子至癸巳三十个干支，接着说"二月父茲"，下刻甲午至癸亥三十个干支。该刻辞一月即正月的首日是甲子，末日是癸巳，二月的首日是甲午，末日是癸亥。但常玉芝举出三版卜辞证明殷历月的末日不是都固定在癸巳、癸亥日的，今录下面一版示例：

    癸酉卜，㱿，贞旬亡祸。在七月。
    癸未卜，㱿，贞旬亡祸。在八月。
    癸巳卜，㱿，贞旬亡祸。在八月。
    ［癸卯卜］，［㱿］，［贞］旬［亡］祸。在八月。
    癸丑［卜］，［㱿］，贞旬亡祸。在九月。
    癸亥卜，㱿，贞旬亡祸。在九月。（《合集》26664＋《合集》26673）

该版卜辞记录癸酉日在七月的最后一旬，癸丑日在九月的第一旬，八月有癸未、癸巳、癸卯三个癸日，这就不符合束世澂、刘朝阳等学者主张的每个月

---

① 束世澂：《殷商制度考》，国立中央大学《半月刊》第2卷第4期，1930年；刘朝阳：《再论殷历》，《燕京学报》第13期，1933年；孙海波：《卜辞历法小记》，《燕京学报》第17期，1935年。
② 董作宾：《卜辞中所见之殷历》，《安阳发掘报告》第3期，1931年；吴其昌：《丛瓿甲骨金文中所涵殷历推证》，《中央研究院历史语言研究所集刊》第4本3分，1934年。
③ 薮内清：《关于殷历的两三个问题》，《东洋史研究》第15卷第2号，1956年。郑清茂译文载《大陆杂志》第14卷第1期，1957年1月。常玉芝：《殷商历法研究》第四章第一节，吉林文史出版社1998年版。

三个癸日不是癸酉、癸未、癸巳，就是癸卯、癸丑、癸亥，也即每月的末日不是癸巳，就是癸亥的理论。董作宾利用著名的大龟四版之四（见《合集》11546）证明殷历月有大月、小月之分，并据此断言殷历月的大月都是三十日，小月都是二十九日。常玉芝认为在该版卜辞没有详细记录各月的具体日期的情况下，董氏这样来分配月的日数是可以接受的，但据此就断言殷历月的大月都是三十日，却与卜辞记录的事实不符。她举出六版卜辞证明殷历月还有至少是三十一天的大月，这里选录一版示例：

　　癸丑卜，宾，贞旬亡祸。一月。
　　癸亥卜，宾，贞旬亡祸。二月。
　　癸酉卜，宾，贞旬亡祸。
　　癸未卜，宾，贞旬亡祸。二月。
　　癸巳卜，宾，贞旬亡祸。二月。
　　癸卯卜，宾，贞旬亡祸。三月。
　　癸亥卜，允，贞旬亡祸。
　　癸酉卜，宾，贞旬亡祸。四月。
　　癸未卜，宾，贞旬亡祸。四月。（《合集》16644＋《合集》16660）

常氏说，该版卜辞记录癸丑在一月的最后一旬；癸亥在二月的第一旬，下面的癸酉未记月名，但在癸酉之后的癸未、癸巳都在二月，因此，癸酉日也必在二月，癸巳之后的癸卯日在三月的第一旬。这就告诉我们某王某年的二月是个有癸亥、癸酉、癸未、癸巳四个癸日的大月，这个大月至少有三十一天。

常玉芝还举出六版卜辞证明殷代从早期到晚期的卜辞都有两个癸日的小月，两个癸日的小月最多只有二十九天。这里从略不录。

（二）闰月的研究

最早提出殷代历法有闰月的是罗振玉。1914年，罗氏在《殷虚书契考释》卷下《礼制》第七中说："卜辞中书十三月者凡四见，殆皆有闰之年也。"即他认为卜辞中的十三月是闰月（图11—2）。刘朝阳、孙

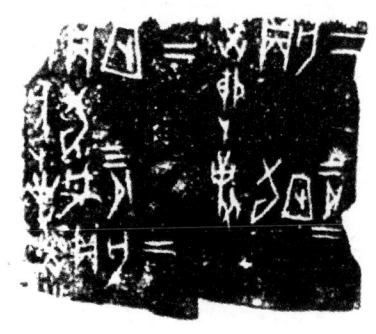

图11—2　十三月甲骨文
（《合集》16770）

海波反对罗氏的观点，认为"十三月"是积月之误，是一月的别称并不是闰月。① 董作宾认为"十三月"就是"归余置闰法"的闰月。② 现在几乎已没有学者怀疑十三月是闰月了。常玉芝还在卜辞中发现了两条，在铜器铭文中发现了一条记有"十四月"的记录，即《合集》21897（十四月）、《合集》22847（在十四月）（图11—3）、《集成》4138（在十月四），常氏说"十四月"的出现说明殷人有失闰的现象，是失闰以后再补闰的证据。

董作宾最早提出商代除了有年终置闰法外，还实行年中置闰法，他认为年中置闰法是在祖甲以后才开始实行的。不过，他举出的唯一证据，即帝辛十祀的闰九月，遭到许多学者的反对，所以不少学者认为商代只有年终置闰，而没有年中置闰。1956年，陈梦家指出《珠》199、《佚》399是年中置闰的证据，这两版卜辞分别是：

  癸亥卜，宾，贞旬亡祸。二月。
  癸酉卜，贞旬亡祸。三月。
  癸未卜，贞旬亡祸。
  癸卯卜，宾，贞旬亡祸。五月。
  〔癸〕丑卜，宾，〔贞〕旬亡祸。五月。
（《珠》199，《合集》11545）

陈梦家说，由该辞可知癸酉是三月的第一旬，若以干支相接之序，则癸卯不当是五月，可知三月五月之间应再加六旬如下：

图11—3　十四月甲骨文
（《合集》22847）

---

① 刘朝阳：《再论殷历》，《燕京学报》第13期，1933年。孙海波：《卜辞历法小记》，《燕京学报》第17期，1935年。

② 董作宾：《殷历中几个重要问题》，《中央研究院历史语言研究所集刊》第4本3分，1934年。

癸亥	二月
癸酉	三月
[癸未]	[三月]
[癸巳]	[三月]
癸卯	（闰月）
[癸丑]	（闰月）
癸亥	（闰月）
癸酉	[四月]
癸未	[四月]
癸巳	[四月]
癸卯	五月
[癸丑]	[五月]
癸亥	五月

即陈氏认为该版武丁卜辞表明，在三月五月之间有一闰月。

癸未卜，兄，贞旬亡祸。六月。
癸丑卜，大，贞旬亡祸。六月。
癸亥卜，大，贞旬亡祸。六月。
癸酉卜，大，贞旬亡祸。
癸巳卜，兄，贞旬亡祸。
癸卯卜，贞旬亡祸。
癸丑卜，出，贞旬亡祸。七月。
癸巳卜，兄，贞旬亡祸。（《佚》399，《合集》26643）

陈氏说，兄、出是祖庚卜人，大下延至祖甲时代。该版卜辞表明年中置闰的情况是：

癸丑	六月
癸亥	六月
癸酉	（六月或闰六月）

癸未　（闰六月）

癸巳　（闰六月）

癸卯　（闰六月或七月）

癸丑　七月

陈氏说，由此辞知祖庚时代已有年中置闰法。① 常玉芝赞同陈梦家提出的上述两例年中置闰的事实，同时又举出《合集》13361、《合集》16706、《合集》26569、《合集》34991 四版武丁、祖庚时年中置闰的证据；还指出晚殷铜器"文嫘己觥"铭文有十三月的记录，"小子𰀀簋"铭文有十四月的记录。这些都说明在整个殷商时期，年终置闰法与年中置闰法是同时并用的。根据早期卜辞中"十三月"出现的较多来看，可能早期行年终置闰较多一些。董作宾说殷代历法改革在祖庚七年是不正确的。②

（三）月首的研究

迄今对殷历月首的研究有三种意见：一种以刘朝阳为代表，认为殷历每月的首日都是甲日，逢十的日子都是癸日，即每月的末日都是癸日，是所谓"一甲十癸"说。第二种以董作宾为代表，认为殷历是以"朔"日作为月首的。第三种以薮内清为代表，认为殷代"是以新月初现之日为月初的"。刘朝阳证明殷历每月的首日都为甲日的证据有二：一是前文所说的《后·下》1·5，即有"月一正曰食麦"的刻辞，该刻辞记录一月的首日是甲子，末日是癸巳，二月的首日是甲午，末日是癸亥。二是指"一旬里面含有两个甲子，而在这两个甲子中间又夹着一个月份，例如：'癸卯王卜，贞旬亡祸。在四月。王占曰：吉。甲辰乡大甲'……在这些卜辞里面，那两个纪日的甲子中间所以要夹着一个月份的理由，分明是要特别表明这两个甲子所纪的两日是不同月的，在月份之前的一日是属于标明月份的一个月，而且是那一个月的最后一日，至于在月份之后的一日乃属于第二个月，而且是第二个月的第一日，最可注意的是，那在月份之前的都是癸日，在月份之后的都是甲日，而且这两日的地支常是互相连续……这是殷历的每月月终都是癸日，每月月初都是甲日的铁证"。③ 最先对"一甲十癸"说提出异议的是胡厚宣，他

---

① 以上见陈梦家：《殷虚卜辞综述》，中华书局 1988 年版，第 220—221 页。

② 常玉芝：《殷商历法研究》，吉林文史出版社 1998 年版，第 307—317 页。

③ 刘朝阳：《再论殷历》，《燕京学报》第 13 期，1933 年。

例举三版第二期卜辞予以反证。① 今节录下面一版说明之：

> 丙申卜，旅，贞今夕亡祸。在十月。
> 丁酉卜，旅，贞今夕亡祸。在十月。
> 戊戌卜，旅，贞今夕亡祸。在十月。
> 己亥卜，旅，贞今夕亡祸。在十月。
> 庚子卜，旅，贞今夕亡祸。在十月。
> 辛丑卜，旅，贞今夕亡祸。在十月。
> 壬寅卜，旅，贞今夕亡祸。在十一月。
> 癸卯卜，旅，贞今夕亡祸。在十一月。（《文录》42、《合集》26308）

该版记有连续八天的卜夕辞，其中丙申、丁酉、戊戌、己亥、庚子、辛丑六天在十月，壬寅、癸卯两天在十一月。辛丑日与壬寅日二日相接，辛丑日是十月的最后一日，所以壬寅日就是十一月的第一日，即十一月的首日不是甲日，十月的末日也不是癸日。对于刘朝阳的第二种例证，常玉芝举出三版卜辞予以反证。② 这里选录下面一版说明之：

> 癸丑卜，贞旬。甲寅雨。四月。（《合集》13361）

这是于癸日卜问的卜旬辞，但月名不记在"旬"（即"旬亡祸"的省称）之后，而是记在其后的"甲寅"日之后，说明前面的癸日与后面的甲日是同属于一个月的。总之，目前对刘朝阳的殷历月的首日全为甲日的说法似乎已没有学者认同了。

董作宾、吴其昌、陈梦家等学者都认为殷历是以"朔"为月首的，但他们都未曾作过任何论证。许多学者不同意他们的意见。首先在殷墟甲骨文和商代金文中，在被确认是商代的文献中，都未见到有"朔"字出现，即没有实证。其次认为殷商时期天文学的发展状况证明当时人们还不可能认识合

---

① 胡厚宣：《"一甲十癸"辨》，成都齐鲁大学国学研究所《责善半月刊》第2卷第19期，1941年；又收入《甲骨学商史论丛》初集，第2册，1944年。

② 常玉芝：《殷商历法研究》，吉林文史出版社1998年版，第322页。

朔，最明显的例子就是第一期甲骨文中五次月食的记录。五次月食都是作为验辞或记事刻辞附记在卜辞之后的，即是在发生了月食之后的追记。这种情况说明殷人还没有掌握月食在"望"的规律。殷人既然不知道月球转到地球背后，也即地球在太阳和月球中间的时候是"望"，那么理所当然地，他们也不会知道当月球转到太阳与地球之间，日月处在同一经度时，月球以背着太阳光的黑暗半球向着地球的时候叫"朔"。这些都说明殷商时期人们还没掌握日、月、地的运行规律。"朔"是看不到的，"朔"时只能靠推算得出，因此，天文学尚不够发达的殷人是不可能推算出朔日的，也即他们不可能是以"朔"为月首的。①

薮内清、常玉芝等认为殷代是以新月初现之日即"朏"为月首的。薮内清从殷历的月长上论证殷历月的月首应是新月初见之日，他举出三条例证证明殷历月有四个癸日的大月，② 今选录下版卜辞说明之：

  癸未［卜］，兄，［贞］旬亡［祸］。
  癸巳卜，兄，贞旬亡祸。十月。
  癸巳卜，兄，贞旬亡祸。
  癸卯卜，兄，贞旬亡祸。
  癸丑卜，兄，贞旬亡祸。十二月。
  癸亥卜，兄，贞旬亡祸。
  癸卯卜，兄，贞旬亡祸。
  癸巳卜，兄，［贞］旬亡祸。十三月。（《佚》47，《合集》26681）

该版卜辞十月有癸巳日，十二月有癸丑日，十三月又有癸巳日，则十月是个有癸巳、癸卯、癸丑、癸亥四个癸日的大月。薮内清根据殷历有四个癸日的大月的现象，提出殷历月应是以新月初见为月首的创见，他说："新月之出现，虽然以真朔为基准而定在其后第几天——普通都在真朔后第一或第二天

---

① 常玉芝：《殷商历法研究》，吉林文史出版社1998年版，第322—324页。常正光：《殷历考辨》，《古文字研究》第6辑，中华书局1981年版；又载《古文字研究论文集》（《四川大学学报丛刊》第10辑），1982年。

② 薮内清：《关于殷历的两三个问题》，《东洋史研究》第15卷第2号，1956年。郑清茂译文载《大陆杂志》第15卷第1期，1957年。

出现，但如新月出现的时候，受了月的轨道状态或有时受了气象状态的影响，就很难得确切地决定从真朔到新月的日数。因此如以新月之出现为月初，则我们不难想象得到，一月之长短必与上述之上下限（28·5—30·5日）可能有一日或以上的差错……以观察新月为决定月初之根据，那么一月之中包含四个癸日的情形，并不是不可能的事。"常玉芝赞同薮内清的意见，认为如果殷商时期人们实行的是以平朔为月首的历法，那么他们历月的长度就该如董作宾等学者所说，不是30天就是29天，而不会出现四个癸日至少是31天的大月，因此殷商时期应是以新月初见之日为月首的。同时常氏又以卜辞中的"生月"、"木月"、"林月"的称呼对此问题作了进一步的论证。①她根据陈梦家对"生月"是指下一个月的考证，②根据蔡哲茂解释"生月"是指月亮再生出来的下一个月，③说"生月"就是月光再生的一个月，由此透露出殷人是靠观察月象来定月首的，也即殷人是以月光生出之日，也即新月初见之日作为一个月的开始的。古书中把新月初见称作"朏"，殷历正是以新月初见即朏为月首的。

三　关于历年的研究

（一）历年的长度

不同类型的历法不但对"月"的长度规定不一样，而且对"年"的长度规定也不一样。迄今关于殷商时期所行用的历法类型有政治历和阴阳合历两种说法，与此相应的是对殷历年的长短就有两大种意见。

一种是以刘朝阳为代表。认为殷代历法行用的是"纯粹的政治历"，这种历法规定每年都为十二个月，每月都有三十天，没有大小月的区别，没有闰月，因此一年的长度都固定为360日。④目前，因学术界已公认殷历有大小月的区别，有闰月的安排，所以，这种每月都为30日，每年的长度都是360日的观点就站不住脚了。

另一种是以为殷历行用的是"阴阳合历"，因此殷历所用之年是"太阳

---

① 常玉芝：《殷商历法研究》，吉林文史出版社1998年版，第325—331页。
② 陈梦家：《殷虚卜辞综述》，中华书局1988年版，第117—118页。
③ 蔡哲茂：《卜辞生字再探》，《中央研究院历史语言研究所集刊》第64本第4分，1993年。
④ 刘朝阳：《中国古代天文历法史研究的矛盾形势和今后的出路》，《天文学报》第1卷第1期，1953年。

年"。但在这一派学者中对殷历太阳年的长度又有两种不同的意见：一种是董作宾等学者认为殷代的阴阳历已是推步制定的，是精密的合天历，其太阳年的长度已是365·25日；另一种是陈梦家等学者认为殷代的历法还不是精密的合天历，其太阳年的长度在360日至370日之间。董作宾论证其太阳年长度的证据是属于自组的《乙》15（即《合集》20843），辞为：

……亡……若……在……行……
哀五百……四旬七日至〔于〕丁亥，从□。在六月。

董氏将该版的两条辞读成一条，说上面记有"六月夏至丁亥"和"五百四旬七日"的日数，再加上文武丁时（董氏定自组为文武丁卜辞，实是武丁卜辞，现已成定论）计算日数不计开始的一日，共是548日，它"适合于古四分术之岁实一年半，即一年365·25日……此殷人知一岁之长为365·25日之确证也"。① 1956年，陈梦家对此批评说："《殷历谱》认为殷人知一年之长为365·25日，所举《乙》15一片，其辞如下（略），此武丁卜辞，每行之末因片残有缺文……。该谱既谈以此片为文武丁卜辞，又误读'至'为日至，便引申'由冬至至冬至更至夏至其日数为548日，即本片五百四旬七日加入开始之一日'。因此武断地说548日是一年半，而一年是365·25日。战国时代的《尧典》有'朞三百有六旬有六日'之语，于一年日数仍取整数，未能精计四分之一，而说殷人已知四分之一，是很不合理的"。② 1994年，常玉芝也详细论证了该版卜辞既没有日至的记录，又不是"五百四旬七日"的日数，而且也不是文武丁卜辞，因此，它不能证明殷历年的长度。③ 常正光则指出："四分岁实数据的获得决不能早于认识黄道、二十八宿之前，也就是说，在春秋时期以前是不可能的。"④ 1956年，陈梦家首先发现周祭周期与太阳年有关，他说："到了乙辛时代，每一祀季约占十三旬，故一祀在360—370日之间，和一个太阳年相近。因

---

① 董作宾：《殷历谱》上编卷一《殷历鸟瞰》，第10页下，1945年。
② 陈梦家：《殷虚卜辞综述》，中华书局1988年版，第220页。
③ 常玉芝：《卜辞日至说疑议》，《中国史研究》1994年第4期。
④ 常正光：《殷历考辨》，《古文字研究》第6辑，中华书局1981年版；又载《古文字研究论文集》（《四川大学学报丛刊》第10辑），1982年。

此乙辛时代的'祀'可能即是一年。"① 在陈氏之后，许进雄和常玉芝都先后做过周祭的研究，他们都发现在商代末期周祭的五种祀典对先王先妣轮番祭祀一周有三十六旬的时间（即 360 日）已足够矣，但卜辞证明商人还有三十七旬型周期（即 370 日），这显然是有目的地增加。他们分析增加三十七旬型周期的目的是为了使两个祭祀周期的日数与两个太阳年的日数保持一致而专门设置的，并不是多此一举。陈梦家没有复原周祭祀谱，许进雄和常玉芝则先后做过周祭祀谱的复原工作。通过研究，二人都发现三十六旬型周期和三十七旬型周期在一大段时间内举行的次数是相近的，并且基本上是交替安排的。② 这就进一步说明了殷人设置三十七旬型周期的目的是为了调整三十六旬型周期（360 日）与太阳年日数（365 日）之间的差距。一个三十六旬型周期加一个三十七旬型周期是 360 日加 370 日，等于 730 日，平均是 365 日，正接近于一个太阳年的日数。常玉芝说，由于殷人还没有掌握置闰的规律，还处在观象授时的历史阶段，从他们三十六旬型周期与三十七旬型周期有时不是交替安排来看，他们还没有求得一个太阳年的真值，不过其历年长度的平均值已接近于一个太阳年的日数了，即殷历年的长度在 360 日至 370 日之间。③

（二）岁首的研究

古文献中对夏、商、周三代的岁首，有所谓"三正"之说，即周正建子，殷正建丑，夏正建寅，也即周代是以子月十一月为岁首，商代是以丑月十二月为岁首，夏代是以寅月一月为岁首。

关于商代的岁首月建，迄今学者们还没有取得一致的意见。1945 年，董作宾在《殷历谱》中力图用甲骨文证明殷正建丑。自 20 世纪 80 年代起，陆续有学者对"殷正建丑"说提出质疑：常正光主张"夏四月乃是殷历的一月"，④

---

① 陈梦家：《殷虚卜辞综述》，中华书局 1988 年版，第 236—237 页。
② 许进雄：《第五期五种祭祀祀谱的复原——兼谈晚商的历法》，《大陆杂志》第 73 卷第 3 期，1986 年；常玉芝：《商代周祭制度》第五章，中国社会科学出版社 1987 年版。
③ 常玉芝：《殷商历法研究》，吉林文史出版社 1998 年版，第 383 页。
④ 常正光：《殷历考辨》，《古文字研究》第 6 辑，中华书局 1981 年版；又载《古文字研究论文集》（《四川大学学报丛刊》第 10 辑），1982 年。

即殷正建巳。温少峰、袁庭栋认为殷人以"夏历三月为其岁首",① 即殷正建辰。郑慧生论证"殷正建未",即殷人以夏六月为其岁首。② 张培瑜、孟世凯提出殷代岁首没有严格的固定,是建申、建酉、建戌,即是在夏历七月、八月、九月即秋季的几个月内。③ 王晖、常玉芝论证夏历五月是殷历的一月,即殷正建午。④ 其各家论证的情况是:

董作宾深信"殷正建丑"的"坚证"是"卜辞所载武丁时代之庚申月食(即前举之'己未夕皿庚申月有食'——引者按),在其十二月有望,次列十三月。今推算是年子月节大雪在十三月十一日,中气冬至在二十七日。下月当有丑月之节气,亦当为殷之一月,是为武丁时正月(即一月)建丑之坚证。故本谱全用殷正,以建丑之月为一月及正月"。⑤ 常正光说:"根据卜辞材料,可以看出一个奇怪的现象:即是如以殷正为建丑,则在冬春之际是多雨的。对待这些材料,董作宾先生以为:这只能说明正因为这时期是少雨的,所以才要卜雨。卜雨是反映了'殷人在一月盼雨的迫切,常常希望下,希望多下',从而否定了卜辞中在一、二、三月卜大雨或多雨的材料。然如果追问一下殷人为什么在这时期那样迫切地盼雨呢?如果不存在多雨的可能性,殷人能够缘木求鱼妄行卜雨吗?"常正光利用卜辞种黍在正月、二月间,而崔寔《四民月令》说"四月蚕入簇,时雨降,可种黍禾",证明殷历的一月是夏历的四月;又利用卜辞"月一正曰食麦"(《后·下》1·5),而根据北魏时的农书《齐民要术·种谷篇》:"四月,五月种者为稊禾","所以称之为稊,是因为'刈麦以后所种者为稊',可知麦收也是夏历四月之事,卜辞的一月食麦相当于夏历四月刈麦后出现的活动";又说殷人是以大辰星(大火)昏见以后的夏四月开始农耕的。因此他认为夏历四月乃是殷历的一月,

---

① 温少峰、袁庭栋:《殷墟卜辞研究——科学技术篇》,四川省社会科学院出版社1983年版,第118页。
② 郑慧生:《"殷正建未"说》,《史学月刊》1984年第1期;又收入《古代天文历法研究》,河南大学出版社1995年版。
③ 张培瑜、孟世凯:《商代历法的月名、季节和岁首》,《先秦史研究》(文集),云南民族出版社1987年版。
④ 王晖:《殷历岁首新论》,《陕西师大学报》1994年第2期;常玉芝:《殷商历法研究》第五章第三节,吉林文史出版社1998年版。
⑤ 董作宾:《殷历谱》下编卷一《年历谱》,第4页上,1945年。

即殷正建巳。① 温少峰、袁庭栋就董作宾在《殷历谱》中主张"全殷代皆以建丑之月为正月","小寒为丑月之节气,凡某一太阴月内含有小寒之节,即认其月为建丑,亦即认其月为殷之正月"的说法,说:"这是没有根据的武断之论。在卜辞材料中,二十四节气远未齐备,根本无'小寒'的痕迹,怎能确定'小寒',而且有意识地以'小寒'所在之月为正月呢?"温、袁二先生提出下版卜辞证明殷代的岁首:

己巳卜,争,[贞]火,今一月其雨。
火,今一月其雨。
火,今一[月]不其雨。(《合集》12488甲乙)

说此辞之火非燃烧之火,应当是指天上的"大火"星。"此辞当是'大火'昏见,春天已到,农事将兴,故卜问是否有雨。武丁时期'大火'星昏见之时节约当清明、谷雨之间,即夏历之三月。所以,殷人很可能以'大火'昏见之月之夏历三月为其岁首,即一月",② 即殷正建辰。郑慧生"从'年'字构造的推测,从'月一正曰食麦'的推论,证明了殷正建未,殷历的正月,相当于夏历的六月"。又说:"商人以大火星纪时,《毛诗》时代大火星出现于南方中天在夏历六月,商代距《毛诗》时代为近,因此说,商代一年时序的开始应在夏历六月,即建未之月。"郑氏又以卜辞所记的各月气象情况,如雨、水患、雹、虹与殷正建未进行对照,结果都符合;又根据卜受年、求年的月份,根据下面三条卜种黍的卜辞进行论证:

一月。贞王立黍,受年。
立黍,弗其受年。(《乙》2217+6964《合集》9521)

郑氏说:"'立黍'是种黍的意思。殷历一月,王问种黍;而后人种黍在几月呢?《说文》:'黍,禾属而黏者也,以大暑而种'。大暑在夏历六月。夏历六

---

① 常正光:《殷历考辨》,《古文字研究》第6辑,中华书局1981年版;又载《古文字研究论文集》(《四川大学学报丛刊》第10辑),1982年。
② 温少峰、袁庭栋:《殷墟卜辞研究——科学技术篇》,四川省社会科学院出版社1983年版,第117—118页。

月当殷一月。"

> 叀小臣令众黍。一月。(《前》4·30·2《合集》12)
> 黍在龙囿啬，受有年。二月。(《前》4·53·4《合集》9552)

郑氏说："商人'黍'在一月、二月。当夏历六、七月，正是大暑之后黍子的生长管理季节。"① 总之，郑慧生认为夏历六月乃是殷历的一月，即殷正建未。张培瑜、孟世凯统计了卜辞中记有月名的有关雨、雷、雪、雾、水患的卜辞，得出结论："商代多雨水的时间大多在岁首和年终的几个月内。"张、孟二氏又从占卜农事的卜辞探讨了月名和季节的关系，得出结论："岁首和岁终的月较多，特别是在岁首的三个月内。"又由卜雷的月份得知："武丁时期雷电多发生在岁首前后一月左右。这也说明商代历法不是以万物复甦，冬尽春回的时候来作一岁之开始。"他们是从卜辞中日月食的情况来探讨商代历法中的岁首的。得出结论说："由纪月的武丁时期月食考证出商代历法是以冬至前二月作为岁首"，"商代历法的岁首很可能是在主要农作物收获前后的秋季，即建申、建酉、建戌，含立秋至寒露、霜降三个月中"。② 王晖从卜辞中以农作物为主的植物物候现象和卜辞的气象资料两方面来论定殷历的岁首。在以卜辞中植物物候现象论述时，王晖首先列举了"月一正曰食麦"的卜辞（《合集》24440，即《后·下》1·5），引《管子·轻重乙》说"夏至而麦熟"，以为卜辞的月一正食麦约当在夏历五月。其次列举了下面六条种黍的卜辞：

> 癸卯卜，古，贞王于黍侯，受黍年。十三月。（《合集》9934 正）
> 贞叀小臣令众黍。一月。（《合集》12）
> 贞乎妇妌黍，受年。[一月]。（《合集》40079 反＋40079 正）
> 戊寅卜，宾，贞王往以众黍于冏。……教。一月。（《合集》10）
> 己未卜，贞黍在龙囿啬，受有年。二月。（《合集》9525）

---

① 以上皆见郑慧生：《"殷正建未"说》，《史学月刊》1984 年第 1 期；又收入《古代天文历法研究》，河南大学出版社 1995 年版。

② 以上皆见张培瑜、孟世凯：《商代历法的月名、季节和岁首》，《先秦史研究》（文集），云南民族出版社 1987 年版。

贞王立黍，受年。一月立黍，弗其受年。(《合集》9525 正)

王晖说："上可见，卜辞中记有月份的种黍之时为十三月至翌年二月。"他引《夏小正》传，《月令》孟春孔疏等古籍，说："这些载籍均说种黍一般在夏历五月夏至前后"，"卜辞记载种黍月份最多的是一月，有 4 例，正当夏历五月的夏至前后。另外卜辞中还有十三月或二月的种黍，各 1 例，此约当夏历四月与六月，四月即《四民月令》所说种黍上时，六月盖因失闰所致"，所以殷历是以夏历五月为岁首的。再者，他把卜辞中春秋二季和所系月份加以排列来论证殷历岁首，认为"卜辞以九月为春之始，这相当于夏历孟春"，"卜辞九月正与夏历正月的草木萌发初生期相当，相推则殷历一月也刚好相当于夏历五月。"然后他又从卜辞中的卜年时月和田间除草的时月作了进一步论证。最后他又以卜辞中的气象资料来检验其对殷历岁首的论证是否正确，他是从卜雨与干旱雩舞、焚尪的时月和卜辞中雷虹的时月来加以论证的。总之，他得出的结论是"殷历岁首是在夏历五月，即殷正建午"。[①] 常玉芝利用甲骨文中关于天象、气象、农事活动的记录探讨殷商历法的岁首，她是从三个方面进行论证的。一是利用气象卜辞来论证殷历岁首所在的季节。她遍查了迄今所能见到的全部五万四千多片殷墟甲骨卜辞，搜集到 344 条记有月名的卜雨辞。研究的结果是：殷代每月都有卜雨，但卜雨最多的月份是在殷历的前五个月，有 201 条，占了全部卜雨辞的 58% 多，其中尤以二月为最多，有 51 条。常玉芝说："这一点提示我们，殷历的岁首即一月绝不是在冬季，而应是在夏季。"她又检出"多雨"、"大雨"的卜辞进行研究，发现在卜"多雨"的九次记录中，前五个月就占了七次，并以一月、三月多见；在卜"大雨"的五次记录中，前五个月有两次。即总共在卜"多雨"、"大雨"的 14 条记录中，前三个月占了 7 条，即占了全年的一半。这就说明殷历岁初的几个月是处在多雨、多大雨的季节的，即殷历的岁首应是在夏季，而不是在建丑说的冬季。常玉芝还搜集了记有月名的卜雹、卜雷、卜虹、卜熯（即旱）、卜涉水的卜辞，研究结果是：殷人卜问雹、雷、虹、熯的月份集中在岁初的一月、二月、三月和岁末的十月、十一月、十二月（九月只一次卜熯；十三月是闰月，可计入岁末月或岁初月），而四月、五月、六月、七月、八月五个月中一次卜问也没有。对此，常氏说："雹、雷、虹都是季

---

① 王晖：《殷历岁首新论》，《陕西师大学报》1994 年第 2 期。

节性很强的自然现象，主要发生在夏季，因此，殷历的岁首和岁末交接应是在夏季；殷历的四月、五月、六月、七月、八月也绝不是如建丑说是季春之月，夏季三月和孟秋之月。"常玉芝研究卜涉水的卜辞说："殷历的一月、二月、三月、四月、五月、九月、十月、十一月、十二月是可以涉水的月份，这些月份是岁初的前五个月和岁末的四个月。不见有六月、七月、八月涉水的记录，说明这三个月是最冷的季节。殷商时期安阳正月平均温度高于现在3℃—5℃，冬季河水不一定结冰，但要赤足涉河还是冰冷的。总之，记有月名的涉水卜辞也证明殷历岁首岁末的交接不是在冬季。"二是利用天象记录和农事卜辞来论证殷历的岁首月建。她举的天象记录是《合集》12488（见前举的《合集》12488甲乙版卜辞），她说，该版三条辞在"今一月"之前都有"火"字，此"火"既不是人名，也不是地名，更不是燃烧之火。"火"加在时间辞"今一月"之前无疑是注释"今一月"的，说明这个一月是指的火历的一月。即该版卜辞的"火"指的是大火星，即心宿二，该辞可解释成：大火已见，现在是一月。这证明商人以观察大火星的运行来制定历法。那么，殷商时期是以大火昏出还是以昏中为标准呢？常氏是以下面三版农事卜辞和前举的"月一正曰食麦"的刻辞进行论证的，三版农事卜辞是：

　　庚戌卜，㱿，贞王立黍，受年。
　　贞王勿立黍，弗其受年。
　　贞王立黍，受年。一月。
　　[贞王]勿立黍，弗其受年。（《合集》9525正）
　　庚辰卜，王，甫往黍，受年。一月。（《合集》20649）
　　贞小臣令众黍。一月。（《合集》12）

常氏说，以上三版卜辞都记录殷人种黍的时间是在殷历的一月，即岁首之月。她引《说文》段注、《尚书大传》、《淮南子》、《说苑》等书说明古代种黍的时间是在大火昏中之时，也即夏历的五月；又根据当今天文学家推算殷商时期大火昏中的时间是在含有"芒种"至"夏至"的夏历五月。两相对照，就可知殷人是在大火昏中的夏历五月去种黍的，也即殷历的一月相当于夏历的五月，按后世的月建说，即殷正建午。而《后·下》1·5版刻辞记录"月一正曰食麦"，常氏说，这是说殷历的一月麦子已熟，是吃到新麦之月，换言之，殷历的一月是收获麦子之月。在我国中原地区，夏历五月正是收麦之月，因此，该刻辞也证明殷历的一月是在夏历的五月，即殷正建午。三是以农事卜辞验证殷正建午是否正确。首先用记有月名的"卜年"卜辞进行验证，包括有"受（保）黍年"、"受䅣年"、"求年"、"卸年"、"耆年"。统计的结果是：卜年多集中在岁初的一月、二月、三月，岁末的十一月、十二月，特别是一月、二月卜问的次数格外多；六月一次卜年也未见。以殷正建午说，殷历的一月相当于夏历的五月，这样殷历岁末、岁初的几个月正处在夏历的春、夏、秋季，正是农作物播种、生长、收获的季节，所以殷人在这期间频繁卜问受年，即卜年卜辞证明殷正建午说是正确的。其次用记有月名的农事活动的卜辞进行验证，包括有："选田"在"十三月"（《合集》9572）、"衺田"即"壅田"在"十二月"（《合集》9486、《合集》3307）、"六月"（《合集》6），"土田"在"十二月"（《合集》10146）、"十一月"（《合集》10148），从这些农作整理土地的工作时间来看，是符合殷正建午说的。另外还有"㕛田"（即协力发土耕田①）在"十一月"（《合集》1）、"十二月"（《合集》9499），"耤"（即耕田）在"十二月"（《合集》9500），"刈"在"三月"（《合集》9567），从这些耕耘土地和收获的时间来看，也是符合殷正建午之说的②。

从以上学者对殷历岁首的论证来看，常正光、温少峰、袁庭栋、郑慧生、王晖、常玉芝所使用的材料基本是相同的，但所得出的岁首结论却不一致：常正光、温少峰、袁庭栋认为殷历岁首是在大火昏出的时候，故有"夏历四月"（常正光说）、"夏历三月"（温、袁说）之说；郑慧生、王晖、常玉芝认为殷历岁首是在大火昏中的时候，故有"夏历六月"（郑慧生说）、"夏历五月"（王晖、常玉芝说）之说。这两种意见各自都只相差一个月，基本相同；两种意见的岁首时间相近，即是在季春和孟夏、仲夏、季夏的夏三月。但董作宾利用武丁庚申月食的材料，张培瑜利用日、月食的材料推出的殷历岁首却与上述意见相去甚远。董作宾说是在"夏历十二月"，即季冬之月；张培瑜说是在"夏历七月、八月、九月"即孟秋、仲秋、季秋的秋三月，这两种意见的岁首时间也相差较远。看来殷历的岁首问题今后还需要作进一步地研究。

---

① 裘锡圭：《甲骨文所见的商代农业》，《古文字论集》，中华书局1992年版，第184页。
② 以上皆见常玉芝：《殷商历法研究》第五章第三节，吉林文史出版社1998年版。

后　记

十一卷本《商代史》是国家社会科学基金和中国社会科学院的重点A类课题。此课题是1999年提出的，承担课题的学人主要是中国社会科学院历史研究所先秦史研究室的同仁。在酝酿的时期，课题主持人宋镇豪先生就邀请我同马季凡女士参加《经济与科技》卷的撰写。当时我同王宇信先生主持的《甲骨学一百年》课题已完稿且正在排印中，在这一年我也届退休之期，觉得自己身体还可以，能再做一点事。还有一个更重要的原因是我的《商代经济史》出版已有多年，该书出版后，虽得到学界师友、同行的认可，但随着时间的过去，就显现出了书中的不足：有些问题有待深入；此书因大量使用古文字和考古材料，带给排版、校对工作很大困难，虽经多次校对，书中还是有一些关键的字排错了而未校出，影响读者对文意的理解；而且几年来新的古文字、考古材料不断发现，我早也有打算有机会对此书作一次修订补充。个人的事可慢慢去做，没有时间限制，纳入研究室的课题计划，则有时间要求，我又犹豫起来。宋先生说有马女士帮助你，增加了力量，进度不会慢的，于是就答应了下来。

不幸的是，此课题刚批准立项，在1999年8月我就检查出身患恶性淋巴瘤。此时心中一片茫然，家人一片慌乱，我的好友王宇信、宋镇豪正在安阳参加甲骨文发现一百周年的国际学术研讨会，闻知我被确诊为恶性肿瘤的消息，泪流满面。马上就要在河南安阳开幕的、我曾参加筹备多年的"纪念殷墟甲骨文发现一百周年国际学术研讨会"也不能出席了。立即住进北京医院，进行长达一年多化疗、放疗的治疗，接着是慢慢的恢复治疗期。在这期间，我是彻底地把课题的事丢开，专心治病。但我相信随着科学的进步，现今人类对付癌症的手段已增多，它已不完全是"绝症"。到检查出病的第三个年头，我感觉身体已基本上得到恢复。感谢北京医院肿瘤科的周美珍主任、陈刚主任、伍建宇医生为我进行的精心治疗，感谢我的妻子朱玲玲女士的细心照料，感谢我工作的单位中国社会科学院历史研究所的领导、同事的关怀、支持和鼓励，使我能战胜被称为"绝症"病魔，重新拿起笔来投入到本卷书稿的写作中。

幸好有马季凡女士的加入，我虽病了而课题的工作却因有她而没有停下来。她按照我们拟就的提纲，搜集1990年以后新发现的有关商代经济和科技方面的材料，作成资料长编输进电脑；她有什么新的想法、见解，我们随时交换着意见，使资料搜集的工作做得扎实细致。在这个时期，她个人的研究工作也有大的进展，在报刊上发表了多篇学术论文，并于2002年晋升为副研究员。到我检查出病的第三个年头，我们便讨论提纲，着手写作。

我们的分工是这样的：第一章"商人从事经济活动的自然环境"的第一节"商人所处地域的地形、地貌"和第二节"商'王畿'的土壤条件"、第九章"商代方国经济（上）"第二节"渭河流域的诸方国经济"、第十章"商代方国经济（下）"第一节"两湖地区的商时方国经济"和第二节"赣鄱地区的商时期方国经济"由马季凡副研究员执笔，第九章"商代方国经济（上）"第四节"东夷诸方国经济"请朱玲玲研究员执笔，第十一章"商代的天文与历法"由常玉芝研究员执笔，其余章节则由我执笔，全书（除第十一章）由我作最后的统一定稿。当然，书中存在问题、出现的错误主要由我负责。马季凡副研究员还负责文字的电脑处理和全书的插图事宜。我因家住北京西郊，距离单位较远，病又没有全好，所以一般不到研究所里去。在写作过程中，需要什么材料，她就到图书馆、资料室去帮我借，借不到的就到书店去买，找到后即刻给我送来，为我的撰写提供了极大方便。这期间她真是踏破了我家的门槛！由于我们共同的努力，在2004年底终于按计划的时间完成了书的初稿，而全书的插图也同时基本配齐。集稿之时，如释重负。当然我从病魔中脱险出来，又完成课题的任务而没有拖集体的后腿，心中更是特别地高兴！

本卷在撰写过程中融入了《商代经济史》书中的成果，但若读过本卷就可以发现，它与《商代经济史》有着很大的不同，主要体现在以下四个方面：一、补充了20世纪90年代以来新发现的考古和研究方面的成果，使内容更为丰富充实；二、第一章作了彻底的改写；三、增加了分量很重的、篇幅约占全书五分之二的方国经济；四、增加了大量的插图。所以本卷又是与《商代经济史》不同的一部新作。

本卷使用了大量的考古材料和器物图，这些材料都是考古工作者们长期辛勤劳动的成果，虽然我们在引用时，都一一注明了出处，以表示对原作者的尊重，但我们在这里还要再对长期辛劳在田野考古第一线、为学术事业作出重大贡献的考古工作者，表示我们的感谢！

本卷原拟定十章，科技内容放在各生产部分论述，不再抽出设独立专章。但商代已有较为完备的历法，在农业章中虽有所涉及，主编宋镇豪先生认为还是需设专章论述，并请对商代历法有深入研究的常玉芝研究员撰写，故有"历法"的第十一章。此章为本卷增色良多，特在此感谢常玉芝研究员的辛劳！

杨升南

2004 年 12 月初稿

2007 年 12 月 10 日定稿

是日北京下了当年第一场雪